भारत में महाभारत

(शोध-समीक्षा)

के.के. बिरला फाउण्डेशन की शोध-वृत्ति के सन्दर्भ में लिखा ग्रन्थ

भारत में महाभारत

प्रभाकर श्रोत्रिय

भारतीय ज्ञानपीठ

पहला संस्करण : 2014
दूसरा संस्करण : 2015
तीसरा संस्करण : 2016

लोकोदय ग्रन्थमाला : ग्रन्थांक 1223

ISBN 978-93-263-5252-9

भारत में महाभारत
(शोध-समीक्षा)
प्रभाकर श्रोत्रिय

तीसरा संस्करण : 2016
मूल्य : 700 रुपये

प्रकाशक : **भारतीय ज्ञानपीठ**
18, इन्स्टीट्यूशनल एरिया, लोदी रोड, नयी दिल्ली-110 003

मुद्रक : चार दिशाएँ प्रिंटर्स, नोएडा

आवरण-सज्जा : ज्ञानपीठ कला प्रभाग

BHARAT MEIN MAHABHARAT
(Research-Criticism)
by Prabhakar Shrotriya

Published by
Bharatiya Jnanpith
18, Institutional Area, Lodi Road, New Delhi-110 003
Ph. : 011-24698417, 24626467; 23241619 (Daryaganj)
Mob. : 9350536020; e-mail : bjnanpith@gmail.com
sales@jnanpith.net; website : www.jnanpith.net

Third Edition : 2016
Price : Rs. 700

गुह्यं ब्रह्मं तदिदं ब्रवीमि
न मानुषात् श्रेष्ठतरं हि किंचित्।

ऊर्ध्वबाहुर्विरौम्येष न च कश्चिच्छृणोति मे।
धर्मादर्थश्च कामश्च स किमर्थं न सेव्यते॥

इतिहासपुराणानामुन्मेषं निर्मितं च यत्।

इदं कविवरैः सर्वैराख्यानमुपजीव्यते।

इतिहास प्रदीपेन मोहावरणघातिना।
लोकगर्भगृहं कृत्स्नं यथावत् सम्प्रकाशितम्॥

—**महाभारत**

ब्रह्म गुह्य है—समझ से परे। इसीलिए कहता हूँ कि मनुष्य से श्रेष्ठ कुछ भी नहीं है।

मैं दोनों हाथ ऊपर उठाकर पुकार-पुकार कर कह रहा हूँ, पर कोई सुनता ही नहीं कि धर्म से सब सिद्ध होता है—अर्थ, काम, मोक्ष। फिर भी जाने क्यों लोग धर्माचरण नहीं करते?

इतिहास और पुराणों के आंख खोल देने वाले मंथन से विनिर्मित है यह महाभारत।

सभी श्रेष्ठ कवि इस आख्यान का आश्रय लेते हैं और लेंगे।

यह प्रज्वलित प्रदीप है—अंतःकरण को यहाँ से वहाँ तक प्रकाशित करने वाला।

प्रिय मनोज श्रीवास्तव और मुक्ति
के लिए

आरंभ

पूर्वारंभ

महाभारत के अध्ययन से प्रतीत होता है कि उसका कथ्य सतह पर नहीं है, कहीं गहरे में है जिसे मोटे तौर पर इन बिन्दुओं में रखा जा सकता है :

1. महाभारत को धर्म-ग्रंथ कहा जाता है, पर वह धर्म-ग्रंथ नहीं है–उस अर्थ में तो कतई नहीं जिसमें 'धर्म' को समझा जाता है; उल्टे इसका धर्म-विवेचन कई बार रूढ़ धर्मशास्त्रीय धारणा को ध्वस्त कर देता है। यह बात हम विषय-वस्तु में, चरित्र-निरूपण में, उपाख्यानों में और अनेक प्रसंगों-संदर्भों में देखते हैं।[1] महाभारत के अंत में स्वयं व्यास अपने लिए बनाए गए मिथ को तोड़ देते हैं–यह कहकर कि धर्म-दर्शन सब गुह्य और उलझे हुए हैं, मनुष्य से बढ़कर कहीं कुछ नहीं है–'न मानुषात् श्रेष्ठतरं हि किंचित्।'–यानी मानव-कल्याण धर्म का सार है। इस अर्थ में महाभारत धर्म की कविता नहीं, मानवता का महाकाव्य है।
2. महाभारत को इतिहास कहा गया है, पर वह मानवता के विकास की कथा है जो कौरव-पाण्डवों के माध्यम से कही गई है। एक बनते और विकसित होते हुए संक्रमणशील समाज के सारे मिश्रण, सारे ऊहापोह यहां हैं जो भविष्य के भी निरंतर परिवर्तित होते समाज की ओर इंगित करते हैं। सच तो यह है कि समाज अपने आदि में ही नहीं, अपनी आगामी गतियों में भी निरंतर संक्रमित होता रहता है। इसीलिए नृतत्त्व, समाज, अर्थ, नीति, राजनीति, धर्म, दर्शन, विज्ञान-ज्ञान, अनुभव आदि यहां निरंतर विकसनशील प्रक्रियाएं हैं। इनका कोई 'शास्त्र', अव्वल तो बन नहीं सकता; और बनता भी है तो अंतिम नहीं होता।

---

1. संदर्भ के लिए देखिए–लेखक की पुस्तक 'शाश्वतोऽयं' (वाणी प्रकाशन, दिल्ली)

3. महाभारत को बहुत से संक्षेपकारों और विचारकों ने युद्ध-कथा के रूप में देखा और निरूपित किया है, पर यह युद्ध कथा नहीं है, युद्ध इसमें एक अर्थ में प्रासंगिक है; यह एक सृष्टि-नाट्य है, जिसके भीतर भीषण मार-काट, झां-झूं मची रहती है; पर ढेरों अंत:कथाएं, विचार-विमर्श और फलागम 'शांति' का प्रतिपादन करती हैं। कृष्ण और अर्जुन के योग से जिस विजय का उद्घोष है, वह 'युद्ध की पराजय' है, क्यों कि निस्तरंग शांति, द्वन्द्वों के बीच ही जन्म लेती है। इसलिए यह महाकाव्य शांति का महाआख्यान है।

4. महाभारत समग्र रूप में मानव सभ्यता के लंबे अनुभव का सामूहिक आख्यान है। दीर्घकाल तक इसके निर्माण को इसी अर्थ में लेना होगा। इस दौर के सारे संघटन-विघटन, वैविध्य और विशृंखलन इसमें हैं, जो निरंतर सामासिकता और सुशृंखलन को पाने की प्रतीकात्मक कोशिशें हैं; बनते हुए समयों और समाजों में सदा यह असमाप्त होती हैं। सभ्यता और संस्कृति खुद को रचने के लिए अपने को बार-बार तोड़ती है—वही इसकी सच्ची प्रकृति है। इस ग्रंथ में विभिन्न युगों में लिखी गई रचनाओं के जो संदर्भ दिए गए हैं वे भी सभ्यता और संस्कृति की प्रतिभाजीवी मौलिकताएं हैं जो आगामी समयों को गढ़ती हैं।

5. मनुष्य-जीवन के दो पहलू हैं—सत्य और स्वप्न। वह एक साथ दो मनस्थितियों, दो प्रकृतियों, दो समयों में रहता है। एक उसकी धरती है और दूसरा उसका आकाश, जिसकी अनंत ऊंचाइयों में 'कल' या 'कल्प' देखता है, क्योंकि मनुष्य सिर्फ अपने लिए, अपनी जड़ीभूत उपस्थिति में नहीं जीता, उन स्वप्नों में भी जीता है जो वह भविष्य के लिए या आगामी विश्व के लिए देखता है। विज्ञान के सारे अनुसंधान भी पहले मनुष्य के स्वप्न में ही जनमे हैं। इन स्वप्नों के कई रूप कई बिम्ब होते हैं; कई जन्म-भूमियां होती हैं। काव्य में इनकी रोचक, संप्रेषणीय और संक्रामक उपस्थिति मिथक हैं। इनके भीतर कितनी गहन पारदृष्टि होती है इसका सिर्फ एक उदाहरण दूंगा—महाभारत के प्रारंभ में सृष्टि की एक सांकेतिक जन्मकथा है, जिसमें कहा गया है कि सृष्टि के उद्‌भव के पहले सब तरफ अंधकार था। इस विज़न को आप 'बिगबैंग' के वैज्ञानिक सत्य में देखिए।

6. इस ग्रंथ का पहला अध्याय है—'आधार'। यह वह निकष है जिस पर

यह ग्रंथ टिका हुआ है। हर रचना को 'निकष' पर परखना संभव नहीं था, यदि ऐसा हो पाता तो इस ग्रंथ की विशालता का अनुमान कर लीजिए। हां, जहां संभव हुआ मैंने संकेत दे दिए हैं। परंतु लिखते हुए मेरे मन में यह भी था कि निकष मेरे ही नहीं पाठक के भी होते हैं। उनकी नई उद्भावनाएं रचनाओं में कुछ जोड़ेंगी ही।

7. यहां सिर्फ सर्जनात्मक रचनाओं की चर्चा है—ज्ञान, विवेचना, विमर्श, शास्त्र ग्रंथों की नहीं। मानवीय प्रतिभा के लिए महाभारत कितना महान आकर ग्रंथ रहा है। इससे कितनी दृश्य-अदृश्य दिशाएं, ध्वनियां, गूंजें निर्मित हुई हैं और हो सकती हैं, इसका आभास यहां आपको मिले—बस इतना ही।

भारत का यह सौभाग्य है कि उसके पास 'रामायण' और 'महाभारत' जैसे विश्व के अप्रतिम काव्य हैं जो सहस्रों वर्षों से भारतीय जीवन और साहित्य की प्रेरणा और दृष्टि रहे हैं।

रामायण की महत्ता तो सर्वविदित है ही, परंतु रचनाकारों के लिए महाभारत बड़ा सर्जनात्मक केन्वास और आकाश (स्पेस) है। रामायण नदी की तरह है जो आदर्श और मर्यादा के दो किनारों के बीच बहती है। संभवतः इसीलिए तुलसी ने 'मानस' को नदी का रूपक दिया है।

महाभारत समुद्र है, मर्यादा वहाँ भी है, पर सुनामी और फैलिनी जैसे तूफानों से वह अपनी ही मर्यादा लाँघता है, ज्वार से वह आकाश छूता है तो अगाधता में घोंघे, सीपी, शंख से लगाकर रत्न, अग्नि, बड़वानल तक का वह घर है। महाभारत, आदि पर्व के बिलकुल प्रारंभ (अध्याय 17-19) में ही 'समुद्र मंथन' का मिथक है। कच्छप की पीठ पर मंदराचल पर्वत को, सर्पराज वासुकि की मथानी से, देवताओं और दानवों के घर्षण से मथा हुआ महासमुद्र— चन्द्रमा, लक्ष्मी, कौस्तुभमणि, पारिजात वृक्ष, सुरभि गौ, उच्चैश्रवा (अश्व), अमृत कलश लिए धन्वन्तरि, ऐरावत (गज) और विष देता है। इनके रूपकों में न भी जाएँ, तब भी समुद्र के वैभव और विद्रूपों का; वैविध्य और विस्मय का पता चलता है। संसार में सदा देवों और दानवों—इन दो शक्तियों का ही तो संघर्ष होता रहा है और अंततः महाभारत भी तो यही है। इसलिए भी यह 'मिथक' महाभारत के लिए सौ फी-सदी सटीक है। इसके बाद यह प्रश्न नहीं उठता कि वह महास्रष्टाओं से लगाकर सामान्य लेखक तक के लिए सहस्राब्दियों से आकर ग्रंथ

क्यों बना हुआ है।

साहित्य को सबकुछ चाहिए होता है—अमृत और विष, शङ्ख और सीपी, स्त्री और प्रकृति, देवता और दानव, किन्नर और नाग। यानि वह सबकुछ जो इस सृष्टि में या कवि-कल्पना की सृष्टि में, प्रतिभा के उत्सर्जित विश्व में है भी और नहीं भी है। इन्हीं सब की खोज के बीच से ही तो आदर्श और आदर्श जीवन पाया जाता है। धरती की 'उर्वरता' का सार इसी को कहते हैं।

भारतीय जीवन से अविभाज्य होने के कारण, अर्थात् वह सबकुछ होने के कारण जिससे जीवन बनता है, जीवन की समझ बनती है, संस्कृति बनती और विकसित होती है—महाभारत आकर ग्रंथ हो सका है। क्या कोई रचना जो स्वयं स्वर्ण भी हो और पारस भी, फल भी हो और बीज भी; जिसमें उत्कृष्ट भी हो और निकृष्ट भी; सिर्फ भावात्मक, बौद्धिक, कलात्मक कारण से, युगों के विषम प्रवाह में, अपनी पीढ़ियों के रूप में निरंतर जन्म ले सकती है?

हम चकित रह जाते हैं यह देखकर कि पाँच हज़ार साल पहले एक ऋषि-कवि ने इक्कीसवीं सदी के हमारे जीवन के सरोकारों, चिंताओं, द्वन्द्वों, विषमताओं, विश्वासों, अनुभूतियों, आवश्यकताओं को कैसे जान लिया? और हमारे बिलकुल पड़ोस में आकर कैसे मुस्कराता हुआ बैठ गया?— जैसे हम जो मांगेंगे, वह सांताक्लाज की तरह झोली से निकालकर हमें दे देगा?

एक रचना हमें अपनी स्मृति और मिथक से निकाल कर हमारी भाषा, हमारी व्यंजना, हमारी भूमिका और हमारे होने का अर्थ हमें दे सकती है क्या? क्या हमारा समय उसके सहारे हमारा भरोसा कर लेगा? हमारी गहराई, हमारा उत्कर्ष पहचान लेगा? हम कहते हैं कि हम कहाँ से कहाँ आ गए— ताड़पत्र पर अपना नाम लिखते हुए, अनाम अंतरिक्ष से आवाज़ लगाने के लायक हो गए हैं। युगों से इकट्‌ठा किया हुआ ज्ञान, अज्ञान, घृणा, क्रूरता, भ्रष्टता, दुराचार, कपट और सौन्दर्य की पराकाष्ठा, बुद्धि की बारीकी क्या नहीं मालूम है हमें? फिर हम क्यों उन स्रोतों की तरफ जाएँ जो अतीत हो चुके हैं? धर्म, दर्शन, नीति, पाप-पुण्य, शाप-वरदान, आदर्श हमारे किस काम के? यह सवाल उस आधुनिक रचनाकार के भी हैं जो सृजन के सरोकारों से जुड़ा है, पर ज़्यादा उसके जो 'स्वयंभू' है, खुद से ही पैदा हो गया है! या रोबोट और क्लोन में जीवन का अर्थ, रहस्य खोज रहा है! सृजन की उसकी अपनी परिभाषा क्या है, इसे जाने बिना एक इंटरनेट से जन्मा लेखक क्या वास्तव में सर्जक है? बहरहाल, बात लंबी निकल गई—क्षमा मांगने लायक लंबी।

उग्रश्रवा (सौति) महर्षि व्यास के काव्य की संभावनाओं, गूढ़ताओं और

ध्वनियों की ओर संकेत करते हैं : 'महाभारत में भारत की संपूर्ण ज्ञानराशि और भावराशि; भूत-भविष्य-वर्तमान; जीवन की विविध अवस्थाएं; मानव-समुदायों का वैविध्य; न्याय, शिक्षा, चिकित्सा, पाशुपत् (ईश्वरीय तत्त्व) का विशद वर्णन है। तीर्थों, नदियों, पर्वतों, वनों और समुद्र के साथ नगरों-दुर्गों का स्थापत्य, भाषाओं, जातियों का वैशिष्ट्य और अन्य सभी लोकोपयोगी पदार्थों का समावेश है।' इतना सब गिना देने के बाद भी कितना कुछ छूट गया है इस परिसर में? निरूपित जीवन-स्थितियाँ, चरित्रांकन, वस्तु, रूप और कथ्य। क्योंकि इस परिगणना का तात्पर्य सिर्फ इतना है कि इसमें कवि की प्रतिभा ही नहीं, सचेत और सतर्क प्रज्ञा से बहुत कुछ साभिप्राय रचा गया है। कहा जा सकता है कि महाभारत के इस विराट, 'विचित्र' (विचित्रमिदमाख्यानम्) केन्वास की रचना ही इसलिए की गई है कि एक संपूर्ण राष्ट्र और मानव-सभ्यता इसमें पुनर्जन्म ले सके; और यह पुनर्जन्म उस काल-प्रवाह में ही सार्थक होता है जिसमें स्थितियाँ, विचार, युगबोध—यहाँ तक कि मनुष्य का भीतरी रसायन बदले हुए युगों में भी सर्जनात्मकता से ऊर्जा और प्रकाश पा सके।

लेखक का रचना-भूगोल तो निश्चय ही उसकी अपनी भूमि होती है, परंतु उसका आकाश विश्वव्यापी हो सकता है, यदि वह सक्षम हो; और निश्चय ही महर्षि व्यास में यह अप्रतिम क्षमता है, जिन्होंने महाभारत को विश्व-बोध की कृति बना दी है। पीटर ब्रुक ठीक ही इसे 'ब्रह्मांडीय रचना' कहते हैं, जिसे प्रतीकीकृत करने के लिए वे अपने नाटक (या फिल्म) के लिए विश्व भर से अभिनेता चुनते हैं- जो विभिन्न रंग-रूप, आकार-प्रकार और संस्कृति-संस्कारों के हैं। परंतु कहीं से भी लादे, जुटाए या बेमेल नहीं लगते। इनके विनियोग से वे एक ऐसी सिंफनी रचते हैं, जो उसकी विश्वव्यापी अभिव्यक्ति को सार्थक करती है।

उग्रश्रवा ने कितने विश्वास से कहा है कि इस आख्यान का आश्रय लिए बिना पृथ्वी पर किसी कथा का अस्तित्व नहीं है, जैसे आहार के बिना शरीर नहीं धारण किया जा सकता (आदि 2/388); और यह संसार के समस्त श्रेष्ठ कवियों का वैसे ही उपजीव्य होगा जैसे मेघ संपूर्ण जीवों का। (वही)

महाभारत के अंत में भी उसके पुनःसृजन की अनंत संभावनाओं का संकेत इस प्रकार दिया गया है :

> यथा समुद्रो भगवान् यथा हि हिमवान् गिरिः।
> ख्यातावुभौ रत्ननिधी तथा भारतमुच्यते।। स्वर्गा. 5/65

महाभारत समुद्र है, हिमालय है—दोनों रत्न-निधि हैं, जिनसे कोई चाहे जितने रत्न निकाले, वे अकिंचन नहीं होते, न कभी किसी को कुछ देने से इंकार करते हैं।

यह सच है कि महाभारत के प्रति भारतीय मन और सृजन का आकर्षण कभी कम न हुआ। इस काव्य की बहुस्तरीयता, बहुप्रतीकात्मकता, बहुआयामिता सदा इसके प्रति रचनाकारों, कलाकारों, बुद्धिजीवियों की उत्सुकता बनाए रखती है। इसीलिए यह ग्रंथ अमर है।

भारतीय संस्कृति के स्वभाव में सामासिकता है और महाभारत अकेला काव्य है जो इतना बड़ा समास रचता है। ज्ञान-कर्म-संन्यास-भक्ति- लोक-परलोक, यहां समग्रता में हैं। केवल गीता का उदाहरण ले लें तो पर्याप्त होगा। विश्व में शायद ही ऐसा काव्य होगा, जो अपने अर्थगर्भित संक्षेप में इतना विराट हो। गीता, जिसका छोटा-सा काव्यांश है, वह संपूर्ण कृति कितनी महाप्राण होगी! ऐसा ही ग्रंथ विश्व के लिए पीढ़ियों तक आकर ग्रंथ हो सकता है।

महाभारत की अन्य विशेषता उसकी निरंतरता और परिवर्तन में है। व्यास ने महाभारतीय पात्रों के पक्ष-विपक्ष को 'महावृक्ष' की संज्ञा दी है[1] और उनका सांगरूपक रचा है। वृक्ष में सर्जनात्मक नैरंतर्य होता है, जो समान-सपाट निरंतरता नहीं है, उसमें परिवर्तनात्मक नैरंतर्य है; नई-नई कोपलें जन्म लेती रहती हैं, यह है—सर्जनात्मक या परिवर्तनात्मक गति। इस महाभारत वृक्षयूथ में सब कुछ विरोधी-अविरोधी घटित होता रहता है। यहां 'मन्यु' वृक्ष भी फलता है और 'धर्म' वृक्ष भी—दोनों में यही गति है। भारतीय संस्कृति या किसी भी संस्कृति के जीवन का यह रहस्य है कि वह जड़ता का निषेध करती है और विरोध-विसंगति-संघर्ष या किसी भी विपन्नता में जी सकती है, लेकिन जड़ता में नहीं।

महाभारत में कितनी विपरीतताओं का महासमर है? यहां इनका द्वंद्व ही नहीं युग्म भी है—करुणा और क्रोध, घृणा और प्रेम, ईर्ष्या और सहिष्णुता, ऋजुता और

---

1. दुर्योधनो मन्युमयो महाद्रुमः
   स्कन्धः कर्णः शकुनिस्तस्य शाखाः।
   दुःशासनः पुष्पफले समृद्धे
   मूलं राजा धृतराष्ट्रोऽमनीषी।। आदि. 1/110
   युधिष्ठिरो धर्ममयो महाद्रुमः
   स्कन्धोऽर्जुनो भीमसेनोऽस्य शाखाः।
   माद्रीसुतौ पुष्पफले समृद्धे
   मूलं कृष्णो ब्रह्म च ब्राह्मणाश्च।। आदि. 1/111

वक्रता, स्वार्थ और परमार्थ, आत्मपीड़न और परपीड़न, स्वर्ग और नरक, बंधन और मुक्ति, भोग और मोक्ष, काम और धर्म, संग्रह और त्याग, विगत और आगत–कितने द्वंद्व समूह हैं! इतना ही नहीं, यहां विपरीत भाव, विचार और प्रवृत्तियाँ एकसाथ या एक ही व्यक्ति में एकसाथ रहती हैं। उदाहरण के लिए धर्मराज जैसे सत्यवादी के भीतर भी असत्य घुसा है। वे द्रोणाचार्य के संदर्भ में झूठ के अभिप्राय से कृत्रिम सत्य या अर्द्धसत्य बोलते हैं, जो स्वयं में असत्य है। कवि–न्याय देखिए कि पूरे काव्य में वे जिसके धर्म और सत्य की दुहाई देते हैं, उसी के, भूमि से चार अंगुल ऊपर उठे रथ को जमीन पर ला पटकते हैं। यदि युधिष्ठिर के साथ कवि पक्षपात करता तो रथ, भूमि पर क्यों टिकाता? क्रोध और करुणा किस तरह साथ–साथ रहते हैं, इसका उदाहरण भीम है। उसकी क्रोधी प्रतिज्ञाओं के भीतर कितनी करुणा है!

मनुष्य–मन की ऐसी पहचानें विरोधी भावों की द्वंद्वात्मक रूढ़ि को तोड़ देती हैं। मराठी लेखक माधव नारायण आचार्य ठीक कहते हैं कि 'महाभारत में ऐसे अनेक विचार–व्यूह, धर्माधर्म विवेक, नीति–अनीति की संगति के इर्दगिर्द घूमने वाले अनेक दृश्य हैं, जो व्यक्ति के जीवन में मानो विचारों के भँवर निर्मित करते हैं।'

महाभारत विचार, ज्ञान के सारे तत्त्वों, यहाँ तक कि धर्म को भी भाव–जीवन का अंग बना देता है, और यह उसकी अंतर्दृष्टि का ही परिणाम है, क्योंकि अंततः सब कुछ व्यक्ति के भाव–जीवन में ही तो घटित होता है। उसके द्वन्द्वों, तनावों, सुख, दुख और चैतन्य की सभी प्रक्रिया का आश्रय मनुष्य का मन ही तो है। यही द्वन्द्वात्मक मन रचना के लिए सृजनात्मक अवकाश देता है।

महाभारत किसी वस्तु या पात्र को इतने कोणों से देखता है और मानवीय अभ्यंतर में सीधे प्रवेश करते हुए, ऐसे वस्तु–बीज छोड़ता है, जिसमें किसी प्रतिभाशाली सर्जक को देखने, समझने, जांचने की विलक्षण संभावनाएं दिखाई पड़ती हैं। वह अपने देश–काल, दृष्टिकोण और क्षमता के अनुसार पल्लवन और संधान की ऐसी अर्थपूर्ण भूमि पाता है, जो सर्वथा नई सृष्टि को जन्म दे सके। यह परवर्ती लेखक की स्वतंत्रता है कि वह चीजों को चाहे जैसे देखे, चाहे जैसे उसके पाठ रचे, कथा के अवकाश (स्पेस) का मनचाहा उपयोग करे या सर्वथा कोई नई सृष्टि कर ले– सबके लिए महाभारत में तर्क और कारण मिल जाएंगे, क्योंकि महाभारत स्वयं ऐसी स्वतंत्रता लेता है, जो कहीं–कहीं अराजकता को छू जाती है। अतिक्रमण महाभारत के भीतर कई तरह के हैं। जो कृति स्वयं को अतिक्रांत करती हो वह अपने से जनमी किसी कृति को बंधन में क्यों जकड़ना

चाहेगी? रचना का अपना विश्व और लोकतंत्र होता है, यह सब कहते हैं, परंतु अनुसृजन या पुनःसृजन का भी लोकतंत्र होता है—यह महाभारत से अधिक कोई नहीं सिखाता, क्योंकि यहां कुछ भी रूढ़ नहीं है—न धर्म, न युद्ध, न संबंध... सब कुछ सर्जनात्मक है।

भारतीय साहित्य में महाभारत जैसे विराट काव्य के अनुसृजन, पुनःसृजन और उसके किसी एक पक्ष, प्रसंग या पात्र की प्रेरणा पर रची कृतियों का अध्ययन कितना दुःसाध्य है, यह मुझे तब पता चला जब मैंने यह कार्य प्रारंभ किया। एक जिज्ञासा थी कि एक महान रचना के भीतर कितने सर्जनात्मक आयाम संभव हैं? ये रचनाएं मात्र परिगणन और जानकारियां नहीं हैं, बल्कि यह सृजन-आयामों की खोज है। यह खोज न आज पूरी हुई है, न कल पूरी होगी। क्योंकि बड़ी रचना अपने को ही पीछे छोड़कर परंपरा में आगे बढ़ जाती है।

...अब मैं सृजन के महासागर के किनारे खड़ा था! एक तो स्वयं महाभारत! उसके अनेक संस्करणों में से मुझे सबसे समाहारी और प्रामाणिक गीताप्रेस, गोरखपुर का संस्करण लगा। इसी का उपयोग मैंने इस ग्रंथ में किया है।

इस बहुमुखी सरस्वती के देश में उसकी वस्तु, पात्र और मर्म से प्रेरित अनंत रचनाएँ; उनमें से कई ऐसी कि उनका अध्ययन ही अपने आप में एक छोटे 'महाभारत' से कम न था।

कई बार साहस ने जवाब दे दिया, वर्षों तक तो वह दिशा ही नहीं मिली जिस ओर मुझे जाना है। तो इस अंधेरे जंगल में अपनी मोमबत्ती के सहारे रास्ता तलाशता रहा, कुछ सूझा कुछ न सूझा।

मैंने विस्तृत विवेचन के लिए कुछ रचनाओं को चुना, निश्चय ही ऐसी कई महाप्राण रचनाएँ मुझसे छूट भी गई हैं—जाने-अनजाने। इन्हें मैंने महाभारत की साहित्य-यात्रा के अंतर्गत संक्षिप्त चर्चा में शामिल करने की कोशिश की, फिर भी छूटी तो कई हैं ही। फिर, नित नई रचनाएँ जन्म ले रही हैं... इस ग्रंथ में प्रायः सर्जनात्मक रचनाओं को शामिल किया गया है, विवेचनात्मक को नहीं।

मैंने न जाने कितने ग्रंथों, मनीषाओं, सर्जनाओं को टटोला। इतनी भारतीय भाषाओं को मैं अकेला कैसे पार पाता? महाभारत पर सोचने, लिखने, रचने वाले इतने लेखकों का मैं कृतज्ञ हूँ जिनकी सूची देना तक संभव नहीं है। सबको प्रणाम करता हूँ; उनको भी जिनके सहारे मैं भारतेतर महाभारत साहित्य, भारत में व्याप्त लोक-साहित्य का आभास पा सका हूँ। जैसी भी कच्ची-पक्की यह कृति है—आपको अर्पित है।

—प्रभाकर श्रोत्रिय

अनुक्रम

एक : आधार

- महाभारत : काव्यशास्त्र का स्रोत
- रचनाओं का उपजीव्य
- इतिहास और पुराण (मिथक) का संश्लेष
- उपाख्यानों में व्यास की क्रांतदर्शिता
- पुनः पुनः जायमानो पुराणी (उपाख्यानों का नवसृजन) : (यवक्रीत-प्रसंग / श्वान-प्रसंग / माधवी / युयुत्सु)
- युद्ध विरोधी काव्य

'महाभारत' काव्यशास्त्र का स्रोत

महाभारत के कई आयामों पर विचार हुआ है, परंतु यह कृति काव्यशास्त्र की माँ है, इस पर ध्यान नहीं दिया गया। यहां तक कि काव्यशास्त्रियों ने भी इसे नज़रअंदाज़ किया। जिन भरत मुनि से काव्यशास्त्र की परंपरा प्रारंभ हुई, वे ईसापूर्व तीसरी से तीसरी शती ईसवी के बीच के हैं। महाभारत इसके पूर्व ही अपना अंतिम (वर्तमान) रूप ले चुका था। फिर भी काव्यशास्त्रियों ने महाभारत की बजाए भरत के नाट्यशास्त्र को अपना आधार बनाया। नाट्यशास्त्र को काव्यशास्त्र का स्रोत मानने से उसमें गम्भीर विसंगतियां पैदा हुईं। क्योंकि नाटक का मूल 'विभाव' है, जबकि काव्य का मूल 'शब्द' है। भरत के रस-सिद्धांत के आधार पर काव्य में रस-निष्पत्ति की लंबी बहस एक तरह से नाट्य से काव्य का उद्भव बताती है, जबकि होना इससे उल्टा था। काव्य में नाटक निहित है, न कि नाटक में काव्य। 'दृश्य' और 'श्रव्य' काव्य के ही तो भेद हैं। भरत ने रस-सूत्र में जिस 'काव्य' शब्द का प्रयोग किया है वह लक्षणा से 'नाट्य' का स्थानापन्न है।

कविता के स्वरूप पर छठी शती के आचार्य भामह का ध्यान गया और उन्होंने व्यवस्थित काव्यशास्त्र बनाया। यहीं पहली बार 'महाकाव्य' का भी निरूपण हुआ। भामह के सामने लक्ष्य ग्रंथों के रूप में अश्वघोष का 'बुद्ध चरित', कालिदास का 'रघुवंश' आदि भले रहे हों, परंतु प्राचीन ग्रंथों में वाल्मीकि 'रामायण' और 'महाभारत' तो जन-जन में व्याप्त थे। भामह ने महाकाव्य के जिस विस्तृत केनवास और वैविध्य की परिकल्पना की है उसका पहला साक्ष्य तो महाभारत में ही मिलता है। आचार्य दण्डी ने उसे और भी व्यापक बनाया, तब भी उनके निरूपण-केन्द्र में 'महाभारत' ही रहा होगा। जिस काव्य में स्वर से लेकर व्यंजन के बीच निहित संपूर्ण 'वाक्'; लोक से लेकर वेद तक की ज्ञान-धाराएँ समाविष्ट हों, उससे बढ़कर 'महाकाव्य' का मानक कौन हो सकता है? सोति (उग्रश्रवा) की ये पंक्तियाँ प्रमाण

हैं :

इतिहासोत्तमे यस्मिन्नर्पिता बुद्धिरुत्तमा।
स्वर-व्यंजनयोः कृत्स्ना लोक-वेदाश्रयेव वाक्॥ आदि. 2/39

—'जैसे लौकिक और वैदिक सब प्रकार के ज्ञान को प्रकाशित करने वाली वाणी स्वरों और व्यंजनों में समाई रहती है, वैसे ही संपूर्ण विद्या-बुद्धि इस उत्तम इतिहास में भरी है।' यह भी कहा जाता है कि इसमें कौरव-पाण्डवों की कथा ही नहीं; धर्म, अर्थ, काम, मोक्ष, नीति, दर्शन पाशुपतत्व, सत्-असत्-निरूपण, नियति, कर्म, न्याय, शिक्षा, चिकित्सा, नगर, देश, नदी, पर्व, वन, समुद्र, कृषि, युद्ध-कौशल, लोक व्यवहार, स्थापत्य, उपाख्यान, घटना, चरित्र, सार्थक जीवन-सरणि, मन की अवस्था आदि लौकिक और अलौकिक अनन्तता का विशद, वैविध्यपूर्ण निरूपण है। यह महाभारत के अध्ययन से भी पुष्ट होता है। इसके महत्त्व और गुरुत्व को लेकर एक रोचक, मिथकीय कथा महाभारत में है कि एकबार देवों ने यह जानना चाहा कि वैदिक-साहित्य में अधिक गुरुता है या महाभारत में; तो उन्होंने तराजू के एक पल्ले में वेद-उपनिषद् रखे और दूसरे में महाभारत। वेदों वाला पल्ला ऊपर रह गया और महाभारत का पल्ला नीचे आ गया :

पुरा किल सुरैः सर्वैः समेत्य तुलया धृतम्।
चतुर्भ्यः स रहस्येभ्यो वेदेभ्यो ह्यधिकं यदा॥
तदा प्रभृति लोकेऽस्मिन् महाभारतमुच्यते।
महत्त्वे च गुरुत्वे च ध्रियमाणं मतोऽधिकम्॥ आदि. 1/272-73

वैदिक साहित्य में भले ही सारे लौकिक-अलौकिक आशय हों, परंतु ऐसा वैविध्य और ऐसा काव्यत्व वहाँ भी नहीं है। महाभारत में शामिल अकेली गीता को ही वेदों का सार कहा जाता है।

भामह और सभी परवर्ती आचार्यों को महाभारत में वे सारे सूत्र मिल जाते, जिनके विस्तार से विभिन्न संप्रदायों का उद्भव हुआ। इतना अवश्य है कि महाभारत, क्योंकि काव्य है इसलिए वहाँ जो शास्त्रीय सूत्र हैं, वे काव्य-भाषा में हैं। पहली बात तो यही है कि ज्ञान के साहित्य को काव्य से पृथक् करने की अवधारणा का जन्म महाभारत में ही हुआ। इसके लिए भी एक रोचक कथा है जो 'काव्य' शब्द के पूर्व प्रयोगों से अलग और विशिष्ट है।

यह संकेत प्रासंगिक होगा कि 'काव्य' के बारे में कोई दिव्य और मनोरम

अवधारणा वैदकि काल से ही चली आ रही है। अथर्ववेद में इस सृष्टि को 'विधाता का काव्य' कहा गया है—'देवस्य पश्य काव्यम् न ममार न जीर्यति' (10/8/32) —इस ईश्वरीय काव्य को देखो, यह यह न मरता है, न बूढ़ा होता है। वाल्मीकि रामायण में लव-कुश के गान से चमत्कृत और मुग्ध हुए राम पूछते हैं :

किं प्रमाणमिदं काव्यं का प्रतिष्ठा महात्मनः।
कर्ता काव्यस्य महतः क्व चासौ मुनिपुंगवः॥ उत्तरकाण्ड 94/23

—इस काव्य के रचयिता कौन महात्मा हैं? कैसा उनका यश है? यह कितना बड़ा है? ऐसा महान काव्य आखिर किस मुनिश्रेष्ठ ने रचा है? अर्थात् काव्य का कोई मनोरम, मार्मिक वस्तु और रूप अवश्य प्राचीन अवधारणा में रहा है।

परंतु महाभारत ने काव्य की धारणा का अधिक सटीक विश्लेषण किया। यह भी एक सुंदर कथा-रूप में है। कहा गया कि जब महर्षि व्यास के मन में एक काव्य ने जन्म लिया तो उन्होंने आदिस्रष्टा ब्रह्मा से कहा कि मेरे मन में एक काव्य जनमा है। यह सुनते ही अंतर्दृष्टिसम्पन्न ब्रह्मा ने इसका विराट स्वरूप, सौन्दर्य और गहनता मन-ही-मन आंक ली और संभावित कृति पर 'काव्य' शब्द की मुहर लगा दी—

''त्वया च काव्यमित्युक्तं तस्मात् काव्यं भविष्यति।'' आदि. 1/72

—'तुमने काव्य कह दिया तो अब यह 'काव्य' नाम से ही प्रसिद्ध होगा।' इस कथन में ही वह विश्लेषण निहित है जो 'काव्य' को ज्ञान-धाराओं से अलग करता है। प्रश्न यह है कि 'रामायण' जैसा काव्य होते हुए भी ब्रह्मा ने महाभारत को ही 'काव्य' की संज्ञा क्यों दी? क्या उन्होंने यह जान लिया था कि संभावित रचना ज्ञान का समुद्र होगी, इसलिए इसे लोग ज्ञान-ग्रंथ समझ सकते हैं[1] पर व्यास कहते हैं कि उनके मन में 'काव्य' ने जन्म लिया है। तो निश्चय ही उनका यह ज्ञानात्मक-विश्व काव्यात्मक रूप में जन्म लेगा। वह ऐसा काव्य होगा जिसमें ज्ञान के सारे आयाम समाहित होंगे। लगता है कि उस युग में जब ज्ञान-ग्रंथ छंद में लिखे जाते थे, तब 'काव्य' को 'ज्ञान' से अलग करना जरूरी था। संभवत: इसीलिए रामायण के होते हुए भी ब्रह्मा ने महाभारत पर 'काव्य' की मुहर लगायी। अगर

1. जैसा कि इस संवाद के पहले स्वयं उग्रश्रवा कहते भी हैं–'इदं तु त्रिषु लोकेषु महज्ज्ञानं प्रतिष्ठितम्।' (आदि. 1/27) –'इस महाभारत की तीनों लोकों में एक महान ज्ञान-ग्रंथ के रूप में प्रतिष्ठा है।'

गहराई से देखें तो व्यास ने इस सूत्र-कथन में 'काव्य' और संभवतः 'महाकाव्य' का भी वह स्वरूप और 'काव्य की प्रवृत्ति' की ओर इंगित कर दिया है कि उसमें संपूर्ण ज्ञान या ज्ञान की कोई भी शाखा शामिल हो सकती है। अर्थात् लौकिक और अलौकिक के बीच परिव्याप्त सृष्टि का कोई पक्ष ऐसा नहीं है जो काव्य में शामिल न हो सके; आगे जाकर यह सोच कविता या साहित्य की समावेशिता के निरूपण में बहुत काम आया। फिर भी ज्ञान-विज्ञान और शास्त्र के तमाम स्वतंत्र क्षेत्रों को कविता की स्वायत्त समावेशिता से स्पष्ट रूप से अलग करना महाभारत को जरूरी लगा। यह 'अलग' क्या है इसे महाभारत के काव्य-निरूपण में हम आगे देखेंगे।

यहाँ ब्रह्मा और व्यास के संवाद की उक्त कथा हम आगे बढ़ाते हैं जो आगे और रोचक रूप लेती है। व्यास कहते हैं कि मेरे भीतर काव्य पूरा आकार ले चुका है, अब प्रसव-पीड़ा चरम पर है, कृपया योग्य दाई (लिपिक) की व्यवस्था कीजिए। ब्रह्मा कहते हैं कि मैं केवल नाम सुझा सकता हूँ, बातचीत तुम्हें करना होगी। ऐसे कार्य को सकुशल सम्पन्न कर सकते हैं—गणनायक 'गणेश'। व्यास देरी नहीं कर सकते थे, उन्होंने गणेश से निवेदन किया। लोककल्याण के लिए गणेश मान तो गए, पर उनकी व्यस्तता के क्या कहने! उन्होंने एक शर्त रख दी—मैं लिख तो दूँगा, पर मेरी लेखनी रुकनी नहीं चाहिए, यानी तुम्हें धाराप्रवाह बोलना होगा। यह एक गहरे कवि के लिए कड़ी शर्त थी। व्यास ने मन-ही-मन कुछ सोचा और कहा मैं तैयार हूँ, पर मेरी भी एक शर्त है कि 'आप बिना समझे एक भी पंक्ति या प्रसंग नहीं लिखेंगे।' गणपति मन-ही-मन मुस्कराये होंगे, पर शर्त मानने के अलावा कोई चारा न था। व्यास ने 'महाभारत' बोलना शुरू किया। उग्रश्रवा कहते हैं कि व्यास ग्रंथ में 'ग्रंथि' लगाते गए। इस 'ग्रंथि' में काव्य का बहुत बड़ा मर्म छिपा हुआ है। उग्रश्रवा ने लिखा—'ग्रंथ ग्रंथि तथा चक्रे मुनिर्गूढं कुतूहलात्।''(आदि. 1/80) यह कुतूहल वास्तव में ऐसी काव्य-लीला थी जिससे कवि ग्रंथ में 'ग्रंथि' (गाठ) लगा रहे थे, क्योंकि यह कम्प्यूटर-विज्ञान नहीं, कविता थी इसलिए इसमें कूटार्थ (गांठ) काव्य-शिल्प के माध्यम से ही लगाई जा सकती थी। यही 'कुतूहल' था। इस शब्द का विस्तार करते हुए उग्रश्रवा कहते हैं :

'तच्छ्लोक कूटमद्यापि ग्रथितं सुदृढे मुनेः।' (आदि. 1/82) वे कूट श्लोक इतने गुँथे हुए और गंभीरार्थक थे कि आज भी उनका रहस्य-भेदन (डि-कोड) करना कठिन है। जाहिर है कि अर्थ सतह पर नहीं था, गणेश को भीतर उतरना

पड़ता था, स्वभावत: उन्हें समय लगता। इतने में व्यास दूसरा श्लोक रच लेते।

इस छोटे से कथन या सूत्र-कथन में काव्य के दो बड़े सिद्धांत उद्घाटित होते हैं—एक तो 'ध्वनि' और दूसरा पश्चिमी 'अभिव्यंजनावाद'।

'ध्वनि-सिद्धांत' के प्रवर्तक नवीं शती के आचार्य आनंदवर्धन थे और 'अभिव्यंजनावाद' के प्रवर्तक 20वीं शती के पाश्चात्य सौन्दर्यशास्त्री क्रोचे थे।

ध्वनि-सिद्धांत मूलत: यह कहता है कि 'काव्य' सतह पर दिखने वाली भाषा में नहीं होता, बल्कि उस अदृश्य भाषा में होता है जो कहीं उसके भीतर छिपी होती है—'यत्रार्थ: शब्दो वा तमर्थमुपसर्जनीकृतस्वार्थौ। व्यंक्त: काव्य विशेष: ध्वनिरिति सूरिभि: कथित:'—'जब अर्थ या शब्द द्वारा सतह पर दिखनेवाले (अभिधेय) अर्थ को गौण बनाकर किसी अन्य (प्रतीयमान) अर्थ की अभिव्यक्ति होती है तो वह 'काव्य-ध्वनि' है।' यह 'सुदृढ़ ग्रंथि' ध्वनि ही है, जो बड़ी-बड़ी प्रतिभाओं के आगे नवार्थ उद्घाटित करने की चुनौती है, फिर महाभारत में तो यह चरित्र, कथा, मनोव्यापार, दर्शन आदि पचीसों चीजों से गुंथी है। जिस गांठ को खोलने में गणेश को भी वक्त लगता हो, वह मामूली नहीं हो सकती।

दूसरा संकेत 'अभिव्यंजनावाद' की ओर है। पाश्चात्य सौन्दर्यशास्त्री बेनेदितो क्रोचे 20वीं शती में स्थापित अपने वाद में कहते हैं कि 'जब रचनाकार के भीतर रचना पूरी तरह पक जाती है तो उसकी अभिव्यंजना पूरी हो जाती है। फिर कागज पर (या ताड़पत्र पर) उतारना तो औपचारिकता भर रह जाती है।' यह बात व्यास पांच हजार साल पहले कहते हैं कि उनके भीतर एक काव्य ने 'जन्म' ले लिया है, उन्हें तो बस लिपिक चाहिए।

'ध्वनि सिद्धांत', 'शब्दार्थ' से चली तीन सौ वर्षों की शास्त्रीय परंपरा का फल था, जिसने इस प्रक्रिया से, नाट्यशास्त्र की परंपरा की जगह काव्य-शास्त्र की शब्द-परंपरा को प्रतिस्थापित किया और उसका सुमेरु रचा। महाभारत प्रारंभ में ही उसे अपने काव्य में केन्द्रीय स्थान देता है। जैसे रस-निष्पत्ति की एक प्रक्रिया है, वैसे ही ध्वनि-निष्पत्ति के भी उपादान हैं; आप चाहें तो इन्हें प्रक्रिया भी कह सकते हैं, क्योंकि इसमें काव्य हेतु के तीनों उपादान—प्रतिभा, व्युत्पत्ति और अभ्यास सक्रिय हैं। महाभारत अपने काव्य-माध्यम से जो कहता है उसमें अलंकार, रीति, वक्रोक्ति, औचित्य जैसे सभी सिद्धांतों के समुचित संकेत हैं। इनमें सर्वत्र शब्दार्थ की रमणीयता का विधान अंतर्निहित है। आगे सौति महाभारत की काव्यात्मक विशेषताओं की चर्चा करते हैं :

अलंकृतं शुभैः शब्दैः समयैर्दिव्यमानुषैः।
छंदोवृत्तैश्च विविधैरन्वितं विदुषां प्रियम्॥ आदि. 1/28

—'शुभ शब्द-विन्यास से अलंकृत, वैदिक और लौकिक संकेतों से सुशोभित, नाना प्रकार के छंदों से अन्वित सुजानों का प्रिय है।' यहाँ 'अलंकार' का उल्लेख विशेष ध्यान देने योग्य है जो सम्प्रदाय पहला काव्य-शास्त्रीय माना जाता है। दूसरी बात वैदिक और लौकिक का समन्वय है। भरत मुनि लोक और नागर को अलग करते हैं, जो 'नाट्यधर्मी' और 'लोकधर्मी' भेदों से जाना जा सकता है। परंतु व्यास के यहाँ लोक और वेद सर्वत्र मिले-जुले हैं। 'नाना छंद' में छंद-रूप ही नहीं हैं उनकी विविध प्रवृत्तियाँ भी हैं। छंद-शास्त्र अलग-अलग भावों के लिए अलग-अलग छंदों का प्रावधान करता है। यह काव्य-शैली और काव्य-रीति से संबंधित है। आगे जाकर काव्य में जिस 'सहृदय' और नाट्यशास्त्र में 'सामाजिक' का उल्लेख किया जाता है, वह यहाँ 'विदुषां' में समाहित है। कालिदास ने 'अभिज्ञान शाकुंतलम्' में इस शब्द का प्रारंभ में ही प्रयोग किया है। तुलसी कहते हैं—सरल कबित कीरति बिमल सो आदरहिं 'सुजान'।

सौति यह भी कहते हैं :

तस्याख्यानवरिष्ठस्य विचित्रपदवर्णनः।
सूक्ष्मार्थन्याययुक्तस्य वेदार्थैः भूषितस्य च॥ आदि. 1/18

—'जिसका एक-एक पद, वाक्य और पर्व विचित्र शब्द-विन्यास, सूक्ष्म और रमणीय अर्थ से परिपूर्ण, न्याययुक्त अर्थात् विश्वसनीय है और सभी आर्ष कथनों से अलंकृत है।'

'विचित्र पद-विन्यास' वास्तव में 'वक्रोक्ति' है। पंडितराज जगन्नाथ द्वारा 17वीं शती में की गई काव्य परिभाषा—'रमणीयार्थ प्रतिपादकः शब्दः काव्यम्' में भामह का 'शब्दार्थ', दण्डी का 'चमत्कार' और ध्वनि का प्रतीयमान अर्थ समाविष्ट है, महाभारत के उक्त कथन में वह सब एकत्र देखा जा सकता है। इतना ही नहीं 'सूक्ष्मार्थन्याययुक्तश्च' में हम क्षेमेन्द्र का औचित्य सिद्धांत भी देख सकते हैं। इससे प्रतीत होता है कि महाभारत को ही वास्तव में भारतीय काव्य-शास्त्र का जन्मदाता होने का श्रेय है। शास्त्र में उसके अनुल्लेख के बावजूद परंपरा में वह इतना प्रचलित और एकमेक है कि जाने किन ज्ञात-अज्ञात 'आवक' से रिसता चला आता है और भारतीय साहित्य, विचार और ज्ञान का कुआँ भरता रहता है। परंतु मुझे लगता है कि विद्वानों ने महाभारत की पहचान, स्रोतग्रंथ के रूप में

यथासमय न कर, भारतीय काव्य-शास्त्र को डेढ़ हजार साल पीछे धकेल दिया और काव्य-शास्त्र के संदर्भ में भरत की रस-निष्पत्ति पर बहस करते हुए तीन सौ साल तक काव्य के मूलस्वरूप पर ध्यान नहीं दिया।

काव्य की सत्ता को पूरी तरह देख लेना व्यास की वह विशेषता है जिससे वे महाभारत में उस 'शांत रस' की व्यावहारिक प्रस्तुति कर सके जो नाट्यशास्त्र की लीक पर चलने के कारण, काव्यशास्त्र में लंबे अर्से तक अजाना रहा था। जबकि वह भारतीय जीवन और साहित्य की स्वाभाविक तथा लोकोत्तर अनुभूति का अपरिहार्य अंग रहा है। इसी के माध्यम से हम महाभारत को संसार के अन्य युद्ध काव्यों से अलग कर सकते हैं। अगर हम दूर तक सोचें तो भारतीय काव्य-साहित्य संसार के साहित्य से इस अर्थ में भी अपने मौलिक व्यक्तित्व की प्रतीति कराता है।

यह अविस्मरणीय है कि महाभारत से सारे शास्त्र और ज्ञान दुहे जा सकते हैं, फिर भी यह न अर्थशास्त्र है न राजनीति न और कोई ज्ञान-क्षेत्र; यह 'कविता' है। इन सारे समावेशों से सिर्फ इस बात की प्रतीति होती है कि एक बड़ी कविता क्या होती है? वह कितनी दूर तक, कितने विस्तारों में उतर कर भी कविता के लावण्यलोक और भावलोक से किस तरह संबद्ध होती है। महाभारत के भीतर-बाहर फैली सारी मिथक कथाएँ उसकी व्यंजनाएँ हैं, यथार्थ से कल्पना का विरल संगम हैं। 'आज फेंटेसी', 'इल्यूज़न', 'वर्चुअल रियलिटी' जैसे शब्द काव्य-चिंतन के नवाचार हैं; पर नित नूतन महाभारत के तो वे आदिआचार हैं—वहाँ तो कोई जवान बूढ़ा हो जाता है, बूढ़ा जवान; कोई स्वर्ग पर चढ़ जाता है और वहाँ जाकर उर्वशी को नकार देता है, कोई अपने सुकर्मों से स्वर्ग का राजा हो जाता है तो कुकर्मों से वहाँ से जमीन पर धकेल दिया जाता है और अजगर बन जाता है। शाप की एक मार किसी को कहाँ से कहाँ पहुँचा देती है, और वरदान ट्रैजिक बन जाता है। एक कविता कितनी लीला और व्यंजना से जीवन की तमाम ज्ञान और व्यवहार-राशि को भाव-जगत में रूपांतरित कर देती है! ऐसा ज्ञानात्मक काव्य-वैभव आप और कहाँ पाएँगे?

रचनाओं का उपजीव्य

वह सर्जना निश्चय ही बड़ी होती है जो रचनाओं को जन्म देती है। महाभारत को 'महाकाव्यों का महाकाव्य' इसी आशय से कहा गया है कि वह ऐसी आधारभूत कृति है जिसने कई महाकाव्यों, आख्यानों, विभिन्न रचना-रूपों को जन्म दिया है। रामधारी सिंह 'दिनकर' ने लिखा है :

'रामायण और महाभारत, ये दो महाकाव्य पिछले दो हज़ार वर्षों से समस्त भारतीय काव्यों के उपजीव्य रहे हैं, बल्कि यह कहना चाहिए कि महाभारत से प्रेरणा लेकर लिखे गए नाटकों और काव्यों की संख्या संस्कृत में भी बड़ी थी और यह संख्या भारत की अर्वाचीन भाषाओं में भी विशाल है। महाभारत भारतीय संस्कृति का आधार ग्रंथ है। 'जब-जब हमारी संस्कृति में परिवर्तन आते हैं। महाभारतीय चरित्रों की नवीन व्याख्याएँ की जाती हैं और उनके द्वारा संस्कृति के परिवर्तनों पर प्रकाश डाला जाता है।' उसके पात्र और घटनाएँ, स्थितियाँ इतनी विलक्षण और गतिशील हैं, उनमें शाश्वत तत्त्वों का ऐसा समावेश है कि किसी भी युग में महाभारत युगानुरूप सृजन ही नहीं, सृजन और विचार-दृष्टि भी देता है।'

इस नाते यह सांस्कृतिक परिवर्तनों का भी दर्पण है। 'महाप्रस्थान' काव्य की भूमिका में नरेश मेहता तो यहाँ तक कहते हैं कि 'महाभारत काव्य मात्र की 'भृगुसंहिता' है। किसी भी देश-काल में मनुष्य कैसा ही वैयक्तिक अथवा सामाजिक आचरण करे महाभारत में उसकी प्रतिकृति अवश्य मिल जाती है।' इसका प्रमाण भारतीय भाषाओं के साथ ही विश्व की ऐसी अनेकानेक कृतियां हैं जिनका उपजीव्य महाभारत रहा है।

यदि हम केवल भारतीय साहित्य की बात करें तो देखेंगे कि संस्कृत से लगाकर आज तक लगभग सभी भारतीय भाषाओं में महाभारत से गृहीत, अनुकृत या प्रेरित अनेक रचनाओं ने जन्म लिया है। इतना ही नहीं, लोक साहित्य ने भी

इसे उपजीव्य बनाया है; और ऐसी तो असंख्य रचनाएं होंगी जिन्होंने महाभारत से सकारात्मक या नकारात्मक प्रेरणा पाई हो।

संस्कृत साहित्य में भारवि कृत 'किरातार्जुनीय', माघ कृत 'शिशुपाल वध' और श्रीहर्ष कृत 'नैषधीय चरित' जैसे श्रेष्ठ महाकाव्य (जो संस्कृत के प्रधान पंच महाकाव्यों में हैं।) और कालिदास कृत 'अभिज्ञान शाकुंतलम्', भट्ट नायक रचित 'वेणी संहार', भास कृत 'उरुभंगम्' सरीखे उत्कृष्ठ नाटकों का तो वह उपजीव्य रहा ही है। उसके भीतर इतना सर्जनात्मक अवकाश (स्पेस) है कि उसके पात्र और वस्तु से बड़े रचनाकार अनेक मौलिकताएँ सृजित कर सकते हैं। यह उल्लेखनीय है कि मूल रचना में ऐसी क्षमता हुए बिना परवर्ती सृजन में नई उद्भावना नहीं हो सकती। उदाहरण के लिए भास के 'ऊरुभंगम्' नाटक का नायक भीम नहीं, दुर्योधन है, उसकी चरित्रगत उज्ज्वलता तथा वीरता में निहित विनम्रता प्रभावित करती है और उसका वध एक ट्रैजिक प्रभाव छोड़ता है। इस संदर्भ में 'अभिज्ञान शाकुंतल' तो उदाहरण है। इसी तरह 'नैषधीय चरितम्' के नल-दमयंती को रचनाकार ने विशिष्टता दी है।

संस्कृत के बाद प्राकृत और अपभ्रंश में भी महाभारत को उपजीव्य बनाकर अनेक रचनाएं लिखी गईं। विभिन्न मतों और धर्मों के रचनाकारों ने भी महाभारत की कथा को अपने अनुसार ढाल कर उसका अलग पाठ रचा है। उदाहरणार्थ जैनाचार्य जिनसेन (प्रथम) और जैनाचार्य ब्रह्मजिनदास द्वारा लिखित 'हरिवंश पुराण' में महाभारत से वस्तु और चरित्रगत अंतर स्पष्ट लक्षित किया जा सकता है।

आदिवासी, लोक और लोकगंधी रचनाओं में यह अंतर और भी प्रखर होकर उभरा है। उदाहरण के लिए ओड़िया में 15वीं शती में सारला दास द्वारा लिखित 'सारला महाभारत' को ले सकते हैं, जो उड़ीसा के जनजीवन को प्रतिध्वनित करने वाला काव्य है। 'सारला महाभारत' की ख्याति का मुख्य कारण महाभारत की वस्तु को सर्वथा नवीन रूप देना है। इस महाकाव्य में सामंत विरोध और शूद्रों की महत्ता की स्थापना स्पष्ट दिखाई देती है; कथा और चरित्रों में विलक्षण नवीनता है।

इसी संदर्भ में गुजराती में लिखा 'भीलों का भारथ' भी उल्लेखनीय है जिसमें भील आदिवासियों की भावना, प्रतिभा और कल्पनाशीलता प्रकट होती है। इस काव्य के केन्द्र में द्रौपदी है। उसकी रचना मातृसत्तात्मक परिवार के अनुरूप है। उदाहरण के लिए युधिष्ठिर को द्रौपदी के पैर पड़ते हुए देखकर भीम

अत्यंत क्रुद्ध हो जाता है। तब द्रौपदी भीम को अपना दिव्य दैवीय रूप दिखाती है, वह सिंह पर सवार है, उसके हजार हाथ हैं। भीम यह देखकर उसके पैरों में पड़ जाता है।

हिन्दी में मैथिलीशरण गुप्त का 'जय भारत' और नरेश मेहता का 'महाप्रस्थान', धर्मवीर भारती का 'अंधायुग' काव्य नाटक, माखनलाल चतुर्वेदी का नाटक 'कृष्णार्जुन युद्ध', जयशंकर प्रसाद का 'जनमेजय का नागयज्ञ', शंकर शेष का 'कोमल गांधार', रामेश्वर प्रेम का 'शस्त्र संतान', नरेन्द्र शर्मा का काव्य 'द्रौपदी', राकेश शर्मा का 'युयुत्सु' जैसी अनेकानेक श्रेष्ठ और मौलिक कृतियां रची गईं।

मलयालम में 'महाभारत किलिपाट्टु', उल्लूर परमेश्वर का काव्य 'चित्रशाला', वासुदेवन नायर का 'रंटा भूषण', असमिया में नवारुण वर्मा का काव्य 'शरविद्ध अंधकार', ओड़िया में फकीर मोहन सेनापति का काव्य 'वेणी संहार' आदि प्रसिद्ध हैं।

उर्दू में महाभारत पर आधारित कोई 36 ग्रंथ हैं। इनमें सी.पी. खटाऊ का 'महाभारत' नाटक, बाबूराम वर्मा का 'द्रौपदी लीला', दीवान साहिब चंद का 'भीमसेन', ख्वाजा हसन निजामी का गद्य 'कृष्णबीती' बिल्कुल नयी दृष्टि से लिखा गया है जिस पर सूफी प्रभाव स्पष्ट देखा जा सकता है। मुंशी रियाजुद्दीन का 'अर्जुन प्रतिज्ञा' और 'वीर अभिमन्यु', जसवंत सिंह वर्मा का 'आर्य संगीत महाभारत' (नाटक) आदि का उल्लेख किया जा सकता है। गुजराती में न्हानालाल का 'कुरुक्षेत्र', क. मा. मुंशी का 'कृष्णावतार', प्रेमानंद का 'नलाख्यान' प्रसिद्ध हैं।

मराठी में 13वीं शती से ही महाभारत के अनुकरण और प्रेरणा से लिखी रचनाएं उपलब्ध होती रही हैं। संत ज्ञानेश्वर की गीता की मौलिक व्याख्या–'ज्ञानेश्वरी', मराठी का गौरव ग्रंथ है। इसके अतिरिक्त साने गुरुजी का 'आस्तिक', वि.स. खांडेकर का उपन्यास 'ययाति', शिवाजी सांवत का उपन्यास 'मृत्युंजय', रणजीत देसाई का उपन्यास 'राधेय' आदि प्रसिद्ध हैं। 'व्यास पर्व' में दुर्गा भागवत ने महाभारत का सुंदर विवेचन किया है।

इसी तरह बांग्ला में माइकेल मधुसूदन दत्त का नाटक 'शर्मिष्ठा', रवीन्द्र नाथ ठाकुर का 'कर्ण और कुंती', 'चित्राङ्गदा', बुद्धदेव बसु का 'महाभारत की कथा' आदि महत्त्वपूर्ण रचनाएँ और महत्त्वपूर्ण विवेचनाएं हैं।

ओड़िया में महाभारत अनेक रचनाओं का उपजीव्य रहा है। आधुनिक युग

में मधुसूदन राय का 'दुर्योधन रक्त नदी संतरण', फकीर मोहन सेनापति का 'वेणी संहार', प्रतिभा राय का 'याज्ञसेनी', हरप्रसाद दास का महाकाव्य 'वंश' आदि महत्त्वपूर्ण रचनाएँ हैं। कन्नड़ में भैरप्पा का उपन्यास 'पर्व', टी.पी. कैलासम् का नाटक 'कीचक', गिरीश कारनाड का 'अग्निमत्तु मले', नरसिंह शास्त्री देवडु का उपन्यास 'महाक्षत्रिय' प्रसिद्ध हैं। तमिल के सुब्रमण्य भारती का काव्य 'पांचाली शपथम्', वेंकट रामन् का 'नित्यकन्नि' (माधवी पर) उपन्यास, राजगोपालाचार्य का 'व्यासर विरुंद' महत्त्वपूर्ण रचनाएँ हैं।

पंजाबी में कृष्ण और भगवत् गीता गीतों में प्रस्तुत की गई है। अजायब कमल की लंबी कविता 'इकोत्तर सौ अक्खां वाला महाभारत' उल्लेखनीय है। इसमें आधुनिक अभिमन्यु का जिक्र है। महाभारत की सांकेतिक पृष्ठभूमि में आज के मनुष्य द्वारा लड़े जाने वाले महाभारत यानि दो परिवारों के बीच बंटवारे को चित्रित करने वाला मित्तर सेन मीत का 'कौरव सभा' उपन्यास महाभारत की प्रेरक शक्ति प्रकट करता है।

दुनियाभर की भाषाओं में महाभारत का अनुवाद हुआ है। थाईलैंड, जावा, सुमात्रा, इंडोनेशिया आदि की अनेक रचनाओं और कलाकृतियों में इसका प्रभाव देखा जा सकता है। जावा और थाईलैंड में तो महाभारत 'भारत युद्ध' के नाम से जाना जाता है। थाई में श्रीकृष्ण पर लिखी कविता, सावित्री पर लिखे नाट्यगान, 'नलचंड' आदि प्रसिद्ध हैं। इण्डोनेशिया की लोकप्रिय रंग-कला छाया नाटक की अनेक कथाएँ जिन्हें वायाङ् कहा जाता है, मुख्य रूप से महाभारत पर आधारित हैं। जावा में अर्जुन की बड़ी मान्यता है। अर्जुन विवाह और कर्ण पर काव्य हैं। प्रसंगवश यह सूचना महत्त्वपूर्ण है कि 'मध्येशिया से हिन्देशिया द्वीप समूह तक' मरने से पहले कब्र पर लिखने के लिए महाभारत के श्लोक चुने जाते हैं। इसे समस्या समाधान के लिए भी पढ़ा जाता है। पीटरब्रुक जैसे प्रसिद्ध निर्देशक ने 'महाभारत' पर फिल्म भी बनाई और नाट्य रूप भी दिया।

जिन रचनाओं का महाभारत उपजीव्य या प्रेरणा है या जो रचनाएं उसके विपर्यय, विखंडन आदि से रची गई हैं उनका केवल आभास मात्र ऊपर दिया गया है।

प्रश्न यह है कि एक कृति में अनंत सर्जनात्मक संभावनाएँ क्यों होती हैं? महाभारत के एक चरित्र से अनेक चरित्र, एक कथा से अनेक कथाएँ कैसे अपने चरित्र, स्वभाव और स्वरूप में एक दूसरे से भिन्न, यहां तक कि विपरीत होते हैं; या जब एक कथा से अनेक कथाएं निकलती हैं अथवा एक दृष्टि या मत

से अनेक दृष्टि और अनेक मतों का उद्‌भव होता है और विवेचना के भी अनेक स्तर, अनेक आयाम, अनेक जटिलताएँ और अनेक भंगिमाएं होती हैं? क्योंकि उसमें इतने आयाम होते हैं जिनसे नई सृष्टि संभव होती है। क्योंकि किसी सपाट, एक पक्षीय, जड़ और जिद्दी रचना से इतनी रचनाएं और विचार-वैभव का निकल पड़ना संभव नहीं है।

प्रश्न यह कि 'आखिर वे कौन से गुण सूत्र हैं, वे कौन-सी संभावनाएं और तत्त्व हैं जो अन्य रचनाओं के जन्म की प्रेरणा बनते हैं'– यहां तक कि पाठक के भीतर भी रचनाशीलता के गुण और छिपे अभ्यंतर को खोलते और बहुमुखी बनाते हैं? यह एक गंभीर चिंतन और अन्वेषण का विषय है। इसके कुछ प्रारंभिक पहलुओं पर हम विचार करें तो संभवतः महाभारत के सर्जना-उत्सों का उत्खनन हो सके।

महाभारत द्वारा अनेक रचनाओं को जन्म देने का पहला बड़ा कारण तो यह प्रतीत होता है कि यह एक उदार रचना है जो अपने स्रोत से जन्म लेने वाली किसी रचना की स्वायत्तता का हरण नहीं करती, किसी को 'अनुकरण' की लज्जा में नहीं बांधती, उलटे सर्जक को देश-काल की भिन्नता के बावजूद सृजन की मौलिकता के लिए मुक्त करती है। संक्षेप में वह लोकतांत्रिक अवकाश (स्पेस) देती है, जो किसी भी स्तर पर 'धर्मशास्त्र' कही जाने वाली दुनिया की कोई रचना नहीं देती। (यही वह सबसे बड़ी विभाजक रेखा है जो दुनिया के दो बड़े धर्मों इस्लाम और ख्रिस्त से हिन्दूधर्म को अलग करती है) संभवतः इसलिए कि यह धर्म, महाभारत, रामायण जैसी सर्जनात्मक कृतियों से रचा हुआ है जो धार्मिकता के बहाने लोक चेतना, संवेदना और जीवन की समग्रता के काव्य हैं।

दूसरा और महत्त्वपूर्ण कारण यह है कि यह एकायामी काव्य नहीं है। सभी प्रकार के ज्ञान, सभी प्रकार की धारणाओं, और भावों के लिए यहाँ अवकाश है और सब अपनी-अपनी दृष्टि से इसमें आश्रय पा लेते हैं। महाभारत की इस विशेषता की ओर बहुत पहले, 11वीं शती के आदि तेलुगु कवि नन्नय भट्ट ने ध्यान आकर्षित किया था। वे लिखते हैं : 'धार्मिक विचारक महाभारत को धर्मशास्त्र मानते हैं, आध्यात्मिक महापुरुष इसे वेदान्त कहते हैं, नैतिकतावादी इस ग्रंथ को नीतिशास्त्र और कवि पंडित इसे रस सिद्धक महाकाव्य मानते हैं, इतिहासकार तो इसे भारतीय इतिहास सिद्ध करते हैं, परम पुराण पण्डित इसे अनेक पुराण ग्रंथों का संग्रह मानते हैं।'

मराठी लेखिका दुर्गा भागवत कहती हैं : 'व्यास की धर्मावगुंठित कला की विशेषता यह है कि वह गुफा के शिल्प के समान देखने वाले की अपनी इच्छा तथा पात्रता के अनुसार अपना आंतरिक जगत दर्शक, पाठक या श्रोताओं के सामने खोल देती है।'

यद्यपि रामायण और महाभारत दोनों ही काव्य अनेक रचनाओं के उपजीव्य रहे हैं, जैसा दिनकर ने कहा है और तथ्य है भी। परंतु रामायण एक आदर्शवादी काव्य है जहां धर्म और अधर्म का बंटवारा है; परंतु जैसा पं. विद्यानिवास मिश्र कहते हैं कि 'महाभारत में धर्म-अधर्म का बंटवारा नहीं है। वहां छोटे धर्म और बड़े धर्म, तात्कालिक कर्त्तव्य और पारंपरिक कर्त्तव्य के गहन अंतर्द्वन्द्वों से बड़ी कीमत देकर उबरने की कहानी है।' परंतु यह उबरना भी कहां हो पाता है? महाभारत विचित्र विरोधाभासों से भरा है। व्यास कहते हैं कि 'सद्‌गुण किसी सुख, दु:ख, भय या लालच में नहीं छोड़ना चाहिए क्योंकि वे ही अविनश्वर होते हैं।' यदि ऐसा है तो महाभारत के कितने सद्‌गुणी पात्र सद्‌गुण छोड़ते दिखाई देते हैं। पर इन अंतर्विरोधों में धर्माधर्म और नीति-अनीति का अंत:सूत्र है। इसीलिए प्रतीत होता है कि इस काव्य में खुद ही एक जगह कही बात दूसरी जगह कट जाती है। परंतु बाहरी ये कटाव भी रचनाओं को जन्म देने का कारण हैं क्योंकि इनमें नियम की जड़ता नहीं है और कहीं अंत:साम्य भी है। यदि हरिवंश पुराण या विलियम जोन्स अपनी कविता में अपने धर्म की स्थापना करते हैं तो क्या महाभारत ने ही उन्हें यह अवकाश नहीं दिया है?

महाभारत में से असंख्य कृष्ण, सैकड़ों-हजारों कर्ण, अर्जुन, भीम, एकलव्य, द्रोणाचार्य, द्रौपदी, गांधारी, धृतराष्ट्र, दुर्योधन, संजय, भीष्म, ययाति निकले हैं और अत्यंत विविध और कहीं-कहीं मूल से इतने अलग कि विरोधी स्वरूप में भी दिखाई देते हैं। इसका एक बड़ा कारण यह प्रतीत होता है कि महाभारत का कोई चरित्र न सम्पूर्ण रूप से उजला है न काला। दुर्योधन खलनायक होते हुए भी सर्वथा खल नहीं है इसीतरह युधिष्ठिर परम सत्यवादी होते हुए भी किसी अवसर पर असत्य का आश्रय लेते हैं। व्यास मानते हैं कि कोई व्यक्ति पूर्ण नहीं है, यहाँ तक कि पूर्ण पुरुष कृष्ण भी। क्योंकि अंतत: ईश्वर ने स्वयं मनुष्य होना चुना है। अपूर्ण को ही तो बार-बार रचा जा सकता है। 'पूर्ण' तो सृजन की संभावना ही नष्ट कर देता है। संभवत: इसलिए आज भी महाभारत का स्रोत सूखा नहीं है, बल्कि कई अर्थों में अधिक प्रासंगिक हो गया है।

महाभारत की कथावस्तु, घटनाचक्र और प्रमुख पात्र ही नहीं गौण कथा और नगण्य पात्र भी काव्य में प्रतिष्ठित है। युधिष्ठिर के यज्ञ की राख में लोटने वाला नेवला कितने महान सत्य को व्यक्त करते हुए असाधारण हो गया है, इसी तरह दुर्योधन का वह अदना-सा भाई विकर्ण बड़े-बड़े दिग्गजों से बड़ा है जो द्रौपदी को भरी सभा में नग्न करते समय समस्त वीरों, नीतिज्ञों से प्रश्न करता है कि 'क्या यही धर्म है? क्या यही न्याय है? क्या स्त्री दांव पर लगाने की वस्तु है? विकर्ण के इन प्रश्नों से, मिश्र जी के शब्दों में ''महाभारत कीलित'' है। साधारण के भीतर असाधारण की सर्जनात्मक प्रतिष्ठा के और भी अनेक आयाम और अंत:करण हैं। जब राकेश शर्मा का 'युयुत्सु' महाभारत के सभी पात्रों से व्यावहारिक रूप से 'नैतिकता' का प्रश्न पूछ कर उन्हें बेचैन कर देता है तो क्या यह हर एक से पूछने योग्य प्रश्न नहीं है?

महाभारत में अनेक पात्र और ढेरों कथाएं हैं जो कर्म और कर्मदण्ड, कर्म और नियति, कर्म और विवेक-अविवेक वगैरह से जुड़ी हैं। परंतु एक काव्य-न्याय भी है: जो संसार के न्याय से अलग, रचनाकार के विवेक से संबोधित है; जिसे वह कथा-रूप देता है। यही बात हम वासुदेव की हत्या में देखते हैं। जाहिर है ईश्वर भी मनुष्य बनना स्वीकार करने पर उसकी नियति और अंत से बच नहीं सकता। यह काव्य-न्याय भी है। यदि महाभारत का रचयिता व्यास जैसा निस्पृह, साहसी, तपस्वी नहीं होता तो परात्पर वासुदेव के इस 'अंत' को टाल देता, भले ही इससे एक सार्थक कथ्य की हत्या हो जाती। इस काव्य-न्याय और काव्यान्त ने न जाने कितने सर्जकों को उत्प्रेरित किया है।

महाभारत जीवन का अनुसरण करता है, किसी फार्मूले का नहीं, इसीलिए इसका एक भी चरित्र 'टाइप' नहीं है। एक गतिशील रचना में कुछ भी टाइप नहीं हो सकता। हम किसी भी पात्र को किसी कर्म या गुण का प्रतीक नहीं मान सकते। क्या युधिष्ठिर सत्य के या अर्जुन वीरता के, या कृष्ण परमात्मा के, विदुर नैतिकता के, शकुनि नीचता के, धृतराष्ट्र अंधता के पूर्ण प्रतीक हैं? क्या युद्ध भी युद्ध का प्रतीक है? हर व्यक्ति, हर कर्म में आपको कवि की ऐसी आलोचक आंख दिखाई देगी जो दुनिया की औसत निगाह से अलग है। इस ग्रंथ में ऐसे सैकड़ों उदाहरण हैं, जहाँ आपके भीतर का 'टाइप' टूटता है। सबकुछ देख कर लगता है कि तुलसी का यह कहना कितना सच है :

'सगुन खीर अवगुन जल ताता।
मिलइ रचइ परपंचु विधाता।।'

महाभारत भी व्यास का 'सृष्टि प्रपंच' है, वह कैसे 'सगुन' और 'अवगुन' में एकल स्थिर रह सकता है! अगले सृष्टि विधानों का बीज इसमें भी है, देश-काल-प्रतिभा-दृष्टि के अनुरूप चयन की यह एक खुली जमीन है।

रचना-शिल्प को आधार मानकर महाभारत को सिर्फ तीन लोगों द्वारा बांची कथा के तीन स्तर तक सीमित नहीं करना चाहिए। उसके अनेक स्तर हैं। जिस काव्य में भारत के सारे अनुशासन, प्रज्ञा और उसके मूल्य गुंथे हों; जिसमें कल्पना, पराकल्पना के तत्त्व छिपे हों उसका इकहरा या तिहरा पाठ संभव भी नहीं। उसके अनेक पाठ हो सकते हैं। हालांकि किसी भी नये पाठ से हम यह उम्मीद जरूर करते हैं कि वह उस प्रतिज्ञा का निर्वाह करेगा जो मूल रचना में कहीं न कहीं अपना कोई अर्थ विकीर्ण करती है। इससे स्वयं रचित नए पाठ को भी एक रचनात्मक बल मिलता है।

कविता में निहित फैंटेसी, मिथक या पुराण-वृत्ति को पहचानना शायद इसलिए जरूरी है कि रचना कोई तात्कालिक उपक्रम नहीं है; और जहां तक महाभारत का सवाल है, वह एक ऐसी रचना है जिसकी क़ालजयिता का रहस्य यह भी है कि वह युग-युग में अपने विभिन्न रूप, रंग और प्रयोजन में व्याख्यायित, विवेचित और ग्रहीत होने के लिए खुली है और स्वयं को भी अतिक्रांत करती है।

महाभारत की उक्तियों, संवादों, घटनाओं और लयात्मक अन्विति के भीतर कविता के उत्स देखे जा सकते हैं; परंतु उसमें निहित फैंटेसी, मिथकीय तत्त्व, युगंधरी रूपकात्मक विन्यास और गीता की प्रस्तुति अत्यंत नाटकीय और काव्यात्मक है। कौरव-पाण्डवों की विशाल सेना के बीच रथ ले जाने का अर्जुन का आग्रह–'सेनायोरुभयोर्मध्ये रथं स्थापय मेच्युत।' और कृष्ण का दोनों के बीच रथ ले जाकर अर्जुन के प्रश्नों का लम्बा और बहुमुखी समाधान एक तरह से व्यापक संबोधन तो है ही-अत्यंत रोमांचक भी है। उद्वेलित सेनाओं के बीच-जैसे दो उत्ताल समुद्रों के बीच– कोई दुःसाहसी रेखा खींचकर ज्ञान-चर्चा करे अथवा दो शत्रु सेनाओं के बीच 'नोमेन्सलेंड' पर कर्म, ज्ञान, संन्यास जैसे निगूढ़ तत्त्वों की व्याख्या करे, यह अपनेआप में एक फंतासी है, एक विचित्र और अद्वितीय करिश्मा, जो चमत्कृत, आकर्षित और स्तब्ध करता है। इसके औचित्य पर हम स्थूल तर्कों से विचार नहीं कर सकते।

महाभारत में विलक्षण बहुकोणीय पात्र-सृष्टि, रोचक आख्यानकता, नाटकीय स्थितियां, वृत्तकथन, मिथकीयता, फैंटेसी, अलंकृति और कहीं-कहीं सहज

कला–यानी कुल मिलाकर विराट, बहुस्तरीय और चमत्कारी स्थापत्य है; धर्म, नैतिकता, तत्त्व मीमांसा और ज्ञान के अनेक पक्षों, अनुशासनों की अभिव्यक्ति और व्यंजना है; विरोध, विसंगति और विद्रूप के प्रति सहिष्णुता है; ये चीजें सृजन को वस्तु और प्रेरणा देती हैं।

इसका यह अर्थ नहीं कि महाभारत कच्चे माल का जखीरा है (जैसा कि कुछ विद्वानों का मत है)। वस्तुतः यह कृष्ण द्वैपायन व्यास की मेधा और परिपक्व प्रतिभा का विस्फोट है, जो किनारों में बँधी नदी की तरह नहीं, बल्कि एक विराट् समुद्र की तरह तलातोम है–अपार, अदम्य, अगाध–हर पल गर्जना करता। यह शक्ति और वेग का काव्य है। इसमें अग्रसर होती सभ्यता के तमाम मद–मोह, मिश्रण, तनाव, आपाधापी, अशांति, ईर्ष्या और सर्वनाशी युद्ध है। परंतु युद्ध जीवन का अंत नहीं है न निष्कर्ष, जीवन इसके पार जाता है, स्वर्ग, नर्क या मोक्ष उत्तरजीवन के भीतर निहित अनेक अभिप्राय हैं। मानवीय कर्मों के मूल्यांकन हैं। ये अपने में मिथक हैं, जीवनार्थ की व्यंजनाएं हैं। नीति और अनीति; सच और झूठ; भौतिकता और आध्यात्मिकता; स्वार्थ और परमार्थ का स्तब्ध कर देने वाला ताना–बाना बार–बार उधेड़ने, बार–बार उसकी सर्जनात्मक व्याख्या करने की लालसा जगाता है। कथा, काव्य और चरित्रों की जटिलता और अनबूझ पहेलियाँ, सम्बन्धों की विचित्रता और अनेक पराकाष्ठाएँ हर युग के रचनाकार के सामने चुनौती खड़ी करती हैं और स्वयं अपने समय को दर्पण दिखाती हैं।

महाभारत में इतिहास तो एक ज़मीन है, जहाँ रचनाकार के 'काव्य की जड़ें हैं।' इतिहास काव्य नहीं है–महज एक कथा है। मिथक भी कथ्य नहीं है कथा की ओर इशारा करनेवाली उंगली है। इनके संश्लेष से आख्यान बनता है।

इतिहास और पुराण (मिथक) का संश्लेष

इसमें संदेह नहीं कि महाभारत व्यापक अर्थ में हमारा जातीय इतिहास है, पर भारत में इतिहास की वही अवधारणा नहीं रही जो पश्चिम की है। यहां पूर्ववृत्त को इतिहास कहा जाता था अर्थात् उस स्मृति का जो भौतिक ही नहीं आध्यात्मिक जगत तक भी जाती है :

> धर्मार्थकाममोक्षाणामुपदेशसमन्वितम्।
> पूर्ववृत्तं कथायुक्तमितिहासं प्रचक्षते।। (आप्टे, कोश)

और सिर्फ यहीं तक नहीं, भविष्य तक भी। महाभारत के प्रस्तोता सौति (उग्रश्रवा) इसे इतिहास ही नहीं, पुराण भी कहते हैं और यह भी कि यह भूत ही नहीं, भविष्य तक भी जाता है:

> इतिहासपुराणानामुन्मेषं निर्मितं च यत्।
> भूतं भव्यं भविष्यं च त्रिविधं काल संज्ञितम्।। आदि. 1/63
> धर्मार्थकाममोक्षार्थः समासव्यासकीर्त्तिनेः।
> तथाभारत सूर्येण नृणां विनिहतं तमः।। आदि. 1/85

—व्यास ने महाभारत को सूर्य के समान अज्ञान के अंधकार को नष्ट करने के लिए लिखा है। इस ग्रंथ में इतिहास और पुराणों का मंथन करके उनका प्रशस्त रूप है। भूत, वर्तमान और भविष्य तीनों का वर्णन हुआ है। यही भारत में 'स्मृति' का व्यापक अर्थ है जो इतिहासस्थानीय है।

महाभारत काव्य है, जिसमें स्वप्न और सौंदर्य के अनेक उपादान हैं। जहां तक मूल कथा का प्रश्न है, उसका आधार ऐतिहासिक है, क्योंकि इसके अनेक पुरातात्त्विक और लौकिक प्रमाण हैं, लेकिन इसके काव्यत्व और जीवनार्थ में कल्पना, स्वप्न और मिथकीयता की भूमिका रही है।

'मिथक' मानव जीवन के आद्य स्वप्न हैं। कुमारस्वामी इन्हें जीवन के

'प्रथम सत्य' कहते हैं। वे मन के रूपकात्मक बिम्ब हैं। उनमें आवरण के नीचे सत्य छिपा है। जब पुराणों में 'धर्म' का विवाह 'श्रद्धा' या दक्ष की बेटियों से होता है तो वे भले ही व्यक्ति-रूप में 'धर्म' और 'श्रद्धा' हैं; परंतु उनका प्रतीकार्थ धर्म और श्रद्धा संबंधी अवधारणा है। महाभारत में धर्म से कुंती को युधिष्ठिर मिलते हैं, क्या वे महज व्यक्ति-बिम्ब हैं? युधिष्ठिर यहाँ 'धर्म' का रूपायन है। इसलिए यदि इन बातों को परिभाषित करें तो कहेंगे कि ये मानवता के मौलिक सत्यों का रूपात्मक कल्पना-विधान हैं। व्यास ने कोशिश की है कि महाभारत के पात्रों और कथा-रूपों को लौकिक दृष्टि से भी तार्किकता दें, परंतु इन्हें एक बद्ध तार्किकता में हू-ब-हू समझने की कोशिश व्यापक प्रयोजन और अंत:अर्थ को एक तरह से न समझने के बराबर है। प्राप्त और प्राप्तव्य के बीच या पंथ और गंतव्य के बीच का जो अवकाश है, वहां मिथकों का वास होता है, कई बार मिथक रचना के भीतर का सांकेतिक अर्थ वहन करते हुए रचना को विचित्र दीप्ति देते हैं जैसे कोई घने जंगल की यात्रा कर सहसा खुले आकाश में आ जाए।

डॉ. नगेन्द्र ने लिखा है–'महाकाव्य अपने-अपने देश के राष्ट्रीय इतिहास पर आधृत अवश्य हैं, परंतु उनमें जातीय मिथकों का अंतर्गुंफन प्रारंभ से अंत तक मिलता है। इलियड-ओडेसी में यूनानी मिथकीय कथाएँ अनुस्यूत हैं और रामायण, महाभारत में भारतीय मिथकों का तानाबाना आरंभ से अंत तक बुना हुआ है जो पहले मौखिक रूप में प्रचलित थीं' (भारतीय महाकाव्य संपा.–डॉ. नगेन्द्र पृ. 9) इलियड ओडेसी में जातीय युद्ध है महाभारत में धर्मयुद्ध। 'धर्मयुद्ध' के भीतर ही मिथक की व्यंजना है।

महाभारत में मिथकीय तत्त्वों के आधिक्य का कारण विभिन्न प्रतिभाओं का उसमें योगदान और रचना की दीर्घकालीन यात्रा भी है, क्योंकि कुछ अन्वेषकों के मत में महर्षि कृष्ण द्वैपायन व्यास ने अपने शिष्य वैशम्पायन को 8 हजार श्लोकों का 'जय' काव्य सुनाया था, जो वैशम्पायन द्वारा 24 हजार श्लोकों का 'भारत' बना, जिसे सौति (उग्रश्रवा) ने एक लाख श्लोकों में बदल दिया। परंतु सौति अपने श्रोताओं से कहते हैं कि व्यास के शिष्य वैशम्पायन ने जिस महाभारत का प्रवचन किया था, वही एक लाख श्लोकों का महाभारत आप मुझसे सुनिए :

शिष्यो व्यासस्य धर्मात्मा सर्ववेदविदां वरः।
एकं शत सहस्रं तु मयोक्तं वै निबोधत।। (आदि. 1-/109)

और भी :

इदं शत सहस्त्रं तु लोकानां पुण्यकर्मणाम्।
उपाख्यानैः सह ज्ञेयमाद्यं भारतमुत्तमम्।। (आदि.1-/101)

उपाख्यानों सहित एक लाख श्लोकों के इस उत्तम ग्रंथ को आद्य भारत (महाभारत) जानना चाहिए।

और हम भी उसी रूप में महाभारत का अध्ययन कर रहे हैं, जिस रूप में वह आज हमें प्राप्त है। कहते हैं कि ग्रंथ को यह स्वरूप सात सौ वर्षों में मिला है। (चिंतामणि विनायक वैद्य के अनुसार इसका प्रथम रचनाकाल ई. पूर्व 3031 और अंतिम ई.पू. 320 से सन् 200 के बीच का है।) महाभारत के विस्तारक वैशम्पायन और सौति उद्भट और प्रतिभावान थे, तभी उसकी काव्यात्मकता, स्तरीयता और विजन में विविधता तो है, प्रायः विषमता नहीं आने पाई है, फिर भी काल के बदलाव से विभिन्न आचार-विचारों का प्रभाव तो देखा ही जा सकता है। मोटे तौर पर आदि पर्व का बहुत-सा भाग, अनुशासन और शांतिपर्व बाद में जोड़ा हुआ कहा जाता है।

कथावस्तु अनुस्यूत संदर्भित कथाओं को जो कई जगह मिथकीय हैं, प्रक्षिप्त, मान भी लिया जाए तब भी वे कथाओं के अनेक फ्लाईओवर और अंडरग्राउंड पुल होंगे और कारण-कार्य के अंतर्हित संयोजनों का प्रयास। अप्रासंगिक प्रतीत होनेवाली कथाएं और घटनाएं, अन्यत्र इस तरह प्रकट होती हैं कि उनकी अंतर्हित सम्बद्धता देखकर चकित हो जाना पड़ता है। हमें उनके विकास का ताना-बाना मुग्ध कर देता है। मिथकीय कथाएं महाभारत में एक युक्ति भी हैं और वस्तु-भाग भी, अदृश्य को प्रकट करने का एक अतरंग विधान भी और कला की चमत्कृति का माध्यम भी। कहीं न कहीं वे ऐसा संसार रचती हैं जिनके सहारे हम जिज्ञासु बने रहते हैं।

महाभारत की ऐसी तमाम कथाओं, घटनाओं और प्रसंगों के हर बार नए अर्थ खुलते हैं—और दृश्यमान विसंगतियां अपनी संगति के लिए लंबी प्रतीक्षा करवाती हैं। कुछ उदाहरण देखें—भला बताइए कि महर्षि दुर्वासा क्वांरी कन्या कुंती को बिना मांगे वरदान स्वरूप ऐसा मंत्र क्यों देते हैं, जिसका आह्वान करने पर कोई भी देवता आकर उसे पुत्र दे सकता है। पल भर को हम सोचते हैं कि यह अवांछित वरदान क्यों थोपा गया है? परंतु हमें तब इसका औचित्य दिखाई पड़ता है, जब कुंती को निर्बल और अक्षम पांडु के लिए पुत्र उत्पन्न करने होते

हैं। इतना ही नहीं सपत्नी माद्री को भी उपलब्ध कराना पड़ते हैं। यदि यह वरदान नहीं दिया जाता तो काव्यात्मक इतिहास की यह गाथा यहीं समाप्त हो जाती। और सहसा असमय राज्य छोड़कर पांडु का पत्नियों को लेकर वन जाना बेतुका लगता। इसी तरह इस वरदान के कारण कर्ण का जन्म अनेक मनोसामाजिक प्रश्नों के साथ पूरे काव्य में विडम्बनाओं की सृष्टि करता है और अपने विकास-क्रम के कारण आज भी हमारी चिंता और क्षोभ का केन्द्र बना हुआ है। इन घटनाओं का तारतम्य हम तभी बिठा पाते हैं, जब परिणाम सामने आते हैं और हम उन कारणों को मूल कथा या घटना से जोड़ते हैं, तभी अनुभव करते हैं कि उसके घटित न होने के कैसे भयंकर दुष्परिणाम होते।

पांडु से जुड़ी कंदुम ऋषि की कहानी लें। यह क्यों है? महाभारत कहीं खुलकर नहीं कहता कि पांडु पुंसत्वहीन है, जबकि बचपन से पीले पड़ने का अर्थ क्या है? विवाह होने और हस्तिनापुर में रहने के दौर में उनसे दो-दो रानियों को कोई संतति क्यों नहीं हुई? उनके विलास का उल्लेख मिलता है, पर किसने कहा कि विलास में गर्क व्यक्ति संतान उत्पन्न नहीं कर सकता? राजा पांडु राज्यभार धृतराष्ट्र पर छोड़कर वन क्यों चला जाता है? पत्नियां साथ क्यों हो लेतीं हैं? वास्तव में कवि, राजा को संतानोत्पत्ति में असमर्थ कहना नहीं चाहता। कंदुम ऋषि की कथा इसीलिए जोड़ी गई है कि पांडु की असमर्थता छिप जाए। तभी कुंती उसे अपने वरदान का रहस्य बताती है और वह 'देव कृपा' प्राप्त करने की अनुमति दे देता है। इसे आप देव-कृपा कह दीजिए या दिव्य पुरुषों का नियोग के लिए आमंत्रण।

वन के एकांत में इन बातों की पुष्टि कौन करे! कैसे दो विचित्र और विषम योगों से कथा के मूल प्रवाह को आगे बढ़ाया गया है और कैसे कुंती तथा माद्री के पातिव्रत्य और पांडु के पुंसत्व-भ्रम की रक्षा करते हुए तात्कालिक समाज में प्रचलित प्रथा के अनुसार कुंती और माद्री को पुत्रवती बना दिया गया है; वह भी ऐसे पुत्रों की माता, जो कई अक्षौहिणी सेना से भिड़ सकने वाले महावीर और दिव्य शक्ति संपन्न असाधारण हैं और इतिहास और भविष्य पर अपनी अमिट छाप छोड़ते हैं। ऐसे तो देव-पुत्र ही हो सकते हैं।

ऐसी ही विचित्र अंतःकथा द्रौपदी से संबंधित है। कवि द्रौपदी के पांच भाइयों से अस्वाभाविक विवाह को पिछले जन्मों से जोड़ते हुए उससे उठने वाले नैतिक, पारंपरिक, सामाजिक प्रश्नों का निपटान कर देता है। यह प्रश्न स्वाभाविक है कि जिस वंश में युधिष्ठिर जैसा धर्मावतार हो वहां भी यदि अन्यायपूर्ण और

अनैतिक कार्य हो तो उसके धर्मराजत्व की रक्षा कैसे होगी? यहाँ विडम्बना यह भी है, कि स्वयं धर्मराज परोक्षरूप से इस निर्णय में शामिल हो जाता है। इन समस्याओं के निवारण के लिए ही शिव के पूर्वजन्म के वरदान (या शाप) की यह अवश्यंभावी परिणति दिखाई गयी है। लगता है पांडवों का ब्राह्मण बनकर भिक्षाटन करने का रहस्य केवल यही नहीं था कि वे अपने को कौरवों से छिपाना चाहते थे, बल्कि (अधिक सटीक) यह है कि उन पांचों का द्रौपदी के साथ विवाह होने की वह पूर्वपीठिका थी। यदि वह न होता तो यह भी न होता।

द्रौपदी के अग्नि से उत्पन्न होने की घटना, उसके आद्यंत तेजस्विता में प्रज्वलित होने के कारण ही कोई उसे दुर्भाव से छूकर बिना जले रहा, भले वह दु:शासन हो, जयद्रथ हो, कीचक हो या दु:शासन और दुर्योधन। जिसे जलाना होता है कवि द्रौपदी से छुला देता है। द्यूत की घटना से पूरा कौरव वंश उसके स्पर्श की जद में आ गया था।

कर्ण जैसा अप्रितम व्यक्तित्व कवि ने खड़ा किया। पांडवों और उनकी सेना में उससे कौन टक्कर ले सकता था? यहां तक कि इंद्र सहित देवता भी उसे नहीं जीत सकते थे-'कर्णो हि समरे शक्तो जेतुं देवान् सवासवान्।' (महा. 23-24/32)। अर्जुन भी उससे उन्नीस ही था, तो उसके सामने विद्या के बहाने विद्यानाश का ऐसा पहाड़ खड़ा कर दिया गया कि गुरु परशुराम के शाप से उस समय वह 'प्राप्त विद्या' भूल गया जब उसके लिए अनिवार्य थी। कुछ देर के लिए यह भी मान लें कि कर्ण के पास ब्रह्मास्त्र हो न हो, इससे उसे क्या फर्क पड़ता है-वह अप्रतिम वीर है, प्राप्त अस्त्र-शस्त्रों से ही उसे वीरता प्रदर्शित कर देनी थी। पर नहीं, कैसे करता? उसने अनजाने ब्राह्मण की गाय का वध जो कर दिया था, जिसने कर्ण को शाप दे दिया था कि अर्जुन से युद्ध करते समय उसके रथ का पहिया भूमि में धंस जाएगा।

एक कर्ण का वध करने के लिए इतने सारे उपक्रम! इतने षड्यंत्र! इंद्र वेश बदलकर उसके शरीर में जड़ित कुंडल-कवच निकलवाकर दान में ले जाता है; परशुराम अपनी दी हुई विद्या की उपादेयता, शाप देकर समाप्त कर देते हैं; ब्राह्मण ऐन युद्ध के समय रथ का पहिया जमीन में धंसने का शाप दे देता है; कृष्ण घटोत्कच को उससे लड़ाकर उसके (केवल एक बार प्रयोग किए जाने वाले इंद्र से प्राप्त) अमोघ अस्त्र को खत्म करवाकर अंतिम उपाय से भी निरुपाय बना देते हैं और रही-सही कमी धर्मराज पूरी कर देते हैं, जो शल्य से अपने संबंध के बदले यह वचन ले लेते हैं कि कर्ण का सारथी बनने पर वह उसके मनोबल

को अपने कटु वचनों से तोड़े, और विडंबना देखिए कि उसी शल्य को कर्ण आग्रह से अपना सारथी बनाता है। रक्षा कवच गया, ब्रह्मास्त्र विद्या गई, अमोघ अस्त्र गया, युद्ध के चरम पर रथ का पहिया जमीन में धंस गया–शायद इतना काफी नहीं था तो कृष्ण ने युद्ध की नैतिकता पर अवसरवादिता का पर्दा डालते हुए अर्जुन से उसी समय, युद्ध–नीति के विरुद्ध शस्त्र–संधान करवा दिया। कर्ण की पराजय हुई या हत्या? कर्ण की अपराजेयता को पराजेयता में बदलने के लिए मिथकों, संयोगों और शापों के कितने अनजान सूत्र पिरोए गए! इंद्र और कृष्ण, गुरु परशुराम, परमवीर अर्जुन, धर्म के प्रतीक युधिष्ठिर, ब्रह्मशक्ति संपन्न ब्राह्मण, भीम–हिडिम्बा का दानव–पुत्र घटोत्कच–सबका मानो एक ही लक्ष्य था– कर्ण। एक महामानव को निर्जीव करने में युग की कितनी सकारात्मक और नकारात्मक शक्तियां लगती हैं! ये सब मिलकर एक तरह से कर्ण की महत्ता का ही उद्घोष करती हैं।

शिखंडी का किस्सा अम्बा से आरंभ होता है जो जन्म–जन्मांतर से वैर की गांठ बांधे है। वह भीष्म को मिटाकर रहेगी, चाहे उसे वर्षों भूखा रहकर तपस्या करना पड़े, आग में जलना पड़े, स्त्री होकर जन्म लेना पड़े, यक्ष से पौरुष उधार लेना पड़े। अम्बा की समूची रचना मिथकीय है और इसीलिए कथा के भीतर कथा का एक विचित्र ताना–बाना बुना गया है। यदि ऐन वक्त पर यक्ष प्रसन्न होकर उसको पुरुष रूप न देता तो वह स्त्री घोषित हो जाती। फिर युद्ध कैसे करता! यक्ष पर कुबेर नाराज होकर उसका स्त्रीत्व स्थायी बना देता है, तो शिखंडी का पुरुषत्व भी स्थाई हो जाता है। वह महासमर में एक वीर योद्धा की तरह भाग लेता है और भीष्म वध की उसकी प्रतिज्ञा पूरी होती है। अन्यथा इच्छा मृत्यु का वरदान प्राप्त अप्रतिम महारथी को कौन मार सकता था? और भीष्म न मारे जाते तो महाभारत कभी पांडवों के पक्ष में समाप्त न होता। पांडु, कर्ण और भीष्म की कथाओं में जो मिथकीय तत्त्व है वह उनकी लाज और व्यक्तित्व को अक्षुण्य रखता है।

और विचित्र हैं भीष्म! जिनका पूरा शरीर घायल है, शरशय्या पर पड़े हैं और पड़े–पड़े, एकदम सचेत–प्रज्ञा से राजनीति, धर्म वगैरह के प्रश्नों का उत्तर 57 दिन तक देते रहते हैं।

दुर्योधन की सृष्टि एक सशक्त प्रतिनायक के रूप में की गई है। जैसे नायक को बचाने के लिए रचनाकार कई तरह के उद्यम करता है, वैसे ही प्रतिनायक के वध को भी वह उसकी अक्षमता से नहीं, उन बाध्यताओं से रचता

है, जो उसकी वीरता और शक्ति पर आंच नहीं आने देती। जीवन में एक बार दुर्योधन की प्राण-रक्षा के उद्देश्य से गांधारी उसे लौहवत् बनाने के लिए, कुछ क्षणों के लिए आंख की पट्टी खोलती है, परंतु उसके पहले ही कृष्ण, दुर्योधन को नंगा देखकर उससे कहते हैं–"शर्म नहीं आती मां के सामने ऐसे नंगा जाएगा"– तो दुर्योधन कुछ पत्तों वगैरह से लंगोट जैसा पहन लेता है। मां पट्टी खोलती है और वह भाग ढंका होने के कारण उस पर गांधारी की दृष्टि नहीं पड़ती। अजेय योद्धा दुर्योधन को भीम गदा-युद्ध में इसी कच्चे भाग पर प्रहारकर भूशायी कर देता है। इस तथ्य को क्योंकि केवल कृष्ण जानते हैं, इसीलिए अंतिम क्षण में उन्हें अर्जुन के माध्यम से भीम को संकेत करवाना पड़ता है।

दुर्योधन एक ऐसा जटिल चरित्र है जो कवि के काव्य-न्याय को भी प्रकट करता है और सच तो यह है कि जब तक समान प्रतिद्वंद्वी न हो, युद्ध का वास्तविक प्रयोजन सिद्ध नहीं होता, इसलिए रचनाकार प्रतिनायक की रचना में भी उतना ही सतर्क रहता है, जितना नायक की रचना में। दुर्योधन से अंतिम युद्ध के अवसर पर युधिष्ठिर जिस मूर्खता और फूहड़ता का प्रदर्शन करता है उससे वह अपनी गरिमा खोकर क्या दुर्योधन के स्तर पर नहीं आ जाता? यहाँ कवि का रचनात्मक कौशल देखते ही बनता है।

अर्जुन जैसे वीर के साथ कैसी विसंगति घटित होती है कि उसे एक वर्ष तक किंपुरुष बनने का शाप सुंदरी उर्वशी से मिलता है। इस शाप का कोई उद्देश्य प्रतीत नहीं होता। यह चिढ़कर अभिशप्त करने जैसी चेष्टा लगती है। परंतु इस शाप की सार्थकता तब प्रकट होती है, जब अर्जुन को अज्ञातवास में विराट की राजकुमारी को नृत्य की शिक्षा देने को इसीलिए रखा जाता है कि वह हिजड़ा है।

उसी तरह भीम से युद्ध करने के अभ्यास के लिए दुर्योधन द्वारा बनवाई गई भीम की मूर्ति राजभवन में रखी रहती है। वैसे तो इससे केवल दुर्योधन का आक्रोश और एक मात्र प्रतिस्पर्द्धी की शिनाख्त होती है, पर क्या मालूम था कि युद्ध जीतकर आए पांडवों का आलिंगन करने के बहाने पुत्रहीन, क्रोधित धृतराष्ट्र द्वारा भीम का आलिंगन करते हुए उसे चकनाचूर करने से बचाने के काम आएगी? ठीक इसी समय कृष्ण अंधे के सामने भीम की लोहे की मूर्ति रख देते हैं और पूर्व योजनानुसार धृतराष्ट्र उसे बाहों में भींचकर टुकड़े-टुकड़े कर देता है। प्रश्न, बल की तार्किकता या घटना की स्वाभाविकता का नहीं है, क्योंकि यह मिथ है, संकेत है, प्रतीक है। यही यहां देखने की चीज है कि कवि एक कथा

या घटना का दूसरी कथा या घटना से किस कौशल से अंत: संबंध स्थापित करता है।

क्या कृष्ण के बिना महाभारत संभव है? कृष्ण अनेक चमत्कारों, युक्तियों और अतिमानुषीय क्षमताओं से परिपूर्ण हैं। महाभारत में उनका चरित्र स्पष्टत: तीन स्तरों पर है–मानवीय, अतिमानवीय और दैवीय। एक में जब अनेक की प्रतीति होती है तो स्वयं मिथक का जन्म हो जाता है। कृष्ण के कितने रूप हैं? महाभारत मानता है, 'यतो धर्मस्ततो जय:'। जहाँ 'धर्म' है वहीं 'जय' है। यही तो कहा था गांधारी ने दुर्योधन से। परंतु महाभारत में ही यह भी कहा गया गया है कि 'यत: कृष्णस्ततो धर्म:'–जहाँ 'कृष्ण' है वहीं 'धर्म' है। इसका अर्थ तो यही है कि कृष्ण जो भी करे वह चाहे दृश्यमान 'अधर्म' हो–मूलत: धर्म ही है। क्योंकि यह युद्ध धर्म के लिए है। यह बीहड़ रास्ता उस मत से अलग है, जो कहता है–'Every thing is fair in love & war'। पहेली यह है कि दुर्योधन जो करता है 'अधर्म' है, कृष्ण जो करता है 'धर्म' है। प्रश्न ऊपर से दिखने का नहीं, अंत:अर्थ का है। धर्म की विजय के लिए जो कुछ किया जाता है 'धर्म' है, अधर्म की विजय के लिए जो किया जाता है 'अधर्म' है। इस जटिलता को सामान्य मानवीय नियमों से नहीं समझा जा सकता। सच है–धर्म अंधी गुफा है, सहज गम्य नहीं है।

कृष्ण का एक और मिथकीय रूप है–मुँह में 'विश्व-रूप' दिखाना और विश्वरूप कैसी-कैसी, सम-विषम अद्‌भुतताओं और ज्वालाओं का पुंज है। देखकर अर्जुन घबरा गया, कहा–"कृष्ण, आप अपने मूल रूप में आ जाएँ–कृपा कर।"

महाभारत के भीतर जो विश्व-प्रपंच है वह 'विश्व-रूप' और 'समुद्र मंथन' में है। ये मिथकों को डिकोड करने से ही समझे जा सकते हैं।

एक ओर तो द्रौपदी से कृष्ण कहते हैं कि मैं मथुरा से दूर युद्ध में व्यस्त था, इसलिए द्यूत रोकने न आ सका, वहीं वे ठीक उसी समय द्रौपदी का चीर बढ़ाते हैं? वे हैं भी और नहीं भी हैं।[1] यदि वे अनुपस्थित होकर एक जगह उपस्थित हो सकते हैं तो दूसरी जगह क्यों नहीं? वे घटना को घटने देते हैं, चीजों को पराकाष्ठा पर पहुंचने देते हैं और जब मनुष्य के हाथ से वे निकल चुकी होती

---

1. गुजराती के हरीन्द्र दवे ने तो उपन्यास ही लिखा है– 'माधव कहीं नहीं है।' और मराठी शिवाजी सावंत उन्हें युगन्धर के रूप में रचते हैं।

हैं तो थाम लेते हैं। वे यदि उत्तरा के गर्भ में मृत पुत्र को जिला सकते हैं तो ब्रह्मास्त्र को उस पर चलते हुए रोक क्यों नहीं सकते? वे द्रौपदी के खाली अन्नपात्र में चिपके साग के एक पत्ते को खाकर दुर्वासा के दस हजार शिष्यों को तृप्त कर सकते हैं तो उन्हें इस परीक्षा के लिए आने ही क्यों देते हैं? अंत में गांधारी ने कृष्ण को यह कहकर शाप दिया था कि तुम चाहते तो युद्ध रोक सकते थे (और यह सच था।), पर कृष्ण ने युद्ध और नरसंहार होने दिया और अपने युग की महान किंवदंतियों को मृत्यु के मुख में पड़ने दिया, पर युद्ध नहीं रोका। वे कई जगह युद्ध के नियमों का उल्लंघन करते हैं, छल करते, झूठ बोलते और नृशंस कर्म में भाग लेते हैं, पर युद्ध नहीं रोकते। गीता में वे सारा युद्ध अपने भीतर घटित बताते हैं। कर्म-मार्ग, भक्ति-मार्ग, ज्ञान-मार्ग का और भाँति-भाँति के दर्शन, नीति, धर्म के उपदेश देते हैं। अपना मुंह खोलकर अर्जुन को पूरी सृष्टि दिखाते हैं– पर युद्ध नहीं रोकते, बल्कि मानव-समूहों को विभाजित कर प्रत्यक्ष हिंसा-प्रतिहिंसा में झोंक देते हैं। गीता इसलिए भी महाभारत से अनुस्यूत है कि वह कृष्ण के ऐसे कर्मों की व्याख्या करती है और सृष्टि के जन्म और नाश का रहस्य बताती है।

ईश्वर सबको कर्म में लगा देता है, यही सृष्टि-चक्र है। एक-दूसरे से टकराने-जूझने के लिए मुक्त कर देता है और इस लीला में स्वयं भी शामिल होकर पाप-पुण्य में लथपथ होता है। वह अन्याय, अधर्म या असत् की चरमसीमा देखता है, और जब न्यायधर्म और सत् की पराजय निश्चित हो जाती है, तब वह स्वयं उपस्थित हो जाता है। वह असंभव को संभव कर सकता है, इसे प्रमाणित करने के लिए वह असंभवताओं को पूरी यात्रा करने देता है। धर्म या सत्य जब पराजय की चोटी पर पहुंचता है, तब वह अधर्म और असत्य के सहारे भी उसे बचाता है। वह असत्य और अधर्म तो संसार को दिखाई पड़ता है, परंतु वे अंतःसूत्र दिखाई नहीं देते, जिनसे वह सत्य या धर्म जुड़ा है। कृष्ण के मानवीय, अति मानवीय और दैवीय चरित्र का संश्लेष, उनकी युक्तियों और छलों का एक पाठ हो सकता है, मैं समझता हूं तभी हम विसंगति में संगति, विद्रूप में सौंदर्य और अनुदात्त में उदात्त देख सकते हैं।

कृष्ण; अभिमन्यु, घटोत्कच और विकर्ण को मरने से नहीं रोकते हैं, जबकि द्रोण, कर्ण, भीष्म की मृत्यु में पहल करते हैं, क्योंकि जिन्हें वह मरने से नहीं रोकते वे पराजय की पराकाष्ठा नहीं हैं। पराजय की पराकाष्ठा तब होती जब द्रोण; कर्ण और भीष्म के हाथों पांडव मारे जाते क्योंकि वे ऐसे अजेय शूर थे जो स्वयं

बिना मरे धर्म की पराजय और अधर्म की विजय गाथा सुनिश्चित कर सकते थे। इसलिए इन तीनों को छल से, अन्याय से, झूठ से (जैसे भी संभव हुआ) मार गिराया गया। पर लंबे समय तक उन्हें संहार भी करने दिया गया।

पांडव-पुत्र मारे गए। जब खानदान में कोई बचा ही नहीं तो भावी परंपरा का क्या होगा? इसलिए परीक्षित को भी ऐसी ही चरम स्थिति में जिलाया गया था। हर चीज के भीतर अदृश्य धागे, कई रक्षा-सूत्र (या विनाश सूत्र) पिरोए गए। कुंती द्वारा कर्ण से केवल अर्जुन को मारने का वचन लेकर चारों-भाइयों को सुरक्षित कर लिया गया, अन्यथा भीम या युधिष्ठिर में से किसी को तो कर्ण मार ही देता। उसने ऐसे अवसरों पर अपनी प्रतिज्ञा याद कर अपना हाथ रोका। अब केवल अर्जुन की रक्षा करनी थी, जिसे कर्ण के जीवन के दुर्योगों द्वारा बचा लिया गया।

जैसे पराकाष्ठा के नियम हैं, वैसे ही चरम का प्रतिकर्ष दिखाना भी एक मिथकीय युक्ति है। शिशुपाल ने कृष्ण को सौ गालियां देकर चरम सीमा कर दी थी तो कृष्ण ने अन्य युक्तियां न देखकर, सुदर्शन प्रकट कर उसका गला स्वयं काट डाला। पर बर्बरीक के साथ भी कृष्ण ने ऐसा ही किया, क्यों? प्रयोजन समझना कठिन है।

कृष्ण ने अपने विराट रूप का अंतिम युक्ति के रूप में दो बार उपयोग किया। एक तो तब, जब दुर्योधन उन्हें बंदी बनाना चाहता था। उनके बंदी हो जाने से आगामी अध्याय स्वयं बंद हो जाते। दूसरी बार उन्होंने महाभारत युद्ध में अर्जुन के विरागी होने पर उसे जन्म-मरण और सृष्टि-चक्र का पूरा ज्ञान विराट रूप में दिया था, क्योंकि अर्जुन का संवेग और वैराग्य बुद्धिजन्य था, इसलिए उसका प्रतिकार भी संवेगात्मक बुद्धि से किया गया। गीता का पूरा आयोजन सांवेगिक और बौद्धिक विचलन के प्रतिरोध का बौद्धिक उपचार है।

कृष्ण ने कुल तीन अवसरों पर माया का प्रत्यक्ष उपयोग किया। दो तो बार तो सखी द्रौपदी के लिए; तीसरी बार सखा अर्जुन के लिए, जहां उन्होंने मृत्यु या विनाश की आशंका के आसन्न क्षणों में जयद्रथ वध के प्रसंग में अपनी माया का उपयोग किया। तीनों प्राण जाने के अवसर थे। द्रौपदी यदि सभा में नंगी की जाती तो क्या वह अपने प्राण धारण कर पाती? दुर्वासा को शिष्यों सहित तृप्त न किया जाता तो क्या वे अपने क्रोधानल की ज्वाला में पांडवों को भस्म नहीं कर देते, या शाप नहीं दे डालते? और अगर जयद्रथ को अर्जुन सूर्यास्त तक न मारता तो क्या वह स्वयं जीवित रहता? और महाभारत अपने अंत तक पहुंचता?

महाभारत के संपूर्ण रचना-विधान में मिथकीय तत्त्व का विचित्र गुंफन है। लगभग तमाम महत्त्वपूर्ण लोगों के जन्म में मिथकीयता है। सत्यवती कैसे जन्मी? राजा उपरिचर वसु का वीर्य जब बाज पक्षी आकाश मार्ग से ले जा रहा था, तब दूसरे बाज के झपट्टे से वह यमुना नदी में गिर पड़ा। उसे मछली स्वरूपा शापित अद्रिका नामक अप्सरा ने निगल लिया। दसवें मास में वह मछुआरों के जाल में फंस गई। जब उसका पेट चीरा गया तो एक स्त्री और पुरुष संतति निकली। मछुआरों ने यह बात राजा उपरिचर को बताई। राजा ने पुरुष संतति अपने पास रख ली और मछली की गंध से गंधाती कन्या को मल्लाहों को पालने को दिया। मल्लाहों के प्रमुख दाशराज ने उसे पाला। वही मत्स्यगंधा कामपीड़ित ऋषि पाराशर की कृपा से एक योजन तक सुगंध फैलाने वाली बनी। ऋषि के समागम करने के कारण द्वैपायन व्यास की मां बनी, फिर भी क्वांरी रही और मत्स्यगंध से छुटकारा भी पा गई। इसी सत्यवती का शांतनु से विवाह भीष्म के ब्रह्मचर्य धारण करने और राजत्याग करने की कीमत पर हुआ। भीष्म का जन्म स्त्री रूपिणी गंगा नदी से हुआ। वह पूर्वजन्म में अष्टावसु में से एक था।

धृतराष्ट्र और पांडु, क्रमशः अम्बिका और अम्बालिका से व्यास के नियोग के फलस्वरूप जनमे। नियोग के समय माताओं की मनः क्रिया के अनुसार एक का पुत्र अंधा और दूसरे का कमजोर और पीला हुआ। दूसरी बार अम्बिका से समगाम के लिए भेजे गए व्यास मुनि का अम्बिका ने गुप्त रूप से दासी से नियोग करवा दिया तो विदुर हुए। भूत-भविष्य-द्रष्टा व्यास दासी को पहचान न सके! नियोग पुरानी प्रथा थी, परंतु धृतराष्ट्र के अंधे होने, पांडु के पीले होने और विदुर के धर्मात्मा गुणी होने की अंतःकथा मिथकीय है।

कर्ण का जन्म एक जिज्ञासाजनित भोलेपन में मंत्र के उच्चारण से प्रकट हुए सूर्य के द्वारा क्वांरी कुंती के गर्भ से हुआ। उसका जन्म कवच-कुंडल सहित होना विचित्र है। समागम के अयोग्य होने के कारण पांडु कुंती और माद्री को मंत्रों द्वारा देवताओं का आह्वान कर पुत्रों को जन्म देने का आदेश/स्वीकृति देता है। कुंती क्रमशः धर्म से युधिष्ठिर, वायु से भीम, इंद्र से अर्जुन और माद्री अश्विनी कुमारों से नकुल-सहदेव पाती है। द्रौपदी और धृष्टद्युम्न का जन्म यज्ञ की ज्वाला से हुआ। गांधारी के गर्भ से निकले मांस के गोले से सौ कौरव और उनकी बहन दुःशला जनमी। व्यास ने जाने क्या क्रिया की कि घी से भरी एक सौ एक मटकियां मंगवाकर उनमें मांस के इतने ही टुकड़े करके प्रत्येक में एक डाल दिए और उनके मुंह बांध दिए। नौ मास बाद मटकियों से शिशु निकल आए!

ऐसी तमाम तरह की विचित्र कथाएं मृत्युओं से भी जुड़ी हैं। जयद्रथ का सिर कटकर उड़ता हुआ योजनों दूर आश्रम में उपासनारत उसके पिता की गोद में गिर पड़ता है। चौंककर उठे पिता की गोद से सिर गिरने पर स्वयं पिता के सिर के सौ टुकड़े हो जाते हैं। इसके पीछे पिता द्वारा दिया वरदान है, जो स्वयं उनके लिए शाप में बदल जाता है। भीष्म बाणों की शय्या पर सोए सत्तावन दिन बिता देते हैं और स्वेच्छानुसार सूर्य के उत्तरायण में होने पर प्राण त्यागते हैं। पांडु संभोग के आवेग में मरते हैं, धृतराष्ट्र-गांधारी और कुंती जंगली आग में खुद को झोंक देते हैं और विदुर तप से शरीर सुखाकर प्राण त्यागते हैं, जो निकलकर युधिष्ठिर में समा जाता है। युधिष्ठिर सशरीर-सश्वान स्वर्ग में जाते हैं, यह श्वान भी श्वान नहीं है, वरना पता ही नहीं चलता कि आखिर वह श्वान पाण्डवों के पीछे क्यों लगा है और वही बर्फ में गलने-मरने से क्यों बच गया है? जबकि शेष पांडव और द्रौपदी हिमालय के बर्फीले शून्य में चलते-चलते गिर पड़ते हैं और मर जाते हैं।

कुछ चीजें मनुष्य द्वारा घटित होने पर भी अचरजभरी प्रतीत होती हैं। जैसे अंधे पति के लिए एक स्त्री का आंख पर पट्टी बांधना और जीवन भर नहीं खोलना। क्या ये दोनों बातें संभव हैं? नहाते समय उलूपी अर्जुन जैसे वीर को खींचकर नागलोक में ले जाती है। भीष्म एक क्षयग्रस्त पुरुष के लिए तीन-तीन कन्याओं का स्वयंवर से हरण कर लाते हैं। भीम में अमानुषिक बल है, वे अमानुषी से विवाह कर पुत्र उत्पन्न करते हैं, जो महाभारत युद्ध में ऐंद्रजालिक दानवलीला दिखाता है। व्यास संजय को दिव्य-दृष्टि देते हैं ताकि राजभवन में बैठे-बैठे ही अंधे धृतराष्ट्र को वह युद्ध की आंखों देखी खबरें सविस्तार सुना सकें और इस बहाने लेखक अपने पाठक को युद्ध की दिन-प्रतिदिन की हलचल से परिचित करा दे। युधिष्ठिर का रथ धरती से चार अंगुल ऊपर ही चलता है। धर्म, यक्ष (वक्) और कुत्ता बनकर धर्मराज की परीक्षा लेता है। अश्वत्थामा के सिर पर जन्मजात मणि जड़ी है, नहुष स्वर्ग से स्खलित होकर भूमि पर गिरता और मगर बन जाता है, धृतराष्ट्र भीम की लोहे की मूर्ति को टूक-टूक कर देता है, अस्त्रों, मंत्रों, शापों, वरदानों और प्रतिज्ञाओं जैसी असंख्य, काल्पनिक-स्वप्निल घटनाएं और प्रसंग महाभारत मे गुंथे हैं।

महाभारत का युद्ध स्वयं में एक मिथक है। इतनी संख्या में घायल और त्रस्त योद्धा दूसरे दिन चाक-चौबंद होकर किस चिकित्सा से उठ खड़े होते होंगे? कर्ण के बाण में सर्प कैसे धँस जाता है, जमीन पर लेटकर नारायणास्त्र के प्रभाव

से कैसे बचा जा सकता है? (यह स्थिति आधुनिक गोलीबारी से बचने की तरह है।) दुर्योधन कैसे जल स्तंभित कर बेखटके सोकर अपनी थकान मिटा सकता है? बाणों के जाल से कैसे अंधेरा किया जा सकता है? अग्न्यास्त्र, वायव्यास्त्र जैसे तरह-तरह के अस्त्र तबाही मचा सकते हैं, पर उनसे प्रमुख योद्धाओं को खरोंच तक नहीं लगती!

ये सारे मिथक या मिथकीय-कर्म दुष्कर मार्ग को सुगम करते, अज्ञात रहस्यों को खोलते, संकेत देते, उपदेश देते, वस्तु या पात्र को प्रतीकीकृत करते, असंभव को संभव बनाते, दैवीय या अध्यात्मिक शक्तियों की प्रतीति कराते, कथा-सूत्र जोड़ते और कथा को गति देते हैं। साथ ही किसी की रक्षा करने, उठाने, गिराने जैसे नैतिक प्रश्नों का समाधान करने, लक्ष्य सिद्ध करने, असंगत को युक्तियुक्त करने, सीख देने, दैवीय तत्त्व की प्रतीति कराने जैसे पचासो उद्देश्यों के लिए मिथक रचे गए हैं। ये काव्य की रचनात्मक युक्तियाँ भी हैं और वृहत्तर अर्थों में नियति के रहस्य भी। मनुष्य के महास्वप्न को एक रूपाकार देने का, मनुष्य को ढाढ़स बंधाने का भी एक विचित्र माध्यम है–मिथक।

महाभारत के अनुसृजन और पुनःसृजन में मिथक इतने अधिक उपादेय हैं कि अपनी असंभवताओं और बहुविध संभवताओं को अनेकानेक सृजन कल्पनाओं में ढालने में सहायक होते हैं। वे अनेक प्रकार के भाष्यों के जनक हैं। साथ ही वे महाभारत के तलातोम में भी अपने उत्तोलन से उसी समुद्र का भाग लगते हैं, जो विराट ऐन्द्रजालिक सृजन-उत्प्रेरण कर नई-नई कल्पनाओं और स्वप्नों को जन्म देता है। इनके कारण भी महाभारत में पुनरुत्पादन की शक्ति, विशाल फलकता विश्व के किसी भी महाकाव्य से अधिक है।

उपाख्यानों में व्यास की क्रांतदर्शिता

महाभारत इतिहास के साथ मनुष्य के विकास की एक प्रच्छन्न और जटिल अंत:कथा का काव्यात्मक रूप है। वह मनुष्य की इच्छाओं, कल्पनाओं के सर्जनात्मक संश्लेषण से कालबद्ध इतिहास का मिथकीकरण करता है। महर्षि व्यास ने न केवल इतिहास को, बल्कि ज्ञान, विज्ञान, धर्म, नीति, दर्शन, आचार आदि को, अर्थात् महाभारत की सारी ज्ञानराशि को अंतर्वृत्तियों से गूंथ कर उनका मिथक रूप रचा है। कथाएँ इस रूपांतरण का अनिवार्य अंग हैं। वे उसे उपदेशों और सिद्धांतों की शुष्कता से उबारकर मनुष्य के जीवन-व्यापार से जोड़ती हैं और एक कला-रूप देती हैं। वे ऐसा अवकाश (स्पैस) रचती हैं जिसमें सर्जना के सोते फूटते हैं। महाभारत को युद्ध-कथा और धर्म-कथा के दायरे से निकालने में इन आख्यानों, उपाख्यानों, दंतकथाओं, दृष्टांत कथाओं की बड़ी भूमिका है।

महाभारत का कवि इतने विविध स्तरों पर मनुष्य जीवन को रच रहा था, जिसका कोई ओर-छोर न था। वह कथाओं के विराट जाल शायद इसीलिए बुन रहा था कि मानव जीवन का कोई कोना न छूटे जो उसकी पकड़ से बाहर हो।

व्यास, कथाओं के माध्यम से एक विशाल फेंटसी या कल्प-कथा रचते हैं जिसमें मानवीय स्वप्न हैं, जिनके बिना जिंदगी पहाड़ है। भीतर की कोमलता, सौन्दर्य, करुणा ही नहीं, विद्रूप, गुहांधकार, तहखाने भी मनुष्य के स्वप्न हैं। आप इन्हें दु:स्वप्न या विरेचन-स्वप्न कह लीजिए। मानवीय अनुभव के विस्तार के लिए कवि पशु-पक्षियों की कथाओं का अपूर्व द्वार खोलता है जो मानव के अकथ्य अनुभव, स्वप्न, आकांक्षा और अवचेतन का उद्घाटन करता है और एक बड़ी दुनिया को अपने में शामिल करने का बुलावा देता है।

यह अकारण नहीं है कि महाभारत के स्रोत से जो असंख्य रचनाएँ भारतीय भाषाओं में लिखी गई हैं, उनमें से अधिकांश महाभारत की केन्द्रीय कथा से नहीं, इन छोटी-छोटी कथाओं से प्रेरित हैं। हाँ, महाभारत का एक बड़ा हिस्सा प्रक्षिप्त

है। सपाट, निस्सार कथाएँ, रूढ़ियों, विकृतियों को पोषित करने वाला भाग, लफ्फाजी, किस्सागोई– बहुत कुछ। परंतु मुझे लगता है कि इन्हें छाँटना तकनीकी पाठ-संशोधन-विधि से नहीं हो सकता। इसके लिए अंतर्दृष्टि चाहिए जो पहले व्यास को समझे, फिर महाभारत को।

व्यास मूल रूप से विद्रोही कवि थे, हाँ, उनकी शैली पौराणिक थी। इस तथ्य को न केवल कथाओं में, बल्कि महाभारत की केन्द्रीय कथा में भी कभी नहीं भूलना चाहिए। वरना द्रौपदी और विकर्ण के चरित्र को कैसे व्याख्यायित करेंगे? उन्होंने कभी रूढ़ियों का, अनुदात्तता का, नीचे गिराने और पीछे धकेलने वाली प्रवृत्तियों का, बकवासों और विसंगतियों का पोषण नहीं किया। उनके भीतर हमेशा एक आग दहकती रहती थी– पूरे समाज को बदलने की, उसके समूचे आचार शास्त्र को बदलने की– जहाँ जरूरत हो।

राजाओं, ऋषियों, ब्राह्मणों, देवताओं, गुरुओं जैसे आचार, धर्म और समाज के मानक प्रतीकों के दुष्कर्मों, पतनों, कुटिलताओं, दमित वासनाओं, कृतघ्नताओं, छलों, पाखण्डों का जितना उद्‌घाटन, विद्रूपण और उपहास महाभारत में हुआ है, वैसा किसी भारतीय काव्य में नहीं हुआ। ऐसा साहस भला महर्षि व्यास के अलावा किसका होता? ऐसी कथाओं में भारत की आलोचनात्मक ऐतिहासिक परंपरा से साक्षात्कार होता है जो उसकी मूल चेतना है।

इन कथाओं के भीतर हमें महर्षि का सिर्फ विद्रोही रूप नहीं, विद्रोही मानवीय चेहरा दिखाई देता है जो जीवन को संवेदनात्मक अर्थ देता है, और संघर्ष की शक्ति पैदा करता है। इसलिए वासुदेव शरण अग्रवाल की यह बात मुझे महाभारत की कथाओं में से व्यास की कथा पाने के लिए जँचती है कि–जहाँ कथाओं का उपबृंहण या विस्तार किया गया है, संक्षेप में कही कथा को फिर से विस्तार से कहने को कहा गया है–'विस्तरेणैतदिच्छामि', जहाँ फलश्रुति दी गई है, जैसे कोई संवाद सुनाकर या कथा सुनाकर कहना कि जो वर्ष भर इसका पारायण करेगा उसे पुत्र प्राप्ति होगी या धन मिलेगा आदि। यह इसलिए ठीक है कि व्यास ऐसे पोंगा पंडित नहीं थे।

यथार्थ का एक विकट रूप वे अत्यंत साहस और निष्करुण करुणा से दिखाते हैं। जीवन के मूल्य की रक्षा के लिए अपनी ही सर्जना को खण्डित कर देते हैं। जिस युधिष्ठिर का चरित्र पूरे महाभारत में उन्होंने बड़े जतन से रचा है, नेवले की कथा में उसे ही अपने हाथों तोड़ दिया है। यह कवि ही कर सकता है, वही अपनी रची सृष्टि को अपने हाथों से तोड़ सकता है, ताकि सिक्के के

दोनों पहलू नज़र आएँ– उसकी यह निस्पृहता मनुष्य और इतिहास की विकास–यात्रा को समझने में हमारी मदद करती है। एक महायुद्ध के बाद अपने सबसे ज्येष्ठ और श्रेष्ठ पौत्र के महायज्ञ में दान पर ऐसा सटीक व्यंग्य किसी और तरह संभव था? यही एक कवि, एक द्रष्टा, विचारक और मार्गदर्शक की भूमिका है। इस संदर्भ में याद आता है कि 15 अगस्त 1947 को कलकत्ता में गांधी ने खुशियाँ नहीं मनाईं, मिठाइयाँ नहीं बाँटीं, बल्कि उपवास किया था। मनुबेन के पूछने पर गांधी ने कहा–"तुम जानती हो न! मैं जन्म, शादी, मौत के दिन उपवास ही करता हूँ। आज से हमारी जिम्मेदारी कितनी बढ़ रही है?... उपवास से हमें जिम्मेदारियों का भान होगा।" मिलने आए नेताओं, मंत्रियों से उन्होंने कहा था–"देखिए, आप सब आज से कांटों का ताज पहन रहे हैं। जितनी सादगी से आप लोग रह रहे हैं उतनी सादगी आगे भी रखिए। सत्ता की कुर्सी बड़ी बुरी होती है। जरा भी गर्व न करना, मौज–शौक में न फँसना।... आप सबकी परीक्षा आज से होगी।" क्या व्यास की यह कहानी युधिष्ठिर से यही नहीं कहती है?

मुझे लगता है कि अगर महाकवि को समझना हो तो महाभारत के केन्द्रीय कथाबंध की अपेक्षा उसकी उन्मुक्त छोटी–छोटी कहानियाँ– जो उसके भीतर–बाहर संख्यातीत बिखरी हैं– अधिक सहायक हैं।

इसलिए जब महाभारत के पुनर्रचनाकार या अनुरचनाकर्ता इन कथाओं को हटाकर समझते हैं कि हम उसका मुलम्मा छाँटकर सार रूप प्रस्तुत कर रहे हैं, तब मुझे हैरत होती है। क्योंकि व्यास इन कथाओं से पौराणिकों की तरह अपने कथन को स्फीत नहीं करते न उसका परम्पराबद्ध पाखण्डीकरण करते हैं, बल्कि उन आवरणों को हटाते हैं जो सत्य को देखने नहीं देते। अपना क्रोध, अपनी छटपटाहट, भय, व्यंग्य, करुणा को विरूपीकरण के कला–रूप में प्रखर बनाने में उन्हें कोई संकोच नहीं होता। दयनीय जनता को खा जाने वाले बकासुर की सृष्टि, स्त्री से बलात्कार के ज़रिए कोमलता, सौन्दर्य और करुणा को मसल देने वाले मनुष्य–दानव कीचक का अपरूपीकरण करते हैं और उनके दमन और ध्वंस के लिए परुष शक्ति की बड़े उल्लास और सुखद उत्साह से सर्जना करते हैं। ऐसी कहानियाँ क्रोध और करुणा के सम्मिश्र से मनुष्यता की सक्रिय और सार्थक चेतना जगाती हैं।

व्यास ने दानवता और पाशविकता को पारंपरिक रूप में नहीं, अंतर्वृत्ति के रूप में पहचाना है। बकासुर तो जाति से दानव था, पर कीचक मनुष्य–दानव है,

इससे भी बढ़कर है एक मुनि और विद्वान रेभ्य। अपनी निकृष्ट कामुकता छिपाने के लिए उसे पशु की खाल ओढ़ाकर महर्षि विरूपीकरण की अपूर्व सृष्टि करते हैं, इसे वे केन्द्रीय कथा में भी दोहराते हैं। विडम्बना है कि पाण्डु को नपुंसकता का शाप देने वाला वह ऋषि है जो मृग का रूप धरकर मृगी से संभोग कर रहा था!–पर पाण्डु भी ऐसा कौन–सा पुरुष था! पशुत्व की अंतर्वृत्ति का शाप में ऐसा ही विकृत रूपायन संभव था।

ययाति की पुत्र से यौवन लेने की मिथक–कथा के बिना, शांतनु के लिए अपना यौवन निछावर करने वाले भीष्म के त्याग को क्या समझा जा सकता है। महाभारत की द्यूतक्रीड़ा के लिए 'नल' की कथा मानो छाया नाट्य की तरह है।

ऋषि द्वारा कुत्ते को करुणा से अष्टपद शरभ बनाना और फिर कुत्ते का उन्हें ही खा जाने का विचार, जीवन की आम घटना है। मनुष्य के पास उसे फिर कुत्ता बनाने की शक्ति नहीं है, परंतु ऋषि के पास थी। ऋषि की यह शक्ति मनुष्य का एक स्वप्न है। राजा के शिकंजे से निकलने का आकाश एक चिड़िया को ही मिल सकता था; साधारण आदमी तो मसल दिया जाता।

काम की अदम्य वृत्ति को वे उसके होने का सहज पर्याय और विवेचन के रूप में ऋष्यश्रृंग की कथा में अत्यंत रोचक और कलात्मक रूप में प्रस्तुत करते हैं। काल के मूल प्रेरकों पर व्याख्यान न देते हुए वे अनायास ही इस कथा में काम के प्रेरकों– स्पर्श, रूप, रस, गंध, दृश्य, की आदिम ऐन्द्रियता की पहचान करा देते हैं। इस एक कथा के माध्यम से वे सारे ऋषियों और एकांत भोगते राजाओं, यात्रियों के कामावेश और विरेचन को व्याख्यायित कर देते हैं। वरना पत्नी या किसी स्त्री से संभोग के तुरंत बाद तपस्या करने निकल जाना कितना हास्यास्पद लगता। ऋष्यश्रृंग की कथा इतनी अनोखी है कि यह इण्डोनेशिया, जापान, चीन आदि में 'एकश्रृंग' नाम से पहुँच गई और पता नहीं कहाँ–कहाँ पहुँच गई होगी। भला ऐसी कथाओं को महाभारत से निकाल कर आप किस महाभारत को बचाना चाहते हैं– एक युद्ध–कथा को?– जो वह नहीं है।

देव और दानव व्यास के लिए भी अच्छे और बुरे का प्रतीक हैं, पर वे जानते हैं कि न तो अच्छाई, बुराई से मुक्त है; न बुराई, अच्छाई से। वे एक दूसरे को ओढ़ कर चेहरा बदल लेती हैं, मात्र इतना ही। देव हो चाहे दानव, राजा हो चाहे ऋषि वे किसी की कामुकता, भय, पाप, छल, क्रोध और तमाम मानवीय विकृतियों को न छिपाते हैं न उनका आदर्शीकरण करते हैं, बल्कि ज्यादा निर्दयता से उन्हें उभारते, और दण्डित करते हैं। क्योंकि उनकी दृष्टि में अश्विनीकुमारों

की कामुकता ऋषि च्यवन की कामुकता और नहुष की कामुकता में बुनियादी अंतर नहीं है। बूढ़े च्यवन को भी हर कीमत पर जवानी चाहिए और ययाति को भी। वे दानवों के भीतर छिपी मानवता को दिखाने में भी कोई कृपणता नहीं बरतते। इससे चरित्र अधिक विश्वसनीय होते हैं। हिडिम्बा और घटोत्कच दानवों का ऐसा ही प्रतीकीकरण है। इसे भास जैसे नाटककार और मैथिलीशरण गुप्त जैसे कवियों ने पहचाना है।

सौन्दर्यीकरण के लिए वे रूरु और प्रमद्वरा की, सत्यवान-सावित्री की, ऋष्यशृंग की, विराट् मत्स्य की कथा रचते हैं जो भीतर के प्रेम, तप, देहोल्लास और उदात्तता का एक मनोरम रूपांकन है। यहीं मुझे आनंद कुमार स्वामी का मिथक के संबन्ध में यह कथन याद आता है। वे कहते हैं–

'भारत में मिथ रचने की अद्‌भुत क्षमता है और यह मिथ, कवि-कल्पना नहीं है, यह जीवन के प्रथम सत्य की साक्षात् कृति है, उस प्रथम सत्य के समीपस्थ जो भाषा हो सकती है, उसके द्वारा उसे व्यक्त करने का प्रयत्न; और सबसे प्रथम सत्य है कि वृत्रासुर को मारने वाला इन्द्र और वृत्रासुर एक है, वही ड्रैगन है और ड्रेगनकिलर है; वही आवरण है, वही आवरण-भेदक है। उन्होंने कहा कि दोनों एक ही हैं; देखने में लगता है वृत्रासुर अलग है, लेकिन इन्द्र ही वृत्रासुर है, वृत्रासुर ही इन्द्र है। और यह कोई चीज़ घेर लेती है और घेर कर एक व्यक्ति का आवरण बन जाती है, उसी आवरण को भीतर से घेरने वाला चीरना चाहता है, उस सारे कोश को दूर करना चाहता है क्योंकि भीतर वाला पुरुष महसूस करता है कि हम इसके कैदी हो गए हैं, वह मुक्त होना चाहता है लेकिन उसकी मुक्ति संभव नहीं है, जब तक कि आवरण की भी मुक्ति नहीं होती है, क्योंकि आवरण भी कैदी है उसके साथ, दोनों की कैद से मुक्ति के लिए वह आवरण हटाया जाता है। वृत्र की मृत्यु नहीं है, वृत्र की मुक्ति है और मृत्यु है तो दोनों की–वृत्र की भी, इन्द्र की भी।'

इस पर विद्यानिवास मिश्र की टिप्पणी है :

'तो यह जो मिथ को रचने की प्रक्रिया है, वही जीवन की प्रक्रिया है। यह जीवन की आकांक्षा से अलग नहीं है। जीवन की आकांक्षा ही इस प्रकार के मिथ में संगृहीत है और उस मिथ के अनेक विस्तार होते चले गए हैं। जैसे-जैसे हिन्दू जीवन ने अनेक प्रभावों को आत्मसात किया है और सम्पूर्ण जीवन की सम्पूर्ण संभावनाओं को देखा है, वैसे-वैसे उसमें नई चीज़ जुड़ती गई है, नया अर्थ जुड़ता गया है और वह भक्ति में परिणत हो गई है। क्योंकि भक्ति का अर्थ ही यह है

कि भाग प्राप्त करना। भाग प्राप्त करने का अर्थ लेना ही नहीं, देना भी है क्योंकि जो देता नहीं है वह पाता नहीं है।'...

यह टिप्पणी आंशिक रूप से ठीक लगती है, परंतु शायद यह कुमार स्वामी के उस आशय तक नहीं पहुंचती जो व्यक्ति के भीतर-बाहर की समग्रता, भीतर-बाहर के आवरण से उन प्रवृत्तियों को पहचानती थी और संकेत करती है जिस द्वैत से देव और दानव बनते हैं। अलग दिखते भी कई बार एक।

नल और दमयंती का राग जो श्रवणेन्द्रिय के माध्यम से मन में आकर्षण जगाता है, शांतनु जो गंध की डोर से खिंचा चला जाता है, दुष्यंत जो सौन्दर्य-दर्शन की बेसुधी में घायल हो जाता है– ये सब क्या हैं?– संवेगों के सपने ही तो हैं, जिन्हें आज की भाषा में बिम्ब कहते हैं, और उधर नहुष की विकृति, उसे स्वर्ग से पतित कर अजगर की शक्ल में एक गुहांधकार में डाल देती है– वह गुहा उसी के भीतर की है जो बाहर पसर गई है। जब तक मनुष्य अपने आवरणों को नहीं पहचान पाता और उन्हें नहीं उतार फेंकता, उसकी मुक्ति नहीं हो सकती। अर्थात् वह सही इंसान नहीं बन सकता। इस मुक्ति का माध्यम वही हो सकता है जो उत्तर और फिर प्रश्नों के जरिए आत्म-साक्षात्कार करता है। यह कथा यक्ष-प्रश्न से अधिक सांकेतिक और सार्थक है। ऋषियों के साथ निरंतर मनन करते, निरंतर प्रश्न करते और ज्ञानार्जन करते युधिष्ठिर बोड़म ही लगते हैं, परंतु यहाँ प्रतीत होता है कि ऐसा व्यक्ति न केवल अपना बल्कि दूसरे का भी उद्धार करता है। युधिष्ठिर इस कथा से और ऊपर उठ गए हैं।

इन कथाओं में कितनी सर्जनात्मक शक्ति है, इसका एक उदाहरण तो गिरीश कारनाड का है जिन्हें संयोगवश राजगोपालाचारी का 'महाभारत' पढ़ते हुए यवक्रीत, अर्वावसु-परावसु की कहानी मिली, जिसे पढ़कर वे सर्जनात्मक प्रेरणा से झनझना उठे, और उन्होंने एक अविस्मरणीय नाटक 'अग्नि और बरखा' लिख डाला। इस कहानी में मूल रूप से धर्म के क्षेत्र में फैले अधर्म की ऐसी अद्‌भुत कथा है जो एक साथ इतनी किरणें छोड़ती है जिनमें न केवल अनेक जीवन, बल्कि अनेक प्रश्न झलमला उठते हैं। ऐसी कहानी को क्या आप महाभारत से काट देंगे– जो अपने आप में एक छोटा महाभारत है? और कारनाड ने तो उसमें जाने क्या-क्या देख लिया– अपने समकालीन जीवन के कई घटकों, संबन्धों और प्रश्नों को।

कुछ लोग कहते हैं कि ये कथाएँ प्रक्षिप्त हैं और कई हैं भी, परंतु जहाँ कवि का मर्म, उसकी करुणा, उसका सत्य, उसकी क्रांति, उसका सौन्दर्य,

उसकी मुक्ति; सर्जनात्मक उन्मेष पाती हो, प्रक्षिप्त कैसे हो सकती हैं?

कवि की परिवर्तनकामी चेतना, उसके अद्वितीय कवित्व, मौलिकता, संवेदना, प्रखरता और बेचैन अंतर्द्वन्द्व जहाँ हैं, वे कवि की रचित कहानी हैं। अन्य प्रयोजनों से आई कई लचर कथाएँ तो अलग पहचानी जा सकती हैं। एक पहचान ऊपर वासुदेव शरण जी ने बता दी है। मुझे यह भी लगता है कि कुछ कहानियाँ महाभारत की पीठिका हैं या जिनमें महाभारत का अदृश्य सत्य झलमला रहा है। राजा सोमक की सौ पुत्रों की प्यास का घृणित रूप जिसमें वह सौ पुत्रों की चाहत में अपने बालक बेटे की बलि दे देता है– क्या यह बलि, भरी सभा में द्रौपदी को नंगा करने के प्रयास में अकेले खड़े प्रतिरोधी विकर्ण के सौ कौरवों के बीच छटपटाने के तुल्य नहीं है? अब अगर कुछ लोग इस कथा को बलिप्रथा के प्रचलन और महाभारत द्वारा समर्थन से जोड़ लें तो इस मूर्खता का किया ही क्या जा सकता है?

कहानियाँ कितनी भी अनंत हों, जीवन की अनंतता को उनमें नहीं लिखा जा सकता। इस सत्य को जानते हुए महर्षि व्यास एक छोटी-सी कथा के केन्द्र को अनेक कथाओं से घेरते हुए वृत्त बनाते चलते हैं। कथा के भीतर कथा और वृत्त-शृंखलाओं की भारतीय आख्यानक परंपरा का सुंदर समाहार महाभारत में मिलता है– यही व्यास-शैली है।

'बकासुर' की कहानी विचित्र है। अक्षम राजा नरभक्षी राक्षस को राज्य की रक्षा सौंपकर प्रजा को उसके हवाले कर देता है। क्या इस प्रजातंत्र में आज यही नहीं हो रहा है? नेता लोग जन-धन-भक्षी गुण्डों, बहुराष्ट्रीय कंपनियों को देश सौंप कर खुद गुलछर्रे उड़ा रहे हैं! उनकी हक़ीकत जाननी हो तो कहानी 'काव्यक वृक्षीय' मुनि की कथा देख लीजिए। अस्तु, नरभक्षी राक्षस की कथा परिवार के परस्पर प्रेम और त्याग की मार्मिक अभिव्यक्ति भी है– उस अंतिम सीमा तक– जिसका अर्थ केवल आत्मोत्सर्ग होता है। अतिथि तथा आतिथेय के रिश्तों का एक चरम दर्शन भी कवि प्रस्तुत करता है– केवल यहीं यह कहानी नहीं रुक जाती, वह अन्य चरित्रों का उद्घाटन करती हुई भी चलती है। कुंती और युधिष्ठिर-संवाद में क्या दोनों पात्रों की अन्तः प्रवृत्ति अनावृत नहीं होती? अपने सीमित रचना-संसार में अपरिसीम संसार को शामिल करने की यह सहज शैली विश्व को सर्जना-दर्शन दे सकती है। अपने विस्तार में भी महाभारत कितना सामासिक, अल्पवाक् लगता है।

अगर हम चाहें कि विगत 'कल' आगामी 'कल' को दृष्टि दे तो वर्तमान

को इतना विवेकवान बनाना होगा कि वह पहले विगत 'कल' को दृष्टि दे सके तभी हम अपने युग को पीछे ले जाने वाली पौराणिकता को अस्वीकार कर सकते हैं और उसकी आलोचना भी कर सकते हैं। इन कथाओं में यह संभावना है। मूलकथा से असंबद्ध ये छोटी-छोटी कहानियाँ बहुत अर्थ-व्यंजक और मार्मिक हैं। इसलिए भी कि कथानक से जुड़ी कथाओं में कवि की आत्म-व्यंजना को कम अवकाश मिलता है।

इन कथाओं ने धर्म, नीति, ज्ञान आदि के ढाँचे तोड़कर विश्व-संस्कृति की रचना में अपनी अद्वितीय भूमिका निभाई है। हमारे समाज में आज भी भाँति-भाँति की रूढ़ियाँ, समाजशास्त्रीय विकास में बाधा बनी हुई हैं, आज भी 'ऑनर किलिंग' के संकट से समाज जूझ रहा है, जबकि महाभारत ऐसे सम्मिश्रों से भरा हुआ है जिसमें देवों, दानवों, नागों, आर्यों, वनवासियों, गृहस्थों का मिश्रण है। इस दृष्टि से महाभारत ने धर्मशास्त्रों के बंधन तोड़े हैं।

कथाएँ व्यास ने भले ही राजा, ऋषि, ब्राह्मण, देव, दानव आदि के माध्यम से कही हों पर साधारण व्यक्ति, स्त्री, दलित, दरिद्र, कमजोर आदि के प्रति उनके मन में सच्ची करुणा और आदर था। 'धर्मव्याध' कहानी में उन्होंने एक गृहस्थ स्त्री और दलित व्याध की महत्ता 'तपस्वी' ब्राह्मण के ऊपर स्थापित की। कहाँ तो परंपरा में धर्म का उपदेश देने का ठेका ब्राह्मणों को दिया गया है और कहाँ दो सर्वाधिक दलित– स्त्री और व्याध, ब्राह्मण को धर्म की शिनाख्त कराते हैं। 'एकलव्य' की कथा के भीतर कितनी वेदना और निराशा है! इसके रचना-विधान और अंत:अर्थों की बनावट पर विचार करना चाहिए।

'माधवी' के उत्पीड़न और कथा की परिणति में कवि की अद्‌भुत-अप्रतिम प्रतिक्रिया है। पुरुष-प्रधान संसार से मोहभंग और उसे अपने जीवन से निकाल बाहर करने के लिए ही उसने जिस तरह का स्वेच्छिक आत्म-निष्कासन लिया है, इसे केवल स्त्री-शोषण की कथा में सिमटा देना रचनाकार के अकल्पनीय प्रतिरोध को न समझने के बराबर है।

सावित्री भारत के घर-घर में पतिव्रता के रूप में पूजी जाती है और एक मुहावरा ही बन गयी है, पर वास्तव में वह मृत्यु से लड़ने का हौसला है। कवि ने प्रारंभ से ही उसकी सुंदरता को केन्द्र में न रखकर अग्नि की तरह प्रज्वलित तेज को केन्द्र मे रखा है– और इस हद तक कि कोई उसके सामने विवाह का प्रस्ताव रखने का साहस तक नहीं कर सका। उसे स्वयं अपना मंगेतर चुनना पड़ा। पर जिसे उसने चुना है उसे नारद-वाणी में एक साल में मरना है। फिर भी उसका

हठ है कि विवाह उसी से करेगी। विवाह के एक साल बाद जब पति को यमराज लेने आता है तो वह मौत के विरोध में खड़ी हो जाती है और ऐसी शैली में जो एक घरेलू स्त्री की विनम्र शैली है। अंत में वह नहीं हारती, यम ही हारता है। स्त्री सशक्तीकरण का इससे बड़ा क्या प्रमाण हो सकता है? वह वेद की अवधारणा और उपनिषद् के नचिकेता को पीछे छोड़ देती है। श्री अरविंद ने 'सावित्री' महाकाव्य इसी पराकाष्ठा के लिए लिखा है। अम्बा के प्रतिशोध को कवि कहीं आवृत नहीं करता। उसके साथ ही भीष्म के जीवन की विडंबना और विसंगति खुलती जाती है जो उनकी मृत्यु का कारण बनती है।

पाँच पुत्रों सहित दलित स्त्री को लाक्षागृह में जला डालने का पाण्डवों का अपराध कवि की दृष्टि में दुर्योधन के अपराध और षड्यंत्र से बड़ा है। क्योंकि वह उनके द्वारा किया गया है जिनका चेहरा समाज में उजला है।

जहाँ एकओर कुटिल परावसु की दुष्प्रवृत्ति को वे उद्घाटित करते हैं, वहीं उसकी पत्नी के प्रति दुराचार को भी वे नहीं छुपाते, इसी तरह शकुंतला से दुष्यंत का छल उनके लिए उपहास का विषय है। गरीबों, असहायों, पीड़ितों के लिए उनकी करुणा का भंडार खुला है। ब्राह्मणों की वे कितनी ही बार आलोचना करते हैं, पर 'बकासुर' प्रसंग के गरीब ब्राह्मण-परिवार की व्यथा, और परस्पर उत्सर्ग की स्पर्द्धा उनसे अलक्षित नहीं रहती। उसी तरह नेवले की कथा में उस ब्राह्मण परिवार को वे युधिष्ठिर से भी ऊपर रखते हैं जो आत्म बलिदान से, भूखे को अपना भोजन देता है। यह 'दान' की चरम परिभाषा है। ऋषियों में भी उनकी संवेदना, दधीचि, शमीक जैसे ऋषियों के साथ है।

वे जाति, धर्म और सामाजिक, पारंपरिक उच्चता को अपनी रचना में ऊँची जगह नहीं देते, वे मानवीय गुणों को सर्वोच्च सत्ता देते हैं और समाज के उपेक्षित, दरिद्र, करुणा और संवेदना योग्य पात्रों को सर्वाधिक स्नेह देते हैं। सुरभि गाय की अपने कमज़ोर बेटे को पहुँचायी यातना से उत्पन्न वेदना को उन्होंने कितनी मार्मिकता से लिखा है! सियार का मंत्री-पद-त्याग और पूजनी चिड़िया का ज़ायज़ गुस्से से राज-महल का त्याग व्यासजी के तेवर हैं।

व्यास सचमुच अद्वितीय कवि हैं। विषम-से-विषम स्थिति में वे कटु, विस्फोटक और असंयत नहीं होते, बल्कि अपने सहज नैरेशन में वह कटु-से-कटु बात कह देते हैं जिसके लिए दूसरे रचनाकार भाँति-भाँति का कौशल दिखाते हैं।

नोट : संदर्भित कथाओं को विस्तार से देखिए लेखक की पुस्तक 'शाश्वतोऽयं' में (प्रकाशक : वाणी प्रकाशन, दिल्ली)।

पुनः पुनः जायमानो पुराणी

कुछ उपाख्यानों का नवसृजन : यवक्रीत-प्रसंग/श्वान-प्रसंग / माधवी / युयुत्सु[1]

महाभारत के ऐसे कई उपाख्यान और अंत:कथाएं हैं जिनसे अनेक रचनाकारों का परिचय ही नहीं हुआ है। ऐसे कुछ उदाहरण यहाँ हैं जिन पर प्रतिभाशाली कवियों ने बहुत मार्मिक साहित्य की सृष्टि की है।

अग्नि मत्तु मले (कन्नड़)

कन्नड़ के विख्यात नाटककार गिरीश कारनाड ने अपने नाटक 'अग्नि मत्तु मले' (अग्नि और बरखा) की भूमिका में लिखा है कि उन्हें महाभारत के वनपर्व के यवक्रीत वृत्तांत ने बेहद प्रभावित किया, जबकि संस्कृत के कई आचार्य उससे परिचित ही नहीं थे। यह कथा उन्हें रोजगापालाचारी की 'महाभारत कथा' में मिली। इस कथा से सैंतीस साल तक जूझने के बाद वे 'अग्नि और बरखा' नाटक लिख सके। निश्चय ही यह नाटक आधुनिक भारतीय नाट्य साहित्य में महत्त्वपूर्ण है। लेकिन यदि लेखक इस कथा से परिचित नहीं होता तो एक श्रेष्ठ रचना से साहित्य वंचित रह जाता। ये ऐसी उर्वर कथाएं हैं जिनमें यत्किंचित परिवर्तन करके लेखक उससे एक अपूर्व रचना दुह सका है। कारनाड के इस नाटक की हम विस्तार से चर्चा करें तो नाटककार ने इसमें यवक्रीत के ज्ञान-प्राप्ति प्रसंग को अधिक महत्त्व नहीं दिया और कथा का भाव-मान ही बदल दिया। उसे ज्ञानकेंद्र से हटा कर भावकेन्द्र में स्थापित कर दिया। यवक्रीत को लेखक ने रूमानी प्रेमी के रूप में उभारा। साथ ही अर्वावसु और परावसु संबंधी कथा को प्राथमिकता देते हुए उन्होंने स्त्री-पुरुष के संबंधों के साथ ही जातिवाद के प्रश्न को भी उठाया और उसके लिए मित्तिलाई जैसी स्त्री पात्र की सृष्टि की। लेखक ने महाभारत की तरह सभी मृतक पात्रों को न जीवित किया न मोक्ष संबंधी प्रश्न को अध्यात्म का जामा पहनाया। उसने इस प्रश्न को अकाल

---

1. मूल कथाएं देखें 'शाश्वतोऽयं' : प्रभाकर श्रोत्रिय (वाणी प्रकाशन, दिल्ली)।

पीड़ितों की वर्षा की प्रार्थना के प्रतिफलन में कलात्मकता से रूपांतरित किया। उन्होंने समूची कथा को आधुनिक दृष्टि और प्रश्नों से जोड़ा।

उल्लेखनीय है कि महाभारत की इस कथा का एक-एक शब्द समझने के लिए कारनाड ने अधिकारी विद्वानों से सहयोग लिया और यज्ञ की तात्त्विक व्याख्या को हृदयंगम किया। इससे प्रतीत होता है कि महाभारत की पुर्नरचना में तात्त्विक, मानवीय और मिथकीय तत्त्वों के समावेश के लिए कितनी सावधानी और मेहनत की जरूरत होती है। इसी से आधुनिक और सामायिक अर्थ का अनुसंधान संभव है।

यवक्रीत द्वारा परावसु की पत्नी से दुराचार की महाभारतीय कथा को अस्वीकार करते हुए लेखक ने दोनों के पूर्वप्रेम को आधार बनाकर एक रूमानी अर्थ दिया। इस रागात्मकता के पीछे कहीं न कहीं यज्ञ में व्यस्त परावसु की निरंतर अनुपस्थिति और बूढ़े श्वसुर की कामातुरता भी थी। परावसु के आने पर विशाखा (पत्नी) कहती है-''एक ओर तुम्हारे प्रति क्रोध, दूसरीओर वासना- बूढ़े की अतृप्त वासना। यहां था भी कौन जिस पर वे अपना क्रोध निकालते।''

''यवक्रीत में अब भी स्नेह बचा था। वह अब भी कोमल था। उसने दो क्षण भुला दिया।... मुझे खरोंचने वाले कैंकड़े नाखून और बूढ़े पंजे। अंततः उसी का मूल्य चुकाया यवक्रीत ने।''

महाभारत में भूल से परावसु ने बूढ़े पिता रैभ्य की हत्या की थी, परंतु, यहां , यह सब सुनकर भीतर से सुलगने के कारण परावसु ने पिता की सभिप्राय हत्या की। इससे परावसु के उस चरित्र का पोषण होता है जिसने निर्मल हृदय अर्वावसु पर पिता की हत्या का पाप मढ़ कर उसे यज्ञ से निष्कासित करा दिया।

निषाद कन्या नित्तिलाई की सृष्टि कर लेखक ने ब्राह्मण पुत्र अर्वावसु से उसके प्रेम को सामाजिक विरोध से जोड़ते हुए जातिवाद का प्रश्न भी उठाया है। (ऐसे प्रश्न महाभारत में बार-बार उठाए गए हैं।) अर्वावसु नित्तिलाई से कहता है-''यवक्रीत, पिता और परावसु! षड्यंत्र है यह। समझती नहीं है तू यह कैसा व्यूह रचा है सबने! केवल इसलिए कि मैं तुझे ब्याहना चाहता था।'' वैसा संभव नहीं हुआ और उसका ब्याह दूसरे से कर दिया गया। सरलता और सेवा की प्रतिमूर्ति निषादबाला विवाहित पति को छोड़कर प्रेमी के पास आ जाती है, परंतु पति से भी विश्वासघात नहीं करती और अर्वावसु से भाई का संबंध स्थापित करती है। संसार के इस प्रतिशोधी चक्र को चकित देखती भोली निषादबाला नित्तिलाई कहती है-''यवक्रीत अपने पिता के अपमान का बदला लेता है तुम्हारी

भाभी से। तुम्हारे पिता उसका बदला लेते हैं यवक्री की हत्या करके। तुम्हारा भैया हत्या करता है तुम्हारे पिता की और अब तुम भी बदला लेना चाहते हो। इस चक्र का अंत कहां होगा अरवसु (अर्वावसु)। " (पृ.73.74)

कहां हो पाता है इस दुश्चक्र का अंत। एक लंबे घटनाक्रम के बाद नित्तिलाई का पति उसकी हत्या कर देता है। उसका शव उठाकर (शिव-सती का प्रसंग याद करें) अर्वावसु यज्ञ वेदिका के मण्डप में पहुंच कर यज्ञाग्नि में दग्ध होना चाहता है कि इन्द्र प्रकट होते हैं, वे उसे अभीष्ट वर देना चाहते हैं। अर्वावसु नित्तिलाई को जीवित करने का वरदान मांगता है। तभी अकालग्रस्त जनता चिल्लाती है-"बरखा-बरखा"। इन्द्र अर्वावसु को सृष्टि-चक्र का एक तात्त्विक स्वरूप बताते हैं-"नित्तिलाई को जीवित करना कोई बड़ी बात नहीं। किंतु समय का पहिया उलटा घूमेगा तो जाने कहां रुकेगा? फिर नित्तिलाई के साथ-साथ और भी तो बहुत होंगे जो फिर से जीवित हो उठेंगे। तुम्हारा भाई परावसु, तुम्हारे पिता और हां यवक्रीत भी तो।"

अर्वावसु को सब स्वीकार है, उसे नित्तिलाई जीवित चाहिए।..

इन्द्र कहता है-"अरवसु यदि ऐसा हुआ तो वे सारी दुखद दुर्घटनाएं भी तो फिर से होंगी। नहीं? उस सारी पीड़ा और संत्रास को फिर से भुगतेगा हर कोई। क्या लाभ होगा?" (पृ.46)

अर्वावसु सुनकर स्तब्ध रह जाता है। तभी ब्रह्मराक्षस इन्द्र से मुक्ति मांगता है। इंद्र फिर वही बात कहते हैं- "यदि राक्षस को मुक्त करना है तो इस चक्र को आगे घुमाना होगा। यह चक्र एक साथ दोनोंओर नहीं चल सकता।" इन्द्र बताता है कि ऋत का एक नियम है। पूर्णमुक्ति देवताओं के वश में भी नहीं। एक लंबे संवाद के बाद सब यथावत रहता है। जनता की मांग पर वर्षा होती है। सृष्टि इसीतरह गतिमान होती है।

सृष्टिचक्र पर यह व्याख्या सुन्दर है, तात्त्विक और अनूठी भी। महाभारत का अध्यात्म इस तरह की व्याख्या को अवकाश देता है। उसकी भिन्न-भिन्न कथाओं से निकाला स्वरस किसी भी महाभारतीय पुनर्रचना में प्रतिबिम्बत हो सकता है। क्या कर्ण और एकलव्य के जातीय भेद ने यहां नित्तिलाई की सृष्टि नहीं की?

महाभारतेर कथा (बांग्ला)

महाभारत के उपाख्यानों में ऐसी अद्‌भुत उर्वरता और बहुस्तरीयता है, भौतिक एवं आध्यात्मिक स्वरूप के ऐसे संकेत हैं, सांस्कृतिक जीवंतता के ऐसे

रेखांकन हैं कि भारतीय साहित्य उससे लगातार हरा भरा रहा है।

बुद्धदेव बसु द्वारा महाप्रस्थान के समय पाण्डवों के पीछे-पीछे चले जा रहे कुत्ते के प्रसंग को इस संदर्भ में दिया जा सकता है। बुद्धदेव ने बंगीय कवि काशीराम दाश के द्वारा इस प्रसंग को प्राय: एक प्रहसन में बदल देने पर रोचक टिप्पणी करते हुए कई परतें और दिशाएं खोली हैं :

'...किन्तु मैंने अभी यह आशा नहीं छोड़ी है कि किसी समय कोई एक कवि किसी आधुनिक महानगरीय कोलाहल के बीच रहकर किसी भारतीय या योरोपीय भाषा में मार्मिक कथा लिखेगा, जिसका नायक यही नाम-गोत्र-हीन जंतु होगा, जो हस्तिनापुर से छह यात्रियों का पूर्णत: अनाहूत और अलक्षित भाव से अनुसरण कर रहा था। ये ही तथ्य कवि कल्पना को उत्तेजित करने के लिए पर्याप्त होंगे।

> —मेरा विश्वास है कि बहुत सारे प्रश्न जो पुराण कवि के लिए महत्त्वपूर्ण नहीं थे, हमारे आधुनिक कवि के लिए उपेक्षणीय नहीं होंगे। यह कुत्ता कैसा मालूम पड़ रहा था, अपने कुत्ता स्वभाव के प्रति कितनी दूर तक निष्ठावान था, इतनी लंबी दूरी पार करने के लिए उसे शक्ति कहां से मिली? क्या पाण्डवों की तरह योग में संलग्न होकर वह भी उपवास कर रहा था या उसे मार्ग में खाने के लिए कुछ और खाद्य पदार्थ मिला? क्या वह धैर्यपूर्वक द्रौपदी के पीछे एक कतार में चल रहा था? या बीच-बीच में किसी गंध या हवा की सरसराहट से पुलकित होकर चंचल हो जाता था और सबके आगे चलने लगता था, अकारण प्रसन्न होकर भौंकने लगता था अथवा स्व निर्वाचित उदासीन प्रभुओं का मुंह देखने लगता था और उनके स्नेह की एक झलक पाने की प्रार्थना करता था? अथवा किसी पेड़ के तने पर मूत्र त्याग के लिए, किसी खरगोश या बिल्ली के बच्चे का शिकार मांस के लिए या किसी युवा कुतिया से भोग विलास के लिए अपने सहयात्रियों का रास्ता प्राय: भूल जाता था? क्या वह छह में से पांच को मृतवत् पड़ा देखकर विचिलत हुआ? क्या उसके कंठ से कोई अस्फुट या तीव्र चीख निकली?
>
> —आधुनिक कवि कुत्ते की इस मानसिकता को जीवंत बना सकता है। संभवत: वह इस वृत्तांत को कहते हुए किसी हिचकिचाहट

का अनुभव नहीं करेगा कि मार्ग की थकान और भूख से व्याकुल होकर उसने पशुओं की विष्ठा खाई होगी। इतनी थकान और भूख के कारण वह मार्ग-च्युत नहीं हुआ, चलता रहा? पांच साथियों के मरने पर भी अपने लिए क्यों भयभीत नहीं हुआ।.. क्या इसलिए कि पशु सुलभ अदूरदर्शिता के कारण अन्यमनस्क भाव से इतनी दूर चला आया और लौटने का कोई उपाय नहीं था? या क्या युधिष्ठिर ने किसी रहस्यमय कारण से चुम्बक की तरह उसे आकर्षित कर रखा था।' (पृ192,)

इस प्रश्नावली में ढेरों प्रश्न जोड़े जा सकते हैं। बुद्धदेव ने ठीक कहा है कि 'पुराण कवियों' के कथन के ढंग आश्चर्यजनक होते हैं। जबकि एकओर उनके अनेक विषय गोपनीय और कुतूहलपूर्ग हैं जबकि एकओर वे अनेक मुद्दों पर रहस्यमय और कुतूहल वर्धक होते हैं। संभवत: भविष्य के प्रति यह विचार करके कि छोटे-छोटे कवि (रहस्य की) फांकों को भरते हुए किसी तरह अपना व्यापार चलाते रहें (पृ. 193-94)

माधवी / पथ-प्रज्ञा (हिन्दी)

माधवी-प्रसंग ने सृजनशील लेखकों का ध्यान आकृष्ट किया है। इस संबंध में दो रचनाओं का उल्लेख किया जा सकता है। एक भीष्म साहनी का नाटक–माधवी। दूसरा वीणा सिन्हा का उपन्यास–पथ प्रज्ञा।

भीष्म साहनी के नाटक 'माधवी' में स्त्री का अपने बारे में वस्तु-बोध बार-बार उभर कर आता है। जब गालव पूछता है–"तुम क्या चाहती हो माधवी?" तब माधवी कहती है –"मैं क्या चाहूंगी? मेरे चाहने से क्या होता है? मैं तो तुम्हारी गुरुदक्षिणा की निमित्त मात्र हूं।" (मा.पृ.23)

निरर्थकता का कितना प्रखर बोध है! कैसी गहरी व्यथा "ये बांदियां मेरी नहीं राजा की हैं; ये वस्त्र और आभूषण मेरे नहीं राजा के हैं; मेरी कोख में जन्म लेने वाला बच्चा भी मेरा नहीं, राजा का होगा" (मा.पृ.51)

भीष्म साहनी ने दिखाया है कि 'माधवी' के मन में गालव के प्रति गहरा प्रेम है। सारी यातना वह इसी आशा से भोगती है कि गालव उसे मिलेगा। परंतु गालव के व्यवहार से वह आहत होती है। उपालंभ उसके इन शब्दों में झलकता है–"तुमने मेरे यौवन की आहुति देकर अपनी गुरु दक्षिणा चुकाई है।" (मा. पृ. 93) एक बार उसने अत्यंत पीड़ित होते हुए कहा था–"मैंने तुम्हारा, पिता का

क्या बिगाड़ा था?'' लंबे वाद-विवाद के बाद जब गालव माधवी को अपनाने को तैयार होता है और कहता है-''तुम फिर अनुष्ठान कर अपना पहला रूप धारण कर सकती हो माधवी। मैं तुम्हें पाकर अपने को धन्य मानूंगा।'' तो माधवी दुबारा आहत होती है। उसे लगता है कि गालव भी उन राजाओं से अलग नहीं है जो उसे भोग चुके हैं। वह भी हृदय को नहीं, उसके रूप और यौवन का प्यासा है। खिन्नता से वह जो उत्तर देती है उसे उसके हृदय की पीड़ा छिपी है-''यौवन और रूप तो मिल जाएंगे पर अपने इस दिल का क्या करूंगी जो छलनी हो चुका है?'' एक विचित्र विकलता और विफलता में नाटक का अंत होता है। लेखक ने 'उपवन' से परिणय के 'मार्मिक' प्रसंग का पता नहीं क्यों इस्तेमाल नहीं किया। साथ ही वह इस कथा का आधुनिक नारीजागरण की दृष्टि से इस्तेमाल नहीं कर सका, जबकि मूल कथा में इसके अवसर थे।

वीणा सिन्हा ने अवश्य अपने उपन्यास 'पथ प्रज्ञा' में माधवी के माध्यम से स्त्री-शोषण की सनातन परंपरा पर आक्रमण किया है। लेखिका की दृष्टि में कोई भी स्त्री स्वेच्छा से भिन्न-भिन्न पुरुषों की अंकशायिनी होना नहीं चाहती। अवश्य ही उसकी कोई आंतरिक विवशता होती है। विभिन्न पुरुषों के देह-मन से गुजरते हुए माधवी ने अपने को कारावास में महसूस किया था जबकि वन में जाने को वह एक मुक्ति के अनुभव की तरह लेती है। इतना ही नहीं वन में जीना वह 'मनुष्यता का जीना' कहती है। विभिन्न पुरुषों के संसर्ग का उनकी अन्तर्वृत्तियों के उद्‌घाटन के लिए सर्जनात्मक उपयोग कर जो तीखापन भरा जा सकता था, उसका लाभ लेखिका भरपूर नहीं उठा सकी और भाषा की सांस्कृतिक संरचना और राजसी प्रोटोकाल में उलझ गई।

पुस्तकों की समालोचना करना हमारा उद्देश्य नहीं है, कहना केवल यह है कि व्यास की इस आख्यायिका में इतना सर्जनात्मक अवकाश है कि इससे विभिन्न युगों में आधुनिकता के विभिन्न आयाम दुहे जा सकते हैं।

माधवी पर ही तमिल में एक उपन्यास है-'नित्यकन्नि' (नित्यकन्या) लेखक हें-ए.वी. वेंकटरमन। इसकी चर्चा हम अन्यत्र करेंगे।

युयुत्सु (हिन्दी)

युयुत्सु धृतराष्ट्र का वेश्या से उत्पन्न पुत्र है। व्यास ने उसके बारे में लिखा है-'युयुत्सुश्च महातेजा वेश्यापुत्रः प्रतापवान्'। फिर भी कौरवों के बीच वह सदा से उपेक्षित है, महाभारत युद्ध में वह पाण्डव पक्ष में आ जाता है और उसकी ओर से युद्ध करता है क्योंकि वह कौरव पक्ष को अन्यायी और अनाचारी मानता

है। अंत में वह युधिष्ठिर द्वारा सौंपा राज्य की देख-रेख का भार संभालता है और परीक्षित का राज्याभिषेक करता है।

नाटककार ने दूसरे पक्ष में भी न्याय नहीं देख पाने के कारण उसकी छटपटाती आत्मा का मार्मिक चित्रण किया है। इस दृष्टि से युयुत्सु के भीतर एक मिथकीय प्रतीकात्मक चरित्र जन्म लेता है जो हर युग में अन्याय और अतिचार के बीच छटपटाहट महसूस करता है। अन्याय का प्रतिकार करने के कारण वह हर युग में अकेला है। अपने समय के सत्य का उद्‌घाटन करने की बेचैनी से रचा राजेश शर्मा का नाटक युयुत्सु एक अद्वितीय रचना है जिसे लेखक ने अपनी सर्जनात्मक कल्पना से तीखा और मार्मिक बना दिया है।

यह युयुत्सु महाभारत युद्ध पर ऐसा बड़ा प्रश्न चिन्ह लगाता है, जिसका एक सिरा काल की अनंतता को छूता है। नाटक एक सही पात्र के ज़रिए सही सवाल उठाता है और अपनी सम्पूर्ण रंग-संरचना से हिला देता है। युयुत्सु धृतराष्ट्र से उत्पन्न वेश्या पुत्र है– सदा अपमानित और सत्य के लिए प्रतिरोध की आग से भरा, परंतु उसे कोई मान्यता नहीं देता। नाटककार ने उसे बड़ी सार्थकता से रचा है। यह ठीक कहा गया है 'वह युग-युग से प्रताड़ित बौद्धिक चेतना की निरंतर क्रिया-प्रतिक्रिया का एक विवश-सा अंत:प्रवाह है, जो कभी नहीं थमता। वह अपनी असमर्थता के अहसास से परिचित, पीड़ित एवं विवश हो स्वयं अपने और सभी के लिए एक मोटा प्रश्न-चिन्ह बना यहां-वहां भटकता रहा करता है। वह महाभारत काल का एक व्यक्ति या पात्र नहीं है, बल्कि उदात्त मानवीय मूल्यों की अनवरत तलाश है, जो आज भी जारी है। तब के समान आज भी निहित स्वार्थों के विविध तट-बंधों में बंदी हो अपनी एवं सभी की मुक्ति के लिए छटपटा रहा है। कब हो पाएगा उसकी छटपटाहट का अंत?' लेखक का यह प्रश्न महाभारत काल में था और आज के वैज्ञानिक युग में भी है। तब उसका उत्तर महाविनाश के रूप में आया था, और आज?'–निरंतर प्रश्न करता, मथता यह नाटक चेतना को झकझोर देता है।

दुर्योधन उसे 'भैया' कहने पर दुत्कार देता है–"भैया नहीं, केवल महाराज कहो, वेश्यापुत्र युयुत्सु!" युधिष्ठिर की सभा में द्यूत न हो इसके लिए युयुत्सु और विकर्ण एक हो गए थे। वे उग्र युवा पीढ़ी के प्रतीक थे। पर उनकी किसी ने न सुनी।

युयुत्सु जन्मत: अभिशप्त है, पहले वह द्यूत रुकवाने की कोशिश करता है, फिर युद्ध रुकवाने की। उसके भीतर प्रबल नैतिक शक्तियां हैं। युद्ध नहीं

रुकवा पाता तो न्यायपक्ष समझकर पाण्डवों के साथ हो जाता है; परंतु भूरिश्रवा, द्रोण, कर्ण के वध में पाण्डवों की अनीति से आहत वह युद्ध-विरत हो जाता है। फिर देखता है दु:शासन और दुर्योधन का पैशाचिक रूप से वध किया जाना। इसमें कृष्ण का संकेत जान कर पाण्डवों का आलोचक हो जाता है। अंत में कृतवर्मा, कृपाचार्य, अश्वत्थामा जो निष्कलंक थे, उन्हें भी पाप के पंक में पड़ते देखता है तो युद्ध की सर्वनाशी नैतिकता से व्यथित हो जाता है और कहता है–"नहीं, नहीं, यह धर्मयुद्ध नहीं है, युद्ध को धर्म का नाम देना एक साज़िश है, जघन्य मानवीय पाप को छिपाने का घृणित प्रयत्न है–अत्यंत घृणित!–धर्म और मर्यादा के भ्रम में तुम कहां आ फंसे युयुत्सु?" अत्यंत तीखे आलोचक-संवादों और आत्मताप में पगा यह नाटक महाभारत से लेकर आज तक के कर्मों पर एक प्रश्न-चिह्न की तरह खड़ा है। नाटक को पढ़कर लगता है कि आलोचक बुद्धि और भाव अब तक कर्ण, एकलव्य और ज़्यादा से ज़्यादा विकर्ण और अश्वत्थामा तक ही केन्द्रित रहे जबकि सबसे व्याकुल और विचारोत्तेजक चरित्र तो युयुत्सु का है। सच ही यह नाटक महाभारत से उपजे विष को धनीभूत कर देता है।

युद्ध विरोधी काव्य

महाभारत के संक्षेपकारों ने उसे प्रायः युद्ध-कथा के रूप में सीमित कर दिया है, जबकि केन्द्र में युद्ध होते हुए भी वह जिन जीवनार्थों को व्यंजित करता है वे युद्ध विरोधी अथवा युद्धांतक हैं। महाभारत के इतने वैविध्यपूर्ण फलक को देखकर बड़े-बड़े पारखियों ने माना है कि उसमें एक रस का परिपाक नहीं है, अनेक रस-भाव वहाँ अपनी समग्रता में हिलोरें ले रहे हैं। कई आचार्य मृत्यु का इतना बड़ा व्यापार देखकर इसे करुण रस का काव्य मानते हैं, परंतु ध्वन्यालोककार आनंदवर्धन और शांतरस प्रतिपादक अनेक आचार्य महाभारत का केन्द्रीय रस 'शांत' मानते हैं। आचार्यों का कहना है कि तत्त्वज्ञान तथा वैराग्य के कारण शांतरस उत्पन्न होता है। 'शम' का अर्थ 'तृष्णा क्षय' है।

महाभारत में कौरव-पाण्डव दोनों के मूल धृतराष्ट्र-गांधारी और कुंती वैराग्य धारण कर वन को चले जाते हैं और वहाँ की आग में अपनेआप को झोंक देते हैं। युद्ध से बचे पाण्डव और द्रौपदी हिमालय पर्वत पर तत्त्वज्ञान और वैराग्य के निमित्त आरोहण करते हैं। भीष्म लंबे समय तक शरशय्या पर शांत भाव से सोए युधिष्ठिर को राजधर्म और अहिंसा का उपदेश देते हैं। कर्ण को क्षमा करते हैं। स्वयं मृत्यु अंगीकार करते हैं। सबमें 'तृष्णा क्षय' स्पष्ट है।

यहाँ केवल परिणति का उल्लेख है, परंतु यदि महाभारत के सम्पूर्ण आख्यान, उसके भीतर-बाहर फैले अनेक उपाख्यानों का कुल प्रभाव देखें तो भीतर कहीं 'शम' अंतःरचित है। महाभारत के नायक 'युधिष्ठिर' जीवन के समस्त उपक्रमों, सभी भावों को संचारियों की तरह लेते हैं, उनके भीतर शांत रस अदृश्य रूप से प्रवाहित है। कई बार हमें युधिष्ठिर के क्रिया-कलापों, उनके धैर्य, सहनशीलता, संतोष और अंततः युद्धांत के बाद प्राप्त साम्राज्य से बार-बार भागते देखकर उसे स्वीकारने में उनकी हिचक को देखकर द्रौपदी या भीम की तरह क्रोध और झुंझलाहट होती है। परंतु रचनाकार ने उनकी रचना ही किसी

अंतर्निहित सत्य, धर्म, शम, धैर्य के लिए की है– सामान्य जीवनानुभव से अलग। कवि दिखाते हैं कि 'यक्ष' के प्रश्नों का उत्तर न देकर आक्रोश और हठधर्मी के कारण शेष पाण्डवों का निधन हो जाता है, परंतु भाइयों को मृत देखकर भी, बिना किसी आवेश के युधिष्ठिर यक्ष के प्रश्नों का उत्तर देते हैं और किसी एक भाई के जीवन-विकल्प के समय भी न्याय और विवेक नहीं खोते।

वे धर्मपुत्र हैं और जैसा कि उपनिषद कहते हैं कि 'सत्य' ही 'धर्म' है; कवि ने युधिष्ठिर को सत्य का पर्याय बनाया है। यहाँ यह प्रश्न नहीं है कि इस विराट कथा की ऊहापोह के बीच युधिष्ठिर के लौकिक चरित्र में कितनी विपरीतता, विसंगति देखी गई, क्योंकि व्यक्ति या वस्तु का निर्धारण उसकी समग्रता या समन्वित प्रभाव से होता है और कई बार उसकी प्रतीकवत्ता के अंतर्हित मूल्यों से भी।

सांसारिक व्यापार के बीच 'युद्ध' एक अनवरत नियति की तरह है। उसकी आँच से कौन जीवित व्यक्ति बच पाता है? युद्धांत के बाद, युद्ध की आग में झुलसी और पूरी तरह क्षत-विक्षत गांधारी और द्रौपदी युद्धभूमि में आती हैं। दोनों दो युद्धरत पक्षों की केन्द्रीय नारियाँ हैं, जिनकी युद्ध में कहीं-न-कहीं प्रेरक या अकथित भूमिका रही है। परंतु इस समय दोनों आहत हैं। गांधारी सास है और द्रौपदी बहू। इसलिए यदि सांत्वना देने का किसी का जिम्मा है तो गांधारी का। परंतु गांधारी कहती है :

"यथैव त्वं तथैवाहं का वा आश्वासयिष्यति" (स्त्री पर्व)

जैसी तुम हो, वैसी मैं हूँ। कौन किसे आश्वासन दे? युद्ध की यही नियति है, वह सबको सर्वहारा बना देता है। विजयी को भी, विजित को भी; और क्या कुंती अपने पाँच पुत्रों के जीवित रहने से इस आँच से, इस आह और आहति से बच पाई है? उसने भी तो अपना सबसे बड़ा बेटा 'कर्ण' खो दिया है!

युद्ध को इन तमाम स्थितियों तक पहुँचा कर व्यास वीर रस का परिपाक करना चाहते थे या 'शांत' का? वे युद्ध की ज्वाला जलाए रखना चाह रहे थे या उस पर जल-वर्षा कर रहे थे?

आचार्य आनंदवर्धन ने कृष्ण को महाभारत का नायक माना है, परंतु कृष्ण उसकी अंत:संचालित शक्ति हैं। इसीलिए कई परवर्ती कथाकारों ने उन्हें अदृश्य दिखाया है, वे हर जगह महसूस होते हैं, पर कहीं हैं नहीं। महाभारत में कृष्ण के सर्वोपरि महत्त्व से कौन इनकार करेगा, परंतु उन्हें 'नायक' मानकर तो हम

उनका महत्त्व ही घटाएँगे। वे परात्पर हैं, वे किंग मेकर हैं–किंग उनका साधन है। नायक हैं युधिष्ठिर–पूरे आख्यान विधान में भी, परिणति में भी और 'शांतरस' के परिपाक में भी। इसी युधिष्ठिर को भीष्म 'शांति पर्व' में लम्बा उपदेश देते हैं और यज्ञीय पशु-हिंसा का विरोध करते हैं।

बुद्धदेव बसु ने 'महाभारतेर कथा' में युधिष्ठिर को ही नायक माना है और अपनी पुस्तक का अधिकांश हिस्सा इसी स्थापना को दिया है। उनका सोच और तर्क अत्यंत विश्वसनीय है।

महाभारत को पढ़कर युद्धोत्साह नहीं जागता; एक विषाद और निस्तरंग निवृत्ति मन में जन्म लेती है। युद्ध से वितृष्णा होती है। लेखक ने युद्ध को एक दूसरे धरातल पर 'ऐरिक-युद्ध' के अंतिम विनाश तक पहुँचाया है, और कृष्ण का निधन! युद्ध से बनी मनोवृत्ति की चरमतम परिणति नहीं है?

व्यास महाआख्यान नहीं रचते, जीवन रचते हैं। इसलिए वे अपने पात्रों की तरह अपने नायक को भी तरह-तरह की विसंगत और विडम्बनापूर्ण स्थितियों के बीच खींच लाते हैं और वह बार-बार उससे भागता है। युधिष्ठिर का दुचित्तापन उसकी वह छटपटाहट है जो अंततः उसके लिए इससे मुक्ति की भूमिका बनती है।

महाभारत कहता है–'यतो धर्मस्ततो जय:' युधिष्ठिर ही तो धर्म है, युद्ध भले ही कृष्ण-अर्जुन, भीम ने जीता हो, विजय 'धर्मपक्ष' की हुई। सही अर्थ में युधिष्ठिर न विजय में शामिल थे न विजयोपभोग में। वे सिर्फ माध्यम थे, प्रतीक थे पाण्डव पक्ष का अंत:सत्व थे। 'पराजित पक्ष' न केवल युद्ध में पराजित हुआ, वह पहले से पराजित था क्योंकि उसका उद्गम धृतराष्ट्र था–सिर्फ बाहर से अंधा नहीं, भीतर से भी अंधा। व्यास ने संजय को दिव्य दृष्टि दी जिसने उसे विनाश 'प्रत्यक्ष' दिखाया और हर क़दम पर उसे चेताया भी; पर अंत तक वह वैसा ही बना रहा। इसके पहले भी व्यास ने स्वयं कृष्ण को दूत बनाकर भेजा, समझौते की विफलता पर भी युद्ध प्रारंभ न करने की सारी दलीलें दीं, पर उसकी भीतर की आंख, बाहर का ही अनुसरण करती रही। ये सारे उपक्रम वीररस की सृष्टि के नहीं, उसे शांत में पर्यवसित करने के थे।

कवि ने आखिर युद्ध-कथा क्यों उठाई? क्योंकि सृष्टि में युद्ध सनातन है। इस सत्य को सभी महाकवियों ने अनुभव किया है। इसीलिए संसार के सभी आदि महाकाव्यों की कथावस्तु 'युद्ध' है। वह चाहे इलियड, ओडेसी हो या शाहनामा। यह ठीक है कि सभी का अंत ईमान और न्याय की स्थापना है, परंतु

वे मूलत: भौतिक प्रयोजन तक सीमित हैं; जबकि महाभारत युद्ध के द्वारा लौकिक-अलौकिक, चिंतन, विचार और ऐसी समग्रता लिए हुए है, जो अन्यत्र दुर्लभ है। यही कारण है कि उसका प्रभाव भी अन्य महाकाव्यों से विरल है क्योंकि युद्ध उनकी सीमा है, जबकि महाभारत के लिए युद्ध एक माध्यम है।

यदि विश्व महाभारत से सीख लेता तो आज पर्यंत विश्व-युद्ध नहीं होते और आशंकित स्टार-वार का संकट विश्व पर न मँडराता। पर यह सब हो रहा है। आज विश्व में अन्न के भंडार से अधिक शस्त्र के भंडार हैं—जो एक-से-एक विनाशक शस्त्रास्त्रों से लैस हैं। क्या व्यास ने ग़लत कहा था—"मैं दोनों हाथ उठाकर कहता हूँ, पर मेरी कोई सुनता नहीं है कि धर्म से सबकुछ प्राप्त होता है—अर्थ, काम, मोक्ष... सब।" और यह धर्म है मानव-कल्याण। संघर्ष और युद्धों से यही खतरे में है। महाभारत इस दृष्टि से युद्ध के माध्यम से अयुद्ध का संदेश है। क्योंकि युद्ध और फिर अंधे युद्ध केवल विनाश की इबारत ही लिख सकते हैं; 'शस्त्र संतानें' ही पैदा कर सकते हैं, जो सृजनात्मक विश्व को मान्य नहीं है। युद्ध से शांति की ओर जाने के लिए प्रयासरत विश्व की प्रकृति ही ध्वंस के कगार से उसे बार-बार लौटाती रही है।

जब विंटरनिट्ज़, ओल्डेन बर्ग, हापकिंस जैसे पश्चिमी विद्वान होमर के 'इलियड' के संदर्भ में महाभारत में बिखराव पाते हैं, वहाँ वे भूल जाते हैं कि महाभारत उनकी तरह 'युद्ध' की एकल रौद्र कथा नहीं, शांत रस का प्रतिमान है, जिसकी स्थापना जीवन के नाना द्वन्द्वों और विस्तारों के बीच ही हो सकती है। शांत रस से पौर-पौर गुज़रना और परिपाक तक पहुंचना निस्तरंग शम की निरंतरता नहीं, घात-प्रतिघात, विचारों के व्यूह को बेधने और धर्माधर्म, नीति-अनीति आदि के विवेक से संभव हुआ है। यह व्यापक सृष्टि की कथित अविरल शांति नहीं, बल्कि व्याकुलता की अनथक यात्रा है। लेखक की 'समाधि भाषा' इसी से तो 'रस' बनती है।

इसीलिए बार-बार यही कहना होगा कि संसार के युद्धकाव्यों से भिन्न महाभारत युद्ध का, वीर, रौद्र और वेदना का खाका मात्र नहीं है, वह दार्शनिक, नैतिक और पचीसों सामाजिक-मानवीय प्रश्नों का व्यूह है। वह इन सबके बीच अपनी पूरी शक्ति से युद्ध का प्रतिवाद करता है—और वीभत्स निषेध से नहीं, पूरी तार्किक और भावात्मक योजना से।

आखिर युधिष्ठिर ने अपने को दिया हुआ एक बंजर धरती का टुकड़ा क्यों स्वीकार कर लिया? बार-बार कौरवों को संतुष्ट करने की पहल क्यों की?—जुए

के घृणित व्यापार से असहमत होकर भी उसमें क्यों शामिल हुए? अपने सबसे पूज्य और कुशलतम व्यक्तित्व को छोटे से दूत-कर्म में, छोटी सी मांग लेकर क्यों झोंक दिया? वन में प्रवास की लंबी त्रासदी को अपनी पूरी निष्ठा से, सारे जोखिम और विसंगतियों सहित क्यों पूरा किया? ये युद्ध और युद्ध निषेध के बीच ऐसे सर्जनात्मक-सकारात्मक बिन्दु हैं जो युद्धांत के लिए पर्याप्त से अधिक हैं। महाभारत एक उपदेश कथा नहीं है, एक पौराणिक प्रवचन नहीं है, वह काव्य है जिसमें अनेक नाटकीय उच्चावच, दर्शन, परिवेश और तमाम ज्ञात-अज्ञात प्रतीतियों से टकराता, हिचकोले खाता बहुविध सृष्टि-रूप है। एक युद्ध आखिर पूरे नकारात्मक प्रयासों की विफलता से भले घटित हो गया हो परंतु लेखक भविष्य के लिए उन द्वारों को खोल देता है जिससे मनुष्य बार-बार इन दारुण अनुभवों से बचने का उपाय पा सके, युद्ध की पुनरावृत्ति न हो।

युद्ध क्या-क्या कर सकता है—तमाम महान सभ्यताओं का अंत, संस्कृतियों का खात्मा, सारे मूल्यों का ध्वंस, एक अंधे और पागल संसार की सृष्टि। अश्वत्थामा जैसी घायल, बेचैन भटकती आत्मा को अन्त में, अनन्त के लिए क्यों छोड़ा गया है? महाभारत युद्ध के ऐसे प्रतीक के रूप में है जो भावी पीढ़ियों को युद्ध का मतलब समझा सके। शम और शांत का इतनी दूर तक पीछा व्यास जैसा कवि ही कर सकता है इसे आप बिखराव कहकर क्या हासिल करेंगे?

महाभारत का अंतर्हित दर्शन और तत्त्वज्ञान, शम, वैराग्य हमें शांत चित्त से मानवता के भविष्य के बारे में चिंतन करने और इस उपभोक्तावादी समय में एक सर्वसमावेशी नैतिकता और सहकारिता बनाए रखने में सहायता कर सकता है। इसकी व्यापक विश्वदृष्टि, नैतिक बोध ने ही हमें ऐसे जीवन और साहित्य की विरासत दी है जो घने अंधकार में भी प्रकाश दे सके। डॉ० रामविलाश शर्मा वाल्मीकि और व्यास के अवदान के बारे में ठीक कहते हैं :

> किसी भी बहुजातीय राष्ट्र के सामाजिक विकास में कवियों की ऐसी निर्णायक भूमिका नहीं रही, जैसी इस देश में व्यास और वाल्मीकि की है।

कोई देश अपने पूरे जातीय इतिहास में अनाक्रामक क्यों रहा है, उसने दूसरे देशों में गुप्तचर न भेज कर शांतिदूत क्यों भेजे हैं, जीवन की परिणति वैराग्य में क्यों खोजी है, इसका उत्तर केवल हमारे वे महाकाव्य हैं जिनसे युद्ध की उन्मत्तता नहीं, शांति के कपोत वायुमंडल में भेजे जाते हैं।

दो : परवर्ती महाभारत

प्रस्तावना

संस्कृत में :

- जैमिनीय भारत : महर्षि जैमिनी
- हरिवंश पुराण : आचार्य जिनसेन
- राघव पाण्डवीय : कविराज पंडित / माधव भट्ट
- चम्पू भारत : अनंत भट्ट

आधुनिक भारतीय भाषाओं में :

- पंप भारत (कन्नड़)
- आंध्र महाभारत (तेलुगु)
- विल्लि भारतम् (तमिल)
- पाण्डव चरित (हिन्दी)
- सारला महाभारत (ओड़िया)
- महाभारत किळिप्पाट्टु (मलयालम)
- महाभारत (बांग्ला)
- महाभारत (असमिया)
- भारत-रचना (मराठी)

परवर्ती महाभारत

प्रस्तावना

महाभारत के एक प्रमुख कथावाचक उग्रश्रवा (सौति) ने प्रारंभ में ही ध्यान देने लायक दो बातें कही हैं—एक तो यह कि महाभारत 'सम्पूर्ण वाक्' है और दूसरी यह कि अब जो भी श्रेष्ठ लिखा जाएगा महाभारत उसका उपजीव्य होगा :

(1) इतिहासोत्तमे यस्मिन्नर्पिता बुद्धिरुत्तमा।
स्वरव्यंजनयोः कृत्स्ना लोकवेदाश्रयेन वाक्॥ आदि. 2/39

(2) अनाश्रित्येदमाख्यानं कथा भुवि न विद्यते।
आहारमनपाश्रित्य शरीरस्येव धारणम्॥ आदि. 2/388

(3) सर्वेषां कवि मुख्यानामुपजीव्यो भविष्यति।
पर्जन्य इव भूतानामक्षयो भारतद्रुमः॥ आदि. 1/92

—जैसे सम्पूर्ण वाक् (वाणी) स्वरों और व्यंजनों के भीतर समाई होती है, वैसे ही समस्त विद्या-बुद्धि इस श्रेष्ठ इतिहास में भरी है।

—जैसे आहार के बिना शरीर नहीं रह सकता, वैसे ही पृथ्वी पर कोई भी कथा इसके आश्रय के बिना नहीं होगी।

—जैसे मेघ सम्पूर्ण प्राणियों का जीवनदाता होता है वैसे ही यह अक्षय भारत-वृक्ष समस्त श्रेष्ठ कवियों का उपजीव्य होगा।

महाभारत ऐसा 'उपजीव्य' है जो किसी पर लदता नहीं है, वह उसे ग्रहण और निरूपण की स्वाधीनता देता है। महाभारत को कई लोग धर्मग्रंथ कहते हैं पर कहाँ है इसमें धर्मग्रंथ की रूढ़ियाँ और वर्जनाएं? यह विश्व का पहला और एकमात्र 'काव्य' है, जो अपने विरुद्ध हर कुछ कहने की स्वाधीनता देता है। महाभारत के आश्रय से लिखी ऐसी असंख्य रचनाएँ हैं जो उसका अनेक स्तरों पर प्रतिकार करती हैं।

हम अक्सर कहते हैं कि भारतीय संस्कृति का निर्माण धर्म-सिद्धान्तों के रूढ़

ग्रंथों ने नहीं, उसके महाकाव्यों ने किया है। उसमें ऐसी विविधता, ऐसी विचित्रता, विरोधों के प्रति ऐसी सहिष्णुता, विरोधों का ऐसा सामंजस्य—धर्म की रूढ़ियों से नहीं, काव्य के खुलेपन से आया है। महाभारत से बेहतर प्रमाण इसका संभवत: विश्वभर में नहीं है।

यह स्मरण रोचक होगा कि महर्षि व्यास महाभारत लिखने से पहले वेदों के संपादक रहे हैं—ऐसा सामंजस्य और समाई तो श्रेष्ठ संपादक में ही होती है, वह अगर लेखक में भी आ जाए तो महाभारत जैसी कृति लिखी जाती है।

व्यास ने महाभारत के प्रारंभ में सृष्टि के आदिकारण परमात्मा के स्वरूप का स्मरण किया है, उसमें एक जगह कहा गया है—'असच्च सद्सच्चैव यद् विश्वं सदसत्परम्' (आदि. 1/23) 'जो विश्व में सद् और असद् दोनों रूपों में विद्यमान है; फिर भी दोनों से विलक्षण हैं।' यह महाभारत की सर्व समावेशिता के लिए रेखांकित करने लायक है।

महाभारत के औदार्य के कुछ प्रमाण लें—

महाभारत पर आधारित पहली रचना व्यास के ही एक प्रमुख शिष्य जैमिनी की मिलती है। उन्होंने यदि पूरा महाभारत लिखा भी होगा तो हमें केवल उनका 'आश्वमेधिक पर्व' ही उपलब्ध है। जैसे वह महाभारत की सारी फेंटेसियों, अतिकल्पनाओं का सारांश हो। वह लोक के स्थान पर भक्ति को केन्द्र में रखता है और उसके प्रभाव से सभी अतिकल्पनाओं पर पार पा जाता है। उसके बाद हमें जैन कवि जिनसेनाचार्य का 'हरिवंश पुराण' मिलता है, जिसमें महाभारत का आश्रय लिया गया है, परन्तु प्रतिपादन जैनधर्म का किया गया है। मूल कथ्य के लिए उन्होंने व्यास का ऋण भी नहीं माना है। इसके बाद लिखा काव्य 'राघव-पांडवीय' एक शिल्पप्रधान रचना है जिसमें महाभारत की आत्मा ग़ायब है।

संस्कृत का अंतिम उल्लेखनीय परवर्ती महाभारत—मदनभट्ट का 'चम्पू भारत' है जो महाभारत के विराट् आशय को महज़ एक युद्धकथा में सीमित कर देता है। ऐसी तमाम भिन्नताओं और परस्पर विरोधी सर्जना को मैंने इसलिए भी साथ रखा है, ताकि महाभारत की समाई का पता चले।

इसके बाद सभी आधुनिक भाषाओं में मिले परवर्ती महाभारतों की चर्चा और विवेचन हुआ है, यहाँ भी भाँति-भाँति की विरलता देखी जा सकती है। आधुनिक भाषाओं के प्रथम महाभारतों के बाद भी यह सिलसिला बना हुआ है, उन्हें यहाँ 'उत्तर परवर्ती महाभारत' में रखा गया है।

फिर, महाभारत के विभिन्न प्रसंगों, पात्रों, विचारों, घटनाओं, अंशों पर

आधारित सैकड़ों रचनाएँ हैं; परंतु कुछ महत्त्वपूर्ण रचनाओं की ही चर्चा की गई है ताकि अधिकांश आधुनिक भारतीय भाषाओं का प्रतिनिधित्व भी हो जाय और कोई प्रतिनिधि रचना भी न छूटे।

संस्कृत की प्रमुख सात रचनाएँ ली गई हैं जिसमें महाकाव्य, नाटक, चम्पू आदि हैं। महाभारत के वस्तु बीज अर्थात घटनाओं और चरित्रों पर सबसे पहले भास के नाटक मिलते हैं। परन्तु यहाँ भी वही स्वतन्त्रता ली गई है। चरित्रों को महाभारत के सर्वथा विपरीत रचा गया है। यहाँ दुर्योधन, कर्ण आदि खलनायकों में नहीं हैं, नायकों में हैं—और महान् नायकों में। हिडिम्बा और घटोत्कच में उच्चकोटि की मानवता के दर्शन होते हैं। मौलिक सृष्टियाँ भी हैं। युद्ध के बीचोबीच कृष्ण घटोत्कच को शांतिदूत बनाकर धृतराष्ट्र के दरबार में भेजते हैं। इसलिए यह पहला ही नाटककार महाभारत का आश्रय लेकर अपने बदले हुए तेवर और सर्जनात्मक आशय के साथ आता है। इसी तरह अनेक परवर्ती रचनाकार अपनी मौलिकता और विरलता के साथ अपने-अपने महाभारत रचते हैं। वैसे मैंने भी ऐसी रचनाओं को अधिक मान्यता दी है जो अनुकरण या अनुसृजन न होकर रचनाकार की मौलिक सर्जनात्मकता से साक्षात्कार कराएँ।

जैसा मैंने भूमिका में भी कहा है कि इन अध्यायों में कई रचनाएँ छूट गई हैं; इनमें से कुछ महत्त्वपूर्ण भी हैं। इन्हें यथासंभव समेटने के लिए 'आधुनिक भारतीय भाषाओं में महाभारत की साहित्य-यात्रा' का माध्यम अपनाया है। इनमें अधिक उल्लेखनीय रचनाओं पर ज़रा विस्तार में बात की गई है।

महाभारत में प्रमुख पात्र अनेक हैं, परन्तु इनमें से मैंने केवल छह पात्र लिए हैं—कृष्ण, कर्ण, युधिष्ठिर, भीष्म, दुर्योधन और द्रौपदी। मैं चाहता तो भीम, अर्जुन, गांधारी, कुंती, और धृतराष्ट्र को भी ले सकता था; और विस्तार करने पर एकलव्य, युयुत्सु, विकर्ण, अश्वत्थामा, कणिक आदि को। परन्तु तब ग्रंथ का अतिविस्तार हो जाता। फिर भी रचनाओं और टिप्पणियों के माध्यम से मैंने विविध पात्रों, घटनाओं और रचनाओं को शामिल करने का प्रयास किया है।

एक छोटा अध्याय 'लोक में महाभारत' है जो नागर साहित्य के साथ देना आवश्यक था। यहाँ ओड़िया के सारलादास का 'सारला महाभारत' और कुछ रचनाएं दी जा सकती थीं, उल्लेखनीय है कि महाभारत लोक और नागर को पृथक नहीं करता बल्कि संश्लिष्ट रूप से लेकर चलता है। यही विधि यहां अपनाना अनुचित नहीं लगता।

अंत में महाभारत का प्रसार भारतेतर देशों में देखना उसके विश्वव्यापी स्वरूप

के संदर्भ में ज़रूरी लगा।

महाभारत से ही संकेत लेकर मैंने इस ग्रंथ को योजित किया है। प्रारंभ में 'आधार' अध्याय में कुछ नया कहने की कोशिश की गई है। इसमें उपाख्यानों पर अधिक चर्चा है, कारण यह है कि मूल कथा की चर्चा तो होती रहती है और यहां भी बार-बार हुई है। इसकी चर्चा में उपाख्यान अक्सर छूट जाते हैं, जबकि वे अत्यंत सांकेतिक और अर्थवान हैं। और परवर्ती रचनाएँ मुख्य रूप से उनसे ली गई हैं, इसलिए उपाख्यानों के अंतस्तत्त्व का उद्‌घाटन आवश्यक था। प्राचीन ग्रंथों में मिथकीयता पर टिप्पणी भी करना थी।

जैमिनीय महाभारत : महर्षि जैमिनी

(ई.पू. चौथी शती)

जैमिनी महर्षि व्यास के पाँच प्रधान शिष्यों में अन्यतम हैं। इसका उल्लेख महाभारत के शांतिपर्व और श्रीमद्भागवत में मिलता है। जैमिनी के बारे में कई चमत्कारिक किंवदन्तियाँ हैं। इन्होंने अत्यंत महत्त्वपूर्ण ग्रंथों की सृष्टि की है। उनमें 'जैमिनीय मीमांसा दर्शन' और ज्योतिष ग्रंथ 'जैमिनीय सूत्रम्' बहुत प्रसिद्ध हैं।

कुछ विद्वानों का मत है कि जैमिनी ने व्यास की भांति ही पूरा महाभारत लिखा था जो 'जैमिनीय महाभारत' नाम से प्रसिद्ध था, परंतु काल-प्रभाव से उसका लोप हो गया; केवल 'अश्वमेध पर्व' शेष रहा (कुछ विद्वान उसमें से 'अभिमयु उपाख्यान' के बचे होने का भी उल्लेख करते हैं, परतु वह भी अप्राप्य है।)

यदि कभी जैमिनी का महाभारत रहा भी हो तब भी आज केवल 'अश्वमेध पर्व' के बचे रहने का कारण उसकी अत्यंत लोकप्रियता है। कई विद्वान तो कहते हैं कि जैमिनी ने केवल 'अश्वमेध पर्व' लिखा था। बंगाल के शासक हुसैन खां, परागल खां जैसे भारतीय संस्कृति के जिज्ञासुओं ने अपने राजकवियों से जब जन-भाषा में महाभारत को अनूदित करने का आदेश दिया तब यह भी कहा कि वे 'अश्वमेध पर्व' जैमिनी का अनूदित करें।

'अश्वमेध पर्व' महाभारत का अनुकरण न होकर एक स्वतंत्र मौलिक रचना की तरह है। इसमें महाभारत कथा का अपने ढंग से संश्लेषण तो है ही 'पद्मपुराण' और 'रामाश्वमेध' के कई अध्याय भी शामिल हैं।

'अश्वमेध पर्व' 12 अध्यायों का है। इसमें लगभग 4000 श्लोक हैं, जो व्यास के 'अश्वमेध पर्व' से 1000 अधिक हैं। यह कृष्ण-भक्तिप्रधान काव्य, विलक्षण, नई और सुंदर कथाओं से भरपूर है। मनोभावों और घटनाओं का

निरूपण भी रोचक और अद्‌भुत है। इसके अनुरूप ही भाषा सरस और रोमांचक है। पूरा काव्य फैंटेसी जैसा लगता है।

कवि ग्रंथ का प्रारंभ महाभारत की तरह शोक की पृष्ठभूमि में न कर युधिष्ठिर की धर्म हेतु आर्थिक चिंता से करता है। व्यास अश्वमेध के आयोजन का उन्हें निर्देश देते हैं और इस कार्य के लिए योग्य घोड़े का पता भी बताते हैं। वे कहते हैं कि वह अश्व राजा यौवनाश्व की दस अक्षौहिणी सेना द्वारा रक्षित, बहुत दूर भद्रावती में है। भीमसेन अश्व को लाने की प्रतिज्ञा करते हैं। व्यास के सुझाव पर युधिष्ठिर श्रीकृष्ण का जैसे ही स्मरण करते हैं, वे द्वार पर दिखाई देते हैं। भीमसेन के अनुरोध पर कृष्ण उन्हें कर्ण-पुत्र वृषकेतु और घटोत्कच-पुत्र मेघवर्ण के साथ भद्रावती पुरी भेजते हैं। घनघोर युद्ध के बाद यौवनाश्व अश्व समर्पित कर स्वयं भी साथ हो लेते हैं। कवि ने कृष्ण को आमंत्रण देने गए भीम से कृष्ण के कौतुक का नया, रोचक और मनोवैज्ञानिक वर्णन किया है। भोजन करते समय आए भीम को मिलने से रोकना और भोजनप्रिय को भोजन न कराना उसे कितना रुष्ट करता है! उसे भोजन कराने पर उसकी प्रसन्नता का कवि ने सुंदर वर्णन किया है। फिर हस्तिनापुर तक की यात्रा में परिवार और गोप-गोपियों से कृष्ण के मिलने का वर्णन भी रम्य है।

भक्ति और ज्ञान के साथ हास्य, शृंगार, करुण और वीर रस से ओतप्रोत अश्वमेध पर्व काव्यात्मक के साथ अत्यंत नाटकीय और अनुपम भी है। इसमें राज-शील, सौजन्य और संबन्धों की कोमलता के साथ युद्ध की परुषता आदि विपरीतों का विचित्र संगम है। अश्वरक्षा करते हुए अर्जुन के विभिन्न युद्धों का भी विशिष्ट, रोमांचक और कौशलपूर्ण वर्णन है। पांडवों और अन्य राजाओं, युवा पीढ़ी का युद्ध-कौशल और स्फूर्ति भी देखने लायक है।

किसी युद्ध-प्रसंग में शायद ही युद्ध में जाते हुए पति की आरती उतारती कोई पत्नी यह कहते हुए कि वह जिस 'मुक्ति' (मोक्ष) से मिलने जा रहा है, वह तो छिनाल है। मैं आपकी पतिव्रता पत्नी हूं, इसलिए मुझे पुत्र देकर युद्धभूमि में जाओ... यदि आप पहले मेरे अंगहीन 'काम' पर विजय पाए बिना युद्ध में जाते हैं तो वहाँ 'चतुरंग सेना' पर कैसे विजय पाएंगे? और युद्ध के लिए सन्नद्ध वीर भी कवच-किरीट उतार कर उसी समय शय्या पर पत्नी को 'रति-दान' देने के बाद युद्धभूमि में जाता है। परिणाम स्वरूप उसे वास्तविक युद्ध में विलम्ब हो जाता है। इसका जो दण्ड उसे भोगना पड़ता है उसमें यातना, भक्ति और हास्य का अद्वितीय संगम है।

यह वीर है–स्वयं राजा हंसध्वज का पुत्र सुधन्वा, और पत्नी है–प्रभावती।

विलंब के दण्ड स्वरूप पुरोहितों के निर्णय पर उसे राजा की आज्ञानुसार उबलते तेल के कड़ाहे में डाल दिया जाता है। इस अवसर पर सुधन्वा परम आर्द्र होकर भगवान कृष्ण की प्रार्थना करता है। लोग चकित हैं कि सुधन्वा उस उबलते कड़ाहे में भी प्रसन्न है। शङ्ख और लिखित नाम के पुरोहित जिन्होंने उसे कड़ाहे में डालने का निर्णय दिया था, सोचते हैं कि यह कोई छल है। वे कहते हैं कि तुरंत एक नारियल लाकर कड़ाहे में डालो। नारियल डाला जाता है। तत्क्षण वह तड़ाक से दो टुकड़े हो जाता है और उसका एक टुकड़ा शङ्ख और दूसरा लिखित के ललाट पर लगता है। कड़ाहे से तेल की धाराएँ उछलने लगती हैं– (क्या खुशी से? क्या व्यंग्य से?)

जैमिनीय अश्वमेध पर्व का 'कुशलवोपाख्यान' पद्मपुराण से लिया गया है। इसमें वाल्मीकि रामायण से कुछ अंतर है, जबकि वर्णन और चरित्रांकन का अपना सौन्दर्य जैमिनी का है। कुछ अंश विशिष्ट हैं। लव द्वारा पकड़े हुए अश्वमेध के अश्व को छोड़ देने का आग्रह आश्रम के मुनिकुमार करते हैं, तब लव कहता है "तुम लोग ऋषि-पत्नियों की कोख से जनमे हो। परंतु मैं यदि भयभीत होकर इसे छोड़ दूं तो निस्संदेह मैं सीता के पेट से पैदा हुआ एक कीड़ा हूँ।" शत्रुघ्न, लक्ष्मण, भरत सबको पराजित और मूर्च्छित करने के बाद जब राम आते हैं, तो दोनों बालकों की अपने जैसी आकृति देख कर कुश से माता, पिता, गुरु का नाम पूछते हैं? तब कुश कहता है–"वंश जानने से तुम्हें क्या मतलब? वंश परंपरा का कथन तो तुम जैसे लोग ही क्षत्रियोचित पुरुषार्थ छोड़ कर करते हैं। शीघ्र युद्ध करो।" यहाँ राम फिरदौसी के 'शाहनामा' के रुस्तम की तरह अपने पुत्र से लड़ने नहीं लग जाते, बल्कि शस्त्र पटक कर कहते हैं–"लो मैं युद्ध नहीं करता। तुम अपने कुल का वर्णन करो।" इसके उत्तर में कुश केवल यह कहता है, "हम दोनों सीता के पुत्र हैं।"– सुनकर राम मूर्च्छित हो जाते हैं। इसके बाद दोनों बच्चे वानरों के साथ कौतुक करते हैं।

जब राम का यज्ञोत्सव प्रारंभ होता है, तब महर्षि वाल्मीकि पुत्रों सहित सीता को राम के समीप लाकर खड़ा कर देते हैं। राम, पुत्रों से संयुक्त सीता के साथ बैठकर यज्ञ करते हैं:

'रामः पुत्रयुतो जातः सीतया सहितः स्थितः।
मुनीन् विसर्जयामास यज्ञान्ते च पुरस्कृतान्।।' 37/82

वाल्मीकि रामायण में वर्णित सीता से पुनः पवित्रता का आश्वासन पाना और उसके बाद भूमि से उगे सिंहासन पर बैठकर सीता के भूमि में समा जाने जैसा त्रासद प्रसंग यहाँ नहीं है। यह कवि की संवेदनशीलता और समय का उल्लंघन करने की चेतना और साहस है।

यह प्रसंग शायद पत्नी चित्राङ्गदा द्वारा उत्पन्न अपने पुत्र से अर्जुन के युद्ध करने भूमिका है। इसका सुंदर वर्णन और उसमें अर्जुन के वध का दारुण प्रसंग यहाँ है। चित्राङ्गदा को इसका पता चलने पर वह विलाप करती है। तब अर्जुन की दूसरी नागवंशी पत्नी उलूपी उसे पुनर्जीवित करने के लिए पुण्डरीक नाग को पाताल भेजती है। शेषनाग मणि देने को उद्यत होता है, परंतु 'धृतराष्ट्र नाग' के विरोध के कारण यह संभव नहीं होता और पुंडरीक विफल होकर लौट आता है। तब अर्जुनपुत्र बभ्रुवाहन पाताल लोक पर चढ़ाई कर देता है, भयंकर युद्ध के बाद वह 'शेषनाग मणि' प्राप्त कर जब मणिपुर लौटता है तब देखता है कि धृतराष्ट्र-पुत्र दुर्बुद्धि ने बभ्रुवाहन द्वारा काटा अर्जुन का सिर चुरा लिया है। तभी कृष्ण, कुंती, भीम, देवकी और यशोदा मणिपुर आते हैं। बभ्रुवाहन उनके सामने विलाप करता है। कृष्ण के क्रोध से धृतराष्ट्र के पुत्र 'दुर्बुद्धि' और 'दुःस्वभाव' की मृत्यु हो जाती है, अर्जुन का मस्तक वापस रणभूमि में आ जाता है। कृष्ण मणिस्पर्श से वृषकेतु (कर्ण का पुत्र) और अर्जुन को जीवित करते हैं। सब मणिपुर में प्रवेश करते हैं। यह पूरा प्रसंग रोमांच, करुणा, साहस और जिज्ञासा से भरा है।

यह कथा महाभारत से अलग है। इसमें आर्यों और नागों का मेल और कृष्ण की कृपा केन्द्र में है। मणिपुर में इस कथा का कुछ अंश प्रचलित है।

राजा चंद्रहास की कथा भी विष्णुभक्ति का रोचक और सुंदर उदाहरण है। वह केरल के राजा 'सुधार्मिक' का पुत्र है जिनकी आक्रमण में मृत्यु हो गई थी और रानी सती हो गई थी। अनाथ चंद्रहास को धाय ने पाला। धाय उसे कुंतलपुर में लाई जहाँ मंत्री 'धृष्टबुद्धि' की नजर उस पर पड़ी, वह उसका पालन करने लगा, पर जब मुनियों से पता चला कि यही उसकी सम्पत्ति का उत्तराधिकारी होगा तो चाण्डालों को उसका वध करने के लिए उसके साथ जंगल में भेजा। चाण्डालों को दया आ गई। उन्होंने उसे छोड़ दिया और वध की निशानी के रूप में पाँव की 'छठी उंगली' काट कर धृष्टबुद्धि को समर्पित कर दी।

वन में पक्षी और हरिणियाँ उसका पालन करती थीं। तभी राजा कुलिन्द को वह मिला। परिचय पूछने पर उसने बताया कि श्रीकृष्ण उसके माता-पिता हैं। राजा प्रसन्न हुआ और घोड़े पर बिठाकर नगर में लाया और उसके चन्द्र की

भाँति हास को देख उसका नाम 'चंद्रहास' रखा। तरुणाई में चंद्रहास दिग्विजय करते हुए चन्दनावतीपुर आया। कुलिन्द ने प्रसन्न होकर उसका राज्याभिषेक कर दिया। चन्दनावती कुंतलपुर के अधीन थी। कुलिंद के आदेश से सम्पत्ति लेकर चंद्रहास कुंतलपुर पहुँचा। इधर 'धृष्टबुद्धि' ने चंदनापुर आकर भयंकर अत्याचार किया और कुलिंद को कैद कर 'लोभ' को वहाँ का अधिकारी बनाया। उसे चंद्रहास के बारे में भी शंका हो गई। उसने चंदनापुर आने पर कुंतलपुर के मंत्री मदन के नाम चन्द्रहास को पत्र लेकर भेजा, जिसमें उसने उसे विष देने को लिखा था।

चंद्रहास जब नगर के उद्यान में पहुँचा तो वहाँ उसे राजा की पुत्री चम्पकमालिनी और मंत्री मदन की पुत्री विषया ने देखा। विषया ने गुप्त रूप से चंद्रहास के जेब से पत्र निकालकर सील तोड़कर पढ़ लिया और उसमें 'विष' की जगह खुरचकर 'विषया' लिख दिया। अब आदेश हो गया–'विषया को दे देना।' आदेशानुसार मदन ने उसका विवाह चंद्रहास से कर दिया। धृष्टबुद्धि को आने पर जब इसका पता चला तो उसने चाण्डालों को आदेश दिया– "चण्डी मंदिर में ले जाकर चंद्रहास का वध कर दो।"

इधर कुंतलपुर के राजा ने अपनी बेटी 'चम्पक मालिनी' का विवाह चंद्रहास से कर दिया और पुत्री के साथ उसे राज्य भी सौंप दिया। संयोगवश चंद्रहास के बदले, मंत्री मदन चण्डी मंदिर में पहुँच गया। अनजाने चाण्डालों ने उसे चंद्रहास समझकर उसका वध कर दिया। यह जानकर धृष्टबुद्धि मंदिर में जाकर विलाप करने लगा। उसने वहीं प्राण त्याग दिए।

चंद्रहास ने जब यह देखा तो चण्डी मंदिर में अपना मांस काट कर आहुति दे दी–यहाँ तक कि वह अपना मस्तक काटकर बलि दे ही रहा था कि देवी प्रकट हो गई। उसकी प्रार्थना पर 'मदन' और 'धृष्टबुद्धि' जीवित हो उठे। कुंतलपुर जाकर चंद्रहास, पुत्र का राज्याभिषेक कर अश्वमेध के अश्व की रक्षा के लिए कृष्ण के साथ हो लिया।

इस काव्य में अपार कृष्ण-भक्ति और किस्सागोई के साथ नामों का प्रतीकीकरण भी ध्यान खींचता है। 'धृष्टबुद्धि', 'दुर्बुद्धि', 'दु:स्वभाव', 'लोभ' जैसे नामकरण खलता के कितने सुंदर प्रतीक हैं?

इस तरह भाँति-भाँति से आचार्य कवि ने 'अश्वमेध पर्व' को स्मरणीय और सुंदर काव्य-रूप दिया है, जो निश्चय ही व्यास भारत के अश्वमेध पर्व से अधिक काव्यात्मक, नाटकीय और रोचक है।

हरिवंश पुराण : आचार्य जिनसेन (जैनाचार्य)
(वि.सं. 840)

वस्तुतः तीन हरिवंश पुराणों का उल्लेख मिलता है उनमें से दो संस्कृत और एक अपभ्रंश में है। संस्कृत 'हरिवंश पुराण' के एक लेखक हैं आचार्य जिनसेन और दूसरे 'हरिवंश पुराण' के लेखक हैं ब्रह्मचारी जिनदास। अपभ्रंश के लेखक हैं– रइधू, परंतु सबसे महत्त्वपूर्ण काव्य आचार्य जिनसेन का 'हरिवंश पुराण' है। यद्यपि यह चिंतनीय है कि इसकी चर्चा महाभारत के संदर्भ में की जाए या नहीं? क्योंकि जैन विद्वानों ने जिन पुराणों आदि का उल्लेख किया है, उनमें महाभारत या श्रीमद्भागवत का कोई उल्लेख नहीं हैं परंतु इस ग्रंथ में कृष्ण के जन्म की कथा कुछ पाठांतरों के साथ भागवत और कृष्ण-कथाओं की भाँति ही है। कृष्ण की पाण्डवों से भेंट और अंततः उनकी मृत्यु भी महाभारत के कुछ पाठांतरों के साथ है। इस तरह कृष्ण और पाण्डव-कथा जैन मतों, नामों, आदि के साथ यहाँ जिस तरह है, उसे देखते हुए भी इस ग्रंथ का प्रत्यक्ष या परोक्ष रूप में महाभारत और श्रीमद्भागवत से सम्बन्ध प्रतीत होता है। फिर भी इसके रचनात्मक स्वरूप और परिणति की दृष्टि से इसे ऐसा मौलिक काव्य कहना चाहिए जिसमें महाभारत की प्रेरणा अंतर्निहित है।

वैसे भी भारतीय और भारतेतर साहित्य में महाभारत को विभिन्न रचनाकारों ने निस्संकोच अपने देश-काल और अवधारणा के अनुरूप इस तरह प्रस्तुत किया है, मानो वह उन्हीं की, उन्हीं के बीच रची-बसी अपनी कृति हो। यह महाभारत की सर्जनात्मकता और सृजन-प्रेरणा का विशिष्ट अवदान है। उदाहरणार्थ अगर सारलादास इसकी रचना उड़िया भूमि और समय के अनुरूप कर इसे अपना बना लेते हैं तो इण्डोनेशियाई सर्जक इसे इण्डोनेशिया की अपनी कृति के रूप में रचते हैं। वे इसके पात्रों, घटनाओं और अंतर्हित धर्मधारणा और उद्देश्य को भी बदल

कर इसे सर्वथा नया रूप दे देते हैं। इसलिए जिनसेनाचार्य के 'हरिवंश पुराण' को भी महाभारत से प्रेरित मौलिक रचना क्यों न मानना चाहिए?

'हरिवंश पुराण' की रचना का उद्देश्य चौबीसवें तीर्थंकर नेमिनाथ के चरित का प्रस्तुतीकरण है। जैन विद्वानों के अनुसार इसी संदर्भ में अन्य चरित्र भी दिए गए हैं। पर इनमें कृष्ण और पाण्डव-कथा को शामिल करने की अपेक्षा अन्य पौराणिक या काल्पनिक चरित्र भी तो शामिल किए जा सकते थे। परंतु ये कथाएँ सकारण यहाँ हैं। एक तो इसलिए कि कृष्ण की महत्ता और अलौकिकता; लोक और साहित्य दोनों में स्थापित है। वे ईश्वरता के साक्षात रूप हैं। दूसरे, महाभारत जन-जन के भीतर अपनी जगह बना चुका है और यह शक्ति, सौंदर्य और ज्ञान का पुंज है। कृष्ण-कथा द्वारा भागवत को और पाण्डव-कथा द्वारा महाभारत को काव्य में आत्मसात करने से लगता है कि कवि का अभिप्राय कृष्ण, भागवत और महाभारत पर तीर्थंकर की महत्ता स्थापित करना है। एक जगह हरिवंश पुराण में कृष्ण और नेमिनाथ की स्पर्द्धा होती है, उसमें नेमिनाथ जीत जाते हैं और कृष्ण पराजित हो जाते हैं। क्या यह निष्प्रयोजन क्रीड़ा-भाव है? फिर, पुराणों में रोचक, लेकिन अपनी भागवत्ता के लिए मान्य नारद के चरित्र के साथ जो किया गया है, वह भी क्या अनजाने हुआ है?

अगर कवि और काव्य-सर्जना के पक्ष में उक्त समावेश को देखें तो कह सकते हैं कि घटना-बहुल, सौन्दर्य-पूरित, चरित्र-वैविध्य और अनेक भावों-विचारों का आगार महाभारत और भागवत को अपने पुराण में समावेश कर जैन आचार्य ने अपने धर्म के साधना-व्यापार की सीमित और शुष्क एकरसता से मुक्ति पाकर सृजनशीलता का बड़ा विविध, ललित और परुष संसार इसमें अपनी तरह से शामिल कर लिया है। दूसरे, यह भी प्रतीत होता है कि जैन समाज जिस वृहद् हिन्दू समाज का अंग है; उसके बीच और उसके ऊपर अपने दर्शन, और धर्म-प्रणाली के प्रभाव और महत्त्व को स्थापित करने का माध्यम बनाने के लिए उक्त दोनों ग्रंथ जितने सहायक हो सकते थे, उतना कोई नहीं।

विद्वानों के अनुसार कृष्ण और बलदेव के साथ चचेरे भाई नेमि को तीर्थंकर प्रकृति का 'बंध' हुआ है और इसीलिए नेमिनाथ कथा की छाया में सभी पात्रों के चरित्र चित्रित हुए हैं। आचार्य जिनसेन ने पाण्डवों का चरित्र इतना शिथिल, बल्कि निर्जीव चित्रित किया है कि अंत में हिमालय की ऊँचाइयों पर न चढ़ कर 'आत्माहुति' देना,उनकी नियति बन गई है। यह परिणति स्पष्ट रूप से सकारण है।

कृष्ण की भागवत दिव्यता का उक्त 'पुराण' में लगभग लोप हो गया है। बलदेव का तप से निर्वाण उसे स्वर्ग में पहुँचाता है, जबकि कृष्ण का 'जीव' भटकता फिरता है।

ये सारी चीज़ें विस्तृत विमर्श और विवाद का विषय हैं, जिनका यहाँ प्रयोजन नहीं। कहना सिर्फ यह है कि बिना कहे भी हरिवंश पुराण महाभारत के बिम्ब को सामने रखकर अपने मायावी काँच में उसका बहुरूपी सम्मिश्र है।

66 सर्ग के काव्य में 36 सर्ग तक सिद्धांत, तीर्थ कथा, स्तुति आदि हैं। भगवान नेमिनाथ का काव्य में प्रवेश 37वें सर्ग से होता है।

वसुदेव और कंस की बहन देवकी की कथा में घोषणा आकाशवाणी नहीं, बल्कि अतिमुक्तक मुनि करते हैं कि देवकी का पुत्र कंस का वध करेगा। तब कंस देवकी से वचन लेता है कि उसका प्रसव कंस के घर में ही होगा। सात पुत्रों के पूर्वभवों का वर्णन अतिमुक्त मुनि करते हैं। छह पुत्रों को इन्द्र की आज्ञा से नैगम देव, सुभद्रिल नगर के सुदृष्टि सेठ के यहाँ छोड़ाता रहा है और उसके मृत पुत्रों को देवकी को देता रहा है।

देवकी को स्वप्न आता है कि कृष्ण उसके गर्भ से जन्म लेने वाले हैं। यथासमय कृष्ण का जन्म होता है। हरिवंश पुराण के अनुसार भाद्र पद शुक्ल द्वादशी को उनका जन्म होता है। वसुदेव, गुप्त रूप से कृष्ण को अपने विश्वस्त नन्द को सौंपते हैं और यशोदा की पुत्री ले आते हैं। कंस उसकी नाक चपटी कर छोड़ देता है। 'निमित्त ज्ञानी' के कथन से शंकित कंस शत्रु की खोज में लग जाता है। कवि कृष्ण की बाल लीला और लोकोत्तर पराक्रम का वर्णन करता है। आगे जरासंध वध तक की कथा महाभारत-भागवत के अनुरूप है। 'कुबेर' द्वारका में कृष्ण-बलदेव को स्थापित करते हैं। कृष्ण का पहले विवाह सत्यभामा से फिर रुक्मिणी से होता है। दोनों में सपत्नी मात्सर्य के रोचक, कल्पित प्रसंग हैं। कृष्ण इन दो विवाहों के अलावा 6 विवाह और करते हैं।

45वें सर्ग से पाण्डव कथा शुरू होती है। लिखा है कि यादवों के भानजे पाण्डव द्वारका आए। यादवों ने उनकी आवभगत की।

युधिष्ठिरादि पाण्डव और दुर्योधनादि सौ कौरवों के बीच आधे-आधे राज्य का बँटवारा हुआ। कुछ समय बाद दुर्योधन के मन में भेद उपजा। उसने इस बात पर आपत्ति उठाई कि मात्र 5 भाई आधे राज्य का सुख भोग रहे हैं और हम 100 को आधा राज्य मिला है। इस पर युधिष्ठिर तो शांत रहे, पर चारों भाई क्रुद्ध हो कर दुर्योधन और कौरवों के विनाश की घोषणा करने लगे। युधिष्ठिर ने उन्हें

समझाकर शांत किया।

एक रात्रि को दुर्योधन ने पाण्डवों के निवास में आग लगा दी। पाण्डव और कुंती सुरंग से भाग निकले, परंतु प्रजा को लगा कि पाण्डव जल मरे, इसलिए वह दुर्योधन से रुष्ट हो गई।

पाण्डव गंगा पार कर पूर्व दिशा की ओर चले गए। चलते-चलते श्लेष्मान्तक नामक वन में पहुंचे। वहां एक आश्रम में ठहरे। वसुंधरपुर के राजा विन्ध्यसेन की वसन्तसुन्दरी नाम की पुत्री उसी आश्रम में रहकर तपस्या कर रही थी। जब कुंती ने उससे अल्पायु में तपस्या का कारण पूछा तो उसने बताया कि उसे गुरुजनों ने युधिष्ठिर को दे रखा है। आग में पाण्डवों के भस्म होने का समाचार सुन कर वह भी उसी तरह मरना चाहती है। इसलिए तपस्या में लगी है। कुन्ती ने कहा, "कल्याणी, तू तपस्या करती हुई जीवित रहेगी तो एक दिन अवश्य उसे पा लेगी।" युधिष्ठिर ने भी यही कहा और 'अणुव्रत', 'शीलव्रत' तथा 'गुणव्रतों' से युक्त उपदेश दिया। वहाँ से वे आगे चले।

पाण्डव तापस वेष छोड़ ब्राह्मण वेश में रहते हुए ईहापुर नामक नगर में आए। वहाँ भृंग राक्षस नाम का नरभक्षी राक्षस रहता था। भीमसेन ने उसे मार डाला और निवासियों का भय दूर कर दिया। वहाँ प्रचण्ड वाहन नाम का राजा राज करता था। उसकी विमलप्रभा नाम की पत्नी थी। दोनों की 10 पुत्रियाँ थीं, उन्हें राजा-रानी ने युधिष्ठिर के लिए संकल्पित कर दिया था। वे भी पाण्डवों के भस्म होने का समाचार सुनकर अणुव्रतधारी श्राविकाएँ बन गईं। उसी नगर में एक श्रेष्ठी की नयनसुंदरी नामकी कन्या भी युधिष्ठिर को पहले ही दे दी गई थी। इसलिए वह भी 'अणुव्रत' धारण कर रही थी। जहाँ देखो वहाँ लड़कियाँ युधिष्ठिर के लिए ही संकल्पित होती हैं।

स्थिर चित्त हो पाण्डव आगे बढ़े। चम्पापुरी में एक मदमत्त हाथी का मद भीम ने दूर किया। फिर वे वैदिशपुर पहुँचे। भिक्षा लेने भीम जब राजभवन में गया तो देखता क्या है कि वहाँ का राजा भी अपनी पुत्री दिशानन्दा को अंत:पुर के आगे लेकर खड़ा है और कहता है-"आपके योग्य यही 'भिक्षा' है, आप इसका पाणिग्रहण कीजिए। भीम अपनी असमर्थता बताते हुए कहते हैं कि-"मैं स्वतंत्र नहीं हूँ।"

सभी पाण्डव नर्मदा नदी पार कर विंध्याचल पर पहुँचे। वहाँ के संध्याकार नामक नगर में हिडम्बवंश में उत्पन्न राजा सिंहघोष रहता था। उसकी पुत्री हृदयसुंदरी के बारे में निमित्त ज्ञानियों ने कहा था कि गदाधारी विद्याधर को जो

मारेगा वही हृदयसुंदरी का पति होगा। भीम ने उसे मार डाला। भीम का 'समागम' हृदयसुंदरी के साथ हुआ। हिडिम्बवंशी राजा के साथ पांडवों का सम्बन्ध हर्ष का कारण हुआ।

पाण्डव चलते-चलते माकन्द नगरी पहुँचते हैं। वहाँ के राज द्रुपद की पुत्री द्रौपदी थी। राजपुत्र उसके लिए पागल थे। राजा ने सोचा कि 'किस-किस से बुराई ली जाए!' उन्होंने 'चन्द्रक यंत्र' का वेध करने के लिए सबको आमंत्रित किया। सब राजा परास्त हो गए तब अर्जुन ने गांडीव खींच कर उस यंत्र का संधान किया और वेध कर दिया। द्रौपदी ने यह देखकर फौरन अर्जुन के गले में माला डाल दी। उस समय जोर की हवा चल रही थी। इससे माला टूट कर सभी पाण्डवों पर जा पड़ी। इसलिए विवेकहीन किसी चपल मनुष्य ने जोर-जोर से यह कहना शुरू किया कि इसने पाँच कुमारों को वरा है। द्रौपदी को लेकर अर्जुन माता के पास चला कि अनीतिज्ञ राजा उसके पीछे लग गए। उन्हें अर्जुन, भीम और धृष्टद्युम्न ने रोका। यंत्र-वेध के लिए कौरवगण द्रोणाचार्य के साथ आए थे। धृष्टद्युम्न के रथ पर आरूढ़ अर्जुन ने अपने नाम से चिन्हित बाण द्रोणाचार्य की गोद में फेंका। परिचय जानकर वे खुश हुए। नकली प्रसन्नता, दुर्योधन ने भी दिखाई। अर्जुन-द्रौपदी का विवाह होने पर दुर्योधन सभी को ले हस्तिनापुर पहुँचा। युधिष्ठिर और भीम ने अज्ञातवास के समय स्वीकृत कन्याओं से विवाह किया।

कवि कहता है-"द्रौपदी अर्जुन की स्त्री थी, उसमें युधिष्ठिर और भीम की बहू जैसी बुद्धि थी, और नकुल और सहदेव उसे माता मानते थे :

> स्नुषाबुद्धिरभूत्तस्यां ज्येष्ठयोरर्जुनस्त्रियाम्।
> द्रौपद्यां यमलस्यापि मातरीवानुवर्तनम्।। 54/150

जिनसेनाचार्य ने यहाँ पाँचों पाण्डवों से द्रौपदी का विवाह नहीं करवाया। आगे जाकर कन्नड़ के जैन कवि पंप ने भी इसी कथा-रूप को अपनाया।

वनवास के इस प्रसंग को थोड़े विस्तार से देने का आशय यह है कि इससे प्रतीत होता है कि पाठांतर के साथ कवि ने महाभारत का ही अनुसरण किया है। आगे के अंश में जैन धर्म की ओर कथा मुड़ती है।

हस्तिनापुर में आने पर पुनः कौरव-पांडवों का आधा-आधा राज्य-विभाजन हुआ और वे सुखपूर्वक रहने लगे। इससे दुर्योधन का वैर फिर जागा और उसने युधिष्ठिर को जुआ खेलने के लिए आमंत्रित किया। पाण्डव हार गए। उन्होंने बारह वर्ष का अज्ञातवास स्वीकार किया। अज्ञातवास के दौर में तमाम जगहों से

होते हुए वे विराट नगर में पहुँचे और बदले हुए वेश में राजा के यहाँ रहने लगे। वहाँ द्रौपदी पर कुदृष्टि डालने वाले कीचक की भीम ने मरम्मत की। इससे आहत कीचक मुनि होकर तपस्या करने चला गया। कवि ने लिखा है कि 'कीचक मुनि' ने 'केवलज्ञान' प्राप्त कर निर्वाण प्राप्त किया।

बारह वर्ष पूरे हो गए। पाण्डव फिर हस्तिनापुर आए। फिर से दुर्योधन में दुर्भाव पैदा हुआ। उससे खिन्न होकर पाण्डव दक्षिण की ओर निकल गए। विंध्यवन में तपस्वी विदुर से युधिष्ठिर की भेंट हुई। पाण्डव क्रम-क्रम से द्वारका पहुँचे।

प्रद्युम्न की विचित्र कथा कहने के बाद कवि ने जरासंध से कृष्ण के युद्ध का वर्णन और जरासंध के वध की कथा कही। आगे नारद द्वारा द्रौपदी पर क्रोध और कृष्ण द्वारा उसकी मुक्ति की कथा है। पाण्डवों से कृष्ण के मतभेद की चर्चा भी हुई है। पाण्डव दक्षिण समुद्रतट पर जाकर मथुरा में रहने लगे।

कृष्ण की सभा में नेमिकुमार गए और 'सबसे अधिक बलवान' की परीक्षा में नेमिकुमार (नेमिनाथ) जीत गए। विवाह के प्रसंग में विघ्न आने से नेमिकुमार को वैराग्य हुआ और वे तपोलीन हो गए। उन्हें केवलज्ञान हुआ। इसके बाद कवि ने भगवान नेमिनाथ के समवसरण और धर्म-सभा-स्थल का जमकर वर्णन किया है। एक सौन्दर्य वर्णन देखिए : वह परिघा (खाई) अत्यंत स्वच्छ है, तथा उसका जल स्वर्णमय कमलों के पराग से लाल-पीला हो रहा है अतएव उसमें प्रतिबिंबित दिशा रूप स्त्रियों के मुख अङ्गराग युक्त जान पड़ते हैं :

हेमाम्भोजरजः पुंजपिंजरी भाविताांम्भसि।
स्वच्छायांदिङमुखान्यस्यां साङ्गरागाणि चात्यभान्।। 57/22

कवि ने धार्मिक-दार्शनिक चर्चाएं, विहार-वर्णन, पूर्वभवों का वर्णन, रैवतगिरि पर कृष्ण से भेंट और उनकी जिज्ञासा का नेमिनाथ द्वारा उत्तर दिलवाया है। इसी समय नेमिनाथ भविष्यवाणी करते हैं कि 12 वर्ष बाद द्वारिका भस्म हो जाएगी।

बाद में कृष्ण का दारुण मृत्यु-प्रसंग है। एक बार बलदेव के साथ भ्रमण करते हुए 'कौशाम्ब वन' में कृष्ण को प्यास लगी। बलदेव पानी लेने गए। कृष्ण पीताम्बर ओढ़कर लेट गए, इसी समय धोखे से जरत्कुमार (जरा नामक व्याध का नया रूप) के बाण से कृष्ण के पैर के तलुए में चोट लगी। 'उत्तम भावनाओं का चिन्तवन' करते हुए कृष्ण की मृत्यु हो गई। वापस आने पर बलदेव ने कृष्ण

को मृत पाया।

कवि ने बलदेव की मूर्च्छा और पीड़ा का मार्मिक वर्णन किया है। इस अवसर पर बलदेव उस व्यक्ति पर क्रुद्ध हुए जिसने सोए हुए कृष्ण को मारा है। 'उन्होंने कुपित होकर ऐसा भयंकर सिंहनाद किया कि दुर्गम वनविहारी व्याघ्र, सिंह और हाथियों की दहाड़ भी फीकी पड़ गई। इस अवसर पर कवि ने उन कई प्रकार की अवस्था के लोगों पर प्रहार न करने की परिगणना भी की जिन पर प्रहार करना अनुचित है। आक्रामक को पाने में विफल शोकदग्ध बलदेव, कृष्ण को गोद में लेकर रोने लगे। उन्होंने कहा–

'हाय जगत के प्रिय! जगत के स्वामी! हा समस्तजनों को आश्रय देन वाले! हा जनार्दन! तू मुझे छोड़ कर कहाँ चला गया? हा भाई तू जल्दी आ जल्दी आ!' इस प्रकार कहते हुए वे चिरकाल तक रोते रहे। वे निर्जीव कृष्ण को सुंदर-शीतल जल बार-बार पिलाते थे परंतु जिस प्रकार दूरानुदूर भव्य के हृदय में सम्यग्दर्शन प्रवेश नहीं करता है; उसी प्रकार उनके गले में वह जल थोड़ा भी प्रवेश नहीं करता था। बलदेव कोमल हाथों से उनका मुँह धोते थे, हर्षपूर्वक उसे देखते थे, चूमते थे, सूँघते थे और वाणी सुनना चाहते थे–

हा जगत्सुभग! हा जगत्पते! हा जनाश्रय! हा जनार्दन!
हाऽपहाय गतवानसि क्व मां हानुजैहि लघुहेति चारुदत्।। 63/20

हारि वारि परितापहारि तं पाययत्यपि विचेतनं मुहुः।
क्रम्यतीषदपि तन्न तद्गले दूरभव्यमनसीव दर्शनम्।। 63/21

मार्ष्टि मार्दवगुणेन पाणिना सन्मुखम् मुखमुदीक्षते मुदा।
लेढिजिघ्रति विमूढधीर्वचः श्रोतुमिच्छति धिगात्ममूढताम्।। 63/23

अंततः छह माह तक बलदेव कृष्ण के शव को लेकर घूमते रहे। अन्त में 'सिद्धार्थ सारथि के जीव' देव ने अपनी 'विक्रिया रूप क्रियाओं से' उन्हें संबोधित किया। इससे उन्होंने तुंगी गिरि पर कृष्ण का दाह किया और नेमिनाथ भगवान से 'परोक्ष दीक्षा' लेकर तप करने लगे।

नेमिनाथ जब पल्लव देश पहुँचे तो पाण्डवों ने उनसे अपने भवान्तर सुने और दीक्षा लेकर घोर तप में लगे।

इसी समय नेमिनाथ का मोक्ष हो गया, जानकर पाण्डव मृत्युंजय पर्वत पर प्रतिमा योग से विराज गए। तपस्या काल में उन्हें उत्पीड़न (उपसर्ग) पहुँचाने वाले शत्रु ने अपना काम किया। पाण्डव अविचल भाव से सहते रहे। युधिष्ठिर,

भीम, अर्जुन मोक्ष को प्राप्त हुए और नकुल-सहदेव आकुलचित्तता के कारण सर्वार्थसिद्धि में उत्पन्न हुए। नारद ने मोक्ष पाया। सौ वर्ष तप करके 'बलदेव मुनिराज' ने समाधि ली और ब्रह्मलोक में इन्द्र पद पाया।

पुराण का यह अंत प्रयोजनपूर्ण प्रतीत होता है कि कृष्ण के 'जीव' की यह आज्ञा हुई कि नगर-ग्राम में मेरा मंदिर बनवा कर लोगों को मोह में तन्मय करो। कृष्ण का वध करने वाले जरत्कुमार से यादव वंश की परंपरा चली और धीर-वीर-धुरंधर जरत्कारु राजलक्ष्मी की रक्षा करता हुआ राज्य करने लगा।

स्पष्ट है कि महाभारत और श्रीमद् भागवत का इस्तेमाल कि गया है, सर्जनात्मक आत्मसातीकरण नहीं। इसीलिए कथा, चरित्र, प्रसंग और परिणति हम बदले रूप में देखते हैं।

यहां यह कहना जरूरी है कि महाभारत अपने हर तरह के अनुसृजन, पुनःसृजन और नवार्थ का अवकाश देता है, ताकि आगामी रचनाकारों की स्वायत्तता बनी रहे। इसी से परंपरा का बहुविध विकास होता है। यह रचनाकार पर है कि वह मूल रचना के अभ्यंतर की कितनी रक्षा करता है, और नवीन स्थापना को कैसे मौलिक और अर्थवान बनाता है। प्रवाह प्रवाह को खंडित कर अपने लिए सुगति नहीं पाता बल्कि लयात्मक होकर ही गतिशील होता है।

राघव पाण्डवीय : कविराज पण्डित / माधव भट्ट
(दसवीं शती)

इसमें रामायण और महाभारत संश्लिष्ट हैं, हर पात्र और घटना का दोहरा अर्थ है। यह संस्कृत की चमत्कारपूर्ण पाण्डित्य-परंपरा में है जो संभवतः हर समर्थ भाषा में कमोबेश रही है। दसवीं शती पूर्वार्द्ध में (राघव पाण्डवीय के पहले) राजा मुञ्ज की सभा के कवि धनंजय ने भी 'राघव पाण्डवीय' लिखा था, वह 18 सर्गों का बताया जाता है, परंतु अनुपलब्ध है।

गिनाने को ऐसे कई ग्रंथ हैं जैसे–हरदत्त सूरि का लिखा–'राघव नैषधीय' काव्य है जिसमें राम और नैषध के चरित्र का श्लेष है। पर इनमें से अधिकांश का उल्लेख तो मिलता है, वे उपलब्ध नहीं हैं। इनमें एक 'पंच कल्याण चम्पू' है, जिसमें एक साथ राम, कृष्ण, शिव, विष्णु तथा सुब्रमण्य के विवाह का वर्णन है। अनेक प्राचीन ग्रंथों की तरह यह भी एक काव्य है।

'यादवराघवीय' जिसमें विलोम पद्धति से राम और कृष्ण दोनों के चरित्रों का एक साथ वर्णन है। इसमें सीधे पढ़ने से राम का चरित्र और श्लोकों को उल्टे क्रम से पढ़ने पर कृष्ण का चरित्र निकलता है।

'राघव पाण्डवीय' 13 सर्गों का काव्य है। इसमें प्रारंभ से अंत तक एक शब्दावली में रामायण और महाभारत की कथा कही गई है। कवि ने स्वयं को सुबंधु और बाणभट्ट के समकक्ष बताया है और शेष कवियों की वक्रोक्ति निपुणता पर प्रश्नचिन्ह लगा दिया है :

सुबन्धुर्बाणभट्टश्च कविराज इति त्रयः।
वक्रोक्तिमार्गनिपुणाश्चतुर्थो विद्यते न वा।। 1/41

गिनाने को कई द्विअर्थक, त्रिअर्थक, चतुःअर्थक, पंचअर्थक काव्य एक ही शब्दावली में लिखे गए हैं, परंतु राघवपाण्डवीय को उनमें श्रेष्ठ माना जाता है। फिर भी बाण और सुबंधु से अपनी तुलना बड़बोलापन ही है। ऐसे काव्य-चमत्कार का प्रदर्शन बौद्धिक कसरत है। अनुभूति, रस, काव्य-सौन्दर्य और औचित्य का

अभाव, किसी काव्य को काव्य रहने ही नहीं देता। राघव पाण्डवीय इसी श्रेणी में आता–यदि इसमें कुछ काव्यात्मक अंश न होते।

औचित्य का अभाव आद्यंत देखा जा सकता है। एक पक्ष में राम और दूसरे में युधिष्ठिर–भला कोई साम्य है? एक पक्ष मे रावण और दूसरे में दुर्योधन! एक पक्ष में ताड़का और दूसरे में हिडिम्बा! यह जातिभर का ही तो साम्य है। पर ऐसी विसंगति पर चमत्कार-प्रदर्शन करने वालों का ध्यान कहाँ जाता है? जो लोग ऐसे काव्यों में महाकाव्य के लक्षण देख लेते हैं–ऋतु-वर्णन, रस-निरूपण, जीवन-व्यापार आदि के समावेश का उसे गौरव देते हैं–वे प्राणरहित शरीर को ही प्राणी की महत्ता दे रहे हैं।

आरंभ में ही राजा दशरथ एवं राजा पाण्डु की परिस्थिति में साम्य दिखाते हुए मृगया विहार और मुनि-शाप आदि को मिलाया या भिड़ाया गया है, उनमें शाप की स्थितियाँ और अंतःकारणों की छान-बीन का शायद प्रश्न ही नहीं उठता। युधिष्ठिर वारणावत क्यों और किस छल के अंतर्गत गए थे और राम-लक्ष्मण, विश्वामित्र के साथ क्यों और किस महत् उद्देश्य के लिए गए थे–ऐसे प्रश्नों पर विचार करना 'भंगिमाश्लेष' की रचना करने वाले कवि के सोच से बाहर है। रावण के दस सिरों को राम द्वारा काटने और भीम द्वारा दुर्योधन की जंघा तोड़ने में किस तरह की एकार्थता है? कंकाल का साम्य मनुष्य का साम्य नहीं होता।

कविराज पण्डित को हर सर्ग के अंत में 'कामदेव' शब्द रखने की चिंता अधिक है, इस बात की नहीं कि 'कामदेव' स्वयं में एक निहितार्थ और प्रतीकार्थ को सूचित करता है। कविराज पंडित, राजा कामदेव के राजकवि थे और इस पाण्डित्यपूर्ण काव्य के प्रत्येक सर्गांत में नाम देकर अपनी वफादारी और उनका यश बढ़ा रहे थे।

औचित्य संबन्धी इन प्रश्नों को एक तरफ रख दें तो भी कुछ प्रश्न कवि द्वारा सुनिश्चित साम्य से हट कर सीधे-सीधे 'विसंगति' के क्षेत्र में आते हैं।

जैसे- रावण के द्वारा जटायु की दुर्दशा से भीम के द्वारा जयद्रथ की दुर्दशा में क्या संगति है? एक रक्षक-सहृदय है, दूसरा क्रूर आततायी, फिर प्रसंग देखिए। अभिमन्यु का वध और रावण पुत्र देवांतक की मृत्यु में कितनी विषमता है! खोजने पर 'साम्य' में ऐसी ढेरों 'विषमताएँ' दिखाई देती हैं।

फिर भी हर भाषा के कवि-समाज में ऐसी चमत्कार वृत्ति होती है, जो काव्य-कौशल और कवि-प्रशिक्षण के साथ कई बार मनोरंजन भी करती है। ऐसे कवियों का पाण्डित्य और श्रम चकित करता है।

चम्पू भारत : मदन भट्ट

'चम्पू भारत' में महाभारत की सम्पूर्ण कथा संक्षेप में, बारह स्तबकों में कही गई है। सामान्यतः शैली इतिवृत्तात्मक है, परंतु भाषिक चमत्कार और अलंकार विशेषतः यमक अलंकार का प्रचुर प्रयोग दिखाई देता है। साधारणतया चम्पू में गद्य अधिक और पद्य कम होता है, परंतु 'चम्पू भारत' में पद्य का बाहुल्य है। लगभग एक हज़ार श्लोक हैं, इनकी तुलना में गद्य बहुत कम है।

प्रारंभिक कथा एक-दो वाक्यों में कहकर काव्य मूलतः पाण्डु के वन-गमन से प्रारंभ होता है। पाण्डु रति-लीन मृग युग्म में से पुरुष मृग को मार देता है, जो वास्तव में कंदुम ऋषि था। वह पाण्डु को अपराध के अनुरूप शाप देता है कि 'जैसे तूने रति-रत मेरा वध किया है, वैसे ही रति-रत होते ही तेरी मृत्यु हो जाएगी।' इस तरह काव्य नाटकीय उद्वेग से प्रारंभ होता है। फिर महाभारत की भांति कुंती और माद्री, देवों से पाण्डवों को प्राप्त करती हैं और वसंत में कामावेग को न रोक पाने से पाण्डु का माद्री से समागम होते ही उसकी मृत्यु हो जाती है। शेष समूचे चम्पू भारत की कथा महाभारत कथा की अनुकृति है। न कथा में, न पात्रों के चरित्र-चित्रण में, न घटनाओं में कवि ने कोई भिन्नता या मौलिकता प्रकट की है।

अगर कवि का कोई अवदान है तो वह जड़ाऊ भाषा, वर्णन और अलंकार की चमत्कृति है। मुझे लगता है कि यह काव्य भी रीति-परंपरा में आता है।

भीतर बाहर बिखरी अनेक कथाएँ, जो व्यास के लिए समूचे महाभारत की सर्जनात्मक उपस्थिति थी हटा दी गई हैं। कवि मदन भट्ट के लिए महाभारत एक युद्ध-कथा मात्र है, इसका निर्वाह कवि ने रणांगण के अतिरिक्त आंतरिक प्रसंगों में भी किया है, जैसे अर्जुन-शंकर का युद्ध, भीष्म-परशुराम का युद्ध, कीचक-भीम का युद्ध आदि। इस तरह महाभारत के तत्त्वार्थ का त्याग कर मात्र उसे युद्ध-कथा में सीमित कर उसके विस्तृत और गहन फलक को भी छोटा

कर दिया है।

कवि की प्रवृत्ति वीर को विचित्र रूप से श्रृंगार से मिलाने की है। जैसे इधर योद्धा मरते हैं, उधर आकाश में देवाङ्गनाएँ प्रसन्न होती हैं कि उन्हें संभोग के लिए नए-नए वीर मिल रहे हैं। भीष्म के पतन से वे इसीलिए दु:खी हैं कि उन्हें अब नए नए योद्धा (शायद उस परिमाण में) नहीं मिलेंगे। यह वर्णन कहीं-कहीं फूहड़पन की हद तक भी देखा जा सकता है। एक उदाहरण देखें:

आसाद्य द्विपमाहवे रदपथेनारुह्य तीक्ष्णासिना
यन्तारं विनिपात्य साट्टहसितं स्कन्धे विधाय स्थितिम्।
कुम्भास्फालनकारिणं रिपुभटं दृष्ट्वा दवौक:स्त्रिया:
कस्याश्चित्कुचकुम्भयो: कठिनयो: कण्डूरखण्डाऽभवत्।। 9/19

एक योद्धा शत्रु के हाथी के पास पहुँचा, दाँत के रास्ते हाथी पर चढ़ा, सवार को काट कर गिरा दिया, खुद हाथी पर बैठ कर कुंभ सहलाने लगा, ऐसे वीर को जब आकाश की किसी देवाङ्गना ने देखा तब उसके स्तनों में लगातार खुजली होने लगी। उसकी इच्छा हुई कि यदि यह मरकर स्वर्ग आए तो इसका वरण कर मैं अपने स्तनों का मर्दन इससे कराऊँ और आनंद पाऊँ।

ऐसी अभिव्यक्तियाँ जगह-जगह हैं। कहीं साम्य सुंदर भी हैं। 'भीष्म पितामह शरशय्या पर सोए हैं, उन्हें देखकर सूर्य अपनी उष्णता त्याग कर पश्चिम समुद्र के जल में सोने चला गया।' (9/42) सूर्यास्त का यह प्रसंग संवेदनशील, आदरपूर्ण, शोकग्रस्त और शांत-स्तवन की भाँति लगता है और धरती तथा आकाश को जोड़ कर एक व्यापक फलक बनाता है!

भीम का दु:शासन की छाती फाड़कर रक्त पीना एक पैशाचिक कृत्य है। इसे प्रतीकित करने के लिए कवि लिखता है कि पिशाचिनियाँ भी इधर-उधर से आकर भीम से दु:शासन के रक्त के लिए छीना झपटी करने लगीं (11/33) इसमें लक्षणा शक्ति और व्यंजकता भी देखी जा सकती है।

इस तरह के काव्यात्मक प्रसंगों के कारण इस काव्य का महत्त्व है, अन्यथा यह कथात्मक और कल्पनापूर्ण उद्‌भावना के प्राय: अभाव में एक सामान्य रीति-काव्य होकर रह जाता।

परवर्ती महाभारत
आधुनिक भारतीय भाषाओं में

पंप भारत (कन्नड़) : पंप
(10वीं शती)

प्रथम महाभारत जिन कवियों ने लिखा उन्होंने आधारभूत काम किया। इन्हीं के माध्यम से संबंधित भाषा में महाभारत संबन्धी सृजन हुआ। क्योंकि भारतीय भाषाओं के उद्गम के समय संस्कृत भारत में व्यवहार की भाषा प्राय: नहीं रही थी। यदि ये महाभारत न लिखे जाते तो महाभारत पर आधारित सृजन दुर्लभ हो जाता।
कुछ भाषाओं में तो यह काम करना ज़रूरी मान कर पीढ़ी-दर-पीढ़ी होता रहा। उदाहरण के लिए असमिया, आंध्र आदि।

पंप भारत (अथवा विक्रमार्जुनविजयम्) : कन्नड़ के आदि महाकवि पंप द्वारा दसवीं शती (ई.स. 941) में रचित है। 'महाभारत' के आधार पर किसी भी आधुनिक भारतीय भाषा में लिखा यह पहला महाकाव्य है।

कहा जाता है कि महाभारत में धर्म, अर्थ, काम, मोक्ष तथा संसार का सम्पूर्ण ज्ञान और भावराशि भरी है पर क्या उसमें ऐसी विशेषता भी है कि हम उसमें से अपने प्रयोजन की वस्तु को अलग करके भी उसकी सार्थक रचना कर सकें। इसे संभव कर दिखाया महाकवि पंप ने।

पंप जैन मुनि थे। पहले तो उनके द्वारा महाभारत जैसे धर्म-दर्शन और युद्ध प्रधान काव्य का आधार-वस्तु के रूप में ग्रहण ही विलक्षण है। फिर उसमें ऐसी रचनात्मक सिद्धि! यहाँ यह भी प्रश्न है कि क्या इस ग्रंथ में ही ऐसा लचीलापन और अवकाश (स्पेस) है कि वह रचनाकार की दृष्टि, प्रतिमा और क्षमता के अनुरूप अपना रसायन बदल लेता है और जहाँ जरूरत हो उसे भी अपना रसायन बदलने को बाध्य कर देता है? रचना के भीतर ऐसी असाधारण-आकर्षक संभावना न हो तो यह संभव नहीं होता।

जैन कवि कहते हैं कि मैं इसमें (पंप भारत में) लौकिक प्रकाशित कर रहा हूँ। धार्मिक या जिनागम को मैंने 'आदि पुराण' में प्रकट किया है, मुझे स्मरण नहीं कि किसी जैन मुनि द्वारा रचित कोई ऐसा काव्य उपलब्ध है जिसमें धार्मिक या लौकिक के आशय को जैन धर्मानुसार न ढाला गया हो। यह अलग बात है कि पंप ने इस काव्य-कथा से धार्मिक या अलौकिक तत्त्वों को बड़ी खूबसूरती से छाँट दिया है, महाभारत के भीतर और इर्दगिर्द बिखरी कथाएँ निकाल दी हैं। श्रीमद् भगवद्गीता निकाल दी है, स्वर्गारोहण प्रसंग निकाल दिया है, और कथा को केवल कौरव पाण्डव की संघर्ष-कथा तक सीमित कर, राज्याभिषेक से काव्य का अंत कर दिया है।

ऐसा पंप कैसे कर सके। इसके बारे में आद्यरंगाचार्य का यह कथन विचारणीय है–'उनका (जैन कवियों का) उद्देश्य उत्कृष्ट काव्य-शैली में जैन धर्म का प्रचार या व्याख्या करने की बजाए स्वतंत्र साहित्यिक शैली की स्थापना प्रतीत होता है। संस्कृत, वैदिक धर्म से संबद्ध थी। फलतः संस्कृत से स्वतंत्र होने के लिए कन्नड़ ने जैन परंपराओं के कवि बढ़ाए।.... पंप और पोन्न ने अपना-अपना धर्म छोड़कर जैन धर्म स्वीकार किया। (परंतु मूलभाषिक प्रभाव न छोड़ सके।) महाभारत की वस्तु के आधार पर 'गदायुद्ध' लिखने वाले कवि रन्न पर भी धार्मिक प्रभाव नहीं दिखाई देता।'

'पंप भारत' से पहली बार पता चलता है कि महाभारत के संश्लेष से उसकी लौकिकता को सर्वथा पृथक किया जा सकता है। यह एक ऐसा संकेत है जो हमें महाभारत में निहित समस्त ज्ञान, भाव और वैचारिक धाराओं के विश्लेषण का मार्ग दिखाता है। पंप स्वयं भी इतने सचेत हैं कि उनकी धार्मिकता या सांप्रदायिकता कहीं भी इस काव्य-वस्तु को छू भी नहीं पाई है, बल्कि कहीं वे इसके विपरीत भी चले गए हैं। अहिंसा के अनुयायी महाकवि इस काव्य का अंगीरस वीर बनाते हैं; और कोई जैन कवि होता तो चरम सीमा पर जाकर धर्मोपदेश देने लगता और नायक को निर्वाण की ओर ले जाता, इस प्रकार अपने काव्य का समापन शांत या करुण रस में करता। इस दृष्टि से पंप सच्चे अर्थों में रचनाकार हैं।

एक रचनाकार में हम जिस साहस की अपेक्षा करते हैं वह पंप में भरपूर है। वे महाभारत के मूलकथ्य को ही उलट देते हैं और एक प्रतिमहाभारत की रचना करते हैं। ऐसा संभव करने के लिए उनकी यथार्थमूलक तार्किकता सर्वत्र विद्यमान है।

पंप ने इतना अवश्य किया कि अपने आश्रयदाता चालुक्य राजा अरिकेसरी द्वितीय से अभेद के लिए अर्जुन को नायक बनाया और उस अकेले का विवाह द्रौपदी से करवाया। इस तरह उन्होंने द्रौपदी के पाँच पतियों की समस्या का हल कर उससे जुड़े सारे प्रसंगों को तराश दिया। जैसे महाभारत की शर्त के कारण युधिष्ठिर और द्रौपदी को एकांत में देखने के कारण अर्जुन को वनवास मिला। परंतु पंप ने इसका तर्क दिया कि अर्जुन जैसा गतिशील व्यक्ति एक जगह रहते रहते ऊब गया था इसलिए वह वन में निकल गया।

पंप पाण्डवों के जन्म की दैवीय या मिथकीय कल्पना को स्वीकार नहीं करते और अर्जुन को सूर्यपूत्र मानते हुए बताते हैं कि कुंती और पाण्डव ने एक वर्ष तक शतश्रृंग पर्वत पर तपस्या की थी तभी अर्जुन जैसा 'रिपुतंत्रक्षयकर' पुत्र उत्पन्न हुआ था। सूर्य ने तो सिर्फ उसका नामकरण किया था। वे जयद्रथ के वध में कृष्ण की माया की कोई भूमिका नहीं मानते। उनके अनुसार अर्जुन ने अपने असंख्य बाणों से आकाश को ढंक दिया था जिससे जयद्रथ को सूर्यास्त का आभास हुआ, वही उसकी मृत्यु का कारण बना। अपने नायक में उन्होंने कई मानवीय गुणों, संवेदनों का समावेश किया। मसलन कर्ण से युद्ध करते हुए अंत:प्रेरणा से उसके मन में भातृ स्नेह-भाव जागा। भयानक युद्ध के बीच यह अनुभूति अपूर्व है। गिरिजा द्वारा दिए 'अंजलिकास्त्र' से उसने कर्ण का वध किया।

अंत भी अद्‌भुत है। युद्ध-विजय के बाद सिंहासन पर युधिष्ठिर नहीं, अर्जुन बैठता है और वह भी सुभद्रा के साथ; द्रौपदी के साथ नहीं। विजय के बाद युधिष्ठिर की बार-बार राज्यासीन होने से उदासीनता ने संभवत: अर्जुन को यह अवसर दिया है। द्रौपदी के बजाए सुभद्रा को अर्जुन के साथ सिंहासन पर बिठाने का कारण संभवत: यह है कि पंप के अर्जुन ने महाभारत के अर्जुन की तरह वनवासी वेश में सुभद्रा का हरण नहीं किया था, बल्कि दोनों में प्रेम हुआ था और कृष्ण की सहायता से वे इंद्रप्रस्थ आए थे। अत: वीरता से जीती द्रौपदी और प्रेम में बंधी सुभद्रा में तात्त्विक भेद था। फिर भी अन्य भाइयों और द्रौपदी द्वारा कोई आपत्ति न दिखाना भी आश्चर्यजनक है।

अर्जुन के बाद दूसरा महत्त्व उन्होंने दुर्योधन को दिया। उसे खल नहीं, प्रतिनायक बनाया। स्पष्ट ही नायक के बल-पौरुष की समकक्षता के बिना वह प्रतिनायक कैसे होता? उसकी गरिमा बखानते, पौरुष, औदार्य और नीतिमत्ता की प्रशंसा करते कवि नहीं थकता। मृत्यु के बाद कवि ने उसका जैसा यशोगान किया है वह अप्रतिम है :

"नुडिदुदनॅय्दं तुत्तुतुदियॅय्दुबिनं नुडिदं वलं, चलं
विडिदुदनॅय्दॅं मुंपिडिदुदं पिपिडं सलॅ पूण्द पूण्कॅ ने
नडॅवन्नॅगं नडॅदनळ्कदॅं तन्नॉडळ पड
ल्वडुविनमण्मुगुन्दनॅ दलेनाभिमान धनं सुयोधन"

'आखिरी दम तक वह एकबार कही हुई बात न बदलकर उसी पर अडिग रहा, जिसे करना चाहा आग्रहपूर्वक उसीको साधा, अपनी प्रतिज्ञा को पूर्ण करने के लिए जिस मार्ग का पथिक बना उसी पर अटल रहकर आगे बढ़ा, किसी भी हालत में न घबराया, न डरा; अंत में जब मृत्यु निकट आ गई तब भी उसका पौरुष कम न हुआ, ऐसा यह सुयोधन कितना बड़ा अभिमान धनी रहा?' इतना बलशाली था कि उसने भू-तल को कपड़े की तरह निचोड़ दिया था।

कर्ण को भी कवि एक श्रेष्ठ और आदरणीय पात्र मानता है। अपार बल-पौरुष का धनी कर्ण अप्रतिम दानदाता है। वह शस्त्र-स्पर्द्धा के अवसर पर द्रोण और कृपाचार्य द्वारा जन्म और जाति का सवाल उठाते हुए जो कहता है उसका उत्तर दुर्योधन 'महाभारत' और 'वेणी संहार' के कवि से भी अधिक तीखा देता है। वह कहता है शौर्य और कुल ही वंश है, दूसरा कुल कौन-सा है? आप कहाँ जन्मे घड़े में या तूणीर में? (द्रोण घड़े में जन्मे और कृपाचार्य तूणीर में जन्मे माने जाते हैं) :

"कुलमॅम्बुदंटॅ वीरमें
कुलमल्लुदॅ कुलमनिन्तु पिक्कदिरिं नी
मॉलिदल्लि पुट्टिट बॅलॅंदिरों
कुलमिर्दुदं कॉऽदॉळं शरस्तंभ दालं।।"

कवि द्रौपदी चीर-हरण प्रसंग में भी उसकी वीभत्स भूमिका को अस्वीकारता है। 'पंप भारत' के अनुसार कर्ण दुःशासन को उत्तेजित या प्रेरित नहीं करता, न द्रौपदी के लिए अपशब्द कहता है।

कवि, दुर्योधन को भी उस अप्रिय प्रसंग से बचा लेते हैं जिसमें वह द्रौपदी को जंघा दिखाता है। उसे शायद लगता है कि प्रतिपक्षी होते हुए भी राजसभा में उसका व्यवहार यथासंभव शोभनीय और विश्वसनीय होना चाहिए। भास का प्रभाव लक्षित होते हुए भी अभिमन्यु की वीर-मृत्यु पर जैसे उद्‌गार दुर्योधन के हैं वह उसकी सहृदयता, गुण ग्राहकता और उदारता को प्रकट करते हैं। कहाँ है यहाँ महाभारत वाला दुर्योधन? यहाँ तो वह कहता है-"तुम्हारे साहस का एक

अंश मृत्यु जो है, वह मुझे भी मिले।''

कर्ण के बारे में कवि कहता है कि उसके पास दो ही बातें हैं–एक ''भागो'' दूसरा ''मांगो''। पौरुष की बात हो तो सामने कोई टिक नहीं सकेगा–इसलिए भागो। त्याग में कोई बराबरी नहीं कर सकता–इसलिए मांगो। एक बार धनुष पर तीर चढ़ा और टंकार हुई कि शत्रु भागे–जैसे गाज गिरी हो। बुध-मागधजनों को जो सोना वह काट काट कर देता था उससे उनकी गरीबी कट जाती थी :

''पॉडॅदुदु बिल्लु जेवॉडॅयॅ मीरुव वैरिनरेन्द्ररेसिडि
ल्वॉडॅदवॉलट्टि मुट्टिु कडिदिक्क दुदादॅडरं, निरन्तरं
कुडिकुडि दित्तॅ पॉन्नॅ बुध मागध वंदिजनक्कॅ कॉट्टको
डॅडरदॅ बेडिमोडिमिदु चॉगदं बीरद मातु कर्णना।।''

इसलिए वह कहता था–मेरा सामना न करो, कुछ मांगना है तो सामने आओ। उसकी विश्वसनीयता और नीतिमत्ता कृष्ण द्वारा रहस्योद्घाटन के समय मार्मिकता और कौशल से प्रकट होती है।

पंप; तंत्र, मंत्र, तपस्या का प्रभाव तो स्वीकार करते हैं, परंतु दैवी चमत्कारों को मान्यता नहीं देते। सभा में सुदर्शन चक्र द्वारा शिशुपाल वध की जगह वे कृष्ण द्वारा अर्घ्य की थाली से शिशुपाल-वध दिखाते हैं। जयद्रथ-वध प्रसंग का उल्लेख ऊपर हो ही चुका है। वे युधिष्ठिर के साथ छल-कपट को नहीं जोड़ते हैं। इसलिए अश्वत्थामा की हत्या पर युधिष्ठिर अर्धसत्य नहीं बोलते, बल्कि कहते हैं 'हतोश्वत्थामा' अश्वत्थामा मारा गया। शस्त्रत्यागने के बाद सत्यता जानकर भी द्रोण दुबारा शस्त्र ग्रहण नहीं करते।

अंबिका-अंबालिका का महर्षि व्यास की दिव्य दृष्टि से गर्भ धारण, विष-सरोवर के बाहर मृतवत् पड़े पाण्डवों को अभिचार द्वारा 'कनक स्वामी' द्वारा जीवित करना, दुर्योधन का भीष्म के 'जलयंत्रोपदेश' के प्रभाव से वैशम्पायन सरोवर में छिपना आदि कवि की वैकल्पिक युक्तियाँ हैं।

पंप ने युधिष्ठिर, कृष्ण, आदि को महत्त्व नहीं दिया। केवल बलपौरुष के कारण भीम को अवश्य मान्यता दी है। कवि ने शायद कन्नड़ी स्त्रियों की पुष्प माला से वेणी-सज्जा के अनुरूप, दु:शासन के द्वारा रक्त से द्रौपदी के केश गूंथने की मांग के बदले उसे मारकर निकली अंतड़ियों की माला से केश शृंगार की मांग करवाई है, जिसे भीम पूरी करता है।

महाभारत को घेरे छोटी-छोटी कथाओं और मिथकीय प्रसंगों, धार्मिक

उपदेशों को वे छाँट देते हैं और मूल कथा को अपने महाकाव्य का आधार बनाते हैं।

पंप-भारत में 13 पर्व हैं– आदि पर्व, सभा पर्व, अरण्य पर्व, विराट पर्व, उद्योग पर्व, भीम पर्व, द्रोण पर्व, कर्ण पर्व, शल्य पर्व, गदा पर्व, सौप्तिक पर्व, स्त्री पर्व, शांति पर्व।

वे जिस कारण महाभारत को लोक-पूज्य मानते हैं वह भी शुद्ध मानवीय है। उसमें धर्म, अर्थ, काम, मोक्ष की नहीं, श्रेष्ठ मानवीय मूल्यों के समावेश की भूमिका है। वे सभी महत्त्वपूर्ण पात्रों की श्रेष्ठता या महत्ता को मान देते हुए, महाभारत के दो 'महाद्रुमों'– युधिष्ठिर और दुर्योधन में गुण और दोषों का वर्गीकरण नहीं करते बल्कि मनुष्य के उन जीवन-व्यापारों की दृष्टि से उन्हें पृथक् करते हैं जो उनके भीतर भावों, कर्मों और विचारों का सृजन करते हैं। वे कहते हैं :

> "चलदॉल दुर्योधनं नन्नियाळिनतनयं, गंडिनॉल् भीमसेनं
> बलदॉल मद्रेशनत्युन्नतियॉळमर सिंधूद्भवं चापविद्या
> बळदॉल कुंभोद्भवं साहसद महिमॅयॉळ् फल्गणं धर्मदाळ् नि
> र्मलिचित्तं धर्मपुत्रं मिगिलिवर्गळिनो भारतं लोक पूज्यं।"

'हठवादिता में दुर्योधन, सत्यवादिता में कर्ण (युधिष्ठिर नहीं–ले.), पौरुष में भीम, बल में शल्य, महानता में भीष्म, धनुर्विद्या में द्रोण, धर्म में युधिष्ठिर अग्रगण्य हैं।'– ऐसे चरित्रों का समागम ही किसी कृति को महान बनाता है। यहाँ भी कृष्ण को उन्होंने छोड़ दिया है।

प्रसंगों से मानवीय व्यक्तित्व को संश्लिष्ट कर कवि ऐसे सौंदर्य का सृजन करता है जो उसे सौन्दर्य के तकनीकी ढांचे से उबार कर सार्थक जीवन्तता देता है। भीम द्वारा द्रौपदी के उस काल का सौन्दर्य-वर्णन देखिए जब भीम अपनी लाई अंतड़ियों से सजी केशराशि को देखकर द्रौपदी से कहता है–'हे कमलनयने। इस केशपाश में श्वेत छत्र वाले दशों दिशाओं का समूह एक साथ विनष्ट हुआ है, उसमें ही कुछ वंश अदृश्य हो गए, इसी से मेरे शौर्य की महत्ता बढ़ी और यही महाभारत संग्राम की जड़ हुआ। तुम्हारा केशपाश कोई साधारण चीज़ नहीं है।' द्रौपदी की महाभारत में भूमिका और आद्यंत तेजस्विता की प्रशंसा के साथ कितने कौशल से भीम ने आत्म-प्रशंसा भी कर दी है। ऐसे 'मित' और स्वाभाविक सौन्दर्य वर्णनों से पंप भारत भरा है। भावाभिव्यक्ति में सक्षम संयत भाषा के लिए पंप की सर्वत्र प्रशंसा हुई है।

आंध्र महाभारत (तेलुगु का आदि महाकाव्य)
कवित्रय 1. नन्नय भट्ट (तेलगु के प्रथम कवि), 2. तिक्कन सोमयाजी 3. एर्राप्रेग्गड
(11वीं से 14वीं शती)

भारतीय भाषाओं में केवल दो भाषाएँ ऐसी हैं जिनमें महाभारत का अपनी भाषा में रूपांतर एक से अधिक कवियों ने किया है—असमिया और तेलुगु। तेलुगु में यह कार्य तीन शतियों में तीन कवियों द्वारा पूरा हो गया पर असमिया में 18 कवियों ने यह कार्य किया, जो 11वीं से प्रारंभ होकर 19वीं शती के प्रारंभ तक चला। प्राय: हर पर्व एक अलग कवि ने रूपित किया। महाभारत की विराटता देखते हुए रूपांतर यदि एक कवि करता है तो प्राय: या तो उसे संक्षिप्त कर देता है अथवा उसका आश्रय लेकर अपनी स्वतंत्र रचना करने का प्रयास करता है। इसीलिए प्राय: भारतीय भाषाओं में मूल महाभारत का संक्षिप्त रूपांतर या चयन मिलता है।

'आंध्र महाभारत' के कवियों ने संस्कृत महाभारत का सांगोपांग रूपांतर किया। उन्होंने अपनी मौलिक प्रतिभा किसी प्रकरण के विवेकसम्मत संक्षेप या विस्तार में प्रकट की। विभिन्न प्रसंगों या चरित्रों के विशिष्ट रूपायन या अंतरालों में प्रसंगानुसार रंग भरने में दिखाई है। महाभारत का अनुसृजन उनके लिए यद्यपि सर्जनात्मक कर्म था, फिर भी वे उस उद्देश्य को ध्यान में रखते थे, जिससे प्रेरित होकर उनके आश्रयदाता महाभारत का भाषा में रूपांतर करवाना चाहते थे।...और वह महाभारत था जो सर्जक की हर ज़रूरत पूरी कर सकता था।

11वीं शती के महाकवि नन्नय भट्ट, राजराज नरेन्द्र के राज्याश्रित या आस्थान कवि थे। राजा नरेन्द्र राज्य में फैली अराजकता दूर करना चाहते थे और वैदिक धर्म का पुनरुत्थान करना चाहते थे जो जैन-बौद्ध आदि धर्मों के कारण

दब गया था। नन्नय भट्ट ने उनकी इन दोनों आकांक्षाओं की पूर्ति के लिए संस्कृत महाभारत को तेलुगु में रूपांतरित करने का निर्णय लिया, क्योंकि उनके मत में 'धार्मिकों के लिए वह धर्मशास्त्र; नैतिकों के लिए नीतिशास्त्र; कवियों के लिए सरस काव्य; इतिहासकारों के लिए इतिहास और पौराणिकों के लिए पुराणों का पुराण है।' इसी भावना से उन्होंने 'आंध्र महाभारत' का प्रारंभ किया, परंतु आदि पर्व और सभा पर्व ही पूरा कर पाए। जब वे वन पर्व कर रहे थे तभी उनका निधन हो गया।

वास्तव में नन्नय को अपनी भाषा और साहित्य के लिए बड़ा काम करना था। उस समय तक तेलुगु का कोई व्याकृत रूप नहीं बना था, न कोई साहित्यिक परंपरा थी, न छंद विधान। नन्नय ने संस्कृत के प्रभुत्ववाले उस समय में तेलुगु का व्याकरण और भाषा का स्वरूप निर्मित करने के साथ ही 'आंध्र महाभारत' जैसे तेलुगु के पहले महाकाव्य की नींव रखी। काव्य-शिल्प के रूप में उन्होंने चंपूकाव्य का प्रयोग किया। इस शिल्प से वे आम जनता से लगाकर विद्वत्जनों में आदृत हुए। काव्य में संस्कृत की प्रांजलता और तेलुगु की मनोहारिता को समवेत किया, भाषा का प्रसंगोचित कोमल अथवा परुष प्रयोग कर उसे लचीला बनाया। वस्तु-व्यंजना के कौशल के साथ शब्द विन्यास की अनुकूलता की रक्षा करते हुए, लोकगीतों को प्रांजल छंदों में ढाल कर साहित्य के लिए उपयोगी बनाया। लोकभाषा और लोकगीतों का समावेश नन्नय की गहरी भाषिक और संस्कारगत समझ थी।

नन्नय में एकओर मार्मिक प्रसंगों की पहचान की क्षमता थी, तो उससे भी अधिक मार्मिकता से प्रस्तुत करने की क्षमता उनमें थी। शकुंतला के प्रेम, त्रासदी और समाहार की मनोहर व्यंजना और द्रौपदी के चीर-हरण के हृदयद्रावक प्रसंग की सुंदर प्रस्तुति, उनकी प्रतिभा और सर्जना-क्षमता का उदाहरण है।

नन्नय भट्ट के निधन से महाभारत का अनुवाद कोई डेढ़ सौ सालों तक रुका रहा। इस कार्य को पूरा करने का संकल्प तेरहवीं शती के महाकवि 'तिक्कन सोमयाजी' ने लिया। वे तत्कालीन शासक मनुमसिद्धि के मंत्री होने के साथ ही उनके आस्थान कवि (राज-कवि) भी थे। वे इतने योजना-निपुण और तीक्ष्ण बुद्धि के थे कि उन्होंने अपना राज्य खो देने वाले मनुमसिद्धि को पुनः राज्यासीन किया। जैसे वे योग्य मंत्री थे वैसे ही उत्कृष्ट कवि भी थे। उनमें काव्य-प्रतिभा, प्रखरता, विवेक और परिश्रम का संगम था। उन्होंने नन्नय भट्ट के द्वारा छोड़े महाभारत के शेष पंद्रह पर्वों का, उन्हीं की शैली और लय में

अनुसृजन किया था। इससे उनकी सर्जना-क्षमता, राजनीतिक प्रतिभा और सामाजिक चिंता प्रकट होती है।

उनकी पुनस्सर्जना के भी वे ही उद्देश्य थे जो नन्नय के थे। इसीलिए उन्होंने राजधर्म, सेवाधर्म आदि का निरूपण किया। अनूदित पर्वों में से विराट् पर्व की श्रेष्ठता उनकी राजनीतिक समझ की द्योतक है। उनमें मानव-मन की गहरी पहचान थी, इसके दर्शन उनके अनुसृजन में कई जगह होते हैं। वे मित कवि कहे जाते हैं जिन्होंने संस्कृत की सूत्र शैली को आत्मसात कर लिया था। वे कम-से-कम शब्दों में अधिक-से-अधिक कहने की क्षमता रखते थे। लोकप्रियता के लिए भी नन्नय की तरह उनके अनुसृजन में नाटकीयता मिलती है जो दरबारी संवादों की विशेषता होती है।

उन्होंने अनेक सूत्र दिए। जगह-जगह नीति, धर्म, राजनीति आदि को लेकर उनके मत बहुत मूल्यवान हैं। व्यक्ति और राजकीय संबन्ध के बीच जिस मर्यादा और गरिमा की रक्षा होना चाहिए, इसे लेकर इस पर वे कहते हैं–'कोई व्यक्ति, राजा का भले ही कितना घनिष्ट हो, उसे राजा के धन से बचना चाहिए, तभी वह सेवाधर्म का पालन कर सकता है और इससे संबन्ध की गरिमा भी बनी रहती है।'

'महाभारतमु' में उन्होंने राजा के लिए आचार संहिता बनाई, ताकि राजधर्म का पालन भली-भाँति हो सके। उन्होंने लिखा कि 'यदि राजा दुश्चरित्र होंगे तो प्रजा की हानि होगी। राजधर्म सभी धर्मों में सर्वश्रेष्ठ है क्योंकि इसके सही पालन से सभी धर्मों और प्रजाओं की मान-प्रतिष्ठा बनी रहेगी।'

'राजा को दण्डनीति का विधान उचित रूप से करना चाहिए। अनुचित दण्ड देने के कारण माण्डव्य ऋषि ने यमराज तक को शाप दे दिया था। राजा को उचित रूप से कठोर होना चाहिए, जैसे वसंतऋतु में सूर्य-ताप होता है।'

'पद पर योग्य और ईमानदार व्यक्ति को बिठाना आवश्यक है। यदि राजा दुष्ट, भ्रष्ट और अयोग्य व्यक्तियों को पदों पर बिठाता है तो राज-धर्म से पतित हो जाता है।'

'एक राजा में धर्म-अधर्म की सूक्ष्म पहचान होनी चाहिए। कई बार अधर्म भी धर्म की भाँति दिखाई पड़ता है जैसे तृण से ढका कुआँ ऊपर से देखने पर नहीं दिखता।' और 'कई बार धर्म भी अधर्म जैसा दिखता है।' महाभारत में ऐसी कई कहानियाँ हैं जो इस तथ्य को उजागर करती हैं– जैसे ऋषि शमीक की तपस्या राजा परीक्षित को राज-धर्म का अपमान लगी थी (ले.)

महाकवि सोमयाजी ने ऐसी उक्तियों और निरूपणों से महाभारत के अनूदित अंश को नवीनता और कहीं-कहीं मौलिकता प्रदान की।

आंध्र महाभारत के अनुसृजन और प्रारंभ का श्रेय तो निश्चय ही महाकवि नन्नय भट्ट को है, परंतु उसकी पूर्णता में सबसे बड़ा योगदान महाकवि तिक्कन सोमयाजी का है जिन्होंने महाभारत के अनेक घटना-प्रधान, तात्त्विक और विषम धारा के पर्वों की तेलुगु में पुनर्रचना की और उनका विवेकसम्मत संक्षेपीकरण या विस्तार किया।

तिक्कन सोमयाजी ने यद्यपि अधिकांश महाभारत का रूपांतर कर दिया था फिर भी नन्नय से छूट गए 'वन पर्व' का कार्य शेष था। इसे महाकवि ऐर्रा प्रेग्गड ने सम्पन्न किया। एक महाकवि के छूटे हुए कार्य को करना और दो महाकवियों के बीच सेतु-निर्माण मूल कार्य से भी जटिल होता है। इस कार्य को इतनी कुशलता से करना कि संयोजन तक न दिखाई पड़े एर्रा प्रेग्गड जैसे महाकवि का ही काम था। उन्होंने एकओर महाकवि नन्नय भट्ट और दूसरीओर महाकवि तिक्कन सोमयाजी के शिल्प, भावधारा और रचनाविधान को इस खूबसूरती से बिना किसी झोल के लयात्मक बनाया कि संधि पहचानी न जा सकी। इन्होंने भी वेदांत के अनेक जटिल विषयों को संक्षिप्त किया और रोचक प्रसंगों को विस्तार दिया।

इस दृष्टि से कवित्रयी की अपनी-अपनी भूमिका अत्यंत सार्थक और महत्त्वपूर्ण है। यह कार्य महाभारत जैसे बहुविध शास्त्र, विकट काव्य, उदात्त अर्थसिद्धि के प्रणेता और वैविध्यपूर्ण महाग्रंथ के संदर्भ में सार्थक हो सका यही इन कवियों की सम्मिलित उपलब्धि है।

'आंध्र महाभारत' तेलुगु का आदिकाव्य है और नन्नय आदिकवि। कवित्रयी ने इस आरंभिक काव्य को ही ऐसा कथ्य-वैभव और कलात्मक सौष्ठव दिया कि भावी कवियों के लिए वह प्रेरक और अनुकरणीय काव्य हो गया। उन्होंने जिस एकात्मता का परिचय दिया वह भी अप्रतिम है।

'आंध्र महाभारत' यद्यपि संस्कृत महाभारत का रूपांतर है, और यह भी सच है कि मूल कथा-रूप में कोई परिवर्तन नहीं किया गया है, परंतु वह अपनी अंतर्वस्तु, रचनात्मक गुणों, कवियों की स्वतंत्र-चेतना, अनुभव और दृष्टि की मौलिकता के कारण किसी हद तक स्वतंत्र रचना के रूप में पाठकों के सम्मुख आया है। न तो मूल का अतिक्रमण है न अंधानुकरण। इस तरह के संतुलन से यह एक विशिष्ट सृष्टि है। और वह भी एक कवि द्वारा नहीं, तीन विभिन्न समयों

के कवियों द्वारा।

एक तेलुगु विद्वान का कहना है कि 'संस्कृत महाभारत पुराण और इतिहास है, जबकि तेळुगु महाभारत 'काव्य-मंजरी' की तरह।' इसमें स्तोत्र, उपदेश, नाम परिगणना को काव्योचित और सरस बनाने की कोशिश की गई है, फिर भी मूल की वस्तु-व्यंजना और दार्शनिक गंभीरता ज्यों की त्यों है। इस कारण यह कहीं-कहीं मूल से भी सुंदर बन पड़ा है। आंध्र में इस काव्य की लोकप्रियता के लिए एक प्रसिद्ध कहावत है–'पढ़ना हो तो भारत पढ़ो, और खाना हो तो बड़े खाओ।'

विल्लि भारतम् (तमिल) : विल्लि पुत्तूरर्
(14वीं शती)

तमिल, भारत की वह अकेली आधुनिक भाषा है जिसे प्राचीनतम होने के कारण क्लासिकल माना जाता है। इसलिए अन्य आधुनिक भारतीय भाषाओं की अपेक्षा उसकी महाभारत से अधिक निकटता की अपेक्षा की जाती है।

परंतु कुछ लेखक मानते हैं कि उसमें महाभारत से संबद्ध रचनाएँ बहुत कम हैं। आधुनिक युग की दृष्टि से इस कथन में सचाई भी है, पर पूरे तमिल साहित्य और जीवन की दृष्टि से यह कथन तथ्यपूर्ण नहीं है।

क्योंकि प्रारंभ से तमिल साहित्य महाभारत से गहराई से जुड़ा हुआ है। जब आधुनिक भारतीय भाषाओं का जन्म भी नहीं हुआ था, तब तमिल में महाभारत की रचना हुई थी। ईसा की 5वीं शती के मध्य महाभारत का पुनःसृजन तमिल में प्रारंभ हो गया था। कविवर पेरुन्देवनार ने चम्पू शैली में महाभारत की रचना की थी। परंतु वह कुछ व्याकरण ग्रंथों में उदाहरण के रूप में ही शेष है। पेरुन्देवनार ने वेण्बा छंद में एक और कृति रची थी–'भारत वेण्बा'। वह भी लगभग अप्राप्य है। 'लगभग' इसलिए कि उसके कुछ अंश यहाँ-वहाँ दिखाई देते हैं।

तेरहवीं शती में फिर अरुणिलै विशाखर (वत्सराज) नामक कवि ने महाभारत की रचना की थी, परंतु दुर्भाग्य से वह भी अनुपलब्ध है। इसके अलावा भी ऐसी अनेक कृतियाँ रही होंगी जिनका चिन्ह भी अब शेष नहीं है। यह बात इसलिए कही जा सकती है कि प्राचीन साहित्य में प्रायः एक बड़ी कृति के पीछे या समानांतर अनेक छोटी-मोटी रचनाएँ भी हुआ करती थीं परंतु जब प्रमुख कृतियों का ही लेखा-जोखा नहीं है तो सामान्य कृतियों की बात क्या की जाए।

यह जिज्ञासा का विषय है और शायद खोज का भी कि जिन बड़ी कृतियों

का उल्लेख किया गया है वे जातीय स्मृतियों के प्रति आसक्त समाज में जीवित क्यों न रह सकीं? मुझे इसका एक कारण यह लगता है कि वे व्यास-भारत की तरह ही मौखिक रही होंगी, जिन्हें लोक-कण्ठ सुरक्षित न रख सका होगा।

फिर भी यदि कोई पारंपरिक या प्राचीन कृति लोक-जीवन में किंवदन्तियों, प्रथाओं, आस्थाओं और विभिन्न स्वरूपों में ढल जाती है तो वह भी उसकी कम उपस्थिति नहीं है। तमिलनाडु में द्रौपदी के मंदिर और कौरव पांडवों से संबंधित अनेक काल्पनिक कथाओं का होना महाभारत की सर्जनात्मक उपस्थिति ही है। परंतु उसकी प्रथम साहित्यिक प्रतीति फिलहाल जिस रचना से होती है वह है 14वीं शती में रचित महाकवि विल्लि पुत्तूरर् का चम्पू शैली में लिखा-'विल्लि भारतम्'। इसे तमिल साहित्य के उत्कृष्ट महाकाव्यों में माना जाता है, जो लोक और साहित्य में समान रूप से प्रिय, स्वीकृत और प्रचलित है।

यह उल्लेखनीय है कि अनेक पूर्ववर्ती रचनाओं के विलुप्त हो जाने पर भी 'विल्लि भारतम्' कन्नड़ के 'पंप भारतम्' और तेलुगु के 'आंध्र महाभारतमु' के बाद आधुनिक भारतीय भाषा की तीसरी प्राचीनतम कृति है।

तमिल प्रदेश के बीचोंबीच स्थित 'चनियूर' में जनमे विल्लि पुत्तूरर् रामानुज सम्प्रदाय के वैष्णव भक्त कवि थे। उनकी भक्ति इस महाकाव्य में कई रूपों में प्रकट होती है। विशेष कर इससे कि कवि ने केवल दस पर्वों में ही अपने महाकाव्य का समापन कर दिया है। इसका कारण यह बताया जाता है कि वह पाण्डवों और कृष्ण की मृत्यु नहीं दिखाना चाहते थे, परंतु मुझे लगता है कि वैष्णव भक्त कवि वास्तव में कृष्ण की मृत्यु के प्रसंग से इस काव्य को मुक्त रखना चाहते थे, न कि पाण्डवों की मृत्यु से वे बचना चाहते थे। वास्तव में कथा-क्रम में कृष्ण की मृत्यु (मौसल पर्व) के बाद महाप्रस्थानिक पर्व आता है, जिसमें पांडवों की मृत्यु होती है। इसीलिए पाण्डवों की मृत्यु कवि की कथा-सीमा से बाहर रह गई है, न कि कवि के आयास से। पूरी युद्ध-कथा कहने के बाद उसकी परिणति से बचने का कोई इरादा कवि का नहीं रहा होगा।

'विल्लि भारतम्' अपने आप में बहुत ही सरस और प्रवाहपूर्ण है; उसमें विभिन्न रस प्रसंगानुसार भाषा में व्यक्त हुए हैं और विशेषत: करुण, रौद्र और वीर की अत्यंत मार्मिक अभिव्यक्ति हुई है। युद्ध की झनकार और आंसुओं की बरसात से काव्य भीगा हुआ है।

कवि ने अपने प्रदेश की संस्कृति और जीवन को अपने 'भारत' में गूंथ दिया है, जिससे पाठकों या श्रोताओं को वह अपनी कथा लगती है। अर्जुन

दिग्विजय के लिए निकलता है तो वह तमिल प्रदेश में भी आता है और वहाँ के मंदिरों में दर्शन के लिए जाता है।

अर्जुन और पाण्डवों को लेकर अनेक काल्पनिक कथाएँ भी तमिलनाडु में प्रचलित हैं। तमिल प्रदेश से हर कर ले जाई गई क्षत्रिय राजकन्या तंगम (सुवर्ण सुंदरी) कर्ण के जीवन की कैसी प्राणांत त्रासदी बन जाती है, यह अपने आप में अत्यंत हृदय-विदारक और व्यंजक कथा है। इसकी विवेचना से संभवत: एक तमिल स्त्री के जातिगत संस्कारों की मन में पैठी कठोरता का उद्घाटन होता है और सत्य को जानकर उसके आत्म-पीड़न का भी।

इन तमाम बातों के कारण महर्षि व्यास के महाभारत पर आधारित होते हुए भी 'विल्लि भारतम्' तमिल भूमि की परम्पराओं और सांस्कृतिक रंगों में इस तरह रंगा है कि यह वहाँ का अपना महाकाव्य हो गया है, जैसे सारला महाभारत।

कवि ने काव्य का औपचारिक प्रारंभ न कर नाटकीय प्रारंभ किया है। इसलिए ढीली-ढाली प्रस्तावना की परिपाटी छोड़ कर तीव्र प्रभावात्मक प्रारंभ किया है। इससे प्रारंभ में भले पाठकों को कुछ असुविधा होती हो परंतु काव्य में थोड़ा रमने के बाद न केवल असुविधा दूर होती है, बल्कि काव्य की गतिशीलता से गहरा तादात्म्य हो जाता है।

काव्य में पात्रों का चरित्र-चित्रण अत्यंत प्रभावशाली है। कर्ण, दुर्योधन और सहदेव विशेष उभरकर आए हैं। कर्ण और दुर्योधन दोनों के चित्रण में महाभारत की भावभूमि से भिन्नता है। विशेषत: दुर्योधन के प्रति खलत्व की अवधारणा महाकवि भास की तरह यह काव्य बदल देता है।

कर्ण की मृत्यु को करुणार्द्र बनाने की अपेक्षा कवि ने वीरोचित गरिमा और उदात्तता को प्रधानता दी है।

कर्ण अपने हृदय बिंधे हुए तीर को निकाल कर बहते हुए रक्त में अपने संचित पुण्य-फल का दान विप्रवेशधारी कृष्ण को करता है और अपनी इच्छा व्यक्त करता है कि जन्म-जन्मांतर में कभी वह दानार्थियों को 'ना' न करे। यही उसका अंतिम दान है और अंतिम कामना।

ऐसी सर्वथा अनूठी और अपूर्व उद्भावनाओं के कारण इस कृति ने स्वतंत्र कृति का रूप धारण कर लिया है।

'विल्लि भारतम्' अपनी उद्भावनाओं के कारण ही नहीं रचनात्मक गुणों के कारण भी लोक के साथ साहित्य में प्रतिष्ठित है। प्रसंगानुकूल लयबद्ध छंद योजना, छांदस गति, भाषा की भावानुकूलता, नाटकीय गति, तद्भव और तत्सम

का विवेकपूर्ण सामंजस्य, सजीव पात्र-सृष्टि, भाव वैविध्य, वर्णन की उत्कृष्टता, कथोपकथन की प्रत्युत्पन्नता और औचित्य इस कृति के रचनात्मक गुण हैं।

'विल्लि भारतम्' का लोक में प्रसार कथावाचकों ने खूब किया जो इस काव्य की रसमयता, प्रवाहशीलता और लोक रंजकता से आकृष्ट थे। उन्हें अपने वाक् विस्तार के लिए इसमें यथोचित अवकाश मिलता था। परवर्ती कवि भी इससे प्रभावित हुए। नल्ला पिल्ले ने विल्ली के 4330 छंदों की तुलना में 16400 छंद लिखे ताकि महीनों चलने वाली यह कथा एक विस्तृत काव्याधार पा सके।

'विल्लि भारत' ने कवि को अकूत यश दिया—लोक और अभिजन दोनों में।

पाण्डव चरित (महाभारत) (हिन्दी): विष्णुदास
(15वीं शती पूर्वार्द्ध)

हिंदी का आदि महाकाव्य न वीर काव्य है, न राम काव्य और न प्रेम काव्य। वह महाकवि विष्णुदास द्वारा रचित महाकाव्य 'पांडव चरित' (महाभारत) है। यह पंद्रहवीं शती के पूर्वार्द्ध (सन् 1435) की रचना है।

इतिहासकारों द्वारा आदिकाव्य के रूप में विवादित 'पृथ्वीराज रासो' (चंदबरदाई) न बारहवीं शती की रचना है, न पंद्रहवीं शती की। उसे आचार्य विश्वनाथ प्रसाद मिश्र ने आचार्य शुक्ल, महापंडित राहुल सांकृत्यायन और आचार्य हजारी प्रसाद द्विवेदी के मतों का सतर्क खंडन करते हुए सोलहवीं शती की रचना ठीक ही ठहराया है। 'पद्मावत' सोलहवीं शती के पूर्वार्द्ध और रामचरित मानस सत्रहवीं शती के पूर्वार्द्ध की रचनाएं हैं। विष्णुदास का ही एक और प्रबंध काव्य है–'रामायण', परंतु वह 'पाण्डव चरित' का परवर्ती है। 'महाभारत' के आरंभ में विष्णुदास ने लिखा है :

चौदह सौ अरु बानवे आना, पांडव चरित मैं सुन्यो पुराना।
कातिक क्रस्न भई तिथि ग्यासी, बासरु सुक्र सिंह की रासी।

तात्पर्य यह कि विष्णुदास के आश्रयदाता पांडववंशीय डूगरसिंह ने उनसे अपने पूर्वज पांडवों का चरित्र सुनने की इच्छा प्रकट की। तब संवत् 1492 (सन् 1435) में 'पांडव चरित' (महाभारत) की रचना प्रारंभ हुई।

विष्णुदास ने 'स्वर्गारोहण पर्व' को अलग से 'स्वर्गारोहण' काव्य के रूप में लिखा है। कारण यह है कि भारतीय महाकाव्य सुखांत होते हैं। अत: 'महाभारत' को उन्होंने युधिष्ठिर के राज्यारोहण तक सीमित रखा है। 'स्वर्गारोहण' पांडवों के महाप्रस्थान की कथा है। यही शैली उन्होंने रामायण में भी अपनाई है और राम के राज्यारोहण के साथ ही काव्य समाप्त कर दिया है।

सन् 1852 ई. में विष्णुदास के 'स्वर्गारोहण' का आंशिक अनुवाद फ्रेंच भाषा में भी हुआ था। इसका उल्लेख गार्सं-द-तासी ने अपनी फ्रेंच पुस्तक 'इस्त्वार-द-ला लितरेच्यूर ऐंदूई ऐ एंन्दूस्तानी' में किया है।

सर्वप्रथम विष्णुदास की रचनाओं का उल्लेख 1906-8 में नागरी प्रचारिणी सभा के हस्तलिखित ग्रंथों के खोज–विवरण में किया गया था। उनके ग्रंथों की संख्या दो बताई गई थी-'महाभारत कथा' और 'स्वर्गारोहण पर्व'। मिश्रबंधु विनोद में भी विष्णुदास का उल्लेख है। इसके अनुसार विष्णुदास का समय संवत् 1492 है, जो वास्तव में 'पाण्डव चरित' का रचनाकाल है। श्री गौरीशंकर द्विवेदी ने 'बुंदेल वैभव' में विष्णुदास का जन्म संवत् 1470 बताया है। श्री हरिहर निवास द्विवेदी के अनुसार उनका जन्म ई. सन् 1400 के आसपास हुआ था। यह सत्य के निकट प्रतीत होता है।

श्री हरिहरनिवास द्विवेदी को ही हिन्दी संसार के सामने 'पांडव चरित' (महाभारत) लाने का श्रेय है। वे ग्वालियर के प्रसिद्ध और उद्‌भट खोजी विद्वान थे। उन्होंने यह ग्रंथ सन् 1973 में विद्या प्रकाशन मंदिर मुरार, ग्वालियर से प्रकाशित करवाया। इसमें द्विवेदी जी ने 123 पृष्ठ की प्रस्तावना बहुत ही खोज और परिश्रमपूर्वक लिखी है।

'महाभारत' की कुल चार प्रतियों का उल्लेख मिलता है। पहली ग्वालियर के श्री भालेराव के पास थी, जो उनके निधन के बाद खो गई। दूसरी प्रति 'पिनाहट' की है, जिसका उल्लेख नागरी प्रचारिणी सभा काशी ने अपनी 1929-31 ई. की त्रै-वार्षिक रिपोर्ट में किया था। यह कृति श्रीकृष्ण चौबे के पास थी, जो उनके निधन के बाद खो गई। तीसरी प्रति दतिया के राजकीय पुस्तकालय में उपलब्ध है। इसी की नकल श्री हरिहरनिवास द्विवेदी ने 1956 में श्री चैतराम मिश्र से कराई थी। परंतु इस प्रति का पाठ केवल उद्योग पर्व तक है। उसके आगे सबल सिंह के महाभारत के अंश उतार दिए गए हैं। सन् 1967 में द्विवेदी जी को महाभारत की एक और प्रति मिली। उसी से उन्होंने महाभारत का पाठ तैयार किया। संयोगवश इस प्रति में भी उद्योग पर्व के बाद के शेष पर्व दीमक के चाटे हुए हैं और वहां कागज चिपके हैं, इसलिए द्विवेदी जी द्वारा प्रस्तुत 'पाण्डव चरित' के प्रारंभिक 5 पर्व–आदिपर्व, सभापर्व, वनपर्व, विराटपर्व और उद्योगपर्व ही अखंड हैं। पितामह, द्रोण, कर्ण, शल्य, उपसंहार और राज्यारोहण पर्व बीच-बीच में से खंडित और अधूरे हैं। इन्हें पढ़ने पर हमें उद्योग पर्व से आगे काव्यास्वाद नहीं मिलता, केवल संक्षिप्त कथा का पता लगता है। 'महाभारत' के

साथ ही स्वतंत्र रूप से लिखा 'स्वर्गारोहण' काव्य भी द्विवेदी जी ने व्यवस्थित कर परिशिष्ट-1 में रख दिया है। यह पाठ भी खंडित और नितांत अधूरा है। 2000 पंक्तियों के काव्य की यहां केवल 216 पंक्तियां उपलब्ध हैं। परंतु इससे यह अवश्य सिद्ध होता है कि 'पाण्डव चरित' सम्पूर्ण महाभारत के रूप में लिखा गया था। अब इसे खोजना इतिहासकारों, शोधकर्मियों और हिन्दी-संस्थाओं का काम है। 'स्वर्गारोहण' का मुख्य उद्देश्य कलिकाल के बहाने समकालीन स्थितियों का वर्णन है :

'कहो दासकबि कलि की करनी, जस तुम गुनी व्यास जिमि बरनी।
म्लिच्छ बंश बढ़ि रह्यो अपारा, कैसे रहें धरम के सारा।'

विद्यापति की कीर्तिलता और तुलसी के मानस का उत्तरकांड भी इसी प्रकार की समकालीन स्थितियों का वर्णन करता है।

महाकवि विष्णुदास ने 'पांडव चरित' (महाभारत) ग्रंथ द्वारा हिंदी साहित्य को अमूल्य अवदान दिया है, परंतु इसका अधूरा पाठ मिलना दुखदायी है। यह विद्वानों और अन्वेषकों के लिए एक जरूरी छूटा हुआ काम है कि वे उसका संपूर्ण पाठ खोजकर द्विवेदी जी के काम को आगे बढ़ाएं।

खेद है कि परवर्ती साहित्येतिहासकारों ने इस गंभीर गवेषणा का लाभ नहीं उठाया और आज भी हमारी गाड़ी 'पृथ्वीराज रासो' की प्रामाणिकता को लेकर ही अड़ी हुई है। इसमें संदेह नहीं कि पृथ्वीराज रासो हिंदी का गौरव ग्रंथ है, परंतु वह 'महाभारत' का परवर्ती है। यदि 'महाभारत' का शेष पाठ भी मिल जाए तो वहां भी युद्ध की वैसी ही झंकार और गड़गड़ाहट सुनाई देगी जैसी इतिहासकार चाहते हैं।

विष्णुदास का महाभारत तत्कालीन मध्यदेशीय भाषा 'ग्वालियरी' में लिखा गया है। कहा जाता है कि ग्याहरवीं से पंद्रहवीं शती ईसवी तक इसका एक व्यापक भाषा के रूप में अस्तित्व था। पंद्रहवीं शती में इसे परिमार्जित और प्रशस्तरूप देने का कार्य कुछ ऐतिहासिक और सांस्कृतिक परिस्थितियों के चलते ग्वालियर पर आ पड़ा। यहीं से पूरे भारत में उसे ग्वालियरी कहा जाने लगा, जिसने आगे जाकर व्यापक ब्रजभाषा का रूप धारण कर लिया। कहीं-कहीं ग्वालियरी और ब्रज पर्यायवाची हैं। डॉ. चंद्रबली पांडेय के अनुसार, 'ग्वालियरी जब कृष्ण की बांसुरी में ढली तब ब्रजभाषा नाम से बज उठी।'

'महाभारत' वास्तव में हिन्दी का पहला ही नहीं, बल्कि सुंदर और मार्मिक

महाकाव्य है। द्विवेदी ने ठीक लिखा है कि यह 'अबाध और अप्रतिहत गति से सहज, सरल, तरंगित शैली में, अत्यंत संक्षिप्त शब्दों में मानव हृदय के नाना प्रकार के भाव, जीवन की बहुविध परिस्थितियां तथा देश-काल के अनेक दृश्य क्षमतापूर्वक प्रस्तुत करनेवाला विरल काव्य है।' वासुदेव शरण अग्रवाल ने इसे- 'पंद्रहवीं शताब्दी की उदीयमान हिंदी की नवीन शक्ति का परिचय देने वाली कृति' कहा है। उन्होंने माना है कि 'इसी से आगे चलकर सूर और तुलसी की भाषा-शैली में प्रवाह का जन्म होने को था।' विष्णुदास का महाभारत दोहरा-चौपाई (दोहा चौपाई) शैली में लिखा गया है, जिसमें आगे-चलकर तुलसी और जायसी ने प्रबंध काव्य लिखे।

विष्णुदास की न केवल काव्य-भाषा और शैली सुंदर है, उन्होंने अनेक नई उद्‌भावनाएं भी की हैं। कई जगह मूल महाभारत से हटकर उन्होंने कथा और पात्रों के व्यक्त्वि रचे हैं। कहना यह नहीं है कि वे सर्वत्र उचित और हृदयस्पर्शी हैं, परंतु नवीनता की ओर उनकी प्रवृत्ति रही है। उन्होंने महाभारत से उठने वाले प्रश्नों और संदेहों का तार्किक और रचनात्मक समाधान खोजने का भी प्रयत्न किया है। अपने देश-काल की मनोहर छाया भी कृति में देखने को मिलती है। राज-व्यवहार और लोक-व्यवहार का समावेश कृति को विरलता देता है।

विष्णुदास ने अपने 'महाभारत' के केंद्र में भीम को रखा है। वे भीम के पौरुष और स्पष्ट-सीधी प्रतिक्रिया को कई बार धर्मराज के प्रतिलोम में रखते हैं। कवि जब भी अवसर मिलता है, भीम की स्तुति से अघाते नहीं हैं। हिडिम्ब के वध के समय कुंती कहती हैं-'एक भीम सब दुख हरै।' कवि, भीम के प्रेमाकर्षण का भी बड़ा जीवंत चित्र खींचते हैं। हिंडिबा का सौंदर्य देखकर वे स्तब्ध रह जाते हैं। 'रह्यो भीम जनु गाढ्यो खंभू।' चाहे हिडिम्ब से युद्ध हो या जरासंध, बकासुर, कीचक, दुःशासन या दुर्योधन से; सब जगह कवि ने रस लेकर उनके गदायुद्ध और मल्लयुद्ध का वर्णन किया है।

भीम का द्रौपदी से अप्रितम प्रेम है। वह उसके लिए फूल लाने जैसे कोमल काम से लेकर उस पर दृष्टि डालने वाले को जड़मूल से उखाड़ फेंकने जैसे काम करता है। द्रौपदी-हरण करने वाले जयद्रथ का तो वह वध ही कर देता, अगर धर्मराज उसे छोड़ देने को न कहते। विराटनगर में भीम के स्त्री श्रृंगार का भी कवि ने मनोहर वर्णन किया है। भीम के भोजन का भी कवि विस्तार से वर्णन करता है।

महाभारत में भीम से केवल शारीरिक काम लिया गया है, पर विष्णुदास

ने उसे महिमा मंडित करने के लिए उससे बुद्धि और कूटनीति का भी काम लिया है। भीम ही लाक्षागृह दाह से पहले पांच भिखारियों और एक स्त्री को भोजन कराता है और फिर वहीं सुला देता है और रात में आग लगा देता है। महाभारत में यह प्रसंग कुंती, युधिष्ठिर आदि के संदर्भ में है। भीम की इस प्रधानता में हमें लोक की रुचि और प्रवृत्ति के अनुरूप मनोरंजक तस्वीरों की प्रधानता दिखती है।

आमतौर पर स्त्रियों के सौन्दर्य या नख-शिख वर्णन में भी विष्णुदास खासे रमते हैं। चाहे द्रौपदी का सौंदर्य-शृंगार हो; या सुभद्रा और चित्रांगदा का; वे सब जगह वर्णन को आकर्षक बनाते हैं। युधिष्ठिर के राजभवन में स्थापित यक्षिणी की मूर्ति के सौंदर्य पर भी वे मुग्ध हैं। 'हीन लंक ता समह सरीरू, मानहुं भीग्यो दूध सिंदूरू।' यह अद्‌भुत अपूर्व उत्प्रेक्षा है। विष्णुदास की यह प्रवृत्ति उनकी मध्यकालीन रुचि की द्योतक है। वैसे भी कवि सौंदर्य-प्रिय होता है।

शकुन-अपशकुन और लोकविश्वासों का वे प्रायः उपयोग करते हैं। युधिष्ठिर जैसे ही जुए की कौड़ी हाथ में लेते हैं, छींक होती है। विराटनगर में जब पांडव अपने अस्त्र-शस्त्र वृक्ष पर टांगते हैं, तभी शकुन देखकर पांडवों के ज्योतिषी सहदेव बताते हैं कि देव दाहिने हैं, शकुन अच्छे हैं, काली माई बाएं हैं, बछड़ा गाय का दूध पी रहा है, धोबी पीठ देकर कपड़े धो रहा है।' वारणावत जाते समय पांडवों को अपशकुन हुए–'भई छींक सामुने लिलारा,' बैठक में ही पांव फिसला, कुंती के अंग फरकने लगे, आदि।' इसी तरह जगह-जगह शकुन-अपशकुन के वर्णन हैं, जो लोकविश्वासों से तादाम्य के प्रतीक हैं। कवि कई जगह किंवदंतियों और लोक मान्यताओं का भी उपयोग करते हैं–वन में महर्षि व्यास आते हैं। अज्ञात-वास के लिए वे पांडवों को विराटनगर जाने को कहते हैं और पूर्वी देशों में जाने से रोकते हैं। कारण वही लोक-मान्यता है :

'कहा व्यास तुम सुनहु नरेसा, तुम न दुरउ पूरब के देसा।
टोना, टामन बहुत सयानू, तुम तिहि देस न पावहि थानू।
मोहे नारि तहां को ले हैं, चारों बीर हाथ तै जै हैं।'

चाहे कोमल हो या कठोर, प्रकृति के विविध रूपों का चित्रण विष्णुदास की प्रकृति है। ये अवसर उन्हें वन में अक्सर मिलते हैं। अर्जुन 12 वर्ष के लिए वन जाते हैं। लाक्षागृह दहन के बाद पांडव अक्सर वन में रहते हैं। द्यूत के बाद पांडव वन-गमन और वन-निवास करते हैं। इतने अवसर कवि के सामने हैं,

जिनमें वे प्रकृति का मुक्त वर्णन करते हैं। वे भांति-भांति के फूलों, वनस्पतियों, वृक्षों लताओं का भरपूर वर्णन करते हैं और प्रसंग आने पर बिना जरूरत भी एक लंबी वानस्पतिक सूची दे देते हैं। कांपिल्य जाते समय मार्ग में आई प्रकृति के सौंदर्य की बड़ी ही समृद्ध छवि है। खांडव-वन-दहन का विष्णुदास ने बहुत अच्छा वर्णन किया है। यहां उन्होंने अवर्षा, सूखे का दारुण चित्र खींचा है, जिनमें उनके जीवानुभवों की गंभीर भूमिका है।

इसी तरह राजमहलों और संभ्रांत समाज के तौर-तरीकों से भी विष्णुदास का सघन परिचय प्रतीत होता है। वे स्वयं राज्याश्रित कवि थे। राजसूय यज्ञ के बाद जब दुर्योधनादि कौरवों को सभा-भवन दिखाया जाता है तो साथ में स्वयं युधिष्ठिर भी जाते हैं। महाभारत में ऐसा नहीं है। यह विष्णुदास की उद्‌भावना है, जो राज व्यवहार के अनुकूल है, क्योंकि दुर्योधन भी एक राज्य का शासक है, उसके साथ जाना राजमर्यादा को दिखाता है। इसी तरह कुंती को वन से पुत्रों सहित लाने के लिए विदुर और भीष्म दोनों जाते हैं। समय-समय पर मंत्रियों से मंत्रणा, सभा की औपचारिकताएं, रहन-सहन, वेशभूषा आदि का वर्णन तो विष्णुदास ने किया ही है, उन्होंने राजसी ठसक के प्रदर्शन में भी चूक नहीं होने दी है। धृतराष्ट्र अंधा है तो क्या? है तो एक शक्तिशाली राजा ही न! उसका विवाह गांधारी को उसके राज्य में लाकर चुपचाप करा दिया जाए, यह बात विष्णुदास के गले नहीं उतरी। उन्होंने बाकायदा दिखाया है कि धृतराष्ट्र ने एक दूल्हे की तरह ससुराल जाकर विवाह किया और विवाह के सारे आचार नेग-वगैरह पूरे किए। वे शकुनि को गांधारी के साथ नहीं लाते (क्योंकि वह गांधार का युवराज है), बल्कि युधिष्ठिर के युवराज बनने पर दुर्योधन ही अपनी सहायता के लिए उसे बुलाता है।

जब दुर्योधन का जन्म होता है तो राजगृह में होने वाले सारे मंगलाचार कराए जाते हैं। महाभारत की तरह दुर्योधन के जन्म पर अमंगलकारी संकेत और घटनाओं से वे राजकुमार के जन्मोत्सव को फीका करना नहीं चाहते। यह ठीक है कि महाभारत में उन घटनाओं के निहितार्थ हैं पर विष्णुदास ने उन्हें नहीं स्वीकारा।

राजसभाओं में प्रश्न पूछकर जैसे परीक्षा हुआ करती थी, वैसे ही विष्णुदास ने राजकुमार उत्तर द्वारा अर्जुन से प्रश्न पुछवाया है। विराट की ओर से युद्ध जीतने के बाद जब अर्जुन ने उत्तर को अपना परिचय दिया तो उस पर उसे सहसा विश्वास नहीं हुआ। सत्यता जानने के लिए उत्तर ने कहा कि अर्जुन के दसों नाम

बताएं, तब मुझे विश्वास होगा, तो अर्जुन ने न केवल नाम बताए, बल्कि यह भी बताया कि उनके अर्थ क्या हैं। जैसे-'कौंहा रूह तरे अवतारू, तातें अर्जुन नाउ कुंवारू' आदि।

लोकभाषा में लोक व्यवहार का सौंदर्य कई जगह देखने योग्य है। कई बार हमें नहीं लगता कि हम कोई गरिमा संपन्न किसी महान राजपरिवार के बीच हैं, बल्कि साधारण लोगों के बीच होने का अहसास होता है। पति की मृत्यु के बाद रोती हुई कुंती जब हस्तिनापुर आती है तो गांधारी उसे सांत्वना देते हुई कहती है-'रहि रहि बहन न कीजै सोगू, सुने सु हंसे बिराने लोगू।' जब दुर्योधन को लाक्षागृह के अग्निकांड का पता लगता है तो वह संदेह प्रकट करता है। वह सोचता है कि आखिर ऐसा कैसे हुआ होगा-क्या चूहा दीपक की लौ ले गया? क्या कुंती के बघार लगाने से झाल उठ गई? कोई चोर आग लगा गया? दुर्योधन की ये भोली अभिव्यक्तियां ऐसी हैं मानो किसी अज्ञात झोपड़ी में रहनेवालों के बारे में संदेह प्रकट कर रहा हो, (जब कि इस पूरे षड्यंत्र की योजना उसी ने बनाई थी।)

द्रौपदी को लेकर जब पांडव घर आते हैं तो कुंती से युधिष्ठिर कहते हैं-'हम कुछ भीख पाए हैं तू जिसे कहेगी वह पाएगा।' इस पर कुन्ती कहती है-'तुम जो मेरी सिख को भाऊ मेरी तेरी करह न काहू।' इतना कहकर वह अर्जुन की ओर देखती है, तभी अर्जुन हंसकर कहता है-'अर्जुन विहंसि कह्यो यह बेनू, माता वचन न मेटहि कोनू।' सारी बातचीत नितांत मामूली लोक-धरातल पर होती है। नहीं लगता कि इतनी बड़ी घटना के बारे में वे लोग विचार कर रहे हैं।

सामान्य लोकजीवन में और विशेषत: आदिवासी कथाओं में प्राय: कोई आत्मीय, जब कहीं युद्ध आदि में गया हो और घर का पौधा या वृक्ष कुम्हलाने लगे या गिर पड़े तो उसे प्रियजन की मृत्यु या विनाश का संकेत माना जाता है। जब अर्जुन उलूपी को छोड़कर जाने लगता है तो वह रोने लगती है। अर्जुन की कुशल-मंगल का कोई चिह्न मांगती है, तब अर्जुन एक वृक्ष दिखाकर कहता है-'जब जान्यो दार्‍यो कुम्हिलाना, तब ही जानो गये पिराना।' जब विराट की रानी अपने भाई कीचक का शव देखती है तो बिलख पड़ती है। पूछती है-'काट्यो आयु भई जब छाहां, कोनई तोरी मेरी बाहां।' यह लोक मुहावरे में सहज अभिव्यक्ति है।

जब दुर्योधन ने अज्ञातवास के बाद सुना कि विराट राजा से पांडवों का

संबंध हो गया है और वे शक्तिशाली हो गए हैं, तब वह दुखी हुआ। विदुर ने कहा—पांच गांव दे दो: 'इंदपथु, तिलपथु, बरुना नगरू, बारानसि, हथिनापुर अबरू।' जिन गांवों के नाम उन्होंने गिनाए थे, उनमें दो तो राजधानियां ही थीं—इंद्रप्रस्थ और हस्तिनापुर। अन्य थे तिलप्रस्थ, वरुणा और वाराणसी। दुर्योधन का खीझना स्वाभाविक था :

'कौरव नंदन सुनत रिसानो। हौं नाराइन कूर्यो जान्यों।
तेरे कहै देउ सब देसू, हम जो करहिं कपरिया भेसू।'

—तेरे कहने से अगर ये सब देश दे दें तो हम क्या कापालिक वेश बना लें: साधू हो जाएं!- चिढ़ जैसे मनोभाव की कितनी सहज अभिव्यक्ति है, ऐसी जगह कवि कई बार भूल गए हैं कि वे महाभारत की कथा कह रहे हैं, अपने समय की नहीं। भले ही उसमें अपना युग प्रतिबिम्बित हो, पर परिवेश, वस्तुएं, स्थितियां आदि तो उसी युग की होंगी न! प्रश्न है कि क्या महाभारत काल में 'कापालिक' होते थे? इसी तरह कवि ने एक जगह लिखा है—'तबले ढोल किसान बजाए'—यहां भी प्रश्न यही है कि महाभारत काल में 'तबले' होते थे? एक जगह द्रौपदी 'जौहर' करने की बात कहती है। 'जौहर' तब कहां था?

मानव मन की सहज अभिव्यक्ति तो विष्णुदास के 'पाण्डव चरित' (महाभारत) में कई जगह है। एक रोचक प्रसंग है। जब द्रौपदी भीम से विशेष कमल के फूल लाने को कहती है तो भीम पूछ बैठते हैं—ऐसे फूल कहां मिलेंगे? तब द्रौपदी उसे लताड़ती है—बातें बहुत बनाते हो, काम तुमसे कुछ बनता नहीं—'जैतो खाई तितौ मुख बोलै। इतनो बचनू हमारो ठेलै।' इस कथन द्वारा भीम के मर्म पर एक साथ कितनी जगह चोटें हो गईं? क्या ही सुंदर, सटीक उपालंभ है!

यह प्रसंग तो एक तरह से क्रीडा, उपालंभ आदि का था। परंतु एक समय द्रौपदी पर भारी विपत्ति पड़ती है। कीचक उससे बलात्कार करने पर उतारू है। वह दौड़कर युधिष्ठिर के पास जाती है, वे अज्ञातवास में बचे एक माह जैसे-तैसे काट लेने की बात कहते हैं। शेष तीनों भाई भी बिना युधिष्ठिर की आज्ञा से कीचक को दण्ड नहीं दे सकते। सबसे निराश होकर द्रौपदी भीम के पास आती है। इस समय द्रौपदी की वेशभूषा, उसकी व्याकुलता, प्राणांतक पीड़ा का कवि ने अत्यंत मार्मिक और सजीव चित्र खींचा है। ऐसे में द्रौपदी एक महारानी नहीं, सामान्य स्त्री लगती है, जो लुटने के कगार पर खड़ी है। कवि कहता है कि

रोते–बिलखते द्रौपदी भीम के पास आती है। उसकी आंखों का काजल आंसुओं में बह रहा है। चोली फटी है, केश बिखरे हैं। भीम को संदेह होता है। तब द्रौपदी पहले कौरव सभा में अपना अपमान करने पर दुःशासन के प्रति भीम के क्रोध को बताती है। जयद्रथ को बांध लेने की घटना याद दिलाती है। फिर क्षात्रधर्म की मर्यादा बताती है–'छत्री करहि लेइ हथियारू, ता कह मारनु मरनु सिंगारू' क्षत्रिय के पास हथियार मारने मरने के लिए ही होते हैं–वही उसकी शोभा है।

फिर वह राजधर्म के बारे में कहती है। राजा प्रजा की रक्षा करता है। कीचक ने मेरी चोली फाड़ी, झोंटा पकड़कर चार बार पटका, गालियां दीं। उसने शाम को मुझे बखारे (नृत्यशाला) में 'मिलन' के लिए बुलाया है। मैंने चारों पांडवों से गुहार लगाई। (उन्होंने नहीं सुनी)। अगर तुम भी उसे न मार पाओगे तो मैं कीचक की घरनी हो जाऊंगी या विष पी लूंगी या कंठ को कटारी से काट लूंगी :

'कै बिस पीवहुं, लोटा बांटी, मरौ कि कंठ कटारी काटी।
कै मरिहौं जौहर दे झंपा, सहि न सकौं कीचक की संका।'

स्वाभाविक था कि इस रुदन, हाहाकार और निर्णय से भीम क्रोध से आग बबूला हो गया। उसने कहा :

'तेरी बांह गही जो रानी, मींच हंकारि आप कह आनी।
कंपै भीऊं औंठ थरहरियौ, जनु द्वै नैन सिंदूरिह भरियौ।'

वाग्वैदग्ध्य का एक उदाहरण देखें–अर्जुन उलूपी के प्रेम प्रस्ताव को यह कहकर अस्वीकार करता है कि 'मैं तीर्थाटन के लिए निकला हूं।' तो उलूपी कहती है :

'जो तुम मेटहु वचन हमारौ, जाइ अकारथ धर्म तिहारौ।
तीरथ जात कौन फल ऐहू, पंथ तिरी को पातक लेहू।'

(यदि तुम हमारा वचन टालोगे तो तुम्हारा धर्म अकारथ चला जाएगा। ऐसी तीर्थयात्रा से तुम्हें क्या फल मिलेगा, जहाँ जाते हुए रास्ते में स्त्री के प्रति पाप हो?)

महाभारत के कुछ प्रसंगों के युक्तियुक्तकरण के लिए विष्णुदास ने उसकी मूलकथा में परिवर्तन किए हैं। ऐसे दो प्रसंग यहां लेते हैं, जिनमें आचारशास्त्र का उल्लंघन हुआ देखकर विष्णुदास ने अपनी कथा रची है। आचारशास्त्र कहता है

कि दिन में स्त्री संग अनुचित है। परंतु महाभारत में कहा गया है कि दिन में एक ब्राह्मण की गौ चोरी होने पर उसने पांडवों से गुहार लगाई तब युधिष्ठिर द्रौपदी के साथ किसी ऐसी अवस्था में थे कि अर्जुन द्वारा शस्त्र लाने के लिए उनके कक्ष में प्रवेश कर लेने पर उसे 12 वर्ष वनवास भोगना पड़ा। तो कवि ने इस प्रसंग को आधी रात को हुआ बताया है। इस तरह धर्मराज के धर्माचरण की रक्षा की है।

ऐसा ही प्रसंग कंदुम मुनि का है। महाभारत के अनुसार कंदुम ऋषि मृग के रूप में मृगीरूपधारी अपनी पत्नी से संभोग कर रहे थे, तब पांडु ने उन्हें तीर मारा था। सवाल यह है कि ऋषि और उनकी पत्नी दोनों को मृग-मृगी क्यों बनना पड़ा? इसके लिए विष्णुदास की युक्ति है कि कंदुम ऋषि का काम दिन में जाग जाता है, वे अपनी पत्नी से समागम का आग्रह करते हैं, परंतु वह यह कहकर इनकार कर देती है कि मैं व्रत में हूं। दिन में संभोग नहीं कर सकती। तब कंदुम ऋषि मृग की खाल धारण कर मृगी से मैथुन करते हैं, जिसकी सज़ा अनायास मिल जाती है कि प्राणों से हाथ धोना पड़ता है। इस परिवर्तन से कवि ने अनेक संकेत दे दिए हैं।

नीति और आदर्शों के कई उदाहरण विष्णुदास के पांडव चरित में हैं। शकुनि ने जब पांडवों को जुए का निमंत्रण दिया, तब भीष्म ने एक लंबी सूची दी कि किससे क्या नष्ट होता है। यथा-'बिनसै रोगी कुपथु करई, बिनसै धनु ही तें रिन करई।' और जुए के बहाने पूरा आचारशास्त्र पढ़ा दिया। जब कीचक ने विराट की रानी से द्रौपदी को उसके पास भेजने को कहा तो इंकार करते हुए उसने बताया कि स्त्री के कारण किस-किस का सत्यानाश हुआ? इसमें रावण, शुंभ, निशुंभ, बालि, चन्द्रमा आदि हैं।

महाभारत में नारद द्वारा प्रत्येक भाई के बारी-बारी से एक-एक वर्ष तक द्रौपदी के साथ रहने का नियम बनाया गया था, जिसे पांडवों ने स्वीकार भी किया था। कवि को लगा कि यह अवधि ज्यादा है तो उन्होंने इस समय को घटाकर छह-छह मास कर दिया। महाभारत में, द्यूत में युधिष्ठिर पहले चारों भाइयों को दांव पर लगाते हैं, फिर अपने को लगाते हैं, बाद में द्रौपदी को लगाते हैं। पर विष्णुदास के इस कथन से प्रतीत होता है कि पहले स्वयं युधिष्ठिर ने अपने को दांव पर लगाया था, फिर उन्होंने भाइयों और द्रौपदी को दांव पर लगाया :

> 'पहले राजा आपो हार्‌यो, पीछे दोवै पांडव चार्‌यो।
> यह पुनि किसौ न्याउ तुम्हें सूझै, द्रौपति सभा गंगेवहिबूझै।

इससे युधिष्ठिर का अनुचित काम सघन होता है। यह अवश्य है कि कहीं-कहीं परिवर्तन घटनाओं और उनकी जटिलताओं या बारीकियों को सपाट बनाता है। उदाहरण के लिए शांतनु युवराज भीष्म से स्वयं कहते हैं कि स्त्री के बिना सात साल बीत गए। धर्म, राजयोग, बड़प्पन, संपन्नता, धर्मक्रिया, सब में स्त्री की आवश्यकता होती है (स्त्री किन-किन कामों के लिए जरूरी है, इसे वे विस्तार से कहते हैं।) फिर बताते हैं कि मैं धीवर कन्या पर मुग्ध हूं। मैं उसके घर गया, पर उसने अपनी बेटी नहीं दी-''तिहि धीमर मो करी न कानि, देहो न जोजनगंधा रानी।'' यह सुनकर भीष्म तुरंत गए और फिर वे ही घटनाएं घटीं, जैसी महाभारत में हैं। मूल महाभारत में शांतनु भीष्म से कुछ नहीं कहते। वे भीतर-भीतर घुलते रहते हैं। भीष्म उनकी दशा देखते हैं और चुपचाप मंत्री से पता लगाकर शांतनु के अनजाने ही सारथी के साथ धीवर के पास जाते हैं। विष्णुदास के इस प्रसंग-परिवर्तन से शांतनु के चरित्र पर कितना विपरीत प्रभाव पड़ता है, साथ ही भीष्म की संवेदनशीलता, चिंता और चतुराई को भी यह प्रसंग ढंक लेता है। मनोवैज्ञानिक, सामाजिक, पारिवारिक, राजनीतिक किसी भी दृष्टि से यह परिवर्तन उचित नहीं है, बल्कि यह इस अवसर की नज़ाकत को खत्म करता है।

विष्णुदास ने कई जगह अक्सर ऐसी अंतर्निहित सूक्ष्मताओं को सपाट बनाया है। इससे उनकी मध्यकालीन रुचियों और कार्य-व्यापारों का पता चलता है। वे महाभारत के बौद्धिक और दार्शनिक पक्ष की उपेक्षा करते हैं, जो उसमें अनुस्यूत है। वे न यक्ष-प्रश्न का प्रसंग देते हैं, न भगवद्गीता वाला अंश या संकेत। संभवत: वे अपने को ऐसे किसी अंतर्हित अर्थ से जोड़ना नहीं चाहते थे। अम्बिका के नियोग प्रसंग में महाभारत में उसके मन की कल्पना थी भीष्म आएं पर उनकी जगह अप्रत्याशित रूप से व्यास आते हैं और उनके भयावह रूप को देखकर अम्बिका आंख मींच लेती है, परंतु विष्णुदास उसकी आंख पर पट्टी बंधवा देते हैं-ऐसी सीधी कार्रवाई (डाइरेक्ट एक्शन) काव्य में नहीं हुआ करता।

अर्थ यह कि कुछ न्यूनताओं के बावजूद 'पाण्डव चरित' (महाभारत) विष्णुदास द्वारा हिंदी साहित्य को महाकाव्य की पहली सुंदर भेंट है।

सारला महाभारत (ओड़िया) : सारला दास
(15वीं शती)

महाभारत की सुविधा संपन्न छूट और संरचना की उदारता से प्रेरित ओड़िया के महाकवि सारलादास का 'सारला महाभारत', महाभारत के स्त्रोत से निकलते हुए भी न उसका अनुगमन करता है, न सम-स्वर होता है। उसकी अपनी स्वतंत्र लोक ठनगन है। कवि ने स्थानीय रंगों से महाभारत को ऐसा रंगा है और ऐसी समकालीनता दी है कि उनकी यह कृति सर्वथा मौलिक हो गई है। परिणाम स्वरूप ओड़िया का परवर्ती महाभारतीय साहित्य संस्कृत महाभारत की अपेक्षा 'सारला महाभारत' से अधिक प्रेरणा पाता है।

सारलादास का पूरा रचाव एक लोककवि का था। इसलिए उन्होंने महाभारत की अपनी कथाओं और प्रामाणिक संदर्भों में उड़ीसा की प्रचलित कथाओं, इतिहास, ओड़िया जन-जीवन, शासन, पूजा-पद्धति आदि का समावेश कर दिया है। पर्वों के भी ओड़िया नाम-रूप दिए हैं और कई जगह अपनी कथाएं भी गढ़ी हैं। यह सच है कि "ओड़िया जन-जीवन का इतना सूक्ष्म चित्रण किया गया है कि इसमें अगर भौगोलिक नामकरण न होता तो सभी पात्र ओड़िया भूमि की उपज माने जाते।"

सारलादास ने अपने महाभारत में उड़ीसा को केन्द्र में रखा है। प्रारंभ ही जगन्नाथ की प्रार्थना से किया है और उन्हें जातीय देव के रूप में प्रतिष्ठित किया है। पांडवों का महाप्रस्थानिक पर्व भी उड़ीसा से ही प्रारंभ होता है। वे भुवनेश्वर, कटक, कोणार्क, अमरावती आदि से होते हुए हिमालय की ओर जाते हैं। इतना ही नहीं उड़ीसा से पांडवों का संबंध अविच्छिन्न बताने के लिए वे कटक से कोई 12 मील दूर स्थित अमरावती के हरी साहू नामक वैश्य की युवा बेटी से वृद्ध सम्राट युधिष्ठिर का विवाह भी करा देते हैं। ऐसे सारे परिवर्तनों और संयोजनों

से हम कवि के असामान्य और अपरंपरावादी दृष्टिकोण से परिचित होते हैं।

सारलादास के अनुसार महाभारत युद्ध एक बार नहीं, तिहत्तर बार कुरुक्षेत्र की भूमि पर हुआ था और जैसे जातक कथाओं में बुद्ध अपने विभिन्न अवतरणों में भिन्न-भिन्न रूप, परिवार और वंशों में जनमते हैं और उनके संबंधों में भी भिन्नता दिखाई पड़ती है, उसी तरह सारलादास ने अपने महाभारत में चरित्रों का रूपांतरण और कथा में उड़ीसा का परिवेश, उक्तियां, लोककथाएं आदि शामिल कर ली हैं।

सारला की द्रौपदी इस काव्य में विशेष उल्लेखनीय है जो चंडी स्वरूपा है। शक्ति का साक्षात् रूप है। उदाहरण के लिए दु:शासन के रक्त से उसे प्रसन्न कर देने का अनुमान लगाकर भीम जब द्रौपदी से प्रार्थना करते हैं कि वह पांडवों को क्षमा कर दे, तो वह कहती है कि 'युधिष्ठिर को छोड़कर वह सभी पांडवों का कृष्ण सहित वध करेगी ही।' यह पता नहीं चलता कि आखिर वह युधिष्ठिर को क्यों छोड़ना चाहती है, जबकि द्यूत में उसे दांव पर लगाने वाले वे ही थे। और कृष्ण तो उसे हर संकट से उबारने वाले उसके सखा ही थे। मुझे लगता है कि कवि के लिए वे उड़ीसा के दामाद थे, और कवि दामाद का वध कैसे होने देते! उनके हज़ार गुनाह माफ!

सारलादास ने अपनी बनाई लोक कथाओं से अपने महाभारत को मूलग्रंथ से कहीं वृहद् बना दिया है। महाभारत एक लाख श्लोकों का है, जबकि 'सारला महाभारत' एक लाख अठारह हजार पदों का है। लगता है कि महाभारत की तरह वे भी अपना स्वतंत्र 'विश्वकोश' बना रहे हैं। कई लोक कथाएं और मौलिक उद्भावनाएं इतनी रोचक और सांकेतिक हैं कि चमत्कृत रह जाना पड़ता है। ये कथाएं चरित्रों को बदलती और कई जगह उन्हें विचित्र ढंग से त्रासद बनाती हैं। दो उदाहरण पर्याप्त होंगे, जो क्रमश: शकुनि और दुर्योधन से संबंधित हैं–

दुर्योधन को जब पता चला कि गांधारी की जन्मकुंडली में विवाह करते ही पति-मृत्यु का योग था, इसलिए उसका विवाह पहले 'गोलक वृक्ष' से किया गया था, बाद में धृतराष्ट्र से; और विवाह करते ही गोलक वृक्ष सूखकर गिर पड़ा था। यह सुनकर दुर्योधन को बड़ा अटपटा लगा क्योंकि ऐसी स्थिति में उसके विचार से गांधारी का उसके पिता से विधवा विवाह हुआ था। इस पर वह गांधार नरेश से नाराज हुआ और उन्हें पुत्रों सहित छल से बुलाकर एक महल में बंदी बनाकर रख लिया। भोजन की क्रमश: कमी से एक-एक कर सभी मरने लगे। अंत में केवल एक व्यक्ति का भोजन आता था। अत: अपनी मृत्यु तय समझकर

उन्होंने जीने का अधिकार केवल परम बुद्धिमान शकुनि को दिया और उसे यह दायित्व दिया कि वह छली दुर्योधन से बदला लेगा और गांधार नरेश गांधार सेन की मृत्यु के बाद उसकी कलाई की हड्डी से पासा बनाकर महाभारत युद्ध की प्रस्तावना रचेगा। पासा शकुनि की आज्ञा का पालन करेगा। परिणाम स्वरूप शकुनि ने कौरवों से प्रतिशोध के लिए 'पासा खेलने' की योजना को कार्यान्वित किया था। इस तरह सारला महाभारत में शकुनि छल के प्रतिकार में गढ़ा गया कौरव विरोधी चरित्र है। प्रसंगवश हिंदी के कवि विष्णुदास के दुर्योधन ने ही शकुनि को युधिष्ठिर के युवराज बनने पर ईर्ष्यावश सहायता के लिए बुलाया था। दोनों ही जगह घटना और चरित्र के स्वरूप में बदलाव है, पर सारलादास की कथा-रचना इतनी विलक्षण है, कि वे शकुनि को महाभारत के ही ढांचे में कौरव-पक्ष द्वारा आमंत्रित रणनीतिकार होने पर भी उसे अपने ही पक्ष का शत्रु बनाकर दुर्योधन और कौरवों को मूर्ख बना देते हैं। इस पूरी कहानी की अर्थ बहुलता बहुत आकर्षित करती है।

दुर्योधन के अंत को सारलादास ने अत्यंत दारुण बनाया है। उनके अनुसार कौरवों के अंतिम सेनापति शल्य की मृत्यु से उदास दुर्योधन हाथी पर बैठा अपनी बची-खुची सेना का नाश देख रहा था। उसे अपने इकलौते बेटे 'लक्ष्मण' की याद आई। उसने उसे व्यग्रता से खोजा, वह संयोगवश मिल गया। उसने उसके कान में कहा-'पुत्र, भागकर जंगल में छिप जाओ।' भागते हुए लक्ष्मण को भीम ने गदा प्रहार से मार डाला। बाद में उसने (भीम ने) दुर्योधन को हाथी समेत पटक दिया। दुर्योधन हाथी के विशाल घंटे के नीचे छिपकर बच गया।

शाम को युद्ध समाप्त हुआ। रणांगण में योगिनियों का नृत्य होने लगा। रात होने पर दुर्योधन ने भागकर छिपने की सोची। उसके सामने रक्त की विशाल नदी थी। उसने सोचा कि किसी मृतक के शव पर बैठकर वह नदी पार कर लेगा। उसने दुःशासन, कर्ण, द्रोण और शकुनि के शवों को एक के बाद एक बहते देखा। दुर्योधन प्रत्येक के गुण बखानने लगा। उसने जिस शव पर भी गदा सहित बैठना चाहा, वह उसका बोझ न संभाल सका। तब उसने एक नौजवान की लाश बहती देखी। दुर्योधन गदा सहित उस पर बैठ गया। इस तरह वह रक्त की नदी के पार पहुंचा। उसने कृतज्ञ भाव से शव का चेहरा पहचानने की कोशिश की। वह स्तब्ध रह गया। उसने देखा वह उसके पुत्र लक्ष्मण का शव था। विलाप करते हुए उसने गड्ढा खोदकर उसे उसमें डाल दिया और महल की और दौड़ा...। कहानी के रचाव से कवि प्रतिभा की विलक्षणता का पता चलता है। संभवतः दुर्योधन का

ऐसा दारुण अंत कोई भी कवि नहीं दिखा सका है। (बाद के अनेक कवियों ने इस कथा का अनुसरण किया है।)

ऐसी कथाएं रचने का महाभारत अवसर देता है, क्योंकि उसने दुर्योधन का चरित्र क्रोधी और दुर्दम्य खलनायक का बनाया है। सारलादास ने उसे, उसके अनुकूल विकट अंत दे दिया है।

सारलादास ने महाभारत का दार्शनिक पक्ष, जिसमें गीता प्रधान है-छोड़ दिया है। यही हिंदी के आदि महाकवि विष्णुदास, और अनेक रचनाकारों ने और जर्मनी के नाटककार पीटर ब्रुक ने भी किया है। इतना ही नहीं, महाभारत के संक्षिप्तीकरण में दर्शन, उपदेश और प्रासंगिक तथा अवांतर कथाओं को लगभग सभी लेखकों ने संपादित कर दिया है या छोड़ दिया है। इसके औचित्य की चर्चा यहां उचित नहीं होगी-हां, इतना संकेत अवश्य करना होगा कि गीता या महाभारत के उपदेश, दर्शन के प्रसंग या अवांतर और संदर्भ कथाएँ, जो प्रायः महाभारत में अनुस्यूत हैं, के संक्षेपीकरण या अपनी रुचियों और आवश्यकताओं के अनुसार त्याग देने का अर्थ महाभारत में उनकी अवांछनीयता नहीं है, क्योंकि महाभारत जिस आकर ग्रंथ है, वहां इनमें से अधिकांश की सार्थकता और अन्विति से इंकार नहीं किया जा सकता। पर लगता है कि अपनी कृति के लोक-स्वभाव की दृष्टि से सारलादास ने इन्हें हटा दिया है।

महाभारत किळिप्पाट्टु (मलयालम) : तुञ्चतु ऐषुत्तच्छन
(16वीं शती)

मळयाळम साहित्य के जनक और सर्वश्रेष्ठ महाकवि ऐषुत्तच्छन 16वीं शती के राष्ट्रव्यापी भक्ति आंदोलन के प्रमुख कवियों में हैं। उन्होंने आंध्र में राम और कृष्ण-भक्ति का प्रसार किया। वे अद्वैत वेदांत के अनुयायी थे और भारतीय संतों की भांति जाति से शूद्र थे। अपनी भाषा और साहित्य में उनका बहुमुखी योगदान है। एकओर जहाँ उन्होंने धार्मिकता प्रचारित की, वहीं लोक-मर्यादा और नैतिकता की स्थापना की। उन्होंने मळयाळम भाषा का मानकीकरण किया जिसका आज तक अनुकरण होता है। 'किळिप्पाट्टु' शैली का भी प्रवर्तन उन्होंने किया जो अत्यंत लोकप्रिय हुई और अनेक परवर्ती कवियों ने उसका अनुसरण किया।

'किळिप्पाट्टु' पक्षी-गीत है जो मळयाळम के विशिष्ट काव्य-प्रकार के रूप में स्थापित है। इसमें कथा सुनाने वाली पक्षी प्राय: शुकी होती है। यह शैली संस्कृत और अन्य भाषाओं में भी प्रचलित है। ऐषुत्तच्छन के महाभारत की लोकप्रियता का एक कारण यह शैली भी है। उन्होंने इसकी इस रूप में कल्पना की :

जब नैमिषारण्य में सूतजी शौनकादि मुनियों को महाभारत की कथा सुना रहे थे, तब शुकी इसे सुन रही थी, कवि ने शुकी से अनुरोध किया कि वह कथा उन्हें सुनाए। कवि के मत में यही कथा प्राकृत ग्रंथ है।

महाकवि के समय सम्पूर्ण भारत में भक्ति-रस की धारा प्रवाहित थी, और शुकी भी प्राय: भक्तिरस प्रधान कथा सुनाती है। इसलिए इस शैली से भक्त कवि की अन्तर्लय एकाकार हो गई। महाकवि ने महाभारत जैसे विविध भावनाओं और प्रपंचों से भरे युद्ध-काव्य को भी कृष्ण-संकीर्तन काव्य बना दिया और चाहे अवसर हो या न हो सर्वत्र उन्होंने कृष्ण भक्ति का समावेश कर दिया। हर

कार्य की प्रेरणा कृष्ण को माना गया है, जो कुछ भी घटित होता है वह प्रभु की लीला है। इस तरह की भावना से संपूर्ण घटना-चक्र भक्ति भावना से ओतप्रोत हो गया है। ऐषुत्तच्छन के पहले या बाद में महाभारत इस रूप में नहीं लिखा गया। उदाहरण स्वरूप दो-एक प्रसंग देखें :

'आस्तीक पर्व' का प्रारंभ है : 'हे शुककन्ये! पंकजाक्ष (श्रीकृष्ण) की कथा सुंदर ढंग से सुनाओ ताकि सब मल दूर हो जाएँ...' यह सुनकर शुकी ने श्रीकृष्ण जी का मन से ध्यान करके आस्तीक कथा को सुनाना प्रारंभ किया।

'आरण्य पर्व' का प्रारंभ है : 'हे शुकी! बिना विलम्ब के और सुनाओ। नीलिमा का उपहास करने वाले गोविंद की लीला सुनकर कभी तृप्ति नहीं होती।' शुकी बोली : 'जनता को प्रिय लगनेवाली माधव की लीलाएँ बिना विलम्ब के सुनाऊँगी। सुन लीजिए। लक्ष्मी के स्तनों के चंदन से लिप्त वक्षस्थल वाले नारायण क्षीरसागर में होने वाले परमपुरुष, काल, देश और अवस्था के अनुसार अनेक रूप धरने वाले, चारों वेदों और चौदहों लोकों की मूल मूर्ति मुकुन्द, मुरैवेति, शिवजी के सेव्य, कामद, कमललोचन कृष्ण भगवान का ध्यान करते हुए आदरणीय युधिष्ठिर ने अपने भाइयों और मुनियों के साथ, अपने मन की रानी (द्रौपदी) को लेकर वन में प्रवेश किया।'...

इसी तरह 'कर्ण पर्व' के प्रारंभ में कर्ण द्वारा शिव की स्तुति भाव, भाषा और अलंकृति का अद्‌भुत समन्वय है।

उल्लेखनीय है कि उक्त दोनों पर्वों की कथा से कृष्ण का संबन्ध नहीं है। महाकवि ने कहा है कि वे 'भगवान-संकीर्तन' सुना रहे हैं, यह बात इस महाकाव्य में सर्वत्र प्रकट होती है। वैसे भी यह काव्य तर्क और विचार प्रधान न होते हुए भाव प्रधान है। सर्वत्र रसों और भाव-प्रसंगों की सृष्टि या विस्तार किया गया है और संक्षिप्तीकरण के चलते वे सारे अंश निकाल दिए गए हैं जो तर्क, विचार और तत्त्व प्रधान हैं। उदाहरण के लिए इसमें भगवद्‌गीता नहीं है, यक्ष-प्रश्न नहीं है और यह कहकर काम चला लिया गया है कि धर्म ने युधिष्ठिर से अनेक तात्त्विक प्रश्न किए।

करुण रस का यह मार्मिक प्रसंग देखिए जब महाभारत युद्ध की त्रासद समाप्ति के बाद गांधारी युद्धभूमि में मृत योद्धाओं को देखकर विलाप करती है। वह 'वैकुण्ठ माधव' को सम्बोधित करते हुए कहती है-

''हे मुकुन्द! तुमने देखा कि पृथ्वी पर पैदा हुए राजाओं में श्रेष्ठ भगदत्त, हाथ में धनुष लिए, अपने ही हाथी के पास संक्रंदन के बाण से पृथ्वी पर गिर

पड़ा है। हे शिव! शिव! उत्तम मरकत मणि के समान, कल्याण रूप, कुमार, मनोहर, विख्यात अर्जुन का सुपुत्र, हे गोपी वल्लभ! तुम्हारा ही भांजा, उसे तुमने क्यों मारे जाने से नहीं बचाया? तुम्हें क्या मरवाने में ही रस आता है? तुमने तो किसी को मारा नहीं, फिर भी यह सब देखकर दु:ख होता है। तुम्हारा सुंदर प्रसन्नमुख देखकर, हे कमलनयन, कैसे सहा जाए? देखो इस छोटी-सी बालिका उत्तरा का हृदय कितना पीड़ित है! यह भी देखो कि यह सुंदरी सुभद्रा भूमि पर लोट रही है। हम लोग जो आर्त विलाप कर रही हैं इससे तुम्हारा मन जरा भी दु:खी नहीं होता? अगर तुम्हारा मन पत्थर का बना हो तो पत्थर को भी सहानुभूति हो जानी चाहिए? देखो नील पर्वत के समान भीम-पुत्र घटोत्कच उसओर पड़ा है, कर्ण की शक्ति लगने से वह यमपुरी चला गया। उधर देखो, जयद्रथ का शरीर वहाँ पड़ा है, जिसकी गर्दन अर्जुन ने अपने तीक्ष्ण शर से काट दी है। अपनी पुत्री दुश्शला का विलाप सुन-सुनकर मेरा हृदय फट रहा है। हे शिव! शिव! देखो! वहाँ वह स्थान है जहाँ उस ब्राह्मण द्रोण का संस्कार किया गया है। वह अत्यंत धृष्ट धृष्टद्युम्न ही है जिसे छोड़कर और किसी को, हे महामते! उस शिष्ट गुरु को मारना सूझ ही नहीं सकता था। हा! उसके उस तरफ मेरा पुत्र शोभन शरीर दुश्शासन पड़ा है। हे माधव! तुमने मेरे साथ यह सब क्यों किया? हा! भगवान! मेरे भीतर दु:ख की ज्वाला धधक रही है। मारुति (भीम) ने जहाँ से उसकी छाती फाड़ कर रक्त पिया था वह स्थान देखकर कैसे सहा जाए! हे गोपते! मेरे आंसू कैसे सूख सकते हैं और मेरा शोक कैसे शमित हो सकता है? और उधर जो पड़ा है हे दयानिधि! क्या वह मेरा पुत्र दुर्योधन का पुत्र नहीं है? हा मेरे लक्षण युक्त बेटे लक्ष्मण! क्या तुमने भी हमको धोखा दिया है? मुझे यह क्यों सूझा है कि मैं युद्धभूमि में जाकर अपनी आंखों से देखूँ? अंगाधिप कर्ण जो मेरे पुत्रों का मुख्य रक्षक और भरोसे का आदमी था, वहाँ पड़ा है, अपने कुण्डलों से हीन! फिर भी उसका कपोल चमक रहा है। उस सर्वश्रेष्ठ धनुर्धारी का चाप हे भगवान! यहाँ अलग होकर पड़ा है। उसका सुंदर शरीर ज़रा देखो, कुत्ते और सियार उसे काट-काट कर खींच रहे हैं! क्या कारण है कि यह सब हुआ? और उधर उत्यंत पीड़ित भूरिश्रवा की प्रणयिनी, उसका कटा हाथ अपनी गोद में लिए विलाप कर रही है। संपूर्ण विनाश के मूल शकुनि का शरीर आज पक्षियों का भोजन बना हुआ है। हे हरे! क्या यह तुमने नहीं देखा? बेटा, मेरे लाल दुर्योधन! सुवर्ण का किरीट, आभूषण का समूह, इन्द्र के समान तुम्हारा महत्त्व और प्रताप, तुम्हारा गंभीर भाव और सुंदर रूप छोड़कर, और मुझे तथा अपने प्रिय पिता को

छोड़कर तुम कहाँ चले गए? यह सब देख कर मेरा मन टूट गया है। तुम, जो रेशम के गद्दे पर लेटते थे, अब क्या यह नोबत आ गई कि तुम रुधिर में लेटे हो! बड़े क्रोध के साथ भीम ने तुम पर आक्रमण किया और जाँघ तोड़ डाली। मैं यह नहीं देख सकती।''

गांधारी यह कहकर चली; गिरी और लगातार भूमि पर लोटने लगी। फिर बेहोश हो गई।

होश में आने पर आर्तनाद करते हुए बोली–''हे केशव! तुम जैसे कुटिल को मैंने इस पृथ्वी पर नहीं देखा। युद्ध में अलग-थलग होकर, दोनों पक्षों के अनेक अटल अभिमानी राजाओं को तुमने ही मरवाया, और किसी ने नहीं!'' फिर गांधारी ने कृष्ण को वंश सहित नष्ट होने का शाप दिया जिसे कृष्ण ने मस्तक नवा कर स्वीकार किया। (स्त्री पर्व)

यह अप्रतिम अंश साहित्य की निधि है। इसमें गांधारी के विलाप में उसका उदात्त मातृत्व है। वह अपने पुत्रों का ही नहीं, विपक्षी योद्धाओं के वध और उनकी पत्नियों, माताओं की पीड़ा से भी व्यथित है। उसे अपने जामाता जयद्रथ के वध और अपनी बेटी दुश्शला के वैधव्य का ही नहीं; अर्जुन-पुत्र अभिमन्यु के वध; उत्तरा के वैधव्य और सुभद्रा के पुत्रहीन होने की वेदना भी है। उसे दु:शासन और दुर्योधन का वध ही भीतर तक नहीं चीरता; कर्ण और भूरिश्रवा की मृत्यु भी विकल करती है। भवभूति ने करुणा के बारे में 'कहा है–'इदं विश्वं पाल्ये।' वास्तव में सच्ची करुणा का यही वैश्विक स्वरूप है। इस विलाप में गांधारी कृष्ण को जिस व्यथित कटुता से उपालंभ देती है, वह भी भक्ति की पराकाष्ठा है। उसकी ये शिकायतें कितनी ज़ायज़ और उत्पीड़क हैं! इस तरह कवि ने यहाँ करुणा के सच्चे रूप के साथ भक्ति के सच्चे रूप का भी समवेत उद्घाटन किया है। कवि की संवेदना ने यहाँ भाषा और शिल्प को भी विचित्र परिपक्वता दे दी है।

ऐषुत्तच्छन के युद्ध-वर्णन भी बहुत लोकप्रिय हुए हैं और इनमें असाधारण कवित्व प्रकट हुआ है। दु:शासन और भीम के युद्ध का यह अंश देखिए :

दोनों ने सारी युद्धभूमि को नष्ट कर दिया, परस्पर आक्रमण किया और रोका भी। दोनों एक दूसरे के छिद्र खोज रहे थे और आक्रमण कर प्रतिकार को रोकने की कोशिश कर रहे थे। जब भीम ने दु:शासन की गदा का कचूमर निकाल दिया तब उसने भी भीम को (दाँतों से) काटा और मुष्टि-प्रहार किया, भीम ने रक्त पोंछ लिया। उसने भी मुष्टिप्रहार किया, दाँत पीस कर आक्रमण

किया। दोनों भूमि पर गिर पड़े, पर तुरंत खड़े होकर फिर आक्रमण मुद्रा में आ गए। दोनों ने एक दूसरे की जंघा को कुचला, पाँवों को कुचला, हाथ मरोड़े और बाल खींचे। चारोंओर खून ही खून.. दोनों दौड़े, उनके वक्षस्थल टकराए, लात खाकर गिरे और फिर उठे। लंबे और क्रूर नखों से एक दूसरे की गर्दन फाड़ी। इस युद्ध को देखने वाले कभी भीम तो कभी दु:शासन की विजय का अनुमान लगा रहे थे। भीम पीछे हट कर दु:शासन के दोनों पैरों को मिलाकर उन पर चढ़ा, उसने दूसरे पैर से उसके हाथ कुचले और अपने खड्ग और नखों से उसकी छाती फाड़ दी और निकले हुए उष्ण रक्त को सड़ासड़ पीने लगा। फिर भयंकर गर्जना की और कूदफांद की... (कर्ण पर्व)

संक्षिप्तीकरण के बावजूद मूल महाभारत के 18 पर्वों की जगह ऐषुत्तच्छन के 'महाभारतम्' में 21 पर्व हैं– पौलोम, आस्तीक, सभा, सम्भव, अरण्य, विराट, उद्योग, भीष्म, द्रोण, कर्ण, शल्य, सौप्तिक, ऐषिक, स्त्री, शांति, अनुशासनिक, अश्वमेधिक, आश्रमवासिक, मौसल, महाप्रस्थान और स्वर्गारोहण पर्व।

इस काव्य में आदिपर्व नहीं है, उसकी जगह तीन नए पर्व शामिल किए गए हैं जो अत्यंत संक्षिप्त और प्रभावहीन हैं– पौलोम, आस्तीक और संभव। इनमें महाभारत के ही आदिपर्व की थोड़ी-सी सामग्री वर्गीकृत की गई है। शाप-शापमुक्ति, क्रुद्ध होना, प्रसन्न होना सब सहज हैं। कोई मनोवैज्ञानिक अंतर्द्वन्द्व नहीं है। उससे अच्छे-बुरे का कोई लेना-देना नहीं है। पौलोम पर्व में भृगुकुल का विस्तार है। पुलोम राक्षस है और पुलोमा भृगु की पत्नी है। पुलोम शूकर वेश धरकर उसे गर्भावस्था में उठा ले जाता है। रास्ते में उसे बच्चा पैदा हो जाता है जो अपने तेज से पुलोम को भस्म कर देता है। पुलोमा का पुत्र 'च्यवन' अर्थात च्यवन अर्थात् 'पात' (गर्भपात से होने वाला पुत्र), उसे लेकर पुलोमा आश्रम में आती है। भृगु को पता चलता है कि अग्नि ने पुलोम को पुलोमा के बारे में बताया था। क्रुद्ध होकर उन्होंने अग्नि को शाप दे दिया कि वह भक्ष्याभक्ष्य सबको खा जाएगी। अग्नि ने ब्राह्मण होने के कारण भृगु को प्रतिशाप तो नहीं दिया, परंतु संसार से वह तिरोहित हो गई। अग्नि की अनुपस्थिति में और तो कुछ नहीं हुआ, कर्मकाण्ड रुक गया। इसलिए कहा गया कि अग्नि के स्पर्श से सबकुछ पवित्र हो जाएगा। तब शाप का परिहार होने पर उनका दु:ख जाता रहा।

पर्व अत्यंत छोटा-सा है। केवल एक वंश, अग्नि का आचार और कर्मकाण्ड में महत्त्व, ब्राह्मण की महत्ता आदि इसका प्रतिपाद्य है। लगता है यह ग्रंथ ब्राह्मणों को प्रधानता देता है। आस्तीक पर्व में नागवंश की संक्षिप्त कथा

और संभव पर्व में महाभारत के आदिपर्व की शेष कथा है।

सौप्तिक पर्व और स्त्री पर्व के बीच एक पर्व 'ऐषिक' जोड़ा गया है जो द्रौपदी के पुत्रों और भाइयों के वध पर उसके क्षोभ और दुःख की अभिव्यक्ति है।

ऐषिक पर्व की कथा है कि धृष्टद्युम्न का एक सेवक वहाँ आता है जहाँ युधिष्ठिर और द्रौपदी के साथ कृष्ण हैं। वह अश्वत्थामा द्वारा द्रौपदी के पुत्रों की हत्या के साथ उसके भाई धृष्टद्युम्न और शेष सेना की हत्या का समाचार देता है। क्षुब्ध द्रौपदी, अश्वत्थामा को आज ही समाप्त करने का आदेश-सा देती है। युधिष्ठिर इसे असंभव बताते हैं और द्रौपदी को समझाने की कोशिश करते हैं। वह और क्रुद्ध होकर भीम के पास जाती है और कहती है कि एक मात्र तुम मेरे दुःखों का परिहार और इच्छा-पूर्ति करते रहे हो। अश्वत्थामा को मारकर उसकी शिरोमणि लाकर दो। भीम शस्त्रास्त्र सहित रथ पर सवार होकर चला जाता है। कृष्ण चिंता में पड़ जाते हैं और युधिष्ठिर तथा अर्जुन को लेकर भीम के पीछे गंगा तट पर जाते हैं, जहाँ अश्वत्थामा नहा रहा है। वह पाण्डवों का वंश समाप्त करने के लिए ब्रह्मास्त्र चलाता है। कृष्ण की आज्ञा से अर्जुन भी ब्रह्मास्त्र चलाता है। ब्रह्मा घबरा जाते हैं कि ब्रह्मास्त्र अगर टकरा गए तो संसार भस्म हो जाएगा। इस भयानक परिणाम के कारण कृष्ण, अर्जुन को अपना अस्त्र वापस लेने का आदेश देते हैं। अर्जुन ब्रह्मास्त्र वापस ले लेता है, यही बात अश्वत्थामा से कही जाती है, परंतु वह ब्रह्मास्त्र को वापस लौटाने की विधि नहीं जानता, परिणाम स्वरूप अश्वत्थामा, वंश नाश की प्रतिज्ञा पूरी करने के लिए ब्रह्मास्त्र को उत्तरा के गर्भ पर गिरने का निर्देश देता है। परिणाम जान कर कृष्ण सबको अश्वस्त करते हैं कि मैंने पाण्डवों की सदा रक्षा करने का वचन दिया है।

व्यास जी भीम से कहते हैं कि वह अश्वत्थामा के कपाल से 'शिरोमणि' निकाल कर दे। वह मस्तक से मणि निकाल कर दे देता है। कृष्ण अश्वत्थामा को उसी घायल अवस्था में 3000 वर्षों तक जीवित रहने का शाप देते हैं। वह पीड़ित-घायल वन में चला जाता है।

व्यास जी कहते हैं कि अब तुम सब एकमत हो जाओ। जहाँ तक हो सके राग-द्वेष कम करो और मन में सोचो कि यह ईश्वर की लीला है। इस तरह सबके दुःख समाप्त होते हैं।

इस नए अध्याय का प्रयोजन सिर्फ व्यास जी की भूमिका को महत्त्व देना है। अन्यथा शेष सब तो महाभारत में है ही।

एषुत्तच्छन की कृष्ण-भक्ति की अतिरंजना भले ही आज के पाठक को आरोपित लगे, परंतु कवि के अपने काल में यह पाठक में भक्ति का उद्रेक करती थी। इसलिए यह कृति लोक-संस्कृति और लोक-मानस का हिस्सा बन सकी।

अपने देश-काल से सामंजस्य की अथक कोशिश करता हुआ कवि तत्कालीन शैवों-वैष्णव के द्वन्द्व को दूर करने के लिए कृष्णभक्त होते हुए भी कर्ण पर्व के प्रारंभ में कर्ण द्वारा शिव की स्तुति का प्रसंग भी निकाल लेता है।

एक बड़े रचनाकार का यह प्रयास धर्मों के बीच समन्वय की दिशा में उठाया गया महत्त्वपूर्ण चरण है।

कुल मिलाकर इस एक ही कृति द्वारा मळयाळम भाषा को जो गौरव प्राप्त हुआ है उसका परिमाण और गुण अकथनीय और अकल्पनीय है।

महाभारत (बांग्ला) : काशीराम दास
(17वीं शती का प्रारंभिक काल)

दक्षिण भारत में जिन धार्मिक, सामाजिक और राजनीतिक कारणों से कविगण महाभारत के अनुसृजन में प्रवृत्त हुए थे, उनसे भिन्न कारणों से बंगाल में इसका अनुसृजन हुआ।

किंचित विचलन होने पर भी यहाँ कहना होगा कि हिन्दी साहित्य में भक्तियुग के उद्भव के जो कारण आचार्य रामचंद्र शुक्ल ने बताए थे, लगभग वे ही बंगाल में भक्ति साहित्य के आविर्भाव के थे। परंतु दोनों की निष्पत्तियाँ भिन्न थीं; तभी हिन्दी भक्ति युग ने कृष्ण की बाल और युवलीला को अपना कथ्य बनाया था, जबकि बंगाली कवि-समाज ने महाभारत के कृष्ण को। यहाँ रामायण का भी पुन:सृजन हुआ जिसका सर्व प्रधान उदाहरण कृत्तिवास ओझा की 'कृत्तिवास रामायण' है जो धर्म से अधिक जन-जीवन का काव्य है जिसमें शक्ति का, विजय में शीर्ष स्थान है।

कारण यह है कि बंगाल का तत्कालीन जीवन आक्रामक मुस्लिम शासकों, अधिकारियों, मुल्ला-मौलवियों से घोर उत्पीड़ित था। उसे अपने धर्म और संस्कृति पर भी संकट मँडराता दिखाई दे रहा था; क्रूरता, अन्याय और अत्याचार के प्रतिरोध की ज़रूरत थी। किसी अतिमानवीय या दैवीय शक्ति ही उसे इस अमानुषिकता और अन्याय से बचा सकती थी। उसे धर्म परिवर्तन के वेग को रोकना था और अपने धर्म, संस्कृति और अस्मिता की रक्षा करनी थी; अपने भीतर की तेजस्विता, दीप्ति और शक्ति को जगाना था; खो गए उत्साह और आत्मविश्वास को पाना था।

महाभारत इन सबकी पूर्ति एक साथ कर सकता था, वह धर्म-काव्य था, युद्ध काव्य था, न्याय की अन्याय पर विजय का काव्य था, मनुष्य की नैतिकता

और अंत:शक्ति को बल पहुँचाने वाला काव्य था, राजनीतिक और सामाजिक दृष्टि देने वाला काव्य था, वह अस्मिता को जाग्रत कर सकता था, धर्म और संस्कृति का संरक्षण कर सकता था। कृष्ण के रूप में उसके पास अतिमानवीय शक्ति थी, जो अभद्रता करने पर भरे दरबार में शिशुपाल जैसे अतिरथी का सिर सुदर्शन चक्र से उड़ा सकती थी। इसलिए बंगाली कवि के लिए 'महाभारत' अपने समय के संकटों से लोहा लेने का सशक्त माध्यम था।

इसका इस्तेमाल करते हुए भी उसे तत्कालीन भक्तिधारा से सामंजस्य बिठाना था जो चैतन्य के आविर्भाव के कारण बंगाल में एक प्रबल भावधारा के रूप में प्राणवंत थी। इसलिए बांग्ला कवियों ने महाभारत के तमाम तेवरों के साथ चैतन्य की कमनीयता को भी अपने भीतर स्थान दिया और इन्हें नाटकीय संवेग का माध्यम बनाया।

यों, आदिकाल से ही बांग्ला कवि-गण छिटपुट महाभारत का पूर्ण या आंशिक अनुवाद करते रहे, परंतु उनके पीछे कोई समकालीन या विशिष्ट सोच नहीं था। परंतु चैतन्य के परवर्ती काल में, यानि सोलहवीं और सत्रहवीं शती में महाभारत का सोद्देश्य अनुसृजन हुआ और ढेरों कवि एक साथ इसकी पुनर्रचना में जुट गए। उस समय के कोई 17 कवि तो चर्चित हैं और जाने कितने ऐसे हैं, जो इतिहास की रहस्य-परतों में छिपे हैं। कवीन्द्र परमेश्वर, क्षीकर नंदी, विजय पंडित, संजय, रामचंद्र, अनिरुद्ध, राम-सरस्वती, रघुनाथ द्विज उन ढेरों कवियों में कुछ चमकते नाम हैं।

इतिहासकार सुकुमार सेन के अनुसार महाभारत-कथा लिखने वाले प्राचीनतम कवि कवीन्द्र परमेश्वर दास थे, जो हुसैन खाँ 'लसकर' और परागल खाँ के दरबारी कवि थे। उन्होंने आश्रय दाता के अनुरोध पर महाभारत को बांग्ला में छन्दोबद्ध किया था। पर वह अब तक मुद्रित नहीं हुआ है परंतु उसकी हस्तलिखित प्रतियाँ भारत के कई भागों में मिली हैं।

सेन का यह भी कहना है कि अंतिम पाल राजा के समय (12वीं शती) से राजाओं-सामंतों के दरबारों में 'मनोरंजन के लिए' महाभारत का पाठ प्रचलित था। सदियों के अंधकार के बाद यह प्रथा फिर हुसैन शाह के प्रादेशिक क्षत्रप के छाया दरबार में दिखाई दी। रामायण के वाचक ब्राह्मण थे, परंतु महाभारत के वाचक कायस्थ थे।

अनुसृजन के सभी प्रयासों में सबसे महत्त्वपूर्ण और लोकप्रिय ग्रंथ काशीराम दास का 'महाभारत' है जिसका स्थान बांग्ला साहित्य में 'कृत्तिवास

रामायण' के बाद दूसरा है। सेन का कहना है कि गुण की अपेक्षा संयोग के कारण यह इस शती की सबसे लोकप्रिय कृति बनी है। यद्यपि यह काव्य काशीराम दास के नाम से चलता है पर वे अकेले इसके रचयिता नहीं हैं। इसमें काशीराम दास ने केवल प्रारम्भ के चार खण्डों (पर्वों) की रचना की है, अगले दो-तीन खण्ड काशीराम के भतीजे नंदराम ने लिखे हैं। शेष खण्डों में कुछ नित्यानंद घोष की रचनाओं से लिए गए हैं और कुछ अन्य कृतियों से। काशीराम दास ने अपूर्ण काव्य की रचना सत्रहवीं शती के पहले दशक में की थी, परंतु शेष काव्य की चर्चा भी काशीराम दास के नाम से सर्वत्र है। और यह भी उल्लेखनीय है कि पूरी कृति में शिल्प; भाव और विचारपरक लयात्मकता है। इसलिए यह संकलन नहीं लगता। इसे ध्यान में रखकर यहाँ भी इसकी चर्चा उनकी कृति के रूप में करना समीचीन होगा।

काशीरामदासीय महाभारत, महाभारत का रूढ़ अनुवाद न होकर भावानुवाद है। इससे उसमें निहित शौर्य, वीरता, तेजस्विता, आस्था, दृढ़ता, भक्ति के साथ प्रेम, भावुकता, कोमलता और माधुर्य बंगाली मानुष को अपने अनुकूल लगा। समसामयिक सामाजिक रुचि का अनुसरण करते हुए कवि ने कई मौलिक आख्यान रचे और कूटनीतिक युद्धवर्णन के ऊपर कृष्ण-माहात्म्य को स्थापित किया। उन्होंने व्यास का अनुगमन तो किया, परंतु अपनी स्वतंत्र रचनात्मकता और कल्पनाशीलता के कारण अपने 'भावानुवाद' को स्वतंत्र कृति बना दिया और उसमें ऐसी मार्मिकता और सौन्दर्य पैदा किया कि लोक-मानस सहज ही इसके आदर्शों और नैतिक मूल्यों को ग्रहण कर सका। उनके कल्पित आख्यानों ने भी कृति को जनजीवन के निकट लाने में सहयोग दिया।

परवर्ती कवियों ने भी महाभारत की अद्‌भुत संरचना और शक्ति महसूस की। कदाचित् इसीलिए काशीरामदास और अन्य कवियों की यह परंपरा जारी रही। यों तो सत्रहवीं-अठारहवीं शती में महाभारत के कोई 30 से अधिक अनुवाद हुए, परंतु महत्त्वपूर्ण कवियों में विष्णुपुर के कवि शंकर चक्रवर्ती ने गोपाल सिंह देव के राज्य-काल (1712-1748) में समग्र महाभारत का अनुवाद किया, इसी तरह ढाका के षष्ठीवर सेन ने भी। परंतु उनकी ख्याति अपने अंचल तक ही सीमित रही। कई कवियों ने भिन्न-भिन्न पर्वों के अनुवाद किए। यथा हरिदास ने 'अश्वमेघ पर्व' का, गोपीनाथ पाठक ने 'सभा पर्व' का, राजेन्द्र दास ने 'आदि पर्व' का अनुवाद किया। ये सभी कवि काशीरामदासीय महाभारत के कम या अधिक ऋणी हैं। इस समय कुल मिलाकर एक ऐसा वातावरण बना, जिसमें

लोक-जीवन भी शामिल हो गया।

महाभारत के अनुसृजन के समानांतर बंगाल में मंगल काव्यों की भी सृष्टि हुई जिसमें लोक-जीवन के विभिन्न देवताओं की बड़ी ही रोचक शैली में अर्चना हुई। तीन प्रकार के मंगल काव्य बंगाल में मुख्यतः प्रचलित हैं– (1) मनसा मंगल, (2) चण्डी मंगल और (3) धर्म मंगल।

इनमें 'मनसा मंगल' सबसे प्राचीन है। यह सर्पिणी देवी मनसा से संबन्धित है। मुकुंदराम चक्रवर्ती इसके सर्वश्रेष्ठ कवि हैं जिन्हें तत्कालीन कलेक्टर महमूद शरीफ ने बहुत यंत्रणा दी, इसके कारण इन्हें अपनी जन्मभूमि छोड़नी पड़ी। इसलिए उनके 'मनसा मंगल' में स्व-उत्पीड़न का मार्मिक प्रभाव है। उनके काव्य में पीड़ित पशुसमाज, तत्कालीन राजनीतिक दमन और आर्थिक शोषण का प्रतीक बन गया है। प्रकृति वर्णन, नाटकीयता, हास्य-विनोद और कौटुम्बिक जीवन का समावेश इस काव्य को एक रोचक उपन्यास बना देता है। यह सफलता इस हद तक है कि लोग उन्हें बंगाल का चॉसर कहते हैं। 'चण्डी मंगल' की 'चण्डी देवी' पौराणिक चण्डी या दुर्गा नहीं है, यह एक स्थानीय वन देवी है। इस काव्य में भी प्रायः उन्हीं समस्याओं को लिया गया है जो 'मनसा मंगल' की रचना में है।

'धर्म-मंगल' वस्तुतः निम्नवर्गीय हिन्दुओं द्वारा पूजित 'धर्म-ठाकुर' दक्षिण-पश्चिम बंग के स्थानीय देवता हैं। यह काव्य सामाजिक जीवन का दर्पण है। इसमें धर्म ठाकुर के कृपा-भाजन के वीरतापूर्ण अतिमानवीय कृत्य उनकी कृपा से सफल होते हैं। इस काव्य से बंगाल के इस भाग के धार्मिक, राजनीतिक और सामाजिक जीवन के इतिहास का बोध होता है। मंगल काव्यों में एक और प्रकार है 'शैव काव्य' का। यह शिव पौराणिक देव नहीं, एक गरीब, बूढ़ा, झगड़ालू कृषक है। इस पर शिव के बिम्ब की भी थोड़ी छाया है। सभी मंगलकाव्य प्रायः एक-सी भूमिका से प्रारंभ होते हैं। इनमें कोई देवी-देवता स्वप्न में अपना प्रताप और गौरव का स्तवन करने के लिए कोई साहित्यिक कृति लिखने का आदेश देता है।

चण्डी काव्यों की इतने विस्तार से चर्चा इसलिए कि महाभारत के अनुसृजन का प्रभाव देखकर आम जनता को काव्य-सृष्टि के लिए प्रोत्साहन मिला, और एक साहित्यिक कृति के समानांतर मौलिक 'लोक-कृतित्व' की संरचना हुई, जिसमें उसकी कल्पना और प्रतिभा को मुखर होने का अवसर मिला। इससे प्रकट होता है कि श्रेष्ठ कृतियाँ एक सर्जनात्मक प्रभामंडल बनाती

हैं।

इस प्रभामंडल ने उन मुस्लिम शासकों को भी प्रभावित किया जो हिन्दू समाज के निकट आना चाहते थे। उन्हें लगा कि इसके लिए राजनीति ही काफी नहीं है, बल्कि उसको समग्रता से समझना होगा। अर्थात उसकी धर्म, संस्कृति और अंतस्तत्त्व को जानना होगा, कि कैसे इतना उत्पीड़न सहकर भी वह इतना ऊर्जस्वित है। इस सोच के फलस्वरूप अनेक शासकों ने हिन्दू कवियों को अपने दरबार में राजकवि बनाया। उदाहरण के लिए चट्टग्राम के शासक परागल खाँ, उनके पुत्र छुटी खाँ और रुकनुद्दीन बरबर शाह आदि के आश्रय में कवीन्द्र परमेश्वर ने महाभारत का संक्षिप्त रूपांतर किया, क्षीकर नंदी ने जैमिनी महाभारत के 'अश्वमेध पर्व' का रूपांतर किया। कृष्ण भक्ति के अनेक काव्य दरबारी कवियों ने लिखे।

इस तरह महाभारत के रूपांतर का प्रवाह भिन्न-भिन्न धाराओं में देखा जा सकता है। इससे पूरे बंगाल में नए सांस्कृतिक बोध, उत्साह, आत्मविश्वास और ओज का संचार हुआ या उसे बल मिला।

महाभारत (असमिया) : राम सरस्वती और अन्य सत्रह कवि

(16वीं-18वीं शती)

भारत व्यापी भक्तियुग में असम में श्रीशंकरदेव (16वीं शती) का उद्‌भव एक युगान्तरकारी घटना थी। उन्होंने नव वैष्णव भक्ति आंदोलन का प्रवर्तन किया, जिसने असम के जीवन, साहित्य और कलाओं को प्रभावित किया। इसी समय ओहोम शासक कोचराज नरनारायण राय हुए, जिनके राजकवि राम सरस्वती एक प्रतिभाशाली कवि थे। कृष्णभक्त न होते हुए भी शंकरदेव से वे प्रभावित थे। उन्होंने कोचराज की प्रेरणा से महाभारत का असमिया अनुवाद या पुनर्रचना का प्रारंभ किया, जो लगभग तीन शतियों तक चलता रहा। नरनारायण राय की अगली पीढ़ियों ने भी इसे प्रोत्साहित किया।

राम सरस्वती तथा सत्रह कवियों द्वारा रचित महाभारत को असमिया भाषा का पहला महाभारत माना जाता है, पर यह भुला दिया जाता है कि उनके बहुत पहले कवि कवीन्द्र पात्र ने महाभारत की आधिकारिक कथा का अनुवाद पश्चिमी असम की भाषा यानि प्राचीन कामरूप की भाषा में किया था। यह रचना अप्रकाशित है, तथापि इसे सर्वप्रथम असमिया महाभारत मानना चाहिए। अपने अप्रचलन और भाषा की प्राचीनता के कारण पाठकों और विद्वानों का ध्यान इस ओर नहीं गया। फिर रामसरस्वी के कार्य को बड़ी प्रतिष्ठा और लोकप्रियता मिली। इसलिए असमिया साहित्य में महाभारतीय पुनर्सृजन की दृष्टि से इसे सर्वप्रथम होने का सम्मान मिला।

सम्पूर्ण महाभारत की पुनर्रचना में राम सरस्वती के समय में और बाद में सत्रह कवियों ने योगदान दिया, परंतु इसके अधिकांश भाग की रचना राम सरस्वती ने की और वे ही उसके सूत्रधार और केन्द्रीय कवि थे। वे असमिया

महाभारत के व्यास कहे जाते हैं। जिन शेष कवियों की आंशिक भूमिकाएँ रहीं, वे हैं– दामोदर दास, गोपीनाथ पाठक (कवि के पुत्र), विद्या पंचानन, कंसारी कायस्थ, महदेव या वैकुंठनाथ भट्टाचार्य, गोविंद दास, कविराज मिश्र, कवि शेखर, राम मिश्र, श्रीनाथ द्विज, भवानीदास, गंगादास, सुबुद्धिराम (सब 16वीं-17वीं शती)। इनके अतिरिक्त बाणेश्वर द्विज, पृथुराम द्विज, लक्ष्मीनाथ द्विज और शुभनाथ द्विज (18वीं शती) हैं। इन्होंने महाभारत के विभिन्न पर्वों या पर्वांशों का रूपांतर किया। सभी के द्वारा रचे पर्वों का विस्तृत ब्यौरा श्री देवेन्द्र राय चौधरी ने अपने आलेख 'असमिया महाभारतीय साहित्य' में दिया है।

इतने कवियों के बावजूद 'अनुशासन पर्व' और 'आश्रमवासिक पर्व' को किसी ने नहीं छुआ। शांति पर्व में 'मोक्ष धर्म' अंश सभी ने छोड़ दिया। 'आश्वमेधिक पर्व' का रूपांतर तो हुआ पर वह 'व्यास महाभारत' का नहीं, 'जैमिनी-भारत' का था। कारण शायद यह हो कि इसमें कवियों को कृष्णभक्ति की अभिव्यक्ति के अधिक अवसर प्रतीत हुए। इस दृष्टि से असमिया महाभारत सम्पूर्ण महाभारत का रूपांतर नहीं बन सका। फिर भी यह उल्लेखनीय है कि तत्कालीन प्राय: सारे कवि इस महाप्रयास में सम्मिलित हुए। भारत भर में ऐसा दूसरा उदाहरण नहीं है।

असमिया महाभारत में सम्मिलित न होने या किए जाने के बावजूद अनेक कवियों ने स्वतंत्र रचनाएँ कीं और बाद में भी पचीसों रचनाएँ हुईं। भारत में ऐसे अक्षुण्ण प्रवाह और व्यापकता का भी दूसरा उदाहरण नहीं है। 'असमिया महाभारत' में भी महाभारत के संक्षेपीकरण में कई उपाख्यानों को छोड़ दिया गया या अपनी-अपनी रुचि के अनुसार कथा-प्रसंगों और इतर कथाओं का संक्षेपीकरण या विस्तार किया गया। इसमें अपनी रुचि के अलावा लोकरुचि और लोकप्रियता की भूमिका भी प्रमुख है।

कवि की कल्पना और स्वच्छंदता का प्रारंभ राम सरस्वती द्वारा ही हो गया था। 'आदिपर्व' की रचना में ही राम सरस्वती ने मानो कवियों को मौलिक उद्भावनाओं का मार्ग दिखा दिया था। यहाँ कुंती और गांधारी सगी बहनें हैं। भीष्म को इन्द्र ने गज घंटा दे रखा था, जिसे बजाने पर वह स्वयं उपस्थित होता था, या ऐरावत आकर उनकी मालिश करता था। भीष्म के दो छोटे भाई भी थे जो एरावत के पाँव से कुचल कर मर गए थे, (शायद यह भीष्म द्वारा मालिश कराने का दण्ड था!) बंदीगृह में पड़ा शकुनि अपने भाइयों के हिस्से का भोजन कर जीवित रहा था, उसने दुर्योधन से बदला लेने की प्रतिज्ञा की थी। इसी पर्व

में उलूपी और चित्राङ्गदा से अर्जुन का विवाह हो गया था। ऐसे अनेक प्रसंग महाभारत के बाहर के हैं। इससे विद्वानों का विचार है कि रामसरस्वती ने अपने रूपांतर में किन्हीं अन्य स्रोतों की सहायता भी ली है। जो प्रसंग जोड़े गए हैं, उन्हें देखकर लगता है कि रचना को जनप्रिय बनाने या उसमें चमत्कार पैदा करने के लिए उन्होंने सारला महाभारत, जैन महाभारतों या अन्य स्रोतों का भी सहयोग लिया है। कई प्रसंग संभवतः इसलिए छोड़ दिए गए हैं कि उनके मत में उनका संदर्भ केन्द्रीय कथा या पात्रों से सीधे जुड़ा हुआ नहीं है या वे कथा-विस्तार हैं और उनमें रस नहीं है।

इसी तरह 'सभा पर्व' में भी मूल के अनेक प्रसंगों और अध्यायों को छोड़ दिया गया है और कुछ घटनाओं का स्थान बदल दिया गया है, जैसे सुभद्राहरण, खांडव दाह आदि को यहाँ शामिल कर लिया गया है।

राम सरस्वती जितनी तो नहीं, पर अन्य कवियों ने भी कहीं-कहीं अन्य स्रोतों और कल्पना के समावेश की स्वतंत्रता ली है, उन्हीं की तरह कई प्रसंग छोड़े और बदले हैं। उदाहरण स्वरूप 'आरण्यक (वन) पर्व' तो एक तरह से आद्योपांत बदल दिया गया है। इसका कथा-विधान कल्पित है, यहाँ तक कि भारतीय जीवन और साहित्य में व्यापक रूप से चर्चित नल-दमयंती, सत्यवान-सावित्री, नहुष, ययाति और राम-कथा आदि पूरी तरह छोड़ दिए गए हैं, जबकि ऐसे प्रत्येक चरित्र या कथा पर विभिन्न भारतीय भाषाओं में सैकड़ों मार्मिक काव्यों, नाटकों आदि की सृष्टि हुई है। असमिया कवियों ने इनका सूक्ष्म प्रयोजन और सृजनशील संभावनाओं पर ध्यान न देकर संभवतः केन्द्रीय कथा से असम्बद्ध मान कर इन्हें छोड़ दिया है। यह पर्व कृष्ण भक्ति से ओतप्रोत है। भूपेन्द्रराय चौधरी का कहना है कि कवियों ने 'इस पर्व की आड़ में 'वैष्णव पर्व' रचा है।' महाभारत के 'आश्रमवासिक पर्व' के दार्शनिक प्रतीकीकरण और रूपकों का कवियों ने यहाँ प्रयोग किया है, जो सुंदर है। उल्लेखनीय है कि इस पर्व के कवि राम सरस्वती के साथ गोपीनाथ पाठक, शुभनाथ द्विज और कंसारी कायस्थ हैं।

'विराट पर्व' के कवि यद्यपि राम सरस्वती और कंसारी कायस्थ हैं, परंतु सैरंध्री (द्रौपदी) का सौन्दर्य वर्णन, उत्तर (विराट के पुत्र) की कायरता का बखान, बृहन्नला (अर्जुन) की कौरवों द्वारा प्रशंसा में प्रमुख भूमिका कंसारी कायस्थ की रही है।

राम सरस्वती द्वारा पुनस्सृजित 'उद्योग पर्व' का महत्त्व युद्ध से होने वाली

हानियों पर कौरवों का ध्यान आकृष्ट करने के कारण है। 'भीष्म पर्व' में राम सरस्वती ने लिखा है कि युद्धपूर्व अश्वत्थामा को, दुर्योधन ने सेनापति बनाने का निर्णय लिया था, परंतु कृष्ण ने अपनी माया से दुर्योधन के मन में अश्वत्थामा की विश्वसनीयता के बारे में संदेह पैदा कर दिया था। इससे पासा पलट गया; जबकि महाभारत में इसका कारण कर्ण की मंत्रणा को माना जाता है। अन्य कवियों की तरह राम सरस्वती ने भी गीता को चलता कर दिया। सिर्फ पचास शब्दों में गीता का सार दे देने का यही मतलब है।

महाभारतीय अनुसृजन या पुनःसृजन में दो बातें आमतौर पर देखने को मिलती हैं कि प्रायः मूल कथा से इतर कथाओं को हटा कर कई कवियों ने अपनी मौलिक उद्भावना या स्थानीय लोक-कथाओं का समावेश करने का इस माध्यम से अवसर निकाल लिया है। साथ ही प्रायः दार्शनिक वैचारिक और अन्य अनुशासनों के महाभारत के मूल्यवान काम को छोड़कर कथा-कथन को ही केन्द्र में रखा है, जबकि महाभारत एक कथा मात्र नहीं है। खैर, अन्य अनेक कवियों ने अलग से गीता का गद्य-पद्य में अनुवाद कर इस अभाव की पूर्ति कर दी, पर वे महाभारत का भाग न बन सके।

'द्रोण पर्व' में पत्नी का पति की मृत्यु हो जाने पर सती हो जाने का प्रसंग विचारणीय है। प्राग्ज्योतिष के राजा असुरवंशीय भगदत्त की रानी पद्मरेखा को जब पति-मृत्यु का समाचार मिला तो वह सती हो गई। पाण्डु की पत्नी माद्री भी सती हुई थी, पर उसका कारण उसका पश्चाताप है।

'स्वर्गारोहण पर्व' में कवि पृथुराम द्विज ने नई कल्पनाएँ की हैं।

तात्पर्य यह कि 'असमिया महाभारत' में भिन्न-भिन्न कवियों ने अपनी मौलिक कल्पनाओं, विचारधाराओं, युगीन प्रभावों आदि का समावेश किया है। कहीं-कहीं तो कवि-कल्पना ने ऐसा नया सृजन कर डाला है कि कई अंश मौलिक लगते हैं, जिनके औचित्य पर प्रश्न खड़े करना यहाँ हमारा अभीष्ट नहीं है।

विभिन्न कवियों की भाषा का स्तर पूरी पुनर्रचना में बना हुआ है। इतना अवश्य है कि स्तर और प्रतिभा के परिमाण से वस्तु विन्यास और शिल्प में अंतर हुआ है जो स्वाभाविक लगता है। पूरे 'रूपांतर' में लयात्मकता न होने पर भी एक बात सब अनुवादों में समान है जो रूपांतरों की अंतर्धारा रचती है। सभी कवि प्रायः वैष्णव हैं और उनमें स्तरीय कवित्व है।

भारत-रचना (मराठी) : मुक्तेश्वर

(16वीं शती का अंतिम भाग)

कहा जाता है कि मुक्तेश्वर का दस पर्वों का वृहद् ग्रंथ 'भारत-रचना' थी, परंतु आज केवल आदिपर्व, सभापर्व, वनपर्व, विराटपर्व और सौप्तिक पर्व ही उपलब्ध हैं। तो भी 1400 पदों के ये पर्व भी उनके महाकवि होने को प्रमाणित करते हैं।

मुक्तेश्वर में लोक और शास्त्र का विरल संगम है। जहां एकओर उन्होंने संस्कृत काव्यशास्त्र, काव्य-नाटक आदि का गहरा अध्ययन किया था; न्याय, मीमांसा और वेदांत का भी उन्हें अध्ययन था; वहीं दूसरीओर उन्होंने व्यापक देशाटन भी किया था। इससे उनकी रचनाएं जहां शास्त्र और दर्शन से पुष्ट हैं, वहीं मानव-चरित्र के सच्चे स्वरूप और व्यावहारिक ज्ञान को भी प्रकट करती हैं।

'भारत-रचना' में उनके दृष्टिकोण में भौतिक और ऐहिक का प्रभाव अधिक होने से, वह रचना पौराणिकता का अन्वेषण न होकर समकालीनता को प्रतिबिंबित करती है। परंतु इसे सर्वत्र सर्जनात्मकता का अंतर्गुण या अन्तरान्विति न बनाने के कारण यह केवल दृष्टिकोण की अभिव्यक्ति बन कर रह गया है। यथा-महाभारत का दुष्यंत, सोलहवीं शती के महाराष्ट्र के अत्याचारी शासकों से संघर्ष करता है और पाण्डव मुसलमानों और अंग्रेजों तक पर विजय प्राप्त कर लेते हैं! वे भारत-रचना द्वारा तत्कालीन अत्याचारों और उत्पीड़नों से त्रस्त प्रजा को एक यथार्थवादी आदर्श तंत्र देना चाहते थे। ऐसा नहीं लगता कि मुक्तेश्वर जैसा प्रतिभाशाली, आलंकारिक शैली प्रस्तोता, मर्मज्ञ कवि इन प्रसंगों को कविता का अंतरंग भाग बनाने में समर्थ न था। परंतु संभवतः आंतरिक

आवेश और जन-उत्पीड़न की बेचैनी ही उनसे यह विसंगति करा बैठी। कई बार काव्यत्व, अंतर्गांभीर्य और कलात्मक उत्कर्ष के सम्मुख ऐसी विसंगतियां समुद्र में लहरों-सी विलीन हो जाती हैं।

मुक्तेश्वर में अलौकिक प्रतिभा, अद्वितीय काव्य क्षमता, सूक्ष्म अंतर्दृष्टि और प्रखर विवेकशीलता है। मंगलाचरण में ही व्यास, जैमिनी, वशिष्ठ, गौतम, कपिल, पतंजलि और शंकराचार्य की वंदना से यह संकेत सहज में पाया जा सकता है कि कवि ने किन-किन महत् तत्त्वों का संयोजन किया है।

मराठी साहित्य में एकमात्र मोरोपंत हैं जिनसे कविवर मुक्तेश्वर की समता की जा सकती है। आलोचक राजवाड़े लिखते हैं:

'अभी तक अनेक कवियों ने काव्य रूप में महाभारत की रचना की है, परंतु मुक्तेश्वर की-सी धीर-गंभीर सर्जना उनसे न सध सकी। इसका कारण 'ओवी' छंदबद्धता नहीं, कवि-प्रतिभा है। प्रतिभा, वस्तु और छंद की एकरूपता पर ही काव्य की सफलता अवलम्बित है। मुक्तेश्वर के महाभारत ने वाचकों के मन पर जो प्रभाव डाला वह मोरोपंत का महाभारत भी न डाल सका। प्रतिभा की दृष्टि से तो मुझे मुक्तेश्वर, मोरोपंत से अधिक उच्चकोटि के कवि जान पड़ते हैं।'

'मोरोपंत चरित्र' के लेखक ल.रा. पांगारकर के मत में :

'मुक्तेश्वर की प्रतिभा, काव्य-कल्पना, वर्णन शैली, प्रकृति-निरीक्षण, बुद्धि की व्यापकता और राष्ट्रीय भावना में जो अनन्यता है, इसके कारण कोई भी मराठी कवि उनकी समता नहीं कर सकता। 'मोरेश्वर की वाणी में लोकोत्तर प्रसाद, दिव्य तेजस्विता और सृष्टि-सौंदर्य की अनुपम क्षमता है। मुक्तेश्वर ने भारतीय आख्यान की अजस्र महानदी प्रवाहित की है।' पांगारकर मानते हैं कि 'मोरोपंत में कला-सज्जा, रचना-संयम और चंचल सौंदर्य भले हो, पर वहां मुक्तेश्वर की-सी सरल लौकिक मुक्तता और आंतरिक सात्विक तेजस्विता देख पाना कठिन है। उनकी 'भारत-रचना' में शकुंतला-दुष्यंत आख्यान, नारद-नीति, जरासंधाख्यान, द्रौपदी चीर हरण और नल-दमयंती आख्यान अधिक सुंदर हैं।' उनका मन किन प्रसंगों में रमता है इसके ये प्रतीक हैं।

दुष्यंत के गांभीर्य, प्रताप, सामर्थ्य का उन्होंने जैसी पराकाष्ठा पर

वर्णन किया है वैसा ही शकुंतला के कमनीय, आभायुक्त अनुपम सौंदर्य को निरूपित करने में है। कवि लिखता है :

‘कनकलता सौदामिनी। कीं चंद्रकला तनु धारिणी।
सुवर्ण केतवी पत्रवर्णी। सुगंध खाणी हरिणाक्षी।।’

–शकुंतला ‘बिजली की स्वर्णलता’ है, मूर्तिमान चंद्रकला है। केतकी पत्र जैसी सुवर्ण वर्णी है अथवा वह एसी मृगनयनी है जिसकी देह से सुगंध की राशि झर रही है।

मुक्तेश्वर का प्रकृति निरीक्षण सूक्ष्म और व्यापक है। उन्होंने वन की रात्रि का जैसा वर्णन किया है, वैसा कर पाना केवल कल्पना से संभव नहीं दिखाई देता। कवि लिखता है कि ‘वन में जाते हुए भीमसेन ने देखा, पर अंधेरे में कैसी सृष्टि! समस्त संसार तो अंधकार से आच्छादित था–अदृश्य। लता गुल्मों, वृक्षों और लम्बे-लम्बे घास के कारण मार्ग नहीं सूझता था। रात्रि-विहारी हिंसक पशु और पक्षी भयंकर गर्जना कर रहे थे। रीछ और चमगादड़ों की पंक्तियां, बड़े-बड़े वृक्षों की कतारें, काले कम्बल की तरह थीं। वनदेवता और यक्षणियां अपनी भयानक आवाजों से वन को गुंजा रहे थे। यक्षणियां मानो बड़ी-बड़ी मशालें जलातीं और सहसा लुप्त हो जाती थीं।’ ...चकवे-चकवी का आर्तनाद, कुमुदिनी के चारों ओर मंडराते भ्रमरों की झंकार दूर-दूर तक गूंज रही थी। मणिधारी सर्प मस्तक मणियों के प्रकाश में अपना भोजन ढूंढ़ रहे थे। काली रात इतनी घनी थी कि वह यमराज के कम्बल की तरह ब्रह्मांड के समस्त देवों को ढके हुए थी :

भीमसेन पाहे दृष्टी। तंव अंधकारे कोडलीं सृष्टी।
गुल्म लता वृक्ष हाटीं। तृण मार्गे लक्षेना।।
निशाचरी श्वापद पक्षी। घोर गर्जना करती कक्षी।
बोल कंबली महा वृक्षी। आस्वलें आणि वाधुलें।।
वनर देवता यक्षिणी पालें। घुमस घालिती गदा रोले।
दीपिका लावुनी भंवाले। गुप्त होती एक सरा।।
× × × ×
चक्रवाकां चे आर्तस्वरीं। कुमुदीं भ्रमरां चें झुंकारी।
मसतक मणी तेज बिखरीं। जीव आहारा शोधिती।।

असो हे निशा दाहली काली। जेवी काल पुरुषा ची कांवली।
ब्रह्माण्ड देवते बरी सगली। पांधुरबिली आप्तत्त्वें।।

मुक्तेश्वर की प्रशंसा स्वयं मोरोपंत ने भी की है। पाण्डुरंग दुण्डक कहते हैं कि कौन शुभाकांक्षी मुक्तेश्वर कृत भारत की वंदना न करेगा :

मुक्तेश्वर कृत भारत आवड़ते विट्ठलासि; कीं पर्व
सर्वश्रवणे हरितें आशा कविच्चा अशेष ही गर्व।

हर महाकवि की तरह मुक्तेश्वर के काव्य में भी कुछ दोष हैं। विसंगति के दो एक उल्लेख ऊपर हैं ही, इसके अतिरिक्त कहीं-कहीं भाषिक जटिलता; उसी तरह यमक, श्लेष आदि में भी कुछ जटिल प्रयोग हैं; परंतु काव्य के अनुपम प्रभाव में वे गौण ही नहीं, अपितु नगण्य हो जाते हैं।

तीन : आधुनिक भारतीय भाषाओं के उत्तर-परवर्ती महाभारत

- कर्नाट भारत (कन्नड़)
- आर्या भारत (मराठी)
- जयभारत (हिन्दी)
- भारत सावित्री (हिन्दी)
- कुरुक्षेत्र (गुजराती)
- व्यासर विरुंद (तमिल़)
- पर्व (कन्नड़)
- महा समर (हिन्दी)

उत्तरपरवर्ती महाभारत
आधुनिक भारतीय भाषाओं में

कर्नाट भारत (कन्नड़) : कुमार व्यास 'योगीन्द्र'

(लगभग 1400 ई.)

'कर्नाट भारत' के स्त्रष्टा कुमार व्यास का कर्नाटक में वही स्थान प्रतीत होता है जो हिन्दी में तुलसीदास का है। इतिहासकार श्यामराव और राजेश्वरय्या लिखते हैं–'कन्नड़ प्रदेश में ऐसा कोई गाँव नहीं जहाँ कुमार व्यास के भारत का पाठ न होता हो; ऐसा कोई कर्नाटकी नहीं जो भारत का पाठ सुनकर प्रसन्न न होता हो; महल से लेकर झोपड़ी तक इसकी कीर्ति फैली है।'

ऐसा कवि अपना कोई आत्म परिचय नहीं लिखता। इसलिए कुमार व्यास का जीवन-परिचय देना कठिन है। परंतु उनका मूल लौकिक नाम 'नाराणप्पा' था। उन्होंने अपने को 'कवीन्द्र' और 'शुक रूप' कहा है। उनका जन्म कर्नाटक के गदग के पास गदुगिन गाँव में हुआ था। उनके बारे में यह किंवदन्ती है कि अश्वत्थामा ने उन्हें महाभारत का उपदेश दिया था। वे गीले कपड़े पहन कर गदग के वीर नारायण स्वामी के मंदिर के खम्भे के पास बैठकर काव्य रचते थे। उनके भीतर काव्य का आवेश केवल तभी तक रहता था, जब तक कपड़े गीले रहते थे। यह बात लोग आज भी बताते हैं। जो हो, यह सत्य है कि उन्होंने भगवान की सन्निधि में, भक्ति की तन्मयता में, प्रेरणा आविष्ट हो 'कर्नाट भारत' महाकाव्य की सृष्टि की थी। आरंभ में वे स्वयं कहते हैं कि 'वीरनाराण स्वामी कवि हैं, कुमार व्यास तो लिपिकार है।' आगे लिखते हैं–"खड़ियापाटा (मसि-कागद) छुआ नहीं, एक शब्द लिखने के बाद उसे काटा नहीं, दूसरों की बातों को लिया नहीं (अर्थात् किसी का अनुकरण नहीं किया), लिखते समय ताड़पत्र को फाड़ा नहीं– यह सारा अनुग्रह इस सेवक पर भगवान वीरनारायण देवता का है।"

इससे प्रतीत होता है कि कुमार व्यास की लेखनी में अप्रतिहत प्रवाह था।

ऐसी प्रतिभा, पाण्डित्य, कल्पना और लोकानुभव का संगम गिने चुने कवियों में होता है। इससे यह भी प्रतीत होता है कि उनका भारत, अनुवाद नहीं, स्वतंत्र रचना है।

उन्होंने महाभारत के 'सौप्तिक पर्व' के बाद का हिस्सा छोड़ दिया। संभवतः उनके अनुसार महाभारत अश्वत्थामा के ब्रह्मास्त्र प्रसंग के साथ ही समाप्त हो जाता है। बाद के विलाप, उपदेश और राज्य पाने, त्यागने, श्रीकृष्ण और पाण्डवों की मृत्यु की कथा कहने का उनमें कोई उत्साह नहीं था। बीच के कई अंशों जैसे– अम्बोपाख्यान, विदुलोपाख्यान, हरिश्चन्द्र याग आदि भी उन्होंने छोड़ दिए, उनकी दृष्टि में अवांछित कथाओं के लिए भी उनके संक्षिप्त महाभारत में कोई अवसर नहीं था। उन्होंने स्वतंत्र कवि–मेधा से मूल कथानक में परिवर्तन भी किए हैं। क्योंकि वे उससे बंधकर नहीं चल सकते थे।

यद्यपि पंप और कुमार स्वामी की दृष्टि और वस्तुनिरूपण में बहुत अंतर है, परंतु दोनों अनुपम कवि हैं। इसलिए कन्नड़ में उन्हें 'वर कवि' कहा जाता है।

पंप राज्याश्रित कवि थे, उनका काव्य अपने राजा के चरित्र से संश्लिष्ट होकर चलता है, वह लौकिक काव्य है, इसलिए वीरता प्रधान है। इसके विपरीत कुमार व्यास लौकिक रूप से निराश्रित हैं। उनका मन भक्त–मन है और उनका समय भी भक्ति युग है। इसलिए 'कर्नाट भारत' में अविरल भक्ति–सरिता प्रवाहित है। पंप को अपने दरबारी श्रोताओं के सम्मुख पाण्डित्य प्रदर्शन, काव्य–कौशल और परिपक्वता का प्रदर्शन करना होता था, जबकि कुमार व्यास का लक्ष्य समाज का अंतिम व्यक्ति था, उन्हें लोक–जीवन, काव्य–रस सहजता, विस्तार और तल्लीनता का संसार रचना था, जिसमें उनका भक्तिभाव खूब रचकर निखरे–मेंहदी की तरह। कदाचित इसीलिए महाभारत की संक्षिप्त कथा भी कुमार व्यास के यहाँ पंप से चार गुना बड़ी है।

पंप लौकिक और साम्प्रदायिक या धार्मिक को अलग–अलग कर सकते थे। उनमें अतिरिक्त सतर्कता थी। इसीलिए मूलवस्तु, रूप और चरित्र भी बदल सकते थे। परंतु कुमार व्यास के यहाँ लौकिकता और आध्यात्मिकता में कोई विभाजन न था। भला एक आत्मविस्मृत कवि में ऐसी सतर्कता कैसे होती? काव्यारंभ में ही वे भूल जाते हैं कि महाभारत की कथा कह रहे हैं। कहते हैं इस कथा में ''कृष्ण–कथा को समझाकर कहूँगा'' काव्य में कृष्ण पहली बार द्रौपदी के स्वयंवर में दिखते हैं। द्रौपदी भक्ति–गद्गद हो जाती है–और

मन-ही-मन प्रणाम करती है। यह प्रणाम कवि का ही है। यहाँ यह कहना आवश्यक है कि निश्चय ही वे कृष्णभक्त थे, परंतु उनमें संकीर्णता लेशमात्र नहीं थी, सभी धर्मों का मान करते थे।

लगता है कि हिन्दी के तुलसीदास और कन्नड़ के कुमार व्यास समान रुचि और प्रकृति के कवि थे। दोनों में प्रतिभा और प्रबुद्धता का स्फोट था। दोनों लोक के लिए 'सरल कबित' लिखते थे, परंतु पंडितजन भी उन्हें सहेज-सम्हाल कर ही पढ़ते हैं। दोनों की भक्ति में उदारता है।

कुमार व्यास ने सायास काव्य की रचना नहीं की, परंतु उनका अध्ययन, व्यापक और गहन था, उनका लोकानुभव समृद्ध था–इन सबका प्रभाव उनके काव्य पर पड़ना स्वाभाविक था। इसलिए उनमें से कहीं पुराण तो कहीं भास जैसे दुर्लभ नाट्य-कवि भी झांक जाते हैं। उदाहरण के लिए कृष्ण जब दुर्योधन के दरबार में जाते हैं तो वह उनका आदर न करने के भाव से सिंहासन पर बैठा रहता है, यह देख कृष्ण अपने पैर के अंगूठे से धरती दबाते हैं; दुर्योधन के सिंहासन का एक पाया टूट जाता है और वह लुढ़क कर कृष्ण के पैरों पर गिरता है। लगभग ऐसा ही प्रसंग भास के 'दूत वाक्यम्' में भी है।

कु.वें.पु. ने कुमार के काव्य-प्रभाव के बारे में कहा है कि यदि 'कुमार व्यास गाने लगें, तो कलियुग द्वापर बन जाएगा और भारत आंखों के आगे नाचने लगेगा, देह से विद्युत वेग उत्पन्न होगा, अर्थात् साहसपूर्ण स्फूर्ति पैदा होगी।' यह इस बात को प्रकट करती है कि अगर आज भी पाठक कुमार व्यास को पढ़ता है तो वह द्वापर में पहुँच जाता है। उसके भीतरी जगत में युगान्तर हो जाता है।

कुमार व्यास पात्रों का चरित्रांकन इतना सजीव करते हैं, रसभाव की सरिता ऐसे प्रवाहित करते हैं कि पाठक सराबोर हुए बिना नहीं रहता।

कुमार का 'भारत' कृष्ण चरित है, पर यह पुराण नहीं, काव्य है। कर्नाट भारत में सभी रसों का सुंदर निरूपण है। एक सर्जक की भाषा-निरंकुशता भी इसमें मिलेगी, अलंकारों का नया और अद्भुत प्रयोग है। उनके भारत में सूक्तियाँ और लोकोक्तियाँ भरी पड़ी हैं, जिनका प्रयोग कन्नड़भाषी विभिन्न अवसरों पर करते रहते हैं।

हास्य रस का एक प्रसंग देखिए– कौरवों के आक्रमण के समय 'उत्तर' स्त्रियों के बीच बड़ी-बड़ी डींगें हाँकता है। यहाँ तक कहता है कि "स्वयं देवता आ जाएँ तो उनकी मूंछ पकड़ कर हिला दूँ, काल भैरव की दाढ़ी पकड़ कर झकझोर दूँ। मुझे छेड़ना और सिंह को छेड़ना बराबर है।" वह कहता है कि

"बस अच्छा सारथि मिल जाए तो शत्रुओं के नाकों चने चबवा दूँ।" उत्तरा 'वृहन्नला' को कुशल सारथि बता कर उसके साथ रण में भेज देती है। जब वह युद्धभूमि में पहुँचता है तो सामने कौरवों की विशाल वाहिनी देखकर कांपने लगता है–"अरे ये तो भेड़िये हैं, इनके बीच बकरी की तरह फँस गया हूँ। रथ धीरे चलाओ, चाबुक फेंक दो।" वह रथ से कूद कर भाग लेता है। अर्जुन दौड़कर उसे पकड़ते हैं और रथ पर बिठा देते हैं। इस बीच अर्जुन से उसकी बात होती है। अर्जुन कहता है कि "अगर युद्ध में मर भी गए तो क्या? वहाँ स्वर्ग की अप्सराएँ मिलेंगी।" वह कहता है–"नहीं चाहिए मुझे स्वर्ग की अप्सराएँ, मेरे लिए रनिवास की रमणियाँ ही पर्याप्त हैं।"–यह पूरा प्रसंग विसंगति, विपर्यय और अंतर्विरोध से हास्य की सृष्टि करता है।

भाषा का सौन्दर्य अनुपम है, कुम्हार की तरह कुमार व्यास भाषा को गीली मिट्टी की तरह अपने भावों में ढाल लेते हैं। यहाँ वे व्याकरण का भी अतिक्रमण करने से नहीं चूकते। वे जानते हैं कि व्याकरण कवि के लिए बना है, कवि व्याकरण के लिए नहीं।

अलंकारों के सुंदर प्रयोग का एक उदाहरण हमने ऊपर हास्य के प्रसंग में देखा है। परंतु कवि 'रूपक सम्राट' माना जाता है, साम्यमूलक अनेक अलंकारों और वैषम्यमूलक अलंकारों के प्रयोग में भी शृंखलता लाना कुमार व्यास की सहज क्रीड़ा है। उनकी 'अंधकार रूपी राक्षसी, आंखों को निगल लेती' है। 'अकीर्ति कामिनी तीनों लोकों की जिह्वा पर नाचने' लगती है। अलंकारों को भाव-निरूपण का माध्यम बनाना काव्य-कौशल का उत्कर्ष होता है। जब कुमार 'अश्रु-बिन्दुओं से क्रोध रूपी हथियार को तेज' करने की बात कहते हैं तो वे दुःख को क्रोध का उपकारक बना देते हैं। करुणा की ऐसी अभिव्यक्ति असाधारण है। वे भावों का भी मानवीकरण कर देते हैं। कहते हैं-"लज्जा ने विदा ली"। यह उक्ति केवल अलंकार नहीं है एक सूक्ति ही है–'संसार रूपी वृक्ष का फल है बंधु-दर्शन'। काव्य के सर्वांग की कैसी मार्मिक शोभा है।

एक लेखक का कहना है कि– कर्नाट भारत 'भारतीय भाषाओं की सर्वश्रेष्ठ कृतियों में उच्चकोटि की क्लैसिक सिद्धि है।' वे तो विश्व की श्रेष्ठ कृतियों में इसकी गणना करते हैं।

आर्या भारत (मराठी) : मोरोपंत

(सं. 1783 वि. में जन्म/लगभग 1726 ई.)

मराठी के महाकवि मोरोपंत ने आर्या छंद में 'आर्या भारत' काव्य की रचना की। उन्होंने ग्रंथ के प्रारंभ में ही लिख दिया है कि उनका उद्देश्य विशाल 'महाभारत' का सरल, संक्षिप्त अनुवाद करना है। महाभारत में एक लाख श्लोक हैं, जबकि 'आर्या भारत' में 17000 आर्यावृत्त हैं, परंतु अध्याय महाभारत की तरह 18 ही हैं।

इस काव्य की तुलना मराठी के अत्यंत सम्मानित कवि मुक्तेश्वर के 'महाभारत' से ही की जा सकती है, जो मोरोपंत के पूर्ववर्ती भी हैं और काव्यात्मक दृष्टि से अधिक मान्य भी। सुधी जन मोरापंत की कविता को अधिक अलंकृत और पाण्डित्यपूर्ण मानते हैं जबकि मुक्तेश्वर के काव्य को सरल, सहज और सुंदर। 'मोरोपंत चरित्र' के प्रामाणिक लेखक लक्ष्मण रामचंद्र पांगारकर ने दोनों की तुलना करते हुए कालिदास की यह पंक्ति उद्धृत की है : "दूरीकृता: खलु गुणैरुद्यानलता वनलताभि:" इसमें दुष्यंत ने शकुंतला के सौन्दर्य की तुलना नागर बालाओं से करते हुए कहा है कि अगर नागर बालाएँ 'उद्यान लता' हैं तो शकुंतला 'वनलता'। उद्यान लता अधिक कटी-छँटी, सँवारी हुई, प्रायोजित सौन्दर्य से सज्जित होती है, जबकि 'वनलता' अपनी अकृत्रिम सहजता में मनोरम होती है।

स्वयं मोरोपंत ने मुक्तेश्वर के 'भारत' की प्रशंसा करते हुए 'पाण्डुरंग दुण्डक' में लिखा है :

मुक्तेश्वरकृत भारत आवड़तें विट्ठलासिं; कीं पर्वं।
सर्वश्रवणें हरितें आशां, कविच्या, अशेष ही गर्वं।।

मोरोपंत को पंडित कवि कहा जाता है—अर्थात कवि और आचार्य। उनमें

शास्त्रीयता और अनेक अनुशासनों से सम्पन्न कवित्व है। हरिभाऊ आप्टे ने ठीक लिखा है कि वे 'विद्वत्ता और कवित्व' का सम्मिश्रण हैं। सुबोधता और सरलता इनकी भी आवश्यकता थी, जिसका निर्वाह इनके काव्य में है–इसकी चर्चा हम आगे करेंगे।

भाषाओं के प्रारंभिक महाभारतों में वास्तव में मुक्तेश्वर के 'संक्षिप्त महाभारत' को रखना था, परंतु उसके केवल अठारह में से पाँच पर्व मिलते हैं–आदिपर्व, सभापर्व, वनपर्व, विराटपर्व और सौप्तिक पर्व। कुछ विद्वानों का अनुमान है कि उन्होंने महाभारत के सभी पर्व लिखे थे, परंतु वे उपलब्ध नहीं हैं। इस अनुमान का कोई प्रमाण नहीं है। मुक्तेश्वर जैसे मराठी के अत्यंत सशक्त और लोकप्रिय कवि के ग्रंथ का तीन चौथाई भाग अप्राप्य हो, यह संभव प्रतीत नहीं होता।

मोरोपंत से पहले 'श्रीधर स्वामी' ने महाभारत पर आधारित 'पाण्डव प्रताप' लिखा था, पर वह जैमिनि भारत; भागवत, हरिवंश पुराण आदि ग्रंथों से भी मूल सामग्री ग्रहण करने के कारण एक मिश्रण बन गया है जिसकी चर्चा महाभारत शृंखला में करना समीचीन न होता। फिर, वह इस कोटि का है भी नहीं।

हाँ, अठारहवीं शती के प्रारंभ के कवि माधव स्वामी का (संवत् 1703 से 1709 वि. के बीच लिखा) 'महाभारत' अवश्य प्रथम महाभारतों के संदर्भ में चर्चा योग्य था; और वह लिखा भी बहुत बड़े परिमाण में गया था। माधव स्वामी का सम्पूर्ण महाभारत का 21 पर्वों और 88274 ओवी छंदों में रचित अनुवाद था। परंतु वह आज तक प्रकाशित नहीं हुआ है, उसकी चर्चा भी मराठी साहित्य में प्राय: नहीं हुई है; केवल डॉ. नगेन्द्र के संपादन में निकले 'भारतीय साहित्यकोश' में उसका संक्षिप्त विवरण है। वहाँ कहा गया है कि 'इसकी भाषा सरल, सुबोध है, कहीं शिथिलता या अव्यवस्था नहीं है... मराठी साहित्य के इतिहास में इसका महत्त्वपूर्ण स्थान है।' जिसने भी यह संदर्भ जुटाया होगा, अवश्य ही उसे इसकी जानकारी होगी, पर उक्त प्रविष्टि–लेखक का भी कोई संदर्भ यहाँ नहीं है। माधव स्वामी के इतने विशाल महाभारत के लगभग अनाम रहने का कारण शायद यह लगता है कि मराठी क्षेत्र से मीलों दूर तमिळनाडु के तंजोर (मद्रास) के निकट एक ग्राम 'तिळवेळंदूर' में बैठे एकांत साधक ने इसकी रचना की थी, ऐसे एकांत साधक की अचर्चा या अल्प–चर्चा साहित्य की लम्बी, दु:खद परंपरा का हिस्सा है।

जो हो, मराठी के अग्रगण्य कवि मोरोपंत के– 'आर्या भारत' को कई विद्वानों के मत में मराठी के पहले महाभारत होने का गौरव प्राप्त है। मोरोपंत को विद्वत् समाज में 'मयूर पंडित' कहा जाता है–संभवतः इसलिए कि उनका काव्य मधुर और पाण्डित्यपूर्ण दोनों है–और यह मणिकांचन संयोग कम मिलता है। सर्वत्र सहजता और सरलता का अभाव होने पर भी उनमें ज्ञान और भाव का दुर्लभ सामंजस्य है। इसमें संस्कृत आर्या छंद मराठी में पहले पहल प्रयोग हुआ है।

आर्या छंद में लिखा 'आर्या भारत' (महाभारत) उनकी रचनाओं में सर्वश्रेष्ठ है।

मोरोपंत संस्कृत के श्रेण्य (क्लैसिकल) साहित्य और धर्मशास्त्र के अधीत विद्वान थे। जैसा ऊपर कहा गया है कि उनकी शैली भले ही अलंकृत हो, पर उनका काव्य मनोरम और लोक के लिए सुबोध है। इस दृष्टि से पाण्डित्य और रचना-कौशल उन्हें विशिष्ट बनाता है। वैसे दुर्बोध न होना उनकी आवश्यकता भी थी। उन्हें सभी वर्गों और श्रेणियों के लोगों को अपने आख्यान रोचक ढंग से सुनाने होते थे। संभवतः इसीलिए कला-प्रिय होते हुए भी महाभारत के अत्यंत कलात्मक स्थल उन्हें छोड़ने पड़े।

महाकवि मोरोपंत में अद्वितीय वाग् वैदग्ध्य, प्रत्युत्पन्न मति, और प्रभावशाली अभिव्यंजना शक्ति थी। आर्या जैसे संस्कृत छंद के मराठी प्रयोग में नई आत्मा फूंक देना उन जैसे कवि की ही सामर्थ्य थी। 'आर्या भारत' काव्य में कथा-निरूपण-पद्धति, संवाद, चरित्र चित्रण और भाषा-शैली में उनकी अपनी छाप है। रचना में मौलिकता के दर्शन होते हैं। उनका रस निरूपण भी मार्मिक है। इस ग्रंथ में वीर, रौद्र, भयानक, शृंगार, हास्य, करुण, शांत आदि समस्त रसों का निवेश जिस सहृदयता और कौशल से किया गया है–वह उनकी आत्मानुभूति जैसा प्रतीत होता है। श्लेष और यमक को छोड़कर उनकी शेष अलंकार-योजना कविता को जटिल नहीं, रम्य बनाती है और भाषा के विस्तार को संकेत में बदलने की क्षमता रखती है। उनके प्रामाणिक जीवनीकार लक्ष्मण रामचंद्र पांगारकर ने उनके काव्य-सौन्दर्य का मार्मिक उद्‌घाटन करते हुए उसे भाव और कला का समन्वय कहा है।

सभी रसों की डूबकर व्यंजना करने पर भी करुण रस कवि को अत्यंत प्रिय है और यह उनकी सहृदयता का भी अचूक प्रमाण है। अभिमन्यु की मृत्यु से अर्जुन के शोकविह्वल हृदय का यह कितना मार्मिक वर्णन है! लगता है अर्जुन

की आहत वेदना में कवि का अपना आवेश भी शामिल हो गया है, और अपने आराध्य से प्रश्न करने और उपालंभ देने से यह यह व्यथा सघन हो उठी है :

'कंठ गहिवरे भरला, शिरली हृदयांत केशवा, घड़की।
थेतें रड़ें वृथा का? वा! माझी प्रकृति कामगा! रड़की?
अतुल प्रताप लोकी ज्या खलबलजलधिवाड़ वाभाचा।
तो, कृष्णा! आज तुजा आला कां न आड़वा भाचा?
बोले कृष्ण मुखीं ची वेणुतसा परम लाढ़िका वाणी।
जो स्पर्शें, शिशुहि, न घें गुरु सन्निध, पर, मला डिकावाणी।।
ज्याचा शास्त्री शस्त्रीं व्यवहारी वासुदेव वत्समज।
तुमच्या भुज़ शस्त्रांतें धिक! हानिः सार हो! खटा टोप।
शिरज्या न रक्षवे, तो कार्या चा काम ओखटा टोप।।
कुंतसि काय सांगूँ? कृष्णेला दाखवूं कसे बदन?
दुष्कर मला सुभद्रा सांत्वन, दुर्दर्श उत्तरा सदन।।'

–हे केशव, गला भर आया, हृदय जोर से धड़कने लगा। मुझे व्यर्थ ही रोना क्यों आ रहा है? मेरा स्वभाव भी क्या रोतला है? हे कृष्ण! आपका वह भानजा, जिसकी सामर्थ्य से संसार-सागर में बड़वाग्नि प्रज्वलित हो उठती थी और सबओर तूफान मच जाता था, तूने उसकी रक्षा क्यों नहीं की? वह मेरा लाड़ला अभिमन्यु, जिसकी वाणी आपके अधरों पर बजने वाली बांसुरी की तरह थी; कभी बड़ों के सामने नहीं आता था, (इतना लज्जाशील था) मुझे देखते ही मुझसे चिपक जाता था। शस्त्र, शास्त्र और व्यवहार में उसकी बुद्धि आप ही की तरह थी। हे केशव! यह आपने क्या कर दिया? उसे लाकर मुझसे मिलाइए। आपके हाथों में शस्त्र धारण करने को धिक्कार है! यह सारा प्रयत्न भी व्यर्थ है! जिससे सिर की रक्षा नहीं हो सकती, वह टोपी किस काम की? मैं कुंती से क्या कहूँ, द्रौपदी को अपना मुंह कैसे दिखाऊँ? सुभद्रा को कैसे सांत्वना दूँ? और उत्तरा के महल की ओर कैसे देखूँ?

यह कहना आवश्यक है कि 'आर्या महाभारत' जैसी ज्ञान-रस-शिल्प समन्वित धारा में, 'भक्ति' सरस्वती की भाँति अंतर्वाही है, जिसकी झलक उक्त अंश में भी सहज ही देखी जा सकती है। यह ग्रंथ कवि के गहन अध्यवसाय का प्रमाण भी है। 17136 छंदों का यह ग्रंथ कवि ने 10 वर्षों की कठिन साधना से लिखा है। कदाचित इसलिए भी इसमें शब्द-शब्द सधा हुआ लगता है। इसका

कोई अंश नहीं, जिसमें मार्मिकता और मौलिकता न हो; विद्वत्जन, अनूदित होते हुए भी इसे मौलिक ग्रंथ कहते हैं।

बिल्हण ने कहा है कि 'मोरोपंत के काव्य की अनेक बार (अनेक प्रकार से) परीक्षा करने पर भी वह सदैव खरा ही उतरता है।'

एक मराठी इतिहास लेखक हंस का कहना है कि 'इस ग्रंथ ने मोरोपंत को सदा के लिए अमर बना दिय है। ...यह न केवल मराठी साहित्य की, वरन् विश्व साहित्य की भी एक मूल्यवान रचना कही जा सकती है।'

जय भारत (हिन्दी काव्य) : मैथिलीशरण गुप्त
(1952)

गुप्तजी का प्रबंध-कौशल सर्वविदित है। इसी कौशल से उन्होंने महाभारत जैसे विराट् काव्य को कुछेक घटनाओं और चरित्रों के माध्यम से इस प्रकार विन्यस्त किया है कि वह प्रबंध का रूप ले लेता है।

'जय भारत' का प्रकाशन वर्ष 1952 है, परंतु यह काव्य उनके भीतर चार-पाँच दशक से जारी था। उनका लोकप्रिय काव्य 'जयद्रथ वध' 1910 में प्रकाशित हुआ था, जिसने ब्रजभाषा की जगह खड़ी बोली की शक्ति को पहली बार अनुभव कराया। इसके बाद गुप्तजी के कोई दस काव्य महाभारत की विभिन्न कथाओं और पात्रों पर प्रकाशित हुए। 'जय भारत' उनका संकलन नहीं है, हाँ, इसमें उनके स्वाभाविक अक्स हैं और कवि में जारी महाभारत की निरंतरता सूचित करते हैं।

'जय भारत' एक गंभीर नद की तरह धीर और प्रशांत गति से प्रवाहित है। इसमें वैसा चंचल और नाटकीय सौन्दर्य नहीं है, जैसा उनके महाभारत संबंधी विभिन्न काव्यों में है। वस्तु, भाषा और रचना का वैसा वैदग्ध्य, वैसी मुक्ति और वैसा आचरण इस प्रबंध में प्रायः संभव नहीं हुआ है; और यह तो बिलकुल नहीं लगता कि यह छायावाद और नई कविता के उत्तर काल का काव्य है। इसमें सन् 1915-20 के समय की वही पुरानी गंध, भाषा, शैली आदि है जो गुप्त जी की तत्कालीन रचनाओं में है।

परंतु इस काव्य में हम, स्वयं गुप्त जी का अपना विकास देख सकते हैं। इतिवृत्तात्मकता को भंग करने के लिए वे प्रकरणों और प्रकरण व्यतिक्रमों का सहारा लेते हैं। आदर्शवाद की अपनी बानक में वे यहाँ भी हैं और कृष्ण, युधिष्ठिर जैसे मूल्य स्थापक चरित्रों के ऐसे पक्षों को अवहेलित कर देते हैं जो उनकी दृष्टि

में मूल्य विरोधी हैं। वे उन्हें विश्लेषित करने का प्रयास नहीं करते। इससे कथा जटिलता रहित हो जाती है और व्यक्ति वैचित्र्य की अनदेखी होती है, जबकि महाकवि व्यास की अवधारणा दोषों और गुणों की आत्यंतिक एकांतिकता के विरुद्ध है। परंतु महाभारत में व्यास जी द्वारा रेखांकित ऐसे पात्र जो संवेदना के योग्य हैं और जिन्हें वे धर्मशास्त्र या सामाजिक कटघरों को तोड़ कर भी उजालते हैं या बीच-बीच में उनकी, कौंध दिखती है उनके प्रति गुप्तजी भी नए संदर्भ में संवेदना प्रकट करते हैं। यह इसलिए भी संभव हुआ है कि वह गाँधी युग के अनुष्ठान का एक भाग है। आगे हम प्रमुख रूप से राक्षसी हिडिंबा के संदर्भ में गुप्तजी के अवदान का उल्लेख करेंगे और कर्ण, दुर्योधन, कुंती, नहुष आदि पात्रों के प्रति भी उनकी संवेदनपरक अवधारणा देखेंगे।

फिलहाल यह कहना ज़रूरी है कि गुप्तजी मुख्यरूप से सांस्कृतिक मूल्य और राष्ट्रीय चेतना के गायक हैं। उनके काव्य में ये द्वन्द्वात्मक नहीं हैं, बल्कि परस्पर एक-दूसरे का सहयोग करते हुए आधुनिक राष्ट्रीय संस्कृति का निर्माण करते हैं और उन्हें गति देते हैं। वे उन चीज़ों को उभारते हैं जो मूल कृति के सामंजस्य में घटनाओं और चरित्रों को आधुनिकता भी देती हैं और संस्कृति को राष्ट्रीय परिप्रेक्ष्य में गति भी। परिवर्तन और गति का यह सामंजस्य गुप्तजी की अद्वितीय विशेषता है। 'जय भारत' इसी का प्रतिनिधित्व करने वाली उनके परवर्ती काल की महत्त्वपूर्ण कृति है।

'जय भारत' का कथ्य, माध्यम को सुरक्षित रखते हुए, बिना किसी शोरगुल के नवीनता का उद्घाटन करता है। इसका सबसे ज्वलंत प्रमाण है 'हिडिम्बा'। मुझे कहना चाहिए कि महाभारत की परवर्ती भारतीय सृष्टि में ऐसी विनम्र किंतु दृढ़ हिडिम्बा, ऐसी तार्किक और आधुनिक हिडिम्बा, ऐसी मानवीय और उदार हिडिम्बा दूसरी नहीं है, और निश्चय ही यहाँ उसे वह मान और महत्त्व मिला है जिसकी वह अधिकारी है। इस तरह महाभारत का हाशिये में डला व्यक्तित्व केन्द्र में आया है। गुप्त जी ने एक स्वतंत्र काव्य 'हिडिम्बा' की सृष्टि भी की है, परंतु महाभारत के विशाल फलक में उसे उजालने का एक अलग ही अर्थ है।

हिडिम्बा राक्षस कुल की नारी है, परंतु जब वह भीम की प्रेयसी होती है तो एक मानवी से भी अधिक मानवी हो जाती है। वह शूर्पणखा की तरह दैहिक सौन्दर्य और कामुक अनुभाव का लुभावना प्रदर्शन नहीं करती और न अपनी मूल जाति और चरित्र को छिपाती है; वह भीम, कुंती और पाण्डवों के सामने स्पष्ट

रूप में वही प्रकट करती है जो वह है। इस तरह वह राक्षसी न रहकर मानवी का प्रतीक बन जाती है। भीम से उसके रागात्मक और कुंती से तार्किक संवादों में मानवियों में राक्षसीपन, राक्षसी में मानवीय उत्कर्ष और उनकी पृष्ठभूमि में विकृतियाँ उजागर हो जाती हैं और आधुनिक चेतना भी। यहाँ वह जाति, धर्म, लिंग, रंग और नस्ल के भेद को पाट देती है। महाभारत में जिस भावी प्रयोजन से उसकी सृष्टि और भीम से उसका संबन्ध स्थापित किया गया है, उस अवधारणा को आत्मसात करते हुए कवि उससे भिन्न–एक विशुद्ध स्त्री; जिसमें काम, दाम्पत्य, समर्पण, स्वाभिमान, साहस, शील और नैतिक दृढ़ता है, 'जय भारत' में रचता है। महाकवि भास ने अपने समय में इस मर्म को पहचाना था और इस प्रसंग पर दो-दो नाटक लिखे थे–'मध्यम व्यायोग' और 'दूत घटोत्कच' (जिनकी यथास्थान चर्चा की गई है।) परंतु निश्चय ही आधुनिक कवि के निरूपण में अपने समय की छाप और गति है।

'जय भारत की रचना तक स्त्री-आंदोलन का हल्ला नहीं मचा था। फिर भी उस युग पर और विशेषत: मैथिलीशरण गुप्त पर गाँधी के स्त्री-उत्थान और अंतर्जातीय विवाह की छाया थी, जो इस प्रसंग में और भी विराट् अंतर्नस्लीय विवाह में परिणत हो गई है।

काव्य में भीम को औचक 'राग की नई टेक-सी' रुनझुन में उसके आगमन की आहट सुनाई पड़ती है, और देखने पर ऐसी सुंदरी जो 'वसुंधरा के रत्नों की' कोई जाग्रत 'शलाका' हो। वह मूर्तिमती पूर्णमासी की रात जैसी, जंगम वाटिका-सी प्रतीत हुई। उसके कर और पद पल्लवों-से थे, उसकी मुसकान ओस जैसी थी, उसकी गंध-तरंग वायुमंडल में हिलोरें ले रही थी। इस रूप-विधान में अनोखापन और प्रेम की आंखों से देखा सौन्दर्य है। भीम के परिचय पूछने पर उसने स्पष्ट कहा–"मैं राक्षसी हूँ, आपने 'देवी पद-दान' दिया, धन्यवाद।" भीम ने कहा कि तुम्हें देखकर पत्थर में भी सोता फूट गया (यह पत्थर-हृदय भीम है) ऐसा 'रस-रूप' यदि राक्षसी में होता है तो मेरी राक्षसों के प्रति भ्रांत धारणा थी। वे सलाह देते हैं कि 'तन्वी! तुम्हारा वन में भटकना ठीक नहीं।' (मानो वह उसकी रक्षा की चिंता में ड़ो।) इसके लिए हिडिम्बा फिर धन्यवाद देती है और अपने को बिना किसी लज्जा और भय के, स्वयं भीम के लिए प्रस्तावित करती है–'देवी ही सही मैं, तब मेरे देव तुम हो।' ऐसी मधुर वाणी सुनकर भीम प्रेम से द्रवित हो उठते हैं–'रूप से तुम ज्वाला और वाणी से रसाला हो।' आदि। इस तरह अनुराग प्रगाढ़ होता है, हिडिम्बा के मन में भीम की अपने

भाई से रक्षा की भावना जाग जाती है। तभी उसका भाई हिडम्ब आ जाता है। जैसे ही वह भीम को मारने को उद्यत हुआ तो हिडिम्बा उसे रोकती है–"सावधान! मैं मन में इसे वर चुकी हूँ।" हिडम्ब उसे धिक्कारता है और कहता है कि तूने मुझे लोक-लज्जा में डुबो दिया है। वह भीम को मारने के लिए पुनः उद्यत होता है, हिडिम्बा सामने आ जाती है और कहती है–"पहले मुझे मार।" हिडम्ब उसे परे हटा कर भीम पर आक्रमण करता है। भीम और हिडम्ब का भयानक युद्ध होता है। भीम हिडम्ब को मार डालता है। मरते हुए हिडम्ब कहता है–"बहन तूने योग्य वर चुना है।" (यह गुप्तजी की मौलिक उद्‌भावना है और नस्ल को उदात्त-प्रवृत्ति में रूपांतरित करने का एक माध्यम।) यहाँ एक सुंदर काव्य-पंक्ति है–'खींची अनुजा ने सांस अग्रज ने छोड़ दी, इस समय भीम अवश्य ही एक अशोभनीय बात हिडिम्बा के लिए कहता है। इससे हिडिम्बा का चरित्र और उठ जाता है। पाण्डवों के संवाद से उनका गुप्त रहस्य खुलने पर पाण्डव चिंतित हो जाते हैं। तब हिडिम्बा फिर एक मार्मिक बात कहती है :

"आर्य शंका मुझसे करें न किसी बात की,
हममें प्रवृत्ति नहीं ऐसे घृण्य घात की।
प्रेम-वैर दोनों हम सीधे साध लेते हैं
अन्य के करों से निज नाव नहीं खेते हैं।"

इसके समानांतर मनुष्य जाति की प्रवृत्ति का नकारात्मक पक्ष अपने आप उजागर हो जाता है।... पाण्डव हिडम्ब का अंतिम संस्कार करते हैं। यह शील का विस्तार है। सुबह होती है। हिडिम्बा भी पाण्डवों के साथ चल रही है, कुंती कहती है–'पुण्यमने! तुम क्यों व्यर्थ में कष्ट करती हो? तो यहाँ हिडिम्बा का कथन फिर एक मार्मिकता और वैचारिकता लिए है। वह कहती है, मैं नहीं जानती कि 'पुण्यमना' हूँ या 'पापमना', मैं पुण्य-पाप दोनों को 'सहैतुक' मानती हूँ। यानी न पुण्य और न पाप निरपेक्ष या निर्हेतुक होता है। मैं इतना भर जानती हूँ कि 'मेरे पास भी हृदय है।' 'मेरे रक्षक भाई को जिसने मारा है, न्याय से मेरी रक्षा का भार अब उसी पर ही है, उसके इस लाक्षणिक कथन को सभी समझ जाते हैं। पृथा कहती है कि यह 'वरण' कैसे हो सकता है–"किंतु हम मानव हैं और तुम" बात को पूरा करती है हिडिम्बा "राक्षसी"। आगे वह कहती है कि यदि तुम 'आर्य' हो तो हमें भी 'आर्यता' दो। मात्र अपनी उच्चता में कैसी "कृतकार्यता?" "हाँ मैं राक्षसी हूँ," पर क्यों? (क्या मेरा आचरण राक्षसियों

जैसा है?) "सम्मुख खड़ी हूँ, खरी-खोटी जैसी भी हूँ।" तो कुंती के मुंह से हिकारत और व्यंग्य से निकल पड़ता है "कृत्रिम" यानी यह तुम्हारा रूप-रंग-स्वभाव सब 'कृत्रिम' है। तो हिडिम्बा बिफर उठती है :

"अम्ब है अकृत्रिम तो हड्डियों की ठठरी!
कर-पद-अधर-कपोल-नख रंगना,
इष्ट नूपुरों के संग कांची-हार-कंगना।
नथ-तरकी ही तो अकृत्रिमता लाती हैं,
जब वह नाक-कान दोनों कटवाती हैं!"

इन अत्यंत तीखी, सटीक यथार्थ पंक्तियों में एकओर हिडिम्बा ने मानवियों के सारे श्रृंगार-सौन्दर्य पर अप्रतिम व्यंग्य किया है और कवि ने गाँधी-युग की स्त्री-निराभरणता का आदर्श व्यंजित किया है। (सजधज और श्रृंगार को गांधी कृत्रिमता मानते थे। उनका कहना था कि इस कृत्रिम सज्जा से मनुष्य में भी कृत्रिमता आती है।) हिडिम्बा कुंती से कहती है कि "अंतत: मैं नारी हूँ। मेरे जन्म पर न जाओ, मैं भी तुम्हारी (नारी) जाति की ही हूँ।" कुंती को या तो कोई सटीक व्यंग्य कर्ण से सुनने को मिला था, या यहाँ हिडिम्बा से सुनने को मिल रहा है कि "अम्ब मैंने अपना घेरा तोड़ दिया है, तुम भी अपना 'क्षुद्र घेरा' तोड़ दो।" वह वादा करती है कि वह भीम से एक संतान पाकर उसे छोड़ जाएगी। फिर कुंती भीम के बारे में संदेह प्रकट करती है कि पता नहीं वह तुम से बंधा रहेगा या नहीं? परंतु हिडिम्बा को अपने प्रेम पर अथाह विश्वास है। वह कहती है–"सच्चा प्रेम जहाँ व्यक्त होता है वह तीर्थ ही होता है।" इस सारे संवाद से संतृप्त कुंती कहती है–"तुझ-सी बहू भी मुझे सहज मिली अहा!" "पूर्ण काम हो तू"–इस आशीर्वाद के साथ कुंती भीम का हाथ हिडिम्बा के हाथ में दे देती है।

यह स्त्री का नहीं, पुरुष का पाणि-ग्रहण स्त्री द्वारा हो रहा है। हिडिम्बा; भीम और कुंती दोनों को जीत लेती है। उसकी विजय 'अनार्या' की आर्यों पर विजय है और यह प्रेम, निश्छलता और साहस की विजय है और है स्त्रीशक्ति और दलित की एकत्र विजय। हमने विस्तार से देखा कि मैथिलीशरण गुप्त की वैचारिक, भावनात्मक, नैतिक, मानवीय दृष्टि, अद्भुत युग-बोध और उत्कृष्ट काव्यात्मकता यहाँ केन्द्रित हो गई है। यह वास्तव में एक बड़े कवि का उत्कर्ष बिंदु है। उसने इस छोटे-से प्रसंग से एक साथ क्या-क्या नहीं साध लिया है। संवाद के संक्षेप ने प्रसंग की इतिवृत्तात्मकता हर ली है। भावना और विचार का अनोखा संबन्ध हो गया है। कवि जहाँ अपनी संपूर्णता में केन्द्रित होता है वहीं

कवित्व भी अपने उत्कर्ष पर होता है।

मुझे 'जय भारत' में महाकवि भास के सर्जनात्मक सोच की झलक मिलती है। इसका अर्थ अनुकरण या प्रेरणा न समझा जाए बल्कि यह सोच की समानता भी हो सकती है। यह हमने हिडिम्बा-घटोत्कच में तो देखा ही है। महाकवि भास ने 'पञ्चरात्र' में दुर्योधन के चरित्र को और 'कर्णभारम्' में कर्ण के चरित्र को उठाया है, ये दोनों ही 'महाभारत' के 'प्रति चरित्र' हैं, दुर्योधन प्रतिनायक है तो कर्ण सहप्रतिनायक। 'जय भारत' में भी मैथिलीशरण गुप्त कर्ण और दुर्योधन की अच्छाइयों को रेखांकित करते हैं। मुझे स्मरण आता है कि मैथिलीशरण गुप्त ने भास पर एक छोटी-सी पुस्तिका भी लिखी थी। अस्तु,

इसी तरह नहुष जो एक समय धरती पर इतना यशस्वी था कि उसे इन्द्र पद पर आसीन किया गया था। वह महाभारत में अपने कामुक उन्माद और अहंकार के कारण जमीन पर धकेला जाकर अजगर बन गया था। गुप्त जी ने नहुष को एक श्रेष्ठ नरेश के रूप में नए सिरे से रचा है। अनेक चरित्रों के दोषों का प्रक्षालन करने की उनकी विधि यह है कि वे घटना को यथावत् रखकर उसकी अंतर्वस्तु बदल देते हैं। गुप्त जी के यहाँ नहुष जानबूझ कर या उन्माद से लात नहीं मारता, 'पैर पटकते-पटकते लात लग जाती है'-और ऋषि ठहरे क्रोधी, तो वही हुआ जो महाभारत में हुआ था। श्रेष्ठ मानवता की प्रतिष्ठा करते हुए नहुष मानो संकल्प करता है :

> ''फिर भी उठूँगा और बढ़ कर रहूँगा मैं
> नर हूँ, पुरुष हूँ मैं, चढ़ के रहूँगा मैं।''

पाण्डवों के पूर्व पुरुष का गुप्त जी नकारात्मक चित्रण नहीं कर सकते थे, यह उनके आदर्शवादी आभिजात्य की मांग थी।

देवयानी के अहंकार के कारण पिता पर आई विपत्ति में शर्मिष्ठा स्वयं आगे बढ़कर पिता से कहती है-''स्वकुल कल्याणार्थ मुझको दास्य भी स्वीकार।'' इसी शर्मिष्ठा का पुत्र पुरु कामुक पिता के लिए अपना यौवन न्यौछावर कर देता है, जबकि देवयानी के पुत्र इसे अस्वीकार कर देते हैं। पुरु कहता है :

> ''तात जीवन है जरा में, मरण भी स्वीकार,
> हो सके यदि आपकी इस आर्ति का उपचार।''

गुप्त जी का आदर और सहानुभूति जिन चरित्रों को मिली है, उनके सारे अपराध और दोष उन्होंने अपनी बुद्धि और काव्यत्व से भरसक ढकने, टालने, निरस्त करने की कोशिश की है वरना महाभारतकार ने बड़ी ही निस्पृहता से

सबके अपराधों का उद्घाटन किया है। महाभारत एक उफनता महासागर, यूँ ही, सरलीकरणों से नहीं बना है, परंतु गुप्तजी ने 'जयभारत' को एक मैदानी नद की तरह धीर-गंभीर बना दिया है। पापी और पुण्यात्मा; श्रेष्ठ और पतित पात्रों का निर्धारण वे कर लेते हैं और उसी के अनुसार उनका चित्रण करते हैं। इतना ही नहीं, वे किसी युग की रीति-नीति और सामान्य आचरण को आधुनिक अवधारणा के अनुरूप बनाने के लिए अनेक ऐसे तर्क देते और व्यवहार कराते हैं जो उनमें विचित्र विसंगतियाँ पैदा कर देते हैं। 'सुभद्रा हरण' का तर्क वे देते हैं कि कृष्ण अर्जुन से हरण करने को कहते हुए तर्क देते हैं कि 'मेरी भोली बहन कहीं स्वयंवर में छली न जाए!' उलूपी-अर्जुन प्रसंग में वे कहते हैं कि उलूपी अर्जुन से कहती है कि तुम्हारा दान-पात्र भरा है, मुझे भी दान दो तो अर्जुन को उसे 'ऋतु-दान' देना पड़ा। खाण्डव वन-दाह की हिंस्रता को वे पाण्डवों की कृपा कहते हैं, जिन्होंने तमाम हिंसक जीवों और लोगों को भस्म कर नागरिकों के रहने लायक उसे बना दिया। कर्ण के प्रति सामान्यत: गुप्तजी की वक्र दृष्टि है। जब शकुनि द्रौपदी को लेकर पाण्डवों में भेद डालने की बात कहता है तो कर्ण कहता है–

> ''जब वह पाँच पति मान चुकी एक बार,
> तब इस लाभ को क्या छोड़ेगी किसी प्रकार?''

और विकर्ण कहता है कि यह व्यवस्था व्यास जी ने दी तब इसके पालन में ''धर्म-हानि नहीं होती है।'' (यह विकर्ण के प्रति अन्याय है।) भीष्म के अन्यायपूर्ण वध के प्रसंग को सामान्य बना कर कवि कहता है कि भीष्म इतने महान थे कि 'गिरता हुआ शरीर भी भूमि से ऊपर रहा।' द्रोण-वध के प्रसंग में कृष्ण और युधिष्ठिर दोनों भागीदार थे। ऐसी स्थिति में कवि ने केवल युधिष्ठिर द्वारा स्वयं को उत्तरदायी मानकर कृष्ण को इस प्रसंग से अलग रखा। इसी तरह दुर्योधन के वध-प्रसंग में भी उन्होंने कृष्ण और युधिष्ठिर दोनों को अलग रखकर सबकुछ भीम की वीरता, कौशल आदि पर डाल दिया। भाइयों को केवल दुर्योधन के सिर को ठोकर मारने पर धिक्कार के लिए रख दिया। मरते हुए दुर्योधन का सिर अपनी गोद में रखकर युधिष्ठिर द्वारा विलाप का करुण और मार्मिक चित्रण युधिष्ठिर के व्यक्तित्व का चरम नैतिक उत्कर्ष है और सहसा उन्हें शीर्ष पर बिठा देता है। इसी तरह जयद्रथ द्वारा द्रौपदी के हरण के अवसर पर दोनों का संवाद और द्रौपदी का ओजपूर्ण वक्तव्य महत्त्वपूर्ण है। दुर्योधन के वध-प्रसंग में बलराम अंत में पहुँचते हैं। कृष्ण पर उनका यह व्यंग्य ''हरे-हरे! धर्म का भी

पक्षपात क्या तुम्हें उचित है?'' सारे जयभारत में यही एक मर्मवाक्य है, कृष्ण के प्रति कहा हुआ; परंतु इसे कृष्ण-बलराम की ठिठौली में हल्का कर दिया गया। फिर भी युद्ध में दुर्योधन की भूल को मानते हुए भी बलराम तमाम ध्वंस पर एक मार्मिक वक्तव्य देते हैं। उनका यह कहना सटीक है:

> ''वीर-रस-भाव रखता हो युद्ध आदि में,
> रौद्र भाव मध्य में, भयानक है अंत में,
> और परिशिष्ट में तो है वीभत्स ही सदा!''

वे कहते हैं कि योद्धा शत्रुओं का घात तो बाद में करते हैं, पहले अपना ही घात करते हैं...आदि। इस अवसर पर बलराम कृष्ण को अपना बचपन, यौवन याद दिलाते हैं। स्मृति की यह मार्मिक श्रृंखला युद्धांत के इस परिवेश में अत्यंत करुण हो उठती है। वे आत्मधिक्कार से भर उठते हैं और सत्ता के पीछे छिपी अमानुषिकता पर उनकी यह टिप्पणी कालजयी है: ''मानुष की सत्ता हा! अमानुषिकता में है।'' 'युद्ध' अध्याय का यह पूरा अंतिम अंश इस ग्रंथ का सर्वश्रेष्ठ, दृष्टिसम्पन्न, काव्यात्मक वक्तव्य है।

युद्ध-नायक युधिष्ठिर का यह कथन :

> ''सब सुख भोगें, सब रोग रहित हों
> सब शुभ पावें, न हो दु:खी कहीं कोई भी।''

एक तरह से इस युद्ध काव्य का भरतवाक्य है। युद्धोपरांत युद्धभूमि में परिजनों का, धृतराष्ट्र, गांधारी, कुंती का आना, श्राद्ध प्रसंग सभी मार्मिक हैं। फिर कृष्ण वेश की कथा और कृष्ण के निधन पर सिर्फ यह पंक्ति है–'कृष्ण निजधाम गए।' फिर है स्वर्गारोहण।

'स्वर्गारोहण' में गुप्त जी ने ऐसी मौलिकता का परिचय दिया है जो प्रारंभ से अब तक के भारतीय साहित्य में अलभ्य है। हिमालय पर चढ़ते हुए एक-एक कर द्रौपदी, पाण्डव गिरते हैं। महाभारत में और परवर्ती काव्यों में भी युधिष्ठिर द्वारा हर किसी के दोष को गिरने का कारण बताते हुए युधिष्ठिर जब शीर्ष पर पहुँचते हैं तब वास्तव में मानवीय दृष्टि से वे बहुत छोटे हो गए प्रतीत होते हैं और स्वर्ग में कुत्ते के साथ पहुँचने के बावजूद आज के विवेकशील व्यक्ति को लगता है कि यह एक ऐसा आत्म-प्रशंसक व्यक्ति है जिसे दूसरों में ही दोष दिखते हैं, मानो वह सारे दोषों से ऊपर हो, जबकि उसका इतिहास अनेक अधर्मों से, यहाँ तक असत्य से भी भरा है। दूसरे के दोषों को बताने से वह किस संवेदना और आदर का पात्र रह गया है? ऐसे में गुप्तजी ने मौलिक कल्पना से उसकी

विराट् और समग्र अस्मिता की रक्षा कर ली है। युधिष्ठिर, द्रौपदी और शेष पाण्डवों को अपने ही आत्मांश मान कर क्रमशः अपने पतन को गिनते हैं और अपने विशुद्ध व्यक्तित्व को ही शीर्ष पर पहुँचने लायक छोड़ते हैं। मानो मृत्यु के निकट, निकटतर, निकटतम पहुँचते हुए कोई अनुशयी आत्मा एक-एक कर सांसारिकता के सारे वस्त्र निकाल कर निहंग हो उठी हो। (विदुर का अंतिम समय इसी का प्रतीक है।) यही स्थिति युधिष्ठिर की हो गई थी, तभी वे स्वर्ग पहुँचे। द्रौपदी और पाण्डवों के गिरने का यह रूपक देखें :

द्रौपदी के गिरने पर युधिष्ठिर :

"तुम नहीं गिरी अर्जुन के प्रति
यह पक्षपातिता मेरी ही।"

सहदेव से–

"तुम नहीं, गिरा तुममें मेरा
ज्ञानाभिमान जो उठा रहा।"

नकुल से–

"तुममें/मेरे सुरूप का गर्व गिरा।"

अर्जुन से–

"तुम नहीं गिरे, झड़ गिरा यहाँ
तुममें मेरा मानी मद ही।"

भीम से–

"तुम छूटे नहीं तुम्हारे मिस
मेरा औद्धत्य यहाँ छूटा।"

इस तरह एक-एक कर युधिष्ठिर का पक्षपात, ज्ञानाभिमान, रूपाभिमान, मद और वीराभिमान उससे छूटता गया और वह इनसे उत्तीर्ण होकर ही स्वर्ग द्वार पर पहुँच सके। यह बात और भी मार्मिकता से कही जा सकती थी, पर यह सोच और परिकल्पना ही अपने आप में अनूठी है।

इस तरह 'जयभारत' आधुनिक युग का सम्पूर्ण महाभारत पर लिखा एक स्मृति-ग्रंथ ही नहीं, एक मूल्यान्वेषी काव्य-ग्रंथ भी है।

भारत सावित्री (हिन्दी) : वासुदेवशरण अग्रवाल

(लगभग 1950)

भारत-विद्या के विद्वान वासुदेव शरण अग्रवाल ने अपने अत्यंत मूल्यवान ग्रंथ 'भारत सावित्री' की भूमिका में लिखा है :

"भारत सावित्री नाम महाभारत के अंत में आया है। जैसे वेदों का सार गायत्री मंत्र या सावित्री है, वैसे ही सम्पूर्ण महाभारत का सार 'धर्म' शब्द में है। भारत-युद्ध-कथा तो निमित्त मात्र है। इसके आधार पर महाभारत के मनीषी लेखक ने 'युद्ध-कथा' को 'धर्म-संहिता' के रूप में परिवर्तित कर दिया था :

"न जातु कामान्नभयान्न लोभाद् धर्मं त्यजेज्जीवितस्यापि हेतो।
नित्यो धर्मः सुख-दुःखेत्वनित्ये नित्यो जीवो धातुरस्यत्व नित्यः।।"

काम, भय, लोभ से अथवा प्राणों के लिए भी धर्म को छोड़ना उचित नहीं। धर्म 'नित्य' है, सुख-दुःख क्षणिक हैं, यही महाभारत का निचोड़ है, यही भारत सावित्री है- "इमां भारत सावित्री"।

वासुदेव शरण ने इसी कथ्य पर प्रस्तुत ग्रंथ की रचना की है और महाभारत की रग-रग में निहित धर्म तत्त्व का उद्घाटन किया है- कथा में; उपाख्यानों में; पात्रों में; पारिवारिक, सामाजिक, राजनीतिक, आर्थिक उपक्रमों-संबंन्धों में- यहाँ तक कि कूटनीति और युद्ध में भी।

फिर भी व्यास के भीतर व्यर्थता का हाहाकार है यह सब कहने का अर्थ क्या निकला? : "मैं दोनों हाथ ऊपर उठाकर कहता हूँ, पर मेरी बात कोई सुनता नहीं कि 'धर्म से सब कुछ मिलता है- अर्थ, काम, मोक्ष-सब। पता नहीं तब भी लोग धर्म का पालन क्यों नहीं करते :

ऊर्ध्वबाहु विरौम्येष न च कश्चिच्छृणोति मे।
धर्मादर्थश्च कामश्च स किमर्थं न सेव्यते।। (स्वर्गा.5/62)

या तो उन्हें धर्म का तत्त्व समझ में नहीं आता, या काम, भय, लोभ, या प्राणों का लोभ उन्हें घेर लेता है या अंधापन उन्हें कुछ समझने नहीं देता। जैसे धृतराष्ट्र के अंधेपन ने उसका विवेक हर लिया था!

कबीर भी चीखते रहे– "जुगन जुगन समुझावत हारा कही न माने कोई रे।" गाँधी भी अंततः इसी तरह खाली हाथ रह गए– 'I have run dry' और नेल्सन मंडेला को भी यही अनुभव हुआ; क्या महापुरुषों की या उनके आदर्शों की यही नियति है?

व्यास ने अपने लिए तो नहीं कहा होगा–धर्म तत्त्व; दुनिया के लिए ही कहा होगा। अपने पुत्र से बातचीत में, संसार को लक्ष्य करते हुए ही उन्होंने कहा होगा–'धर्म अंधी गुफा में रहता है, उसे अंधी दुनिया क्या समझेगी? इसलिए मोटामोटी मैं उससे यही कहता हूँ कि मानव-सेवा करो, मानव-कल्याण में लगे रहो–यही सब धर्मों का सार है, सर्वोच्च धर्म है 'गुह्यं ब्रह्मं तदिदं ब्रवीमि–न मानुषात् श्रेष्ठतरं हि किंचित्।' (शांति. 180/12)

जहाँ व्यास ने अर्थ, काम और मोक्ष का मूल धर्म बताया है, वहीं उन्होंने यह परिभाषित करना भी ज़रूरी समझा है कि 'धर्म वस्तुतः है क्या?' वे कहते हैं कि सारे संसार को, प्रजाओं को जो धारण करता है वही 'धर्म' है। अर्थात् धर्म पर ही संसार टिका हुआ है : "धारणाद् धर्ममित्याहु धर्मेण विधृताः प्रजाः" (शांतिपर्व 109/11); शब्दशः यही बात आदिकवि ने कही थी– उत्तरकांड (2/8) में। ध्यान देने की बात यह है कि हमारे दो युगों के और सम्पूर्ण भारतीय वाङ्मय के सबसे बड़े दो कवियों ने धर्म को परिभाषित करते हुए किसी सम्प्रदाय या धर्म संबन्धी कर्मकाण्ड का उल्लेख नहीं किया। यही तो सारतत्त्व–'भारत सावित्री' है।

यह 'धारण करना' क्या है? यह हमें अधर में छूटने और बिखरने से रोकता है। हमने राज्यानुशासन क्यों बनाया है? इसलिए कि वह जनता का नियमन करे। उसके जीवन की रक्षा करे, उसकी परस्पर न टकराने वाली या सहयोगी जीवन-व्यवस्था बनाए। अर्थात् उसे धारण करे। परंतु राज्य के अभाव में महाभारत 'सतयुग' में एक ऐसे गणतंत्र की परिकल्पना करता है जहाँ न राज्य है न राजा; न दण्ड है न दण्डित करने वाला है। तब जीवन-व्यवस्था, पारस्परिकता, रक्षा-व्यवस्था या जीवन का आधार क्या है? उसमें 'शासन' या 'राज्य' का स्थानापन्न कौन है जिसपर जीवन का नियमन, प्रजा की प्रगति, शांति, सुख आधारित हो? व्यास कहते हैं–'धर्म' :

नैव राज्यं न राजासीन्न दण्डो न च दण्डिकः।
धर्मेणैव प्रजाः सर्वा रक्षन्तिस्म परस्परम्।।

(महाभारत संहिता-खंड 3, 12.59.14, भांडारकर)

व्यास बार-बार कहते हैं—धर्म-तत्त्व सूक्ष्म और जटिल है, फिर भी वही दुनिया का अदृश्य आधार है। इसे उन्होंने महाभारत में इतनी तरह से, इतने दृष्टांतों से, कथाओं से, सम्बन्धों से, स्थितियों से, चरित्रांकन से, बहसों से बताया है कि उसे एकसूत्र में पिरोकर रखना वासुदेवशरण जी से क्या किसी भी एक व्यक्ति से संभव नहीं है, फिर भी उन्होंने 'भारत सावित्री' में, महाभारत के धारावाहिक विवेचन से इसे प्रस्तुत करने का अद्वितीय प्रयत्न किया है।

व्यास जहाँ धर्म की रूपरेखा बताते हैं, जिसे वे 'मार्ग' कहते हैं, उसके बारे में भी उनका कहना है वे अनंत हैं, फिर भी आठ को रेखांकित करते हैं :

'यज्ञाध्ययनदानानि तपः सत्यं क्षमा दमः।
अलोभ इति मार्गोऽयं धर्मस्याष्ट विधः स्मृतः।।' (वन. 2/75)

यज्ञ, अध्ययन, दान, तप, सत्य, क्षमा, मन और इंद्रियों का संयम तथा लोभत्याग, ये धर्म के आठ मार्ग हैं। इनमें से 'यज्ञ' एक धार्मिक कर्मकाण्ड प्रतीत होता है और कई लोगों के लिए 'प्रतीक, अपनी अंतःसत्ता खोकर सिर्फ 'स्थूल' बन भी जाता है; जबकि इसकी विस्तृत व्याख्या 'गीता' में और अन्यत्र भी 'आत्म-यज्ञ' अर्थात् आत्माहुति, आत्मोत्सर्ग के प्रकल्पों में हुई है— इस तरह यह मात्र स्थूल नहीं रह जाता।

आठ मार्गों का उल्लेख उन्होंने वन पर्व के साथ उद्योग पर्व (35/56) में भी किया है, परंतु साथ ही एक मार्मिक और अपूर्व विभाजक-रेखा भी खींच दी है :

तत्र पूर्व चतुर्वर्गो दम्भार्थमपि सेव्यते।
उत्तरं च चतुर्वर्गो नामहात्मा सु तिष्ठति।। (उद्योग 35/57)

—इनमें से पहले चार अर्थात् यज्ञ, अध्ययन, दान और तप तो कोई दम्भ के लिए भी कर सकता है, पर अंतिम चार का पालन वह व्यक्ति कदापि नहीं कर सकता जो महात्मा नहीं है। धर्म के गतानुगतिक मार्ग का सूक्ष्म रेखा से विभाजन व्यास ही कर सकते थे। क्योंकि उन्होंने संपूर्ण वैदिक साहित्य का निबंधन किया था और विश्व के सर्वश्रेष्ठ महाकाव्य की रचना की थी। उनमें प्रतिभा, तप और वैदुष्य का अप्रतिम संगम था, इसलिए वे ऐसा कर सके।

अपने उक्त विभाजन को उन्होंने महाभारत से प्रमाणित किया है, कुछ उदाहरण लें:

धर्मराज युधिष्ठिर ने 'अश्वमेध यज्ञ' किया.. अंत में वैभव पूर्ण 'दान' का भव्य समारोह था। परंतु इस दान की खिल्ली मामूली नेवला उड़ा देता है। वह इस दान को एक गरीब ब्राह्मण परिवार के प्राणोत्सर्गी दान से भी ओछा, बल्कि व्यर्थ बताता है।

चक्रवर्ती राजाओं का ही नहीं, स्वयं युधिष्ठिर का 'यज्ञ' और 'दान' आत्म-दंभ या आत्म-प्रदर्शन नहीं तो क्या था? व्यास धर्म से ऐसे जोखिम भरे प्रश्न सदा पूछते रहते हैं, तभी युधिष्ठिर का धर्मराजत्व कहीं निर्बाध नहीं है। व्यास उनके जीवन में बार-बार परीक्षा, आत्म-दीक्षा, आत्म-परीक्षा, चुनौती और द्वन्द्व के अवसर पैदा करते हैं—क्यों? धर्म के सूक्ष्म, जटिल स्वरूप को प्रस्तुत करने का माध्यम उनके अतिरिक्त कौन हो सकता है? व्यास इसीलिए उन्हें कभी पूर्ण नहीं बनाते। सदा उन्हें धर्म-परीक्षण का उपादान बनाए रखते हैं—जलील करने की हद तक!

उनमें अंतर्निहित दंभ के माध्यम से यहाँ बात सच्चे ज्ञान और यज्ञ की चल रही थी— सच्चे 'दान' और 'यज्ञ' को अलग करने की।

महाभारत में स्वार्थ और दानवत्व की प्रतिष्ठा के लिए तपस्या करने के ढेरों उदाहरण हैं—सुंद-उपसुंद ने किसी सात्त्विक भाव से तप नहीं किया था, इसी तरह कितने ही दैत्य हुए। परंतु ऋषियों ने भी 'तप' का क्या उपयोग किया? तपस्वी अगस्त्य को उनकी पत्नी 'लोपामुद्रा' ने किस शैली में छकाया— तपस्या का सारा दम्भ उतार कर। 'च्यवन' ऋषि के 'घोर तप' की खिल्ली व्यास ने कैसी बारीकी से उड़ाई! एक साधारण गृहस्थ स्त्री और व्याध ने 'तपस्वी' ब्राह्मण के अभिमान को चूर-चूर कर दिया। इसी तरह महाभारत में 'तप' और 'तप' में भेद को भांति-भांति से बताया गया है।

इसी तरह ज्ञान-मार्ग में अध्ययन के स्वरूप को यवक्रीत प्रसंग से बेहतर शायद ही प्रकट किया जा सकता था। उधर विद्वान रैभ्य थे। परंतु कामुक होकर वे पशु हो गए। गालव, कच जैसे कितने ही विद्याभ्यासी केवल स्वार्थ की भावना में डूब कर विद्या प्राप्त करते हैं, उनमें मानवीय संवेदना कहीं नजर नहीं आती।

व्यास ने न केवल साहसपूर्ण विवेक से धर्म-मार्ग के खतरों का उल्लेख किया है बल्कि उसके उदाहरण भी दिए हैं।

धर्म के मूल में 'सत्य' प्रतिष्ठित है। यह धर्मराज में प्रतीकीकृत हुआ है।

वे धर्मराज इसीलिए हैं कि उनमें धर्म प्रतिष्ठित है। वृहदारण्यक उपनिषद् में कहा गया है–'सत्यं वदन्तमाह, धर्मं वदतीति' (1/4/14)– जो सत्य बोलता है उसके बारे में कहा जाता है कि वह धर्म बोल रहा है। शांतिपर्व (299/13 दे.) में कहा गया है कि वेद का रहस्य सत्य है, सत्य का रहस्य आत्मसंयम है, आत्मसंयम से मोक्ष मिलता है, यही सब उपदेशों का सार है। सत्य में छल से भी झूठ का कोई स्थान नहीं है। 'धर्मराज' का जो रथ धरती से चार अंगुल ऊपर चलता था, उसका कारण 'सत्य' ही था। जीवन में एक बार उन्होंने सत्य के साथ छल किया, तुरंत उनका रथ ज़मीन पर आ टिका– अन्य रथियों के रथ की तरह। यानि वे दूसरों से ऊँचे और अलग थे–सत्य के कारण और किसी भी स्तर पर 'सत्य-धर्म' से छल संभव नहीं है, छल का प्रवेश करते ही धर्म अधर्म में बदल जाता है।

'भारत सावित्री' महाभारत संबंधी सबसे अलग ग्रंथ है, क्योंकि वह उन तत्त्वों का निरूपण करता है जो महाभारत का अंतःअर्थ हैं। पर्वों का अध्ययन सहित कथा-सार देते हुए लेखक केवल उन्हीं अध्यायों को यहाँ लेता है जिनमें महाभारत का तत्त्व उद्घाटित होता है।

फिर, वह अलग से उन मर्मों को रखता है जो आख्यान में निहित हैं। अर्थात आख्यान 'कथ्य' नहीं है, उसमें कथ्य निहित है। यह अपने आप प्रकट हो जाता है।

वे कहते हैं कि भारतीय दर्शन की विकास-यात्रा में पाँच बड़े मोड़ आए। इन सबकी झलक महाभारत में है। एकओर यह व्यास के अपार ज्ञान की सूचना है तो दूसरीओर दीर्घकाल तक महाभारत के विकास की अंतःकथा। ये पाँच मोड़ हैं :

1. ऋग्वेदकालीन दर्शन, जिसमें सदसद्वाद, रजोवाद, अम्भोवाद, अहोरात्रवाद, अमृतमृत्युवाद, व्योमवाद जैसे दार्शनिक दृष्टिकोण–इनका उल्लेख 'नासदीय सूक्त' (ऋग्वेद के दशवें मंडल का 129वां सूक्त) में है।

2. उन दिट्ठियों का, जो उपनिषद युग के अंत में और बुद्ध से कुछ पूर्व अस्तित्व में आईं। इनका उल्लेख 'श्वेताश्वतर उपनिषद' में आया है जैसे– कालवाद, नियतिवाद, स्वभाववाद, यदृच्छावाद, भूतवाद, योनिवाद आदि। इन मतों का विवेचन 'दीर्घनिकाय' के 'ब्रह्मजाल सुत्त' में आया है एवं जैनों के अर्द्धमागधी आगम के 'सूत्रकृतांग' एवं 'उत्तराध्ययन' में भी है।

3. मीमांसा, सांख्य, वेदान्त आदि षट् दर्शनों में।

4. पंचरात्र, भागवत, पाशुपत, शैव आदि दर्शनों में।

5. अभिनव शांकर वेदान्त, भक्ति आदि दर्शनों के पारस्परिक प्रभाव, सम्मिलन और ऊहापोह आदि के विस्तार में।

उनका कहना है कि इनमें से दार्शनिक विकास की दूसरी कोटि ही मूल महाभारत की पृष्ठभूमि है, यद्यपि तीसरी, चौथी भी कालान्तर में महाभारत में सन्निविष्ट हो गई। मंखलि गोसाल का नियतिवाद या भाग्यवाद और चार्वाक बृहस्पति का लोकायतवाद आदि दार्शनिक मतों का जैसा वर्णन महाभारत में आया है, वैसा जैन और बौद्ध साहित्य में भी नहीं मिलता। यह सामाग्री विशेष रूप से शांतिपर्व की व्याख्या करने पर देखी जा सकती है, परंतु आरण्यक पर्व में द्रौपदी की तीखी बहस बृहस्पति के नीतिशास्त्र को दुहराती है। लोकायत दर्शन मूल में ही कर्मवादी था, उसमें अनिर्वेद, उत्थान, पुरुषार्थ और कर्म का महत्त्व था। उद्योग पर्व में 'विदुर नीति' में प्राचीन प्रज्ञावाद का मूल्यवान संग्रह है। (प्रज्ञावाद का अर्थ विवेकपूर्वक सब काम करना।) दार्शनिक विकास का यह क्रम महाभारत में इसी तरह नहीं है, उसमें व्यतिक्रम भी कई जगह देखने को मिलता है।

शायद इसी को लक्ष्य कर लेखक ने कहा है कि 'महाभारत की दार्शनिक सामग्री में जो पूर्वापर की जमी हुई तहें हैं, उनके आर-पार देखने की आंख जब बन जाती है तो यह सामग्री मानो स्वयं अपनी कथा कहने लगती है और उसके पर्त खुलने लगते हैं।' स्वयं भगवद्गीता में भी हमें अनेक मतमतांतर मिलते हैं और संभवतः उक्त सभी दार्शनिक मोड़ों की झलक मिलती है। वैदिक साहित्य के साथ ही चरण साहित्य के भी अनेक प्रकरण महाभारत में मिलते हैं–जैसे आरण्यकपर्व का अग्निवंश अध्याय।

इतना ही नहीं, महाभारत में भूगोल, प्रकृति, इतिहास, धर्म, दर्शन, राजनीति, अध्यात्म, समाज विज्ञान आदि का मानव-जीवन के साथ तानाबाना है। यहाँ केवल वेद ही नहीं 'लोक' भी प्रतिष्ठित है। निषाद संस्कृत का इसमें सुंदर और मार्मिक सन्निवेश हुआ है। यह सबकुछ शुष्क वर्णन या सिद्धांत कथन की तरह नहीं है, बल्कि कथाओं, उपाख्यानों, दृष्टांतों, प्रतीकों, मिथकों, चरित्रों और काव्य सौन्दर्य के माध्यम से रचा गया है।

महाभारत इतिहास और पुराण दोनों है। इसलिए इस विवाद को ख़त्म करना चाहिए। इतिहास इतिहासकारों और पुराण पौराणिकों की तरह यहाँ नहीं है, वह एक सांस्कृतिक, मानवीय और मिथकीय संकेतों में ढल कर आया है।

महाभारत धर्म की दकियानूसी स्थापना नहीं करता। वह गृहस्थ धर्म की उद्भावना और श्रमणवाद, कर्मवाद का तिरस्कार करने वाले नियतिवाद या भाग्यवाद को एक रचनात्मक उत्तर देता है।

अगली चर्चा करने से पहले उस विवाद का थोड़ा निदान कर लेना उचित होगा जो महाभारत के विस्तार को लेकर है। कहा जाता है कि इसमें अनेक क्षेपक और जोड़ हैं। यद्यपि यह लंबे अन्वेषण और पाठ शोधन का काम है और विस्तृत विश्लेषण की मांग करता है, परंतु वासुदेवशरण ने दो सहजसूत्र दिए हैं जो विश्वसनीय लगते हैं। वे कहते हैं कि जहाँ प्रकरण के अंत में 'फलश्रुतियाँ' दी गई हैं वे मौलिक न होकर उपवृंहण या विस्तार हैं।

उदाहरण के लिए–जब इन्द्र पाण्डवों और युधिष्ठिर से मिलते हैं तब यह कथन कि कुबेर और इन्द्र से पाण्डवों के समागम की यह कथा जो वर्षभर तक व्रतवान ब्रह्मचारी होकर पढ़ेगा, वह सब दुःखों से छूट कर सौ वर्ष की आयु तक सुख से जियेगा...) (वनपर्व) दूसरे, जहाँ किसी कथांश को एकबार दे देने पर पुनः उसी को विस्तार से सुनने या कहने की प्रार्थना की गई है, वह अंश भी प्रायः उपवृंहण या पाठ-विस्तार का परिणाम है। जैसे जनमेजय प्रायः पूछते हैं–भगवन्! मैं अब इसे विस्तार से सुनना चाहता हूँ (विस्तरेणैतदिच्छामि कथ्यमानं त्वया द्विज) और वैशम्पायन कहते हैं–"हे भारत! मैं अब इसे विस्तार से सुनाता हूँ।"

कथा कहते हुए लेखक इतिहास की ओर भी इशारा करता जाता है। अर्जुन ने जब इन्द्र से दिव्य अस्त्र पाए और उनके प्रयोग, उपसंहार और आवृत्ति, प्रायश्चित्त और प्रतिघात की विधि सीखी; तब इन्द्र ने गुरुदक्षिणा के रूप में कहा कि, वह निवातकवच असुरों का संहार करे जो माया युद्ध करते हैं। लेखक कहता है कि इस उल्लेख के पीछे आर्य जाति और समुद्र के उस पार रहनेवाली असुर जाति के किसी प्रागैतिहासिक संघर्ष की अनुश्रुति छिपी है। लौटते समय अर्जुन ने हिरण्यपुर को जीता, वहाँ के निवासी भी दानव थे। इसके पीछे, इस समय धुंधला पड़ गया ऐतिहासिक तथ्य यह है कि 'संभवतः हिरण्यपुर का आशय मोहनजोदड़ों के ध्वस्त नगर से हो, जिसकी विजय का संबन्ध महाकाव्य-युग में अर्जुन के साथ जोड़ दिया गया।' (भा.सा.पृ. 265)

इस तरह महाभारत के साथ चलते हुए प्राचीन और प्राग्ऐतिहासिक तथ्य पर विचार एक ओर महाभारत की ऐतिहासिकता की ओर इशारा करता है, दूसरीओर प्राचीन सांस्कृतिक संघर्षों और संबन्धों को उजागर करता है।

वासुदेवशरण ने आर्षग्रंथों के प्रभाव का महाकाव्य से संश्लेषण करने के भी अनेक संदर्भ देते हुए यह प्रमाणित किया है कि व्यास ने कैसे प्राचीन दार्शनिक चिंतन और आर्षग्रंथों को काव्यसत्ता से एकसार कर उन्हें प्रस्तुत किया। उदाहरण के लिए उन्होंने नहुष चरित्र पर भागवतों के प्रभाव का उल्लेख करते हुए लिखा–'वह जिस अजगर वृत्त का व्याख्यान करता है वह शंखपाल जातक के नागराज उपदेश से मिलता हुआ है। हमारा अनुमान है कि पंचरात्र भागवतों द्वारा नहुष चरित्र का यह प्रकरण महाभारत में जोड़ा गया।' (भा.सा.पृ. 269) नहुष और उसके पुत्र ययाति द्वारा 'वैष्णव-यज्ञ' नामक महाक्रतु के द्वारा स्वर्ग प्राप्त करने का संदर्भ भी वैष्णव भागवतों से मिलता है। यह प्राचीन धर्म-शास्त्रों के महाभारत में अंतर्निहित होने का भी संकेत है, इससे काव्यार्थ में गहराई और बहुस्तरीयता पैदा होती है और पता चलता है कि व्यास के कथा-कथन के शब्द-शब्द के पीछे कोई सांस्कृतिक, ऐतिहासिक या कथा बाह्य अर्थ छिपा है।

इसी तरह वनपर्व की इस कथा में जहाँ काम्यक वन में आए व्यास एक मुद्गल नामक महात्मा के बारे में बताते हैं जो 'शिलोञ्छवृत्ति' से रहते थे। एक पक्ष में अन्नकण बीनकर इकट्ठा करते और दूसरे में उससे अतिथि सत्कार करते। दुर्वासा ने लगातार छह बार आकर उनका अन्न खा डाला। फिर भी वह विचलित न हुए तो उन्होंने उसे स्वर्ग जाने का वरदान दिया। देवदूत आए। मुद्गल ने पूछा 'वहाँ क्या है?' उन्होंने कहा पुण्यात्मा ही वहाँ जाते हैं– सब सुख-भोग ही भोग है। पर दोष यह कि वह केवल 'भोग भूमि' है 'कर्म भूमि' नहीं। भोग समाप्त होने पर पृथ्वी पर लौटना पड़ता है– 'कर्मभूमिरियं ब्रह्मन् फलभूमिरसौ मता'–मुद्गल ने स्वर्ग में जाने से इंकार कर दिया।

वासुदेव शरण की टिप्पणी है–'यह छोटी-सी कथा गुप्तकाल की भागवत मनोवृत्ति की परिचायक है। ध्यान, ऋद्धि, बल, निर्वाण– महायान के इन पारिभाषिक शब्दों को भागवतों ने अपने ढंग से अपना लिया था।' (भा.सा. 296) इसी के साथ अनेक ग्रंथों में उन्होंने इस संदर्भ का उल्लेख किया।

प्रसिद्ध यक्ष-युधिष्ठिर प्रश्नोत्तरी वन-पर्व के अंत में आई है। इसे लेखक फलश्रुति मानता है और महाभारत का मौलिक अंग न मानकर जोड़ा हुआ बताता है। परंतु यह उद्घाटन रोचक है कि यह अंश 'लोक और वेद-संहिता का सम्मिश्रण' है। उदाहरण के लिए : 'यज्ञिय साम क्या है?' उत्तर है : 'प्राण यज्ञिय साम है।' या 'किं स्वदेको विचरति?' कौन एकाकी घूमता है? यह यजुर्वेद का 'कः स्वदेकाकी चरति' मंत्र ही है। लोक-साहित्य के प्रश्न जैसे– 'किंस्वित् सुप्तं

न निमिषति?' कौन सोता हुआ पलक नहीं बंद करता है? उत्तर-मछली। लेखक लोक और वेद की मिलती-जुलती काव्य शैली का एक दूसरे से घुल मिल जाने का उल्लेख करते हैं, यहाँ वे समाजशास्त्रीय संश्लेषण और सामाजिक विकासशीलता की ओर इशारा करते हैं। लेखक कहते हैं कि इस अंश को 'प्रश्न व्याकरण' कहते हैं।

'प्रश्नों की बुझौवल का यक्षपूजा से घनिष्ठ संबन्ध है। आज भी लोक में यक्षदेवता के सिर पर आने पर टपाटप प्रश्न पूछने की प्रथा है। कुरु जनपद में इसी शैली के कुछ लोकगीत मिले हैं। इनमें से लेखक एक उद्धृत करता है :

प्रश्न : ए जी कौन जगत में एक है?
बीरा कौन जगत में दोय?
कौन जगत में जागता?
ए जी कोई कौन रय्या पड़ सोय?

उत्तर : ए जी राम जगत में एक है,
बीरा चन्दा सूरज दोय।
पाप जगत में जागता,
ए जी कोई धरम रह्या पड़ सोय।।

इस प्रश्नोत्तरी के बोल प्राचीन वैदिक गाथाओं के समकक्ष हैं :

क: स्विदेकाकी चरति क: स्विज्जायते पुन:?

उत्तर है :

सूर्य एकाकी चरति चन्द्रमा जायते पुन:।

परम्परा में लोग पूछते हैं, यक्ष उत्तर देता है जबकि महाभारत में प्रश्न यक्ष करता है। (पृ. 318-19)

मेरा विचार है कि इस तरह लोक और वेद का संश्लेषण महाभारत के संदर्भ में किसी ने नहीं किया।

लेखक ने महाभारत में भूगोल के समावेश की चर्चा नारद द्वारा उद्योग पर्व में दुर्योधन से कही गालव की कथा के अंतर्गत की है। (भा.सा. 440-441) गरुड़ गालव को विष्णु तक पहुँचाने के बहाने चारों दिशाओं के भूगोल का वर्णन करते हैं, जिसके गरुड़ अधिकारी भी थे। इससे भूगोल की प्रस्तुति अत्यंत रोचक हो गई है और वह कथा पर थोपा हुआ भी नहीं लगता। (भा.सा. 444)

इसी तरह शल्य और कर्ण की तू-तू-मैं-मैं के बहाने कर्ण मद्रदेश (जिसके अधिपति शल्य थे) की अनेक अभद्रताओं, दोषों और चारित्रिक दुर्बलताओं के

बहाने एक प्राचीन इतिहास का संकेत करते हैं–यह भी बड़ा रोचक और सांकेतिक है। (भा.सा. 566–568) यहीं– गंगा, यमुना, सरस्वती, सतलज, व्यास, रावी, चिनाब, झेलम और सिंधु का उल्लेख किया है जिनके बीच बाल्हीक और मद्रदेश है। इसकी निंदा के लिए कर्ण ब्राह्मणों की कथा का प्रसंग छेड़ता है। और इस बहाने अन्य नदियों और प्रदेशों के साथ वहाँ की स्त्रियों के सौन्दर्य का वर्णन करता है।

कहने का तात्पर्य है कि महाभारत इतिहास, भूगोल, मनुष्य स्वभाव और भाँति-भाँति के ज्ञान विषय, दार्शनिक विवाद (जैसे शांतिपर्व में 'मनु–बृहस्पति संवाद') के बहाने स्वभाववाद और आत्मवाद की चर्चा करते हुए उनके समन्वय की ओर भी संकेत करता है। (भा.सा. 721) इन सबको कथाओं और संदर्भों के बीच व्यास इस तरह उठाते हैं कि वे उनमें घुल-मिल जाते और रोचक तथा ज्ञानवर्द्धक हो जाते हैं।

वृत्रासुर वध के प्रसंग में जिन अपराधों का उल्लेख है वे हैं– अग्नि को प्रज्वलित पाकर जो हवन न करेगा (यह बहुत सांकेतिक है– ले.), जो वृक्षों को काटेगा, जो जल में मल–मूत्र डालेगा, जो रजस्वला से गमन करेगा; उस पर ब्रह्म–हत्या चली जाएगी। (भा.सा. 732) इसमें पर्यावरण, देह–रक्षा, स्वास्थ्य–रक्षा आदि की चर्चा अनायास हो गई है।

शांतिपर्व में गुप्तयुग के बहाने राजतंत्र, न्यायतंत्र, शासन और प्रजाओं के नैतिक जीवन के लिए सुंदर संक्षिप्त सामग्री है।

व्यास कहते हैं कि जिसका जो काम है चाहे गृहस्थ–कर्म हो, व्याध–कर्म हो या इत्र–व्यापार सबकुछ न्याय संगत ढंग से करना किसी भी तरह तपस्या से कम नहीं है। इसे हमने धर्मव्याध प्रसंग में भी देखा है।[1] इसी तरह शांति पर्व में तुलाधार–जाजलि प्रसंग है जहाँ इत्र–व्यापारी के न्याय युक्त, द्वेषहीन, सदाचार पूर्वक व्यापार को जाजलि जैसे महान तपस्वी से श्रेष्ठ बताया गया है। यहाँ भी दोनों के बीच संवाद का वैसा ही निरूपण है जैसा व्यास और ब्राह्मण का था। (भा.सा. पृ. 727) इसका अर्थ यह नहीं है कि व्यास तपस्या का निषेध करते

---

1. उपसंहार–वापस लेना; आवृत्ति–पुनः छोड़ना; प्रायश्चित–किसी निर्दोष व्यक्ति के आहत होने पर उसे पुनः जीवित करना; प्रतिघात–शत्रु के अस्त्र के निष्फल हुए अस्त्रों को पुनः प्रभावयुक्त करना। इससे प्राचीन युद्ध की विशेषताएँ और कहीं न कहीं युद्ध–दर्शन प्रकट होता है। महाभारत का ऐसा विश्लेषण शायद ही किया गया होगा– प्र.श्रो.

हैं, बल्कि वे कर्म के भीतर जिस नैतिक, निर्दंभ, दम और; जैसा गीता के तेरहवें अध्याय में ज्ञान के बारे में जो 21 प्रकार के आचार बताए गए हैं (भा.सा. 529), इनकी समता भी इनसे है और कुल मिलाकर जिसका आशय एक नैतिक, व्यावहारिक, सुंदर जीवन की रचना और प्रतिष्ठा करना है– वे जीवन के ऐसे मूल्य हैं जो 'धर्म' को 'धारक' बनाते हैं। यह महाभारत का लौकिक और व्यावहारिक पक्ष है; जो दर्शन, तपस्या, जीवन-कर्म आदि के भीतर एक समन्वय स्थापित कर जीवन को सम्पूर्ण अर्थों में सार्थक करता है।

गीता के हर अध्याय के मार्मिक पक्षों की, दर्शन और व्यवहार की जैसी संक्षिप्त विवेचना वासुदेवशरण ने की है वह दुर्लभ है। वह वास्तव में गीतामृत है।

कई अध्याय छोड़ दिए गए हैं तो कई को एक-दो पंक्ति में दे दिया है। अर्थ यह है कि लेखक का मुख्य लक्ष्य महाभारत कथा का पुनःकथन नहीं, उसमें निहित धर्म के विभिन्न आयामों, प्रवृत्तियों, व्यवहारों के निरूपण के साथ, समस्त भारतीय दर्शनों, जीवन-व्यापारों, युद्धों, इतिहास-भूगोल, मानवशास्त्र, और ज्ञान की दिशाओं तथा गुह्यताओं को खोलना है। निस्संदेह इतने विराट फलक को एक ग्रंथ में समाहित करना और उस पर विचार करना, इस शैली में कि वह साधारण पाठक के लिए भी बोधगम्य हो, विद्वद्वर वासुदेव अग्रवाल से ही संभव था। यह अनमोल ग्रंथ ज्ञान और भाव दशाओं का जैसा निरूपण करता है, अध्यात्म और जीवन का समन्वय प्रस्तुत करता है– ऐसा कोई सारगर्भित सर्वांगीण ग्रंथ भारत में महाभारत पर संभवतः उपलब्ध नहीं है।

प्रश्न उठता है कि इस ग्रंथ को 'उत्तर परवर्ती महाभारत' प्रकरण में क्यों शामिल किया गया? यह तो विवेचना ग्रंथ है। इसलिए कि इसमें महाभारत कथा के तात्त्विक अध्यायों के सार के साथ उनमें निहित तत्त्वों, मूल्यों, धर्म-पंथों, भौगोलिक स्थानों, दानि-प्रणालियों आदि का एक रोचक सृजनात्मक शैली में निरूपण हुआ है–केवल कथा नहीं कथा का निहितार्थ।

कुरुक्षेत्र (गुजराती) : न्हानालाल दलपतराम
(20वीं शती)

'कुरुक्षेत्र' आधुनिक काव्य है। इसमें कवि ने 1926 से 1940 के बीच 10703 पंक्तियों में महाभारत कथा को निबद्ध किया है। दृष्टिकोण की नवीनता और नई छंद शैली का साहसिक प्रयोग इस काव्य की अनन्यतम विशेषता है। कवि ने आरंभ में ही घोषित किया है कि वे कौरव-पाण्डव की युद्धकथा को नए युग में, नए अवतार में उठाने को प्रतिबद्ध हैं :

'कौरव-पाण्डव नी युद्ध कथा
नव युगना नव अवतारे कहवी।'

और इसमें भी कोई संदेह नहीं है जिस नई दृष्टि और संकल्प के साथ न्हानालाल ने महाभारत को अपने काव्य में नई अर्थवत्ता दी है वह अपूर्व है–न सिर्फ गुजराती में बल्कि अन्य भारतीय भाषाओं के महाभारत संबन्धी आधुनिक काव्यों में भी।

अब तक हमने महाभारत के जितने रूपांतरों और पुनःसृजनों की चर्चा की है, उनमें कवियों ने समकालीन सामाजिक, धार्मिक, राजनीतिक अभिप्रायों को ढाला है। अपनी कल्पना से नई कथाएँ रची हैं, अपने परिवेश को रूपायित किया है आदि। परंतु किसी ने उस केन्द्रीय समस्या को नहीं उठाया जो महाभारत का मूल है।

न्हानालाल ने मनुष्य की चिरन्तर युयुत्सा को केन्द्र में रखा। कवि इतिहास की यात्रा करते हुए युद्ध की अनन्तता की ओर इशारा करता है– मनुष्य की उस अतृप्त जिघांसा की ओर जो न तृप्त हुई है न होने की संभावना है। कवि ने प्रस्तावना के चौबीसवें खंड में लिखा है :

'जब तक पशुता के अवशेष मानव-मन में बसे हुए हैं, तब तक यह

पशु-क्रीड़ा होती ही रहेगी। जब मन से पशुता विदा ले लेगी तभी कुरुक्षेत्र का अंत होगा।' परंतु क्या यह सृष्टिपर्यंत संभव है?'

इस काव्य में एक स्थिति ऐसी आती है कि कौरव-पाण्डव-युद्ध पृष्ठभूमि बन जाता है और इस पर मनुष्य के इतिहास की चौपड़ बिछ जाती है। कवि कुरुक्षेत्र की भूमि पर ही महाभारत के बाद चार बड़े युद्धों का संदर्भ देता है- (1) बाबर-इब्राहीम लोधी युद्ध, (2) पृथ्वीराज-शहाबुद्दीन गोरी युद्ध, (3) अहमद शाह अब्दाली-विश्वास राव युद्ध और (4) अकबर-हेमू युद्ध। इसका यह अर्थ नहीं है कि युद्ध परिगणना कवि का उद्देश्य है, और वैसे भी अनंत युद्धों की परिगणना संभव नहीं है, जो भारत में ही नहीं संसार भर में हुए हैं। यहां केवल यह संकेत है कि युद्ध एक सतत विभीषिका है। बार-बार युद्ध... इसीलिए वह वर्तमान पर आता है, और कहता है : 'मेरे जीवन-काल में रामायण-महाभारत युद्ध इसी 'पृथ्वी' पर खेले गए।' यह 'पृथ्वी' सिर्फ कुरुक्षेत्र के मैदान तक सीमित नहीं है। युद्ध सम्पूर्ण पृथ्वी पर फैला हुआ है। इस कथन में उन दो विश्व युद्धों का संकेत है जिन्होंने सम्पूर्ण विश्व में असंख्य हत्याओं, अनंत उत्पीड़नों और अपरिमित ध्वसों की कहानी लिखी है, फिर भी इस जिघांसा का अंत नहीं हुआ। भारत पाकिस्तान, भारत-चीन युद्ध की स्मृतियाँ अब भी हमारे मनों में जिंदा हैं। पिछले दिनों सारी दुनिया ने अफगानिस्तान के आकाश पर फुलझड़ी-फटाकों के मानिंद अस्त्रों को नाचते देखा है, इराक का ध्वंस देखा है। पहले चंद ब्रह्मास्त्रों के ज्ञाताओं के पास ही वे रहे होंगे, पर आज तो कई देशों में इसके भंडार हैं और वे निरंतर बढ़ाते ही जा रहे हैं। अमेरिका के पास साढ़े चार हज़ार से अधिक महाविनाशक बम हैं, जिनसे वह चार बार सारे संसार का ध्वंस कर सकता है। युद्ध की इतिहास-यात्रा और वर्तमान संघर्षों से यह संकेत मिलता है कि 'कुरुक्षेत्र' स्थानवाची या घटनावाची शब्द नहीं है, वह एक प्रतीक है कि जहाँ-जहाँ युद्ध है, वहाँ-वहाँ कुरुक्षेत्र है। कभी-कभी पूरी पृथ्वी मनुष्य की पशुता से 'कुरुक्षेत्र' बन जाती है। इसीलिए कवि कहता है कि-''मानव-इतिहास का भीषणतम शब्द है-'कुरुक्षेत्र।''

यदि युद्ध का अर्थ विस्तार करें तो उसके कई गुप्त अस्त्र-शस्त्र हैं, बहुत-सी खूबसूरत पदावलियाँ हैं- उदारीकरण और बाजारवाद भी एक युद्ध है-आर्थिक युद्ध; यह अधिकांश मानवता पर आक्रमण है। युद्ध ठंडे भी होते हैं जिन्हें 'शीतयुद्ध' कहते हैं, आतंकवाद भी युद्ध है, जाति, धर्म और भाँति-भाँति की आकांक्षाओं का संघर्ष भी युद्ध है। इसके अलावा मनुष्य के भीतर भी निरंतर

युद्ध जारी है। इसलिए कुरुक्षेत्र सब ओर है। उसका केन्वास बहुत बड़ा है। होता यह है कि जब एक संकेत द्वार खोलता है तो स्वयमेव कई द्वार खुल जाते हैं। सृजन-कर्म के विस्तार का यही रहस्य है।

कुरुक्षेत्र की अवधारणा कवि ने 'युद्धकाव्य' के रूप में की थी, पर उसे शायद खुद पता नहीं था कि रचना, शांति की अपील का रूप ले लेगी। अंततः उसे आशा है कि पशुता का अंत होगा और 'कुरुक्षेत्र' की समाप्ति भी। इस आशावाद की प्रेरणा एक भारतीय कवि को भारतीय सोच और भारतीय साहित्य देता है।

स्वयं 'महाभारत' जिसकी केन्द्रीय वस्तु युद्ध है; अंततः शांति की विश्वव्यापी अपील है। उसके अंतिम दो पर्व ही शांति और अनुशासन पर्व हैं। मरणासन्न भीष्म युद्ध का नहीं, ज्ञान, अनुभव, नीति, धर्म आदि का उपदेश देते हैं। अंत में युद्ध के बचे हुए नायक या तो जंगल में चले जाते हैं, या हिमालय की चोटियों पर गल जाते हैं; महानायक एक व्याध के तीर से दिवंगत हो जाता है और उसके सारे वंशज नष्ट हो जाते हैं। भयंकर त्रासदी अंत में प्रशांति का, मानव कल्याण का संदेश देकर एक सन्नाटे में बदल जाती है। वस्तुतः महर्षि व्यास ने युद्धकाव्य को युद्ध विरोधी काव्य में तब्दील कर दिया; इसीलिए कदाचित् ध्वन्यालोक के आचार्य आनंदवर्धन को कहना पड़ा कि महाभारत वीर काव्य नहीं है; शांत रस का काव्य है। यह महाभारत की ऐसी मानवीय दृष्टि है जो युगों को बेध कर वर्तमान काव्य 'कुरुक्षेत्र' में भी प्रतिबिम्बित हुई है। अंततः 'कुरुक्षेत्र' काव्य भी युद्ध के प्रति एक वितृष्णा और शांति की कामना में समाप्त होता है पशुता में नहीं, मनुष्यता में।

इस काव्य की दूसरी निष्पत्ति भी बहुत महत्त्व की है। महाभारत की इस काल गणना को कि महाभारत का अंत होते ही द्वापर का अंत हो जाएगा और कलियुग का प्रारंभ; कवि ने युग-परिवर्तन का सूचक मानकर अपने काव्य को 'युग-परिवर्तन की पराक्रम गाथा' बना दिया है। 'छेल्लो बोल' में कवि कहता है– मनुष्य के जीवन-संग्राम में महावीर बनना, अथवा 'कुरुक्षेत्र' अर्थात् 'काल रमणा।'–यानि कुरुक्षेत्र संक्रांति काल का सूचक है।

आधुनिक मनुष्य भी निरंतर संक्रमण में जी रहा है। क्योंकि संक्रमण एक नित्य क्रिया, नित्य अवस्था है। गौतम बुद्ध कहते हैं कि हर क्षण परिवर्तन, प्रकृति का नियम है। जो नदी हमने कुछ देर पहले देखी थी उसे यदि दुबारा देखें तो वह, वही नहीं रहती, दूसरी हो जाती है। समय को इसी नित्य नूतनता में देखना

निरंतर संक्रमण में रहने का एक अर्थ हो सकता है।

'कुरुक्षेत्र' काव्य का पहला काण्ड है–'युग पलटो' जीवन के प्रति यह परिवर्तनशील दृष्टि संसार के सभी द्वन्द्वों के समाधान का एक मंत्र है। वैसे कवि न्हानालाल ने 'संक्रमण' की चर्चा इस दृष्टि से नहीं, दो युगों की संधि के लिए की है। महाकाव्य का अंत अठारह अक्षौहिणी सेना के अंतिम योद्धाओं के धराशायी होने और कलि के प्रारंभ होने से होता है। यानि एक द्वन्द्व का अंत और किसी नए द्वन्द्व का प्रारंभ; यह नए युद्धों और खूनी क्रांतियों के प्रारंभ का भी संकेत है और एक नए शांतियुग के प्रारंभ का भी। महर्षि व्यास ने 'राजा नल' में कलि के प्रवेश का जो भयावह काला चित्र खींचा है वह भी अवश्य न्हानालाल के लिए एक संकेत रहा होगा। किसी नए युद्ध का; और परवर्ती घटनाओं में जो नव-परिवर्तन हुआ है उसका भी।

'कुरुक्षेत्र' के अंतिम अंश को मैं उमेद भाई मणियार के शब्दों और गिरधर राठी के अनुवाद में प्रस्तुत करना चाहता हूँ। इस अंश में न्हानालाल गहन अतल से उभरकर अनंत आकाश में उठते घूमते चक्र का ऐसा दिग्दर्शन कराते हैं जो उनकी विश्व-दृष्टि को एक उदात्त आयाम देता है। महाचक्र अपने विकराल चकाचौंध से सम्पूर्ण आकाश को भर देता है :

'तभी अचानक तडित टूटी
गूँजती आकाश में,
सम्पूर्ण ब्रह्माण्ड में फैल गई अनुगूँज;
और अतल गहराइयों से
उभर आया
विकराल प्रकाश का घूर्णमान चक्र,
यज्ञाग्नि की लपटों-सा उठा एक स्तंभ
भेदता चला गया आकाश को।'

तभी महाकवि व्यास की वाणी सुन पड़ती है जिन्होंने विषण्ण पांडवों को यह उद्बोधन दिया था :

'धर्मराज, देखो यह महाचक्र!
कुरुक्षेत्र का प्रतिफल
तुम्हारे हृदय में भर गया है
अवसाद का विष।

देखो, अब विश्व के सृष्टि-प्रलय का चक्र।
अणु बन जाती हैं चट्टानें,
चट्टानें पर्वत,
चट्टानों से निर्मित है पृथ्वी,
और चूर-चूर होकर चट्टानें
धूल के कण बनती जाती हैं।
सृष्टि और प्रलय का
यही है महाचक्र,
जीवन और मृत्यु इसी जीवन के खेल हैं;
कहता है घूर्णमान चक्र,
ओ भूपति, देखो जन्म-मृत्यु के पार
फैला आनंद लोक।'

इस दृश्य से मुग्ध और विमूढ़ पांडव स्त्री-पुरुषों का वर्णन करने के बाद कवि आगे कहता है :

'पार्थिव नर-नारियो,
महाकाल चक्र यही
यही सृष्टि-चक्र है;
लक्ष्य करो चक्र के केन्द्र में
कृष्ण हैं विराजमान
चक्रधर महान्!'

तभी पांडवों को कृष्ण के उस रूप के दर्शन होते हैं : बादल चीरकर निकलते देदीप्यमान सूर्य की तरह; और यह ब्रह्मज्ञान का प्रकाश उनके विषाद को समाप्त कर देता है।

काव्य का उपसंहार है—'संमत पंचक अने महाप्रस्थान'— इसमें द्रौपदी सहित पाण्डव हिमालय की ओर प्रस्थान कर रहे हैं।

पूर्वोल्लिखित 'महाभारतों' से यह एक भिन्न प्रकार का महाकाव्य है जो अंतरालों से एक कथा और कथ्य उभारता है और महाभारत की वस्तु को साकार कर देता है। कवि का अपने पाठकों की बौद्धिक क्षमता और स्मृति पर भरपूर विश्वास है और शायद उस भारतीय संस्कार पर भी जो परंपरा को अपने में समोए हुए है। महाकाव्य का कथ्य न सिर्फ एक व्यावहारिक वस्तु को उजागर करता

है वह दार्शनिक अवधारणा को भी काव्यात्मक प्रतीकवत्ता से आलोकित कर देता है।

दृष्टिकोण की नवीनता और व्यापकता के बाद इस काव्य की विशेषता छंद प्रयोग में भी है। यह काव्य मुक्त छंद शैली में लिखा गुजराती का प्रथम महाकाव्य है। ऐसा नहीं है कि न्हानालाल से पहले इसका प्रयोग नहीं हुआ था, परंतु इतने बड़े पैमाने पर, इतने आत्म विश्वास के साथ उनसे पूर्व किसी ने इस शैली के प्रयोग का न साहस दिखाया, न जोखिम उठाई। संभवत: इसीलिए अक्सर लोग उन्हें मुक्त छंद (दोलन शैली) का प्रवर्तक कहते हैं। ठीक यही हिन्दी के निराला के साथ हुआ। यही मळयाळम में किलिपाट्टु शैली को लेकर तुंचत्तु ऐतुच्छन के साथ हुआ।

काव्य के बारे में अलग-अलग सम्मतियाँ हैं। उमाशंकर जोशी लिखते हैं–'मौलिक कहा जा सके ऐसा इसमें कुछ नहीं है।' भोलाभाई पटेल लिखते हैं–'नए अवतार में वे महाभारत को रचना चाहते थे, पर विफल रहे।'

ये दोनों बातें हो सकती हैं। परंतु यदि एक लेखक मौलिकता के बीज पाठक में डाल देता है तो वह इस दृष्टि से कृति की सफलता है कि वह सर्जनात्मक शक्तियों को निरंतर उर्वर बना सकती है। समीक्षक को यह भी याद रखना होता है कि प्रत्येक सफल रचना अंतत: एक विफलता है, क्योंकि अपूर्णता है। वही स्वयं लेखक और आगामी सर्जना को मार्ग दिखाती है–और एक गहरी तृषा स्वयं लेखक में हमेशा अपूर्णता और असफलता के बोध से पैदा होती है। वैसे अधिकांश समीक्षकों और पाठकों ने इस कृति की भूरि-भूरि प्रशंसा की है।

आलोचक विष्णु प्रसाद त्रिवेदी के मत में–'उन्होंने साहित्य के भण्डार की जितनी वृद्धि की, जितने विविध विषयों पर लेखनी चलाई, दृष्टिकोण की व्यापकता और आदर्शवाद के प्रति जिस प्रेम का परिचय दिया, कल्पना की जितनी ऊँची उड़ान भरी और स्वर, छंद, अलंकार एवं शब्द-रचना के क्षेत्र में जो नए-नए साहित्यिक प्रयोग किए तथा अध्यवसायी और सिद्धहस्त शिल्पी की भाँति अपनी समस्त रचनाओं में सौन्दर्य की जो सृष्टि की उसके कारण न्हानालाल को ब्रिटिश काल का सर्वश्रेष्ठ कवि मान जाता है।'

उक्त कथन में कुछ अतिरिक्त भावुकता भले हो, परंतु गुजराती की आधुनिक कविता में न्हानालाल इस कृति के कारण प्रथम कोटि के कवि हैं। और उनका 'कुरुक्षेत्र' उनकी रचना में अग्रणी।

व्यासर विरुंद (तमिल) : चक्रवर्ती राजगोपालाचारी
(20वीं शती)

चक्रवर्ती राजगोपालाचारी ने 'व्यासर विरुंद' नाम से 'महाभारत की कथा' अत्यंत रोचक शैली में लिखी। इस ग्रंथ का अनुवाद भारत की लगभग सभी प्रमुख भाषाओं में हुआ है। बीसवीं शती में महाभारत के प्रचार-प्रसार में जितना योगदान इस पुस्तक का है, उतना किसी पुस्तक का नहीं। जिन भाषाओं में 'महाभारत' संबन्धी साहित्य बहुत कम लिखा गया है, उनमें भी इसके अनुवाद ने लोगों को संक्षेप में महाभारत की कथा और उसके आदर्शों को समझने में मदद दी है।

छोटे-छोटे 112 अध्यायों में पूरी कथा इस प्रकार कही गई है कि महाभारत से अपरिचित या अल्प परिचित पाठक का भी मुख्य कथा, उसकी शैली और आदर्शों से परिचय हो जाता है। युद्ध के 18 दिनों के अलग-अलग वर्णन से वीरों के रण-कौशल, रण-चातुर्य, नियम-विधान, उनके अतिक्रमणों और छलों का परिचय मिल जाता है। फिर भी लेखक सावधान है कि इसे मात्र 'युद्ध-कथा' न मान लिया जाए, बल्कि न्याय और अन्याय के बीच संघर्ष और अंत में एक पारलौकिक, उदात्त लक्ष्य तथा शांति में पर्यवसान को मनों पर अंकित किया जाए। भाषा-शैली की सरलता लेखक ने सर्वजन बोधगम्यता को ध्यान में रखते हुए अपनाई है और अनेक कथाओं, दार्शनिक तथा गंभीर प्रश्नों से इसे मुक्त रखा है। लेखक ने यह भी ध्यान रखा है कि वर्तमान युग के प्रतिकूल या अप्रासंगिक प्रसंग न उठाए जाएँ और कोशिश की है कि अपने समय को भी भारत के इस महान् महाकाव्य से प्रेरणा मिले। स्थान-स्थान पर लेखक ने प्रासंगिकता पर ध्यान भी दिलाया है। इस दृष्टि से यह एक पुरातन कृति पाठक को अतीत का परिचय देते हुए भी आधुनिक युग में विचारणीय और कई अर्थों में अनुकरणीय प्रतीत होती है।

प्रस्तावना में ही लेखक ने एक सूत्र वाक्य कहा है (जो गांधीवाद का मूल

मंत्र है।)–'महाभारत से बढ़कर और कहीं भी इस बात की शिक्षा नहीं मिल सकती कि जीवन में विरोध भाव, विद्वेष और क्रोध से सफलता प्राप्त नहीं होती।' युद्ध की कृति से निसृत यह मूल्य ही महाभारत को समस्त युद्ध-काव्यों से अलग और विशिष्ट बनाता है। यह विशेषता स्वयं भी भारत के मौलिक चरित्र की अभिव्यक्ति है।

प्रथम अध्याय में गणेश और व्यास का रोचक संवाद देते हुए लेखक ने कहा है कि रचना में अनुभूति और विचार की बराबर भागीदारी होनी चाहिए।

'देवव्रत' (भीष्म) प्रसंग में लेखक ने महाभारत के उस केन्द्र पुरुष को प्रस्तुत किया है जो महाभारत के पूर्वापर की कड़ी ही नहीं, उसकी उदात्तता और समस्त त्रासदियों का कारण है। संक्षेप में कहें तो वह महाभारत में आदि से अंत तक 'अकर्ता' भाव से 'कर्ता' है।

भारतीय साहित्य में 'प्रतिज्ञा' निर्धारक तत्त्व है, भारत के दोनों बड़े काव्य रामायण और महाभारत 'प्रतिज्ञा' पर ही टिके हैं। दशरथ की प्रतिज्ञा और देवव्रत की प्रतिज्ञा दोनों काव्यों का सृजन-आधार है,–इतना ही नहीं वह सृजन-मूल्य भी है। भीष्म-प्रतिज्ञा की एक परिणति है–कौरव-पाण्डव और दूसरी है–अम्बा।

भारतीय साहित्य-विन्यास की जो प्रमुख युक्तियाँ हैं वे हैं–शाप और वरदान। ये दोनों मनुष्य की नियतियाँ बन जाती हैं, घटनाओं की दिशा निर्धारित करती हैं। 'कच और देवयानी' प्रसंग मूल कथा से असंबद्ध उपाख्यान है, जो यहाँ पाण्डवों के पूर्वज ययाति और उसकी दैत्यवंशीय पत्नी शर्मिष्ठा के पुत्र पुरु से संबद्ध है। दूसरीओर यह भारतीय साहित्य-शिल्प की प्रमुख युक्ति शाप से भी जुड़ी है। देवयानी और कच का शाप-प्रतिशाप, याति को शाप का यहां उल्लेख है। इस पूरी कथा में लेखक दो बातों पर बल देता है– 1. मद्यपान निषेध और 2. भोग की अनंत तृष्णा से विरक्ति। जब शुक्राचार्य को दैत्य मदिरा में कच के शव की भस्म घोल कर पिला देते हैं तब शुक्राचार्य कहते हैं–"जो मन्दबुद्धि अपनी ना समझी के कारण मदिरा पीता है, धर्म उसी क्षण उसका साथ छोड़ देता है। वह सभी की निंदा और अवज्ञा का पात्र बन जाता है।" उल्लेखनीय है कि शुक्राचार्य भारत के प्राचीन नीतिकारों में हैं।

पुत्र का यौवन भोग लेने के बाद ययाति उसे वापस करते हुए कहता है–"प्रिय पुत्र! मैंने अनुभव करके जान लिया कि कामवासना वह आग है, जो विषय भोग से नहीं बुझती... जैसे घी डालने पर आग भड़क उठती है..."

महाभारत में धर्मशास्त्र और नीति, जिसमें राजनीति भी है, अपना महत्त्वपूर्ण

स्थान रखती है। इसका प्रवेश भी एक अवांतर उपाख्यान के माध्यम से होता है। माण्डव्य ऋषि की कथा,धर्मदेव द्वारा दूसरे जन्म में किए किसी साधारण से अपराध के लिए दण्ड की है। परंतु यह आगे बढ़ती है माण्डव्य के उस शाप से जो वे धर्मदेव को देते हैं। इसी के परिणाम स्वरूप धर्मदेव का जन्म विचित्रवीर्य की रानी अम्बालिका की दासी की कोख से विदुर के रूप में होता है। इस तरह वह धृतराष्ट्र का अंत्यज भाई है।

मुझे लगता है कि अंधे धृतराष्ट्र के यहाँ 'धर्म' अंत्यज ही था, उसे धृतराष्ट्र ने मंत्री बनाया, पर वह सदा उपेक्षित रहा और दुर्योधनादि द्वारा अपमानित भी। दुर्योधन के मन में धर्म की यही हैसियत थी। विदुर हर बुरे कर्म का प्रतिकार करता, पर रोक नहीं पाता। इसलिए यह पूरा प्रसंग प्रतीकात्मक लगता है।

इसके बाद लेखक कुंती की कथा उठाता है, वह पाण्डवों की माँ है जो एक अजब विसंगति में फँसी हुई आजन्म वरदान को शाप की तरह झेलती है।

भीम के प्रसंग पर आने से पहले मैं इस बात का उल्लेख करना चाहता हूँ कि लेखक ने अपनी कथा में कल्पना का सहारा भी लिया है, कहीं प्रसंगों के व्यतिक्रम में, कहीं कथा को नया रूप देने में, कहीं युक्ति-युक्तकरण में, कहीं अपनी दृष्टि में उपेक्षणीय पक्ष को छोड़ने में, कहीं अपने प्रिय पात्रों को विषम प्रसंग से बचाने में आदि। अम्बा और भीष्म के प्रसंग में कार्तिकेय का ध्यान, माला प्राप्त करना, द्रुपद के पास जाना ताकि वे भीष्म से लड़ें, इंकार करने पर उसका द्रुपद के द्वार पर माला लटका कर लौटना आदि प्रसंग या तो महाभारत से प्रेरित किसी अन्य ग्रंथ से या किसी लोककथा से उठाए गए हैं। इसी तरह द्रुपद के यहाँ कन्या रूप में जन्म लेने के बाद वन में जाकर तपस्या करने वाले प्रसंग में यक्ष का संदर्भ हटा दिया गया है। द्रोणाचार्य के मामले में एकलव्य-प्रंसग हटाना अखरता है। ऐसे कई प्रसंग कृष्ण, युधिष्ठिर आदि के संदर्भ में भी हटा दिए गए हैं।

'बकासुर वध' में लेखक ने एक सार्थक बात कही है जो हर युग में प्रासंगिक है। ब्राह्मणी कुंती से कहती है-"देवी! हमारे ऊपर जो राजा बना बैठा है उसमें तो इतनी भी शक्ति नहीं कि हमें राक्षस के पंजे से छुड़ाए। जिस देश का राजा शक्ति सम्पन्न न हो, उस देश की प्रजा को संतानहीन होनी चाहिए। सुखी एवं शिष्ट गृहस्थ जीवन नयशील व शक्तिशाली राजा के अधीन ही संभव है।" इस प्रसंग में निकम्मे और प्रजा की रक्षा करने में असमर्थ राजाओं को लेखक ने खूब कोसा है।

स्वयंवर प्रसंग में कर्ण जब धनुष पर बाण चढ़ा रहा था उसी क्षण धनुष का डंडा उसके हाथ से छूट गया और उछल कर जोर से उसके मुंह पर लगा। चोट सहलाता कर्ण अपनी जगह पर बैठ गया। इस परिकल्पना या अन्यत्र से ली गई इस कथा से लेखक ने द्रौपदी को जातिवादी निषेध की अशोभन घोषणा से बचाकर स्वयंवर प्रसंग को एक भेद-भाव भरे जाति-प्रसंग से बचा लिया।

इसमें राजगोपालाचार्य की राष्ट्रीय भावना प्रकट होती है क्योंकि स्वाधीनता संघर्ष, जातिवाद के विरुद्ध भी था और लेखक एक उत्तरदायी स्वाधीनता सेनानी और देश का प्रमुख राजनीतिज्ञ था। इसलिए उसने इस प्रसंग को सप्रयोजन हटा दिया है और द्रौपदी के मन में जातीय-घृणा, और कर्ण के मन में द्रौपदी के प्रति इस कारण आक्रोश के अवसर भी सहज टल गए हैं। उन्होंने एक आकस्मिक नाटकीय दुर्घटना को कर्ण की विफलता के मत्थे मढ़ दिया है। यही काम उन्होंने एकलव्य-प्रसंग को हटाकर और खाण्डव-वन-दाह का सरलीकरण करके किया है। कहना न होगा कि महर्षि व्यास ने उच्च जातीय अभिमान पर सदा प्रहार किया है और दलितों, उत्पीड़ितों के प्रति संवेदना प्रकट की है। इसी तरह स्त्री के प्रति करुणा और आदर प्रकट करते हुए, इससे विपरीत मनोवृत्ति की निंदा की है। महाभारत युद्ध का पूरा ढाँचा और भावोद्वेग द्रौपदी के अपमान पर टिका हुआ है। उनका उपाख्यान 'धर्म-व्याध' तो स्त्री और दलित विमर्श की समवेत आदिकथा है।

व्यासजी ने तो सदा उच्च-निम्न, सच-झूठ, न्याय-अन्याय, क्रूरता-कोमलता, छल-निर्मलता को उभारा है, क्योंकि वे किसी देश-काल का नहीं, वर्ग-जाति का नहीं, समूची मानवता का विराट् इतिहास रच रहे थे। परंतु महाभारत का पुन:सृजन करने वाले प्राय: सभी लेखकों ने अपने-अपने देश-काल, प्रवृत्ति और मनोभाव, प्रतिभा और सोच के अनुरूप कथा और कथ्य को ढाला है। यही बात 'व्यासर विरुंद' में भी है। इस कृति को पढ़ते हुए प्रज्ञावान और सफल लेखक राजगोपालचार्य के बारे में दो बात ध्यान रखनी होगी कि वे समन्वयवादी; आदर्शवादी, गाँधीवादी राष्ट्रीय व्यक्तित्व और राजनीतिज्ञ थे। उनके व्यक्तित्व के इन दोनों पक्षों का प्रभाव उनकी इस अत्यंत महत्त्वपूर्ण कृति पर सर्वत्र देखा जा सकता है।

पशु-पक्षियों का मानवीकरण व्यास का ऐसा आत्म-विस्तार और निर्वैयक्तीकरण है जिसे वे प्रतीक रूप में भी इस्तेमाल करते हैं और व्यंजना के रूप में भी। कवि का भाव-विस्तार सृष्टि मात्र के प्रति है, इसके असंख्य उदाहरण महाभारत में हैं।

फिलहाल हम एक पक्षिणी और उसके बच्चों की कथा लेते हैं जिसे इस लेखक ने बड़ी कुशलता से कहा है। अध्याय का शीर्षक है 'सारंग के बच्चे'। प्रसंग है खांडव वन दाह का। इसमें मां की कोमल भावना, नई पीढ़ी की समझदारी और यथार्थ चेतना; बचने की विनम्र युक्ति; दायित्व के समय छोड़ जाने वाले पति के प्रति मनोभाव; सपत्नी के प्रति ईर्ष्याभाव; संकट टल जाने पर पति के लौटने पर सुरक्षित बच्चे वाली मां का सांकेतिक अभिमान और उपालंभ बड़ी मार्मिकता से व्यक्त हुआ है।

अक्सर हमारे मन में प्रश्न उठता है कि अच्छे लोगों को भगवान कष्ट क्यों देते हैं? राम, हरिश्चन्द्र, चन्द्रहास, नल-दमयंती जैसे अनेक उदाहरण हैं ही, पाण्डव, द्रौपदी, कुंती भी इसके जीते-जागते उदाहरण हैं। उन्हें हमने अपरिमित कष्ट झेलते देखा है और कौरवों को मौज मारते। संभवत: इस बात को लक्ष्य करते हुए लेखक ने यह घटना दी है—लाक्षागृह प्रसंग के बाद जब पाण्डव जंगलों में भटक रहे थे, तब उन्हें महर्षि व्यास मिल गए। कुंती ने फूट-फूट कर रोते हुए अपना दुखड़ा सुनाया। तब व्यास ने एक मार्मिक बात कही—''कोई भी ऐसा मनुष्य नहीं जो हमेशा धर्म के ही काम करता रहे, ऐसा भी कोई नहीं जो पाप ही पाप करता हो। संसार में हरेक मनुष्य पाप भी करता है और धर्म-कर्म भी। अत: जब किसी पर कोई विपत्ति पड़े तो उसे अपने ही किए का फल मानकर सह लेना चाहिए।'' इस दर्शन या सोच से भारतीय साहित्य भरा पड़ा है। अश्वघोष की 'गोपा' हो या कालिदास की 'सीता' वे अपने-अपने पतियों के प्रति क्रोध से भरी होने पर भी अंत में यही कहती हैं कि ''यह मेरे ही कर्मों का फल है।''

लेखक ने आज के युग में भी द्रौपदी के वस्त्र के निरंतर बढ़ने के चमत्कार को स्वीकारा है। यही उसने द्रौपदी-द्वार पर गए दुर्वासा प्रसंग में भी किया है। यह पारंपरिक मिथक का ही स्वीकार है। परंतु यहां धृतराष्ट्र, द्रौपदी से वर मांगने को नहीं कहते, बल्कि स्वयं ही भयभीत होकर पाण्डवों का राज्य लौटा देते हैं। इससे द्रौपदी और पाण्डवों के खोए हुए आत्म-सम्मान का थोड़ा शमन किया गया है।

द्वारका पर शाल्व के आक्रमण को लेखक ने राजनीति से जोड़ते हुए उसे शिशुपाल का मित्र बताया है, जो कृष्ण से शिशुपाल-वध का इस प्रकार बदला ले रहा है।

'यवक्रीत' कथा की विस्तार से चर्चा है। भारद्वाज, तपस्या द्वारा अपने पुत्र द्वारा ज्ञान प्राप्त करने की हठ पर कहते हैं :

"बेटा, देवताओं से वरदान पाना कोई बड़ी बात नहीं। नीच लोग भी हठ पकड़कर तपस्या करने लग जाते हैं तो विवश होकर देवताओं को वरदान देना ही पड़ता है। पर इससे वर पाने वालों की बुद्धि फिर जाती है। वे गर्वीले हो जाते हैं और फिर घमण्ड के कारण शीघ्र ही उनका विनाश हो जाता है।" इसके अनेक उदाहरण महाभारत में है।

शल्य के प्रसंग में राजाजी ने सलाह दी कि दूसरों का सम्मान करते हुए भी अपनों की कभी उपेक्षा नहीं करना चाहिए। यदि युधिष्ठिर पाण्डवों के मामा शल्य की चिंता करते हुए उनका उचित सम्मान करते तो वे दुर्योधन की ओर से युद्ध में शामिल न होते।

महाभारत में कई बार यह कहा गया है कि प्रजा के पुण्य का छठा भाग राजा को मिलता है। परंतु प्रजा के पाप का छठा भाग राजा को नहीं मिलता, उल्टे उससे अकाल पड़ता है, बाढ़ें आती हैं, महामारियाँ फैलती हैं, इससे भी अंततः हानि प्रजा की ही होती है। यह कितना अन्याय है कि राजा न केवल प्रजा के पाप में भागी नहीं होता, बल्कि अपना पाप प्रजा में बांट देता है। महाभारत में कहा गया है कि इन्द्र ने ऐसा ही किया था। जब उसका पाप बहुत बढ़ गया तो उसने अपना पाप सारी दुनिया में बाँट दिया। कहा जाता है कि इसी बंटवारे के कारण धरती के कुछ हिस्से खारे हो गए हैं, स्त्रियों को कुछ ऐसे शारीरिक कष्ट सहने पड़ते हैं, जो पुरुषों को सहना नहीं पड़ते। जल के फैन और बुलबुले भी इसी पाप के परिणाम हैं।

महाभारत के अनुरूप राजाजी ने बताया है कि संसार का सम्राट होते हुए भी इन्द्र में भय, ईर्ष्या, क्रोध, छल, छद्म जैसी अनेक बुराइयाँ थीं। और तो और उसने वृत्रासुर तक से धोखा किया, जबकि वृत्रासुर ने अपने दिए वचन का पालन किया। इन्द्र के माध्यम से एक बड़ा सत्य महाभारत में बताया गया है कि सत्ता मनुष्य को भ्रष्ट और घमंडी बनाती है, जब इन्द्र के भागखड़े होने पर धरती के सबसे चरित्रवान, गुणवान और महान नरेश नहुष को इन्द्र के सिंहासन पर आग्रहपूर्वक बिठाया गया तो उसमें भी वे ही बुराइयाँ (बल्कि और अधिक) पैदा हो गईं जो देवराज में थीं। यह बात राजाजी ने ठीक अगले अध्याय में इसी मर्म के उद्घाटन के लिए कही है।

इन दोनों प्रसंगों को लिखते हुए राजाजी एक राजनेता के रूप में अपने को भी दीक्षित कर रहे थे।

भीमसेन ने भी दूत रूप में कृष्ण के जाने का समर्थन किया। इस तरह शांति

से समस्या-समाधान के पक्ष में वे भी थे। इस पर राजाजी की टिप्पणी के पीछे गांधी की 'अहिंसा-दृष्टि' झांक रही है-"इससे सिद्ध होता है कि पराक्रमी और वीर लोग शांतिप्रिय ही हुआ करते हैं। शांतिप्रियता कायरता नहीं हुआ करती।"

गीता में विस्तार से कृष्ण के विश्व-रूप का वर्णन है, परंतु इसके पूर्व भी उन्होंने कौरवों द्वारा बंदी बनाने का प्रयत्न करते समय 'विश्वरूप' दिखाया था। इससे कौरवों ने कुछ नहीं सीखा, जबकि अर्जुन को संसार का रहस्य, युद्ध-मृत्यु आदि का पूरा अर्थ समझ में आ गया। उसकी सारी भ्रांतियाँ दूर हो गईं, पर कौरवों की भ्रांति दूर नहीं हुई, उन्होंने एक बार यहाँ भी धृतराष्ट्र को दिव्य दृष्टि दी थी।

युद्ध का निर्णय हो जाने पर कर्ण और पाण्डवों को लेकर कुंती के अंतर्द्वन्द्व का लेखक ने संकेत दिया है। सारे कुल को तबाही से बचाने के लिए ही कुंती कर्ण के पास गई थी, इससे लेखक ने उसे उदात्तता दी है।

भीष्म के विरुद्ध कर्ण की इस प्रतिज्ञा पर कि वह भीष्म के रहते युद्ध से दूर रहेगा राजाजी की एक प्रासंगिक टिप्पणी है-"सद्‌गुणों से विभूषित सज्जनों में भी अक्सर बराबरी के लोगों से स्पर्द्धा और अपने से बढ़े हुए लोगों के प्रति ईर्ष्या हुआ करती है।" ऐसी मार्मिक, प्रासंगिक टिप्पणियों से राजाजी का 'व्यासर विरुंद' भरा है।

बलराम का युद्ध से तटस्थ रहना और भ्रातृ-कलह के भीषण दृश्य से बचने के लिए वन चले जाना, किंकर्तव्यविमूढ़ता और दुविधा को लेकर एक साहित्य-समालोचक राजाजी की टिप्पणी देखिए :

"आजकल के समालोचक इस मूल तथ्य को भूल जाते हैं और एक ही मापदंड से सबको नापने का प्रयत्न करते हैं। यह ठीक नहीं है। रामायण में दशरथ, कुंभकर्ण, मारीच, भरत, लक्ष्मण आदि दुविधाओं के भँवर में पड़े और निकल भी आए। हरेक ने उसके लिए अलग-अलग रीति बरती और उससे हम लाभ उठा सकते हैं।" इसी दृष्टि से बलराम ने दुविधा से बचने के लिए अपनी दृष्टि के अनुसार तटस्थता अपनाई।

महाभारत के 'संशप्तकव्रत' में हम आधुनिक आतंकवादियों के आत्मघाती-'व्रत' को देख सकते हैं।

युद्ध को लेकर अशांत मन युधिष्ठिर को महर्षि व्यास मृत्यु की इस सुंदर दार्शनिक व्याख्या से शांत करते हैं। वे कहते हैं कि संसार की जीव और जनसंख्या इतनी बढ़ गई कि 'ब्रह्मा' स्थानाभाव को लेकर चिंतित हो उठे। कोई हल न सूझा। उन्हें इतना 'संताप' हुआ कि उससे एक ज्वाला उठी और संसार को भस्म करने

लगी। 'रुद्र' संसार के विनाश-भय से ब्रह्मा के पास गए और उनसे ज्वाला समेटने की प्रार्थना की। उन्होंने मान ली और ज्वाला समेट ली। परंतु उनका क्रोध व्यर्थ कैसे होता? उनके दबे हुए क्रोध ने 'मृत्यु' का रूप ले लिया। मृत्यु हमेशा दबे पाँव, किसी न किसी निमित्त से आती है। मृत्यु का यह मिथक अद्वितीय है। सृष्टि के देव (ब्रह्मा) सृष्टि भस्म करते हैं और 'विनाश' के देव (रुद्र) उससे 'भयभीत' होते हैं; इन सबकी विस्तृत व्याख्या की जाए तो सचमुच एक पूरा सृष्टि-यज्ञ और 'माल्थस' का सिद्धांत समझ में आने लगता है। (पृ. 328-29/अध्याय 81)

महाभारत की एक और रोचक कथा का संकेत राजगोपालाचारी देते हैं वह है 'श्रुतायुध' की, जो कौरव-सेना का एक रथी था। 'अमर' होने का 'वरदान' प्राप्त करने वाले प्राय: उसी वरदान से मारे जाते हैं– जयद्रथ के पिता की तरह। यही 'श्रुतायुध' का हुआ। उसके वरदान में यह पैंच था कि यदि वह अपनी अमोघ गदा का प्रयोग किसी नि:शस्त्र व्यक्ति पर करेगा तो वह उल्टे उसी का सिर तोड़ देगी। उसने गदा श्रीकृष्ण पर चला दी तो उल्टे आकर वह उसी को लगी और उसका मस्तक टुकड़े-टुकड़े हो गया। (337)

अपने ज्ञान और अनुभव का लाभ उठाते हुए राजाजी महाभारत की कुछ घटनाएँ आधुनिक प्रासंगिकता से जोड़ते हुए अतीत की आधुनिकता का उद्‌घाटन करते हैं। महाभारत में शाल्व का द्वारका पर आक्रमण करने के संदर्भ में द्वारका की मोर्चेबंदी की आधुनिकता से हम परिचित हैं, परंतु यहाँ अर्जुन ने युद्ध में एक अलग युक्ति का सहारा लिया। इस पर बात करते हुए राजाजी बताते हैं कि द्रोण-पर्व और कर्ण-पर्व में बहुत-से ऐसे प्रसंग पाये जाते हैं, जिनका वर्णन पढ़कर यह भ्रम-सा होता है कि कहीं आजकल के युद्ध का वर्णन तो हम नहीं पढ़ रहे हैं! एक प्रसंग देखें :

आजकल की युद्ध-प्रणाली में कभी-कभी दुश्मन की मोर्चेबंदियों को छोड़कर आगे बढ़ना भी खास तरीका माना गया है। इसमें दुश्मन की सेना को एक ओर छोड़ कर उसकी पर्वाह न कर आगे बढ़ निकलने के फायदे भी होते हैं और नुकसान भी। पिछले विश्व युद्ध के समय युद्ध-विद्या के जानकारों ने इस तरीके से काम लिया था। शत्रु की सेना से हर मोर्चे पर लड़ते हुए समय गँवाने के बजाए प्रयोग के तौर पर, जहाँ आवश्यक न हो वहाँ शत्रु-सेना को एक ओर छोड़ कर आगे बढ़ जाने के तरीके को अंग्रेजी में 'बॉय पासिंग' कहते हैं। ... चौदहवें दिन युद्ध में अर्जुन ने जो आश्चर्यजनक और मार्के का काम कर दिखाया,

वह इसी तरीके से हुआ।'

चौदहवें दिन युद्ध सूर्यास्त के बाद चलता रहा और युद्ध की मर्यादाएँ एक-एक कर टूटती रहीं। राजाजी ने ठीक कहा है कि "महाभारत का आख्यान एक अद्‌भुत रचना है जिसमें मानवजीवन के दुखदर्द का सार आ गया है।"–यही (दु:खदर्द) उसकी आध्यात्मिकता की प्रेरणा है।

यह रचना व्यास जी की न्याय-दृष्टि और रचना के उत्कर्ष की सूचक है। सम्पूर्ण पराजय और विदुर के उपदेश के बाद भी धृतराष्ट्र की प्रतिहिंसा की आग युद्ध को उस पराकाष्ठा पर पहुँचाती है जहाँ पक्ष-विपक्ष तुल जाता है। एक क्रूर सक्रियता के बिना विराग सपाट आदर्शवादी अंत होता। जैसे ब्रह्मा की दबी अग्नि 'मृत्यु' बनी थी, वैसे ही धृतराष्ट्र के भीतर दबी अग्नि यहाँ प्रतिहिंसा का चरम बनी।

युद्ध के बाद शवों के ढेर के पास गांधारी और द्रौपदी के मिलन का प्रसंग महाभारत में बड़ा मार्मिक है। राजाजी ने इसे दिया है।

अंत में लेखक ने महामुनि व्यास के द्वारा भावी सम्राट युधिष्ठिर को कही कई कुछ कथाओं का उल्लेख किया। पहली थी बृहस्पति के भाई संवर्त की। इसे कहते हुए युधिष्ठिर को उपदेश मिला कि ईर्ष्या मनुष्य का पतन कर देती है और यह कि "सज्जनों से लोग उनकी सज्जनता के कारण ही जलते हैं, यह बात बिलकुल विलक्षण मालूम होने पर भी सच है।"

दूसरी कहानी उत्तंक मुनि की है। वे बड़े तपस्वी थे, पर थे क्रोधी। कृष्ण को ही शाप दे रहे थे, तब उन्होंने उन्हें विश्व का रहस्य बताया। यहाँ पूरे महाभारत में कृष्ण ने तीसरी बार 'विश्वरूप' के दर्शन कराए। उत्तंक का क्रोध शांत हुआ तो कृष्ण ने वरदान मांगने को कहा। उन्होंने कहा, "मुझे और क्या चाहिए? आपके दर्शन हो गए।" आग्रह करने पर एक ही वर मांगा–"जब भी और जहाँ कहीं मुझे प्यास बुझाने के लिए जल की आवश्यकता हो, मुझे वहीं जल मिल जाए।" वरदान मिल गया। 'पानी' तपस्या का वरदान है।

यह कहानी यहीं समाप्त नहीं हो जाती, वह सामाजिक प्रश्न उठाती है और विषमता पर गहरी चोट करती है। एक बार उत्तंक वन में अकेले थे, उन्हें ज़ोर की प्यास लगी, पानी का पता नहीं। उन्होंने कृष्ण का ध्यान किया। कृष्ण ने इन्द्र से कहा कि उत्तंक मुनि को अमृत पिला दो। उसने कहा कि एक मनुष्य को नहीं पिलाया जा सकता। कृष्ण के आग्रह पर उसने कहा मैं चाण्डाल के रूप में जाऊँगा और पानी के रूप में अमृत पिलाऊँगा। यदि उत्तंक ने नहीं पिया तो नहीं पिलाऊँगा।

उत्तंक के सामने एक चांडाल प्रकट हुआ– गंदे कपड़े, हाथ में मशक। उसने उत्तंक से पानी पी लेने का लगातार आग्रह किया। उत्तंक क्रोधित हो उठे। 'कृष्ण ने मुझसे छल किया।' इंकार करने पर चांडाल अंतर्धान हो गया। उत्तंक चौंके। तभी सुदर्शन लिए कृष्ण प्रकट हुए। कहा– "आपने इंद्र के आगे मेरी पराजय करा दी।"

इस छोटी सी कथा में चमत्कार मुख्य नहीं है। बड़े-बड़े ऋषि-मुनियों में नस्ल-भेद पर टिप्पणी है। इससे संसार 'अमृत' से वंचित होता है। क्योंकि समता और निर्घृणता ही अमृत है।

अंत में धृतराष्ट्र का वनगमन और कृष्ण का 'लीला संवरण'। इसमें युधिष्ठिर को मानव मूल्य की दीक्षा मिली है। शायद यही महाभारत की शांत और उदात्त में परिणति है।

यह कृति महाभारत की प्रासंगिकता को समझने की दृष्टि से भी अनुपम है। और कमियां या सोच की त्रुटियां किस कृति में नहीं होतीं?

पर्व (उपन्यास) (कन्नड़) : एस.एल. भैरप्पा
(1984)

'पर्व' कन्नड़ के प्रसिद्ध आधुनिक लेखक एस.एल. भैरप्पा की बहुचर्चित, बहुविवादित कृति है। लेखक उसे एक ऐतिहासिक कृति मानता है और 'युद्ध कथा' को कथ्य।

महाभारत का सम्पूर्ण अनुवर्तन, अनुसृजन और पुन:सृजन भारतीय साहित्य की अनेक कृतियों में हुआ है। उसकी प्रेरणा और प्रसंगों को लेकर तो असंख्य रचनाएँ और कलारूप देशभर में बिखरे हैं। हर लेखक की अपनी परिकल्पना, अपनी दृष्टि, संरचनात्मक शिल्प होता है। इसी लिए महाभारत के स्रोत से निकली रचनाओं में विलक्षण वैविध्य है।

जिन लेखकों ने उसके आधार पर संपूर्ण महाभारत की रचना की है या उसका संक्षेपण किया है, उनमें भी वस्तु से लगाकर रूप, दृष्टि, चरित्रांकन संबन्धी ढेरों नवीनताएँ हैं जिनकी चर्चा, हमने, यथास्थान की है। क्योंकि महाभारत में इसके लिए पूरा अवकाश है। परंतु मुझे नहीं लगता कि किसी ने 'महाभारत की वास्तविकता' की खोज से अपनी रचना का प्रस्थान किया हो और अपनी-जुटाई ऐतिहासिकता से उसका निरूपण किया हो। किसी कृति के ऐतिहासिक आधारों को लेकर तथ्यात्मक जिज्ञासा तो हो सकती है, परंतु उसकी सृजनात्मकता को अपनी ऐतिहासिक या तथ्यात्मक तुला पर तोला नहीं जा सकता। महाभारत का स्रष्टा इतिहास और 'कृति' का अंतर भलीभांति समझता है। इसलिए वह तथ्य और स्मृति का उसे संयोजन मानता है, जिसने उसे इतिहास के मिथकीकरण का पर्याप्त अवकाश दिया है। रचना का तथ्य तो इतिहासपरक हो सकता है, पर उसका 'सत्य' एक द्रष्टा कवि का होता है।

भैरप्पा ने कहा है कि उनके भीतर महाभारत का बीज 1966 में उसकी 'वास्तविकता' की जिज्ञासा से पड़ा; और लेखक इस इकहरी दिशा में चल पड़ा!

इस तरह बिस्मिल्ला ही ग़लत हुआ। इतिहास महाभारत की बहुआयामिता का एक ढांचा भर है और 'पुराण' या स्मृति में निहित है। लेखक ने अपनी अपेक्षित ऐतिहासिकता जुटाने के लिए महाभारत से जुड़े विभिन्न स्थानों की यात्रा की, अनेक अन्वेषण ग्रंथ पढ़े, अनेक विद्वानों से संपर्क किया आदि। मराठी लेखिका इरावती कर्वे की पुस्तक 'महाभारत के महाअरण्य में' ने लेखक को प्रभावित किया जो महाभारत के कथ्य, विसंगतियों, चरित्रांकनों आदि को लेकर अनेक ऐसे विचारोत्तेजक प्रश्न उठाती है, जो हमारे आधुनिक बोध और प्रत्यक्ष विवेक को व्यावहारिक रूप से संबोधित और प्रभावित करते हैं। इससे उपन्यास का ढाँचा बन सकता और जिस दिशा में लेखक का सोच चल रहा है, उधर ले जा सकती हैं। परंतु महाभारत का सृजनानुभव अलग है। यही कारण है कि 'पर्व' में बाहरी हस्तक्षेप के बावजूद अपनी रचना के अंत तक जाकर लेखक महाभारत का आंतरस्पर्श अनुभव करता है और अपने में परिवर्तन महसूसता है। भूमिका 'निवेदन' में वह कहता है :

'इसके लिखने की तैयारी के विविध स्तरों पर जो बातें मेरी कल्पना में आई थीं, वे उपन्यास के रूप में अभिव्यक्त होते समय बिलकुल दूसरे रूप में सामने आईं। 'पर्व' लिखने के अनुभवों ने मेरे भीतर नए भाव पैदा किए, मुझे एक नया जीवन दिया।... परंपरा ही हमारे विश्वासों की मूल है। इन सबको त्याग कर जीवन के अंत को मृत्यु की दृष्टि से देखा जाए तो नया ज्ञान जन्म लेता है।'

लेखक का 'बीज' अंततः ऐसे पुष्प में बदल चुका है जिसके रूप-रंग-आकार-प्रकार-गंध-स्पर्श और सौन्दर्य को 'बीज' के रूप में पहचानना संभव नहीं है। यही विधाता और कवि की सृष्टि का रहस्य है जिसने भैरप्पा को नए भाव और जीवनानुभव दिया। वह जिस कृति में 'वास्तविकता' की खोज करने निकला था उससे मिला एक-जीवन-दर्शन! व्यास क्योंकि द्रष्टा कवि थे, इसलिए उन्होंने बीज से पुष्प तक का पूरा रचना-विधान आरंभ में ही कल्पित कर लिया था, इसलिए कृति, उनके सामने उसी रूप में आई थी जिस रूप में उन्होंने उसे रचा है।

'महाभारत' पढ़ लेने के बाद भी भैरप्पा में 'महाभारत' की आग पैदा नहीं हुई। वह उसके भीतर धुंधुवाती रही और अंत में जाकर ही ज्वाला बन सकी। इसी जगह तो महाभारत पाठक को इंगित करता है कि जीवन को मृत्यु की ओर से देखना क्या है? कौन-सा नया ज्ञान इससे जनमता है? 'गीता', जिसे भैरप्पा ने महाभारत की ऐतिहासिकता के लिए अनावश्यक समझा, यही तो कहती है कि

'देह के अंत' को 'आत्मा की मृत्यु' मत समझो। यह सृष्टि-संचालन और उसकी सनातनता की एक प्रणाली है।

महाभारत का स्रष्टा, महाभारत के बीचोंबीच, खूनी संघर्ष के एन वक्त पर, इस सत्य का उद्घाटन क्यों करता है? यह अर्जुन का ही नहीं, महाभारत के पाठक का भी प्रशिक्षण है और कवियों का भी। इसी को तो 'कवियों का कवि' कहते हैं, वह रचना नहीं करता कवि और सहृदय में रचना के बीज भी डालता है। चलिए 'पर्व' के अंत में ही सही, लेखक में यह बीज तो उत्पन्न हुआ।

लेखक कहता है कि कन्नड़ में प्रकाशित होने पर 'पर्व' को लेकर-पाठकों, आलोचकों, धार्मिक नेताओं, समाजशास्त्रियों तथा चिंतनशील व्यक्तियों में काफी विवाद होता रहा है।' लेखक इससे इतना भ्रांत और त्रस्त हो गया कि हिन्दी पाठकों से उसने 'एक निवेदन' किया-''यह साहित्यिक कृति है, मानवीय अनुभव है। लेखक ने उन्हीं अनुभवों को मूल द्रव्य मानकर जीवन के अर्थों को खोजने निकला है। यही मानकर उपन्यास को पढ़ें।'' ठीक है, परंतु लेखक की मूल प्रतिज्ञा ही 'पर्व' की रचना और आलोचना-दृष्टि में सर्वत्र दिखाई देती है। जो अवबोध लेखक को इतने विलंब से; और प्रतिक्रियाओं के उपरांत हुआ, वह कृति रचने से पहले होता तो इसका लाभ कृति को भी मिलता।

लेखक का पूरा वक्त तो अन्वेषण और प्रमाणों को जुटाने में ही बीत गया! उसे पौराणिकता, जन विश्वासों और आवरणों को हटाना था। यह समझना मुश्किल है कि फिर महाभारत की 'कथावस्तु' क्यों ली गई? या उस तरह क्यों नहीं ली गई जैसी ओड़िया के सारलादास ने ली थी?- लेखक अपने आधार की रचना खुद कर लेता।

महाभारत तो स्वयं में एक जटिल ताना-बाना है, उसकी तमाम 'अतिरंजनाओं', 'चमत्कारों', 'विसंगतियों' को दूर करने की ज़िद विफल होते कई बार देखी गई है। इसलिए प्राय: लेखकगण पूरे महाभारत के पुनःसृजन से बच कर प्राय: उसके प्रसंगों, आख्यायिकाओं, प्रेरक तत्त्वों को लेकर सृजन करते रहे हैं। ऐसा करते हुए वे स्वयं उन विसंगतियों से बच जाते हैं जिन्हें दूर करने के प्रयास में स्वयं विसंगत हो जाते हैं। घटना-दर-घटना 'वास्तविकता' के उद्घाटन और ऐतिहासिकता की स्थापना के इकहरे लक्ष्य को लेकर चलने से लेखक स्वयं कैसी विसंगतियों में पड़ गया है, इसके प्रमाण स्वरूप 'पर्व' के कुछ प्रसंग लेता हूँ :

कृष्ण द्वारा द्रौपदी का चीर बढ़ाने को भैरप्पा अपनी कल्पना से आच्छादित करते हैं। वे कहते हैं कि द्रौपदी ने अपने वीर पतियों के प्रताप से दुर्योधन और

दु:शासन को भयभीत करने की कोशिश की, पर वे न हुए; फिर उसने अपने पिता द्रुपद और भाई धृष्टद्युम्न के प्रताप और तेज का भय दिखाकर उन्हें कुकर्म करने से रोकने की कोशिश की, पर उन्होंने टका-सा जवाब दे दिया; परंतु जब उसने अपने सखा कृष्ण की महत्ता और सहायता के लिए उपस्थित होने की बात कही तो दु:शासन भयभीत हो गया और उसने द्रौपदी के चीर-हरण का प्रयास छोड़ दिया। उन्मत्त दुर्योधन और दु:शासन इस प्रकार के वचनों से भयभीत होकर पीछे हट जाएँ यह सर्वथा असंभव है। वे उस समय तक कृष्ण की महत्ता और शक्ति को जानते भी नहीं थे; और स्वयं कृष्ण जब संधि के लिए युधिष्ठिर को सभा में आए थे तब दुर्योधन ने क्या किया था?

महाभारत में वस्त्र बढ़ने पर दु:शासन का खींचते-खींचते पस्त हो जाना और किसी अप्रत्याशित अदृश्य शक्ति से भयभीत हो जाना स्वाभाविक है। इस प्रसंग ने पूरी सभा को स्तब्ध कर दिया और उनकी अपनी जगह, चरित्र आदि बता दिए। परिणामस्वरूप दुर्योधन की स्तब्धता, धृतराष्ट्र के वरदान, विदुर का नीति-प्रवचन और पाण्डवों का खाण्डवप्रस्थ प्रस्थान सबकुछ स्वयमेव निर्बाध घटित और व्यंजित हो गया। वरना उजड्ड दुर्योधन, शातिर शकुनि चुप रह सकते थे? इसी संदर्भ में पितामह और द्रोणाचार्य की मूकता और धर्म की ग़लत व्याख्याएँ, विकर्ण का तेजस्वी नैतिक-प्रतिरोध, द्रौपदी की तेजस्विता, युधिष्ठिर और पाण्डवों की ठंडी और कायर मानसिकता, भीम का क्रोध, कर्ण का विद्रूप, दुर्योधन-दु:शासन की नीचता और सभा में छा गया आतंक एक झटके में उजागर हो गया। द्रौपदी का वस्त्र बढ़ाने से कितने नंगे हो गए? लेखक चाहता तो इस प्रसंग की प्रतीकात्मक अर्थसत्ता का कलात्मक इस्तेमाल कर सकता था; और ऐसा नहीं करना था तो भीम का, क्रोध से दु:शासन को धक्का मार देना ही काफी था। क्योंकि जुए में किसी स्त्री को दाँव पर लगाने का यह मतलब तो नहीं होता कि भरी सभा में आप उसे नंगा कर दें!

दूसरा प्रसंग भीष्म की शरशय्या का। भीम स्वयं ही सेनापति पद से निवृत्त हो जाते हैं- शिखण्डी को सामने देखकर। यह शिखण्डी 'कमर के नीचे स्त्रियों जैसा लहँगा पहने था, ऊपर पुरुषों जैसा कवच, पीछे लंबी वेणी थी।' यह लेखक की विचित्र रचना है-बेढब!

उसकी मुश्किल यह है कि वह अम्बा के पुनर्जन्म की बात करता है, यह वास्तविकता का कौन-सा धरातल है? खैर, भीष्म युद्धभूमि के पीछे, एकांत में सारथी को आदेश देते हैं। वहीं विश्राम के लिए सारथी उनके लिए गादी-तकिया

लाता है। भीष्म उस पर बैठते हैं, फिर उन्हें लगता है कि यह तो वीरोचित नहीं हुआ। सारथी से रथ में बाण भरकर लाने को कहते हैं। बाण आने पर उसकी शैया बनवाते हैं सारथी समतल बाण जमा कर शय्या बना देता है। भीष्म उस पर बैठते हैं। वे निराहार रहकर प्राण त्याग करना चाहते हैं और उनका विचार है कि वे एक दिन से ज्यादा भूखे जीवित नहीं रहेंगे। उत्तर की ओर सिर कर लेट जाते हैं। पता नहीं लेखक को 'ऐतिहासिक' या 'वास्तविक' खोज में यह सब कैसे पता चला? भीष्म की सहसा युद्ध से निवृत्ति और ऐसी मृत्यु का वर! महाभारत में भीष्म का जो अद्वितीय, भव्य चरित्र है वह यहाँ मृत्यु से पहले मरना चाहता है! क्या यह उनके लिए संभव है?

महाभारत में शरों से बिंधे भीष्म गिर पड़ते हैं और उसी रूप में उत्तरायण की प्रतीक्षा 57 दिन तक करते हैं। बिंधे हुए बाण ही उनकी वीरोचित शय्या और जिजीविषा है। इन सत्तावन दिनों में कर्ण का आगमन, कृष्ण और परिवार जनों की भेंट; युधिष्ठिर को राजधर्म, नीति और उसके वांछित प्रश्नों का अनुभव सिक्त उत्तर देना भीष्म का भावी पीढ़ी के प्रति अवदान है, वरना तो उनका पूरा जीवन जिस तरह के झमेलों में या विसंगतियों में उलझा रहा या युद्ध में उनकी जो द्विधा-विभक्त मानसिकता रही, वह सब के लिए संदेह और स्वयं उनके लिए अंत:संघर्ष रहा है। शरशय्या उनके आत्म-स्वीकार का भी दुर्लभ क्षण था जिसका संकेत कर्ण की भेंट से मिलता है। शरशय्या पर भी उन्होंने संधि का प्रयास किया। महाभारत में उनकी मृत्यु एक दिव्य आयोजन में परिणत हुई है, जैसी पितामह की मृत्यु होनी चाहिए। पर पर्व के लेखक ने क्या किया!

ऐसा नहीं है कि लेखक की सभी परिकल्पनाएँ विसंगत हैं जैसे पाण्डु की मृत्यु और कुछ अन्य घटनाएँ। परंतु वास्तविकता की खोज के साथ यदि लेखक महाभारत के सृजन-फलक, सृजन-युक्तियों आदि का उपयोग भी कर लेता तो अधिक उचित होता। जैसे शाप और वरदान आदि को आधुनिक कौशल से या प्राचीन परिपाटी से ही यदा-कदा उपयोग में लें तो उससे रचना की कई ग्रंथियाँ खुलती हैं।

महाभारत ऐसी विलक्षण रचना है जो पूरे देश में अनेक तरह से व्याप्त है परंतु उन्हें 'वास्तविकता' का अन्वेषण नहीं कहना चाहिए, जैसे भैरप्पा ने गढ़वाल क्षेत्र में घूमते हुए सुना कि वहाँ बहुपति प्रथा द्रौपदी-काल से चली आ रही है। इसका यह अर्थ भी तो निकाला जा सकता है कि लोगों ने वहां की प्रचलित प्रथा को गौरवमंडित और उचित सिद्ध करने के लिए पाण्डवों और द्रौपदी से जोड़ा।

क्योंकि ऐसा नहीं हो सकता कि वहाँ इस प्रथा के प्रचलन का कारण द्रौपदी हो। यह संयोग था कि पाण्डवों का जन्म वहाँ हुआ, और पाण्डु ने सपत्नीक वहाँ प्रवास किया। यह विचारणीय है कि ऐसी प्रथा तो भारत में कई क्षेत्रों में है, राजस्थान के एक भाग में, केरल की कुछ जातियों में, नीलगिरि की पहाड़ियों में, जौनपुर बाबर खाई में यह प्रथा है। पर सब जगह यह निम्न जातियों में है, उच्चवंशीय क्षत्रियों में नहीं।

द्रौपदी के बहुपतियों के पीछे राजनीतिक, पारिवारिक मनोवैज्ञानिक आदि कई कारण थे। अन्यथा अग्निजाता द्रौपदी अकारण ही राजवंश के विपरीत पाँच पति कैसे स्वीकार कर लेती? इसके औचित्य के लिए व्यास जी को प्रत्यक्ष हस्तक्षेप करते हुए गतजन्म की कथा सुनाकर सबको शांत करना पड़ा और महाभारत में व्यास जहाँ-जहाँ प्रत्यक्ष आए हैं, वहाँ-वहाँ कोई-न-कोई जटिल और अबूझ समस्या रही है।

भैरप्पा ने ही नहीं, अनेक लेखकों ने अपनी रचनाओं में महाभारत का संक्षेपीकरण किया है। और प्राय: अपनी-अपनी रुचि के अनुरूप पर्वों में, उपाख्यानों में; बौद्धिक चर्चाओं में कटौती की है। आदिपर्व, शांतिपर्व, स्त्रीपर्व, अनुशासनपर्व में प्राय: कटौती हुई है। भगवद् गीता प्राय: छोड़ दी गई है और महाभारत को प्राय: 'युद्ध कथा' के रूप में सीमित कर दिया गया है। इससे महाभारत एक सपाट, सीधी, रोचक कथा बन कर रह गई है, और उसका वह तत्त्व निकल गया है जो उसे 'महाभारत' बनाता है और उसे विश्व की निरी युद्ध कथाओं से अलग करता है। पर संक्षेपकारों का संभवत: यह उद्देश्य नहीं रहा।

अंत में एक और बात। लेखक ने महाभारत की मिथकीयता पर ध्यान न देते हुए गणितीय पद्धति का आश्रय लिया है और उसके अनुसार अपनी अवधारणा बनाई है। जैसे उसका कहना है कि अठारह अक्षौहिणी सेना का अर्थ है 90 लाख सैनिक; इतने सैनिक कुरुक्षेत्र मैदान में समा नहीं सकते, उसका कहना है कि उस समय आर्यावर्त की जनसंख्या इतनी नहीं थी। क्या लेखक ने विचार किया कि समरांगण में एक साथ पूरी सेना नहीं उतारी जाती है, और अभी आयावर्त का ही सही निर्धारण नहीं हुआ तब किस आधार पर उसकी जनसंख्या निर्धारित होगी?

'पर्व' का प्रारंभ कुरुवंशी राजाओं के पीढ़ी-दर-पीढ़ी चले आए विद्वेषों, आपसी झगड़ों से किया गया है। यह उस केन्द्रीय युद्धेतिहास की नींव है, जिसकी रचनात्मक पृष्ठभूमि लेखक बनाता है। इसके व्यापक परिप्रेक्ष्य के लिए लेखक

आर्यावर्त के जनजीवन के देशाचार, कुलाचार, परंपरा, रूढ़ियों के ताने-बाने बुनता है। इसके लिए मद्रदेश के दादा-पोती के बीच संवाद का सुघर आयोजन किया गया है। इसी तरह नई पीढ़ी उन प्रथाओं से परिचित होती है जो उसकी कई विस्मायक जिज्ञासाओं को शांत करती है। यहीं विवाह, नियोग उत्तराधिकार आदि कई नई बातों को समझाया गया है। इसके लिए लेखक पश्चचित्र (फ्लैश बैक) का सहारा लेता है। एक उद्धरण देखिए। माद्री का भाई, मद्रराज शल्य का बेटा रुक्मरथ, कौरव-पाण्डवों का समाचार शल्य के पास लेकर आया है, क्योंकि पाण्डव वनवास और अज्ञातवास बिताने के बाद दुर्योधन से अपना हिस्सा माँगते हैं जो दुर्योधन देने को तैयार नहीं है, रुक्मरथ बताता है :

"दुर्योधन ने एक मूल प्रश्न छेड़ा है। उसका कहना है कि वही अकेला कुरुवंश में अपने पिता धृतराष्ट्र के बीज से ही पैदा हुआ है। उसके तेरह भाई-बहन हैं। (लेखक के अनुसार सौ संख्या धृतराष्ट्र से उत्पन्न दासीपुत्रों को मिलाकर बनी है।) जबकि पाण्डु की पत्नियाँ अन्य पुरुषों से गर्भवती हुई हैं.. इस कारण वे कुरुवंश के नहीं हैं। पहले उन्हें खांडवप्रस्थ देना ही ग़लत हुआ। वह ग़लती उसने जुए से ठीक की, अब उसे बिगाड़ने को आगे न आइए, यह बात उसने बड़े बूढ़ों से कह दी है।"

पिता; नियोग को शास्त्र-सम्मत बताते हैं। पिता को सहसा याद आता है। वह कहता है–

"दुर्योधन का बाप धृतराष्ट्र और पाण्डवों का बाप पाण्डु दोनों नियोग से पैदा हुए थे– वह भी बाप के मरने के बाद, उसकी अनुमति के बिना। केवल उसका नाम लेकर पत्नियों ने बीज स्वीकार किया था। तो कहा जा सकता है कि दुर्योधन भी कुरु वंश का नहीं।"...

इन संवादों से कौरव पाण्डवों के संघर्ष की नींव का पता चलता है। पश्चचित्र से ही पाण्डवों का जन्म और आगे का किस्सा कहा गया है। इसमें तत्कालीन पारिवारिक संबन्ध, आचार, राजकीय व्यवहार, विवाह, दहेज जैसी पचीसों बातें हैं।

एक रोचक प्रसंग उठाते हुए, अर्जुन की दुखती रग पर भी लेखक ने उंगली रखी है। जब अर्जुन ने सुभद्रा का हरण किया तो उसे भय लगा कि कहीं द्रौपदी की तरह उसे भी पाँचों भाइयों की पत्नी न बना दिया जाए! उसने मां (कुंती) को यह संदेश भेजा कि वह यदि यह बात स्वीकार नहीं करेगी, तो वह इन्द्रप्रस्थ नहीं लौटेगा और शेष पाण्डवों से संबन्ध भी तोड़ लेगा। अंततः कुंती और भाइयों

ने यह मान लिया। अर्जुन लौट आया।

बीच-बीच में ऐसे प्रसंग आए हैं जिनमें धर्म, आचार आदि की चर्चा है। युधिष्ठिर और द्रौपदी का पुत्र (प्रतिविंध्य) मां से पूछता है : "सच्चा धर्म और आर्य धर्म क्या है?" इस समय द्रौपदी के चारों पुत्र सो रहे थे। वे जाग गए। द्रौपदी को वन में धर्म (धर्मराज) से की गई चर्चा याद आई। वह हँस पड़ी। बेटे श्रुतकीर्ति ने हँसने का कारण पूछा, द्रौपदी ने कहा– "आर्यधर्म क्या है, यह बड़े भइया (प्रतिविंध्य) ने पूछा है। मेरे मन में आया कि शिकार, शराब और जुआ यही बस। इसलिए हँसी आ गई।" बात हँसी में कही गई है, पर इसमें द्रौपदी के व्यंग्य और पीड़ा की झलक है।

चर्चा में कृष्ण का युधिष्ठिर से यह कथन भी है कि "जुए के समय वहाँ होता तो दोनों (दुर्योधन और युधिष्ठिर) को समझाता कि जुआ खेलना अधर्म है। अगर नहीं सुनते तो दोनों के हाथ काट डालता! जुआरियों के लिए यही धर्म है।" (पृ.164)

लेखक ने कृष्ण के देवत्व को स्वीकार नहीं किया, पर उन्हें महापुरुष, महान राजनीतिज्ञ माना। इसी के अनुरूप सर्वत्र उनका चरित्र रचा गया। युधिष्ठिर के बारे में द्रौपदी का मत है–"धूप, वर्षा और सर्दी से हार जाने वाला शरीर और मन उसका नहीं है, मर्द का शरीर और मर्द का ही मन है।" (पृ.167)

भीष्म की निवृत्ति के बाद युद्ध से विरत कर्ण का बीच युद्ध में कूद पड़ना अत्यंत स्वाभाविक और वीर-मित्र के अनुकूल बन पड़ा है। क्योंकि इसके पहले तो संजय और विदुर को कर्ण के बारे में जो संशय था उसका यह बहुत अच्छा इस्तेमाल हो सका है, क्योंकि यह संशय स्वाभाविक था कि भीष्म पितामह के सेनापति रहते हुए युद्ध में भाग न लेने की प्रतिज्ञा कर्ण ने कहीं पाण्डवों से युद्ध न करने की भावना से तो न ली हो? क्या उसके भीतर दुर्योधन के प्रति कोई मनोग्रंथि तो नहीं? अकेले भीष्म 10 दिन तक लड़े थे। काफी कुछ नष्ट हो चुका था, जिसे वह खामोश बैठ देखता रहा था। वह युद्ध करना क्यों टाल रहा है? क्या उसे भी भीष्म भी तरह यह विश्वास था कि यह पराजय का युद्ध है? ऐसे तमाम संशय घटना-चक्र से उत्पन्न होते हैं।

भैरप्पा ने अपने उपन्यास का एक महत्त्वपूर्ण अंत करना चाहा, कृष्ण गांधारी की आंख की पट्टी खोल देते हैं जो खुली रहती है। महाभारत में केवल कुछ क्षणों के लिए अपने मृत पुत्रों को देखने के वास्ते उसकी पट्टी खोली जाती है। पट्टी खुलने के बाद भी आजन्म अंधी बनी आंख वाली माँ को कैसा अनुभव

होता है, कैसी चौंध होती है इसका अच्छा वर्णन है।

पर्व के लेखक ने संजय को दिव्य दृष्टि की बजाए दो घोड़े दिलवा दिए। यह एक राजनयिक खेल भले हो, पर महाभारत संजय के वर्णन की बारीकी में जाता है, प्रदर्शनीय देखता है और बार-बार धृतराष्ट्र को धिक्कारता है ताकि अब भी वह आत्म-निरीक्षण कर सके और उसकी तरह अन्य युद्ध-लोलुप पीढ़ियाँ भी। यह सब इस परिवर्तन में खो गया है।

भीम से धृतराष्ट्र के आलिंगन के समय लौह मूर्ति का चूर-चूर होना अधिक स्वाभाविक था या धृतराष्ट्र का कम्बल में छुरी छिपा कर उससे प्रहार करना? भीम पर छुरी का क्या असर होना था? और वैसे भी एक पराजित राजा के लिए यह मूर्खतापूर्ण निकृष्टता होती और अब तक छिपा उसका चेहरा भी उघड़ जाता। धृतराष्ट्र अंधा था, मूर्ख नहीं। स्त्रियों के विधवा होने और गर्भवती होने से लेखक ने इन्द्रप्रस्थ से द्वारका को ठीक जोड़ा परंतु युद्धोत्तर शोक और ध्वंस का वीभत्स और करुण निरूपण करने का उसने अवसर खो दिया।

भीम द्वारा सालकंटकी (हिडिम्बा) और घटोत्कच के मार्मिक स्मरण से पर्व का अंत वेदना के एक केन्द्र की मार्मिक व्यंजना है।

महाभारत को 'युद्ध कथा' के रूप में केन्द्रित करना भले ही ठीक था और इसमें भी संदेह नहीं कि लेखक ने 'पर्व' को एक रोचक उपन्यास बनाया है। इसमें महाभारत की अपनी कथा-संरचना की भूमिका तो है ही, लेखक का अपना रचना-विधान भी है। परंतु महाभारत के कई मार्मिक, उदात्त, गहन और व्यापक प्रसंगों की अपने ढंग से प्रस्तुति में लेखक को सफलता नहीं मिल सकी है। इससे तो यही अच्छा था कि महाकवि पंप की तरह भैरप्पा भी कुछ प्रसंगों को छोड़ देते, पात्रों की भूमिका सीमित कर देते। महाभारत के वस्तु रूप को यथावत् लेना और उसका यथार्थवादी रूपांतरण करना एक कौशल की मांग करता है, ताकि महाभारत की तात्त्विकता का यथार्थ दृष्टि से दोहन कर, उसे आधुनिक समय के लिए न केवल विश्वसनीय बना सके, बल्कि सार्थकता भी दे सके, वरना एक महान कृति को हाथ ही क्यों लगाया जाए, यदि हमारा उसकी मिथकीयता, तात्त्विकता, बहुमुखी चिंतन, और उसमें निहित प्रासंगिक अर्थवत्ता पर भरोसा न हो? यद्यपि ऐसा नहीं लगता कि लेखक किसी अश्रद्धा से अपना रचनारंभ कर रहा है, परंतु वह ऐसे पक्ष में जड़ीभूत होकर अपनी इकहरी दिशा में बढ़ता है जो एक संश्लिष्ट, सघन कृति के अनुरूप नहीं है। महाभारत की 'वास्तविकता' भला ढांचे में, कंकाल में थोड़ ही है; उसकी वास्तविकता जिस

'अर्थ' में निहित है वही उसका कथ्य है।

तो भी 'पर्व' कन्नड़ में आधुनिक समय की एक बेचैनी तो प्रकट करता ही है जो आर्ष साहित्य के आवरण को हटाकर उसे अपनी आंख से देखना चाहता है।

मेरा यह आशय नहीं है कि महाभारत का कोई नया अन्वेषण न किया जाए या उसके वस्तुगत पहलुओं, उसकी विसंगतियों का खुलासा नहीं किया जाए। मैं महाभारत के प्रखर प्रतिवाद को उचित मानता हूँ और संयोगवश महाभारत ने स्वयं इसके अवसर दिए हैं। परन्तु यह सब उस कृति के विशाल फलक, उसकी भंगिमाओं, उसके काव्य-सौन्दर्य, कल्पना, विज़न को ध्यान में रखकर किया जाए तो नई रचना की मौलिकता भी उद्घाटित होगी और परवर्ती रचनाकारों के अवदान की सार्थकता भी।

कन्नड़ में 'पर्व' से अधिक महत्त्वपूर्ण उपन्यास है नरसिंह शास्त्री देवडु का उपन्यास 'महाक्षत्रिय'। उसे देखकर मैथिलीशरण गुप्त का जयभारत याद आता है जिसमें 'नहुष' के चरित्र को श्रेष्ठ और उदात्त बनाने का प्रयास है और वहीं से 'जयभारत' प्रारंभ होता है--एक ऐसी पीठिका पर जिसका संकेत है कि भारत की, भारत के मूल्यों की जीत न केवल भूमि-युद्ध में हुई; उसने स्वर्ग पर भी राज्य किया। परंतु देवडु का उपन्यास 'नहुष' पर केन्द्रित है, इसलिए इसकी चर्चा समग्र महाभारत पर रचित रचनाओं में नहीं की गई है।

महासमर (हिन्दी) : नरेन्द्र कोहली

(रचना-काल : 1988-2000)

नरेन्द्र कोहली का 'महासमर' 3264 पृष्ठों का विराट उपन्यास (Mega Novel) है। कोहली ने इसे आठ खंडों में इसे 12 वर्षों की अनवरत साधना से रचा है।

मेरी जानकारी में भारतीय साहित्य में सम्पूर्ण महाभारत पर इतना वृहत् काव्य या उपन्यास नहीं लिखा गया। इतने प्रश्नों से एक साथ उलझता, कथा-सूत्र को रोचक और जीवंत बनाता, औपन्यासिक वृत्त का सुंदर निर्वाह करता यह एक दुर्लभ कला-कर्म है। हालांकि कोई भी कला-कर्म कभी पूर्ण नहीं होता न दोषरहित होता है; फिर महाभारत आधारित रचना की चुनौतियां अपार हैं। 'महासमर' विशाल है, पर महाभारत एक विराट रचना है। इस कथन का अर्थ केवल इससे समझा जा सकता है कि कृष्ण ने अर्जुन को अपना 'विशाल' नहीं, 'विराट' रूप दिखाया था।

महासमर के कई खंडों के फ्लैप पर कहा गया यह कथन उचित प्रतीत होता है कि ''घटनाएँ' पात्र महाभारत से संबद्ध हैं, किंतु यह कृति एक उपन्यास है—आज के लेखक का मौलिक सृजन।... 'पुनःसृजन'– संशोधन और पुनर्लेखन नहीं होता और न केवल युग सापेक्ष अनुकूलन होता है। स्वतंत्र रचना होती है। पीपल के बीज से उत्पन्न हर पीपल एक स्वतंत्र वृक्ष होता है।... मानवता के शाश्वत प्रश्नों का साक्षात्कार अपने चारों ओर के जीवन में भी हो सकता है और सम्पूर्ण जातीय स्मृति तथा मानव सभ्यता में भी।... साहित्यकार का सत्य, काल-खंड का अतिक्रमण करता है और खंड में बँटा नहीं होता।' निश्चय ही ये सारे कथन लेखक के आत्म कथ्य और अपनी रचना के अंतःसत्य पर टिप्पणी है।

'महासमर' के पाठ से भी यह प्रतीत होता है कि यह रचना महाभारत का

पुनःसृजन नहीं है। यह किसी एक लेखक या अनेक लेखकों से भी संभव नहीं है। महाभारत से जुड़ी जितनी उल्लेखनीय रचनाएँ हैं वे सब उद्‌गम की समानता के बावजूद स्वतंत्र रचनाएँ हैं और आंशिक रूप से उसका अतिक्रमण या उससे भिन्न और विपरीत भी हैं। कुछ रचनाओं के बारे में तो यहाँ तक लगता है कि उनके लिए महाभारत के पात्र और वस्तु अलगनी मात्र हैं। संस्कृत का 'हरिवंश पुराण', ओड़िया का 'सारला महाभारत', गुजरात के भीलों का 'भीलों का भारथ' जैसी असंख्य रचनाएँ हैं जो महाभारत के विषम बिन्दु पर खड़ी हैं या महाभारत से हिलगी भर हैं।

'महासमर' के बारे में यह कहना सही है कि यह महाभारत का अनुसृजन नहीं एक उपन्यास है या महाभारत का लेखक का पाठ है। क्योंकि चाहे वह उसका प्रत्याख्यान हो, विषम गमन हो, उसकी गुत्थियों से अपनी गुत्थियों में उतरना हो। या उसकी गुत्थियां सुलझाना ही क्यों न हो। वस्तुतः महासमर महाभारत का युग सापेक्ष अनुकूलन करने की भी एक कोशिश है। इसमें ऐसे तर्क, अनुभव, और चिंताएँ हैं जिनके उद्‌गम का कारण मूल कृति है। इस दृष्टि से इस कृति का सत्य, प्राचीनकाल–खंड का अतिक्रमण है–यह मनुष्य की गतिशीलता का भी चरित्र है और कृति की गतिशीलता का भी। स्वयं महाभारत इस अर्थ में भी कालजयी है कि न तो वह स्रोत के कालखंड में बँधा है और न अपने रचना–काल खंड में।

यह आधुनिकता का भी लक्षण है और आधुनिक लेखक का भी कि वह किसी भी अंतराल या विसंगत कर्म–विपाक या किसी भी ऐसी समस्या से जो आधुनिकता से मेल नहीं खाती, सतत प्रश्न करता है। इसलिए सारा उपन्यास प्रश्नों से भरा है, ये प्रश्न अंतर्द्वन्द्व के रूप में; औचित्य को लेकर, तथ्य को लेकर चरित्रांकन को लेकर, संबन्धों, क्रियाओं–प्रतिक्रियाओं को लेकर; देश–काल–स्थान को लेकर या किसी भी प्रासंगिकता को लेकर होते हैं; वे संदर्भित न भी हो सकते हैं–स्वयंभू हो सकते हैं। प्रश्नों के ये या इससे मिलते–जुलते अनेक रूप किसी अन्य कृति में भी हो सकते हैं और हैं; चाहे वे प्रश्नों के रूप में मुखर न हों, क्योंकि संपूर्ण महाभारत स्वयं एक प्रश्न–कृति है। मरते दम तक युधिष्ठिर के प्रश्नों ने पितामह की जान नहीं छोड़ी। महाभारत का आरंभ प्रश्न है, पूरा वितान प्रश्न वितान है और अंत भी प्रश्न है, क्योंकि प्रश्न ही उस भावी गतिशीलता का प्रस्थान होता है जो सर्जना को 'जड़' या 'कूटस्थ' नहीं होने देता। इसीलिए महाभारत, काल के विस्तार पर खिंची असमाप्य लकीर है। यह सोचना गलत

होगा कि प्रश्नों से रचना की क्षिप्रता कम होती है; बल्कि वह तो पाठक मन को विचार के स्तर पर क्षिप्र बनाती है।

जब मुझे 1988 में प्रकाशित होते ही 'महासमर' के पहले भाग 'बंधन' पर 'सारिका' में लिखने का बुलावा आया तो इसे पढ़ते ही मेरे भीतर अनेक आलोचनात्मक प्रश्न जनमे। पहले तो मैंने लिखने को टालना चाहा, परंतु 'सारिका' के आग्रह पर लिखा, जो सारिका के फरवरी 1989 के अंक में छपा। मैंने सोचा कि एक महत्त्वाकांक्षी कृति के प्रारंभ में ही ये प्रश्न लेखक के सामने विचारार्थ रख देना चाहिए, हालांकि इससे कुछ 'बदमज़गी' हो सकती थी और आलोचक मात्र के बारे में लेखक मात्र की परंपरागत धारणा की पुष्टि हो सकती थी, पर जैसे लेखक का कर्तव्य होता है–अनुभूत सत्य का उद्‌घाटन और आत्माभिव्यक्ति वैसे ही आलोचक का धर्म भी अनुभूत सत्य का उद्‌घाटन और आत्माभिव्यक्ति होता है। अच्छी कृति में ही वह शक्ति होती है जिससे आलोचना टकराना चाहती है–वरना तो यह दुनिया आनी-जानी है। उस समय मेरे मन में जो कुछ आया उसका अधिकांश मैं यहाँ दे रहा हूँ क्योंकि उसकी प्रासंगिकता कृति की पूर्णाहुति के बाद भी दो अर्थों में बनी हुई है। एक तो इसमें भी कि रचते हुए संभवत: लेखक के चेतन-अवचेतन में इन प्रश्नों ने किसी रूप में क्रिया-प्रतिक्रिया को जन्म दिया हो, चाहे निषेध के रूप में या स्वीकार के रूप में। और अगर ध्यान न भी दिया गया हो तो भी आलोचना एक सार्वजनिक कर्म तो है ही। मुझे प्रसन्नता है कि इसे लेकर कोहली ने कभी कुछ कहा नहीं, बल्कि सौहार्द बनाए रखा। लेख का शीर्षक था 'सर्जना के जोखिम से बचने के लिए 'महासमर' :

रामकथा की उपन्यास-रचना के यश ने नरेन्द्र कोहली को महाभारत पर उपन्यास लिखने की प्रेरणा दी है परंतु रामायण और महाभारत में बुनियादी अंतर है। लोक और काव्य ने रामकथा को मांज-संवार कर इस तरह दिशावान बना दिया है कि वह प्राय: किसी लेखक के सामने मूल्य और चरित्र का संकट पैदा नहीं करती; वहां तर्कसंगत ढंग से अंतरालों को पाटना स्केच मे रंग भरने जैसा है; उसके केंद्र में राम हैं जो धर्म और लोक की समन्वित मूल्य-संहिता के निर्धारक हैं। रामकथा एक धारा की तरह बहती है; जबकि महाभारत विकटतम अंतर्विरोधी चरित्रों और जटिल कथाओं का जंगल है। नीति और अनीति, धर्म और विवेक; सभ्यता के विकास के घात-प्रतिघात वहां कई बार तार्किक परिणतियों तक से इंकार कर देते हैं; उसका केनवास इतना पेचीदा और बहुआयामी है कि धर्म, काम, नीति, दर्शन, व्यवहार, आचरण, लोक-परलोक, जाने क्या-क्या उसमें

द्वन्द्वात्मक रूप में शामिल हैं। इसीलिए शायद अक्सर लेखकों की यह हिम्मत नहीं हुई कि वे संपूर्ण महाभारत को सृजन के स्तर पर उठाएं, अलबत्ता उसके विभिन्न चरित्रों और कथाओं को लेकर अनेक स्वतंत्र रचनाएं, कई भाषाओं में हुई हैं। जाहिर है कि नरेन्द्र कोहली ने पूरे महाभारत को उपन्यास में बदलने का बीड़ा उठा कर कितनी भयावह चुनौती में अपने को उतार दिया है।

अभी कोहली ने उपन्यास का पहला खंड– 'बंधन' लिखा है। भीष्म को इसका केन्द्र बना कर उन्होंने बहुत सही किया, क्योंकि महाभारत का मूल सूत्र भीष्म के जरिए ही पकड़ा जा सकता है। कोहली को शायद लगा कि भीष्म को आधुनिक दृष्टि से परिभाषित करने के लिए उनके मनोवैज्ञानिक अंतर्द्वंद्व का चित्रण कर देना काफी होगा। उनकी समझ से भीष्म का मूल द्वंद्व, वचन और वचन रक्षा की खाई को पाटने के लिए, अनेक घटना-चक्रों में पड़ने की बाध्यता का द्वंद्व है। गोया इसके अलावा किसी नैतिक प्रश्न से टकराना जरूरी न हो या 'प्रतिज्ञा की रक्षा' ही एकमात्र 'मूल्य' हो। ऐसा करते हुए भले ही कोहली को यह संतोष हो गया हो कि उन्होंने पौराणिक चरित्र को आधुनिकता दे दी है, परंतु इससे यह साबित नहीं होता कि महाभारत की चरित्र-दृष्टि से उनकी चरित्र-दृष्टि किस माने में भिन्न है? न तो भीष्म की प्रतिज्ञा के औचित्य पर विचार किया गया, न स्त्रियों को स्वयंवर में से हरण करने या निर्दोष अंबा के प्रति क्रूर व्यवहार करने पर ही लेखक ने आलोचनात्मक दृष्टि डाली। (इतने ही भीष्म संदर्भ यहां हैं) वचन-रक्षा की जिद में भीष्म तमाम ऐसे काम करते जा रहे थे, जिनसे न तो प्रतिज्ञा के अंतर्मूल्य की रक्षा संभव थी, न मानवीय मूल्य की; लेखक ने सिर्फ यह किया कि भीष्म के सभी कार्यों का औचित्य सिद्ध करने के लिए उनसे यह संकल्प भी करा लिया कि वे सत्यवती के पुत्र को राज्यासीन करेंगे।

इससे तो यही सिद्ध हुआ कि कथा को तर्कसंगत बनाने के लिए ही उसने अपनी कल्पना का इस्तेमाल किया है। लगता है कि लेखक आधुनिक शैली में महाभारत का तार्किक पुनर्लेखन करना चाहता है। यह ठीक है कि मिथक का ढांचा बदला नहीं जा सकता, परंतु प्रसंगों और चरित्रों को नई दृष्टि तो दी ही जा सकती है, जो समकालीन चेतना और विचार के हस्तक्षेप द्वारा ही दी जा सकती थी। कहीं-कहीं कोहली ने कुछ जागरूक सवाल उठाने की कोशिश भी की है–जैसे माद्री द्वारा नारी के अधिकारों के बारे में; परंतु एक तो ऐसे सवाल उत्तरदायी व्यक्ति के सामने नहीं उठाये गये, दूसरे जहां उठाये भी गये हैं वहां लगता है कि उनके समाधान पहले से ही तैयार कर लिए गए हैं। ऐसी तमाम

बातें विद्रोह का आभास देते हुए, दरअसल जोखिम से बचने का तरीका लगती हैं।

अतिप्राकृतिक घटनाओं को लौकिकता में ढालने की कोशिश को कोहली ने आधुनिकता के औजार की तरह इस्तेमाल किया है। मसलन महाभारत का पांडु, संभोग करते ही मृत्यु के लिए अभिशप्त है। परंतु लेखक ने पांडु के दुर्बल शरीर को संभोग की उत्तेजना सहने में असमर्थ बताते हुए वैद्य द्वारा चेतावनी दिला दी कि संभोग करने पर उसकी मृत्यु निश्चित है। महाभारत में कुंती और माद्री को देवताओं से संतानें होती हैं। परंतु 'महासमर' में नियोग द्वारा संतानें उत्पन्न कराई गई हैं। पांडवों के देव पुत्र होने को 'देव-शक्ति का ध्यान कर किसी श्रेष्ठ पुरुष को देवशक्ति का प्रतिनिधि मानकर उससे देवप्रदत्त संतान प्राप्त करने'...(पृ.439) के रूप में व्याख्यायित किया गया है। बार-बार 'देव' शब्द दुहराने के पीछे लेखक की जो मनोग्रंथि काम काम कर रही है उससे यह प्रतिपादित होता है कि लेखक की राय में संभवत: महाभारत की अतिकल्पना किसी स्वाभाविकता का शिल्पगत आवरण है। उसकी अतिप्राकृतिकता के लिए लौकिक तर्क देने या मनोवैज्ञानिकता का समावेश करने जैसे प्रयोग इतने नये भी नहीं हैं कि उन्हीं को नयी दृष्टि मान लिया जाए, नये वे तभी हो सकते थे, जब उन्हें नई दृष्टि दी जाती। इस तथ्य की ओर भी मैं ध्यान आकर्षित करना चाहूंगा कि मिथकों में सिर्फ वे ही अतिप्राकृतिकताएं नहीं होतीं जो सतह पर दिखाई देती हैं। उदाहरण के लिए महाभारत में प्रतिज्ञा, त्याग, युद्ध, न्याय, अन्याय, कुटिलता आदि में भी न दिखनेवाली अतिप्राकृतिकताएं हैं। पूछना चाहता हूं कि इन्हें लेखक ने स्वाभाविक कैसे मान लिया?

जहां तक मैं समझता हूं, मिथक वृहत्तर मानवीय और जातीय परिकल्पनाएं हैं। वे मायावी रूप हैं। अतिरंजना, विस्मय और चमत्कार उनका स्वभाव है। उन्हें किसी तार्किक व्याख्या की जरूरत नहीं है अर्थात् विश्वसनीयता के लिए व्यास को आधुनिक लेखक की जरूरत नहीं है, जरूरत आधुनिक लेखक को है; क्योंकि वह विराट कल्पना का लाभ लेकर, अतीत के दाय से वर्तमान को संपन्न करना चाहता है। इसलिए मिथक को ग्रहण करनेवाले लेखक की चिंता का केन्द्र यह नहीं होना चाहिए कि स्वयं मिथक विश्वसनीय बने, उसे तो उसके सहारे अपने को, अपने समय में विश्वस्त और संपन्न बनाना है। और यह कथा के संशोधन से नहीं, दृष्टि के अन्वेषण से ही संभव है। दूसरी बात यह है कि मिथक के औचित्य की चिंता अक्सर लेखक को अपेक्षाकृत हल्के कौशल या कारीगरी

में उलझा देती है। यह सच है कि नरेंद्र ने घटनाओं को संवार कर विश्वसनीय बनाया है। चरित्रों के अंतस्संबंधों का मनोवैज्ञानिक दृष्टि से सापेक्ष निर्वाह करने में सफलता पाई है, मिथक को आधुनिक रूप विधान देकर रोचक उपन्यास में बदला है और इसमें वे सफल हैं। परंतु प्रश्न यह है कि इस तरह मिथक का सर्जनात्मक इस्तेमाल हुआ है या पुनरुद्धार? पुराणों के टीकाकार और लेखक में क्या सिर्फ शैली का ही अंतर होता है? स्वयं नरेंद्र इस तथ्य का मूल्यांकन बेहतर कर सकते हैं कि मूल कथा-दृष्टि, चरित्र और घटनाओं को रवां कर देने और उसमें गहरे रंग भर देने भर से कोई लेखक आधुनिक सर्जना के किस मुकाम पर खड़ हो सकता है?

मुझे लगता है कि यदि वचन-रक्षा के अंतर्द्वंद्व की अपेक्षा भीष्म में आत्म विरोध की यातना अधिक तीव्रता से उभारी जाती तो वे आधुनिक मनुष्य के अंतर्विरोधों के सार्थक प्रतीक हो सकते थे, पर यहां वे कुल मिलाकर एक लिथड़ाए हुए वीर और दया के पात्र नायक बने हुए हैं। यह भी विचारणीय है कि महाभारत को तोड़ कर लिखने से पात्रों की अन्वित सत्ता और परिणति की समग्र सांकेतिकता उभर सकना क्या मुश्किल नहीं होगा?

भीष्म के केंद्रीय होने के कारण उक्त चर्चा प्रायः उन्हीं के आधार पर की गई है। वे स्वभावतः केंद्रीय अवधारणा के प्रतीक हैं इसलिए उनके कमजोर हो जाने के बाद यदि रचना में कुछ सांत्वनापरक चीजें मिल भी जाएं तो भी उनसे रचनात्मक चिंता का मूल ढांचा प्रभावित नहीं होता, लेकिन यदि उनका व्यक्तित्व सार्थक आधुनिकता में उभर पाता तो उपन्यास की आधुनिक सार्थकताएं रचना का जीवित हिस्सा हो पातीं। यानि तब शांतनु का पश्चाताप, सत्यवती की महत्त्वाकांक्षा, धृतराष्ट्र की मोहग्रस्त नैतिकता, कुंती की आपद्ग्रस्त समझदारी या माद्री का आक्रोश; सभी सजीव होकर कथ्य को सघन और सजीव बनाते, फिलहाल तो ये अलग-अलग द्वीप की तरह लगते हैं।

महाभारत की उलझी और विस्तृत कथा-भूमि को समेटने की योजना बनाते हुए लेखक को लगा होगा कि कथान्विति में बाधक प्रसंगों को हटाकर उपयोगी प्रसंग ही लें। ठीक है, परंतु क्या यह सोचा जाना अधिक उपयुक्त नहीं होता कि किसी प्रसंग के हटा देने से, कहीं किसी पात्र के चरित्र-संतुलन पर तो असर नहीं होता, या रचना में कोई टेढ़ तो पैदा नहीं हो जाती?... मुझे लगता है कि अनेक अंतर्विरोधों में उलझने के अलावा आधुनिक लेखक के पास कोई विकल्प नहीं है।

उपन्यास के महत्त्व को कम आंकने के लिए मैंने ये बातें नहीं कही हैं। बल्कि मिथक के आधुनिक रचना-रूपायन की समस्या पर विचार करना चाहा है। इसी दौर में मेरी आंखों में अनेक ऐसी रचनाएं खिंच आई हैं जिनमें कमोबेश इनसे मिलती-जुलती बातें दिखाई पड़ती हैं। इसलिए मुझे लगा कि अगले खंडों में व्यस्त लेखक के सामने अपने विचार जरूर रखना चाहिए। वैसे इसमें कोई शक नहीं है कि उपन्यास में व्यापक अध्ययन, चिंतन और संस्कृति की गहरी समझ के पर्याप्त प्रमाण हैं। विषयवस्तु, परिवेश और चरित्र-निरूपण में कोहली सफल हुए हैं। कथा में सारे तत्त्व एकसार करने और भाषा के स्तर पर अतीत और वर्तमान को संश्लिष्ट करने का कौशल रचना में स्पष्ट देखा जा सकता है। विस्तार और पुनरावृतियों के बावजूद कथा में रोचकता है और अपने को आद्योपांत पढ़वाने की शक्ति भी।...

...और आज हमारे सामने आठ खंडों में यह महाकृति है। यहाँ न विस्तृत आलोचना का अवकाश है न पहली बार उठाए प्रश्नों को दोहराने का; क्योंकि रचना के बारे में लेखक के मनोलोक का एक ढाँचा बन जाता है, जिसे विखंडित करना न उसे रचना के पक्ष में लगता है, न पाठक के। हाँ विषयवस्तु, विचार, दर्शन चरित्र निरूपण आदि को लेकर अंतर्विकास होता रहता है, जो महाभारत जैसी जटिल, घात-प्रतिघात युक्त, ज्ञान, विचार-दर्शन, चरित्र के स्तर पर लगातार आंदोलित करने वाली कृति के बारे में अधिक संभव है।

महाभारत की समग्रता के सृजन-संदर्भ में यह तथ्य चुनौतीभरा है कि वह कोई तीन हज़ार वर्षों तक भाँति-भाँति के हस्तक्षेपों, निरूपणों और आवरणों से आच्छादित होते हुए विस्तार पाती रही है। एक आधुनिक लेखक के ग्रहण और त्याग की, अपनी निजी सत्ता भी होती है—उसके निरूपण और हस्तक्षेप की भी। इन तमाम चुनौतियों का सामना कोहली ने भरसक किया है। उन्होंने चमत्कारों, अतिरंजनाओं और उसमें शामिल भाँति-भाँति की कथाओं को हटाकर उसे कथा के स्तर पर ऋजुता देने की कोशिश की है ताकि वे अपना ध्यान चरित्रांकन, वैचारिकता, संस्कृति-दर्शन और ऐसे प्रश्नों में केन्द्रित कर सकें जो उनके अपने समय के प्रश्न हैं। इसका बड़ा सुंदर और रोचक प्रमाण भगवद्गीता के पहले, दूसरे, ग्यारहवें आदि अध्यायों में निहित दार्शनिक प्रश्नों को उपन्यास के धरातल पर उतारना और गीता के उस पक्ष के सहारे गीता का आभास कराना जो अर्जुन के हाथ से खिसकते गांडीव को मजबूती से उसकी मुट्ठी की पकड़ में लाने

के लिए कृष्ण ने एन युद्ध के समय सुनाई थी। यह एक हताश और मोहाविष्ट वीर को यथार्थ-बोध कराना था। कोहली ने निश्चय ही महाभारत का अच्छा, प्रासंगिक इस्तेमाल किया है। उदाहरण के लिए–'वासांसि जीर्णानि यथा 'विहाय...' जैसे दार्शनिक श्लोक का कोहली द्वारा इस्तेमाल–

''मैं क्या करूँ केशव! हमारा शरीर वस्त्र के समान ही सही; किंतु जिन्हें जीवित देखना चाहता हूँ, जिन्हें इन्हीं शरीर के रूप में जानता हूँ, उनके प्राण हरण करने का कर्म कैसे करूँ?''

इतने विराट् उपन्यास में ऐसे अनेक स्थल हैं जिनमें लेखक ने अपनी सांस्कृतिक चिंता और अनेक तात्त्विक प्रश्नों को औपन्यासिकता दी है, जो इस उपन्यास का सबसे दुस्साध्य पक्ष है। इसके अतिरिक्त महाभारत के कथानक की पचीसों जटिलताएँ हैं; जहाँ चरित्र की उदात्तता और कर्म की निकृष्टता की ऐसी बेमेल संरचना दिखाई देती है जहाँ उपन्यासकार को निर्णय करना होता है कि वह इनमें से किसे चुने और तदनुसार कथा के ढाँचे को औचित्य दे। महर्षि व्यास ने ऐसे प्रकरणों को किस तरह राजनीति, परिवार, पक्षधरता, निरपेक्षता, स्वभाव और वि-भाव में ढालकर जीवन के उच्चावच की व्याख्या की है, यह देखने योग्य है। कर्म और कर्मफल को साधने का साहस महाकवियों की परंपरा में केवल व्यास में ही है। उदाहरण के लिए अम्बा और भीष्म का प्रकरण है। अगर केवल इसे कसौटी बनाया जाए तो न्याय और अन्याय के संघर्ष में भीष्म का चरित्र और अम्बा का चरित्र अद्‌भुत विपर्ययों की कथा बन जाता है। परंतु कोहली ने महाभारत के पात्रों की उसी अवधारणा को स्वीकार किया है जो परंपरा से मान्य है। उन्हें लगा होगा कि अपने समय के बीचोंबीच खड़े होकर उन विसंगतियों, अवधारणाओं को चुनौती देना संभवत: लोक के बीच महाभारत की प्रभावान्विति को चोट पहुँचाता और शायद लोकप्रियता को भी। क्या अम्बा के भीतर केवल 'प्रतिशोध का ताप' ही था? क्या उसके भीतर विफल प्रेम का प्रतिशोध अन्याय से संघर्ष की उदात्त सात्विकता में नहीं बदला था, जो भीष्म की महानता से टक्कर ले रहा था?

जैसे 'महासमर' के पहले भाग का केन्द्र भीष्म थे, वैसे ही दूसरे के कृपाचार्य, द्रोण, दुर्योधन, शकुनि और कर्ण के चरित्र पर लेखक रौशनी डालता है। कृपाचार्य को छोड़कर अन्यों के चरित्रों में कोई नयापन नहीं है। जबकि बड़े चरित्रों में विसंगतियाँ कहाँ नहीं होती? इतना जरूर है कि कोहली के संवाद सशक्त हैं। वे स्वतंत्र रूप से आधुनिक लेखक की प्रत्युत्पन्नता की प्रतीति कराते

हैं।

पौराणिक वस्तु के साथ आधुनिक लेखक का बर्ताव दो स्तरों पर चुनौती होता है—एक स्तर पर वह स्रोत-समय में रहता है जिसका निर्वाह उसे ढाँचे और परिणति के स्तर पर करना होता है और ये दोनों तत्कालीन सामाजिक, धार्मिक, नैतिक जैसे अनेक पक्षों से जुड़े होते हैं, इसका माध्यम कभी घटनाएँ होती हैं, कभी पात्र और कभी युगीन उपक्रम जैसे 'यज्ञ'– दूसरे स्तर पर उसे अपने रचना समय में रहना होता है। इसीलिए प्राय: लेखक को अपने समय की प्रासंगिकता के लिए कभी अंतर्वस्तु में बदलाव करना होता है, कभी चरित्र निरूपण में, कभी ऐसी व्याख्याओं द्वारा जो दोनों युगों के बीच पुल बनाती हैं। रचना का माध्यम क्योंकि लेखक होता है; इसलिए स्वयं उसके रुझान, अंतर्दृष्टि और रचना-कौशल इन सबमें उसे अपनी भूमिका तय करनी होती है। प्रश्न यह है कि लेखक किस समय में रहना चाहता है? स्रोत समय में या रचना समय में? इसी के अनुरूप वह अपने मन में पाठक को रचता है। अगर लेखक को लगता है कि 'उसका पाठक स्रोत समय में रहता है और उसकी प्रियता प्राप्त करने के लिए उसे भी स्रोत समय में रहकर ऐसे रूपायन और तर्क गढ़ना हैं जो उसके अनुकूल हों, इसे संस्कृति, धर्मशास्त्र, नीतिशास्त्र, सामाजिक रूढ़ि या परंपरा का नाम देकर लेखक अपने को भी आश्वस्त करता है और अपने पाठक को भी। जो लेखक पौराणिक वस्तु, चरित्र, उपक्रमों के साथ आलोचनात्मक व्यवहार करना चाहता है– वह प्रतिरोध या अपने रचना-समय को चुनता है और पूर्णत: आलोचना दृष्टि अपनाता है।

महाभारत इन दोनों के अवसर देता है, और जहाँ तक मेरी समझ है, व्यास अनुकूलन के नहीं, टकराहटों के कवि हैं—यह महाभारत की कालजयिता का केन्द्रीय कारण है। वे अपने हाथों से मूर्ति बनाते हैं और अपने ही हाथों से उसे तोड़ते हैं; वे हर घटना, व्यवहार, उपक्रम में टेढ़ (लेकूना) देख सकते हैं; वे किसी पात्र को पूर्ण और अंतिम नहीं मानते, चाहे कृष्ण हो या दुर्योधन, वे उनमें न तो गुण ही गुण देखते हैं और न दोष ही दोष; हाँ रुझान या अधिकता ही निर्णायक होती है, जैसी भारतीय काव्यशास्त्र, समाजशास्त्र, नृतत्त्वशास्त्र की दृष्टि है। इसलिए जो भी लेखक किसी चरित्र को अपने गुण-दोष में अंतिम मानकर उसका एकपक्षीय निरूपण करता है, वह मेरे विचार से व्यास को भी सही विवेचित करने में चूका है—कम-से-कम उनकी क्रांतदर्शिता को तो। महाभारत और उस पर आधारित या उससे प्रेरणा लेकर लिखी अनेक रचनाओं से गुजर कर

मुझे लगता है कि हज़ारों वर्षों में बने महाभारत में से मूल व्यास को अलग करने की एक प्रणाली यह भी हो सकती है।

मेरे भीतर इस लंबी बहस ने 'महासमर' के तीसरे भाग 'कर्म' से गुज़रते हुए, जन्म लिया। क्योंकि इसमें ऐसे सूक्ष्म, विवादास्पद और ऊपर की सारी बहस में उठाई गई समस्याओं से जुड़े प्रकरण हैं, जैसे वारणावत में लाक्षागृह भस्म होना, हिडिम्बा या सालकंटकी और भीम का विवाह, अर्जुन का वीर-शुल्क के रूप में द्रौपदी परिणय को पांडवों से विवाह में बदलना, द्यूत और खाण्डव वन दाह।

वारणावत में लाक्षाग्रह दहन, द्रौपदी-परिणय और द्यूत में धर्मराज की भूमिका। लाक्षागृह में 'भीलनी और उसके चार बेटों' के भस्म होने में कूट व्यूह रचना का संकेत व्यास ने भी दिया है, उसमें स्पष्टतः कुंती और युधिष्ठिर की भूमिका थी। द्रौपदी के पंचपतियों वाले प्रकरण में व्यास ने 'मौनं स्वीकृति लक्षणम्' की भूमिका में युधिष्ठिर को रख कर उसकी नीयत का स्पष्ट संकेत दिया है। मैं नहीं कह सकता कि इस पूरे प्रकरण से आधुनिक लेखक का क्या बर्ताव होना चाहिए, क्योंकि परिणति तो इसी रूप में होनी थी। परंतु इसके ढेरों मॉडल भारतीय साहित्य में हैं। आधुनिक कवि नंद किशोर आचार्य ने अपनी कविता 'द्रौपदी' में इसे धर्मराज की वासना कहा है। द्यूत-प्रकरण में नल-दमयंती की कथा में नल में 'कलि' का प्रवेश और युधिष्ठिर के दुबारा द्यूत में लिप्त होने के संदर्भ के भी कई मॉडल हैं—यहां मॉडल अर्थात् अवधारणा। पर लेखक ने इन तीनों प्रकरणों में युधिष्ठिर को पूरी तरह से बचाया है। सारे तर्क उसके निंदनीय कर्म को उदात्तता में बदलने के लिए हैं। यह मन में बनी स्रोतसमय की स्थाई अवधारणा के कारण हुआ लगता है। द्रौपदी-विवाह प्रकरण में व्यास ने कथाओं के सहारे इस प्रकरण के समाजशास्त्रीय और मानवशास्त्रीय पक्ष से बचने की कोशिश की है, जो आलोचना या हस्तक्षेप की उनकी विधि है। परंतु यहाँ उसे प्राचीन नीतिकारों के माध्यम से सही ठहराया गया है। यहाँ तक कि आपस्तंब का उद्धरण भी दिया गया है। इसके आगे द्रौपदी और अर्जुन को भी झुका दिया है! द्यूत-कर्म में विकर्ण का हस्तक्षेप और भीम का क्रोध भी व्यास की अमानवीयता पर टिप्पणी है। वैसे भी दो-दो बार द्यूत का आयोजन और उसका युधिष्ठिर द्वारा स्वीकार आप युधिष्ठिर के संदर्भ में हास्यास्पद भी कह सकते हैं। इसमें युधिष्ठिर सर्वत्र आलोच्य हैं। और भी बहुत से चरित्र निरावृत होते हैं।

सालकंटकी से भीम के विवाह को जिस तरह अनावश्यक से रूप आदर्शवाद से जोड़ा गया है, उसे मानवीय स्पर्श मिलने थे। द्रौपदी के संदर्भ में

तो कुंती हिडिम्बा से भीम के विवाह को ही अस्वीकार देती है! यानि सारे तर्क अपनी सुविधानुसार! हिडिम्बा से विवाह कवि की मानवीय और दूरदृष्टि का प्रतीक है, इसे महाभारत युद्ध में देखा भी जा सकता है।

खाण्डव वन दाह पर कई लेखकों ने सवाल उठाए हैं। पशु-पक्षियों, आदिवासियों का यह दहन भारतीय इतिहास या पुराण का सबसे बड़ा दहन है। इसकी जड़ें जातीय इतिहास में भी हैं और राजनीतिक क्रूरता में भी। महाभारत 'धर्मशास्त्र' नहीं 'राजनीतिशास्त्र' और 'युद्धशास्त्र' भी है। यह कई पहलुओं से जीवन की परीक्षा करता है, सोच के अनेक आयामों को भीतर चक्रवत् चलाता है। लेखक ने खाण्डववन के प्रसंग को युधिष्ठिर की आनृशंसता का पालन न करने की राजनीति से जोड़कर दाह का समर्थन किया है। उसके जो कारण और स्थितियाँ दी हैं वे विवादास्पद हैं। परंपरा का विकास समर्थन से नहीं, उससे टकराने से होता है।

अर्जुन के 'ब्रह्मचर्यपूर्ण वनवास' में तीन-तीन विवाह के तर्क भी विचारणीय हैं। वैसे अर्जुन के चरित्र में बड़ी सूक्ष्मता है। यह क्या अर्जुन के अवचेतन में निहित विद्रोह तो नहीं है? खैर इसमें राजनीतिक प्रयोजन भी है। इसी भाग में धर्म-अधर्म की विशद व्याख्या हुई है? पाँचवें अध्याय में घटनाओं और चरित्रों पर राजनीतिक दृष्टि से विचार किया गया है।

छठा भाग 'प्रच्छन्न' महासमर का सबसे विस्तृत भाग है। इसमें पाण्डवों के अज्ञातवास की कथा तो है ही, महाभारत के कई प्रच्छन्न पक्षों का उद्घाटन भी है क्योंकि यही भाग आगामी केन्द्रीय वस्तु 'युद्ध' का भूकंप केन्द्र है। इस भाग के बारे में कहा गया यह मार्मिक वाक्य सभी प्रकार की प्रच्छन्नताओं की अंतर्हित दृष्टि है : 'दुर्योधन के सुख में प्रच्छन्न रूप से बैठा है दुःख और युधिष्ठिर की व्यावहारिकता में प्रच्छन्न रूप से बैठा है—धर्म।' वास्तव में महाभारत ऐसी ही तमाम प्रच्छन्नताओं का कथा-रूप है। इसमें बहुत सी घटनाएँ हैं, बहुत-से चरित्र हैं।

लेखक ने सर्वत्र चमत्कारों का निषेष किया है यह उल्लेखनीय है। आठवें भाग में 'बंधन' का 'निर्बंध' है। पूरे महाभारत में स्वयं बद्ध भीष्म की यहाँ मुक्ति होती है; अकेले भीष्म की ही नहीं महाभारत के सभी पात्रों, सभी घटनाबंधों की। युद्ध के भीष्मोपरांत दौर से चलते हुए कथा युधिष्ठिर के राज्याभिषेक तक आती है।

महाभारत का यह पूर्वांत जो 'महासमर' का अंत है कम दारुण और उदास

नहीं है। पराजित पक्ष का दु:ख पराकाष्ठा पर क्रोध में बदल जाता है और अंतत: एक दारुण पारिवारिक व्यथा में। इसी पृष्ठभूमि में युधिष्ठिर का राज्याभिषेक एक विचित्र सूनापन और उदासी लेकर आता है। कृष्ण की भूमिका यहाँ भी शमनकारी है, परंतु युद्ध के लिए उत्तरदायी पक्ष को अपराध बोध कराती। महाभारत ने प्रतीकीकरण को सर्वत्र चमत्कार में रूपांतरित किया है। कोहली ने इस मर्म को समझकर चमत्कारिकता को प्रतीकीकरण में बदला है। इसके लिए उन्होंने महाभारत के संकेतों का इस्तेमाल किया है, हालांकि कई जगह यह अनुचित और अतार्किक लगता है। जैसे भीष्म की शरशैया शरीर में यहाँ वहाँ चुभे तीर हैं, पितामह वास्तव में शय्या पर ही लिटाए गए हैं; यह शर-बेधन वास्तव में उनके युद्ध में भीतर बाहर से घायल होने का सूचक है। यद्यपि लेखक की इतिवृत्त में जाने की शैली कहीं-कहीं अनावश्यक भी लगती है, फिर भी यहाँ तक आकर लेखक के चिंतन की गहनता कहीं-कहीं मार्मिक सूक्ति में बदल गई है। जैसे कृष्ण का गांधारी से यह कथन-"भीतर का महासमर पहले लड़ लिया होता तो यह बाहर का महासमर होता ही क्यों?" ऐसी उक्तियाँ संदर्भ की परिधि लांघकर सार्वदेशिक और सार्वकालिक सत्य बन जाती हैं; और संभवत: मनुष्य के सारे युद्धों का निदान। जो हो, एक बड़ी रचना में ऐसी छोटी-मोटी बातें आ जाती हैं, क्योंकि लेखक अपने मन में निहित उनकी विस्तृत प्रासंगिकता को कहने का मोह और छोड़ने की निर्ममता नहीं दिखा पाता।

नरेन्द्र कोहली का यह सकारात्मक महाप्रयास महाभारत पर हिन्दी में लिखी महत्त्वपूर्ण कथा-कृति है। इसके भीतर महाभारत में निहित दर्शन, संस्कृति, द्वन्द्व, वैविध्य और अनेक पक्षों को बड़ी गंभीरता से उठाता है। गहन अध्ययन, चिंतन और सृजनात्मक तन्मयता का संगम यहाँ दिखाई देता है। कोई-कोई लेखक ही ऐसी लंबी सृजन-समाधि में रहने का साहस और सामर्थ्य जुटा पाते हैं। आपत्ति सिर्फ अवधारणा पर उठती है कि कृति में लेखक प्राय: स्रोत समय में रहकर आधुनिक पाठक के मन में उसके प्रति विश्वसनीयता जमाने में अपनी अधिकांश मेधा और श्रम लगाता है, कभी उचित तो कभी अविश्वसनीय।

चार : महाभारत के वस्तु-बीज से जनमी रचनाएँ

संस्कृत में :

- भास के नाटक (ईसा पूर्व पहली शती)
- अभिज्ञान शाकुंतलम् (लगभग पहली शती) (नाटक) : कालिदास
- किरातार्जुनीय : (महाकाव्य) भारवि (छठी शती उत्तरार्द्ध)
- शिशुपाल वध (महाकाव्य) : माघ (16वीं शती)
- वेणीसंहार (नाटक) : भट्ट नारायण (सातवीं शती उत्तरार्द्ध)
- नल चम्पू (चम्पू काव्य) : त्रिविक्रम भट्ट (10वीं शती)
- नैषधीय चरित (महाकाव्य) : श्रीहर्ष (12वीं शती)

आधुनिक भारतीय भाषाओं में :

- गदायुद्ध (साहस भीम विजय) (कन्नड़)
- ज्ञानेश्वरी (भावार्थ दीपिका) (मराठी)
- सावित्री (अंग्रेजी)
- पांचाली शपथम् (तमिल)
- जनमेजय का नागयज्ञ (हिन्दी)
- अंधायुग (हिन्दी)
- द्रौपदी (हिन्दी)

भास के नाटक
(ईसा पूर्व पहली शती)

भास भारत के प्रथम नाटककार हैं (उन्हें हरप्रसाद शास्त्री ई.पू. दूसरी शती, भाण्डारकर चौथी तथा मिशेल छठी शती पूर्व मानते हैं। भरत इनके बाद हुए माने जाते हैं।) कालिदास भी इनके परवर्ती हैं। इतना ही नहीं, भास किन्हीं अर्थों में कालिदास को अतिक्रमित भी करते हैं। वे प्रयोगधार्मिता की दृष्टि से कालिदास से अधिक साहसी हैं और मूल कथा से विपरीत तथा भिन्न वस्तु-भूमि पर खड़े हो सकते हैं। 'पंचरात्र' नाटक इसका सबसे बड़ा उदाहरण है, जिसमें दुर्योधन की भूमिका महाभारत से भिन्न ही नहीं, सर्वथा विपरीत है। वह युद्ध का कारण नहीं बल्कि युद्धान्तक है। नाट्य-रचना में ऐसे क्रान्तिकारी परिवर्तन भास ने महाभारत के अन्त:सूत्रों के मौलिक विश्लेषण से किए हैं। भास में एक अन्तर्भेदी दृष्टि थी, जो चरित्र और वस्तु के अदृश्य तत्त्वों से सार ग्रहण कर लेती है और अपनी तरह से व्यंजित कर उसे तार्किक और विश्वसनीय नाट्य-रूप दे सकती है। भास में वैविध्य है और उनका हर नाटक प्रयोग है।

कालिदास ने 'मालविकाग्निमित्र' की प्रस्तावना में भास का जिस विलक्षण ढंग से स्मरण किया है, उसे उनकी महत्ता का आभास मिलता है। पारिपार्श्वक, सूत्रधार से प्रश्न करता है–"भास, सौमिल्लक और कविपुत्र जैसे यशस्वी कवियों के नाटकों को छोड़कर आप वर्तमान कवि कालिदास का आदर क्यों कर रहे हैं?" लगता है कालिदास उनके कहीं न कहीं ऋणी भी हैं। वस्तु-बीज पर अपनी मौलिक नाट्य-रचना खड़ी करने का कौशल कालिदास ने सम्भवत: भास से सीखा हो। महाभारत की शकुन्तला और अभिज्ञान शाकुन्तल की शकुन्तला केवल वस्तु में नहीं, व्यंजना में भी भिन्न है और दोनों का सृजनार्थ बदला हुआ है। ऐसे प्रयोग भास में जगह-जगह मिलते हैं। उदाहरण के लिए महाभारत का

घटोत्कच और भास के 'दूत घटोत्कच' का घटोत्कच सर्वथा अलग हैं। उसी तरह महाभारत के 'शल्य पर्व' के दुर्योधन और 'ऊरुभंग' के दुर्योधन का अन्तर:-अर्थ बदला हुआ है। हाँ, कालिदास में कवित्व अनुरंजित सृष्टि-सौन्दर्य अप्रतिम है, भास में नाट्यकला अधिक है। (यहाँ हमारा उद्देश्य कालिदास को कम आंकना नहीं, बल्कि भास की विशिष्टता को रेखांकित करना है।)

भास का प्रभाव कालिदास पर ही नहीं, भवभूति, हर्ष आदि पर भी पड़ा। शूद्रक का आधुनिक समय में भी बहुमंचित नाटक 'मृच्छकटिक' तो भास के 'दरिद्र चारुदत्त' पर ही आधारित प्रतीत होता है।

अर्से तक भास का साहित्य अनुपलब्ध रहा। इसके अनेक कारणों में से एक कदाचित् उसकी असह्य क्रांतिकारिता और महाभारत के प्रत्याख्यान का दुस्साहस रहा हो। खैर, पाँचवीं शती ईसा पूर्व में रचित नाट्य-साहित्य पता नहीं कब विलुप्त हुआ। कालिदास को तो निश्चित ही वह उपलब्ध था इसलिए इसकी अनुपलब्धि परवर्ती है। महामहोपाध्याय पं. गणपत शास्त्री को धन्यवाद जिन्होंने 1912 में भास के तेरह नाटकों को खोज निकाला, पर मुझे लगता है कि अभी यह काम पूरा नहीं हुआ है। भास जैसी उद्भट और अविरल प्रतिभा ने क्या केवल तेरह नाटक लिखे होंगे? संभव है हमें भास के और नाटक भी उपलब्ध हों।

उपलब्ध नाटकों में छह– 'पञ्चरात्रम्', 'कर्ण भारम्', 'दूतघटोत्कचम्', 'ऊरुभंगम्', 'मध्यम व्यायोग' और 'दूत वाक्यम्' का उपजीव्य महाभारत है। सातवें नाटक 'बाल चरित्रम्' का स्रोत हरिवंश पुराण है जिसे कुछ लोग महाभारत का खिल भाग कहते हैं पर वह विमर्श का एक अलग विषय है।

भास को पहला श्रेय तो यही देना चाहिए कि महाभारत पर सबसे पहले और सबसे अधिक नाटक लिखकर उन्होंने एक ऐसी कृति को पहचाना जिसके रग-रग में नाट्य-वस्तु बिखरी है। सर्जना के लिए उपयुक्त स्रोत को पहचानना भी किसी अत्यंत प्रातिभ और सारग्राही लेखक से ही संभव है। भास के सम्मुख रामायण, वेद, उपनिषद् और अनेक पुराण थे। इनमें से अपनी सर्जना के लिए उन्होंने सबसे उपादेय महाभारत को ही समझा, जो आज हजारों वर्षों के बाद भी भारतीय साहित्य का सबसे उर्वर उपजीव्य बना हुआ है। इस पहचान के प्रवर्तक भास हैं। यह मात्र संयोग नहीं हो सकता कि महाभारत पर आधारित या उससे प्रेरित रचनाओं में से अधिकांश नाटक ही हैं।

'पंचरात्र'–भास के महाभारत पर आधारित सभी नाटक किसी न किसी दृष्टि से विशिष्ट हैं, परंतु इनमें सबसे महत्त्वपूर्ण 'पञ्चरात्र' है। क्योंकि उन्होंने इसके द्वारा 'प्रतिमहाभारत' की सृष्टिं की है। दुर्योधन के चरित्र को यदि हम केन्द्र में रखकर देखें तो एक महाभारत व्यास का है तो दूसरा 'भास' का; जिसमें दुर्योधान प्रतिनायक नहीं, नायक है और उसमें धीरोदात्त नायक की सारी विशेषताएं हैं जबकि महाभारत में दुर्योधन 'प्रति' ही नहीं, 'खल' नायक है। वह महाभारत के प्रारंभ में ही 'मन्यु' स्थानीय माना गया है। उसकी सम्पूर्ण गतिविधियों की महाभारतीय व्याख्या उसके खलत्व को ही पुष्ट करती है। वह युद्ध का कारण है, जबकि 'पंचरात्र' में वह सहृदयता और आत्मीयता की प्रतिमा। वह यहां अर्जुन पुत्र अभिमन्यु का पालक पिता है। युद्ध में विराट राज के सैनिकों द्वारा जब अभिमन्यु का हरण हो जाता है तो वह अत्यंत दुखी होकर कहता है :

अथ च मम स पुत्रः पाण्डवानां तु पश्चात्।
सति च कुल विरोधे नापराधन्ति बालाः।। 3/4

–पहले वह मेरा पुत्र है, बाद में पाण्डवों का। कुल का विरोध होने पर बालकों का अपराध नहीं माना जाता। ऐसा दुर्योधन तो महाभारत के दुर्योधन से सर्वथा पृथक है।

'पंचरात्र' में दुर्योधन यज्ञकर्ता महादानी के रूप में चित्रित है। वह न केवल वंचितों को अपरिमित दान देता है, इस प्रसंग में अपने गुरु द्रोणाचार्य को भी नहीं भूलता। उनसे वह मनचाही गुरुदक्षिणा और दान मांगने का आग्रह करता है। इस पर गुरु दान-दक्षिणा में पाण्डवों को आधा राज्य देने की मांग करते हैं और आश्चर्य कि वह दे भी देता है। इसमें जो कुछ नाटकीय बाधा उपस्थित होती है वह शकुनि के कारण, जो असंभव समझकर उस दान के लिए 'पांच रात्रियों में अज्ञातवासी पाण्डवों का पता लग ज़ाए तो' की शर्त रख देता है। नाट्य युक्ति के माध्यम से पाण्डवों का पता चलने की प्रक्रिया अत्यंत सुचिन्तित और तार्किक है। तब भी शकुनि बाधा पहुंचाता है पर दुर्योधन अपने वचन पर अडिग रहते हुए पाण्डवों को आधा राज्य देना स्वीकार कर लेता है। यहीं वह ये मार्मिक पक्तियां कहता है :

वाढं दत्तं मया राज्यं पाण्डवेभ्यो मया पुरम्।
मृतेऽपि हि नराः सर्वे सत्ये तिष्ठन्ति तिष्ठति।। 3/25

—मैंन पाण्डवों को पूर्ववत् आधा राज्य दिया, यदि सत्य अक्षय रहता है तो लोग मरने के बाद भी यशः शरीर से जीवित रहते हैं।

भला बताइए कि यदि यही संभव हो जाता तो इतना रक्तपात क्यों होता? भास के 'महाभारत' का यह उपसंहार है। यानि युद्ध होने से पहले ही अंत! यह महाभारत का पुनःसृजन नहीं तो क्या है? उन्होंने मूल रचना में घटित को ही अपना आधार नहीं बनाया बल्कि अपने अभिप्राय और अपनी कामना को रचनार्थ दिया है। और जहां तक प्रश्न संरचना का है पूरी नाटकीयता से यह संभव हुआ है।

'पंचरात्र' में दुर्योधन की तरह कर्ण के चरित्र की अंतर्यात्रा के द्वारा नाटककार उसमें आमूल परिवर्तन कर देता है। 'महाभारत' में सदा कर्ण दुर्योधन को युद्ध के लिए न केवल प्रेरित करता है, बल्कि भड़काता है और शकुनि की तरह ही पाण्डवों से शत्रुता को गाढ़ा करता है। यहां नाटककार ने शकुनि के महाभारतीय चरित्र का पैटर्न तो मान्य किया है, परंतु कर्ण के पैटर्न को अस्वीकार कर दिया है। दुर्योधन द्वारा शकुनि से पूछने पर उसकी स्पष्ट राय यह है कि द्रोण को वांछित दान न दिया जाए। परंतु जब वह अपने दूसरे सहयोगी-मित्र कर्ण से वही प्रश्न करता है तो वह कहता है, "राम ने जिस भ्रातृ-सौहार्द्र का उदाहरण दिया, ऐसे काम के लिए मैं तुम्हें कैसे मना कर सकता हूं? यह तुम्हारे अधिकार की बात है। मैं तो केवल यही कह सकता हूं कि यदि युद्ध हुआ तो मैं तुम्हारा साथ दूंगा।"

भास का अवलोकन है कि कर्ण युद्ध-मानस का व्यक्ति नहीं है, परिस्थितियों ने उसे युद्ध की ओर धकेला है। क्या महाभारत से उसका सूक्ष्म संकेत नहीं मिलता? जो कर्ण, भीष्म पितामह की वर्जना के बाद बिना किसी विरोध के युद्ध से हट जाता है, वह एकांत युद्ध पिपासु नहीं हो सकता। 'कर्ण भारम्' के अन्तर्द्वन्द्व को भी भास ने इसी धारणा से कर्ण का मानस माना है। इसी तरह हम पंचरात्र के साथ यदि ऊरुभंग को पढ़ें तो हमें नाटककार की दुर्योधन विषयक धारणा का पता चलता है।

'दूत घटोत्कच' नाटक में भी नाटककार ने भीम के राक्षसी हिडिम्बा से उत्पन्न पुत्र घटोत्कच को सर्वथा नया परिप्रेक्ष्य दिया है। महाभारत में वह राक्षसी

माया से सम्पन्न है, जिसका इस्तेमाल कृष्ण युद्ध के प्रयोजन से करते हैं। वे योजना बनाते हैं कि अर्जुन के लिए बचा कर रखी, कर्ण की इन्द्र द्वारा प्रदत्त अचूक शक्ति को (जिसका प्रयोग केवल एक बार संभव था) घटोत्कच पर प्रयोग करवा कर उसकी उपयोगिता समाप्त कर दें। कृष्ण की योजना सफल होती है। घटोत्कच बलि का बकरा बन जाता है। परंतु भास ने अपनी अद्‌भुत कल्पना शक्ति से घटोत्कच को कृष्ण का शांतिदूत बनाया है। वह कौरव सभा में जाकर युद्ध समाप्त करने का कृष्ण का संदेश देता है।

नाटक सप्तरथियों द्वारा अभिमन्यु के वध के बाद अर्जुन के संभावित क्रोध से उत्पन्न विनाश को रोकने के लिए ,कृष्ण द्वारा कौरवों के पास, घटोत्कच को दूत बनाकर भेजने से प्रारंभ होता है। अभिमन्यु के वध का समाचार पाकर भय, आतंक और पुत्री के वैधव्य से आशंकित धृतराष्ट्र अत्यंत विचलित है। उसे यह भी ज्ञात हो चुका है कि अभिमन्यु के वध का प्रमुख कारण उसका जामाता (दु:शला का पति) जयद्रथ है। अपने पुत्रों को इस 'विजय' से प्रसन्न देख कर वह वेदना और क्रोध से भर जाता है। वह यहां तक कह देता है कि बहुत से सैनिकों द्वारा निर्दयता पूर्वक एक बच्चे की हत्या करते हुए तुम लोगों की भुजा क्यों न गिर गई- 'बाले पुत्रे प्रहरतां कथं न पतिता भुजा'।।1/17 गांधारी भी संताप करती है और अपनी बेटी को भावी विधवा के रूप में देखती है।

इसी तनाव भरे वातावरण में घटोत्कच का सभा में प्रवेश होता है। वह धृतराष्ट्र का स्नेहभाजन होता है, जबकि दुर्योधन की उपेक्षा और अपमान का पात्र। धृतराष्ट्र के संवाद इस नाटक में अत्यंत मार्मिक हैं। परंतु वह अपने सम्पूर्ण क्रोध के बाद भी घटोत्कच को विफल लौटने से नहीं बचा पाता। 'दूत घटोत्कच' की कुल कथा-वस्तु यही है। इस छोटे से कल्पित प्रसंग को भास ने अत्यंत नाटकीय, मार्मिक और सांकेतिक बना दिया है।

घटोत्कच को संदेशवाहक बनाने का समय युद्ध के और भी भयानक मोड़ लेने का समय है। हिंसा और प्रतिहिंसा अपनी पराकाष्ठा पर है। जिस कौरव-सभा से स्वयं कृष्ण, दूत के रूप में अपमानित लौटे हैं, उसी सभा में वे अपने प्रतिनिधि के रूप में घटोत्कच को शांति की पुन: अपील करने भेजते हैं। प्रश्न यह है कि कृष्ण का किसी को दूत बनाकर राज्य सभा में भेजना किस राजकीय तर्क में आता है? निश्चय ही यह कृष्ण के महाभारतीय चरित्र में नाटककार का हस्तक्षेप है। वे यहां राजनीतिक नायक नहीं, शांति के प्रतीक हैं। पुत्र-शोक में

अर्जुन के प्रलयकारी क्रोध की आशंका मात्र से वे चिंतित हो उठते हैं, और युद्ध के बीचोंबीच शांति प्रस्ताव भेजते हैं। इसमें अधिकार का प्रश्न उनके आड़े नहीं आता, कर्तव्य और मानवता की चिंता मुख्य हो जाती है।

प्रश्न यह भी है कि उन्होंने घटोत्कच को ही अपने संदेश के लिए क्यों चुना? इसका एक कारण तो यह दिया जा सकता है कि घटोत्कच पाण्डवों का सबसे वरिष्ठ पुत्र है और अगली पीढ़ी का प्रतिनिधि है। (इससे कृष्ण के सोच और दृष्टि का पता चलता है।) संभव है उसकी अपील पर कौरव अधिक ध्यान दें। परंतु इससे अधिक सशक्त कारण यह प्रतीत होता है कि उन्होंने उसे यह संदेश देने भेजा हो कि युद्ध ऐसा कृत्य है जिसकी दानव तक निंदा करते हैं। नाटक में भी दुर्योधन घटोत्कच को 'राक्षस' कहता है, तब घटोत्कच उत्तर देता है कि "तुम राक्षसों से भी अधिक क्रूर हो।" संभवतः कृष्ण यही कहना चाहते होंगे। क्योंकि इतनी सूक्ष्म और सांकेतिक शैली का उपयोग कृष्ण जैसा अत्यंत मेधावी और दृष्टिवान नायक ही कर सकता था। यह युधिष्ठिर आदि के वश में नहीं था।

सभा में पहुंच कर घटोत्कच पूज्यों के प्रति जिस नम्रता, शालीनता और भद्रता की अभिव्यक्ति करता है वह धृतराष्ट्र को द्रवित कर देती है। वह उसे 'पुत्र' कहकर सम्बोधित करता है।

'माध्यम व्यायोग' में भी माता-पिता के प्रति घटोत्कच ऐसे ही व्यवहार का परिचय देता है। इससे लेखक की घटोत्कच के प्रति अवधारणा का पता चलता है। राक्षसी के पुत्र में उत्तम गुणों की प्रतिष्ठा से नाटककार की संवेदना की गुणात्मकता का पता चलता है।

भास की धृतराष्ट्र के प्रति सर्वत्र सहानुभूति रही है। महाभारत में भी कई बार अपने पुत्रों का व्यवहार उसे कचोटता है, परन्तु सदा उस पर पुत्र-मोह भारी पड़ता है। इसी कारण दुर्योधन शासकस्थानीय प्रतीत होता है और अपने क्रोध, ईर्ष्या, घृणा, हिंसा आदि को घटित करता रहता है। भास का धृतराष्ट्र भी, यद्यपि असहाय है, परंतु अधिक प्रतिरोधी और न्यायी है। अभिमन्यु की हत्या पर वह दुर्योधन एवं अन्य वीरों को धिक्कारता है। वह घटोत्कच के आगे स्पष्ट स्वीकार करता है– "मैं अपने पुत्रों के अपराध से कदर्थी किया गया हूं।" कृष्ण के प्रति उसके मन में अपार श्रद्धा है। जब घटोत्कच कहता है कि मैं श्रीकृष्ण का संदेश आपके लिए ले कर आया हूं, तो वह तत्काल खड़ा हो जाता है और कहता है

"भगवान चक्रधर ने मेरे लिए क्या आज्ञा दी है?" अर्जुन की प्रतिज्ञा को सुनकर जब दुर्योधन अपनी सारी अक्षौहिणी सेना जयद्रथ की रक्षा में लगाने की बात कहता है तब धृतराष्ट्र उससे कहता है कि "जयद्रथ भले पृथ्वी में घुस जाए, आकाश में छिप जाए पर अर्जुन के बाण हर जगह उसका पीछा करेंगे।" यहां अर्जुन के बाणों के संबंध में उसका यह कहना कि 'कृष्ण जिसके नेत्र हैं' से अधिक सटीक और मार्मिक व्यंजना किसी मार्गदर्शक के बारे में नहीं की जा सकती।

इस तरह 'दूत घटोत्कच' के लिए महाभारत एक अलग ही संदर्भ बनकर रह जाता है जो और इसे भास की सर्वथा मौलिक रचना बना देता है। उसमें कथा-वस्तु और चरित्र-निर्माण की ही नहीं, संवेदनात्मक अभिव्यंजना की भी अद्‌भुत क्षमता है।

'मध्यम-व्यायोग' की कथा भी सर्वथा मौलिक है। इसके घटोत्कच और हिडिम्बा भी महाभारत से सर्वथा भिन्न हैं। भीम के कुतूहल, वात्सल्य और दाम्पत्य-प्रेम का भी नया पक्ष उद्‌घाटित होता है।

कथा छोटी-सी है। एक ब्राह्मण अपने परिवार सहित जाते हुए एक वन से गुजरता है। वहीं उसे एक भयानक लेकिन भव्य व्यक्ति दिखाई पड़ता है। यह घटोत्कच है, हिडिम्बा का पुत्र। वह अपनी माता के लिए उपवास के उपरांत 'पारण' के लिए किसी मनुष्य की खोज में है। उसे ब्राह्मण परिवार दिखाई पड़ता है। उसके किसी एक व्यक्ति को वह ले जाना चाहता है। पिता बड़े पुत्र को देना नहीं चाहता और मां का सर्वाधिक लाड़ छोटे पर है। अंततः 'मध्यम' पुत्र इस आहुति के लिए प्रस्तुत होता है। वह घटोत्कच से पानी पीकर आने की अनुमति लेकर जाता है। विलम्ब होने पर घटोत्कच आवाज लगाता है– 'मध्यम'। इसे पास ही किसी आश्रम में रुके पाण्डवों में से उधर निकलते हुए भीम सुनता है जो पाण्डवों में 'मध्यम' है। वह घटोत्कच से कहता है कि मुझे क्यों बुला रहे हो, तब वह पूरी कहानी कहता है। इतने में ब्राह्मण 'मध्यम' भी आ जाता है। भीम उसकी जगह अपने को प्रस्तुत करता है।

जब घटोत्कच चलने को कहता है तो भीम उससे कहता है कि वह उसे पकड़ कर ले जाए। घटोत्कच अपने बल का पूरा प्रयोग करने पर भी ऐसा नहीं कर पाता। उस पर पेड़ उखाड़ कर प्रहार भी करता है, पर इसका भी भीम पर कोई प्रभाव नहीं पड़ता, तब वह राक्षसी माया से उसे पाश से जकड़ता है, पर

भीम उसे भी छिन्न-भिन्न कर देता है, तब वह भीम को अपने वचन की याद दिलाता है। प्रतिज्ञा से बँधा भीम उसके साथ हो लेता है। इससे यह संकेत स्वयमेव निकलता है कि भीम पाश से नहीं, प्रतिज्ञा से बँधा है। इससे अनायास भीम के चरित्र पर रोशनी पड़ती है। इसका एक और कोमलपक्ष है। बातचीत में उसे पता चल जाता है कि वह हिडिम्बा का पुत्र है। घटोत्कच उसे अपनी माता के सम्मुख ले जाता है। हिडिम्बा भीम को पहचान कर हर्षित होती है और घटोत्कच को बताती है कि ये हमारे देवता हैं। तुम्हारे पिता हैं। यह जानकर घटोत्कच प्रणाम करता है। भीम और घटोत्कच का यह पहला परिचय है।

कथा ऊपर से सामान्य लगती है, परंतु उसमें मानवीय भावों का बड़ा हृदयग्राही चित्रण है। असाधारण नाटकीय युक्तियों से पात्रों के चरित्र का उद्घाटन ही नहीं, अद्भुत कुतूहल की सृष्टि भी है। सारा नाटक एक शब्द 'मध्यम' पर टिका है। परिवार के सम्मुख उपस्थित संकट की स्थिति में भय, आतंक और मृत्यु के अवसर का हृदय विदारक वर्णन है। पहले तो स्वयं ब्राह्मण अपने को ले जाने को कहता है, जिसे सब रोकते हैं, फिर माता प्रस्तुत होती है, जिसे ले जाना घटोत्कच स्वीकार नहीं करता। आशय यह कि हत्या के लिए वह स्त्री को नहीं ले जा सकता। तब बड़ा भाई प्रस्तुत होता है जिसे पिता नहीं जाने देता और छोटे को मां। असहाय 'मध्यम' ही बलि के लिए बचता है, (उसकी दयनीयता और त्रासदी देखिए) जिसे सब कड़े मन से हिडिम्बा के पारण के लिए विदा करते हैं।

इसी प्रसंग में लेखक सूक्ष्म पारिवारिक फांक और प्रेम में असमंजस का मार्मिक चित्र उपस्थित करता है और घटोत्कच के मानव-सुलभ व्यक्तित्व को खोलता चलता है। प्रारंभ में तो घटोत्कच से भयभीत परिवार को ब्राह्मण यह कह कर सांत्वना देता है कि– 'सविमर्शायास्य वाणी' इसकी वाणी विवेक और विचार युक्त हैं। स्वयं घटोत्कच मन में सोचता है कि 'मैं जानता हूं कि ब्राह्मण श्रेष्ठ होते हैं, सबके लिए पूजनीय हैं। पर क्या करूं मुझे तो माता की आज्ञा का पालन करने के लिए अकरणीय भी करना ही पड़ेगा।' इससे उसकी विवेकशीलता के साथ ही मातृभक्ति भी प्रकट होती है। जब वह स्त्री को ले जाने को मना करता है, तब भी उसकी सुसंस्कृतता का परिचय मिलता है। बिना किसी हिचक के वह 'मध्यम' को पानी पीने जाने की अनुमति दे देता है, इससे उसका आत्म-विश्वास झलकता है।

भीम जब उसकी जगह अपने को प्रस्तुत करता है, तब वह इसे स्वीकार कर लेता है। भीम उसे देखकर अद्‌भुत आकर्षण का अनुभव करता है, जबकि उसे पता नहीं है कि घटोत्कच उसका पुत्र है। उसके मुंह से 'पुत्र' संबोधन निकल पड़ता है, जिस पर चौंके घटोत्कच से वह कहता है कि 'क्षत्रिय के लिए प्रजा' पुत्र ही होती है। इस प्रसंग में घटोत्कच की प्रखरता और भीम की प्रत्युत्पन्नता का पता चलता है। घटोत्कच हिडिम्बा का पुत्र होने का पता चलने पर उसके व्यवहार में कुछ क्रीड़ाभाव भी प्रकट होता है जिसके भीतर वात्सल्य का स्पर्श है। पाश से मुक्त होने पर भी वह सहज क्रीड़ाभाव से उसके साथ हो लेता है।

यहां हिडिम्बा का पत्नीत्व मुखर होता है, वह "आर्य की जय हो!" कहकर भीम का स्वागत करती है, हर्ष से पुलकित हो जाती है और बताती है कि घटोत्कच आपका पुत्र है। भीम चकित होते हैं और पूछते हैं "यह कैसे?" तब हिडिम्बा पिछली बार वन से आने पर समागम के बारे में उसके कान में कहती है। पुत्र के सामने एक शीलवती मां के रूप में उसका यह भावाभिनय उसे अतीव मनोरम और कमनीय बनाता है।

घटोत्कच पिता को प्रणाम करता है और अज्ञान में हुई दुर्विनीतता के लिए क्षमा मांगता है। ब्राह्मण-परिवार से मिलने पर भी वह प्रणाम करता है। हिडिम्बा और घटोत्कच का यह चरित्र महाभारत में अनजाना है। घटोत्कच से भीम का यह मिलन महाभारत की तुलना में अधिक कलात्मक और कल्पनाशील है। 'मध्यम' के रूप में ब्राह्मण-पुत्र और भीम के मध्यम रूप का भी बड़ा ही सुंदर, कौशलपूर्ण उद्‌घाटन हुआ है।

नाटककारों के लिए भास की यह दृष्टि निश्चय ही प्रेरणाप्रद रही होगी जिसके द्वारा उन्होंने पात्र के अंत:संसार के विश्लेषण से वह तत्त्व दुहा जिससे पात्र की रचनाओं में नवीनता और विश्वसनीयता आती है और उनका रचना-विश्व मूल रचना से पृथक होता है।

यही बात हमें 'कर्णभारम्' में भी दिखाई देती है। कृष्ण और फिर कुंती द्वारा यह पता लग जाने पर भी कि पाण्डव कर्ण के सहोदर हैं, वह दुर्योधन के प्रति मैत्री और कर्तव्य में अडिग बना रहता है। इस अडिगता के केन्द्र से ही भास ने उसके नए चरित्र की उद्‌भावना की है। भास की अंतर्दृष्टि ने ठीक पहचाना कि सत्य को जान लेने के बाद भी भले कर्ण अविचल दिखता हो, परंतु उसके

मन में भयानक अन्तर्द्वन्द्व रहा होगा। जब अर्जुन जैसे सैनिक मनोवृत्ति के वीर में भी अपने बंधुबांधवों से युद्ध करने के क्षणों में मोह और हताशा उपज सकती है, तब कर्ण तो अधिक संवेदनशील हैं और उसके सम्मुख सगे-संबंधी ही नहीं सहोदर भाई हैं, इसलिए उसकी स्थिति तो और भी विकट है। जैसे गीता में अर्जुन के हाथ से गाण्डीव छूट रहा था (गाण्डीवं संस्त्रते हस्ता..) वैसे ही यहां कर्ण को शस्त्र 'निःशक्त मालूम होते हैं, हाथी-घोड़े निरुत्साहित और दीन-हीन दिखाई पड़ते हैं और शंख और दुंदुभि निःशब्द।' ऐसे में उसके साथ कृष्ण भी नहीं है जो उसे प्रबोधें। उल्टे गुरु का अभिशाप उसका पीछा कर रहा है। यहाँ यह भी ध्यान देने योग्य है कि अकेला कर्ण ही नहीं, उसके 'हाथी-घोड़े शंख-दुंदुभि सभी कर्ण के साथ निःशक्त और शिथिल हैं। यह भारतीय कला-कर्म की अद्‌भुत प्रतीति है।

चारोंओर से हताश कर्ण आत्म-बल की सहायता लेता है। वह सबके प्रति शुभ कामना के मिस आत्मप्रबोधन करता है। किसी ने ठीक कहा है कि कृष्ण ने गीता-ज्ञान तो अर्जुन को दिया पर उसका पालन यहां कर्ण कर रहा है। प्रारंभ से अंत तक भास के कर्ण में यह प्रबोधन झलकता है। उसका निर्मल चित्र आगे आने वाली भयानकतम चुनौतियों का पूर्वाभास पा जाता है। (जो भारतीय मनोदर्शन का एक सुपरिचित विधान है।) परंतु वह दिखने को ही वीर नहीं है, मन से भी क्लैव्यता का प्रतिकार कर रहा है। इस तरह भीतर और बाहर के संसार से लगातार उसका युद्ध जारी है।

वह अपने सारथी शल्य को अर्जुन की ओर रथ ले जाने का निर्देश देता है तभी उसे अमंगलसूचक यह वाणी सुनाई पड़ती है-"हे कर्ण! मैं बहुत बड़ी भिक्षा मांगता हूं।" कर्ण का अंतर्मन पहचान लेता है कि यह ब्राह्मण की नहीं वीर की वाणी है। फिर भी वह प्रणाम करता है। उत्तर में ब्राह्मण उसे दीर्घायु होने का समयोचित आशीर्वाद न देकर 'यशस्वी' होने का वर देता है। इससे उपजी आशंका को कर्ण अपने अंतर्युद्ध और कल्पना से परास्त कर देता है। यह वास्तव में उसकी आत्म-सांत्वना ही है :

धर्मो हि यत्नैः पुरुषेण साध्यो भुजङ्गजिव्हाचपला नृपश्रियः।
तस्मात्प्रजापालनमात्र बुध्या हतेषु देहेषु गुणा धरन्ते।। 1/1711

-केवल धर्म ही मनुष्य द्वारा यत्नपूर्वक साध्य है। राजलक्ष्मी तो सर्प की

जिव्हा की भांति चंचल है। इसलिए प्रजा का पालन करने वाला अपना शरीरपात होने के बाद यश से ही जीवित रहता है।

अस्तु, कर्ण हजारों गायों से लेकर अपना सिर तक देने को कहता है, परंतु ब्राह्मण अस्वीकार कर देता है। अंत में वह कवच-कुंडल देने का प्रस्ताव करता है, जिसे लपककर ब्राह्मण स्वीकार कर लेता है– 'दीजिए-दीजिए'। ठीक इस अवसर पर शल्यराज उसे रोकता है। यहां शल्य की भूमिका महाभारत से भिन्न है। महाभारत में शल्य कर्ण से विश्वासघात करता है। ऐसा करने के लिए उसने युधिष्ठिर को वचन दिया था। भास को यह शल्य जैसे वीर, दृढ़व्रती और ईमानदार राजा के प्रति अन्याय लगा। कौरव सेना के अंतिम सेनापति और कर्ण के स्पर्श से कंचन बने शल्य के चरित्र का कायाकल्प करना नाटककार को उचित लगा। उन्होंने शल्यराज को कर्ण के लिए कृष्णस्थानीय बना दिया। उन्होंने घटना की तीव्रता और गहराई बढ़ाने के साथ ही कर्ण और शल्य के चरित्र में श्रेष्ठत्व प्रतिष्ठित करने के लिए समय और स्थान का विस्थापन कर दिया। महाभारत में इन्द्र युद्ध-पूर्व दान मांगता है तब उसके साथ शल्य नहीं है, जबकि यहां ठीक उस समय जब कर्ण अर्जुन से युद्ध करने युद्धभूमि में प्रवेश कर चुका है, शल्यराज साथ है।

कर्ण की दानशीलता और धर्मनिष्ठा की कसौटी को कठिनतम करने के लिए यह घटना उस समय उपस्थित की गई है, जब कर्ण अपने जीवन का अंतिम युद्ध लड़ रहा है। शल्य के परामर्श को अनसुना कर कर्ण ब्राह्मण को कवच-कुंडल दे देता है। नाटककार को संभवतः लगा कि शल्य का परामर्श तो कर्ण अनसुना कर सकता है पर सूर्य का आदेश टालना उसके लिए संभव नहीं होगा। उसके जाने के बाद आहत शल्य कहता है कि आप इन्द्र द्वारा ठगे गए हैं। कर्ण फिर आत्म-बल को जगाता है–मैं क्यों, 'इन्द्र ठगा गया, जिसने मुझसे भिक्षा ली।'

शक्ति देने के प्रसंग को भी नाटककार ने महाभारत से भिन्न रूप और भिन्न प्रयोजन से इस्तेमाल किया है। और इसे कर्ण के स्वाभिमान और निष्ठा का प्रसंग बना दिया है। यहां शक्ति लेकर ब्राह्मण वेश में देवदूत आता है और कहता है कि इन्द्र को ग्लानि हुई इसलिए उसने कर्ण के लिए 'विमला नामक अचूक शक्ति' भेजी है, कर्ण अस्वीकार कर देता है–'धिक्कार है, मैं दान का बदला नहीं लेता।'– 'धिग् दत्तस्य न प्रतिगृहणामि'। परंतु देवदूत कहता है कि ब्राह्मण

का वचन मान कर ले लो। तब कर्ण भारी मन से शक्ति लेता है। यदि युद्ध के उस आसन्न क्षण में कर्ण के चरित्र की यह गरिमा देखेंगे तो निश्चय ही नाटककार की इस प्रतिभा पर स्तब्ध रह जाएँगे। इसके तत्काल बाद कर्ण शल्यराज को अपना रथ अर्जुन की दिशा में ले चलने का निर्देश देता है।

भास ने कर्ण का निर्माण उसके उस अंतः-अर्थ से किया है जो कर्ण में निहित है। मन और कर्म की पीठिका पर चरित्र-निर्माण उसी सचेत रचनाकार से संभव होता है जो अंतर्दृष्टि सम्पन्न हो, इसीसे चरित्र अपने अभिप्राय को अधिक गतिशील करता है। इसलिए इसे मूल कथा का मात्र युक्तियुक्तकरण नहीं कहना चाहिए।

नाटककार की यही आधारभूत दृष्टि 'दुर्योधन' संबंधी अवधारण में भी रही है। 'दूतघटोत्कचम्' और 'दूतवाक्यम्' को छोड़ दें जिनमें दुर्योधन द्वारा संधि का अस्वीकार है, जो प्रायः महाभारत की आवृत्ति है तो सर्वत्र नाटककार ने उसे एक श्रेष्ठ पात्र का मान दिया है। इन दोनों अवसरों पर यह शायद नाटककार की विवशता थी। कथा के मूल स्वरूप में नाटककार को इससे भिन्न रूप में दुर्योधन को रखना संभव न लगा हो। परंतु पंचरात्र और ऊरुभंग के दुर्योधन सर्वथा बदले हुए हैं। पंचरात्र में तो चरित्रांतरण के लिए कथान्तरण है ही परंतु ऊरुभंग में महाभारत की कथा तो लगभग वही है पर दुर्योधान का चरित्र बदला हुआ है। यहां नाटक का केन्द्र भीम नहीं दुर्योधन है।

'ऊरुभंग' का प्रारंभ महाभारत के उपरान्त युद्धावशेषों के हृदयद्रावक और वीभत्स दृश्यांकन से होता है, जो अत्यंत सांकेतिक है। संभवतः नाटककार कहना चाहता है कि इतना कुछ हो चुका पर मनुष्य की युद्ध पिपासा का अंत नहीं हुआ इसलिए इससे युद्ध-विरत होने की दुर्योधन की इच्छा का औचित्य सिद्ध होता है। यह संदर्भ भी दुर्योधन पर नई रौशनी डालता है।

नाटक का वास्तविक प्रारंभ दुर्योधन और भीम के गदायुद्ध से होता है। यहां दुर्योधन असीम बल और पौरुष का परिचय देता है। नाटककार ने उसके रण कौशल का अप्रतिम वर्णन किया है। प्रारंभ में ही भीम के सिर पर गदा-प्रहार से वह लुढ़क पड़ता है, परंतु ऐसी दशा में दुर्योधन उस पर प्रहार नहीं करता, बल्कि भीम पर व्यंग्य करता है– ''क्या कहीं वीर आपद्-ग्रस्त को समर में मारते हैं? अतः तुम्हें इस बात का भय छोड़ देना चाहिए'' :

वाक्यं वदत्युपहसन्न तु भीम! दीनं
वीरो निहन्ति समरेशु भयं त्यजेति।। 1/22

दुर्योधन के इस समयोचित व्यंग्य को अर्जुन भी सुन रहे हैं, कृष्ण भी और व्यास भी। इसकी पृष्ठभूमि में युद्ध में पाण्डवों की युद्ध-अनीतियां, विशेषकर आपद्ग्रस्त कर्ण के वध का प्रसंग उजागर हो जाता है, साथ ही सम्पूर्ण महाभारत युद्ध में कौरवों और दुर्योधन के नीतिमार्ग का सार्थक संकेत। परंतु जिन पाण्डवों को येन केन प्रकारेण युद्ध जीतना ही है उनकी अनीतियों का अंत अब भी नहीं होता। दुर्योधन को भीम पर भारी पड़ा देख कर कृष्ण अपनी जांघ पर हाथ मार कर उसे संकेत करते हैं। भीम युद्ध-धर्म, उसकी शर्तें और नैतिकता का अतिक्रमण कर जंघा पर प्रहार कर उसे धराशायी कर देता है 'त्यक्त्वा धर्म घृणां विहाय समयं कृष्णस्य संज्ञा समं' भास की यह टिप्पणी एक तरह से भीम पर ही नहीं सारे महाभारत में पाण्डवों की भूमिका पर है। बलराम अपने शिष्य को यहां 'तपस्वी दुर्योधन' संबोधित करते हैं। उनके क्रोध से बचाने के लिए कृष्ण भीम को वहां से हटा लेते हैं। यहां दुर्योधन का पुनः एक मानवीय और नैतिक पक्ष सामने आता है जो उसे महाभारत से भिन्न बनाता है। बलराम जब युद्ध की नैतिकता के विरुद्ध प्रहार करने पर भीम का वध करने के लिए उतारू हैं तब दुर्योधन उन्हें रोकता है, कहता है कि यदि आप मुझे भीम द्वारा छद्म से पराजित मानते हैं, तो मैं पराजित नहीं हुआ, वह कहता है—कुरुवंश को पिण्ड-दान करने के लिए पाण्डवों को जीवित रहने दें। अब सारी शत्रुता और विग्रह-कथाओं का अंत हो चुका है। दुर्योधन भीम के जंघा-प्रहार को, भरी सभा में द्रौपदी के अपमान के अवसर पर की गई प्रतिज्ञा की पूर्ति कहकर स्वयं उसकी पैरवी करता है। इतना ही नहीं, वह कहता है कि 'इसमें भी भीम का दोष नहीं है, स्वयं कृष्ण भीम की गदा में प्रविष्ट हो गए थे, उन्होंने यह कार्य किया।' कितने सांकेतिक रूप में दुर्योधन कृष्ण पर दायित्व डालकर उनके भाई को शांत कर रहे हैं।

यहां भी एक विचित्र पारिवारिक दृश्य है। दुर्योधन के माता-पिता, दोनों पत्नियां, पुत्र सब उसे चारों ओर से घेर लेते हैं। वह शांत चित्त से सबको समझाता है। पत्नियों से वीर और नैतिक जीवन तथा वीर-मृत्यु पर गर्व करने को कहता है, पुत्रों को पाण्डवों की सेवा करने की आज्ञा देता है, यहां तक कि कुन्ती, सुभद्रा और द्रौपदी को अपनी मां समझने की सीख देता है। वह मां गांधारी को

प्रणाम कर अगले जन्म में उसका पुत्र होने की कामना करता है। जब उसके सामने अश्वत्थामा संशप्तकों और पाण्डव-पुत्रों का वध करने की घोषणा करता है तो वह उसे मना करता है। स्पष्ट है कि जहां भट्ट नायक के 'वेणीसंहार' का दुर्योधन, ईर्ष्या, द्वेष और क्रोध प्रकट करता है, वहीं ऊरुभंग का दुर्योधन मरणासन्न होते हुए भी धीरोदात्त नायक की छाप छोड़ता है। मानो भास उसे खलनायकत्व से मुक्त करते हैं। नाटक की संरचना, पात्र-संयोजन और अपूर्व चित्रण-शैली से भास अपने कथ्य से दर्शकों के दुर्योधन विषयक स्थायी भाव को बदलने का प्रयत्न करते हैं।

'दूत वाक्यम्' कृष्ण के 'दूत-कर्म' पर रचित है। महाभारत आधारित नाटकों में भास इसमें सफल भी होते हैं। एकांकी को सबसे कम उत्पाद्य माना जाता है। कथा की दृष्टि से तो यह महाभारत की कथा के अनुरूप है, परंतु इसमें आधुनिकतम शिल्प दिखाई पड़ता है। प्रस्तुतीकरण सर्वथा नवीन है। इस दृष्टि से इसमें तीन संदर्भ नए हैं। महाभारत से भिन्न यहां दुर्योधन राजा का प्रतिनिधि नहीं, स्वयं राजा है। प्रारंभ में ही दूत द्वारा 'महाराज' संबोधन से उसकी स्थिति का पता चलता है और कृष्ण के लिए कंचुकी द्वारा 'पुरुषोत्तम नारायण' कहने पर उसका झिड़कना कृष्ण के प्रति उसकी भावना को दिखाता है। इस समय सभा में वह युद्ध की तैयारी में है, सभासदों से मंत्रणा-रत है और शकुनि के परामर्श से भीष्म को सेनापति मनोनीत करता है।

महाभारत में राजा के रूप में धृतराष्ट्र एक पुतला है और सारे कार्य-व्यापार दुर्योधन के द्वारा करने से उसकी महत्ता घटी है, परंतु यहां राजा न होकर राज परिवार का मुखिया होने के कारण वह कृष्ण के प्रति जिस विनम्रता का परिचय देता है और सांकेतिक रूप से युद्ध से अपनी असहमति दिखाता है उससे उसका चरित्र उठा है और उसकी निर्मलता और सहृदयता की अभिव्यक्ति हुई है। दुर्योधन को सभासदों ने कृष्ण को अर्घ्य देने का जो प्रस्ताव दिया था वह वास्तव में धृतराष्ट्र द्वारा ही पूरा होता है। वह कृष्ण को प्रणाम करता और अर्घ्य देता है।

नाटक के उस आदि काल में शस्त्रों के मानवीकरण की प्रविधि ऐसी नवीनता और मौलिकता है जो नाटककार के रूप में भास की प्रत्युत्पन्नता और कालजयी क्षमता की अभिव्यक्ति करती है। दुर्योधन के उसकाने पर जब कृष्ण अत्यंत क्रोधित होते हैं, तब अपने आप उनके सामने सुदर्शन चक्र मानव रूप में उपस्थित होता है और कृष्ण को परामर्श देता है– "आप पृथ्वी का भार हल्का

करने आए हैं, दुर्योधन की मृत्यु से वह विफल होगा।'' शस्त्रों के मानवीकरण तथा शस्त्र द्वारा योद्धा को दृष्टि देन का यह अभिनव बल्कि आधुनिक प्रयोग है। आमतौर पर योद्धा का विवेक, दृष्टि और मनस्थिति शस्त्र के प्रयोग का कारण होती हैं। परन्तु यहां कृष्ण जैसे योद्धा का मार्गदर्शन शस्त्र करते हैं यह दोहरे स्तर पर मौलिक कल्पना है। इससे अभिव्यंजना के अनेक कोण उद्भासित होते हैं। सुदर्शन का परामर्श मान कर कृष्ण उसे जाने की आज्ञा देते हैं तभी विष्णु के अन्य शस्त्रास्त्र, युद्ध उपादान एक-एक कर आते हैं– शार्ङ्ग धनुष आता है, कौमोदिकी गदा आती है, पांचजन्य शंख आता है, नन्दक खड्ग आता है। सुदर्शन उनसे कहता है– ''भगवान का कोप शांत हो गया है, लौट जाओ।'' तभी गरुड़ भी आ जाता है। सुदर्शन सभी को लौटा देता है। उल्लेखनीय है कि सुदर्शन की मानवीय उपस्थिति के अलावा शेष शस्त्रास्त्र की उपस्थिति सूच्य है जो नाटकीय दृष्टि से प्रयोजनीय है। कृष्ण की भगवत्ता उस समय तो प्रकट हुई ही थी, जब उन्होंने अपना विराट रूप दिखाया था, इस प्रसंग में भी उसकी पुष्टि हुई है; और जैसे-जैसे कृष्ण की भगवत्ता प्रकट हुई है वैसे-वैसे दुर्योधन का चरित्र छोटा हुआ है।

संवाद के चुटीलेपन की वास्तव में राजनीतिक नाटक में बड़ी जरूरत होती है यह निदर्शन भी नाटककारों को भास के इस नाटक में मिलता है। दुर्योधन के आरोपों को कृष्ण द्वारा मूक कर देने वाले उत्तर के अतिरिक्त संवादों में कृष्ण की गरिमा के दर्शन होते हैं। जब जरासंध के सामने न पड़कर पलायन करने का उल्लेख कर दुर्योधन उन्हें लज्जित करना चाहता है, तब कृष्ण एक नीति वाक्य कहते हैं– ''न्याय को समझने वाले व्यक्ति का क्रोध भी देश, काल और अवस्था के अनुकूल होता है।'' मात्र इस कथन से महाभारत युद्ध के नियंता और निर्देशक कृष्ण की नीति का पता चलता है और उनके अनीति और छल-प्रसंगों का भी समाहार होता है। भास की इस विशेषता को नोट करना चाहिए कि उनके संवाद अत्यंत संदर्भवान हैं। एक-एक वाक्य के पीछे लम्बा कथानक और वैचारिकी होती है। नाटक के लिए यह इसलिए भी जरूरी होता है कि उसे अत्यंत संक्षेप में बहुत सारे प्रसंग, कर्म और विचार का उद्घाटन करना पड़ता है। देश-काल-चरित्र की त्रयी के ऐक्य का उपयोग वास्तव में इसी प्रयोजन के लिए है।

नाटक में एक और प्रसंग अत्यंत सांकेतिक है। कृष्ण के सभा में आने पर किसी के खड़े न होने के निर्देश के साथ ही स्वयं भी खड़े न होने के लिए

दुर्योधन चित्र देखने का बहाना करता है। और चित्र भी कैसा? 'द्रौपदी चीरहरण' का चित्र ताकि कृष्ण उत्तेजित हों परंतु कृष्ण इसे उसकी निर्लज्जता कहकर प्रताड़ित करते हैं। इससे प्रारंभ से संवाद, कटु हो उठता है। इस नाटकीय शैली के लिए भी भास की सराहना करना पड़ती है।

कला की दृष्टि से यह नाटक सर्वथा उत्पाद्य है और आधुनिकतम कल्पनाशीलता की अभिव्यक्ति है। एकांकी के छोटे-से कलेवर में विषय-वस्तु की इतनी विविधता और सघनता कम ही देखी जाती है– विशेष कर ऐतिहासिक या पौराणिक नाटकों के भीतर तो अनेक संदर्भों के बिना किसी छोटी-सी नाट्यकृति का संप्रेषण ही दुर्लभ है। नाटक में कार्य-व्यापार की तीव्रता भी दर्शनीय है। प्रयोजन से ही नाटक प्रारंभ होता है। एकांकी की दृष्टि से यह नाटक नई शैली, प्रविधि और उत्पाद्यता सूचित करता है। यह संकेत यहां अवसरानुकूल लगता है कि नाटक के अनेक विवेचक एकांकी शिल्प को पश्चिम से आया हुआ बताते– 'दूत वाक्यम्' के होते हुए यह संगत नहीं लगता।

महर्षि व्यास निश्चय ही संसार के अद्वितीय महाप्राण कवि हैं जिन्होंने अपनी कृति में वह कुछ नहीं छोड़ा है जो सृष्टि में निहित है। कथा और चरित्र के आयामों में ही नहीं, भाव, चरित्र अनुभव-संसार और घटना-व्यापार; और काव्य के अनेक स्तरों में यह बात देखी जा सकती है– इसीलिए उसमें से अनेक कलाकृतियाँ संभव हुई हैं।

इसमें कोई संदेह नहीं कि भास के सामने सांगोपाङ्ग महाभारत था, वे चाहते तो स्थूल का अनुकरण करके भी नाट्यसृष्टियों में अपनी प्रतिभा को प्रकट कर सकते थे, परंतु भास की विशेषता यह है कि उन्होंने महाभारत के 'सूक्ष्म' का अन्वेषण किया और अपनी उत्पाद्य प्रतिभा से उससे नया, बल्कि कई बार उससे भिन्न प्रतीत होने वाला सृष्टि-विश्व रचा। उन्होंने संक्षिप्ततम में विशालतर को एकाग्र किया और दृश्य में अदृश्य को रूपायित किया– इस हद तक कि उनकी कृतियों में उपजीव्य क्षमता पैदा हुई।

यदि भास की कृतियां अंधेरे में न पड़ी रह कर, सर्जकों के सामने रहतीं तो उनसे अनेक रचनाओं का सृजन संभव था, ठीक वैसे ही जैसे महाकवि कालिदास के 'अभिज्ञान शाकुंतल' ने सैकड़ों कृतियों को जन्म दिया और उसके असंख्य अनुवाद हुए। लोगों को महाभारत की शकुंतला तो याद रही, वे महाभारत की शकुंतला भूल गए। यह क्षमता भास में भी है। यदि उनके नाटक अदृश्य न

रहते तो संभव है दुर्योधन, कर्ण, घटोत्कच, हिडिम्बा, धृतराष्ट्र, भीम, शल्य, जैसे चरित्रों का नया अवतरण होता और रचनाकारों को प्रतिमहाभारत की रचना द्वारा उसके बहुलार्थ को खोलने के ज्यादा अवसर मिलते। उन्हें शायद भास से यह प्रेरणा भी मिलती कि पुराण कथाओं के रूपात्मक अनुकरण या उनकी वस्तु के युक्तियुक्तकरण से अधिक महत्त्वपूर्ण होता है उसकी सम्पूर्ण रचनाशीलता का नाट्य-रूपायन।

भास के नाटकों को देखकर लगता है कि यदि उनके नाटकों की खोज नहीं होती तो हम कितने बड़े सर्जनात्मक अवदान से वंचित रह जाते। भास आदि नाटककार के रूप में ही नहीं, सम्पूर्ण नाटकीय सिद्धि की तरह अवतरित हुए। इसलिए भास का अनुसंधान न केवल एक आदि नाटककार का संधान है, वह भारत की समृद्ध साहित्य-परंपरा का उत्खनन है।

भास ने महाभारत के सामान्य और कई बार उपेक्षित पात्रों को मौलिक अर्थ देकर एक तरह से महाभारत के पुनःसृजन में अपनी महत्त्वपूर्ण भूमिका निभायी।

इस आलेख का यह आशय नहीं है कि महाकवि व्यास की महत्ता को किसी भी तरह कम आंका जा सकता है। वे तो मूल हैं। आशय केवल इतना है कि भास की उद्‌भावना और नाट्य क्षमता विलक्षण और अप्रतिम है।

अभिज्ञान शाकुंतलम् (नाटक) : कालिदास

(ईसा पूर्व पहली शती)

महाभारत से शकुंतला-दुष्यंत की कथा ग्रहण कर[1] कालिदास ने इस तरह उसे नई दृष्टि, विन्यास, सौंदर्य और औचित्य देकर उसे 'अभिज्ञान शाकुंतलम्' नाटक में इस तरह रूपायित किया है कि वह विश्व साहित्य की अनुपम कृति हो गई है। वह इस हद तक सर्जनात्मक है कि आगे चलकर स्वयं उत्पाद्य हो गई है। इसीलिए 'शकुंतला' संबंधी रचनाएं प्रायः महाभारत पर आधारित न होकर कालिदास के 'अभिज्ञान शाकुंतलम्' पर आधारित हैं। मानो वही मूलकृति हो।

कालिदास ने मूल कथा से जो स्वाधीनता ली है, उसी कारण वे अनेक नवीन दिशाएं उद्घाटित करने में समर्थ हुए हैं। युक्तियुक्तकरण में भी मौलिकता सुंदरता और विश्वसनीयता आ गई है। महाभारत की कुल कथा इतनी है :

दुष्यंत शिकार के उद्देश्य से ससैन्य वन में जाता है और विभिन्न वनों में शिकार करता है। इस दौर में उसे एक सुरम्य आश्रम दिखाई पड़ता है। वह सेना को बाहर छोड़कर आश्रम में आ जाता है। ज्ञात होता है कि वह कण्व मुनि का आश्रम है। वहां उस समय कण्व नहीं हैं, केवल उनकी पुत्री शकुंतला है। दुष्यंत

---

1. कुछ विद्वानों का मत है कि पद्मपुराण के बांग्ला संस्करण में यह कथा मिलती है जो कि कालिदास के अभिज्ञान शाकुंतलम् के बहुत निकट है-इसलिए उनका निष्कर्ष है कि कालिदास ने अपने 'अभिज्ञानशाकुंतलम्' की कथावस्तु पद्मपुराण से ली है। यह निष्कर्ष तथ्यहीन है। वास्तव में पद्मपुराण के संस्कृत या अन्य भाषाओं के पाठों में यह कथा है ही नहीं। ऐसा प्रतीत होता है कि पद्मपुराण का बांग्ला पाठ 'अभिज्ञान शाकुंतलम्' का परवर्ती है इसलिए अभिज्ञान शाकुंतलम् से लेकर ही यह कथा यहां जोड़ी गई है। इसका प्रमाण यह भी है कि जहां कहीं अभिज्ञान शाकुंतलम् से मिलता-जुलता दिखाने के लिए जो परिवर्तन किए गए हैं, हास्यासपद हो उठे हैं। (देखें-शांकुतला आख्यान : डा. सुशीला खरे, पृ-15-21)

उसके सौंदर्य पर मुग्ध और लुब्ध होकर उसका परिचय पूछता है। शकुंतला पिता कण्व द्वारा एक ऋषि को कही अपने जन्म की कथा उसे सुनाती है, जिससे दुष्यंत को प्रतीत होता है कि यह क्षत्रिय ऋषि दुर्वासा और अप्सरा मेनका की पुत्री है। मां ने जन्मते ही इसे वन में छोड़ दिया था, जहां शकुंत पक्षियों ने आवृत कर उसकी रक्षा की थी, इसलिए उसका नाम शकुंतला है। क्षत्रिय कन्या जानकर दुष्यंत शकुंतला के सामने तुरंत गंधर्व विवाह का प्रस्ताव रखता है। उसके ना-नुकुर करने पर वह गहनों-कपड़ों का लालच देता है। अंततः शकुंतला इस शर्त पर स्वीकृति देती है कि उसके पुत्र को ही युवराज और राजा बनाया जाएगा। दुष्यंत (अवसरवादी की तरह) इसे स्वीकार करता है और शकुंतला-दुष्यंत का गंधर्व विवाह हो जाता है। आश्रम में रात बिताकर दुष्यंत कण्व ऋषि के शाप से भयभीत हो प्रातःकाल ही शकुंतला को यह आश्वासन देकर लौट जाता है कि वह राजधानी पहुंचकर शीघ्र ही उसे लिवाने सैनिक भेजेगा। यह वादा दुष्यंत भूल जाता है। इधर शकुंतला समागम की उसी रात गर्भिणी हो गई थी। वह सतत प्रतीक्षा करती है, पर न संदेश, न राजधानी ले जाने के लिए दूतों का आगमन। तीन साल में उसे पुत्र होता है और जब वह बारह साल का हो जाता है तो कण्व उसे ससुराल भेजने का उपक्रम करते हैं और चार वैखासनों के साथ उसे दुष्यंत की राजधानी भेज देते हैं। राजदरबार में जाकर वह दुष्यंत को अपना और पुत्र का परिचय देती है। राजा जानते हुए भी उन्हें अस्वीकार कर देता है। पहले तो शकुंतला भार्या और पुत्र के महत्त्व पर लंबा व्याख्यान देती है, यद्यपि यह अंश स्वतंत्र रूप से महत्त्वपूर्ण है, परंतु इस उत्तेजित अवसर पर वह औचित्यपूर्ण नहीं लगता। खैर, इस अवसर पर तीखा वाद-विवाद होता है, जिसमें दुष्यंत उसे कामुक, वेश्या की लड़की आदि कहता है तो शकुंतला इस असत्य पर उसके सिर के सौ टुकड़े होंने की बात कहती है। फिर भी दुष्यंत स्वीकार नहीं करता। निराश शकुंतला लौट जाने का मन बनाती है, तभी आकाशवाणी होती है जो शकुंतला को उसकी पत्नी और भरत को उसका पुत्र बताती है। आकाशवाणी से दुष्यंत को उसे स्वीकारने का बल मिलता है। वह यह कहते हुए शकुंतला और भरत को सहर्ष स्वीकार करता है कि सब कुछ जानते हुए भी मैंने इंकार इसलिए किया था कि इस पर सभासदों और प्रजाजनों को भरोसा नहीं होता। (उन्हें विश्वास दिलाने के लिए यह दुखद नाटक खेला था) अंत में भरत को राज्य देकर राजा अपनी आयु पूरी कर दिवंगत हो जाता है।

कालिदास को लगा कि इस कथा में नायक के चरित्र को जिस तरह ऊंचा

बखान किया गया है, उसके कुछ कर्म न केवल उसके अननकूल हैं, बल्कि नीचता और क्रूरतापूर्ण हैं। महर्षि व्यास राजधर्म या जन-प्रत्यय को केंद्र में रखकर राजसभा में अपने दुष्यंत से कपटपूर्ण व्यवहार कराते हैं और सत्य को उजागर करने के लिए मानो किसी दैवीय घटना की प्रतीक्षा कराते हैं। जबकि कालिदास इसे मानव-धर्म को केंद्र में रखकर देखते हैं। उन्हें लगा कि ऐसी स्थिति पैदा की जाए जिसमें दुष्यंत इतनी बड़ी और आत्मिक घटना सचमुच भूल जाए। इसके लिए वे भारतीय साहित्य की एक प्राचीन युक्ति 'शाप' की कल्पना करते हैं, और दुर्वासा से बढ़कर तत्कालीन भारत में तुरत-फुरत शाप देने वाला क्रोधी और कौन था? दुर्वासा जब शकुंतला की कुटिया के द्वार पर आते हैं तो दुष्यंत के ध्यान में लीन शकुंतला उनकी उपस्थिति को लक्ष्य नहीं कर पाती। इस पर दुर्वासा शाप देते हैं कि 'जिसके ध्यान में तुम मेरी अनदेखी कर रही हो, वह तुम्हें भूल जाएगा।' शकुंतला की सखी की प्रार्थना पर वे अपने शाप बंधन को थोड़ा ढीला करते हैं और कहते हैं कि जब यह अपने प्रिय को कोई स्मृति चिह्न दिखाएगी तो वह इसके प्रेम का स्मरण कर लेगा। कथा में नाटकीय मोड़ आता है, जब शकुंतला दुष्यंत के यहां गौतमी और ब्रह्मचारियों के साथ जा रही थी तो शचीतीर्थ में स्नान करते हुए उसकी अंगुली से राजचिह्नांकित वह अंगूठी बेध्यानी में गिर जाती है, जो राजा ने उसे अपनी स्मृति स्वरूप पहनाई थी। शापवश दुष्यंत से काफी वाद-विवाद के बाद शकुंतला को अंगूठी की याद आती है। वह उसे प्रमाणस्वरूप दिखाना चाहती है, तभी देखती है कि अंगूठी तो कहीं गिर गई है। नतीजे में वह अप्रामाणिक हो जाती है। निराश और क्षुब्ध होकर, जब वह गौतमी और ब्रह्मचारियों के साथ जाना चाहती है तो वे उसे झटक देते हैं। राजपुरोहित उसे प्रसव होने तक अपने यहां आश्रय देने पर सहमत होते हैं। तभी मेनका की दो परिचारिकाएं आकर उसे आकाश में उठा ले जाती हैं और मारीच ऋषि के आश्रम में छोड़ देती हैं। वहीं उसके पुत्र का जन्म होता है। देखते-देखते वह छह वर्ष का हो जाता है।

इधर राज चिह्नांकित अंगूठी बेचने एक धीवर बाजार में आता है तो सिपाही उससे पूछताछ करते हैं, वह बताता है कि उसे वह शचीतीर्थ से पकड़ी मछली का पेट चीरने पर मिली। सिपाही उसे राजा के पास पकड़कर ले जाते हैं। अंगूठी को देखते ही दुष्यंत को शकुंतला का स्मरण हो आता है। दुष्यंत वेदना और वियोग से पीड़ित होता है। इसका वर्णन बड़ा मार्मिक है।

वियोग की इस दशा से दुष्यंत को इंद्र का एक बुलावा उबारता है, जो उसने राक्षसों के संहार के लिए उसे भेजा था। राक्षसों को पराजित कर लौटते

समय दुष्यंत महर्षि मारीच के दर्शन करने आश्रम की ओर आता है। वहीं वह एक बच्चे को देखता है, जो शेर के दांत गिन रहा होता है। उस पराक्रमी बालक को देखकर दुष्यंत चकित रह जाता है। बच्चे के साथ दो तापसियां भी हैं, जो उसे पकड़ने दौड़ती हैं। दौड़ते-दौड़ते बच्चे के हाथ में बंधा रक्षा-कवच गिर पड़ता है और स्त्रियों के रोकने पर भी दुष्यंत उसे उठा लेता है। इस बार चकित होने की बारी तापसियों की थी, क्योंकि अपरिचित के छूने पर उस रक्षाकवच को सर्प का रूप धारण कर उसे डस लेना था। लेकिन दुष्यंत द्वारा बच्चे को उठा लेने पर भी वह न सर्प बनता है न डसता है। दुष्यंत बालक का परिचय पूछते हैं तो उन्हें विश्वास हो जाता है कि वह पुरुवंश का बालक और उसका पुत्र है। स्त्रियां इस अवसर पर शकुंतला को बुलाती हैं और दोनों का मिलन होता है। वे महर्षि मारीच का दर्शन करते हैं। महर्षि बताते हैं कि कैसे दुर्वासा के शाप से दुष्यंत शकुंतला को भूल गया था। शकुंतला का संशय दूर होता है और वह भरत सहित दुष्यंत के साथ राजधानी लौट आती है।

कालिदास ने महाभारत की दुष्यंत कथा के वे अंश भी संपादित कर दिए हैं जिसमें नीति, धर्म का उपदेश, पुत्र का महत्त्व आदि कई बातें थीं। फिर काम भावना का सपाट प्रदर्शन भी कवि को अपने पात्रों की रूमानियत भरी शालीनता के अनुकूल नहीं लगा तो उन्होंने नए प्रेम संवाद रचे, सखियों की रचना की, काव्यत्व के लिए जगह बनाई। कालिदास की शंकुतला ने दुष्यंत के सामने कोई शर्त नहीं रखी क्योंकि ऐसे अवसर पर सुकुमारी कुमारी शकुंतला शर्त कैसे रख सकती थी! वह कोई 'मत्स्यगंधा' तो थी नहीं।

कालिदास को यह भी लगा कि विवाह के पंद्रह साल बाद कण्व ऋषि को यह सुध आई कि लड़की को विवाह के बाद अपने घर या बंधु-बांधवों के बीच ज्यादा नहीं रहना चाहिए-'नारीणां चिरवासो हि बांधवेषु न रोचते' (आदि. पर्व/संभव पर्व 4/12)। इसलिए कालिदास के कण्व ने गर्भावस्था में ही शकुंतला को पति के पास भेजना उचित समझा। (यह इसलिए भी उचित था कि भावी चक्रवर्ती किशोर प्रत्यक्ष अपमानित और लांछित होने से बच सके।) कवि को यह भी ठीक नहीं लगा कि केवल वैखानस शकुंतला को पतिगृह छोड़ने जाएं, इसलिए उन्होंने कण्व के शिष्यों शारंगरव और शारद्वत के साथ वृद्धा गौतमी को भी भेजा है। वे लोग केवल शकुंतला को छोड़कर ही नहीं लौटते बल्कि इस पूरे संवाद में वहां उपस्थित रहते हैं और राजा को कठोर वचन भी कहते हैं, परंतु

लौटते समय वापस साथ चलने की इच्छा वाली शकुंतला को फटकार देते हैं। उसे आश्रय देने आगे आते हैं-राजपुरोहित, परंतु उस समय मेनका द्वारा भेजी दो परिचारिकाएं आती हैं और उसे उठा ले जाती हैं। इसके बाद महर्षि मारीच के आश्रम में शकुंतला रहती है। वहीं प्रसव होता है। मुझे लगता है कि यहां कवि को सीता के निर्वासन का प्रसंग अवश्य याद आया होगा। दोनों अंततः आश्रमों में पहुंचीं या पहुंचाई गईं। दोनों आपन्नसत्त्वा थीं। दोनों सहृदय, संवेदनशील ऋषियों के आश्रम में ही पुत्रों को जन्म देती हैं। दोनों को राजाओं द्वारा लोकापवाद के भय से (महाभारत के अनुसार) निर्वासित किया गया है। दुष्यंत की भरत से भेंट लगभग वैसे ही होती है जैसे लवकुश की भेंट राम से हुई थी। कवि कैसे अवचेतन-संयोजनों से नवीन की उद्भावना करता है! महाभारत की एक सीधी कहानी के भीतर ऐसी नाटकीयता के लिए कितने अदृश्य मोड़ थे; जिसमें कथा का ढांचा ज्यों का त्यों बना रहकर भी अंतर्वस्तु बदल सकती थी, इसमें क्लासिकल, कलात्मक रंग भरा जा सकता था। इसका कालिदास ने भरपूर लाभ उठाया है।

कालिदास के अभिज्ञान शाकुंतलम् का सम्पूर्ण रचाव इतना आकर्षक और विसंगति मुक्त है कि भारतीय साहित्य में सर्वत्र प्रायः उसी को आधार-वस्तु के रूप में लिया गया। आज भारतीय भाषाओं-हिंदी, कन्नड़, तेलुगु, उर्दू, तमिल, मराठी, ओड़िया असमिया, पंजाबी, गुजराती, नेपाली आदि में इसकी प्रेरणा या अनुकरण पर कोई पांच दर्जन से अधिक अच्छी रचनाएं उपलब्ध हैं।

(मूल कथा, महा. आदिपर्व-अध्याय 68-74)

किरातार्जुनीय (महाकाव्य) : भारवि

(छठी शती उत्तरार्द्ध)

संस्कृत के जिन चार महाकवियों की विशिष्ट काव्य-गुण के कारण ख्याति है– उनमें भारवि एक हैं। उन्हें अर्थगौरव का कवि कहा गया है। किरातार्जुनीय उनकी अन्यतम कृति है जो संस्कृत महाकाव्यों की बृहत्त्रयी में मानी जाती है।

यह भी ध्यान देने योग्य तथ्य है कि ये तीनों महाकाव्य अपनी कथावस्तु महाभारत से लेते हैं। इस दृष्टि से महाभारत की अंतर्वस्तु और उर्वरता भी रेखांकित होनी चाहिए।

महाभारत की वनपर्व की वह कथा जिसमें वनवास काल में विशिष्ट अस्त्रों की प्राप्ति और सिद्धि के लिए, युधिष्ठिर अर्जुन को, इन्द्र की प्रसन्नता के लिए हिमालय पर तपस्या करने भेजते हैं। वहाँ इन्द्र के आदेश पर अर्जुन शंकर को प्रसन्न करने के लिए घोर तपस्या करते हैं, परन्तु तपस्या से प्रसन्न होने की अपेक्षा शिव किरात के वेश में उससे युद्ध करने आते हैं। अर्जुन के अप्रतिम साहस और अद्‌भुत धैर्य से प्रसन्न हो, शिव अपना वास्तविक रूप प्रकट करते हैं और अर्जुन को विश्व विजयी पाशुपत अस्त्र 'ब्रह्मशिर' प्रदान करते हैं। यह सब देखकर इन्द्र प्रसन्न होकर अर्जुन को स्वर्ग में ले जाने के लिए अपना रथ भेजते हैं। अर्जुन वहाँ पहुँच कर संगीत, नृत्य आदि की शिक्षा ग्रहण करता है। उर्वशी के प्रति उसकी राग-दृष्टि भाँप कर इन्द्र, उसे अर्जुन की सेवा में भेजने की व्यवस्था करते हैं। उर्वशी अर्जुन के तेज, बल, सौन्दर्य से अभिभूत होकर उसके प्रति उत्कट काम-भाव प्रकट करती है, परंतु अर्जुन उसे अस्वीकार कर देता है। रुष्ट होकर उर्वशी उसे शाप देती है। अद्‌भुत स्थिति है– शिव का आशीर्वाद और उर्वशी का शाप अर्जुन को अपनी इस यात्रा में एक साथ मिलते हैं! इन्द्र चाहते तो उर्वशी को शाप लौटाने या उसे अत्यंत संक्षिप्त करने का आदेश दे सकते थे। पर वे भविष्य को जान कर उसे भी पाण्डव-विजय का एक उपकरण बताते हैं। वरदान

और शाप दोनों उसकी सफलता के माध्यम बनते हैं। अर्जुन वापस भूमि पर आते हैं और युधिष्ठिर को यात्रा की सफलत का ब्यौरा देते हैं (उर्वशी के शाप को छोड़ कर)

यह कथा मूल में ही इतनी विलक्षण और नाटकीय है और इसका केन्वास भूलोक से स्वर्ग लोक तक व्याप्त है। योग और भोग के इतने संयोग हैं, विरोधों की ऐसी लीला है कि भारवि जैसे महाकवि को वह आकर्षित कर लेती है।

महाकवि भारवि ने इस कथा में कोई मौलिक परिवर्तन न कर केवल उन संधि स्थलों का कल्पनापूर्ण उपयोग कर उनमें रंग भरे हैं जिनसे कहानी महाकाव्य के सारे अंतस्तत्वों और उपकरणों से सम्पन्न हो गई। उन्होंने केवल 'वराह' कथा को अधिक लौकिक बनाया, शंकर के साथ पार्वती को युद्ध के प्रांगण में नहीं भेजा और स्वर्ग–कथा को निकाल कर कथा को सघन और वस्तु-केन्द्रित बनाया।

पूरे काव्य में कल्पना, सौन्दर्य और अर्थगौरव का ऐसा वैभव है जो इसे अद्‌भुत काव्य सत्ता देता है। भारवि के इस महाकाव्य से प्रकट होता है कि प्राप्त कथा को क्षत किए बिना और स्रोत का उपयोग करते हुए भी कैसे उसे मौलिकता दी जाती है! महाभारत के पौराणिक विस्तार को संयत कर उसके भीतर से अर्थवत्ता कैसे निचोड़ी जाती है!

महाकाव्य 18 सर्गों में निबद्ध है। इसमें सभी प्रमुख रसों के प्रसंग जुटा कर उनका सार्थक और प्रासंगिक उपयोग किया गया है। भाषा, कलात्मक संरचना और अभिव्यक्ति का संश्लिष्ट सौन्दर्य, मित में विस्तृत और गहन है–शायद इसी से अर्थगौरव की सृष्टि होती है। महाभारत की कथा होते हुए भी भारवि का कवित्व इसे एक स्वतंत्र रचना बना देता है।

महाकाव्य की कथा की संक्षिप्त चर्चा करते हुए हम किरातार्जुनीय अनुपम काव्य सौन्दर्य को भी साथ ही देखते जाते हैं।

काव्य का प्रारंभ धर्मराज युधिष्ठिर के राजनीतिक कौशल का संकेत देते हुए उनकी महत्ता और अर्जुन को दिए आदेश के औचित्य की नींव रखता है। कवि एक कथा बुनता है कि द्वैत वन में रहते हुए और तपस्वियों से भाँति-भाँति की आध्यात्मिक और ज्ञान-चर्चा करते हुए भी युधिष्ठिर का ध्यान अपने भावी लक्ष्य पर लगा रहता है। वे एक वनेचर को गुप्तचर बनाकर इन्द्रप्रस्थ भेजते हैं ताकि वह दुर्योधन की शासन-व्यवस्था तथा उसके प्रभाव और बल की थाह ले सके। वनेचर लौटकर कहता है–

"दुर्योधन सुचारु शासन कर रहा है। वह पृथ्वी को नीति से वश में करना चाहता है। सबसे अच्छा व्यवहार करता है। धर्म, अर्थ, काम का यथासमय, यथानियम पालन करता है। उसके राज्य में सिंचाई की उत्तम व्यवस्था है। अधीनस्थ राजा आनंदपूर्वक उसका आदेश मानते हैं, कर समय पर देते हैं साथ ही अनेक बहुमूल्य वस्तुएँ उपहार में देते हैं, इससे उसका राज्य लगातार समृद्ध हो रहा है। फिर भी उसके मन में कहीं आपका आतंक बैठा है।"

यह समाचार निश्चित रूप से युधिष्ठिर को चिंतित कर देता है। इसी अवसर पर द्रौपदी और भीम युधिष्ठिर को उत्तेजित करते हैं। महाभारत से कुछ हट कर द्रौपदी यहाँ मनोवैज्ञानिक व्यवहार करती है। वह कहती है "महाराज! आप जैसे नीति निष्णात व्यक्ति को स्त्री का प्रबोधन अपमानजनक लगता होगा। परंतु क्या करूँ मनोव्यथाएँ स्त्रीजनोचित शालीनता को नष्ट कर मुझे कुछ कहने को बाध्य करती हैं :

'भवादृशेषु प्रमदाजनोदितं भवत्यधिक्षेप इवानुशासनम्।
तथापि वक्तुं व्यवसाययन्ति मां निरस्तनारीसमया दुराधयः।।' 1/28

फिर वह पांडवों की पूर्व अवस्था को वर्तमान अवस्था से तुलना करती है और उनसे आग्रह करती है कि वे शांति-शांति करना छोड़ें और युद्ध में कूद पड़ें। वह यहाँ एक नीति वाक्य कहती है कि "शांति से मुनियों को सिद्धि मिलती है, राजाओं को नहीं।" भीम, द्रौपदी के कथन की प्रशंसा करते हुए कहता है कि महाराज बृहस्पति को भी विस्मित करने वाले इन वचनों को आप भी मानें। विद्वान वक्ता को नहीं देखते, उसकी कही बात का मान करते हैं। आप इस मुगालते में न रहें कि वनवास समाप्त होते ही दुर्योधन आपको राज्य दे देगा। उसे तो राज्य-सुख का चस्का लग चुका होगा, वह उसे कैसे सहज में दे देगा?" वह भी उन्हें उदासी छोड़कर आक्रमण के लिए प्रेरित करता है। युधिष्ठिर दोनों के प्रेरणादायी वचनों को चुपचाप सुनते हैं, फिर कहते हैं तुम ठीक कह रहे हो, पर कार्य में सूक्ष्म विशेषताओं का ज्ञान कठिन है। अवधि के बाद जाने पर विपक्षी राजा भी हमारे पक्ष में होंगे। बीच में ही आक्रमण करने पर अपने और पराए दोनों विरोधी हो जाएँगे।

तभी महर्षि व्यास आ जाते हैं। वे दुर्योधन के पराक्रम, सेना, शस्त्र की तुलना पाण्डवों से करते और पूर्ति के उपाय बताते हैं कि अर्जुन इन्द्र को प्रसन्न कर दिव्यास्त्र प्राप्त करने का प्रयत्न करे। 'यह' यक्ष अर्जुन को तपस्या-स्थल पर

पहुँचा देगा। वे अंतर्धान होते हैं और यक्ष प्रकट होता है। (यक्ष की कल्पना कवि की मौलिक है)

यक्ष के साथ अर्जुन हिमालय पर आता है। रास्ते में शरद ऋतु की शोभा देखता है। इसमें कवि प्रकृति-सौन्दर्य का सूक्ष्म वर्णन करते हैं। वे कहते हैं–'मद से विगलित मयूरों के शब्द उतने प्रिय नहीं रह गए हैं, क्योंकि उनकी प्रियता हंसों ने ले ली है। सब दिशाओं में पक्षी बोल रहे हैं, मानो दिशाएँ परस्पर बात कर रही हों। कमलिनी के पत्तों की हरीतिमा, कमल पुष्पों की रक्तिमा, पके धानों की पीतिमा मिलकर क्यारियों का जल इन्द्र धनुष की भाँति दिख रहा है।'

फिर कवि हिमालय का वर्णन करता है। प्राचीन कवियों को अनेक पारम्परिक विश्वासों, धार्मिक माध्यमों, मिथकों का ऐसा सहारा था, जिससे वे सौन्दर्य का स्वर्गीय चित्र खींच देते थे। यक्ष हिमालय का ऐसा ही मनोरम चित्र खींचता है। यहाँ फिर एक सुंदर कल्पना देखें– संध्या में नियमित भ्रमण-पथ पर महावर युक्त लाल 'वामपद' दिखाई दे रहे हैं। 'वामपद' पार्वती के वाम पार्श्व में रहने का सूचक है। यानि शिव-पार्वती के साथ-साथ भ्रमण का।

यक्ष ने उन्हें हिमालय के पार्श्व में स्थित इन्द्रकील पर्वत पर तपस्या करने को कहा। उसने कहा– 'अर्जुन! तुम वहाँ शुद्ध निरासक्त भाव से तप करते हुए इन्द्र के निकट पहुँचो। स्वाभाविक क्षात्र-तेज और तपोजन्य शम को धारे अर्जुन इन्द्रकील पर पहुँचे।' उनके हाथ में धनुष बाण था पर भीतर से वे शांत थे। कवि ने तपस्या की सारी मनस्थिति और प्रक्रिया का सुंदर वर्णन किया। अर्जुन तपोलीन हो गए। सारी प्रकृति उनके अनुकूल और विनम्र थी। उनकी अनवरत तपस्या तीव्र से तीव्रतर होती गई। वनचरों ने इन्द्र को सूचना दी। इन्द्र ने गंधर्वों सहित देवाङ्गनाओं को परीक्षा के लिए भेजा कि कामजन्य आकर्षण से अर्जुन के तप को नष्ट करें। देवाङ्गनाओं को अशुभ संकेत मिले पर देवराज का आदेश-पालन उनकी विवशता थी। आगे कवि ने देवाङ्गनाओं के वन-विहार और जलक्रीड़ा का मनोरम श्रृंगारिक वर्णन किया है।

कवि ने संध्या काल के बाद रात्रि का सुंदर चित्रण किया। वे कहते हैं :

एकतामिव गतस्य विवेक: कस्यचिन्न महतोऽप्युपलेभे।
भास्वता निदधिरे भुवनानामात्मनीव पतितेन विशेषा:।। 9/12

– – –

रंजितानुविविधास्तरुशैला नामितं नु गगनं स्थगितं नु।
पूरितानु विषमेषु धरित्री संहृता नु कुकुभस्तिमिरेण।। 9/15

घोर अंधकार ने सारी विषमताएँ समाप्त कर दीं, किसी विशालता या महानता का बोध नहीं होता था, मानो अस्त होते हुए भगवान भास्कर संसार की विशिष्टताओं (अथवा पृथकताओं) को अपने साथ लेते गए। अंधकार ने वृक्षों और पहाड़ों की विविधता को एक रंग में रंग दिया क्या? आकाश नीचे झुक आया क्या?... सारी दिशाएँ एक कर दीं क्या? धरती की विषमता दूर कर दी क्या?

फिर चन्द्रोदय हुआ। अनुकूल वातावरण में देवाङ्गनाओं ने विलास का अत्यंत मनोभावन प्रदर्शन किया। अप्सराएँ काम-लीलाओं से और गंधर्व संगीत-वाद्य से अर्जुन को विमोहित करने की कोशिश करने लगीं। यहाँ कवि ने सभी ऋतुओं के क्रमशः आगमन और उनकी मनोहारिता का वर्णन शृंगार प्रधानता से किया, ताकि कोई तो ऋतु-प्रभाव अर्जुन को तप से विचलित कर भोग और विलास में लगा सके। परंतु अर्जुन अपनी तपस्या में अचल और इस पूरी बाहरी लीला से अप्रभावित रहे। कई सर्गों में कवि ने इस पूरे प्रसंग का अपनी सम्पूर्ण सामर्थ्य से वर्णन किया ताकि उस तीव्र काम-परिवेश को रूपायित कर सके। अर्जुन की तपस्या में कणभर विचलन नहीं हुआ।

समाचार जानकर इन्द्र मुनिवेश में अर्जुन के पास आए। वे अर्जुन के विषम मुनिवेश पर चकित थे। यहाँ इन्द्र और अर्जुन का संवाद बहुत तार्किक और सुंदर है। इन्द्र ने यहाँ एक नीति वाक्य कहा– ''तुम्हारा मन अशांत है।...'' शत्रुओं की विजय-कामना से जो मूर्ख मुक्तिदायिनी तपस्या को हिंसा के लिए करता है, वह गंदगी और दोष को दूर करने वाले स्वच्छ जल को दूषित करता है।... जैसे हम पीड़ित होना नहीं चाहते वैसे ही दूसरों को भी पीड़ित नहीं करना चाहिए :

> यः करोति वर्धोदर्का निःश्रेयसकरीः क्रिया।
> ग्लानिदोषच्छिदः स्वच्छाः स मूढः पङ्कयत्यपः।। 11/19

अर्जुन ने अत्यंत विनम्रता से कहा– ''आपका वचन प्रसिद्धार्थक, ओजस्वी, आडंबर रहित एवं परिमित है; युक्तियुक्त होने के कारण वेदवाक्य की तरह अकाट्य है। परंतु आपने नहीं जाना कि इस तपस्या का क्या फलितार्थ है।... पूर्वापर के ज्ञान के बिना कहे बृहस्पति के वचन भी निष्फल हो जाते हैं।... मुक्ति तभी सार्थक हो सकती है जब मनुष्य अपना जीवन चरितार्थ करता है।'' अर्जुन ने सारे कष्ट कहे और तपस्या का लौकिक और पारमार्थिक तात्पर्य बताया। पुत्र अर्जुन की यह युक्तियुक्त बात सुन कर इन्द्र प्रसन्न हुए, आलिंगन किया और शिव की उपासना करने का आदेश देकर चले गए। इस सर्ग में तपस्यारत अर्जुन

का जो सघन और अद्भुत तेज है, उसका अतिशयोक्ति में वर्णन है।

अर्जुन एक पैर पर खड़े दु:सह, उग्र तपस्या करने लगे। दिशाएँ दग्ध हो गईं। तपस्वी भी व्याकुल हो गए। वे शंकर के पास पहुँचे। उन्होंने कहा कि यह एक ऐसा विषम केशधारी तपस्वी है जो निश्चय ही किसी भयानक कामना से हम सबको अतिक्रमित कर लेगा।

शंकर ने समझाया। यह बदरिकाश्रम में तपस्या करने वाले नारायण का अंश है। देवकार्य के लिए तपस्या कर रहा है। एक दानव वराह का रूप बनाकर इसे मारने जा रहा है। अर्जुन और मेरे तीर से मारा जाएगा। इसे लेकर मेरा और अर्जुन का युद्ध होगा। शंकर भविष्य बता कर सभी को साथ चलने को कहते हैं। यहाँ महाभारत की तरह पार्वती साथ नहीं हैं, जो उचित प्रतीत होता है। शंकर पहुँचते हैं। वही सब होता है। उनका बाण पहले वराह को बेध देता है, परंतु वह मारा जाता है अर्जुन के बाण से। वनेचर आकर कहता है कि इस वराह को मेरे स्वामी ने मारा है। वह जिस प्रकार और जिस भाषा में कहता है, वह अर्जुन को वनेचर की तरह नहीं, किसी प्रबुद्ध व्यक्ति की तरह लगती है। अर्जुन पहले उसकी वाणी की सराहना करते हैं– ''गंभीरार्थ वाची वैरियों को भी प्रिय लगने वाली वाणी पुण्यजन ही बोल सकते हैं– जो मनोभावों को अपनी मुखर वाणी में ढाल देते हैं, वे और भी अधिक श्रेष्ठ हैं जो गंभीर अर्थ को व्यंजित करते हैं'' :

विविक्तवर्णाभरणा सुखश्रुतिः प्रसादयन्ती हृदयान्यपि द्विषाम्।
प्रवर्तने नाकृतपुण्य कर्मणां प्रसन्न गंभीरपदा सरस्वती।। 14/3

खैर, अर्जुन उस वराह पर अपना दावा जताते हैं। वनेचर शंकर से समाचार कहता है। वे अपनी सेना आक्रमण करने भेजते हैं पर अर्जुन उसे छिन्न-भिन्न कर देता है। तब शिव और अर्जुन का भयंकर युद्ध होता है, पहले तीरों से, फिर तलवार से फिर बाहुओं से और अंत में मल्ल युद्ध। युद्ध का वर्णन पढ़ने योग्य है। शिव के बाण-संधान की भयंकरता और गति का यह अद्भुत वर्णन देखिए :

धनुः प्रबंधध्वनितं रुषेव सकृद्विकृष्टा विततेव मौर्वी।
संधानमुत्कर्षमिव व्युदस्य मुष्टेरसंभेद इवापवर्गे।। 16/19

–धनुष मानो क्रोध से निरंतर ध्वनित है, प्रत्यंचा भी जो एक बार खिंची वह ज्यों की त्यों खिंची है। इनका बाण संधान मानो तूणीर से बिना निकाले ही हो जाता है। बाण छोड़ते हुए मानो मुट्ठी बंधती ही नहीं, जैसे बिना मुट्टी बांधे ही बाण छोड़ते हैं।

विषमता यह है कि एक ओर से सचमुच पूरी उग्रता और सामर्थ्य से युद्ध होता है, जबकि दूसरे (शंकर) पक्ष से प्रतिरोध, क्रीड़ा-भाव से। जिसमें उग्रता तो है पर चमत्कार मुख्य है। शंकर, अर्जुन के सारे प्रभावी अस्त्र शस्त्रों को प्रतिरोध से निष्प्रभावी बना देते हैं। दोनों की शक्ति और कौशल को कवि ने समान प्रभावी बताया है, मल्ल युद्ध में दोनों के चलने से पर्वत चलने लगते हैं। दोनों खून से लथपथ हैं, इसी समय शंकर अपना वास्तविक रूप प्रकट कर अर्जुन को समान योद्धा बताते हुए वरदान मांगने को कहते हैं।

कवि लिखता है कि शंकर उसकी तपस्या से उतने प्रसन्न नहीं हुए थे, जितने उसकी धैर्य-संपदा से। (और युद्ध तो उनकी लीला ही थी।)

अर्जुन प्रार्थना करते हैं "भगवान! मुझे वह सामर्थ्य दीजिए, जिससे मैं शत्रुओं पर विजय पा सकूँ।" शंकर प्रसन्न होकर उसे दिव्यास्त्र देते हैं। इन्द्र आदि लोकपाल उसे अपने-अपने शस्त्रास्त्रों से सम्पन्न बनाते हैं। अर्जुन शंकर सहित सभी देवताओं से युद्ध-संपदा और आशीर्वाद पाकर द्वैतवन में पहुँचते हैं और धर्मराज को प्रणाम करते हैं।

यहीं महाकाव्य का अंत हो जाता है। महाभारत में इस कथा का जो शेषांश है—यानि स्वर्ग में नृत्य संगीत-शिक्षा, उर्वशी का शाप, इन्द्र द्वारा उसका प्रयोजन बताना आदि— सब छोड़ दिया गया है और महाकाव्य को अर्जुन की सुखांत उपलब्धि और विनम्रता के साथ समाप्त किया गया है। इसमें कहीं अधूरापन नहीं लगता।

(मूल कथा : वनपर्व (कैरात पर्व) अध्याय 38-40)

शिशुपाल वध (महाकाव्य) : माघ

(16वीं शती)

माघ संस्कृत के अत्यंत महत्त्वपूर्ण कवि हैं। कहा जाता है कि उनमें तीन महाकवियों की विशिष्टता एकत्र है। कालिदास की उपमा, भारवि का अर्थगौरव और दण्डी का पदलालित्य–'उपमा कालिदासस्य, भारवेरर्थगौरवं दण्डिनः पद-लालित्यं माघेः सन्ति त्रयो गुणाः।'

माघ को संस्कृत का सबसे जटिल कवि भी कहा जाता है। वे विद्वानों को भी कंपा देते हैं। फिर भी हर संस्कृत मनीषी के लिए उनका अध्ययन अनिवार्य है। यह कहावत प्रचलित है कि एक वृद्ध पंडित से उनके अध्ययन और ज्ञान राशि के विषय में पूछा गया, तो उन्होंने कहा–"माघे मेघे गतं वयः" माघ और मेघदूत काव्य के अध्ययन में ही मेरी सारी उम्र बीत गई। माघ के भी सब काव्यों में 'शिशुपाल वध' माला के सुमेरु की तरह है।

यह काव्य महाभारत और श्रीमद्‌भागवत की उस प्रसिद्ध कथा पर आधारित है, जिसमें शिशुपाल की उद्दण्डता के बावजूद कृष्ण ने अपनी बुवा को वचन दिया था कि "आपके पुत्र के सौ अपराध मैं क्षमा करूँगा, परंतु जब वह उस सीमा का उल्लंघन करेगा तो मैं सहन नहीं कर सकता।" शिशुपाल ने यह सीमा युधिष्ठिर के राजसूय यज्ञ के समय, कृष्ण की अग्रपूजा को लेकर कहे गए दुर्वचनों में लांघ दी, तभी कृष्ण ने युधिष्ठिर की सभा में ही उसका वध कर दिया।

माघ ने यह कथा भागवत से न लेकर महाभारत से ली है, संभवतः इसलिए कि भागवत में भक्ति और भावुकता का अंश अधिक है, यद्यपि कथ्य दोनों का समान है।

पण्डितों की चमत्कार-क्रीड़ा में अक्सर 'शिशुपाल वध' और भारवि के 'किरातार्जुनीय' की समानता खोजी जाती है और कहा जाता है कि माघ ने भारवि

से स्पर्द्धा करने और उनसे भी उत्तम काव्य–सृष्टि करने की ठान कर 'शिशुपाल वध' महाकाव्य की रचना की। पण्डितों ने कई समानताएँ भी खोज निकाली हैं और चरम यह कि यदि भारवि ने 'किरातार्जुनीय' में 18 सर्ग रचे हैं तो माघ ने 'शिशुपाल वध' में 20 सर्ग। खैर ये अपने समय की पंडित–क्रीड़ाएँ हैं। यह कौन कह सकता है कि माघ ने स्वयं ऐसी स्पर्द्धा की घोषणा की? एक बड़ा कवि ऐसी छोटी–मोटी स्पर्द्धा में नहीं पड़ता। उत्कृष्टता मामूली स्पर्द्धाओं की मोहताज नहीं होती।

जहाँ तक महाभारत से दोनों रचनाओं के संबन्धों को देखा जाए तो निश्चय ही भारवि की तुलना में माघ इस संबन्ध के प्रति अधिक औपचारिक हैं। 'किरातार्जुनीय' अपनी मूल कथा से जिस तरह संश्लिष्ट होते हुए भी एक स्वतंत्र रचना है, वैसा 'शिशुपाल वध' के साथ नहीं है। वह अपने रस, भव्यता और सौंदर्य में इतनी स्वायत्त है कि कथा उसके लिए एक माध्यम भर रह गई है। लगता है कवि को विलास, कामुकता, जलक्रीड़ा आदि का वर्णन करने, सेनाओं की सज्जा, उपकरणों और युद्ध–कौशल दिखाने में मूल कथा या कथ्य से अधिक रुचि है। ऐसे आत्म–प्रदर्शन और अनावश्यक विस्तारों में भारवि की रुचि नहीं है, उनकी रुचि मुख्यत: अर्थगांभीर्य और रचना के अंतर्गुणों में है।

यहाँ दोनों की तुलना करना हमारा अभिप्राय नहीं है, केवल इस बहाने 'शिशुपाल वध' की उस प्रवृत्ति की ओर इशारा करना है जिसमें कुछ चीजें केवल कला–प्रदर्शन के आधिक्य को सूचित करती हैं और कथ्य की अकारण अवहेलना करती प्रतीत होती हैं।

जैसे–महाभारत का कथाधार लेते हुए भी माघ ने कृष्ण द्वारा शिशुपाल का वध सभा में नहीं करवाते हुए, कृष्ण और शिशुपाल की चतुरंगिणी सेना के बीच हुए युद्ध में तब करवाया जब शिशुपाल स्वयं युद्ध करने के लिए सेना का नेतृत्व करने लगा। हाँ, एकाध परिवर्तन उचित जान पड़ता है। जैसे महाभारत में शिशुपाल द्वारा कृष्ण की निंदा की सहदेव बड़े आक्रोश के साथ भर्त्सना करता है, परंतु महाकाव्य में भीष्म पितामह निंदा करने पर, शिशुपाल की भर्त्सना करते हैं।

पहले परिवर्तन का कारण कृष्ण की सेना का वन–विलास, जल–विहार आदि का अनेक सर्गों में वर्णन करने का लोभ है, साथ ही एक विशाल युद्ध के आयोजन द्वारा युद्ध–वर्णन की कला का प्रदर्शन है। दूसरा परिवर्तन उचित इसलिए लगता है कि कृष्ण की निंदा पर आपत्ति उठाना और शिशुपाल के अभद्र और अपमानजनक शब्दों की भर्त्सना करना, उन्हीं भीष्म पितामह के लिए

स्वाभाविक है, जिन्होंने कृष्ण की अग्रपूजा का प्रस्ताव रखा था। महाभारत में यह दिखाना उचित था कि भरी सभा में, सब राजाओं की उपस्थिति में कृष्ण के प्रति घृणित शब्दों का प्रयोग करने पर वहीं सबके सामने कृष्ण उसके अपराधों का ब्यौरा देते हुए सुदर्शन चक्र से उसका सिर उड़ा दें। ताकि शेष राजाओं पर भी उनके 'पाण्डव पूज्य' होने का अप्रत्यक्ष प्रभाव पड़े। 'शिशुपाल वध' में इस घटना का स्थान और रूप परिवर्तन केवल कवि की प्रदर्शन प्रवृत्ति का सूचक है। इसकी कोई सार्थकता नहीं है।

'शिशुपाल वध' के बीस सर्गों का संक्षिप्त विवरण देने पर इसके रचना-विधान और वस्तु-संरचना पर रोशनी डाली जा सकती है।

प्रथम सर्ग में नारद आकाशमार्ग से कृष्ण के पास आकर इन्द्र का संदेश देते हैं कि शिशुपाल पूर्वजन्म में हिरण्यकश्यपु था, फिर रावण हुआ। पुनः पृथ्वी पर अपनी दुष्टता से विनाश करेगा, आप इसका वध कर दीजिए। सुनकर कृष्ण क्रुद्ध होते हैं ओर उन्हें शिशुपाल के वध के लिए आश्वस्त करते हैं।

इस सर्ग में नारद के आकाश से धरती पर उतरने का वर्णन अत्यंत काव्यात्मक है और पण्डितों के बीच चर्चित है।

दूर आकाश मार्ग से कृष्ण ने एक तेजपुंज उतरते देखा; फिर धुंधले धुंधले हाथ-पाँव दिखे तो जान पड़ा कि यह कोई शरीरधारी है; फिर जब स्पष्ट दिखा तो निर्णय किया कि यह पुरुष है और जब निकट आए तो देखा-अरे, ये तो नारद हैं:

'चयस्त्विषामित्यवधारितुं विपुः पुराततः शरीरीति विभाविताकृतिम्।
विभुर्विभक्तावयव पुमानिति क्रमादमुं नारद इत्यबोधि सः।।' 1/3

द्वितीय सर्ग में श्रीकृष्ण बलराम और उद्धव से मंत्रणा करते हैं कि वे शिशुपाल से युद्ध के लिए चेदि देश जाएँ या युधिष्ठिर के निमंत्रण पर राजसूय यज्ञ में शामिल होने के लिए हस्तिनापुर? उनके मत में राजसूय तो उनके बिना भी हो जाएगा, परंतु शिशुपाल से युद्ध तो उन्हें स्वयं करना है। बलराम इससे सहमत हैं, पर मंत्री उद्धव, बलराम के तर्कों का खंडन कर युधिष्ठिर के यज्ञ में सम्मिलित होने का परामर्श देते हैं। वे शत्रु-पक्ष में फूट डलवाने और अपने पक्ष के राजाओं को युद्ध के लिए तैयार होकर यज्ञ में सम्मिलित होने को कहने के पक्ष में हैं। वे कहते हैं कि जब आपकी पूजा और सत्कार से रुष्ट होकर शिशुपाल आपकी निन्दा करेगा तब बुआ शान्तनवी सात्वती को दिए वचन से शिशुपाल के सौ अपराधों की सहन-सीमा पार हो जाएगी, और हम लोग उस पर आक्रमण कर

उसका वध करेंगे जो सभी को तर्कसंगत और न्यायोचित लगेगा। इस तरह यज्ञ में जाने से दोनों उद्देश्य पूरे हो जाएँगे। कृष्ण को उद्धव का यह मत उचित लगता है। और वे युद्ध की तैयारी में लग जाते हैं।

तृतीय सर्ग में चतुरंगिणी सेना सहित प्रस्थान करते हैं। कवि को समुद्र और उसके मध्य द्वारिका का सुंदर वर्णन करने का अवसर मिल जाता है। वह समुद्र को मध्य से विदीर्ण करती–ऊपर निकले बड़वानल की शोभा धारण करती-सी लगती है :

मध्ये समुद्रं कुकुभः पिशङ्गीर्या कुर्वती कांचनवप्रभासा।
तुरंगकान्तामुखहव्यवाहज्वालेव भित्त्वा जलमुल्ललास।। 3/33

समुद्र की शोभा भी अनुपम है। सेना समुद्र-तट पर पड़ाव डालती है।

चतुर्थ सर्ग में सारथि 'रैवतक' पर्वत का वर्णन करता है।

पंचम सर्ग में रैवतक पर विहार करने के लिए कृष्ण सेना सहित प्रस्थान करते हैं। कवि चतुरंगिणी सेना का भव्य वर्णन करते हुए रैवतक पर उसके पहुँचने का ब्यौरा देता है।

षष्ठ सर्ग में वन-विहार को श्रीकृष्ण के अनुकूल बनाने के लिए प्रकृति एक साथ छह ऋतुओं से तत्पर हो जाती है। यहाँ कवि कामपीड़ित रमणियों और उनकी तमाम शास्त्रीय अवस्थाओं का वर्णन करता है। मिलन और संभोग का मुक्त अवसर उपस्थित है।

सप्तम सर्ग में वही प्रसंग विस्तार पाता है। यहाँ वन-विहार और कामक्रीड़ा का वर्णन है।

अष्टम सर्ग में यह प्रसंग जल-विहार में बदल जाता है। यहाँ भी कवि इस अवसर का रस लेकर वर्णन करता है।

नवम सर्ग में सूर्यास्त का मनोरम वर्णन है। रमणियाँ अपने-अपने भवन में पहुँच जाती हैं और वही कामावेग और काम क्रीड़ा में निमग्नता।

दशम सर्ग में मद्यपान का वर्णन है। वह भाँति-भाँति से सुस्वादु और सुगंधित बनाया जाता है। कृष्ण सहित सारी सेना मदिरा के साथ रमणियों के अधर मधु का पान करती है। यहाँ भी सपत्नी, मान-प्रसंग वगैरह शास्त्रीय दशाओं का निरूपण है।

एकादश सर्ग में प्रभात वर्णन है। कृष्ण को जगाने के लिए बन्दीजन प्रभाती गाते हैं। कवि चन्द्रास्त और सूर्योदय का सुंदर वर्णन करता है। सूर्योदय का वर्णन

देखें :

वितितपृथुवरत्रातुल्यरूपर्मयूखे:
कलश इव गरीयान्दिग्भिराकृष्यमाण:।
कृतचपलविहंगालापकोलाहलाभि-
र्जलिनिधिजलमध्यादेष उत्तार्यतेऽर्क:।। 11/44

—विस्तृत बड़ी रस्सियों के समान किरणों से चंचल पक्षियों के कलनाद रूप कोलाहल करती, पानीभरा बड़ा-सा घड़ा खींचनेवाली स्त्रीरूपिणी दिशाएँ बड़े भारी घड़े के समान इस सूर्य को समुद्र-जल के भीतर से खींच रही हैं।

रतिश्रम के उपरांत चंद्रकिरणों से रात्रि को स्फटिक मणि निर्मित-सा वह प्रासाद सूर्य की किरणों में कुमकुम-स्नान लगता है। कमल से भ्रमर मुक्त हो जाते हैं। प्रात:काल का सूर्य, कल्पान्त में तारक-समूह को नष्ट कर आकाश में सोता-सा प्रतीत होता है।

द्वादश सर्ग में कृष्ण युद्ध के लिए सन्नद्ध होकर रथ पर आरूढ़ हो शिविर से बाहर निकलते हैं। सेना पीछे-पीछे है। कवि मार्ग का वर्णन करते हुए धान की सुषमा बखानता है, गोपियों द्वारा खेत से सुग्गों और मृगों को भगाने का सुंदर क्रीड़ामय वर्णन करता है। सेना सहित कृष्ण यमुना पार कर हस्तिनापुर की ओर बढ़ते हैं।

उक्त विवरण में हमने देखा कि सर्ग तृतीय से लगाकर द्वादश तक अर्थात दस सर्गों तक का वर्णन नितांत औपचारिक और कवि-कल्पना के रमण का अवसर है, इससे महाभारत की कथा का कोई संबंध नहीं है। वैसे भी किसी कथा-प्रसंग में यह निष्प्रयोजन लगता है। द्वितीय सर्ग का परामर्श भी कवि की अपनी उद्‌भावना है, जिसमें राजकाज, राजनीति आदि के विशद वर्णन का अवसर निकाला गया है, जो महाभारत के कथा-स्रोत की दृष्टि से प्रासंगिक नहीं है; क्योंकि कृष्ण युधिष्ठिर के राजसूय में पहुँचने तक शिशुपाल-वध की योजना नहीं बनाते, बल्कि वह उनकी अग्रपूजा से रुष्ट शिशुपाल की निंदा बनाती है जो अत्यंत उचित है; और बिना सेना और तामझाम के कृष्ण सभा में ही शिशुपाल द्वारा अपराधों की सीमा के उल्लंघन की घोषणा करते हुए सुदर्शन चक्र से उसका मस्तक काट देते हैं। यह संगत भी लगता है और कृष्ण की दैवीयता प्रकट कर अग्रपूजा का औचित्य भी सिद्ध करता है।

त्रयोदश सर्ग में कृष्ण के आगमन का समाचार सुनकर पाण्डव शीघ्रता से अगवानी के लिए आते हैं। कवि ने उनके आगमन और फिर शालीन मिलन का

वर्णन किया है। कृष्ण ने बुआ-पुत्र, युधिष्ठिर को प्रणाम किया है। सब लोग कृष्ण और सेना को देखने को उत्सुक हैं। पुरबालाओं की उत्सुकता का विशेष वर्णन किया गया है। यहाँ यक्ष-निर्मित युधिष्ठिर के महल का वर्णन भी है। नवागंतुक, थल को जल समझ कर कपड़े उठाकर चल रहे हैं।

चतुर्दश सर्ग में युधिष्ठिर, कृष्ण से यज्ञ करने की आज्ञा मांगते हैं। कृष्ण नम्रता प्रकट करते हैं और अर्जुन से अपनी अभिन्नता भी। यहीं वे घोषित करते हैं कि वे युधिष्ठिर की आज्ञा की अवहेलना करने वाले का मस्तक धड़ से अलग कर देंगे। कवि यज्ञ की प्रचुर सामग्री का वर्णन करता है। यज्ञ के अवसर पर युधिष्ठिर पराजित राजाओं को बंधन-मुक्त कर देते हैं। अपने को प्राप्त भेंट का दान कर देते हैं। भीष्म की आज्ञा से श्रीकृष्ण की अग्रपूजा कर यज्ञ संपन्न करते हैं।

पंचदश सर्ग में शिशुपाल की खिन्नता और क्रोध की अभिव्यक्ति है। वह युधिष्ठिर से कहता है– "तुम लोग मूर्ख हो, धर्म का तत्त्व नहीं जानते। श्वेत बालों वाला भीष्म बुद्धिहीन हो गया है।" भीष्म से वह कहता है– "सचमुच तुम नीचगामिनी नदी (गंगा) के पुत्र हो।" कृष्ण से कहता है–"तुम मधुमक्खियों को मार कर मधुसूदन कहलाते हो। तुम जरासंध से 18 बार पराजित हुए भगोड़े हो, वह तो बलराम के साथ हो, इसलिए बलवान कहलाते हो। तुम सेना की रक्षा करने में असमर्थ हो, पर ख्याति के लिए चक्र धारण करने के कारण चक्रधर कहलाते हो। विवेकहीन कृष्ण! तुम्हारी यह पूजा केशहीन सिर में कंघी करने जैसी हास्यास्पद है।"

राजाओं से वह कहता है– "सिंह जैसे आप लोगों के रहते, गीदड़ जैसे कृष्ण की पूजा का क्या अर्थ है? यह आपका अपमान है। पूतना, धर्म से इसकी माँ थी, इसने उसका दूध पिया और उसकी हत्या कर दी। यमलार्जुन जैसे (मामूली) पेड़ उखाड़े। छोटे से गोवर्धन को धारण कर लिया। कंस की गायों को चराने वाले इस ग्वाले ने स्वामी (कंस) का ही वध कर दिया–आश्चर्य!" यह कह शिशुपाल नरकासुर के साथ ताली बजा कर हँसा। कृष्ण ने उसके अपराध मन ही मन गिने, वे सीमा लांघ चुके थे। भीष्म बोले–"मैंने की है अग्रपूजा कृष्ण की। जिसे असह्य हो वह मुझसे युद्ध करे, ऐसे सब राजाओं के सिर पर मैं पैर रखता हूँ।"

सर्प-सा फुंफकार कर शिशुपाल बोला–"हे राजाओ! इन जारज पाण्डवों और नपुंसक होने से 'स्त्रीकल्प' भीष्म के साथ कंस के दास कृष्ण को अभी

मार डालो, या आप रुकें, मैं ही मार डालता हूँ।" यह कहकर अपने शिविर में जाकर उसने सेना एकत्र की, रण-दुंदुभि बजाई। यहाँ कवि सेना की सज्जा का वर्णन करता है, और उत्साहवर्धन के लिए रमणियों के साथ मदिरा-पान का भी! रमणियां उन्हें यह कह कर रोक रही हैं कि "मूर्ख, स्वर्ग की अप्सराओं से संभोग के लिए (मरने के लिए) जा रहे हो?" इसी समय भाँति-भाँति के अपशकुन होते हैं।

यह सर्ग शिशुपाल के अपशब्दों और आवेश की स्थितियों का वर्णन करने की दृष्टि से बड़ा उपयुक्त बन पड़ा है।

षष्ठदश सर्ग में शिशुपाल का दूत सभा में आकर कृष्ण से श्लेष में कहता है-"आप इन्द्र के छोटे भाई उपेन्द्र हैं तो वे (शिशुपाल) इन्द्र को जीतने वाले हैं... संग्राम होने पर वे आपको युद्ध में मार कर रोती हुई आपकी स्त्रियों पर दया करके उनके बच्चों की रक्षा कर अपना शिशुपाल नाम सार्थक करेंगे।"

सप्तदश सर्ग में वहाँ उपस्थित राजाओं का क्रोध और तीव्र प्रतिक्रिया प्रकट की गई है। कवि ने उनके अनुभावों और सात्विक भावों की सुंदर अभिव्यक्ति की है। अपने शस्त्रास्त्र लेकर कृष्ण रथ पर सवार होते हैं। कृष्ण और शिशुपाल की सेना के बीच भयानक युद्ध होता है, जिसका रोमांचक वर्णन महाकवि माघ ने किया है।

अष्टादश सर्ग में भी युद्ध वर्णन है। एक अनोखा चित्र है कि 'किसी योद्धा के कसकर बाण मारने पर दो सटे या भिड़े हुए योद्धा एक साथ बिंध कर मरने पर भी नहीं गिर रहे थे :

> भिन्नोरस्कौ शत्रुणाकृष्य दूरादासन्नत्वात्कौचिदेकेषुणैव।
> अन्योन्यावष्टम्भसामर्थ्ययोगादूर्ध्वादेव स्वर्गतावप्यभूताम्।। 18/65

राजाओं के रजत छत्र गिरकर ऐसे लग रहे हैं जैसे भोजन के लिए चाँदी के थाल रखे हों!... गड्ढों में एकत्र रक्त, रमणियों की साड़ी रंगने के लिए घोले हुए कुमकुम जैसा है।

एकोनविंश सर्ग में शिशुपाल की ध्वस्त होती हुई सेना को देखकर बाणासुर का पुत्र वेणुदारी पागल हाथी की तरह सेना पर टूट पड़ता है, किन्तु सिंह (बलराम) के आगे टिक नहीं पाता। बलराम गरजकर एक ही बाण में उसका सिर उड़ा देते हैं। शिशुपाल की क्रुद्ध सेना एक साथ कृष्ण-पुत्र सुद्युम्न पर टूट पड़ती है पर वह अकेला ही सबको रोकता है, जैसे सब ओर से आती नदियों

को अकेला समुद्र रोकता है। वह सबओर से बिंधी मंजरी युक्त विशाल वृक्ष लग रहा है :

समं समन्ततो राज्ञायापतन्तीरनीकिनी:।
कार्ष्णि: प्रत्यग्रहीदेक: सरस्वानिव निम्नगा:।। 19/10

तभी शिशुपाल आता है। कृष्ण अपनी सेना को संत्रस्त देखकर पांचजन्य का घोष करते हैं। महाधनुष धारे, रथ पर संग्राम में आ पहुंचते हैं, और शिशुपाल के 'सप्तपंक्तिबद्ध' सेना-व्यूह का एक ही क्षण में ध्वंस कर डालते हैं।

विंश सर्ग में शिशुपाल क्रुद्ध हो कृष्ण की सेना को बाणों से ढक देता है। उसके धनुष की वज्र टंकार से पृथ्वी कांप उठती है। कृष्ण का धनुष तन जाता है, वे शिशुपाल के सभी बाण काट देते हैं। शिशुपाल स्वापन बाण चलाता है, पलभर को अचेत सेना फिर चेतन हो जाती है, वह नागास्त्र चलाता है, जिससे निकले सभी विषधरों को कृष्ण के रथ की ध्वजा पर बैठा गरुड़ खा जाता है। शिशुपाल आग्नेयास्त्र चलाता है, कृष्ण का मेघास्त्र उसकी आग ठंडी कर देता है।

हर तरह से विफल शिशुपाल कुवचनों के फन पटकता है, उसकी अभद्रवाणी गूंज उठती है। अतंत: कृष्ण सुदर्शन चक्र से उसका मस्तक काट देते हैं।

अपना मनोरथ पूरा हुआ जानकर देवता स्वर्ग से पुष्पवृष्टि करते हैं, ऋषि स्तुति करते हैं। शिशुपाल के शरीर से निकल कर एक प्रकाश कृष्ण में समा जाता है। (शिशुपाल को कृष्ण का अंश भी कहा गया है।)

वर्णन और प्रसंग देने का हमारा आशय यह है कि संपूर्ण कथा-सार और यथा स्थान कुछ विस्तार से हम देखें–कि माघ का ध्यान इस महाकाव्य में चमत्कार प्रदर्शन की ओर है और वे वस्तु के औचित्य, प्रयोजन आदि की सिद्धि की ओर कम ध्यान देते हैं, इसमें कोई संदेह नहीं कि चाहे विलास वर्णन हो, युद्ध वर्णन हो, सभा कौशल हो या व्यक्तित्व निरूपण– सबमें माघ का कवित्व अत्यंत श्रेष्ठता से प्रकट होता है। संभव है कथा उनके लिए अभिव्यक्ति की एक औपचारिक अलगनी हो। भला राजसूय यज्ञ में शामिल होने वाले राजा अपनी चतुरंगिणी सेनाएँ लेकर जाएँ तो वह यज्ञ-क्षेत्र एक विशाल युद्ध क्षेत्र ही तो बन जाएगा। काव्य का तीन चौथाई भाग और उससे भी अधिक केवल काम-क्रीड़ाओं और सैनिकों के इर्द-गिर्द घूमता है, जो महाभारत की कथा या कवि की कल्पना, उत्पाद्यता आदि की दृष्टि से औचित्यपूर्ण नहीं लगता।

प्रश्न यह है कि कवि की रचना के ग्रहण और प्रस्तुति में क्या अवधारणा है? इससे न मूल रचना दीप्त होती है, न प्रस्तुत रचना। ऐसी कवि-क्रीड़ा किस काम की जो सिर्फ क्रीड़ा के लिए हो!

(मूलकथा-महाभारत, सभापर्व, (अर्घाभिहरणपर्व और शिशुपाल वध पर्व) अध्याय-36-45)

वेणीसंहार (नाटक) : भट्ट नारायण
(सातवीं शती उत्तरार्द्ध)

संस्कृत का प्रसिद्ध नाटक 'वेणीसंहार' भरी सभा में द्रौपदी के अपमान पर केन्द्रित है। महाभारत में द्रौपदी दु:शासन के रक्त से अपनी खुली वेणी गूंथने की प्रतिज्ञा करती है, परंतु इस नाटक में भीम प्रतिज्ञा करता है कि वह दुर्योधन को मारकर उसके रक्त से द्रौपदी की वेणी का संहार (गूंथना) करेगा। यह परिवर्तन महाभारत से अधिक स्वाभाविक है, खास कर इस नाटक में जहाँ भीम का पौरुष और आक्रोश केन्द्र में है। इस प्रतिज्ञा की पूर्ति ही नाटक का प्रतिपाद्य है। इसीलिए नाटक का नाम 'वेणीसंहार' है। महाभारत की जिन प्रसिद्ध कृतियों की हमने चर्चा की है उनका नामकरण कहीं न कहीं पात्र या पात्र से जुड़ी घटना पर है, परंतु 'वेणीसंहार' शीर्षक घटना-केन्द्रित है। यहीं से इसकी नाटकीय काव्यात्मकता झलकती है।

नाटक का नायक भीम है और प्रतिनायक दुर्योधन। दोनों के चरित्र अपनी पराकाष्ठा पर चित्रित हैं। इस उद्देश्य से भट्ट नारायण ने महाभारत की मूल कथा में भी विचलन कर दिया है। जब भीम सहदेव से यह सूचना पाता है कि युधिष्ठिर ने केवल पाँच गांव लेकर, संधि करने का प्रस्ताव किया है तो वह क्रोध से उत्तेजित होकर कहता है-"क्या कहा? पाँच गाँव लेकर संधि? क्या मैं अकेला ही संग्राम में क्रुद्ध होने पर सौ कौरवों का विनाश नहीं कर डालूंगा? क्या दु:शासन के वक्षस्थल से मैं रक्तपान नहीं कर सकूँगा? क्या अपनी गदा के प्रहार से सुयोधन की दोनों जांघें चकनाचूर नहीं कर दूँगा?-जो आपके राजा (युधिष्ठिर) पाँच गांवों को लेकर कौरवों से संधि करेंगे? :

"मथ्नाति कौरवशतं समरेन कोपाद्-
दु:शासनस्य रुधिरं न पिबाम्युरस्त:।

संचूर्णयामि गदया न सुयोधनोरू
संधिं करोतु भवतां नृपतिः पणेन।।"   1/15

वह युधिष्ठिर से साफ कहला देता है– "आज आप न मेरे बड़े भाई हैं न मैं आपका आज्ञा पालक।"

"सद्येकं दिवसं ममासि न गुरुर्नाहं विधेयस्तव...।"   1/12

दुर्योधन इस नाटक में एक खल पात्र है। अपने घमंड में वह कृष्ण के संधि-प्रस्ताव को स्पष्ट अस्वीकार कर देता है–"मैं सुई की नोक जितनी भूमि भी नहीं दूंगा– 'सूच्यग्रं न दास्यामि"। वह कृष्ण को भी बंदी बनाने की चेष्टा करता है। 'प्रथम अंक' में ही ये सारे प्रकरण हैं, अर्थात् नायक और प्रतिनायक दोनों की स्थापना। युद्ध और त्रासदी का मूल कारण, उसके सारे प्रमुख पात्रों–भीम, दुर्योधन, युधिष्ठिर, द्रौपदी, भानुमती आदि चरित्र का संकेत।

द्वितीय अंक में दुर्योधन का अपनी पत्नी भानुमती से विलास की हद तक प्रणय वर्णित किया है, कहीं न कहीं इससे उसके हृदय में जलती ज्वाला का शमन होता है। अर्जुन की जयद्रथ वध की प्रतिज्ञा सुनकर वह जयद्रथ की माता और पत्नी दु:शला को बड़ी सहजता से आश्वस्त करता है।

तृतीय अंक अत्यंत महत्त्वपूर्ण है– कथ्य की दृष्टि से भी और नाटकीय संवादों की दृष्टि से भी। कौरव सेनापति द्रोणाचार्य, युधिष्ठिर के मिथ्या कथन से शस्त्र त्याग देते हैं और धृष्टद्युम्न के हाथों अपमानजनक ढंग से मारे जाते हैं। इस पर कृपाचार्य दु:खी अश्वत्थामा को कौरव-सेनापति बनने की प्रेरणा देते हैं। प्रस्ताव लेकर दोनों दुर्योधन के पास जाते हैं, इस बीच कर्ण द्रोणाचार्य की निंदा से दुर्योधन के मन में अश्वत्थामा के प्रति शंका पैदा कर, स्वयं के सेनापति बनने का मार्ग प्रशस्त करता है, फलतः कृपाचार्य के प्रस्ताव और द्रोणाचार्य की इच्छा को खारिज करते हुए दुर्योधन कहता है 'कर्ण को सेनापति बनाने का निर्णय हो चुका है।' निश्चय ही इससे अश्वत्थामा को धक्का लगता है और कर्ण में अतिरिक्त अहंकार और ईर्ष्या जागती है। अश्वत्थामा की संभावना को बिलकुल समाप्त करने और अपने को सेनापति बनाने के दुर्योधन के कथन को और दृढ़ बनाने के लिए वह अश्वत्थामा से तर्क वितर्क करता है। अश्वत्थामा भी कर्ण को बहुत तीखा उत्तर देता है। अपने पिता की निंदा सुनकर उसके क्रोध की सीमा नहीं रहती और वह तलवार उठा लेता है, प्रत्युत्तर में कर्ण भी। बड़ी मुश्किल से कृपाचार्य और दुर्योधन उन्हें दो बार रोकते हैं; पर वाक्‌युद्ध नहीं थमता और क्रुद्ध

होकर, और शायद अपनी विफलता और घृणा से अश्वत्थामा कर्ण की मृत्यु तक शस्त्र त्याग देता है।

इसी समय नेपथ्य से दु:शासन से युद्ध करते भीम के उग्र स्वर और दु:शासन के पतन की आवाज़ें आती हैं। दोनों का परस्पर क्रुद्ध संवाद, इस घटना की ओर मुड़ जाता है और अश्वत्थामा अपनी प्रतिज्ञा तोड़कर दु:शासन को बचाने के लिए शस्त्र उठा लेता है। इतने में आकाशवाणी होती है जो अश्वत्थामा को प्रतिज्ञा तोड़ने से रोकती है। आशंकित होने पर भी अश्वत्थामा दुर्योधन की सहायता के लिए चल देता है। इससे अश्वत्थामा की कर्तव्य निष्ठा और कुरु-प्रेम झलकता है।

यह अंक अत्यंत मनोवैज्ञानिक है। कर्ण अपनी रुकी हुई महत्त्वाकांक्षा की पूर्ति और स्वार्थ सिद्धि में अवरोध हटाने के लिए क्रोध की सारी हदें लांघ कर वाक्‌युद्ध में कूद पड़ता है, जबकि अश्वत्थामा अपने पिता का प्रतिशोध लेने का अवसर हाथ से निकलने की छटपटाहट से क्षुब्ध होकर कुण्ठा, घृणा और क्रोध के गुबार को वाक्‌युद्ध में निकालना चाहता है। हाथ से निकलती किसी चीज़ को पकड़ने की छटपटाहट दोनों में है। इसी का मुखर रूप यह संवाद है इसलिए यह दो सतहों पर चलकर अत्यंत कलात्मक हो उठा है। एक ही पक्ष के दो शीर्षस्थ योद्धाओं की आंतरिक घुटन और व्यथा से मुक्ति के लिए दोनों सेनापति बनने की इच्छा को रोकी जाती देख कर, असह्य क्षोभ से भर उठते हैं। दोनों के चरित्र का भीतरी मवाद निकलता है। यहाँ कर्ण का वह प्रसिद्ध वाक्य भी है जो महाभारत के कथन के रूप में कर्ण के संदर्भ में बार-बार उद्‌धृत किया जाता है। अश्वत्थामा द्वारा उसे बार-बार सूतपुत्र कहकर लांछित करने के उत्तर में वह कहता है :

> सूतो वा सूतपुत्रो वा यो वा को वा भवाम्यहम्।
> देवायत्तं कुलेजन्म मदायत्तं तु पौरुषम्।। 3/37

सूत हूँ या सूत पुत्र हूँ, जो कुछ भी हूँ। कुल में जन्म होना भाग्य के अधीन है। परंतु, पौरुष मेरे अधीन है। (इसी पर मेरा अधिकार और दावा है।)

अश्वत्थामा युधिष्ठिर पर भी करुण कटाक्ष करता है कि उन्होंने ये तीनों सीमाएँ एक साथ लाँघी–सत्यवादिता, गुरु सम्मान, और ब्राह्मण की अवध्यता की मर्यादा।

अंक में केवल वाक्‌युद्ध ही नहीं, कार्य-व्यापार के बीज और कार्य-व्यापार भी हैं।–ऐसी अनेक विशेषताओं के कारण तृतीय अंक इस नाटक का सर्वश्रेष्ठ

अंक है।

चतुर्थ अंक में सूत मूर्च्छित दुर्योधन और जयद्रथ-वध की सूचना नैपथ्य से देता है। दुर्योधन होश में आता है, दु:शासन की याद करता है तभी सूत दु:शासन के वध की सूचना देता है। दुर्योधन रोते हुए शोक प्रकट करता है। यहाँ दुर्योधन का वैराग्य प्रकट होता है : "अपने समस्त भाइयों को मरवा डालने वाले मुझे अब राज्य और विजय से क्या? "घातिताऽशेषबंधो मे किं राज्येन जयेन वा।।" (4/9) तभी कर्ण का सेवक घायल सुंदरक आता है। वह कर्ण-पुत्र वृषसेन के वीरतापूर्वक अर्जुन से युद्ध का विवरण देता है, इसे निरंतर सुनने के उत्सुक दुर्योधन को अंत में उसकी मृत्यु का समाचार हिला देता है। वह कर्ण की वेदना की कल्पना कर और आहत होता है, और एक गहरी बात कहता है-"पुण्यवान व्यक्ति ही दु:ख के भागी होते हैं- 'पुण्यवन्तो हि दु:खभाजो भवन्ति।" (श्लोक 11 के पहले) इस कथन में दुर्योधन की अपनी पीड़ा और पीड़ा का एक गहन अर्थ और संदर्भ निहित है। वह कर्ण के दु:ख से अपने को एकाकार मानता है। क्योंकि अभी-अभी उसने अपने प्रिय भाई दु:शासन के वध का समाचार भी सुना है।

इस अंक का सबसे मार्मिक अंश तब शुरू होता है जब दोनों के दु:ख की सघनता और चरमता प्रकट होती है। सुंदरक कर्ण का रक्त से लिखा पत्र दुर्योधन को देता है। इसमें वह दुर्योधन के अपरिमित प्रेम और विश्वास का संक्षिप्त लेकिन गहन संकेत देते हुए अपनी विफलता स्वीकार करता है और दुर्योधन से ही प्रतिकार करने का आग्रह करता है-(3/12)। इससे पूर्व संकेत है कि पुत्र की मृत्यु देख कर कर्ण आत्म-वध का निश्चय कर 'कवच उतार कर' अर्जुन से युद्ध की बाट जोह रहा है। दुर्योधन भी अपनी विफलता और विरागी मन की अभिव्यक्ति करता उसे ढाढस बँधाने के लिए उसके पास जाना चाहता है। वह कहता है कि पाण्डवों का वध कर हम दोनों शरीर त्याग करेंगे। हम दोनों को अपने मृत परिजनों से अपने को पृथक् कर लेना चाहिए।

इसी समय धृतराष्ट्र और गांधारी युद्ध-भूमि में आ जाते हैं। दुर्योधन मुँह न दिखाने के लिए छिपना चाहता है। फिर भी माता-पिता की वंदना की उपेक्षा नहीं करना चाहता। इस अंत में वीर और करुण का सघन मिलन है। अंत में करुण की पराकाष्ठा है। इस दृष्टि से यह 'चरम सीमा' (क्लाइमेक्स) तक पहुंचाने वाला अंक है।

पंचम अंक में धृतराष्ट्र और गांधारी जब दुर्योधन को छोड़कर सभी पुत्रों

के निधन का समाचार सुनते हैं, तब उससे युद्ध समाप्त करने को कहते हैं। गांधारी अब दुर्योधन को बचा लेना चाहती है। वह विलाप करते हुए कहती है कि तुम ही हम अंधों को बचाने वाले हो। मुझे राज्य अथवा विजय से क्या?–''किं मे राज्येन जयेन वा।'' (5/3) दुर्योधन कहता है ''माता! कायरता की बात करना तुम्हारे योग्य नहीं है! सौ–सौ पुत्रों के मारे जाने की इस विपत्ति को न सोचते हुए तुम्हें मुझ अयोग्य को बचाने की चिंता है!''

निर्वत्सले! सुत शतस्य विपत्तिमेतां
त्वं नाऽनुचिन्तयसि रक्षसि मामयोग्यम्।। (5/3)

संजय भी धृतराष्ट्र और गांधारी को अनेक उदाहरणों से समझाता है–''जैसे घड़े के कुएँ में गिर जाने पर कोई बची हुई रस्सी भी कुएँ में नहीं डाल देते, कि जब तक विजय की अभिलाषा जीवित है, तब तक बुद्धिमान पुरुष इसी शिक्षा का पात्र है।'' दुर्योधन भी उन्हें राजनीतिक दृष्टि से समझाता है कि ''क्षीण बल वाले शत्रुओं से कोई राजा संधि नहीं करता।'' वह उनके सारे उपदेशों को नकार कर भीम के वध का संकल्प करता है। ऐसी स्थिति में आहत निराश और तिरस्कृत गांधारी फिर अपने पुत्रों को याद करते हुए आत्म भर्त्सना करती है– ''वीर प्रसविनी गांधारी! तूने सौ पुत्र नहीं जन्मे सौ दुःखों को पैदा किया था''–''हा वीर प्रसविनी गांधारि, दुःखशतं प्रसूता न सुतशतम्'' (5/8) संजय दोनों को समझाता है कि ''आप दोनों दुर्योधन को धैर्य बंधाने आए हो, अतः स्वयं तो धैर्य धारण करो।'' अंततः दुर्योधन युद्ध करने का निश्चय सुनाता है। धृतराष्ट्र उसे शत्रु नाश के उपाय पर विचार करने को कहते हैं।

इतने में नेपथ्य में कोलाहल होता है। सूत कर्ण की मृत्यु का समाचार देता है। दुर्योधन बार–बार कर्ण को याद करते हुए मूर्च्छित होता है। धृतराष्ट्र धैर्य बँधाता है– ''बेटे साहस में ही लक्ष्मी (विजय) बसती है– 'भवति तनय!' लक्ष्मीः साहसेष्वीदृशेषु...' (5/21) (उक्ति भी है– साहसे श्री प्रतिवसति) वे शल्य अथवा अश्वत्थामा किसी को सेनापति बनाकर युद्ध करने को कहते हैं। संजय शल्य को सेनापति बनाने का सुझाव देता है। माँ–पिता समाम हत्याओं और युद्ध की परिणति सोच कर विकल होते हैं। दुर्योधन माता–पिता को ले जाने का संजय को आदेश देता है। सदाचार के नाते अर्जुन–भीम उन्हें देख कर सव्यंग प्रणाम करने आते हैं। धृतराष्ट्र भीम के कथन से आहत और क्रुद्ध होते हैं। भीम पुराने अपराध गिनाता है। तभी दुर्योधन आ जाता है। भीम–दुर्योधन में विवाद होता है। वह उसे

मारने दौड़ता है, धृतराष्ट्र रोकते हैं। फिर भी विवाद हो ही जाता है। भीम को अर्जुन रोकते हैं। तभी धृतराष्ट्र की आज्ञा प्रसारित होती है कि युद्ध बंद करें। मारे गए व्यक्तियों का अंतिम संस्कार करें। युद्ध बंद होता है।

अश्वत्थामा के आने की सूचना मिलने पर धृतराष्ट्र दुर्योधन से उसका स्वागत करने को कहते हैं। दुर्योधन, बेमन से सव्यंग्य स्वागत करता है। वाक् बाणों से उसे आहत करता है। वह अपमानित-सा चला जाता है। धृतराष्ट्र दुर्योधन को राजनीति समझाने की कोशिश करते हैं। परन्तु दुर्योधन हठवादिता पर कायम है, और सूत को युद्ध-रथ तैयार करने का आदेश देता है। धृतराष्ट्र दुर्योधन के साथ शल्य शिविर में जाते हैं। धृतराष्ट्र-गांधारी का दुःख और उदात्तता यहां प्रमुख है।

षष्ठ अंक में युधिष्ठिर भीम की दुर्योधन-वध की प्रतिज्ञा से चिंतित हैं। इसे व्यर्थ आमंत्रित मानते हैं। द्रौपदी विरोध करती है। यहाँ युधिष्ठिर की राजनीतिक दृष्टि का पता चलता है। तभी गुप्तचर आकर 'जल-स्तंभन विद्या' जानने वाले दुर्योधन के तड़ाग में छिपने, उसे खोज निकालने और उससे भीम के गदा युद्ध का समाचार देता है और श्रीकृष्ण का यह संदेश सुनाता है कि अब विजय निश्चित है अतः अभिषेक की तैयारी करें, मंगलघट भरें।

प्रसन्नता के इस समाचार के तुरंत बाद एक आवाज़ आती है "प्यासा हूँ, प्यासा हूँ, पानी पिलाएँ।" यह छद्म व्यक्ति चार्वाक नामक राक्षस है। युधिष्ठिर उसे बुलाकर बिठाते, पानी मंगवाते हैं। वह बताता है कि मैं अर्जुन को दुर्योधन से युद्ध करते देख कर आया हूँ। इसका सीधा अर्थ था कि भीम दुर्योधन के हाथों मारा गया। वे लोग अत्यंत क्षुब्ध वहाँ जाने को उद्यत होते हैं, परंतु वह यह कहकर रोकता है कि आप लोग इतने दुःखी हैं, अब और दूसरी शोक-सूचना सुनने से बचें। वह बताता है कि बलराम ने अपने शिष्य दुर्योधन को अर्जुन-वध का एक गुप्त उपाय बताया है, जिससे दुर्योधन अर्जुन का वध कर देता है। अत्यंत शोक-संतप्त युधिष्ठिर और द्रौपदी चिता में जल मरने को उद्यत होते हैं, तभी रक्त से भीगा भीम आता है। उसे भ्रमवश दुर्योधन समझ कर युधिष्ठिर विपीड़ित करने वाला आलिंगन करते हैं। स्तब्ध भीम कहता है-"मैं भीम हूँ।" उसे पहचान कर वे प्रसन्न होते हैं, भीम द्रौपदी के खुले बाल दुर्योधन के रक्त से गूंथता है। यही 'वेणीसंहार' है।

संस्कृत में महाभारत पर लिखी महत्त्वपूर्ण कृतियों में 'भास' के नाटक, 'अभिज्ञान शाकुंतल' और 'वेणीसंहार' प्रमुख हैं। भास ने तो नाटकों में प्रति

महाभारत के रूप में एक समानांतर कृति ही की है। 'अभिज्ञान शाकुंतल' में भी महाभारत से कथावस्तु लेने पर भी कालिदास का उसे मार्मिक, कलात्मक और सुसंगत बनाने में अप्रतिम कौशल और कल्पनाशीलता है। इससे वह कृति रचना-वस्तु और शिल्प दोनों में मौलिक सी हो गई है।

भट्ट नारायण ने अपने नाटक की आवश्यकतानुरूप मूल कथावस्तु में थोड़ा-सा विचलन किया है, जिसका संकेत हम यथास्थान कर चुके हैं। इन विचलनों से नाटकीयता में वृद्धि हुई है और आने वाले प्रसंगों के लिए उपयुक्त भूमिका बनी है। विशेष रूप से अंतिम अंश में, जहाँ चार्वाक-प्रसंग, सुख-संवाद में विक्षेप कर दर्शक की उत्सुकता बढ़ाने का काम करता है, 'चार्वाक' के छद्म संवाद कुशलता से रचे गए हैं। नाटककार ने यहां कृष्ण द्वारा संकेत देने वाले प्रसंग को नहीं दिया है और दुर्योधन की वीरोचित चुनौती को बनाए रखा है। इससे निश्चय ही नाटक का अंत अत्यंत कलात्मक, बाँधने वाला और तीव्र हो उठा है।

परंतु पंचग्राम देकर संधि-प्रस्ताव को पहले संजय द्वारा, फिर कृष्ण द्वारा रखने का संदर्भ हटा कर शायद नाटककार को कोई लाभ नहीं हुआ। महाभारत में इसका आशय यह है कि संजय का सुझाव अस्वीकार करने पर भी युधिष्ठिर ने कृष्ण द्वारा पुनः संधि-प्रस्ताव रखकर उसे वैध बना दिया है और युद्ध टालने के निश्चय के रूप में प्रस्तुत किया है। भट्ट नारायण इससे चूक गए हैं, जबकि संस्कृत के महान् दृष्टि सम्पन्न नाटककार भास ने बीच युद्ध में कृष्ण द्वारा अपने पारिवारिक प्रतिनिधि भीम के बेटे घटोत्कच को संधि प्रस्ताव लेकर भेजा, इस अवसर पर कृष्ण ने अपना अपमान भी भुला दिया, इससे युद्ध समाप्त करने की उनकी आंतरिक अभिलाषा का पक्का पता चलता है; क्योंकि यह प्रस्ताव निरंतर विजयी होने वाले पाण्डवों की ओर से भेजा गया था। इस अवसर पर भी दुर्योधन की हठधर्मी से उसकी मूर्खता और जिघांसा तथा पाण्डवों का युद्ध औचित्य पुष्ट होता है।

इस तरह हर परिवर्तन उचित प्रतीत न होने के बावजूद भट्ट नारायण ने एक सुंदर और श्रेष्ठ नाटक की रचना की। इस नाटक के कई संवाद और सूक्तियाँ तो लोक-कंठ में बसी हुई हैं। यह इसकी सफलता का अतिरिक्त प्रमाण है। 'वेणी संहार' में अश्वत्थामा के लिए अधिक अवसर होने की आमतौर पर संभावना नहीं लगती, परंतु भट्ट नारायण का तीसरा अंक इससे दीप्त और उत्तेजक हो उठा है और दुर्योधन की राजनीतिक दृष्टि पर प्रश्नचिन्ह लगाता है। अश्वत्थामा मूलतः सेनापति बनना नहीं चाहता था, वह तो इसे 'पराधीनता एवं

व्यर्थ'– 'परतंत्रमिदमकिंचित्करं च'– मानता था। पर मातुल (मामा) के आग्रह को स्वीकर कर वह दुर्योधन के आगे सेनापति बनाने का प्रस्ताव भी रखता है। इस अंक में अश्वत्थामा का गहरा मनोविश्लेषण है और कर्ण के स्वभाव की अनुदात्तता, ईर्ष्या और स्वार्थ की अंतर्धारा को महसूस कराया गया है। परंपरा में अश्वत्थामा का ऐसा निरूपण शायद ही हुआ हो।

नाटककार ने महाभारत युद्ध का केन्द्र द्रौपदी के 'केश ग्रहण' को माना है। उसे वे महासमर का कारण कहते हैं– उसी पर आधारित नाटक रचते हुए वे महाभारत-रचने का दायित्व महसूस करते हैं। इसलिए युधिष्ठिर, धृतराष्ट्र, गांधारी जैसे सभी प्रमुख पात्रों का सांकेतिक चित्रण करते हैं, उससे अनायास उनके चरित्र के आधारभूत तत्त्व उजागर हो जाते हैं।

राक्षस और राक्षसी के संवाद से प्रारंभ यह नाटक युद्ध की राक्षसी वृत्ति का संकेत देता है। राक्षस का नाम 'रुधिर प्रिय' और राक्षसी का नाम है 'वसागन्धा'। राक्षसी मृतकों का खून पी रही है, मांस खा रही है। वह कहती है कि युद्ध सैकड़ों वर्षों तक चलता रहे–'समरं वर्षशतं भवतु।' (1/3) ये दोनों प्रतीक हैं युद्ध की राक्षसी प्रवृत्ति के।

यह नाटक वस्तुतः एक सार्थक और सारवान कृति है और महाभारत की सर्जना का अंतः-अर्थ उजागर करती है।

(मूलकथा– सभापर्व (द्यूत पर्व) अध्याय 65-71/ उद्योगपर्व
(भगवद्यान पर्व)/शल्यपर्व (गदापर्व)

नलचम्पू (चम्पू काव्य) : त्रिविक्रम भट्ट
(10वीं शती)

महाभारत आधारित संस्कृत रचनाओं में 'नलचम्पू' अकेला महत्त्वपूर्ण 'चम्पू' है, जो गद्यपद्यमय विधा है। वैसे नाटक में भी गद्य-पद्य होते हैं; परंतु नाटक की प्रकृति और शिल्प भिन्न होते हैं। 'चम्पू' को काव्य कहा जाता है, परंतु इसमें गद्य का परिमाण, नाटक की अपेक्षा बहुत अधिक होता है। संभवतः इसीलिए इस कृति पर किसी नाटककार का नहीं, बाणभट्ट और सुबंधु (दोनों 7वीं शती) सरीखे गद्य काव्य रचयिताओं का प्रभाव है और श्रीहर्ष जैसे 'नैषध-चरित' महाकाव्य के रचयिता इससे प्रभावित हैं। अनेक छंदों और अंशों में साम्य इसका प्रमाण है। श्रीहर्ष का प्रभावित होना इस कृति के महत्त्व को विशेष रेखांकित करता है।

'नलचम्पू' महाभारत के नलाख्यान पर आधारित है जो अपने विलक्षण कार्य-व्यापार और नाटकीय मोड़ से परिपूर्ण है। परंतु सात उच्छ्वासों में निबद्ध 'नलचम्पू' काव्य में 'नल-दमयंती' कथा का केवल प्रारंभिक शृंगारिक पक्ष ही है और अत्यंत महत्त्वपूर्ण और ट्रैजिक वृत्त छूटा हुआ है, जो इस कथा को विशिष्ट बनाता है। चम्पू का अंत विचित्र अधूरेपन में हुआ है। इसलिए अनेक विद्वान इसे अधूरी कृति मानकर शेष को अनुपलब्ध अनुमानित करते हैं, परंतु इसका कोई प्रमाण नहीं है। बल्कि कुछ लोगों का कहना है कि यह त्रिविक्रम भट्ट की नई विचारधारा और शैली है।

कुल मिलाकर यह सुंदर शृंगारिक काव्य है जो अपनी रसिकता के लिए तो जाना ही जाता है परंतु श्लेष-प्रयोगों में भी यह अप्रतिम है। यत्र तत्र दुरूहता होने पर भी आमतौर पर प्रासादिक है और सर्वत्र सुबंधु जैसी पदविन्यास की जटिलता से ग्रस्त नहीं है। त्रिविक्रम श्लेष ही नहीं, परिसंख्या तथा विरोध के लिए

भी संस्कृत साहित्य के अन्यतम कवि माने जाते हैं। कवि ने महाभारत से गृहीत कथा में दो-तीन साधारण से परिवर्तन किए हैं।

यह काव्य अपेक्षाकृत कम चर्चित है इसलिए इसकी कथा और काव्य-सौंदर्य पर विस्तार से बात करना उचित होगा।

कथा का प्रारंभ वन में एक उपद्रवी शूकर (सूअर) का समाचार पाकर उसके आखेट के लिए राजा नल के प्रस्थान से होता है। उस पर विजय पाकर आखेट से थके नल जब शालवृक्ष के नीचे विश्राम कर रहे थे, तभी एक दुर्बल पथिक, भिक्षापात्र लिए वहाँ आ जाता है। वह राजा के असाधारण सौन्दर्य से अभिभूत हो कह उठता है–'कामविजयिन् आपका मंगल हो'–'स्वस्ति स्वकांतिनिर्जितमकरध्वजाय तुभ्यम्।' राजा समझ जाता है कि यह साधारण भिक्षुक नहीं है।

वह उसका अभिनंदन कर पूछता है कि 'आप कहाँ से आए हैं? प्रथम बार मणि देखे जाने पर भी अपनी कांति नहीं छिपा पाती।': 'अपूर्वदर्शनेऽपि न जात्या मणयः स्वच्छतामपह्नवेते' 1/1 पथिक कहता है कि संसार में रमणीयता के लिए विख्यात दक्षिण दिशा में स्त्री और पुरुष रत्नों का सागर विदर्भ देश है। वहाँ गोदावरी के तट पर मैं स्वामी कार्तिकेय के दर्शनार्थ गया था। लौटते समय थका-हारा मैं एक वट वृक्ष के नीचे बैठा था, तभी सखियों से घिरी अत्यंत सुंदर राजकुमारी वहाँ आई। उसके अनुपम रूप का क्या वर्णन करूँ? उसके लिए शेषनाग के समान दो हजार जीभें चाहिए :

> आकारः समनोहरः स महिमा तद्वैभवं तद्वयः
> सा कांतिः स च विश्वविस्मयकरः सौभाग्यभाग्योदयः।
> एकैकस्य विशेषवर्णनविधौ तस्याः स एव क्षमो
> यस्यास्मिन्नुरगप्रभोरिव भवेज्जिह्वासहस्त्रद्वयम्।। 1/58

–वह मनोहर आकार, वह महिमा, वह ऐश्वर्य, वह आयु, वह कान्ति तथा वह विश्वभर को अचम्भित कर देने वाला दिव्य भाग्योदय; इनमें से प्रत्येक का वर्णन करने में वही मनुष्य समर्थ है जिसकी शेषनाग के समान दो हज़ार जीभें हों।

जैसे आप दक्षिण देश के बारे में पूछ रहे हैं, वैसे ही वह किसी उत्तरदिशा के पथिक से कुछ पूछती हुई थोड़ी देर वहाँ बैठी रही।

मैं उत्तरदिशा के सम्राट का वर्णन सुन रहा था। उसने उसे 'काम विजयी'

कहा और उस अत्यंत सुंदर सम्राट को उपस्थित सुन्दरी के अनुकूल बताया। मैं उसके बारे में तो कुछ जान न सका पर उसे देखकर जैसे मेरी दक्षिण-यात्रा सफल हो गई थी; वैसे ही आपको देखकर मेरी उत्तर-यात्रा सफल हो गई।' पथिक राजा से आभूषण पा, आज्ञा लेकर चला गया। राजा को कुमारी के सौन्दर्य-वर्णन ने ही आत्म-परवश कर दिया। दुर्लभ अनुराग से ही उसे बिना ज्वर के ही ज्वर आ गया, आत्मार्पण के बिना ही वह परवश हो गया, आंख-कान ठीक होते हुए भी वह अंधा-बहरा हो गया... (1/62 के बाद)

राजा घूमते हुए समीपवर्ती 'सर्वर्तु विहार' वन में चला गया। इसी समय वहाँ श्वेत कमल जैसे पंखों वाले राजहंस उतरे। राजा निर्निमेष उनका सौन्दर्य देखने लगा। इधर-उधर भागने वाले हंसों को पकड़ने का प्रयास करता रहा। अंततः उनमें से एक मंद पद-विन्यास वाले हंस को पकड़ ही लिया। हाथों में आते ही हंस 'स्वस्ति' शब्द कहकर राजा की स्तुति करने लगा। राजा ने भी आकर्षित होकर उसका स्वागत किया। हंस को पकड़े देखकर हंस पत्नी (हंसिनी) मधुर स्वर में बोली– 'मुक्त विहार करने वाले हंस को भला क्या बाँधा जा सकता है :

नीरंजनपदे तिष्ठन्विश्वसंसारसङ्गतः।
हंसः किं बध्यते क्वापि यस्य नालम्बनम् प्रियम्।। 2/19

–ग्राम-नगर आदि में न रहते हुए प्राणी को जो सरस जल में रहने वाला है, तथा जिसे तृण-वन प्रिय है, ऐसा हंस क्या कहीं बांधा जाने योग्य है? यही अर्थ मुक्त-विरागी व्यक्ति के अर्थ में भी श्लिष्ट है।

उसकी श्लेष उक्ति का उत्तर राजा ने श्लेष में ही दिया। इसे सुन हंस ने अपनी पत्नी को व्यंग्य से आहत करने के लिए राजा को मना किया :

वैदग्ध धुरंधर, वार्तालापपण्डित, प्रज्ञा प्रागभार गुरो, चातुर्याचार्य,
मा मे प्रियां प्रकोपय। सदृशा एव यूयं वयं च राजहंसाः। (1/20)

–हे चतुर श्रेष्ठ! हे धूर्त के समान बातचीत में कुशल! हे बुद्धि के विशेषभार से गंभीर! हे चतुरता के आचार्य! मेरी प्रिया को क्रुद्ध न करो। आप और हम एक जैसे ही राजहंस (राजाओं में श्रेष्ठ) हैं।

यह पूरा प्रसंग बड़ा मनोरम है। अस्तु।

इसी समय अंतरिक्ष से सुनाई पड़ता है–'हे राजन्! शीघ्र हंस को छोड़ दो, वह 'दमयंती' को तुम्हारी ओर आकर्षित करने वाला दूत बनेगा।' राजा ने एक शीतल लतामंडप के नीचे बैठकर हंस से 'दमयन्ती' के बारे में पूछा। उसने बताया

कि दक्षिण देश के विदर्भ मंडल में 'कुण्डिन' नामक नगर है, जिसके निकट पयोष्णी नदी बहती है। यहाँ के राजा भीम और पटरानी पियंगुमंजरी है। संतान प्राप्ति के लिए दोनों ने महेश्वर की आराधना की। उन्होंने प्रसन्न होकर प्रियंगुमंजरी को एक सुंदर मंजरी दी और कहा– "प्रातःकाल में दमनक नामक महामुनि आएंगे, वही तुम पर अनुग्रह करेंगे।" तदनुसार प्रातःकाल महान तेजस्वी मुनि अर्कमंडल से अवतीर्ण होते हैं और कहते हैं– "हम भगवान शिव की आज्ञा से आए हैं। आप शीघ्र ही सर्वप्रशंसनीय असामान्य कन्या-रत्न प्राप्त करेंगे।" यह कहकर ऋषि पुनः गगन मंडल में उड़ जाते हैं। कथा में जोड़ी गयी यह नई उद्‌भावना विचित्र लगती है। शिव को मुनि के माध्यम की जरूरत क्यों पड़ी? वे सीधे वरदान दे सकते थे। लगता है यह 'दमयंती' नाम रखने की एक कला है।

राजा को इस वर्णन से तृप्ति नहीं हुई। उसने उसकी वयःसंधि का सौन्दर्य जानना चाहा। हंस ने कहा–"मैं पक्षी, उसका क्या वर्णन करूँ?" फिर भी उसने उसकी दृष्टि, कटाक्ष, मुस्कान, अंग-प्रत्यंग का वर्णन किया और कहा–"वह पुरुष अत्यंत पुण्यवान होगा जो उस दुर्लभ कन्यारत्न को प्राप्त करेगा।"

हंस द्वारा दमयंती का सौन्दर्य-वर्णन राजा की उत्कंठा बढ़ा देता है। वह अनुमान करता है कि 'यह वही सुंदरी प्रतीत होती है जिसकी चर्चा मैंने पथिक द्वारा सुनी थी।'

राजहंससमूह वहाँ से उड़ चला और कुण्डिन नगर के राज महल में कन्या अंतःपुर के निकट क्रीड़ा सरोवर में उतरा। भागकर सखियों ने दमयंती को बताया। दमयंती ने आकर एक मंद पद संचार करने वाले हंस को लीला पूर्वक उठा लिया। उसने उसे दीर्घायु और सुखी होने का आशीर्वाद देते हुए कहा– "सुन्दर रूप वाले विशालनयन राजा नल तुम्हें पति रूप में प्राप्त हों।" उसने अनुमान किया कि हंस शायद उसी नल के बारे में कह रहा है जिसका वर्णन मैंने पथिक के मुँह से सुना था। उसने हंस से पूछा–"यह नल कौन है?" उसने बताया कि वे निषध देश के राजा हैं, दमयंती ने और परिचय जानना चाहा, उसने तब कहा– "राजा वीरसेन ने सन्तान की कामना से शिव की उपासना की थी। उनकी कृपा से वीरसेन की रानी ने अत्यंत तेजस्वी पुत्र को जन्म दिया। वही नल है। वह जितना सुंदर है, उतना ही बुद्धिमान और गुणी। वह अनायास ही समस्त विद्याओं में पारंगत है। वीरसेन के मंत्री 'सालङ्कायन' ने उसे शील और व्यवहार की शिक्षा दी है। राजा अनुकूल समय पर नल का राज्याभिषेक कर पत्नी सहित

वन को प्रस्थान कर गए हैं।''

नल के गुण-श्रवण कर दमयंती के मन में अनुराग और उत्कंठा उत्पन्न होती है। हँसोड़ सखी (परिहासशीला) हंस से श्लेष में दमयन्ती की मन्मथ-व्यथा का संकेत करती हुई कहती है- ''तुम्हारे वर्णन से तृप्ति नहीं हुई। नल के बारे में और बताओ।'' हंस ने कहा- ''समस्त स्त्रियों के हृदय-प्रासाद में प्रतिष्ठित प्रतिमा नल की क्या प्रशंसा की जाए। मैं तो यही कहूंगा कि इस संसार-सागर में दो ही स्त्री-पुरुष रत्न उत्पन्न हुए हैं-दमयंती और नल। नारियों में रत्न आप और पुरुषों में रत्न नल। दोनों एक-दूसरे के योग्य हैं :

सोऽपि सुन्दरि, किमन्यत्तस्य समस्तरस्त्रीहृदयप्रासादप्रतिष्ठापितप्रतिमस्याद्यापि प्रशस्यते। यत्र श्रूयमाणे न मधुरो न वेणुवीणाक्वणः, दृष्टे नाभिरामः कामः सम्भाषिते, न सारा सरस्वती, परिचिते न श्लाघ्यममृतम्, अभ्यस्ते नानन्दीन्दुः, प्रसादिते न प्रशंसास्पदं धनदः।।

संसाराम्बुनिधौ तदेतदजनि स्त्रीपुंसरत्नद्वयं
नारीणां भवती नृणां पुनरसौ सौभाग्यसीमा नलः।। 15/2

-हे सुंदरी, उसकी क्या प्रशंसा की जाए जबकि उसकी प्रतिमा समस्त स्त्री हृदय रूपी प्रसादों में प्रतिष्ठित है।

जिसके सम्बंध में सुनने पर बांसुरी और वीणा की छवि मधुर नहीं लगती, जिसे देखने पर कामदेव भी सुंदर नहीं लगता, जिससे वार्तालाप कर लेने पर सरस्वती में भी तत्त्व नहीं मालूम पड़ता, जिससे परिचय कर लेने पर अमृत भी प्रशंसनीय नहीं रह जाता, जिसके परिशीलन से चन्द्रमा भी आनंददायी नहीं रह जाता तथा जिसके जिसके प्रसन्न हो जाने पर कुबेर भी प्रशंसनीय नहीं रह जाते हैं।...मैं तो यही कहूँगा कि संसार सागर में स्त्री तथा पुरुष में दो ही रत्न उत्पन्न हुए, नारियों में आप और पुरुषों में भाग्य-सीमा नल।...अब मैं जा रहा हूँ।''

दमयंती स्नेहपूर्वक अपने गले की हारलता हंस के गले में पहनाकर कहती है-''यह आपके प्रिय (नल) के लिए उपहार तथा स्मृति-नाटक की सूत्राधार बनेगी।'' हंस ने कहा-''हे सुन्दरी! मुक्तावली के बहाने उस (नल) के समक्ष आपके वर्णन का भार मुझे स्वीकार है।'' हंस उड़ गए।

दमयंती नल के विरह में जीवन-व्यापार विस्मृत कर बैठी।

राजहंस निषध नगरी पहुँचे। क्रीड़ा सरोवर के निकट एक राजहंसी को विचरण करते देख सरोवर-पालिका ने राजा को हंसयूथ के आने की सूचना दी। 'वन पालिका' 'सरसिका' एक राजहंस को लेकर राजा के पास पहुँची और

बताया कि उत्कंठा उत्पन्न करने वाला यही हंस है। सरसिका को जाने की आज्ञा देकर राजा उस हंस को निर्निमेष देखता रहा। उसने उसका स्वागत किया। हंस ने एक चरण से, गले में पहनी मुक्तावली निकाल कर 'दमयंती की बाहुलता के समान' गले में पहनने का राजा से आग्रह किया। राजा ने उत्कंठा से उसे देखा, गले में प्रेम से पहन लिया और देर तक हंस से वार्तालाप करता रहा।

प्रातःकाल राजहंस प्रस्थान को तत्पर हुए। इधर दमयंती, वियोग में दग्ध होती रही। 'शृंगार रस की राजधानी' दमयंती की दशा देख कर राजा भीम ने स्वयंवर करने का निश्चय किया। चारों ओर राजाओं को सूचना के लिए दूत भेजे। स्वयं दमयंती ने एक वृद्ध ब्राह्मण को नल के पास भेजा। नल ने सजधज कर विदर्भ देश के लिए प्रस्थान किया। रास्ते में आकाश से उतरते एक व्यक्ति ने नल से निवेदन किया कि इन्द्रादि लोकपाल दमयंती के स्वयंवर के लिए आ रहे हैं। नल संभ्रम में पड़कर भी स्वागत के लिए आगे बढ़े। पूर्व दिशा से आते उसे इन्द्रादि लोकपाल दिखाई पड़े। इन्द्र के संकेत से कुबेर ने नल से, समय से पूर्व, कुंडिनपुर पहुँच कर देवताओं में से किसी एक को चुनने का आग्रह दमयंती से करने को कहा। असमंजस में पड़े नल ने देवताओं का प्रस्ताव स्वीकार कर लिया। चिंतातुर नल को मंत्री श्रुतशील ने समझाया कि दमयंती किसी देवता का वरण नहीं करेगी। अर्थात् केवल आपका वरण करेगी। फिर भी नल को शांति नहीं मिली। मन बहलाने की संगीत-नृत्य आदि सभी विधियाँ व्यर्थ गईं।

नल ने सेना सहित कुण्डिनपुर के लिए प्रस्थान किया। वह मेकल पर्वत और यमुना नदी के निकट पहुँचा। वहाँ उसे 'पुष्कराक्ष' नामक संदेश वाहक मिला। उसने कहा कि मुझे दमयंती ने आपका समाचार लाने के लिए भेजा है। जिस मार्ग से आप वहाँ पहुँचेंगे, राजकुमारी उसी ओर से सामने की खिड़की पर बैठकर आपकी प्रतीक्षा करेंगी। यहाँ से थोड़ी दूर पर पयोष्णी नदी के तट पर किन्नर मिथुन मिलेगा। उसने नल को भोजपत्र पर दमयंती द्वारा लिखी चिट्ठी दी, लिखा था–"नैषध, नल होकर भी तुम मेरे लिए अनल हो गए हो। मानरूप सागर से भरे हुए अबलाओं के मानस को इस प्रकार ग्रहण करना आप जैसों का धर्म नहीं है। दैव भी दुर्बल को ही सताता है। न जाने कब कुंडिन नगर की भूमि आपके चरणकमलों से अलङ्कृत होगी।" इसी कारण धनुष खींचे हुए मदन (कामदेव) बलशाली पर वैसा प्रभाव नहीं डालता है जैसा अबलाओं को सताता है :

नलोऽपि मां प्रत्यनलोऽसि यत्तद्भवादृशां नैषध नैष धर्मः।
तथाबलानां बलवद् ग्रहीतुं न मानसं मानसमुद्रयुक्तम्।। 6/19

निपातति किल दुर्बलेषु दैवं तदवितथं ननुयेन कारणे।
बलवति न यथा तथाबलानां प्रभवति कृष्टशरासनो मनोभूः।। 6/20

प्रणय सुधा-धारा से नल का मानस लहराने लगा। उसने किन्नर मिथुन की प्रत्याशा में पयोष्णी नदी के तट पर ही पड़ाव डाल दिया। किन्नर मिथुन मिले। पुष्कराक्ष ने उनसे कहा– "देखते नहीं, राजा नल तुम्हारे सामने हैं।" सुन्दरक ने नामाङ्कित अंगूठी और सुन्दर लाल रेशमी वस्त्रों का जोड़ा राजा को दिया। राजा ने सस्नेह स्वीकार करते हुए कहा–"सुन्दरक! मैं देवी के नाम से ही मुद्रित तथा उनके प्रेम से ही आच्छादित हूँ। यह मुद्रिका तथा वस्त्र-युगल पुनरुक्ति मात्र है। दमयंती का संदेश मात्र ही कर्णपूर आभूषण है। आप जैसे प्रेमीजनों को भेजकर देवी ने क्या-क्या नहीं भेज दिया है :

"सुन्दरक, तस्याः संदेश एवास्माकं कर्णपूरः ... तस्याः सुगृहीतेन नाम्नैव वयं मुद्रिताः ... तदनुरागेणैव वयमाच्छादिताः पुनरुक्तमाच्छादनयुगलमपरं च युवां प्रेषयन्त्या तया किं न प्रहितमस्माकम्..." (6/42)

सूर्यास्त हुआ। मंदराचल की लालधूलि से संध्या-राग उमड़ पड़ा। राजा शिविर को लौटे। सुस्वादु भोजन, संगीत आदि से वातावरण मधुर हो उठा। प्रभात होते ही राजा नल ने प्रस्थान किया। मार्ग के मनोरम और उत्तेजक दृश्यों, 'वरदा' तथा 'सरस्वती' को देखते हुए 'कुंडिन नगर' की उत्सुक प्रतीक्षा पूरी हुई। नदियों के संगम पर सेना का पड़ाव डाला गया। सेना की धूल ने नगर वासियों को राजा नल के आने की सूचना दी। 'दण्डपाशिक' ने नगर की जनता को नल के स्वागत की तैयारी करने को कहा–"राजमार्ग चन्दन जल से सींचे जाएँ, पुष्प युक्त तोरण पताकाएँ फहरा दी जाएँ घर-घर प्राङ्गणों में धान्ययुक्त जलपूर्ण कुम्भ स्थापित किए जाएं, विविध वस्त्राभूषणों से विभूषित पुराङ्गनाएँ मंगल गान करती हुई बाहर निकलें... महाराज नल के दर्शनों से कृतार्थ हों।"

नल के स्वागत के लिए राजा भीम के, मांगलिक उत्सव के साथ आने की सूचना देता है। राजा आते हैं, नल का स्वागत करते और उन्हें गले लगाते हैं। वे कहते हैं–"हमारे महान पुण्य से आपका आगमन यहाँ हुआ..." राजा भीम नल से बिदा लेकर शेष व्यवस्था के लिए चले जाते हैं। नल, दमयंती के सब सेवकों, दूतों को पुरस्कृत करते हैं। नल का दूत पर्वतक जो भीम का महल देखकर आया

था और दमयंती को भी; नल को सबकुछ विस्तार से बताता है–"महाराज! उस बाला के निर्माण में विधाता ने अपना समस्त कौशल ही लगा दिया है।" आपका दूत जानकर उन्होंने मेरा बड़ा सत्कार किया। आपका उपहार सानंद स्वीकार किया। वर्तालाप में पुष्कराक्ष ने कह दिया कि महाराज आप पर अशेष अनुराग रखते हैं, परंतु अभी इन्द्रादि के दूत उनमें से किसी को चुनने का अनुरोध करने आए हैं।

संध्या और फिर रात्रि आई। राजा चिंतित पैदल ही भीम के महल की ओर निकल जाते हैं। फिर 'पुरन्दर वरदान' से अदृश्य होकर कन्या–अंत:पुर में पहुँचते हैं और दमयंती के सम्मुख पुन: दृश्यमान हो जाते हैं। अपने सामने नल को खड़ा देखकर दमयंती और सभी सखियाँ उन्हें निर्निमेष देखती रह जाती हैं। दमयंती मन ही मन सौन्दर्य की प्रशंसा करती है, परंतु वह न मुँह से बोलती है न कोई चेष्टा करती है। इसका कारण दमयंती की सखी 'विहंगवागुरा' से नल पूछते हैं। वह बताती है कि 'अभी तक आप दोनों ने एक दूसरे के विषय में सुना ही है, प्रत्यक्ष नहीं देखा। अब आप स्वामिनी द्वारा समर्पित मणिमय आसन पर बैठें और अन्योन्य–दर्शन का आनंद उठाएँ।' सखी के ऐसा कहने पर दोनों स्फटिक तथा प्रवाल निर्मित पलंग पर बैठ गए। उत्सुकता से स्तब्ध और लज्जा से संकुचित एक दूसरे को देखते ही दोनों के हृदयों में सभी रस अंत:करण में उमड़ पड़े, वाणी का विषय नहीं बन पाए। यहाँ कवि ने दूत की पराधीनता और अन्तर्द्वन्द्व की बेजोड़ अभिव्यक्ति की है। अंतत: कर्तव्यविवश नल ने विस्तार समेटने के लिए बेरुखी से इन्द्रादि लोकपालों में से एक का वरण करने को कहा। दमयंती ने मुंह को अरुचि से फिरा लिया। सखी प्रियंवदिका ने कहा–"देव, जो कुछ सुनना था; सुन लिया। देवताओं का आदेश समझ लिया। किंतु यह (दमयंती) स्वतंत्र नहीं है। प्राणियों की प्रवृत्ति तथा निवृत्ति ईश्वर की इच्छा से होती है। स्त्रियों का अनुराग विचारपूर्वक नहीं होता।... अनुराग में कोई विशेष गुण कारण नहीं बनता है" :

"देव श्रुतं श्रोतव्यम्, अवधारितो देवादेश:। किंतु न स्वतंत्रेयम्, ईश्वरेच्छया प्रवृत्तिनिवृत्तियो यत: प्राणिनाम्, अनालोचनागोचरश्चायमनुरागोऽङ्गनाजनस्य।" 7/46 के बाद

पड़ाव में पहुँच कर सोते समय नल बराबर दमयंती के विचार में ही खोए रहे। उनके मन में आशंका पैदा हो गई कि दमयंती को फिर देख सकूँगा या नहीं! इस प्रकार चिंतातुर आँसू बहाते, भगवान शिव का स्मरण करते, नल ने वह पूरी रात जागते–जागते ही बिता दी।

चम्पू की यह समाप्ति निश्चय ही अधूरी लगती है, परंतु जो भी उपलब्ध है, अनुपम है। मूलकथा के अंतरालों को पहचान कर कवि ने उनमें मनोरम रंग भरा है। कवि में माघ जैसा असंतुलन नहीं है। यह मूल कथा संश्लिष्ट होकर भी स्वतंत्र रचना की छाप छोड़ती है। लगता है जैसे कोई वाक्य, कोई शब्द बिना सज्जा के काव्य-मंच पर अवतरित ही नहीं हुआ है। काव्य में इतनी सूक्तियाँ, लोक और राजसी-व्यवहार की अद्‌भुत शालीनता, प्रेम के स्फुरण और उससे देह-मन के परिवर्तन का ऐसा सूक्ष्म मनोविज्ञान, सबकुछ मनोरम है। इसीलिए इस काव्य का किंचित विस्तार से विवरण दिया गया है। 'नैषध चरित' और अन्य काव्यों की तुलना में इसकी प्रतिष्ठा न होना अखरता है।

नल-दमयंती की कथा इतनी आकर्षक, घटना और कार्यव्यापार से भरी, अनेक विस्मयों से भरी अत्यंत लोकप्रिय कथा है। इस पर भारतीय साहित्य में सैकड़ों रचनाएँ हैं– संस्कृत में ही कोई तीन दर्जन कृतियाँ हैं। इनके अतिरिक्त श्रीहर्ष का नैषधचरित संस्कृत महाकाव्यों की वृहत्त्रयी में है। लक्ष्मीधर का नल वर्णन (काव्य), श्री निवास दीक्षित का नैषधानंद (काव्य), नीलकंठ दीक्षित का 'नलचरित' (नाटक), कालीपद तर्काचार्य का नलदमयंतीयम्, मण्डिकल रामशास्त्री का नलविजय (महानाटक), जीव बुध का नलानंद (नाटक), रविदेव का नलोदय (काव्य) उल्लेखनीय हैं।

(मूलकथा– वनपर्व (नलोपाख्यानपर्व), अध्याय 52-79)

नैषधचरित (महाकाव्य) : श्रीहर्ष
(12वीं शती)

यह महाकाव्य महाभारत के नलोपाख्यान के आधार पर रचित 22 सर्गों का विशालकाय महाकाव्य है। इसकी कथा नल-दमयंती के पारस्परिक अनुराग की एक नाटकीय घटना से प्रारंभ होकर उनके विवाह तक जाती है।

अनेक नई उद्भावनाओं के बावजूद यह काव्य त्रिविकम भट्ट के 'नलचंपू' से किसी सीमा तक प्रभावित है। कुछ अंशों का साम्य और 'नलचंपू' की तरह महाभारत कथा के चौथाई अंश को ही पूरी काव्यवस्तु बनाना भी दोनों रचनाओं का अद्भुत साम्य है। शेष तीन चौथाई भाग जो कथा का ट्रैजिक पक्ष है। दोनों ही रचनाओं में अनछुआ रह गया है। नैषधचरित के अधूरेपन के कुछ प्रमाण हैं– पहला है कि भविष्य से जुड़े 'कलि-प्रसंग' का प्रारंभ तो कर दिया है, पर उसका न कोई उपयोग किया है न विकास। दूसरे, महाकाव्य का शीर्षक वर्तमान स्वरूप में अव्याप्ति दोष से दूषित है, जिसकी आशा श्रीहर्ष जैसे कवि-मनीषी और वैयाकरण से नहीं की जा सकती। अगर उन्हें इतनी ही कथा कहनी थी तो वे इसका शीर्षक ऐसा रख सकते थे जिससे प्रतीत होता कि यह मात्र नल-दमयंती की प्रणय और परिणय कथा है। देवगण एवं सरस्वती ने दमयंती को यह वर दिया था कि जो तुम्हारे पातिव्रत को नष्ट करने का प्रयास करेगा वह भस्म हो जाएगा (नैषध-14-72) यह प्रसंग मूल कथा में बहुत आगे है। इसके अतिरिक्त मुनि जिन विजय के हस्तलेखों की प्राचीन सूची में श्रीहर्ष के पौत्र कमलाकर द्वारा रचित एक विस्तृत भाष्य का विवरण है जिसमें साठ हजार श्लोक थे। इन सभी बातों से नैषध का एक विशाल ग्रंथ होना और उसमें सम्पूर्ण कथा का होना सूचित होता है। इसलिए कुछ विद्वानों का मानना है कि वर्तमान रूप में उपलब्ध महाकाव्य अधूरा है। परंपरा से इसे साठ या एक सौ बीस सर्गों का माना जाता था। फिलहाल अधिकांश विद्वान प्राप्त वर्तमान रूप को ही सम्पूर्ण महाकाव्य मानते हैं। जहाँ तक कलि-प्रसंग के समावेश का प्रश्न है यह

एक बड़े कवि की कला-युक्ति भी हो सकती है जो यह दिखाना चाहे कि प्रेमासक्ति के चरम आनंद में भावी का एक डंक, लगा हुआ है...।

नैषधीय चरित या नैषध संस्कृत के अलंकृत काव्यों में सर्वश्रेष्ठ है, इसके काव्य सौन्दर्य और पाण्डित्य के आगे अर्थ गौरव के अप्रतिम कवि भारवि; उपमा, अर्थगौरव और लालित्य की त्रयी के संगम माघ भी फीके हो जाते हैं। इसकी सघनता और जटिलता कहीं-कहीं विद्वानों को भी चक्कर में डाल देती है।

महाभारत में वर्णित नल-दमयंती की कथा अपने आपमें बड़ी सुंदर, कलात्मक और बेहद गुंफित है। उसमें किसी तरह का अंतराल या बिखराव नहीं है। इसलिए रचनाकारों को अपनी कल्पना और संरचना-कौशल का इस्तेमाल नहीं करना पड़ता। फिर भी श्रीहर्ष ने इस कथा में अपनी प्रतिभा और कला के रंग भरे हैं और एक अनुपम प्रेम-काव्य भारतीय साहित्य को भेंट किया है।

उल्लेखनीय है कि यह कथा महाभारत की केन्द्रीय कथा का भाग नहीं है, अधिक से अधिक इसे संदर्भित कथा कह सकते हैं, जिसके माध्यम से द्यूत में पराजित वनवास भोगते युधिष्ठिर को सांत्वना दी गई है। वनवास के दौर में युधिष्ठिर कई ऋषि-मुनियों से विमर्श करते थे। इसी संदर्भ में वे बृहद्रथ ऋषि से मिले थे। वे उनसे पूछ बैठे "भला मेरे समान कोई दुर्भाग्यशाली इस संसार में है?" बृहद्रथ ने कहा कि इतिहास में ऐसे कई राजा हुए हैं, राजा नल को ही लो, उनके दुर्भाग्य से तुम्हारे कष्टों की कोई तुलना नहीं है।" ऋषि ने विस्तार से नल-दमयंती की कथा कही। इसका सीधा अर्थ है कि जो वर्तमान, इतिहास से कुछ नहीं सीखता, वह फिर से उसी त्रासदी में पहुँच जाता है। परंतु नैषध में इसका कोई प्रसंग नहीं है, क्योंकि पूरा महाकाव्य केवल सौन्दर्य, प्रेम, रोमांस और विवाह तक सिमट गया है।

दमयंती विदर्भ नरेश भीम की पुत्री है, विदर्भ की राजधानी कुंडिनपुर में दमयंती ने परिजनों से राजा नल के अपूर्व सौंदर्य और प्रताप की कहानी सुनी।[1] जिनकी ओर वह सहज आकर्षित हो गई। उधर नल को उद्यान में भ्रमण करते हुए हंस मिलता है जिसे नल पकड़ लेता है, हंस प्राणों की भिक्षा मांगते हुए नल

---

1. नल के प्रताप का वर्णन :
अनल्पदग्धारिपुरानलोज्ज्वलैर्निजप्रतापैर्वलयंज्वलद्भुवः।
प्रदक्षिणीकृत्य जयाम सृष्टया रराज नीराजनया स राजधः।। 1/10
2. हंस द्वारा दमयंती के सौन्दर्य की प्रशंसा :
भुनत्रयसुभ्रुवामसौ दमयन्ती कमनीयताभरम्।
उदियाम यतस्तनुश्रिया दमयंतीति ततोऽभिधां दधौ।। 2/18

के समक्ष दमयंती के सौन्दर्य का वर्णन[2] कर उससे मिलाने का आश्वासन देता है। नल, दमयंती के सौन्दर्य का वर्णन सुनकर उसके प्रति आकर्षित होता है। यह समाचार लेकर हंस कुंडिनपुर जाता है, वह दमयंती को नल का संदेश देता है। दमयंती उसके प्रति अपना अनुराग प्रकट करती है। हंस के चले जाने पर दमयंती नल के प्रेम में खो जाती है, कवि पूर्वानुराग का बड़ा रम्य वर्णन करता है। इसका पता सखियों को लग जाता है।

अगले सर्ग में नारद, इन्द्र को अपूर्व सुंदरी दमयंती के स्वयंवर का समाचार सुनाते हैं। इसे सुनकर वरुण, यम, अग्नि, सहित इन्द्र कुंडिनपुर को चल पड़ता है। रास्ते में वे जब नल को देखते हैं तो उसके सौन्दर्य से अपने वरण के प्रति निराश हो जाते हैं और उसे मार्ग से हटाने की एक युक्ति निकालते हैं, वे नल से प्रार्थना करते हैं कि वह दमयंती को उनका प्रेम-संदेश दे और उनमें से किसी का वरण करने का अनुरोध करे। नल अपनी असमर्थता प्रकट करते हुए कहता है कि वह स्वयं दमयंती द्वारा वरण का उत्सुक है। देवता जब उससे वचन ले लेते हैं तो विवश नल उनसे कहता है कि दमयंती के महल पर इतना कड़ा पहरा है कि कोई उसमें प्रवेश नहीं कर सकता। देवता उसे 'अदृश्यता' की शक्ति देकर; वह समस्या भी हल कर देते हैं।

नल अदृश्य रूप में दमयंती के पास पहुँचता है। वहीं वह इन्द्र की दूतियों का संदेश सुनता है जो उससे इन्द्र का वरण करने की मनुहार कर रही हैं, परंतु दमयंती उनसे स्पष्ट कह देती है कि वह राजा नल का वरण करेगी। सुनकर नल अश्वस्त होता है, अनुराग रंजित होता है और मन ही मन दमयंती के सौन्दर्य का वर्णन करता है।[1]

दूतियों के जाने पर नल प्रकट होता है जिसे केवल दमयंती और उसकी सखियां देख पाती हैं।[2] दमयंती उसके श्रुत सौन्दर्य से भी अधिक उसे पाती है। नल देवताओं का संदेश देता है परंतु दमयंती अस्वीकार कर देती है। नल, दूत-धर्म का यथाशक्ति निर्वाह करता है पर दमयंती भी अपने निर्णय पर अडिग

---

1. नल द्वारा दमयंती का सौन्दर्य वर्णन :
तरंगिणी भूमिभृतः प्रभूता जानामि शृंगाररसस्य सेयम्।
लावण्यपूरोऽजनि यौवनेन यस्यां तथोच्चैरतनताघनेन।। 7/11

2. दमयंती का अनुराग :
दृशानलस्य श्रुतिचुम्बिनेषुणा करेऽपि चवुच्छलनम्कार्मुकः।
स्मरः परांङ्गैरनुकल्प्य धन्वितां जनीन मंङ्गः स्वयमार्दयत्ततः।। 12/109

है। तब नल उससे दृढ़ता पूर्वक स्थिति का सामना करने के लिए कहता है (ताकि कहीं किसी दबाव या कमजोरी में किसी देवता का वरण न कर ले।) इसी समय हंस आकर उनसे कहता है कि देवताओं से न डरो। दमयंती अपना निश्चय बताते हुए नल से केवल यही प्रार्थना करती है कि वह स्वयंवर में अवश्य आएं। नल उसकी बात मान लेता है क्योंकि वह तो यही चाहता था।[1]

आगे कवि स्वयंवर की तैयारियों का विस्तार से वर्णन करता है। स्वयं सरस्वती स्वयंवर में प्रत्याशियों का वर्णन करती है। फिर वे नल सहित उन चार विशिष्ट देवताओं का वर्णन श्लेष में करती है जो नल का वेश बनाकर उसी के साथ खड़े हैं। श्लेष द्वारा वह नल और देवताओं को पृथक करने वाला द्वि-अर्थक वर्णन करती है। यहाँ वह अग्नि, यम, वरुण और नल का शिलष्ट वर्णन कर रही हैं:[2]

दमयंती संभ्रम में पड़ जाती है और वास्तविक नल के वरण के लिए देवताओं से प्रार्थना करती है। देवता सरस्वती के श्लेष को समझने की उसे शक्ति देते हैं, जिससे वह नल को पहचान जाती है और मधूक पुष्पों की माला उसके गले में डाल देती है।[3]

इसके बाद विवाह की तैयारियों का कवि विस्तृत वर्णन करता है और पाणि-ग्रहण, विवाह आदि की विधियों का सांगोपांग ब्यौरा देता है। नल, दमयंती से विवाह कर अपनी राजधानी लौटता है।

जब देवता स्वयंवर से वापस विमान से इन्द्रलोक जा रहे थे, उन्हें रास्ते में कलि-सेना मिली। पता चला कि कलि दमयंती स्वयंवर में जा रहा है, तो देवताओं ने कहा कि स्वयंवर तो हो चुका और नल-दमयंती का परिणय भी हो

---

1. नल का अनुराग :
सर्वस्वं चेतसस्तां नृपतिरपिदृशे प्रीतिदायं प्रदाय
प्रापत्तदृष्टिमिष्टातिथिममरदरापामपाङ्गोत्तरङ्गाम्।
आनन्दान्ध्येन वन्ध्यानकृत तदपराभूतपातान्स रत्याः।
पत्या पीयूषधारावलनविरचितेनाशुगेनाशु लीढः।। 12/112
2. देवः पतिर्विदुषि! नैषधराजगत्या
निर्णीयते न किमु न क्रियते भवत्या।
नायं नलः खलु तवातिमहानलाभो
यद्येनमुज्झसि वरः कतरः परस्ते।। 13/34
3. नले निधातुं वरणस्रजं तां स्मरः स्मरामां त्वरयत्येथैनाम्।
अपत्रपा तां निषिषेध तेन द्वयानुरोधं तुलितं दधौ सा।। 14/25

चुका। सुनकर कलि बहुत क्रोधित होता है। वह कहता है कि इस अपराध के लिए वह नल को राज्यविहीन करेगा।

कलि, नल की राजधानी पहुँचता है। उपवन में जा कर वह विभीतक वृक्ष में प्रवेश करता है और नल को पराजित करने के अवसर की प्रतीक्षा करता है।

नल-दमयंती राजधानी में पहुँच कर परस्पर अनुराग और विहार[1] में मग्न हो जाते हैं। अगले सर्ग में प्रभात में वैतालिक नल का प्रबोधन करते, सूर्योदय और चन्द्रास्त का वर्णन करते हैं। नल-दमयंती के प्रेमालाप का कवि पुनः रूमानी वर्णन करता है।

नल-दमयंती का सुंदर-काव्यात्मक नख-शिख वर्णन, पूर्वानुराग, दर्शनानुराग फिर विभ्रम आदि के वर्णन के लिए कवि श्रीहर्ष ने बहुत से अवसर निकालकर इस रचना को श्रृंगार रस से ओतप्रोत कर दिया है। वैशेषिक मत के अनुसार अंधकार का स्वरूप चित्रण तथा चंद्रोदय वर्णन और दमयंती के सौन्दर्य वर्णन के साथ महाकाव्य का सम्पन्न होता है। कवि रचनात्मक विन्यास और मनोरम कल्पनाओं के कारण महाभारत कथा में मौलिक रंग भरता है। प्रेम-सौन्दर्य-व्यापार का ऐसा उत्कर्ष जिसमें शृंगार अपने चरम पर पहुँचता है-दुर्लभ है। अनेक वर्णन तो कवि की अपनी उपलब्धि हैं ही; सरस्वती द्वारा प्रत्याशियों और नल सहित चारों देवों का श्लेष में वर्णन सर्वथा मौलिक है।

अलंकार, रस, ध्वनि, वक्रोक्ति आदि शास्त्रीय गुणों के समावेश में काव्य-सौन्दर्य और कामशास्त्र, वैद्यक, राजनीति, धर्म, न्याय, ज्योतिष, व्याकरण, वेदांत आदि से जुड़े अनेक खंडन-मंडन से भरा हुए इस काव्य को 'शास्त्र काव्य' कहा जाता है-जो काव्य भी है और शास्त्र भी।

---

1. वीक्ष्य वीक्ष्य पुनरैपि सा मुदा पर्यरंभि परिरभ्य चासकृत।
   चुम्बिता पुनरचुम्बि चादरात्तृप्तिरापि न कथंचनापि च।। 18/106

गदायुद्ध (साहस भीमविजय) (कन्नड़) : रन्न
(दसवीं शती)

पंप के परवर्ती कवियों में उसी शती के जैन कवि 'रन्न' हैं जिन्होंने महाभारत के भीम-दुर्योधन युद्ध को अपने काव्य 'गदायुद्ध' की विषय-वस्तु बनाया है। कुछ विद्वानों का कहना है कि यह कृति पंप के अनुकरण पर लिखी गई है। क्योंकि यदि पंप का काव्य 'विक्रमार्जुन विजय' है तो रन्न का काव्य 'साहस भीम विजय' है। वहां नायक अर्जुन है तो यहां भीम है। पंप 'अरि केसरी' के राजकवि थे तो रन्न 'सत्याश्रय' के। उनकी तरह यह काव्य भी भीम को सत्याश्रम से अभेद देखता है। इससे काव्य में दोष पैदा हो जाता है, इसकी चिंता भला राज्याश्रित कवि क्यों करने लगे! रन्न ने कई जगह पंप के पदों, पदबंधों और यहां तक कि कुछ काव्यांशों को हू-ब-हू ले लिया है। यह सब रन्न की जबरजस्त काव्य प्रतिभा के कारण खप जाता है। उनकी मौलिकता और काव्य की श्रेष्ठता भी सामान्य नहीं है। रन्न केवल पंप से ही नहीं संस्कृत कवि भट्ट नारायण के 'वेणी संहार' नाटक और भास के 'ऊरुभंग' नाटक से भी प्रभावित हैं।

कवि अपने छोटे कथ्य में महाभारत की पूरी कथा प्रतिबिंबित करने के लिए उसकी प्रमुख घटनाओं का स्मरण नाटकीय 'पश्चचित्र, (फ्लैशबेक) शैली में करता है। इस काव्य का एक पात्र विदूषक स्वयं नाटकीय पात्र है। वह व्यंग्य के माध्यम से द्रौपदी के जीवन की विडम्बना विचित्र ढंग से संकेतित करता है। द्रौपदी वास्तव में महाभारत के प्रारंभ से भीम की प्रेरक और सहायक रही है, जिसका अंत दुर्योधन-वध में होता है। विदूषक द्रौपदी को 'युद्ध की उत्तरदायी राक्षसी' संबोधित करता है :

"कुरूकुलमं नुं गिदॅइ

न्नरॅ बरुमं नुं गलिर्षें कुरुपतियुमनी
एरडनॅय हिडिम्बॅय नॅ
स्मरसं रक्कसियनॅलि तन्दनो निन्नं?''

''तुमने समस्त कौरव वंश को ही स्वाहा कर दिया, अब बचे हुए दुर्योधन को भी निगलने के लिए तैयार हो रही हो। तुम दूसरी हिडिम्बा हो; तुम जैसी राक्षसी को हमारे महाराज लाए कहां से?'' इस कथन में सच्चाई कितनी बारीक रेखा में झांक रही है!

कवि ने दुर्याधन की संवेदनशील मानवीयता का बड़ी मार्मिकता से उद्घाटन किया है। जब वह अभिमन्यु का शव देखता है तो उस वीर बालक का पौरुषपूर्ण व्यक्तित्व उसकी आंखों में उतर आता है :

'निन्नं पॅत्तलॅ मॉलॅवॅत्तलॅ? वीर जननि वसरं पॅत्तल'

''तुम्हें जन्म देने वाली स्त्री केवल स्तनों वाली नहीं है; उसने वीर जननी के नाम को ही जन्म दिया है।'' फिर वह कहता है :

'हे अभिमन्यु तुमसे मेरी यही प्रार्थना है कि तुम्हारे साहस का एक अंश जो मृत्यु है, वह मुझे भी मिले।' यह कह कर वह उसे प्रणाम करता है। अश्वत्थामा जब पाण्डव पुत्रों के सिर काट कर लाता है तब भी उसका ऐसा ही करुण-उदात्त रूप दिखाई पड़ता है :

''परमज्ञानिये, विवेकविकल खोळ् बालर तलेयंतरिदु तन्दयो!
दॉर काण्डुदु निनगॅ पातक बाल वधें।''

हे परम ज्ञानी अश्वत्थामा! तुमने अज्ञानियों का-सा काम किया है। इन बच्चों के सिर काट लाए। केवल बच्चों के !! अकारण ही पंच महापातकों में से एक महापातक 'शिशु हत्या' के तुम पात्र बने।

मुझे लगता है कि कवि पंप ने भास से प्रेरणा लेकर कर्ण और दुर्योधन तथा रन्न ने भास और पंप से प्रेरणा लेकर दुर्योधन का महापुरुषोचित चरित्र रचा है।

दूसरी विशेषता है साहस और ज़िद।

युद्ध की अंतिम वेला में सब कुछ खो देने पर भी जब धृतराष्ट्र दुर्योधन से अनुरोध करते हैं कि वह अब भी पाण्डवों से संधि कर ले : ''बेटा, यह अंधा बाप तुम्हारे पैरों पड़ कर प्रार्थना करता है कि आधा राज्य पाण्डवों को देकर संधि कर लो। युधिष्ठिर अब भी मुझे मानता है इसलिए

मैं उसे मना सकता हूं।'' मां भी आग्रह करती है कि ''बेटा, जो गए वे लौट नहीं सकते। मैंने सौ पुत्र खोए फिर भी अगर तुम अकेले बच जाते हो तो वही हमारे लिए पर्याप्त है।''

कवि कहता है कि 'वीर शत जननी' गांधारी 'अब दु:ख शत जननी' हो गई है। उसके रोने पर भी ध्यान न देकर दुर्योधन माता-पिता से कहता है–''मेरे जीने की आशा छोड़ दीजिए।'' फिर आवेश से कह उठता है कि ''कर्ण, मैं तुम्हारे बदले अर्जुन की बलि लेकर तुम्हें प्राप्त करूंगा। हे दुश्शासन, मैं भीम का पेट चीर कर तुम्हें प्राप्त करूंगा।'' फिर पिता से कहता है–''क्या केवल मैं ही आपका पुत्र हूं? युधिष्ठिर आपका बेटा नहीं है? उसके साथ आप सुखी रहें।'' यहां वीर और करुण रसों का संगम है।

पिता उसके मित्र और भातृप्रेम को देखकर समझ जाते हैं कि इसे दृढ़ निश्चय से डिगाना असंभव है; तो भीष्म से मिलने की सलाह देते हैं। वह जाता है। भीष्म कहते हैं कि पूरी राजकीय धवलता सज्जा के साथ आने वाले को आज इस तरह अकेले आना पड़ा? यहां व्यंग्य नहीं अंतर्द्राव है। वे भी उसे संधि की सलाह देते हैं। इस पर दुर्योधन कहता है–''पितामह आप तो मुझे यह बताइए कि युद्ध में करना क्या है? संधि की बात तो छोड़ ही दीजिए।'' यहां उसका कथन ऐसी वीरता प्रकट करता है जो मृत्यु के मुख में पड़ा कोई अपूर्व वीर ही इसे व्यक्त कर सकता है। अगला कथन उसकी वेदना-प्रेरित वीरता और कर्तव्य प्रेरित सेना-नायक का कथन है :

> नॅलकिरिवॅनॅन्दु बगॅदिरे?
> चल करिवं पांडुसुतरॉळी नळनिदु पा
> कनॅलनॅनगॅ दिनप सुतनं
> कॉलिसिद नॅलनॉडनॅ मत्तॅ पुदुवाळदपॅनॅ?

''क्या आप समझते हैं कि मैं राज्य के लिए लड़ रहा हूं? नहीं, मैं अपने हठ के लिए लड़ता हूं। पाण्डवों के साथ मिला हुआ यह राज्य मेरे लिए श्मशान जैसा है। सूर्यपुत्र को मरवाने वाली इस उजाड़ भूमि को फिर से बांट कर राज्य करूं?'' ''आप नहीं रहे, द्रोण नहीं रहे, कर्ण और दु:शासन भी नहीं रहे फिर किसके साथ रह कर मैं राज्य करूं? किसे अपना वैभव दिखाकर संतुष्ट होऊं।'' (इस परिप्रक्ष्य में विजय के बाद पाण्डवों के शासन के बारे में सोचें)।

वह आत्मताप का अनुभव करता है कि 'अब क्या शत्रुओं के साथ संधि की बातें सुनने के लिए ही मेरे कान विधि ने बनाए हैं? अपने पर स्वयं जुगुप्सा आती है।' कवि कहते हैं कि बुजुर्गों की बात सुनकर पानी में छिप तो गया पर भीम की ललकार सुन वह सर्पकेतु दुर्योधन पानी में भी पसीने से तर हो गया–'नीरॉळगिर्दुम बेमर्तनुरग पताक।'

प्रलयकाल का रुद्र भूगर्भ भेद कर जैसे बाहर निकलता है उसी तरह दुर्योधन पानी से निकलता है और भीम से लड़ते-लड़ते प्राण दे देता है। रन्न ने यहां पंप के उसी श्लोक का उपयोग किया है जो उन्होंने 'पंप भारत' में दुर्योधन की मृत्यु पर कहा था। शायद उन्होंने सोचा हो कि यह तो यहीं उपयुक्त है; पंप के काव्य में नहीं। यह भी अद्‌भुत रूप से परंपरा का इस्तेमाल है। क्या यह छंद यहां देकर रन्न ने पंप का सम्मान नहीं किया?

भीम को समझाने का द्रौपदी का तरीका भी मर्मस्पर्शी है। कहती है–"काटने का अपना ही ढंग है; हे स्वामी परमेश्वर, साहस भीम, तुमसे लड़कर युद्ध में कौन जीत सकता है? कौन जी सकता है?" वह उसके वीरकृत्यों के उदाहरण देती है–'पड़े हुए, सूजे हुए शवों के द्वारा।' फिर आगे अधिक तात्विक बात कहती है; परंतु उसका लक्ष्य स्पष्ट है :

ऑडलॉडमॅ यम्षिवॅरडु
कॅडलिर्पुवु कॅडद कसवरं जसमदरि
कॅडुवॉडलाडमॅयनॅन्दुं
कॅडदॉमडॅमगॅ मारुगुडुवुदिरिव बॅडंगा

–शरीर और ऐश्वर्य दोनों बिगड़ जाने वाले ही तो हैं। इसलिए बिगड़ने वाले आभूषण देकर हमेशा बिना बिगड़े रहने वाले आभूषण को खरीदना चाहिए। अर्थात् यश और विजय प्राप्त करनी चाहिए। आगे वह कहती है–"हे भीम हीरा-माणिक-मोती-स्वर्ण आदि देने से पत्नियां खुश नहीं होतीं। मर्द को तो गुणों का प्रदर्शन करना चाहिए। तुम्हारी तरह शरविद्ध व्रण दिखाना चाहिए। भीम कहता है–

नीनग्नि पुत्रियै पव
मानं तनूभवर्ननान्, चलं कूडिर सं
धानमॅरिनृपरॉलॅन्तन
लानिल संयोगमुरिपदिर्कुम पगॅयं

–द्रौपदी! तुम अग्निपुत्री हो और मैं वायुपुत्र हूं। यदि हम जिद पकड़ें तो संधि-संधान होंगे कैसे? अग्नि और वायु मिलकर शत्रुओं को भस्म ही न कर देंगे?

महाभारत के जो चरित्र कई अन्य कवियों द्वारा चित्रित हैं, वे रन्न की लेखनी से एक नए रूप में ही अवतरित हुए हैं।

श्री जी की ये पंक्तियां उल्लेखनीय हैं–''रन्न ने भीम को अपनी ऊंचाई से नीचे नहीं उतारा और दुर्योधन को ऊपर उठाकर उसके चरित्र को उज्ज्वल बनाया है।'' सचमुच रन्न का यह आत्माभिमान जिसे राजशेखर की उक्ति के उत्तर में उन्होंने लिखा है–एकदम गलत भी नहीं है कि ''मैंने सरस्वती के भण्डार के ताले की सील तोड़ दी है।''

(महाभारत–वनपर्व (नलोपाख्यान पर्व), अध्याय 52–73)

ज्ञानेश्वरी (भावार्थ दीपिका) (मराठी) : संत ज्ञानेश्वर

(शक संवत् 1212)

श्रीमद् भगवद्गीता पर असंख्य भाष्य लिखे गए। यह सिलसिला आदि शंकराचार्य और रामानुजाचार्य से 19वीं शती के लोकमान्य तिलक, बिनोबा भावे और आगे तक है।

गीता, महाभारत-युद्ध प्रारंभ होने से पहले सेनाओं की उद्वेलित उपस्थिति के बीच सहसा प्रधान वीर अर्जुन के मन में जन्मी विषाद-पूर्ण जिज्ञासा और कृष्ण के उत्तर और फिर लंबे संवाद का 700 अनुष्टुप श्लोकों में रचा काव्य-बंध है। यह विश्व का अनोखा काव्य है जिसका समय, कथ्य और अंतर्हित जटिलता महाभारत के आशय को बदल देता है और उसे विश्व के सभी युद्ध काव्यों से अलग खड़ा कर देता है। संभवत: इसीलिए आनंदवर्धन एक वीर-काव्य को शांत रस का काव्य कहते हैं। इस छोटी-सी बीज पुस्तक में वेदों और उपनिषदों का सार है। भारत के समस्त दर्शनों, भक्ति-मार्गों, प्रवृत्तियों और नैतिक मूल्यों जैसे अनेक प्रश्नों के उत्तर देता यह 'लघु काव्य' अपनी महत्ता में अद्वितीय है।

गीता के अनेक आयामों में से ज्ञान, भक्ति और कर्म प्रधान हैं। भाष्यकारों ने अपनी-अपनी दृष्टि और दर्शन को प्रधानता देते हुए इसके भाष्य लिखे। जैसे शंकर की टीका 'अद्वैत दर्शन प्रधान' है, रामानुजाचार्य की 'भक्ति प्रधान' और लोकमान्य तिलक की 'कर्म प्रधान'। उर्दू शायरों ने प्राय: कर्मयोग को ही गीता का पर्याय मानकर अपनी ग़ज़लें और नज़्में लिखी हैं।

लेकिन ज्ञानेश्वर का लक्ष्य अपने मत का प्रतिपादन नहीं था। वे लोक-हित की दृष्टि से गीता की ऐसी 'दीपिका' लिखना चाहते थे, जिसमें सभी मतों का समन्वित प्रकाश हो। क्योंकि वे लोगों को मतवादों में न उलझाकर सबमें अभेद कायम करना चाहते थे-यानी जनता में भी और मतों में भी। उन्होंने कहा भी है कि भिन्न-भिन्न स्थानों पर समुद्र के भिन्न नाम भले हों, परंतु सबमें एक ही पानी

होता है। उन्होंने तीन प्रमुख मतों–ज्ञान, भक्ति और कर्म का समन्वय किया। वे स्वयं नाथपंथी थे। उनके परमगुरु गोरखनाथ थे और गुरु गहनीनाथ। स्वयं को वे निवृत्तिनाथ कहते थे। परंतु अपने समन्वय में उन्होंने अष्टांग–योगमार्ग के प्रति कोई आग्रह नहीं दिखाया। योग का वैसा ही निरूपण किया जैसा अन्य मार्गों में किया जाता है।...और जिसका उद्देश्य 'समन्वय' हो उसे सबसे पहले अपने भीतर ही अभेद कायम करना होता है, जो ज्ञानेश्वर ने किया। उन्होंने अपने भीतर गीता की उस अवधारणा को मूर्त कर लिया था, जो 'विविधता में एकता' की मिसाल है।

ज्ञानेश्वर जानते थे कि गीता वेदों और उपनिषदों का बीजरूप है, जिनका शूद्र और स्त्री न वाचन कर सकते हैं, न श्रवण। इस माने में वे उन्हें 'संकीर्ण' मानते थे। जो 'विश्व–मर्म' है उसे सबके लिए सुलभ होना चाहिए। उनके मत में व्यास ने यही तो किया था। उन्होंने 'महाभारत' में ही 'गीता' का निवेश किया, और 'शब्दातीत ज्ञान' को जो स्वयं मुक्त स्वभाव का है, उसे उच्चवर्णीय बंधन से निकाल कर जन–जन के लिए 'मुक्त' किया:

> वैसे ज्ञान जो शब्दातीत। उसे अनुष्टुप में ग्रथित।
> स्त्री–शूद्र के लिए मुक्त। किया व्यास ने।। 18/1699

अगर वह 'बंधक' न होता तो उसे 'मुक्त' करने की ज़रूरत क्यों पड़ती? ज्ञानेश्वर की दृष्टि को व्यास की दृष्टि से बड़ा बल मिला, तभी उन्होंने उसे आगे बढ़ाया। वे यह जानते थे कि गीता का सरलीकरण कितना कठिन काम है। क्योंकि 'स्वर' या 'बीज' सदा सूक्ष्म और जटिल होता है। उसे आम आदमी के लिए खोलना और सुलझाना लगभग असंभव है।

परंतु ज्ञानेश्वर ने यह चुनौती स्वीकार की। वे योगी थे अत: उनकी इच्छा मात्र से उनके मुख से 'कवित्व अनायास प्रकट' हो गया। और उन्होंने संतों के बीच इसका 'प्रवचन' किया, ताकि वह अनेक मुखों से जनव्यापी हो जाए। इसलिए ज्ञानेश्वरी मूलत: वाचिक काव्य है; यद्यपि उनके प्रवचन के साथ ही 'सच्चिदानंद बाबा' उसका आलेखन भी करते गए, परंतु वाचिक काव्य की सरलता और मुक्त धाराप्रवाह अभिव्यक्ति इसकी विशेषता है।

ज्ञानेश्वरी को पढ़ने से लगता है कि यह 'भाष्य' न होकर स्वतंत्र कविता है। इसी दृष्टि से हमने यहाँ इस पर विचार किया है। गीता के श्लोक यद्यपि इस रचना के मूल हैं, फिर भी इसमें कवि का आत्म चिंतन है, जो वास्तव में एक 'अंत: स्फुरित काव्य' में अवतरित हुआ है।

लोक के लिए किसी कृति को सुलभ करने के वास्ते कवि के पास 'लोक हृदय' होना चाहिए, यानी अपने ज्ञान, विद्वत्ता और गरिष्ठता का लबादा उतार कर उसे इतना सहज और तरल बनाने की क्षमता जो सुखाद्य भी हो और सुपाच्य भी। आश्चर्यजनक रूप से ज्ञानेश्वर के पास यह लोक-हृदय था, या उन्होंने लोक-हृदय में अपनी बुद्धि और हृदय का रूपांतरण कर लिया था। परिणाम स्वरूप 'ज्ञानेश्वरी' सबसे अलग, गीता को समझने का सबसे सरल लोक-मार्ग और ललित अभिव्यक्ति है।

जनकाव्य का पहला लक्षण जन-भाषा में प्रकट होता है—जो न केवल सरल होती है, गहन भी होती है। क्योंकि इस युग्म के बिना कोई भाषा काव्य भाषा नहीं हो सकती। लोक प्रचलित काव्यात्मक उपादान ऐसे प्रतीत होते हैं मानो वे जनता की दैनंदिनी में हों, फिर चाहे वे उपमादि अलंकार के रूप में आए हों या प्रचलित वस्तुओं के रूप में। क्योंकि इन्हीं माध्यमों से कवि गूढ़, जटिल तत्त्वज्ञान को संप्रेषित करते हैं। इसके बिना सहृदय को किसी अलभ्य को पा लेने का हर्ष नहीं होता। ऐसी प्रस्तुति में लालित्य, लावण्य आदि पाठक को पराए नहीं लगते और लगता है कि वे स्वयं उसकी उद्भावना है, फिर चाहे वह वस्तु-विन्यास में हो या रूप-विधान में। इससे सहृदय का आत्म-विन्यास और आत्म-विस्तार होता है। क्योंकि कविता का यह भी एक काम है कि वह पाठक का संस्कार और उत्कर्ष करे। कवि से साझा करे—एक मित्र की तरह, स्वजन की तरह। और यह क्रम एक अच्छी कृति और कवि में युग-युगों से है।

हो सकता है कि आप कहें कि यह तो एक साधारण कवि में भी, कम-से-कम उसके समय में तो, संभव है, परंतु यह सब उस असाधारण वस्तु, जटिलतम तत्त्व-दर्शन, अबूझ अंतर्द्वन्द्व, अवचेतन की परतों और मर्म के उद्घाटन की दृष्टि से कहा जा रहा है। जिस दर्शन, ज्ञान, तत्त्व-भाषा और जटिल तार्किकता को बिना जटिल हुए प्रस्तुत करना असंभव होता है, उसे पाठक के स्तर पर उतरकर सरसता से उसको स्वीय बनाना एक बड़े-बहुत बड़े कवि के लिए ही संभव होता है—उसके लिए पर-हृदय-प्रवेश की आवश्यकता होती है।

भगवद्गीता मनोविज्ञान से प्रारंभ होती है। अर्जुन के भीतर विराग, संदेह, द्वन्द्व और जिज्ञासा का घटाटोप है—जैसे बरसात में घुमड़ता मेघाडंबर हो। उसके भीतर दारुण वेदना और छटपटाहट है। वह महाभारत के वीरों का सुमेरु है और युद्ध सामने है, उसे तो नेतृत्व करना है, परंतु उसमें वे भाव जन्मते हैं जो युधिष्ठिर में जन्मना चाहिए और उल्टा यह हो रहा है कि युधिष्ठिर तो युद्ध जीतने की जुगत

लगा रहे हैं; नम्रता और विनय के चोगे में चालाक शस्त्र छुपाए हैं और भीष्म तथा द्रोण से उनकी मृत्यु का रहस्य पूछते हैं! और अर्जुन!...

युद्ध के लिए आतुर दो सेनाओं के बीच अर्जुन 'अकेला' है–सामने खड़ी है भावी हत्या–वह भी गुरुजनों और स्वजनों की; काल, इतिहास, संवेग, संबन्ध सब उसके भीतर गड्डं गड्ड होकर एक घने कोहरे का निर्माण कर रहे हैं। इस पर सामने, अपने से डेढ़ गुनी सेना और दुर्द्धर्ष योद्धा! उसे अवसाद ने घेर लेता है, गांडीव हाथ से फिसलने लगता है (गाण्डीवं संस्रते हस्तात्)। स्थिति ऐसी है :

वैसे भी दुस्तर जलनिधि। उसकी सहायता यदि।
करने लगा बड़वाग्नि। तब क्या हो? ॥ 1/117

यह ज्ञानदेव का अनुवाद है–'बलं भीष्माभिरक्षितम्' का; सेनापति भीष्म से रक्षित सेना का प्रतिपक्षी को यह विकट बोध है। एकदम समझ में आनेवाला काव्य-बोध ज्ञानदेव पाठक के मन में रूपांतरित कर रहे हैं।

साक्षात् श्रीकृष्ण अर्जुन के सारथी हैं, जो रथ को ही नहीं, अर्जुन के मन में उत्पन्न मनो-रथ को भी रास्ता दिखाने में समर्थ हैं। अर्जुन कहते हैं– 'शिष्यस्तेहं शाधि माम् त्वां प्रपन्नम्' मैं आपका अनुगत हूँ। मेरे मन में द्वन्द्व का तूफान है। मुझे राह बताइए। कृष्ण चकित। पहले अवसाद दूर करना ज़रूरी। उन्होंने उसकी पुरानी अप्रतिम वीरताओं की याद दिलाई, शंकर से युद्ध की, और भी बहुत-सी विजयों की। पर अवसाद इतना गहरा कि न छँटा। वह हताश का हताश ही बना रहा। कृष्ण ने भाँति-भाँति से मोह का निदान करना चाहा, पर नहीं हुआ, कुछ नहीं हुआ। तब उन्होंने 'शॉक ट्रीटमेंट' दिया। ज्ञानदेव की मौलिक उद्भावना देखिए :

मोह का अचूक कर निदान। सरोष प्रारंभ किया भाषण।
जैसे माता का प्रताड़न। ममता भरा॥ 2/88

कृष्ण कहते हैं–वीर का युद्ध-भूमि में, करुणा से द्रवित होना! कितना अनुचित और असामयिक है यह! ठीक है 'करुणा' अच्छी होती है, पर यहाँ? ग़लत जगह! ज्ञानदेव की लोक-उद्भावना देखें :

अरे गाय का क्यों न हो दूध। पथ्य में यदि हो निषिद्ध।
नवज्वर में न देते प्रबुद्ध। विष बन जाता है॥ 12/184

परंतु अर्जुन पर मोह और भय के आवेश की चढ़ाई हुई थी। उसने उसे

वर्तमान से स्खलित कर दिया था, तो कृष्ण ने उपस्थित काल और तीखे यथार्थ का सहारा लिया। उसकी जड़ मानसिकता को झकझोरा और संवाद में सक्रिय किया। उन्होंने कहा 'चलो तुम्हारा सोचना ठीक है। परंतु अगर तुम दयालु बनकर युद्ध से मुँह मोड़ भी लो तो शत्रुओं का क्या करोगे? क्योंकि वे तो :

...चहुँदिश तुम्हें घेरेंगे। बाणों की वर्षा करेंगे।
तब कैसे बच पाओगे। दया बोध से?।। 2/204

यह भी ज्ञानेश्वर की उद्भावना है, सहृदय के मन में भावी दर्शन के लिए उत्सुकता की ज़मीन बनाने की। खैर, तब भी अर्जुन मूढ़ का मूढ़। वह कृष्ण से प्रतिप्रश्न करता है। कहता है कि यदि आप कहते हैं कि "न कोई कर्म, न कोई कर्ता'–तब युद्ध करने का क्या अर्थ?" :

सभी कर्मों का निषेध भी। कर रहे हैं भगवान आप ही।
फिर हिंसा की कार्यवाही। क्यों कहते करने को? 3/4

ज्ञानदेव जानते हैं कि साधारण, पाठक के मन में यह प्रश्न अवश्य उठेगा। उक्त प्रश्न ही नहीं, अर्जुन यहाँ तक कह जाता है कि आपके 'वाक्य मिश्रित हैं।' इनमें परस्पर विरोधी तर्क हैं। इससे मेरी बुद्धि और भ्रमित हो गई है। आपके मन में क्या है, साफ-साफ कहिए।' वैद्य एक तरफ तो रोगी को पथ्य देता है, दूसरी तरफ जहर खिलाता है–तो रोगी मरेगा या बचेगा?

कृष्ण को लगा कि अर्जुन के मन में बहुत जंजाल है, अवसाद छँट ही नहीं रहा है, इसे गुप्त, गूढ़ ज्ञान को खोल कर बताना होगा। इसे तात्त्विक-दार्शनिक दृष्टि देनी पड़ेगी। वे भिन्न-भिन्न दर्शनों का उपदेश देते हैं। जैसे-जैसे कृष्ण रहस्य की गुत्थियाँ खोलते हैं, अर्जुन और उलझ जाता है–"कोई एक बात कहिए, कभी कुछ, कभी कुछ; मैं किसे ग्रहण करूँ, किसे छोड़ूँ?" कृष्ण एक कुशल मनोचिकित्सक की तरह : न झुंझलाते, न धैर्य खोते हैं। कहते हैं–"भाई एक बात कहते हुए प्रसंगवश दूसरी बातें आ ही जाती हैं। कर्म की बात करते हुए ज्ञान की, ज्ञान की बात करते हुए योग की; तभी तो सभी बातें ठीक से समझाई जा सकती हैं।"

उधर संजय बराबर धृतराष्ट्र को कृष्णार्जुन-संवाद बताते हुए स्वयं भी उसे प्रबोधता जाता है। पर वह जड़; अपनी युद्ध-हठ से टलता ही नहीं। इधर अर्जुन सीढ़ी-दर-सीढ़ी, कृष्ण से तत्त्व-ज्ञान प्राप्त कर रहा है...

उसका लालच बढ़ रहा है। भय और मोह की मानसिकता गहन जिज्ञासा में बदल जाती है। वह अवसाद से मुक्त होकर जिज्ञासा की भाव-भूमि पर आता है।

वह देख रहा है कि जिस कृष्ण को वह बंधु, सखा और सारथि समझता रहा है वह तो विराट् है। शायद साक्षात् ईश्वर है। वह उनसे विश्व का रहस्य जानना चाहता है। तब कृष्ण उसे दिव्य विश्व-रूप दर्शन कराने को तैयार हो जाते हैं। प्रश्न यह है कि देवों और योगियों के लिए भी अगम्य यह दर्शन कृष्ण अर्जुन को कराने के लिए कैसे तैयार हो जाते हैं? ज्ञानेश्वर कहते हैं कि जब–'गाय बछड़े को देखकर ममता से खड़ी हो जाती है और बछड़ा उसके थन से मुँह लगा देता है तो गाय क्या पिन्हाएगी नहीं?' अर्जुन के प्रति अत्यंत स्नेहभाव से उसे ज्ञानामृत पिलाने का और कौन-सा सादृश्य हो सकता है? विश्व-रूप देखते हुए अर्जुन की आत्म-विस्मृति का काव्य-रूप दृष्टव्य है :

मन भूला मानसिकता। मति भूली मतिमानता।
प्रवृत्तियाँ हो निवृत्तियाँ। केन्द्रित हुई हृदय में।। 11/191

दिव्यता के दर्शन के लिए कृष्ण ने अपने भीतर दिव्यता का संचार किया। सबसे पहले उनका वेश दिव्य हुआ। गीता कहती है :

'दिव्य माल्यांबर धरा, दिव्यगंधानुलेपनम्'...

यहाँ ज्ञानेश्वर की कवि-कल्पना ने अपनी उद्भावना की। लिखते हैं :

'जैसे शिव की कपूर-लिपाई। या मेरु की पारे से पुताई।
या दूध की चादर उढ़ाई। क्षीर सागर को।' 11/222

जैसे चन्द्र बिम्ब की तह खोली। उसकी चौतनी नभ को पहनाई।
वैसे चंदन की उबटन पायी। देव के सर्वांग पर।। 11/223

'दिव्य माल्यांम्बर' और 'दिव्यगंधानुलेपन' से कृष्ण का जो स्वाभाविक सौन्दर्य था वह अकल्पनीय सुषमा में बदल गया। ज्ञानेश्वर का भाव-कवि कैसी उत्प्रेक्षा लाता है–'क्षीर सागर पर दूध की चादर' चन्द्र 'बिम्ब' की तहें खोलकर उसकी चौतनी आकाश को पहनाना! कबीर ने ईश्वर के बारे में लिखा था–'चींटी के पग नूपुर बाजे, सो भी साईं सुनता है।' ऐसी ही सूक्ष्मतम और दिव्य कल्पना ज्ञानेश्वर की यहाँ है। इसमें उनकी अनुभूति, कल्पना और कवित्व की पराकाष्ठा झलकती है। 'विश्व-रूप' के दर्शन की उत्कट उत्सुकता को कोई भी कवि

इससे बेहतर क्या प्रकट करता?

कृष्ण ने अपना विश्व-रूप दिखाया। सारे लोक बुलबुलों की तरह उनकी देह में प्रकट हुए। विकराल मुख में भयंकर दाढ़ें और उससे निकलती ज्वालाएँ अर्जुन भयाक्रांत हो उठा। उसने श्रीकृष्ण से प्रार्थना की :

दंष्ट्राकरालानि च ते मुखानि
दृष्ट्वैव कालानिल सन्निभानि।
दिशो न जाने न लभेच शर्म
प्रसीद देवेश जगन्निवास।।

—इस परम भयानक रूप को देखकर अर्जुन त्रस्त हो उठा, उसके अंग-अंग जलने लगे, वह दिग्भ्रमित हो गया और कहने लगा– 'प्रभु कृपा करो, यह रूप समेटो :

यह विश्वरूप क्या देखा। सुख का जैसे पड़ गया सूखा।
अब समेटो यह अपना, सखा। अस्तव्यस्त स्वरूप।। 11/381

"मुझे उसी सौम्य चतुर्भुज रूप में दर्शन दो। अन्यथा मैंने जीने की आशा ही छोड़ दी है।" कृष्ण ने कहा "हाँ मैंने संहारक रूप धरा है, पर तुम्हारे या पाण्डवों के लिए नहीं, सारी कौरव सेना के लिए जो अब सिर्फ खम्भे पर खड़ी कठपुतली की तरह निर्जीव है।"

इसलिए उठो सत्वर। मैं मार चुका उन्हें मार।
न डूबो इस निस्सार। शोक संकट में।। 11/477

विश्वरूप वास्तव में सैद्धान्तिक कथन को व्यावहारिक रूप से अर्जुन को दिखाने का उपक्रम है, क्योंकि इतना समझाने पर भी वह मोह और संशय से मुक्त ही नहीं हो पा रहा था। अर्जुन को प्रत्यक्ष देखकर सिद्धांत समझ में आने लगा। उसने पूर्व व्यवहार के प्रति क्षमा माँगी, पर निवेदन किया कि 'प्रभो आप मुझे तो वही सौम्य मूर्ति दिखाइए।' कृष्ण ने कहा–"अर्जुन, तुम कितने बेवकूफ हो! जो अद्‌भुत तुमने पाया उससे संतुष्ट न होकर बेकार बकवास कर रहे हो! मैं जिस पर प्रसन्न होता हूँ उसे देह अर्पित करता हूँ, पर अपना अंतःकरण नहीं। परंतु आज जब मेरा 'अंतःकरण' तुम देख रहे हो तो घबरा रहे हो? आज से पहले कभी किसी ने यह रूप न देखा न सुना। इस विश्वरूप से डरो मत। अपनी धन्यता मानो। अरे अमृत का समुद्र देख कर कोई प्रबुद्ध उसमें डूबने के डर से उसे छोड़ थोड़े ही जाएगा? इतने आकाशों में उड़कर तुम्हारी दृष्टि, चिड़िया की तरह अपने

घरौंदे पर ही लगी है। खैर, मेरे उपदेश को ध्यान में रखना। लो मैं अपना वही रूप धारण कर लेता हूँ।'' और कृष्ण ने सौम्य चर्तुर्भुज रूप धारण कर लिया।

अब अर्जुन के मन में जिज्ञासा हुई कि कृष्ण ने यह जो विश्वरूप दिखाया वह सत्य था या मिथ्या? :

मेरी जिज्ञासा है अपार। आपने अभी जो विश्वाकार
धारण किया था पल भर। सत्य था या मिथ्या? 12/28

यह प्रश्न वास्तव में गीता में नहीं है, परंतु व्यक्त और अव्यक्त या भक्ति और योग के विषय में उसके मन में उठनेवाली जिज्ञासा का रूप है। तब कृष्ण ने भक्ति और ज्ञान-योग का मर्म समझाते हुए बताया कि दोनों ईश्वर को पाने के दो मार्ग हैं। परंतु भक्त को मैं श्रेष्ठ मानता हूँ क्योंकि इसमें प्रेम और आवेग है। ज्ञानेश्वर ने अपने योगमार्ग से भक्ति को श्रेष्ठ इसलिए कहा कि सामान्य व्यक्ति के लिए यही मार्ग सुगम-साध्य है। (यही बात तुलसी ने कही है।) आगे वे योग की पूरी अंतःक्रिया बताते हैं और कहते हैं कि जो शून्य शिखर पर चढ़ते हैं, निर्गुण की उपासना करते हैं–'वे भी प्राप्त होते हैं मुझी को। जानो किरीटी' 12/58 परंतु यह मार्ग अत्यंत कठिन है। योग-साधना में भी ज्ञानदेव ने अद्‌भुत काव्य भर दिया। वे कहते हैं योगी को–

प्यास लगे पियें प्यास को। भूख लगे खायें भूख को।
दिन-रात गिनें वायु को। हाथ पाँव के नाप से।। 12/63
लोहे के चने दंत हीन। चबाए तो क्या भूख शमन।
होगा, या जाएँगे प्राण। सोच कर देखो।। 112/70

फिर मुझे हर तरह का भक्त–गुणी हो या हो मूर्ख, अच्छा हो या हो बुरा, स्वीकार है। ऐसी तमाम बातें कहकर लोक के लिए ज्ञानदेव ने भक्ति का मार्ग ही श्रेयस्कर बताया। परंतु दोनों मार्गों में समन्वय भी किया।

'जैसे कार्य निकलता कारण से। वैसे अध्याय अध्याय से।'–निकलते रहे अब अंतिम अध्याय आया अठारहवाँ। यहाँ 'त्याग और संन्यास' को पृथक-पृथक जानने के बहाने अर्जुन ने गीता से लिपटा वस्त्र फिर खोला। कृष्ण ने कहा 'दोनों शब्द त्याग के ही बोधक हैं। फिर भी दोनों में अंतर है।' 'कर्म-त्याग का मतलब है कर्म-फल का त्याग' जो साधक बंधनकारी कर्म को 'बंध मोचक' बना लेता है। वैसे ही प्रकृति सभी कर्म करती है, मनुष्य बेकार अभिमान करता है। 'कर्म' को 'आत्मा' न मानो, दोनों का अंतर समझो।' उदाहरण देते हैं :

सिवार पानी के अति समीप। फिर भी उनमें अंतर अनूप।
क्या सम्पर्क मात्र से दीप। कहें काजल को?।। 18/272

फिर आत्मा को कर्म कराने वाले पाँच कारणों का ब्यौरा देते हैं। ये पाँच करण हैं–'शरीर' या 'अधिष्ठान'; 'कर्ता' (प्रकृतिस्थ पुरुष); 'करण' (कर्म की भिन्नता के अनुसार मार्ग की भिन्नता); 'निमित्त' (प्रतीयमान कारण); 'दैव' (पूर्व कृत कर्म-संस्कार)। कुल मिलाकर इन्हें भिन्न-भिन्न रूपों में प्रकृति ही सम्पन्न करती है। उदाहरण देते हैं :

अथवा एक ही अभिनेता। नव रस प्रकट करता
तो नवविध प्रतीत होता। दर्शकों को।। 18/329

फिर सात्त्विक, राजस और तामस प्रवृत्ति या ज्ञान की व्याख्या करते हैं। अंतिम ब्रह्म कर्म का सुंदर उदाहरण देते हैं। इसमें 'शम', 'दम', 'तप', 'शौच' और 'क्षमा' सम्मिलित हैं। ब्रह्मकर्मी विरोधियों के प्रति भी सरलता नहीं तजता :

'दिखे ईख की टेढ़ी आकृति। टेढ़ी न होती मिठास।। 18/842

कैसा सुंदर-सहज सादृश्य है।

गीता के अंतिम बीज वाक्य 'नष्टो मोहः स्मृतिर्लब्धा त्वत्प्रसादात्...' की कितनी सुंदर काव्य-व्यंजना है :

'जो दृश्य दृश्य को मिटाता। जो द्वैत द्वैत को ग्रसता।
जो एक प्रकार से रहता। सर्वव्यापी बन के।। 18/1568
जिससे सम्बन्ध बन्ध टूटता। आशा से आशा-बंध छूटता।
जिससे मिल जाता। आत्म स्वरूप।। 18/1569

वे आप मेरे गुरु देवता...'

सात्त्विक भावों की यह मुक्त अनुभूति–

रोमांच में बहार आई। काया संकीर्ण होती गई।
विस्मय तथा स्वेद से बढ़ गई। कँपकँपी तन में।। 18/1603

सात्त्विक भावों के परिगणन में काव्यात्मकता का ऐसा संश्लेष किसी बड़े कवि से ही संभव था।

यहीं कवि ने धृतराष्ट्र के उस अंधत्व की अंतर्बाह्य व्याप्ति की सूचना भी दी, जिसे संजय द्वारा पूरा वार्तालाप सुनाने पर भी कोई अंतर नहीं पड़ा। जबकि

संजय भीतर-बाहर से और अधिक प्रज्ञावान हुए। उन्होंने जब धृतराष्ट्र से स्थिति के आकलन द्वारा पुन: निर्णय लेने को कहा तो उसने मूढ़ों जैसा उत्तर दिया कि हम क्यों हारेंगे, हमारी सेना पाण्डवों से डेढ़ गुना अधिक है। इससे स्पष्ट हुआ कि ज्ञान का ग्रहण भी एक अंत: साधना और उत्कटता के बिना संभव नहीं है।

स्वयं ज्ञानेश्वर ने लिखा है 'गीता नाम-विलास मात्र का शास्त्र नहीं है, यह संसार को जीतने का शास्त्र है। इसके अक्षर वे मंत्र हैं जिनसे आत्मा का उद्धार होता है।' इसे ध्यान में रखते हुए ही उन्होंने अपनी 9000 'सुगम और सुरीली' ओवियों में 'विश्व-विजय' काव्य की रचना की है।

मुझे नहीं लगता कि भारतीय साहित्य में गीता पर ज्ञानेश्वरी जैसा ग्रंथ हो, जिसने गीता जैसे गहन काव्य पर ऐसी प्रबंधात्मक काव्य-टीका लिखी हो, जो अपने भीतर प्रबंध की रोचकता, संवाद की मार्मिकता, काव्य की उत्कृष्टता और मूल ग्रंथ से बंध कर भी इतनी स्वतंत्र और मुक्त हो। दूसरी महत्त्वपूर्ण बात यह है कि इतने द्वन्द्वात्मक, जटिल, शास्त्र और दर्शन ग्रंथ की लोक-दृष्टि से इतनी सुगम, रसीली, सृजनात्मक प्रस्तुति हुई हो। महाभारत पर आधारित भारतीय भाषा-काव्यों में प्राय: गीता के समावेश का जोखिम नहीं उठाया गया है, खासकर उसके संक्षेपीकरण में इस पूरे प्रसंग को ही हटा दिया गया है। अगर ज्ञानेश्वरी न होती तो गीता पर किसी सर्जनात्मक कृति का जन्म नहीं होता। फिर यह 'सृजन' भी सामान्य नहीं, महाभारतीय सर्जना का शिखर है।

गीता पर सैंकड़ों टीकाएँ, भाष्य उपलब्ध हैं, परंतु उनमें सर्जनात्मक काव्य कोई नहीं है; और कई भाष्य तो स्वयं मूल रचना से अधिक जटिल हैं। ऐसे में ज्ञानेश्वरी का होना भारतीय भाषा साहित्य का गर्व है।

(मूल काव्य-वस्तु-महाभारत (भगवद्गीता) अध्याय 25-42)

सावित्री (अंग्रेजी) : श्रीअरविंद
(19-20वीं शती)

श्रीअरविंद ने अपने महाकाव्य 'सावित्री' की कथावस्तु महाभारत से ली है और उसके मिथकीकरण का बिम्बात्मक प्रतीकीकरण किया है, क्योंकि उनके मत में, प्रतीक से कोई अव्यक्त वस्तु या विचार प्रकट नहीं होता, अपितु एक जीवित सत्य, आंतरिक दर्शन या अनुभव प्रकट होता है। यह दर्शन इतना सूक्ष्म है कि वह बौद्धिक अव्यक्त से भी परे है। प्रतीकात्मक बिम्बों के सिवा उसे व्यक्त करना कठिन होता है। अगर वे चाहते तो दांते की 'डिवाइन कॉमेडी' की तरह कथा का आधार लिए बिना अपना कथ्य प्रतीकों में कह सकते थे। परंतु वे जानते थे कि बिम्ब और कथा के आधार के बिना प्रतीकों का काव्यात्मक होना कठिन है। महाभारत में भी इसीलिए सारे तत्त्वज्ञान का माध्यम कथाएँ हैं।

फिर भी महाभारत की कथा और 'सावित्री' में मौलिक अंतर है। यहाँ कथा प्रतीकीकरण में सूक्ष्म दार्शनिक अंतर्यात्रा करती है, इसलिए वह सर्वबोधगम्य नहीं, सीमित बोधगम्य है। श्रीअरविंद ने लिखा है, "असल में मैंने स्वयं अपने लिए सावित्री लिखी है और उसकी मर्मवाणी को अपनी कविता की वस्तु को, रूपकों को तथा आयोजनों को उन लोगों के लिए लिखा है जो अतिमानस के स्तर पर कार्य कर सकते हैं।"

'सावित्री' में सावित्री दिव्यवाक् है, ईश्वरीय कृपा है, सर्वोत्तम सत्य की देवी है, जो मनुष्य के उद्धार के लिए अवतरित हुई है। सत्यवान उस आत्मा का प्रतीक है जिसमें दिव्य सत्य तो मौजूद है, परंतु वह नीचे उतर कर मृत्यु और अज्ञान के पाश में आबद्ध हो गया है। अश्वपति–अश्व अर्थात् प्राण का अधिपति है। यह उस मनुष्य का प्रतीक है जो जीवनीशक्ति का स्वामी है। वह सावित्री का मानवीय पिता है। वह तपस्या का, आध्यात्मिक उद्यम का, संकेन्द्रित ऊर्जा का प्रतीक है। मनुष्य में दिव्यता का जो अंश है, उसमें जो आध्यात्मिक तत्त्व है उस

दिव्यता और अमरता की ओर वह जाने की इच्छा रखता है वहीं वह सावित्री को पति की खोज के लिए भेजता है–क्योंकि उसके उत्थान का यह पहला चरण है। द्युमत्सेन–सत्यवान का पिता, एक भागवत मन है जो पतित होकर अंधा बन जाता है–इस तरह दिव्यदृष्टि और अलौकिक वैभव से वंचित हो जाता है।

सावित्री का अवतरण श्रीअरविंद के यहाँ एक महान् वैश्विक, क्रांतिकारी परिघटना है। इसलिए उसके जन्म की पृष्ठभूमि साधारण नहीं हो सकती; वह सुदीर्घ साधना और सपस्या से प्राप्त उच्च मानस से ही आविर्भूत हो सकती है। इसलिए 'सावित्री' के कुल दो पर्वों में से एक पूरा पर्व पिता अश्वपति पर केन्द्रित है। इसमें अश्वपति अंत: साधना से विभिन्न मानसिक स्तरों को पार करते हुए अतिमानस तक पहुँचता है। जबकि महाभारत में अश्वपति सावित्री के विवाह न होने से चिंतित पिता है जो उसे स्वयं अपने पति की खोज के लिए भेज देता है। इसके बाद उसकी थोड़ी–सी भूमिका नारद की भविष्यवाणी के बाद उसे सत्यवान से विवाह न करने के लिए समझाने और अंतत: विवाह कराने की है। परंतु श्रीअरविंद ने इस चरित्र की अंतर्वस्तु बदल दी है क्योंकि वह परमसत्य, दिव्यवाक् और ईश्वरीय कृपा के सृजन का माध्यम है।

सम्पूर्ण काव्य में जो घटनाएँ और क्रियाएँ घटित होती हैं, वे वास्तव में योग की अंत:क्रियाएँ हैं और वे उसी स्तर पर, अर्थात अतिमानस के स्तर पर फलीभूत होती हैं। कवि यह संकेत बराबर देता है कि व्यक्ति द्वारा की गई योग साधनाएँ समस्त मानवता के कल्याण के लिए होती हैं।

महाभारत में सावित्री का अनुपम सौन्दर्य अग्निशिखा की भाँति है। सौन्दर्य का तो हर एक लोभी होता है, पर उस तेजदृप्त सौन्दर्य के सन्निकट जाने का किसी को साहस नहीं होता। इतिहास में या प्राचीन मिथकों में शायद ही किसी स्त्री के साथ ऐसा हुआ हो कि तेजदृप्त सौन्दर्य के कारण उससे विवाह करने को कोई तैयार ही न हो। सावित्री वास्तव में यज्ञ से जन्मी सूर्यपुत्री है। इसलिए महाभारत में व्यास उसके आविर्भाव के पीछे गहन अर्थ का केवल संकेत देते हैं। परंतु श्रीअरविंद बताते हैं कि शक्ति और पवित्रता में उसके समकक्ष कोई नहीं है, अत: यहाँ भी महाभारत की तरह अश्वपति उसे अपना पति खोजने के लिए 'शोध–यात्रा' पर भेजते हैं। यह भी ऐसी घटना है जो वैदिक या पौराणिक अतीत में शायद ही घटित हुई हो। पति खोजने के लिए यहाँ भी सावित्री महाभारत की तरह राजसभाओं और राजमहलों में नहीं तपोवन में जाती है। वहाँ वह एक ऐसे युवक को चुनती है जो राज्यविहीन अंधे पिता और माता के साथ ऋषिकुमार की

तरह रह रहा है।

कवि यहाँ सत्यवान के सौन्दर्य, सत्य और पवित्रता का अनुपम वर्णन 'सावित्री' के द्वारा कराता है, यह वाणी सत्यवान के कानों में संगीत की भाँति गूँजती है और वह सावित्री को देखता है। यहाँ भी कवि सत्यवान की आँखों में उतरे सावित्री के रूप का अद्‌भुत वर्णन करता है। ऋषि-कवि का यह सौन्दर्य वर्णन जहाँ अधरों में मानवी अमरता हँस रही हो वहां वह ऐसे युवक को चुनती है जो राज्य विहीन अंधे पिता और माँ के साथ 'दो मौनों के बीच रह रहा है।'

महाभारत से थोड़ी भिन्नता लिए यह वर्णन है कि सत्यवान का आश्रम आते ही सावित्री का रथ सहसा रुक जाता है। वह उतरती है, एकाएक उसे सत्यवान मिलता है, परंतु दोनों को पूर्वजन्म के संबंध याद आ जाते हैं। सत्यवान सावित्री से रथ से उतरने का आग्रह करता है। और कहता है–

''स्वर्णमयी नारी के रूप में गढ़ी हुई सूर्य की प्रभा, मैं समझता हूँ कि तुम पार्थिव नहीं हो। पार्थिव रूपों के पीछे छिपी जिन दैवी शक्तियों को मैंने देखा है, विचित्र शब्द सुने हैं– तुम भी उनमें से एक लगती हो, तुम्हारे अधरों से मानवी अमरता हँस रही है। हमारी पार्थिव कुटिया में पधारो, जहाँ मैं दो मौनों के बीच रहता हूँ। मैं प्रकृति के राज्य में रहता हूँ। मैंने उसका पूरा आनन्द लिया है, दौड़ते हुए पशुओं के पीछे मैंने वेग को देखा है। दौड़ते हुए मृग मेरे सांध्य-संगीत हैं। पर्वत और वृक्ष मुझे ईश्वर के विचार लगते हैं। मैंने मनुष्यों को भी देखा है जो केवल अपने लिए जीते हैं, मैं विष्णु से भी मिला और मैंने ध्यान में तत्त्व की उपस्थिति का अनुभव किया, पर आज देखता हूँ कि सबकुछ बदल जाएगा, मेरा शरीर भी आत्मा की तरह स्वतंत्र होगा...।''

सावित्री मधुर वाणी से अभिभूत हो गई–''तुम्हारी दृष्टि में एक नया संसार तैर रहा है, अज्ञात स्वर्गों से एक तारे की तरह मेरे पास आ रहा है... सबकुछ बदल गया है–सूर्य-किरण तुम्हारे रंगों की छाया लगती है। सत्यवान, केवल तुम ही वह हो जिसे मैं खोज़ रही हूँ।'' वह रथ से अपने कंपित चरणों से उतरती है, फूलों की माला बनाती है, सत्यवान के गले में डालती है।

आगे कवि का कथन है–दोनों ने अपनी पवित्रता और वासना को एक कर दिया। उसने अपने जीवन को सत्यवान के विचरण के लिए विश्व बनाया और अपने शरीर को उसके आनंद का आगार।.. सत्यवान ने सम्पूर्ण सावित्री को अपने आलिंगन में भर लिया।..'' अब उनके लिए सारा संसार उनकी संयुक्त आत्मा की खोज बन गया। अपने हृदय को वहीं छोड़ कर सावित्री पिता के घर चली गई।

ऋषि कवि द्वारा आयोजित यह दृष्टि-विनिमय, संवाद और फिर प्रणय की प्रगाढ़ता का वर्णन पार्थिव-अपार्थिव की ऐसी अद्‌भुत संपृक्ति है जिसे लौकिक काव्यों में पाना संभव नहीं।

महाभारत में, राजसभा में सावित्री लौटती है और अपने परिणय की घोषणा करती है तब वहाँ केवल पिता और नारद थे, परंतु यहाँ श्रीअरविंद ने इस प्रसंग को पारिवारिक स्पर्श दिया है– वहाँ रानी यानि माँ भी है, परंतु नारद नहीं हैं। वे प्रारंभिक प्रसन्नता के घटित होने के बाद आते हैं और यह सब सुनकर महाभारत की तरह सत्यवान की एक वर्ष के बाद मृत्यु घोषणा नहीं करते, बल्कि अनिष्ट की आशंका बड़ी ही सांकेतिक शैली में प्रकट करते हैं। इससे माँ का कोमल-मर्मज्ञ मन आशंकित हो जाता है। इससे माँ नारद से इस विवाह का भावी स्पष्ट जानना चाहती है। नारद तब भी स्पष्ट न कहकर सांकेतिक भाषा में आगे कहते हैं कि भाग्य सत्यवान की मृत्यु तक जाता है। इसके आगे कुछ नहीं देखा जा सकता।

पिता की जिज्ञासा है कि यदि सावित्री में दैवी शक्ति है तो क्या वह अपना भाग्य बदल सकती है। नारद कहते हैं–

'यह सच है कि तुम्हारी पुत्री के हृदय में महानता निवास करती है। परंतु उसे भी कष्टों के पत्थरों को पार करना होगा। मनुष्य एक सीमित प्राणी है। इसलिए वह अनंत और समग्र सत्य को नहीं देख सकता। सत्य को अपने विचारों के पर्दे के पीछे से देखता है जो असीम सत्य को खंड में बांट देता है।'

यहाँ नारद भाग्य, ध्येय, कष्ट-सहन, विश्व, अज्ञान, दुःख आदि पर, सावित्री के माता-पिता और फिर मनुष्य मात्र के प्रति जो कहते हैं, वह दर्शन और जीवन से समन्वित है। यह समवेत अंश विश्व-साहित्य के अद्वितीय स्थलों में है। नारद सावित्री की माता से कहते हैं–

'सावित्री और उसके भाग्य के बीच में अपने आंसुओं को मत लाओ.. वह भाग्य का सामना करने में समर्थ है। उसकी एकाकी शक्ति ही विश्व और भाग्य से लोहा ले रही है। उसे मनुष्य या ईश्वर किसी की सहायता नहीं चाहिए.. कभी कभी एक जीवन ही संसार का भाग्यविधाता बन जाता है। एक चेतन इच्छा शक्ति ने मानव का रूप धारण किया है।' नारद अंतर्धान हो जाते है।

माँ के मना करने पर भी सावित्री अपने निश्चय पर अडिग है। यहाँ महाभारत से भिन्न पिता की बजाए माँ की भूमिका केन्द्र में है। इसका कारण यह है कि विश्वपति सावित्री के आविर्भाव के पहले तपस्या से अतिमानस पर

पहुँचे हुए हैं। उन्हें सावित्री की दैवी शक्तियों का भी पता है, इसलिए इंकार में उनकी भूमिका न के बराबर है। सावित्री को एक राजकर्मचारी के साथ उस तपोवन में भेजा जाता है, वे वहाँ निर्जन वन में सावित्री को छोड़कर चले जाते हैं। श्री अरविंद ने महाभारत में वर्णित राजा का सपत्नीक वहाँ जाना और विधिवत् विवाह कराना अपने काव्य में स्वीकार नहीं किया, क्योंकि विवाह तो पहले ही स्वयं सत्यवान-सावित्री कर चुके हैं। वे इसे सांसारिक औपचारिकता देना नहीं चाहते थे। इसके बाद उनका दाम्पत्य-जीवन प्रारंभ होता है, यहाँ भी उनकी देह और आत्मा के प्रगाढ़ मिलन का पर्व शुरू होता है।

पहला पर्व कथा-रहित है; केवल यौगिक साधना और प्रतीकात्मक अभिव्यक्ति में केन्द्रित होने के कारण जटिल हो गया है। परंतु दूसरा पर्व कथात्मकता और प्रेम पर्व के रूप में प्रारंभ होने के कारण रोचक है और यह भी सच है कि यहाँ योगी श्रीअरविंद एक मार्मिक और रससिक्त कवि हो उठे हैं; रस जिसमें प्रेम और भावी का दंश यानि संसार का सुख-दुःख संश्लिष्ट है, इससे लौकिक और अलौकिक संयुक्त हो गया है, इस सरसमार्ग से जाने के कारण आगे सावित्री का योग-पथ और उसकी जटिलता में पाठक रम जाता है और स्वयं ही वह अतिमानस की ओर यात्रा करने को प्रवृत्त हो जाता है।

श्रीअरविंद पाठक में यह बोध पैदा करते हैं कि प्रेम और मृत्यु अविरोधी हैं। प्रेम दिव्य अनंतता और अमरता का प्रतीक है। दिव्य प्रेम वास्तव में ईश्वरीय कृपा है। मानवता में ईश्वर का जो निवास है, उसका ज्वलंत साक्षी प्रेम है। मानव को अधोगति के ऊपर चेतना के ऊर्ध्व हृदय में प्रणयदेव को अपने जैसी विशालता मिल गई थी। वहाँ उसे उन्नत और सूक्ष्म आकाश मिल गया था और वह मानो अपने स्वाभाविक निवास में ही इस प्रकार प्रगति करने लगी। श्री अरविंद ने दिखाया है कि मनुष्य के आत्म-प्रसार का केन्द्र प्रेम है, उसके जीवन में उदित हो जाने के बाद मनुष्य का हृदय विश्व-प्रेम की विशालता पा लेता है। इस अवसर पर शमशेर की ये पंक्तियाँ याद हो आती हैं :

प्रेम का कँवल कितना विशाल हो जाता है
आकाश जितना
और केवल उसी के दूसरे अर्थ सौन्दर्य हो जाते हैं
मनुष्य की आत्मा में

(इतने पास अपने)

यम से संघर्ष के लिए सावित्री अपने को आंतरिक रूप से और सशक्त

करती है। आत्मा की खोज करती है, अपने आंतरिक प्रदेशों में प्रवेश करती है। जैसे ही वह बाहरी कोलाहल से अलग होकर आत्मा की ओर बढ़ने लगती है, एक वाणी उसे सुनाई देती है–

"तुम्हारी खोज केवल अपने लिए नहीं, मनुष्य मात्र के लिए है। उसकी आत्मिक उपलब्धि केवल व्यक्तित्व लाभ न होकर मनुष्य जाति के लिए होगी।"

यह वास्तव में इस महाकाव्य का संदेश है।

सावित्री अंतर्लोक की सब बाधाओं को पार करते हुए, चक्र पर चक्र बेधते हुए आत्मा का वास्तविक रूप देखती है।

फिर काव्य में संसार का प्रकृति के अधीन होने का वर्णन है। सबकुछ अनुभव करने के बाद सावित्री को लगा कि वह कोई व्यक्ति नहीं है, वह अनंत में मिल चुकी है और अंधी और दु:खी मानवता को बचाने आई है।

फिर एक दिन सावित्री ने सोते हुए सत्यवान को देखा और समझ लिया कि यह अब थोड़े ही समय का मेहमान है। वह माँ की आज्ञा लेकर उसके साथ वन में जाती है। सावित्री के मन में मृत्यु के आगमन का दंश था, पर सत्यवान निर्भय गाते-गाते लकड़ी काट रहा था। इसी समय सिर में दर्द हुआ। सावित्री ने उसका मस्तक गोद में रख कर सहलाया। सत्यवान को मृत्यु का आभास हो गया था। उसने कहा–"सावित्री, सावित्री सदा के लिए विदा होने से पहले तुम मेरा चुम्बन तो ले लो।" सावित्री के चुम्बन लेते-लेते सत्यवान चल बसा। (यह प्रेम और योग का मिलन था)। यमराज एक छाया की तरह विश्व पर उतर रहे थे...।

सावित्री योगी की अवस्था में पहुँच चुकी थी। इस समय शक्ति उसके आज्ञाचक्र में प्रवेश कर गई। वह यमराज का सामना करने उठी। यम उससे कहते है कि अपने (योग के) आलिंगन को ढीला करो, पति को कष्ट न पहुँचाओ। सावित्री ने देखा कि मृत शरीर को छोड़कर एक दूसरा प्रकाशवान सत्यवान बाहर निकल रहा है। उसकी सत्यवान से कोई तुलना नहीं थी। वह अंधे के समान आज्ञा सुनने को तैयार था। तब उसे पथ पर चलने की प्रेरणा हुई। आगे-आगे सत्यवान पीछे यमराज और उसके पीछे सावित्री चलने लगी।...

यमराज बार-बार उसे समझाता है। वह यमराज से बराबरी से तर्क करती है। महाभारत की तरह यम के कहने पर उसका वरदान माँगना आदि पूरा प्रसंग 'सावित्री' में श्री अरविंद ने इस्तेमाल नहीं किया। वह स्वयं सावित्री से पीछा छुड़ाने के लिए कहता है कि यह भी ले लो, यह भी ले लो आदि। सावित्री

कहती है–

"एक विजयी की तरह तुम्हारे द्वार पर आई हूँ, भिखारी की तरह नहीं। मैं तुम्हारे बराबर की आत्मा हूँ, मर्त्यरूप में भी अमर हूँ। मैं तुम्हारी दुनिया को फिर से बना सकती हूँ।... मैं तर्क नहीं करती, मैं प्रेम करती हूँ, मैं देखती हूँ, मैं कार्य करती हूँ और इच्छा करती हूँ।"

यम सावित्री को चित्रपट की तरह दिखाता है कि संसार एक स्वप्न है, नश्वर। मृत्यु अटल है। वह कहती है–

"मैं विश्व की स्त्री शक्ति हूँ, और वह सत्यवान मनुष्यों में सनातन पुरुषों का प्रतिनिधि है। यहाँ तुम्हारे जड़ नियम लागू नहीं होते।... मैं अपना उद्देश्य बताती हूँ कि मैं इस जिज्ञासु संसार की प्रतिनिधि हूँ। मैं सबके लिए अपनी आत्मा की स्वतंत्रता चाहती हूँ।"

यम उसे अपनी शक्ति प्रकट करने की चुनौती देता है।

...सावित्री यम की ओर देखती रही.. उसमें एक शक्तिशाली परिवर्तन हुआ, सारा वातावरण प्रकाशवान समुद्र बन गया। सवित्री के शक्ति-केन्द्रों में शक्ति उतर आई। अन्त में ईश्वरीय शब्द उच्चरित हुआ–

"हे सर्वशक्तिमान विजेता यम! तुम सूर्य के बचे हुए अंधे टुकड़ों को निगल रहे हो। तुम मेरी छाया, मेरे मंत्र हो। तुम थोड़ी देर और जियो और मेरे यंत्र बने रहो।.. परंतु अब परे हट जाओ और सत्यवान रूपी विश्व की आत्माओं को मुक्त करो।"

अब भी यम सावित्री की आज्ञा मानने को तैयार नहीं था। अचानक एक शक्ति के दबाव से यम का सिर, उसकी छाती दबने लगी– जाज्वल्यमान प्रकाश की जिह्वा ने यम को चाट लिया... प्रकाश ने निगल लिया...

सावित्री सत्यवान अकेले रह जाते हैं। सावित्री सहसा अपने को एक वन में पाती है। यहाँ इस बीच घटी घटनाओं का आभास सत्यवान को है। सावित्री इस प्रसंग को अभी नहीं खींचती और कहती है–"आओ, जो आनन्द हमें मिला है, संसार को बाँटें।"

सावित्री के अंतिम शब्द हैं–"प्रेम और एकता का अनुभव करना ही जीवन है। यही वह परम सत्य है जिसे मैं जानती और जानना चाहती हूँ।"

काव्य में आधुनिक युग की अनेक समस्याओं पर रौशनी डाली गई है। इससे यह कृति कई जगह दर्शन के माध्यम से नए जीवन पर टिप्पणी भी बन गई है।

श्रीमाँ के शब्दों में–

''यह अद्वितीय कृति है। इसमें सबकुछ है और यह कितने सरल स्पष्ट रूप में प्रस्तुत है। पद्य पूर्णरूपेण समंजस, शाश्वत रूपेण सत्य है। मेरे बच्चे, मैंने बहुत-सी चीजें पढ़ी हैं, लेकिन मैंने ऐसी चीज़ नहीं देखी है जिसकी तुलना सावित्री से की जा सके। मैंने ग्रीक, लेटिन, अंग्रेजी और निःसंदेह फ्रेंच साहित्य की सर्वोत्तम रचनाएँ पढ़ी हैं, जर्मन में भी; और पाश्चात्य-पूर्वी जगत की सभी महान कृतियों का, महान महाकाव्यों सहित अध्ययन किया है, लेकिन मैं यह दोहराऊँ कि मैंने कहीं भी कोई चीज़ 'सावित्री' से तुलनीय नहीं पाई है।''

(मूलकथा–महाभारत, वनपर्व (पतिव्रतामाहात्म्यपर्व), अध्याय 293-299)

पांचाली शपथम् (तमिल) : सुब्रमण्य भारती

(रचना-काल : 1912)

सुब्रमण्य भारती का खंड काव्य 'पांचाली शपथम्' महाभारत के 'सभा पर्व' के द्यूत प्रसंग पर आधारित है। कवि ने महाभारत की कथा का अनुसरण करते हुए उसके अंतस्तत्त्व को आधुनिक अर्थ दिया है। लगता है कथा स्वाभाविक रूप में कही गई है, परंतु बीच-बीच में कवि ऐसे स्पर्श देता है जो अंतिम प्रसंग की रोशनी में एक अलग ही रूपात्मक अर्थ में उद्घाटित हो जाते हैं और काव्य का संदर्भ बदल जाता है।

प्रारंभ में कवि पारंपरिक शैली में सरस्वती और ब्रह्मा की वंदना करता है। हस्तिनापुर की समृद्धि, सौंदर्य और यश की गाथा के बाद वह दुर्योधन की सभा का वर्णन करता है। सिंहासन पर बलांध, दंभी दुर्योधन ऐंठा हुआ बैठा है, जिसे अंधे पिता ने बिठाया है। आंख का अंधा यदि प्रज्ञा और विवेक से भी अंधा न होता तो शायद यह गलती न करता। राज सभा में कृपाचार्य, कृतवर्मा, अश्वत्थामा, भीष्म और दुर्योधन के सहोदर बैठे हैं जो असत्य मार्ग के भी सहोदर हैं। पर उनके बीच ही एक सत्य 'सहोदर', 'महान विकर्ण' भी बैठा है। दानवीर कर्ण के साथ 'झूठ का साथी' मामा शकुनि है।

हर तरह से समृद्ध, सुंदर, यशस्वी राज्य में जब ऐसा राजा और सभासद हों तो देश की भाग्य-लिपि में कैसा अंतर्विरोधी कुहासा लिखा जा रहा होगा! इस राज सभा में किसी तरह का सुशासन-विमर्श, किसी तरह की बौद्धिक कलात्मक नैतिक चर्चा या भव्यता नहीं थी, बल्कि शासक के मन में दृप्त ईर्ष्या का कांटा गहरा चुभा हुआ था :

'अंधे कुरु का पुत्र किंतु वह श्रीमण्डित पाण्डव छवि देख
अंदर ही अंदर जलता था मन में ईर्ष्या भाव विशेष।'

दुर्योधन अभी-अभी इंद्रप्रस्थ में युधिष्ठिर का भव्य राजसूय यज्ञ देख कर आया है। वही उसकी आंखों में ईर्ष्या का चित्र बन कर पहले से जमे विद्वेष को गहरा कर रहा है। देश-देश के राजा बहुमूल्य भेंटों के साथ युधिष्ठिर के चरणों में शीश झुकाते थे। वहां 'भूलोक की सुघर द्रौपदी' शृंगार के प्रसाधनों की भेंट से लादी जा रही थी। दुर्योधन के 'ज्वालामुखी हृदय' से 'लावा' बह रहा था।

अपने मन की पीड़ा किसे कहे! 'द्यूत और असत्य का साक्षात रूप मामा शकुनि ही था, जो सहायता कर सकता था। उसने युधिष्ठिर का वैभव और राजसूय का पूरा दृश्य उसके आगे बखाना और कहा कि द्रौपदी के सौंदर्य को देखकर मैं मूर्च्छित हो गया। लोग कहकहे लगाने लगे–यहां तक कि द्रौपदी भी। आगे कहा कि "मैं ज्येष्ठ धृष्टराष्ट्र का ज्येष्ठ पुत्र हूं। सारे वैभव का अधिकारी तो मैं हूं।" तुम पिता के पास जाकर पाण्डवों की ओर से उनका मन फिरा दो। बताओ कि कैसे मुझे जलाने के लिए और आप जैसे सम्राट और पूज्य के रहते हुए वृष्णिनंदन, (वृष्णि का एक अर्थ-धर्म भ्रष्ट, पाखंडी भी है) बांस की बांसुरी बजाने वाले कृष्ण की अग्रपूजा की गई! धृतराष्ट्र कब से इतने निकृष्ट हो गए! मेरे पिता दृष्टिहीन हैं–उन्हें समझाओ! (यहां 'दृष्टिहीनता' वास्तव में प्रज्ञाहीनता, विवेकहीनता और मानहीनता को सूचित करती है।) भला बताओ 'चेदिराज' (शिशुपाल) को पाण्डवों ने धोखा देकर मार डाला! राजसूय में 'अतिथि वध' कैसा न्याय है! यह 'महाअधर्म' है (अर्थात् वह 'धर्मराज' हुआ या अधर्मराज?) जरासंध वध जैसी अनीति! ऐसे दुष्टों के साथ दुष्टता करना ही नीति है। यह पिता को समझाओ!'

'अधर्म की मूर्ति' शकुनि ने उसे धीरज दिया और कहा कि हम उन पाण्डवों से युद्ध में नहीं जीत पाएंगे। जीतने का एकमात्र उपाय है 'द्यूत'। वह राज 'नीति' की दीक्षा देता है :

'कोई जीत एक जूए में राजा बन सकता है।
नेक नियत बन कर कब कोई शासन कर सकता है।'

तय हो गया कि यही उपाय है। वे धृतराष्ट्र के पास पहुंचे। शकुनि ने सुनी-सुनाई कथा सुनाई। और कहा, "जिस सत्ता और वैभव को अग्रज के पुत्र खो चुके हों, उसे अनुज की औलाद भोगे!" उसने कृष्ण की

अग्रपूजा, दुर्योधन का अपमान और उपहास सब चतुराई से बताया और कहा कि 'ऐसे लोगों की सारी सम्पत्ति छीन लेनी चाहिए।'

'धृतराष्ट्र' ने सुना। अभी वह अन्यायान्ध नहीं हुआ था। वह 'पिशाच' कह कर शकुनि को धिक्कारता है। कहता है पाण्डवों से वैर! सुन :

'वैर पांचों पाण्डवों से घोषणा है।
युद्ध की पांचों समुद्रों से अरे।।'

"छि: अपने ही बंधुओं से समर! कुत्सित कर्म! हे 'मूर्खाधिराज' तुम पहले भी कई षड्यंत्र कर चुके हो! पाण्डव हमें माता-पिता मानते हैं और कृष्ण की अग्रपूजा भी उचित ही थी। वे आदिदेव परात्पर विष्णु हैं।" वह दुर्योधन से कहता है कि "अरे, पांच पाण्डव तेरी पांच भुजा हैं। उन्हें काटने पर क्यों तुल गया है?"

दुर्योधन धृतराष्ट्र की सीख पर कोई ध्यान न देकर कहता है कि "क्षत्रिय का ध्येय दूसरों को हेय बनाए रखना है। मेरे 'बुद्धिमान' मामा ने 'युद्ध' का नहीं, 'द्यूत' का उपाय निकाला है। आप उन्हें आमंत्रित करें, क्योंकि वे इसके बिना आएंगे नहीं। 'द्यूत' ही हमारी विजय का निश्चित उपाय है।"

दुर्योधन की 'अधोगति' की भविष्यवाणी के साथ धृतराष्ट्र विदुर को निमंत्रण देने भेजते हैं। साथ ही यह भी कह देते हैं कि उन्हें बता देना कि शकुनि के जाल में फंसे दुर्योधन का यह षड्यंत्र है। विदुर आहत मन से कहते हैं :

'मिट्टी में मिल जाएगा, सब धर्म नाश पाएगा
मेरा भारत अंधकार में हाय डूब जाएगा।'

धृतराष्ट्र आदेश देकर मूर्च्छित हो जाते हैं।

धीरे-धीरे कवि अपने कथ्य को गहराता जाता है। विदुर के उक्त कथन में यह सघन हो गया है।

विदुर मन ही मन भारत की सुख, शांति, धर्म, प्रेम, प्रकृति की सुषमा को सराहते हुए सोचते है कि "हाय! मैं इस देश के विनाश का माध्यम बन रहा हूं।" आत्मसंघर्ष से गुजरते हुए वे इंद्रप्रस्थ आते हैं। वहां पाण्डव उनका उत्साह से स्वागत करते हैं। द्रौपदी आकर दंडवत प्रणाम करती है :

'संध्यारूढ़ आकाश विहारी इंदु विनिंदित मुख को
नत कर, वह भी खड़ी हो गई कर दंडवत विदुर को!'

द्रौपदी की सुषमा, नम्रता आदि के उल्लेख के साथ कवि अपने कैमरे का फोकस वहीं केंद्रित करते हैं। इसका कारण संभवतः यह है कि जो निमंत्रण दिया जा रहा है उसका वज्रपात इसी कोमलांगी पर होना है और इसकी परिणति का भी वही केंद्र है।

विदुर ने द्रौपदी सहित पाण्डवों को निमंत्रण देने के बाद वास्तविक बात बता दी। धर्मराज ने कहा कि जुए में कोई कल्याण नहीं है। दुर्योधन मात्र हमारा विनाश ही देखना चाहता है। अंत में विदुर कह देते हैं–'जो उचित समझो करो।'

धर्मराज कहते हैं कि ज्येष्ठ पिता का आदेश है इसलिए मैं अपनी द्विधा छोड़कर आऊंगा। राम जिस पथ पर चल चुके हैं (पिता की आज्ञा से) मैं भी उसी पथ पर चलूंगा। भीम को सेना तैयार करने का आदेश देते हैं। चारों भाई उनके आदेशानुसार चल कर हस्तिनापुर पहुंचते हैं।

सभा में द्यूत क्रीड़ा का निमंत्रण शकुनि देता है। धर्मराज विरोध करते हैं–'द्यूत पाप है, यह कैसी शक्ति-परीक्षा है? इसके पीछे प्रवंचना है।' शकुनि कहता है कि इस क्रीड़ा में क्या छल है? उलटे वह युधिष्ठिर को 'कंजूस' कहता है, फिर यह कि खेलो, जीत तुम्हारी होगी। युधिष्ठिर हर तरह से द्यूत की निंदा करते हैं और कहते हैं कि अगर तुम्हें जीतना हो तो युद्ध करो।

'कंजूस' कहने पर युधिष्ठिर कहता है कि 'मैं तो किसी धन या वैभव के लिए राज्य नहीं करता। देश की समृद्धि और उन्नति के लिए करता हूं।' इस तरह कवि अपने 'कथ्य' को भीतर से पुष्ट करता है। परंतु नीचतापूर्ण बातों को 'धर्म' समझ कर धर्मराज आगे बढ़कर फंस गए। जुआ खेलने लगे।

यहां फिर विवाद हुआ कि खेले एक, और बाजी लगाए दूसरा? दुर्योधन ने कहा यह सही है।

धर्मराज अपने वैभव, स्त्रीधन, गजधन, बाजिधन, सब की बाजी लगाते गए और लगातार हारते गए।

विदुर ने कहा–"कौरवो! यह अच्छा नहीं है सावधान करता हूं।" वे सारे लाभ में कौरवों का स्पष्ट विनाश देख रहे थे। उन्होंने धृतराष्ट्र से

कहा–"रोको भाई। दुर्योधन जन्म के समय गीदड़-सा रोया था! गड्ढे में मत गिरो। तुम अंधे तो हो ही, बहरे भी न बनो। द्यूत कर्म को रोको-रोको।" धृतराष्ट्र जड़ बने रहे। दुर्योधन ने विदुर की भर्त्सना की, "नमक मेरा खाते हो, प्रशंसा पाण्डवों की करते हो। राज सभा से भागो!" फिर भी विदुर समान भाव से बैठे रहे। उन्होंने कहा–"मैंने कर्तव्य किया।"

जुआ फिर प्रारंभ हुआ। युधिष्ठिर ने देश की बाजी लगा दी। कवि तड़प उठा–

मंदिर की प्रतिमा को स्वयं पुजारी बेचे जैसे।
या घर को बेचे घर का, रखवाला ही खुद जैसे।।
बाजी लगा देश की नीचों-सा कुकर्म कर डाला।
नृपगण ने अपनी जनता को ही बस पशुवत् माना।।

ये कैसे शासक हैं जो धर्म-न्याय के विपरीत व्यवहार करते हैं। कवि ने यहां कथ्य को अधिक दीप्त किया है। हमारी आंखों में देश के उन सभी राजे, रजवाड़ों के चित्र उभर आते है, जिन्होंने क्षुद्र स्वार्थों के लिए अपने राज्य और अंततः समूचे देश की बाजी लगा दी। अंग्रेज देश पर आधिपत्य कर बैठे।

...युधिष्ठिर ने अपने सब भाइयों की; फिर अपनी भी बाजी लगा दी। और तब तो इस नीच कृत्य की पराकाष्ठा हो गई जब शासक ने महान कुल की पुत्री, सौंदर्य" तेज, कल्याणरूपिणी, ज्योतिलता विद्युत्प्रभा, मानिनी, सुलक्षणा द्रौपदी को दांव पर लगा दिया–अपनी ही प्रतिष्ठा को! मर्यादा को। कवि कह उठता है कि यह तो वही हुआ कि–

यज्ञ की समिधा, पवित्रितपूर्ण मंत्रों से।
श्वान के सम्मुख सहज ही फेंक दे कोई।।

दुर्योधन ने उसे दासी कह कर उसकी खिल्ली उड़ाई। कवि पस्त हो गया, उसकी सरस्वती कुंठित हो गई–"मेरी लेखनी ऐसे वर्णन में शक्तिहीन है।" दुर्योधन ने द्रौपदी को सभा में लाने का सूत को आदेश दिया। वह दो बार विफल होकर लौटा–पहले तो इस सूचना के साथ कि देवी रजस्वला; एकवस्त्रा हैं। वे इस अवस्था में सभा में नहीं आ सकतीं। दूसरी बार द्रौपदी के इस प्रश्न के साथ जो उसने युधिष्ठिर से, पाण्डवों से और पूरी सभा से पूछा था– "धर्मराज ने पहले अपने को हारा या मुझे?" यदि अपने को

पहले हारा हो तो दास को क्या अधिकार है–पत्नी को दांव पर लगाने का? वह तो खुद दांव पर लगा कर अपने को हार चुका है।

विवाद में न पड़ कर दुर्योधन ने अपने भाई दु:शासन को यह कह कर भेजा कि पाण्डवों की पत्नी–

"आज बन कर रह गई है सेविका मेरी।
आज से वह वार–वनिता के सदृश है।"

विदुर गरज उठे! क्या करता है–'सिंह को मृग–शावक ललकार रहा है!' मेंढ़क, गजराज का सामना करने चल पड़ा है! पांचों पाण्डवों को व्यर्थ ललकार रहा है!–"बच न पाएगा मरेगा मौत कुत्ते की।" उन्होंने कहा कि सभी क्षत्रिय सुनें–विपदा तुम्हारे द्वार पर आकर खड़ी हो गई है। इस अधर्मी, हठी को रोक लो, पाण्डवों से क्षमा मांगो, इन्हें समस्त सम्पत्ति लौटा कर अपने नगर लौटा दो–

"अन्यथा सब देखते रह जाओगे
जब महाभारत छिड़ेगा धरणि पर।।"

विदुर की यह गर्जना व्यर्थ गई। दु:शासन द्रौपदी के पास गया। अपनी स्थिति बताते हुए द्रौपदी ने विनय की। दु:शासन के उच्च कुल की दुहाई दी; पर दु:शासन का किसी से संबंध न था। उस अविवेकी अधम ने जाती हुई द्रौपदी के बाल पकड़े–"कहां जाती है री द्रुपद–तनया कुलक्षिणि?" उसने कहा तुम इस समय केवल 'सुयोधन' की दासी हो और कुछ नहीं। दु:शासन द्रौपदी के बाल खींचते सरे बाजार ले गया। भीड़ उस अत्याचार को देख रही थी, कोई उसे बचाने आगे नहीं आया–"मर गई संवेदना की शक्ति सबकी ज्यों, हो गए थे सभी जड़ पत्थर सरीखे।"–यह हस्तिनापुर की प्रजा नहीं, भारत की जनता है जो भारत माता की लाज लुटते चुप–कायर सी देखती रही। कवि अपना कथ्य चरम पर ले जा रहा है। जब वह सभा में द्रौपदी को लेकर आता है तो पाण्डव, पंडित, वीर क्षत्रिय सब अनबोले देखते रहे। द्रौपदी पाण्डवों की भर्त्सना करती है। पूरी सभा के आगे अपना प्रश्न दोहराती है। अंत में उत्तर देते हैं–भीष्म। वे कहते हैं कि वेदों का नियम बदल गया है, हमारे समय का यही नियम है। स्वयं दास होते हुए भी पति तुम्हें बेच सकता है, दांव पर लगा सकता है। ये हैं नीतिविद, न्यायी जो संवेदन और विवेक की कसौटी पर नहीं शुष्क नियम की कसौटी पर

सब कुछ कसते हैं। ऐसे ही शुष्क, बौद्धिकों, विद्वानों के कारण भारत माता हारी है।

द्रौपदी भीष्म पर तीखा प्रहार करती है कि वाह पितामह! आपने अच्छी धर्माश्रित बात कही। नीति-न्याय पर खूब विचार किया! वह उन्हें पितामह से एक साधारण राज-अधिकारी में घटा देती है :

पूर्वकाल में जब सीता का हरण किया रावण ने
उसके मंत्री भी कहते थे
महाबली रावण ने बिल्कुल ठीक किया है।

ठीक है, जहां 'पिशाचों का राजतिलक' होगा, वहां शव-भक्षण भी धर्म कहा जाएगा। वह जनता से प्रश्न करती है कि क्या किसी में अधर्म रोकने की शक्ति नहीं है? द्रौपदी के खुले बाल थे, वह विनय कर रही थी। यह देखकर भीम का क्रुद्ध गरज उठा, उसने धर्मराज को धिक्कारा और उसे साधारण जुआरी से भी निम्न कोटि का बताया :

"खोई सारी राज्य-संपदा
पर हम चुप थे।
हमें बनाया दास किसी का
पर हम चुप थे।
किंतु न है सहनीय तुम्हारी यह अधमाई।"

सहदेव को आदेश दिया कि 'तुम आग मंगाओ मैं इस धर्मराज के पापी हाथों को जलाऊंगा, जिसने द्रुपदसुता को दांव पर लगाया।' यह देख कर अर्जुन ने उसे मर्यादा में रहने को कहा। "ठीक है कि यह सब गलत हुआ। पर तुम जिस तरह 'त्रिलोकीनाथ' को कोप दिखा रहे हो, यह तो विधाता प्रेरित है। यहां अधर्म के कुटिल व्यूह में धर्म घिर गया है। परंतु तुम चिंता न करो, अभी गांडीव मेरे हाथ में है।" भीम चुप हो गए। तब दुर्योधन का एक भाई 'विकर्ण' उत्तेजित होकर बोला कि मैं भीष्म की बात नहीं मानता–

"पत्नी क्या बस क्षुद्र जंतु है?
उसे बेचने या कुछ भी कर सकने–
का अधिकार, मिला कब कैसे उसके पति को?"

"क्या इतिहास में कभी ऐसा कोई उदाहरण है कि किसी राजा ने रानी को दांव पर लगाया हो! राजा ही क्या, क्या साधारण जुआरी ने भी ऐसा किया है? कोई उस पापाचारी को रोकता क्यों नहीं?" सभा उत्तेजित हो गई। लोगों में विकलता पैदा हो गई। तो कर्ण ने विकर्ण को चुप किया कि "बड़ों की उपस्थिति में तुम्हें यह कहने का क्या अधिकार है?" कर्ण पाण्डवों के उत्तरीय और पांचाली की साड़ी उतारने के लिए कहता है। पाण्डव उत्तरीय उतार देते हैं। दुःशासन द्रौपदी की साड़ी खींचने लगता है। द्रौपदी श्रीकृष्ण रूप विष्णु की प्रार्थना करती है, ध्यानस्थ हो जाती है। द्रौपदी की साड़ी दुःशासन खींचता जाता है और रंग-बिरंगी साड़ियां निकलने लगती हैं। सभी स्तब्ध, चकित! देवगण द्रौपदी पर पुष्प बरसाते हैं और वंदना करते हैं :

"जय भारत की शक्ति द्रौपदी तेरी जय हो।"

यही इस काव्य की केंद्रीय पंक्ति है जहां कवि का उद्देश्य सघन होकर पूरे काव्य की ऐतिहासिक या पौराणिक वस्तु को 'आधुनिक काव्य वस्तु' में रूपांतरित कर देती है। इसके बाद वाला अंश औपचारिकता है—भीष्म की प्रार्थना, सभी जो मौन थे उसके द्वारा द्रौपदी की जय-जयकार, भीम की प्रतिज्ञा आदि। अंत में पांचाली की शपथ फिर उस संकल्प को सूचित करती है जो भारतमाता द्वारा लिया संकल्प है—अन्यायी को नष्ट करने का :

पराशक्ति शंकरी, पार्वती देवी को साक्षी करके,
मैं लेती हूं शपथ आज यह—
मैं रक्खूँगी खुले केश ये तब तक, जब तक—
रक्त नीच इस दुःशासन का
और अधम इस दुर्योधन का
होता नहीं सुलभ है मुझ को।
मिश्रित करके रक्त दुष्ट दोनों कुरुओं का
जब चुपड़ूँगी अपने सिर पर
तभी केश बांधूंगी अपने
यह ध्रुव सच है।।

यह वास्तव में भारत की मुक्ति का जन-संकल्प है।

कवि ने इस काव्य में नए छंदों का प्रयोग किया। सुई-धागा वगैरह सड़कों पर बेचने वालों, भीख मांगने वालों की लोकगीत शैली में रचित काव्य एक नई लोकदृष्टि रचता है। रचना-शिल्प का संक्षिप्त विवरण इसलिए दिया गया कि कवि ने महाभारत की कथा में किंचित भी परिवर्तन नहीं किया है, पर उस कथा में नई, समकालीन दृष्टि और अंतर्वस्तु का समावेश करने में वह सफल रहा है। यही रचनाकार का वास्तविक अवदान हुआ करता है। यहीं स्मरण हो आता है मराठी के प्रख्यात कवि मुक्तेश्वर का; जिन्होंने अपने महाभारत में समकालीनता को कहीं-कहीं इतना स्थूल और मुखर बना दिया कि रचना में विसंगति आ गई। जैसे दुष्यंत का सोलहवीं शती के अत्याचारी शासकों से संघर्ष अथवा पाण्डवों की मुसलमानों, अंग्रेजों पर विजय आदि।

सुब्रमण्य भारती देश के प्रमुख राष्ट्रीय कवियों में हैं। उन्होंने स्वतंत्रता संग्राम में भाग भी लिया था। वे सशस्त्र क्रांति के एक सिपाही भी रहे थे और गांधी जी का सान्निध्य भी उन्हें प्राप्त था। इसलिए उनमें दोनों धाराओं का संगम था। स्वभावत: रचनाओं में भी यह संगम दिखाई देता है।

'पांचाली शपथम्' को कवि ने एक प्रतीक-कथा बना दिया है। द्रौपदी भारतमाता का प्रतीक है जो आद्या शक्ति का प्रतिरूप है। काव्य के अंत में उसकी जो जय-जयकार होती है-'जय भारत की शक्ति द्रौपदी तेरी जय हो' में वह भारत में रूपायित होकर काव्य की पूरी कथा को इसी एक वाक्य की रोशनी से दीप्त कर देती है और स्वयमेव ही अन्य चरित्रों के प्रतीक स्पष्ट होने लगते हैं। धृतराष्ट्र इंग्लैंड की महारानी दुर्योधन अन्यायी, क्रूर अंग्रेज शासक बन जाता है; जो भारतमाता की लाज उतारने को कटिबद्ध है। दु:शासनादि उसके सहायक। भीम, द्रोण आदि उनके सामंत। वे एक शांत-समृद्ध देश को अपनी विकृतियों से प्रदूषित कर देते हैं। युधिष्ठिर उन भारतीय शासकों का प्रतीक है जिन्होंने अंग्रेजों के षड्यंत्र में फंसकर देश को स्वयं उनके अधीन कर दिया या बेच दिया। पाण्डव युधिष्ठिर के आज्ञापालक अधिकारी हैं, परंतु कुछ इनमें से अन्याय के प्रतिरोधी भी हैं-जैसे भीम; और कुछ अंग्रेज अधिकारी भी हैं जो अंग्रजों के अन्याय के विरुद्ध हैं-जैसे विकर्ण। जनता देश की अस्मिता लुटते देखकर भी प्रतिकार नहीं करती, एक विचित्र शांतिप्रिय कायरता उसमें छिपी है। पांचाली क्योंकि भारतमाता है, इसलिए उसका स्वभाव आत्मिक शक्ति की प्रबलता से

वस्तुस्थिति पर विजय पाना है। वह चीरहरण के समय आत्मा में उतर कर साधनालीन हो जाती है। उसके भीतर एकओर साधना का उत्कर्ष है तो दूसरीओर दुष्टों के संहार की सक्रिय इच्छा शक्ति भी। वही उससे कौरवों के संहार की प्रतिज्ञा कराती है। शक्ति के प्रतीक के साथ मुण्डमाल, परशु, रक्तपान जैसे प्रतीक जुड़े हैं। यहीं हमें स्मरण करना होगा कि तमिलनाडु में द्रौपदी शक्ति का प्रतीक है। गांवों के बाहर प्रायः उसका मंदिर बना होता है। वह ग्रामरक्षिका मानी जाती है–दुर्गा का साकार रूप। इस प्रतीक का कवि के काव्य पर प्रभाव स्वाभाविक है।

इस कविता में देश की पराधीनता के कारण, उपकरण और यातनाओं के साथ स्वाधीनता का सार्थक उपक्रम भी है। भारतीय साहित्य से गुजरते हुए मुझे इस प्रसंग को इस अर्थ में रूपायित करने का दूसरा उदाहरण नहीं मिला; और यह भी सच है कि देश की तत्कालीन स्थिति और संघर्ष; अपमान और आक्रोश की इससे बेहतर अभिव्यक्ति किसी दूसरी पौराणिक कथा के माध्यम से संभव नहीं थी। कवि ने पूरी कथा की प्रस्तुति में भाषा और विशेषणों का इस्तेमाल कर जैसे इसका रसायन क्रमशः बदला है। उससे यह अंत स्वाभाविक और संगत हो उठा है। इस खण्डकाव्य में कुछ कालजयी तत्त्व भी हैं और भविष्य के लिए दिशा-निर्देश भी। 'पांचाली शपथम्' की यह विशेषता है कि इस प्रतीकात्मकता ने मूल कथा के कई पक्षों को गौण कर दिया है, जैसे नारी का शोषण, पुरुष-सत्ता की प्रधानता।–उल्टे उसने पाण्डवों की चारित्रिक दुर्बलता, भीष्म, द्रोण आदि की कायरता उभारी है। द्रौपदी से जुड़ा बाद का सारा प्रसंग भी इस काव्य में नहीं है।

(मूलकथा–महाभारत (द्यूतपर्व), अध्याय 65-71)

जनमेजय का नागयज्ञ (नाटक) : जयशंकर प्रसाद

(रचना-काल : 1926)

जयशंकर प्रसाद का नाटक 'जनमेजय का नागयज्ञ' हिन्दी की ही नहीं बल्कि भारतीय साहित्य की पहली कृति है जो महाभारत की लगभग टाल दी गई, ऐसी अवांतर कथा पर आधारित है जो 'महाभारत' जैसे तमाम महायुद्धों की पृष्ठभूमि हुआ करती है। इस बात पर कम ध्यान दिया गया है कि महाभारत का प्रारंभ ही इस कथा से हुआ है। आदि पर्व का पहला 'पौष्य पर्व' जनमेजय को 'सरमा' द्वारा दिए शाप से प्रारंभ होता है। सरमा देवताओं की कुतिया थी। शाप के निवारण के लिए जनमेजय ने जिस ऋषि-पुत्र सोमश्रवा का पुरोहित के रूप में वरण किया था, वह ऋषि श्रुतश्रवा द्वारा एक नागिन से उत्पन्न पुत्र था। यह एक प्राचीन आर्येतर जाति थी, परंतु महाभारत की मिथकीय रचना में 'सर्प' के रूप में भी प्रतीत होती है। यह संदर्भ महाभारतके लिए कितना महत्त्वपूर्ण है इसे इस तरह भी समझा जा सकता है कि अगला 'पौलोम-पर्व' भी नागों की विस्तार-कथा है।

यह अकारण नहीं है कि प्रसाद ने समकालीन समस्या की प्रस्तुति के लिए महाभारत के इसी अंश को अंतर्वस्तु बनाया है। आर्यों को एक कुतिया यानि दलित के शाप से मुक्ति के लिए नागिन से जन्मे पुरोहित से सहायता लेनी पड़ती है और इसी बहाने कथा की परतें खुलती जाती हैं और नागों और आर्यों की पारस्परिक ईर्ष्या के बीज के प्रस्फुटन के साथ माता जरत्कारु और आस्तीक तक जाती है। पुत्र आस्तीक ही जनमेजय द्वारा अपने पिता के प्रतिशोध के लिए किए यज्ञ को समाप्त करता है। यह वही करवा सकता था जो दोनों शत्रुजातियों के रागात्मक संयोजन से सृजित हुआ हो।

क्या यह मिथक का कमाल नहीं कि ऋषि जरत्कारु को प्रतिज्ञानुसार अपने परिणय के लिए नागजाति की ही लड़की 'जरत्कारु' मिलती है, जो नाग सरदार

वासुकि की बहन है। वासुकि का भी अपना इतिहास है, वह देव-दानव संघर्ष के प्रतीक समुद्रमंथन की रस्सी अर्थात् माध्यम है। खैर वह प्रसंग अवांतर है।

यहां जरत्कारु ऋषि और नागकन्या जरत्कारु का परिणय इस बात का प्रतीक है कि महाभारत इस बात पर विश्वास करता है कि जाति-भेद कुछ नहीं होता। हम मनुष्य को जातियों में, नाम-रूपों में बाँट कर व्यर्थ ही मानवता का बँटवारा करते हैं। संयोगवश जरत्कारु दम्पती का पुत्र आस्तीक ही आर्यों और नागों के प्रतिशोध का अंत करता है। यह स्वयं मिथक का भी एक प्रच्छन्न संकेत है जिसका सार्थक उपयोग जयशंकर प्रसाद ने तत्कालीन जातीय संघर्ष के समाधान के लिए किया है और सारे मिथकीय आवरण हटाकर उसे अपने नाटक की मूल वस्तु बनाया है।

इस संदर्भ की प्रासंगिकता यह थी कि भारत का तत्कालीन इतिहास दंगों से रक्तरंजित था। 1919 में जब अंग्रेजों ने मांटेग्यू सुधार (Montegue Reforms) एक्ट लागू किया था; जिसके अंतर्गत जाति और वर्गगत प्रणाली से स्वशासी सरकार के लिए प्रतिनिधि भेजने की व्यवस्था थी; तभी गांधी ने समझ लिया था कि यह अंग्रेजों की कूटनीतिक भेद-नीति है जो भारत में हिन्दू-मुस्लिम शत्रुता की नींव डालेगी। गांधी ने इसका जमकर विरोध किया। परंतु वह लागू होकर रही।

आशंकानुसार 1919 से ही हिन्दू-मुस्लिम दंगे शुरू हो गए और फैलते चले गए। 1923-24 में तो वर्ष भर समूचा उत्तर भारत उस आग में जलता रहा। गांधी ने इसे शांत करने के लिए 21 दिन का ऐतिहासिक 'आत्मशुद्धि उपवास' किया। उन्होंने दोनों संप्रदायों से एकता की अपील की।

इसी दौर में जयशंकर प्रसाद के 'रचनाकार' ने अपना कर्तव्य निश्चित कर लिया। परिणाम स्वरूप 1926 में उनका नाटक 'जनमेजय का नागयज्ञ' आया। उस अशांत वेला में यह एक लेखक का 'शांतियज्ञ' था। 'नागयज्ञ' के पहले उन्होंने प्रचलित संदर्भ में, स्रोत समय के अनुकूल, नाटक में 'अश्वमेध यज्ञ' का आयोजन किया, जिसका प्रमुख लक्ष्य नागों आदि अनार्य जातियों को जीतना था। इसकी पृष्ठभूमि आर्यों और अनार्यों की शत्रुता की लंबी ऐतिहासिक श्रृंखला थी।

जैसे महाभारत के प्रारंभ में शत्रुता की शुरुआत आर्यों ने सरमा कुतिया (निम्नजाति का प्रतीक) के बच्चे सारमेय की पिटाई से की थी; वैसे ही नागों के ध्वंस की शुरुआत भी आर्यों ने ही की थी। पाण्डवों ने खांडवप्रस्थ को नागजाति की चिता पर बसाया था। उन्होंने खाण्डव वन को, जहां नाग और अन्य

आदिवासी रहते थे, समूचा जला डाला और इतनी क्रूरता से कि कोई बचकर निकल भी न सके। निर्दोष जनजातियों का ऐसा इकतरफा, महाध्वंस पूरे महाभारत में दूसरा नहीं हुआ था। सच कहा जाए तो यह महाभारत युद्ध की एक सांकेतिक पृष्ठभूमि थी–यानि युद्ध या युद्धों में निहित आधारभूत कारण। उल्लेखनीय है कि व्यास शैली में अवांतर आख्यायिकाएँ मूल वस्तु–बीज या भावी का संकेत होती हैं।

खांडव वन दाह ने नागजाति के मन में आर्यों के प्रति ऐसी प्रतिहिंसा, घृणा और क्रोध की भावना जगा दी थी जो हिंसा–प्रतिहिंसा की शृंखला में बदल कर अंततः विस्फोटक हो उठी। जातियों के बीच शत्रुता अंततः एक स्थिर भाव में पर्यवसित हो जाया करती है। तक्षक नाग ने प्रतिहिंसावश आर्यनरेश परीक्षित की हत्या कर दी। जब बड़े होने पर जनमेजय को पता चला तो उसने समूची नागजाति के ध्वंस की प्रतिज्ञा कर ली। 'नागयज्ञ' दुबारा इसी महाहिंसा का पौराणिक प्रतीक है।

एक समानांतर कथा में जरत्कारु ऋषि का विवाह नाग–सरदार वासुकि की बहन 'जरत्कारु' से हुआ। नाग–आर्य मिश्रण से उनके पुत्र आस्तीक का जन्म हुआ, जिसने जनमेजय का नागों के विरुद्ध अभियान थामा और आर्यों तथा नागों के बीच भाईचारा कायम किया।

नाटककार ने इसी कथावस्तु का आधार लेकर नाटक का ताना–बाना बड़ी कुशलता से बुना है। महाभारत के पात्रों के कुछ नाम परिवर्तन, नए पात्रों की कल्पना करते हुए कथा रूप में परिवर्तन भी किया है ताकि कथ्य को समयानुसार नाटकीयता दी जा सके। नाटककार के सामने दो प्रश्न थे–

1. दो जातियों में द्वन्द्व क्यों होता है?
2. द्वन्द्व का अंत कैसे किया जा सकता है?

पहले प्रश्न का उनके मन में उत्तर था कि जातियों के बीच शत्रुता की लंबी शृंखला होती है, जो उनके अपने–अपने दंभ से पोषित होती है।

दूसरे प्रश्न का उत्तर था–दोनों जातियों का दंभ–त्याग, अनुताप, क्षमा–उदारता, और अंततः अंतर्जातीय विवाह।

प्रसाद ने नाटक में प्रश्न भी उठाए और समाधान का भी पूरी रंग–विधान रचा। नाटक में नागबाला मनसा और ब्राह्मण उत्तंक दोनों अपने आप में फुंफकारते द्वीप हैं, और जातीय घृणा–प्रतिशोध से लबरेज़ हैं। इधर नाग से विवाहिता कुकुरवंशी यादवी सरमा है (जो मूल कथा में देवों की कुतिया है,) वह नागों

से प्रताड़ित होकर राजा जनमेजय के सम्मुख पुत्र के लिए प्रार्थी के रूप में उपस्थित है। इस समय राजा के साथ रानी वपुष्टमा भी बैठी है। न्याय देना तो दूर, राजा-रानी दोनों उसके प्रति क्रूरता का बरताव करते हैं, संभवतः इसलिए कि सम्पूर्ण नागवंश से घृणा और प्रतिशोध की आग अब भी आर्य जनमेजय में जल रही है। उन्हें अपनी मुट्ठी में करने के लिए ही वह 'अश्वमेध यज्ञ' कर रहा है।

मनसा (जो स्रोत कथा में जरत्कारु है) अपने बेटे आस्तीक को उकसाती है कि वह जनमेजय का प्रतिकार करे, क्योंकि उसे जन्म ही नागों का प्रतिशोध लेने के लिए दिया गया है। परंतु आस्तीक शांतिप्रिय है। माँ द्वारा उत्तेजित करने और मामा वासुकि द्वारा व्यंग्य बाण छोड़ने पर भी वह अपनी टेक नहीं छोड़ता और नागों को अश्व पकड़ने से रोकता है, वह अपनी ही युक्ति से इस चिरशत्रुता का समाधान करना चाहता है; परंतु प्रतिशोध से भरे नाग उसकी बात नहीं सुनते और अश्व पकड़ लेते हैं। परिणाम स्वरूप अश्वरक्षकों से उनका युद्ध होता है और आर्य सैनिक अश्व छुड़ा लेते हैं, हत्याएँ होती है सो अलग। इस पर भी आस्तीक शांति के लिए निरंतर प्रयासरत रहता है; और आर्यो,-नागों के बीच सेतु बनने का प्रयत्न करता है।

इस बीच एक नाटकीय घटनाक्रम में व्यास जनमेजय के सम्मुख भविष्यवाणी करते हैं कि इस यज्ञ में विघ्न होगा, फिर भी वे उसे बंद न करने का निर्देश देते हैं। यादवी सरमा 'कलिका' के छद्‌म नाम से रानी वपुष्टमा के अंतःपुर में दासी का काम करती है। प्रतिशोध का उग्र आर्य-प्रतीक ब्राह्मण उत्तंक घोषित करता है कि पहले 'नागयज्ञ' होगा, बाद में 'अश्वमेध'। नाटक के सभी सद् पात्र एकत्र होकर शांतिस्थापना का प्रयत्न करते हैं। रानी वपुष्टमा का नाटकीय हरण होता है।

अंत में व्यास के साथ सरमा, मनसा, माणवक, और आस्तीक आते हैं। व्यास, तक्षक को जलाने से रोकते हैं। जनमेजय आस्तीक का परिचय पूछता है। आस्तीक कहता है-"जिस ब्रह्महत्या का प्रायश्चित करने के लिए तुमने अश्वमेध किया है, मैं उसी ब्रह्महत्या की क्षतिपूर्ति चाहता हूँ। मैं उन्हीं जरत्कारु ऋषि का पुत्र हूँ, जिनकी तुमने बाण चला कर हत्या की थी।"

इस पर व्यास जनमेजय से आस्तीक के प्रति न्याय करने को कहते हैं। आस्तीक को कुछ नहीं चाहिए था। वह कहता है-"मुझे (केवल) दो जातियों में शांति चाहिए।" जनमेजय स्वीकार करते हुए कहता है-"अच्छी बात है वही

हो। छोड़ दो तक्षक को।'' तभी यादवी सरमा भी न्याय की गुहार लगाती है। जनमेजय स्वीकार करता है–''तुम्हारे लड़के को मेरे भाइयों ने पीटा था।'' तुम क्या चाहती हो?'' वह कहती है–''मुझे कुछ न चाहिए।'' वह यदि कुछ चाहती है तो यह कि ''जनमेजय नागकन्या मणिमाला से विवाह कर ले।'' (प्रसंग वश, अन्यत्र नाटककार मणिमाला के सौन्दर्य के प्रति जनमेजय का आकर्षण दिखा चुका है।) पहले तो जनमेजय वपुष्टमा का बहाना करता है और जब वह आती है तो उसके सामने कहता है–

''षड्यंत्र! कभी न होगा! भला घर्षिता को कौन ग्रहण करेगा?'' तत्काल व्यास हस्तक्षेप करते हैं–''सम्राट तुम्हीं करोगे! जब पुरुषों ने स्त्रियों की रक्षा का भार लिया है और उनको केवल अपनी सीमा में स्वतंत्रता मिली है, तब उनकी आरक्षित अवस्था में उन पर अत्याचार होगा, तो उसका अपराध उनके रक्षकों के सिर पर होगा। क्या अबला होने के कारण वही सबओर से अपराधिनी है?''

यह कथन 1926 में ही नहीं, आज 2014 में भी प्रासंगिक है। क्या आज भी कोई रक्षक, अरक्षिता स्त्रियों पर हुए अत्याचारों का अपराध अपने सिर पर लेता है?

अंततः जनमेजय मणिमाला को अंगीकार करता है। इस अवसर पर सरमा एक ऐसी बात कहती है, जो जातियों के कटघरों के विरुद्ध मानव-मात्र को एक संदेश है। वह कहती है कि आपने मणिमाला को अपनाया तो, पर इसे जातिगत भेदभाव की दृष्टि से न देखें–

''इसे अनार्य न मानें। मैं आस्तीक के नाम पर प्रतिज्ञा करती हूँ कि आज से कोई नाग कभी आर्यों के प्रति विद्रोह का आचरण न करेगा।''

उसका यह आश्वासन इस बिना पर है कि आर्यों और नागों के बीच परिणय के कारण जो रागात्मक साहचर्य पैदा हुआ है, वह विद्वेष का स्थायी समाधान होगा।

प्रसाद ने नाटक की रचना में पौराणिक सुगंध के साथ अपने समय की अनिवार्यता को सार्थकता देने के लिए जो सामंजस्य का संकेत रचा है; यथार्थ, मिथक और कल्पना का समावेश किया है, वह तब तक की रचनाओं में दुर्लभ था। इस दृष्टि से यह रचना अपनी मौलिक दृष्टि, सर्जनात्मक कौशल, युगानुरूप और मार्मिक कवित्व की हिन्दी में अपूर्व सृष्टि है।

एक बात मुझे अखरती है। नाटककार ने महाभारत में आर्य जरत्कारु और नाग-रमणी जरत्कारु के परिणय से जो यह संकेत दिया था कि मनुष्य मूलतः

एक है– 'यहां' भी वही मनुष्य है जो 'वहां' है। इस मार्मिक संकेत का प्रसाद ने क्यों उपयोग नहीं किया? जरत्कारु का नाम बदल कर मनसा रखने की ऐसी क्या ज़रूरत थी। वे इसे और लाक्षणिकता दे सकते थे। यह भी ध्यान देने की बात है कि प्रसाद ने अन्य लेखकों की तरह व्यास की पहचान एक रूढ़ पौराणिक की तरह न कर एक क्रांतदर्शी के रूप में की है।

यह सच है कि व्यास अपने समय को अपने भीतर काफी पीछे छोड़ चुके थे। उनके भीतर की क्रांत चेतना ने ही उन्हें युगों के प्रवाह में नई–नई पहचानें दी हैं।

अंधायुग (हिन्दी) : धर्मवीर भारती
(20वीं शती)

'अंधायुग' एक सशक्त काव्य-नाटक है। महाभारत की विषय-वस्तु पर आधारित होते हुए भी वह न उसका आख्यानक रूपांतरण है न मिथकीकरण। वह गहरी वैचारिक कृति है और महाभारत की वस्तु के ज़रिए आधुनिक युग के द्वन्द्वों, विसंगतियों, विडम्बनाओं और युद्धों पर फोकस करती है।

उसमें निहित काव्यत्व विचारों की गंभीरता का भावोत्तेजन में नाटकीय रूपांतरण कर उससे पाठक या दर्शक के भाव और विचार-केन्द्रों को उत्प्रेरित करता है और स्वयं उसमें भी विचार और सृजन-क्रिया को जन्म देता है।

महाभारत ऐसी कालजयी कृति है जो प्राचीन से लगाकर आधुनिक काल तक की, सभी भाषाओं की नई-नई रचनाओं को जन्म देती है, स्रोत ग्रंथ के रूप में उसका अमृतकुंड अक्षय है। इससे आधुनिक युग के अनेक प्रश्नों का अन्वेषण संभव है। अंधायुग इसका एक उदाहरण है।

'अंधायुग' एक छोटा-सा काव्य नाटक है, जिसमें महाभारत के शल्य पर्व, सौप्तिक पर्व, स्त्री पर्व, शांति पर्व, मौसल पर्व, आश्रमवासिक पर्व एवं महाप्रस्थानिक पर्व से कुछ अंशों को चुनकर संयोजित किया गया है। जयदेव तनेजा ने ठीक कहा है कि 'इसमें घटना, चरित्र और संवाद के सभी धरातलों पर 'नाट्य विडंबना' और आलोचनात्मक प्रखरता है', वही नाटक की सर्जनात्मकता का मुख्य स्रोत है। समानांतर और एक-दूसरे को काटती उत्तेजक वस्तु-संरचना, उत्प्रेरक रंग विधान और अंतर्हित त्वरा की घटनात्मक प्रस्तुति अंधायुग को गहरी कशमकश का नाटक बनाती है। महाभारत में निहित युद्ध विरोधी दृष्टि की ट्रैजिक प्रस्तुति और दर्शन का स्पर्श नाटक को एक दारुण उदात्तता देता है।

अपने समग्र प्रभाव में 'अंधायुग' एक बेजोड़ नाटक है और महाभारत के अभिप्राय और कथा-शिल्प को ग्रहण करते हुए भी एक स्वतंत्र मौलिक रचना

है। भारती का रोमांटिक आवेग इस नाटक में अजब तार्किक उत्तेजना में प्रस्तुत हुआ है। युद्ध की विभीषका का अंत 'प्रभु की मृत्यु' में होता है। यानी इतने बड़े सत्य की मृत्यु ही हमारे लिए युद्ध का प्राप्तव्य है! दूसरे महायुद्ध के प्रसंग में महाभारत का सर्जनात्मक उपयोग नाटक को अत्यंत प्रासंगिक बनाता है; इस लड़ते-झगड़ते विश्व में चुनौतीपूर्ण प्रश्नों से बेचैन करने वाली यह कृति निरंतर समसामयिक बनी रहेगी। क्योंकि युद्ध की विभीषिका और नैतिकता से हमेशा सवाल करते रहना मानवता की सबसे बड़ी जरूरत है। 'अंधायुग' कहकर ही लेखक ने महाभारत की अंतर्योजना कर तमाम युद्धोन्मुखी युगों का प्रतीक बना दिया है।

संसार के युद्ध काव्यों से भिन्न महाभारत केवल युद्ध का पीड़ादायी खाका ही नहीं खींचता, वह नैतिक, दार्शनिक और सनातन प्रश्न उठाता है। वह युद्ध के निषेध को वीभत्स नहीं बनाता, उदात्तीकृत करता है। युद्ध और युद्ध-निषेध के बीच सर्जना के अनेक संभावित बिंदु उभरते हैं। उच्चावच की अनेक नाटकीय, काव्यात्मक, सामाजिक और दार्शनिक प्रतीतियों से टकराता, हिचकोले खाता महाभारत का बहुविध स्वरूप और खुला अंत उसे विनाश की चरम नियति और युद्ध का दारुण अंत प्रश्नों को जीवित रखता है। इसलिए भी, महाभारत में अनंत रचनाओं का स्रोत निहित है। उसमें तात्त्विक, दार्शनिक विमर्श हर नये युग और नई कृति को अपना तत्त्व, अपना दर्शन और अपना विमर्श उपलब्ध करता है।

महाभारत कहता है कि युद्ध के नियामक वे धृतराष्ट्र ही होते हैं क्योंकि युद्ध करते वक्त उसके भीतर छिपे अदृश्य विनाश को देख नहीं पाते, फिर चाहे उसकी परिणति 'प्रभु की हत्या' में हो या 'गाँधी की हत्या' में :

उस दिन जो अंधायुग अवतरित हुआ जग पर
बीतता नहीं, रह-रहकर दोहराता है
हर क्षण होती है प्रभु की मृत्यु कहीं न कहीं
हर क्षण अँधियारा गहरा होता जाता है।

यहां रागावेग और संवेदन अधोगामी न होकर हताशा और अनास्था में पर्यवतित को नहीं होता बल्कि ऊपर उठकर आस्था को जगाते हुए 'अंधों के माध्यम से', 'ज्योति की कथा' कहता है!

कवि इसमें दूर तक खरा साबित हुआ है। संसार की कई श्रेष्ठ कृतियाँ रचनाकार के गहरे कश्मकश में से जनमी हैं।

'अंधायुग' महाभारत के अंतिम दिनों और युद्धोत्तर परिणामों का काव्यनाटक है। मूल घटना को आधुनिक युद्धों के लिए दस्तावेज की तरह इस्तेमाल किया गया है। गाँधी की पुकार और असहायता के भीतर व्यास की और कृष्ण की पुकार तथा असहायता का दर्शन अंधायुग को भारत-विभाजन और भयावह कत्लेआम से भी जोड़ता है। क्या 'प्रभु की मृत्यु' अंततः मानवता की 'कायर हत्या' की ओर इशारा नहीं करती है? ये परिणतियाँ अंततः उस अंधेपन को ही सघन बनाती हैं जो अविवेक और नासमझी की खालिस परंपरा रही है।

यद्यपि मिथक या पुराकथा को आधुनिक यथार्थ में हू-ब-हू घटित कर पाना संभव नहीं हो पाता क्योंकि चरित्र, परिवेश और प्रक्रियाओं के अंतःसंबंध काफी हद तक बदले हुए होते हैं। इसके अतिरिक्त पुराकथाएँ एक खास किस्म के लोक-विश्वास और रहस्य का आवरण चढ़ाए रहती हैं, जो उनका अविभाज्य अंग होता है, जिसे हटाने की कोशिश कई बार कथा को ही विकृत कर देती है और क्योंकि रचनाकार भी इन विश्वासों और आस्थाओं से पारंपरिक रूप में जुड़ा होता है, इसलिए वह स्वयं भी उन्हें पूरी तरह नकार नहीं पाता, नतीजे में अधूरेपन की विसंगतियों से घिर जाता है। महाभारत का बौद्धिक विश्लेषण करने और उसके चरित्रों को अपने ढंग से इस्तेमाल करने की कोशिश में बहुत से भारतीय लेखक उलझ गए हैं—इसका मूल कारण कृष्ण-चरित्र के विरोधाभास और उनके ईश्वरत्व में है, जिससे भारतीय लेखक अक्रांत हुए बिना नहीं रह पाता। लक्ष्मीनारायण मिश्र ने 'अपराजित' में चाहा था कि महाभारत के श्रेष्ठ चरित्रों को निकृष्ट और निकृष्ट चरित्रों को श्रेष्ठ साबित कर सकें, लेकिन 'लीला-पुरुष की लीला' के चक्कर में पड़कर सब कुछ लचर हो गया। 'अंधायुग' में भी अगर कृष्ण ही बार-बार मरते हैं, अश्वत्थामा के घाव और पीप खुद में समो लेते हैं, खुद के भीतर सारा नाटक खेलते हैं या सारे नाटक के भीतर खुद खेलते हैं, अतीत और भविष्य दोनों उनकी मुट्ठी में कैद हैं, तो शेष चरित्र तो सिर्फ कठपुतली ही बने रह सकते थे, फिर सच-झूठ, न्याय-अन्याय, युद्ध-शांति सब औपचारिकता भर रह जाते हैं। भारती ने इस खतरे को पहचानने की भरसक कोशिश की है। विद्रोहिणी गांधारी कृष्ण पर से देवत्व का मुलम्मा हटा देती है :

विदुर-'प्रभु थे वे'
गांधारी-'कभी नहीं'

फिर भी जाने क्यों, अंत में वह कृष्ण-मोह में बँध जाती है :

कोई नहीं मैं अपने

सौ पुत्रों के लिए
लेकिन कृष्ण, तुम पर
मेरी ममता अगाध है
कर देते शाप यह मेरा तुम अस्वीकार
तो क्या मुझे दुःख होता
मैं थी निराश, मैं कटु थी
पुत्रहीना थी।

क्या यह वही गांधारी नहीं रही है जिसने कहा था, विदुर से :

'माता मत कहो मुझे
तुम जिसे कहते हो प्रभु
वह भी मुझे माता ही कहता है–'

फिर गांधारी को क्या हो गया कि वह कृष्ण को शाप देकर अपने को ही अपराधी मान रही है। वह स्वीकार करती है कि असंतुलित मन:स्थिति में उसने एक भयानक गलती कर दी है।

'अंधायुग' में केवल गांधारी का चरित्र ही तो ऐसा था जिसने एक प्रभावपूर्ण प्रतिरोध खड़ा किया था। रचनाकार की प्रतिभा का जो कुछ सर्वश्रेष्ठ था, उसका सबसे बड़ा हिस्सा भी उसे ही मिला था। लेकिन ठीक ऐसे वक्त जबकि उसका प्रतिरोध चरम सीमा पर था, वह विगलित हो गई। ज़ाहिर है कि महाभारत को तर्क की कसौटी पर कसते हुए एक भारतीय लेखक कृष्ण के दिव्य प्रभा-मंडल से मुक्त नहीं हो पाता और उसकी सशक्त निर्मितियाँ आहत हो जाती हैं। 'अंधायुग' में कृष्ण कहीं भी स्वयं उपस्थित नहीं हैं–वे कहीं संवाद में हैं, कहीं कथा में, कहीं छाया तो कहीं ध्वनि में हैं। यानी वे परोक्ष रूप में सभी जगह हैं।[1] क्या यह दृष्टि उसी रहस्य को नहीं पोसती जो 'सर्वं खल्विदं ब्रह्म' में है! ऐसी स्थिति में कृष्ण मानवीय चरित्र रह ही कैसे सकते थे! वे संपूर्ण घटनाचक्रों के बावजूद परात्पर, लीलापुरुष बने हुए हैं :

1. सहसा मुझे हरीन्द्र देव का गुजराती उपन्यास 'माधव कहीं नहीं हैं' का स्मरण हो आता है, यद्यपि वह 'अंधायुग' का परवर्ती है, पर उसमें भी पूरे उपन्यास में कृष्ण हर जगह हैं पर कहीं नहीं है। बहुत-सी भारतीय रचनाओं में कृष्ण की ऐसी अदृश्य उपस्थिति है, स्वयं महाभारत में 'चीर हरण' प्रसंग में भी।

बोले अवसान के क्षणों में प्रभु–
'मरण नहीं है ओ व्याध!
मात्र रूपांतरण है वह...'

धर्मवीर भारती ने भले ही महाभारत की त्रासदी को यथार्थ और अस्तित्वीय चिंतन में ढालने की कोशिश की हो, लेकिन वे उसके नैतिक और आध्यात्मिक स्वरूप को तरह न दे सके। आध्यात्मिकता ने महाभारत की नैतिकता को एक खास अंदाज दे दिया है। क्योंकि वहाँ नैतिकता का अर्थ है 'कृष्ण का पक्ष'–'यत्र योगेश्वरः कृष्णो यत्र पार्थो धनुर्धरः। तत्र श्रीर्विजयो भूतिर्ध्रुवा नीतिर्मतिर्मम।।' इसलिए यथार्थ दृष्टि से महाभारत की पुनर्रचना बिना आध्यात्मिकता को उससे छीलकर अलग किए असंभव है। भारती ने भी दूर तक यह किया है, पर उसे चरम परिणति पर पहुँचाना उनके लिए कठिन हो गया।

यह बेहिचक स्वीकार किया जाना चाहिए कि बिना एक सुनियोजित घटना और चरित्र विधान के पारंपरिक चरित्रों के आशय नहीं बदले जा सकते, फिर महाभारत तो संबंधों का अथाह नरक है। वहाँ पात्रों के चरित्र और संबंध कई जगह बड़े दूभर, अतार्किक और अविश्वसनीय हैं। यह ग्रंथ एक प्रकार के दैवीय प्रभाव से मढ़ा हुआ है। ऐसी स्थिति में यथार्थ या अस्तित्ववाद को उसके माध्यम से पूरी तरह साध पाना कठिन है। क्योंकि दोनों निर्ममता की अपेक्षा करते हैं। फिर दोनों की तर्कसंगत अन्विति तो और भी कठिन है।

गाँधी की हत्या और कृष्ण की हत्या में तात्विक अंतर है–फिर भी इसे अंधत्व की अंतिम परिणति के रूप में समन्वित किया जा सकता था। लेकिन गाँधी का यह कहना, 'कोई मेरी सुनता नहीं' और कृष्ण के इस कथन 'क्या कोई सुनेगा?' में मौलिक अंतर है। स्वयं ही युद्ध के लिए अर्जुन को तैयार करने और उसके परिणामों से अपने को अलग करने में जो विसंगति है, वह गाँधी की अनासक्ति और नैतिक पीड़ा से मेल नहीं खाती। कृष्ण का दौत्य और गाँधी की मध्यस्थता में भी बड़ा अंतर है। कृष्ण युद्ध का एक पक्ष थे और उन्होंने ऐसा भी कुछ किया था, जिसे अध्यात्म हटा देने पर नैतिक नहीं कहा जा सकता है। इसलिए दोनों के अकेले छूट जाने के अर्थ अलग-अलग हैं। गहरे विश्लेषण और रचनात्मक धैर्य की कमी या रहस्यपरक दुर्बलता के चलते भारती इस प्रासंगिक फ्लैश का अपेक्षित इस्तेमाल न कर सके। अगर भारती ने गांधारी जैसे विद्रोही चरित्र को रचा था, तो उन्हें समझ लेना था कि यह 'कृष्ण' के उत्सर्ग की कीमत पर ही संभव होगा। परंतु महाभारत के विराट मिथक ने कवि द्वारा निर्मित चरित्रों

की आंतरिक संरचना में कई जगह हस्तक्षेप किया है। गांधारी के अलावा युधिष्ठिर को ही लें। 'विजय एक क्रमिक आत्महत्या' में युधिष्ठिर की ग्लानि और पीड़ा उतनी व्यक्त न हो सकी, जितना उनका बड़बोलापन। अश्वत्थामा जैसे आलोचक की सृष्टि करके युधिष्ठिर की महत्ता कैसे कायम रखी जा सकती थी?

युद्ध के प्रति तीव्र घृणा और युद्धविहीन विश्व की परिकल्पना की अपेक्षा युद्धों के बाद नव-निर्माण का दर्शन अंधायुग की परिणति में प्रमुख हो गया है। कृष्ण की वाणी में जैसे लेखक कहता है 'मानव का भविष्य वही बचाएगा जो अंधा नहीं है, विकृत नहीं है।' 'कृष्ण' का एक अंश मनुष्यों के 'मन के वृत्त' में रहेगा, जिससे वह सभी परिस्थितियों का अतिक्रमण करते हुए विध्वंसों पर नव निर्माण करेगा। यह ठीक है कि मनुष्य बार-बार ध्वंस पर नव-निर्माण की जिजीविषा और क्षमता को रेखांकित करता रहा है, लेकिन क्या यह कारण और कार्य की संगति के बिना ही निष्पन्न हो जाएगा? युद्ध के प्रति घृणा उभारना जिस कृति का लक्ष्य हो, वही अगर नाश और निर्माण की नित्यता स्वीकार कर ले तो क्या युद्ध एक स्वाभाविक और अवश्यंभावी नियति की तरह सरलीकृत नहीं हो जाता? तब युद्ध से क्यों घृणा की जाए और युद्धविहीन विश्व की कल्पना क्यों की जाए? असल में यह कवि के बस में नहीं रहा कि वह कृष्ण के मृत्यु को केवल विनाश की चरम परिणति मानकर नाटक को समाप्त कर दे। उनकी 'मृत्यु' तो 'रूपांतरण' है, जो नव-निर्माण का एक पूरा दर्शन अपने पीछे छोड़ जाती है। एक यथार्थदर्शी लेखक जानता है कि दर्शन और रहस्य की सूक्ष्मताएँ वस्तु को निराकार बना देती हैं। यह ठीक है कि अंतिम अंश में कृष्ण का लीलाभाव बहुत ट्रैजिक हो गया है और एक करुण रागिनी की तरह बज उठा है, लेकिन अपनी 'लीलाओं' के प्रति एक गहरी वितृष्णा तब भी उनमें नहीं है। युद्ध के प्रति निराकार निषेध भी तब तक कोई विशेष अर्थ नहीं रखता, जब तक कि युद्ध के कारणों की खोजबीन और उन्हें समाप्त करने के उपायों का सार्थक विश्लेषण न हो। कारणों के रहते हुए, युद्धविहीन विश्व की परिकल्पना एक युटोपिया है। अगर एक पक्ष 'अंधा' और 'विरक्त' न भी हुआ तब भी युद्ध उस पर थोपा जा सकता है। कोई कम अंधा है या कोई ज्यादा अंधा-यह विश्लेषण खुद संजय का है जो निर्णय के उत्तरदायी क्षणों में भटक गया है।

मैं जानता हूँ कि 'अंधायुग' पर मेरी यह टिप्पणी तत्त्वदर्शी जगत में नासमझी मानी जाएगी परंतु यहां मैं संसार को भौतिक वास्तविकता मान कर बात

कर रहा हूँ, जहाँ युद्ध एक वीभत्स, प्रत्यक्ष त्रासदी है और उसका विरोध किसी तात्त्विक दार्शनिकता से नहीं किया जा सकता। यही वह संशय और प्रश्न है जो अर्जुन ने गीता के दूसरे अध्याय में युद्ध-हिंसा के बारे में कही थी। अर्जुन ने कहा था कि आप भ्रमात्मक बात कह रहे हैं (एक दूसरे की विरोधी) मुझे स्पष्ट बताइए आप कहना क्या चाहते हैं? खैर।

प्रयोग और परंपरा को लेकर 'अंधायुग' पर बहसें हो चुकी हैं। पिछले दो दशकों में हिन्दी में इतने काव्य-नाट्य-प्रयोग देखने में आए हैं कि अब बहस का यह मुद्दा नहीं रहा है। मेरे खयाल में 'अंधायुग' की मूल समस्या 'कविता में नाटक' या 'नाटक में कविता' से संबंधित है। क्योंकि 'नाटक' नामकरण के बावजूद 'अंधायुग' की अवधारणा काव्यात्मक है। अंकों के शीर्षकों से लेकर उसके दृश्य-विधान, भाषा और संवादों तक में काव्यात्मक रुझान प्रबल है। कई जगह अभिव्यक्तियाँ बिम्बात्मक हैं, जबकि नाट्य-संवादों से दृश्यपरक होने की अपेक्षा रहती है।

फिर भी यह नहीं माना जा सकता कि 'अंधायुग' प्रबंध-काव्य की आवश्यकता ही पूरी करता है और उसमें नाट्य-स्थितियाँ नहीं हैं। जिन लेखकों ने नाट्य-शिल्प की दृष्टि से 'अंधायुग' की आलोचना की है, वे भूल गए हैं कि इस कृति ने कविता की नाट्य-संभावनाओं का भरपूर इस्तेमाल करते हुए नाटक को बहुआयामी समृद्धि दी है। मसलन कुछ आलोचनाओं ने महसूस किया है कि 'अंधायुग' के प्रहरी नाटकीय पात्र नहीं हैं। वे तटस्थ हैं। जबकि प्रहरी तटस्थ दृश्यानुभव को ही प्रतीकीकृत करने के लिए यहाँ हैं—इनके नाटकीय पात्र बनने की शर्त ही यह है कि ये नाटक में जय-पराजय से अलग केवल तटस्थ साक्षी बने रहें। इनकी पूर्ति कथा-गायक नहीं कर सकता क्योंकि वह स्थितियों का भोक्ता नहीं है। प्रहरियों को महाभारत के दृश्यानुभव हैं फिर भी उनकी नाटकीयता उनके विवश और यांत्रिक अनुभवों और चेष्टाओं में ही है और वे वास्तविक प्रभाव पैदा करते हैं। कविता का बेहतर इस्तेमाल भारती ने पात्रों के प्रतीकीकरण में किया है। संजय, संजय भी हैं और कवि का प्रतीक भी। वृद्ध जो नाटक में बार-बार आता है, वह कहीं 'भविष्य' है, कहीं 'प्रेत' तो कही 'जरा' (हालांकि एक जगह उसे भविष्य-वक्ता भी कहा गया है।) इस बात पर गौर किया जाना चाहिए कि जब कोई लेखक काव्य-नाटक लिखता है तो अवश्य ही उसका यह इरादा भी होता है कि वह कविता की ऐसी संभावनाओं को नाटक के पक्ष में इस्तेमाल करे जिससे नाटक अधिक सम्पन्न और विशिष्ट हो। यह धारणा मूल में ही गलत है कि कविता की उपस्थिति से नाटक, नाटक नहीं रहता।

काव्य-नाटक से प्रश्न यह पूछा जाना चाहिए कि कविता नाटक को कौन-से आयाम देती है—या अपनी उपस्थिति से नाटक को नष्ट तो नहीं करती?

अगर मोटे तौर पर देखें तो महाभारत के अंतिम दिनों की कथा को युधिष्ठिर के राज्यारोहण और कृष्ण के निधन तक खींचने के कारण 'अंधायुग' की अवधि लंबी हो गई है। पात्रों में एक तरह से पूरा महाभारत आवृत होता है। कई घटनाओं को कहने का मोह भी नहीं टाला जा सका। चौथे अंक में तो तमाम भीड़ इकट्ठी हो गई है जिसने नाटक की रंग-धर्मिता को जटिल फैंटेसी में बदल दिया है। मुझे लगता है कि अगर भारती घटनाओं में इतना न पड़ते और फ़कत अपने केंद्रीय विचार के आस-पास संबद्ध घटनाओं का नाटक रचते, तो शायद वस्तु भी अन्वित होती और विचार भी। गद्य-नाटकों में भी ऐसे विस्तार हुए हैं; प्रसाद के कई नाटकों में यह हुआ है; परंतु यहाँ कवि की कल्पना ने नाटक को विस्फारित कर दिया है।

नागरिक रंगमंच में लोक-नाट्य-शैली का प्रयोग करके भारती ने नाटक में कविता के लिए एक उपयुक्त मंच की खोज की है। एक तरह से यह शैली वैचारिक नाटक में 'रिलीफ' का काम भी देती है। आधुनिक नाटकों में लोक-शैली के प्रयोग अक्सर हो रहे हैं और इससे अभिजात नाट्य-शिल्प समृद्ध हुआ है। एक तरह से कविता-नाट्य में इसकी नींव रखने का श्रेय 'अंधायुग' को दिया जा सकता है। 'अंधायुग' यों भी हिंदी का अपूर्व काव्य-नाटक है। छंद और मुक्त छंद की रंगधर्मिता की पहली प्रतीति अंधायुग में ही हुई है। संवेदन, व्यंग्य, चिंता और यातना ही नहीं, विचार, समस्या और प्रश्नों के लिए भी भाषा की क्षमता का परीक्षण-मंच 'अंधायुग' साबित हुआ है। काव्यात्मक संवाद-गुण, जो नाटक को संवेदना, कल्पना और मूर्तिमत्ता देते हैं, गद्य-नाटकों से भिन्न काव्य-नाटकों की विशिष्टता और महत्त्व सिद्ध करते हैं। भारती के बाद काव्य-नाटकों का एक सिलसिला ज़ाहिर करता है कि इस प्रयोग ने युवा रचना-मानस को बहुत प्रभावित किया। इस दिशा में 'एक कंठ विषपायी' जैसा उल्लेखनीय काव्य-नाटक भी लिखा गया, तब भी 'अंधायुग' अपनी ऊँचाई में अद्वितीय है।

'अंधायुग' के कथ्य, विचार और शिल्प पर इससे भी अधिक विस्तृत चर्चा संभवतः इसीलिए की जा सकती है कि यह हिंदी में मील का पत्थर है और ऐसी कृति को ठोक-बजाकर देखना जरूरी है जो अगली पीढ़ियों को प्रेरणा देती है।

द्रौपदी (हिन्दी काव्य) : नरेन्द्र शर्मा

(रचना-काल : 1960)

द्रौपदी अग्निजाया है– एक विद्रोहिणी नारी, एक प्रतिशोध रूपा। उसका समूचा जीवन ऐसी यज्ञवेदी था जिसमे खड़ी होकर वह अन्याय-अत्याचार को क्षार-क्षार करने के लिए कृत संकल्प थी। कई लेखकों ने उसके पंच पतियों पर प्रश्न उठाए अथवा कई ने भांति-भांति से उनके औचित्य को तर्कों से स्थापित कर सारी कथा को सकारात्मकता दी। इसके भीतर वही पुरानी पौराणिक दृष्टि को आधुनिक तार्किकता से पुष्ट करने की अदृश्य भावना रही है। कई लेखकों ने इस प्रश्न को अलग रखकर कहीं भक्ति तो कहीं उसके प्रति अन्याय का विद्रोही स्वर प्रकट किया।

परंतु दो लेखकों ने इनसे भिन्न दृष्टि का परिचय दिया– एक, तमिल के सुब्रमण्य भारती ने और दूसरे, हिन्दी के नरेन्द्र शर्मा ने। दोनों रचनाओं की भंगिमा और अंतःकरण भिन्न हैं, पर द्रौपदी के सब प्रकार के रूपायनों से ये सर्वथा अलग, मौलिक हैं।

सुब्रमण्य भारती के काव्य का केन्द्र राष्ट्रीयता है, जबकि नरेन्द्र शर्मा की कृति 'द्रौपदी' में द्रौपदी और पाण्डवों का दार्शनिक प्रतीकीकरण है। भारती ने देश के कर्णधारों द्वारा देश को बेचने, प्रवंचित करने के आरोप लगाते हुए सभा-प्रकरण को बड़ी तीखी स्पष्टता से उभारा है जो एक रचना की प्रासंगिक गतिशीलता का ज्वलंत प्रमाण है।

नरेन्द्र शर्मा ने महाभारत की दार्शनिक अंतर्धारा को अपने काव्य की विषयवस्तु बनाया है, और इसके संकेत स्वयं महाभारत से लिए हैं। यह अंतर्ध्वनि उस सारी मुखरता से अलग है जो अवांतर संदर्भ में ही खोजी जा सकती है, जिसकी ओर प्रायः ध्यान नहीं जाता।

महाभारत के 'उद्योग-पर्व' में 'यान-संधि' विषयक वार्ता करते हुए

धृतराष्ट्र, दुर्योधन को समझाते हैं कि–"तुम इन पाण्डवों का तेज हरना चाहते हो जो लोक के आधार स्वरूप पंच महाभूतों के समान हैं :

पंचानां पाण्डुपुत्राणां यत् तेजः पजिहीर्षति।
पंचानामिव भूतानां महतां लोकधारिणाम्।।

इन्हीं पंचमहाभूतों को अग्निशिखा-सी द्रौपदी ने संश्लिष्ट, संघटित और सक्रिय किया है। अन्यत्र भी विजय-रथ पर आरूढ़ पाण्डवों का वर्णन करते हुए वैशम्पायन जनमेजय से कहते हैं–"हे राजन्! रथ में बैठे हुए और अलंकारों से सुसज्जित वे पांच भाई पाँच महातत्त्वों के समान दिखाई दिए :

ते पंच रथमास्थाय भ्रातरः समलंकृताः।
भूतानीव समस्तानि राजन् दहशिरे तपा।।"

महाभारत में अर्थ की अनेक अंतर्धाराएँ, अनेक स्फुल्लिंग हैं, उनमें दार्शनिक-आध्यात्मिक धारा अत्यंत महत्त्व की है। इसे पकड़ पाना गहन अंतर्भेदी दृष्टि से ही संभव है। स्थूल तार्किकता और प्रासंगिक चेतना से तो बहुत से कथासूत्र पकड़े जा सकते हैं, और उसमें मौलिक आवेग, गति उत्पन्न की जा सकती है, परंतु दर्शनसंश्लिष्ट क्लैसिकी अंतर्धारा को पकड़ना, रचना के लिए संगत बनाना कठिन भी है और समय के आधुनिक दौरों में बासी होने के कारण जोखिम भी। पर यह एक ज़रूरी और कभी ही किसी रचनाकार के द्वारा साधा जा सकने वाला दुःसाध्य रचना-कर्म है।

नरेन्द्र शर्मा के इस काव्य में द्रौपदी जीवनीशक्ति है। वह यज्ञशिखा से उत्पन्न है, और द्वापर की कृत्या है। कृत्याओं की परंपरा में रेणुका (परशुराम की माँ) को सतयुग की और सीता को त्रेता की कृत्या कहा गया है। तीनों 'अतिमा' की द्योतक हैं जो दुरतिक्रम्य हैं, उल्टे वे ही अतिक्रांत करती हैं। तीनों अयोनिजा हैं। रेणुका पद्‌मजा है, सीता भूमिजा और सावित्री अग्निजा। तीनों इतनी प्रखर हैं कि इन पर कुदृष्टि डालने वाला कोई भी जीवित नहीं रहता। दुःशासन, दुर्योधन, कीचक सभी का अत्यंत दुर्गति के साथ वध हुआ–जबकि तीनों अप्रतिम बलशाली, वीर और दुरतिक्रम्य थे।

द्रौपदी जीवनी शक्ति,
पंच तत्त्वों की वह कल्याणी!
योगेश्वर की वह बहन,
योगिनी शक्ति कर्म की तृष्णा!

पंचाग्नि शक्ति साकार,

व्योम-अवतरण-कारिणी कृष्णा!" (पृ.32)

द्रौपदी की एक अपनी भी विशेषता है। वह अन्य दिव्य नारी चरित्रों के विपरीत सांवली है। उसका एक नाम कृष्णा है। पवित्र अग्नि शिखा को आकाश की अनंतता का वर्ण प्राप्त है। लेखक के अनुसार, पारंगत अग्निहोत्रियों द्वारा उत्पन्न अग्नि-शिखा का वर्ण नीला होता है-'कृष्णा मधूकरी नहीं, लपट है यागानल की कृष्णा।' पृ.29.

जिन पाँच महाभूतों को द्रौपदी ने शक्तिमान नर का रूप दिया है, उनमें 'आकाश तत्त्व' की सत्ता सर्वोपरि है। युधिष्ठिर आकाश तत्त्व का प्रतीक है। कवि के अनुसार 'निम्न धरातल पर लेन-देन, अर्जन-विसर्जन, आकाश के दृष्टिकोण से खेल में हार-जीत के समान है। युधिष्ठिर की व्यापक दृष्टि, रागद्वेष रहित निर्विकार स्वभाव और द्यूत के उनके व्यसन का यही रहस्य है।' आकाश को पार्थिवता से क्या! आकाश का गुण शब्द-नाद है। युधिष्ठिर की ध्वजा पर मृदंग का चिह्न था, जो शब्द-नाद का प्रतीक है। सर्प-रूप में स्वर्ग से पतित नहुष आकाश तत्त्व के स्पर्श से ही शाप-मुक्त होता है। शीर्षस्थ आकाश ही यक्ष-प्रश्नों का उत्तर देता है।

आकाश के बाद पवन, अग्नि और जल-थल का अनुक्रम है। आकाश ही इन तत्त्वों का आश्रय है। भीम को पवन-तत्त्व का बल-विक्रम प्राप्त है, वे अग्नि-रूप अनुज के सहायक हैं। अग्रज पवन-पुत्र हनुमान से वे अनुज की ध्वजा पर बैठने की प्रार्थना करते हैं। पवन अमर्यादित आंधी भी बन जाता है।

अग्नि तत्त्व पृथ्वी और स्वर्ग को जोड़ता है। दिव्यास्त्रों की प्राप्ति के लिए स्वर्ग-यात्रा अकेले अर्जुन ही करते हैं। महापुरुष कृष्ण उनके मित्र, और मार्गदर्शक हैं। दोनों मिलकर खाण्डव वन जलाकर नगर की स्थापना करते हैं। अग्निकुंड से जनमी द्रौपदी अर्जुन ने ही जीती थी। अग्नि तत्त्व प्राकृत का अतिक्रम करता है-कर्ण पर उसकी विजय का यही रहस्य है।

जल रसवंत है। अश्व जल का प्रतीक है। इसीलिए नकुल अश्वविद्या विशारद हैं। सहदेव क्षिति तत्त्व हैं- गोविद्या विशारद। शीलवंत, संकोची, मितभाषी। द्रौपदी का सहदेव पर विशेष प्रेम था।

नरश्रेष्ठ युधिष्ठिर ज्येष्ठ

स्वयं आकाश पुरुष तनुधारी!

है पवन तत्त्व ही भीम,
प्राण चेतन का आज्ञाकारी!
भूतल पर पावक इन्द्र,
इन्द्र का अग्नि तत्त्व ही अर्जुन!
"आर्जव नर का आग्नेय!"
कहा द्रुपदा ने शर का स्वर सुन!
है नकुल और सहदेव,
सलिल भूतत्त्वों के रूपान्तर;
यों पंचतत्त्व के संग,
होम ज्वाला का हुआ स्वयंवर! (पृ.30)
संश्लिष्ट हो गए तत्त्व,
प्रेरणाशक्ति अग्नि की कन्या! (पृ.37)

महाभारत-युद्ध दैवी और आसुरी शक्तियों का संघर्ष है। दैवी शक्ति के संरक्षक कृष्ण; आसुरीशक्ति के आधार 'धृतराष्ट्र' (अंधे)।

धृतराष्ट्र अवचेतन मन (अनकांशियस माइंड) का प्रतीक है। अंधा कुआँ। वह इच्छाओं को विवश-से अनुशासित नहीं कर पाता– इच्छा के रूप शतश: होते हैं। दुर्योधन, धृतराष्ट्र की अव्यक्त इच्छाओं का उद्धत व्यक्त-रूप है। अवचेतन दिग्भ्रमित होकर भी अंतत: इच्छा के अधीन ही होता है।

जीवन की ऊर्ध्वगामी अग्नि-शिखा आकाश-तत्त्व में स्वत्व-तत्त्व भरती है। द्रौपदी बार-बार युधिष्ठिर को संघर्ष के लिए प्रेरित-उत्साहित करती है।

कवि कहता है–'द्रौपदी एक असामान्य दिव्य प्रतीक है। उसे सामान्य अर्थ में किसी लोकप्रिय उपन्यास की कथा-नायिका नहीं समझना चाहिए। द्रौपदी को पाँच पतियों की पत्नी के रूप में हंसी ठट्ठा की चीज़ मान लेना, अर्थ का अनर्थ करना है।'

कवि की सलाह है कि दिव्य चरित्रों पर न आत्मारोपण करना चाहिए, न अनुकरण। वे अनुकरणीय नहीं होते केवल महाभाव जगाते हैं।...पुराण-कथा-निकाय की तुलना राष्ट्र के उपचेतन या अवचेतन मानस से की जाती है। इनसे राष्ट्रीय अंत:करण का निर्माण होता है।

कवि ने इस काव्य में अपनी मन:स्थिति का आरोपण न करते हुए उसके मर्म-बीज को खोजने का प्रयास किया है।.. द्रौपदी में उसने नारी की दहनशक्ति, सहनशक्ति और दहन-सहन शक्ति का अन्वेषण करने का प्रयास किया है। कवि

ने ठीक कहा है कि भारतीय मनीषियों ने इतिहास के तथ्यों या इतिवृत्त का काव्यमय कायाकल्प किया है।

यद्यपि काव्य द्रौपदी केन्द्रित है, परंतु कवि ने उससे जुड़े सभी व्यक्तियों के रूपक देकर काव्य में सांगरूपक प्रस्तुत किया है। जैसे पृथा के बारे में कवि ने कहा :

पृथ्वी माता ही पृथा,
यथा वह देव वाहिनी जाया!
ज्यों पंचतत्त्व संश्लिष्ट,
पुत्र नररत्न पार्थ है पाया!

शकुनि को उन्होंने द्वापर युग का 'ईंधन' और 'तमस' कहा है। शकुनि को महाभारत द्वापर का अवतार कहता है। द्रौपदी का कृत्या रूप देखकर वह खुश हो जाता है। कवि का कहना है कि धर्म निस्संदेह सर्वोपरि है। किंतु शक्ति-प्रेरित सक्रियता के बिना धर्म भी दैन्य और निर्वासन भोगता है :

कौरव-कुल में जो व्याप्त,
तमस का तत्त्व, शकुनि का जीवन!
पावक तनया को देख,
हँस पड़ा द्वापर-युग का ईंधन! (पृ.40)

कर्ण के बारे में कवि ने कहा :

था कर्ण तेज का तनय,
किंतु वह बना अनय का चेरा!
अक्षय प्रकाश का अंश,
किंतु स्वामी बन गया अँधेरा!

कवि ने जुए में कृष्णा को दाव पर लगाने के लिए युधिष्ठिर पर तीखी टिप्पणी की :

सत्य खो बैठे युधिष्ठिर, लगाया जब दांव पर
देवदत्ता यज्ञजा को समझकर निज उपकरण!

आगे वे कहते हैं :

"आर्या भार्या नहीं उपकरण,
वह न कंचना म्लेच्छा

आर्या नारी पावक तनया,
मूर्तिमती देवेच्छा!
जीवन यज्ञ, वीर नर याज्ञिक,
नारी अग्निकुमारी;
देवेच्छावश आत्म–यज्ञ में
पहली आहुति स्वेच्छा!" (पृ. 65)

कृष्णा मधूकरी नहीं,
लपट है यागानल की कृष्णा
युग परिवर्तन के हेतु
क्रांति ऊतल–पातल की तृष्णा! (पृ.29)

आगे कवि ने द्रौपदी को समस्तनारी जाति के उत्सर्ग से जोड़ कर उसके व्यक्तित्व को व्यापकता दी है

सुबला, द्रुपदा, पृथा, सुभद्रा
सबने भेंट चढ़ाई,
रणचंडी से तब जेता ने
विजय प्रसादी पाई

नर की हार–जीत का जग में
मूल्य चुकाती नारी!
बात मर्म की धर्मराज को
आज समझ में आई! (पृ.66)

नारी कृत्या, मृत्यु, उर्वशी,
जननी, जाया, माया;
क्षीर सिंधु–धारिणी, तारिणी,
महाशून्य की काया
ऋता नृता, चिद्–अचिद् शक्ति वह
नारी नाल–कमलिनी
वह हिरण्यगर्भा है, जिसमें
सब ब्रह्मांड समाया! (पृ.68)

वैचारिक दृष्टि से कृति सार्थक और विशिष्ट है और भारतीय मनीषा की अंतर्चेतना के साथ महाभारत के रचना-विधान और बहुस्तरीयता का उद्घाटन करती है। भारत ने अपना इतिहास, पुराणों और मिथकों में लिखा है और उसे रोचक कथा का, काव्य का बाना पहना कर लोकगम्य बनाया है। यह कृति इस तथ्य को प्रकट करती है। 'द्रौपदी' अकेली द्रौपदी के ही नहीं, महाभारत के दार्शनिक-आध्यात्मिक प्रतीकीकरण का उद्घाटन करती है। कवि ने पूरे काव्य में हर पात्र का सार्थक और विश्वसनीय प्रतीकीकरण किया है। मेरी जानकारी में आधुनिक काव्य-साहित्य में किसी लेखक ने इस मर्म को सर्जनात्मकता देने की कोशिश नहीं की; जबकि अनेक रचनाओं में इसके यथार्थवादी, प्रासंगिक पक्षों पर खूब अच्छी रचनाएँ हुई हैं। इसलिए नरेन्द्र शर्मा की यह प्रस्तुति एक अर्थ में अद्वितीय और परंपरा का नया उत्खनन है।

यहाँ यह उल्लेख करना ज़रूरी है कि प्रतीक सिर्फ वैचारिकता या दार्शनिकता की अभिव्यक्ति नहीं करते–वे सभी पात्रों के जीवन-कर्म में भी सार्थक रूप से प्रकट होते हैं–समूचे महाभारत में हम उक्त पात्रों को इनके अनुकूल विभिन्न जीवन-स्थितियों और जीवन-कर्मों में भिन्न-भिन्न रूप से सार्थक पाते हैं।

'द्रौपदी' की सर्जनात्मक विशेषता यह है कि गहन वैचारिकता के बावजूद रचना बोझिल और जटिल नहीं है। प्रतीक और काव्य-भाषा में अनेक संकेत होते हुए भी उसकी सहजता को आंच नहीं आई है। परंतु मुझे लगता है कि कुछ ज़्यादा ही सरलीकरण हो गया है। इससे संवेदन और बौद्धिक अन्वेषण के स्तर पर काव्य की जो अपील होनी चाहिए थी, नहीं हो सकी है। इससे विचार और रचनात्मक मौलिक चिंता का महत्त्व कम नहीं होता, परंतु एक काव्य-रचना से जो उत्कृष्ट काव्यात्मकता की उम्मीद की जाती है, वह पूरी नहीं होती। यदि नरेन्द्र शर्मा की परिचित काव्य-क्षमता इसमें प्रकट हो पाती तो वैचारिकता का भी भला होता और काव्यात्मक आस्वाद का भी।

पांच : आधुनिक भारतीय भाषाओं में महाभारत की साहित्य-यात्रा

- असमिया
- उर्दू
- ओड़िया
- कन्नड़
- गुजराती
- तमिल
- तेलुगु
- पंजाबी
- बांग्ला
- मणिपुरी
- मराठी
- मलयालम
- हिन्दी
- सिंधी, नेपाली, कश्मीरी
- अंग्रेजी में महाभारतीय लेखन

महाभारत की साहित्य-यात्रा–असमिया

असम के प्राचीन लेखक प्रायः संस्कृतज्ञ प्रतीत होते हैं। तभी संस्कृत के प्राचीन साहित्य को असमिया में उतार पाना उनके लिए सहज हुआ। वैष्णवकाल (1300-1600 ई.) साहित्य और संस्कृति के लिए हर दृष्टि से अनुकूल था। ओहोम (कुशान) राजा आए तो आक्रामकों के रूप में थे, पर उन्होंने हिन्दू धर्म स्वीकार कर यहां की जनधारा में अपने को शामिल कर लिया था। अपनी पंथ-सहिष्णुता और रचनात्मक रुचियों के कारण उन्होंने समन्वय स्थापित किया।

सातवीं शती से प्रारंभ असमिया तेरहवीं शताब्दी तक, प्राच्य अपभ्रंश से विकसित होकर परिष्कृत भाषा का रूप ले चुकी थी। इसलिए वह सब प्रकार की अभिव्यक्ति करने में सक्षम हो गई थी।

इसी बीच वैष्णव धर्म के महान कवि, नाटककार, संगीतज्ञ, अभिनेता और चित्रकार शंकरदेव (1449 ई.) का उद्‌भव असम के लिए एक क्रांतिकारी घटना थी, जिसने वहां के सांस्कृतिक, साहित्यिक, धार्मिक और सामाजिक जीवन को अत्यधिक प्रभावित किया। प्रसंगवश, शंकरदेव वैष्णव भक्ति के इतिहास में कदाचित पहले शूद्र कवि हैं, जिनकी समता ओड़िया के शूद्र कवि सारलादास से की जा सकती है। ये कवि वाल्मीकि, व्यास जैसे ऋषि कवियों की प्रच्छन्न परंपरा की नई कड़ी थे। शंकरदेव के जातिगत कारण से असम में भक्ति आंदोलन और काव्य को जो विशिष्ट स्पर्श और दृष्टि मिली, वह विस्तृत अध्ययन का विषय है। शंकरदेव के प्रिय शिष्य माधवदेव (1489-1596) ने भी इस युग के निर्माण में महत्त्व की भूमिका निभाई।

शंकरदेव ने ओहोम शासक नरनारायण को महाभारत का अनुवाद कराने

की प्रेरणा दी। उसने महाभारत की पाण्डुलिपियां अपने राजकवि रामसरस्वती को अनुवाद के लिए दीं। रामसरस्वती ने अपने कुछ सहयोगियों के साथ 16वीं शती में अनुवाद प्रारंभ किया जो उनके बाद भी जारी रहा। यह कार्य 18वीं शती में पूरा हुआ। 18 कवियों की एक लंबी शृंखला द्वारा किसी काव्य का दो शतियों तक अनुवाद संभवतः इतिहास में पहला उदाहरण है।

कवियों ने न केवल महाभारत का पाठानुवाद किया, वरन अपनी मौलिक उद्भावनाओं, लोक और पाण्डित्य के अन्य स्रोतों से उसे मौलिकता, वैविध्य और रोचकता दी, और इस स्वाधीनता का प्रारंभ रामसरस्वती ने ही कर दिया था। ब्यौरों में न जाकर कुछेक उदाहरणों से ही यह बात प्रकट हो सकती है :

रामसरस्वती के अनुवाद में शायद जैन पुराणों के प्रभाव से कुन्ती और गांधारी को सगी बहनें बना दिया गया। रामसरस्वती ने लिखा कि इन्द्र ने भीष्म को एक गजघंटा दिया था, जिसे बजाने पर वे स्वयं आ जाते थे, और स्वयं ऐरावत आकर भीष्म की मालिश करता था। ऐरावत के पैरों से कुचलकर भीष्म के दो छोटे भाई मारे गए थे। कौरव और सौलव के बीच संघर्ष था। शकुनि भीतर से दुर्योधन के विरुद्ध था। इसलिए बंदीगृह में अपने भाइयों के हिस्से का भोजन खाकर भी जीवित रहना चाहता था, ताकि दुर्योधन से बदला लेने की प्रतिज्ञा पूरी कर सके। आरण्यक पर्व को तो कृष्णपर्व ही बना दिया गया है।

जटासुर वध की कथा भी अलग ढंग से दी गई है। महाभारत में वह गंधमादन पर्वत पर ब्राह्मण वेश में, पाण्डवों के साथ रहता था। एक दिन अर्जुन और भीम की अनुपस्थिति में उसने युधिष्ठिर, नकुल, सहदेव सहित द्रौपदी का हरण कर लिया। भीम को लौटने पर जब पता चला तो उसने जटासुर को मार डाला। जबकि असमिया महाभारत में कहा गया है कि जटासुर ने पाण्डवों से बढ़िया भोजन कराने का आग्रह किया। युधिष्ठिर, नकुल, सहदेव नदीकिनारे भोजन बनाने गए। भीम जंगल में शिकार के लिए निकल गए। अर्जुन अनुपस्थित थे! उसका वेश बनाकर जटासुर ने द्रौपदी का हरण कर लिया और उसे पहाड़ की गुफा में छिपा दिया। पता लगते ही पाण्डवों ने पहले जटासुर के भाई गवाक्ष का वध कर दिया। जटासुर ने चारों भाइयों को मंत्र युद्ध से पराजित कर दिया। तब आकाशवाणी (कृष्ण वाणी) हुई। संकेतानुसार द्रौपदी ने अपनी वेणी के प्रहार से जटासुर का वध कर

दिया।

एक प्रसंग, युद्ध के प्रारंभ का है। दुर्योधन अश्वत्थामा को कौरव सेनापति बनाना चाहता था। कृष्ण ने सोचा कि यदि ऐसा हुआ तो अनर्थ हो जाएगा। उन्होंने माया से दुर्योधन के मन में अश्वत्थामा की स्वामिभक्ति के प्रति आशंका उत्पन्न कर दी। इसीलिए भीष्म को सेनापति बनाया गया।

इस तरह विभिन्न कवियों द्वारा किए इन अनुवादों में भांति-भांति की कल्पित या अन्य स्रोतों से प्राप्त रोचक कथाएं शामिल की गई हैं। अनुवाद क्रम में व्यास–भारत के 'अश्वमेघ पर्व' की जगह जैमिनी कृत 'अश्वमेघ पर्व' का अनुवाद किया गया है। अनेक गूढ़ विषयों के साथ ही 'आश्रम वासिक पर्व' का भी अनुवाद नहीं हुआ।

इसके बाद गोहाटी विश्वविद्यालय में सुरक्षित किसी अज्ञात लेखक की पाण्डुलिपि 'नारी पर्व' एक उल्लेखनीय रचना है, यह मौलिक काल्पनिक रचना जान पड़ती है। इसमें कौरव कुल की शोक-व्याकुल विधवाएं पाण्डवों से युद्ध करने निकल पड़ती हैं। युधिष्ठिर चिंतित होते हैं, क्योंकि महिलाओं से युद्ध कौन करे? कृष्ण ने उपाय बताया। तदनुसार पाण्डव दल की महिलाएं द्रौपदी के नेतृत्व में युद्ध करने निकल पड़ीं। दोनों पक्षों में 18 दिन तक युद्ध हुआ। परंतु कोई निर्णय न हो सका तो द्रौपदी ने 'वामवास्त्र' के प्रयोग से शत्रुपक्ष की स्त्रियों को दूर सघन वन में पहुंचा दिया। वे देवताओं से करुण-विनय करने लगीं। इन्द्र ने वहीं एक नगर का निर्माण कर उन्हें पत्नीत्व प्रदान किया। इन्द्र से जो संतानें उत्पन्न हुईं वे 'स्वर्ग नारायण' नाम से अभिहित हुईं। स्पष्ट ही यह प्रयास पाण्डवों से ओहोम राजाओं को सम्बद्ध करने का है।

महाभारत से संबद्ध रचना में पयार (गीति) काव्य-शिल्प में रची विप्रहरि की 'बभ्रुवाहन युद्ध' पहली मौलिक रचना है। यह असम साहित्य की दृष्टि से एक स्वाभाविक और महत्त्वपूर्ण प्रारंभ है। क्योंकि बभ्रुवाहन मणिपुर की राजमाता चित्रांगदा का अर्जुन से उत्पन्न पुत्र था।

कथा इस प्रकार है कि एकाकी वनप्रवास में महाभारत का सर्वप्रधान वीर अर्जुन पहली बार मणिपुर की कन्या चित्रांगदा पर मोहित हुआ था, जो मणिपुर नरेश चित्रवाहन की एकमात्र पुत्री और पुत्रिका (उत्तराधिकारी की भावी मां) थी। अर्जुन, जिसका पूरा चरित्र शुद्ध वीर का रहा है; प्रेमी का नहीं, उसने उर्वशी तक को अस्वीकार कर दिया था, चित्रांगदा के प्रति

उसका आकर्षण अभूतपूर्व तो था ही, इस दृष्टि से चित्रांगदा के अनुपम लावण्य और अपूर्व सौंदर्य का भी प्रमाण था। मंगोल नस्ल की यह युवती न केवल सौंदर्य की स्वामिनी थी, वह स्वाभिमान और आत्मविश्वास की प्रतीक भी थी। उसने अर्जुन के सामने यह शर्त रखी कि वह उसके साथ नहीं जाएगी; बल्कि यहीं रहेगी और उसका पुत्र मणिपुर का शासक होगा। अर्जुन ने दोनों शर्तें स्वीकार कर लीं।

घटना को वर्षों बीत गए। दुबारा अर्जुन युधिष्ठिर के अश्वमेघ यज्ञ के अश्व की रक्षा के प्रसंग में मणिपुर आया। देशभर के राजाओं में से कोई ऐसा न था जो अर्जुन के आगे ठहरे, परंतु बभ्रुवाहन ने साहसपूर्वक घोड़ा पकड़ लिया। यह त्रेता की रामकथा की पुनरावृत्ति जैसा था। लवकुश ने भी अश्वमेघ के अश्व को पकड़ कर राम की सेना से युद्ध किया था। तीनों पुत्रों को पिताओं की जानकारी न थी। घोड़ा लेकर जब बभ्रुवाहन मां के पास पहुंचा तो मां ने बताया कि अश्वरक्षक अर्जुन उसके पिता हैं। बभ्रु मां के आदेश पर अश्व लेकर अर्जुन के पास पहुंचा और प्रणामपूर्वक घर चलने का निमंत्रण दिया; परंतु अर्जुन ने चित्रांगदा से अपना संबंध स्वीकार नहीं किया, उल्टे उसने चित्रांगदा को दुराचारिणी कहा। कुपित होकर बभ्रुवाहन ने अर्जुन से युद्ध किया और उसे मार डाला। महाभारत में अर्जुन और बभ्रुवाहन दोनों मूर्च्छित हुए थे। परंतु कृष्णभक्त असमी कवि ने उलूपी प्रसंग को हटा कर अर्जुन को कृष्ण द्वारा पुनर्जीवित कराया। जीवित होने और तथ्य की पुष्टि होने पर अर्जुन ने चित्रांगदा का आतिथ्य स्वीकार किया।

असमिया की यह पहली महाभारतीय रचना मणिपुरी रमणी के सौंदर्य, स्वाभिमान तथा युवक की अप्रतिम वीरता और क्षमा की सुंदर मिसाल है। कथा को कवि ने निश्चय ही व्यास और जैमिनी भारत से अधिक सुंदर और सार्थक रूप दिया है। इसमें मातृभूमि के प्रति उसके प्रेम के साथ कृष्णभक्ति भी प्रकट हुई है। 'लवकुश युद्ध', 'ताम्रध्वजर युद्ध' आदि भी उल्लेखनीय हैं।

13वीं शती के उत्तरार्द्ध में कविरत्न सरस्वती ने 'जयद्रथ वध' काव्य की रचना की। असमिया में 'वध', 'हरण' और 'चरित' काव्य, कल्पना और नव सृजन के माध्यम रहे हैं। रामसरस्वती का 'भीम दानव युद्ध', 'भीम चरित्र' आदि में ग्राम्य जीवन के सुंदर विनोदपूर्ण चित्र हैं। शंकरदेव की कई 'हरण' रचनाएं हैं, जैसे, 'रुक्मिणी हरण', 'पाणिजात

हरण' (नाटक)। माधवदेव ने 'सुंदर राजसूय यज्ञ' नाटक रचा। इसमें युद्ध का दृश्य विशिष्ट है। इन्हें असम में 'अंकिया नाट' (नाटक) कहते हैं। इसमें संगीत और काव्य का मिश्रण होता है। सूत्रधार होता है।

मौलिक रचनाओं में रुद्रकंदलि रचित 'सात्यकि प्रवेश' (द्रोण सात्यकि युद्ध); रामनारायण चक्रवर्ती का 'शकुंतला' नाटक है। परंतु इसमें कल्पित चंद्रकेतु-कामकला आख्यान का अनावश्यक समावेश है; राम सरस्वती की 'वृहत्कथा, 'पांचाली विवाह' और 'भीम चरित्र' है। विष्णुराग द्विज की 'दाता कर्ण' और 'शिशुपाल वध' (ग्राम जीवन, हास्य रस आदि) रचनाएं हैं।

पारंपरिक रूप में 'अंकिया नाटक' रामायण और भागवत पर आधारित होता है। उक्त उदाहरण महाभारत के प्रसंगों पर लिखे जाने के हैं। इनके अतिरिक्त श्रीराम अता कृत 'सुभद्रा हरण' भी उल्लेखनीय है। शेष नाटक अनुपलब्ध, अप्रकाशित हैं।

भूपेंद्र राय चौधरी ने प्रसंगाधारित नाटकों को वर्गीकृत कर कोई चार दर्जन नाट्य-कृतियों की सूची दी है। संदर्भ के लिए वह पूरी सूची ज्यों की त्यों दी जा रही है:

नाटक	**नाटककार**	**प्रकाशन वर्ष**
भीमार्जुन	जगत चौधुरी	1932 ई.
कुरुक्षेत्र	अतुलचंद्र हजारिका	1936 ई.
सिंहासन	शुक्लदेव बरा	1939 ई.
द्रौपदी वस्त्रहरण	आनंदकुमार कटकी	1929 ई.
सुभद्राहरण	कनकनाथ गगै	1904 ई.
अभिमन्यु वध नाटक	भारत चंद्र दास	1885 ई.
जयद्रथ वध	अंबिकागिरी रायचौधरी	1961 ई.
दुर्योधन ऊरुभंग	वेणुधर राजरबोवा	1901 ई.
कीचक वध	दंडीराम कलिता	1950 ई.
प्रच्छन्न पांडव	मित्रदेव महंत	1958 ई.
अभिशप्त	रमणीकांत बरुआ	1959 ई.
एकलव्य	लक्ष्य चौधुरी	1935 ई.
एकलव्य	वाणीकांत शर्मा	1335 ई.

एकलव्य	कालीचरण पाटोवारी	1961 ई.
वृषकेतु	दुर्गाप्रसाद मजींदार बरुआ	1899 ई.
पार्थ पराजय	दुर्गेश्वर शर्मा	1908 ई.
बभ्रुवाहन	पानेश्वर हजारिका	1933 ई.
चित्रांगदा	कमलानंद भट्टाचार्य	1952 ई.
बभ्रुवाहन	भवेंद्रनाथ शइकिया	1966 ई.
कर्ण वीर	हरिचंद्र भट्टाचार्य	1945 ई.
कर्ण	सुरेन शइकिया	1949 ई.
महारथी कर्ण	भवेंद्रनाथ ठाकुरिया	1951 ई.
शकुनिर प्रतिशोध	गणेशचंद्र गर्ग	1939 ई.
भीष्मर शरशैया	मथुरानाथ बरुआ	1942 ई.
परीक्षितर ब्रह्मशाप	पप्पू सिंह	1935 ई.
पार्थसारथी	विनंदचंद्र बरुआ	1931 ई.
अवसान	कमलानंद भट्टाचार्य	1936 ई.
प्रभास मिलन	(अज्ञात)	
सावित्री सत्यवान	रजनी बरदलै	1891 ई.
सावित्री	पप्पू सिंह	1937 ई.
सावित्री	अतुलचंद्र हजारिका	1939 ई.
सावित्री	कमलानंद भट्टाचार्य	1953 ई.
मुक्ति संग्राम	धर्मेश्वर कटकी	1952 ई.
नल-दमयंती नाटक	महेंद्र भट्टाचार्य	1931 ई.
नल-दमयंती	आनंदचंद्र बरुआ	1941 ई.
स्वयंवर	नकुल भूजा	1942 ई.
निर्यातिता	अतुलचंद्र हजारिका	1952 ई.
राजर्षि	चंद्रधर बरुआ	1937 ई.
पराभव	अवनी सेनापति	1949 ई.
चंपावती	अतुलचंद्र हजारिका	1935 ई.
चंपावती	मालविका देवी	1938 ई.

दरबारी साहित्य काल (1600-1800 ई.) में महाभारत संबंधी एक

रचना अत्यंत उल्लेखनीय है। मूर्धन्य रचनाकार कविराज चक्रवर्ती कृत कालिदास के 'अभिज्ञान शकुंतला' नाटक का पद्य रूपांतरण। बाद में रमाकांत चौधरी ने 1857 में 'अभिमन्यु वध' माइकेल मधुसूदन दत्त की शैली में प्रस्तुत किया। अतुल चंद्र हजारिका ने बीसवीं शती के प्रारंभ में 'कुरुक्षेत्र' काव्य की रचना की, इसके अलावा आधुनिक युग में महत्त्वपूर्ण काव्य नवारुण वर्मा का 'शरविद्ध अंधकार' है, जो अर्जुन और दुर्योधन के, कृष्ण के पास सहायतार्थ जाने पर केंद्रित है। इसमें कृष्ण का अंतर्द्वंद्व या ऊहापोह महाभारत युद्ध के संकेत के रूप में महत्त्वपूर्ण है।

चंद्रप्रकाश शइकिया का उपन्यास 'महारथी' कर्ण पर केंद्रित है। कर्ण की जीवनगाथा को उपन्यासकार ने भव्य और आकर्षक ढंग से प्रस्तुत किया है। महाभारत कथा के कई प्रसंगों को बाल साहित्य के रूप में प्रस्तुत करने का भी विभिन्न लेखकों द्वारा सराहनीय प्रयास किया गया।

असमिया में महाभारत संबंधी साहित्य का उक्त सर्वेक्षण प्रकट करता है कि यहां महाभारत प्राय: काव्य और नाटकों में रचा गया। शेष विधाएं अछूती रहीं। काव्य भी प्राय: प्राचीन और मध्यकाल में रचे गए जबकि नाटक प्राय: आधुनिक युग में। वैसे भी नाटक भारतीय भाषाओं में प्राय: आधुनिक युग में लिखे गए।

यह चकित करने वाली बात है कि नाटक हमारी पारंपरिक विधा है। 'भरत का नाट्यशास्त्र' नाट्यविधि और नाट्य सोच का विश्वभर में सर्वश्रेष्ठ ग्रंथ है और कालिदास, भास, शूद्रक, भवभूति जैसे अनेक शीर्षस्थानीय नाटककार हुए हैं, फिर भी भारतीय साहित्य में 19वीं शती तक नाटक अनुपस्थित हैं। यहां इसका उल्लेख भर पर्याप्त है। क्योंकि यह स्वतंत्र रूप से अध्ययन का विषय है। हां, यह अवश्य चिंतनीय है कि असमिया में महाभारतीय एवं अन्य पौराणिक मिथकीय स्रोतों से नए साहित्य का निर्माण प्राय: नहीं हो रहा है। इसका कारण यही हो सकता है कि आधुनिकता की फैशन में अथवा महाभारत जैसी कालजयी रचना में निहित सनातन सत्य को देखने में हमारी दिलचस्पी कम हो गई हो।

महाभारत की साहित्य-यात्रा–उर्दू

महाभारत का पहला संक्षिप्त अनुवाद 1874 ई. में मुंशी तोताराम शाया ने पद्य में किया। यह 302 पृष्ठों में कही महाभारत के 18 पर्वों की कथा है।

इसके बाद कई संक्षिप्त अनुवाद हुए, परंतु संपूर्ण महाभारत का पहला अनुवाद 1913 ई. में मुंशी श्रीराम ने किया। 'श्रीराम कृत महाभारत' व्यास महाभारत के 18 पर्वों का चार भागों में गद्यानुवाद है। इसके बाद का बड़ा प्रयास बीसवीं शती में द्वारिकाप्रसाद 'उफक' ने किया। उनका गद्य महाभारत 910 पृष्ठ का वृहद् ग्रंथ है।

उर्दू में महाभारत के संक्षिप्त गद्य-पद्य अनुवादों का ब्यौरा इस प्रकार है: 'द्रौपदी लीला' (1896 ई.) पद्य शैली में महाभारत-सार, लेखक हैं बाबूराम शर्मा। 1902 ई. में कुंवर दुर्गाप्रसाद ने पद्य में महाभारत के 18 पर्वों का सारांश लिखा। 1903 ई. में लाला दौलत राय ने 'दरबार युधिष्ठिर' या 'धर्मपुर महाराज युधिष्ठिर का जीवन चरित्र असली महाभारत' गद्य में लिखा। 116 पृष्ठों की किताब में 18 पर्वों का बयान है। 1907 में शिवव्रतलाल बर्मन ने 591 पृष्ठों में संक्षिप्त महाभारत गद्य-कथा लिखी। दीवान काहिन चंद्र कपूर ने गद्य में 199 पृष्ठों में महाभारत की संक्षिप्त रचना की। प्रो. रामस्वरूप ने 1927 में, 136 पृष्ठों में कृष्ण के माध्यम से महाभारत की रचना की। 1960 में कविराज जयगोपाल विद्यार्थी ने 'संपूर्ण महाभारत बा तस्वीर' की रचना गद्य में की। यह 288 पृष्ठों की किताब है। 1958 ई. में अब्दुल अज़ीज़ खालिद ने 'महाभारत कथन माला' गद्य में लिखी। यह 360 पृष्ठों की किताब हे। जलाल अफसर सम्भली ने 1989 में महाभारत पद्य में लिखा। यह 44 पृष्ठों की आसान किताब है, जैसे–

'हस्तिनापुर की कहानी है दो भाई थे
एक नाबीना थे दीगर साहबे बीनाई।'

'प्रेमी' ने महाभारत के 18 पर्वों का संक्षिप्त वर्णन गद्य में किया है। यह रचना 414 पृष्ठों की है। 'श्री मलिक महाभारत' की पद्य में रचना मलिक निरंजन दास मलिक ने की। यह रचना 180 पृष्ठों की है। एक अज्ञात लेखक की पद्य में लिखी रचना अधूरी प्राप्त हुइ है, जिसके पृष्ठ 296 हैं।

विभिन्न पर्वों के अनुवाद भी हुए हैं। ज्वाला प्रसाद भार्गव शर्मा ने 'शल्य पर्व', गद्य में लिखा है। इसमें गदा पर्व, सौप्तिक पर्व और स्त्री पर्व भी हैं। इस पुस्तक की यह विशेषता है कि संस्कृत श्लोक भी लिखे हैं और उनका उर्दू अनुवाद सामने है। ज्वाला प्रसाद ने अलग से 'भीष्म पर्व' का अनुवाद 144 पृष्ठों में भी किया है। 'बच्चों के लिए महाभारत' की रचना भी इसी नाम से गद्य में की गई है। यह 166 पृष्ठों की किताब है। संक्षिप्त या संपूर्ण अनुवाद महाभारत से संबंधित प्राचीन रचनाओं और आधुनिक युग की प्रतीकात्मक रचनाओं की पीठिका रही है।

उर्दू में खास बात यह हुई है कि इसमें महाभारत की सृजनात्मक रचनाओं का आरंभ काव्य से नहीं, नाटक से हुआ है। 1887 में सी.पी. खटाऊ ने 'महाभारत' को एक पूरे नाटक के रूप में लिखा। यह 112 पृष्ठों का तीन अंकों का है। डॉ. अजय मालवीय के अनुसार यह रचना 'भारती भवन पुस्तकालय, इलाहाबाद' में उपलब्ध है। तीसरे अंक का यह उद्धरण बताता है कि नाटक रोचक संवादों में लिखा गया है। देखें :

इंद्र और युधिष्ठिर आते हैं और एक कुत्ता भी साथ है।

इंद्र : राजा इस हठ को त्याग दो इसमें तुम्हारा लाभ नहीं है, जबकि तुमने युद्ध में जीता हुआ राज, ताज, धन व धाम सब त्याग दिया है। चारों भाई और द्रौपदी को त्याग दिया तो इस कुत्ते को त्यागने में क्या पसोपेश है?

युधिष्ठिर : देवराज! राज को अपना करके त्यागने में ही बुराई थी। न तजता तो फिर आप कब्जे से निकल जाता। स्वभाव उसका है जाना ही जाना, आज न जाता, कल जाता।

इंद्र : यह कुत्ता भाइयों से अधिक प्यारा तो नहीं है?

युधिष्ठिर : भाइयों को मैंने नहीं त्यागा, बल्कि हिमालय पर्वत में बर्फ के टुकड़े मृत्यु-रूप होकर उन्हें निगल गए। समय आ गया और कच्ची मिट्टी के खिलौने पानी में गल गए।

इंद्र : यही ईश्वरीय रचना का दस्तूर है कि जो बनता है वह बिगड़ता जरूर है।

युधिष्ठिर : परंतु इस कुत्ते को बेरहमी के साथ क्यों छोड़ दूं, इसका क्या कसूर है?

मुंशी रियाजुद्दीन के नाटक 'अर्जुन प्रतिज्ञा अलमारूफ वीर अभिमन्यु' में तीन अंक हैं। 110 पृष्ठों के नाटक में पहले अंक में 4 दृश्य, दूसरे में 7 और तीसरे में 8 दृश्य हैं। जसवंत सिंह वर्मा टोहानवी ने 'आर्य संगीत महाभारत' नामक नाटक लिखा। इस किताब के चार भाग और बीस नजारे हैं। 508 पृष्ठ हैं। 'श्रीकृष्ण सुमिरन' नाम का एक नाटक पिंडी दास ने पद्य में लिखा है, इसमें महाभारत का संक्षेप 480 पृष्ठों में है।

कई अनुवाद 'उपन्यास' शैली में बताए जाते हैं, परंतु वास्तव में वे महाभारत को संक्षिप्त कथा रूप में अपने-अपने ढंग से प्रस्तुत करते हैं। जैसे–1890 में लिखा सुखदयाल सिंह शौक का 'महाभारत'। इस पुस्तक के तीन भाग हैं जिनमें क्रमश: 26,25 और 4 अध्याय हैं। 1903 ई. में लिखा लालचंद्र फलक का महाभारत 89 अध्यायों का है। इसके 224 पृष्ठ हैं। 1904 ई. में ठाकुर सुखराम दास चौहान के महाभारत के तीन हिस्से हैं; पहले में 31 अध्याय, दूसरे में 22 अध्याय और तीसरे में 8 अध्याय हैं। यह किताब 290 पृष्ठों की है। पारस ने भी महाभारत 'उपन्यास शैली' में लिखा है। इसमें 11 अध्याय हैं और यह किताब 160 पृष्ठों की है।

भगवद् गीता के भी कई अनुवाद उर्दू में हुए हैं। काज़ी मुहम्मद नैयर सिद्दीकी अल कुरैशी ने 1921 में 'असरारे मअर्फत तर्जुमा श्रीमद् भगवत गीता जी' गद्य में लिखी। लाला लाजपत राय की 1900 में 'महाराज श्रीकृष्ण और उनकी तालीम' भी गद्य में है। इस किताब के 35 अध्याय हैं। यह 264 पृष्ठों की है। मुंशी रघुबीर सिंह ने 'श्रीकृष्ण जी महाराज की सवानेह उमरी' गद्य शैली में लिखी। मुंशी लक्ष्मण प्रसाद, सनोबर अज़ीमाबादी, मुनव्वर लखनवी, सदर लखनवी, जाफ़र

अली खां 'असर', देवकी नंदन मुब्तेदी आदि अनेक लेखकों ने गीता के अनुवाद किए।

वास्तव में गीता-दर्शन का प्रभाव, विशेषत: उसके कर्म-दर्शन का, गालिब से लगाकर इकबाल, कैफी आजमी, कृष्ण-मोहन काझी, साहिर, सलीम एज़ाद सिद्दीकी आदि अनेक कवियों पर हुआ है। कई कवियों की पंक्तियों में गीता की झलक मिलती है। कैफी आज़मी की नज़्म 'फ़र्ज' की ये पंक्तियां देखें :

जिदगी सिर्फ अमल सिर्फ अमल सिर्फ अमल
और यह बेदर्द अमल सुल्ह भी है जंग भी है।
अम्न की मोहिनी में हैं जितने रंग
उन्हीं रंगों में छिपा खून का एक रंग भी है।
× × × ×
जंग रहमत है कि लानत पर सवाल अब न उठा
जंग जब आ ही गई सर पे तो रहमत होगी
दूर से देख न भड़के हुए शोलों का जलाल
इसी दोज़ख के किसी कोने में जन्नत होगी।

यह तीन पृष्ठों की नज़्म है। इसकी पृष्ठभूमि जितनी पुख्ता है, इसकी काव्यात्मकता और युद्ध-शांति का दर्शन भी उतना ही वैचारिक है।

गीता में अर्जुन कृष्ण से ज्ञान पाना चाहता है। वह स्वयं कहता है–'शिष्यस्तेहं शाधि माम् त्वम् प्रपन्नम्।' इस पर कृष्ण मोहन की एक रोचक नज़्म है। यह गुरु का अंधानुसरण भी हो सकती है, चापलूसी पर व्यंग्य भी और अनुयायी का आदर्श भी। कविता है : 'कृष्ण और अर्जुन में गुफ्त-गू'। इसका एक अंश देखें :

कृष्ण : वो आकाश पर फ़ाख़्ता उड़ रही है।
अर्जुन : वही है वो इक फ़ाख़्ता।
कृष्ण : नहीं, यह तो इक कबूतर है।
अर्जुन : कबूतर है यह वाकई आसमां पर
कृष्ण : नहीं, यह तो कव्वा नज़र आ रहा है।
अर्जुन : बिलाशक।

सिराज़ लखनवी 'योमे आज़ादी' में कहते हैं :

'इस खताकार से कह दो कि अगर वक्त पड़े
बांसुरी कृष्ण की अर्जुन का कड़ा तीर भी है।'

महाभारत के विभिन्न चरित्रों और कथाओं पर अनेक रचनाएं हैं। 'नलोदमन' (नल दमयंती) कथा पर कई किताबें उर्दू में हैं। 1912 ई. में दीवान काहिन चंद्र ने 'भीमसेन' गद्य में लिखा। 'पतिव्रता द्रौपदी के पांच खाविंद', गद्य में पं. भरतराम ने 1896 ई. में प्रस्तुत किया। 1966 में ई. में बाबू लाल चंद्र धुनता ने 'पूर्ण कृष्ण चरित' गद्य में लिखा; यह 452 पृष्ठों की किताब है। ख्वाजा हसन निज़ामी ने 1977 ई. में 'कृष्ण बीती बा तस्वीर' गद्य में लिखी, इसमें 144 पृष्ठ हैं। पं. लोकनाथ ने गद्य में 'वीर अभिमन्यु' का चरित्र लिखा। यह 64 पृष्ठों की किताब है। पिंडी दास ने 'जीवन चरित्र द्रोणाचार्य' और 'जीवन चरित्र दिलावर कर्ण' गद्य में लिखे जो क्रमशः 59 और 57 पृष्ठ के हैं।

प्रेमपाल ने 'दुष्यंत और शकुंतला' लिखा। मुनव्वर लखनवी ने 'अभिज्ञान शाकुंतलम्' का अनुवाद किया। महाभारत के महत्त्व के बारे में मौलवी मुहम्मद अजमल खां ने अपनी पुस्तक 'भगवत गीता या नगमा-ए-खुदाबन्दी' में ठीक लिखा है :

> 'जिस तरह यूरोप वालों को इलियड और ओडिसी पर नाज़ है, उसी तरह हिन्दुस्तानियों को भी गर्व है कि महाकाव्य महाभारत और रामायण न केवल पूरब के लिए बल्कि सारे विश्व के लिए लतीफ व पाकीजा सरमाया-ए-इल्मो अदब, फलसफा, मजहब व तारीख है और हकीकत भी यही है कि इल्म किसी खास कौम की मिल्कियत नहीं बल्कि इंसानियत का जायज विरसा (विरासत) है।'

उर्दू साहित्य के नए युग में महाभारत के इतिवृत्तात्मक अनुवाद या अनुकरणमूलक परिपाटी लगभग समाप्त हो गई और उसके प्रतीकों, संकेतों और सर्जनात्मक गुणों का लाभ उठा कर उर्दू कवियों ने उन्हें अपने युग संदर्भों में देखा है और उसके भीतर निहित विपर्ययात्मक संभावनाओं का लाभ उठाते हुए मार्मिक, तीखी और व्यंजक रचनाएं लिखी हैं। उसने अपने युग के सामाजिक, राजनीतिक, मानवीय, दार्शनिक

और नैतिक प्रश्नों को बड़ी शक्ति से उठाया है। असल में उर्दू की सर्जनात्मक ग्रहणशीलता और अभिव्यक्ति की शक्ति का सच्चा रूप इसी युग में देखने को मिलता है।

सलाम बिन रज़्ज़ाक आधुनिक युग के अग्रगण्य कथाकार हैं। उन्होंने महाभारत के अनेक प्रतीकों का इस्तेमाल अपनी कहानियों में किया है। उदाहरण के लिए उनकी एक कहानी 'एकलव्य का पुनर्जन्म' युग-परिवर्तन के बाद भी भेदभाव, ऊंच-नीच की सूचना देती है। कहानी में मजदूर के घर जन्मे प्रथम श्रेणी में पास बच्चे को वह मेडिकल कॉलेज में भर्ती नहीं करा सकता, क्योंकि वह शूद्र नहीं है, हरिजन नहीं है। इस कहानी में भेदभाव की एक अलग किस्म की विडम्बना है। महाभारत के कर्ण और एकलव्य दोनों ही जातिगत विषमता का शिकार हैं। साहिर लुधियानवी की निम्नांकित पंक्तियां दोनों पर लागू होती हैं :

> 'कुछ इन्सान बिरहमन क्यूं हैं कुछ इन्सान हरिजन क्यों हैं?
> एक की इतनी इज्जत क्यों है एक की इतनी ज़िल्लत क्यों है?'
>
> × × × ×
>
> 'जन्म से कोई नीच नहीं, जन्म से कोई महान नहीं
> कर्म से बढ़ कर किसी मनुष्य की कोई पहचान नहीं।'

सत्ता मनुष्य को अंधा कर देती है। महाभारत का धृतराष्ट्र इस पर सौ फीसदी सही उतरता है। कुंवरसेन की कहानी 'धृतराष्ट्र के बाद' में यह बात बड़े सटीक ढंग से कही गई है। राजा को सिंहासन छोड़ते ही आंखें आ जाती हैं और आंख वाला जब सिंहासन पर बैठता है तो अंधा हो जाता है। दूसरे ही पल वह अधिकारियों को अंधों पर लाठी चलाने का हुक्म दे देता है!

'बकासुर' पर सुरेंद्र प्रकाश और श्रवण कुमार वर्मा ने कहानी लिखी है। बकासुर किसी एक देशकाल में नहीं, सभी देशकालों में है। सुरेंद्र प्रकाश की कहानी 'गाड़ी भर रसद' में जो व्यक्ति एक गांव में गाड़ी भर रसद भेजने से डर कर दूसरे गांव में भाग जाता है तो देखता है कि वहां भी वही आलम है। भय और भ्रष्टाचार; सत्ता और शक्ति के सार्वदेशिक और सार्वकालिक हथियार हैं। श्रवण कुमार वर्मा की कहानी 'कुछ नहीं होगा' में पांच हजार साल पहले भीम ने जहां लाश

छोड़ी थी, वहीं उसमें हरकत होने लगती है। लोग भयभीत अधिकारियों से शिकायत करते हैं। कुछ दिनों बाद लाश के गायब हो जाने पर लोगों को खुशी होती है कि बकासुर गया। तभी एक आदमी आकर कहता है कि मैंने अभी-अभी बकासुर को सिंहासन पर बैठे देखा है। वह रिश्वतखोरी और भ्रष्टाचार में लिप्त है।

सत्यवान-सावित्री पर बहुत-सी कथाएं उर्दू में हैं। जिगर बरेलवी की 'पयामे सावित्री' कथा-कहानी रूप में कही गई है। परंतु राजेन्द्र सिंह बेदी की कहानी 'अपने दुःख मुझे दे दो' में मृत्यु से भयभीत प्रेमी पत्नी से कहता है–'तुझे कुछ न होगा इंदु! मैं तो मौत के मुंह से भी तुझे ले आऊंगा। अब सावित्री नहीं, सत्यवान की बारी है।' महाभारत में भी एक ऐसी ही कथा 'रूरू-प्रमद्वरा' की है, जिसमें रूरू अपनी मृत मंगेतर को जीवित करने के लिए अपनी आधी उम्र उसे दे देता है।

द्रौपदी पर भी कई कथाएं हैं। इनमें दो रचनाएं उल्लेखनीय हैं–कृष्ण मोहन की नज़्म और जोगिन्दर पाल की कहानी। कृष्ण मोहन की नज़्म है–'द्रौपदी नए युग की'–यह केबरे डांसर है। कवि कहता है कि यह महफिल में मचलती है और धीरे-धीरे स्वयं निर्वस्त्र होती है। महफिल में बैठा हर एक उसकी अदा पर निछावर था। नए युग के छबीले दुर्योधन तमाशा देखते थे। कोई जबर्जस्ती नहीं करता था। उसे किसी कृष्ण की ज़रूरत न थी, वह अपने में मस्त थी। जोगिन्दर पाल की कहानी है 'महाभारत'–इसके आठ अध्याय हैं। कथाकार ने द्रौपदी नामक वेश्या का 'द्रौपदी' से एक विडम्बनापूर्ण सादृश्य बिठाया है। वह महाभारत का पाठ करती कृष्ण की भक्ति करती है। उसकी यही कामना है कि परदे में उसका धंधा चलता रहे और आबरू बनी रहे। एक व्यक्ति पूछता है–"तुम्हारा तो धंधा ही जिस्म बेचना है फिर आबरू कैसी?" वह कहती है कि "अगर आबरू बनी रहे तो जिस्म बेचने से क्या होता है? मेरी तो यही प्रार्थना है कि परदे में मेरा धंधा चलता रहे और आबरू से रोटी मिलती रहे।" छिप-छिप कर रोने पर 'कोई' पूछता है कि "छिप-छिप कर क्यों रोती हो?"–"इसलिए कि कहीं मुझे अपने ग्राहकों पर बाप-भाई का गुमान न होने लगे।" वह 'जीवन एक युद्ध है' जैसे महाभारत के कथन पर टिप्पणी करती है कि पहले तो लोग तलवारों से लड़ते थे, आज मुस्कान उनका शस्त्र है। कहानी के आठ

हिस्से स्त्री की दशा, व्यथा और यातना को अजब बारीकी से खोलते हैं। कहानी मानो द्रौपदी पर लघु कथाओं का ऐसा संकलन है जो अतीत से वर्तमान तक खिंची हुई तलवार की तरह है। अंत में द्रौपदी का यह प्रश्न पूरे देशकालों से है–"मैं अकेली अपनी आबरू के साथ अपना महाभारत युद्ध कैसे लड़ूं?"

उर्दू साहित्य पर महाभारत का प्रभाव उसके मुहावरों, प्रतीकों, कहानियों, नज्मों में भी समाया है, परंतु फिर भी सीमित है जबकि इसमें कई रचनात्मक संभावनाएं हैं। नाटक उपन्यास और चिंतन-अन्वेषण के क्षेत्र में महाभारत का प्रभाव दिखाई नहीं पड़ता।

महाभारत की साहित्य-यात्रा–ओड़िया

ओड़िया साहित्य का उद्‌भव उपेक्षितों, सर्वहाराओं द्वारा हुआ। कवियों को न तो राजाओं का आश्रय प्राप्त था न उच्च जातीय सम्मान। उनके लिए संस्कृत साहित्य को पढ़ने का भी कोई अवसर नहीं था। साहित्य के नाम पर छोटे-छोटे गीतों के अलावा उनके पास कुछ न था।

ऐसी पृष्ठभूमि में 15वीं शती में एक शूद्र कवि हुए–सिद्धेश्वर परिला। उन्हें अपने नाम का भी कोई भान न था, वे सारला देवी अर्थात् सरस्वती के भक्त थे। इसलिए 'सरला दास' थे; उन्होंने जिस महाभारत की सृष्टि की थी, वह सारला देवी का प्रसाद था। इसीलिए उसे उन्होंने सारला महाभारत नाम दिया। संस्कृत का ज्ञान नहीं था। जो महाभारत उन्होंने ब्राह्मण पुजारियों से प्रमुख घटनाओं और कथारूपों में सुना था–उनके लिए वही 'महाभारत' था। खेती-किसानी करते थे, गरीब आदमी थे, चहारदिवारी से घिरी ऐसी कोई जगह नहीं थी, जहां बैठकर सुकून से वे कोई विशालकाय ग्रंथ रच सकें। गांव के वट वृक्ष की छाया उनकी काव्यभूमि थी, जहां बैठकर ताड़ के पत्तों पर वे लिखते थे। परंतु उन्होंने जो रचा, वह देशकाल को बेधकर लोगों की आत्मा में चिरस्थायी महाकाव्य के रूप में प्रतिष्ठित हुआ।

एक विराट पर्वतमाला का अनगढ़ सौंदर्य, अपनी धरती की मिट्‌टी, उसके संस्कार, लोक व्यवहार, कथा इतिहास, यहां तक कि कई पात्रों के मामले में सारला दास ने जिस निरंकुशता का परिचय दिया वह किसी महाकवि से ही संभव है। आम बोलते-बतियाते, लड़ते-झगड़ते स्त्री-पुरुषों का ऐसा जमावड़ा, भाषा के किनारों को जहां चाहे तोड़ता, लोक जीवन को निःसंकोच रचता, यह कवि ओड़िया साहित्य के पूर्वापर को लांघ गया। जगन्नाथ को जातीय देवता के रूप में प्रतिष्ठित करने का श्रेय सारलादास को ही है। उनके काव्य पर अन्यत्र कुछ विस्तार से बात की गई है। यहां

इतना भर पर्याप्त हे कि ओड़िया के परवर्ती और खासकर महाभारतीय साहित्य पर सारलादास का न्यूनाधिक प्रभाव अवश्य हुआ।

सारलादास के परवर्ती कवि प्राय: व्यास महाभारत से प्रभावित हैं। उन्होंने लोगों तक उसे पहुंचाने के लिए उसके संक्षिप्तीकरण पर जोर दिया। इस दिशा में कई प्रयास हुए। 'पंचसखा युग' के कवि बलराम दास ने संस्कृत में रचित महाभारत के 'भीष्म पर्व' का (गीता सहित) ओड़िया में अनुवाद और भाष्य किया। सत्रहवीं शती के विप्र गोपीदास ने 'संक्षिप्त महाभारत टीका' लिखी, इसमें उनका काव्यत्व भी दिखाई पड़ा। विश्वम्भरदास के 'विचित्र भारत' और मधुसूदन हरचंदन के 'विचित्र महाभारत' में कुछ चुने हुए प्रसंगों का संग्रह और भाषानुवाद है। 'भारत चरितामृत' में भी कवि गंगाधर का ऐसा ही प्रयास है। इन सभी कृतियों का किसी नई उद्‌भावना और काव्यत्व की दृष्टि से कोई महत्त्व नहीं है। इनका कुल प्रयास भी महाभारत कथा को जन-जन तक पहुंचाने का रहा है।

बाद का 'रीति युग' महाभारत के प्रसंगों पर गीत लिखने का दौर था। इसमें केशव पटनायक की कृति 'छंद महाभारत' उल्लेखनीय है। इसमें महाभारत का गीति संक्षेप है। कवि सम्राट उपेन्द्र भज का 'सुभद्रा परिणय' इस युग की अत्यंत उल्लेखनीय काव्यकृति है। 'सुभद्रा हरण', 'द्रौपदी स्वयंवर' जैसे काव्य भी इस युग में लिखे गए जो सामान्य हैं।

इन सब कृतियों ने आगामी युगों के लिए महाभारत की एक पीठिका और परिवेश बनाया। इस पर सर्जनात्मक काम आधुनिक युग में हुआ। इन पर सारला दास या सर्वहारा कवि भीमा का प्रभाव है जिन्हें 'शताब्दी का नचिकेता' कहा जाता है और जो जंगलों में घूमते और बस्तियों में भीख मांगते थे, चेचक में एक आंख खो चुके थे; कोई विशेष प्रभाव नहीं हुआ। भीमा ने महाभारत पर तो अपने गीत नहीं लिखे पर सारला की लोक और क्रांतिकारी परंपरा को आगे बढ़ाया।

19वीं शती के आरंभिक कवियों ने महाभारत के विभिन्न प्रसंगों पर मौलिक काव्य लिखे; जैसे भगवत दास ने 'कपट पाशा', वासुदेव बेहेरा ने 'भीम दु:शासन दायिका', गोविंदरथ ने 'हरि अर्जुन कलि' जैसी रचनाएं।

ओड़िया साहित्य में आधुनिकता की प्रवर्तक 'बृहत्‌त्रयी' है—राधानाथ राय, मधुसूदन राय और फकीर मोहन सेनापति। उनमें से केवल राधानाथ राय ने ही महाभारत की विषयवस्तु पर दो काव्यों की रचना की—'बाण हरण'

और 'दुर्योधन रक्त नदी संतरण'। ये दोनों प्रसंग 'सारला महाभारत' के कल्पित प्रसंग हैं। पहले काव्य में गलती से अर्जुन को दुर्योधन समझकर भीष्म पितामह उसे पाण्डवों का विनाश करने के लिए सुरक्षित पांचों बाण समर्पित कर अपने को हल्का महसूस करते हैं। इसके पीछे कृष्ण का स्नेह-चातुर्य है। अपनी भूल का पता चलने पर पितामह कृत्रिम रोष प्रकट करते हैं। भीष्म के अंतर्बाह्य द्वैत की विसंगत मनोदशा का निरूपण और स्थितियों की नाटकीयता को व्यक्त करने में राधानाथ सफल हुए। उनका दूसरा काव्य 'दुर्योधन रक्त नदी संतरण' एक मार्मिक प्रसंग पर आधारित है। दुर्योधन महाभारत युद्ध के अंत में बहती खून की नदी पार करने के लिए एक शव पर बैठता है, बाद में उसे पता चलता है कि वह उसके बेटे का शव है। राधानाथ राय ने जिस तरह इस पूरे प्रसंग की सर्जना की है, उसमें अद्‌भुत मार्मिक ट्रैजिक विडम्बना है और असह्य आत्मताप है।

दूसरे महाकवि फकीर मोहन सेनापति को ओड़िया का 'प्रेमचंद्र' कहा जाता है। वे शीर्षस्थ उपन्यासकार हैं, पर कवि भी बड़े हैं। उनका काव्य 'वेणी संहार' महाभारत और भट्ट नारायण के संस्कृत काव्य 'वेणी संहार' से भिन्न भावभूमि पर है। अपनी मानवतावादी धारणा के अनुरूप कवि ने इस प्रसंग के भीतर छिपे विद्रूप को नवीन मानवता के लिए एक करुण चेतना में बदल दिया है। वास्तव में इन तीनों काव्यों से आधुनिक ओड़िया साहित्य का प्रस्थान हुआ है। 'सारला महाभारत' के बाद ये ओड़िया की शीर्षस्थानीय रचनाएं हैं।

परंतु यह ऊंचाई समकालीन कवि गंगाधर मेहेर प्राप्त न कर सके, बल्कि उनका काव्य 'कीचक वध' मध्यकालीन भक्ति और आदर्श की ओर प्रत्यावर्तन है। चिंतामणि महापात्र ने भी ओड़िया काव्य के चिरपरिचित चरित्र 'सुभद्रा' पर काव्य रचना की। यह एक तरह से ओड़िया का अंतिम खंडकाव्य है, क्योंकि नए युग में सभी भाषाओं की तरह ओड़िया में भी महाकाव्य और खंडकाव्य की जगह कविता ने ले ली है। महाभारत के प्रसंगों पर भी आधुनिक संवेदना की छोटी छोटी कविताएं लिखी गई हैं।

इस नई प्रवृत्ति के बावजूद इक्कसवीं शती में लिखा हरप्रसाद दास का महाकाव्य 'वंश' उल्लेखनीय है। इसमें महाभारत के पात्रों की शृंखला ऐसा गहरा आत्ममंथन है जिसमें उनके जीवन की विडंबना और हताशा का नए और भिन्न परिप्रेक्ष्य में चित्रण है।

ओड़िया में रचना विधाएं अनेक हैं, इनका दायरा लोक से लगाकर साहित्यिक कृतियों तक है। काव्यों, नाटकों, उपन्यासों से लगाकर गीति नाट्य, गीताभिनय, यात्रा (ऑपेरा), पाला (हरिकथा), स्वांग आदि तक; परंतु महाभारतीय कथाओं पर आधारित नाटक ही मुख्यत: लिखे गए।

उल्लेखनीय मौलिक नाटकों में राधा मोहन राजेन्द्र देव के दो नाटक 'पांचाली पट्हरण' और 'पाण्डव वनवास', गोपीनाथ नंद शर्मा का 'द्रौपदी वस्त्रापहरण', अश्वनी कुमार घोष का 'गुरु दक्षिणा', उदयनाथ मिश्र का 'सुभद्रा परिणय', धनेश्वर पटनायक का 'गांधारी', आनंद शंकरदाश का 'कपट पाशा' आदि हैं। उक्त नाटकों से प्रतीत होता है कि राधानाथ राय की भांति इनमें न तो नये विषय की खोज है न संरचनागत नवीनता; केवल कुछ बंधे-बंधाए विषयों पर नई भाषा-शैली में कथ्य को नाटकीय दृष्टि से प्रस्तुत कर दिया है।

गीतिनाट्य के क्षेत्र में वैष्णव पाणि ओड़िया का नाम अविस्मरणीय है। उनमें अखूट रचना स्रोत था। उनके सौ से अधिक गीतिनाट्यों में से लगभग 30-35 महाभारत के विभिन्न प्रसंगों पर हैं। वे ओड़िया के सबसे लोकप्रिय और लोकव्यापी रचनाकार हैं, जिनके गीतिनाट्य भांति भांति के माध्यमों से घर-घर में पहुंचे हैं। प्रमिलार्जुन, कर्णवध, भीष्म शरशय्या, रंग सभा, सुमंतक मणि हरण, निकुंभासुर वध, शंखचूड़ वध, इच्छावती हरण, अर्जुन लाखबिंधा, वैलोचन वध, द्रोणाचार्य वध, यदुवंश ध्वंस, चंद्रावती हरण जैसे गीतिनाट्य प्राय: अनछुए सर्जनात्मक विषय हैं। इनका चयन उन्होंने केवल 'व्यास महाभारत' से ही न कर, जैमिनी महाभारत और सारला महाभारत से भी किया है। 'हरण' और 'वध' काव्यों पर उनकी गहरी पकड़ है।

बालकृष्ण महांति ने भी अनेक महाभारतीय आख्यानों पर गीतिनाट्य रचे हैं। महांति ने नए विषयों का अन्वेषण और नई व्यंजनाएं की हैं। 'हरिहर भेंट', 'घटोत्कच', 'खांडव दहन' जैसे गीतिनाट्य ऐसे विषय पर हैं जिन पर रचनाएं प्राय: नहीं लिखी गईं। नाटकों की अटूट शृंखला ओड़िया नाटकों में है। बाद के नाटककारों में वैष्णव चरण महांति ने 'वेणी बंधान', 'महावीर कर्ण', 'कुरुक्षेत्र', 'प्रवीरार्जुन', 'चक्रव्यूह', 'विजयी पार्थ', 'बभ्रुवाहन' आदि नाटक रचे हैं। सोमनाथ पाल का नाटक 'विजयी पाण्डव' भी उल्लेखनीय है। इसके अतिरिक्त भी ओड़िया में प्रभूत नाटकों की सृष्टि हुई है।

आधुनिक रचना की एक सामान्य विशेषता होती है कि वे प्राचीन या

पौराणिक विषयवस्तु पर अपने युग की सामाजिक, मानवीय समस्याओं को उठाते हैं। उनका यह निरूपण ही उन्हें आधुनिक युग में प्रस्तुत करने का औचित्य देता है। इस दिशा में जिस रचना में जितनी प्रखरता, व्यापकता और गहराई होती है, वह उतनी ही महत्त्वपूर्ण होती है। ओड़िया में महाभारत संबंधी उक्त नाटक इसी अर्थ में सार्थक हैं।

महाभारतीय विषयवस्तु पर ओड़िया में उपन्यास बहुत कम लिखे गए हैं, जबकि पुराण, इतिहास या अतीत कथाओं पर आधुनिक युग में वे ही सबसे ज्यादा लिखे भी जाते हैं और पढ़े भी जाते हैं। ओड़िया में केवल तीन उपन्यास उल्लेखनीय हैं—कान्हुचरण महांति का 'सत्यवती', प्रतिभा राय का 'याज्ञसेनी' और लक्ष्मीप्रिया आचार्य का 'भीष्म की आत्मकथा'। इनमें सबसे प्रसिद्ध और लोकप्रिय उपन्यास 'याज्ञसेनी' है। यह न केवल ओड़िया में लोकप्रिय है, वरन् कई भारतीय भाषाओं में अनूदित होकर बहुत पढ़ा गया है।

'याज्ञसेनी' आत्मकथा शैली में लिखा गया है। लगता है लेखिका ने द्रौपदी के घात-प्रतिघातों को बहुत गहराई से अपने मन-प्राण पर झेला है और उसकी आस्था, श्रद्धा और भक्ति को महसूस किया है। द्रौपदी के चरित्र को लेकर भारतीय साहित्य में अनेक रचनाएं शायद इसीलिए आई हैं कि एक स्त्री के प्रति पारिवारिक, नैतिक और भावनात्मक स्तर पर जो व्यवहार किया गया उसकी गहरी प्रतिक्रिया, आक्रोश और वेदना लेखकों के मन में है। महाभारत को भी पंचपतियों के मामले में पूर्वजन्म की कथा गढ़नी पड़ी और चीरहरण को भक्ति की आर्तपुकार से ढांकना पड़ा; जबकि द्रौपदी यज्ञ की ज्वालाओं से जन्मी है। उसे यौवन में जो झेलना पड़ा, पति की नासमझी या आदर्शवाद के कारण वन की खाक छानना पड़ा, राजा के घर में सैरन्ध्री के रूप में रहना पड़ा और कीचक, जयद्रथ जैसे दरिन्दों की कुदृष्टि से आहत होना पड़ा, युद्ध में अपना पुत्र और युद्धांत के बाद अपने सभी पुत्रों को खोना पड़ा। हर जगह उसके साथ अत्याचार हुआ, उसके स्वत्व और अभिमान को पद तल से रौंदा गया। यदि द्रौपदी अपनी आत्मकथा कहे तो शायद उसे वह सब भी कहना पड़ सकता है जो लेखक की संवेदना और दृष्टि से छूट सकता है। परंतु प्रतिभा राय जैसी आधुनिक लेखिका की द्रौपदी पौराणिक अतिचारों को तर्क संगत बताती है और आलोचना के हर अवसर को भक्ति और आस्था के हाथों सौंप देती है। वह तो उपन्यास की सहज भाषा और रचनाकार की कथा शैली है जो शायद पाठकों को ऐसे

सवाल उठाने नहीं देती।

लक्ष्मीप्रिया आचार्य का उपन्यास 'भीष्म की आत्मकथा' भी आत्मकथा शैली में है। भीष्म के मन में कितने घाव होंगे। अपनी प्रतिज्ञा और आदर्शवाद के नीचे उनकी आत्मा कितनी घुटती होगी यह तो शायद वे ही दूसरों से ज्यादा बता सकते हैं। लेखिका का यह स्पर्श महत्त्वपूर्ण है कि अपने अविवाहित रहने की प्रतिज्ञा के बावजूद उनमें अम्बा के प्रति जो अव्यक्त राग था, उसे उसने देखा है। उपन्यास की भाषा में काव्यात्मक श्लेष अवश्य है परंतु वह सहजता और प्रवाह नहीं है, वह किस्सागोई और रचना कौशल नहीं है जो एक उपन्यास को लोकप्रिय बनाता है। आधुनिक होने की अपेक्षा भी यह कृति कम ही पूरा कर पाती है। वैसे उक्त दोनों उपन्यासों में विचारोत्तेजन शक्ति की कमी है।

परंतु इन तीनों लेखकों को इस बात का श्रेय दिया जाना चाहिए कि उन्होंने ओड़िया साहित्य के लिए उपन्यास जैसी अल्प प्रचलित विधा में रचना की। इसी तरह कहानियां भी हैं जिन्हें पौराणिकता की गंध से बचाना और जिनके माध्यम से युगबोध रचना कठिन जानकर ही शायद वे बहुत कम लिखी गयीं। वैसे पूरे भारतीय साहित्य में महाभारत की विषयवस्तु पर आधुनिक कहानियां बड़ी कठिनाई से मिलेंगी।

महाभारत का तात्त्विक विवेचन और अनेक स्तर पर चिंतन शोध आदि जैसा मराठी, हिंदी, बांग्ला आदि भाषाओं में है, वैसा ओड़िया साहित्य में नहीं है।

लोक के योगदान के रूप में हम महाभारत के कुछ प्रसंगों को स्वांग के रूप में देख सकते हैं, जो आधुनिक युग के प्रारंभ में थोड़े बहुत लिखे गए। इस संदर्भ में गोपाल दास का नाम विशेष उल्लेखनीय है। उनके स्वांग लोक रंजन करने में समर्थ रहे हैं।

एक बात विशेष उल्लेखनीय है कि आधुनिक ओड़िया लेखक पात्रों के प्रतीकीकरण को नाटक, कथा या भिन्न रचना-रूपों में प्रस्तुत करते रहे हैं। यह आधुनिकता की महत्त्वपूर्ण प्रवृत्ति है। पात्रों के प्रतीकीकरण का लाभ लेते हुए लेखक सर्वथा भिन्न समकालीन कथा या नाटक में उन्हें ढालकर उनका अर्थविस्तार भी करते हैं, और पारंपरिकता से मुक्त करते हुए पात्र, घटना आदि के माध्यम से उसके फलक का विस्तार करते हैं। कुंती, कुंतला, शकुंतला (वीणापाणि महांति); शकुंतला (शांतनु कुमार आचार्य); धृतराष्ट्र और

गांधारी; वस्त्र हरण (कहानी) (वीणापाणि महांति) जैसी रचनाओं ने अपने युग के बिम्बों को दूरगत प्रतीकात्मकता से जोड़कर सर्जनात्मकता का नया आयाम रचा है। ओड़िया में पाला (हरिकथा) और यात्रा (ऑपेरा) भी रचे गए हैं।

कुल मिलाकर अनेक माध्यमों से महाभारत उड़ीसा के जीवन और साहित्य में समाया लगता है।

महाभारत की साहित्य-यात्रा–कन्नड़

कन्नड़ साहित्य के तीन कवि–पंप, रन्न (10वीं शती), और कुमार व्यास (15वीं शती) के काव्य का उपजीव्य महाभारत है।

पंप ने 'विक्रमार्जुन विजय' महाकाव्य की रचना की, जो 'पंप भारत' के नाम से विख्यात है। पंप राजा 'अरि केसरी' के सभा कवि थे। इसलिए उन्होंने अरिकेसरी का अर्जुन से अभेद स्थापित कर अपने काव्य का नाम 'विक्रमार्जुन विजय' रखा और इसी के अनुरूप अर्जुन को काव्य का नायक बनाया, उस अकेले से द्रौपदी का विवाह कराया और युद्ध में विजय के बाद उसे ही सिंहासनासीन करा कर काव्य का समापन कर दिया। कृष्ण और युधिष्ठिर को इस काव्य में उन्होंने गौण बना दिया। अपने आश्रयदाता के लिए प्रख्यात और महान काव्य का ऐसा रूपांतरण करने में उन्हें संकोच नहीं हुआ। पंप की प्रखर प्रतिभा और अप्रतिम काव्यत्व के कारण इस असंगति पर कम ध्यान दिया गया। पंप को इस बात का भी श्रेय है कि जैन होते हुए भी उन्होंने इस काव्य को लौकिक रूप दिया और अपने धर्म का कोई हस्तक्षेप इसमें नहीं होने दिया, जबकि उनके सामने अपने पूर्ववर्ती जैन कवि जिनसेन के 'हरिवंश पुराण' का उदाहरण था; और अन्य जैन कवियों की पौराणिक या पारंपरिक काव्य-वस्तुओं की रचना करते हुए यही दृष्टि रही भी है।

पंप ने सभाकवि की जिस मनोवृत्ति का परिचय दिया इसका अनुसरण परवर्ती जैन कवि रन्न ने भी किया। उन्होंने अपने काव्य 'साहस भीम विजय' (जो 'गदा युद्ध' के नाम से विख्यात हुआ) में अपने आश्रयदाता राजा सत्याश्रय का भीम से अभेद स्थापित किया। अद्‌भुत काव्य सामर्थ्य के कारण वे कविरत्न कहे जाते हैं। उन्होंने भी अपने काव्य को लौकिक रूप दिया।

महाभारत से वस्तु ग्रहण करने वाले तीसरे महाकवि कुमार व्यास भी विलक्षण प्रतिभा के हैं। वे भारत की भक्ति परंपरा के कवि हैं। उनके द्वारा रचित महाभारत 'गदुगिन भारत' नाम से प्रख्यात है, क्योंकि उन्होंने अपना लंबा रचनाकाल 'गदुग' नामक स्थान पर बिताया था। वहीं वीर नारायण के मंदिर में बैठ कर उन्होंने महाभारत लिखा था। उनकी लेखनी धाराप्रवाह काव्य की रचना करती है। वे कर्नाटक भारती के 'हृदयहार' कहे जाते हैं। उनकी जनप्रियता और ख्याति का फलक अत्यंत विस्तृत और गहन था। उनकी समता हिंदी के महाकवि तुलसीदास से की जाती है। अद्‌भुत सौंदर्य और रस से आप्लावित 'गदुगिन काव्य' की कथावस्तु महाभारत के 'गदा पर्व' तक सीमित है। आगे के सात पर्वों की कथा विस्तार से तिम्मण कवि (ई. 1515) ने अपने आश्रयदाता कृष्णदेव राय के आदेश से लिखी। इसे उन्होंने 'भामिनी षट्‌टादी' नाम दिया। इसमें 3736 पद्य हैं।

कुमार व्यास से प्रेरित होकर अनेक कवियों ने 'महाभारत' की रचना की। इसी बीच हुए 13वीं शती के कवियों में चौण्डरस का अन्यतम स्थान है। उन्होंने 'नल चरित्र' नामक चम्पू काव्य लिखा। काव्य ललित मधुर है, सहज-स्वाभाविक अलंकार हैं, प्रांजल भाषा और प्रवाहपूर्ण शैली है। नल-दमयंती के चरित्र चित्रण में निपुणता है। प्रकृति चित्रण भी मनोहारी है।

1530 ई. में जनमे चाटु विट्‌ठलनाथ के द्वारा भी सम्पूर्ण भारत लिखे जाने का उल्लेख मिलता है। परंतु वर्तमान में इसके पोलोम और आस्तिक पर्व ही उपलब्ध हैं। 1550 ई. के सुकुमार भारती ने 'चायण भारत' की रचना की। 1700 ई. में श्रीनिवास कवि ने महाभारत का 'स्त्री पर्व' लिखा। 1723 ई. के लक्ष्मण कवि ने महाभारत के प्रथम आठ पर्व लिखे। 1777 के कवि परम देव ने 'तुरंग भारत' नामक भारत लिखा। 1740 ई. के कळ्ले नजराज द्वारा लिखे 'चित्र भारत' का भी उल्लेख मिलता है।

इन कवियों में कवि लक्ष्मीश (1550 ई.) श्रेष्ठ कवि हैं। उन्होंने 'जैमिनी भारत' की रचना की। इनका दृष्टिकोण कुमार व्यास से मिलता-जुलता है। इनके इष्टदेव भी लक्ष्मीरमण हैं जिनका उल्लेख वे अपने काव्य में करते हैं। 'कन्नड़ जैमिनी भारत' में एक स्वतंत्र मौलिक काव्य की अनुभूति होती है। मूल ग्रंथ के अनावश्यक वर्णन, उपदेश आदि छोड़ दिए हैं। नवीन प्रसंग जोड़ दिए हैं। प्रधान रस वीर है क्योंकि कथा ही युद्ध की है। कवि ने

भक्ति और शृंगार के मनोरम चित्र खींचे हैं। सुधन्वा, बभ्रुवाहन, लवकुश, चंद्रहास और उद्दालक के वैवाहिक जीवन की मर्म-मधुर कथा में इनकी काव्य-निपुणता देखी जा सकती है। 'सीता परित्याग' प्रसंग में कारुण्य की अद्भुत सृष्टि है तो चंद्रहास की कथा में अत्यधिक सरसता; सौंदर्य-चित्रण में माधुर्य की मनोहर व्यंजना लक्ष्मीश करते हैं। सुधन्वा के युद्ध में जाते समय चतुर्थ स्नाता पत्नी का सौंदर्य 'म्यान से निकली तलवार की तरह है'। यही मारकता तो भावी घटनाओं के मूल में है। लक्ष्मीश अपने काव्य को 'श्रीकृष्ण चरितामृत' कहते हें। कृष्ण इनकी दृष्टि में सारे कार्य व्यापार के सूत्रधार हैं। सारे पात्र मानो उनके मंदिर की प्रतिमाएं हैं। कुमार व्यास की तरह लक्ष्मीश के काव्य में भक्ति, पाण्डित्य और सहृयता का समन्वय है।

कवि नागरस उल्लेखनीय इसलिए हैं कि इन्होंने भामिनी षट्पदी (छंद) में भगवद्गीता प्रस्तुत की। वे विट्ठल के भक्त थे, इसलिए इस ग्रंथ को उन्होंने 'वासुदेव कथामृत' कहा है। तिरमल भट्ट ने भी गीता का षट्पदी में अनुवाद किया है। उनका दावा है कि उनकी यह कृति गीता से भी श्रेष्ठ है। इधर बब्बूरकरंग भी अपने सहित कुमार व्यास, कुमार वाल्मीकि और लक्ष्मीश को कन्नड़ के चार दिग्गज कहते हैं। कवि कोनय्या (1750 ई.) ने 'कृष्णार्जुन संगर' लिखा, जो गयचरित के नाम से ख्यात है। कथा यह है कि गय नामक गंधर्व ने कृष्ण से द्रोह किया। वह प्राण भय से अर्जुन की शरण में गया। कृष्ण ने अर्जुन से उसे सौंपने को कहा। उसके इंकार करने पर दोनों का युद्ध हुआ। शिव ने बीच बचाव कर युद्ध बंद करवाया। प्रायः इसी कथावस्तु पर हिंदी के कवि माखनलाल चतुर्वेदी ने एक नाटक 'कृष्णार्जुन युद्ध' लिखा था। सिंगारम्मा की 'कर्ण वृत्तांत कथा' भी उल्लेख योग्य है।

1550 ई. के भक्त कवि कनकदास का 'नल चरित्र' बहुत सुंदर चम्पू काव्य है। भामिनी षट्पदी के 480 छंदों में लिखा यह जनप्रिय काव्य है। इसमें नल-दमयंती के चरित्र की अत्यंत सजीव, मानवीय और भावपूर्ण प्रस्तुति है। औचित्य की सीमा में मित कथन, मृदु मार्दव भाषा, काव्य की विशेषताओं में है। दमयंती को छोड़ कर जाने पर नल का पश्चाताप अत्यंत मार्मिक है। कर्कोटक के डसने पर कुरूप नल का वर्णन रोचक और हास्यपूर्ण है। दमयंती का सौंदर्य वर्णन भी हृदयग्राही है। ज.सु. श्याम राय और

डॉ. मे. राजेश्वरय्या इसे अपने इतिहास में 'उत्तम, निर्दोष, सरल काव्य' कहते हैं।

कन्नड़ में 19वीं शती के मध्य तक आधुनिक युग का जन्म छापाखाना के प्रारंभ के साथ हुआ। परंतु तब कन्नड़ भाषाभाषी पांच पृथक प्रशासनों में विभक्त थे। चार जिले बंबई प्रांत में थे; तीन मद्रास में; तीन निजाम हैदराबाद में और मैसूर की पूरी देशी रियासत थी। कन्नड़भाषियों के छोटे-छोटे दल सांगली, मिराज, कोल्हापुर, बड़गांव, सवानुर आदि छोटी रियासतों में भी थे। इस बिखराव के कारण कन्नड़ भाषा और साहित्य अनेक स्थानीय स्पर्शों और प्रभावों से आक्रांत था। इसलिए उसमें आधुनिकता का समवेत विकास नहीं हो सका। स्वाधीनता के बाद 1956 में प्राय: इन भागों को मिलाकर एक कर्नाटक प्रदेश बनाया गया, तभी से कन्नड़ की आधुनिकता सही ढंग से विकसित हो सकी।

कन्नड़ साहित्य की आधुनिकता का प्रधान लक्षण 'अतीत से नाता तोड़ना' था, जो तत्कालीन युवकों की मांग थी, यह उनकी स्वतंत्र चेतना के विकास का लक्षण था। यद्यपि आधुनिक लेखक के लिए प्राचीन वस्तु-ग्रहण का अर्थ अतीत का चिंतन, अनुकीर्तन न होकर उसके माध्यम से नवीनता का अन्वेषण करना है, इसी दृष्टि से नाममात्र के कुछ लेखकों को छोड़ कर शेष ने सर्वथा नई सामाजिक, राजनीतिक, आर्थिक समस्याओं के लिए समकालीन विषयवस्तु ली।

दूसरी महत्त्वपूर्ण बात यह है कि कन्नड़ लेखकों पर भारतीय साहित्य की तुलना में अंग्रेजी साहित्य का अधिक प्रभाव पड़ा, यहांतक कि समानधर्मी देशी भाषाओं का भी (बांग्ला को छोड़ कर) ज्यादा अनुवाद नहीं हुआ और न प्रभाव पड़ा।

आधुनिकता के साथ दो प्रवृत्तियों का गहरा संबंध है-गद्य के साथ नाटकों का प्रादुर्भाव। परंतु 19वीं शती के मध्य तक तो कन्नड़ का व्याकरण और शब्दकोश ही नहीं बना था। 19वीं शती के अंतिम भाग में रेवरेंड किटल ने एक वृहत् कन्नड़-अंग्रेजी शब्दकोश बनाया। संस्कृत और अन्य भारतीय भाषाओं में अंग्रेजों का ऐसा योगदान सब जगह इसलिए था कि वे बाइबिल और अंग्रेजी का प्रवेश और प्रसार इस देश में करना चाहते थे, परंतु उससे भारतीय भाषाओं को भी लाभ हुआ।

1890 में धारवाड़ में 'कर्नाटक विद्यावर्धक संघ' की स्थापना हुई जिसमें अधिकांश लोग अंग्रेज ही थे। इसलिए अधिक तो अंग्रेजी रचनाओं का ही अनुवाद हुआ, पर कुछ संस्कृत ग्रंथों का भी हुआ; उनमें से महाभारत से संबंधित कालिदास के शाकुंतलम् के 7 अनुवाद हुए, उनमें बसवप्प शास्त्री का 'शाकुंतलम्' सर्वश्रेष्ठ है। इसके अतिरिक्त उन्होंने भट्ट नारायण के 'वेणी संहार' नाटक का भी अनुवाद किया। आद्य-रंगाचार्य का कहना है कि समूचे कन्नड़ साहित्य में आधुनिक काल के प्रारंभ तक नाटक लिखा ही नहीं गया। परंतु एक अपवाद वासुदेवाचार्य केरुर का नाटक 'नल-दमयंती' है जो बीसवीं शती की प्रारंभिक बीसी में लिखा गया। यह कन्नड़ नाट्य साहित्य की पहली रचना है।

वास्तव में रंगमंच के विकास के बिना नाट्य विकास संभव नहीं है। कन्नड़ में लोक और बाल रंगमंच विकसित था। इन पर यक्षगान और अनंक लोक और बाल विधाएं मंचित हुई। शांत कवि ने 1974 में 'कर्नाटक नाटक कंपनी' की स्थापना की। इस मंच पर कीचक, बाणासुर आदि मंचित हुए। बाद में अनेक मंचों की स्थापना हुई और नाट्य रचना में गति आई। कन्नड़ में प्रतिष्ठित और युवा रचनाकारों में आधे दर्जन से अधिक उत्कृष्ट नाटककार थे। इनमें कुछ ने महाभारत से कथावस्तु और चरित्र लेकर नाटक लिखे।

कन्नड़ नाट्य साहित्य के पितामह टी.पी. कैलासम् ने 'एकलव्य', 'कीचक' और 'कर्ण' नाटक लिखा। के.वी. पुट्प्पा (कंवेंपु) ने बेरलगे कोरल (अंगूठे के बदले ग्रीवा) और 'स्मशान कुरुक्षेत्र' जैसे सुंदर लघुनाटकों की सृष्टि की। बेरलगे कोरल में तीन दृश्य हैं–गुरु, कर्म और यज्ञ, जिनमें क्रमशः यह सूचित किया गया है कि एकलव्य गुरु के प्रति कितना निष्ठावान था; परंतु कर्म-पाश कितना बलवत्तर होता है; और एकलव्य द्वारा किया गया त्याग यज्ञ ही है। प्रथम दृश्य में एकलव्य की गुरुभक्ति और मां द्वारा ममत्व प्रदान है, द्वितीय दृश्य में द्रोणाचार्य हैं जिनके औदार्य से एकलव्य धनुर्विद्या में निपुण होता है। अर्जुन के कारण द्रोण एकलव्य से अंगूठा मांगने पर विवश होते हैं। तीसरे दृश्य में एकलव्य का त्याग है। रक्त से सराबोर अंगूठे को देखने के लिए द्रोण सिर झुकाते हैं तो उन्हें उसमें एक सिररहित धड़ दिखाई देता है। उन्हें इसमें अपना भविष्य दिखता है कि एक दिन अंगूठे के बदले उन्हें सिर की आहुति देनी होगी। एकलव्य की माता

का शाप भी 'कर्मफल' बन जाता है। पात्रों का चित्रण बहुत मार्मिक है, भाषा शैली कवित्वपूर्ण है, सरस संवाद, बिम्ब और अंततः दर्शन; नाटक इनका समवेत है।

'श्मशान कुरुक्षेत्र' कथाप्रधान नहीं, प्रसंग प्रधान नाटक है। एक कौरव पत्नी बेटे को लेकर कुरुक्षेत्र में पति का शव ढूंढ़ने आती है। वह पति से क्षमा मांगती है कि उसने प्यास में पाण्डवों के हाथ का पानी पीकर कौरव प्रभु के प्रति अपराध किया है। तभी कुरुक्षेत्र में कर्ण के शव को खोजती कुंती आती है। श्रीकृष्ण और अर्जुन की भेंट होती है। कर्ण जैसे ही कृष्ण को कोसता है, कृष्ण प्रकट होते हैं, उसे मुक्ति देते हैं। वह अनुभव करता है कि यह कृष्ण की लीला है जिसका वह पात्र था। इस तरह वेदांतदर्शन की कलात्मक अभिव्यक्ति होती है और कर्ण के चरित्र की उदात्तता की भी। नाटक असाधारण रूप से तात्त्विक, मार्मिक और प्रभावी है।

श्री रंग ने 'हरिजन वार', 'कत्तलेबलेक' जैसे नाटक लिखे जो पौराणिक कथाओं का मजाक उड़ाते हैं। सावित्री उनका प्रयोगधर्मी नाटक है। वासुदेवाचार्य ने 'नल दमयंती' के अतिरक्त 'रुक्मणी हरण' नाटक रचा। इसमें व्यास कथा को कोई ठेस न पहुंचाते हुए रुक्मणी का नया रूप रचा गया है। गिरीश कारनाड ने महाभारत पर दो नाटक लिखे–'ययाति' और 'अग्नि मत्तु मले' (अग्नि और बरखा)। 'ययाति' में जीवन की ऐसी छटपटाहट है जिसमें मनुष्य के द्वन्द्व और संबंधों कीशृंखला के अनेक रूप दिखते हैं। 'अग्नि मत्तु मले' महाभारत के उपाख्यान 'अरवसु-परावसु-रेभ्य' से संबद्ध है, जो महाभारत की एक जटिल कथा है। यह जीवन के कई अर्थ और वासनाओं का उद्घाटन करती है। इसे कारनाड अधिक तीखा, प्रभावी और अर्थ-स्तरों पर मौलिक उद्घाटन से मार्मिक और गंभीर नाटक में रूपायित करते हैं। दरिद्र आदिवासी के समावेश से कारनाड ने नाटक को नया आयाम दिया है।

पर्वतवाणी ने 'कीचक' और 'शाकुंतल' नाटक लिखे, पर कैलासम् जैसी उदात्तता और उत्कटता इन नाटकों में नहीं आ पाई।

के.वी. नारायण स्वामी का नाटक 'पंप भारत' भी उल्लेखनीय है। विश्वविद्यालय के दो विद्यार्थी पंप के मूल निवास स्थान पर पहुंचते हैं, वहां उनका सामना अतीत के चरित्रों से होता है। शिलालेखों में सामंत अरिकेसरि

की स्मृति के माध्यम से उनकी भेंट पंप कवि से होती है। पंप अपने प्रिय चरित्र कर्ण से मिलता है। और नाटक जाति आधारित राजनीति पर केन्द्रित हो जाता है। जो आज तक जारी है। नाटक 'आदिपुराण', 'विक्रमार्जुन विजय', महाभारत और लोककथा की वाचिक परंपरा को संश्लिष्ट करता है। नाटक अधूरे अनुभवों और आशयों को प्रस्तुत करता है जो संस्कृति की जरूरत है।

मुझे यह निष्कर्ष उचित लगता है क्योंकि हमें परंपरा से जो अवधारणा और अनुभव मिलते हैं वे हमारे बदलते सामाजिक और राजनीतिक जीवन में विचित्र ढंग से रिसते चले आते हैं, जिनका हम केवल अनुकरण नहीं करते, बल्कि विरोध भी करते हैं। इसलिए परंपरा से हमारे संवाद-विवाद हर समय अधूरे रहते हैं। संस्कृति का यही अर्थ है। विभिन्न परिस्थितियों में अतीत की अदायगी और सामना एक अनवरत प्रक्रिया है जो संस्कृति को विकास के लिए खुला रखती है।

गीति नाट्य की एक लंबी परंपरा कन्नड़ में है। बी.एस. श्रीवंसय्या ने 'अश्वत्थामन्' गीति नाट्य रचा।

आधुनिक युग में नरसिंह शास्त्री देवुडु और भैरप्पा अत्यंत महत्त्वपूर्ण लेखक हैं। नरसिंह शास्त्री देवुडु का उपन्यास 'महाक्षत्रिय' (1963) वन पर्व की नहुष कथा पर आधारित है। इसका ढांचा तो मोटे तौर पर महाभारत का है, पर भावलोक बदला हुआ है। यहां कथाकार का कथ्य है कि मानवत्व की श्रेष्ठता मनुष्य को देव बना देती है। वह स्वर्ग में जाकर भी मानव ही रहता है, यद्यपि उसकी कुछ भूलें उसका पतन कर देती हैं, परंतु दण्ड पाने और आत्मशोधन करने के बाद वह पुनः 'मानवता' प्राप्त कर लेता है। कथा को आगे बढ़ाते हुए लेखक कहता है कि अपनी भूलों का दण्ड तो ऋषियों को भी भोगना पड़ता है, पर वे आत्मोत्सर्ग और आत्मताप के माध्यम से उससे मुक्त होते हैं। महाभारत की अंतर्वस्तु से भिन्न नरसिंह शास्त्री नहुष को महामानव मानते हैं, अंततः इसी मानवीय पराकाष्ठा के कारण ही तो उसे इंद्र पद मिला है, जो इंद्र के एक पाप (ब्रह्महत्या) के कारण अधिकार वंचित होने पर खाली हुआ है। बड़ी कठिनाई से नहुष इंद्र पद स्वीकार करता है। शची के प्रति मोहासक्ति को वह सहज टाल देता है। वह एक विराट यज्ञ करता है, जिसके कारण उसे महर्षियों की पालकी पर बैठने का सुअवसर मिलता है। असावधानी वश उसे कुछ देर को 'नींद' आ जाती है

(और शायद तभी एक ऋषि को उसका पांव लग जाता है)। इसका दण्ड नहुष स्वयं स्वीकार करता है। इन्द्र वापस लौटता है। नहुष उदारता से स्वयं उसे इन्द्रासन सौंप देता है और अजगर बनने का शाप स्वीकार कर भूलोक पर पहुंचता है और पश्चाताप करता है। इधर ऋषि दधीचि बहुत काल तक देवों के न पहुंचने पर उनके अस्त्र-शस्त्रों का उपयोग कर लेते हैं। परंतु देवताओं पर संकट आने पर वे अस्त्र-शस्त्र मांगते हैं। ऋषि स्वयं अपनी अस्थियां उन्हें शस्त्र बनाने के लिए दे देते हैं। नरसिंह शास्त्री देवुडु का उपन्यास पौराणिक कथा को आधुनिक रूप नहीं देता, देवत्व पर मनुष्यत्व की स्थापना करता है। यह कन्नड़ का महत्त्वपूर्ण आधुनिक उपन्यास है।

भैरप्पा कन्नड़ के लोकप्रिय आधुनिक कथाकार हैं। उनका उपन्यास 'पर्व' उनकी श्रेष्ठतम उपलब्धि है। 'पर्व' का एक अर्थ है 'युद्ध'; और दूसरा है 'स्त्री'। दोनों ही अर्थ उपन्यास में सधते हैं। यह एक युद्ध कथा है, और युद्ध के केंद्र में स्त्री है। भैरप्पा ने महाभारत का रचनाकाल ई.पू. 12वीं शती माना है। द्यूत, शासकों के मनोरंजन का माध्यम होता था। भैरप्पा का तर्क है कि न युधिष्ठिर के 'द्यूत' पर और न नल के द्यूत पर कोई उंगली उठी। भैरप्पा ने क्योंकि ऐतिहासिक तथ्यों को ही अपने उपन्यास के केंद्र में रखा है, इसलिए महाभारत की तत्त्वदृष्टि, भावदृष्टि और काव्यदृष्टि पर वे गौर नहीं कर पाए। उन्होंने इस उपन्यास के लिए वर्षों तक देश के कोने-कोने की यात्रा कर तथ्य जुटाए हैं। इतिहास, पुरातत्त्व और लोक-साक्ष्य ने उन्हें जो वस्तु उपलब्ध कराई है उसी से महाभारत को वस्तुगत धरातल पर पुनस्सृजित करने की कोशिश की है। उदाहरण के लिए वे महाभारत के केंद्र में 'युद्ध' मानते हैं और उसे एक 'युद्ध कथा'। यह सोच इसे 'इलियड' या ऐसी ही पाश्चात्य त्रासदियों के समकक्ष रख देता है। जबकि महाभारत में 'युद्ध' जीवन में न्याय-अन्याय, सच-झूठ, विवेक-ज्ञान, धर्म-अधर्म जैसे अनेकानेक प्रश्नों को सामने रखने का माध्यम है। 'पर्व' ने अनेक अतिमानवीय चमत्कारों और मिथकीय परिकल्पनाओं को कथावस्तु से हटा दिया है। उपन्यासकार ने तत्कालीन जीवन के सामाजिक, आर्थिक, उपक्रमों और मानवीय संबंधों के साथ जाति या नस्लों के संघर्ष, उत्तराधिकार की समस्या जैसे पक्षों को उरेहा है। महाभारत एक जटिल रचना है, कई जगह लगता है कि लेखक पूरी ईमानदारी, अध्ययन, विचार-मंथन और कृती-प्रतिभा के बावजूद उसका सरलीकरण कर रहा है। महाभारत के रचनाकाल को

लेकर शताधिक वर्षों से अनेक विद्वान जूझने पर भी किसी निर्णय तक नहीं पहुंचे हैं, उसे 1200 ई.पू. पर स्थिर कर उसका विश्लेषण करना क्या प्रश्नों से परे है? तो भी 'पर्व' महाभारत का आधुनिक यथार्थवादी, वस्तुवादी मूल्यांकन करने का एक अर्थपूर्ण प्रयत्न है। वह वैचारिक जिरह के लिए एक सार्थक पृष्ठभूमि उपस्थित करता है।

महाभारत की साहित्य-यात्रा–गुजराती

प्राकृत, अपभ्रंश से होते हुए 12वीं शती में गुजराती भाषा का रूप स्थिर होने लगा था। लेकिन पुरानी गुजराती में दसवीं शती से ही काव्य रचना होती थी। यह सुयोग था कि पंद्रहवीं शती के मध्य तक बड़े नगरों, राज दरबारों और जैनियों के आश्रयों में साहित्य रचना होती रही। बड़े-बड़े जैन मुनि विद्वान होने के साथ ही कवि थे। उन्होंने जैन जीवनादर्श और धर्म के प्रचार के साथ ही उच्च कोटि के जैन रास (या रासो) की रचना की। गुजराती साहित्य का प्रारंभ इन्हीं काव्यों से हुआ।

परंतु दुर्भाग्यवश इसी बीच, तेरहवीं शती के प्रारंभ (1227) में अलाउद्दीन के भाई उलंग खां के आक्रमण से गुजरात के अनेक भाग ध्वस्त हो गए, सोमनाथ मंदिर भी इसकी चपेट में आ गया। फिर प्रायः सौ साल तक गुजरात सम्हल न सका। परंतु इस बीच भी साहित्य जनता का सहारा बना रहा।

जहां तक महाभारत का संबंध है, शास्त्री शंकरदत्त पार्वती शंकर ने महाभारत का गुजराती अनुवाद किया। बीसवीं शती के प्रारंभ में करसण दास माणिक ने तीन भागों में 'महाभारत कथा' लिखी। आख्यानों, उपाख्यानों में मात्र 'नल दमयंती कथा' जनश्रुतियों और कवि-परंपरा से आ सकी। 15वीं शती के प्रारंभ से 17वीं शती तक सभी प्रमुख कवि 'नलाख्यान' ही लिखते रहे, चाहे वे भालण हों, नाकर हों, जैन कवि नयसुंदर हों या प्रेमानंद हों। हां प्रेमानंद (1636-1714 ई.) ने अवश्य ही आख्यानों का विस्तार किया। फिर आधुनिक युग में तो 'महाभारत' का अपरिमित विस्तार हुआ और उसके विभिन्न आख्यानों, प्रसंगों आदि में रूपक, प्रतीक और युगीन व्यंजनाएं खोजी जाने लगीं।

संक्रमण काल 1984-85 में आधुनिक गुजराती भाषा का पहला काव्य

जैन रास है। यह आचार्य शालिभद्र सूरि का 'भरतेश्वर बाहुबली रास' है। यह दो भाइयों के बीच घोर युद्ध की कहानी है। प्रथम तीर्थंकर ऋषभदेव के भरत, बाहुबली आदि सौपुत्र थे। इन्हें राज्य बांट कर वे तपस्या करने चले गए। बाद में बड़े भाई भरत के मन में चक्रवर्ती बनने की लालसा हुई। सब भाइयों ने उसकी अधीनता स्वीकार कर ली, परंतु बाहुबली ने नहीं। तब भरत और बाहुबली के मध्य घोर युद्ध हुआ। विजयोपरांत बाहुबली को अपने बड़े भाई से युद्ध करने का पश्चाताप हुआ और वह आत्मग्लानि से राज्य त्याग कर तपस्या करने चले गए। काव्य सुंदर है। वीर रस प्रधान होने पर भी इसका पर्यवसान शांत रस में हुआ है। इस काव्य-कथा में महाभारत का आभास है, परंतु उसका प्रभाव खोजने का कोई ठोस आधार नहीं है। क्योंकि आचार्य शालिभद्र को जैन पुराणों की प्रचलित कथा से काव्य-वस्तु मिली है।

वास्तव में पूर्व मध्यकाल में भालण (1434-1514 ई.) न केवल आख्यान काव्यों के प्रवर्तक हैं, वे महाभारत के नल-दमयंती आख्यान पर 'नलाख्यान' लिखने के कारण, महाभारत पर आधारित रचनाओं के भी प्रवर्तक हैं। उनके अनेक आख्यानों में से 'नलाख्यान' ही सर्वाधिक प्रसिद्ध और लोकप्रिय हुआ।

भालण के बाद नाकर (1500-1575) ने महाभारतीय आख्यान परंपरा को आगे बढ़ाया। उन्होंने भी 'नलाख्यान' लिखा। उनकी कथा का स्त्रोत मूल महाभारत न होकर जनश्रुतियां थीं। उन्होंने 'जैमिनी भारत' के 'हरिश्चन्द्राख्यान' और 'चन्द्रहासाख्यान' भी इन्हीं स्त्रोतों से रचे। उन्हें भालण और प्रेमानंद के मध्य की कड़ी माना जाता है। प्रेमानंद जैसे महान कवि के काव्य 'नलाख्यान' को भी उनके काव्य से प्रेरणा मिली। यह श्रेय उन्हें जाता है। नाकर के बाद जैन रास परंपरा के कवि नयसुंदर ने 1609 ई. में 'नल दमयंती रास' लिखा जो उल्लेखनीय है।

प्राचीन गुजराती आख्यान के सर्वश्रेष्ठ कवि भक्त प्रेमानंद थे। वे भाषा-मर्मज्ञ, रससिद्ध, काव्य-सौंदर्य के मार्मिक सर्जक और कविता में अपने समय को बिंबित करने के प्रति सचेत कवि थे। उन्होंने महाभारत के आख्यानों और प्रासंगिक कथाओं का विस्तार किया। 'द्रौपदी स्वयंवर', 'सुभद्रा हरण', 'नलाख्यान', 'अभिमन्यु आख्यान', 'सत्याभामा रोष दर्शिका आख्यान', 'पांचाली प्रसन्नाख्यान', आदि रचे। भक्त कवि होने के कारण

उनके अधिकांश आख्यान श्रीकृष्ण से संबंधित हैं; परंतु 'नलाख्यान' उस विषयवस्तु से बाहर है और यह भी कि वह उनके समस्त आख्यान काव्यों में सर्वसुंदर है। काव्य अत्यंत सरस, सुंदर, अलंकृत और लोकप्रिय है। इसका मुख्य रस तो श्रृंगार है, परंतु हास्य, करुण और अद्भुत रस की प्रसंगानुकूल सुंदर अभिव्यक्ति है। 64 कड़वकों में निबद्ध यह पद्य प्रबंध वस्तु-विन्यास, रूप-विन्यास, रस-निरूपण, भाषा-सिद्धि समकालीन जीवन और लोक संस्कृति के निरूपण में अत्यंत सफल है। बस, कहीं-कहीं शास्त्रीय रूढ़ियां इनके अविरल प्रवाह में बाधा पहुंचाती हैं; तो भी काव्य की उत्कृष्टता की तुलना में वे नगण्य हैं। विष्णु प्रसाद त्रिवेदी के मत में-'यह काव्य न केवल प्रेमानंद की काव्य रचनाओं में, बल्कि गुजराती आख्यान काव्यों में बेजोड़ है।'

आधुनिक साहित्य के प्रथम उत्थान (1825-1957) में मणिशंकर रत्नजी भट्ट 'कान्त' (1867-1923) द्वारा लिखित प्रसिद्ध खण्डकाव्य 'वसंत विजय' (1890) आधुनिक गुजराती साहित्य का प्रथम खण्डकाव्य है। इसकी कथावस्तु पाण्डु को कंदुम ऋषि के शाप से सम्बद्ध है। यह प्रासंगिक कथा महाभारत के आदि पर्व की है। पाण्डु जब सपत्नीक वन में थे, तब उन्होंने एक संभोगरत मृग का शिकार किया था। वह कंदुक मुनि थे। मरते समय उन्होंने पाण्डु को शाप दिया था कि वह भी जब संभोग करेगा, उसकी मृत्यु हो जाएगी। वसंत के दुर्दम्य प्रभाव से उत्पन्न काम भावना में पाण्डु आग्रहपूर्वक माद्री से संभोग करता है और तत्क्षण मर जाता है। यह खंडकाव्य माद्री के इंकार और अंधकार की आशंका से प्रारंभ होता है। यह मानव जीवन की त्रासदी का रूपायन है।

'वसंत विजय' की तरह 'कांत' का दूसरा काव्य 'अतिज्ञान' भी महाभारत से प्रेरित है। यह काल्पनिक या जनश्रुति से प्राप्त कथा है। सहदेव भविष्यज्ञाता या ज्योतिषी के रूप में ख्यात है। जब सभा में द्यूत चल रहा था, तब अकेला सहदेव द्रौपदी के साथ था। उसे ज्ञात था कि सभा में पाण्डुओं की पराजय होगी और द्रौपदी का अपमान होगा। वह बेचैनी का अनुभव करता है और विषपान कर लेता है। भोलाभाई पटेल ने इसे 'ट्रैजिक विज़न' कहा है जिसके पूर्व ज्ञान से या असामान्य या 'अतिज्ञान' से मनुष्य समस्या के आने के पहले ही उसके भय से मानसिक उत्पीड़न से ग्रस्त होकर अकरणीय कर लेता है। इसे पढ़ते हुए

ओ'हेनरी की कहानी 'द डुएल' की याद ताज़ा हो आती है, हालांकि उसका उत्पीड़न और आत्मघात भिन्न कोटि का है। 'कान्त' के उक्त दोनों काव्य आशंका की कल्पना या निश्चय से मानसिक उत्पीड़न की त्रासदी हैं जो पश्चिमी प्रभाव के सूचक है।

'कान्त' के समकालीन कवि नरसिंह राव देवरिया ने 'उत्तरा अभिमन्यु' (1892) काव्य की रचना की, जिस पर 'वसंत विजय' का प्रभाव है। यह भी एक काल्पनिक कथा है जिसका स्रोत महाभारत की त्रासदी है। 'चक्रव्यूह' भेदन की पूर्व रात्रि में अभिमन्यु के साथ सोयी उत्तरा एक दुःस्वप्न देख कर भय और व्याकुलता से जाग पड़ती है। स्वप्न में वह 'वाल्मीकि प्रसंग' की तरह एक कपोत युगल को प्रेममग्न देखती है। उसमें से वह नर का वध कर देती है। तब कपोती के मस्तक से एक ज्वाला निकलती है जो उसे घेर लेती है। यह स्वप्न वह अभिमन्यु से कहती है। वह उसे धीरज बंधाकर प्रातःकाल युद्ध के लिए निकल पड़ता है। प्रत्यक्ष त्रासदी न होते हुए भी यह काव्य परोक्ष त्रासदी है क्योंकि भावी कथा से प्रत्येक पाठक परिचित है।

गोवर्धन राय त्रिपाठी के अत्यंत प्रसिद्ध वृहत् कालजयी उपन्यास 'सरस्वती चंद्र' के चौथे खंड के 22वें प्रकरण में महाभारत से कथा-स्रोत ग्रहण किया गया है। उपन्यास में 'मल्लवहा भवन' का वर्णन है। उसके कई खंडों में 'पाण्डु भवन' भी है, फिर पांचों पाण्डुओं के, पांचाली आदि के भवन हैं, कौरवों के भी भवन हैं, पीताम्बर भवन भी है। कथाकार ने महाभारत की कार्य-योजना का उद्घाटन किया है जिससे नए युग के राजनयिकों को दृष्टि मिल सकती है। इसमें एक और अध्याय है 'इंद्र का वायु-रथ और दावानल' यह अर्जुन के कपिध्वज, इंद्रपुत्र होने के तात्त्विक अर्थों को वर्तमान परिप्रेक्ष्य में प्रकट करता है।

न्हानालाल (1877-1946) गुजराती के अत्यंत महत्त्वपूर्ण कवि-नाटककार हैं। प्रथम विश्वयुद्ध उनके जीवन का त्रासद अनुभव था। उन्हें लगा कि यह तो विश्वफलक पर फिर से खेला जाने वाला 'महाभारत' है। उन्हें 'कुरुक्षेत्र' की भयावह स्मृति आई। लंबे अंतराल के बाद स्मृति और अनुभव के संयोजन से उन्हें नवयुग के अवतार में 'कुरुक्षेत्र' लिखने की प्रेरणा मिली। उन्होंने युद्ध को नहीं, उसकी परिणति को अपने काव्य की विषयवस्तु बनाया। वे इस काव्य को 1926 से 1940 तक अपने भीतर निरंतर लिखते

रहे। दस हजार पंक्तियों में अंततः यह काव्य आकार ले सका। युद्ध की त्रासदी का यह प्रतीकात्मक आख्यान गुजराती की आधुनिक रूपक-प्रणाली का श्रेष्ठ उदाहरण है, जिसे बनते हुए हमने 'कांत' और अन्य कवियों में निरंतर देखा है। यह परंपरा नर्मदाशंकर प्रभुराम भट्ट (1874-1899) की कविता 'शाप संभ्रम' में भी थी, जिसमें वही कथा है जो कांत ने अपने काव्य में ली थी। गुजराती की यह रूपक और प्रतीक-दृष्टि अतीत को नए युग में अवतीर्ण करने की एक सार्थक दृष्टि है और वास्तव में वर्तमान में 'स्मृति' का यही फलितार्थ है। न्हानालाल ने गीता का गुजराती में समश्लोकी अनुवाद भी किया है। ये दोनों कृतियां उनके गहन चिंतन और सारग्राहिता को सूचित करती हैं।

गाँधी का भारतीय राजनीति के साथ जीवन, शिक्षा, साहित्य आदि सभी क्षेत्रों में प्रेरक और परिवर्तनकारी प्रभाव पड़ा। गाँधी की दृष्टि व्यापक अर्थ में अंतिम व्यक्ति तक पहुंचने वाली दृष्टि है; स्वाभाविक है कि वे साहित्य, शिक्षा, भाषा आदि से यही अपेक्षा करते थे। वे मानते थे कि लोक तक यदि साहित्य को पहुंचाना है तो उसे सरलता अपनानी होगी। गुजरात में इस विचार के अनुयायी सभी क्षेत्रों में थे।

सुंदरम् (1908) और उमाशंकर जोशी उनमें प्रमुख थे। सुंदरम् ने 'द्रौपदी' और 'कर्ण' नामक कविताओं में महाभारत से विषयवस्तु ग्रहण की है। यज्ञ से जन्मी द्रौपदी अंधरे को चीरने वाली है। द्रौपदी का चरित्र स्वभावतः महाभारत का एक फ्लॉई ओवर है और इस कविता में भी वह महाभारत को घेरे है। 'कर्ण' कविता में कर्ण के स्वाभिमान, पौरुष और उदात्तता के साथ दैवी त्रासदी का एक विस्तृत फलक है। ये दोनों कविताएं दिखाती हैं कि भाषा और अभिव्यक्ति की सहजता गहन अर्थों का भी वहन कर सकती है।

कन्हैयालाल माणिक लाल मुंशी (1887-1971) गुजराती के नवयुग के निर्माताओं में हैं। वे अत्यंत मार्मिक और चिंतनशील रचनाकार थे। वे गाँधी के विचारों से प्रेरित एवं प्रभावित थे। उन्होंने कृष्णावतार नामक वृहत् उपन्यास सात खंडों में लिखा है-'बंसी की धुन', 'रुक्मिणी हरण', 'पांच पाण्डव', 'महाबली भीम', 'सत्यभामा' 'महामुनि व्यास' और 'युधिष्ठिर'। सभी पात्रों और घटनाओं में कृष्ण अंतःसूत्र और अंतर्धारा के रूप में विद्यमान हैं। इस उपन्यास का गुजराती साहित्य में महत्त्वपूर्ण स्थान है। उपन्यास की

विशेषता है कि हर चरित्र या घटना अपनी सांगोपाङ्ता में स्वतंत्र भी है और कृष्ण से अंत:चालित भी। उक्त कृतियों में सहजता में गांभीर्य है।

उमाशंकर जोशी ने भी 'कर्ण' पर 'कर्णकृष्ण' संवाद काव्य लिखा है। कर्ण के दु:खद और विदग्ध जीवन के प्रति कवि के मन में आदर और संवेदना है। '19वां दिवसनुं प्रभात' और 'गांधारी' भी संवाद काव्य हैं, पूर्व में रवीन्द्रनाथ भी 'कर्ण-कुंती' जैसे संवाद काव्यों की सृष्टि कर चुके हैं। '19वां दिवसनुं प्रभात' सम्पूर्ण युद्ध की शोकार्त परिणिति है—एक सघन शोक का अंधेरा है, विधवाओं, पुत्रहीनों और परिजन स्त्रियों की विलाप-सभा जैसा। परंतु कुंती का शोक सबसे अलग अव्यक्त आत्मपीड़न है। वह तो अपने शोक को किसी से साझा भी नहीं कर सकती। 'गांधारी' में गांधारी का कृष्ण को शाप एक ऐसी 'कुटुम्ब माता' का है जिसमें दोनों पक्षों की शोकार्त माताओं, पत्नियों और सभी शोकग्रस्त स्त्रियों के आंसुओं और अभिशापों की एक सघन अभिव्यक्ति है। यह शाप इतिहास के समस्त अभिशापों से अलग है। इससे मानो कृष्ण की छाती का बोझ हल्का हुआ है। उमाशंकर ने तीन नाटक भी लिखे हैं—'महाप्रस्थान', 'युधिष्ठिर' और 'अर्जुन-उर्वशी'। 'अर्जुन उर्वशी' महाभारत में वर्णित स्वर्ग का 'उर्वशी-अर्जुन' प्रसंग है। यह महाभारत की कथा की ही पुन: रचना है। 'महाप्रस्थान' और 'युधिष्ठिर' महाभारत की वे अंत:कथाएं हैं जिनमें पाण्डव और द्रौपदी सहित युधिष्ठिर हिमालय पर जाते हैं। युधिष्ठिर के साथ श्वान है। श्वान धर्म है, उसका स्वर्ग-प्रवेश कवि ने विशिष्ट बनाया है जबकि युधिष्ठिर द्वारा दिया गया नर्क-दर्शन उनके गाँधीवादी विचारों का प्रतिबिंब है। युंधिष्ठिर का यह कहना ही इस नाटक को ऐसे अन्य काव्यों से अलग करता है कि 'नरक का अस्तित्व है, यह बात ही मेरे स्वर्ग सुख को सदा के लिए मिथ्या कर देती है।' मानो कवि ने इस वाक्य में युधिष्ठिर के सम्पूर्ण व्यक्तित्व को निचोड़ दिया है। महाभारत के एक उपाख्यान कच-देवयानी पर कवि की एक संवाद कविता है, जोशी के लिए कच-देवयानी का प्रेम भिन्न-भिन्न है। 'श्री और सौरभ्' में उमाशंकर जोशी के दो निबंध हैं—'महाभारत में मानवता' और 'महाभारत : एक धर्म काव्य'।

सुंदर बेटाई (1905-1989) का खण्डकाव्य 'शस्त्र संन्यास' कविकल्पना पर आधारित है, जिसमें कृष्ण, योग-दृष्टि से भूत-भविष्य

जानकर सुदर्शन से कहते हैं कि तुम्हें अब विनाश नहीं, केवल मेरा भूषण बन कर रहना है। यहीं वे अर्जुन के सारथि बनने की भूमिका अपने लिए तय करते हैं। बेटाई ने महाभारत के अंतिम चार पर्वों का समश्लोकी अनुवाद भी किया है और गीता का भी।

मनसुख लाल झवेरी ने महाभारत के संदर्भ में तीन रचनाएं लिखी हैं–'युद्धारंभ', 'अभिमन्यु' और 'अश्वत्थामा'। 'अश्वत्थामा' खण्डकाव्य है, इसमें अश्वत्थामा के भीषण कर्म का महाभारत के अनुसार ही वर्णन है। झवेरी ने गीता का समश्लोकी अनुवाद भी किया है।

राजेन्द्र शाह की कविता 'सत्या' महाभारत के सत्यवती–पाराशर प्रसंग पर आधारित है जो नर–नारी के स्वाभाविक देह संसर्ग, और पुत्र प्राप्ति की है। सत्यवती के शरीर से आनेवाली मछली की गंध यहां 'कौमार्य की मधुर गंध' बन गई है। 'पृथानी वर प्राप्ति' में कर्ण जन्म की घटना एक–मात्र नहीं, नाटकीय घात–प्रतिघात और अंतर्द्वंद्व भी है। 'अर्जुन' काव्य में शाप के प्रति विनम्र हुए अर्जुन के प्रति उर्वशी का 'वात्सल्य' कवि की उद्‌भावना है।

बिंब प्रतीकवादी नए युग में नलिन रावल की कविता 'अश्वत्थामा की स्वगतोक्ति' में कवि ने अश्वत्थामा के पश्चाताप का मार्मिक रूपायन किया है। रात्रि; काव्य में एक विराट पक्षी है। काव्यान्त में चिरंजीवी होने के लिए अभिशप्त अश्वत्थामा कहता है–"मैं कहां से जन्म लूं। मेरा समय मरता नहीं है। मैं कहां हूँ।" 'अश्वत्थामा' मधुराय का एकांकी भी है जो अपनी अंत और अनंत कथा में कालफलक पर बिछे विचार की तरह अश्वत्थामा को प्रस्तुत करता है।

जयंती दलाल का नाटक 'जाणते छते' मौसल पर्व पर आधारित है। कुरुक्षेत्र विजय से गाण्डीव का उद्देश्य पूरा हो चुका था, फिर भी अर्जुन से उसको छोड़ते नहीं बन रहा था, पर अंत में वह उसकी शोभा या भार बन कर रह गया। वह इससे द्वारिका की स्त्रियों को बचा न सका। नाटककार ने इसकी संरचना में वैचारिकता का समावेश किया है।

मनुभाई पंचोली 'दर्शक' ने 'परित्राण' नामक तीन अंकों का नाटक लिखा। यह उद्योग, द्रोण और आश्रम वासिक पर्व पर आधारित है। शकुनि कहता है कि यह 'युद्ध शकुनि और कृष्ण के बीच का है।' जो बलशाली होगा वह धार्मिक भी होगा। विजय ही धर्म है। नाटक धर्म, बल और विजय

के बीच वैचारिक संघर्ष का है। उनका एक उपन्यास भी है 'कुरुक्षेत्र'। वह पौराणिक कथा को नए युग की नई दृष्टि से प्रस्तुत करता है, जिसमें आधुनिक जाति और वर्ग संघर्ष को समाप्त करने की प्रेरणा है। गोविंद भाई पटेल ने 'भीष्म', 'अम्बा' और 'गुरु' पद्य नाटक लिखे। 'गुरु' 'भीष्म' और 'परशुराम' ये महाभारत की कथा के अनुरूप हैं।

पन्नालाल पटेल (1912-1989) का 'पार्थ ने कहो चढ़ावे बाण', पांच भागों में लिखा उपन्यास हैं जो लोक परंपरा पर आधारित है। भीष्म को जितवती स्त्री से विवाहित बताया गया है। युवा कवि विनोद जोशी ने छोटा-सा काव्य 'शिखंडी' लिखा है जिसकी वस्तु अंबा-भीष्म की अतिमानवीयता की जगह उनमें मानव संवेदना की अभिव्यक्ति है, जो वे मृत्यु-काल के निकट व्यक्त करते हैं। ऐसे समय शिखंडी उनके आंसू पोंछता है।

हरीन्द्र देव (1930-1995) का उपन्यास 'माधव कहीं नहीं है' नारद के माध्यम से कृष्ण का चरित्र है। नारद जहां जाते है, कृष्ण वहां से जा चुके होते हैं, पर उनकी सुगंध, उनका कृतित्त्व, उनका आभास मौजूद है। अदृश्य कृष्ण सर्वत्र हैं। यह एक कलात्मक और अपने ढंग का अनूठा उपन्यास है।

दिनकर जोशी की दो पुस्तकें 'मातृवंदना' और 'पितृवंदना' क्रमशः महाभारत के स्त्री और पुरुष पात्रों का स्वरूप उद्घाटित करती हैं। इसमें भावात्मकता अधिक है, ये रचनाएं सामान्य हैं।

गुजराती के रूपक-काल और आधुनिक दृष्टि सम्पन्न रचनाओं को छोड़ दें तो सामान्यतः महाभारत संबंधी गुजराती साहित्य कृष्ण से अनुप्राणित है। इसका कारण संभवतः गुजरात में द्वारका का होना है जो महाभारत के अंतिम भाग का केन्द्र है। रचनाकारों ने कृष्ण संबन्धी रचनाओं को जो मार्मिकता, सोच और दर्शन दिया है, वह महत्त्वपूर्ण है।

महाभारत की साहित्य-यात्रा–तमिल

तमिलनाडु के जन–जीवन से तो महाभारत समरस रहा ही है, पर साहित्य से भी वह हर काल खंड में जुड़ा रहा, साहित्य कम या अधिक मात्रा में रचा गया यह महत्त्वपूर्ण नहीं है, महत्त्वपूर्ण यह है कि वह जीवन के कितने आयामों से जुड़ा हुआ है। उसकी संलग्नता कितनी गहरी है।

तमिल साहित्य में सबसे पहले 500 से 1200 ई. के मध्य महाभारत की रचना गद्य–पद्य (चम्पू) शैली में कवि पेरुन्देवनार ने की थी। यदि वह कृति सुरक्षित रहती तो संभवत: आधुनिक भारतीय भाषाओं में महाभारत का पहला रूपांतर होती। कालान्तर में उसके मात्र कुछ अंश व्याकरण ग्रंथों की टीका में उदाहरण के रूप में आए हैं। नवीं शती में उनके द्वारा रचित एक और चम्पू ग्रंथ 'भारत वेण्बा' (जो वेण्बा छंद में था) का भी उल्लेख मिलता है, परंतु उसका भी कुछ ही अंश आज उपलब्ध है। स्मृतिशेष इन दो काव्यों से यह पता अवश्य लगता है कि तमिल भाषा के आदिकाल से महाभारत का सर्जनात्मक संबंध रहा है।

तेरहवीं शती में भी अरुणिलै विशाखर (वत्सराज) नामक कवि ने महाभारत की रचना की थी, पर दुर्भाग्यवश वह भी अनुपलब्ध है।

चौदहवीं शती में विल्लिपुत्तूरर् नामक कवि ने 'विल्लि भारतम्' की रचना की जो महाभारत पर एक सरस-सुंदर कृति है। तमिल में केवल यही लोक–प्रचलित और साहित्यिक दृष्टि से उत्तम मानी जाती है। इसके कुछ वर्णनों और प्रसंगों की उत्कृष्टता तो सर्वमान्य है, जैसे–युद्ध, करुण और अद्‌भुत की। ऐसे अवसरों पर कवि की भाषा और अभिव्यक्ति मार्मिक, दीप्त और वेगवती हो जाती है और कल्पना उर्वर हो उठती है। कवि ने महाभारत की सुंदर कथाओं की संक्षिप्त, रस–भावानुकूल प्रस्तुति की है। 'विल्लि भारतम्' की कथा केवल

सौप्तिक पर्व तक है। कवि नहीं चाहता था कि इस रचना को कृष्ण और पाण्डवों की मृत्यु से करुणार्द्र करे।

अपने कई गुणों के कारण 'विल्लि भारतम्' काव्य कथावाचकों के बीच लोकप्रियता प्राप्त कर सका। इन्हीं वाचकों ने उसे जन-जन तक पहुँचाने में बड़ी भूमिका निभाई। इस काव्य का इतना प्रभाव हुआ कि कुछ परवर्ती कवियों ने इसका विस्तार किया। नल्ला पिल्लै ने 16400 छंद लिखे जबकि 'विल्लि भारतम्' केवल 4300 छंदों का था। यह 'विस्तार' इतना लोकप्रिय हुआ कि इस काव्य का नाम नल्ला पिल्लै के नाम से 'नल्ला पिलै भारतम्' पड़ गया। तमिल नाडु के गाँवों में 20 से 30 दिन तक चलने वाली कथाओं के लिए कथावाचकों को काव्य का यही रूप अनुकूल लगा। 'विल्लि भारतम्' की ध्वनि और शैली के कारण परवर्ती कवि भी प्रशंसित हुए।

16वीं शती में राजा चन्द्रस्वर्गी के सभा-कवि पुकलेन्दि (या पुगलेन्दि) ने वेण्बा छंद में महाभारत के नलोपाख्यान के आधार पर 'नलवेण्बा' काव्य की रचना की। पुकलेन्दि की शैली सरल और स्वाभाविक है। दमयंती जब स्वयंवर में प्रवेश करती है तब कवि कहता है–'राजाओं के आँख रूपी लाल कमलों से भरे तड़ाग में तैरती हुई-सी दमयंती का प्रवेश हो रहा था।' राज्य खोकर नल जब दमयंती के साथ एक ही वस्त्र पहन कर सो रहा था, तब उसने वस्त्र को चाकू से काटा। कवि कहता है कि 'नल एक ही वस्त्र को नहीं काट रहा था, वरन् एक ही प्राण होने की दशा को काट रहा था और अपने प्रेम को पूर्ण रूप से काट रहा था।' पुष्प वाटिका में पुष्प चुनती सुंदरियों को टहनी झुकानी नहीं पड़ती, बल्कि उनके स्पर्श मात्र से वे 'अपने आप झुक कर उनके पैरों का नमन करती हैं।' ऐसी मार्मिक और सुंदर उद्भावनाओं के कारण यह कृति मान्य और लोकप्रिय है। वेण्बा छंद में लिखी यह तमिल की सर्वश्रेष्ठ कृति है।

कवि पुकलेन्दि जब चोल राजा के कारागार में बंदी थे तब उन्होंने वहाँ से गुज़रती जल भरने जाती स्त्रियों से कुछ सहायता पाने और उन्हें प्रसन्न करने के निमित्त छोटी-छोटी कविताएँ लिखी थीं। यथा–'अरसाणि मालै' 'पुलिन्दिरन् दूतु', 'एणियेट्रम', 'पंच पाण्डवम्', 'वनवास' आदि। इनमें से अधिकांश महाभारत पर आधारित तथा गांवों में प्रचलित निजन्धरी कथाओं पर आधारित हैं। ऐसी ही कथा 'द्रौपदी कुरवंजी' है। इस काल्पनिक कथा में द्रौपदी एक 'कुरंति' (वन्य जाति) के वेश में दुर्योधन के अंत:पुर में जाकर उसकी पत्नी की हस्तरेखाएं पढ़ कर उसका भविष्य बताती है। ऐसी कथाओं से स्त्रियां प्रसन्न होती

थीं।

पुकलेन्दि की प्रसिद्धि और लोकप्रियता के कारण बाद में बहुत से कवियों ने उनके नाम से स्वयं कविताएँ लिखीं।

19वीं शती में ए.वी. वैंकटरामन् ने 'नित्यकन्नि' (नित्य कन्या) नामक महत्त्वपूर्ण उपन्यास लिखा। इसमें ययाति कन्या 'माधवी' की जीवन गाथा है। कथाकार के अनुसार माधवी को विवाह के बाद पुत्र जन्म देने पर फिर कुमारी काया की दशा प्राप्त करने का वरदान प्राप्त था। उसे एक-एक कर कई व्यक्तियों से विवाह का मौका मिलता है। फिर भी मन तो एक ही है न! वह पुराने प्रेम और उनसे उत्पन्न संतान को इतनी जल्दी भुला नहीं पाती। उपन्यास में ऐसी जटिलता का सुंदरता से चित्रण हुआ है। इस कथा पर भिन्न दृष्टि से एक नाटक 'माधवी' और उपन्यास 'प्रज्ञापथ' हिन्दी में भी क्रमशः भीष्म साहनी और विद्या सिन्हा ने लिखा है।

सोम सुंदर भारती (1879-1959) का 'मारिवायिल' (वर्षा काव्य) प्रसिद्ध है। अर्जुन के लिए पाण्ड्यराजा की पुत्री दूत भेजती है। यह काव्य काल्पनिक कथा पर आधारित है।

बीसवीं शती में पी.एस. रामय्या ने 'तेरोट्टि महन' (सारथि-पुत्र) नामक नाटक कर्ण पर लिखा। इसका पहला संस्करण 1958 में प्रकाशित हुआ।

दो कृतियों ने राष्ट्रीय स्तर पर ख्याति पाई। एक है- चक्रवर्ती राज गोपालाचारी की 'व्यासर विरुंदम्'। यह महाभारत का आधुनिक सरल कथाशैली में अनुसृजन है। इस 'महाभारत कथा' का लगभग सभी भारतीय भाषाओं में अनुवाद हुआ और इसके माध्यम से आधुनिक भारत में महाभारत के पुनःस्मरण का एक माहौल बना।

दूसरी कृति देश में सर्वाधिक प्रसिद्ध और प्रशंसनीय है, तथा प्राचीन रचना नए युग के संदर्भ में पुनस्सृजित करने का एक उच्चस्तरीय प्रमाण है-वह है सुब्रमण्य भारती का काव्य 'पांचाली शपथम्'। यह काव्य पाँच भागों में बँटा है। कथा युधिष्ठिर द्वारा राजसूय यज्ञ करने पर प्रसिद्धि और प्रशंसा सुनकर दुर्योधन की ईर्ष्या से प्रारंभ होती है। दुर्योधन पाण्डवों को परास्त करने की विधि मामा शकुनि से पूछता है। षड्यंत्री शकुनि उसे बताता है कि वह हस्तिनापुर में पाण्डवों और द्रौपदी को द्यूत के बहाने बुलाए। पाण्डवों को इसी से जीता जा सकता है। युधिष्ठिर की अनिच्छा के बावजूद उन्हें विदुर को निमंत्रण के लिए भेजना पड़ता है। विदुर संदेश देने के साथ युधिष्ठिर को शकुनि के षड्यंत्र का संकेत भी देते

हैं। भाइयों और द्रौपदी की अनिच्छा और असहमति के बावजूद युधिष्ठिर निमंत्रण स्वीकार करते हैं। आज्ञाकारी भाई और द्रौपदी हस्तिनापुर जाते हैं। द्यूत में युधिष्ठिर राज्य को, स्वयं को, पाण्डवों को और अंत में द्रौपदी को दांव पर लगा देते हैं और हार जाते हैं। उसके बाद सभा में द्रौपदी का घोर अपमान होता है। द्रौपदी श्रीकृष्ण का स्मरण करती है, प्रार्थना करती है। द्रौपदी की साड़ी बढ़ती जाती है। सारा संसार स्तब्ध है, देवगण पुष्पवृष्टि करते हैं। अंत में भीम और फिर द्रौपदी शपथ लेती है। साड़ी बढ़ने की कथा के अतिरिक्त शेष कथा महाभारत के अनुरूप है। इसमें कवि के काव्यत्व और भाषा-शिल्प-छंद के वैविध्य का सौन्दर्य है। परंतु, इस कविता की विशेषता इसकी प्रासंगिक राष्ट्रीयता में है। देवगण द्रौपदी की वंदना करते हुए कहते हैं-'जय भारत की शक्ति द्रौपदी तेरी जय हो।' द्रौपदी भारत की शक्ति का प्रतीक बन जाती है और इससे पूरी कविता का परिप्रेक्ष्य बदल जाता है। वे लोग आंखों के आगे उभर आते हैं जो समूचे देश को विदेशियों के दांव पर लगा देते हैं, धर्म-पुत्र दिखते हुए भी वे नीच कर्म करते हैं। एक स्तर पर कवि जनता को भी मौन प्रेक्षक बने रहने पर लताड़ता है और अंत में द्रौपदी की प्रतिशोध की प्रतिज्ञा उस शौर्य की अभिव्यक्ति है जो तमिलनाडु में द्रौपदी की अवधारणा में निहित है।

मुझे तमिल साहित्य के लंबे इतिहास से गुज़रने पर द्रौपदी पर किसी काव्य की अनुपस्थिति से आश्चर्य हुआ। जिस क्षेत्र में द्रौपदी की इतनी मान्यता हो कि हर गांव में, हर गांव की सीमा पर द्रौपदी का मंदिर हो, जहाँ द्रौपदी पाण्डवों की पत्नी नहीं, ग्राम की अधिष्ठात्री देवी हो- रक्षा करने वाली; वह भयंकर काली, संहारकर्त्री और अधर्म का नाश करने वाली ग्राम-रक्षक देवी हो- उस पर तमिल साहित्य में कोई कृति नहीं होना आश्चर्य की बात तो है ही। परंतु अंततः इसकी क्षति-पूर्ति सुब्रमण्य भारती की कविता 'पांचाली शपथम्' कर देती है। वह उसी काली और लोक-लाज-रक्षिका के रूप में इस काव्य में है, जो दासता, अधर्म, अत्याचार के विरुद्ध राष्ट्र की शक्ति का प्रतीक बनकर उभरती है। द्रौपदी के लिए तमिलनाडु में अगहन मास में बड़ा त्यौहार मनाया जाता है। इसमें तपस्या का स्वांग भी बनाया जाता है। अन्याय, अत्याचार और अधर्म के प्रतीक दुर्योधन की लकड़ी की मूर्ति बनाई जाती है, जिसे लोग पैरों से रौंदते हुए ले जाते हैं। कहीं दुर्योधन के शरीर का खून निकाल कर स्त्रियाँ अपनी चोटी गूंथने का स्वांग करती हैं। द्रौपदी का यह रौद्र और प्रतिकारी रूप एक बड़े राष्ट्रीय संदर्भ में ढल कर इस काव्य में अर्थवान हो उठा है।

द्रौपदी पर तो एक काव्य आया भी है परंतु अर्जुन, जिसे लेकर तमिलनाडु में कथाएँ प्रचलित हैं, यहाँ तक कि इस प्रदेश की कन्या उसे ब्याही गई है, उस पर एक भी स्वतंत्र नागर रचना नहीं है! तमिलनाडु में प्रचलित कथा में अर्जुन जब दिग्विजय करते हुए दक्षिण आया था तो उसका विवाह कृष्ण ने मदुरै की राजकुमारी अल्ली से कराया था। तमिल लोक-जीवन में–'अल्लियर साणी नालै' (अल्ली रानी के प्रशंसा गीत) भी प्रचलित हैं, पर इस कथा पर कोई साहित्यिक रचना नहीं है; जबकि यह उत्तर-दक्षिण के रागात्मक सम्बन्धों का उद्घाटन कर सकती थी। तमिलनाडु के चेर राजा ने युद्ध के 18 दिनों तक कौरवों और पाण्डवों की सेना को भोजन दिया था। क्या इसे लेकर एक भी रचना न होना आश्चर्य का विषय नहीं है?

लोक में महाभारत का एक अन्य कल्पित पात्र 'योवान' है। इसमें आंशिक रूप से भीम की छवि उभरती है, परंतु उसकी बलि देकर महाभारत का प्रारंभ भीम की कथा से मेल नहीं खाता, हाँ यह कहा जा सकता है कि एक तरह से तो भीम का आत्मोत्सर्ग महाभारत में भी हुआ ही है, जो सदा युधिष्ठिर के निर्णयों से नाराज़ होने पर भी अपने मन को मारता रहा और अन्याय की सताई द्रौपदी का सबसे प्रिय सहचर बन कर अपनी प्रतिक्रिया और उत्सर्ग को जीवनार्थ देता रहा; युद्ध उसके लिए सबसे प्रिय निर्णय था।

तमिलनाडु में 'योवान' के साथ एक रोचक कथा जुड़ी है। मद्रास से दो सौ किलोमीटर दूर बिल्लूपुरम् के आसपास के गांवों में उसकी पूजा की जाती है। योवान को हिजड़े लोग अपना पति मानकर उसके नाम का मंगलसूत्र पहनते हैं और एक सप्ताह तक खुशियां मनाते हैं। सप्ताहांत में 'योवान' का वध हो जाता है, तब ये लोग मंगलसूत्र उतार देते हैं–कितनी सांकेतिक, मार्मिक कथा है, जिससे कितनी ही रचनाओं की सृष्टि हो सकती थी।

रामायण की तुलना में महाभारत निम्न वर्गों में इसीलिए प्रचलित है कि उन्हें उसमें अपनी समस्याओं और पीड़ाओं के निदान का मार्ग मिलता है, और शायद यहाँ पहली बार व्यास की दलित, स्त्री संबन्धी मनोभावना और विद्रोही क्रांतिकारिता को वास्तविक अभिव्यक्ति मिली है। संभवत: इसीलिए अभिजात साहित्य में रामायण पर तो 'कम्बरामायण' जैसा प्रसिद्ध और मार्मिक काव्य लिखा गया, परंतु महाभारत पर वैसी कालजयी रचना नहीं लिखी गई। यह भी एक गहरा संकेत है। उपलब्ध महाभारत भी प्राय: गांवों में ही अधिक लोकप्रिय है और उसके पात्र भी लोक की कल्पना में ही अधिक अर्थवान और जीवंत हुए हैं।

कर्ण को ही लीजिए। उसे लेकर एक अद्‌भुत और मार्मिक कथा लोक में प्रचलित है। इस पर एक 'तेरोट्टि महन' नामक नाटक भी है जो निरंतर खेले जाने पर भी अप्रकाशित है। कथा का सुंदर वर्णन पी.के. बाल सुब्रमण्यम ने किया है। वे लिखते हैं कि दुर्योधन चाहता था कि कर्ण का विवाह राजकुल में हो, परंतु हर कोई उसे सूतपुत्र जानकर इंकार कर देता था। आखिर दुर्योधन से डर कर क्षत्रिय राजा सार्थकेशी ने अपनी कन्या कंचनमाला को कर्ण की पट्ट महिषी बना दिया। परंतु उसके भीतर अभिजात संस्कार इतने बद्धमूल थे कि सुहागरात में ही उसने उसे माता की सौगंध देकर स्पर्श करने से रोक दिया। उसका कहना था कि–"मैं क्षत्रिय राजकुमार के साथ ही अपना वैवाहिक जीवन बिता सकती हूँ।" हम दोनों दुनिया को दिखाने भर के लिए पति-पत्नी होंगे। पिता ने बहुत समझाया पर कंचनमाला नहीं मानी।

विवाह के बीस वर्ष बाद दुर्योधन की पत्नी भानुमति को इस तरह के संबन्ध की भनक लग गई, तो वह वैवाहिक दिन मनाने के बहाने अपने धर्म भाई कर्ण के महल में आई। वह सोने के प्याले में चंदन लाई थी। उसने कर्ण से कहा कि वह कंचनमाला के पैरों की मालिश इस चंदन से करे। परन्तु कर्ण का स्पर्श न हो, इसलिए कंचनमाला इंकार कर देती है। वह उस चंदन भरे कटोरे को एक ब्राह्मण को बुलाकर दान कर देती है। यहाँ तक कि वह युद्ध में जाने से पहले कर्ण को तिलक लगा कर विदा नहीं करती, बल्कि अशुभ सूचक तेल लगा कर उसके साम्‍ने आती है। हाथ भी चूमने नहीं देती। कर्ण भरे मन से युद्ध में चला जाता है। कर्ण जब युद्ध में क्षत-विक्षत हो जाता है तब कुंती यह रहस्य प्रकट करती है कि कर्ण उसका पुत्र है। यह जानकर कंचनमाला कर्ण के पैरों में पड़ जाती है, लिपट जाती है, (कुलगौरव के आधार पर कंचनमाला द्वारा कर्ण का तिरस्कार कवि की उद्‌भावना है।) कर्ण अंतिम दान के रूप में उसे 'क्षमादान' देता है।

तमिल साहित्यकारों ने भले ही इस उर्वर कथा का उपयोग न किया हो, पर हिन्दी के यशस्वी कवि नरेन्द्र शर्मा को जब यह कथा किसी ने बताई तो उसने उन्हें मथ दिया। वर्षों तक वह उनके मन में गूंजती रही। अंततः उन्होंने उस पर 'सुवर्णा' नामक काव्य लिखा।

लोक में जगह-जगह कथाओं में भी कुछ भिन्नता होती है और तमिल में मंचित नाटक ने भी इस कल्पना में कुछ जोड़ा ही होगा। नरेन्द्र शर्मा ने जो कथा सुनी, उसमें 'तंगम' (अर्थात 'सुवर्णा') नामक अभिजात कुमारी को कर्ण अपनी

दिग्विजय के दौरान दक्षिण से हरण कर लाया था। परंतु उसने सूतपुत्र समझ कर उसे हृदय से अस्वीकार कर दिया। कर्ण के प्राणोत्सर्ग के पश्चात् जब उसे कर्ण के जन्म की वास्तविकता का ज्ञान हुआ तो वह पश्चाताप से दग्ध हो, चिता पर चढ़ गई। यह कथा किसी भी रूप में महाभारत में नहीं है। आगे नरेन्द्र शर्मा ने भी कल्पना की कि सुवर्णा ने कृष्ण को अपने पिता के रूप में मनोनीत किया था, इस तरह वह परमात्मा की कन्या हुई। काव्य की अंतिम पंक्तियों में जीवन की आत्महन्ता प्रवृत्तियों से संबन्धित दार्शनिक स्पर्श भी है। कवि लिखता है–

ज्ञान न संदर्भों का, हत संबन्ध अवान्तर कन्या
अंत सुवर्णा परमात्मा की कन्या बनी अनन्या!

इस कल्पना से कवि कोई क्रांतिकारी उद्भावना न कर सका। काव्य भावुकता, और विडम्बनाओं की भेंट चढ़ गया।

कुल मिलाकर तमिल की महाभारत-यात्रा लोक-यात्रा है।

महाभारत की साहित्य-यात्रा–तेलुगु

नन्नय भट्ट का 'आंध्र महाभारत' तेलुगु का आदि ग्रंथ है। नन्नय ने इसे ग्यारहवीं शती में प्रारंभ किया था, परंतु दो पर्वों का रूपांतर करने के बाद उनका निधन हो गया। फिर डेढ़ सौ वर्षों तक यह काम रुका रहा। इसे तेरहवीं शती के महाकवि तिक्कन्ना सोमयाजी ने हाथ में लिया। उन्होंने विराट पर्व से लेकर बाकी सभी पर्वों का रूपांतर किया, परंतु वन पर्व का छूटा अंश 14वीं शती के महाकवि एर्रा प्रेग्गड ने पूरा किया। इस तरह यह काव्य तीन कवियों के संयुक्त प्रयास से 11 से 14वीं शती के बीच सम्पन्न हुआ।

यद्यपि यह कृति 'व्यास भारत' का रूपांतर है, परंतु तीनों प्रतिभाशाली कवियों के विचारों, अवधारणाओं, चरित्र निरूपणों आदि में मौलिकता देखी जा सकती है। अनेक नई कथाएं भी इसमें जोड़ी गईं। इस तरह कुल मिलाकर यह रूपांतर नहीं 'सृजन' है। इसकी विशेषता यह है कि अवधारणाओं और निरूपणों में भिन्नता होते हुए भी कृति में लयात्मकता बनी हुई है, क्योंकि महाभारत स्वयं विविधता का समुद्र है जो अपने आप में एक विराट सृष्टि-लय है। नन्नय ने मूलतः धर्म और नैतिकता को केंद्र में रखा था, तो तिक्कन्ना के केंद्र में राजनीति थी। एर्रा प्रेग्गड दो महाकवियों के बीच सेतु थे, और वह मर्यादा उन्होंने पूरी तरह निभाई। परिणामस्वरूप तीन महाकवियों का काव्य होते हुए भी इसमें कहीं जोड़ या दरार नहीं दिखाई पड़ती।

परवर्ती कवियों में श्रीनाथ (1380-1445) ने श्री हर्ष के 'नैषध चरित' का 'शृंगार नैषध' नाम से मौलिक उद्‌भावना के साथ स्वच्छंद रूपांतर किया। उनका काव्य 'मंजरी द्विपद', तेलुगु की ही नहीं कदाचित भारतीय भाषाओं की नवता का सूचक है। इसमें बारहवीं शती के

भाई-भाई के युद्ध की महाभारत से तुलना की गई है, जो अति सुंदर है। ऐसी प्रवृत्ति अन्य भाषाओं में 19वीं-20वीं शती में देखी गई। कवि के महत्त्व को मान्यता देते हुए 1400-1500 ई. श्रीनाथ युग के नाम से विख्यात है। श्रीनाथ, नन्नय-तिक्कन्ना और प्रेग्गड की परंपरा को आगे बढ़ाने वाले राष्ट्र कवि हैं। उन्होंने 'कुमार संभव' एवं 'किरातार्जुनीय' पर आधारित काव्य 'हरि विलासम' की रचना की, जिसमें पर्याप्त मौलिकता है।

15वीं शती के अंतिम दशक में पल्लयरि पिनवीरभद्र ने 'शकुंतला परिणय' और 'जैमिनी भारत' की रचना की। 19वीं शती में मल्लि वेंकटराम कवि ने 'उत्तरा परिणयम' नामक प्रौढ़ प्रबंध का सृजन किया जो 1930 में प्रकाशित हो सका।

1500 से 1750 तेलुगु साहित्य का स्वर्ण युग था। यह एक तरह से 'कृष्णदेव राय' का राज्यकाल था। इसमें भट्टमूर्ति (रामराज भूषणुडु) ने अत्यंत प्रौढ़ काव्य 'वसु चरित्र' में महाभारत के एक आख्यान के छह सर्गों को छह आश्वास के प्रबंध में बदला। तेलुगु के पांच सर्वोत्तम प्रबंधकाव्यों में माना जाता है। महाभारत की कथा यहां चेदि देश के राजा वसु की कथा है, जिसने विरक्त होकर तपस्या की तो इन्द्र ने प्रसन्न होकर उसे विमान दिया, जिसमें बैठकर वह उपरिलोकों का भ्रमण करता था। इसलिए उसका नाम उपरिचर वसु हुआ। राजा ने अनेक चमत्कारिक कार्य किए। नदी ने उसे प्रसन्न होकर गिरिका नामक कन्या दी। कथा इसके आगे भी है, पर कवि ने केवल गिरिका मंगल तक की कथा पर काव्य रचना की। इस काव्य की शैली निरुपम है। इसके अनुकरण पर अनेक काव्य रचे गए। कवि ने परवर्ती सर्जना में महाभारत के सर्वथा अछूते विषय पर रचनाएँ की। इनकी दूसरी कृति 'हरिश्चन्द्र-नलोपाख्यान' भी उत्तम श्लिष्ट काव्य है।

दाक्षिणात्य धारा में ताल्लपाक तिम्मक्का की कृति 'सुभद्रा कल्याणम'; कृष्णध्वरित का श्लिष्ट काव्य 'नैषध पारिजात'; तेलुगु के गद्य-पद्य निष्णात रचनाकार वीरेशलिंगम का शुद्ध तेलुगु पद्य में किया नैषध अनुवाद 'शुद्धोध्रनिरोष्ठ्यनिर्वचन नैषधमु' उल्लेखनीय है। श्रीपाद कृष्णमूर्ति शास्त्री का महाभारत का अनुवाद पुरानी प्रबंध शैली में है। पुरिपंडा अल्पळ स्वामी ने बोलचाल की भाषा में 'महाभारत कथा' लिखी।

तेलुगु में लगभग 200 ग्रंथों के रचयिता श्रीपाद कृष्णमूर्ति शास्त्री (1866–1960) ने विविध विधाओं में महाभारत संबंधी चार ग्रंथ लिखे। ये हैं–'श्रीकृष्ण महाभारत' (काव्य), 'वेणी संहार' (नाटक), 'महाभारत चरित्र निराकरणम' और 'महाभारत रहस्य विमर्शनम्' (आलोचना ग्रंथ) है। 'श्रीकृष्ण महाभारत' वास्तव में महाभारत का संपूर्ण अनुवाद है, जिसे श्रीपाद कृष्णमूर्ति ने 23 वर्षों के अथक श्रम से सम्पन्न किया। 'आंध्र महाभारत' के बाद इसे ही सर्वाधिक प्रामाणिक माना जाता है। शास्त्री जी के काव्यों में तो प्राचीनता है, परंतु उनके नाटक आधुनिकता लिए हुए हैं। आकोण्डि व्यासमूर्ति शास्त्री ने 'श्री महाभारत नवनीतम' में संक्षिप्त महाभारत काव्य की रचना की।

मंत्रि प्रेग्गड सूर्यप्रकाश ने 19वीं शती में एक श्लेष काव्य 'कृष्णार्जुन चरित्रम', आदिभट्टल नारायण दास कवि ने 'हरिकथा' नामक अपूर्व गीति-नृत्य विधा का सृजन किया। यह आंध्र में अत्यंत लोकप्रिय है। इसके सैकड़ों गायक नर्तक हैं। इस विधा में प्रेग्गड का 'कृष्ण चरित्रम' और 'सावित्री चरित्रम' प्रसिद्ध हैं। वैंकट रामकृष्ण कविद्वय ने 'दमयन्ती कल्याणम', 'रामकृष्ण महाभारतम', 'चम्पू भारतम', 'कौरव गौरवम' काव्य रचे। इन्होंने शाकुंतल, सुभद्रा और दययन्ती उपन्यास भी लिखे।

आधुनिक युग के प्रारंभ में त्रिपुरनेमि रामस्वामी चौधरी (1890–1943) ने नवीन पुराण की रचना की। इस कृति में उन्होंने कृष्ण और धर्मराज की निंदा की और पाण्डवों के विरुद्ध कौरव पक्ष का समर्थन किया। इस कृति को तेलुगु की एक विशिष्ट रचना मानना चाहिए।

आधुनिक कवि 'आंध्र महाभारत' को ही प्रामाणिक मानते हैं और उन्होंने प्राय: इसी आधार पर विभिन्न शैलियों और रूपों में अपना सृजन किया। देव्वुरि रामि रेड्डी (1895–1947) ने पराधीन भारत को जाग्रत करने के लिए महाभारतीय रचनाएं कीं। 'दुर्योधनुलु', 'द्रौपदी संदेशम' काव्य इसी तरह के हैं। आंध्र के अत्यंत लोकप्रिय गीतकार करुणश्री के अनेक खण्डकाव्यों में–'कुंती कुमार', 'विजय श्री', 'सती सावित्री' प्रमुख हैं।

इनके अतिरिक्त तेलुगु में सैकड़ों कवियों ने महाभारत पर आधारित

महाकाव्य, खंडकाव्य, चम्पूकाव्य आदि रचे। इनमें से कुछ हैं–शोंठि भद्राद्रि रामशास्त्री का 'शांतनुऽपाख्यानम' ताड़रि लक्ष्मीनारायण राय का 'उद्योग पर्व', मज्वा वेंकट कवि का 'द्रोपदी वस्त्रापहरणम' विविकोलनु सुब्बराय कवि का 'नल चरित्रम', नादेल्ल पुरुषोत्तम कवि का 'बभ्रुवाहन चरित्र', शेषाद्रि शर्मा और प्रेग्गड का 'पाण्डव अज्ञातवासम', अप्पाराव का 'दुर्योधनांतम', अन्नमराजु रमणय्या का 'शांतनुराज चरित्रम', वेंकट जोगाराव का 'द्रौपदी स्वयंवर', वेंकट कृष्ण शर्मा का 'कर्ण चरित्रम', वेंकट राव का 'कर्ण कथार्णवम' और बालाजी दास का 'द्रौपदी मान संरक्षण'। नाटक के क्षेत्र में तेलुगु ने महाभारत के विभिन्न प्रसंगों का सर्वाधिक उपयोग किया। नाटककारों की यह अवधारणा रही थी कि देश की जाग्रति एवं पुनरुत्थान में दृश्यकाव्य की बड़ी भूमिका होती है। धर्मवरम वेंकट कृष्णमाचार्य आधुनिक तेलुगु नाट्य साहित्य के पितामह हैं। नाटक के साथ मंचन में भी वे सिद्ध थे। 'चित्र नलीयम' उनका अत्यन्त प्रसिद्ध नाटक है। 'बृहन्नला' भी उनका श्रेष्ठ नाटक है।

सर्वाधिक अनुवाद और यथासंभव पुनःसृजन कालिदास के 'अभिज्ञान शाकुंतलम्' का हुआ। इनमें से लगभग एक दर्जन उल्लेखनीय हैं। तीन कवियों ने 'वेणी संहार' का अनुवाद किया, इनमें से सुब्बाराय कवि का अनुवाद अत्यंत लोकप्रिय हुआ। इसके अलावा 'धनंजय विजय व्यायोग' के दो अनुवाद हुए। रवि वर्मा के 'प्रद्युम्नाभ्युदय', आदि के भी अनुवाद हुए। धर्मवरम कृष्णमाचार्य का 'सावित्री चित्राश्व', सीता रामदास और नरसिंह राव कृत 'सावित्री नाटक' में से कृष्णमाचार्य कृत नाटक अधिक लोकप्रिय हुआ।

वीरेशलिंगम तेलुगु के प्रख्यात नाटककार हैं। इनका 'दक्षिण गोग्रहण' प्रसिद्ध नाटक है जो महाभारत के विराट पर्व पर आधारित है। इसमें मानव स्वभाव की सूक्ष्मता और जटिलता का सुंदर चित्रण हुआ है। गोग्रहण का षड्यंत्र रचने वाला त्रिगर्तदेश का राजा सुशर्मा नाटक का केंद्र है। मूल कथा के किंचित परिवर्तन से नाटक में सुशर्मा का पलायन होता है। कथा को नाटकीय बनाने में वीरेशलिंगम को बहुत सफलता मिली है।

विराट पर्व को आधार बनाकर वेंकट सुब्ब कवि, श्रीरंगा राव, रामन्ना और लक्ष्मी नरसिंहम ने नाटक लिखे। इनमें लक्ष्मी नरसिंहम का 'कीचक वध' एक सफल नाटक है।

19वीं शती के अंतिम दशकों में कुछ महत्त्वपूर्ण नाटक लिखे गए। उनमें लक्ष्मी नरसिंहम का 'द्रौपदी परिणय' और 'गयोपाख्यान', धर्मवरम कृष्णामाचार्य का 'पांचाली स्वयंवर', सूर्यनारायण का 'गयोपाख्यान' आदि हैं।

नाटक के उन्नायकों में तिरुपति कविबंधुओं का सर्वाधिक योगदान है। उन्होंने सम्पूर्ण महाभारत कथा को तेरह वर्षों के कठिन श्रम से 5 भागों में विभक्त कर 5 सशक्त नाटकों की सृष्टि की। मधुर काव्यात्मक प्रयोग इसकी अनेक विशेषताओं में से एक है। अन्य पांच नाटककारों ने भी महाभारत की सम्पूर्ण कथा पर तेलुगु में नाटक लिखे हैं। ये हैं–चक्रावधानुल, माणिक्य शर्मा, सुब्रमण्य शास्त्री, पिंगलि वेंकट नरसय्या और रामनायण (कविद्वय)।

'वेणी संहार' पर आधारित दो नाटक, विराट पर्व पर आधारित तीन नाटक हैं, इनमें श्रीनिवासराव का 'लक्ष्मीनरसिंहम' ही अधिक सफल हुआ। 'भीष्म चरित्र' पर तीन नाटक लिखे गए।

महाभारत में राजा वेन का एक मामूली संदर्भ है, यद्यपि कथा चमत्कारिक है। इस पर कवि सम्राट विश्वनाथ सत्यनारायण और त्रिपुरेनेनि रामस्वामी चौधरी ने एक दूसरे से भिन्न चित्रण के नाटक लिखे। सत्यनारायण ने उसका चरित्र अत्याचारी बताया और त्रिपुरनेनि ने इसके विपरीत। दोनों रोचक नाटक हैं।

गुडिपाटि वेंकटचलम के नाटक वैचारिक क्रांति के प्रतीक हैं। इनमें नारी मुक्ति, प्रेम मुक्ति और स्वच्छंदतावादी विचार हैं। इनके नाटकों में 'भानुमती' विशेष उल्लेखनीय है। वह दुर्योधन से कहती है कि 'द्रौपदी का अपमान करना अनुचित है।' दुर्योधन का अहंकार उसे यह उचित वाणी सुनने नहीं देता, जिसके प्रति नाटककार की असहमति है।

सत्यनारायण राव और मृत्युंजय शर्मा ने अभिमन्यु के युद्ध प्रसंग पर क्रमशः 'वीर अभिमन्यु' और 'पद्मव्यूह' नाटक लिखे। ये एक से बढ़कर एक हैं। इसके अतिरिक्त महाभारत पर सैकड़ों नाटक, एकांकी आदि तेलुगु में लिखे गए।

17 से 20वीं शती के बीच गद्य कृतियां भी लिखी गईं। तेलुगु गद्य में महाभारत और उसके विभिन्न पर्वों के अनुवाद हुए। कुछ कृतियों का उल्लेख ऊपर हो चुका है।

एक महत्त्वपूर्ण कार्य भी तेलुगु में किया गया जो कम ही भारतीय

भाषाओं में हुआ है। वह है महाभारत का आलोचनात्मक, तात्त्विक और बहुपक्षीय विवेचन। इनमें से भी कुछ का ऊपर उल्लेख किया गया है। पारनंदि रामशास्त्री कृत 'आंध्र महाभारत विमर्शनम', 'कुरुक्षेत्र युद्ध काल-निर्णय' और आकोण्डि व्यासमूर्ति शास्त्री कृत ऊपर उल्लिखित ग्रंथ महत्त्वपूर्ण हैं। 'भारत पथिक', कौरवपट्टणम वेंकटरत्न सूरी का ग्रंथ 'मय सभा' पुरातत्त्व विषयक अन्वेषण है। चिनसीतारामस्वामी शास्त्री का 'कर्णचरित्रम्' उत्कृष्ट गद्यकाव्य है। इसमें कर्ण के उत्तम गुणों के आधार पर उसे महाभारत के अन्य पात्रों से श्रेष्ठ बताया गया है।

20वीं शती के उत्तरार्द्ध में पुरिपण्डा अप्पलस्वामी का 'व्यावहारिकांध्र महाभारतम' उत्तम गद्य काव्य है। वे प्रगतिवादी विचार के थे जिसकी झलक इस रचना में भी मिलती है।

साहित्य के अतिरिक्त तेलुगु में कथावाचन, रेडियो, दूरदर्शन आदि कई माध्यमों से महाभारत जन-जन में व्याप्त है।

इस पूरी चर्चा में यदि महाभारत में लोकनाट्य, लोकगीति, नृत्य आदि की चर्चा न की जाए तो बात अधूरी रहेगी। पहले उल्लेख हो चुका है कि आदिभट्लनारायण दास कवि ने आंध्र में 'हरिकथा' का नवसृजन किया जो 'यक्षगान' जैसी पारंपरिक शैली में गाई जाती है। आंध्र के लोक जीवन में पारंपरिक यक्षगान की बड़ी जीवन्त कलात्मक भूमिका रही है। इसी विधा में महाभारत से संबंधित अनेक कथाएं गाई जाती हैं। उनमें 'किरात विजय', 'कृष्ण विलास', 'द्रौपदी कल्याण' आदि कथाएं प्रसिद्ध हैं। वैसे भी प्राचीन काल से 'शशिलेखा परिणय', 'उषा परिणय', 'नल चरित्र', आदि नाटक लोक में प्रचलित थे और अभिनीत होते थे। बाद में जाकर महाभारत की कथाओं से प्रेरणा लेकर आदिभट्टलनारायण दास कवि (1864-1945) ने लोक विधा आविष्कृत की-'हरि कथा'। महाराष्ट्र में हरिकथा नामक एक लोकनृत्य विधा है, जिसमें स्त्री-पुरुष दोनों घुंघरू बांधकर नृत्यगायन करते हैं। इसी से कवि ने प्रेरणा लेकर अपने 'देश' के अनुरूप उसे ढाल कर एक नया रूप दिया। इसमें भगवान का कीर्तन, नृत्य, गीत शैली में अत्यंत सुंदर लयात्मक रूप में होता है। एक ही व्यक्ति नृत्य और गायन दोनों करता है। आंध्र में सैकड़ों हरिकथा गायक हैं। इस तरह लोक और साहित्य में महाभारत समान रूप से व्याप्त है।

महाभारत की साहित्य-यात्रा–पंजाबी

पंजाब के रक्त-प्राण में 'महाभारत' का शौर्य और अन्याय के विरुद्ध युद्ध समाया हुआ है क्योंकि वह विदेशी आक्रमणों का प्रवेश द्वार रहा है, उसमें प्रहरी की जागरूकता और वीरता का वास है और महाभारत की केंद्रीय कथा अन्याय और अतिक्रमण के विरुद्ध न्याय और अधिकार का युद्ध है। संयोगवश महाभारत का घटना-क्षेत्र भी पंचनद अर्थात् पंजाब है, जिसका उल्लेख 'कर्ण पर्व' में हुआ है। गुरुग्रंथ साहिब जैसे उदार और समावेशी ग्रंथ ने भी अपने निर्गुण-निराकार, एकात्म की दर्शन-सीमा को लांघकर राम और कृष्ण कथा को ग्रहण किया है। यहां तक कि गुरु गोविंद सिंह के कृष्ण सुदर्शन चक्र धारण न कर धनुष-बाण धारण करते हैं: 'कान्ह कमान लीधे कर में, रन में जब केहरि सिंह भभकारें' (गुरु ग्रंथ साहिब-1763)। लगता है कि उनमें राम और कृष्ण की संयुक्त वीरता का समावेश हुआ है, ताकि भयंकर शत्रुओं का समूल संहार कर सकें। वैसे पंजाब में कृष्ण, श्रृंगार का आलंबन रहे हैं, परंतु रण में तो वीरता ही चाहिए होती है।

यदि पंजाब महाभारत की सृजन-भूमि है तो गीता की सृजन-भूमि भी है और यहां गीता का अनुवाद और भाष्य भी सर्वाधिक हुआ है। यहां तक कि गीता में कृष्ण का यह कथन कि धर्म-स्थापन के लिए मैं युग-युग में जन्म लेता रहूंगा और पाप और पापियों का संहार करता रहूंगा, पंजाब के आध्यात्मिक गुरुओं का भी मूल मंत्र रहा है। गुरु नानक देव (1469) जब 'गुरु ग्रंथ साहिब' में बादशाहों और राजाओं की नृशंसता और भ्रष्टाचार के प्रति आक्रोश प्रकट करते हैं तो उसके मूल में यही चेतना और ऊर्जा है। वे कहते हैं :

> 'बादशाह कसाई है, क्रूरता उसका चाकू है, उसमें कर्तव्य
> भावना सदा-सदा के लिए उड़ गई है। घनी काली रात के

> अंधकार की तरह चारों ओर झूठ का बोलबाला है। सत्य का चांद कहीं दिखाई नहीं देता, मैंने व्यर्थ ही उसे खोजने की कोशिश की। इस युग के अंधकार में न्याय का कोई मार्ग नहीं है। अहंकार में डूबी हुई दुनिया अनंत पीड़ा भोग रही है। नानक कहता है कि उसे कैसे त्राण मिलेगा?' (बार मझ महला श्लोक 16 (1)।
>
> एक पद में वे कहते हैं : 'वे लोगों को कच्चा चबा जाते हैं, लेकिन फिर भी वे नमाज के समय ईश्वर के समक्ष झुकते हैं। जो कसाई के चाकू से लोगों को मार डालते हैं, वे जनेऊ धारण करते हैं।'
>
> 'राजे महाराजे चीते हैं और उनके अधिकारी कुत्ते। जब लोग सो जाते हैं, तब वे उनके पास जाते हैं और उन्हें तंग करते हैं। उनके अधिकारी उन्हें अपने पंजों से फाड़ डालते हैं और फिर उनकी मांस-मज्जा चट कर जाते हैं।' (वर, मलार, आदि ग्रंथ पृ. 1288)

वे शासकों से नहीं, उनके दुष्कृत्यों से; कुकर्म से, हिंस्रता से; अन्याय से क्रुद्ध हैं। उन्हें आशा है और उनकी इच्छा है कि मनुष्य को इससे मुक्ति मिले—और संघर्ष के अलावा इससे मुक्ति का क्या उपाय हो सकता है?

दशम गुरु गोविंद सिंह ने 1745 में 'कृष्णावतार' महाकाव्य की सृष्टि की। उस पर 'महाभारत' की अपेक्षा 'श्रीमद्‌भागवत' (दशम स्कन्ध) का प्रभाव है। परंतु कवि के सृजन मानस में महाभारत की छाया बनी रहती है। इसके कुछ प्रत्यक्ष प्रमाण भी हैं। जैसे—'कृष्ण-बलराम और जरासंघ का युद्ध' एक तरह से महाभारत की पीठिका है, क्योंकि यहां कृष्ण जरासंध को परास्त करने के बाद उस पर दया कर उसे क्षमा कर देते हैं। इससे महाभारत में अतिचारों से बाज न आने पर, भीम द्वारा उसके संहार में कृष्ण की जो भूमिका है, उसका औचित्य प्रकट होता है।

पंजाबी साहित्य में दो प्रसंग आते हैं—'द्रौपदी चीरहरण' और 'रुक्मिणी हरण'; एक काव्य में तो दोनों एक ही पाण्डुलिपि में हैं। पटियाला वाले रामदास की पाण्डुलिपि के पहले 50 पृष्ठों में 'रुक्मिणी मंगल' और अंतिम 18 पृष्ठों में 'द्रौपदी चरित्र' है। मुझे लगता है कि इसका कारण यह है कि

दोनों काव्यों के नायक श्रीकृष्ण हैं। एक में वे प्रेमवीर हैं तो दूसरे में दयावीर।

चीरहरण करते समय द्रौपदी की यह प्रार्थना कृष्ण में करुणा जगा देती है :

'द्रौपदी धरियो धियान मनहिमन अति ही रोई।
तुम बिन श्री नंदलाल इहां मेरा नहि कोई।।'

कवि 'रसिक राम' अपने एक चबोले का आरंभ ही कृष्ण का इस रूप में स्मरण करने से करते हैं :

जेठ जर कैरव की आ महाभारथ समियान।
अर्जुन के भए स्वार्थी आप कृष्ण मेहरवान।।
आप कृष्ण मेहरवान भक्त को युद्ध समै बल दीना।
कैरव मार गरद कर दीने राज खोस सब लीना।।

गुरु नानक देव ने ही 'जनमेजय', 'क्रिसन पराक्रम', 'क्रिसन-बलभद्र-विदुर' जैसे कई महाभारतीय प्रसंगों पर लिखा है।

अर्जुनदेव के अग्रज पृथ्वीचंद्र ने 'आदि महाभारत' नामक ग्रंथ का सृजन किया था, दुर्भाग्यवश वह आज उपलब्ध नहीं है।

भाई गुरदास को वीर काव्य का जन्मदाता माना जाता है। उनकी रचनाओं में महाभारत की कथाओं, प्रसंगों और घटनाओं को देखा जा सकता है। उदाहरण के लिए:

अंदर सभा दुसासनै मत्थै बाल द्रौपदी आंदी।
दूतां ने फरमाइआ नंगी करहु पंचाली बांदीं।।
पंजे पांडो वेखदे अउघट रुधी नारि जिनांदी।
अक्खी मीट धियान धर हा हा क्रिसन करे बिललांदी।।

फिर पूरा प्रसंग है।

दशम गुरु गोविंद सिंह ने दशम ग्रंथ में कृष्ण के अवतार के बारे में एक सुंदर कथा रची है। वे लिखते हैं कि ''महाकाल पुरुष विष्णु ने कहा कि धरती पर बड़ा पाप है कृष्ण रूप धर कर जाओ।'' ऐसी कथाओं के पीछे छिपे अर्थों को यदि पढ़ा जाएगा तो महाभारत का प्रभाव स्वयं उजागर होगा।

कवि गंगाराम की 'खग मंजरी' 1875 के आसपास आई थी। इसमें पक्षियों के माध्यम से राधा का प्रेम चित्रित हुआ है। मुझे लगता है कि इसकी प्रेरणा नल-दमयंती के हंस प्रसंग से मिली होगी। संस्कृत काव्यों का प्रभाव शिशुपाल, जरासंध आदि से कृष्ण के सेना सहित युद्ध के लिए प्रस्थान में भी देखना, अन्यथा न होगा।

पंजाबी में महाभारत के आंशिक या सम्पूर्ण अनुवाद कई रूपों में हुए हैं। कवि बिशन ने कविता में अनुवाद किया तो कवि अमरनाथ ने गद्य में, दो भागों में। गीता के अनेक अनुवादों का उल्लेख ऊपर हो चुका है। इसमें कर्म सिद्धांत से संभवत: सबसे अधिक प्रेरणा पंजाब को ही मिली, जिसने उसके लंबे संघर्षों और घमासान युद्धों के लिए बीज ग्रंथ का काम किया। राजा दलजीत सिंह ने गीता का गद्य में अनुवाद किया तो पंडित रामसरण दास ने कविता में। इक्कीसवीं शती (2001) में उसका कविता में अनुवाद प्रो. हरनामदास ने 'गीता अमृत' नाम से किया जो बहुत सुंदर है। गुरु ग्रंथ साहिब में गीता का संदर्भ सर्वविदित है।

आधुनिक युग में भारत की प्राय: सभी भाषाओं में महाभारत या पौराणिक, ऐतिहासिक संदर्भों के प्रतीकीकरण की प्रवृत्ति रही है। कवियों ने महाभारत के प्रसंगों, चरित्रों, घटनाओं आदि को आज के युग पर सांकेतिक रूप में घटाया है और वास्तव में पुराकथाओं, संदर्भों की वर्तमान में यही भूमिका होती है। उदाहरण के लिए अजायब कमल की कविता 'इकोत्तर सौ अक्खां वाला महाभारत' को लें तो इसमें महाभारत के माध्यम से आधुनिक मनुष्य के संघर्षों और द्वंद्वों को उभारा गया है :

जुआ खेलते धर्मपुत्र युधिष्ठिर
चालें तो ठीक चलते थे,
परंतु कोहड़ चक्र ऐसा था कि हर बार
बेचारे जीतते जीतते मार खाते रहे।
इस कथा में दु:शासन का जिक्र नाज़ायज़ नहीं
सुना है कि उसकी मर्दानगी द्रौपदी की साड़ी की परतों में
काले बालों का गुच्छा बन छुपी थी।
अभी यहां कौन कह रहा था
कि रण-क्षेत्र में जयद्रथ के कुटिल तीर से
अभिमन्यु मारा गया;

नहीं, वह तो आज के हर प्राणी में जीवित है
हां, एक बात है
महंगाई तथा बेकारी का युग होने के कारण
रोजगार ढूंढ़ने के लिए बेचारे को
महीने में एकाधबार
अफरीका, अमरीका और योरप का चक्कर लगाना पड़ता है।'

यहां दो पात्रों के संदर्भ हैं–'युधिष्ठिर' और 'अभिमन्यु' के। बुद्धिजीवी और सदाचारी बौद्धिक चातुर्य और निष्ठा में भले कम हों परंतु राजनीति और व्यवस्था (कोहड़ चक्र) इतना जटिल और षड्यंत्री है कि वह उनसे पार नहीं पा सकता और अंततः सब कुछ खोकर परास्त हो जाता है। दूसरा है अभिमन्यु। वह आज नए चक्रव्यूह में फंसा है जो पूरे विश्व में फैला है। वह इस वैश्विक कुचक्र में फंस तो जाता है, पर निकल नहीं पाता। ये नई अर्थ-व्यंजनाएं हैं, इनमें नए रूपकार्थ हैं। जोगिन्दर अमर की लंबी कविता 'समुद्र मंथन' भी नए संदर्भ में ऐसे ही प्रतीकार्थ खोलती है।

वनीता की कविता 'मैं शकुंतला नहीं' ऐसी कविता है जो निषेध के माध्यम से नारी का नया रूपक बनाती है, जिसमें वह पुरानी स्त्री की मानसिकता, व्यवहार, परिवेश और संबंधों से अपने को सर्वथा भिन्न मानती है :

धर्म-विवाह का आधार
अगर अंगूठियां ही हैं
तो हे दुष्यंत!
मैं वह शकुंतला नहीं जिसे तू भूल जाए
और अपनी याद दिलाने के लिए
अंगूठी का आश्रय लेना पड़े
जिसे अपना 'आप'
अपने सांस, प्राण भूल जाएं
तो क्या वस्तुओं का वास्ता?
उफ तौहीन है!

आगे वह कहती है कि 'यदि अंगूठी से ही तुझे मेरी पहचान करनी है तो बेहतर है तू मुझे भूल ही जा!' –यह है नई नारी का स्वाभिमान। आगे वह तमाम सामाजिक मर्यादाओं को तोड़ते हुए कहती है कि 'मैं भरत को

जन्म दूंगी' इसके लिए मैं उदास हो किसी मारीच ऋषि का सहारा नहीं लूंगी। स्मृति के रंग, प्यार के मतलब में वह किसी ऋषि की भूमिका को अस्वीकार करती है क्योंकि उसकी दुनिया तो वर और शाप है। इसीलिए वह दुर्वासा के वर और शाप को प्रेम का माध्यम बनाना नहीं चाहती, न परास्त होकर पिता के घर आना चाहती है। जिस घर को छोड़ा उसमें क्या पांव देना? वह दुष्यंत को भी चुनौती देती है कि वह किसी अंगूठी या अपनी विवशताओं का वास्ता नहीं देगी–वह 'भरत को जन्म देगी, अकेली मां की तरह' पालेगी; समुद्र और धरती का बिछौना देगी।

आज का नारीविमर्श, उसकी बदली मनःस्थिति, उसका स्वाभिमान, आत्म निर्भरता और हठ; वर्जनाओं को तोड़ने और पुरुष के अहम् को खंडित करने का साहस और पुरुषार्थ उसकी जमीन है।

बी.एस. बीर का एक कविता संग्रह है–'महाभारत के अठारां कुक्नूस', ('महाभारत जारी है'।) इसमें कवि ने महाभारत के अठारह पात्रों पर एक-एक कविता लिखी है। कवि कहता है कि वह स्वयं भले ही महाभारत को झुठलाना चाहे पर, वह उसके भीतर भांति-भांति से जारी है। कवि हर पात्र के समानांतर आज के पात्रों को रखता है। इसमें देश-विदेश के सभी पात्र हैं, घटनाएं हैं; उसका कहना है कि हर पक्ष के पात्र आज की दुनिया में हैं। महाभारत की विसंगतियां आज भी हैं। युधिष्ठिर किताबी सच बोलता है और अपनी मूढ़ता का आरोप दुःशासन और दुर्योधन पर लगाता है। उसकी एक कविता है 'शांतनु' यह विभिन्न देश-कालों में अलग-अलग नाम-रूप से लगभग वैसी ही भोगवादी मनोवृत्ति प्रकट करता है :

शांतनु अमर है
वह कभी
राजा सलवान बन
...जो बुढ़ापे में
अपनी हवस के लिए
सत्यवती की तरह
चौदहवर्षीय बालिका लूना से
विवाह रचाता है
भीष्म पितामह
पुनः
पूरन बन

घर गृहस्थी त्याग
पूरन भगत बन
पिता की हवस को नमन करता है
और मां बनी लूना का तिरस्कार करता है।
पूरन, पिता राजा-सलवान के लिए
योगी हो जाता है
और पिता के लिए
चढ़ती उम्र के चैत्र में
पौष ऋतु की ओढ़नी ओढ़ दिखाता है
लेकिन पिता सलवान के पौष को गरमाता है...

ऐसी समानांतर विसंगति उन चरित्रों, घटनाओं को बदले देशकाल में, बदले रूप में, बदली परिस्थिति में भी यथार्थ बनाती हैं। पुराण या अतीत-कथा, चरित्र आदि को वर्तमान समय में प्रासंगिक दिखाकर अकसर रचनाकार 'महाभारत' जैसी महान कृतियों की शाश्वतता पर मुहर लगाते हैं।

पंजाबी कहानी, उपन्यासों, नाटकों में ऐसे नए प्रसंग आते हैं जो उद्देश्य की दृष्टि से महाभारत के प्रसंगों और लक्ष्यों को प्रतीकीकृत करते हैं। मित्तर सैन मीत का ऐसा ही उपन्यास है–'कौरव कथा'। इसमें महाभारत की कथा नहीं है, बल्कि दो परिवारों के बीच जायदाद के बँटवारे के झगड़े हैं, रचना-विधान उसके भीतर महाभारत की अदृश्य प्रेरणा से रूप लेता है। लेखक कहता भी है :

'महाभारत की भांति उनके साथ कपट हुआ था। उनके निहत्थे अभिमन्यु का कत्ल हुआ था। युद्ध उन पर थोपा गया था। उन्होंने हक और सच की लड़ाई सीना तान कर लड़नी थी। बिना अच्छे-बुरे परिणाम की परवाह किए उन्होंने गवाहों वाले कटघरे में खड़ा होना था। निष्काम धर्म का फल मीठा होना था।'

इस तरह प्रारंभ से अब तक पंजाबी रचनाओं में 'महाभारत' किसी न किसी रूप में बना हुआ है। यह सब देखते हुए सुतिन्द्र सिंह नूर ने ठीक कहा है–'महाभारत पंजाबियों के अवचेतन में है।' यह कथन पंजाबी साहित्य में महाभारत-साहित्य की न्यूनता के बावजूद उसकी लोक और साहित्य में अनवरत उपस्थिति का संकेत है।

महाभारत की साहित्य–यात्रा–बांग्ला

अंतिम पाल राजा के समय, अर्थात् 11वीं शती के राजाओं, सामंतों के दरबार में महाभारत का पाठ प्रचलित था। इसे पेशेवर 'कायस्थ' गाते थे। सदियों के अंधकार के बाद यह कथा फिर से हुसैन शाह के अधीन एक प्रादेशिक क्षत्रप के छायादरबार में सुनाई पड़ी। फिर अन्य क्षत्रपों के दरबारों में भी।

मुस्लिम शासकों के मन में जब हिंदू संस्कृति को समझने की लालसा जगी तो उन्होंने अपने दरबारी कवियों को महाभारत का अनुवाद करने का निर्देश दिया। चट्गांव के शासक परागल खां ने अपने दरबारी कवि 'कवीन्द्र' (उपाधि) परमेश्वर को निर्देश दिया। उन्होंने 'पाण्डव विजय पंचालिका' लिखी जो संक्षिप्त महाभारत था, परंतु अब तक प्रकाशित नहीं है। फिर भी कवीन्द्र परमेश्वर महाभारत के प्राचीनतम कवि हैं। परागल खां के पुत्र नुसरत खां को कवीन्द्र के संक्षिप्त महाभारत से संतोष नहीं हुआ तो उसने अपने दरबारी कवि श्रीकर नंदी से कहा– ''व्यास द्वारा रचित महाभारत मैंने सुना, जिसे चारुतर रूप में मुनिवर जैमिनी ने कहा है। भारत में सभी लोग संस्कृत नहीं समझते अतः कवियों से मेरा निवेदन है कि देशीभाषा में इस कथा का प्रचार करके जगत में मेरी कीर्ति फैलाएं।'' श्रीकर नंदी ने जैमिनी भारत का अनुवाद किया। एक अधिकारी रामचंद्र खां जो गंगा के निचले भाग का सैनिक अधिकारी था, उसने संभवतः पूरे महाभारत की रचना की थी। इसके अलावा एक और अधिकारी द्वारा संपूर्ण महाभारत की रचना का उल्लेख मिलता है।

परंतु अब तक सबसे प्रसिद्ध महाभारत सत्रहवीं शती में काशीराम देव (या दाश) द्वारा लिखा गया। इसे उसने 'पाण्डव विजय' नाम दिया।

उसकी श्रेष्ठता के बारे में भले विद्वानों में मतभेद हो, परंतु उसकी निर्विवाद प्रसिद्धि और लोकप्रियता के बारे में दो मत नहीं हैं। इस काव्य को अकेले काशीराम दाश ने नहीं लिखा। पहले चार खंड उसने लिखे। शेष खंड नंदराम, नित्यानंद घोष आदि ने लिखे। पर नाम काशीराम दाश का ही चलता है। 19वीं शती में एक गद्यानुवाद भी हुआ था, जो बांग्ला की पत्रिका 'तत्त्वबोधिनी' में धारावाहिक प्रकाशित हुआ, परंतु एक पर्व के बाद वह संभवत: आगे नहीं बढ़ सका। 19वीं शती में ही काली प्रसन्न दाश, रमेश चंद्र दत्त और हर प्रसाद शास्त्री ने महाभारत का अनुवाद किया। राजा राममोहन राय ने भगवद् गीता का अनुवाद किया। अर्थात् ग्यारह से 19वीं शती तक महाभारत के संपूर्ण, संक्षिप्त या विस्तृत और कई पर्वों के अलग-अलग अनुवादों के कई छोटे-मोटे प्रयत्न होते रहे और एक वातावरण बना रहा।

19वीं शती से बांग्ला में गद्ययुग प्रारंभ हुआ, साथ ही विभिन्न उपाख्यानों के आधार पर महाभारत संबंधी स्वतंत्र, मौलिक रचनाएं भी दिखाई दीं। 1852 में प्रकाशित ताराचरण शिकदार का 'भद्रार्जुन' संभवत: इस दृष्टि से पहली रचना है। 'भद्रार्जुन' में अर्जुन के साथ सुभद्रा के भाग जाने की कथा है। ध्यान देने लायक है कि महाभारत पर बांग्ला में मौलिक सृष्टि का प्रारंभ किसी युद्ध कथा से नहीं, प्रेम कथा से होता है। दूसरी उल्लेखनीय बात यह है कि इस नाटक में घटना और स्थितियों की योजना यूरोपीय नाटकों के आदर्श पर हुई है। इससे तीन नवीनताएं एक साथ प्रकट होती हैं—1. गद्ययुग का प्रारंभ, 2. ऐतिहासिक या पौराणिक वस्तुचयन में प्रेम की ओर रुझान, 3. योरोपीय नाट्य शैली।

इन तीनों प्रवृत्तियों का विकास आगे भी दिखाई देता है। इससे कई निष्कर्ष निकाले जा सकते हैं—बांग्ला की आधुनिकता के बारे में भी और महाभारत की परवर्ती रचनाओं में आए नए रुझानों के बारे में भी। इसलिए 'भद्रार्जुन' एक साधारण और अमंचित रचना होने के बावजूद; इस नए भाषायी रचना-मानस का एक संकेत है। प्रसंगवश यह उल्लेख भी करना चाहूंगा कि हिंदी में भी गद्य युग और नाट्य रचना का समवेत जन्म हुआ। क्योंकि गद्य और नाटक आधुनिकता के लक्षण हैं।

महाभारत के आख्यानों, घटनाओं, पात्रों को लेकर 19वीं शती और उसके बाद निरंतर नाटक, काव्य, कथा, उपन्यास, निबंध, आलोचना

आदि की रचना होती रही, जिसका क्रम अब भी चल रहा है। कुछ उल्लेखनीय प्रयासों और उपलब्धियों की चर्चा करें तो मधुसूदन दत्त का नाटक 'वीरांगना', दुर्योधन की पत्नी भानुमती और जयद्रथ की पत्नी दु:शला की आशंका और बेचैनी को चित्रित करता है। गिरीश चंद्र घोष का नाटक 'ज़ना' में पुत्र की अकाल मृत्यु से व्यथित मातृहृदय का निरूपण है। इसके अतिरिक्त उनके 'पाण्डव-कौरव' 'अभिमन्यु वध', 'पाण्डव अज्ञातवास' भी प्रसिद्ध हैं।

आमतौर पर रचनाकारों ने मानवीय दुर्बलता और शक्ति की आधुनिक भावबोध में व्यंजना की है। उनके चयन में भी प्राय: महाभारत के कम चर्चित या नेपथ्य में पड़े पात्रों को उभारने की प्रवृत्ति है। यह भी आधुनिकता का एक लक्षण है। महाभारत पर लिखी रचनाओं के क्रम में हरिश्चन्द्र घोष का नाटक 'कौरव-वियोग', दुर्गादासकर का 'स्वर्ग शृंखला', द्वारिका नाथ चंद्र का 'राजा हरिश्चन्द्र' उपाख्यान, पूर्णचंद्र शर्मा का 'श्री वत्सराजा' उपाख्यान, महेश चंद्र शर्मा का 'निवात कवच वध', प्रफुल्ल चंद्र बैनर्जी का 'दमयंती विलाप' (काव्य), भोलानाथ चक्रवर्ती का 'सावित्री चरित्र' (काव्य), कालिदास सान्याल का 'नल दमयंती' नाटक और यादव चंद्र विद्यारत्न का 'कीचक वध' आता है।

19वीं शती के अंतिम चरण में स्वदेश प्रेम और आध्यात्मिकता प्रधान रही। माइकेल मधुसूदन दत्त ने, जो बांग्ला साहित्य में नवयुग के प्रवर्तक हैं, पाश्चात्य और प्राच्य काव्यधारा का समन्वय किया, मानव मूल्य को प्रधानता दी और अनीति का विरोध किया। काव्य और नाट्य रचना दोनों में इनकी गहरी छाप है। माइकेल ने महाभारत से 'तिलोत्तमा' (1860) को लेकर महाकाव्य की सृष्टि की वहीं, 'शर्मिष्ठा' (1856) पर प्रसिद्ध नाटक लिखा। 'शर्मिष्ठा' तब तक लिखे नाटकों में बहुत महत्त्वपूर्ण है, जिसमें लेखक ने शर्मिष्ठा के चरित्र की शांत, कोमल, स्निग्ध, संवेदनशील बुनावट की है। वह कर्तव्यपरायणता की मूर्ति है। इस नाटक को बांग्ला में रचना और मंचन दोनों दृष्टियों से सर्वाधिक सफल माना जाता है। कवि ने अपनी शैली और चरित्रनिरूपण में कालिदास की 'शकुंतला' का अनुसरण किया है जो स्वाभाविक प्रतीत नहीं होता। 'तिलोत्तमा' काव्य में देवों और दानवों के जीवन दर्शन का चित्रण है। माइकेल की परंपरा में हेमचंद्र बैनर्जी ने 'वृत्त संहार' लिखा

जिसके केंद्र में राष्ट्रीय भावबोध है। स्वदेशी-विदेशी युद्ध को प्रतीक बनाते हुए उन्होंने स्वदेश के उद्धार में रचना को परिणति दी।

नवीन चंद्र सेन ने 'रैवतक', 'कुरुक्षेत्र' और 'प्रभास' नामक महाकाव्यों की वृहत्त्रयी रची। यह बांग्ला की सर्वाधिक महत्त्वपूर्ण रचना मानी जाती है। इन रोमांटिक काव्यों में क्रमशः अर्जुन का वनवास, सुभद्रा हरण, अभिमन्यु वध, श्रीकृष्ण के अंतिम दिन का काव्यात्मक निरूपण है। कवि ने श्रीकृष्ण को आर्यावर्त और अनार्यावर्त की संघर्षशील चेतना के बीच समझौते का समर्थक चित्रित किया है।

नवीन चंद्र मुखर्जी का 'आर्य संगीत' वैसे तो युधिष्ठिर के राजसूय यज्ञ से अज्ञातवास तक की कथा पर आधारित है, परंतु उसका लक्ष्य युगीन प्रासंगिकता और युग-सत्य है। प्रसार दास गोस्वामी का 'अभिमन्यु संभव' काव्य (1881) वीर भाव और आधुनिक बोध से युक्त है। जीवन कृष्ण बोध का काव्य 'दुर्योधन' निष्प्राण-से दुर्योधन का आत्मालोचन है। दिनेश चंद्र बसु का 'महा प्रस्थान' (1887) राष्ट्रीय भावों से भरा है। मनमोहन बसु का नाटक 'पार्थ-पराजय', राजकृष्ण राय का 'प्रतिव्रता प्रमद्वरा', 'यदुवंश ध्वंस', 'दुर्वासार पारण', 'भीष्मेर शरशय्या', अतुल कृष्ण मित्र का 'आदर्श सती', 'भीष्मेर शरशय्या', बिहारी लाल चटर्जी का 'पाण्डव निवार्सन', 'दुर्योधन वध', 'भीष्म महिमा', 'द्रौपदी स्वयंवर', 'राजसूय यज्ञ' और 'परीक्षितेर अभिशाप' नाटक उल्लेखनीय हैं। इनमें नैतिकचेतना, युगबोध और धार्मिक दृष्टिकोण है।

निंबंधकारों और आलोचकों में बंकिम चंद्र चटर्जी महत्त्वपूर्ण हैं। इन्होंने 'श्रीकृष्ण चरित्र' में कृष्ण का मानवीय रूप, ऐतिहासिकता और द्रौपदी प्रसंग को नए दृष्टिकोण से देखा है; कृष्ण के चरित्र पर लगी कालिख को भावुकता, मार्मिकता और तार्किकता के संयोजन से धोने की कोशिश की है। चंद्रनाथ बसु ने सावित्री और शकुंतला के चरित्र का कठोर धर्म-नीति के आधार पर विश्लेषण किया है। हर प्रसाद शास्त्री ने 'भारत महिला' में सावित्री, दमयन्ती, द्रौपदी और शकुंतला के चरित्र का विश्लेषण किया है।

उन्नीसवीं शती के लोक जीवन में भी महाभारत के विभिन्न प्रसंगों की महत्ता रही है। लोक शैली में कवि गान, पांचाली, जात्रा (लोक नाट्य) की अनेक रचनाएं हुईं। पांचाली लोक शैली में दाशरथी राय ने

'द्रौपदी वस्त्र हरण', 'दूर्वासार पारण' की रचना की। जात्रा शैली में ब्रजमोहन राय, पतिराम आदि रचनाकारों ने 'द्रौपदी वस्त्र हरण', 'कर्ण वध', 'अभिमन्यु वध', 'युधिष्ठिर-राज्याभिषेक', 'भीष्म की शरशय्या' आदि की रचना की। बहुत से कवि-गानों की सृष्टि भी हुई।

बीसवीं शती के आरंभिक चरण में रवींद्रनाथ ठाकुर का उद्‌भव बांग्ला साहित्य और संस्कृति की अभूतपूर्व घटना है। उन्होंने स्वयं महाभारत का संक्षिप्त भावानुवाद 'कुरु पाण्डव' नाम से किया। उनके संवाद काव्य 'चित्रांगदा', 'विदाय अभिशाप', 'गांधारीर आवेदन', 'नरकवास', 'कर्ण और कुंती'–में घटना की बजाए, भीतरी द्वंद्व, घात-प्रतिघात, उतार-चढ़ाव मुख्य हैं। 'चित्रांगदा' में कवि ने शाश्वत प्रेम, सत्यनिष्ठा तथा चारित्रिक उदात्तता को प्रधानता दी है। 'विदाय अभिशाप' में देवयानी के अभिशाप के बदले कच द्वारा उसके सुखी होने की कामना प्रकट की गई है। कवि ने प्रतिहिंसा की भावना के परिप्रेक्ष्य में मानव-मंगल और प्रेम-वेदना को केंद्र में रखा है। 'कर्ण और कुंती' संवाद में समाज द्वारा तिरस्कृत और पददलित व्यक्ति की प्रेमाकांक्षा और सामाजिक मर्यादाओं से जकड़ी नारीहृदय की पीड़ा को कवि ने मार्मिकता से व्यक्त किया है। 'गांधारीर आवेदन' में गांधारी दलित-पीड़ित नारी वर्ग की प्रतिनिधि है। इसमें वह सत्य और धर्म की उद्‌घोषणा करती है। 'नरकवास' में मानव धर्म से च्युत ऋषि को नरक और मानव धर्म का पालन करने वाले सोमक को स्वर्ग मिलता है। लेकिन वह भी ऋषि के साथ नरक चाहता है। अंततः दोनों को मोक्ष की प्राप्ति होती है।

विष्णु दे का काव्य 'उर्वशी', बुद्धदेव बसु की विचार पुस्तक 'महाभारतेर कथा', नाटक 'प्रथम पार्थ' और काव्य 'द्रौपदी की साड़ी' में आधुनिक संशयात्मक दृष्टि है। नृसिंह प्रसाद भादुड़ी का 'कृष्ण द्वैपायन व्यास', 'महाभारत के छह प्रवीण', 'कृष्ण कुंती और कौन्तेय', 'भारत युद्ध में कृष्ण' निबंध संकलन उल्लेखनीय हैं। चरित पुस्तकों को औपचारिकता देने में भादुड़ी सिद्धहस्त हैं।

मनोज मित्र का नाटक 'जे नेई भारते' बांग्ला का आधुनिक महत्त्वपूर्ण वैचारिक नाटक है; जो महाभारत को लेकर अनेक ऐसे प्रश्न उठाता है जो तब तक नहीं उठाए गए थे। उसके लिए कौरव-पाण्डवों

की शत्रुता वास्तव में दो विश्वदृष्टियों का द्वंद्व है। नाटक प्राचीन जड़ें तलाशता हुआ आज के भूमंडलीकरण तक आता है। मनोज मित्र का एकांकी–'अश्वत्थामा' में कृपाचार्य और कृतवर्मा दोनों अश्वत्थामा को युद्ध के लिए उकसाते हैं, दोनों अश्वत्थामा के साथ पाण्डव शिविर में जाते हैं, परंतु जब अश्वत्थामा पांच बच्चों के सिर देखता है तो उसे अपनी भूल का पता चलता है। वह घोर पाश्चाताप करता है। यहां अश्वत्थामा के चरित्र में कुछ नयापन है, पर एकांकी सामान्य है, अनावश्यक लम्बा भी। प्रमथनाथ बिशी का उपन्यास 'पूर्णावतार' श्रीकृष्ण की मृत्यु से प्रारंभ होता है। कृष्ण के निधन के बाद जरा नामक व्याध के भावी जीवन की लेखक परिकल्पना करता है। यह उपन्यास जीवन, मृत्यु, मुक्ति, पाप, पुण्य जैसे अनेक प्रश्न उठाता है।

प्रतिभा बसु का अत्यंत तीखा आलोचना ग्रंथ 'महाभारत के महा अरण्य में' महाभारत में दिखाई देने वाली तमाम विसंगतियों पर पर्दा डालने के प्रचार के कमाल पर चोट करता है। यद्यपि यह महाभारत को एक सपाट कथा के रूप में देखता है और उसमें पौराणिकों की मिलावट को भी नजरअंदाज कर जाता है, परंतु महाभारत हमें जिस रूप में उपलब्ध है उस पर यह सोच अवश्य ही विचारणीय है। संभवत: महाभारत के बारे में जटिलता की भीतरी परतों में न उलझने वाले पाठक को यह ग्रंथ गंभीर रूप से विचलित और प्रभावित करता है। इसी के साथ बुद्धदेव बसु का आलोचनात्मक ग्रंथ 'महाभारतेर कथा' अपने गहरे विवेचन और अंतर्दृष्टि से प्रभावित करता है। यह ग्रंथ उन तमाम पाठकों के सामने ऐसे विचार बिंदु रखता है जो बार-बार यह सवाल करते हैं कि महाभारत जैसी युद्ध कथा में भीम या अर्जुन नायक न होकर एक कमजोर और अनिर्णय का शिकार पात्र युधिष्ठिर नायक क्यों हैं? क्या इसलिए कि उसकी उम्र पाण्डवों में सबसे अधिक है? बुद्धदेव अत्यंत तार्किक, विवेक और तथ्याश्रित विवेचन से इस प्रश्न का उत्तर देते हैं और महाभारत के सोच की गहराई में उतरने लायक सर्जनात्मक भाषा में, प्रत्यक्ष बिखरावों, विसंगतियों और अंतर्विरोधों के भीतर निहित अन्विति की आश्वस्तकारी खोज करते हैं। उनका कहना है कि युधिष्ठिर भले इतिहास का स्रष्टा न हो, वह भावी संभावना है। युधिष्ठिरकेंद्रित सोच की दृष्टि से यह ग्रंथ सर्वाधिक आधुनिक और महत्त्वपूर्ण है।

महाभारत की साहित्य-यात्रा–मणिपुरी

अर्जुन किसी रमणी पर, पहली बार अपना स्वत्व छोड़कर आसक्त हुआ...

राजा द्रुपद के स्वयंवर-आयोजन में वह एक वीर-खिलाड़ी के रूप में शामिल हुआ था, जहाँ स्वयंवर में वधू, वर को नहीं चुन रही थी, वरन् कठिनतम लक्ष्य-बेध के खेल में जीत कर 'वर' लेने की योग्यता पाना था। यह पौराणिक इतिहास की दूसरी घटना थी, त्रेता के बाद द्वापर की। राम के बाद अर्जुन की। जहाँ वीर योद्धा, जीत किसी और को रहा था और जीता कोई और जा रहा था।

अग्नि-सुता, पृथ्वी-सुता से कम सुंदर नहीं रही होगी; परंतु न उसे पाने की अर्जुन ने ललक दिखाई और न भाइयों के बीच उसके बँटवारे पर कोई भभक। इस पर तो दुनिया में महासंग्राम हो जाते हैं! महाभारत में ही 'तिलोत्तमा' के लिए 'दो शरीर एक प्राण' भाई सुंद-उपसुंद लड़ मरे थे! खैर, बंटवारे के विवाह के बाद किसी साधारण-सी घटना के कारण नियमानुसार अर्जुन को बारह वर्षों का वनवास अकेले काटना था। भारत के बड़े भू-भाग की वर्षों की गई यात्रा में क्या उन्हें कोई रूपसी नहीं मिली होगी? क्यों नहीं? इनमें पहली तो नागकन्या उलूपी ही थी। परंतु वह समझ चुकी थी कि 'इससे' प्रणय-निवेदन बेकार है, वह उसे गंगा में नहाते वक्त भीतर से ही, अपने पाताललोक में खींच ले गई। अर्जुन ने निस्पृह पुरुष-भाव से उससे परिणय-प्रणय किया और एक पुत्र उसके हवाले कर चल पड़ा।...यह उसके लिए मानो एक साधारण सी घटना थी। कई वर्षों बाद जब उसे स्वर्ग जाने का अवसर मिला तो स्वर्ग के सारे वैलासिक वातावरण के बीच रहते हुए भी उसने उर्वशी तक के प्रणय को अस्वीकार कर दिया और अभिशप्त होने की हद तक उसे नाराज़ कर दिया।...

परंतु दो रमणियों ने उसके लौह-हृदय को अपने लावण्य-चुंबक से खींच लिया था– चित्राङ्गदा और सुभद्रा ने। एक को पाने के लिए उसे स्वयं को हारना पड़ा और दूसरी को लज्जा और शील छोड़ कर हरना पड़ा। सुभद्रा प्रकरण में तो

कृष्ण की अंतर्योजना थी, लेकिन सुदूर पूर्व की राजबाला से खिंचाव का कारण सौन्दर्य के अतिरिक्त कुछ न था। क्या उसके आगे द्रौपदी का दृप्त लावण्य, उलूपी का लीला-लास्य, उर्वशी का राशि-राशि सौन्दर्य और उत्तरा की सुकुमार देहयष्टि से अधिक कुछ अनुपम-सा रहा होगा? इस पर वह रूपगर्वित आत्मविश्वास से भरी अविचलता!

मणिपुर की नस्ल 'मंगोल' है, जो रूप-कांति, गढ़न, मार्दव, स्वत्व, लावण्य में भिन्न ही होती है। महाकवि व्यास ने उसके बारे में एक शब्द में वह सब कह दिया जो रूप-रस-गंध की पराकाष्ठा का प्रतीक है-'मधूक पुष्प'-वह भी तब जब वह प्रौढ़ा पुत्र बभ्रुवाहन के साथ युधिष्ठिर के अश्वमेध यज्ञोत्सव में 'आदर सहित' बुलाई गई थी :

'चित्राङ्गदा चैव नरेन्द्र कन्या
यैषा सवर्णार्द्र मधूकपुष्पैः' (आश्रम. 25/11)

'मधूक' महुआ होता है। उसका पुष्प पीलापन और मादकता लिए होता है। कालिदास ने कुमार संभव में 'दूर्वावता पाण्डु मधूकदाम्ना' और जयदेव ने गीत गोविंद में 'स्निग्धो मधूकच्छविगण्डः'-कहकर इसका अर्थ-विस्तार किया है-ताज़गी, पीलापन, स्निग्धता, कपोलच्छवि में 'मधूकता' है-फिर भी क्या 'यैषा सवर्णार्द्र मधूकपुष्पैः' जैसी महाभारत वाली बात बनी है? यही बात तो चित्राङ्गदा में वर्णनातीत थी। रवीन्द्रनाथ ने उसके भीतर के स्त्री-गौरव और उसकी दीप्त सहधर्मिता को पहचानता है। वह अर्जुन से कहती है:

मैं चित्राङ्गदा हूँ।
देवी नहीं, न ही मामूली रमणी हूँ मैं।
पूजा करके माथे पर चढ़ाओ, वह भी नहीं हूँ मैं
अवहेलना से पालतू बना कर पीछे डाल दो, मैं वह भी नहीं
यदि संकट के पथ पर मुझे पार्श्व में रखो
दुरूह चिन्ता में भागीदार बना लो,
अपने कठोर व्रत में यदि हाथ बँटाने की अनुमति दो,
सुख-दुख की सहचरी बनाओ-
मेरा परिचय तुम पाओगे।

इन गर्वोक्तियों और समानाधिकार की मांग के औचित्य के लिए मणिपुर के सामाजिक इतिहास में स्त्री के स्थान और भूमिका को देखना चाहिए जो उस

समय तक हिन्दूधर्म के पौराणिक आदर्शों से लिजलिजी नहीं बनी थी।

यह सच है कि चित्राङ्गदा भी अर्जुन के प्रणय में पगी थी, पर वह एक राज्य की भावी राजमाता भी थी, उसके कुछ कठोर कर्तव्य भी थे। शकुंतला की तरह उसने गंधर्व विवाह कर सहज समर्पण नहीं कर दिया। वह गंधर्व विवाह के लिए तैयार थी, पर उसकी शर्त थी कि वह कहीं नहीं जाएगी और न अपने पुत्र को जाने देगी, क्योंकि उसे पिता ने पुत्रिका बनाया है और उसके पुत्र को मणिपुर का राजा होना है। अर्जुन ने सिर झुकाकर सब स्वीकार कर लिया। वह गंधर्व विवाह के बाद तीन वर्ष तक मणिपुर में रहा भी; 12 वर्ष के इस प्रवास-काल में यह उसके एक स्थान पर रहने का रिकार्ड था। चित्राङ्गदा और नवजात पुत्र बभ्रुवाहन को छोड़ कर ही उसे जाना पड़ा था।

दूसरी बार वह युधिष्ठिर के अश्वमेध यज्ञ के अश्वरक्षक के रूप में मणिपुर आया। बभ्रुवाहन ने घोड़ा पकड़ लिया। माता ने उसे अर्जुन का परिचय दिया तो पिता जान कर उसने शील प्रकट किया और अश्व लेकर उसका स्वागत करने पहुँचा। परन्तु अर्जुन ने पुत्र-स्नेह प्रकट करने के बजाए उसे लताड़ा और युद्ध के लिए ललकारा। बभ्रुवाहन किंकर्तव्य विमूढ़ था कि विमाता उलूपी पृथ्वी फोड़कर प्रकट हुई। उसने बभ्रुवाहन से कहा 'बेटा! पिता से युद्ध करो, वे प्रसन्न होंगे।' बभ्रुवाहन और अर्जुन का भीषण युद्ध हुआ। यह कथ्य 'शाहनामा' से भिन्न है जहाँ बेटा चाहते हुए भी पिता का परिचय न पा सका और रुस्तम और उसके बेटे सोहराब का युद्ध हुआ जिसमें उसने बेटे को मार डाला। यहाँ दोनों को सम्बन्ध का पता था। बभ्रुवाहन ने एक तीखा बाण अर्जुन की छाती में मारा। वह कवच फोड़कर उसकी छाती में घुस गया। अर्जुन नीचे गिर पड़ा। बभ्रुवाहन भी मूर्च्छित हो गया। जब वह सचेत हुआ तो पिता को मृत जानकर अपने को धिक्कारने लगा।

समाचार पाते ही चित्राङ्गदा रणक्षेत्र में आई। उसने उलूपी को बहुत कोसा और कहा कि तुम्हारे उकसाने से ही मेरे बेटे ने पिता से युद्ध किया। उसने उस पर सपत्नी मात्सर्य का आरोप भी लगाया। कवि ने यहाँ भाव-प्रसार का पूरा अवसर लिया। चित्राङ्गदा अर्जुन के शव के पास आमरण उपवास पर बैठ गई। बभ्रुवाहन भी उसी तरह उपवास पर बैठ गया। उलूपी खड़ी खड़ी सब सुनती रही, और मुस्कराकर कहा कि यह मेरी लीला थी। अर्जुन अपने बेटे की वीरता जाँचना चाहते थे (और शायद उसे शिक्षा भी दे रहे थे, जो उन्हें कृष्ण ने कुरुक्षेत्र में दी थी।) उसने मृतक को जीवित करने वाली मणि का आह्वान किया। मणि के आने पर उसने बभ्रुवाहन से उसे अर्जुन की छाती पर रखने को कहा। छाती पर रखते

ही अर्जुन सोए-से जाग पड़े और पूछा कि रणाङ्गण में स्त्रियाँ क्यों आई हैं? सारा वृत्तांत जानकर उसने बेटे की वीरता की प्रशंसा की और एक रात्रि मणिपुर ठहर कर अगले दिन अश्व के साथ प्रस्थान किया।

अर्जुन के आग्रह पर युधिष्ठिर ने अश्वमेध यज्ञ में आदरपूर्वक चित्राङ्गदा और बभ्रुवाहन को बुलाया और उन्हें सम्मानित अतिथियों के साथ बिठाया।

चित्राङ्गदा और बभ्रुवाहन पर विभिन्न भाषाओं में कई श्रेष्ठ रचनाएँ हैं। उनमें बांग्ला के रवीन्द्र नाथ ठाकुर का काव्य नाटक 'चित्रांगदा' और कन्नड़ के कुवेंपु का खण्डकाव्य 'चित्राङ्गदा' अत्यंत महत्त्वपूर्ण हैं। हिन्दी के लक्ष्मीनारायण मिश्र का भी चित्राङ्गदा पर लिखा नाटक चर्चित है।

असमिया साहित्य का प्रारंभ 'पयार' नामक गीतिविधा से हुआ। प्रारंभ में लिखे 5 प्रमुख पयार-काव्यों में 'बभ्रुवाहन युद्ध' प्रमुख है। यह इस प्रसंग पर गीतिबद्ध रचना है। इसे कवि ने 'महाभारत और जैमिनी भारत' की संयोजित कथावस्तु पर लिखा है। उक्त पयार में कहा गया है कि 'मां से संबन्ध जान कर वभ्रुवाहन घोड़ा वापस करने आता है। परंतु अर्जुन यह संबन्ध अस्वीकर करता है और चित्राङ्गदा को दुराचारिणी कहता है। बभ्रु कुपित होकर उसे मार डालता है। कृष्ण अर्जुन को जीवित करते हैं और उसे पुरानी याद दिलाते हैं। सत्य जानकर अर्जुन माता-पुत्र का आतिथ्य स्वीकार करता है और उन्हें अश्वमेधोत्सव में सादर बुलवाता भी है। यह पयार अत्यंत लोकप्रिय है। इसमें बभ्रुवाहन की वीरता केन्द्र में है जो आसाम और मणिपुर का गौरव है।

1256 से 1263 के बीच कलाचंद शास्त्री ने महाभारत का मणिपुरी में अनुवाद किया। यह अनुवाद आदि-पर्व से स्त्री-पर्व तक का है। यानि ग्यारह पर्वों का, जो लगभग पूरा महाभारत है अलबत्ता यह संक्षिप्त है। इस समय तक भारतीय भाषाओं में केवल 'पंप भारत' (कन्नड़) और 'आंध्र महाभारत' (तेलुगु) ही लिखा गया था। परंतु इन अनुवादों की सर्जनात्मकता और मौलिकता के कारण ये अधिक चर्चित हुए।

मणिपुरी में रंगमंच अत्यंत विकसित और प्रयोगशील है। 1597 में राजा खाडेङबा के काल में मणिपुर रंगमंच पर स्त्रियों का पदार्पण हो चुका था। मंचन के अनेक प्रयोग समय-समय पर होते रहे। पर्दों पर चित्रकारी, कशीदाकारी होती थी इससे दृश्य की स्वाभाविकता उभरती थी।

लगता है कि धीरे-धीरे महाभारत के प्रसंगों का मंचन बढ़ रहा होगा। राजा चितशै ने 1748 में रामायण से संबंधित हर प्रकार के प्रदर्शन पर प्रतिबंध लगा

दिया था और केवल महाभारत की कथा का ही प्रदर्शन हो सकता था। इसके क्या ऐतिहासिक, सामाजिक या धार्मिक कारण हैं इस पर इतिहासकार और अन्वेषक ही ज़्यादा बात कर सकते हैं परंतु लगता है कि रामायण की लचीली मुद्रा और सीता के आदर्श उसे मणिपुर के अनुकूल प्रतीत नहीं हुए होंगे।

सीधे महाभारत से संबद्ध न होने पर भी यह बताना मंचन के संबन्ध में प्रासंगिक होगा कि 1875 से 1888 के बीच रंगमंच की सबसे बड़ी उपलब्धि महाराज चंद्रकीर्ति के संरक्षण में यथार्थवादी रंगमंच उद्‌भावना है। उन्हीं के संरक्षण में पौराणिक नाटक 'कालिया दमन' का अविस्मरणीय मंचन हुआ था। यह इतना नया, रोमांचक और यथार्थवादी था जिसकी सानी अत्यंत कठिन है। एक ऐसे पहाड़ी स्थल को खुले रंगमंच के रूप में प्रयोग किया गया था, जहाँ यमुना नदी के प्रतीक स्वरूप एक छोटी नदी बह रही थी। सारे दृश्य और पूरा वातावरण यथार्थ प्रतीत होता था। इसे मणिपुर में आधुनिक रंगमंच और नाटक का प्रारंभ मानना चाहिए। इस प्रयोग ने मणिपुर के रंगमंच को सौ साला आगे पहुँचा दिया था। ऐसे प्रयोग फिर 'अंधायुग', 'आषाढ़ का एक दिन' आदि के इब्राहिम अल्काज़ी द्वारा किए मंचनों में ही, बीसवीं शती के अंत में देखने को मिले। भविष्य में ऐसे प्रयोग अन्य नाटकों में भी होते रहे।

मणिपुर के रंगमंच में जो नयापन और साहसिकता दिखाई देती है उसके आधुनिक प्रयोक्ता कन्हाई लाल और रतन थियेम हैं। कन्हाई लाल का नाटक 'कर्ण' महाभारत पर एक सशक्त नाटक है, जिसमें दलितों के प्रति गहरी संवेदना है और उनके अधिकार की माँग है।

महाभारत संबंधी द्रौपदी वस्त्र-हरण के अलावा 18वीं शती में 'धनंजय' और गंभीर सिंह नोङ् गावा ग्रंथ में गांधारी, सावित्री आदि को नारी के उदाहरण स्वरूप चित्रित किया गया है। मणिपुर में महाभारत संबन्धी रचनाओं की न्यूनता है। उसमें भी बांग्ला से कुछ नाटकों के अनुवाद हुए हैं जैसे–चित्रांगदा, कर्णार्जुन, सावित्री आदि। चित्राङ्गदा के नाम से 'चित्राङ्गदा नाट्य मंदिर' भी है।

रंगमंच और नाटक का विकास लंबे समय से होने पर भी मणिपुरी में अन्य विधाओं का विकास 20वीं शती के तीसरे दशक से पूर्व नहीं हो पाया था। यह समय इतिवृत्त-समय नहीं था। रचनाओं में सांकेतिकता, प्रतीकात्मकता और नई-नई प्रायोगिकता का था और है। इसलिए इन विधाओं में महाभारत भी संकेत प्रतीक, मुहावरे, विपर्यय आदि में रूपायित हुआ।

उदाहरण के लिए एक प्रमुख विद्रोही युवा कवि वीरेन की ये प्रक्तियाँ

देखिए जिनमें वह कर्ण को शोषितों, पीड़ितों, दलितों का प्रतीक मान कर उसे मुक्त करने और जीने का अधिकार देने की मांग करता है :

मेरी मांग है कि
कर्ण को भी जिन्दा रहने दिया जाए।
उसे स्वतंत्रता दो
उसे स्वतंत्रता दो
उसे स्वतंत्रता दो!

मणिपुरी में महाभारत का सर्जनात्मक उपयोग बहुत कम किया गया है। नाटक और कविता में छिट-पुट प्रयासों के अतिरिक्त कोई विशेष प्रयत्न नहीं हुआ है, जबकि प्रारंभ में की गई चर्चा के आधार पर उसकी साहित्य में बड़ी और जीवन्त भूमिका होने की उम्मीद थी, और अब भी है...

महाभारत की साहित्य-यात्रा–मराठी

मराठी में महाभारत से सम्बद्ध पहली कृति महानुभाव पंथ के कवि द्वारा रचित काव्य 'शिशुपाल वध' है। यह महाभारत की अपेक्षा माघ के 'शिशुपाल वध' से प्रभावित है। कवीश्वर की दूसरी कृति 'रुक्मिणी हरण' है। वे एक भावप्रवण और सौंदर्यान्वेषी कवि हैं। दोनों का एक-एक उदाहरण देखें :

'शिशुपाल वध' में जब कृष्ण ससैन्य युधिष्ठिर के राजसूय यज्ञ में जाते हैं तो कवि ने सेना का वर्णन भावी संकेत की पृष्ठभूमि में किया है; वह कहता है–'श्रीकृष्ण के अश्वारोही इस तरह उठे मानो कालकूट की हुंकार हो। पैदल सेना को चलता देख ऐसा प्रतीत होता है मानो प्रलय के बादल शिशुपाल को मृत्यु का निमंत्रण देने दौड़े चले जा रहे हैं।' संवत् 1330 में साहित्य के प्रारंभिक युग में ऐसी अभिव्यक्ति विशेष रूप से उल्लेख योग्य है। 'रुक्मिणी हरण' में कवि रुक्मिणी की वियोग दशा का विशद वर्णन करता है। शताधिक छंद लिखने के बाद भी कवि का अप्रतिहत करुणा-प्रवाह रुकना नहीं चाउता। वह कहता है–'मैं रुक्मिणी के विरह पर और लिखता, पर इससे संसार ही विरह में डूब जाएगा यही सोच कर अब 'बस' करता हूं।'

ज्ञानेश्वर मराठी संतसाहित्य की अमूल्य निधि हैं। वे संवत् 1332 में जन्मे और केवल 16 वर्ष तक जिये। इस अल्पकाल में ही मराठी के साथ संपूर्ण भारतीय वाङ्मय को 'ज्ञानेश्वरी' का अविस्मरणीय उपहार दिया। कहने को तो उन्होंने वेदों के सार 'श्रीमद्भगवद् गीता' का, जो महाभारत के 'भीष्म पर्व' में है; भाष्य किया, परंतु वास्तव में वह लौकिक और आध्यात्मिक के समन्वय से रची मौलिक काव्य-कृति है। उसे तुलसी के 'मानस' जैसा सम्मान और स्नेह मराठी में प्राप्त है। उन्होंने जिस महत् उद्देश्य

के लिए ज्ञानेश्वरी रची, वह आचार्य भरत के नाट्यशास्त्र जैसी 'पंचमवेद' की क्रांतिकारी अवधारणा है। पंडितों की वर्जना ने वेद से 'लोक' को बाहर कर दिया था, उसका प्रतिकार करते हुए 'ज्ञानेश्वरी' ने 'पंचमवेद' की रचना की। ज्ञानेश्वर ने लिखा "वेद महान् सम्पन्न ग्रंथ हैं परंतु उसके समान कृपण दूसरा नहीं, क्योंकि उसे सुनने का अधिकार केवल तीन वर्णों को है। मुझे लगता है कि वेद ने पूर्वजन्म की इस कृपणता को गीता के रूप में जन्म लेकर दूर किया है।"

"वेद सम्पन्न होय ठायीं। परी कृपण ऐसा आन नाहीं
जे कान लागला तिही। वर्णाच्याचि।
तरीमत पाहतो ते मागील उणें। फोड़वषा गीता पणें।
वेद बेठला भण तेणें। सेत्य हो आमंचा"

इससे ग्रंथ की काव्य-ध्वनि और लोक-दृष्टि को महसूसने के साथ उस आग को भी पहचानना चाहिए जो भीतर ही भीतर सुलगी है।

ज्ञानेश्वर ने अद्वैत से लगाकर, दुनियाभर का दर्शन; अपने लोकानुभव और परिवेश के माध्यम से काव्य में उतार दिया है। उसमें क्या नहीं है—विज्ञान तक भी समाविष्ट है। लोक की भ्रांतियां और रूढ़ियां या आध्यात्मिकता के टोटके भी आस्था के रूप में परोसे गए हैं ताकि काव्य अपने कारण नहीं, तो प्रलोभनवश ही स्वीकृत और मान्य हो; इस प्रवृत्ति की सराहना तो नहीं की जा सकती; जैसे भूत-प्रेत को भगाने की विधि, सतीप्रथा या ऐसी ही भ्रांतियां और रूढ़ियां। परंतु यह युगसीमा भी हो सकती है, जो प्राचीन संत कवियों में प्रायः देखी जाती है।

ज्ञानेश्वर ने बहुत मार्के की बात कही है कि ईश्वर की भक्ति केवल विश्वास की भक्ति नहीं है। वरन् उसमें ज्ञान का भी स्थान है। संतों ने वास्तव में ज्ञान की ज्योति जलाई थी और ज्ञानेश्वर तथा तुलसी जैसे कवियों ने उनके बीच पुल बनाया था। तुलसी ने लिखा है— 'ज्ञानहि भगतिहि नहिं कछु भेदा। उभय हरहिं भव संभव खेदा।' ज्ञानेश्वर ने योग और वैराग्य को महत्त्व देने पर भी 'गृहस्थाश्रम' को छोटा नहीं माना, बशर्ते वह निष्काम और निस्वार्थ वृत्ति से संचालित हो। कुल मिलाकर इस सोलह वर्षीय युवक ने पूरे युग और युगों को सोते से जगा दिया।

ज्ञानेश्वर के बाद 17वीं शती में सम्पूर्ण महाभारत की रचना मोरोपंत

और मुक्तेश्वर जैसे श्रेष्ठ कवियों ने की। अठारहवीं शती विक्रमी में श्रीधर स्वामी ने 'पाण्डव-प्रताप' जैसा महत्त्व का ग्रंथ लिखा। इसी शती के पहले दशक में महाभारत के 11 पर्वों का अनुवाद करने वाले, तमिलनाडु के एक कोने के निवासी कवि माधव स्वामी (नागनाथ अद्वैती) तो इतिहास में अज्ञात ही रह गए। 1 लाख 10 हजार 170 ओवी में लिखा उनका 'महाभारत' अब तक अप्रकाशित है।

19वीं शती के अंतिम दशकों से आरंभ नवजागरण युग में महाभारत की रचना ने धार्मिकता का आश्रय छोड़ दिया और यथार्थोन्मुख दृष्टि अपनाई। वह इसी दिशा में क़थ्य, भाषा, शैली, चरित्रांकन आदि की निरंतर नवीनता के साथ बढ़ता रहा। आलोचना और व्यंग्यात्मकता भी तीखी होती गई। मराठी में महाभारत पर लिखा नाट्यसाहित्य अत्यंत समृद्ध है। ऐसे नाटकों की गणना कठिन है। हां, कुछ प्रमुख नाटकों की चर्चा अवश्य की जा सकती है।

1883 में प्रकाशित अन्ना साहेब किर्लोस्कर का नाटक 'सौभद्र' नई दृष्टि लेकर आया। कथावस्तु में मौलिकता इसकी विशेषता है। उन्होंने सुभद्रा के प्रेम-प्रसंगों के आसपास विविध प्रेम-प्रसंगों की सृष्टि की जिनमें आधुनिकता थी। यह प्रतिनायक विहीन सुखात्मक नाटक है।

'कीचक वध' नाटक में कृष्णाजी प्रभाकर खाडिलकर ने समकालीन राजनीति को रूपकबद्ध किया। यह मराठी का पहला नाटक है, जिसके मंचन को प्रतिबंधित किया गया। 'टाइम्स' ने इसका रूपक अपनी तरह से खोला और कीचक अर्थात् लार्ड कर्जन, सैरंध्री (द्रौपदी) अर्थात् भारतमाता, युधिष्ठिर अर्थात् नरमदल और भीम अर्थात् गरमदल के रूप में इसे व्याख्यायित किया और सरकार से प्रतिबंध की मांग की। परिणामस्वरूप 1910 से 1936 तक इस नाटक के प्रयोग पर प्रतिबंध लग गया। नाटक में इतनी बहुमुखी संभावना है कि सन् 2000 के आसपास विश्वनाथ खैरे ने इसे नेपाल की तानाशाही पर घटित किया है। शायद यह किसी भी राजनीति, विशेषकर तानाशाही, बाहुबलियों की निरंकुशता और दबदबे पर घटित हो सकता है। माधव ना. आचार्य के शब्दों में "महाभारत में ऐसे अनेक विचार-व्यूह, धर्माधर्मविवेक अथवा नीति-अनीति के इर्द-गिर्द घूमने वाले दृश्य (प्रसंग) हैं, जो व्यक्ति के जीवन में भावों-विचारों के भँवर निर्मित करते हें। खाडिलकर के स्वभाव में मूलतः इन विशेषताओं के प्रति

आकर्षण है। "...उनका कीचक मात्र प्रतिनायक नहीं है, सत्ताधारियों का अहम् उसका दर्शन भी है। युधिष्ठिर सत्यप्रिय भी हैं और भयप्रिय भी; द्रौपदी में गुलामी का दुःख, क्रोध, खीझ साकार हुई है। इसलिए युधिष्ठिर और द्रौपदी का विचार-संघर्ष इस नाटक का चरम बिंदु है।" इस संदर्भ में यह उल्लेखनीय है कि तमिल के महाकवि सुब्रमण्य भारती का प्रसिद्ध काव्य 'पांचाली शपथम्' में भी द्रौपदी भारतमाता का रूपक या प्रतीक है। महाभारत के 'तत्त्वशोधन' और 'धर्मचिकित्सा' को खाडिकर ने 'भाव जीवन का संघर्ष' या 'भावनात्मक तनावों' का प्रतिरूप बना दिया है।

कर्ण के चरित्र को वि.वा. शिरवाड़कर का नाटक 'कौन्तेय' एक नई दृष्टि देता है। यह कर्ण के माता संबंधी उन्माद को उद्घाटित करता है। इसे कर्ण के संबंध में एक अद्वितीय सोच कह सकते हैं। विद्याधर पुंडलीक का नाटक 'माता द्रौपदी' द्रौपदी और अश्वत्थामा प्रसंग को नए कोण से देखता है। द्रौपदी को अपने ही पुत्रों के हत्यारे को देख कर भावी जीवन की निरर्थकता महसूस होती है और वह अपना मातृत्व 'अश्वत्थामा' के प्रति प्रकट करती है; उसके घावों पर तेल लगाती है। यह प्रसंग महाभारत में है, परंतु मातृत्व की विराट अभिव्यक्ति को नाट्य रूपांतर देकर लेखक ने एक नए कोण से इसका चित्रण किया है। पुंडलीक कहते हैं–"मेरा अश्वत्थामा सिर्फ प्रतिशोध का प्रतीक नहीं है; मनुष्य के सनातन दुःख एवं अज्ञात नियति के साधन के रूप में उसे चित्रित करने का मेरा प्रयास रहा है।" उल्लेखनीय है कि बांग्ला के मनोज मित्र और गुजराती के मधुराय ने भी 'अश्वत्थामा' पर एकांकी नाटक लिखे हैं; पर दोनों ने उसकी हत्याकालीन मानसिकता और क्रूरता को उघाड़ा है।

रत्नाकर मतकरी के नाटक 'आरण्यक' (1975) में धृतराष्ट्र, गांधारी, कुंती और विदुर की वानप्रस्थ अवस्था का आलेखन है। सबकी स्थितियां और मानसिकता अलग-अलग है पर लक्ष्य एक है–मृत्यु की ओर बढ़ना। नाटक की शैली यूनानी त्रासदी जैसी है। बी.सी. मर्ढेकर के काव्य नाटक–'कर्ण' (1944) में अंतिम कर्णार्जुनयुद्ध-प्रसंग है। इसमें शल्य द्वारा कर्ण को निरुत्साहित करने और कर्ण की वीरता को उभारने का सार्थक प्रयत्न है। मंगेश पाडगांवकर का काव्य-नाटक 'शर्मिष्ठा' में शर्मिष्ठा देवयानी से प्रतिशोध के लिए ययाति का आह्वान करती है। एक कल्पित पात्र अनुराधा उसे प्रतिशोध से मुक्त कर उसमें प्रेम और करुणा का संचार करती

है तथा ययाति को वासनामुक्त करती है। पु.शि. रेगे का नृत्यनाट्य 'पांचालिक' में विराट पर्व के गोग्रहण की कथा और अर्जुन-उत्तरा का निर्मल स्नेह चित्रित है। साथ ही अस्तित्व के विभिन्न स्तरों का निरूपण है। माधव नारायण आचार्य के अनुसार 'भावनात्मक आंतरिकता को जान लेने का यह प्रयास मराठी नाटक में असामान्य माना गया है।'

के. मधुभोसले का कविता-संग्रह 'जीवन-व्यास' में आठ महाभारतीय चरित्रों पर दीर्घ कविताएं हैं, काव्य में प्रतीकवत्ता है। व्यास कालचक्र की धुरी हैं। भीष्म अपने फलों को ही बीजहीन बनाने वाला कल्पवृक्ष है; शकुनि अपशकुनी है; हस्तिनापुर अस्थिनापुर है; कृष्ण किसी भी रागदारी में व्यक्त न होनेवाला जीवन-संगीत है। पात्रों को कवि ने अलग-अलग रूपकसत्ता दी है। ऐसी सूचकता और विचारगर्भिता का अनोखा मिश्रण मराठी काव्य में अपूर्व है।

महाभारत के आख्यानों और पात्रों पर अनेक उपन्यास लिखे गए, जिनकी भिन्न-भिन्न शैलियां और प्रयोजन रहे हैं।

गो.नी. दांडेकर ने दो चटपटे मनोरंजक उपन्यास लिखे हैं–'कर्णायन' और 'उडोनि हंस चालला'। 'कर्णायन' में कर्ण को दुर्वासा का मानस-पुत्र कहा है जो उन जैसा ही द्वेष; क्रोध और तामस स्वभाव का है। यह कर्ण के चरित्र को देखते हुए संगत नहीं लगता और मनोरंजन का स्वस्थ रूप तो कतई नहीं। प्रश्न यह है कि सभी पाण्डव दुर्वासा के आशीर्वाद का फल थे। क्या वे भी ऐसे ही थे?

'कर्ण' पर लिखे तीन उपन्यास और हैं–शिवाजी सावंत का 'मृत्युंजय', आनंद साधले का 'महापुरुष' और रणजीत देसाई का 'राधेय'। 'मृत्युंजय' सर्वाधिक लोकप्रिय है। इसमें कथाकार ने महाभारत के महत्त्वपूर्ण पात्रों के बीच कर्ण के उदार और भव्य व्यक्तित्व को उभारा है। कर्ण की नियति, संस्कार और मूल चेतना की कलात्मक अभिव्यक्ति करते हुए अत्यंत प्रवाहपूर्ण और भावात्मक शिल्प में उपन्यास प्रस्तुत किया गया है, जो कहीं-कहीं अतिरंजित भी हो गया है। रणजीत देसाई का उपन्यास 'राधेय' कर्ण के जीवन की विडंबना और उसकी श्रेष्ठता दोनों को रेखांकित करता है। कर्ण के जीवन की विडम्बना सदा उसे वह अपराध भोगने को विवश करती है जो उसने नहीं किया। परिस्थितियां उसके स्वाभाविक तेज को बार-बार धूमिल करती हैं। महाभारत के विस्तृत फलक पर कर्ण का

अकेलापन पाठक को विचलित करता है। जो पात्र आदर और सहानुभूति का अधिकारी है, वह अपमान और उपेक्षा का पात्र बनता है। द्रौपदी-संदर्भ को अवांछित रूप देकर एक विसंगति लेखक ने अवश्य पैदा की है। शल्य का चरित्र महाभारत से बदला हुआ है। वह कर्ण की वीरता का प्रशंसक है।

आनंद साधले का उपन्यास 'महापुरुष' मार्मिक, वैचारिक और तात्विक है, यद्यपि यह अपेक्षित लोकप्रियता नहीं पा सका, फिर भी 'महापुरुष' की रचना आज के दलित आंदोलन के परिप्रेक्ष्य में महत्त्वपूर्ण है। साधले के कर्ण का सवर्ण और दलित दोनों रूपों में उदात्तीकरण हुआ है। इसका चरित्रांकन महाभारत के कर्ण से भिन्न है।

मराठी में कर्ण पर बहुत लिखा गया है। सुशीला पाटील ने अपने प्रबंध 'मराठी साहित्यातील कर्ण' में कर्ण के मराठी में कोई बारह प्रकार के निरूपणों का संदर्भ दिया है। कर्ण पर लिखी कृतियों में पहला पाण्डव, महारथी कर्ण, टाकलेले पोर, वि.स. खांडेकर का 'कर्ण संगीत' उल्लेखनीय हैं।

साने गुरुजी का 1940 में लिखा उपन्यास 'आस्तीक' भी विचारणीय है। 'आस्तीक' जनमेजय के नागयज्ञ को रुकवाने वाला ऋषि और नाग-पुत्र है। इस उपन्यास का भी वही उद्देश्य और समाधान है जो हिंदी के तीसरे दशक में लिखे जयशंकर प्रसाद के नाटक 'जनमेजय का नागयज्ञ' का है। दोनों जातीय द्वंद्व को रोकना चाहते हैं और उसके लिए दो जातियों के बीच प्रेम और विवाह का समाधान देते हैं।

वि.स. खांडेकर का उपन्यास 'ययाति' (1959) मराठी की विशिष्ट कृति है। इसमें मनुष्य के बाह्‌य संबंधों की अपेक्षा उसकी अंतर्वृत्तियों का चित्रण प्रमुख है। छोटे उपन्यास का आकाश विस्तृत है। वहां देव-दानव; कच-शुक्राचार्य; देवयानी-शर्मिष्ठा और ययाति; सबके अंत:संबंधों का रूपकात्मक निरूपण किया गया है। वासना और प्रेम; भोग और त्याग; संन्यास और गृहस्थ; उदात्तता और संकीर्णता जैसे अनेक प्रश्नों से उलझता यह उपन्यास परंपरा और आधुनिकता के संगम में जीवन के सार्वकालिक प्रश्नों को उठाने में समर्थ है।

जयंत दलवी का उपन्यास 'एकलव्य' (1988) प्रतीकों के माध्यम से मानवीय और सामाजिक प्रश्न उठाता है। अर्जुन-सत्ताधारी, द्रौणाचार्य-स्वार्थ के लिए सत्ता के आगे झुकने वाला और एकलव्य ज्ञान-पिपासु सुयोग्य शिष्य

का प्रतीक है। उपन्यास ने अपने विचार-पल्लवन के लिए कुछ काल्पनिक कथाएं और संवाद गढ़े हैं-जैसे, एकलव्य का महाभारत युद्ध में द्रोण के वधोपरांत अर्जुन की हत्या करने के लिए आना और कृष्ण के सुदर्शन चक्र से मारा जाना। इस कथा के औचित्य के लिए उसने द्रोणाचार्य-एकलव्य प्रसंग के समय मात्सर्यपूर्ण शब्दों की सृष्टि की। उपन्यास महत्त्वपूर्ण है। इसी कथा पर बांग्ला में भी एक उपन्यास है।

महाभारत के मेरुदंड कृष्ण पर शिवाजी सावंत का एक वृहद् उपन्यास है-'युगन्धर'। इसमें लेखक का प्रयत्न है कि कृष्ण के चरित्र पर महाभारत, भागवत, हरिवंश और कई पुराणों से चढ़े कृत्रिम और अतिरंजित आवरणों को हटाकर उनका मानवीय रूप देखा जा सके। दुर्गा भागवत के कहानी संग्रह 'पूर्वा' में संकलित कहानी 'पार की पारे' (अनाथ बच्चे) में कर्ण-कुंती संबंध उल्लेख्य हैं। विश्वनाथ खैरे के 'भारतीय मिथ्योंचा मा गोवा' में 'भीमांचे कवच' एक कहानी है, परंतु यह साधारण है।

संगीत नामकरण से अनेक नाटक रचे गए। जैसे, कृष्णाजी प्रभाकर खांडिलकर का 'संगीत द्रौपदी' और 'संगीत सावित्री'; मामा वरेरकर का 'संगीत वरवर्णिनी'; मा.ना. जोशी का 'संगीत पुनर्जन्म उर्फ सावित्री'; रा.बा. कार्तिकर का 'संगीत सत्यवान-सावित्री'; के.न.चिं. केलकर का 'संगीत वीर विडम्बना' (विराट पर्व का गोग्रहण प्रसंग) और 'रंग पांचालिक', 'नृत्य शाखा' (विराट पर्व); कै.य.ना. टिपणीस के 'संगीत मत्स्यगंधा' (1913) को आधार बना कर प्रा. वसंत कानेटकर ने 'संगीत मत्स्यगंधा' नाटक लिखा। कानेटकर ने नल-दमयंती की कथावस्तु पर शृंगार और करुण की बजाए हास्य (कॉमेडी) नाटक लिखा। नल-दमयंती पर और भी अनेक नाटक लिखे गए। वि.वा. शिरवाडकर ने 'ययाति आणि देवयानी' (1966) नाटक लिखा। इसका प्रभाव वि.स. खांडेकर के उपन्यास 'ययाति' पर पड़ा। ययाति पर मराठी में कोई आधा दर्जन नाटक लिखे गए। परंतु वे उल्लेखनीय नहीं हैं। वि.आ. खैरे के नाटक 'एकलव्य', 'वंशाचा व्यास' (1973) अच्छे हैं। 'एकलव्य' में जिज्ञासा की आदिम वृत्ति के प्रतीक एकलव्य और ज्ञान की बिक्री करने वाले के प्रतीक द्रोणाचार्य का अलग ही नाटकीय स्तर पर चित्रण हुआ है। 'वंशाचा व्यास' में नियोग से उत्पन्न व्यास-संतान धृतराष्ट्र, पांडु के कारण सत्यवती, अम्बिका, अम्बालिका में उत्पन्न तनाव है। व्यास की तीन भूमिकाएं हैं-पाराशर कृष्ण, वेद व्यास और महाभारतकार व्यास। तीनों के सूत्र इस नियोग में कैसे व्याप्त हैं-यह देखना रोचक है। विषयवस्तु

का निरालापन यहां है।

मराठी में दो ललित और विचारात्मक प्रबंध अत्यंत महत्त्वपूर्ण हैं—एक दुर्गा भागवत का 'व्यास पर्व' और दूसरा—इरावती कर्वे का 'युगांत'। दोनों प्रबंध लेखकों के भावजगत और अन्वेषी प्रज्ञा को प्रतिकृत करते हैं। 'व्यास पर्व' का पहला आकर्षण उसकी काव्यात्मकता है। दुर्गा भागवत लिखती हैं—'व्यास की धर्मावगुंठित कला की विशेषता यह है कि वह गुफा के शिल्प के समान देखने वाले की अपनी इच्छा तथा पात्रता के अनुसार अपना अंतर्जगत दर्शक, पाठक या श्रोताओं के लिए खोल देती है।' यह सच है कि अपने विरोधाभासों, विविध आयामों, रहस्यात्मकताओं, व्याख्याओं तथा कल्पनात्मक अवकाशों के कारण महाभारत की पुनर्निर्मिति निरंतर होती रहती है। न केवल पाठक और श्रोता बल्कि रचनाकार भी उसमें से अपनी 'इच्छा' और 'पात्रता' के अनुरूप एक नई मौलिक रचना पा लेते हैं। महाभारत के पात्रों की रचना ऐसी है कि वे इतिहास या मिथक के अंश नहीं लगते, हमारे चलते-फिरते जीवित संसार के अंश लगते हैं। दुर्गा भागवत का यह ललित प्रबंध पुनःरचना के रहस्यों का उद्घाटन करते हुए महाभारत की भावपूर्ण सत्ता को हमारे आगे उरेहता है। इरावती कर्वे का 'युगांत', 'व्यास पर्व' से भिन्न प्रकार का है। इरावती संस्कृति, समाज और इतिहास का विश्लेषण करती हुई, भिन्न-भिन्न स्तरों पर पात्रों और घटनाओं का मूल्यांकन करती हैं। एक सचेत, विनम्र शोधकर्त्री की तरह महाभारत की वस्तु और आत्म के संयोजन, उत्खनन, निरूपण का अथक और प्रखर प्रयास करती हैं।

महाभारत पर अनेक निबंध और व्याख्यान मराठी में हुए। कुछ निबंधाकार हैं—बालाशास्त्री हरिदास, आनंद साधले, श.के. पेंडसे, डॉ. प.वि. वर्तक, म.रा. शिरवाडकर, डॉ. वालिंबे, श्री मा. कुलकर्णी, विजय देशमुख, दा.जी. पणशीकर, भा. श्री परांजपे और माधव नारायण आचार्य।

महाभारत के दो शोधकर्ता मराठी का गौरव हैं—एक हैं वी.एस. सुकथणकर और दूसरे हैं चिंतामणि विनायक वैद्य। वी.एस. सुकथणकर ने 'महाभारत की अर्थमीमांसा' लिखी—यह स्तबक इनके विद्वत्तापूर्ण भाषणों का संकलन है। चिंतामणि विनायक वैद्य ने 'महाभारत मीमांसा' लिखी जो सर्वांगपूर्ण अध्ययन-विवेचना का ग्रंथ है।

महाभारत पर मराठी में इतना अधिक लिखा गया है, जिसकी तुलना किसी अन्य भारतीय भाषा के महाभारत लेखन से करना कठिन है।

महाभारत की साहित्य-यात्रा—मलयालम

डॉ. काल्डवेल के अनुसार मलयालम, ऊंचे दर्जे की श्रेण्य (क्लासिकल) भाषा 16वीं शती में बनी, परंतु 14वीं शती तक उसका व्याकरण बन चुका था। लगभग तभी से इसमें महाभारतीय साहित्य की नींव डल गई थी।

पहली रचना निरमण माधव पणिक्कर का गद्य में लिखा 'गीता अनुवाद' है। यह न केवल मलयालम में वरन् भारतीय भाषाओं में गीता का पहला अनुवाद है। इससे यह भी सूचित होता है कि मलयालम गद्य, पद्य की अपेक्षा अधिक प्राचीन है, जो इस भाषा के विरल साहित्यिक व्यक्तित्व का सूचक है। दूसरी कृति शंकर पणिक्कर की 'भारत माला' है, जो महाभारत का संक्षिप्त अनुवाद है। यह 1363 पदों का काव्य है, जो अधूरा उपलब्ध हुआ है। 'दूत वाक्यम् गद्यम्' 14वीं शती में लिखित, प्राचीनतम गद्य-प्रबंध है। यह संस्कृत नाटककार भास के इसी नाम से लिखे नाटक का अनुवाद प्रतीत होता है। उल्लेखनीय है कि भास के संस्कृत नाटकों की लिपि मलयालम थी।

इतने प्रयासों के होने पर भी 14वीं शती में कोई कृति विशेष नहीं बन सकी। सभी साधारण रचनाएं हैं। परंतु 16वीं शती में महाकवि तुञ्चतु एषुत्तच्छन का उद्‌भव मलयालम साहित्य में एक बड़ी घटना है। इन्होंने ही 'महाभारत किलिप्पाट्टु' द्वारा मलयालम में उच्चकोटि के श्रेण्य साहित्य की नींव रखी। भूत और भविष्य को बेधते हुए एक प्रकाशपुंज की तरह यह रचना आज तक अपनी सानी नहीं रखती। इसे महाभारत का अनुवाद कहना अन्याय होगा, क्योंकि महाभारत के कलेवर में यह एक मौलिक सृष्टि है। काव्य-सौंदर्य हो या मौलिक उद्‌भावना; भाषा प्रयोग हो या रस-निरूपण; चरित्र चित्रण हो या प्रकृति चित्रण;

अंतर्जगत का निरूपण हो या बाह्य जगत का; एषुत्तच्छन अद्वितीय हैं। बिदा लेती शकुंतला का भाव-परिवेश या बेटे की मृत्यु पर कुरुक्षेत्र की श्मशान-भूमि पर विलाप करती गांधारी; युद्ध में शस्त्रों की झनझनाहट और वीरों का दृप्त पौरुष–एषुत्तच्छन इतनी मार्मिकता और वस्तुगतता से वर्णन करते हैं कि पाठक तन्मय हो जाता है। 16वीं शती में दामोदरन नम्बूदरी का 'कृष्णार्जुनम्' और नारायणन का 'नैषध चम्पू' उल्लेखनीय कृतियां हैं। इनमें 'नैषध चम्पू' अधिक महत्त्वपूर्ण है।

'महाभारत किलिप्पाट्टु' के बाद जिस दूसरी रचना ने मलयालम के महाभारत साहित्य को गौरवान्वित किया, वह है–सत्रहवीं शती में उण्णयि वारियर कृत 'नल चरितम्'। यह अट्ट कथा है जो कथकलि की कलाभूमि है। इसके चार खंड हैं जो चार दिवसीय अभिनय के लिए रचे गए हैं। इसके पहले खंड पर यद्यपि श्रीहर्ष के 'नैषध चरित' का प्रभाव लक्षित किया जा सकता है, पर उसमें अनेक रचनात्मक और वस्तुगत मौलिकताएं हैं। रचना बहुत रोचक, चरित्र-चित्रण सजीव और कला सरस है। इसमें सुंदर नाट्य-गुण है और संगीत मर्मज्ञ कवि की संगीतात्मकता। यह अट्टकथा कथकलि के कलाकारों और प्रेक्षकों में सर्वाधिक लोकप्रिय है। ऐसे अनेक स्थल हैं जो दर्शकों को भावविह्वल कर देते हैं। उदाहरण के लिए जब दर्शक हंस से नल और दमयंती के मिलने का प्रसंग देखते हैं तो अभिभूत हो जाते हैं।

वारियर के आश्रयदाता महाराजा तिरुनाल की तीन रचनाएं हैं–'राजसूय', 'सुभद्रा हरण' और 'पांचाली स्वयंवर'। 19वीं शती में इरयिम्मन लंपि के 'कीचक वध' और 'उत्तरा स्वयंवर' में गीतितत्त्व की अधिकता है, नाटकीयता इसमें अपेक्षाकृत कम है।

आधुनिक मलयालम साहित्य में महाभारत जैसे सवालाखश्लोकी वृहत् ग्रंथ का शब्द-प्रति-शब्द समश्लोकी अनुवाद करने वाले महाकवि कोटुंगल्लूर कुत्रित्रक्कुट्टन तुम्पुरान की साधना के आगे हर कोई नतमस्तक है, बल्कि इस वृहद् अनुवाद में कवित्व और प्रतिभा के भी दर्शन होते हैं।

सामान्य जनता को लगा कि ग्रंथ में दुरूहता है, क्योंकि कई दार्शनिक और तात्त्विक बातें इतनी संश्लिष्ट हैं कि उन्हें समझना साधारण पाठक के बस का नहीं है। पाठक की इस कठिनाई को ध्यान में

रखकर एक समकालीन कवि श्रीप्रकाशम् ने इसका गद्य में अनुवाद किया, जो दस भागों में प्रकाशित हुआ है।

तुम्पुरान ने जिस महान् दार्शनिक, सामाजिक और मानवीय उद्देश्य से महाभारत का हू-ब-हू अनुवाद किया; और जिस अनुवाद को जनता के लिए दुरूह जानकर सम्प्रेषित करने के लिए दूसरे कवि ने इस वृहत् ग्रंथ का गद्य में अनुवाद कर क्षतिपूर्ति की, ऐसे सहयोग, सद्भाव और क्षतिपूर्ति के लिए इस स्तर की गहन साधना का दूसरा उदाहरण मिलना संभव नहीं है। यह एकओर महाभारत की महानता को भी प्रकट करता है तो दूसरीओर ऐसे लोकहितैशी कवियों की महनीयता को भी।

आधुनिक युग की प्रमुख कवयित्री कविवरा उल्लूर परमेश्वरय्यर (1876-1948) ने 'चित्रशाला' (भारतीय नारी के महत्त्व पर लिखी कविता) और 'कर्ण भूषणम्' काव्य में महाभारत के पात्रों को नया अर्थ दिया। चित्रशाला में कवयित्री ने दिखाया है कि भारत में स्त्रियों का पुरुषों से अधिक सम्मान रहा है। इस उद्देश्य से उन्होंने महाभारत के स्त्री और पुरुष पात्रों का तुलनात्मक चित्र उकेरा है। 'कर्ण भूषणम्' में कवि ने कर्ण-कथा को नया रूप दिया है। यहां कर्ण कवच-कुंडल सहित नहीं जन्मते, परंतु एक प्रभात में ब्राह्मण वेश में सूर्य आकर उससे अपना संबंध बताते हुए कवच-कुंडल देते हैं, और इंद्र को न देने की हिदायत देते हैं। कर्ण सत्य को जानकर पाण्डवों द्वारा किए अपमान और दुर्योधन के सम्मान का स्मरण करते हुए सूर्य से कहता है कि वह दान मांगने वाले को कभी भी इंकार नहीं करेगा, फिर यदि स्वयं देवराज मांगे तो उन्हें तो इंकार करने का प्रश्न ही नहीं है। पिता-पुत्र का यह संवाद अनेक पौराणिक प्रसंगों, बिंबों, प्रतीकों, विशेषणों और अलंकरणों से युक्त एक सुंदर काव्य है। इसके पूर्व भी उल्लूर ने इसी प्रसंग पर एक कविता लिखी थी।

मलयालम के प्रख्यात कवि वल्लातोल ने भी महाभारत से विपरीतता दिखाने वाली कविताएं लिखीं। के.एम. पणिक्कर ने 'कुरुक्षेत्रत्तिले गांधारी', वी. उन्नीकृष्णन नायर ने 'सत्यवती' और 'द्रौपदी', आलेप्प मण्णा ने 'पांचाली' और 'अंबा' काव्यों की सृष्टि की।

जैसे-जैसे युग आगे बढ़ता है, एक रचनाकार के आगे नए जीवन-प्रश्न और नई साहित्य-वस्तु अपनी नई अभिव्यक्ति की मांग

करती है। ऐसे में वह पौराणिक और ऐतिहासिक कथावस्तुओं को छोड़कर एकदम मौलिक परिवेश, वस्तु और व्यंजना को ग्रहण करता है, इसमें पश्चिम के प्रभावों की अनदेखी भी नहीं की जानी चाहिए। फिर भी यदि वह पौराणिक विषयवस्तु चुनता है तो उसकी स्थूलता, इतिवृत्तात्मकता और प्राचीन गंध को उससे पृथक कर नए प्रतीकार्थ, आद्यबिंब-रूप या मिथकीयता को नई व्यंजना के लिए लेता है। यह भारत की लगभग सभी भाषाओं के आधुनिक साहित्य में हुआ है, यही मलयालम में भी हुआ। आधुनिक कवियों ने क्रमशः क्षीण होती हुई इतिवृत्तात्मकता का त्याग कर इन्हीं अर्थों और संदर्भों में महाभारत को भी लिया।

अय्यप्प पणिक्कर नए काव्य-युग के अग्रणी कवि हैं। उनकी कविता 'कुरुक्षेत्र' में महाभारत का फलक समूची मानवता के अनवरत संघर्ष तक फैला है। यह संघर्ष भीतर और बाहर, अतीत और वर्तमान तक है। यह तत्कालीन धर्माधर्म के बीच ही नहीं; आधुनिक मूल्यभ्रष्टता, विकृति और नैतिकता के विरुद्ध भी जारी है। आधुनिक कवि सुगतकुमारी, माधवन अय्यप्पन, विष्णु नारायण, एस.एन. कक्कड़, नम्पूतिरी ने महाभारत के अनेक प्रतीकों का अपने काव्य में इस्तेमाल किया है। जैसे सुगत कुमारी ने 'धर्म नामक गौ' और 'धर्म का रंग काला' जैसी कविताओं में महाभारत की कथा का वैचारिक, बौद्धिक प्रतीकीकरण किया है। पालूर की एक कविता में कहा गया है कि सारे अन्यायों, भ्रष्टाचारों को चुपचाप देखते रहने वाले बुद्धिजीवी; भीष्म, द्रोण आदि की भांति हैं जिनकी आंखों के आगे सत्य, धर्म का चीर हरण होता है, पर वे चुप रहते हैं। इसी संदर्भ में कक्काट की कविता 'सैरंध्री' भी उल्लेनीय है जिसमें सैरंध्री (द्रौपदी) सज्जनता और भद्रता का प्रतीक है, जबकि कीचक दुष्टता, धृष्टता और क्रूरता का। उसके द्वारा द्रौपदी को यातना पहुंचाना सज्जनता को दण्ड देने जैसा है।

महाभारत संबंधी उपन्यासों में एम.टी. वासुदेवन नायर का 'रंटाभूषण' (दूसरी बारी) महत्त्वपूर्ण है। कथाकार ने भीम के चरित्र को नए संदर्भों में रखा है। यह उपन्यास आत्मकथा शैली में लिखा गया है। इस माध्यम से भीम की सारी प्रतिक्रियाएं और अनुभूतियों को, महाभारत के 'मौन' का लाभ लेते हुए, लेखक विश्वसनीयता से प्रस्तुत करता है। भीम पर

बहुत-सा साहित्य लिखा गया है, पर हर जगह उसके बल-पौरुष, वीरता, द्रौपदी के प्रति उसका राग और प्रतिबद्धता, अन्याय के प्रति क्रोध और भ्रातृभक्ति आदि का ही प्रायः उल्लेख है। परंतु एम.टी. ने उसे गहरी सहानुभूति दी है और उसके अंतर्द्वंद्व का निरूपण किया है। द्रौपदी से अपने संबंध और अंतर्द्वंद्व, हिडिम्बा और घटोत्कच के प्रति रागात्मक मनोभावों की अभिव्यक्ति में नयापन है। इसे देखते हुए मुझे लगता है कि पांच में से 'एक' पति होने का हर पाण्डव का जो अंतर्द्वंद्व था, वह अब तक अव्यक्त रहा है। इसी तरह यौन और प्रेम संबंधी अनुभवों की भिन्नता का द्रौपदी का अनुभव भी अभिव्यक्त होना बाकी है। इसे पढ़कर लगता है कि पाण्डवों का यौन-द्वंद्व अभी भी उत्कृष्ट सृजन की प्रतीक्षा कर रहा है।

पी.के. बालकृष्णन वैसे मूलतः विद्वान अन्वेषक हैं, परंतु उन्होंने 'इनित्रान उरंगट्टे' (अब मैं सोऊं) जैसा उपन्यास लिखा जो अपनी नई विषयवस्तु के कारण चर्चित है। यह पूर्वस्मृति (फ्लैश बैक) शैली में द्रौपदी और युधिष्ठिर की दृष्टि से महाभारत का पुनरावलोकन है। दोनों कुरुक्षेत्र की श्मशान भूमि में युद्धांत के क्षणों में कर्ण की मृत्यु पर व्यथित हैं, क्योंकि उन्हें ज्ञात हो चुका है कि जिस कर्ण से वह जीवन भर घृणा करती रही, उसे वास्तव में उसका पहला पति होना था। युधिष्ठिर सोचता है कि जिस कर्ण की हत्या के लिए उसने योजना बनाई थी, उसे तो सबसे बड़ा भाई होने के कारण आज हस्तिनापुर के सिंहासन पर बैठना था। इसी पीड़ा, वेदना और पश्चाताप के परिप्रेक्ष्य में दोनों की आंखों में समूचा अतीत घटनाचक्र घूम जाता है। आलोचक कुट्टिकृष्ण मरार का कहना है कि 'उपन्यासकार ने द्रौपदी की अंतर्वेदना को ठीक-ठीक व्यक्त किया है', परंतु कुछ आलोचक उपन्यास की दृष्टि से इसकी सफलता पर प्रश्नचिह्न लगाते हैं। यों यह उपन्यास ऊपरी दृष्टि से एक पत्रकार द्वारा पूर्ववर्णन जैसा लगता है, परंतु द्वंद्व और व्यथा का यह केंद्र इतना अछूता और मार्मिक है कि इसके आगे सामान्य त्रुटियां नज़रअंदाज करने लायक हैं। क्या द्रौपदी के मन में इस पूर्वयात्रा के दौर में कृष्ण के प्रति अकथित राग की अनुभूति किसी पत्रकार की हो सकती है?

इन दो प्रमुख उपन्यासों के अतिरिक्त आनंद का उपन्यास है, जो

महाभारत पर आधारित तो नहीं है, पर उसका आभास उसमें है, वह मूल की अपूर्णता पर दृष्टि डालता है। कथाकार रेवती का 'राजसूयम्' वी.टी. नंद कुमार का 'कर्णन' और के.सी. अजकुमार का 'मृत्युंजयम्' (सूर्य गायत्री) भी उल्लेखनीय हैं।

वैचारिक और ललित साहित्य में महाभारत का पुनर्विवेचन और नवचिंतन हुआ। सबसे महत्त्वपूर्ण आलोचना कुट्टिकृष्ण मरार का ग्रन्थ 'भारत पर्यटनम्' है। इसमें महाभारत की मुख्य घटनाओं, चरित्रों आदि को समेटते हुए लेखक ने अपनी मौलिक दृष्टि का परिचय दिया है।

भारत की अन्य भाषाओं की तरह मलयालम के जन्मकाल से महाभारत संबंधी रचनाएं होती रहीं। 'महाभारत किलिप्पाट्टु' द्वारा एक प्रभावशाली प्रारंभ जब 'भारत पर्यटनम्' तक पहुंचा तो अनेक पड़ावों को पार करता हुआ। प्रारंभ और मध्यकाल में यह प्रवाह गाढ़ा था परंतु आगे चलकर वह सूक्ष्म और प्रखर हुआ। हां, अद्यतन मलयालम साहित्य में महाभारत से वस्तुग्रहण का परिमाण कम हुआ है और रूपकों, प्रतीकों के प्रयोग बढ़े हैं। इससे यह अवश्य प्रकट होता है कि महाभारत हर युग के लेखक के मनोभाव और प्रतिभा को व्यक्त करने के लिए आकर ग्रंथ सिद्ध हुआ है और हो सकता है। बस उससे ग्रहण की इच्छा और पात्रता होना चाहिए। इससे साहित्य ही नहीं, कला और जीवन भी लाभान्वित होता है।

यह अवश्य चिंतनीय है कि मलयालम में महाभारत संबंधी नाट्य-साहित्य का अभाव क्यों है, जबकि मूल कृति में नाटक के लिए बहुत अवकाश है।

महाभारत की साहित्य-यात्रा–हिन्दी

हिन्दी का आदिकाव्य न वीरकाव्य है, न प्रेमकाव्य न भक्तिकाव्य वह 'पाण्डव चरित' (महाभारत) है, जो विष्णुदास द्वारा 'ब्रजबुलि' में संवत् 1492 अर्थात् सन् 1435 में रचा गया। काव्य के प्रारंभ में ही कवि ने लिखा है:

'चौदह सौ अरु बानवे आना पाण्डव चरित मैं सुन्यौ पुराना।'

आचार्य विश्वनाथ प्रसाद मिश्र के यह सिद्ध कर देने के बाद कि हिन्दी का कथित आदिकाव्य 'पृथ्वीराज रासो' 16वीं शती की रचना है, पाण्डव चरित स्वयमेव हिन्दी का पहला काव्य हो जाता है।

महाभारत और कृष्ण काव्य पर डिंगल में भी दीर्घकाल से लिखा जाता रहा है। 'कृष्ण भक्ति' और प्रेम में पगे अनेक काव्य 'कृष्ण रुकमणी' परिणय पर डिंगल में हैं। यद्यपि इसका उद्‌भव भागवत से बताया जाता है, परंतु इससे जुड़ी रोमांचक युद्ध-कथा, हरण आदि महाभारत के अधिक निकट प्रतीत होते हैं। इस प्रसंग पर लिखा पहला काव्य 16वीं शती में पदमभगत का 'रुकमणी मंगल' मिलता है। इसमें शिशुपाल और जरासंध के साथ भीम और अर्जुन का भी संदर्भ है :

'मांझी गाज रह्या भारथ में अरजन भीम भलाई
बै पाण्डु हथनापुर वाला पहुँचा हाथ्या मांही।' (पृ. 122)

राजस्थानी लोक जीवन में अत्यंत प्रसिद्ध और उत्तम काव्य है–पृथ्वीराज राठौड़ का 'वेलि क्रिसण रुकमणी री'। यह सन् 1850 में रचित है। इसकी शृंगार प्रधान कथा यद्यपि भागवत से ली गई है परंतु इसका भी नाभिनाल संबन्ध महाभारत से है।

ढोला मारू की कथा राजस्थानी लोक जीवन में ग्यारहवीं शती से भी पहले से चली आई है। 'ढोला मारू रा दूहा' मुक्तक शैली में लिखा लोक काव्य

है। यह तीन पीढ़ियों की प्रेम-कथा है परंतु कहा जाता है कि इसमें 'नल दमयंती कथा' गुंथी हुई है। यह अस्वाभाविक नहीं है क्योंकि भारतीय भाषाओं में महाभारत की जो कथा सर्वाधिक पुनःसृजित हुई है वह 'नल दमयंती कथा' है। भाषाओं के प्रारंभ काल में तो यह प्रायः देखी जाती है।

सम्पूर्ण महाभारत कथाएँ भी हिन्दी में खूब लिखी गई हैं। इनमें पहली रचना अवधी में सबल सिंह चौहान की दोहा-चौपाई और यदा-कदा सोरठा शैली में लिखी 'सम्पूर्ण महाभारत-कथा' है। यह 1666 से 1724 ई. के मध्य कभी लिखी गई थी। 1881 ई. में लक्ष्मी वेंकटेश्वर प्रेस से यह प्रकाशित हुई। सबलसिंह ने स्वयं 'स्वर्गारोहण पर्व' के अंत में इसे व्यास का अनुकरण बताया है :

'सबलसिंह मतिहीन। व्यास कहत तस कहेउ हम।'

दूसरी रचना छत्रसिंह कायस्थ द्वारा सन् 1700 में लिखा प्रबंध काव्य 'विजय मुक्तावली' है। इसके बाद गोकुलनाथ, उनके पुत्र गोपीनाथ तथा इनके शिष्य मणिदेव ने 'भारत-दर्पण' काव्य की रचना की। इसमें संपूर्ण महाभारत के साथ हरिवंश का संक्षिप्त अनुवाद भी है। ब्रजभाषा में, वार्णिक छंदों में लिखा यह काव्य लगभग 2000 पृष्ठों का है। शिल्प की दृष्टि से यह सुंदर रचना है। पहले पहल यह सन् 1829 में और फिर 1883 में संशोधित रूप में प्रकाशित हुई।

सन् 1885 में स्वामी स्वरूपदास ने 'पाण्डव यशेन्दु चंद्रिका' नामक महाकाव्य में पूरा महाभारत 3000 छंदों में समेटा। यह काव्य भी ब्रजभाषा में है, जिसमें संस्कृत की बहुलता और राजस्थानी का स्पर्श है। इसमें कवि-प्रतिभा और शिल्प-सौंदर्य दृष्टव्य है। कई नई उद्‌भावनाएँ हैं। 1889 में कवि कालीचरण ने 'महाभारत दर्पण' लिखा। 1891 में गणेशपुरी ने 'वीर-विनोद' की रचना की, जिसमें कर्ण की अप्रतिम वीरता का वर्णन है। किसी चरित्र पर केन्द्रित यह पहला वर्णन है। महेश दत्त मुकुल ने 'महाभारत भाषा' में महाभारत का अनुवाद सरल भाषा में प्रस्तुत किया। कुछ विद्वानों ने मिलकर महाभारत तीन खंडों में प्रकाशित किया। पहले संस्करण की तिथि अज्ञात है परंतु दूसरा संस्करण 1907 में प्रकाशित हुआ। महावीर प्रसाद द्विवेदी ने भी 'महाभारत' की संक्षिप्त प्रस्तुति सीधी सरल भाषा में की।

1930 में चतुर्वेदी द्वारका प्रसाद ने 'हिन्दी महाभारत' नाम से महाभारत का

अनुवाद किया। इसके पश्चात् राव लोगों द्वारा 'भाषा महाभारत' रची गई। लगभग इसी समय एक अत्यंत उल्लेखनीय काम हिन्दी में हुआ– इंडियन प्रेस ने 'हिन्दी महाभारत सचित्र' दस खंडों में प्रकाशित किया। इसकी विशेषता यह है कि इसमें महाभारत कालीन देश, नगर, नदी, पर्वत आदि से संबन्धित साहित्य की अनुक्रमणिका दी गई है जो महाभारत और उस युग के भौगोलिक अन्वेषण के लिए विशेष उपयोगी है।

मंच के लिए और मंच के अनुरूप पहला नाटक नारायण प्रसाद 'बेताब' का 'महाभारत' है। हिन्दी के दो बड़े रचनाकारों सूर्यकांत त्रिपाठी 'निराला' और अमृतलाल नागर ने भी क्रमश: 1939 और 1988 में 'महाभारत कथा' लिखी। निराला ने 'महाभारत कथा' में कथाओं का सारांश लिखा, जबकि नागर ने कथा–सार।

1952 में प्रकाशित मैथिली शरण गुप्त का महाकाव्य 'जयभारत' आधुनिक हिन्दी का पहला महत्त्वपूर्ण काव्य है। वासुदेवशरण अग्रवाल की कृति–'भारत सावित्री' आवश्यक कथा सूत्र के साथ अनेक धार्मिक, राजनैतिक, भौगोलिक आदि पक्षों का मार्मिक उद्‌घाटन है। इन पर अलग–से चर्चा की गई है।

1952 से 1958 के बीच हनुमान प्रसाद पोद्‌दार की प्रेरणा से गीताप्रेस गोरखपुर ने 6 वृहद् खंडों में सम्पूर्ण महाभारत 'हिन्दी महाभारत' नाम से प्रकाशित किया। इसमें मूल के साथ सुंदर अनुवाद है। अनुवादक हैं–रामनारायण दत्त शास्त्री। यह पाठ नीलकण्ठ की प्रामाणिक टीका के आधार पर तैयार किया गया। इसमें दक्षिणात्य पाठ के महत्त्वपूर्ण अंशों को भी शामिल किया गया और भांडारकर इंस्टिट्यूट पुणे संस्करण और अन्य पाठों का भी यथास्थान समावेश–सहयोग लिया गया है। अर्थात् पाठ को हिन्दी पाठक के लिए प्रामाणिक बनाने की कोशिश की गई। इतना अवश्य है कि अनुवाद का कुछ रुझान भक्ति और सकारात्मक धार्मिकता की ओर है, परंतु एक प्रबुद्ध पाठक उसे अपने ढंग से स्वीकार कर सके, इसकी गुंजाइश है। गीताप्रेस गोरखपुर का यह कार्य वास्तव में हिन्दी पाठकों की अकथित सेवा है।

इस बीच कई छोटे–मोटे काम सम्पूर्ण महाभारत को लेकर हुए हैं परंतु वे उल्लेखनीय नहीं हैं। एक बड़ा काम नरेन्द्र कोहली का आठ खण्डों का उपन्यास 'महा समर' है जो 1988 से 2005 के बीच आया। 2005 में सीतेश आलोक ने 'महागाथा' उपन्यास लिखा, यह संक्षिप्त सकारात्मक अद्यतन रचना है। इसमें कथाकार ने (उसकी दृष्टि से) अनावश्यक कथाएँ हटा दी हैं और कथा को

एक सरल कथा बना दिया है।

महाभारत से प्रेरणा और वस्तु-बीज लेकर सैंकड़ों रचनाएँ हिन्दी में परंपरा से अब तक प्रकाशित हुईं, और हो रही हैं। यह सिलसिला पंद्रहवीं सोलहवीं शती से जारी है। कुछ युगानुरूप उल्लेखनीय रचनाओं का संदर्भ दिया जा सकता है।

आज़म शाह (1653-1700) के दरबारी कवि नेवाज़ ने 'शकुंतला नाटक' लिखा, यह कालिदास का ब्रजभाषा में अनुवाद है। शाह ने कवि को हुक्म दिया था :

'आजिम खान नेवाज को दीनी यह फुरमाइ
शकुंतला नाटक हमें भाषा देहु बनाई।'

उल्लेखनीय है कि भारत की अनेक भाषाओं के कवियों को तत्कालीन मुस्लिम शासकों ने महाभारत और उसके कथांश का अनुवाद करने का आदेश दिया था, यह भारतीय जन-जीवन से आत्मीयता बढ़ाने का माध्यम था।

धौंकलराम मिश्र ने 1799 में 'अभिज्ञान शाकुंतलम्' का जन-नाट्य शैली में अनुवाद बनाया। यह नाटक नेवाज़ से अच्छा है। भारतेन्दु के पिता गोपाल चंद्र जो गिरधर दास नाम से लिखते थे, ने 1857 में महाभारत के एक चर्चित पात्र 'नहुष' पर नाटक लिखा, जिसे भारतेन्दु ने हिन्दी का पहला मौलिक नाटक घोषित किया, परंतु अनेक विद्वानों ने इसके नाटक होने पर ही शंका प्रकट की। क्योंकि इसे पुरानी ब्रजभाषा शैली की ऐसी कृति माना गया, जो काव्य में लिखी जाती थी और उनमें कहीं-कहीं संवाद होते थे। खैर इस 'नाटक' का हिन्दी को यह योगदान था कि इसमें पूर्व और पश्चिम की नाट्यवृत्ति के मिश्रण का प्रारंभ था। 'नहुष' का अंत दुखांत था, यद्यपि इसके अंत में 'प्रभु ढिग' जाने का एक औपचारिक सुखांत वाक्य था।

नहुष की अपेक्षा गणेश कवि के 1864 ई. में लिखे काव्य नाटक 'प्रद्युम्न विजय' को विद्वानों ने अधिक सफल नाटक माना है और इसी को हिन्दी का प्रथम मौलिक नाटक कहा गया है। प्रद्युम्न की कथा महाभारत की केन्द्रीय कथा नहीं है, मात्र हाशिये की एक कथा है। फिर भी चाहे 'नहुष' हो या 'प्रद्युम्न विजय' दोनों महाभारत से सम्बद्ध हैं। इसलिए जहाँ प्रथम मौलिक काव्य महाभारत से संबद्ध है वहीं प्रथम मौलिक नाटक भी। 'प्रद्युम्न विजय' शृंगार प्रधान और स्वयं गणेश कवि के काव्यशास्त्रीय ग्रंथ में उदाहरण स्वरूप समाविष्ट है। गोपीनाथ तिवारी के मत में यह नहुष से बेहतर नाटक है–'प्रौढ़ और

महत्त्वपूर्ण'।

लक्ष्मण सिंह ने खड़ी बोली गद्य में जिसमें ब्रज आदि भी मिली हुई थी 'शकुंतला नाटक' लिखा, परंतु वह कालिदास का अनुवाद है। 1873 ई. में भारतेन्दु ने 'धनंजय विजय' व्यायोग की रचना खड़ी बोली में की। इसमें भी ब्रज भाषा मिली हुई थी। इस नाट्य रूप की यह हिन्दी में पहली कृति है। 'व्यायोग' रूपक का एक भेद होता है जो एक अंक का होता है, प्राय: स्त्रीरहित, एक दिवसीय युद्ध वर्णन होता है। युद्ध का कारण स्त्री नहीं होती। इसमें वीर और रौद्र रस प्रधान होता है। ये सभी लक्षण 'धनंजय विजय' में मिलते हैं।

खड़ी बोली की प्रारंभिक रचनाओं में मैथिलीशरण गुप्त का काव्य 'जयद्रथ वध' बहुत लोकप्रिय हुआ। बलदेव प्रसाद मिश्र का 'प्रभास मिलन' प्रभास क्षेत्र में कृष्ण-अर्जुन के मिलन का नाट्यरूप है। विचित्र कवि का 'द्रौपदी चीरहरण'; बदरीनाथ भट्ट का 'कुरुवन दहन'; माधव शुक्ल का 'महाभारत'; माखन लाल चतुर्वेदी का 'कृष्णार्जुन युद्ध'; विश्वम्भर नाथ कौशिक का 'भीष्म' उल्लेखनीय नाटक हैं। अन्य चर्चित नाटकों में आचार्य चतुरसेन का 'गांधारी' भी है। इनमें कथ्य की नवीनता लाने या वस्तु और चरित्र का अल्पचर्चित पक्ष उभार कर नवीनता लाने की प्रवृत्ति रही है, जैसे 'गांधारी' में चतुरसेन शास्त्री ने गांधारी के दु:ख और उदात्तता प्रकट की है। कुंती पर रामकुमार वर्मा का नाटक 'कुंती का परिताप' यह मूल प्रश्न उठाता है कि मानव और देवता का संपर्क होना क्या मानवता की शक्ति का उपहास नहीं है? तथाकथित वरदान और मंत्र कुंती के लिए अभिशाप बन गया। यद्यपि महाभारत में उसे एक पारदर्शी अतीत के रूप में देखा गया। परंतु सबकुछ से गुजरना, विशेषत: कर्ण को जन्म देना कुंती के परिताप का कारण रहा। नाटक में यही है।

1926 में जयशंकर 'प्रसाद' ने तत्कालीन हिन्दू-मुस्लिम दंगों के परिप्रेक्ष्य में अत्यंत प्रासंगिक और सफल नाटक 'जनमेजय का नागयज्ञ' लिखा।

फिर भी हिन्दी में समस्या नाटकों के प्रबल प्रतिष्ठापक लक्ष्मीनारायण मिश्र हैं, जो कल्पना की अपेक्षा यथार्थ के पक्षधर हैं। उनका नाटक 'अश्वमेध' इस दृष्टि से महत्त्वपूर्ण है। कथा इस प्रकार है– अपने अश्वमेध अभियान में अर्जुन मणिपुर पहुँचता है। यहां उसकी पत्नी चित्राङ्गदा पुत्र बभ्रुवाहन से अपने पिता का स्वागत करने को कहती है, जबकि उसकी युवापत्नी अर्जुन का संबन्ध और प्रताप जानते हुए भी, इस समय आक्रामक के रूप में आए पिता से युद्ध का समर्थन करती है, नईपीढ़ी और पुरानीपीढ़ी का यह अंतर है। पत्नी का यह

कहना ठीक है कि अभी वह पिता के रूप में नहीं, आक्रामक के रूप में आया है। उसका स्वागत युद्ध से ही होना चाहिए। बभ्रुवाहन की पत्नी का तेजस्वी और साहसी चरित्र लेखक की मौलिक सृष्टि है। युद्ध होता है दोनों अचेत होते हैं और बाद में कथा की मंशा के अनुरूप सचेत हो जाते हैं। उस युग में एक स्त्री का यह साहस और जोखिम भावी स्त्री सशक्तीकरण की भूमिका लगता है।

लक्ष्मी नारायण मिश्र के 'चक्रव्यूह' में भी नई दृष्टि है। व्यूह में प्रवेश करने की विधि अभिमन्यु गर्भ में नहीं, माता के शिविर में टंगे युद्ध के चित्र को देख कर पिता द्वारा प्रवेश-विधि बताने से सीखता है। 'अभिमन्यु' और 'लक्ष्मण' (दुर्योधन का पुत्र) उस दिन युद्ध में न जाएँ भीष्म की यह इच्छा थी, जो सफल न हो सकी। वे गए और उन्होंने परस्पर युद्ध भी किया। इस पूरे प्रसंग को नाटककार ने अधिकाधिक यथार्थ और बुद्धि-संगत रूप दिया है। नाटक के वाचिक में गहरी विडम्बना और उदात्त-वृत्ति दोनों दिखाई देती हैं।

उदयशंकर भट्ट भी उसी युग के एक सशक्त नाटककार थे, जिन्होंने भीष्म द्वारा हरण की गई और बाद में प्रताड़ित युवती अम्बा का अप्रतिम साहस 'विद्रोहिणी अम्बा' नाटक में रेखांकित किया। वह जन्मजन्मांतर तक निरंतर प्रतिशोध का प्रतीक है। अंततः वह भीष्म के वध का कारण बनती है। अम्बा भी महाभारत की उन सशक्त संघर्षशील स्त्रियों में है जो पुरुष के अन्याय, अत्याचार का प्रतिकार करती है। बहुत बाद में 2005 में चित्रा चतुर्वेदी कार्तिका ने 'मैं अम्बा नहीं, भीष्मा' उपन्यास इसी वस्तु पर लिखा है।

रांगेय राघव का नाटक 'स्वर्ग भूमि का यात्री' गांधी युग की छाप लिए हुए है। लेखक युधिष्ठिर के माध्यम से सत्य, अहिंसा और मानवतावाद को रेखांकित करता है।

सेठ गोविंद दास का नाटक 'कर्ण' अविवाहित मातृत्व और निम्न वर्ग के सामाजिक स्थान का प्रश्न उठाता है। कृष्ण के संधि प्रस्ताव को अस्वीकार करने पर क्या होगा? यह। कृष्ण से कुंती पूछती है, कृष्ण कहते हैं–"युद्ध", "तो युद्ध में तो एकओर पाण्डव और दूसरी ओर वसुषेण (कर्ण) लड़ेगा!" कृष्ण सचाई कर्ण को बताकर उसे पाण्डवों की ओर करने का प्रस्ताव रखते हैं। कुंती आशंकित हो जाती है–"तब तो सारा संसार उस रहस्य को जान जाएगा!" कृष्ण इस बात से निर्भय होने को कहते हैं, कुंती पूछती है–"किंतु... किंतु... बेटा, समाज क्या कहेगा? तुम्हारी बुआ और गांधारी का मिलान पर कैसे... कैसे कटाक्ष होंगे..." अंततः कृष्ण कुंती को सहमत कर लेते हैं। कथा महाभारत के अनुसार

है। वैसे लेखक कुंती का सामान्य-सा अंतर्द्वन्द्व दिखाता है, जो अन्य कृतियों में भी है। इस नाटक का यह वाक्य महत्त्वपूर्ण है–'वीरता की परीक्षा उसे देने नहीं दी गई मूल्य की परीक्षा में वह अग्रगण्य रहा।'

विनोद रस्तोगी का चर्चित नाटक है 'सूतपुत्र'। नरेन्द्र शर्मा का मार्मिक काव्य 'सुवर्णा' दक्षिण में प्रचलित लोककथा के आधार पर लिखा गया है। क्षत्रिय राजा की कन्या दुर्योधन के प्रभाव से कर्ण को ब्याही तो गई, पर जीवन भर वह कर्ण की पत्नी नहीं बनी।

धुर आधुनिक युग में जब अवधी हिन्दी के रचना-जगत में एक पुरातन भाषा हो चुकी थी, आधुनिक दृष्टि सम्पन्न एक राजनेता ने दोहा-चौपाई शैली में 'कृष्णायन' लिखा। संदर्भ यों है कि जब द्वारका प्रसाद मिश्र 1942 में अपना जेल जीवन बिता रहे थे तब उन्होंने उक्त काव्य लिखा। वैसे कारागार में 'कृष्णायन' का जन्म प्रतीकात्मक है। इस काव्य में कृष्ण के विविध रूपों का विशद वर्णन है, विशेषकर महाभारत काल के 'कृष्ण' का। स्वभावतः इस कृति में भागवत, सूरसागर आदि का सहयोग तो लिया ही गया है, परंतु मुख्यतः 'शिशुपाल वध' और 'महाभारत' के प्रसंगों और विचारफलक से प्रेरणा ली गई है। कवि ने असुर पक्ष के माध्यम से अधिनायकवाद, नाजीवाद, साम्राज्यवाद, भौतिकवाद तथा आतंकवाद को प्रस्तुत किया है। द्वारका में असुरों के त्रास से मुक्ति के लिए 'जन संघर्ष' कवि ने अपने समय को सामने रख कर दिखाया है, और कृष्ण के राजनीतिक तथा कूटनीतिक स्वरूप को भी उभारा है। यहाँ कृष्ण एक देवपुरुष ही नहीं हैं, वे व्यावहारिक व्यक्ति हैं, युद्ध और राजनीति के परम ज्ञाता और संचालक हैं। यह कृति कम पढ़ी गई पर विद्वानों ने इस कृति के विविध पक्षों की प्रशंसा की है।

डॉ॰ राजेन्द्र प्रसाद ने 'कृष्णायन' के प्राक्कथन में लिखा है 'कृष्णायन कृष्ण-चरित को आज के जीवन और आज की समस्याओं को सामने रखकर चित्रित करता है। उसमें पीड़ित प्रजा के विप्लव का चित्र मिलता है।' डॉ. धीरेन्द्र वर्मा और डॉ॰ बाबूराम सक्सेना ने अपनी भूमिका में कहा है–'कवि के हृदय में एक गहरी अनुभूति है कि अपने पददलित राष्ट्र का त्राण कृष्ण सरीखा ही कोई कर सकता है, जिसके हृदय में आर्यधर्म और संस्कृति का गौरव हो, जो एकछत्र राष्ट्र का अनन्य भक्त हो और कृष्ण की भाँति नितांत निस्पृह हो।'

उस अहिंसक समय में महाभारत-युद्ध की प्रासंगिकता का प्रश्न उठना स्वाभाविक है। कवि युद्ध को 'अमंगलकारी' ठहराता है, परंतु 'सुशांति, सुराज'

के लिए उसे उसी तरह अनिवार्य कहता है, जैसे किसान फसल की रक्षा के लिए खेत में सूखीघास, खर पतवार को उखाड़ता है। व्यास कृष्ण से सारी गाथा सुनकर कहते हैं :

"रण सम नहिं कछु घोर अमंगल, साधत जन-मंगल तुम तेहि बल!
रक्तारुण भीषण महि आजू लहिहै शक्ति, सुशान्ति, सुराजू।
निर्दाता जिमि कक्ष उखारी, करत यत्न धान्य रखवारी।
खल गण तिमि निर्मूलि तुम, रच्छे पाण्डव-भक्त,
कीन्ह सुदृढ़ निर्माण तुम, आर्य राष्ट्र अविभक्त।"

(जयकाण्ड 259) पृ. 441

इस तरह अनेक समकालीन विचारों को शामिल करते हुए भी लेखक का सोच महाभारत की ऐसी प्राश्निकताओं को लांघते हुए चरित्रों के तय स्वरूप की रक्षा करता है, जैसे कवि युधिष्ठिर की सत्यवादिता पर प्रश्न खड़ा करने वाला अश्वत्थामा प्रसंग का उल्लेख ही नहीं करता। इस रचना के धार्मिक स्वरूप को वह हर जगत अक्षुण्ण रखता है; जैसे वह ऋषि मुनियों के इस वचन की दोनों पक्षों द्वारा रक्षा का विशेष उल्लेख करता है कि 'युद्ध कुरुक्षेत्र में सूर्यग्रहण मेले के बाद ही प्रारंभ किया जाए।' कृष्ण दुर्वासा के आशीर्वाद की रक्षा करते हुए वन में जाकर विश्राम करते हैं जहाँ व्याध के तीर से उनकी मृत्यु होती है। पूरे काव्य में आर्य संस्कृति आदि का भी बार-बार उल्लेख किया गया है। इतना अवश्य है कि पारंपरिक सोच के भीतर आधुनिकता के कुछ अवसर निकालकर कवि ने रचना के दोनों युगों और अवधारणाओं को साधने की कोशिश की है, इससे रचना औसत बनकर रह गई है। वैसे वर्तमान युग में विस्मृत लोकभाषा में एक वृहद ग्रंथ रचकर लेखक ने अवधी काव्य-परंपरा में महाभारत को शामिल कर दिया है।

द्रौपदी पर हिन्दी में अनेक रचनाएँ लिखी गईं। ज्वालाराम नागर का नाटक 'द्रौपदी स्वयंवर' प्रारंभ कालीन कृति है। यह नाटक वहाँ से शुरू होता है, जहाँ द्रोण, द्रुपद के दरबार में जाकर उन्हें बचपन के वचन की याद दिलाते हैं। नाटक साधारण है। राधेश्याम कथावाचक का 'द्रौपदी स्वयंवर' एक मंचीय नाटक है, जिसे खूब देखा गया है। 'द्रौपदी वस्त्र हरण' राय प्रभुलाल का नाटक है। नरेन्द्र शर्मा का लघुकाव्य 'द्रौपदी' दार्शनिक प्रतीकीकरण के माध्यम से द्रौपदी और उससे जुड़े सभी पात्रों का सुंदर प्रतीकीकरण है आधुनिक नाटककार सुरेन्द्र वर्मा

ने 'द्रौपदी' नाटक लिखा, जो महत्त्वपूर्ण है।

रामदेव आचार्य की कविता 'द्रौपदी का आत्मालाप' नारी विमर्श की दृष्टि से सशक्त कविता है। गणेश दत्त शर्मा गौड़ का 'कृष्णापमान', आचार्य यार्लगड्डा लक्ष्मी प्रसाद का उपन्यास 'द्रौपदी' इस सूची में शामिल किए जा सकते हैं। राम मनोहर लोहिया का द्रौपदी पर लेख अत्यंत महत्त्वपूर्ण है।

नंदकिशोर आचार्य के कविता संग्रह 'अन्य होते हुए' में सशक्त कविता है–'पांचाली'। जब 'हिमालय' पर द्रौपदी अकेली छूट जाती है और युधिष्ठिर उस पर अर्जुन से अधिक प्रेम को सर्वप्रथम हिमालय पर उसके पतन का कारण बताते हैं तब एक-एक कर सभी से वह स्त्री को वस्तु समझकर उसका शोषण करने की शिकायत करती है। अतीत उसके सामने साकार हो जाता है। वह सामूहिक विवाह के लिए मां के आदेश को नहीं, स्वयं पाण्डवों की वासना को ज़िम्मेदार ठहराती है। वह स्वीकारती है कि– 'किसी की सेज हो/ केवल अर्जुन होता था मेरे साथ।' पाँचों से विवाह करने के प्रस्ताव पर स्वयं कुछ न बोलने के लिए वह स्वयं अपने वैविध्य को भोगने के लालच को भी कहीं जिम्मेदार ठहराती है। वह अनुभव करती है कि पाण्डवों में भीम ही उसकी रक्षा में समर्पित था, फिर भी वह प्रेम अर्जुन से करती रही। वह पूछती है–'प्रेम, वह क्या अपने वश में है भीम?' 'कर्ण' से अपने राग को भी वह याद करती है, पर उस पर कल्मष का आरोप लगाती है; भीष्म पर भी उसका आरोप है कि नारी उनके लिए भी भोग्या ही थी, अपने लिए न सही दूसरों के लिए। 'अश्वत्थामा' को उसने अपने पुत्रों के वध के बावजूद क्षमा कर दिया क्योंकि वह भी एक माँ थी। युद्ध पर यह छोटी-सी टिप्पणी–"कैसा विचित्र संयोग! / पाण्डवों का सेनापति पुत्र-द्रुपद का / और कौरवों का अंतिम सेनानी / अश्वत्थामा आचार्य द्रोण का पुत्र? / क्या इसी तरह नियति होती है व्यंजित?" कृष्ण को वह सबकुछ देखते हुए खेल करने का अपराधी मानकर भी क्षमा कर देती है। यह कविता आहत विकल द्रौपदी का अंतिम वक्तव्य है, और उसकी आंखों से देखा गया एक निर्वस्त्र महाभारत। द्रौपदी पर चित्रा चतुर्वेदी 'कार्तिका' का उपन्यास 'महाभारती' और बच्चन सिंह का 'पांचाली' (नाथवती अनाथवती) उल्लेखनीय उपन्यास हैं।

'सावित्री' महाभारत का प्रासंगिक पात्र है, पर उसे लेकर विभिन्न युगों में अनेक रचनाएँ लिखी गईं। इसके निरूपण में युग-दृष्टियों की बड़ी भूमिका रही है। भारतेन्दु हरिश्चन्द्र का नाटक 'सती प्रताप' सावित्री पर लिखा पहला नाटक

है। इसके बाद उसी युग में बाबू कन्हैयालाल का 'शील सावित्री', बाबू बांके बिहारी लाल की 'सावित्री नाटिका', बाबू गंगा प्रसाद अरोड़ा का 'सावित्री-सत्यवान', बेनी प्रसाद श्रीमाल का 'सत्यवान-सावित्री' आदि।

इसी काल में लिखे लाला देवराज के 'सावित्री नाटक' का कथानक अनोखा है। उसके पीछे आर्य समाज सुधारक की दृष्टि है। नाटक की कथा इस प्रकार है—सत्यवान गुरु काहल्य के आश्रम में परीक्षा के अवसर पर अपने शौर्य से यम को परास्त कर देता है। इसलिए यम उससे वैर ठान लेता है। सबसे पहले वह सत्यवान के पिता राजा द्युमत्सेन के राज्य का हरण कर लेता है। राजा पत्नी और पुत्र के साथ वन में आश्रय लेता है। सावित्री से सत्यवान के विवाह के बाद यम अपने साथियों की मदद से सत्यवान को वन से उठा ले जाता है और एक पर्वत पर तलवार से उसकी हत्या का प्रयत्न करता है। सावित्री अपने बुद्धि कौशल से यम से सत्यवान की रक्षा करती है। कथा में से पौराणिकता निकालने का प्रयत्न वैसा ही है जैसा अन्य मत-वादियों ने महाभारत की अनेक कथाओं और कथ्य के साथ किया है। केवल कृति की दृष्टि से भी यह रचना विशृंखलित है।

सावित्री की तरह नल-दमयंती की कथा पर भी हिन्दी में अनेक कृतियाँ हैं। प्रारंभिक काल में परमानंद का नाटक 'दमयंती-स्वयंवर', महावीर सिंह का 'नल-दमयंती', सुदर्शनाचार्य का 'अनर्घ महा चरित', ब्रह्मदत्त शास्त्री का 'द्यूत का भूत', बालकृष्ण भट्ट का 'दमयंती स्वयंवर', दुर्गाप्रसाद गुप्त का 'नल दमयंती', डॉ. लक्ष्मण स्वरूप का 'नल दमयंती' उल्लेखनीय हैं। 'नल-दमयंती' कथा पारसी रंगमंच पर भी बहुत लोकप्रिय रही है।

उक्त नाटकों में डॉ. लक्ष्मण स्वरूप के 'नल-दमयंती' में लेखक ने कुछ 'अप्राकृतिक और अस्वाभाविक प्रसंगों को हटा दिया है, जैसे दूत का कार्य 'हंस' नहीं करता अपितु हंस नामक एक व्यापारी करता है। महाभारत में मोहित देवताओं का नल का रूप धरकर दमयंती को छलना लेखक को देवताओं के चरित्र की दृष्टि उज्ज्वल और उत्कृष्ट नहीं लगा। मूल कथा में वे कामी, रूपलोलुप और कपटी दिखाए गए हैं।' फिर भी लेखक ने देवों को इसलिए रखा कि 'देवताओं के बिना दमयंती का अपने प्रति देवताओं की आसक्ति को जानते हुए भी एक मरणधर्मा मनुष्य को वरना', उसके 'नल के प्रति अगाध और अलौकिक प्रेम को सिद्ध करता है।' 'दमयंती की प्रेम-परीक्षा के लिए यह एक भीषण कसौटी थी। इसलिए वह देवों को नाटक में स्थान देने को विवश हुआ है।' एक अन्य

परिवर्तन कलि की जगह नल से पराजित ईर्ष्यालु 'सरदार चन्द्र' को रखना है। कर्कोटक की जगह तपस्वी महात्मा रखे गए। मालनी कथा-प्रसंग लेखक का मौलिक है, लेखक ने आधुनिकता के प्रति रुझान तो दिखाया है, पर इससे कथा की लीला और नाटकीयता की जगह एक शुष्कता आ गई है।

प्राचीन नाटकों की तुलना में राधावल्लभ त्रिपाठी का 1991 में प्रकाशित नाटक 'दमयंती' संपूर्ण भारतीय नाटक है, जिसमें नाट्यशिल्प रंग-युक्तियां सभी देशी हैं। नाटककार ने कथा के अतिरंजित या अस्वाभाविक प्रतीत होने वाले प्रसंगों को नाटक में स्थान नहीं दिया है; न हंस है, न देवताओं के छद्म रूप की अवतारणा। शेष प्रसंगों में भी मूल कथा की रक्षा करते हुए भाषा, संवादों और नाट्य की अंतर्वस्तु में आधुनिकता का समावेश किया गया है। उदाहरण के लिए कलि का नया इस्तेमाल। लेखक ने प्रेम और करुण कथा में वह सब कह दिया है जो आज कहा जा सकता है। इस दृष्टि से भारतीय नाटक की अंतश्चेतना या अंतरात्मा और स्वरूप की रक्षा करते हुए उसे गतिशील आधुनिक भारतीय नाटक बना दिया है।

प्रसिद्ध नाटककार लक्ष्मीनारायण लाल के नाटक 'सूर्यमुख' में कृष्ण की हत्या करने वाला 'जरा' कृष्ण के परिवार के सामने अपनी अंत:कथा मार्मिक ढंग से खोलता है। बाद में अज्ञेय की 'सदानीरा' में संकलित कविताएं-जराव्याध-1, दो अलग कोण से व्यथा का रेखांकन हैं।

ययाति पर मुरलीधर अस्थाना का नाटक 'ययाति: प्रश्नचिह्न' और नंदकिशोर आचार्य का नाटक 'देहांतर'-महत्त्वपूर्ण हैं। इसी तरह आचार्य का 'हस्तिनापुर' (1996) भी उल्लेखनीय है। भीष्म साहनी का नाटक 'माधवी', बहुचर्चित है। इसमें स्त्री शोषण का प्रतिवाद हुआ है। इसी चरित्र पर 1996 में युवा लेखिका वीणा सिन्हा ने अपने उपन्यास 'पथ प्रज्ञा' में पौराणिक शैली में नारी के सनातन शोषण पर गहरी संवेदना व्यक्त की है। अंत में माधवी वैराग्य ले लेती है। समाज के प्रति और विशेषकर पुरुष-समाज के प्रति उसके हृदयविदारक मोहभंग का भी उपन्यास में अच्छा चित्रण है।

धनंजय के अंतर्मन की तलाश करता पद्मा सचदेव का उपन्यास 'भटको नहीं धनंजय' अर्जुन की उस व्यथा पर मनोवैज्ञानिक दृष्टि से रौशनी डालता है जो अब तक अनछुई थी। स्वयं द्वारा विजित, द्रौपदी को अन्य भाइयों से साझा करना क्या धनंजय को नहीं खला होगा? मनु शर्मा का उपन्यास 'कर्ण की आत्मकथा' महाभारत का अनुसृजन है, कुंती से सत्य का पता लगने पर उसकी

चिर-परिचित व्यथा यहां भी है। धर्मवीर भारती का काव्य-नाटक 'अंधायुग' हिन्दी का बहुचर्चित, बहुमंचित काव्य नाटक है।

1997 में प्रकाशित एक महत्त्वपूर्ण नाटक रामेश्वर प्रेम द्वारा लिखा 'शस्त्र-संतान' है। 'शस्त्र-संतान' के बाद इस संदर्भ में मुझे महाभारत पर लिखी ऐसी सशक्त कृति पढ़ने या देखने का अवसर नहीं मिला। नाटक महाभारत युद्ध की निश्शब्द रात में गांधारी, अंधे शव वाहक, शस्त्र संचय कर्ताओं और विलाप करती स्त्रियों के मद्धिम स्वरों से शुरू होकर ऐसी बीहड़ सांगीतिक रचना में परिवर्तित होता है जहाँ करुणा के साथ शब्द और महारंग काक की आवाज़ें भी हैं।' इस नाटक का सूत्र-कथन है—''कुरु क्षेत्र में दिन में ही रहो, बस! यदि तुम रात में वहां रहे तो दिन में जो देखोगे ठीक उसका उल्टा पाओगे'' :

''एतद्वेते दिवा वृत्तं रात्रौवृत्तमतोऽन्यथा।''

परंतु नाटक के अनुसार गांधारी रोज़ रात को आती है और फ्लैश बैक में महाभारत की अंतःकथाओं का साक्षात्कार करती है। इसी माध्यम से नाटककार महाभारत की कुछ मर्मकथाओं का सर्वथा नए अर्थ में उद्‌घाटन करता है। जैसे—कुंती का गर्भधारण उसकी वासना-विडम्बना है। इसी तरह द्रौपदी के हरण में जयद्रथ का प्रतिशोध और कामेच्छा है। वह जो कहता है—वह युद्ध का बड़ा सच है—''अरे, मैं मर्यादाहीन नहीं हूं। मर्यादाहीन यह युद्ध है।'' इस एक वाक्य में न केवल महाभारत में घटी अनैतिकताओं का उद्‌घाटन होता है, युद्ध होना मात्र अनैतिक, अमर्यादित हो जाता है। राज्य-लिप्सा और राज्य-प्राप्ति के लिए इन्द्र तक को वे सारी अनैतिकताएं करनी पड़ीं, जो हर राज्य-लिप्सा और आकांक्षा के भीतर होती है। इन्द्र कहता है : ''सबकुछ करना पड़ा। मुझसे पहले जो इन्द्र था, उसे हटाने के लिए; मत-संग्रह के लिए देव-किन्नर जो रहते (उनसे) मैं पूरा करता।'' मनोवृत्तियां कितनी विकृत हो जाती हैं, इस हिंसा-प्रतिहिंसा के परिवेश में कि धृतराष्ट्र गांधारी तक पर दुर्योधन की पराजय के लिए चारित्रिक आरोप लगा देता है और कहता है कि गांधारी के द्वारा वज्रदेह बना देने के बाद भी यदि दुर्योधन विजयी न रहा तो 'गांधारी कुलटा है।' हिडिम्बा जिसके पुत्र को पाण्डवों ने विजय का साधन बना कर मरवा दिया, अत्यंत निर्मम क्रोध में सच प्रकट करती है जो निरंतर बढ़ती सभ्यता का सच उजागर करता है : पाण्डव (और कौरव भी) मनुष्य नहीं, 'शस्त्र संतानें हैं— भाले, कवच, तीर, तलवार'

वे नहीं हैं मनुष्य। वही परंपरा चली आ रही है :

"मनुष्य अव शस्त्र बन रहा है
हर दिशा से रुधिर में डूब कर।"

एक दिन इसी तरह इस धरती पर इंसानों की जगह होंगे सिर्फ हथियार कि किसी भी नन्हें पौधे से निकला नन्हा हाथ तुम्हारा गला घोट देगा। यही युद्ध से निकला वह सच है जो इस नाटक के शीर्षक का प्रतीक है। इसके पीछे महाभारत का वह सच भी झलक रहा है कि कैसे पिसे हुए मूसल से समुद्र की तट-भूमि पर उगे 'ऐरिक' तीखे शस्त्र बनकर शेष सृष्टि का विनाश कर देते हैं!

'कोमल गांधार' शंकर शेष का गांधारी पर लिखा सशक्त नाटक है। भीष्म ने अपने राजबल और धनबल से राजनीतिक दृष्टि से केवल राज्य का उत्तराधिकारी पाने के लिए सुदूर गांधार देश की राजकुमारी गांधारी से धृतराष्ट्र का विवाह करा दिया। गांधारी को किसी ने नहीं बताया कि उसका भावी पति अंधा है, यहां तक कि उसे उसका चित्र भी नहीं दिखाया गया। सचाई का पता गांधारी को हस्तिनापुर में आने पर ही चला– धृतराष्ट्र के अंधे होने और उसे वस्तु या देह की तरह इस्तेमाल करने की कुटिल चाल दोनों के बारे में। षड्यंत्र से अपरिचित थे केवल धृतराष्ट्र और शकुनि, और विडम्बना यह कि वे ही महाभारत के सबसे अपराधी खल चरित्र हैं!

नाटककार के अनुसार जब गांधारी ने अत्यंत क्षुब्ध होकर, विद्रोहस्वरूप अपनी आंख पर पट्टी बांधी तो जनता के साथ धृतराष्ट्र ने भी उसे पतिव्रता के उच्च आदर्श से जोड़ा। अपने महासती होने के यश से परिचित होकर गांधारी धृतराष्ट्र के पट्टी उतारने के आग्रह को स्वीकार न कर सकी। उसे पता नहीं था कि धृतराष्ट्र रहस्य से अनजान है। विवाह के बाद संभवत: इसी विक्षोभ और घृणा से भरी होने के कारण वह सिर्फ पति के अधिकारप्रदर्शन पर ही झुकी। दो देहों की जैविक क्रिया से संतान-पर-संतान जनमती रही। दोनों के मन कभी न मिले। गांधारी कुंठित अहम् का शिकार थी और धृतराष्ट्र आहत अहम् का। इनके शारीरिक भोग से जो संतानें हुईं उनमें भयंकर क्रोध, अविवेक और क्रूरता स्वाभाविक थी। मृत्यु के क्षणों में अपने को देखने आए धृतराष्ट्र-गांधारी से दुर्योधन ने कहा था, "हमें तो मां-बाप ने केवल अस्तित्व दिया, हमारी रचना नहीं की।" क्योंकि सहवास उनके लिए 'सृजन' नहीं था, बच्चे केवल उनकी पृथक जैविक सत्ता के मिश्रण से तद्वत् जनमे थे।

भीष्म द्वारा गांधारी से इस प्रकार विवाह कराने के पीछे राजा पाण्डु का शारीरिक रूप से रुग्ण होना था। दो-दो विवाह कराने पर भी उसके कोई संतान नहीं हुई थी और वह दोनों को लेकर वन चला गया था। भीष्म को चिंता राज्य के उत्तराधिकारी की थी। वे भीतर की दुनिया के आदमी ही न थे। बहरहाल कुंती और माद्री को नियोग से संतानें हुईं, युधिष्ठिर दुर्योधन का अग्रज था। इससे धृतराष्ट्र-गांधारी की कुंठा और बढ़ गई।

नाटक के उत्तरार्द्ध में दुर्योधन और कौरवों ने पूरी सत्ता पर कब्जा जमा लिया है और वे पाण्डवों को पांच गांव देने को भी तैयार नहीं हैं। इसी बात को लेकर हुए महासमर में कौरवों की पराजय होती है। धृतराष्ट्र और गांधारी संजय के साथ घायल दुर्योधन को देखने जाते हैं। इस अवसर पर यदि धृतराष्ट्र सहमत होता तो गांधारी अपनी पट्टी खोलना चाहती थी, पर विजयी पाण्डवों और संबन्धियों के सामने ऐसा करना धृतराष्ट्र को पसंद नहीं था, क्योंकि इससे गांधारी का जीवन भर का अर्जित महत्त्व कम हो जाता। उसे अपना हीनता-बोध ऐसा नहीं करने देता। यहां दुर्योधन कुंती से अपनी मां की तुलना करते हुए कुंती के लालन-पालन की प्रशंसा करता है, एक बार पहले धृतराष्ट्र ने भी उसकी तुलना कुंती से की थी। इससे गांधारी का आहत मन और भी हीनता अनुभव करता है।

अंतिम दिनों में धृतराष्ट्र और गांधारी जंगल में चले जाते हैं, उनके साथ कुंती और विदुर भी हैं। एकांत में गांधारी आत्मावलोकन करती है और महसूस करती है कि अपने अहंकार में उसने अपने संबन्ध-बोध की सारी सरसता और स्वाभाविकता खो दी है। धृतराष्ट्र भी अपने को पहचानने की कोशिश करता है। दोनों अपने-अपने एकांत से उबर कर परस्पर आत्मीयता अनुभव करते हैं। तभी धृतराष्ट्र के कहने पर गांधारी आंख की पट्टी खोलती है। वन में आग लगने पर दोनों आग में घुस जाते हैं, कुंती और विदुर भी हाथ पकड़ कर उस जलते हुए जंगल में चले जाते हैं। लेखक ने महाभारत में संकेतित विदुर और कुंती के बीच के रागात्मक संबन्ध की बड़ी गहरी व्यंजना पूरे नाटक में की है, जिसकी परिणति यहां होती है।

गांधारी के विवाह से प्रारंभ होती कथा इतने बड़े कन्वास को छोटे से नाटक में बड़ी ही सहजता और कुशलता से निर्वाह करती है।

महाभारत की कथा को जस का तस लेते हुए भी लेखक ने उसकी अंतर्वस्तु, पात्रों के भीतरी रसायन को बदल कर नाटक को मौलिकता दी है। संवादों की मार्मिकता, प्रखरता और सूक्तिमत्ता नाटक को प्रभावशाली बनाती है।

लगता है लेखक ने पहचान लिया है कि महाभारत के पौराणिक रचनाविधान के भीतर व्यास का मन 'कहां' और 'कैसा' है?

गांधारी पर साहित्य में बहुत कम लिखा गया है, यद्यपि महाभारत की कोई कथा ऐसी नहीं है जिसका हिस्सा गांधारी न हो; धर्मवीर भारती के 'अंधायुग' में इस नाटक की तुलना में गांधारी का चरित्र लेकिन अधिक तेजस्वी मुखर बना दिया है। उसमें गांधारी की वह अंतर्धारा कहां जो उसके मन की बहुत भीतरी परतों में बहती है? लगता है गांधारी की प्रतिक्रिया और विद्रोह को लोक द्वारा जो महत्त्व दे दिया गया है उसी का अभिशाप वह रचनाओं में भी झेलती रही है। इतना ही नहीं दो निर्दोष आत्माएं राजनीति, समाज और नियति का वह दण्ड भोग रही हैं, जिसके लिए वे जिम्मेदार नहीं हैं। धृतराष्ट्र का अंधापन उसका मांगा हुआ नहीं था, परंतु इसी से चलकर संबन्ध की जो धाराएं बह रही हैं वे कब लोहू की धारा हो जाएंगी इसका कोई पूर्वानुमान उसे न था। वह ऐसा अंधा था, जिसका अंधापन प्रतीकात्मक होकर उसके कामों का नियामक हो गया, और वह सत्ता-व्यवस्था का प्रतीक हो गया। यह सफल सार्थक नाटक है, अंधों की गाथा होते हुए भी आंख खोल देने वाला।

शंकर शेष ने एक और नाटक 'राक्षस' भी लिखा जो बकासुर पर केन्द्रित है।

महाभारत में ऐसे अनेक पात्र हैं जो समस्या पात्र हैं। वे महाभारत की रचना-भूमि में उन ऐरिकाओं या शहतीरों की तरह हैं जो महाभारत के अंत में यादवों द्वारा पीस कर समुद्र में डाल दिए मूसल के कणों से किनारे पर पैदा हो गई थी! इसी रूपक को लेकर सुमन राजे ने एक कविता संग्रह 'ऐरिका' लिखा। जो महाभारत के भिन्न-भिन्न समस्या पात्रों पर है। आधुनिक भावबोध से संपन्न ये चरित्र कविता में ऐसे सवाल उठाते और दृश्य उपस्थित करते हैं जो झकझोरते हैं।

'महाप्रस्थान' पाण्डवों और द्रौपदी की अंतिम यात्रा है। केवल युधिष्ठिर स्वर्गारोहण कर पाते हैं, शेष चार पाण्डव और द्रौपदी का हिमालय आरोहण-क्रम में शरीरान्त हो जाता है। यह प्रसंग इतना अर्थगर्भित, अनेक विचारों और भावों को जन्म देने वाला है कि भारतीय भाषाओं की विभिन्न कृतियों में इसका भांति-भांति से संदर्भ आया है और अनेक रचनाओं की सृष्टि हुई है।

नरेश मेहता ने अपने काव्य 'महाप्रस्थान' में युद्ध और राज्य-व्यवस्था को लेकर अनेक प्रश्न उठाए हैं। यह रचना 'आपात काल' में लिखी गई। कवि

अनुभव करता है कि वर्तमान राजनीतिक संक्रांति काल में राज्यव्यवस्था और प्रशासक अकूत शक्तिशाली हो गया है, ऐसे में प्रश्न है कि राज्य से व्यक्ति की रक्षा कैसे हो? नरेश मेहता ने अत्यंत दायित्व-बोध से, इस शाश्वत प्रश्न को काव्य में उठाया है और उसे वैचारिक ऊँचाई दी है। क्योंकि वे मानते हैं कि काव्य राजनीति के समानान्तर मूल्यों का वाहक है। ओड़िया, गुजराती, तेलुगु आदि में इस प्रसंग पर लिखी कृतियों से नरेश का यह काव्य वैचारिक दृष्टि से अलग और श्रेष्ठ है। नरेश मेहता 'स्मृति' की लंबी परंपरा के विचारक हैं, उनका यह कहना प्रासंगिक भी है और चिरंतन भी :

किसी व्यक्ति को
इतना प्रतिष्ठापित न करो कि
शेष सब के लिए
वह अलंघ्य हो जाए। (पृ. 97)

नरेश मेहता सदा राज्य और अधिनायकवाद के विरोधी रहे हैं। वे मनुष्य और विचार की स्वतंत्रता चाहते हैं। अर्जुन से यहां युधिष्ठिर की बहस चल रही है। युधिष्ठिर साधारण जन और राज्य-व्यवस्था का अंतर बताते हैं–

एक साधारण जन
पृथिवी पर
हल की रेख से
धनधान्य का भाषा-ग्रंथ रचता है।
जबकि सत्ताधारी
पृथिवी पर
रथ की रेख से
रक्त-स्नात इतिहास लिखता है। (पृ. 102)

पूरा काव्य एक तरह से युधिष्ठिर-विमर्श है। वे हिमालय की ऊँचाई पर चढ़ते-चढ़ते पत्नी और भाइयों के रूप में देह-भाव को त्यागते जाते हैं जिसे कवि स्वाहाभाव कहता है। काव्य में जीवन और दर्शन-विमर्श का गुंफन है :

वस्तुओं से हीन होते जाने का
अर्थ है
व्यक्तित्व से सम्पन्न होते जाना
युद्ध, राज्य, साम्राज्य, सम्पदा, सम्बन्ध

इन सबकी सीमाएं हैं पार्थ!
ये ही
वे कुचक्र हैं
जिन्हें व्यक्ति
अपने चारों ओर बुन लेता है...। (पृ. 93)

युधिष्ठिर अपनी 'प्रज्ञा' से इनका त्याग कर देह में देहमुक्त होते हैं। यही विदुर और कुंती ने किया था। यहीं तो अंत में धृतराष्ट्र और गांधारी को भी पहुंचना पड़ा, स्वाहा करना पड़ा अपने को वनाग्नि में। महाभारत के सोच और परिणति का आख्यान है 'महाप्रस्थान'। नरेश ने इसे इसी रूप में लेकर एक सुंदर काव्य रूप दिया, जबकि अन्य लेखक प्रायः आख्यानकता में खो गए।

कैलाश वाजपेयी ने दार्शनिक-दृष्टि और मुक्ति-चेतना से एक काव्य या कवितायूथ लिखा-'पृथ्वी का कृष्ण पक्ष।' यह काला पक्ष नहीं 'कृष्ण का पक्ष' है। कवि ने इस कविता-यूथ में 'परीक्षित' को पृथ्वी की परार्थता दी और कृष्ण को चैतन्य का परमभाव जिसमें सृष्टि की समस्त लीला का आत्मसातन है। परीक्षित महाभारत के अनंतर राज्य का उत्तराधिकारी है, जो अपने अहंकार और तृष्णा की पराकाष्ठा से मृत्यु को इतने निकट बुला लेता है कि उसे देह की स्वाभाविक अवधि भी नहीं मिलती। इसी 'साप्ताहिक' जीवन में वह अपने अस्तित्व और अनस्तित्व पर; संक्रांति काल पर विचार करता है जिसमें वे सब चिंताएं आती हैं जो देह की हैं और फिर भी देहोत्तर हैं :

कभी नहीं जानी व्यर्थता
कभी राजमार्ग
नहीं छोड़ा
खूब निमंत्रण दिए
कभी
न सोने दिया चैन से
आंख को। (पृ. 15-16)

'स्वर्णमुकुट' में छिपी मृत्यु लिए घूमता परीक्षित अब भी जीने की तृष्णा से भरा है, पर वह निर्धारक नहीं होती जीवन की। वह अपने अतीत पर भी सोचता है और अपने को 'परीक्षित' नहीं 'अरक्षित' महसूस करता है। प्रश्न पर, प्रश्न। क्या कोई अपनी मृत्यु देख पाता है?-

एक ही देश, व्यक्ति, वस्तु
और काल में
अपने को कम करने
(स्वयं को घटा कर)
दृश्य देखने की
कला कम लोगों को आती है... (पृ. 46)

विचार और दर्शन के भीतर मिथक के सारे सूत्र गूंथते हुए व्यंजित अर्थ को निकाल लेना कैलाश वाजपेयी की विशेषता है। यह उनकी जटिलता का एक पक्ष है। कहीं भी कथा नहीं कही है, उससे निचोड़े मिथक-बिम्ब ही दिए गए हैं, जो मिथक का तत्त्व भी हैं।

दूसरा हिस्सा 'लीला लोक' है। यह वास्तव में 'कृष्ण-लोक' है, परीक्षित से जुड़ा हुआ और स्वतंत्र भी। महाभारत को कोई इस तरह भी तत्त्वार्थ दे सकता है; स्थूलता को एक मौन-मूक-सूक्ष्मता में बदल भी सकता है—यह महाभारत के परवर्ती साहित्य में कम हुआ है; इस हद तक कि कहीं 'महाभारत' की अभिधा तक नहीं! वास्तव में महाभारत का सारा वृहत् विधान व्यास ने इसी सूक्ष्मता के लिए लिखा भी है। यही ग्रंथ में 'ग्रंथि' है।

रामधारी सिंह 'दिनकर' का प्रबंध 'कुरुक्षेत्र' भी भीष्म और युधिष्ठिर की अलगनी पर टंगा है। यह महाभारत के अनुवर्तन पर नहीं, उसके बहाने अपने समय पर विचार करने और उसके दबाव को कविता में खाली करने का प्रयास है। पहली पंक्ति से युद्ध की खूंखार ही नहीं, कुटिल मनोवृत्ति का संकेत मिल जाता है। युद्ध के पीछे इतिहास की छाया और व्यक्तिगत आकांक्षा होती है। युद्ध में कोई नहीं जीतता, हर एक हारता है, यह एक व्यापक दृष्टि ही सोच सकती है। इन चार पंक्तियों में महाभारत बहुत कुछ कह दिया गया है : भीष्म कहते हैं :

है बहुत देखा-सुना मैंने मगर,
भेद खुल पाया न धर्माधर्म का,
आज तक ऐसा कि रेखा खींच कर
बांट दूं मैं पुण्य को और पाप को। (पृ. 16)

युद्ध की बुनियाद उसकी सामाजिक विषमता में है। मानव समाज में शांति तभी हो सकती है जब सारे मनुष्यों का 'सुख-भाग' एक जैसा हो। शांति की

पृष्ठभूमि बल है यह दिनकर का विचार है। पूरा काव्य युद्ध और शांति; न्याय और अन्याय; क्रिया और प्रतिक्रिया जैसे प्रश्नों का काव्य है उसमें दिनकर का पक्ष अन्याय के विरुद्ध संघर्ष का है। काव्य चीनी आक्रमण के समय लिखा गया था।

दिनकर का दूसरा काव्य 'रश्मिरथी' महाभारत के कर्ण पर है। कर्ण के गुण, उसकी मानवीय सत्ता और वीरोचित महत्त्व की स्थापना इस काव्य में है।

नंद किशोर आचार्य का नाटक 'हस्तिनापुर' युद्धोपरांत युधिष्ठिर के शासन काल का है। धृतराष्ट्र वन जाना चाहते हैं। फ्लैश बैक से महाभारत की पिछली कथा है। परंतु नाटक की आत्मा स्त्री की त्रासदी है। कुछ काल्पनिक और कुछ महाभारतीय पात्रों से यह नाटक बना है। यह एक उल्लेखनीय नाटक है।

'धर्मक्षेत्रे कुरुक्षेत्रे' उपन्यास शंकर शेष की अंतिम रचना है जो अधूरी रह गई। यह उपन्यास भीष्म पितामह पर है। लेखक भीष्म को निजन्धरी चरित्र मानता है, जिसे मनुष्य बना दिया गया है जन्म से। शांतनु के लिए प्रतिज्ञा करने का प्रसंग मानवीय नहीं है। जीवन की परस्पर विपरीत धाराओं, विडम्बनाओं, विचित्रताओं और कुतर्क-तर्कों से भरा। काल के दो कोणों से भीष्म अलग-अलग देखते हैं। लेखक इस गुत्थी को पहचान रहा था कि उसका निधन हो गया। उपन्यास गांधारी के संधान तक पहुंचा था-"यह भी क्या प्रतीकात्मक है-अंधे का विवाह आंखवती से..." यहीं कलम थम गई। अगर 'शेष' इसे पूरा कर पाते तो शायद नया कुछ अन्वेषित होता।

भीष्म पर और भी अनेक रचनाएं हैं, जैसे- मूलजी मनुज का 'भीष्म व्रत', पाण्डेय बेचन शर्मा उग्र का 'गंगा का बेटा', लक्ष्मण प्रसाद मित्र का 'बाण शैया', राजेन्द्र त्यागी का 'महाभारत का अभियुक्त' और अनेक।

सुधीर निगम ने 'मैं धृतराष्ट्र' में एक नेत्रहीन व्यक्ति के रूप में धृतराष्ट्र के मन की कई परतें उघारी हैं। उसकी भंगिमा आवेग, कुंठा, झुंझलाहट, आत्मकेन्द्रित स्वार्थ, क्रिया-प्रतिक्रिया के चित्रण का भी प्रयास किया है। यह उल्लेख ज़रूर होना था कि कुरुवंश का एक सृजन शक्ति सम्पन्न राजा क्या करता सिवा संतानें पैदा करने के? 100 संतानें ऐसी गणना है जो अज्ञात संख्या में भी बदल सकती है।

'कटे अंगूठे का पर्व' कुमार रवीन्द्र का एकलव्य पर 'काव्य नाटक' है। भाषा, शिल्प और संवेदना उल्लेखनीय है। गिरिराज किशोर का नाटक 'प्रजा ही रहने दो' युद्धोपरांत कुंती, द्रौपदी, धृतराष्ट्र आदि की मनोव्यथा का उद्‌घाटन

करता है।

जगरीश चतुर्वेदी का काव्य 'सूर्य पुत्र' कर्ण पर है। अर्जुन द्वारा सूतपुत्र कहे जाने पर कर्ण पहले ही अपमानित है, इसके बाद भीष्म द्वारा सेनापति न बनने देना उसे और आहत कर जाता है। चतुर्वेदी ने कर्ण-कुंती संवाद और दोनों के अंतर्द्वन्द्व का मार्मिक चित्रण किया है।

बचन चतुर्वेदी का 21 सर्गों का महाकाव्य 'आचार्य द्रोण' (2002) में द्रोण के मानसिक संघर्ष का चित्रण है। सभी पात्रों के द्वारा सत्य के साक्षात्कार का उल्लेख महत्त्वपूर्ण है। चित्रा चतुर्वेदी कार्तिका का उपन्यास 'कुंती', किशोर काबरा का 'नरो वा कुंजरो वा' भी उल्लेख योग्य हैं।

'महाभारत की एक सांझ' भारतभूषण अग्रवाल का मार्मिक रेडियो एकांकी है। इसमें दुर्योधन अपना पक्ष युधिष्ठिर के आगे रखता है। इसका बीजवाक्य है–'सबने मेरा हठ ही देखा, मेरे पक्ष का न्याय किसी ने न देखा।'

कच-देवयानी पर भी रचनाएं हैं जैसे–यमुनादास मेहता का नाटक 'देवयानी', कुमारी तारा वाजपेयी का 'देवयानी', चन्द्रलेखा नायक का 'देवयानी'। रामस्वरूप 'रूप' चतुर्वेदी का नाटक 'देवी देवयानी' की कथावस्तु में नयापन है। देवयानी को दैत्यपुत्री शर्मिष्ठा सुरा में कच की भस्म मिलाकर पिलाती है। पिता से स्थिति जानकर देवयानी अपने को मृत संजीवनी विद्या सिखाने का आग्रह करती है। पर वे पुत्री को इस योग्य नहीं समझते। देवयानी के अनुरोध पर उदरस्थ कच को विद्या सिखाने में वे असुरों का अहित समझते हैं। देवयानी आश्वासन देती है कि विद्या सिखाने के बाद वह कच को प्रेम-पाश में बांध कर यहीं रख लेगी। आगे की कथा महाभारत के अनुसार चलती है। परंतु फिर नयापन है। पुत्र से यौवन लेकर ययाति देवलोक जाकर इन्द्र को अपने पद से हटाने की कोशिश करते हैं। असफल होते हैं। फिर भूमि पर आते हैं। धरती पर गिरते ययाति को देवयानी सहारा देती है। नाटक असहयोग आंदोलन के समय लिखा गया है। अंत में स्त्री द्वारा देश को संकट से उबारने की आशा करने वाला एक पद्य है। ये परिवर्तन केवल वैचित्र्य के लिए किए गए प्रतीत होते हैं।

कुछ और रचनाएं हैं : 'गांधारी' : शिवमूरत सिंह, वचन का मोल : उमाशंकर बहादुर, अज्ञातवास : द्वारका प्रसाद, परीक्षित : आनंद प्रसाद कपूर, कुरुवन दहन : बद्रीनाथ भट्ट बी.ए., कुरुक्षेत्र : बाबू जगन्नाथ शरण, सुभद्रा परिणय : वीरेन्द्र कुमार गुप्त, अर्जुन पुत्र बभ्रुवाहन : कृष्ण कुमार महोपाध्याय,

उत्तर जय (पद्य रूपक) : नरेन्द्र शर्मा, महाभारत के बाद, प्रतिद्वन्द्वी : नरेन्द्र कोहली, युग पुरुष (काव्य) : कृष्ण-गोपाल मिश्र, निर्वासन : सुधेश, पार्थ : युगेश्वर। इस तरह शायद ही महाभारत का कोई सृजन-योग्य पात्र या घटना हिन्दी लेखक के परिसर से बाहर हो जो सृजन के योग्य रही हो। फिर भी यह सूची पूरी होती नहीं दिखती।

महाभारत की साहित्य-यात्रा

सिंधी, नेपाली, कश्मीरी

सिंधी

सिंधी भारतीय आर्यभाषा परिवार की उत्तर-पश्चिमी शाखा की भाषा है जो सन् 1000 के आसपास भारतीय आर्यभाषा परिवार के नए दौर में शामिल हुई।

सामान्यत: सिंधी में न तो प्रचुर परिमाण में महाभारत संबंधी साहित्य लिखा गया, न कोई असाधारण कृति सामने आई। इसका संबंध सदैव रचनाकारों के रुझान, प्रतिभा या प्रबुद्धता से नहीं होता; कई बार ऐतिहासिक उथल-पुथल, राजनैतिक विसंगतियां, जातीय और वैचारिक बाध्यताओं में भाषा और साहित्य को अवसर नहीं मिलता जिससे उनमें श्रेष्ठ-साहित्य परंपराएं पल्लवित-पुष्पित हो सकें।

लिखित साहित्य के अभाव में भी महाभारत मौखिक रूप में जन-मानस में अंत: संचरित रहा है और लोक रूपों, सूक्तियों, प्रतीकों और मुहावरों आदि भाषिक अर्थ-रूपों में; पात्रों, घटनाओं और प्रतीतियों के सारांश में प्रकट होता रहा है।

सिंधी के बारे में फारसी के एक ग्रंथ से यह सूचना जरूर मिलती है कि आठवीं से दसवीं शती के बीच 'झूनी सिंधी' में 'महाभारत' की एक पाण्डुलिपि थी, जिसमें सिंधी की लोक-परंपराओं पर आधारित महाभारत कथा थी, परंतु दुर्भाग्यवश वह अब तक अप्रकाशित है। अब उसका अस्तित्व भी संदिग्ध हो गया है। देशभर में कई सिंधी अकादमियां हैं, उन्हें इस दिशा में शोध कार्य करना चाहिए और संभव हो तो इस महाभारत कथा को 'नई सिंधी' में रूपांतरित करना चाहिए। सिंधी जनता की कई बहुमूल्य

धरोहरें उनके विस्थापनों, विभाजनों, ध्वंसों, भांति-भांति के बिखरावों में खो गई लगती हैं, इनकी पुनःप्राप्ति एक बड़ काम होगा।

सिंध के महाभारत युग से जुड़ाव की एक कथा अरबी-फारसी में लिखी 'मुज्मल-अल-तवारीख' (संक्षिप्त इतिहास) में है। इसमें महाभारत का संक्षिप्त इतिहास देते हुए, पहले भाग में कहा गया है कि प्राचीन काल में सिंध में दो जातियां रहती थीं—मेद और जत (जाट), इनमें प्रायः संघर्ष हुआ करता था। इससे आजिज़ आकर कुछ बुजुर्ग लोग दुर्योधन के पास आए और कहा कि सिंध में राज्य करने और शांति स्थापित करने के लिए आप वहां किसी को नियुक्त करें। दुर्योधन ने बहन दुःशला को सिंध का राज्य सौंपा, वह अपने पति जयद्रथ के साथ वहां राज्य करने लगी। महाभारत में जयद्रथ को 'सिंधुराज' कहा गया है और दुःशला के सिंधुराज से विवाह का उल्लेख है। जयद्रथ के द्रौपदी पर मोहित होने और उसके हरण के बाद भीम द्वारा उसे पकड़ने और युधिष्ठिर द्वारा छुड़ाने का कारण भी उसका दुःशला का पति होना है। उल्लेख भी है कि जयद्रथ सिंधुओं और सौवीरों की एक अक्षौहिणी सेना को लेकर दुर्योधन के पास आया और उसकी ओर से लड़ा। अभिमन्यु के वध में उसकी प्रमुख भूमिका होने के कारण अर्जुन को उसका वध करना पड़ा। महाभारत में यह भी कहा गया है कि दुःशला का अल्पायु पौत्र सिंधुओं का राजा हुआ। इससे 'मुज्मल-अल-तवारीख' के तथ्य की पुष्टि होती है। इस इतिहास में दुःशला की दुर्योधन से इस शिकायत का उल्लेख भी है कि सिंध के लोग असभ्य हैं, इसलिए दुर्योधन ने तीस हजार ब्राह्मणों को भेजा, इससे जनसंख्या बढ़ गई और नए-नए नगर बस गए। दोनों जातियों को अलग-अलग क्षेत्र दे दिए गए। जयद्रथ ने 20 वर्ष राज्य किया। इसके बाद की जो कथा है वह व्यास-महाभारत जैसी है। केवल कहीं-कहीं राजाओं की वंशावलियों में भेद है।

19वीं शती के अंतिम दशक में महाभारत के कुछ आख्यानों पर सिंधी में लिखी रचनाएं प्रकाशित हुईं। दीवान हीरानंद खेमसिंह का 'सावित्री आख्यान' 1890 में प्रकाशित हुआ। जेठानंद दिवलणदास भियाई का 'नल दमयंती' नाटक 1894 में निकला। लीलाराम वतनमल लालवाणी का 'सत्य हरिश्चंद्र' नाटक 1895 में प्रकाशित हुआ और 'द्रौपदी पाण्डवचरित' नाटक 1905 में निकला।

दयाराम गिदूमल शहाणी का 'गीता का सिंधी अनुवाद टीका सहित'

1893 में प्रकाशित हुआ। इसमें गीता के दर्शन की कई जगह अन्य दर्शनों से तुलना की गई है। यह कार्य महत्त्वपूर्ण है। 1935 के आसपास किसी ने 'बाल महाभारत' की रचना प्रकाशित कराई थी। नारायण दास रतनमल मल्काणी 'महाभारत जूं आखिणियूं' (महाभारत की कहानियां) 1940 में आई।

द्वारकाप्रसाद लंबूराम शर्मा का 'जयग्रंथ' 1941 में प्रकाशित हुआ। किशनचंद तीर्थदास खत्री 'बेवस' का 'नल दमयंती' नाटक 1948 में छपा।

अगली रचनाओं के उल्लेख से पहले यह कहना आवश्यक है कि बीसवीं शती के पहले दशक में 'सनातन धर्म प्रचार सभा' ने सिंधी में 'संपूर्ण महाभारत का संक्षिप्त अनुवाद' प्रकाशित किया था। इसके अतिरिक्त लोक राम डोडेजा ने 1961 में अनुवाद किया।

19वीं शती में गीता अनुवाद के प्रकाशन का जो क्रम दयाराम गिदूमल शहाणी से प्रारंभ हुआ था वह बड़े पैमाने पर आगे भी चलता रहा। अब तक गद्य-पद्य में कोई 100 ग्रंथ या उससे भी अधिक गीता-अनुवाद और उसके दर्शन का विवेन करने वाले प्रकाशित हुए हैं। 1922 में लोकमान्य तिलक के 'गीता-रहस्य' का अनुवाद द्वारकाप्रसाद रोचीराम शर्मा ने सिंधी में किया। सिंधी में अन्य भाषाओं से भी महाभारत संबंधी रचनाओं के अनुवाद हुए जिसमें राजगोपालाचार्य के संक्षिप्त महाभारत का अंग्रेजी से अनुवाद ताराचंद गाजरा ने किया। शंकर शेष का नाटक 'एक और द्रोणाचार्य' का अनुवाद भी हुआ।

श्री कृष्ण के चरित्र और संदेश पर कोई 100 स्फुट कविताएं सिंधी में लिखी गईं।

1930 के लगभग चैनराम बूलचंद आडवाणी ने एक प्रबंध काव्य 'कृष्णगाथा' लिखा। सिंधी में श्रीकृष्ण, अर्जुन, भीष्म जैसे प्रमुख पात्रों पर भी रचनाएं हुईं। 'नल दमयंती', 'राजा हरिश्चंद्र', 'सती सावित्री' की संक्षिप्त कथाएं लिखी गईं।

आधुनिक युग में सिंधी में अन्य भारतीय भाषाओं की तरह वर्तमान स्थितियों और समस्याओं का महाभारत के प्रतीकों के माध्यम से विश्लेषण और नए अर्थों का संधान हुआ। इस संबंध में दो रचनाएं उल्लेखनीय हैं—एक है अजित बेदी की लंबी कविता—'धृतराष्ट्र' और दूसरी है—गोवर्धन भारती की कविता 'चौमासा को चंडु'।

'धृतराष्ट्र' सर्वाधिक महत्त्वपूर्ण रचना है जिसमें कहा गया है कि नया युग वास्तव में अंधा युग है, जहां का नेतृत्व कामांधों और मदान्धों के हाथ में है, जिनकी जड़ों में भ्रष्टाचार और अंधकार का सामंजस्य है। अंधा नेतृत्व सत्य और न्याय के सूर्य से आंख नहीं मिला सकता। उसकी व्यवस्था भी गांधारी की तरह आंखों पर पट्टी चढ़ाए हुए है। नेतृत्व और नौकरशाही एक दूसरे का भोग करते हैं और सैकड़ों की तादाद में अपने जैसी भीड़ को पैदा करते हैं। यह हुजूम भ्रष्टाचार, असत्य, विकृति और अन्याय से चारोंओर सदाचार, सत्य, न्याय का विनाश और रक्तपात करता है। ये जैसे महाभारत काल में थे, वैसे आज भी हैं। इसी से चारों ओर दुराचार फैला है।

'चौमासा को चंडु' एक सांगरूपक है। अभिमन्यु रूपी चंद्रमा को काले बादलों के अंधेरों ने घेर रखा है। वहीं कौरव सेना है। चांद कभी बादलों को चीर कर निकल भी आता है तो कभी बादल उसे घेर लेते हैं। अंततः गर्जन-तर्जन का यह विकट दृश्य द्रौपदी और उत्तरा के रुदन के साथ बरसाए आंसू से भर जाता है। परिवेश युद्ध और करुणा से रचा हुआ है।

लेकिन ऐसी रचनाएं सिंधी में नाममात्र की हैं। फिर भी सिंधी कवियों ने जो संघर्ष किया है, जमाने की उथल-पुथल को देखा है और वे जिन सच्चाइयों का सामना कर रहे हैं, उनकी अभिव्यक्ति में यदि कविगण महाभारत की बहुस्तरीय रचनाओं से प्रेरणा ले सकें तो उनका साहित्य और समृद्ध होगा।

नेपाली

नेपाली साहित्य पर महाभारत का कोई उल्लेखनीय प्रभाव नहीं है। केवल एक कृति ऐसी है जिसे महाभारत से प्रेरित या उसपर आधारित कहा जा सकता है-'कर्ण और कुंती'। शेष कृतियों में 'शकुंतला', 'सत्यवान-सावित्री' और 'द्रौपदी-प्रार्थना' सीधे-सीधे महाभारत से प्रभावित नहीं कही जा सकतीं। शकुंतला महाकवि कालिदास के अभिज्ञान शाकुंतलम् से प्रभावित है, सत्यवान-सावित्री की कथा लोक-प्रचलित है और द्रौपदी की वेदना और कृष्ण से प्रार्थना आदि भक्तिकालीन साहित्य का भाग है।

महाभारत का संपूर्ण अनुवाद भी नेपाली में नहीं हुआ, केवल कुछ पर्वों के अनुवाद 1880 से होते रहे हैं। 'नेपाली साहित्य का इतिहास'

(डॉ. दीनानाथ 'शरण') में कहा गया है कि 'महाभारत और भागवत की कथाएं नेपाली जनता को आकर्षित कर रही थीं। इस युग (पूर्व मध्यकाल 1941-1982) के कवियों ने उन्हें अपनी भाषा में उतारने का महत्त्वपूर्ण कार्य किया।' परंतु इसका कोई ब्यौरा या प्रमाण इस इतिहास में नहीं है। केवल विभिन्न पर्वों का संग्रह कमला सांकृत्यायन ने National Bibliography of Indian literature, vol.V (साहित्य अमादमी) में किया है।

महाभारत के विभिन्न पर्वों के नेपाली अनुवाद की संक्षिप्त सूची मोटे तौर पर इस प्रकार है :

सभा पर्व (1880)	अनुवादक : अज्ञात
आदि पर्व (1889)	अनुवादक : अज्ञात
गदा पर्व (1880)	अनुवादक : विजयानंद
उद्योग पर्व (1892)	अनुवादक : भवानीदत्त पाण्डे
द्रोण पर्व (1903)	अनुवादक : जुंजा विलास

उक्त इतिहास में लिखा है कि उन्नीसवीं शती के उत्तरार्द्ध में केदारनाथ खतिवड़ा ने महाभारत के कुछ पर्वों का अनुवाद किया। परंतु यहां पर्वों का नामोल्लेख नहीं है। उक्त अनुवादकों के अतिरिक्त हरिविक्रम थापा, शंभू प्रसाद, कृष्ण रेगमी, नेमिनाथ उपाध्याय, पद्मप्रसाद उपाध्याय, भोजराज आदि का उल्लेख मिलता है। सुभद्रा सुब्बा ने 'बाल महाभारत' लिखा जो रामकृष्ण वेदांत आश्रम दार्जिलिंग से 1956 में छपा। नेपाली में गीता के अनेक अनुवाद मिल जाएंगे। 1953 में पहली बार जनसामान्य के लिए गीता का अनुवाद हुआ। केदारनाथ खतिवड़ा ने भी एक सुंदर अनुवाद किया। गीता के कुछ अनुवादों का प्रकाशन नेपाली साहित्य सम्मेलन, दार्जिलिंग ने 1975 में किया।

इससे इतना अवश्य प्रतीत होता है कि नेपाली के लेखकों का जुड़ाव तो महाभारत से रहा, परंतु उसके संपूर्ण अनुवाद के महाकार्य का बीड़ा किसी ने नहीं उठाया। इससे आगामी साहित्य-सृजन प्रभावित हुआ, क्योंकि संस्कृत का अध्ययन हुए बिना कोई भी लेखक अपनी भाषा के सहारे ही किसी कृति को आत्मसात कर उसके मर्मस्थलों का नवसृजन या मौलिक सृजन नहीं कर सकता है। उसके बिना वह थोड़ी बहुत इधर-उधर पढ़ी-सुनी चीजों के सहारे जो कृतियां लिखता है, उसमें न

तो न उतना पैनापन आता है, न गहराई और न मौलिकता।

'महाभारत' से संबंधित जो भी सृजनात्मक कृतियां नेपाली में मिलती हैं। उनकी संख्या कम होते हुए भी वे विचारणीय हैं।

सब से पहले डॉ. तुलसी बहादुर छेत्री ने एक छोटा काव्य लिखा है 'कर्ण-कुंती' जिसे साहित्य अकादमी का पुरस्कार भी मिला है। इसमें कवि ने कर्ण और कुंती के बीच हुए मार्मिक संवाद को काव्य रूप दिया है। उल्लेखनीय है कि रवीन्द्रनाथ ठाकुर का कर्ण-कुंती संवाद 'साहित्य में पर्याप्त चर्चित है। इस कृति पर उसका प्रभाव भी देखना चाहिए। 'कर्ण-कुंती' में कर्ण अपनी माता को जो आदर और गरिमा देता है, वह इस काव्य की मार्मिकता है :

यदि सांच्चै पुनर्जन्म छुन्छ भने आमा
हामी नै विश्वास गरे सरी
अनिमैल फेरि जन्मनु परे
यस धरातलमा यहां
माता पाऊं तिमीलाईनै फेरीम
जन्मु म तिम्रै कोखबाट
त्यागे पनि बगाए पनि पानीया
पाउन सकुं यही माया ममता
प्रेम स्नेह यही अन्तिम।

'मेरी कामना है कि अगर मैं इस धरती पर पुनर्जन्म लूं तो हे मां कुंती, मैं आपकी कोख से ही जन्म लूं और ऐसा ही प्रेम पाऊं।'

विद्यारण्य केशरी (1863-1912) का काव्य 'द्रौपदी-स्तुति', द्रौपदी को आलंबन बनाकर कृष्ण की स्तुति है, जो हृदयद्रावक है। द्रौपदी कहती है :

''तीन दिन की मछु रजस्वला
माननीय सब छन भला भला
लोक को बीच विसै कस्तो होला
प्राण मेरि पुगि गै गला गला।''

'मैं तीन दिन की रजस्वला हूं। मेरे सामने भले-भले माननीय लोग बैठे हैं। इतने लोगों के बीच मेरी क्या दशा हो रही है! लज्जा के मारे

मेरे प्राण गले तक आ रहे हैं। (अतः हे कृष्ण! मेरी रक्षा कीजिए)। आगे वह कहती है :

“चीर खैंचत दु:शासन घेरी
आइ नाथ शरण में तेरी
लाज राख कुरु का बीच मेरी
हूंगी मैं जनम की चेरी।”

‘दु:शासन मुझे घेर कर मेरी साड़ी खींच और फाड़ रहा है। हे नाथ! मैं तेरी शरण में आई हूं। कौरवों के बीच तुम ‘मेरी लाज बचाओ। मैं जन्म-जन्म तक तुम्हारी चेरी रहूंगी।’

लक्ष्मी प्रसाद देवकोटा (1909-1959) ने एक खण्डकाव्य लिखा है–‘दुष्यंत शकुंतला भेंट’। उन्होंने ‘शकुंतला’ (1945) नामक 24 सर्गों का एक महाकाव्य भी लिखा है। यह महाकाव्य नेपाली साहित्य में प्रतिष्ठित है। आलोचकों का कहना है कि दुष्यंत में महाकाव्य का नायक बनने की पात्रता नहीं है। फिलहाल यह कहना काफी होगा कि नायक की रचना, रचनाकार करता है, स्वयं में वह न नायक होता है न खलनायक। परंतु इसकी भाषा मनोरम, कथावस्तु की योजना सुरुचिपूर्ण और प्रकृति चित्रण बेजोड़ है। शकुंतला का यह हृदयग्राही सौंदर्य-वर्णन देखें :

‘जूनै जूनै बाट मानौं कुंरेकी
फूलै फूलै बाट मानौं बनेकी
राता गाला दीर्घ आंखां उजाला
विश्र श्री झें प्रात का चारु चाला।

‘शकुंतला का निर्माण चन्द्रमा की ज्योत्स्ना से हुआ है। उसे फूलों से ही सजाया गया है। विश्व सौंदर्य की तरह प्रात: काल-सी सुंदर चाल है उसकी।’

आशा है नेपाली साहित्य महाभारत की सर्जनात्मक क्षमता का भविष्य में लाभ उठाएगा।

कश्मीरी

कश्मीर से पाण्डवों का संबंध प्राचीन काल से है। कल्हण की राजतरंगिणी के अनुसार राजा गोण्ड-प्रथम, युधिष्ठिर के समकालीन थे। कृष्ण और गोंडों के बीच युद्ध भी हुआ था, जिसमें गोण्ड राजा मारे गए। कृष्ण, कश्मीर का आदर करते थे क्योंकि वह शिव-पार्वती का घर है। गोण्ड द्वितीय के शासन-काल में महाभारत युद्ध हुआ था परंतु अल्पसंख्यकों का राज्य (संभवतः छोटा राज्य) होने से वहां के शासकों को न कौरवों ने और न ही पाण्डवों ने आमंत्रित किया। महाभारत में विजयी होने के बाद युधिष्ठिर के राजा होने पर अश्वमेध यज्ञ के अवसर पर कश्मीर के राजा ने भी उनके लिए बहुमूल्य उपहार भेजे थे।

कश्मीर में कुछ ऐसे स्थान हैं जो पाण्डवों से जुड़े हैं। जैसे–पाण्डव लारी, पाण्डव दल, अर्जुन कान आदि। इसके अतिरिक्त बौद्ध धर्म के तिरोहित होने के बाद 2000 सालों तक संस्कृत कश्मीर में ज्ञान और शिक्षा का केंद्र रही।

वासुदेवशरण अग्रवाल ने 'भारत सावित्री' (पृ. 43) में एक महत्त्वपूर्ण सूचना दी है कि कश्मीर से प्राप्त शारदा लिपि में लिखी हुई महाभारत की प्रतियाँ पाठ की दृष्टि से सबसे अधिक प्रामाणिक हैं। महाभारत से कश्मीर के साहित्यिक जुड़ाव का यह सबसे महत्त्वपूर्ण प्रमाण है।

हिमालय की घाटी होने के कारण वह देवभूमि रही और उसमें हजारों वर्षों तक शैवदर्शन का प्रभाव रहा। शैवदर्शन के बड़े-बड़े चिंतक और सूत्र रचनाकार वहां हुए और जनता के बीच भी उसका प्रचार रहा। लंबे काल तक बौद्धधर्म का प्रभाव रहा। संभवतः वैष्णवधर्म के प्रभाव से वह कालांतर में तिरोहित हो गया। परंतु देश की अन्य भाषाओं की तरह वहां कृष्णभक्ति का अधिक प्रभाव रहा। इसका कारण शायद यह है कि वहां कृष्ण सगुण रूप में नहीं, निर्गुण रूप में मान्य थे। भक्त परमानंद (1794-1879) ने लिखा "हे कृष्ण, तुम संसार में रहे, परंतु स्थूल रूप में नहीं, छाया रूप में।" संत लल्लेश्वरी जैसी अद्वितीय संत भी ईश्वर के निराकार रूप की ही साधिका और गायिका थी।

महाभारत प्रायः मौखिक परंपरा में जनता की सामूहिक स्मृति में व्याप्त रहा है, जिसे लोगों ने अपनी प्रतिभा एवं अभिव्यक्ति क्षमता के अनुरूप

रूपायित करने की कोशिश की।

विभिन्न कालों में, कई कवियों का, महाभारत को अनूदित करने का स्वप्न अधूरा रह गया। केवल गीतात्मक तत्त्वों वाली गिनी-चुनी कहानियों पर ही रचनाएं हुईं। कृष्णभक्ति के गीत भी रचे गए।

स्थानीय भाषा में महाभारत के कई भाषान्तर हुए (शायद अंशों में) जो 14वीं शती तक जारी रहे। कश्मीरी पण्डितों ने अपने-अपने विचारों और धारणाओं में महाभारत को ढाल लिया। जार्ज बुल्हर ने लिखा है कि "मैंने महाभारत के कुछ भाग संकलित किए हैं, जिनका भाष्य नीलकंठ द्वारा किया गया है।" वे लिखते हैं कि "मैंने (एक दूसरे में) जो अंतर पाया, वह महत्त्वपूर्ण है।" प्रचलित स्थानीय भाषाओं में कभी महाभारत गहन अध्ययन का विषय भी रहा है।

नाममात्र का जो साहित्य महाभारत से संबंधित प्रतीत होता है, उसमें सबसे महत्त्व की एकमात्र लंबी कविता 'नलोदमन' (नल-दमयंती) है जो लक्ष्मण रैणा बुलबुल द्वारा लिखी गई। सत्यवान-सावित्री पर भी दो साधारण-सी रचनाएं हैं। बीसवीं सदी में दीनानाथ द्वारा रचित 'सती-सावित्री' नाटक है। पिछले दिनों सोहनलाल कौल ने 'महाभारत' नाटक लिखा, जो कई बार मंचित हुआ। महाभारत संबंधी जो कुछ भी लिखा गया है उसमें नैतिक मूल्यों की स्थापना का लक्ष्य दिखाई देता है।

अंग्रेजी में महाभारतीय लेखन

सबसे पहले 1895 में रोमेश चंदर दत्त ने महाभारत के चुने हुए प्रसंगों और घटनाओं का काव्य-रूपांतर किया। उन्होंने 'हाक्स्ले हाल मीटर' में रचना की, जो संस्कृत के अनुष्टुप छंदों से मिलता-जुलता है। 4000 छंदों के ग्रंथ को उन्होंने अंग्रेजी की परिपाटी के अनुरूप 12 खंडों में विभाजित किया। यथासंभव सुंदर रूपांतरण होने पर भी ग्रंथ सम्यक रूपांतर नहीं हुआ है। अनुवाद में मूल से यह भेद स्वाभाविक है। परंतु उन्होंने महाभारत को अंग्रेजी पाठकों और आगामी लेखकों के लिए उपलब्ध कराने का महत्त्वपूर्ण काम किया।

महाभारत की एक कथा को श्रीअरविंद ने महाकाव्य 'सावित्री' में जो रूप दिया है वह अंग्रेजी का महान् काव्य है। इतना ही नहीं, वह विश्व के महाकाव्यों की कोटि में अद्वितीय सर्जनात्मक कृति है। आत्मशक्ति, योग, काव्य और विश्व के लिए अबूझ मृत्यु पर भारतीय चिंतन की सक्रिय उपलब्धि का यह सबसे बड़ा आख्यान है जो 2381 पंक्तियों में भी कवि को अभिव्यक्ति का परम संतोष नहीं हुआ, इसलिए उसने इसे 'अधूरा' ही माना। अंग्रेजी आलोचकों के लिए इसमें खामियां स्वाभाविक हैं, क्योंकि प्रतीक और रूपक की यह रहस्यवादी सर्जना, जरूरी नहीं है कि किसी विदेशी भाषा के फलक में, उसके स्वभाव में समा सके। फिर भी परम जटिलता के बावजूद इसकी महत्ता, विश्व के लिए विस्मायक अनुभव है।

श्रीअरविंद के बाद काशीनाथ त्र्यंबक तैलंग (1850-93) ने भगवद्गीता पर लेख लिखे। बाल गंगाधर तिलक का प्रसिद्ध 'गीता-रहस्य' भी मराठी से अनूदित हुआ।

माइकेल मधुसूदन दत्त से महाभारत के प्रसंगों या कथाओं पर नाट्य सृजन का प्रारंभ हुआ, परंतु स्वयं उनका नाटक 'शर्मिष्ठा' मूल बांग्ला का अनुवाद था।

रवींद्रनाथ ठाकुर की प्रायः उन्हीं प्रसंगों पर सर्जनात्मक रचनाएं अंग्रेजी में आई हैं जो उन्होंने बांग्ला में लिखी हैं, परंतु अंग्रेजी में उनके कथ्य और प्रस्तुति में थोड़ा अंतर आ गया है। उनकी चित्रांगदा यहां 'चित्रा' के रूप में है। कथा इस प्रकार है : प्रारंभ में अर्जुन मणिपुर की सामान्य रूपवती राजकुमारी के प्रेम को ठुकरा देता है। बाद में कामदेव के वरदान से जब वह अनुपम सुंदरी के रूप में उसके सामने आती है तो वह मोहित हो जाता है। अंत में जब वह अपने वास्तविक रूप में आती है, तो अर्जुन को अनुभव होता है कि सच्चा प्रेम देह से परे होता है। यह कथा अपने मौलिक और संदेश रूप में महाभारत से भिन्न है, परंतु कथा का ढांचा समान है।

'कच एण्ड देवयानी'–एक दूसरा संवाद-काव्य है, जिसमें एकओर प्रेम है और दूसरीओर स्वार्थ। पिता शुक्राचार्य से शिक्षा प्राप्त कराने और मृत्यु से बार-बार बचाने वाली देवयानी के प्रेम को कच, शिक्षा-प्राप्ति के बाद ठुकरा देता है। क्योंकि या तो कच के मन में वह भाव था ही नहीं, या वह स्वार्थी था। खैर, अंततः देवयानी उसे ऐसा शाप देती है, जिससे उसकी शिक्षा, प्रयोग के स्तर पर विफल हो जाए। महाभारत में तो कथा लंबी है और अनेक मोड़ लेती है, पर कवि यहीं तक उसका चित्रण करता है। रवींद्रनाथ की दो और रचनाएं 'कर्ण एण्ड कुंती' और 'द मदर्स प्रेयर' हैं। पहली में कुंती, कर्ण को साभिप्राय अपना पुत्र होने का रहस्य बताती है, पर कर्ण अपने संकल्प और प्रतिश्रुति से विमुख नहीं होता। करुणा और संकल्प के द्वंद्व का केंद्र 'प्रेम' है। 'द मदर्स प्रेयर' में मां का एक दूसरा रूप है; गांधारी, धृतराष्ट्र से अपने अन्यायी पुत्रों के परित्याग का अनुरोध करती है, परंतु पुत्रमोही धृतराष्ट्र इसे अस्वीकार कर देता है, तब वह क्रुद्ध होकर कहती है, "तुम्हारे समस्त पुत्र किए का फल भोगेंगे"।

इस दौर में दो लेखकों ने महाभारत पर उल्लेखनीय नाटक लिखे। 1912 में ए. श्रीनिवासाचार्य ने 'द मार्टर टु ट्रुथ' और आर.के.एस. रामस्वामी शास्त्री ने 'हरिश्चंद्र' (1918) और 'द्रौपदी' (1939)। कुछ

उपन्यास भी लिखे गए पर वे अत्यंत साधारण हैं।

1851 में राजागोपालाचार्य के तमिल में प्रकाशित ग्रंथ 'व्यासर विरुंद' का अंग्रेजी अनुवाद 'महाभारत' प्रकाशित हुआ। यह महाकाव्य की कथा का संक्षिप्त रोचक गद्य रूपांतर है जिसका लगभग सभी भारतीय भाषाओं में अनुवाद हुआ है।

इरावती कर्वे की महाभारत पर एक समीक्षा है– 'किंगशिप : टर्म्स एण्ड फैमिली आर्गेनाइजेशन एज़ फाउण्ड इन द महाभारत' यह अलग ढंग की पुस्तक है जो तत्कालीन समाज की अंदरूनी पर्तों को उघाड़ती है।

कन्नड़ के प्रख्यात नाटककार कैलासम (1885-1949) का महाभारत संबंधी अंग्रेजी-साहित्य में बड़ा योगदान है। उनका पहला नाटक है–'फुलफिलमेंट'। इसका कथ्य है कि कृष्ण चाहते थे कि एकलव्य कौरव सेना में सम्मिलित हो जाए, पर यह संभव नहीं हुआ। उन्होंने एकलव्य को मार डाला। नाटक जीवन-मृत्यु, सत्-असत्, साधन-साध्य से संबंधित बुनियादी प्रश्न उठाता है। अंत में कृष्ण जिनका यह दृढ़ विश्वास है कि महान लक्ष्य की प्राप्ति के लिए क्षुद्र साधन अपनाना अनुचित है, एक रहस्यमय दिव्य रूप में सामने आते हैं जिनके हाथ में शत्रु और मित्र दोनों कठपुतलियों की तरह खेलते हैं।

कैलासम का दूसरा नाटक है 'कर्ण ऑर द ब्राह्मिन्स कर्स' (1946) यह चम्पू में लिखा पूर्ण नाटक है। कर्ण द्वारा धोखे से विद्या प्राप्त कर लेने पर विश्वामित्र द्वारा दिए घातक शाप के आसपास कथानक घूमता है। वह इस बोझ को अंत तक ढोता है। नाटक शाप की विम्बना के साथ समाप्त होता है, जिसमें अश्वत्थामा कर्ण के घावों का बदला लेने के लिए समस्त पाण्डव वंश को शापित करता है–बिना यह जाने कि कर्ण भी उसी वंश की संतान है। नाटक लगभग संक्षिप्त महाभारत ही है। हां, मूल पाठ के प्रति नाटककार ने पर्याप्त स्वच्छंदता ली है। 'अपनी अभिव्यक्ति एवं प्रकृति में कर्ण यूनानी त्रासदियों की बजाए एलिजाबेथयुगीन विडम्बना से गुजरता है।

'कीचक' (1949) कैलासम का तीसरा नाटक है जो मौखिक पाठ पर आधारित है और पौराणिक कथा से निर्भीक ढंग से हटकर है। नाटककार ने कामुक पात्र 'कीचक' को द्रौपदी का सच्चा प्रेमी और भीम को खल पात्र के रूप में चित्रित किया है। मौखिक पाठ पर ही आधारित 'भीष्म'स

लास्ट नाइट', 'द टॉर्चर' (हरिश्चद्र), 'द वां' (द्रुपद एवं द्रोणाचार्य) एबनीगेशन (भीम) उनके अन्य नाटक हैं। इनमें पौराणिक पात्रों के प्रति क्रांतिकारी और मौलिक दृष्टि है।

कैलासम प्रगतिवादी अवधारण के लेखक हैं, उपेक्षितों और शोषितों के समर्थक हैं। वे एकलव्य के चरित्र को अर्जुन से श्रेष्ठ चित्रित करते हैं; कीचक को भीम से ऊंचा बताते हैं; कर्ण के चरित्र को श्रेष्ठता देते हैं और उसकी नैतिकता को चरमोत्कर्ष पर पहुंचाते हैं।

सुधीन्द्रनाथ घोष का उपन्यास 'द फ्लेम ऑव द फॉरेस्ट' एक प्रयोग है। वह महाभारत से सीधे संबंधित तो नहीं है पर कहीं वह महाभारत के पात्रों की अनुकृति करता है, कहीं जानवरों की कहानियों का इस्तेमाल करता है। नहुष, बलराम जैसे पात्रों के लिए आख्यायिका शैली का प्रयोग करता है तो कहीं चम्पू शैली का।

एस. रामन ने 1979 में काव्य-नाटक 'कर्ण' लिखा। गुरुचरणदास ने भी 'कर्ण' पर नाटक लिखना आरंभ किया था, पर वे केवल पहला अंक ही लिख सके। 1975 में एम.वी. रामशर्मा ने 'शकुंतला' नाटक लिखा। सय्यद अमानुद्दीन ने हरिश्चंद्र पर 'द किंग हू सोल्ड हिज़ वाइफ' और वी. एस. सुकथणकर ने 'ऑन द मीनिंग ऑफ महाभारत' जैसी महाभारत की श्रेष्ठ समीक्षा लिखी। कृष्ण चैतन्य ने का विवेचनात्मक ग्रंथ 'द महाभारत' और चतुर्वेदी बद्रीनाथ का ग्रंथ 'द महाभारत : एन इनक्वायरी इन द ह्यूमन कंडीशन' महाभारत पर भारतीय अंग्रेजी लेखकों के महत्त्वपूर्ण अवदान हैं। टी.आर.एस. शर्मा की संपादित पुस्तक–'रिफ्लैक्शन्स एंड वेरियेशंस ऑन द महाभारत' और आर.एन. डाडेकर का संपादन–'द महाभारत रिविज़िटेड' में अनेक लेखकों ने अपने विचार प्रकट किए हैं। विभिन्न भारतीय भाषाओं में महाभारत के निरूपण के भी यहां संदर्भ हैं।

छह : प्रमुख पात्र और रचनाएँ

- कृष्ण
- कर्ण
- युधिष्ठिर
- भीष्म
- दुर्योधन
- द्रौपदी

श्रीकृष्ण

महर्षि व्यास ने स्वयं कहा है–'यतो धर्मस्ततः कृष्णो, यतः कृष्णस्ततो जयः' (शल्य. 62/32)–'जहां धर्म है वहां कृष्ण है, जहां कृष्ण है वहीं विजय है।' महाभारत से यह तो सिद्ध होता है कि–'यतः कृष्णस्ततो जयः' पाण्डवों द्वारा मात्र पांच योद्धाओं और चंद सैनिकों के सहारे कौरवों की अपार वाहिनी को पराजित करना–कृष्ण के न होने पर असंभव था। परंतु 'यतो धर्मस्ततः कृष्णो' (जहां धर्म है वहां कृष्ण है) यह सामान्य तर्क से महाभारत द्वारा प्रमाणित नहीं होता। कृष्ण स्वयं महाभारत के अंत में, दुर्योधन-वध के पश्चात् स्वीकार करते हैं कि–''पाण्डवो! तुम क्या समझते हो? दुर्योधन परम योद्धा था, काल भी उसे धर्मयुद्ध में पराजित नहीं कर सकता था। भीष्म, द्रोण, कर्ण और भूरिश्रवा अतिरथी थे। इनमें से कोई भी धर्मयुद्ध में नहीं मारा जा सकता था। तुम लोगों का हित चाहते हुए ही मैंने बार-बार माया का प्रयोग किया, छल-कपट, चातुर्य का सहारा लिया। इसलिए भीम ने कैसे दुर्योधन को मारा, इस बात पर पश्चाताप न करो।'' (शल्य. 61/61-67) पाण्डव विरोधी सभी प्रमुख योद्धा छल-कपट से ही मारे गए, इसकी तुलना में कौरवों का युद्ध-चरित्र साफ-सुथरा था, सिवाय अभिमन्यु के संयुक्तवध के कौरवों ने एक भी अनीति नहीं की। इस दृष्टि से व्यास का यह कहना कि 'यतो धर्मस्ततः कृष्णो' कहां तक उचित है? अगर उक्त काम धर्म है तो अधर्म क्या है? अगर हम व्यास के कथन को ही सही मानें तो प्रश्न यह है कि क्या उनकी धर्म की परिभाषा दुनिया-जहान से न्यारी थी?

परंतु व्यास जी के उक्त कथन को हम सहज में ही निरस्त नहीं कर सकते। उनके जैसा तत्त्ववेत्ता ऐसी कोई बात नहीं कह सकता जिसके पीछे कोई मर्म न हो। इसलिए महाभारत में निहित निगूढ़ धर्म तत्त्व की विवेचना किसी और पद्धति से होना चाहिए। संभव है कि साधारण बुद्धि को ऊपर से जो दीख रहा है, सत्य उससे भिन्न हो। वैसे भी साधारण बुद्धि महाकवि व्यास पर भरोसा कर

पाण्डवों को न्याय का पक्ष मानती है। इसके विपरीत कौरवों को अन्यायी, क्रूर, कुटिल आदि संज्ञा से विभूषित करती है। हालांकि इसका उसे विश्वास तो है, परंतु विश्वासयोग्य तर्क नहीं है; और न युद्ध में इसके प्रत्यक्ष उदाहरण मिलते हैं।

परंपरा में और समकाल में भी अधिकांश ऐसी रचनाएं हैं जो कृष्ण के भगवत् या कालजयी महामानव चरित्र का उद्घाटन करती हैं। कृष्ण की चर्चा होते ही मन भक्तिभाव से भर उठता है। 'महाभारत' कृष्ण के चरित्र का एक भाग है। बालकृष्ण, दैत्य-संहारक कृष्ण, प्रेमोत्सव में लीन, योद्धा, भक्तोद्धारक कृष्ण जैसे के अनेक रूप हैं, पर वे महाभारत में नहीं हैं। फिर भी कृष्ण का लंबा और विविध जीवन भारतीय साहित्य में कई तरह लिखा गया; जैसे–अवधी का द्वारका प्रसाद मिश्र लिखित महाकाव्य–'कृष्णायन' है, जिसमें कृष्ण के मथुरा में आगमन से लगाकर उनके 'आरोहण' (स्वर्गारोहण) तक की कथा है। उसी तरह गुजराती में लिखा क. मा. मुंशी का उपन्यास 'कृष्णावतार' (1 और 2) लिया जा सकता है। जन्म से लेकर निधन तक कृष्ण का जीवन अद्भुतताओं की महागाथा है। कुछ लेखकों ने कोशिश की है कि जहाँ कृष्ण के चरित्र में कोई चमत्कार हो वहाँ उसे लौकिकता दी जाए। उदाहरण के लिए मराठी के उपन्यासकार रणजीत देसाई ने 'राधेय' में द्रौपदी चीरहरण प्रसंग में जब दु:शासन द्रौपदी की साड़ी खींच रहा था तब उसे सहसा द्वार पर कृष्ण नज़र आए और उसके हाथ से साड़ी छूट गई। यानि साड़ी बढ़ाने का चमत्कार एक साधारण घटना में बदल दिया गया। इस तरह कृष्ण पर विभिन्न भाषाओं में लिखी ऐसी अनेक रचनाएं कुछ न कुछ विशिष्टता लिए हुए हैं, परंतु मैं यहां तीन कृतियों का उल्लेख करना चाहता हूं–एक तो बांग्ला के प्रसिद्ध लेखक बंकिमचंद्र चट्टोपाध्याय की प्रसिद्ध पुस्तक 'श्रीकृष्ण चरित्र' है। दूसरी बांग्ला के ही प्रमथनाथ बिशी का उपन्यास 'पूर्णावतार' है। और तीसरी है हिन्दी का धर्मवीर भरती द्वारा लिखा काव्य नाटक–'अंधायुग' तीनों पुस्तकें लीक से हटकर हैं।

'श्रीकृष्ण चरित्र' में बंकिम ने एक तरह से महाभारत में आए कृष्ण के चरित्र की, अपने ढंग की एक मूर्ति उकेरी है और प्राय: तर्क, अतर्क और कुतर्क तक का सहारा लिया है। कृष्ण का चरित्र दूध का धुला बताया है। इसके भीतर धर्म या सांस्कृतिक मूल्यों का कोई निगूढ़ तत्त्व होता तब भी कोई बात थी, यहां तो पूरी विधि सपाट, स्थूल और घटनापरक है। इस पुस्तक में प्रतिपादन का शिल्प यह है कि कृष्ण के चरित्र में जहां कोई दोष दिखाई दिया, कह दिया गया

कि यह अंश कपोलकल्पित है, कथक्कड़ों का जंजाल है। उन्होंने इस कथन की कोई प्रामाणिक परीक्षा नहीं की। उनके ज्यादातर सुझाव असंगत हैं। उनका कहना है कि कृष्ण को महाभारत के मूल लेखक ने एक महामानव माना है न कि ईश्वर। बाद के कवियों ने उन पर ईश्वरत्व थोप दिया, जिसकी महाभारत के मूल स्वरूप से कोई संगति नहीं। उनके अनुसार महाभारत तीन परतों में लिखा गया है। प्रथम स्तर का लेखन प्रामाणिक है। दूसरे स्तर के लेखक प्रतिभाशाली थे और उन्होंने मूल कवि का अनुसरण किया है। परंतु तीसरे स्तर के लेखकों का प्रयत्न रहा है कि कृष्ण पर ईश्वरत्व थोप दिया जाए। महाभारत में कृष्ण द्वारा जितने चमत्कार हुए हैं जैसे द्रौपदी का चीर बढ़ाना, शिशुपाल का मस्तक सुदर्शन चक्र से दरबार में ही काट गिराना, जयद्रथ वध के अवसर पर सूर्य को बादल से ढक देना, उसके मस्तक को दूर तपस्या कर रहे पिता की गोद में गिरवाना जैसे सारे काम तीसरी परत के कवियों की उपज हैं।

खांडव वन दाह जैसे दारुण कर्म का भी बंकिम बचाव करते हैं और उसे उचित कर्म बताते हैं, उनके अनुसार खांडव वन पाण्डवों की राजधानी से लगा हुआ था, जिसमें हिंसक पशुओं ने उत्पात मचा रखा था। उसे भस्म करना जरूरी था। जबकि व्यास ने वह सारंग चिड़िया के अपने चूजों के साथ रहने की एक मार्मिक कथा कही है। (व्यास चीजों पर इसी शैली में टिप्पणी करते थे।) वैसे भी अगर देखा जाए तो यह कृष्ण और अर्जुन का अत्यंत क्रूर कर्म था। पहले तो उन्होंने खांडव वन में आग लगाई अथवा अग्निदेव के भोजन का प्रबंध किया, फिर तड़पकर बाहर निकलने वाले प्राणियों का द्वार पर खड़े होकर संहार किया। निश्चय ही वन में आदिवासी भी रहते थे। बंकिम द्वारा इस कर्म के समर्थन में तर्क देना भयानक क्रूरता का औचित्य के नाम पर समर्थन है। इसके विपरीत बांग्ला के ही उपन्यासकार गजेन्द्र मित्र ने अपने उपन्यास 'पाञ्चजन्य' में इसे कृष्ण का सुनियोजित निदंनीय कर्म बताया है, हालांकि आग लगाने का काम कीलक निषाद से करवाकर उन्हें बचाने की कोशिश की है और इसे कृष्ण की नीतिमत्ता बताया है। कीलक को उन्होंने लाक्षागृह प्रसंग से जोड़ा है कि वह उस भीलनी और उसके बेटों का पति था जिन्हें पाण्डवों ने लाक्षागृह की आग में जला दिया था। कृष्ण ने उसके पाण्डव वैर का कौशल से इस्तेमाल किया। पर दरवाजे पर खड़े होकर प्राणी-संहार की क्रूरता से कृष्ण-अर्जुन को, गजेन्द्र मित्र नहीं बचा सके। हैरत है कि यह बंकिम की दृष्टि में उचित और अनिवार्य कर्म था। मित्र ने खाण्डव वन दाह को महाभारत का मूल कारण बताया है, जो उचित लगता

है क्योंकि महाभारत की भूमिका अग्निदेव द्वारा दिए रथ और गांडीव के साथ कृष्ण को सुदर्शन चक्र प्रदान करने के द्वारा बंध गई थी। गजेन्द्र मित्र ने बड़े कौशल से दानव मय द्वारा बनाए भवन को महाभारत का मूल बताकर एक मार्मिक प्रतिशोध की कल्पना की है और कौशल से अंतःसूत्र जोड़े हैं, जिसमें दुर्योधन स्थल-जल के संभ्रम में पड़कर हास्य का पात्र बन गया था। आदिवासियों के विनाश के प्रतिशोध को इसके केन्द्र में रखकर गजेन्द्र मित्र ने अपूर्व मगर सुंदर काव्यात्मक कल्पना की है। ऐसी मार्मिकताएं आश्वस्त करती हैं।

परंतु बंकिम अपने सारे तर्कों के बावजूद यह प्रमाणित नहीं कर सके कि 'यही महाभारत का मूल पाठ है।' तो भी उन्होंने एक 'युक्ति' का सहारा लिया कि ''जहां एक ही घटना का वर्णन दो प्रकार से हो, जिनमें एक तो स्वाभाविक और दूसरा अस्वाभाविक हो तो वहां अस्वाभाविकता को छोड़कर स्वाभाविक वर्णन को ही ऐतिहासिक समझना युक्तिसंगत है।'' (पृ. 194) जैसे एक जगह मिलता है कि कृष्ण ने शिशुपाल को युद्ध में मारा और अनुक्रमणिका पर्व में भी उसको सुदर्शन चक्र से मारने का जिक्र नहीं है, लिहाजा कृष्ण ने सुदर्शन चक्र से नहीं बाकायदा युद्ध करके शिशुपाल को मारा था। बंकिम का यह मत वैसे संस्कृत के महाकवि माघ के काव्य 'शिशुपाल वध' से भी पुष्ट होता है। जिसके अनुसार कृष्ण ने शिशुपाल को सुदर्शन चक्र से नहीं बल्कि बाकायदा घोर युद्ध करके मारा था, क्योंकि शिशुपाल परम वीर था। खैर, इस प्रसंग की प्रस्तुति चमत्कारपूर्ण हो सकती है, और यह बंकिम की अपनी थीसिस से अस्वाभाविक भी नहीं है। पर मेरे विचार से महाभारत का वर्णन सटीक प्रतीत होता है। वस्तुस्थिति यह है कि अग्रपूजा का विशिष्ट अवसर था। ऐसे समय शिशुपाल द्वारा अपने अपमान के प्रतिकार में कृष्ण को अपनी शक्ति और महत्ता दिखाने की आवश्यकता थी। यदि ऐसे समय कृष्ण ने शिशुपाल को अपने सिद्ध अस्त्र से मारा भी तो इसमें अनहोनी कुछ नहीं हुई। परशुराम यदि अपने युद्ध कौशल का प्रदर्शन करेंगे तो उनका अस्त्र कुठार ही होगा न!

खैर, कृष्ण के नाटकीय चरित्र को देखते हुए यह निर्णय करना सहज नहीं है कि स्वाभाविक क्या है और अस्वाभाविक क्या? कई बार 'दूसरे कवि' अपनी सपाट बुद्धि से स्वाभाविक बात भी कह सकते हैं। इसलिए इस तरह के तर्क को प्रमाण नहीं माना जा सकता।

कृष्ण को शुद्ध मानव बताने के प्रयास में बंकिम भूल जाते हैं कि उनकी

भगवत्ता (लीला के रूप में) पूरे ग्रंथ में गुथी हुई है। वे कहते हैं कृष्ण ने कहीं अपने को ईश्वर नहीं कहा है (पृ. 166) परंतु पाद-टिप्पणी है कि 'दो-चार ठौर पर जहां उन्होंने ऐसा कहा है वहां 'क्षेपक' हैं। गीता जिसमें कृष्ण सर्वत्र ही स्वयं को भगवान कहते हैं—'ये यथा मां प्रपद्यन्ते तांस्तथैव भजाम्यहम्' आदि। उस पूरे ग्रंथ को ही बंकिम कृष्ण का लिखा नहीं मानते, उसे वे 'वैयासिकी संहिता' कहते हैं। इसमें किसी का विरोध नहीं हो सकता, क्योंकि पूरा महाभारत ही 'वैयासिकी संहिता' है। कृति तो सर्जक की ही होती है परंतु उसके भीतर पात्र जीवित सक्रियता होते हैं। जो कुछ वे कहते या करते हैं वह उन्हीं का कथन या कर्म माना जाता है। यह कौन कहेगा कि कृष्ण ने गीता लिखकर महाभारतकार से उसे अपने ग्रंथ में शामिल करने को कहा और यदि देखा जाए तो युद्ध के मैदान पर जहां दोनों सेनाएं युद्ध के लिए सन्नद्ध हों, वहां इतनी बड़ी गीता बांचना क्या संभव है? परंतु मिथक, काव्य या उपन्यास में ऐसी कई संभावनाओं के लिए पर्याप्त अवकाश रहता है। बहरहाल यह सृजन-प्रक्रिया का विषय है, इस जगह उसके विस्तार में जाना अवांछित होगा। यहां केवल इतना ही कि महाभारत में कृष्ण के आधिभौतिक, आध्यात्मिक और दैवीय तीनों स्वरूप इतने संश्लिष्ट हैं कि उन्हें अलग नहीं किया जा सकता। 'दूसरी तरह' के कवि हों या 'तीसरी तरह' के, जो भी कवि महाभारत के भाग हैं, उन्होंने इस बात का ध्यान रखा है कि कृष्ण के ये तीनों चरित्र गुंथे रहें।

बंकिमचंद्र चटर्जी की दूसरी स्थापना है कि कृष्ण कुटिल, जटिल मनुष्य नहीं हैं। वे बहुत सरल, उदात्त, निष्कपट हैं। यहां भी लेखक ने वही विधि अपनाई है। महाभारत में जहां-जहां उनके छल-कपट, कौशल-चातुर्य की अभिव्यक्ति हुई है वे सारे अंश गपोड़ियों या 'दूसरी तरह के' कवियों द्वारा जोड़े माने हैं; जैसे जरासंध वध के प्रसंग में कृष्ण ने कोई ऐसा काम नहीं किया जो उनके आदर्श मानवत्व के प्रतिकूल हो। बंकिम का कहना है कि जरासंध आधुनिक खूंखार तानाशाहों की कोटि में आता था, उसने देशभर के राजाओं को कैदखाने में डाल रखा था, बाकी कुछ बचे हुओं को भी बन्दीगृह में डालकर वह सौ पूरे करना चाहता था ताकि अपने राजसूय यज्ञ में सबकी बलि दे दे। ऐसे दैत्य-मानव को अपने दुष्कर्म से विरत करना केवल उसकी मृत्यु से ही संभव था। जो अकरणीय है उसे न करना और जो करणीय है उसे भी न करना अधर्म की कोटि में आता है। पापों का दण्ड देना धर्म है। (आखिर कृष्ण ने धर्म संस्थापनार्थ ही तो अवतार लिया था!) यह भी विचित्र है कि बंकिम ने उस

सारे छद्मरूप और कर्म को भी औचित्यपूर्ण माना है। और कहा है कि ऐसे पापी की हत्या के लिए किया गया छद्म, 'धर्म' है। जरासंध से कृष्ण के पुराने वैर को भी लेखक नज़रअंदाज कर जाता है और यह दिखाने की कोशिश करता है, कि इस समय कृष्ण को जरासंध से कोई खतरा नहीं है, जबकि सीधी बात यह कि जरासंध उनके लिए अजेय शत्रु था, वे युधिष्ठिर के राजसूय को निर्बाध बनाने के लिए भीम के माध्यम से उसे मारकर दोहरा श्रेय लेना चाहते थे। वे राजनीतिज्ञ भी तो थे।

बंकिम का कहना है कि इन 'दूसरी तरह' (तीसरी कोटि) के कवियों के हाथ में पड़कर कृष्ण का चरित्र बदल गया है। 'जो उदार था वह क्षुद्र और संकीर्ण हो जाता है, जो सीधा-सादा था, वह चतुराइयों से भरा है, जो सत्य से पूर्ण था वह असत्य और धूर्तता का खजाना हो जाता है, और जो न्याय और धर्म का भंडार था, वह अन्याय और अधर्म से कलुषित हो जाता है, दूसरी तरह के कवियों के मारे कृष्ण के चरित्र की यह दुर्दशा हुई है।' (पृ. 232)

बंकिम के ग्रंथ का इतना लंबा संदर्भ देने का तात्पर्य यह है कि किस तरह लेखक ने कृष्ण के चरित्र को अपने अनुरूप ढालने की कोशिश करते हुए महाभारत में निरूपित कृष्ण के अद्‌भुत, अद्वितीय व्यक्तित्व की सारी नाटकीयता, सौंदर्य और विशिष्टता समाप्त कर दी। ऐसे विराट् पौराणिक इतिहास में, जिसे कई लोगों ने निर्मित किया हो, अपने अवांछित को क्षेपक के रूप में दिखाना तथा 'दूसरी तरह' के कवियों की रचना बताकर अपनी चाही मूर्ति तराशना संभव तो है; पर उचित या स्वाभाविक नहीं। यदि बंकिम के अनुसार कृष्ण बनाए जाते तो वे एक सीधे-सादे सपाट सारथी और भद्र पुरुष बन कर रह जाते—भले ही आदर्श।

ऐसा नहीं है कि कृष्ण के चरित्र को साफ-सुथरा बनाने का प्रयास अकेले बंकिम ने किया हो इसमें और भी रचनाकारों का योगदान है। अवधी काव्य कृष्णायन के रचयिता द्वारका प्रसाद मिश्र ने भी अपने काव्य में ऐसे काम किए हैं। उन्होंने लौकिक दृष्टि से अनुचित या छल-कपट से भरे कामों को या तो 'संशोधित' कर दिया है या हटा दिया है। भला बताइए कि उन्होंने 'अश्वत्थामा हतः'—वाले प्रसंग को ही अपने काव्य से हटा दिया! पता नहीं ऐसे लेखकों को यह कैसे लगता है कि कृष्ण को उनके बचाव की जरूरत आ पड़ी है।

कृष्ण सपाट और इकहरे व्यक्ति नहीं हैं। उन जैसा गतिशील, विविधता से युक्त, जटिल और विचित्र व्यक्तित्व शायद ही विश्व साहित्य में होगा। जैसा

ऊपर कहा गया है, उनका व्यक्तित्व आधिदैविक, आधिभौतिक और आध्यात्मिक तीनों स्तरों पर चलता है। हर रूप में वह स्वतंत्र भी है और संश्लिष्ट भी। एक पक्ष पर विचार करते हुए बराबर दूसरे पक्ष की छाया पड़ती है इसका बहुत सुंदर उदाहरण धर्मवीर भारती का 'अंधायुग' है। यहां वे न पूरी तरह भौतिक हैं, न दैवीय, न ही आध्यात्मिक बल्कि एक विचित्र बुनावट में बुने हुए हैं। इसकी चर्चा मैंने स्वतंत्र रूप से पिछले पृष्ठों में की है। फिलहाल तो मैं राम और कृष्ण के युगीन मूल्यों पर विमर्श करना चाहता हूं।

उल्लेखनीय है कि कृष्ण अपने युग के मूल्य संस्थापक हैं। उन्होंने त्रेता से चली आती राम की मूल्य भंगिमा को बदल डाला है। वे जिस धर्म या मूल्य की स्थापना करते हैं, उसमें धर्म-अधर्म की परिभाषा एक नई जीवन्तता लेती है। राम युग और कृष्ण युग यानि त्रेता और द्वापर के मूल्यों के अंत:स्वरूप की चर्चा के लिए राम और कृष्ण के चरित्र मानक हैं।

वाल्मीकि मुनि को एक महाकाव्य की रचना के लिए महानायक की जरूरत हुई तब उन्होंने नारद जी से पूछा :

> कोन्वस्मिन् साम्प्रतं लोके गुणवान कश्च वीर्यवान्।
> धर्मज्ञश्च कृतज्ञश्च सत्यवाक्यो दृढ़: वृत:।। (वा० रामायण 1/1/2)
> चारित्रेण च को युक्त: सर्वभूतेषु को हित:।
> विद्वान् क: क: समर्थश्च कश्चैकप्रियदर्शन:।।... 1/1/3

(आज लोक में कौन ऐसा महानुभाव है जो गुणवान, वीर्यवान, धर्मज्ञ, किए गए उपकार को मानने वाला, सत्यवादी और दृढ़वृती है? कौन सच्चरित्रता से युक्त है; क़ौन प्राणिमात्र का हितकारी, विद्वान्, समर्थ और प्रियदर्शन है?)

तब नारद मुनि राम के बारे में बताते हैं, अर्थात् उन्हें जिस रूप-गुण की खोज थी वह राम थे। ये त्रेता के सांस्कृतिक मूल्य-निर्धारक हैं। इनके महापुरुषत्व में कहीं स्खलन की गुंजायश नहीं है। आगे भी उन्होंने जो गुण बताए हैं-'आत्मवान् क: जितक्रोध:'- वे राम में तो मिलते ही हैं, वे मानव जीवन के भी सर्वोच्च मूल्य हैं। अगर कृष्ण 'धर्म की स्थापना' के लिए अवतरित महापुरुष हैं तो निश्चित ही उनमें भी वे ही गुण होंगे; और निस्संदेह कृष्ण में वे सब गुण हैं। और पूरे परिमाण में हैं।

पर त्रेता में राम का मूल्य के प्रति बर्ताव और द्वापर में कृष्ण का मूल्य के प्रति बर्ताव दो प्रकार का है। राम साधन की शुद्धता और साध्य की शुद्धता के

युगपत उपासक हैं। उन्होंने कोई भी लड़ाई अधर्म को बीच में डालकर नहीं लड़ी, उन्होंने कहीं चतुराई नहीं दिखाई। राम के चरित्र का मूल 'शील' है जिसमें अंतर्बाह्य परिष्कृति दिखाई देती है, जबकि कृष्ण का चरित्र 'लीला' चरित्र है। लीला उनकी भगवत्ता से ओतप्रोत है इसलिए उसमें किसी तरह की विकृति नहीं है, मूल्य को कलात्मकता से बरतने का कौशल है। कृष्ण लक्ष्य को धर्मानुकूल निर्धारित करते हैं, परंतु उसे प्राप्त करने में कोई भी विधि अपना सकते हैं। लक्ष्य के संबंध में वे एक धार्मिक या नैतिक व्यक्ति हैं पर उसे प्राप्त करने के मामले में राजनीतिज्ञ। उदाहरण के लिए उन्होंने निर्धारित किया कि पाण्डव-पक्ष न्यायी पक्ष है, कौरव अन्यायी; जो पाण्डवों के अधिकार और लौकिक न्याय के पक्ष का घात करते हैं अत: दण्डनीय हैं। उन्हें दंड देने के लिए वे छल, हत्या, असत्य सबका आश्रय लेते और उन्हें परास्त करने या दण्डित करने के लिए कटिबद्ध हैं।

तात्पर्य यह कि एक बार व्यापक और समष्टि के कल्याण का लक्ष्य तय करने के बाद कृष्ण उसे निश्चित परिणति तक पहुंचाने के लिए अंतर्हित मूल्य शृंखला को छिन्न-भिन्न भी कर सकते हैं। धर्म की स्थापना के लिए अगर अधर्माचरण भी करना पड़े तो कृष्ण को इसमें कोई आपत्ति नहीं है। यद्यपि कथित अधर्माचरण के लिए भी उनके पास तर्क हैं, परंतु यदि न भी हों तब भी वे उसकी चिंता नहीं करते। उनके लिए 'उदात्त और विराट' करणीय लक्ष्य की श्रेष्ठता है, मार्ग की श्रेष्ठता नहीं। इसलिए महाभारत में कई बार प्रतीत नहीं होता कि कृष्ण अब क्या करेंगे? उनका क्या इरादा है या उन्होंने फलां काम क्यों किया है? क्योंकि अधर्म या अनीति का कोई तर्क नहीं होता। तर्क न्यायमार्ग का ही होता है। क्या किसी को पता था कि घटोत्कच का उपयोग कृष्ण किस उद्देश्य से कर रहे हैं। अगर काव्यशास्त्र की भाषा में कहा जाए तो उसके युद्ध में एक व्यंजना है। वह सीधे द्विपक्षीय युद्ध का एक योद्धा नहीं है। कृष्ण इस दृष्टि से नैतिक प्रश्न भी नहीं उठाते कि नियम विरुद्ध रात को युद्ध क्यों हो रहा है? बल्कि वे उसे मान्यता देते हुए घटोत्कच की आसुरी शक्ति का उपयोग करते हैं, परंतु उनका उद्देश्य होता है कर्ण की शक्ति से अर्जुन को बचाना, क्योंकि सापेक्ष रूप में उन्हें अपने चरम लक्ष्य की पूर्ति के लिए घटोत्कच की नहीं, अर्जुन की आवश्यकता है। वे लड़वाते हैं घटोत्कच को, परंतु उनका लक्ष्य है अर्जुन को बचाना। वे अर्जुन को मारने वाले कर्ण के अस्त्र को व्यर्थ करने के लिए, घटोत्कच के प्राण ले लेते हैं। हार-जीत इसमें सीधी क्रिया नहीं, कटाक्ष क्रिया

है। इस तरह कृष्ण ने अपने युग में धर्म-लक्ष्य का निश्चय कर अंतर्योजना में विचलन पैदा किया है।

यदा कदा कृष्ण ने धर्म की व्याख्या की है। जब अनीति से या अधर्म से भीम ने दुर्योधन का वध कर दिया, तो बलराम क्रोध से आग बबूला हो उठे। कृष्ण को लगा कि बड़ा अनर्थ हो जाएगा तो उन्होंने बलराम को समझाया कि भीम ने दुर्योधन का वध अधर्म से नहीं धर्म से लड़ा है। इस अवसर पर वे यह कह कर भीम की वकालत करते हैं, कि भीम ने, द्रोपदी वस्त्रहरण के समय प्रतिज्ञा की थी कि वह दुर्योधन की अशिष्टता और अश्लील संकेत के कारण उसकी जाँघें तोड़ देगा। और प्रतिज्ञा पालन क्षत्रिय धर्म है, भीम ने उसी का पालन किया : 'प्रतिज्ञा पालनं धर्मः क्षत्रियस्हये वेद्म्यहम्'।। (शल्य 60/16) मैत्रेयी ऋषि के शाप की ओर भी उन्होंने ध्यान दिलाया, जो फलित होना ही है। धर्म की अंतःक्रिया, या अंतरिम क्रिया कृष्ण की नीति का रूप लेती है। कलियुग के द्वार पर खड़े कृष्ण आने वाले समय का संकेत देते हैं।

परम्परा में या तो राम की मूल्य-प्रणाली का अनुगमन हुआ या कृष्ण की मूल्य प्रणाली का। कई बार विवेक संगत निर्णय के नाम पर दोनों प्रणालियों का मिश्रित उपयोग भी हुआ। अगर इस परंपरा का विकास देखें तो चाणक्य या राजगोपालाचारी कृष्ण-मार्गी थे। स्वयं द्वारका प्रसाद मिश्र जिन्होंने कृष्णायन महाकाव्य की सृष्टि की, इसी पंथ के अनुयायी थे। उन्हें राजनीति का चाणक्य कहा जाता है। इन सबका ध्यान लक्ष्य की शुद्धता पर होता था, साधन की शुद्धता पर नहीं। इसके विपरीत गांधी हैं, जयप्रकाश नारायण हैं, वे राम-मार्गी हैं—वे साधन और साध्य दोनों की शुद्धता अनिवार्य मानते हैं। मार्क्स से गांधी इसी अर्थ में अलग हैं कि गांधी राम की मूल्य-नीति के पास हैं, जबकि मार्क्स कृष्ण की मूल्य-नीति के पास। कृष्ण ने मूल्य में नीति या चातुर्य की स्थापना की, जबकि राम ने नीति में ही मूल्य स्थापित किया। इसी कारण राम धीरोदात्त नायक हैं और कृष्ण धीर ललित। कृष्ण के व्यक्तित्व की नाटकीयता इसी में है कि उनके अगले चरण की कल्पना नहीं की जा सकती, यह एकओर राजनीति या कूटनीति है तो दूसरी ओर कृष्ण की 'लीला'।

कृष्ण को अपने रचयिता भी अनुकूल मिल गए। नियोग करने में या समय-समय पर अपने प्रिय चरित्रों की पक्षधरता में व्यासजी को परहेज नहीं है, यहां वे नहीं सोचते कि एक स्रष्टा को अपनी सृष्टि में सम्पृक्त होते हुए भी उससे ऊपर उठना होता है। वे महाभारत के सर्जक हैं, परंतु कौरव पाण्डवों के खानदानी

जनक भी हैं। उनका चमत्कारी व्यक्तित्व बीच-बीच में अद्‌भुत रूप से प्रकट होकर अपनी कृति के एक पात्र की भूमिका भी निभाता है। इसके विपरीत वाल्मीकि 'तपस्वी, स्वाध्याय निरत' शुद्ध मन-आत्मा के ऋषि हैं। वे अपनी सृष्टि में शामिल होने के साथ उससे ऊपर भी हैं। अपने काव्य की नायिका गर्भिणी सीता को आश्रय देते और उसके पुत्रों का लालन-पालन, शिक्षा-दीक्षा का प्रबंध करते हुए वे एक सत्पात्र की भूमिका में होते हैं और प्रतिनायकों या आलोचक नायकों की परंपरा का मार्मिक निर्वाह करते हैं।

कृष्ण पर अनेक कृतियों की रचना हुई और हर कृति एक चुनौती है। लेखकों के सामने प्रश्न पैदा हुआ कि कृष्ण के तीनों स्तरों का कैसे निर्वाह करें। इसलिए यही ठीक समझा गया कि उनका कोई एक पक्ष लेकर उस पर कृति को केन्द्रित करके उससे मुक्त हो लिया जाए। कहीं जीवनगाथा को वास्तविक और कहीं काल्पनिक पात्रों से रच दिया जाए। अधिकांश कृतियां कृष्ण में ईश्वरत्व देखती हैं और उनके कार्यों को उसी के अनुकूल चित्रित करती हैं। उदाहरण के लिए द्रौपदी प्रसंग है। पूर्ववर्ती अनेक लेखकों ने भक्तिभाव में भरकर द्रौपदी के चीर हरण की त्रासदी की अपेक्षा उसकी साड़ी बढ़ाने वाली भगवत्ता को प्रधानता दी; जबकि आधुनिक लेखकों ने इस प्रसंग को तरज़ीह न देकर नारी के साथ क्रूर और घृणित व्यवहार का त्रासदायी चित्र खींचा।

'श्रीकृष्ण चरित्र' के संदर्भ में प्रमथनाथ बिशी के उपन्यास 'पूर्णावतार' का जिक्र किया गया था, जिसमें धारा से अलग कृष्ण-प्रसंग का चित्रण है। यह प्रसंग है व्याध द्वारा कृष्ण की हत्या का। हत्या करने के बाद व्याध जो असाधारण भयावहता और क्रूर सन्नाटे का अनुभव करता है—उससे उपन्यास का प्रारंभ होता है। यहां भी कृष्ण अदृश्य हैं पर सब कहीं हैं। कृष्ण के चित्रण मे अक्सर उनका आध्यात्मिक रूप उनकी अदृश्य दृश्यता में छिपा है। यहां कृष्ण अदृश्य होते हुए भी हर जगह गूंजते हैं। अपनी भौतिक अनुपस्थिति में भी वे सर्वत्र उपस्थित हैं, व्याप्त हैं। बिशी के अनुसार वासुदेव कृष्ण साक्षात ब्रह्म हैं जो अनुपस्थित होते हुए भी सब जगह स्थित हैं। इस उपन्यास में पहली बार कृष्ण के हत्यारे व्याध 'जरा' के भीतर का आतंक, हॉरर, तीव्रव्यथा और विपुल त्रास की अभिव्यक्ति है। चराचर में कृष्ण की हत्या से भयानक विप्लव है। मानो चराचर कांप उठा, बिखर गया। जरा की पत्नी जरनी भी पश्चाताप से विह्वल हो गई है। एक दृश्य देखिए : जिसमें त्रस्त होकर जरा अपने घर को स्वयं आग लगा देता है :

'घर के चारों ओर जंगल था। आग की लपटें देखकर जंगल के पशु-पक्षी

चौंक कर चिल्लाने लगे। उल्लू उसके सिर पर मंडराने लगे। चें-चें। उफ् कैसी अजीब चीख! असमय में जगे हुए पक्षी लंबी तान में बोलने लगे। हजारों कौओं ने कांव-कांव करते हुए उड़कर पूर्णिमा के आकाश को मेघ से ढक दिया। इससे जरा और तेजी से भागा। ऐसे में जाने कहां से आकर एक विषैले नाग ने फन खोलकर उसकी राह रोक ली। वह बांये भागे तो उधर भी हमलावर, दांये भागे तो उधर भी हमलावर। आखिर उसके मुख से अनायास निकल पड़ा, हे भगवान बचाओ! कि चारों ओर से अचानक हंसी की विकट आवाज उठी, तीखी, ऊंची, रूखी आवाज़। जरा आपे में होता तो समझता कि खट्टास की आवाज है। उसे लगा पालतू पशु-पंछी से लेकर सारे चराचर आज उसके बैरी हो उठे हैं। उसने आसमान की ओर ताका, वहां भी कोई दिलासा नहीं। टूटी हुई उल्काएं झपट्टा मारने के लिए उसकी ओर लपकती आ रही थीं। उस एक ही मौत से मानो निखिल की नियम श्रृंखला ढीली पड़ गई। आखिर क्यों?' (पूर्णवतार, पृ. 23)

इस पूरे वर्णन में एक समूचा सृष्टि-हाहाकार है जो अपनी पीड़ा में कृष्ण के बिना अकेली पड़कर मारने, खाने, दहाड़ने को तैयार हो गई है। यह अंतर्हित भगवत्ता की भयंकर अनुगूंज है। अंततः वासुदेव कृष्ण का निधन जो हुआ है। यहां मुझे याद आती है महाभारत में विदुर द्वारा वैराग्य के संदर्भ में धृतराष्ट्र से कही वह रूपक-कथा जिसमें उन्होंने संसार की भयावह दशा का चित्र खींचा है जिसमें फंसकर प्राणी भयानक त्रासदी का साक्षात्कार करता है। कृष्ण की मृत्यु के बाद एक सार्वत्रिक विनाश हुआ; मानो रक्तरंजित हवाओं में, सृष्टि वैधव्य की निचाट सौजन्यहीनता, कलियुग की आहट जैसी सुनाई पड़ी।

यह एक संयोग मात्र नहीं है कि कृष्ण वंश का अंत असत्य, उन्माद, द्यूत, मदिरा और विलास से होता है, उसी तरह राम-वंश का अंत भी विलास, मदिरा आदि विकृतियों से हुआ था। यादवों की तरह अग्निवर्ण भी स्त्री-भोग और नशे में डूबा रहता था। महाभारत में विनाश का कारण भी द्यूत ही था। तात्पर्य यह कि भारतीय कवियों ने राजा को सचेत किया है कि कौन-सी चीज़ों से पूरी उपलब्धि, साधना, सत्ता और जीवन का विनाश हो जाता है। क्या इससे हम अपने युग में भी कुछ सीखेंगे?

दिनकर जोशी के गुजराती उपन्यास 'द्वारिका का सूर्यास्त' भी कृष्ण के अंतिम दिनों पर आधारित एक साधारण-सा उपन्यास है। इस संदर्भ में विशेष उल्लेखनीय है हिन्दी का प्रसिद्ध नाटक 'अंधायुग', जो कृष्ण के अंतिम दिनों की कथा पर आधारित है। यहां भी 'पूर्णावतार की तरह कृष्ण कहीं भौतिक रूप

में उपस्थित नहीं हैं, फिर भी सर्वत्र उनकी उपस्थिति का आभास होता है। यहां कृष्ण की वह मिश्र मूर्ति अंकित हुई है जिसमें भौतिक और दैवीय-आध्यात्मिक का संगम है। अंधायुग का अंतिम अंश है–'प्रभु की मृत्यु'–इस शीर्षक में स्वयं विरोधाभास है। अगर प्रभु है तो मृत्यु कैसी और मृत्यु है तो प्रभु कैसा? इसीलिए भारती ने कृष्ण के जीवन को 'रहस्यमय जीवन' कहा है। इस अंश के प्रारंभ में वंदना देखें :

'तुम जो हो शब्द ब्रह्म,
अर्थों के परम अर्थ।'....

इसे सुनकर हत्यारा, क्रूर अश्वत्थामा अपने कामों की तुलना कृष्ण से करता है :

"झूठे हैं ये स्तुति-वचन, ये प्रशंसा-वाक्य
कृष्ण ने किया है वही
मैंने किया था जो पाण्डव शिविर में
सोया हुआ नशे में डूबा व्यक्ति
होता है एक-सा
उसने नशे में डूबे अपने बंधु जनों की
की है व्यापक हत्या
यादव योद्धाओं के अगणित शव बिखरे हैं
जिनको मारा है खुद कृष्ण ने।" (पृ. 99)

जिस दिन कृष्ण की मृत्यु होती है, उसी दिन सृष्टि में कलियुग का प्रवेश होता है :

'जिस क्षण प्रभु ने प्रस्थान किया
द्वापर युग बीत गया उस क्षण
प्रभुहीन धरा पर आस्थाहत
कलियुग ने रक्खा प्रथम चरण!' (पृ. 101)

यह कलियुग ही है जो अंधेयुग की परंपरा को आगे बढ़ाता है :

'उस दिन जो अंधायुग अवतरित हुआ इस जग पर
बीतता नहीं रह-रहकर दोहराता है

हर क्षण होती है प्रभु की मृत्यु कहीं न कहीं
हर क्षण अंधियारा गहरा होता जाता है'... पृ. 108

क्या इन पंक्तियों में हम अपने समय की आहट नहीं सुनते? सब जगह वही तो हो रहा है। यह 'अंधायुग' यद्यपि महाभारत का है पर आगे आनेवाले कलियुग में अपनी परंपरा में जीवित है। हर क्षण प्रभु की मृत्यु होती है—यानि न्याय की, धर्म की, मूल्य की। इस पूरे काव्य की ध्वनि है कि अंधे युग की परिणति प्रभु की मृत्यु में होती है जिसे भारती ने प्रतीक में कहा है, पर नीत्से ने उसे यथार्थ का रूप दे दिया, उसके लिए ईश्वर मर चुका है। खैर, यह एक अलग विषय है।

कृष्ण को कई लेखकों ने अपने युग के लिए प्रेरक के रूप में भी उपस्थित किया है। 'कृष्णायन' में कवि ने पददलित राष्ट्र के त्राण और राष्ट्रीय एकात्मता के लिए कृष्ण जैसे व्यक्तित्व की आवश्यकता अनुभव की है :

'खलगण तिमि निर्मूलि तुम, रच्छे पाण्डव भक्त।
कीन्ह सुहृद निर्माण तुम, आर्य-राष्ट्र अविभक्त।।' कृ. 6/259

महाभारत एक चुनौती रचना बहुत कुछ कृष्ण के कारण बनी है। कृष्ण के चरित्र में जो बहुविध जटिलता है वह उसे न आध्यात्मिक समझने देती है न भौतिक, न वह कृष्ण को मर्यादा पुरुषोत्तम कहने देती है न अमर्यादित। तात्पर्य यह कि उनके चरित्र के विरोधाभास किसी बिन्दु पर ठहरने नहीं देते।

महाभारत के रचना-विधान में वैसे अनेक पात्र युद्ध के केन्द्र में हैं जैसे द्रौपदी, कर्ण, दुर्योधन, धृतराष्ट्र, भीष्म, युधिष्ठिर आदि; क्योंकि कहीं न कहीं वे सब ऐसी भूमिका में होते हैं कि अगर वे न होते तो संभवतः युद्ध नहीं होता। परंतु उसकी अंतर्योजना से यह प्रकट होता है कि यह युद्ध कृष्ण और शकुनि के बीच हुआ है। युद्ध के मूल में कूटनीति है। कल्पना कीजिए कि यदि ये दो पात्र महाभारत में न होते तो न तो शकुनि दुर्योधन को पासों के दाव-पेंच में उलझाता, न कृष्ण के अभाव में पाण्डवों को वनवास होता, न वे अधिकार च्युत होते और न युद्ध होता भी तो कृष्ण के अभाव में पाण्डवों के पास वह कौशल, वह कूटबुद्धि और मार्गदर्शन होता। तब संभवतः पाण्डव वारणावत जैसा निर्वासित, उपेक्षित और अनपहचाना जीवन बिताते। पितृहीन बालक पाण्डव वैसे बचपन से ही दयनीय थे। राज्य पर उनका अधिकार है यह भी वे शायद ही ठीक से जानते हों! द्रौपदी के स्वयंवर की अन्तर्योजना में अर्जुन का मार्ग किसने प्रशस्त किया? जरासंध, शिशुपाल, भीष्म, द्रोण, कर्ण, दुर्योधन में से किसी का भी वध करने

की शक्ति और साहस किसी में था? घटोत्कच को अगर कृष्ण न मरवाते तो अर्जुन कर्ण को कभी मार नहीं सकते थे। युद्ध के मैदान में जाकर अर्जुन अड़ गए, वे अपने स्वजनों को देखकर मोहग्रस्त हो गए। ऐसे समय कृष्ण ने ही उन्हें कर्म मार्ग में प्रवृत्त किया :

'क्लैब्यं मा स्म गमः पार्थ नैतत्त्वय्यपपद्यते।
क्षुद्रं हृदयदौर्बल्यं त्यक्त्वोत्तिष्ठ परंतप।।' गीता / 2

–अर्जुन कायर मत बनो, मन का दौर्बल्य दूर करो और खड़े हो जाओ।

महाभारत में कृष्ण की कूटनीति और कौशल सर्वत्र शरीर में प्राण की तरह संचलित है।

कौरव और पाण्डव दोनों, युद्ध का निर्णय ले चुके थे, फिर भी कृष्ण ने युद्ध न होने देने के लिए अपने दोहरे राजनय का उपयोग किया। दोहरा इस अर्थ में कि यदि उनके प्रयत्न से युद्ध रुक जाता तो एक बड़े नरसंहार और स्थाई शत्रुता को विराम मिलने का श्रेय उन्हें मिलता और अगर युद्ध नहीं रुकता तो इसका लांछन शत्रुपक्ष पर लगता। इसमें संदेह नहीं कि अंतिम क्षण तक, कृष्ण ने युद्ध रोकने की कोशिश की। उन्होंने अपने को बंदी बनाने का प्रयास अपना सामर्थ्य दिखाकर विफल किया। यहां तक कि अपने अंतिम प्रयास के रूप में उन्होंने कर्ण के सम्मुख एक ऐसे रहस्य का उद्घाटन किया जो कर्ण का मन और पक्ष बदल सकता था। यह उनका नीतिगत प्रयोग था। पर कर्ण की दृढ़ता और सच्चाई राजनय से ऊपर सिद्ध हुई। जाहिर है युद्ध रोकने के लिए कृष्ण ने साम, दाम, दण्ड, भेद का उपयोग किया था, परंतु सभी प्रयास विफल रहे। और यजुर्वेद का यह मंत्र अन्यार्थ में चरितार्थ हो गया कि :

'नायं पंथा विद्यतेऽयनाय'–
वेदाहमेतं पुरुषं महन्त–
तमैव विदित्वाति मृत्युमेति
नायं पथा विद्यतेऽअनाय।

(यजुर्वेद अध्याय 31 मंत्र 18/ श्वेताश्वतर उपनिषद् के तीसरे अध्याय का आठवां मंत्र)

विद्या रूप अंधकार से अतीत सूर्य की भाँति स्वयं प्रकाशित स्वरूप इस महान पुरुष (परमेश्वर) को मैं जानता हूँ, उसे जानकर ही मृत्यु का उल्लंघन किया जाता है। परमपद की प्राप्ति के लिए दूसरा मार्ग नहीं।

युद्ध के अलावा कोई रास्ता नहीं रहा। उल्लेखनीय है कि पीटर ब्रुक ने उपने नाटक/फिल्म का इसे आधार बनाया था। कृष्ण के कूटनय के कारण ही इतिहास ने महाविनाश का आरोप कौरवों पर लगाया। इस अर्थ में कृष्ण की कूटनीति सफल रही और संकेत में द्रौपदी को दिया आश्वासन पूरा हुआ। उल्लेखनीय है कि पांडवों और विशेषकर भीम के द्वारा संधि के लिए सहमति देने से द्रौपदी तड़प उठी और जाते समय उसने कृष्ण को अपने खुले बाल दिखाते हुए कहा कि इन्हें मत भूलना। युद्ध रोकने के सारे प्रयत्नों की विफलता के कारण–जहां एकओर युद्ध होता है, वहीं कृष्ण द्यूत के लांछन से उत्पन्न सभी परिणामों से मुक्त हो जाते हैं। इसके बाद पूरा युद्ध कृष्ण के कुशल राजनय का प्रमाण बन जाता है।

इस राजनय का प्रारंभ कौरव पाण्डवों को सैन्य सहायता से होता है। अपने कौशल से कृष्ण दुर्योधन के बाद आए अर्जुन को प्रथम अधिकार देते हैं। वे कहते हैं कि एकओर 13 अक्षौहिणी सेना रहेगी और दूसरीओर निहत्था मैं रहूंगा। इसके पीछे कृष्ण के राजनय-कौशल का संकेत गुजराती उपन्यास 'द्वारिका का सूर्यास्त' में अच्छी युक्ति द्वारा दिया गया है कि यदि कृष्ण कौरव-पाण्डवों के बीच अपनी सेना का बंटवारा करते तो उससे यादवों के बीच द्वन्द्व छिड़ जाता इसलिए उन्होंने यही ठीक समझा कि समस्त यादव-सेना एक तरफ रहे। जो घटित होने वाला था, उसे कृष्ण की पारदर्शी निगाहों ने देख लिया था, तब भी अर्जुन को सम्मान देने के लिए उन्होंने प्रथम अवसर दिया। सहायता मांगने के इस अवसर का उपयोग कर कृष्ण ने सेना से अधिक (या समतुल्य) अपने महत्त्व का निदर्शन कर दिया। उन्हें पता था कि यदि दुर्योधन को पहला अवसर मिलता तो भी वह यादव-सेना ही मांगता। इससे निश्चय ही कृष्ण का मान घटता।

युद्ध में मुख्य भूमिका कुछ ही वीरों की होती है। कौरवों की सेना में भीष्म, द्रोण, कर्ण, शल्य, भूरिश्रवा, दुर्योधन, जयद्रथ, प्रधान अतिरथी योद्धा थे। इनमें से किसी के भी निधन से कौरव-सेना की कमर टूट जाती। कृष्ण ने अप्रत्यक्ष रूप से सभी का वध करवाया इससे कौरव सेना पूरी तरह हताश हो गई। भीष्म का शिखण्डी की आड़ में अर्जुन द्वारा वध कराना कृष्ण की नीति थी। कर्ण अपराजेय योद्धा था। कुंती को दिए वचन के कारण केवल अर्जुन को ही कर्ण से बचाना था। कृष्ण ने इसमें एकाधिक बार अपनी भूमिका का निर्वाह किया। कर्ण के सर्पयुक्त बाण से बचाने के लिए अर्जुन के रथ को जमीन में

धंसाना, शल्य के पाण्डवों के हाथ से निकल जाने के बाद, युधिष्ठिर के माध्यम से कर्ण का सारथि बनने पर उसका आत्मबल गिराने का वचन लेना, (और शल्य के द्वारा तदनुसार कर्ण के आत्मबल को कमजोर करना) कर्ण के पास इन्द्र द्वारा दी गई, एक बार प्रयोग में लाई जाने वाली अमोघ शक्ति का, रात्रि में युद्ध आयोजित कर, दैत्य घटोत्कच को मारने के लिए इस्तेमाल कर कर्ण को नि:शक्त बना देना, कृष्ण के अत्यंत चतुर युद्ध-नय का प्रमाण है। कृष्ण ने ऐसी परिस्थिति का निर्माण कराया जिसमें दुर्योधन को कर्ण से उस शक्ति के प्रयोग के लिए दबाव डालना पड़ा। कर्ण से युद्ध के ठीक अवसर का पूरा अनुमान कर कृष्ण ने अर्जुन का रथ कर्ण के सामने किया। जब कर्ण के रथ का पहिया कीचड़ में धंस गया तो उसे निकालने का अवसर न देकर अर्जुन को अनिच्छा के बावजूद, कर्ण पर प्रहार करने का आदेश दिया। इस तरह कृष्ण ने युद्धनीति की बजाए युद्ध-युक्ति का सटीक प्रयोग किया। इसी तरह द्रोण के वध की युक्ति भी कृष्ण ने निकाली और युधिष्ठिर के सत्य वचन को शंख के तुमुल नाद में विलीन कर दिया। युधिष्ठिर जैसे सत्यव्रती, धर्म धुरंधर व्यक्ति को अर्द्धसत्य बोलने पर कृष्ण ने ही विवश किया। लगता है युधिष्ठिर कृष्ण के लिए कठपुतली है। जयद्रथ के वध में कृष्ण का एक तरह से प्रत्यक्ष हाथ ही कहा जाएगा। उन्होंने कृत्रिम बादलों से अस्त के पहले सूर्य को छिपाकर सूर्यास्त का आभास पैदा किया और जयद्रथ के साथ उसके पिता को भी मृत्युमुख में पहुंचा दिया। कृष्ण की इस चतुर लीला का सुंदर चित्र हिन्दी के कवि मैथिलीशरण गुप्त ने 'जयद्रथ वध' में खींचा है :

> इस ओर यों ही हो रहा जब युद्ध यह उद्दण्ड था,
> उस ओर अस्ताचल निकट तब जा चुका मार्तण्ड था।
> फिर देखते ही देखते वह अस्त भी क्रम से हुआ,
> कब तक रहेगा वह अटल जो क्षीण बल श्रम से हुआ! (ज.बध 6/80)
>
> x x x x
>
> बोला जयद्रथ से वचन कुरुराज तब सानंद यों–
> "हे वीर रण में अब नहीं तुम घूमते स्वच्छंद क्यों?
> अब सूर्य के सम पार्थ को भी अस्त होते देख लो
> चलकर समस्त विपत्तियों को व्यस्त होते देख लो।" ज.वध 6/81
> हंस कर जयद्रथ ने तभी ये विषवचन उनसे कहे–
> "गोविंद अब क्या देर है, प्रण का समय जाता टला!"

x x x x

सुनकर जयद्रथ का कथन हरि को हंसी कुछ आ गई
गंभीर श्यामल मेघ में विद्युच्छटा-सी छा गई।
कहते हुए यों–वह न उनका भूल सकता वेश है–
"हे पार्थ! प्रण पालन करो देखो अभी दिन शेष है।" ज.वध 6/84

दुर्योधन को मृत्युमुख में पहुंचाने की पूरी योजना कृष्ण की थी। उनकी योजना में युधिष्ठिर का अविवेक और अत्युत्साह बाधक बनने ही जा रहा था कि कृष्ण ने बिगड़ी बात संवार ली। युधिष्ठिर ने दुर्योधन को चुनौती देते हुए दंभोक्ति की थी कि "तुम जिस भाई को युद्ध के लिए चुनना चाहो चुन लो" तब कृष्ण ने बेहद क्षुब्ध होकर अर्जुन से कहा था–"तुम्हारा भाई सचमुच मूर्ख है। यह हमेशा पाण्डवों की विपत्ति का कारण रहा है।" (कर्णपर्व-133) युधिष्ठिर के लिए कृष्ण ने ऐसी कठोर टिप्पणी पूरे महाभारत में नहीं की थी।

युद्धोत्तर दायित्व भी कृष्ण ने निभाया। पाण्डवों को अश्वत्थामा से बचाने के लिए उन्हें शिविर से हटाकर दूसरे शिविर में भेज दिया। वैसे भविष्य जानते हुए भी कृष्ण ने पता नहीं क्यों धृष्टद्युम्न और पाण्डवों के युवा पुत्रों के साथ बची खुची सेना को नहीं बचाया। दो अंतिम काम उन्होंने भीम की रक्षा के लिए किए। जब दुर्योधन की अनीतिपूर्ण हत्या से बलराम बेहद रुष्ट थे, उस समय वे भीम के साथ कुछ भी कर बैठ सकते थे। कृष्ण ने बलराम को भीम की, द्रौपदी चीर हरण के समय की गई प्रतिज्ञा और मैत्रेय के शाप की बात बताई। इससे न केवल बलराम शांत हो गए बल्कि इस अनैतिकता के प्रति आश्वस्त भी हो गए। (शल्यपर्व-58, 60) ऐसे में अनैतिकता के परिहार के समय शेक्सपीयर के हैमलेट का विरोधाभास स्मरण हो आता है, जिसके बारे में लोर हॉले लिखते हैं:

"He would have had to practice correptions
to over come correptions"
Lour Halle, The Search for the eaternal norms.

कृष्ण ने अंतिम बार भीम को तब बचाया जब पाण्डव धृतराष्ट्र के पास आए और धृतराष्ट्र उन्हें गले लगाने को तत्पर हुए। लोहे की मूर्ति को भीम की जगह आलिंगन के लिए अंधे धृतराष्ट्र के सामने करने और लौह-मूर्ति के खण्ड-खण्ड होने से प्रतीत होता है कि इस आलिंगन से भीम के क्या हाल होते। कृष्ण ने अश्वत्थामा के ब्रह्मास्त्र से आहत उत्तरा के पुत्र को जीवित करने का संकल्प लेकर उसे आश्वस्त किया। इसके अतिरिक्त भी कृष्ण ने पाण्डवों की

रक्षा और विजय के लिए अकल्पनीय कार्य किए और अपने राजनय तथा युद्धनय का अनूठा साक्षात्कार कराया।

कृष्ण ने अर्जुन को गीता के द्वारा जो कर्मण्यता का उपदेश दिया था वह स्वयं उनके आचरण का अंग भी था। वे कर्मयोगी थे। उन्होंने स्थापित किया कि जिस समय हमारा जो कर्तव्य होता है उसका निर्वाह करना ही कर्म है। युद्ध जैसे हिंसक कर्म को भी कृष्ण 'कर्म' कहते हैं–यदि वह आपके कर्तव्य, लोकहित और आवश्यकता में शामिल हो। शासन-कर्म, न्याय-कर्म, जीवन-कर्म, युद्ध-कर्म जैसे सभी कर्तव्य, कर्म में शामिल होते हैं। कृष्ण कहते हैं : 'कर्मण्येवाधिकारस्ते मा फलेशु कदाचन।' कर्म करते हुए कर्म पर ही हमारा अधिकार होता है। कर्म और फल का कार्य-कारण संबंध नहीं है, फल अनिवार्य नहीं है। अतः कर्म करना ही करणीय है। कृष्ण के कर्म का दर्शन 'निस्पृह-कर्म' है। अर्जुन के मोह और स्मृति से भरे मन के लिए कृष्ण का संदेश है–मोह के बिना कर्म किया जाना चाहिए। इसीलिए वे महाभारत में बार-बार क्रोध और घृणा के बिना युद्ध करने का उपदेश देते हैं। इसी कर्म-दर्शन से ये सारे कर्म स्पृहणीय हो जाते हैं। उदाहरण के लिए बिना काम भाव और सौंदर्यानुभव के मैथुन 'काम' नहीं नियोग है। जिन कर्मों में तटस्थता नहीं हो सकती, ऐसे कर्मों में भी तटस्थता रख पाना स्थितप्रज्ञता है। इसी को 'अकर्म' कर्म कहा जाता है। यही कर्म की सच्ची भावना है। योग यदि चित्तवृत्ति निरोध को कहते हैं तो कर्मयोग भी कर्म के संबंध में चित्रवृत्ति निरोध ही है–निरपेक्ष रूप से कर्म करना। इससे मनुष्य में उत्साह और सातत्य बना रहता है। निराला ने 'जागो फिर एक बार' कविता में लिखा है–

> है नश्वर यह दीन भाव, कायरता, कामपरता
> योग्य जन जीता है
> पश्चिम की उक्ति नहीं गीता है–गीता है
> गीता है, स्मरण करो बार बार
> जागो फिर एक बार।

कृष्ण न अर्जुन हैं, न भीष्म, न भीम, न युधिष्ठिर–वे इन सबसे भिन्न पूर्ण पुरुषोत्तम हैं। मनुष्य में कोई-न-कोई अधूरापन रहता है, परंतु पुरुषोत्तम पूर्ण होता है, सर्वांगीण। इसमें योग और भोग, ज्ञान और कर्म, नीति और कौशल, सत्त्व और रज सबका यथोचित संयोजन होता है। उदाहरण के लिए कृष्ण भीष्म की तरह अडिग या जिद्दी नहीं हैं, उनमें लचीलापन है। लचीलापन और अवसरवादिता में

छत्तीस का संबंध है, जैसे नम्रता और चापचूसी में। एक में कहीं न कहीं स्वार्थ और मोह है जबकि दूसरे में परमार्थ और निस्पृहा। कृष्ण, गीता में जो विराट संयोजन करते हैं और संसारभर का तत्त्वज्ञान और व्यवहार ज्ञान निचोड़ कर रख देते हैं–वह इसी निस्पृह संयोजन के कारण संभव हुआ। जैसे कई नदियां जाकर सागर में एकात्म हो जाती हैं वैसे ही धर्म और तत्त्व के सारे रूप, सारी धाराएं कृष्णार्णव में निमीलित हो जाती हैं। कृष्ण के विचारों में धर्म के कितने कोण और आयाम हैं? विश्व में किसी महापुरुष में ऐसी बहुआयामिता नहीं पाई जाती; और बहुआयामिता ही नहीं, उस पर पकड़।

जैसे द्रौपदी के वस्त्र-हरण प्रसंग में अनुपस्थित कृष्ण द्रौपदी का चीर बढ़ा कर एक अमूर्त उपस्थिति दिखाते हैं, वहीं धर्मवीर भारती के 'अंधायुग' में वे अदृश्य हैं– परंतु सर्वत्र उपस्थित हैं। गुजराती के हरीन्द्र दवे का उपन्यास 'माधव कहीं नहीं है' (अर्थात् 'माधव कहाँ नहीं है?) में जहाँ-जहाँ नारद कृष्ण को खोजते हुए जाते हैं वहाँ-वहाँ वे नहीं मिलते-जबकि वे हर जगह अदृश्य रूप से उपस्थित होते हैं। यह विचित्र है कि दूर से नारद को कृष्ण का विविध स्वरूप दिखता है और इसमें उनमें भी बदलाव आता है।

श्रीकृष्ण संसार का प्रतिबिम्ब भी हैं और संसारोत्तीर्ण भी हैं। हमेशा पूर्ण बनने की उत्कटता से अपूर्णता झेलती दुनिया में मूल्य, सत्य आदि भांति-भांति से परिभाषित होते हैं। अगर हमें कृष्ण को इनमें पहचानना है तो उनकी विभिन्न संदर्भवत्ता, प्रयोजन और अभिप्राय में पहचानना होगा। महाभारत के कृष्ण की पहचान इसीलिए जटिल है। कृष्ण को जानना इस अबोध, अबूझ पारावार में गोता लगाकर ही संभव है, लेकिन वह भी मनुष्य आंशिक और अपूर्ण रूप से ही कर पाता है। उदाहरण के लिए कई बार सकारात्मक उद्देश्य के लिए नकारात्मक मार्ग को देखकर विस्मय होता है, परंतु यदि कृष्ण की अबूझता बूझी जा सके तो उसे भी समझा जा सकता है।

मोह होना और भाव होना, लालच होना और अनुराग होना; आपस में कच्ची डोर से बंधे हैं। कृष्ण को भी अंत में देहधारी मनुष्य की तरह पश्चाताप, ग्लानि और लज्जा होती है। वह किस कोटि की है और उसमें विश्व के सृजन की व्याकुलता कितनी उदग्र है–यह कृष्ण में ही संभव है, सामान्य या अपूर्ण मनुष्य में नहीं। वे गांधारी के सामने अपना क्षोभ और अपराध-भाव प्रकट करते हैं–जो विश्व-वेदन से आप्लावित है। इसीलिए कृष्ण में विस्मयकारी प्रेम-क्रीड़ा, प्रेमोत्सव है उसे भी साधारण संवेग से पहचानना संभव नहीं है। भाव के जितने

रूप होते हैं–एकत्र! वे सब वहां हैं। शिशुपाल की हठधर्मी हो या भीष्म का विपुल नरसंहार–कृष्ण का क्रोध देखने लायक है। युधिष्ठिर की 'मूर्खता' पर उनकी झुंझलाहट, द्रौपदी के प्रति आंतरिक राग-भाव सब कुछ कृष्ण में मनोहारी और पराकाष्ठा में मिलते हैं। कर्म-दर्शन और भाव-दर्शन में ऊपर से दिखने वाला यह द्वैत कृष्ण के भीतर अपने सौन्दर्य में एकात्म है। इसे डिकोट करने में अच्छे-अच्छे ज्ञानियों के पसीने छूट गए हैं और थक-हार कर वे कह देते हैं कृष्ण अज्ञेय हैं।

कुछ लोग गलत तरीके से दृढ़ रहते हैं और कुछ सही तरीके से भी दृढ़ नहीं रह पाते। (भीष्म इसके उदाहरण हैं) ऐसे में इतिहास अपनी नाटकीयता खो देता है। और उनके सही काम भी वही कोटि प्राप्त कर लेते हैं जो उसकी प्रेरणा है। काशीराज की कन्याओं का हरण और फिर अम्बा के प्रति भीष्म की 'दृढ़ता' भीष्म की मृत्यु का कारण तो हुई ही, लेकिन एक संवेदनहीन अमानवीय दुराचार का भी प्रतीक हो गयी; जबकि कृष्ण ने जरासंध द्वारा त्रस्त और त्यक्त 16000 स्त्रियों को आश्रय तथा पत्नी का दर्जा देकर संवेदनशीलता का उदाहरण पेश किया।

कई बार मनुष्य द्वारा अपनाया गया औचित्यपूर्ण मार्ग भी अनुचित हो जाता है, जैसे दुर्योधन का अंतिम युद्ध; जो उसकी ओर से नियमानुकूल ही था और भीम द्वारा युद्ध में तात्कालिक रूप में अनैतिकता की गई थी, परंतु उसका औचित्य सुदूर अतीत में द्रौपदी के चीर-हरण के समय दुर्योधन की अभद्रता और अश्लीलता निहित था। यानि उसके भीतर कार्य-कारण की एक अदृश्य श्रृंखला थी। पाप का दंड व्यक्ति को कई बार तुरंत नहीं मिलता यह काफी कुछ खिंचता चला जा सकता है और कई बार विस्मरण के बाद दण्डित होने पर उसे अपने पुराने पाप का बोध होता है। यह कोई संहितागत बात नहीं है, इसमें काफी व्यावहारिकता है, भले ही वह अदृश्य हो। कृष्ण के लिए कौरवों को दण्डित करने का यही तर्क था। अम्बा के प्रति किए गए अन्याय का परिणाम भीष्म को कितने समय बाद मिला? ऐसा नहीं है कि कृष्ण को यह नहीं भोगना पड़ा। उनकी मृत्यु के भीतर एक आशीर्वादनुमा शाप प्रकरण है जबकि प्रत्यक्ष रूप से उनके वंश का विनाश गांधारी के शाप के कारण हुआ।

कृष्ण स्त्रष्टा के रूप में सृष्टि में शामिल होने की अपनी बाध्यता से गांधारी का शाप मस्तक पर चढ़ाते हैं। वे अवतार हैं, इसलिए कर्ता और भोक्ता दोनों हैं। सृष्टि चक्र के हर आवर्तन में शामिल होना उनकी मानवीय नियति है।

कृष्ण, व्यास की समाधि भाषा हैं, इसलिए सृष्टि के और ईश्वरत्व के सारे रहस्य व्यास कृष्ण के माध्यम से व्यक्त करते हैं। महाभारत में गीता एक रहस्यमय प्रवेश है। जो बात अर्जुन से कृष्ण दो शब्दों में कह सकते थे कि कायर मत बनो। युद्ध के मुहाने पर खड़े हो अब युद्ध ही तुम्हारी नियति और तुम्हारा कर्म है। समझो तुम कुछ नहीं कर रहे हो और इस युद्ध में कोई मर नहीं रहा है। जो प्रत्यक्ष मर रहा या मारा जाता हुआ दिख रहा है वह दूसरा शरीर वैसे ही पहन लेगा जैसे कोई पुराना कपड़ा उतार कर नया पहनता है। इसलिए कर्ता का मोह और कर्ता का अहम् दोनों त्यागो–आदि। परंतु कृष्ण दोनों सेनाओं के बीच रथ ले जाकर गीता के 18 अध्याय कहते हैं। कृष्ण की भगवत्ता के कारण ही युद्ध के बीच यह अस्वाभाविक लम्बा हस्तक्षेप विस्मित करता है, अस्वाभाविक नहीं लगता, क्योंकि वे कह तो अर्जुन से रहे हैं, परंतु संबोधित समूची सृष्टि हो रही है; अर्जुन केवल माध्यम है। गीता महाभारत का रहस्य है–सारभूत अंत:सत्य। अत: व्यास की समाधिभाषा में इसे रचा गया है। गीता की रचना में जिन लोगों को विस्मय होता है, उन्हें व्यास के वेद संबंधी कार्य का स्मरण करना चाहिए, जहां सारा तत्त्व, व्यवहार और भाव संगृहीत हैं।

कृष्ण का उद्‌भव, उनका सांसारिक व्यवहार और आचरण, उनकी प्रीति, उनका युद्ध उनकी मित्रता, उनकी शत्रुता सबकुछ साधारणोत्तर है। विशिष्ट, चमत्कारी, अबूझ। इसके रहस्य का एक पक्ष डॉ. राधाकृष्णन के इस निरूपण में है, भागवत पुराण के अनुसार–"आधी रात के घने अंधेरे में हम सबके भीतर बसने वाले भगवान देवकी के घर प्रकट हुए–तो वे हर किसी के दिल में बसे हुए हैं। कृष्ण भगवान के जन्म का अर्थ है रात के अंधेरे में उजाले का पैदा होना। हमारे भीतर अचानक ही एक प्रकाशपुंज का पैदा होना, जिससे जिंदगी नई और ताजोताज़ा हो जाए। जब यह पवित्र आत्मा हमारे भीतर जन्म लेती है, तो हमारी जेल के ताले अपने आप खुल जाते हैं।... कृष्ण का जन्म भगवान का अवतार लेना मात्र नहीं है, वह भगवान द्वारा इंसानियत को अपना लेना भी है।" इसलिए महाभारत कोई धार्मिक ग्रंथ नहीं है उसमें बहुत से सम्मिश्रण हैं। नदी अपने उद्‌गम से जितनी दूर निकलती जाती है उसमें अनेक सम्मिश्रण होते जाते हैं। यही महाभारत के साथ हुआ है। विभिन्न कवियों ने अपनी-अपनी बुद्धि और अपनी–अपनी भावना से इसमें भरसक धार्मिकता शामिल कर ली है। पर जैसा राधाकृष्णन ने ऊपर कहा है कि कृष्ण ने महाभारत में 'इंसानियत' को अपना लिया है। इसलिए कृष्ण के चरित्र को दैवीय कम और मानवीय या अतिमानवीय

अधिक मानना चाहिए। और महाभारत को एक काव्य-कृति न कि धार्मिक कृति। कृष्ण चैतन्य ठीक लिखते हैं :

It would be much sefer if we keep in mind that Vyasa was probing the riddle of existence through the modality of poetry which is perhaps profounder than the purely religious or philosophical modality.

–The Mahabharat–by Krishana Chaitanya. p. 323.

प्रत्यक्ष या परोक्ष रूप से हर वस्तु और कार्य में कृष्ण की प्रेरणा-शक्ति सक्रिय होती है। यही कृष्ण ने अर्जुन से कहा था–"मैंने तुम्हारे कल्याण के लिए जरासंध, महात्मा शिशुपाल, महाबाहु निषाद एकलव्य एवं हिडम्ब, किर्मीर, बक, हलायुध, उग्रकर्मा, घटोत्कच आदि राक्षसों का नाना उपायों से वध किया था।"

(द्रोण 181)

जब दस्युओं से नारियों को नहीं बचा पाए तब अर्जुन स्वीकार करते हैं कि उनकी जो कुछ शक्ति है, वह कृष्ण ही हैं लेकिन आज कृष्ण नहीं हैं। अर्जुन कहते हैं–"उस पीताम्बर धारी द्युतिमान पुरुष को जो मेरे रथ के आगे शत्रु सैन्य को दग्ध करता रहा, आज मैं नहीं देख पा रहा हूं। वह तो उनकी संहारकथा है, मैं तो केवल शवों पर शरक्षेप करता रहा।" पर मुझे लगता है कि कृष्ण का यह स्वरूप कृति में रचनात्मक विघ्न डालता है। क्योंकि ऐसे में कोई भी पात्र अपना व्यक्तित्व स्थापित नहीं कर पाता–यदि कृष्ण ही कर्ता हैं और भोक्ता हैं, यदि कृष्ण ही वर्तमान हैं, कृष्ण ही भविष्य हैं तो फिर पात्रों का क्या अर्थ? वे सब कठपुतली बन जाते हैं, उनके कार्यों में कोई उत्तेजना, कोई संवेदना उत्पन्न नहीं होती। जब परमेश्वर ही सब करता है तो पात्रों के कामों का क्या अर्थ रह जाता है? लगता है मनुष्य कृष्ण के लिए सछिद्रा बांसुरी है जिसमें से वे कोई भी राग निकाल लेते हैं। परंतु यह बात दर्शन के स्तर पर है, महाभारत के वास्तविक धरातल पर कृष्ण की इस सत्ता को गौण ही रखा गया है, क्योंकि महाभारत एक काव्य कृति है जिसमें क्षति की जगह जीवन-यथार्थ सक्रिय होता है।

ऊपर से कृष्ण का चरित्र दोहरा दिखाई देता है, परंतु भीतर एक अंतः सूत्र से वह जुड़ा हुआ है। दोहरा प्रकट करना उनका शिल्प है उनका सत्य नहीं, इसे न जानते हुए लेखकों ने ऐसे प्रसंगों को ही अपनी रचना में से काट कर उस द्वैत को समाप्त करने की कोशिश है, जो उसकी रचनात्मक वक्रता नष्ट कर देते हैं।

खैर सुकथनकर अपनी मीमांसा में इस प्रवृत्ति पर कटाक्ष करते हैं :

'कृष्ण का 'यह' दोहरा चरित्र स्पष्टतः उनकी कथनी और करनी में अंतर्विरोध उपस्थित कर देता है जो महाभारत के आधुनिक व्याख्याताओं के लिए सिरदर्द बना हुआ है। जिस एकमात्र समाधान को वे खोजने में सफल हुए हैं, वह है दृश्य से उनको काट देना, उच्च आलोचना और ऐतिहासिक सत्य के नाम पर उसका बहिष्कार कर देना। पर जैसा कि हम देखेंगे कि यह रामबाण है इस प्रस्तुत रोग के लिए कठिनता से ही उपयोगी है।' सुकथनकर, पृ. 95

राम मनोहर लोहिया शायद यह बात अपनी रोचक शैली में कहते हैं :

कृष्ण की सभी चीज़ें दो हैं–दो मां, दो बाप, दो नगर, दो प्रेमिकाएं... (असली से भी श्रेष्ठ बाद की स्वीकृतियां) राममनोहर लोहिया/रचनावली–8 / पृ. 71

कर्ण

जीवन की विचित्रता का कोई ओरछोर नहीं। इसे जितने रंगों, रूपों, रेखाओं में महाकवि व्यास ने आंका है, वैसा संसार में शायद ही किसी कवि से संभव हुआ हो। कर्ण भी उनके जादुई भंडार का एक अनोखा रत्न है। उसका जीवन अप्रतिम उदाहरण है सौभाग्य मंडित दुर्भाग्य का, जो उसके जन्म के पहले ही जनम गया था। महर्षि दुर्वासा ने कुमारी कुंती की सेवा से प्रसन्न होकर वरदान स्वरूप जो अयाचित मंत्र दिया था, वह भले ही पाण्डवों के बारे में उनकी भविष्यदर्शिता रहा हो, परन्तु कर्ण के संबंध में तो निपट अभिशाप ही था। सूर्यपुत्र होने पर भी वह संसार के लिए सूतपुत्र रहा। इतना शायद उसके दुर्भाग्य के लिए पर्याप्त नहीं था। वह उसके जीवन में जन्मजात दिव्यता, असाधारण वीरता, स्वाभिमान और महत्त्वाकांक्षा का रूप धर कर आया था। यदि यह सब न होता तो कम-से-कम सूतपुत्र के रूप में ही सही, उसका जीवन सहजता और अबाधता से कट तो सकता था। उपलब्धियां और गुण उसके लिए यातना के वाहक हो गए।

एक लोककवि ने बहुत संक्षेप में कर्ण के दुर्भाग्य का निरूपण किया है–

कर्ण– कवच कुंडल इन्द्र लीने बाण कुंती ले गई।
भई वैरिन मेदिनी चित, कर्ण के चिंता भई।

विजय मुक्तावली–छत्रसिंह कायस्थ संवत् 1757

हर सुअवसर कर्ण के लिए विडंबना बन गया। सूतपुत्र होते हुए भी उसकी शिक्षा राजकुमारों के साथ हुई (भले ही फासले से) परंतु उनके अनुरूप महत्त्वाकांक्षा अवश्य जाग उठी। उसने गुरु द्रोण से ब्रह्मास्त्र विद्या सीखनी चाही, परंतु अर्जुन के लिए आरक्षित सर्वोत्तम शिक्षा वे 'सूतपुत्र' कर्ण को कैसे देते? वे तो अर्जुन के बराबर वीर भी किसी को देख नहीं सकते थे। उन्होंने 'प्रतीक गुरु' की गुरु दक्षिणा तक स्वयं मांग ली और क्रूरतापूर्वक एकलव्य की वीरता

का आधार छीन लिया। एकलव्य तो सिर झुकाकर अपने एकांत में चला गया, परंतु कर्ण ने हठ न छोड़ी। वह द्रोणाचार्य के गुरु परशुराम के पास गया और जाति छिपाकर उनका शिष्य हो गया। जहां तक योग्यता का सवाल है वह परशुराम से अमोघ भार्गवास्त्र सीखने का अधिकारी माना गया। परंतु जाति ने यहां भी उसे उस सब से भी वंचित कर दिया जो वह पा चुका था। दोनों गुरुओं ने दो तरह से शिष्यों के अंगूठे काट लिए। (समय आने पर अस्त्र का प्रयोग भूल जाने का शाप अंगूठा कटवाने से कम नहीं था।)

जातीय कारण से कर्ण को जो दो असह्य आघात लगे, उन्होंने उसकी प्रकृत दशा ही पलट दी। कर्ण वह नहीं रहा जो था या जो हो सकता था। पहली बार उसका सार्वजनिक अपमान रंगभूमि में अस्त्र-प्रदर्शन के अवसर पर हुआ। उसे अर्जुन से द्वन्द्वयुद्ध करने से जातीय आधार पर वंचित किया गया। दूसरी बार स्वयंवर के समय स्वयं द्रौपदी ने उसे सूतपुत्र कह कर उसका वरण करने से इनकार कर दिया। महाभारत में केवल दो ही ऐसे अवसर आए हैं जब अपमान की चरम अवस्था में कर्ण ने साभिप्राय सूर्य की ओर देखा है। एक तो तब, जब भीम ने सूतपुत्र कहकर उसका उपहास किया था; उसने लंबी सांस ली थी और आकाश मंडल में सूर्य की ओर देखा था:

'गगनस्थ विनिश्वस्य दिवाकरमुदैक्षते।' आदि-136/8

दूसरे, तब जब द्रौपदी द्वारा तिरस्कार करने पर उसने क्षोभयुक्त हंसी से भगवान सूर्य की ओर देखा और धनुष डाल दिया था :

'सामर्षहासं प्रसमीक्ष्य सूर्यं
तत्याज कर्णः स्फुरितं धनुस्तत्।।' आदि 186/23

इन घटनाओं से वह कुंठा और हीनता ग्रंथि से ग्रस्त हो गया, जिसने द्यूतसभा में उसे द्रौपदी के संदर्भ में अमर्यादित, निंदनीय चरित्र बना दिया। द्रौपदी से कही गई उसकी उक्तियां वास्तव में कुंठा की अभिव्यक्ति थीं। हीनता-बोध ने उसे अत्यधिक अहंकारी और वाचाल आत्म-प्रशंसक बना दिया। वह पाण्डव सेना और कृष्ण सहित पाण्डवों के ध्वंस की बार-बार घोषणा करता रहा। युद्ध में दुर्योधन को आश्वस्त करते हुए कर्ण कहता है कि साक्षात इन्द्र भी अर्जुन की रक्षा करने आ जाएं तो उन्हें शीघ्र ही पराजित कर मैं अर्जुन को मार डालूंगा। मेरे जीतेजी विषाद न करो, समरांगण में मैं समस्त पाण्डवों को जीत लूंगा। यह सुनकर कृपाचार्य उसे लताड़ देते हैं। वे कहते हैं कि बात न बनाओ, युद्ध में

पराक्रम दिखाओ:

अब्रुवन कर्ण युध्यस्व कत्थसे बहु सूतज।
अनुक्त्वा विक्रमेद् यस्तु तद् वै सत्पुरुषव्रतम्। द्रोण 158/19

अस्त्र-परीक्षा-रंगमंच पर सबकी उपस्थिति में दुर्योधन ने कर्ण को अंगराज बनाकर सम्मानित किया। यह कर्ण जैसे अदम्यवीर के लिए साधारण बात थी। उसका प्राप्य तो कुछ और था। उसके लिए अंग का शासक बनना एक तुच्छ घटना थी, परंतु जातीयता में जड़ीभूत उसके जीवन में यह उस देश-काल की सबसे बड़ी उपलब्धि थी। इसने कर्ण को दुर्योधन के प्रति अतिरिक्त कृतज्ञता के बोझ से झुका दिया। वह दुर्योधन के षड्यंत्रों का सहायक और सलाहकार हो गया और उसकी गणना शकुनि के साथ होने लगी। इसका लाभ उठाते हुए मराठी उपन्यासकार शिवाजी सावंत ने यहां तक कल्पना कर ली कि दुर्योधन तो आधा राज्य देकर संधि के लिए तैयार था, परंतु कर्ण ने यह अस्वीकार कर दिया। (इसकी चर्चा हम कर चुके हैं) अंतत: उचित-अनुचित के विवेक से रहित वह दुर्योधन रूपी 'मन्यु' महावृक्ष का 'स्कंध' बनकर रह गया! इसी तरह सौभाग्य एक बार फिर उसके जीवन का दुर्भाग्य बन गया!

ऐसा नहीं है कि कर्ण नियति के इस संकट से अनभिज्ञ रहा हो। परंतु परिस्थितियों ने उसके जीवन को इस तरह आक्रांत कर लिया था कि वह उन्हीं के बीच घूमने को बाध्य था, उद्यपि उसकी ऊर्ध्वचेतना उसे बारबार आगाह करती थी। उसने दुर्योधन को पाण्डवों से कपट करने की बजाए साक्षात युद्ध करने का सुझाव दिया था। परंतु दुर्भाग्यवश दुर्योधन कर्ण की प्रवृत्ति का स्वामी था, न कि कर्ण दुर्योधन की।

लगता है कि कर्ण की लड़ाई दूसरों से कम अपने आप से अधिक थी। इसका बहुत मार्मिक पुन:सृजन संस्कृत महाकवि भास ने किया है। यथास्थान इसकी चर्चा भी की गई है। जन्मजात दिव्यता, उदात्तता, दानशीलता, सत्यनिष्ठा जैसे गुण उसकी कुंठा, हीनता, अहंकार आदि से लड़ते रहे। पहले तो यह टक्कर बराबरी की थी, परंतु आगे जाकर उसके स्वाभाविक गुण-सूत्र ने उसकी दुर्वृत्तियों को परास्त कर दिया और कर्ण हमें संस्कृति की महान विरासत के रूप में उपलब्ध हुआ। उसका स्वाभाविक उदात्तीकरण भी सहज रूप से नहीं हुआ, इसके लिए उसे कठोर आत्म-संघर्ष से गुजरना पड़ा। भीष्म पितामह की शरशय्या के निकट जाकर उसने अपने अविनय के लिए क्षमा मांगी। कृष्ण से अपने जन्म

का रहस्य जानने के बाद उसकी पहली प्रतिक्रिया द्रौपदी के प्रति अपने कठोर और निर्लज्ज वचनों के लिए आत्म-धिक्कार की हुई थी।

महाभारत में ऐसे दो ही चरित्र हैं जिनका उत्तरकाल यदि अचित्रित रह जाता तो उनकी प्राय: नकारात्मक छवि हमारे सामने आती—युधिष्ठिर और कर्ण। दोनों का उत्तरोत्तर विकास और परिणति उन्हें इस महाकाव्य के उत्तम पात्रों में प्रतिष्ठित करती है। कर्ण का विकासोन्मुख होना युधिष्ठिर के विकास से अधिक कठिन था। क्योंकि युधिष्ठिर को महान बनाने में परिस्थितियों का बड़ा हाथ था, जबकि कर्ण के लिए अनुकूल परिस्थितियां भी सदैव विपरीत रहीं। इसने प्राप्त और प्राप्तव्य के बीच की खाई को चौड़ा किया।

मराठी के रणजीत देसाई ने 'राधेय' उपन्यास में कर्ण की त्रासदी को इस तरह रेखांकित किया : 'हे केशव! जिसकी अभिलाषा थी क्या उसी को खोना ही सदैव मेरे भाग्य में लिखा है?'

कुंती को वचन देकर उसने अपने वीरोचित युद्ध-धर्म से विमुखता ही दिखाई। मित्र (दुर्योधन) और मां के बीच चयन उसके लिए कितना कठिन रहा होगा?

महाभारत के बड़े केन्वास में युद्ध के कई कारक दिखाई पड़ते हैं। परंतु यदि उसका गूढ़ विश्लेषण किया जाए तो कहीं कर्ण उसका प्रमुख कारक जान पड़ता है। इसे लक्षित करते हुए मराठी उपन्यासकार रणजीत देसाई ने 'राधेय' में लिखा है कि जब कृष्ण विदुर से कहते हैं कि ''इस युद्ध की कीर्ति हो या अपकीर्ति, किंतु उसका श्रेय हम दोनों को मिलेगा।'' विदुर पूछते हैं—''कौन दोनों?'' कृष्ण उत्तर देते हैं—''एक मैं और दूसरा कर्ण।'' दुर्योधन कई बार कह चुका है कि कर्ण के होने से ही मुझे विजय का पूर्ण विश्वास है। इसकी पुष्टि तब होती है जब कर्ण की मृत्यु पर विलाप करते हुए धृतराष्ट्र कहता है कि केवल कर्ण के आसरे पाण्डवों को जीत लेने का पूरा विश्वास करके दुर्योधन पांडवों से शत्रुता ठाने हुए था :

> ''यमाश्रित्य महाबाहुं विद्विषां जयकाङ्क्षया।
> दुर्योधनोऽकरोद्वैरं पाण्डुपुत्रैर्महारथैः।।'' कर्ण 8/13

सही भी है; भीष्म, द्रोण, कृपाचार्य आदि भी अजेय योद्धा थे, परंतु दुर्योधन इनके सहारे पाण्डवों से वैर नहीं ठान सकता था। अगर कर्ण न होता तो दुर्योधन युद्ध करने पर नहीं अड़ता और तब महाभारत भी न होता। इस दृष्टि से कर्ण महाभारत का कारक और पाण्डवों का प्रतिपक्ष प्रतीत होता है।

केवल कृष्ण और युधिष्ठिर ही समझ पाए थे कि पाण्डवों का वास्तविक प्रतिपक्ष कर्ण है। युधिष्ठिर ने कर्ण का सामना करने के लिए ही अर्जुन को अस्त्र प्राप्ति के लिए शिव की अराधना करने के लिए भेजा था। वन पर्व में भीम से युधिष्ठिर कहते हैं कि रात्रि में कर्ण का स्मरण आते ही मैं अच्छी तरह से सो नहीं पाता-'न निद्रामधिगच्छामि चिन्तयतो वृकोदर' वन36/20। भीष्म और द्रोण की मृत्यु पर नहीं, केवल कर्ण की मृत्यु पर युधिष्ठिर ने कहा था कि तेरह वर्षों के बाद आज हम लोग भरनींद सो सकेंगे (कर्ण-96/45) स्मरणीय है कि तब दुर्योधनादि जीवित थे। युधिष्ठिर के लिए कर्ण का वध ही जैसे महाभारत का अंत था।

कृष्ण ने संधि-प्रयास में विफल होने पर अंतिम प्रयत्न के रूप में कर्ण के सम्मुख वह रहस्य प्रकट किया था, जिसे केवल कुंती, भीष्म और कृष्ण जानते थे। कृष्ण को विश्वास था कि यदि कर्ण दुर्योधन को छोड़कर पाण्डव पक्ष में आ जाए तो यह लड़ाई समाप्त की जा सकती है। कुंती के द्वारा पुनः यह प्रयत्न कृष्ण ने अंतिम युक्ति के रूप में करवाया था; राजनयिक और रागात्मक दोहरी अपील महाभारत में अकेले कर्ण से ही की गई। शरशय्या पर सोए हुए भीष्म ने कर्ण से ही युद्ध समाप्त कर संधि की अपील की थी। वे चाहते थे कि कर्ण युद्ध से दूर रहे। पहले से अवगत कर्ण के सामने भीष्म ने पुनः कुंती को उसकी मां बताया और यह रहस्य भी उन्होंने तभी खोला कि क्यों उन्होंने कर्ण का अपमान किया था, जबकि उनके मन में उसके प्रति कोई दुर्भावना नहीं थी।

हम ज़रा सोचें कि कर्ण के लिए वह क्षण कितना त्रासदायी रहा होगा जब कृष्ण ने उसके जीवन-रहस्य पर से पहलीबार पर्दा हटाया था। उसने जाना कि पाण्डव उसके सहोदर हैं और वह उनका अग्रज है। यानी महाभारत कौरव पाण्डवों के बीच नहीं, पाण्डव-पाण्डव के बीच हो रहा है! तब भी दुर्योधन का साथ न छोड़ने की दृढ़ता कर्ण के चरित्र को उच्च भूमि पर स्थित कर देती है।

एक और स्थिति की कल्पना कीजिए कि कर्ण के सामने कृष्ण हैं और जबरदस्त मोह (द्रौपदी और राज्य) का प्रसंग स्वयं उपस्थित करते हैं, परंतु कर्ण को न तो मोह होता है और न उसके लिए कृष्ण को गीता आविष्कृत करनी पड़ती है। क्या गीता कर्ण के भीतर ही थी जिस पर वह आचरण करता था? तब कर्ण के चिंतन और वैदुष्य की क्या सीमा थी? इतना ही नहीं उसने राजनीति और मातृत्व की शृंखला को एक झटके में तोड़कर विश्वास और (राधा मां के) वात्सल्य के अपेक्षाकृत ऊंचे मानदण्ड की स्थापना की।

कर्ण के उदात्त चरित्र की पहली झलक हमें तब मिलती है जब वह ब्राह्मण को याचना करने पर कवच और कुंडल उधेड़कर दे देता है। वह यह भी जानता है कि ब्राह्मण छद्म है। क्योंकि स्वप्न में सूर्य ने कर्ण को बता दिया था कि प्रातः काल ब्राह्मण के वेष में इंद्र आएंगे और उससे कवच और कुंडल की याचना करेंगे। उन्होंने स्पष्ट निर्देश दिया था कि वह उन्हें नहीं दे, क्योंकि वे उसकी अजेयता की प्रतिभूति हैं। अर्जुन से उसकी रक्षा उन्हीं के माध्यम से हो सकती है। परंतु कर्ण ने वचन के निर्वाह का निश्चय प्रकट कर सूर्य से आज्ञा देने की प्रार्थना की थी। यहां यह संकेत महत्त्वपूर्ण है कि कर्ण स्वप्न में भी अपनी प्रतिज्ञा से डिग नहीं सकता था। उसके जन्म से पहले ही सूर्य ने कुंती से कहा था कि आने वाला बालक दृढ़प्रतिज्ञ होगा। मेरे कहने पर भी वह कभी अयोग्य कार्य का विचार तक मन में नहीं लाएगा–'चोद्यमानो मया चापि नाक्षमं चिंतयिष्यति।'–(आदि, 110/17) शायद यही वह अवसर था जिसके बारे में सूर्य ने कुंती से यह बात कही थी। जैसा सूर्य ने कहा था–ब्राह्मण वेश में इन्द्र आए। कर्ण द्वारा उनका वास्तविक परिचय पूछने पर उन्होंने बताया कि वे इन्द्र हैं। उनके मांगने पर कर्ण ने सहर्ष कवच-कुंडल उधेड़कर उन्हें दे दिए। उस दिन से कर्ण 'वैकर्तन' हो गया और अपरिमित दान देने के कारण वह 'वृष' हुआ। आखिर कर्ण ने सूर्य की विनम्र अवज्ञा कर अपनी प्रतिज्ञा का निर्वाह किया। कर्ण की दृष्टि कितनी वैज्ञानिक और यथार्थपरक थी कि उसने सूर्यदेव से प्रत्यक्ष में भी स्वप्न की पुष्टि चाही। उनके द्वारा पुष्टि करने पर ही स्वप्न की सत्यता पर विश्वास किया।

कर्ण की सद्वृत्तियां निरंतर प्रकट होती गईं। भीष्म के बाद सेनापति बनने का उसका स्वाभाविक अवसर था, परंतु उसने शालीनता और उदारता से आचार्य द्रोण को सेनापति बनाने का आग्रह किया; जबकि वे द्रोण ही थे, जिन्होंने उसे ब्रह्मास्त्र-विद्या देने से इंकार कर दिया था।

कर्ण का सेनापति के रूप में मनोनयन होने के बाद, ठीक युद्ध से एक दिन पहले कुंती कर्ण के पास आई और वास्तविकता बता कर (जिसे वह पहले से ही कृष्ण से जान चुका था) उससे पाण्डव पक्ष में सम्मिलित होने और ज्येष्ठता के पूरे अधिकार पाने का आग्रह किया। इस प्रस्ताव को अस्वीकार करते हुए भी कर्ण मां को खाली हाथ लौटाना नहीं चाहता था। उसने वचन दिया कि वह अर्जुन के अतिरिक्त किसी पाण्डव को नहीं मारेगा। उसने कहा कि अगर अर्जुन मारा गया तो कर्ण सहित उनके पांच पुत्र शेष रहेंगे और कर्ण मारा गया

तब भी उनके पांच ही पुत्र रहेंगे। कर्ण अवश्य जानता था कि कुन्ती को दिया वचन उसकी मित्रता और विश्वास के विरुद्ध है। परंतु याचक बनने पर वह जननी को कम-से-कम इतना तो दे ही सकता था। उसने वचन का पालन किया। युधिष्ठिर, नकुल, सहेदव, उसकी चपेट में आ भी गए थे, फिर भी उसने उन्हें लताड़ते हुए छोड़ दिया, परन्तु मित्रता की रक्षा के लिए युद्ध उसने पूरी शक्ति लगाकर किया। इस तरह मां को दिया वचन भी उसने पूरा किया और मित्रता की रक्षा भी की।

कर्ण उन चरित्रों में है जो सृजन का पर्याय होते हैं। संभवतः इसीलिए महाभारत से प्रेरित रचनाओं में सर्वाधिक कर्ण पर लिखी गईं। कर्ण बहुत मानवीय लगता है। वह मनुष्य के यथार्थ और आकांक्षा, अर्थात् एक जागृत मनुष्य की पूरी जीवन-सरणी का प्रतिनिधित्व करता है। उसमें सामान्य और विशिष्ट; गुण और अवगुण; उदात्त और अनुदात्त का सम्मिश्रण है। उसके संघर्ष और विडम्बनाएं; उसका परिताप और प्रतिक्रियाएं, उसकी जय और पराजय; उसकी नियति और संकट, उसकी विवशता और टूटन; उसका अभिमान और स्वाभिमान; उसकी वीरता और साहस, यहां तक कि उसकी दुर्दम्यता हमें अपनी ओर खींचती है।

कर्ण पर लिखी पहली रचना ही विस्फोटक है। ईसापूर्व छठी शती के कालजयी संस्कृत नाटककार भास ने कर्ण का पहले पहल 'कर्णभारम्' में पुनःसृजन किया। इसके पहले कर्ण पर किसी सृजनात्मक रचना का प्रमाण नहीं है।

कर्ण को दुर्योधन का बुलावा आता है कि वह शीघ्र युद्ध में आए। भट द्वारा दर्शक को सूचना मिलती है कि सेनानायक होते हुए भी कर्ण अभूतपूर्व मानसिक संताप में है 'युद्धोत्सव प्रमुखस्य दृष्टपराक्रमस्याभूतपूर्वो हृदय परितापः' पता नहीं कर्ण को कौन-सा संताप है? महाभारत में तो इस अवसर पर ऐसे किसी संताप का पता नहीं मिलता। वह स्वयं अपनी वीरता पर मनन करते हुए सोचता है कि ऐसे मेरे मन में युद्ध के अवसर पर कायरता क्यों आ रही है? उसके अस्त्र-शस्त्र और घोड़े तक दीन होकर रणभूमि से लौटना चाहते हैं। कर्ण की मनोदशा की यह काव्यात्मक संक्रामकता हमें अभिभूत कर देती है। यदि कर्ण की कायरता का संबंध जोड़ना चाहें तो वह अर्जुन के मोह जुड़ती है। उसका गांडीव हाथ से फिसल रहा था-'गांडीवं संसृते हस्तात्।' शरीर कांप रहा था, मुंह सूख रहा था-'सीदन्ति मम गात्राणि मुखं च परिशुष्यते।' बार-बार मन में उत्साह भर कर अपने सारथि शल्य से रथ को अर्जुन की ओर ले चलने को कहता है, तभी नैपथ्य से सुनाई पड़ता है कि "कर्ण, मैं बड़ी भिक्षा लेने आया हूं।" कर्ण ब्राह्मण

याचक को सहस्रों गौ, अश्व, हाथी, अमित स्वर्ण, समूची पृथ्वी, अग्नि स्टोम यज्ञ का फल, यहां तक कि अपना सिर देने को तैयार हो जाता है। परंतु ब्राह्मण ये सारे दान नकार देता है, तब वह कवच कुंडल देने का प्रस्ताव रखता है जिसे ब्राह्मण तुरंत स्वीकार कर लेता है। शल्य के इंकार करने पर भी कर्ण ब्राह्मण को कवच-कुंडल दे देता है। बाद में शल्य से ही उसे पता चलता है, वह इन्द्र था। थोड़ी देर बाद ब्राह्मण वेश में देवदूत आकर कहता है कि इन्द्र ने तुम्हें बदले में 'विमला' नामक शक्ति दी है। कर्ण तपाक् से कहता है-"धिग् दत्तस्य न प्रतिग्रह्णामि।" धिक्कार है, मैं दान का बदला नहीं लेता। तब देवदूत यह कहकर मनाता है कि इसे ब्राह्मण का वचन मानकर ले लो। कर्ण स्वीकार कर लेता है। इसके बाद कर्ण अर्जुन से युद्ध के लिए उद्यत हो जाता है। कर्ण के चरित्र को मानवीय धरातल पर रखने की बहुत नाटकीय कोशिश तो यहां ध्यान आकर्षित करती ही है; परंतु इससे मूल कथा की लीक भी कई बार बड़ी खूबसूरती से तोड़ी गई है।

वास्तव में 'परिताप' का अवसर कर्ण के जीवन में आ गया है, क्योंकि उसे विदित हो चुका है कि पाण्डव उसके सहोदर हैं। आज वह अपने अनुज, अर्जुन से युद्ध करने जा रहा है। ऐसे में अर्जुन की क्लैव्यता (कृष्ण ने कहा था-क्लैव्यं मा स्म गमः पार्थ) यहां 'कायरता' में बदल गई है। सृजनात्मक स्थानांतरण की कवि-प्रतिभा कर्ण के चरित्र का उत्खनन अर्जुन के युद्ध-पूर्व के भाव द्वारा करती प्रतीत होती है। क्योंकि दोनों के मोह या कायरता का कारण एक था। भास इसे और सघन करते हैं। उनके कर्ण को ठीक इस अवसर पर परशुराम के शाप वाली घटना याद हो आती है। यानि कर्ण के भीतर कमजोरी आने का कारण केवल संबंध-बोध नहीं है उस शाप का दबाव भी है जो उसे ऐन मौके पर विफल करेगा। इसलिए भास के कर्ण का परिताप गीता के अर्जुन से ज़्यादा गंभीर और सकारण है।

महाभारत में सूर्य स्वप्न में इन्द्र के ब्राह्मण रूप में आने और कवच-कुंडल मांगने की सूचना देते हैं, जबकि यहां इसका कोई संदर्भ नहीं है। इससे दर्शक और स्वयं कर्ण के मन में जिज्ञासा बनी रहती है। संभव है इन्द्र का छद्मरूप जानकर भी कर्ण द्वारा कवच-कुंडल देना नाटककार को अव्यावहारिक लगा और उसने सीधे ब्राह्मण से कर्ण की भेंट कराई। महाभारत में इन्द्र कवच-कुंडल मांगता है, जबकि यहां कर्ण स्वयं प्रस्तावित करता है। यह कर्ण की दानशीलता की पराकाष्ठा है। इससे उसका चरित्र एकदम ऊपर उठ जाता है। ब्राह्मण के द्वारा

इन्द्र के प्रतिदान का प्रस्ताव रखना, उसके इस वाक्य की तीक्ष्णता बढ़ा देता है–'धिग् दत्तस्य न प्रतिगृह्णामि।' शायद यही बात, इसी तरह वह इन्द्र से नहीं कह सकता था।

इसमें शल्य का चरित्र भी एक नए रूप में सामने आता है कि वह कर्ण का हितचिंतक है और उसे इंद्र को कवच-कुंडल न देने के लिए आगाह करता है। सूर्य की जगह शल्य को रखने से उसे अद्‌भुत उदात्तता मिल जाती है और कर्ण के इस कथन की भी प्रभावशालिता बढ़ती है–"द्रुतं च दत्तं च तथैव तिष्ठति"–संसार में कुछ नहीं ठहरता सिवाय यज्ञ में आहुत (हविष्यान्नि) और दिया गया दान ही ठहरता है। कदाचित ऐसी उपदेशात्मक बात जो कर्ण के चरित्र को और भी महान बनाती है–सूर्य के सम्मुख नहीं कही जा सकती थी।

जब कर्ण अपना रथ अर्जुन की ओर ले जाने को कहता है तभी नैपथ्य से आई आवाज यह दिखाती है कि ठीक यही समय है जब कर्ण का तेज और शक्ति का हरण किया जाना है। अर्जुन के पिता इन्द्र समझ चुके थे कि कवच-कुण्डल सहित कर्ण की ओर अर्जुन का जाना उसके प्राण के लिए घातक है।

भास ने कवच-कुंडल के दान का समय बदल दिया है। महाभारत में यह प्रसंग वनपर्व में आता है, जब पांडव वनवास में थे, परंतु नाटक में ठीक युद्ध के ऐन मौके पर इन्द्र यह काम करता है। फिर महाभारत में कर्ण इन्द्र से कवच-कुण्डल के बदले अमोघ अस्त्र देने की शर्त रखता है, जबकि नाटक में वह इन्द्र द्वारा भेजी गई शक्ति लेने से भी इंकार कर देता है। इससे कर्ण का व्यक्तित्व कितना अद्‌भुत दीप्त होता है! भास ने इस प्रसंग में सर्जनात्मकता वहां पैदा की है जहां युद्ध में जाते कर्ण के मन में संताप और विचलन दिखा कर उसने उस भवितव्य का संकेत दिया है जो कर्ण की सारी शक्ति हर लेगा। कर्ण का संताप इसी का पूर्वाभास है जो उसमें मानवीय विचलन को प्रकट करता है। यह परिवर्तन अत्यंत कल्पनाशील है जो महाभारत के द्वारा कर्ण की सर्जना के वास्तविक आशय को पकड़ता है।

'कर्णभारम्' के बाद ही कर्ण से संबंधित रचनाओं में उसके चरित्र का पैटर्न महाभारत की तुलना में बदल गया है और लगभग हर लेखक ने इस रुझान को पकड़ते हुए कर्ण के चरित्र में परिवर्तन की संभावना की खोज की है। इससे उसके चरित्र को महाभारत से भी अधिक गरिमा मिली है। मुझे लगता है कि 'कर्णभारम्' का आगामी रचनाओं पर वैसा ही प्रभाव पड़ा है जैसा कालिदास की

'अभिज्ञान शाकुंतलम्' का। अभिज्ञान शाकुंतलम् के पैटर्न पर ही प्राय: भावी रचनाओं का सृजन हुआ है। इससे यह भी सिद्ध होता है कि दोनों कवियों का पुन:सृजन कितना मार्मिक और विस्वसनीय था! परंतु 'शाकुंतलम्' और 'कर्णभारम्' के परवर्ती प्रभावों में अंतर यह है कि भावी लेखकों ने इस कृति से प्रेरणा ली है कि कर्ण में कितनी विविध संभावनाएं हैं।

वीर और दानवीर होने के चर्चित गुण के अतिरिक्त कर्ण के चरित्र में इतना वैविध्य और इतनी विलक्षणता है जो उसे महाभारत के सब चरित्रों से अलग बनाती है। उसके चरित्र से सर्जित प्राय: हर कृति में उसका कोई अलग, विशिष्ट रूप, अलग व्याख्या, और अलग अभिप्राय मिलता है। अकेले मराठी में ही कर्ण के बारह प्रकार तो सुशीला पाटील ने 'मराठी साहित्यातील कर्ण' में दिखाए हैं। परंतु प्रकारों के भी जाने कितने प्रकार होंगे। उदाहरण के लिए भास के नाटक 'कर्णभारम्' जैसा कर्ण किसी कृति में नहीं मिलता। इसमें कर्ण ज्यादा कमजोर और उसी के शब्दों में कायर है, जिसका वास्तविक अर्थ उद्घाटित होते ही पाठक इस मनोवैज्ञानिक सूझ पर चमत्कृत हो उठता है। उसके भीतर कितनी विरोधी भावनाएं एक साथ दाखिल होती होंगी? दानवीरता का ऐसा रूप शायद ही अन्यत्र देखा जा सकता हो।

कर्ण न तो देव है, जिसे सिर्फ पूजा जा सकता है और न महामानव है, जिसे विस्फारित आंखों से देखा जा सकता है; उसे सहज रूप से छुआ जा सकता है, सुख-दु:ख में भागीदार बनाया जा सकता है, उससे गुफ्तगू की जा सकती है। कर्ण का जीवन विपदाओं की रंगभूमि है। उसका जन्म, मरण और जीवन त्रासदी की मिसाल है। वह मूल्यों के लिए उत्सर्ग की पराकाष्ठा है। दिनकर ने 'रश्मिरथी' में लिखा है :

वीर वही है जो कि शत्रु पर जब तलवार उठाता है
मानवता के महागुणों की सत्ता भूल न जाता है।

+

जहां कहीं है ज्योति जगत में जहां कहीं उजियाला
वहां खड़ा है कोई अंतिम मोल चुकाने वाला। (पृ. 47)

कर्ण को कवि ने राम, दधीचि, शिवि, गांधी, सरमद, सुकरात और मंसूर की कोटि में रखा है। अधिक महत्त्वपूर्ण यह है कि उस कोटि तक जाने में वह किन बीहड़ रास्तों से गुजरा है! निरंतर उपलब्धियों ने उसे खाली नहीं किया

बल्कि वह उपलब्धियों के बाद निरंतर सम्पन्न होता गया है।

कर्ण के भीतर समय इतने बड़े केन्वास में है कि वह युगों-युगों की भूमि का स्पर्श करता है। अत: वह उन चरित्रों में नहीं है जो विभिन्न कालों में अपनी चमक दिखाकर कालान्तर में सर्जनात्मक उत्साह में शामिल नहीं हो पाते। महाभारत में ही कुछ पात्र हैं जो किसी समय रचना के केन्द्र में थे, परन्तु बाद में हाशिये में चले गए–जैसे नल-दमयंती, सत्यवान-सावित्री, रुक्मिणी-सत्यभामा आदि। परंतु कर्ण हरयुग में अपनी भिन्न-भिन्न अर्थवत्ता में बना रहता है। उदाहरण के लिए कभी कर्ण का दानी, उदात्त, साहसी और वीर चरित्र, सृजन-केन्द्र में रहा था, परंतु यथार्थ के युग में उसका मानवीय संघर्ष, विडम्बनाएं, त्रासदी आदि प्रमुख हो गए। आज वह दलित- आंदोलन के केन्द्र में है।

इसका यह अर्थ नहीं लेना चाहिए कि खंडित चरित्र की बात कही जा रही है। मनुष्य के भीतर कुछ मूल्य और गुण-अवगुण अंतर्ग्रथित रहते हैं। उनके संदर्भ में ही उसके चरित्र का कोई पक्ष उजागर होता है। उदाहरण के लिए यदि दलित संघर्ष की भावभूमि पर कर्ण खड़ा किया जाता है तो उसकी वीरता, मैत्री, दानशीलता; उसकी युद्धगत सफलता-विफलता भी उपस्थित होती है, यह अलग बात है कि सारे गुण-अवगुण स्वयं नेपथ्य में रहकर उस प्रधानता को उजागर करें। उदाहरण के लिए हम मराठी उपन्यासकार शिवाजी सावंत का 'मृत्युजंय' और तमिल नाटककार पी.एस. रामय्या का नाटक 'तेरोट्टि महन' (सारथि पुत्र) लेते हैं। दोनों रचनाएं जातीय विषमता पर तीखा प्रहार करती हैं। परंतु वह सब होता है कर्ण के महादानी स्वरूप की छाया या दीप्ति में।

'सारथि-पुत्र' में जातीय तिरस्कार के तीखे अहसास के साथ कर्ण की दानशीलता का बड़ा ही व्यंजक रूप है। प्रसंग यों है: दुर्योधन चाहता था कि कर्ण का विवाह किसी राजकुल में हो। परंतु वह सूतपुत्र था, उसे अपनी बेटी कौन देता? अंत में, दुर्योधन के भय से क्षत्रिय राजा सार्थकेशी ने अपनी पुत्री कंचनमाला का विवाह कर्ण से कर दिया। वह कुलाभिमानिनी थी। सुहागरात में ही उसने कर्ण को स्पर्श करने से रोका। उसने कहा "हमारा विवाह तो हो गया है, परंतु मैं वैवाहिक जीवन केवल किसी क्षत्रिय राजकुमार के साथ ही बिता सकती हूं। अंत: संसार की निगाह में हम पति-पत्नी बने रहेंगे।" उन्हें इसी तरह वर्षों बीत गए। किसी तरह उनके संबंधों का पता दुर्योधन की रानी भानुमति को चल गया। बीस वर्ष हो चुके थे। एक दिन वह कर्ण के घर उसके विवाह की वर्षगांठ पर आई। साथ में सोने के कटोरे में चंदन लेकर आई थी। भानुमति ने

कर्ण से कहा कि वह इस शुभ अवसर पर कंचनमाला के पैरों में अपने हाथ से चंदन लगाए। परंतु कंचनमाला इसके लिए तैयार नहीं होती, उलटे उस सोने के कटोरे को एक ब्राह्मण को दान में दे देती है। वह युद्ध में जाते हुए कर्ण को भी माथे पर चंदन लगाकर विदा नहीं करती, बल्कि अशुभ सूचक तेल लगाकर सामने आती है। जब युद्ध में घायल कर्ण को कुंती अपना पुत्र घोषित करती है, तो कंचनमाला को पता चलता है कि वह क्षत्रिय राजा है। वह कर्ण के पांव पड़ती है। कर्ण अंतिम दान के रूप में उसे क्षमादान देता है—उसी कुल गर्विता को जिसने कर्ण को बीस साल तक त्रास दिया और दाम्पत्य सुख से वंचित रखा।

जातीय घृणा और विगर्हणा का कितना मार्मिक चित्र है जिसकी रचना दलित होते हुए भी कर्ण की उदात्तता की स्थापना के लिए की गई। यह कथा तमिलनाडु की एक लोककथा से ली गई प्रतीत होती है। अंतर यह है कि लोक कथा की नायिका तंगम यहां कंचनमाला हो गई है। तंगम कर्ण द्वारा दिग्विजय के दौरान हरण कर लाई गई थी। वह क्षत्रियकुल की थी। उसने भी कर्ण को कभी हृदय से स्वीकार नहीं किया। उसके महानकुल में जन्म का उसे कर्ण के मरणोपरान्त पता चला। तंगम चिता पर चढ़ गई, परंतु तेरोट्टिमहन ने कथा का रोमांचक अंत किया है। इसी विषयवस्तु पर हिन्दी में नरेन्द्र शर्मा द्वारा एक काव्य लिखा गया 'सुवर्णा'। तंगम ही यहां 'सुवर्णा' है। इस काव्य का अंत भी काव्यात्मक और नाटकीय है। परंतु इसमें राष्ट्रीय भावना की सूचना भी मिलती है। कुछ पंक्तियां देखें जिसमें कवि कर्ण को भावी गांधी के रूप में देखता है, जो आजादी के नायक थे :

> कालान्तर में भारत विशाल होगा दरिद्रनारायण–
> द्वैपायन कृष्ण न गुरु होंगे, होंगे गोरे द्वैपायन!
> भारतजन होंगे आंग्ल–भृत्य, सांस्कृतिक अकाल पड़ेगा,
> लज्जा से भारतवर्ष गर्त में बारम्बार गड़ेगा!
> वैकर्तन होगा करमचंद, तू होगी पुतलीबाई,
> मोहन प्रभु मोहनदास बनेंगे करने को भरपाई!   (पृ. 139)

'मृत्युजंय' के अंत में भी एक प्रसंग की कल्पना की गई है कि युद्ध में आहत कर्ण मरणोन्मुख है। तभी उसके अर्द्धचेतन कानों में एक याचक की करुण पुकार पड़ती है। वह एक ब्राह्मण है जिसके पास युद्ध में मृत अपने बेटे का दाहकर्म करने के लिए धन नहीं है। घायल कर्ण अपनी विवशता में छपटाता है,

फिर सहसा उसे कुछ याद आता है। वह अपने पास बैठे पुत्र चित्रसेन को अपनी टूटी-फूटी ध्वनि में पास पड़ा पत्थर उठाने को कहता है। चित्रसेन पत्थर उठाता है तभी कर्ण अपना मुंह खोलकर उसे संकेत से सोने का दांत तोड़कर याचक को देने को कहता है। चित्रसेन हिचकता है पर कर्ण अपनी चेष्टाओं से उसे विवश कर देता है। अंततः वह पत्थर से दांत तोड़कर याचक को दे देता है। कर्ण का मुंह खून और आंखें आंसुओं से भर जाती हैं। यह अतिरंजित कल्पना जिसका कोई संकेत महाभारत में नहीं है (शायद अन्यत्र हो) परंतु कर्ण जैसा दानी यदि अपने शरीर से उधेड़कर कवच-कुंडल दे सकता है तो अपने अंतिम क्षणों में दांत उखाड़कर देने की कल्पना पाठक को उसके प्रतिकूल नहीं लगती। कंचनमाला को क्षमादान और याचक को दांत का दान देने में यातना और वेदना का लम्बा इतिहास अंतर्हित है। और जातीय हीनता के बोध से उसके उबरने का अंतिम महाप्रयास है।

'मृत्युंजय' में कर्ण अपनी दारुण नियति अपने आपसे कहता है : संसार मेरे सामने युद्धक्षेत्र के रूप में उपस्थित हुआ! और मेरा जीवन भी क्या है? उस युद्ध में बाणों का एक तरकश? अनेक प्रकार की, अनेक आकारों की विविध घटनाओं के बाण जिनमें ठसाठस भरे हैं-'बस ऐसा ही केवल एक तरकश' (पृ. 59) इतने पर भी कर्ण की अदम्यता देखते ही बनती है। मृत्युंजय का कर्ण पराकाष्ठा का मनुष्य है। दान की पराकाष्ठा, कृतज्ञता की पराकाष्ठा, घृणा की पराकाष्ठा, प्रतिशोध की पराकाष्ठा। वह कवच कुण्डल और अंततः एकमात्र सोने का दांत भी निकाल कर दे देता है। दुर्योधन के प्रति कैसी कृतज्ञता-"राजन् मैं अंगराज कर्ण नहीं, केवल कर्ण तुमको वचन देता हूं कि जिस मेरु पर्वत जैसे धैर्य से आज तुमने मुझको सहारा दिया है, उसी धैर्य से मैं आजन्म तुम्हारी पीठ के पीछे रहूंगा। प्राण भले ही चले जाएं लेकिन मैं पीछे नहीं रहूंगा।" (पृ. 114) और कर्ण ने इसका पालन अंतिम क्षण तक किया। लेखक ने संभवतः उसके चरित्र को विशेष चमक देने के लिए यह परिकल्पित किया है कि दुर्योधन तो पांडवों को आधा राज्य देकर संधि स्वीकार करना चाहता है, परंतु कर्ण इंकार कर देता है। "नहीं समझौता नहीं, संधि नहीं। अगर तुम न लड़ सको तो मैं अकेला पाण्डवों से लडूंगा, परंतु शरण नहीं जाना है।" (पृ. 572) प्रतिशोध की इस कर्णीय पराकाष्ठा में स्वयं महाभारत की चारित्रिक अवधारणा में विसंगति आ गई है। संभवतः अपने नायक की वीरता और कृतज्ञता को उजालने के लिए लेखन ने यह विसंगति भी मंजूर कर ली है। घृणा की पराकाष्ठा द्रौपदी के प्रति

राज-सभा में किए व्यवहार में दिखाई पड़ती है। लेखक ने कर्ण की मृत्यु पर सृष्टि-हाहाकार का एक आवेगपूर्ण वर्णन किया है। यह कर्ण की तमाम श्रेष्ठताओं को नियति का नमन है :

अतिरथी कर्ण के मारे जाने से नदियों का प्रवाह रुक गया। भगवान सविता शोकभाव से अस्ताचल को चले गए। मंगल बुध तिरछे होकर उदित हुए। आकाश मानो फटने लगा। पृथ्वी चीत्कार कर उठी। महासमुद्र क्षुब्ध हो उठे। चराचर मथित हो उठा। वृहस्पति, रोहिणी को घेर कर सूर्य सहित प्रज्वलित हो उठा। कर्ण का वध होते ही आकाश अंधकार से भर उठा। धरती डोलने लगी...

मराठी के ही आनंद साधले के उपन्यास 'महापुरुष' में आज के सवर्ण विरोधी दलित आंदोलन को केन्द्र में रखा गया है। उसी तरह पंजाबी कवि बी. एस. वीर की कविता 'कर्ण' (संकलन-'महाभारत जारी है') में भी इसी संघर्ष को उभारा गया है।

कर्ण की दानवीरता की अनेक कल्पित कथाएं भारतीय साहित्य में पाई जा सकती हैं। विष्णुराज द्विज के असमिया काव्य 'दाता कर्ण' में कृष्ण की इच्छा-पूर्ति के लिए कर्ण अपने हाथ से पुत्र की बलि दे देता है।

महाभारत के कर्ण में वे सारे बीज प्रत्यक्ष या परोक्ष रूप में विद्यमान हैं जो महाभारत से प्रेरित रचनाओं में विभिन्न रूपों, कोणों, अर्थों में विन्यस्त हुए हैं। इसमें उन कल्पनाओं के लिए अवकाश है जो विभिन्न रचनाकारों ने की है। हर युग में, हर कृति में चित्रित कर्ण का अस्तित्व अपने मूल या सूक्ष्म रूप में महाभारत में है। यही महाभारत के अनुसृजन या पुन:सृजन का रहस्य है।

ईसा की सातवीं शती के आसपास भट्टनारायण ने विख्यात नाटक 'वेणीसंहार' की रचना की। यह मूलतः दुर्योधन और भीम के युद्ध से संबंधित है, परंतु नाटक के तीसरे अंक में कर्ण द्वारा पिता की निंदा से आहत अश्वत्थामा प्रतिज्ञा करता है कि वह कर्ण के मारे जाने पर ही अब शस्त्र ग्रहण करेगा। यहीं कर्ण का क्रोधी स्वरूप सामने आता है। इसी नाटक में कर्ण का वह प्रसिद्ध कथन है जो महाभारत के नाम से कहा जाता है :

सूतो वा सूतपुत्रो वा यो वा को वा भवाम्यहम्।
देवायत्तं कुले जन्म मदायत्तं तु पौरुषम्।। वे.सं. 3/37

हिन्दी नाटककार सेठ गोविंददास ने 'कर्ण' नाटक में यह प्रश्न उठाया है। ब्राह्मण जब कवच-कुंडल मांगता है, और कर्ण उन्हें अपने शरीर का अविभाज्य भाग कहता है तब ब्राह्मण कहता है : ''परंतु मैंने तो सुना था कि ब्राह्मण को

तुम्हें कुछ भी अदेय नहीं"... कर्ण हंस कर कहता है, "और यदि मांगने वाला सच्चा ब्राह्मण न हो तो?" इस पर ब्राह्मण थोड़ा सकपकाता है, फिर साहस कर कहता है, "तो तुम दान देने के पूर्व इसकी जांच किया करते हो कि याचकों में कौन ब्राह्मण है तथा कौन नहीं?" इसे ब्राह्मण, याचक का 'अपमान' कहता है। कर्ण इस पर कोई बहस नहीं करता और अपना कवच कुंडल दे देता है।

कम-से-कम सेठ गोविंददास का ध्यान इस बात पर तो गया कि यह जानते हुए कि ब्राह्मण नकली है, कर्ण उसे दान कैसे दे सकता है? परंतु इस प्रश्न में न उलझते हुए वे सीधे सादे ढंग से कर्ण को चुप कर, मूल कथा की परिणति पर पहुंच जाते हैं। सेठजी के हाथ में एक जरूरी नैतिक और व्यावसायिक प्रश्न आया था, परंतु इससे बिना उलझे उन्होंने उसे एक तरह से निष्फल कर दिया। महाभारत के ऐसे कई गंभीर प्रश्नों को लेखकों ने मूलकृति का अनुवर्तन करने के लिए बिना सर्जनात्मक मुठभेड़ के छोड़ दिया लेकिन जो लेखक जूझे हैं उन्होंने इस कृति का वास्तविक दोहन किया है। महाकवि भास के नाटक में हमने देखा कि उन्होंने इस प्रश्न को कैसे उठाया है।

यद्यपि महर्षि व्यास ने कर्ण को दुर्योधन रूपी 'मन्युवृक्ष' का तना बताकर चारित्रिक वर्गीकरण में खल पात्रों की कोटि में रखा है ,परंतु उन्होंने कर्ण के जिस 'चरित्र-दर्शन' को बुना है, उसमें कर्ण के दोषों और कमियों के बावजूद चरित्र ध्वनि सकारात्मक है। कर्ण का विभिन्न पात्रों और अवसरों के परिप्रेक्ष्य में जैसा चित्र खींचा गया है, वह उसे महाभारत के श्रेष्ठतम पात्रों के कोटि में बिठाता है।

कर्ण का अनुसृजन करने वाले लगभग सभी लेखकों ने इस ध्वनि को पहचाना है फलस्वरूप किसी भी लेखक ने कर्ण का नकारात्मक चित्र नहीं खींचा, कर्ण का चरित्र कृति-दर-कृति निखरता ही गया है। उसके दोषों के परिमार्जन के लिए भी कई सृजनात्मक युक्तियों का प्रयोग किया गया है; जबकि अन्य पात्र प्राय: लेखक की वक्र दृष्टि के शिकार हुए हैं- यहां तक कि भीष्म, द्रोण, अर्जुन और कृष्ण भी। इसका मूल कारण यह है कि कर्ण जीवन की विंडबनाओं के चलते लेखकों की संवेदना का भागीदार रहा है। इसलिए उसकी त्रुटियों या कमियों को लेखकों ने अपनी तरफ से भर दिया है या उनका नोटिस नहीं लिया है।

असल में चरित्र का ढांचा नहीं, उसकी आत्मा या ध्वनि ग्रहण करना उसकी पुनर्रचना में विशेष सहायक होता है। इसी के प्रकाश में सबकुछ संयोजित

किया जाता है। उदाहरण हम दुर्योधन का ले सकते हैं जिसे लेखकों ने प्रायः खल पात्र बनाने में अपनी शक्ति लगाई है, इसमें उसके कई नायाब गुण भी उन्हें नहीं दिखाई दिए, उल्टे उन्हें वे अपनी मूल अवधारणा में बाधक प्रतीत हुए होंगे। इससे एक बड़ा रोचक संकेत निकलता है कि व्यक्ति के गुण-दोष उसके चरित्र की एक समग्र धारणा में अपना वस्तुगत रूप छोड़कर आत्मगत रूप ग्रहण करने का प्रयास करते हैं। ऐसी कृतियों के मूल में लेखक का कथन नहीं कथ्य केन्द्र में रहता है। कर्ण का चरित्र भी कई लेखकों ने इसी ध्वनि में ग्रहण किया है। परंतु भास जैसे नाटककार कथ्य को नहीं अंतर्वस्तु को आत्मसात करते हैं। इसीलिए यहां से चलने वाली धारा का निर्वाह करते हुए लेखकों ने कर्ण के विविध पक्षों का मार्मिक चित्रण किया है।

हिन्दी के कवि रामधारी सिंह दिनकर ने महाभारत से कर्ण के दान वाला प्रसंग ज्यों का त्यों न लेते हुए 'कर्णभारम्' का ही पथ अपनाया है। उनके काव्य 'कुरुक्षेत्र' में कर्ण इन्द्र से कुछ मांगता नहीं है, बल्कि इन्द्र ही कुछ देने की इच्छा प्रकट करता है। कर्ण इंकार करता है, फिर भी इन्द्र उसे 'शक्ति' देता है। कुंती जब कर्ण से पाण्डव पक्ष में आने को कहती है तब अत्यंत मार्मिक संवादों से कवि ने कर्ण की हार्दिकता, शालीनता और कटुता प्रकट की है। परंतु अन्य भाइयों के बारे में किसी तरह अपना बड़प्पन दिखाकर कर्ण अपनी जननी को छोटा नहीं करना चाहता। पूछता है कि क्या सदैव पुत्र ही दाता रहेगा, मां नहीं? तो, मैं आपसे एक कर्ण लेता हूं और बदले में चार कर्ण देता हूँ :

> तो एक कर्ण अतएव मांग लेता हूँ।
> बदले में तुमको चार कर्ण देता हूँ।। (पृष्ठ. 29;)

कहना चाहें तो इसे शील में ढका दान कह सकते हैं। यहां इस कथन के काव्यात्मक सौन्दर्य और व्यंजना पर टिप्पणी करने का अवसर नहीं है। बल्कि कहना यह है कि मां का मन रखते हुए निहायत कटु बात कर्ण ने निहायत कोमल बनाकर कही है।

'दिनकर' ने भी मानवीय भावों और संवेदों को रचना के केन्द्र में रखा है। कर्ण को दी गई विद्या को अभिशप्त करने वाले गुरु परशुराम के क्रोध और निष्करुणता की बजाए कवि ने उन्हें ऐसे संवेदी गुरु के रूप में प्रस्तुत किया है जिन्हें शाप की विवशता का गहरा दुःख है। परशुराम जो वाणी बोल रहे हैं वह कम से कम दुर्वासा और परशुराम से सुनने की उम्मीद तो कोई भारतीय नहीं

करता :

'व्रत का पर निर्वाह कभी ऐसे भी करना होता है
इस कर से जो दिया, उसे उस कर से हरना होता है।'

परशुराम कर्ण की योग्यता, गुरु भक्ति, साधना की प्रशंसा करते हैं जो उनके शाप की अग्नि पर पड़ने वाले पानी की तरह है।

द्यूत-सभा में द्रौपदी के प्रति कर्ण का व्यवहार उसके जीवन का सबसे काला अध्याय है। भास ने इस प्रसंग को नहीं छुआ। क्योंकि वह उनकी विषय वस्तु के परिसर में नहीं था। दिनकर ने यद्यपि मूल प्रसंग तो नहीं दिया, परंतु मृत्यु के क्षण में कर्ण के पश्चातापी स्वरूप को प्रकट कर उसके सारे पाप धो दिए :

वधूजन को नहीं रक्षण दिया क्यों
समर्थन पाप का उस दिन किया क्यों?
न कोई योग्य निष्कृति पा रहा हूं
लिए यह दाह मन में जा रहा हूं।

सच्चे हृदय से पश्चाताप ही वास्तव में इस तरह के पापों से निष्कृति है। कर्ण ने उत्तरकाल में पूर्वकाल के सारे दोषों को भस्म कर दिया।

कर्ण-कुन्ती-मिलन रचनाकारों का प्रिय प्रसंग रहा है। इसका सबसे सुंदर और मार्मिक चित्र कविगुरु रवीन्द्रनाथ ने 'कर्ण कुंती संवाद' में खींचा है। पाण्डवों के पक्ष में आने का कुंती आग्रह करते हुए कहती है कि मैं तुम्हें अपने हृदय में प्रवेश देना चाहती हूं। इस पर कर्ण की क्या ही मार्मिक वाणी है, जिसमें एक गहन उपालंभ और अस्वीकार की संवेदनशीलता है : "मैं दीन कुल का, वहां (तुम्हारे हृदय में) प्रवेश पाने का भला मुझे क्या अधिकार है? जिनका (पाण्डवों का) सारा राज्यवैभव छीन लिया गया है, उनका एकमात्र मातृस्नेह कैसे बांट लूं?" कर्ण और कुंती के मिलने का वर्णन जिन-जिन रचनाकारों ने किया है, उन्होंने कुंती को नवजात पुत्र का परित्याग करने के लिए क्षमा नहीं किया। साथ ही युद्ध की पूर्व संध्या में उसके आने के स्वार्थ पर प्रहार या व्यंग्य भी किया है। निश्चय ही रवीन्द्र और दिनकर दोनों के कर्ण कुंती पर व्यंग्य करते हैं; परंतु उनका व्यंग्य प्राय: उपालंभ के स्तर का है। उसके भीतर कुंती के शील और मातृगरिमा की रक्षा का यथासंभव प्रयत्न है। परंतु रवीन्द्र के व्यंग्य में

भाव-लालित्य है जबकि दिनकर के व्यंग्य में तर्क-प्रखरता। शालीनता दोनों में है। दिनकर के व्यंग्य में कटुता की अपेक्षा वेदना है। रवीन्द्र की कुंती कर्ण की भर्त्सना से व्यथित होते हुए भी उसे अपने पाप के प्रक्षालन का माध्यम कहती है। एक नाटकीय संरचना में क्षणभर के लिए कर्ण कुंती के साथ जाने को तैयार भी हो जाता है। पर वह असहमति का एक शिल्प ही है। जब कुंती उसे अपना पुत्र कहती है तो कर्ण कहता है -''जननी, मैं तो सूतपुत्र हूं।'' इस अर्थगर्भितता पर ध्यान देना होगा। कर्ण एक और मार्मिक बात कहता है-''जिस पक्ष की हार स्पष्ट दीख रही है, उससे नाता तोड़ने के लिए मत कहो।'' इससे कर्ण की पक्षधरता ही नहीं, उसकी द्रवित किंतु दृढ़ आत्मा की झलक मिलती है। आगे वह कहता है-''मैं तो केवल हारने और मृत्यु के घाट उतरने वालों का साथ दूंगा। आशीर्वाद देती जाओ मां कि मैं विजय के लोभ या राज्य के लोभ से, वीर गति पाने वाले मार्ग से भ्रष्ट न होऊं'' मां के प्रति स्नेहादर के साथ निर्लोभ मैत्री का भाव और भविष्य की प्रतीति यहां कर्ण के कथन में झलकती है और आत्माहुति का संकेत तो है ही।

यह अत्यंत मार्मिक प्रसंग कई को लेखकों ने बड़ी ही अकुशल, कठोर लेखनी से लिख कर मनुष्य के भाव-संस्कारों और मानवीय संबंधों से, और विशेषत: चरित्रों के सूक्ष्म अंत: संसार से अपना अपरिचय ही प्रकट किया है। मुझे लगता है कि उनके सोच का पैटर्न द्यूत-सभा में कर्ण के द्रौपदी के प्रति व्यवहार पर आधारित है। परंतु अब तक कर्ण संसार की बहुत कुछ ऊंचनीच देख चुका था, उसके हृदय की वह अभद्रता अब अव्यक्त होना सीख चुकी थी, इसका परिचय कई प्रसंगों से मिलता है। फिर क्षमा मांगती, पश्चाताप करती हुई एक मां और समाज के बंधनों में जकड़ी एक औरत के साथ कर्ण का अभद्रता प्रकट करना उसके अविकसित चरित्र और फूहड़पन का ही परिचय देता है। अब तक कर्ण एक क्वांरी मां की विवशता भी पहचान चुका होगा। इसलिए अपने पर अन्याय को उसने काफी हद तक क्षमा कर भी दिया। फिर, मां का सामने उपस्थित होना उसके जीवन की एक अभूतपूर्व घटना जो थी। खेद है कि कुछ लेखक संदर्भ का मूल्यांकन नहीं कर सके।

हिन्दी के मनु शर्मा का उपन्यास है 'कर्ण की आत्मकथा' में इस अवसर पर कर्ण कहता है-''जब तूने जन्म दिया था तब तू मेरी मां थी; ज्यों ही तूने गंगा में प्रवाहित कर दिया, तूने अपने मातृत्व को भी जल-समाधि दे दी। अब इस गंगा में से तेरे मातृत्व को खोजकर तुझे कैसे वापस कर दूं।'' इस भाषिक

व्यवहार से रवीन्द्र और दिनकर का भाषिक व्यवहार मिलाएं तो पता चलेगा कि लेखक ने कर्ण और कुंती का यह संवाद कितनी अकुशल, बल्कि असंवेदित कलम से लिखा है। यह कोई बीच में अनायास आ गई त्रुटि नहीं है, बल्कि इसकी रोशनी में समूची पुस्तक देखी जा सकती है। घटनाओं को इधर-उधर कर देना और भाषा बिछा देना कर्तृत्व तो नहीं।

इसके बरक्स शिवाजी सावंत का उपन्यास मृत्युंजय देखा जा सकता है। इसकी पूरी रचना, गति और ऊर्जा से परिचालित है, परंतु यह प्रसंग उनके यहां भी कटु और अभद्र भाषा में लिखा गया है। कर्ण कुंती को 'तू' कहकर संबोधित करता है और कड़ाई या रूखाई से पेश आता है। इससे इस रोचक और प्रभावशाली उपन्यास में लेकूना पैदा हो गया है। वैसे ही एक जगह पर कुंती के विष खा लेने की कल्पना है। (जिससे वह बचा ली जाती है।) यह कुंती के सुदृढ़, संघर्षशील और विवेकी व्यक्तित्व के अनुरूप नहीं है। अंततः वह भीम, अर्जुन और युधिष्ठिर की जननी है। यह बात यदि विचार के स्तर पर होती तो उसके आत्मसंघर्ष में शामिल होती, परंतु यह सक्रियता के स्तर पर है। इस उपन्यास की सबसे घातक कल्पना कर्ण की मृत्यु के बाद वृषाली का सती होना है। अव्वल तो यह प्रसंग महाभारत में है नहीं और यदि उसके किसी परवर्ती पाठ में हो तब भी लेखक द्वारा स्वीकार के विवेक में नहीं आता। अगर यह प्रसंग महाभारत में होता भी तो आधुनिक लेखक को इसकी अनदेखी करना थी या गौण बनाकर उपस्थित करना था या इस पर नकारात्मक टिप्पणी करना था।

कहना यह नहीं है कि व्यक्ति में वैचित्र्य नहीं होता या अप्रत्याशित, आकस्मिक प्रतिक्रिया नहीं होती, परंतु जब लेखक किसी कथ्य या चरित्र को अपने बूते निर्णायक परिणति पर पहुंचाता है तो उस पर कल्पना का उत्तरदायित्व भी आ जाता है; और यह उत्तरदायित्व केवल कलात्मक नहीं, सामाजिक और प्रासंगिक भी होता है। स्त्री जागरण और स्त्री सशक्तीकरण के युग में ऐसी उद्भावना का क्या औचित्य है? क्या रचना अपने समाज को पीछे खींचने के लिए है? फिर व्यक्ति का चरित्र स्वयंभू और स्वकेन्द्रित तो नहीं होता। चरित्रांकन करते हुए देखना होता है कि मात्र घटना के वर्णन में नहीं, शेष पात्रों के व्यक्तित्व, संबंध और परिवेश पर भी निर्भर होता है। वृषाली कर्ण की अर्द्धांगिनी है, वह एक प्रेमिल स्त्री तो है ही, पर कर्ण जैसे वीर की पत्नी और वीरजाया भी है। सती होने का विचार उसके मन में कैसे आ सकता है? महाभारत में केवल एक स्त्री सती हुई है, और वह है 'माद्री'। उसकी तमाम स्थितियों, संबंधों, और

सामाजिक भयों में इस कृत्य के बीज थे। और यह जंगल के एकांत में घटित हुआ था। फिर भी आधुनिक लेखक उस तरह की घटना पर अपनी अलग प्रतिक्रिया प्रकट करता या उसके साथ वैसा सृजनात्मक आचरण नहीं करता।

इसके बरक्स यदि मराठी के ही लेखक रणजीत देसाई का उपन्यास 'राधेय' लें तो हमें लगेगा कि उन्होंने ऐसी किसी कल्पना को आसरा नहीं दिया। उल्टे कर्ण के माता-पिता, पत्नी-पुत्र सबका चित्रण करते हुए कर्ण से उनके संबंधों को नहीं भुलाया। कर्ण ने द्यूत के लिए दुर्योधन को उकसाया है, इस बात का भ्रम होने पर अधिरथ उसे लताड़ता है और यह तक कहता है कि तुमने हमें मुंह दिखाने लायक नहीं रखा। यह एक तेजस्वी, स्वाभिमानी पुत्र का पिता ही कह सकता है।

'राधेय' में कर्ण से कुंती की भेंट का चित्रण मार्मिक है। एक मां ही तो है जिसके आगे वह अपना हृदय खोल सकता था। इससे यह भी लगता है कि कर्ण ने कुंती को जननी के रूप में स्वीकार कर उस पर अपने संवेगों से मुक्ति और ऐकांतिक पवित्रता का विश्वास किया। वह कहता है-''माते, तुम्हें कम-से-कम निष्ठा का बल तो प्राप्त है! परंतु मेरे माथे पर क्या लिखा है? बहते जाना! बस तुमने जिस क्षण इस पुत्र को नदी के प्रवाह में छोड़ दिया है, तब से मैं बह ही रहा हूं! नियति की लहरों पर बहने के अतिरिक्त यह अनाथ पुत्र और कर भी क्या सकता है?'' (पृ.175)

लगता है लेखक ने कर्ण के व्यक्तित्व पर कई कोणों से विचार किया है। उसे विस्मय हुआ कि कर्ण तो दाता है, उसने दुर्योधन द्वारा दिया अंगदेश का राज्य स्वीकार कैसे कर लिया? मेरे विचार से इस प्रदान पर किसी की दृष्टि इस तरह नहीं पड़ी। उसने यह हल निकाला कि कर्ण ने वास्तव में दुर्योधन द्वारा दिया राज्य स्वीकार नहीं किया था, यह अलग बात है कि उसने अपनी और दुर्योधन की प्रतिष्ठा बचाने के लिए सबके सामने वह ले लिया, परंतु उसे तभी स्वीकारा जब दुर्योधन के पक्ष में वीरता का प्रदर्शन किया। उसने जरासंध को मल्लयुद्ध में हराया जिसने उसे मालिनी या चम्पानगरी दी। कर्ण ने दुर्योधन के लिए दिग्विजय कर, पाए गए राज्य को कई गुना कर लौटाया। व्यक्ति के अंतरंग को समझने की यह सृजनात्मक प्रक्रिया है।

महाभारत में कथ्य; घटनाओं, कथाओं, संवादों के माध्यम से वर्णनात्मक शैली में प्रकट हुआ है, परंतु वह सृजन के गहरे संकेत देता है। द्रौपदी-स्वयंवर में कर्ण के अपमान को घटना के माध्यम से चित्रित किया गया है। कर्ण

प्रतिक्रिया के रूप में सूर्य की ओर क्षोभ से देखकर धनुष डाल देता है। परंतु कर्ण जैसे वीर को यह अपमान कितना खला होगा? जो चीज़ वह जीवन में कभी भुला न पाया उसकी पीड़ा तात्कालिक रूप से कितनी सघन रही होगी! कथा प्रवाह में हमारा ध्यान उस पर नहीं जाता। परंतु 'राधेय' के लेखक का इस ओर ध्यान गया और उसने कर्ण के अंत: संघर्ष का बड़ा हृदयस्पर्शी चित्रण किया।

कर्ण के जीवन में ऐसे अंतर्मंथन और विकलता के कई अवसर आए होंगे, जैसे शस्त्र प्रदर्शन के अवसर पर उसका अपमान। भले ही तात्कालिक रूप से दुर्योधन ने उसका क्षोभ दूर कर दिया हो, फिर भी वह न तो अर्जुन से मल्लयुद्ध के योग्य माना गया न शस्त्र-प्रदर्शन के। इसका कर्ण के मन पर देर तक और दूर तक प्रभाव रहा होगा। कदाचित् इसीलिए उसने जरासंध जैसे महान वीर से मल्लयुद्ध किया, फिर दिग्विजय की, और दुर्योधन के मन में अपने प्रति विश्वास जगाकर युद्ध की प्रेरणा दी। द्यूत-सभा में द्रौपदी के प्रति उसकी प्रतिक्रिया सीधे-साधे अभद्रता या विकृति नहीं थी, उसके भीतर जमा अपमान का विस्फोट था। दिनकर ने लिखा है कि मरते समय भी कर्ण के मन में द्रौपदी के प्रति किए व्यवहार का शल्य गड़ रहा था। इससे उसकी आजीवन चुभन का पता लगता है। कर्ण की दीप्त मुखरता में हम अक्सर ऐसे अंतर्हित भावों को भूले रहते हैं। मुझे लगता है कि सृजनात्मक क्षेत्र में अभी कर्ण की आंतरिकता के उद्‌घाटन के अनेक अवसर शेष हैं। फिर भी कुछेक रचनाओं का उल्लेख किया जा सकता है, यथा मराठी के वि.वा. शिरवाडकर का नाटक 'कौन्तेय' और मलयालम काव्य 'उल्लूर' का; जिनमें रचनाकारों ने कर्ण के मनोवैज्ञानिक या भाव-पक्ष के द्वन्दों और संघर्षों को उभारा है।

कर्ण के दु:खों का पार नहीं है। उस जैसे महावीर को तीन-तीन बार पराजित होकर भागना पड़ा था। एक बार द्रोण की परीक्षा के अवसर पर वह दुर्योधन के साथ ही द्रुपद से पराजित हुआ; दूसरी बार घोष यात्रा के समय गंधर्वों से युद्ध करते हुए और तीसरी बार विराट् से युद्ध में हारकर। वहां तो शायद सब वीरों के साथ उसके कपड़े भी उत्तर द्वारा उत्तरा की गुड़िया के लिए उतार लिए गए थे। इन तीनों प्रसंगों के बाद इस आत्म-प्रगल्भ वीर को कैसा लगा होगा; इसकी खबर भी परवर्ती साहित्य से कम मिलती है। युद्ध के प्रारंभ में ही भीष्म ने उसे अर्द्धरथी कह कर नीचा दिखाया था और उसे दस दिन तक मित्र के पक्ष में युद्ध करने से रोक दिया था।

कर्ण को दो महारथी गुरुओं ने गहरा आघात दिया था। द्रोण ने उसे ब्रह्मास्त्र

की शिक्षा नहीं दी और परशुराम ने उसे दी हुई विद्या को निष्फल कर दिया– जिसके पीछे उसकी वर्षों की साधना थी। इस वेदना को भी पूरी शक्ति से कम ही उभारा गया है। क्या अभिमन्यु-वध में अपनी भूमिका पर कर्ण ने विचार नहीं किया होगा? अपने जन्म का रहस्य जानने के बाद कर्ण की अवस्था की सुध कुछ लेखकों ने अवश्य ली, फिर भी उसका समुचित उद्‌घाटन अभी बाकी है। हिन्दी कवयित्री सुमन राजे अपनी 'कर्ण' कविता में लिखती हैं (कर्ण मन ही मन सोच रहा है) :

तुम भी तो आए थे/ उस दिन/ युद्ध की आसन्न संध्या में/ दुहाई देकर कुंती के मातृत्व की/ पाण्डवों के लिए मांगने / मेरा सहयोग/ मैं सूर्यपुत्र हूं/ यह पहली बार ही जाना था शायद/ भगवान... तुम ब्रह्म थे न, सारी सृष्टि को/ तुम्हारी अभिरचना कहते हैं/ लोग/ फिर भी पुकारते रहे सावर्जनिक रूप में/ सूत-पुत्र कह कह कर।...'धर्मराज-सुत युधिष्ठिर/ वायुपुत्र भीम/ नकुल और सहदेव/ जुड़वां अश्विनी कुमार के/ इन्द्र के अर्जुन/ सभी को ढो सकी तुम/ मात्र सूर्यपुत्र कर्ण के लिए ही/ पड़ गई थी तुम्हारी गोद छोटी/ क्या अर्थ रखता था/ तुम्हारे लिए/ मां बनना/ विवाह से पहले...

कृष्ण और कुंती से जन्म का रहस्य जानकर अंतर्द्वन्द्व की यह तस्वीर यद्यपि बहुत गहरे नहीं उतरती, फिर भी इस बात का पता देती है कि रचनाकारों का ध्यान इस ओर गया है।

उपर्युक्त समस्त संदर्भों में कर्ण के मन की हलचलें, उलझनें, द्वंद्व रहे हैं। महाभारत में आमतौर पर सक्रिय घटनाचक्र है, उसमें छिपा गहन संकेत डि-कोड करना होता है। आज भी जरूरत है इनके समुचित उद्‌घाटन की। कर्ण पर सैंकड़ों रचनाएं लिख देने के बाद भी यह मांग बनी हुई है।

....हम रणजीत देसाई के उपन्यास 'राधेय' की ओर वापस लौटते हैं। महाभारत में द्यूतसभा में अपमान के बाद धृतराष्ट्र के कहने पर द्रौपदी के द्वारा मांगे गए वरदानों को लेकर किसी की कोई प्रतिक्रिया नहीं है, केवल मुख पर झलक आया संतोष और प्रसन्नता है। परंतु रणजीत देसाई ने इस अवसर का उपयोग कर्ण के मनस्ताप व्यक्त करने में किया है। यह तत्काल द्रौपदी की प्रशंसा में व्यक्त हुआ है। अपने वरदानों में द्रौपदी ने पाण्डवों का राज्य लौटाने की मांग नहीं की थी। तब धृतराष्ट्र ने उससे तीसरा वरदान मांगने को कहा तो द्रौपदी ने कहा कि पाण्डवों के पास अस्त्र-शस्त्र हैं। उनमें पुरुषार्थ होगा तो वे राज्य लड़कर ले लेंगे। यह सुनकर कर्ण मुग्ध होकर, कहता है "हे पांचाली, तुम इस सागर

में नौकाहीन डूब रहे इन पाण्डवों को बचाने वाली नौका बन गई हो।'' लगता है लेखक ने कर्ण को दुर्वचनों के परिहार का अवसर दिया है।

संभवत: लेखक को लगा हो कि इतना विरेचन कर्ण के उन दुर्वचनों के लिए पर्याप्त नहीं है तो वह घर आने पर पत्नी से दूसरे ही ढंग से अपना दु:ख बांटता है; वृषाली से कहता है ''कृष्ण आ गए तो द्रौपदी का वस्त्रहरण नहीं हुआ।'' इस पर वृषाली पूछती है–''होता तो?'' कर्ण अचकचा जाता है–''तो, तो सचमुच क्या होता? यदि ऐसा होता तो तुम विधवा हो जाती। मुझे आत्महत्या के अतिरिक्त अन्य मार्ग न रहता।'' (पृ.110) यदि लेखक अकुशल होता तो वह वृषाली द्वारा यह प्रसंग खींचता कि आखिर उस घटना से कर्ण का क्या लेना-देना? वह आत्महत्या क्यों करता? परंतु वृषाली कुछ पूछती नहीं हैं शायद इसलिए कि वह दुर्योधन को, और दुर्योधन से कर्ण के संबंध को जानती है (यहां लेखक ने वृषाली की प्रबुद्ध चेतना और पारदर्शी दृष्टि का संकेत दिया है। कर्ण का खड़े-खड़े कांप उठना, पाठक को गहरा अर्थ सम्प्रेषित करता है। अंत:क्रिया की अभिव्यक्ति इस तरह के संवादों और अनुभवों से भी होती है। कर्ण की छटपटाहट साफ है, परंतु उस गंभीर अपराध के प्रक्षालन की ये बौनी कोशिशें हैं, आखिर इस प्रसंग के घट जाने के बाद वह और करता भी क्या?

कहना न होगा कि ऐसे अवसर निकाल कर अनेक लेखकों ने कर्ण के व्यक्तित्व को संबल दिया है। क्योंकि वे कर्ण को जिस उत्सर्ग और भव्यता से चित्रित करना चाहते थे, उसके बीच आनेवाली चरित्रगत बाधाओं को उन्होंने अपनी कल्पना और तर्कशीलता से दूर करने का प्रयास किया है। ऐसा ही वह प्रसंग है, जिसमें कर्ण भीष्म पितामह के जीते-जी युद्ध में भाग न लेने की प्रतिज्ञा करता है :

नाहं जीवति गाङ्‌गेये योत्से राजन् कथंचन। –उद्योग 1/68/29

लेकिन ऐसा करते हुए उसका मित्र-धर्म लांछित होता है। आखिर उसी के भरोसे तो कर्ण ने यह युद्ध ठाना था। भीष्म से अपमानित हो कर युद्ध छोड़ बैठना एक तरह से मित्र के साथ विश्वासघात है। इसलिए कई लेखकों ने इस प्रसंग को कर्ण से उठा कर भीष्म पर रख दिया। कहा कि भीष्म ने अपने सेनापति होने की यह शर्त रखी थी कि कर्ण उनकी सेना में नहीं रहेगा। रणजीत देसाई ने भी इसी मार्ग का अनुगमन किया है और इस गंभीर चारित्रिक संकट से कर्ण को उबारा है। भीष्म की शर्त इसलिए सटीक बैठती है कि कर्ण को युद्ध न करने देने में भीष्म पितामह का छिपा उद्‌देश्य था, जिसे शरशय्या पर सोए भीष्म प्रकट

करते हैं। यदि भीष्म यहां कर्ण से यह कहते हैं कि "इस विश्व में तुम्हारी योग्यता का एक भी पुरुष विद्यमान नहीं है" तब उन्होंने प्रारंभ में उसे अर्द्धरथी क्यों कहा, इसलिए कि भीष्म जानते थे कि कर्ण पांडव-ज्येष्ठ है; वह युद्ध में शामिल न हो। (यह एक तरह से उनकी भेदनीति और यहां संवेदनशीलता थी) वास्तव में तो वे कर्ण को बहुत मान्यता देते थे। शरशय्या पर क्षमा मांगने आए कर्ण के सामने वे अपना हृदय खोल देते हैं। लगातार अपनी विफलता की बात करते कर्ण से कहते हैं -"तुम्हारे जितनी सफलता जीवन में किसने पाई है? जीवन की सफलता भोग में नहीं त्याग में है।" ये शब्द महाभारत के सभी पात्रों से उसे ऊंचा ठहराते हैं।

लेखक ने अंत में कर्ण से जो आत्म-तुष्ट अभिव्यक्ति कराई है वह दरअसल आत्म-सांत्वना ही है। इस तरह के सोच से उसके वे घाव भरते भले न हों, ढंकते अवश्य हैं जो जीवन ने उसे दिए हैं:

"मेरे जीवन ने मुझे पर्याप्त सम्पन्नता दी। जन्मदात्री ने प्रवाह पर मुझे छोड़ दिया तो क्या हुआ? जल प्रवाह ने माता की वत्सलता से ही मुझे सम्हाल लिया न! क्या तात और राधा मां के प्रेम में कुछ कमी थी? उनकी छत्र छाया में पलते हुए दुर्योधन जैसा मित्र मिला। उसके प्रेम के कारण राज्याधिकार का उपभोग ले सका। पराक्रम के लिए अवसर मिला। वृषाली जैसी जीवन संगिनी मिली। गुणवान पुत्रों का पिता बनकर संतोष मिला। संपन्न जीवन और क्या होता है?"

इस अभिव्यक्ति का यदि गूढ़ार्थ निकाला जाए तो यह शाम की छाया की भांति मूलवस्तु से लंबी होते हुए भी यथार्थ नहीं है। यह एक सायास सांत्वना है। इस अभिव्यक्ति के लिए कर्ण को अपने से कितना संघर्ष करना पड़ा होगा? परंतु इसे लेखक के सकारात्मक प्रयास के रूप में भी देखना चाहिए। अंत में उसने भी कुछ लेखकों की तरह कर्ण का सिर काटने वाला संदर्भ स्वीकार न कर उसका घायल हो कर मरणासन्न होना दिखाया है। इतना ही नहीं, अंत समय में वह अपने परम मित्र दुर्योधन से मिलता भी है।

रचनाकार के समस्त प्रयासों में कर्ण की त्रुटियां या अभाव दूर करना देखा जा सकता है ताकि उसका चरित्र निष्कलुष, उदात्त और भव्य रूप में निखर सके। यह बात कर्ण पर लिखी प्राय: सभी रचनाओं में देखी गई है। मेरी जानकारी में महाभारत का कोई दूसरा पात्र नहीं है जिसकी श्रेष्ठता के बारे में लेखकों को कोई संदेह न हो। कृष्ण, युधिष्ठिर, अर्जुन, भीष्म, द्रोण जैसे महान चरित्रों को लेकर भी कई विपरीत टिप्पणियां की गई हैं। यहां तक कि रचनाएं लिखी गई हैं।

कर्ण पर भारतीय साहित्य में लिखे विपुल साहित्य का ब्यौरा देना संभव नहीं है। कुछ प्रतिनिधि रचनाओं का हमने ऊपर उल्लेख किया है। इसके अलावा कई महत्त्वपूर्ण रचनाएं लिखी गई हैं, उनमें से कुछ का उल्लेख यहां किया जा रहा है। सीताराम शास्त्री रचित तेलुगु का अत्यंत उल्लेखनीय गद्य काव्य है: 'कर्ण चरित्रमु' इस कृति का तेलुगु साहित्य में बड़ा आदर है। इसी क्रम में मल्लारि वैंकट कृष्ण शर्मा कृत 'कर्ण चरित्रम्' और मेट्टी वैंकटराव का 'कर्ण कथार्णवमु' का उल्लेख किया जा सकता है। गो.नी. डांडेकर का मराठी उपन्यास 'कर्णायन' कर्ण के जीवन के भिन्न पक्ष को उभारता है और उसकी चारित्रिक संघटना को दुर्वासा से जोड़ता है। वी. जी. पणशीकर का 'कर्ण सरा कोण होता' ललित निंबध की कृति है, इसके लेखक ने कर्ण के मूल स्वरूप का उद्घाटन किया है। उनका महाभारत: एक 'शूद्राचा प्रवास' में न केवल कर्ण को वरन पूरे महाभारत को एक प्रतिरोधात्मक भाव से लिखा है। 'राधेय कर्ण' में डॉ. रा. शवोलिम्बे ने कर्ण के मूलदर्शन को प्रस्तुत किया है। यह निबंध कर्ण के दर्शन को समझने में सहायक हो सकता है। बालाशास्त्री हरिदास ने अपने निबंधों में कर्ण की युद्धवृत्ति को अंकित किया है। बी.सी. मर्ढेकर ने 'कर्ण' नाटक में कर्ण और अर्जुन के बीच निर्णायक युद्ध की प्रस्तुति की है। इसमें शल्य की भूमिका को रेखांकित किया जा सकता है।

यह निस्संदेह कहा जा सकता है कि कर्ण पर सर्वाधिक और सर्वाधिक श्रेष्ठ मराठी में लिखा गया है। 'मराठी व्यतील कर्ण' में सुशीला पाटील ने लिखा है कि मराठी में कर्ण के कोई बारह प्रकार हैं अर्थात् कर्ण का चित्रण बारह विभिन्न कोणों से हुआ है। ये प्रकार तो अनुसंधान का विषय हैं, वास्तव में अगर उसके चरित्र के शेड्स देखें तो कर्ण के कितने विभिन्न रूप मिलेंगे यह कहना सहज नहीं है।

गुजराती में उमाशंकर जोशी का 'कृष्ण-कर्ण' एक मार्मिक काव्य है। जो 'जाति की जगह कर्म' की प्रतिष्ठा करता है। कैलासम् द्वारा कन्नड़ नाटक 'कर्ण' महत्त्वपूर्ण है। वैष्णव चरण मोहन्ती का 'महावीर कर्ण' ओड़िया की प्रसिद्ध कृति है। बांग्ला में बुद्धदेव बसु का 'प्रथम पार्थ' एक उल्लेखनीय नाटक है। हिन्दी में कर्ण पर अनेक रचनाएं लिखी गईं। इनमें रामकुमार वर्मा का 'कुंती का परिताप और कर्ण' नाटक, मैथिली शरण गुप्त का काव्य 'जयभारत' में कर्ण का चित्र और संघर्ष उल्लेखनीय है। जगदीश चतुर्वेदी के खण्डकाव्य 'कर्ण' में कर्ण कुंती के अंतर्द्वन्द्व का वर्णन है, विनोद रस्तोगी का नाटक 'सूतपुत्र' भी ठीक है।

उर्दू में कर्ण पर ही क्या महाभारत पर भी कम लिखा गया है। शायरों ने कर्ण पर नज़्में ज़रूर लिखी हैं। एक नमूना साहिर लुधयानवी की नज़्म का है :

जन्म से कोई नीच नहीं, जन्म से कोई बरहमन नहीं'
कर्म से बढ़कर मनुष्य की कोई पहचान नहीं।

युधिष्ठिर

कुरुवंश में सत्ता–विवाद का बीजारोपण धृतराष्ट्र और पाण्डु के साथ ही हो गया था। ज्येष्ठ होते हुए भी धृतराष्ट्र को जन्मांध होने के कारण राज्य से वंचित होना पड़ा। यह कांटा उनके मन में सदा चुभता रहा होगा। परिस्थितिवश पाण्डु उन्हें राज्य सौंप गए तब भी कार्यवाहक बनाकर। पाण्डु की मृत्यु के बाद भी धृतराष्ट्र कार्यवाहक ही माने गए। दूसरी त्रासदी उनके साथ यह हुई कि गांधारी ने कुंती से पहले गर्भधारण किया था, परंतु दुर्योगवश लंबे समय तक उसे संतान नहीं हुई, जबकि कुंती के देर से गर्भधारण करने के बावजूद पुत्र ने पहले जन्म ले लिया। वह ज्येष्ठ हो गया। गांधारी का अपने पेट को क्रोध से कुचलने का कारण विलंब नहीं था, युधिष्ठिर का पहले जन्म लेना था। क्योंकि ऐसे में उसके पुत्र को उत्तराधिकार से वंचित होना था। क्या धृतराष्ट्र को यह भी बात भीतर ही भीतर सालती नहीं होगी कि पाण्डु के निधन के बाद भी उन्हें कार्यवाहक क्यों माना जा रहा है और अब ज्येष्ठता के कारण पाण्डुपुत्र का ही युवराज बनना निश्चित है। कदाचित दुर्योधन ज्येष्ठ हुआ होता तो संभव है युवराज बनने का उसे अवसर मिलता। उनके मन में यह विचार भी रहा होगा कि अगर वे पूर्ण शासक होते तो उनके पुत्र को युवराज बनाने में किसे आपत्ति होती? खैर इन सारी स्थितियों से दुर्योधन भी परिचित था। उसे लग रहा था कि परंपरागत दुर्भाग्य उसका पीछा नहीं छोड़ रहा है। इसे वह कई बार व्यक्त भी कर चुका था। यदि इस दृष्टि से देखें तो दुर्योधन का 'मन्यु' वास्तव में उसकी घनीभूत कुंठा थी। इसी से उसने यह अनावश्यक आरोप लगाया कि पाण्डव पाण्डु के औरस पुत्र नहीं हैं जबकि तत्कालीन भारत में संतति किसी से भी हो; संतान पति की ही मानी जाती थी। यदि यह नियम वैध और मान्य नहीं होता तो धृतराष्ट्र और पाण्डु कुरुवंश के उत्तराधिकारी कैसे बन सकते थे? हां, शासन पर दुर्योधन का अधिकार पिता के शासक होने पर हो सकता था। इसीलिए वह चाहता था कि पिता असली शासक

की तरह व्यवहार करें। परंतु भीष्म और विदुर की साधिकार उपस्थिति में यह संभव नहीं हुआ और युधिष्ठिर को युवराज बनाकर पाण्डु की शासन परंपरा पर मुहर लगा दी गई।

संभवत: महर्षि व्यास की दृष्टि में भी यह द्वन्द्वात्मक स्थिति थी। इसलिए उन्होंने युधिष्ठिर में 'धर्म' की और दुर्योधन 'मन्यु' की प्रतिष्ठा की। इस तरह दोनों को क्रमश: नायक और प्रतिनायक की कोटि प्रदान की गई। इससे युधिष्ठिर को राजसत्ता का नैतिक उत्तराधिकारी बनाने का मार्ग भी प्रशस्त हुआ।

व्यासदेव की प्रारूपित कथा में युधिष्ठिर को शासक होना था और दुर्योधन को राज्य तथा प्राण से हाथ धोना था और अंतत: यही हुआ भी। परंतु सृजन-प्रक्रिया के दौर में कवि की अंतश्चेतना और काव्य-न्याय प्रबल हो जाता है। फलत: प्रारूप की अंतर्वस्तु से मुठभेड़ होती है और कला अपना मूल व्यक्तित्व पाने के लिए संघर्ष करती है।

व्यास की उक्त स्थापना में युधिष्ठिर तो धर्ममय महावृक्ष है[1] और दुर्योधन क्रोधमय महावृक्ष है।[2] उन्होंने युधिष्ठिर के साथ उसके पक्ष के भीम, अर्जुन, नकुल, सहदेव और कृष्ण को जोड़ा तथा दुर्योधन के साथ उसके पक्ष के कर्ण, शकुनि, दु:शासन और धृतराष्ट्र को। धर्मवृक्ष का मूल कृष्ण और मन्युवृक्ष का मूल धृतराष्ट्र। महाभारत के ये ही दो वर्ग हैं और यही मूल ढांचा है। इसलिए यह द्वन्द्व सिर्फ सत्ता के पक्ष-विपक्ष का नहीं रहा बल्कि मूल्यों के पक्ष-विपक्ष का भी हो गया है। परंतु क्या जीवन का भी यही स्वभाव है? क्या वंशाधिकार से जिसे सत्ता मिलती है वही हमेशा अच्छा होता है और जो सत्ता का अनधिकारी होता है वह बुरा ही होता है? क्या बुराई के कारण दुर्योधन को राज्याधिकार से वंचित किया गया था? व्यास का इन प्रश्नों से बराबर सामना होता रहा। इसलिए सांचा तो बेशक वही रहा पर भीतर कई प्रकार के अंतर्विरोध, द्वन्द्व, विसंगति, विस्फोट आदि होते रहे। कवि को बीच-बीच में प्रारूप का ध्यान आता रहा और वह सचेत होकर उसमें ऐसा हस्तक्षेप करता रहा जिससे प्रारूपिकता बनी रहे। अन्यथा कर्ण को द्रौपदी के चीर-हरण-प्रसंग में इतना मुखर बनाने की आवश्यकता नहीं थी, क्योंकि सभा में एक स्त्री के प्रति ऐसी कटूक्ति उसके उदात्त, वीर और गंभीर व्यक्तित्व के अनुरूप न थी।

---

1. युधिष्ठिरो धर्ममयो महाद्रुम:। आदि. 1/111
2. दुर्योधनो मन्युमयो महाद्रुम:। आदि. 1/110

युधिष्ठिर धर्ममय महाद्रुम भी थे और सत्ता के वैध अधिकारी भी थे इसलिए उनका पक्ष न्याय का पक्ष था और न्याय के पक्ष में सभी अच्छाइयों को होना था। अतः वे सर्वगुण सम्पन्न भी थे। इसलिए व्यास ने न्याय और गुण तथा अन्याय और अवगुण के युग्म बनाए। परंतु चरित्रांकन की सर्जनात्मक प्रक्रिया में वे इस वर्गीकरण को स्थिर नहीं रख सके। युधिष्ठिर को महाभारत में जिस तरह प्रस्तावित किया गया और वे सर्जना में जिस तरह ढले उनके भीतर अनेक अंतर्विरोध दिखाई पड़ते हैं। इसके बावजूद यदि भीष्म, द्रोण, कर्ण, विदुर, धृतराष्ट्र और यहां तक कि कृष्ण भी उनके प्रति आदरभाव प्रकट करते हैं तो कोई अंतर्हित बुनावट जरूर होगी और महाभारत की बहुस्तरीय रचनात्मकता में हम एक स्तर वह भी देखते हैं जहाँ उनके चरित्र की श्रेष्ठता प्रतिपादित होती है। फिर भी विसंगति और विडम्बना बारम्बार प्रकट होती है। कई तरह की गुत्थियों के कारण उनका चरित्र महाभारत का सबसे जटिल चरित्र हो गया है।

हस्तिनापुर में पाण्डवों के आने और वारणावत जाने से पहले युधिष्ठिर के चरित्र की कोई विशेषता प्रकट नहीं होती, सिवा इसके कि वे सब भाइयों में ज्येष्ठ हैं। कौरवों का प्रमुख द्वंद्व भी भीम से ही है। उसे वे मार डालने की बार-बार कोशिश करते हैं ताकि पांडवों से निर्भय रहें। उन्हें पांचों भाइयों में वही ऐसा दिखाई देता है जो उनको चुनौती दे सकता है और उनके अधिकार में बाधक हो सकता है। यहां भी युधिष्ठिर में संकटग्रस्त भीम के लिए चिंता के अतिरिक्त कोई हलचल दिखाई नहीं देती। हां, इस बीच उनके आचार, विचार, शील, सहृदयता, विद्वत्ता आदि की बहुत अच्छी छाप प्रजा पर पड़ती है और उसे लगने लगता है कि युधिष्ठिर ही उसके काम्य शासक हो सकते हैं।

आदिपर्व में उल्लेख है कि हस्तिनापुरवासी सभाओं, गोष्ठियों में अपने विचार प्रकट करते थे और संभवतः निर्णय भी लिया करते थे। उन्होंने विमर्श किया कि पाण्डवों के बड़े भाई युधिष्ठिर यद्यपि अभी तरुण हैं, तो भी उनका शील स्वभाव वृद्धों के समान है। वे सत्यवादी, दयालु और वेदवेत्ता हैं। अतः अब हमें उन्हीं का विधिवत् राज्याभिषेक करना चाहिए :

> ते वयं पाण्डवज्येष्ठं तरुणं वृद्धशालिनम्।
> अभिषिञ्चाम साध्वद्यं सत्यं कारुण्यवेदिनम्।। आदि -140/27

इससे प्रतीत होता है कि राजघराने के आचार-व्यवहार की सूचनाएं प्रजा के पास पहुंचती होंगी और युधिष्ठिर प्रजा पर अपनी अध्ययन-चिंतनशीलता, और

गुणों की छाप छोड़ने में समर्थ हुए होंगे; हालांकि ऐसी शिक्षा के प्रत्यक्ष प्रमाण महाभारत में नहीं मिलते। जहां तक गुरु द्रोण का प्रश्न है। वे शस्त्राचार्य थे और पाण्डवों को अस्त्र-शस्त्र की शिक्षा देते थे, जिसमें अर्जुन की तुलना में युधिष्ठिर नगण्य ठहरते थे। गुरु ने एक बार जब नकली गिद्ध की आंख बींधने की परीक्षा ली और युधिष्ठिर के बाण साधने पर पूछा कि उसे क्या दिखता है तब युधिष्ठिर ने कहा कि उसे आंख ही नहीं, वृक्ष, गुरु और सभी भाई दिखाई दे रहे हैं। तब गुरु ने कहा था हटो, तुम से कुछ नहीं होगा– 'नैतच्छक्यं त्वया वेद्धुं लक्ष्यमित्येव कुत्सयन्' (आदि, 131/77) उल्लेखनीय है कि लक्ष्यवेध में असफल होने की घटना के बाद जाने क्यों प्रजा की धारणा थी कि वे ही राजा बनने योग्य हैं। परंतु यह युधिष्ठिर का पहला परिचय है जहाँ उनका व्यक्तित्व दिखता है। अर्थात् युधिष्ठिर को जो दिखा वह लक्ष्य ही नहीं, परिवेश भी है। युधिष्ठिर समग्रता को लेकर चलते हैं– एक मात्र लक्ष्य को नहीं क्योंकि वे लक्ष्य-बेधक वीर नहीं एक सर्व समावेशी, सबको साथ लेकर चलने वाले व्यक्ति हैं।

उनके ज्ञान का संकेत हमें वारणावत जाने के मार्ग में मिलता है। कौरवों की कूट योजना की जानकारी और उससे बच निकलने की विधि विदुर म्लेच्छ भाषा में, सांकेतिक रूप में युधिष्ठिर को ही बताते हैं और युधिष्ठिर उसे भलीभांति समझ लेते हैं–भाषा को भी और संकेतों को भी। इससे उनके बहुविध अधीत होने का ही नहीं, उनकी प्रखरता का भी पता चलता है। संभव है विदुर ने ही युधिष्ठिर को वेद-शास्त्र, नीति, यावनी भाषा आदि की शिक्षा दी हो। (विदुर के बारे में यह भी कहा जाता है कि वे युधिष्ठिर के पिता थे। खैर कई कारणों से यह मत-विभ्रम ही है।)

वारणावत में लाक्षागृह में रहते हुए एक वर्ष व्यतीत हो जाने के बाद उपयुक्त अवसर का बोध युधिष्ठिर को ही होता है और वे वहां से निकलने की सलाह देते हुए यह कहना भी नहीं भूलते कि छह प्राणियों को इसमें रख कर आग लगाना है :

> आयुधागारमादीप्य दग्ध्वा चैव पुरोचनम्।
> षट् प्राणिनो निधायेह द्रवामोऽनभिलक्षितः।। आदि-147/4

उनके चरित्र का वर्णन जिस रूप में किया जाता है उससे निरीह हत्या का आदेश या सलाह मेल नहीं खाती। वैसे जहां इस घटना के ब्यौरे दिए गए हैं वहां यह स्पष्ट नहीं होता कि कुंती द्वारा आयोजित ब्रह्मभोज में पांच पुत्रों सहित एक

भीलनी का आना; खूब खा-पीकर सो जाना और लाक्षागृह अग्निकांड में जल मरना प्रायोजित था, परंतु युधिष्ठिर के कथन को साक्ष्य की तरह लें तो यह राजनीतिक दृष्टि से सुनियोजित घटना थी जिससे युधिष्ठिर के कूट और क्रूर चातुर्य का परिचय मिलता है।

प्रथम वनवास में युधिष्ठिर संबंधी, दो घटनाएं महत्त्व की हैं। एक तो जब हिडिम्बा भीम से प्रणय निवेदन करती है तब युधिष्ठिर हत्या को तत्पर भीम को रोकते हैं-'मा स्म स्त्रियं वधी:' यहां वे यह भी कहते हैं कि शरीर की रक्षा से भी अधिक तत्परता से धर्म की रक्षा करो। यह पहला अवसर है जब युधिष्ठिर देह-रक्षा से अधिक धर्म-रक्षा की चिंता में दिखाई देते हैं, परंतु इसी वनयात्रा में जब वे एकचक्रा नगरी में रहते हैं तब अपने प्राण की रक्षा को धर्म की रक्षा से अधिक महत्त्व देते हैं। जब कुंती भीमसेन को बकासुर के पास भोजन लेकर जाने का आदेश देती हैं तो वे आग बबूला हो जाते हैं और कहते हैं कि क्या दूसरे के बेटे के लिए अपने बेटे की बलि दी जाती है? यह काम तुमने लोक और वेद दोनों के विरुद्ध किया है। (आदि. 161/5-6) यहां युधिष्ठिर नितांत स्वार्थी की तरह भीम को पाण्डवों का रक्षक और भविष्य का कार्य-साधक बताते हुए उसे जोखिम में डालने को अनुचित मानते हैं। हालांकि कुंती के समझाने से वे मान जाते हैं।

जो युधिष्ठिर मां के इस निर्णय पर इतने उत्तेजित हुए थे, वे ही उस समय मौन और मां के आज्ञा-पालक बन गए, जब द्रौपदी को बेसुधी में वस्तु समझ कर उसने पांचों भाइयों में बराबर बांटने को कहा था, वस्तुस्थिति का पता चलने पर कुंती ने खेद भी प्रकट किया और निर्णय युधिष्ठिर पर छोड़ दिया तो युधिष्ठिर ने एकाधबार अर्जुन को विवाह का अधिकारी बताया पर जब उसने सौजन्यवश बड़े भाई से पहले विवाह न करने की बात कही तो यह तत्काल उनके गले उतर गई। उन्होंने द्रौपदी का विवाह पांचों पाण्डवों से करने की घोषणा कर दी। वे बड़े भाई से पूर्व विवाह न करने की अर्जुन की बात के लिए भीम का उदाहरण दे सकते थे; स्वयंवर का प्रयोजन बता सकते थे जहां विवाहेच्छु की वीरता और कौशल की परीक्षा थी, इसमें प्रॉक्सी का प्रावधान नहीं था! परंतु इन सब बातों की उपेक्षा कर, मां का वचन प्रमाण मान कर द्रौपदी के बारे में युधिष्ठिर का निर्णय व्यक्तिगत लालच से भरा था, जिसे परिवार की एकता के नाम पर हितकर कहा गया। यह कितनी ट्रैजिक बात है कि विवाह की शर्त पूरी कोई और करे और विवाह कोई और करे। इस प्रसंग का संदेश प्रतिकूल ही गया

है। अनेक रचनाकारों ने इस पर कटु टिप्पणी की है। पंजाबी के कवि बी.पी. बीर ने अपनी 'युधिष्ठिर' कविता में लिखा है–'जब माता कुंती/द्रौपदी को/ प्रसाद की तरह/ पांच पुत्रों को/ आपस में बांट लेने को कहती है/ तब युधिष्ठिर मौन रहता है' कवि पूछता है– 'अन्याय के विरुद्ध/ उसकी जुबान क्यों तालु से चिपक जाती है?' खैर, एक बार जब ब्राह्मण की पुकार पर उसकी गौ को चोरों से वापस लाने के लिए अर्जुन को युधिष्ठिर और द्रौपदी के एकांत कक्ष में जाना पड़ा तब भाइयों के बीच जो मर्यादा रखी गई थी उसके उल्लंघन के कारण अर्जुन ने युधिष्ठिर से वन जाने की आज्ञा चाही तो युधिष्ठिर ने उन्हें रोकने की भरसक कोशिश की; यह अलग बात है कि अर्जुन को प्रायश्चित करने के निर्णय से वे नहीं डिगा पाए। परंतु यह प्रसंग युधिष्ठिर के सौजन्य और मानवीयता को प्रकट करता है।

जब कौरवों की ओर से युधिष्ठिर को जुए का निमंत्रण मिला तो जुए की बुराइयां जानते हुए भी युधिष्ठिर द्यूत खेले। इसमें शकुनि ने भले ही छल किया हो, धिक्कार का पात्र वह ही नहीं था, युधिष्ठिर भी थे । उनके मन में इस संबंध में एक चोर था, वे जुए में कौरवों का सारा राज्य हड़पना चाहते थे। इसे गुजराती लेखक दिनकर जोशी 'शठता' ठीक ही कहते हैं। जो युधिष्ठिर का स्थायी भाव न था पर संचारी तो था ही। महाभारत के सबसे निष्पक्ष और निस्संग पात्र बलराम की टिप्पणी ध्यान देने लायक है। वे प्रश्न उठाते हैं, कि द्यूत का अपराधी कौन है? शकुनि अथवा युधिष्ठिर? निश्चय ही उन्हें इस मामले में युधिष्ठिर अधिक अपराधी लगते हैं :

'प्रियाभ्युपेतस्य युधिष्ठिरस्य
द्यूते प्रसक्तस्य ऋतं च राज्यम्।।' (उद्योगपर्व 3/8)

युधिष्ठिर स्वयं जुए में आसक्त थे। इसीलिए राज्य का अपहरण हुआ है। ऐसी स्थिति में उन्हें निर्दोष कैसे कहा जा सकता है? इतना ही नहीं, जब युधिष्ठिर देख रहे थे कि प्रतिपक्षी के पासे बराबर उनके विपक्ष में पड़ रहे हैं तब भी वे आवेश में खेलते ही चले गए। इस तरह तो उन्होंने स्वयं को ही हराया है, इसमें शकुनि का कोई अपराध नहीं है :

सरंभमाणो विजितप्रसह्य
तत्रापराधः शकुनेर्न कश्चित् । (वही 3/12)

हार की भयंकर त्रासदी के बाद फिर जुआ खेलने बैठ जाना तो अविवेक

और आसक्ति की हद है। फिर भी 'राधेय' काव्य इसके लिए शकुनि को ही दोषी ठहराता है: "विदुर–(शकुनि से) द्यूतप्रिय युधिष्ठिर को द्रौपदी को पण पर लगाने का दुस्साहस करने के लिए उद्यत किया।" राधेय- पृ. 91

इसी तरह महाभारत और उस पर आधारित, प्रेरित कई कृतियों में शकुनि को विग्रह का मूल माना गया है। जबकि बलराम के मत में उसका कोई अपराध ही नहीं है, और यह बात किसी भी आधुनिक बुद्धिजीवी को तर्क संगत लगेगी। युधिष्ठिर एक शासक थे और राजसूय यज्ञ कर चुके थे। तब क्या उनमें इतनी भी राजनैतिक समझ न थी कि वे पुनरामंत्रण में छिपी कुटिलता पहचान सकें। यदि बलराम इस दुबारा जुए पर भी टिप्पणी करते तो शायद वह ज्यादा तल्ख होती।

द्रौपदी का प्रसंग तो अत्यंत दारुण है। युधिष्ठिर ने उन्मत्त जुआरी की तरह द्रौपदी को दांव पर लगा दिया (दांव पर लगाते समय उन्होंने द्रौपदी का जो कामुक वर्णन किया वह उससे भी ज्यादा घिनौना है मानो वे किसी 'वस्तु' को बेचने या दांव पर लगाने के लिए सामने वाले को ललचा रहे हों। देखें–सभापर्व) जब दुर्योधन के दूत के साथ आने से द्रौपदी ने इसलिए इंकार कर दिया कि वह रजस्वला और एकवस्त्रा है, तब युधिष्ठिर अपना दूत भेजते हैं और कहते हैं, जाओ द्रौपदी से कहो कि वह जिस अवस्था में हो चली आए (सभा पर्व-19) इस तरह का तानाशाही आदेश प्रसारित कर धर्म की बार-बार दुहाई देने वाले युधिष्ठिर किसी धर्म का पालन नहीं कर रहे थे। संयोग था कि वे पाण्डवों के ज्येष्ठ थे और सभी भाई उनके आदेशों का अक्षरश: पालन करते थे। परंतु इसका यह अर्थ नहीं है कि कोई समर्पण की भ्रातृभावना का इस तरह शोषण करे। उनके दुष्कृत्य की प्रतिक्रिया एक बार केवल भीम में व्यक्त हुई जो जुआ खेलते उनके हाथों को जला देने को तत्पर हुए थे।

द्यूत के बाद का वनवास-काल युधिष्ठिर के जीवन का स्वर्ण-काल था, यही उनका स्वाभाविक अधिवास था, क्योंकि उनकी रचना ब्राह्मण और संत की पीठिका पर हुई है। क्षत्रिय वे संयोगवश ही हैं। उनका जन्म बड़े भाई के रूप में एक संकटग्रस्त कुल में होता है। इसलिए राज्य-संघर्ष और दुनियादारी का बोझ उन पर आ पड़ता है और यहीं युधिष्ठिर लड़खड़ाते दिखाई देते हैं।

वन में ऋषि-मुनियों का सत्संग उनका प्रिय व्यसन था। कई प्रकार की ज्ञान-चर्चा में वे लगे रहते, उन जैसा धैर्यशाली श्रोता महाभारत में दूसरा नहीं है। यह हम शांति पर्व और अनुशासन पर्व में भी देखते हैं। वनवास काल में द्रौपदी

से युधिष्ठिर का प्रसिद्ध संवाद हुआ था जो महाभारत में सत्य के दो-पक्षों या दो प्रवृत्तियों की सूचना देता है। द्रौपदी चाहती है कि युधिष्ठिर संतों या ब्राह्मणों वाली प्रवृत्ति छोड़कर राजन्य वृत्ति अपनाएं। इसके लिए वह प्रह्लाद-बलि संवाद का आश्रय लेती है। बलि का प्रश्न है "क्षमा और तेज (क्रोध) में कौन श्रेष्ठ है?" प्रहलाद कहते हैं-"न श्रेयो सततं तेजो न नित्यं श्रेयसी क्षमा" (वन.28/6) द्रौपदी कहना चाहती है कि अब तेज के प्रयोग का समय आ गया है, बहुत हुई क्षमा। इस पर युधिष्ठिर कहते हैं–'क्रूरता से दयालुता श्रेष्ठ है जैसे झूठ से सच। क्रोध सारे झगड़े का मूल है।" 'क्रोध मूलो हि विग्रह:' वे क्षमा को ही धर्म, वेद, ब्रह्म, सत्य, तप, शौच, धृति कहते हैं। यहां तक कि उनकी दृष्टि में क्षमा ही तेज है-"क्षमा तेजस्विनां तेज:" सुयोधन से अपनी तुलना करते हुए वे कहते हैं–सुयोधन क्षमा धारण करने योग्य नहीं है, मैं हूं। इसलिए वह मेरा आश्रय लेती है। (इसमें कहीं न कहीं युधिष्ठिर के अहंकार की गंध आती है)

जब द्रौपदी कहती है कि "इस जगत में धर्म, कोमलता, क्षमा, विनय, दया से कोई भी मनुष्य धन और ऐश्वर्य नहीं पा सकता।" (वन.30/3) तब युधिष्ठिर कहते हैं "फल पाने के लिए मैं धर्म का आचरण नहीं करता।" पाण्डवों की दुर्दशा का संकेत करते हुए (और मन ही मन कौरवों से तुलना करते हुए) द्रौपदी कहती है कि "विधाता के यहां न्याय कहां है?" इस पर युधिष्ठिर कहते हैं कि "धर्म का फल तत्काल न दिखाई दे तो देवों पर शंका नहीं करनी चाहिए।" युधिष्ठिर का संकेत स्पष्ट है। द्रौपदी की बातें तार्किक और यथार्थवादी हैं जबकि युधिष्ठिर एक आदर्शवादी की तरह बात कर रहे हैं।

इसी समय भीम युधिष्ठिर से आग्रह करते हैं कि अब दुर्योधन पर आक्रमण कर देना चाहिए। वे कटूक्ति भी करते हैं। परंतु युधिष्ठिर विचलित नहीं होते और अपना निर्णय सुना देते हैं :

मम प्रतिज्ञां च निबोध सत्यां
वृणो धर्मममृताञ्जीविताच्च।
राज्यं च पुत्रं च यशोधनं च
सर्वं सत्यस्य कलामुपैति।। वन. 34/22.

मेरी सच्ची प्रतिज्ञा सुनो! मैं जीवन और अमरत्व की अपेक्षा धर्म को ही बढ़कर मानता हूं। राज्य, पुत्र, यश और धन–ये सब सत्यधर्म की 16वीं कला भी नहीं।

परंतु जब संजय धृतराष्ट्र का संदेश लेकर आते हैं और धर्मराज को युद्ध से विरत न होने की सलाह देते हुए कह देते हैं कि इससे तो भीख मांगना बेहतर है; वे अपनी सलाह को धर्मानुसार कहते हैं, तब युधिष्ठिर झुंझला जाते हैं, कहते हैं कि तुम नहीं समझते कि धर्म क्या है। कहीं धर्म अधर्म का रूप धाारण कर लेता है, कहीं अधर्म ही धर्म दिखाई पड़ता है। कहीं धर्म का वास्तविक रूप होता है। विद्वज्जन अपने विवेक से ही असली धर्म समझ पाते हैं :

यत्राधर्मो धर्मरूपाणि धत्ते
धर्मः कृत्स्नो दृश्यतेऽधर्मरूपः।
बिभ्रद् धर्मो, धर्मरूपं तथा च
विद्वांसस्तं सम्प्रपश्यन्ति बुध्या।। उद्योग 2/12

युधिष्ठिर के कहने का तात्पर्य है कि धर्म को तुमसे बेहतर मैं समझता हूं। (महाभारत में सत्य और धर्म का विवेचन एक स्वतंत्र विषय है, क्योंकि ये अपरिभाषेय हैं। लोग अपने अपने अनुरूप इन शब्दों की व्याख्या करते हैं। ऐसे में पाठक को ही निर्णय करना होता है कि कौन-सी परिभाषा युक्ति संगत है।)

उक्त कथन का रहस्य यहां नहीं खुलता, बल्कि यह युधिष्ठिर की दोहरी वृत्ति को प्रकट करता है। इसका रहस्य वहां प्रकट होता है जहां कृष्ण को दूत बनाकर भेजते हुए युधिष्ठिर कहता है कि हम युद्ध नहीं चाहते, इसीलिए साम, दान, भेद जैसे सभी उपाय अपना रहे हैं, फिर भी यदि हमारी राजनीति विफल हुई तो युद्ध ही हमारा पहला कर्तव्य होगा (दूसरे शब्दों में धर्म होगा)। हम पराक्रम छोड़कर बैठ नहीं सकते:

सर्वथा यतमानानामयुद्धमभिकाङ्.क्षताम्
सान्वे प्रतिहते युद्धं प्रसिद्धं नापराक्रमः ।। उद्योग 72/69

यहां पहली बार खुलकर युधिष्ठिर स्वीकार करते हैं कि हां, मेरे ही कारण तुम लोगों पर विपत्ति आई; हां, मेरे ही कारण द्रौपदी को पीड़ा पहुंची। वे खुले मन से द्रौपदी के प्रति हुए अन्याय को स्वीकार करते हैं। यह आत्म-स्वीकार उनके आत्म-प्रक्षालन की मनोदशा का भौतिक प्रस्थान है :

भूयोऽपि दुःखं मम भीमसेन
इमे विषस्येव रसं हि पीत्वा।
यद् याज्ञसेनीं परिक्लिश्यमानां
संदृश्य तत् क्षान्तमिति स्म भीम।। वन. 34/18.

भीमसेन! मुझे दुःख है कि जब द्रौपदी को शत्रुओं के द्वारा क्लेश दिया जा रहा था और हमने अपनी आंखों से देखकर भी चुपचाप सह लिया था–जैसे कोई विष घोल कर पीले और उसकी पीड़ा से कराहने लगे–ऐसी ही पीड़ा इस समय मुझे हो रही है। जाहिर है कि द्रौपदी के क्लेश से युधिष्ठिर आहत हैं। इसी बीच युधिष्ठिर के मन का एक चोर भी प्रकट होता है। वे कहते हैं कि मैंने दुर्योधन से किसी चुनौती में बंधकर जुआ नहीं खेला था–सोचा तो यही था कि इसके बहाने उसके राजपाट का अपहरण कर लूंगा (वन.34/3) पर सब कुछ उलट पुलट गया! भीम के आक्रमण करने के आग्रह पर युधिष्ठिर जो कहते हैं वह उनकी राजनीतिक बुद्धि को सूचित करता है: "द्रोण, कर्ण, भीष्म सब उनके साथ हैं। राजसूय यज्ञ में हमारे द्वारा पराजित राजा भी हमारे विरुद्ध होंगे।" परंतु उसके बाद की पंक्ति युधिष्ठिर में और किसी अन्य राजनीतिज्ञ में अंतर करती है। वे कहते हैं कि दुर्योधन को मारने से पहले इन्हें (द्रोण, कर्ण, भीष्म, राजागण को) मारना होगा।" एक हिंसा के पीछे कितनी हिंसाएं छिपी हैं। यही युद्ध का सबसे बड़ा दुष्प्रभाव होता है। इसी अपार हिंसा से युधिष्ठिर बचना चाहते हैं।

वन-पर्व का शीर्ष प्रकरण यक्ष-युधिष्ठिर संवाद है। प्रश्न यह है कि धर्मराज के पिता 'धर्म' को अपने पुत्र की परीक्षा क्यों लेना पड़ी? क्या वनपर्व के अंत में यह परीक्षा अनिवार्य थी? शायद थी, क्योंकि वनपर्व के बाद युधिष्ठिर ऐसे दौर में प्रवेश करने वाले हैं जहां उन्हें राजनीतिक सक्रियता और महासमर की भयावह जटिलता का सामना करना होगा। पग-पग पर उनकी परीक्षा होगी।

उदाहरण के लिए कुछ प्रश्न लेते हैं जिनसे प्रश्नों की गहराई और सांकेतिकता का पता चलता है। यक्ष का एक प्रश्न है–धर्म का मुख्य स्थान क्या है? "किंस्विदेकपदं धर्म्यं " (वन313/69) युधिष्ठिर उत्तर देते हैं "दाक्ष्य-मेकपदं धर्म्यं" (वही-70) धर्म का मुख्य स्थान दक्षता है। अन्यत्र यक्ष का सवाल है–कि धन्यवाद के योग्य पुरुषों में उत्तम गुण क्या है? "धन्यानामुत्तमं किं" (वही-73) युधिष्ठिर फिर उत्तर देते हैं-धन्य पुरुषों में दक्षता ही उत्तम गुण है। अर्थात् धर्म का स्थान है दक्षता और वही दक्षता धन्यता का स्थान भी है। दोनों में समान है 'दक्षता' जिसकी जरूरत अज्ञातवास में भी होगी और महासमर में भी। कीचक द्वारा द्रौपदी को त्रस्त करने पर जब द्रौपदी (युधिष्ठिर) से मिलती है तो युधिष्ठिर उससे सांस रोककर जैसे-तैसे अज्ञातवास का एक माह काट लेने को कहते हैं और जब वह कंक (युधिष्ठिर) की उपस्थिति में विराट राजा के आगे अपना दुखड़ा रोती है तो उसे बहुत अशोभनीय शब्दों में डांट देते

हैं। मानो वह सचमुच की सैरन्ध्री हो और वे सचमुच के कंक हों। ऊपर से यह व्यवहार क्रूर और अमानवीय लगता है। परंतु दोनों ही स्थानों पर प्रमुख है 'दक्षता', जिसकी ज़रूरत इस समय युधिष्ठिर को सर्वाधिक थी। जिस तरह भीम उत्तेजित हो गए थे उसी तरह युधिष्ठिर भी हो सकते थे, परंतु इस उत्तेजनीय अवसर पर भी उनकी अनुत्तेजना; भाव से नहीं, स्थिति से जुड़ी है।

युद्ध प्रारंभ होने से पूर्व जब हम युधिष्ठिर का निष्कवच और निश्शस्त्र शत्रुसेना में घुसना देखते हैं तो क्या वह पक्ष-विपक्ष के सैनिकों की तरह हमें चौंका नहीं देता है? सर्वत्र जिज्ञासा है कि युधिष्ठिर क्या करने वाले हैं? परंतु वे भीष्म पितामह और आचार्य द्रोण के पास जाकर युद्ध की आज्ञा मांगते हैं। इसमें उनकी दक्षता की प्रतीति तब होती है जब भीष्म और द्रोण दोनों कहते हैं कि यदि तुम आज्ञा लेने नहीं आते तो मैं तुम्हें पराजित होने का शाप दे देता। (भीष्म. 43/38-53) भीष्म, द्रोण, कृपाचार्य और शल्य से आदेश लेने का परिणाम यह हुआ कि उन्हें विजयी होने का आशीर्वाद मिला। इसके अतिरिक्त भीष्म ने उन्हें अपनी मृत्यु का रहस्य जानने के लिए यथा समय आने को कहा, द्रोण ने मृत्यु का रहस्य बता दिया और शल्य से युधिष्ठिर ने कर्ण को युद्ध में हतोत्साहित करने का वचन ले लिया। आदर्शवाद की खोल में यह उनका वह मूल स्वरूप है जो उन्होंने युद्ध के अवसर पर धारण किया था। उल्लेखनीय है कि आज्ञा लेने की बात युधिष्ठिर के अलावा किसी भाई को नहीं सूझी, वासुदेव को भी नहीं।

धर्म की चर्चा चल पड़ी तो एक प्रश्न और लेते हैं। यक्ष, प्रश्न करता है कि सूर्य को अस्त कौन करता है-'कश्चैनमस्तं नयति?' युधिष्ठिर एक अकल्पनीय उत्तर देते हैं-'धर्मश्चास्तं नयति' (वन. 313/45-46) धर्म सूर्य को अस्त करता है। यदि सूर्य को ब्रह्म उदित करते हैं, उसके चारों ओर देवता चलते हैं, वह सत्य में प्रतिष्ठित होता है तो धर्म उसका अस्त क्यों करेगा ? असल में यह सृष्टिचक्र है, सूर्य यदि हमेशा दीप्त रहे तो सृष्टिचक्र रुक जाएगा। इसलिए उसका अस्त हो जाना उसका धर्म है। सूर्य पर सृष्टि के नियमन का दायित्व है अगर वही अस्त नहीं होगा तो भला दुनिया चलेगी कैसे? एक संकेत यह निकाला जा सकता है कि अंत में युधिष्ठिर को, वासुदेव को, अर्जुन को, भीम को, द्रौपदी को तिरोहित होना है तभी अगली पीढ़ी के लिए नई सुबह होगी।

यक्षप्रश्न में ब्रह्मांडीय संरचना से लगाकर कृषि जैसे विषय पर प्रश्न हैं। युधिष्ठिर से ये सारे प्रश्न किए गए हैं, यह एक भावी शासक की परीक्षा है जिससे योग्यता, चिंतनशीलता, उच्च नैतिक मूल्यों को धारण करने की क्षमता

और बहुविध ज्ञानवान होने की अपेक्षा है। बुद्धदेव बसु की राय में युधिष्ठिर की परीक्षा केवल ज्ञान की परीक्षा नहीं है, विद्वत्ता की परीक्षा नहीं है; वह मुख्यतः चरित्र की परीक्षा है।' (म.कथा पृ.51)

यह ठीक भी है क्योंकि यद्यपि इन प्रश्नों के उत्तर में युधिष्ठिर ज्ञान और विद्वत्ता की आवश्यकता पूरी करते हैं परंतु कई प्रश्न ऐसे हैं जिनका दूसरे ज्ञानी, विद्वान कुछ दूसरा उत्तर देते और वह भी संभवतः सही उत्तर होता, परंतु युधिष्ठिर जो उत्तर देते हैं उसमें उनके ज्ञान की ही नहीं उनके स्वभाव की झलक भी है। इस तरह युधिष्ठिर ज्ञान और चरित्र दोनों की परीक्षा में उत्तीर्ण हो गए हैं।

युधिष्ठिर के व्यापक ज्ञान, समझ, चिंतन में ही नहीं, धर्म-सत्य में उनकी आस्था को देखते हुए, कर्ण पाण्डव पक्ष में आने का आग्रह करते समय वासुदेव से यह कहना कि 'युधिष्ठिर में राजा बनने के सारे गुण हैं। मैं चाहता हूं कि राजा युधिष्ठिर ही हो।' इस दृष्टि से अत्यंत सांकेतिक है! क्योंकि कर्ण की दृष्टि में भी दुर्योधन, युधिष्ठिर से किसी न किसी अर्थ में विलोम तो है परंतु श्रेष्ठ भी है।

वनपर्व में युधिष्ठिर का उदात्त और साधु चरित्र दिखाई पड़ता है। परंतु युद्ध में उनकी भूमिका न वैसी उदात्त रही है न निष्कलंक। वे जगह-जगह पाप-पंक में फंसे मिलते हैं।

युद्ध के दौर में व्यास एकबार भी दुर्योधन में अधर्म या अन्याय को रेखांकित न कर सके। जबकि धर्ममय महावृक्ष कई अधर्म और अनर्थ फल देता रहा, इतना ही नहीं अपने पक्ष द्वारा अन्याय होता देखकर भी उसकी अनदेखी करता रहा।

दुर्योधन का वध साक्षात धर्मराज की उपस्थिति में अधर्म से हुआ। इस पर वे एक शब्द भी नहीं बोले। इतना ही नहीं, वे द्रोण के वध में कारणभूत रहे, भीष्म की मृत्यु का उपाय उनसे पूछा, भूरिश्रवा की हत्या पर कोई टिप्पणी नहीं की। इस दृष्टि से उन्होंने सभी अन्यायपूर्ण वधों में अपनी प्रत्यक्ष या परोक्ष भूमिका निभाई। कौरवों के विरुद्ध तो पाण्डव, अभिमन्यु वध का ही राग अलापते रहे; जबकि युद्धरत पाण्डवों की झोली तो अन्याय से आकंठ भरी थी। पाण्डव से कौरवों के पाप को बराबर करने के लिए कवि ने शायद अश्वत्थामा का आविष्कार किया था, जिसने सोये हुए पाण्डुपुत्रों की जघन्य हत्या से कौरव पक्ष का पलड़ा अधर्म की ओर झुका दिया।

संपूर्ण महाभारत युद्ध में तीन अवसर ऐसे आते हैं जहां युधिष्ठिर का चरित्र उनके यश के अनुरूप दिखाई देता है। (यद्यपि हर जगह वह निर्भ्रांत नहीं है।) एक तो वहां जहां वे विपक्ष के पूजनीय योद्धाओं को प्रणाम कर उनसे युद्ध का आदेश लेते हैं; दूसरा जयद्रथ-वध प्रसंग में जहां सात्यकि को समाचार लेने भेजने के बाद उसका पता लगाने भीम को भेजते समय अर्जुन से भी अधिक सात्यकि की रक्षा का निर्देश देते हैं और तीसरा भीम द्वारा दुर्योधन का वध करते समय आहत पड़े दुर्योधन के सिर को ठोकर मारने पर उसे रोकते हैं । अन्यथा तो जैसा कहा गया है कि युद्ध में उनकी भूमिका या तो सामान्य रही या ऐसी जो उनके यश के अनुकूल नहीं थी। दो एक बार तो वे युद्ध से पलायन तक कर गए थे।

युद्ध से पहले (उद्योग पर्व में) वे कृष्ण से स्पष्ट कह देते हैं कि मैं तो नीति के अनुसार ही युद्ध करूंगा। फिर भले ही जय मिले या पराजय :

बलं तु नीतिमाधाय युध्ये जयपराजयौ। उद्योग. 72/49

परंतु युद्ध प्रारंभ होते ही वे अपनी विजय में इतने आसक्त हो जाते हैं कि उन्हें नीति, धर्म सब भूल जाते हैं। मामा शल्य से, कर्ण के सारथी के रूप में रहते, कर्ण की भर्त्सना कर उसका मनोबल तोड़ने का वचन लेना और इस तरह किसी को अपने कर्तव्य या धर्म-मार्ग से डिगाने का उद्यम कोई पापाचारी या छलिया कूटनीतिज्ञ ही कर सकता है; धर्मराज नहीं। शल्य ने अपना वचन निभाया और कर्ण से युधिष्ठिर की रक्षा की। इसी शल्य का वध युधिष्ठिर ने किया; जो उनके द्वारा किसी महारथी का इस युद्ध में इकलौता वध था। द्रोण और भीष्म को प्रणाम करने के व्याज से उनकी मृत्यु का रहस्य जानकर छल से उनके वध का मार्ग प्रशस्त करना धर्माचरण नहीं था। जबकि आचार्य द्रोण के वध के लिए इस सत्यव्रती ने असत्य का आश्रय लिया। युधिष्ठिर का साभिप्राय अर्धसत्य असत्य ही था। इसका प्रमाण भी तत्काल मिल गया। धरती से ऊपर चलने वाला उनका रथ धरती पर टिक गया।

परंतु न जाने किस श्रद्धावश कुछ लेखकों ने युधिष्ठिर के दोषों पर पर्दा डालने की कोशिश की और येन-केन प्रकारेण उनकी छवि को बेदाग दिखाया। द्वारका प्रसाद मिश्र ने अपने महाकाव्य 'कृष्णायन' में युधिष्ठिर के 'अश्वत्थामा हतो' प्रसंग को ही हटा दिया जो युधिष्ठिर के अधर्माचरण का शीर्ष प्रसंग है। व्यास ने इस प्रसंग को युधिष्ठिर के लिए अंतर्द्वंद्व के रूप में लिया है-'तमतथ्यभये मग्नो जये सक्तो युधिष्ठिरः' एकओर वे असत्य के भय में डूबे हुए थे तो दूसरी

ओर विजय के प्रति आसक्त थे। उनके इसी द्वन्द्व का प्रतीक उनका वह अर्धसत्य था। युधिष्ठिर का यह द्वन्द्व एक तरह से स्वभावगत या नैतिक था इसलिए पग-पग पर युधिष्ठिर को बचाने की कोशिश करते हुए हम उनके सहज मानव स्वभाव और प्रवृत्तियों से उनके व्यक्तित्व को, व्यास के अभिप्राय के विरुद्ध टाइप बनाते हैं। बुद्धदेव बसु ठीक लिखते हैं–हम लोग अत्यंत भाग्यवान हैं कि इन्हें (युधिष्ठिर को) महापुरुष नहीं कहा जाता।...वे मानुष हैं मात्र मानुष, प्रायः एक साधारण गृहस्थ जिनके चेहरे पर मानवीय जीवन के सम्पूर्ण दायित्व और दायित्वजनित वेदना की रेखा खिंची हुई है। केवल इसी कारण वे चिर स्मरणीय हैं। (म.कथा.पृ.106) यदि 'हम ऐसे व्यक्ति को खोजते हैं, जो हमसे ऊंचा है, बड़ा है, जो हमारी जीवन-यात्रा का नित्य साथी हो सकता है, हमारी सभी समस्याओं और मानवीय दुर्बलताओं में अंशतः भागी बन सकता है, जो एक सहृदय पड़ोसी की तरह पहुंच के भीतर और व्यावहारिक हो सकता है तो हमें सबसे पहले युधिष्ठिर याद आएंगे। (म.कथा, पृ. 105)

यह विडंबना ही है कि स्वयं व्यास तो युधिष्ठिर को मानवीय बनाने के लिए अपने बने बनाए प्रारूप को कई जगह तोड़ते हैं परंतु उनका अनुसृजन करने वाले कई लेखक उस प्रारूप का अक्षरशः पालन करते हैं। संसार और सर्जना से यह उनके अपरिचय का ही द्योतक है। प्रारूप तोड़ना महाभारत की बड़ी काव्यात्मक विशेषता है।

बल्लभ सिद्धार्थ ने अपनी पुस्तक में प्रश्न उठाया है कि युधिष्ठिर धर्मराज क्यों हैं? वे कहते हैं- "शायद इसलिए कि युधिष्ठिर का चरित्र मनुष्य से देवत्व तक विकसित होने की अविस्मरणीय महागाथा है।" (महाभारत के पात्रों का अंतर्मन : वल्लभ सिद्धार्थ पृ. 52) परंतु ठीक यही बात नहीं है। मुझे लगता है कि युधिष्ठिर महाभारत के एकमात्र ऐसे चरित्र हैं जो ऊपर चढ़ने के प्रयास में बार-बार फिसलते हैं, लेकिन अपना ऊपर चढ़ना नहीं छोड़ते। उदात्तता पाने की यह कोशिश सफल होते हुए भी कुछ प्रसंगों में विफल भी होती है। इस तरह कवि यह संकेत देता है कि उदात्तीकरण का प्रयास अंतिम क्षण तक जारी रहने वाली एक प्रक्रिया है। गाँधी 'हिन्द स्वराज' में कहते हैं कि 'आदर्श वह है जो पाया न जा सके, परंतु उसके पाने का प्रयास ही मुख्य है।' इस पर हम आगे भी विचार करेंगे।

अर्जुन के माध्यम से मानो व्यासजी ने, कर्ण पर्व में, युधिष्ठिर के तब तक

के जीवन की दुष्कृतियों को सूचीबद्ध कर दिया है। जब आहत होने का समाचार पाकर चिंतित अर्जुन और कृष्ण उनके शिविर में आते हैं तब युधिष्ठिर के दिमाग में केवल कर्ण घूम रहा था, जिससे परास्त होकर वे आए थे। उन्होंने समझा कि अर्जुन, कर्ण का वध करके आ रहे हैं तो प्रारंभ में उन्होंने उसकी भरसक प्रशंसा की। फिर जब उन्हें पता चला कि ऐसा नहीं हुआ है, वे तो शिविर में उनका समाचार लेने आए हैं। तब युधिष्ठिर ने जो कहा वह उनके जीवन के सबसे कटु-कठोर वचन थे। उन्होंने गांडीव को धिक्कारा। अर्जुन को लताड़ते हुए उन्होंने यहां तक कहा कि 'यदि पांचवें महीने में कुंती का गर्भ गिर गया होता या तुम उनके गर्भ में नहीं आए होते तो तुम्हारे लिए अच्छा होता क्यों कि तब तुम्हें युद्ध से भाग आने का कलंक तो नहीं लगता' (कर्ण 68/29) जबकि पलायन तो युधिष्ठिर ने किया था। खैर, यह सुनकर क्रोध से कांपता हुआ अर्जुन युधिष्ठिर पर तलवार उठाता है। उसे रोकते हुए कृष्ण उसे हत्या का उपाय पूज्यनिंदा बताते हैं । तब अर्जुन युधिष्ठिर को चुन-चुन कर गालियां देता है ; जो युधिष्ठिर के बारे में पाण्डवों के विचारों का आईना है। वह कहता है- ''तू मुझे भगोड़ा कहता है जबकि खुद भगोड़ा है।[1] तू सदा मित्रों से रक्षित होता है[2]। तेरा बल तेरी वाणी में ही है[3] (जिससे तू केवल बढ़-बढ़कर बातें करता है!) तूने हम लोगों को सदा कष्ट दिया है[4] तू स्वयं तो पापकर्म करता है और हम लोगों के द्वारा शत्रु-समुद्र को पार करना चाहता है। स्वयं दुर्व्यसन करके तू अब हमें कठोर बातें सुनाता है।[5] तेरे क्रूरता पूर्ण कर्म वंश-नाशक हैं।[6] तू भाग्य हीन जुआरी है, तेरे कारण हमारे राज्य का नाश हुआ, हमें नरक तुल्य कष्ट भोगना पड़ा।'' अर्जुन का यह सबसे बड़ा आरोप है कि महाभारत युद्ध युधिष्ठिर के कारण हुआ है। निंदा प्रसंग के प्रारंभ में अर्जुन ऐसी बात कहता है जो उसके भीतर वर्षों से शल्य की तरह चुभ रही थी- ''मां मावमंस्था द्रौपदी तल्प संस्थो'' (कर्ण 70/14)-''द्रौपदी की

1. मा त्वं राजन् व्यवहार व्याहरस्व
   यस्तिष्ठते क्रोशमात्रे रणाद् वै। (कर्ण-702)
2. नत्वं नित्यं रक्ष्यसे यः सुहृद्‌भिः ।। वही/7)
3. त्वं वाग्बलो भारत निष्ठुरश्च
4. त्वत्तः सुखं न वयं विद्म किंचित् ।। (वही-13)
5. स्वयं कृत्वा पापमनार्यजुष्ट
   मस्माभिर्वा नर्हु मिच्छरिस्वम्
6. त्वया हि तत् कर्म कृतं नृशंसं
   यस्माद् दोषः कौरवाणां वधश्च।। (वही-19)

शय्या पर पड़ा-पड़ा मेरा अपमान न कर।'' यह अकेला वाक्य युधिष्ठिर की परोपभोगिता, पुरुषार्थहीनता और अन्याय पर व्यांग्यात्मक चोट तथा स्वयं अर्जुन के भीतर की चुभन, क्षोभ और इतिहास की टीस को दिखाता है। जो अर्जुन कह रहे हैं, वह हू-ब-हू महाभारत का पाठ है। ऐसे स्थान पर व्यास हमें मुग्ध कर लेते हैं। वे किस कौशल से अपने श्रेष्ठ पात्र की दुर्बलताओं को एक साथ रेखांकित कर बताते हैं कि एक मनुष्य में श्रेष्ठतम और निकृष्टतम दोनों हैं। इनका अनुपात मनुष्य की श्रेष्ठता और निकृष्टता को परिस्थापित करता है। खैर, जब अर्जुन कर्ण का वध कर देते हैं तो मानो युधिष्ठिर की दीर्घकालीन अभिलाषा पूरी होती है-'वधं कर्णस्य संग्रामे दीर्घकालचिकीर्षितम्' (कर्ण 96/5), कृष्णार्जुन से इसकी सूचना पाकर वे अत्यंत प्रसन्न होते हैं। पर उन्हें विश्वास तब होता है जब वे सहस्रों दीपकों के प्रकाश में कर्ण के शव को रणभूमि में पड़ा देखते हैं। वे अमानवीय उल्लास से भर उठते हैं। 'दिष्ट्या दिष्ट्या' अहोभाग्य! अहो भाग्य!' और कृष्ण से कहते हैं कि आज की रात हम लोग 13 वर्ष बाद सुख पूर्वक सो सकेंगे :

त्रयोदश समस्तीर्णा जागरेण सुदु:खिता:।
स्वप्स्यामोऽद्य सुखं रात्रौ त्वत्प्रसादान्महाभुज।। (कर्ण 96-45)

उनकी क्या ही विडम्बना है कि जिस कर्ण से वे जीवन भर डरते रहे, जिसके वध पर इतने प्रसन्न हुए, वही उनका अग्रज निकला! उन्होंने कितने अनुतप्त होकर अपनी मां को इस गोपन के लिए धिक्कारा—इस हद तक कि स्त्री मात्र को शाप दे डाला। (इस पुरुष-प्रधान चिंतन पर अलग से विचार करना चाहिए कि पुरुष के गुण-दोष निजी और स्त्री के स्त्री मात्र के लिए!)

युद्ध के अंतिम दिन जब दुर्योधन के सरोवर में छिपे होने का समाचार पाण्डवों को मिलता है तब वे द्वैपायन सरोवर जाते हैं। यहां युधिष्ठिर जिस तरह दुर्योधन को ललकारते हैं ऐसी ललकार पूरे भारत युद्ध में उनके मुंह से नहीं सुनी गई। दो बार कर्ण से त्रस्त और आहत होकर शिविर में चले जाने वाले युधिष्ठिर जल में सोए दुर्योधन से कहते हैं-' न हि शूरा: पलायन्ते शत्रून् दृष्टवा कथञ्चन।' (शल्य'-31/28) शूरवीर शत्रु को देखकर पलायन नहीं करते। जोश-जोश में वे कह जाते हैं– ''उत्तिष्ठोत्तिष्ठ गान्धारे मां योधेय सुयोधन।'' 'अरे अरे गांधारीनंदन उठ मेरे साथ युद्ध कर।' हर कोई जानता है कि यह युधिष्ठिर का बड़बोलापन है। पूरा महाभारत हो जाने के बाद भी योद्धाओं के विषय में तो छोड़ें, उन्हें स्वयं

अपने बलाबल का अनुमान भी नहीं है। दुर्योधन जब अकेला होने के कारण किसी एक पाण्डव से युद्ध करने को तत्पर होता है तो युधिष्ठिर प्रस्ताव रखते हैं किसी भी अस्त्र से हममें से किसी भाई से युद्ध कर लो, अगर तुम एक का भी वध कर दोगे तो सारा राज्य तुम्हारा हो जाएगा :

स्वयमिष्टं च ते कामं वीर भूयो ददाम्यहम्।
हत्वैकं भवतो राज्यं दूतो वा स्वर्गमाप्नु हि।। शल्य 32/25-27

इस पर कृष्ण बहुत क्रोधित होते हैं। वे युधिष्ठिर को लताड़ते हुए पूछते हैं कि यदि दुर्योधन युद्ध में तुम्हारा, अर्जुन का, नकुल-सहदेव का वरण कर ले तो क्या होगा! वे झुंझला कर यहां तक कह देते हैं कि ये पाण्डव राज्य करने के लिए नहीं जीवन भर वनवास और भीख मांगने के लिए ही पैदा हुए हैं। अर्जुन से वे कहते हैं कि अर्जुन तुम्हारा यह भाई कितना मूर्ख है ! एक की जीत-हार पर सम्पूर्ण जीत-हार की शर्त लगाकर इसने युद्ध को जुए का दांव बना डाला है :

अबुद्धिरेषा महती धर्मराजस्य पाण्डव।
यदेकविजये युद्धं पणितं घोरमीदृशम्।। शल्य. 58/12-13.

वह तो पाण्डवों का भाग्य था कि दुर्योधन ने गदा युद्ध में अपने समकक्ष भीम को चुना। भीम द्वारा भी दुर्योधन को धर्म से जीतना संभव नहीं था। अंत में जंघा पर प्रहार कर अनैतिक ढंग से भीम ने दुर्योधन को धराशायी किया। इस पर बलराम कुपित हुए, पर धर्मराज नहीं। वे मुदित और संतुष्ट हुए। बुद्धदेव बसु ने ठीक लिखा है कि ''यदि युद्ध खत्म होने के साथ ही साथ महाभारत की कहानी समाप्त हो जाती तो निस्संदेह युधिष्ठिर एक महापाखंडी के रूप में सदा के लिए चिह्नित हो जाते।''[1]

महाभारत युद्ध के दौरान सबसे ज्यादा फजीहत धर्मराज की ही होती है। व्यास शायद यह कहना चाहते हैं कि युद्धों और महायुद्धों में सबसे ज्यादा दुर्दशा धर्म की होती है। वह तरह तरह से परिभाषित, आलोड़ित, विभ्रमित होता है जैसे विपरीत आंधियों के बीच फंसा कोई महावृक्ष। खैर...

क्या युद्धोत्तर युधिष्ठिर बदल गए हैं? या क्या यह भाग ऐसा डिकोड-उपक्रम है जहां युधिष्ठिर की विसंगतियों को नया परिप्रेक्ष्य मिलता है? बुद्धदेव लिखते हैं : 'इस व्यापक क्षितिज का स्मरण करने पर हमें दूसरा ही चित्र दिखाई देता

1. महाभारत की कथा : बुद्धदेव वसु, पृ. 74-75

है। तब हम समझने लगते हैं कि युधिष्ठिर की ये सब दुष्कृतियां भी यथोचित सुसंगत हैं, उसके जुए के पाप की तरह उसके जीवन में इसकी आवश्यकता थी। बीच में धीरज खोने से काम नहीं चलेगा, अत्यधिक भावुकता से भी नहीं चलेगा। हमें सोचना पड़ेगा कि व्यासदेव ने युधिष्ठिर को लेकर क्या करना चाहा है कि महाभारत की महान परिकल्पना किस तरह से और किस परिमाण में युधिष्ठिर पर निर्भर है।

इसमें कोई संदेह नहीं है कि महाभारत के शांति, अनुशासन, आश्रमवासिक और महाप्रस्थानिक पर्व ने वन पर्व की कड़ी को फिर से जोड़ा है। यहां युधिष्ठिर का वह व्यक्तित्व उभरता है जो महाभारत में उनके होने का मूल प्रयोजन है।

युद्ध में विजयी हो जाने के बाद वे राजा बनने को तैयार नहीं होते और संन्यस्त हो जाना चाहते हैं इस पर एक पूरा पारिवारिक परिसंवाद है। सभी पाण्डव क्रमशः उन्हें समझाते हैं नकुल, सहदेव तक। द्रौपदी और भीम की चिर-परिचित कटूक्ति यहां भी सुनने को मिलती है। भीम कहते हैं कि हम सब बाहुबल से सम्पन्न हैं, अस्त्रशस्त्रों के पारंगत मनीषी हैं। फिर भी हम असमर्थ पुरुषों के समान एक कायर भाई की आज्ञा में रहते हैं :

वयं हि बाहुबलिनः कुतः विद्या मनस्विनः।
क्लीवस्य वाक्ये तिष्ठामो यथैवाशक्तयस्तथा।। शांति-10/15[1]

द्रौपदी तो बार-बार उन्हें क्लीव कहकर संबांधित करती है, कहती है कायर संसार में कुछ नहीं कर सकता :

न क्लीबो वसुधां भुंक्ते न क्लीबो धनमश्नुते।
न क्लीबस्य गृहे पुत्रमस्याः पंक इवासते।। शांति 14/130

वे किसी के समझाने पर, यहां तक कि व्यास के समझाने पर भी राजधानी में प्रवेश करना स्वीकार नहीं करते। अंत में कृष्ण की आज्ञा से राज्य करना स्वीकार करते हैं।

ऐसा नहीं है कि युधिष्ठिर की युद्धकालीन वृत्ति यहां संस्कारों को सर्वथा छोड़ पाई है। यह संसारत्यागी महाप्रस्थान के बीच भी यह बात नहीं भूल पाता है कि द्रौपदी ने उसे जीवन भर वैसा प्रेम नहीं किया जैसा अर्जुन से किया। अपने द्वारा किए अतिचार और अन्याय को तो युधिष्ठिर भूल गए, उन्हें बस द्रौपदी का

---

1. महाभारत की कथा : बुद्धदेव वसु, पृ. 74-75

अन्याय याद आता रहा, जो वास्तव में अन्याय नहीं था बल्कि वह न्यूनतम न्याय था जो वह अर्जुन को दे सकती थी। हिमालय पर आरोहण करते हुए भीम ने, सबसे पहले द्रौपदी के गिर पड़ने का कारण पूछा था तब यह कहते हुए युधिष्ठिर को लाज नहीं आई कि द्रौपदी के मन में अर्जुन के प्रति विशेष पक्षपात था; आज यह उसी का फल भोग रही है।[1] कैसा फल? क्या मृत्यु जीवन के दुष्कृत्यों का फल है? मृत्यु तो सबकी होती है, वासुदेव की भी हुई। युधिष्ठिर का यह वचन अधिक क्रूर इसलिए भी दिखाई देता है कि तब द्रौपदी के प्राण निकले नहीं थे, उसने यह सुना होगा, उसके शेष पतियों ने भी यह सुना होगा। ठीक मृत्यु के द्वार पर युधिष्ठिर का द्रौपदी को आहत करना और शेष पांडवों के मन में विषबीज बोना क्या उचित था? द्रौपदी के बाद शेष सभी पाण्डव एक़ के बाद एक बर्फ में गिरे, हर किसी की मृत्यु का कारण युधिष्ठिर ने अभिमान बताया। सहदेव को बुद्धि का, नकुल को सौन्दर्य का, अर्जुन को वीरता का, भीम को बल का अभिमान ले डूबा। मानो अकेले युधिष्ठिर ऐसे थे जिन्हें न अभिमान व्यापा न पक्षपात न पतन न और कोई कारण–वे निर्दोष निरभ्र चांदनी की तरह थे! यह कैसा व्यवहार था युधिष्ठिर का पाण्डवों और द्रौपदी के प्रति! यदि यह बात किसी अन्य द्वारा कही जाती तो ठीक था, क्योंकि युधिष्ठिर को जब हम सशरीर स्वर्ग में पहुंचा देखते हैं तो हमें स्वयं ही युधिष्ठिर के उस चरित्र पर पुनः विचार करना होता है, जिसे हमने संसार–कर्म में उलझने के दौर में देखा है। परंतु, स्वर्ग में जाकर भी युधिष्ठिर के संताप का अंत नहीं हुआ। उन्होंने देखा कि दुर्योधन वहां सम्मानपूर्वक डटा है जबकि उनके बंधु और पत्नी वहां नहीं थे। क्षुब्ध होकर उन्होंने दुर्योधन जैसे पापात्मा के वहां होने पर सवाल उठाया। तब उनसे कहा गया कि कम से कम स्वर्ग में आकर तो अपना सांसारिक बंधन और राग–द्वेष छोड़ें! यह देखकर आश्चर्य होता है कि महाप्रस्थान के समय युधिष्ठिर जिस निस्संगता का उपदेश सबको देते हैं, वह यहां कहां चली गयी?

स्पष्ट है कि युधिष्ठिर के चरित्र की जैसी परिकल्पना प्रारंभ में की गई थी उसे हम जगह–जगह खण्डित होते देखते हैं। उनके चरित्र में कई फांके हैं, उनकी चदरिया में ढेरों थिगले हैं। उनमें उदात्त और अनुदात्त का अजब संगम है। कुल मिलाकर उनके चरित्र में सर्जनात्मक स्पेस बहुत अधिक है। वे कई तरह

---

1. पक्षपातो महानस्या विशेषेण धनंजये।
   तस्यैतत् फलमद्यैषा भुङ्.क्ते पुरुषसत्तमः ।। महा. 2/6

से व्याख्यायित किए जा सकते हैं, फिर भी मुझे यह देखकर विस्मय हुआ कि युधिष्ठिर पर भारतीय भाषाओं में एक भी ठिकाने की सर्जनात्मक कृति नहीं है। क. मा. मुंशी का गुजराती में लिखा उपन्यास 'युधिष्ठिर' और छुटपुट कविताएं ही उन पर देखने को मिलती हैं।

इसका कारण क्या है?

मैं बुद्धदेव के इस कथन से सहमत नहीं हो पाता कि उनके बारे में रचनात्मक उदासी का कारण यह है कि 'उनके परिसर में इतना स्पेस नहीं है कि हम चल फिर सकें कुछ सोच सकें।[1] जबकि स्पेस उनके चरित्र में शायद सर्वाधिक है।

उनका चरित्र निरंतर अपने से जूझने का पर्याय है। वे इतनी बार विरोधी मनस्थिति से गुजरे हैं कि उनके भीतर विचित्र मनः क्रियाएँ जन्म लेती हैं। अगर हम सोचें कि द्यूत में पहली बार अपनी पराजय पर उनके मन पर क्या बीती होगी साथ ही यह द्वन्द्व उनमें कितना सघन हुआ होगा जब वे दूसरी बार हारे होंगे। जब उन्होंने घोषणा की थी कि द्रौपदी पाँचों भाइयों की पत्नी होगी तो उनके मन की संवेदना और विवेक ने उन्हें कितना धिक्कारा होगा? अर्जुन की जगह पहली रात्रि में जब उन्होंने द्रौपदी से सहवास किया होगा तब उन्हें ग्लानि हुई होगी या तृप्ति? कर्ण के बारे में जानकर जब वे कुंती पर आगबबूला हुए तब क्या वास्तव में उस कुंठा से ग्रस्त नहीं थे जो उन्हें कर्ण के प्रति अपनी व्यवहार और उसकी हत्या के प्रति प्रसन्नता की प्रतिक्रिया के रूप में हुई होगी? उन्हें कैसा लगा होगा जब उनके प्रस्ताव में अपना लाभ-पक्ष न देखते हुए दुर्योधन ने समान स्तरीय योद्धा भीम को चुना होगा? सही माने में क्या उन्होंने पलभर को भी न सोचा होगा कि वे दुर्योधन के सामने कितने बौने हो गए हैं! स्वर्ग में अपने बांधवों को न देख कर दुर्योधन को देखने पर उन्हें सहसा कैसा अनुभव होगा? क्या उन्होंने दुर्योधन के गुणों और योग्यताओं के बारे में भी पल भर को न सोचा होगा? हिमालय पर द्रौपदी और भाइयों के अवगुणों का स्मरण करते हुए क्या उन्होंने अपने पापों के बारे में नहीं सोचा होगा और स्वर्ग में उनका आह्वान क्या उन्हें अन्यायपूर्ण न लगा होगा? ऐसे पचासों प्रश्न हैं जो युधिष्ठिर के व्यक्तित्व और कर्म से उठते हैं। तब कैसे कहा जा सकता है कि उनके व्यक्तित्व में स्पेस नहीं है?

मेरा विचार है कि परवर्ती सर्जकों द्वारा उनके व्यक्तित्व में अजब-सा

---

1. महाभारत की कथा : बुद्धदेव वसु, पृ. 74-75

ठंडापन दिखा होगा और ऐसी सक्रियता और उद्दीपन नहीं दिखा होगा जो किसी कृति को जन्म देता है। फिर यदि उनके प्रतीयमान रूप को लेते हैं तो उनकी नकारात्मक छवि बनती है जो महाभारत के अभिप्राय से मेल नहीं खाती। परंतु धर्मराज के रूप में उन्हें चित्रित करने में कई बातों की अनदेखी करना पड़ती है। एक सर्जक के सामने चुनौती यह है कि न तो युधिष्ठिर के नकारात्मक चरित्र को विश्वसनीय रूप से आंका जा सकता है न सकारात्मक रूप को। नकारात्मकता के मामले में महाभारत की बहुस्तरीय रचनात्मकता आड़े आ जाती है जबकि सकारात्मक चित्र आश्वस्त नहीं करता।

इस दृष्टि से युधिष्ठिर महाभारत का सबसे चुनौतीपूर्ण चरित्र है। इससे बचने का उपाय यही है कि युधिष्ठिर के चरित्र को एक स्वाभाविक मनुष्य के रूप में चित्रित किया जाए। न तो उनके नकारात्मक रूप को ढांकने का प्रयत्न किया जाए न सकारात्मक स्वरूप का अवमूल्यन किया जाए। युद्धोत्तर युधिष्ठिर में भी उनकी सहज मानवीय दुर्बलताएं खिंचती चली आई हैं, इस संदर्भ में 'पूर्णावतार' में बांग्ला लेखक प्रथमनाथ बिशी लिखते हैं–'प्रसंग यह है कि महाभारत हो चुका है–ऐसी स्थिति में महाशून्यता, महास्तब्धता और महाविषाद में पाण्डवगण निःसपत्न थे। राज्य मिला, युधिष्ठिर गद्दी पर बैठे। दुनिया में ऐसा महाप्रहसन कभी हुआ है या नहीं, इसमें संदेह है।' (पृ. 79) बिशी ने जिस स्थिति की ओर इशारा किया है उसमें युधिष्ठिर का राज्यारोहण निश्चय ही महाप्रहसन बन जाता, बशर्ते युद्ध के बाद युधिष्ठिर राज्य करने के प्रति असहमति और अरुचि न दिखाते। युधिष्ठिर का अंतर्द्वन्द्व और अंतःसंघर्ष, पश्चाताप और ग्लानि इस पूरे प्रहसन को ट्रैजिक बना देता है। दूसरी ओर यही उनके भीतर के निस्पृह मनुष्य की भी एक झलक देता है, इस दृष्टि से यह काल युधिष्ठिर की प्रसन्नता का नहीं एक गहन उदासी और आत्म-विडम्बना को अनुभव करने का काल बन जाता है।

विजय प्राप्त करने के बाद जब सब भाई गांधारी से मिलने जाते हैं तो गांधारी भीम को खूब कोसती है और आरोप लगाती है कि तुम मेरे सौ पुत्रों में से कम से कम एक को तो छोड़ देते। तब युधिष्ठिर कहते हैं–'देवि, आपका पुत्रहंता मैं हूं, युधिष्ठिर। राजाओं के विनाश का मूल हेतु मैं ही हूं। आप मुझे शाप दें :

'पुत्रहन्ता नृशंसोऽहं तव देवि युधिष्ठिरः।
शापार्हः पृथ्वी नाशे हेतुभूतः शपस्व माम्।। (स्त्री. 15/26)

वे गांधारी के क्रोध और वेदना का पूरा बोझ खुद उठाते हैं। गांधारी की क्षण भर दृष्टि पड़ जाने से उनके पैरों के नाखून काले पड़ जाते हैं। बुद्धदेव ने ठीक लिखा है 'महाभारत के अंतिम दिनों को सह पाने की क्षमता युधिष्ठिर के अतिरिक्त और किसी में नहीं थी।' (म.भा. कथा, पृ 171)

सोए हुए पुत्रों के संहार से युधिष्ठिर अत्यधिक आहत होकर सामान्य मनुष्य की तरह विलाप करते हैं। इस विलाप पर एक पूरा अध्याय ही है। वे कहते हैं कभी अर्थ, अनर्थ और कभी अनर्थ, अर्थ बन जाता है। वैसे ही हमारी विजय पराजय का रूप धर कर आई है, इसलिए हमारी जय भी पराजय बन गई है। जिस विजय से दु:ख हो वह पराजय नहीं तो क्या है? :

तञ्जित्वा नप्यते पश्चातादापन्न इव दुर्मति:।
कथं मन्यते विजयं ततो जिततर: परे:।। (सौप्तिक 10/13)

जब द्रौपदी ने प्रतिज्ञा की कि जब तक अश्वत्थामा का वध नहीं होगा, मैं अनशन करूंगी। युधिष्ठिर बस उससे शोक न करने का आग्रह करते हैं तब वह भीम की ओर अभिमुख होकर कहती है : 'त्रातुमर्हसि मां भीम क्षत्र-धर्ममनुस्मृतन।।' (सौप्तिक- 22)

–यह एक तरह से युधिष्ठिर पर व्यंग्य बाण ही है कि अगर 'युधिष्ठिर क्षात्रधर्म का पालन नहीं कर रहे हैं तो कम-से कम तुमसे तो उम्मीद कर ही सकती हूं।' परंतु युधिष्ठिर सदा की तरह इस व्यंग्य को भी पी जाते हैं।

राज्य प्राप्ति के बाद अपने में बिना किसी प्रकार के 'राजमद' को प्रश्रय दिए युधिष्ठिर विनम्रता से धृतराष्ट्र और गांधारी की सेवा करते हैं। अंत में जब पितरों के श्राद्ध और दान के लिए धृतराष्ट्र धन मांगते हैं, तो भीम इसका विरोध करता है। तब धर्मराज क्रुद्ध हो जाते हैं और शायद भीम से पहली बार कहते हैं 'चुप रहो' (आश्रम.13) वे अपने निजी कोश से उन्हें धन देते हैं। धृतराष्ट्र युधिष्ठिर से प्रसन्न और आश्वस्त होते हैं और कहते हैं कि आज से पितरों के पिण्ड का, सुयश का, इस कुल का भार तुम्हीं पर है युधिष्ठिर :

'त्वय्यद्य पिण्ड कीर्तिश्च कुलं चेदं प्रतिष्ठितम्'

जो धृतराष्ट्र उद्योग पर्व में कह रहे थे कि मैं अर्जुन, कृष्ण, भीम, नकुल, सहदेव के क्रोध से उतना नहीं डरता जितना क्रोध में तमतमाए युधिष्ठिर के कोप से... क्योंकि उनके मन में जो संकल्प होगा, पूरा होगा। (उद्योग 22/33-35) वही धृतराष्ट्र यहां युधिष्ठिर पर अपने दाह और क्रियाकर्म का दायित्व छोड़कर

अपने पुत्रों के अभाव की पूर्ति मानते हैं। वे कुरुजांगल की प्रजा के सम्मुख स्वीकार करते हैं कि मुझे युधिष्ठिर के राज्य में दुर्योधन के राज्य से भी ज्यादा सुख मिला है। वे युधिष्ठिर को सारी प्रजा, न्यास के रूप में सौंपते हैं:

एष न्यासो मया दत्तः सर्वेषां वो युधिष्ठिरः। (आश्रम-9/14)

अत्यंत अनिच्छा से परंतु उनके आग्रह पर अत्यंत आदर और श्रद्धा से युधिष्ठिर, धृतराष्ट्र, गांधारी और कुंती को विदा करते हैं। ऐसा नहीं है कि अब तक वे पूरी तरह मुक्त हो चुके हैं। जिन युधिष्ठिर ने युद्ध और विनाश का भार स्वयं पर लिया था वे ही सब शोक से आविष्ट होकर कहते हैं कि हम लोग इस जगत के विनाश का कारण माने गए हैं परंतु इसके उत्तरदायी धृतराष्ट्र-पुत्र हैं :

वयमेवास्य लोकस्य विनाशं कारणं स्मृताः।
धृतराष्ट्रस्य पुत्रेषु तत् सर्वं प्रतिपत्स्यति।। शांति 7/22

दुबारा जब युधिष्ठिर उन्हें वन में देखने आते हैं तब राजपाट पुनः छोड़कर संन्यासी होकर वन में रहना चाहते हैं। वे अर्जुन से कहते हैं–अर्जुन, अब तुम राज्य करो, राज्य-भोगों से मेरा कोई वास्ता नहीं :

प्रशाधि त्वमिमामुर्वीं क्षेमां निहितकंटकाम्।
न ममार्थोऽस्ति राज्येन भोगैर्वा कुरुनंदन।। शांति 7/48

वे क्षत्रियों के आचरण, बल, पुरुषार्थ और अनर्थ को धिक्कारते हैं जिसके कारण सब विपत्ति में पड़ गए और समूचे कुल का विनाश हो गया। इस बार भी उन्हें सब के कहने से राजधानी में वापस आना होता है परंतु उसके पूर्व एक घटना घटती है कि नग्न आमरण अनशन और तप में निमग्न विदुर का वे पीछा करते हैं। विदुर एक वृक्ष से सट कर खड़े हो जाते हैं और युधिष्ठिर की आंखों में आंखें डालकर उसे कीलित कर देते हैं। वे युधिष्ठिर के प्राणों में प्राण और अंगों में अंगों का समावेश करते हुए देह त्याग देते हैं:

विवेश विदुरो धीमान् गात्रेर्गात्राणि चैव च।
प्राणान् प्राणेषु च दधदिन्द्रियाणीन्द्रियेषु च।। (आश्रम-26/26)

यहीं वह प्रसिद्ध कथन है कि 'योहि धर्म : स विदुरो विदुरो यः स पाण्डव'- जो धर्म है वही विदुर है जो विदुर है वही युधिष्ठिर है, जिसे लेकर इरावती कर्वे ने युधिष्ठिर को विदुर का पुत्र कहा है। परंतु यह केवल

काव्य-रूपक है। (यहां 'कौर्णानकि ब्राह्मणोपनिषद्' का वह प्रसंग याद करना चाहिए जिसमें मरता हुआ पिता अपने पुत्र को अपनी दृष्टि, श्रवण, प्राणस्वत्व आदि विरासत में देता है।–देखिए लेखक की पुस्तक 'साहित्य के नए प्रश्न')

कृष्ण के निधन और यादवों के विनाश के बाद युधिष्ठिर इन सभी भाइयों और द्रौपदी के साथ महाप्रस्थान के लिए निकल पड़ते हैं। यहां जो विशिष्ट घटना होती है वह युधिष्ठिर की कई मूल प्रवृत्तियों का एक साथ उद्‌घाटन करती है। यात्रा में उनके पीछे पीछे कुत्ता हो लेता है जो द्रौपदी और सभी भाइयों के पतन के बाद भी उनके साथ रहता है। वे स्वर्ग में ले जाने आए यमराज से कुत्ते को भी ले जाने को आग्रह करते हैं। यमराज के इंकार पर वे अकेले स्वर्ग में जाने से इनकार कर देते हैं। वे उसे लेकर ही जाते हैं। (यह अलग बात है कि बाद में ज्ञात होता है कि वह धर्म है।) धर्म की इस अंतिम परीक्षा में भी धर्मराज उत्तीर्ण होते हैं। परंतु स्वर्ग में जाकर भी उनके मन से सांसारिकता समाप्त नहीं होती, जिसका उल्लेख पहले हम कर चुके हैं। कुल मिलाकर युधिष्ठिर लगातर जीवन के पार भी उदात्तता की ओर बढ़ने के लिए संघर्ष करते रहते हैं।

महाप्रस्थान प्रसंग ने अनेक रचनाकारों को आकर्षित किया है। इस पर हिंदी में नरेश मेहता का एक प्रसिद्ध खंडकाव्य है 'महाप्रस्थान'। गुजराती कवि उमाशंकर जोशी का काव्य भी 'महाप्रस्थान' ही है। नरेश मेहता का काव्य राजनीतिक, बौद्धिक काव्य विमर्श है, जहाँ वे अनेक राजनैतिक और नैतिक प्रश्नों पर विचार करते हुए भारत की 'अहिंसा' को एक विभेदक तत्त्व मानते हैं :

'मुझे यह लगता है कि भारतीयता, शेष मानवता से इसी अर्थ में भिन्न है कि हमारी विकास यात्रा हिंसा से अहिंसा की ओर रही है जबकि शेष मानवता की यात्रा हिंसा से घोर हिंसा की ओर' (महाप्रस्थान 'प्रस्थानपर्व' पृ. 14) उमाशंकरजी के काव्य में परिताप की प्रधानता है। वे कहते हैं कि– 'युधिष्ठिर नरक देख कर कहते हैं–'नर्क का अस्तित्व है यह बात ही मेरे स्वर्ग सुख को सदा के लिए मिथ्या कर देती है।' दोनों काव्य इस महायात्रा के दो सिरे प्रकट करते हैं।

महाभारत में ऐसी पहेली है कि इतने वृहत् युद्ध-काव्य में, जहाँ भाँति-भाँति के रसों का प्राधान्य है, पण्डितों को किसी एक रस का परिपाक मानने में हिचक होती है; और जिन्हें हिचक नहीं है वे मृत्यु का इतना बड़ा व्यापार देखकर इसे 'करुण' रस का काव्य कह देते हैं। परंतु ध्वन्यालोककार आनन्दवर्धन ने महाभारत में शान्त रस को केन्द्रीय रस माना है। यह बात चकित

करती है कि उन्होंने युद्ध, संत्रास और व्याकुलता से भरे काव्य का केन्द्रीय रस 'शांत' कैसे माना, परंतु यह महाभारत के सम्पूर्ण प्रभाव की दृष्टि से अत्यंत सटीक और संगत है। आनंदवर्द्धन ने शान्त रस की प्रतिष्ठा श्रीकृष्ण के माध्यम से की है अर्थात् उन्हें नायक मानकर। परंतु कहना चाहता हूँ कि कृष्ण को 'इस रस' का केन्द्र मानना कृष्ण के संश्लिष्ट, क्रियात्मक, राजनयिक और लौकिक उच्चावच को देखते हुए व्यावहारिक नहीं है। यों, काव्य के समग्र प्रभाव के अतिरिक्त रस का निर्धारक नायकत्व भी होता है परंतु इसके लिए उसकी केन्द्रीय भूमिका ही पर्याप्त नहीं होती, बल्कि काव्य-फल की प्राप्ति भी आवश्यक होती है। इसमें कोई संदेह नहीं कि कृष्ण महाभारत का संचालन करते हैं, वे उसकी अंतर्धारा हैं, उसके नियामक हैं परंतु वे फल के अधिकारी नहीं हैं, भले ही फल प्राप्त करने वाले के ऊपर हों। उनकी भूमिका किंग की नहीं, किंग मेकर की है। इसी तरह अर्जुन सर्वाधिक सक्रिय और प्रभावी 'वीर' हैं, युद्ध काव्य के स्वाभाविक नायक तो वे ही हो सकते थे, परन्तु नहीं हुए क्योंकि काव्य-फल उन्हें नहीं मिलता। जैसे राम-काव्य में यदि लक्ष्मण युद्ध में परम शौर्य दिखाते तब भी वे नायक नहीं हो सकते थे। इसी तरह भीम गत्यात्मक 'रौद्र' हैं परन्तु नायक वे भी नहीं हैं। महाभारत-युद्ध के परिणाम स्वरूप प्राप्त राज्य के अधिकारी युधिष्ठिर हैं, भले ही राज्य करने में उनकी रुचि न हो। बुद्धदेव बसु ने भी 'महाभारतेर कथा' में युधिष्ठिर को नायक माना है और अपनी पुस्तक का अधिकांश हिस्सा इसी स्थापना को दिया है। उनके विचार तर्क संगत हैं परन्तु मैं कुछ अन्य दृष्टियों से भी युधिष्ठिर में नायकत्व देखता हूँ। जैसे ज्येष्ठ होने और फल के अधिकारी होने के अलावा भी एक अन्य कारण युधिष्ठिर को नायक मानने का है। वह यह कि महाभारत का समग्र प्रभाव युद्धोत्साह नहीं, एक विषाद और निस्तरंग निवृत्ति है; और महाभारत में यदि कोई इसका प्रतीक है तो वह युधिष्ठिर है। वे भारतीय राजाओं की उस परम्परा में आते हैं जिनके लिए सत्ता का मिलना और न मिलना दोनों बराबर हैं—अर्थात्, जनक, और राम की परंपरा में, जो सत्ता में सक्रिय रहते हुए भी सत्ताकामी नहीं हैं।

राम के बारे में तुलसी ने लिखा है, 'प्रसन्नतां यां न गताभिषेकतः तथा न मम्लौ वनवास दुःखता' और गीता में श्रीकृष्ण ने 'स्थितधीः' के लिए कहा है—'दुःखेष्वनुद्विग्नमना सुखेषु विगतस्पृहा। वीतराग-भय-क्रोध-स्थित धीर्मुनिरुच्यते।' युधिष्ठिर इसके उदाहरण हैं। वे आमतौर पर महाभारत के निष्क्रिय पात्र दिखाई पड़ते हैं; परंतु ऐसा नहीं है। उनकी सक्रियता की चर्चा हमने ऊपर की है। फिर

भी उनके तापमान की शीतलता और मुखर निष्क्रियता के कारण साहित्यकार उन पर लिखने से उत्साहित नहीं हुए। लोक में जिस रूप में उनका चरित्र प्रतिष्ठित है, वह दूसरों के द्वारा संचालित प्रतीत होता है। बड़े के नाते उन्हें वह सब करना पड़ता है जो संयुक्त परिवार में बड़े का दायित्व होता है। वे पराश्रित प्रतीत होते हैं कभी कृष्ण के, कभी अर्जुन और कभी भीम के। वे जैसे वात्याचक्र में फंसे हैं जिसमें अवश पछाड़ें खाना उनकी नियति बन जाता है। वे ऐसे नायक दिखाई पड़ते हैं जो अपनी भूल, भोलेपन, विश्वासी या आस्थावान प्रकृति और अंततः निवृत्ति का चयन करने के कारण त्रासदी को प्राप्त होते हैं। कभी-कभी तो लगता है कि 'सत्य' उनसे 'चिपकाया' हुआ शब्द है। खैर, फिर भी वे अपना वास्तविक नायकत्व यदा-कदा सिद्ध करते ही हैं। युद्धोत्तर राजत्व काल में उनका महत्त्व महाभारत द्वारा रेखांकित हुआ है। धृतराष्ट्र उनके बारे में कहते हैं कि 'क्षमा, सहिष्णुता, इंद्रिय-निग्रह, सरलता, सत्यपरायणता, शास्त्र ज्ञान, प्रमाद शून्यता, समस्त प्राणियों के प्रति दयाभाव, गुरुजनों का अनुशासन मानना आदि समस्त राजोचित गुण युधिष्ठिर में हैं। (उद्योग 149/34) इसलिए यदि शांत रस के परिपाक में कोई सहायक है तो वे युधिष्ठिर ही हैं।

युधिष्ठिर अपनी वरिष्ठता, और प्रकृति के कारण मुखर न होने पर भी कहीं कहीं विवश कर्मों से कितने आहत होते रहे, इसका अनुमान उनके अंतर्द्वंद्व से लगाया जा सकता है। निरन्तर भीतर से विचलित, सिंहासन और धरती से ऊपर रथ चलने की गरिमा से च्युत युधिष्ठिर की रचना महर्षि व्यास ने किस संयत तूलिका से की होगी इसे शायद बहुत संक्षेप में नहीं बताया जा सकेगा। मन की भट्टी में तपता, ऊपर से निरुद्वेगी यह चरित्र एक तरह से महाभारत का सबसे आहत और विडंबनापूर्ण चरित्र है। महाभारत कहता है कि 'यतो धर्मस्ततो जयः' युधिष्ठिर स्वयं धर्म के पुत्र थे, वे जिधर थे उधर विजय थी ही, पर यह विजय उन्हें विकल करने वाली थी। उनकी रुचि न होते हुए भी उन पर लादी गयी लगती थी। वे विजय में शामिल न थे, न विजयोपभोग में शामिल थे, हालाँकि राजा थे। उनकी ऐसी छवि काव्य को एक निस्तरंग भावसम्पदा देती है। लेकिन सही अर्थों में देखा जाए तो भीष्म, कर्ण, गांधारी, द्रौपदी जैसे अत्यन्त विकल पात्रों की श्रेणी में अगर कोई पहला नाम है तो युधिष्ठिर का। यह एक शांत, सुधी, प्रखर परंतु विवश व्यक्तित्व है, जो बार-बार अपने मन और प्रकृति के विरुद्ध काम करने के लिए अभिशप्त है। कई बार यह मात्र खिलौना प्रतीत होता है। फिर भी सबको नितांत शांति और निस्पृहता का बोध देता है; और सबसे बड़ी

बात है कि केवल यही ऐसा व्यक्तित्व है जो महाभारत को दुनिया के अन्य युद्ध-काव्यों से अलग करता है। यह युद्ध में अयुद्ध का प्रतीक है। यदि युधिष्ठिर न होते तो महाभारत भी 'इलियड' और 'ओडेसी' जैसा युद्ध काव्य रह जाता।

युधिष्ठिर और दुर्योधन में अंतर यह है कि दुर्योधन तो अपने मनोवेगों और प्रवृत्तियों के बहाव में काम करता रहता है जबकि युधिष्ठिर बार-बार अपने से ही टकराते हैं। गड्ढे में गिरते हैं फिर निकलते हैं। इस संघर्षपूर्ण जीवन के अंत में निस्तरंगता की अनुभूति ही उन्हें श्रेष्ठ बनाती है। जहां उनके मन में अपने कुकर्मों के प्रति अनुताप है, गहरी वेदना है, चीज़ों के बारे में आशंका है वहीं दुर्योधन अपने सभी कर्मों को उचित मानता है, भूल सुधार या पश्चाताप, अथवा आशंका दुर्योधन के स्वभाव में नहीं है। वह युधिष्ठिर की तरह अंतर्ध्वनि नहीं सुनता।

महाभारत की विलक्षण सृष्टि पर इस दृष्टि से भी विचार करना होगा कि भले ही इस काव्य में यहाँ से वहाँ तक तृष्णा, विकलता, काम, क्रोध, छल, कपट, हत्या और युद्ध हो, परन्तु उसकी अन्तर्धारा और परिणत प्रभाव युद्ध के विरुद्ध मानसिकता तैयार करता है। उसका अन्त एक वीरान शून्यता और विषाद में होता है। द्रौपदी सहित पाण्डव अंततः सांसारिक सम्पदा तथा राज्य त्यागकर सारे सांसारिक द्वन्द्वों से मोक्ष के लिए महाप्रस्थान करते हैं। यह अन्त युद्ध के गहरे त्रास, सार्वजनिक हत्या के पश्चाताप और विलाप की टीस लिए हुए है जो युद्ध का विलोम रचना है।

राजसूय यज्ञ के बाद के संकेत युधिष्ठिर के मन में भारी संशय पैदा करते तब व्यास कहते हैं :

> त्वमेकं कारणं कृत्वा कालेन भरतर्षभ।
> समेतं पार्थिवं क्षत्रं क्षयं यास्यसि भारत।
> दुर्योधनापराधेन भीमार्जुनबलेन च।। सभापर्व 46, 12

एक मात्र तुम्हीं को निमित्त बनाकर यथा समय समस्त राजाओं का समुदाय लड़कर नष्ट हो जाएगा। क्षत्रियों का यह विनाश दुर्योधन के अपराध से तथा भीमसेन और अर्जुन के पराक्रम द्वारा सम्पन्न होगा। यहाँ युधिष्ठिर बंधु-बांधवों से समता और सद्भाव की प्रतिज्ञा करते हैं। (सभा. 46/27-28)

पर जैसा व्यास ने कहा-'कालोहि दुरतिक्रमः' (सभापर्व 46/16) काल अलंघ्य होता है।

एक निस्पृहता सर्वत्र है जिसकी पराकाष्ठा धृतराष्ट्र के वन गमन के समय दिखती है। धृतराष्ट्र के लिए वन गमन का कारण युधिष्ठिर है अर्थात् उनके मार्ग की बाधाएँ हटाने के लिए।

उद्योग पर्व में बलराम एक वाक्य कहते हैं–'युधिष्ठिर भी सर्वथा निर्दोष नहीं, जुए में फँसा क्यों? वे बार-बार जुए में फँसने में शकुनि का अपराध नहीं मानते।[1]

---

1. 'भीलों का भारथ' में युधिष्ठिर का विवाह महाप्रस्थान थे पूर्व किसी से करा दिया गया जिसे वे साथ नहीं ले गए।

अतीत के वाहक भीष्म

महाभारत बहुकेन्द्री कृति है। यह नहीं कहा जा सकता कि उसका केन्द्र कौन है–कृष्ण, कर्ण, युधिष्ठिर, द्रौपदी या भीष्म? प्रत्येक को केन्द्रीय मानने के पर्याप्त तर्क हैं। भीष्म भी इसी तर्क–प्रणाली से महाभारत के केन्द्रीय चरित्र हैं। वे महाभारत के विस्तृत और बहुकोणीय फलक के कई कोणों को छूते हैं और लगभग हर जगह अपरिहार्य बने रहते हैं। वे महाभारत में प्रायः आद्यन्त रहते हैं–महाकाव्य के साथ इतनी लंबी यात्रा किसी की नहीं है। वे कुरुवंश के सबसे वरिष्ठ ही नहीं, सर्वाधिक मान्य और पूजार्ह व्यक्ति हैं। हर मामले में वे प्रमाण माने जाते हैं। वे दृढ़ प्रतिज्ञ, सत्यनिष्ठ, वीर, धीर, नीतिज्ञ, अनेक गुणों से युक्त अत्यंत गरिमावान व्यक्ति हैं।

अगर महाभारत–काल के सामाजिक ढांचे और मूल्यधारणा को ही प्रतिमान मानें तो भीष्म महाभारत के ही नहीं, भारत के महानतम व्यक्तियों में गिने जाएंगे। जान पड़ता है कि उस युग में पिता के लिए या उसके आदेश पर सर्वस्व त्यागने वाला पुत्र आदर्श माना जाता था। त्रेता में राम ने पिता की आज्ञा पर प्रसन्नता से राजपाट त्याग कर वन का मार्ग अपनाया था। भीष्म के पूर्वज पुरु ने पिता की कामेच्छा तृप्ति के लिए उनसे बुढ़ापा लेकर अपना यौवन उन्हें दे दिया था। दोनों उस समाज में आदर्श माने गए थे। इस दृष्टि से भीष्म का स्थान सबसे ऊंचा है। क्योंकि उनका त्याग दोहरा है। अपने भर यौवन में उन्होंने पिता की इच्छित युवती से उनका विवाह कराने के लिए न केवल राज्य–त्याग की प्रतिज्ञा की, आजीवन ब्रह्मचारी रहने का प्रण भी किया। इस तरह अपनी वंश–परम्परा को भी राज्याधिकार से वंचित कर लिया जो उनके विवाहित होने पर जारी रहती।

भीष्म की ये प्रतिज्ञाएं उस युग की महान घटना थीं, तभी अंतरिक्ष से अप्सरा, देवता और ऋषिगण पुष्प–वृष्टि करने लगे और इस प्रतिज्ञा के कारण ही उन्होंने देवव्रत का नाम 'भीष्म' रख दिया :

ततोऽन्तरिक्षेऽप्सरसो देवाः सर्षिगणास्तदा।
अभ्यवर्षन्त कुसुमैर्भीष्मोऽयमिति चाब्रुवन्।। आदि 100/98

शीघ्र ही भीष्म पर नया 'कर्तव्य' आ पड़ा। दो पुत्र होने के बाद शांतनु का निधन हो गया। माता के आग्रह पर राज्य और राजकुमारों का दायित्व भीष्म ने स्वीकारा । फलस्वरूप कुरुवंश की कई पीढ़ियों का दायित्व उन्हें निभाना पड़ा, क्योंकि शांतनु की अभिषप्त पीढ़ियों में ऐसी स्थितियां आती रहीं जिनसे भीष्म छूट ही न सके। वे कुरुवंश के लिए ऐसे छायादार वृक्ष थे जो घाम तो अपने सिर पर झेलता है, परन्तु आश्रित को शीतलता और सुरक्षा देता है।

शांतनु के पुत्रों में बड़ा चित्रांगद तो शीघ्र ही युद्ध में मारा गया और दूसरा विचित्रवीर्य महाविलासी था, अत्यधिक भोग के कारण क्षीणवीर्य हुए इस भाई के लिए भीष्म को वधू जुटाना था। कर्तव्य तो फिर कर्तव्य ही है! भीष्म ने काशिराज की कन्याओं के लिए आयोजित स्वयंवर में से, तत्कालीन परिपाटी के अनुसार, स्वयंवर के लिए उद्यत तीनों कन्याओं –अम्बा, अम्बिका और अम्बालिका का हरण कर लिया। दो का विवाह तो उन्होंने विचित्रवीर्य से करा दिया और तीसरी सबसे बड़ी अम्बा ने कहा कि वह शाल्वराज की वाग्दत्ता है तो भीष्म ने उसे शाल्व के पास जाने दिया।

विचित्रवीर्य राजयक्ष्मा से ग्रस्त हो कर मर गया। उसकी रानियां निस्संतान रह गईं। माता को फिर वंशपरंपरा की चिंता हुई। सत्यवती ने भीष्म से आग्रह किया कि वह नियोग द्वारा दोनों से संतान उत्पन्न करे। यह उस समाज का स्वीकृत नियम था। साथ ही यह एक अवसर था कि भीष्म अपनी प्रतिज्ञा से मुक्त हो सकते थे, पर वे दृढ़ रहे और आजीवन ब्रह्मचर्य का हवाला देते हुए उन्होंने नियोग से इंकार कर दिया। खैर, तब सत्यवती ने अपने कानीन पुत्र व्यास को आज्ञा दी। व्यास से अम्बिका और अम्बालिका को एक-एक पुत्र हुआ। परंतु एक अंधा और दूसरा रक्तहीन पीला कमजोर। व्यास द्वारा तीसरी संतान (विदुर) दासी से हुई, जो राज्य की अधिकारी नहीं हो सकती थी। भीष्म ने अंधे धृतराष्ट्र का विवाह गांधार देश की राजकुमारी गांधारी से कराया और पाण्डव का कुन्तिराज की पुत्री कुन्ती से। पता नहीं क्यों पाण्डु के लिए उन्होंने एक और पत्नी का इंतजाम किया जिसे वे धन देकर लाए–मद्र देश की राजकुमारी माद्री। भीष्म ने यहां भी विचित्रवीर्य वाली त्रुटि दोहराई, कमजोर पाण्डु से दो स्त्रियों का विवाह क्यों कराया?

आयु में बड़ा होने पर भी अंधा होने के कारण धृतराष्ट्र को राजा नहीं बनाया गया और राज्य का भार पांडु पर आ पड़ा। वे शीघ्र ही धृतराष्ट्र को कार्यवाहक बनाकर पत्नियों सहित वन में निकल लिए! वहां एक मिथकीय घटना में वे पत्नी के निकट जाने के योग्य नहीं रहे। (वैसे यह कोरी किस्सागोई लगती है जिसमें पांडु को क्लीव कहने से बचा गया है। क्योंकि अर्से से कुंती और माद्री उनके पास थी। यदि संतान होनी होती तो शाप से पूर्व भी हो सकती थी।)

पाण्डु के आग्रह पर कुंती ने दुर्वासा द्वारा दिए मंत्र से देवताओं का आवाहन किया। क्रमशः धर्म, पवन और इन्द्र ने उसे तीन पुत्र दिए। दो पुत्र उसी विधि से उसने माद्री को दिलाए। पाण्डु की मृत्यु हो गई और माद्री सती हो गई। तब कुंती पांचों बच्चों को लेकर राजधानी आ गई। भीष्म पर फिर पितृहीन बच्चों का भार आ पड़ा। उधर अंधे धृतराष्ट्र के सौ पुत्रों के पालन-पोषण, शिक्षा-दीक्षा की जिम्मेदारी उन पर पहले से ही थी। दोनों बंधु परिवारों के छुटपुट झगड़े होते रहे। पुनः युवराज बनाने का जिम्मा भीष्म पर आया।

हमने देखा कि भीष्म ने न केवल शांतनु की परंपरा की अखण्डता के लिए अपना व्यक्तित्व दांव पर लगा दिया, बल्कि उसके क्षेम के प्रति भी वे सतर्क रहे। परंतु धीरे-धीरे दोनों बंधु परिवारों में द्वेष ने विशाल वृक्ष का रूप ले लिया और भयानक युद्ध की बेला उपस्थित हुई। 'मुकुट' की रक्षा को अपना कर्तव्य मान कर, भीष्म असुविधा होने पर भी, धृतराष्ट्र के साथ बने रहे और उनके पुत्रों का तिरस्कार, अवहेलना आदि की अनदेखी करते रहे। दुर्योधन के शासक होने के नाते उन्होंने उसके अनुरोध को राजाज्ञा मानकर कौरवों की ओर से पाण्डवों के विरुद्ध युद्ध का सेनापतित्व किया। अंततः इसी युद्ध में पितामह खेत रहे।

भीष्म ने भाषा, विचार और कर्म की दूरियां पाट दीं और अपनी प्रतिज्ञा की रक्षा के लिए प्राणों का उत्सर्ग कर दिया। उन जैसा महारथी, जो मृत्यु को भी ठहरा सकता था, परिस्थितयों से घिर कर एक ऐसी इच्छा-मृत्यु का शिकार हुआ जिसकी प्रतीक्षा उसे शरशय्या पर पड़े हुए 57 दिन तक करनी पड़ी। इसी अवस्था में भीष्म को अगली पीढ़ी को प्रशिक्षित करने का कर्तव्य निभाना पड़ा। जिज्ञासु पौत्र युधिष्ठिर ने राजनीति ही नहीं, दुनियाभर के शास्त्रों और व्यवहारों से संबंधित प्रश्न भीष्म से किए और भीष्म भी पूर्ण एकाग्रता और प्रामाणिकता से उनका उत्तर देते रहे। यहां प्रतीत होता है कि भीष्म अप्रतिम ज्ञान का साक्षात विग्रह थे। उनकी मृत्यु सृष्टि के लिए एक भयानक दुर्घटना थी। जब उनके प्राण

निकले तो आकाश में अंधेरा छा गया, सूर्य फीका पड़ गया, पृथ्वी भयानक रूप से चीत्कार कर उठी :

खं तमः संवृतमभूदासीद् भानुर्गतप्रभः।
ररास पृथिवी चैव भीष्मे शान्तनवे हते।। भीष्म 20/12

मां गंगा को अपने पुत्र पर गर्व था, परंतु वे इस बात से आहत हुईं कि भीष्म जैसे अप्रतिम महावीर की मृत्यु शिखण्डी के हाथों हुई। उनका क्षोभ तब हलका हुआ जब कृष्ण ने बताया कि नहीं, शिखण्डी के हाथों नहीं, पितामह की मृत्यु अर्जुन के हाथों हुई।

'युद्ध' भीष्म जैसे वीर की समस्या नहीं था, उनकी समस्या थी कौरव पाण्डवों के बीच युद्ध। वे पांडवों के पक्ष को न्याय का पक्ष मानते थे, परंतु राज्य और राजा से प्रतिबद्ध होने के कारण उन्हें पांडवों के विपक्ष में युद्ध करना पड़ा। यह उनके लिए महान आत्म-संकट था। यद्यपि उन्होंने शरीर से कौरवों की ओर से युद्ध किया, परंतु उनका मन पांडवों के साथ था।

पितृहीन पाण्डवों से उनका स्नेह सुविदित था। उन्होंने सेनापति बनने से पूर्व दुर्योधन से कह दिया था कि वे पाण्डवों को नहीं मारेंगे। पाण्डवों के लिए स्नेह का एक कोना छोड़ते हुए उन्होंने पूरे मन से युद्ध किया। इस प्रकार कर्तव्य का निर्वाह भी किया और स्नेह की रक्षा भी की। आरंभ में युद्ध की आज्ञा मांगने आए युधिष्ठिर को सबके सामने उन्होंने विजयी होने का आशीर्वाद दिया।

भीष्म धर्म, न्याय और सत्य की कसौटी थे। भरी सभा में आकर जब द्रौपदी ने सबसे पहले भीष्म से धर्म और न्याय से संबंधित प्रश्न पूछा था तो इस गंभीर और नाजुक अवसर पर भी उन्होंने मिथ्या का सहारा नहीं लिया और धर्मशास्त्र के अनुसार स्त्री को हर अवस्था में पति के अधीन बता कर उसे दांव पर लगाने को गलत नहीं माना। इससे उन्हें बहुत आक्षेप झेलना पड़े। परंतु भीष्म को सत्य, धर्म और न्याय सबसे से प्यारा था और कठिन से कठिन परिस्थिति में भी वे उसे छोड़ते न थे। वे अततः 'भीष्म' थे!

भीष्म संसार के अप्रतिम व्यक्तित्वों में हैं। उनमें अपार गुण हैं। महाभारतकार ने भी भीष्म को एक श्रेष्ठ चरित्र के रूप में स्थापित किया है। यह स्थापना तत्कालीन नियम और संहिता को निष्ठापूर्वक पालने के कारण थी।

परंतु यदि हम आधुनिक दृष्टि से देखें अथवा शुद्ध तर्क की कसौटी पर भीष्म के चरित्र को कसें तो अनेक विसंगतियां दिखाई देती हैं। लगता है भीष्म,

महाभारत का सबसे उलझा हुआ चरित्र है। उनकी तुलना हम उस मकड़ी से कर सकते हैं जो स्वयं जाला बुनती है और उसमें उलझती चली जाती है। हमारी दृष्टि में उन्होंने बहुत से काम महज़ भावुकता या महानता की छिपी इच्छा से किए थे। परंतु यह सब उस युग में गंभीरता से लिया जाता था और व्यक्ति की महानता में गिना जाता था।

पिता के लिए पुरु और भीष्म जैसा उत्सर्ग आज अकल्पनीय है। किसी हद तक वह अमानवीय भी है। 'उत्सर्ग' भी क्यों? यदि हम यह प्रश्न करें तो उत्तर शायद मिले कि पिता के काम-सुख के लिए। क्या अप्राकृतिक बात पर इतना बड़ा उत्सर्ग किया जा सकता है? राजा के लिए किसी भी स्त्री से विवाह करना सहज था। इतना ही नहीं भीष्म जीवनभर स्वयं भोग छोड़कर दूसरों के लिए भोग के साधन जुटाते रहे। उन्होंने एकओर तो ब्रह्मचर्य का व्रत लिया और दूसरीओर पिता के लिए स्त्री उपलब्ध कराई। फिर विचित्रवीर्य के लिए उन्होंने सामान्य मानवीय तर्क की अवहेलना कर, स्वयंवर से तीन-तीन कन्याओं का अपहरण किया; जबकि तब भी स्वयंवर में स्त्री का हरण सामान्यत: स्त्री की सहमति से विवाह करने वाला पुरुष ही कर सकता था, जैसे अर्जुन ने सुभद्रा का या कृष्ण ने रुक्मिणी का हरण किया था। हरण या वरण पुरुष स्वयं के लिए करता है न कि अन्य के लिए। इसमें प्रॉक्सी का कोई प्रावधान नहीं था। परंतु भीष्म अपने एक भाई के लिए तीन-तीन कन्याओं का हरण करते हैं। और भाई भी कैसा? लम्पट, कामी और शायद कापुरुष। इतनी स्त्रियों से संभोग के बाद भी उसे एक भी संतान नहीं हुई थी। अति भोग के कारण विचित्रवीर्य को राजयक्ष्मा रोग हो जाता है और वह अपनी स्त्रियों को कोई संतान दिए बिना ही मर जाता है। क्या भीष्म को विचित्रवीर्य की वास्तविक स्थिति का पता नहीं था? या, उन्होंने क्या यह सोचा था कि विचित्रवीर्य का विवाह हो ले, फिर नियोग से जो संतान होगी वह कम-से-कम कुरुवंश की तो कही जाएगी! इस तरह वंश परंपरा चलती रहेगी। यद्यपि ऐसा सोचने का आभास तो उनके चरित्र से नहीं मिलता, परंतु जिन परिस्थितियों में ये विवाह हुए हैं, वे संदेह का पर्याप्त आधार हैं। यदि नियोग विधि प्रचलित न होती तो कुरु वंश में दो-दो स्त्रियां संतान रहित विधवाएं होतीं और इसका दायित्व भीष्म पर होता।

अम्बा की स्थिति और भी विचित्र हुई। वह शाल्व के पास गई, परंतु उसने उसे स्वीकार नहीं किया। शाल्व द्वारा अस्वीकार के कारणों में से यह कारण अधिक तर्कसंगत लगता है कि अम्बा को हरण करते समय ही विरोध करना था।

उसने विरोध नहीं किया, क्योंकि उसके मन में कहीं भीष्म के पौरुष की छवि अंकित थी और उसे तब यह पता नहीं था कि उसे भीष्म से नहीं, विचित्रवीर्य से विवाह करने ले जाया जा रहा है। यह अस्वाभाविक नहीं कि अम्बा के मन में भीष्म का विदग्ध पौरुष और भव्य व्यक्तित्व बसा हो। क्योंकि उस समाज में श्रेष्ठतर पौरुष का चयन अस्वाभाविक नहीं था। दमयंती की तरह स्वयंवर पूर्व के प्रेम के निर्वाह के उदाहरण गिनती के हैं। अंततः अंबा तिरस्कृत होकर भीष्म के पास आती है और उनसे विवाह करने का आग्रह करती है। स्वाभाविक तो यही था कि अपनी दोनों बहनों की तरह विचित्रवीर्य से विवाह करने का ही आग्रह करती। परंतु भीष्म कहीं उसके मन में थे, यह इस आग्रह से भी पता चलता है। भीष्म यहां भी, अपना नैतिक और संवेदनीय दायित्व स्वीकार न कर अपनी बहुमूल्य प्रतिज्ञा की रक्षा के लिए अम्बा से विवाह करने से इनकार कर देते हैं। अम्बा क्रुद्ध होकर उनसे प्रतिशोध लेने निकल पड़ती है और बाद में तपस्यादि से पुनर्जन्म पाकर शिखण्डी के रूप में उनके अंत का कारण बनती है।

महाकवि के 'कवि-न्याय' पर विचार करें तो मुग्ध हो जाते हैं। वे न केवल एक किस्सागो हैं वरन सर्तक और लचीली मूल्य प्रणाली के पक्षधर हैं, जो देश-काल और स्थिति के अनुसार अपने अंत:-अर्थ में रूपायित होती है। महाकवि; भीष्म को इस हरण के लिए क्षमा नहीं करते, विचित्रवीर्य की नि:संतान मृत्यु से वे दोनों बहनों के अनैतिक हरण के प्रति अपना विरोध भी दर्ज करते हैं और अम्बा के लंबे उपाख्यान से उसकी तपस्या की सिद्धि का समर्थन करते हैं। अम्बा द्वारा भीष्म का अंत; इस काण्ड पर व्यास की अंतिम टिप्पणी है।

महाभारत में द्यूत-प्रसंग हर तरह से केन्द्रीय प्रसंग है, जो लगभग सभी प्रमुख पात्रों के अवचेतन उघाड़ देता है, फिर वह चाहे धृतराष्ट्र हो, द्रौपदी, युधिष्ठिर, भीष्म, अर्जुन, भीम, कर्ण दुर्योधन, दु:शासन, विकर्ण और विदुर ही क्यों न हो; और यहीं महाभारत की नियति तय हो जाती है।

भीष्म के 'मूल्य-बोध' का प्रमाण भी हमें द्यूतसभा में मिलता है जहां वे द्रौपदी के प्रखर तर्क का उत्तर रटी रटाई मान्यता में दे देते हैं–विशेष यह कि वे उस निर्णय को उस राजा पर छोड़ देते हैं, जिसने स्वयं ही अविवेक का परिचय देते हुए पत्नी को दांव पर लगाया था। यहां वे धर्म ही नहीं, धर्मराज को भी प्रसंगानुसार कुपरिभाषित करते हैं।

द्रौपदी के संदर्भ में भीष्म के न्याय और 21वीं शती में हरियाणा की खाप पंचायत के न्याय में बुनियादी अंतर क्या है? दोनों रूढ़ि के वाहक हैं; फिर चाहे उस पर संवेदना, विवेक या किसी के प्राणों की बलि ही क्यों न चढ़ाना पड़ जाए। ऐसे व्यक्ति मुर्दा मूल्य को ढोते हैं। भीष्म से अधिक न्यायी तो विकर्ण है जो उस मूक अथवा बेचाल सभा में सबको निष्कवच कर देता है। उसके दीप्त वचन से पूरा महाभारत आलोकित है। नीतिज्ञ विदुर भी उसके बाद ही बोलने का साहस जुटाते हैं।

सही माने में तो भीष्म कई बार प्रमाणित करते हैं कि इस महासमर के मूल वे ही हैं। कल्पना कीजिए कि अगर वे प्रतिज्ञा ही न करते तो? अगर वे द्यूत सभा में अपने तेजस्वी विवेक का उपयोग कर युधिष्ठिर को पथभ्रष्ट होने से रोक पाते तो? यदि द्यूत रुकवा देते या होने ही न देते तो? यदि किसी भी पक्ष में न रहने का निर्णय ले लेते तो? भीष्म के लिए लगा हर 'तो' युद्ध बचा सकता था। परंतु भीष्म समस्त 'तो' को लांघते चले गए।

यदि दुर्योधन अथवा कौरवों को युद्ध में अपने पक्ष में भीष्म के आने का भरोसा न होता तो युद्ध की आग शायद नहीं भड़कती। प्रश्न यह है कि क्या युद्ध रोकना अधिक आवश्यक था या नमक का कर्ज अदा करना? क्या भीष्म का यह मूल्य व्यक्तिकेन्द्रित नहीं है? क्या व्यापक मूल्य के लिए वैयक्तिक मूल्य का त्याग नहीं करना चाहिए? वे स्वयं यह सीख देते हैं कि बड़े लक्ष्य के लिए छोटे लक्ष्य का त्याग करना चाहिए। क्या वे स्वयं ऐसा कर पा रहे हैं? द्रौपदी यह जानकर हंस दी थी कि भीष्म युधिष्ठिर को नीतिशास्त्र की शिक्षा दे रहे हैं। उसने कहा कि जीवन भर जिसने नीति का पालन नहीं किया वह उसकी शिक्षा दे रहा है! क्या द्रौपदी ने स्वयं इसका कटु अनुभव नहीं किया था? यह महाभारत का चमत्कार है कि वह नमक का कर्ज अदा करने वालों को एक स्तर पर रख देते हैं। महाभारत में अकेला उदाहरण है जहां तीन लोग किसी संदर्भ में अक्षरशः एक ही बात दोहराते हैं। इस मामले में कवि ने भीष्म को शल्य और द्रोण की कोटि में रख दिया, जबकि भीष्म की महत्ता के आगे ये गणनीय नहीं हैं। देखें, तीनों से कवि ने एक ही श्लोक बुलावाया है :

> अर्थस्य पुरुषो दासो दासस्त्वर्थो न कस्यचित्।
> इति सत्यं महाराज बद्धोऽस्म्यर्थेन कौरवैः।। भीष्म 43/41-56-82

'पुरुष अर्थ का दास है, अर्थ किसी का दास नहीं है। कौरवों ने मुझे अर्थ

से बांध लिया है।' द्रोण और अंशतः शल्य की विवशता तो समझ में आती है, परंतु भीष्म तो कुरुवंश और शासन के नियामक हैं। एक बार उन्होंने दुर्योधन को लताड़ते हुए कहा था कि 'असली कुरुवंशी तो एकमात्र मैं हूं। मेरे जीते जी राज्य पर अधिकार किसका है।' ऐसी स्थिति में वे कौरवों के अर्थ से कैसे बंधे हैं? हां यह बात कुछ भरोसा करने लायक है, जैसा कि दुर्योधन की शिकायत पर वे कहते हैं कि मैंने पहले ही कहा था कि मुझे और द्रोण को युद्ध में मत घसीटो :

> समयश्च मया पूर्वं कृतो वै शत्रुकर्शन।
> नाहं युधि नियोक्तव्यो नाप्याचार्यः कथंचन।। भीष्म-88/41

वास्तव में भीष्म द्विखंडित व्यक्ति हैं। वे शरीर से एकओर तथा मन से दूसरी ओर थे। इतना ही नहीं, वे जिस सेना के सेनापति थे उसकी पराजय चाहते थे, और जिसके विरुद्ध युद्ध कर रहे थे उसके लिए विजय की कामना करते थे। तभी न उन्होंने ऐन युद्ध के पहले युधिष्ठिर को 'युध्य जयमाप्नुहि' 'युद्ध करो और विजयी होओ' आशीर्वाद दिया था। वे शत्रु को अपनी मृत्यु का रहस्य बता देते हैं और अनिच्छा के बावजूद कौरवों की ओर से लड़ने की विवशता बताते हैं। दुर्योधन भी शायद गलत नहीं था जब वह कहता है– 'भवांश्च मध्यस्थतया नित्यमस्मानुपक्षते'। (वही, 38) आप रहते तो मध्यस्थ हैं, परन्तु हम लोगों की सदैव उपेक्षा करते हैं। यों देखा जाए तो एक को शरीर देकर दूसरे को मन देना कौन-सी मध्यस्थता है? लगता है भीष्म निष्पक्षता का अभिनय कर रहे हैं, उनकी तराजू की डंडी पांडवों की ओर झुकी हुई है।

उनके द्विधा विभक्त होने का एक सुंदर काव्यात्मक उदाहरण परशुराम से उनके युद्ध में मिलता है। जब भीष्म अम्बा को स्वीकारने का परशुराम का आदेश नहीं मानते तब दोनों में युद्ध होता है। परशुराम भीष्म के गुरु थे। भीष्म परशुराम से युद्ध प्रारंभ करने से पूर्व आदेश लेते हैं और कहते हैं, मैं जब प्रहार करूंगा तो आपके ब्राह्मणत्व पर नहीं क्षत्रियत्व पर करूंगा :

> ये ते वेदाः शरीरस्था ब्राह्मण्यं यच्च ते महत्।
> तपश्च ते महत् तप्तं न तेभ्यः प्रहराम्यहम्।। उद्योग 179/24

आपके शरीर में जो वेद हैं, जो आपका महान ब्राह्मणत्व है तथा आपने जो बड़ी भारी तपस्या की है, उन सब के ऊपर मैं बाणों का प्रहार नहीं करता हूं, मैं उस क्षत्रियत्व पर आक्रमण करता हूं जो आपके भीतर है :

प्रहरे क्षत्रधर्मस्य यं राम त्वं समाश्रितः।
ब्राह्मणक्षत्रियत्वं हि याति शस्त्र समुद्यताम्।। वही-179/25

विचित्र प्रकार का व्यक्तित्व-विखंडन है! विवशता से युद्ध कर रहे हैं यह कहना तो समझ में आता है, परंतु स्वयं ही किसी दूसरे के व्यक्तित्व के खंड कर कहना कि वे जब उन पर प्रहार करेंगे तब वह उनकी तपस्या और ब्राह्मणत्व पर नहीं होगा, केवल भीतर के क्षत्रियत्व पर होगा, क्या तर्कसंगत है? यदि संयोग वश युद्ध में परशुराम मारे जाते तो क्या सिर्फ क्षत्रियत्व मरता? भीष्म का आशय ठीक हो सकता है, परंतु जिस छद्‌म विखंडन में वे अपने को व्यक्त करते हैं वह सदाशयता की बजाय उन्हीं के द्विखंडन का प्रमाण है।

सामान्यतः तो इस प्रतिज्ञा का भी कोई अर्थ नहीं था कि वे उस पुरुष से भी युद्ध नहीं करेंगे जो पहले स्त्री रह चुका हो, संभवतः उन्हें ज्ञात था कि शिखंडी के साथ यह असंभव घटा है। इसीलिए उन्होंने अर्जुन से शिखण्डी को आगे रख कर युद्ध करने को कहा। मानो वे अपनी मृत्यु के लिए कटिबद्ध थे। यहीं एक सेनानायक के रूप में भीष्म की ईमानदारी का सवाल भी पैदा होता है। आश्चर्य है कि जो पाण्डवों के साथ बैठकर युद्ध की संहिता बनाते हैं वे ही उसकी आत्मा पर प्रहार करते हैं। भीष्म जो आचरण कर रहे हैं क्या वह युद्ध की नैतिकता में आता है? कौरव-पाण्डव यदि उनके लिए समान थे तो उन्हें भी बलराम की तरह युद्ध में शामिल होने से स्पष्ट इंकार कर देना था, या जब उनकी पाण्डवों के प्रति कोमलता देख कर दुर्योधन ने कहा था कि यदि उनकी यही स्थिति रही तो फिर सेनापति बनने का कर्ण को अवसर दिया जाए, तभी युद्ध से उन्हें पृथक हो जाना था। बार-बार जलालत सहते, अपमान का घूंट पीते वे मानो कौरव सेनापति के रूप में मारे जाने का प्लॉट रच रहे थे।

यहां यह भी सोचा जा सकता है कि जब भीष्म को पता था कि शिखण्डी के पीछे से अर्जुन ही प्रहार कर रहा है, तब उन्हें शस्त्र नीचे रखने और प्रहार सहने की क्या जरूरत थी? उन्होंने तो स्त्री या पूर्वस्त्री से न लड़ने की प्रतिज्ञा की थी न कि किसी अन्य योद्धा से। लगता है कि यह एक प्रायोजित नाटक था जिसके मूल में अपने माध्यम से कौरव सेना को क्षति पहुंचाना था। यदि भीष्म चाहते तो शक्ति संतुलन बदल सकते थे, जैसा कि गांधारी ने कहा था।

देखिए, महाभारत का परमश्रेष्ठ व्यक्ति, गुणों की पराकाष्ठा के बावजूद कितने अंतर्विरोधों और विसंगतियों से घिरा है? भले ही भीष्म की प्रतिज्ञा का कोई सानी इतिहास और पुराण में मिलता हो, अपने युग की दृष्टि से तो उन्होंने

सद्‌गुण और उदात्तता की चरमसीमा छू ली थी। परंतु उनके गुण और आदर्श युग-बद्ध हैं। वे समय के पार किसी युग को कोई उल्लेखनीय दृष्टि नहीं देते। उनके व्यक्तित्व में क्लासिकल होने की पूरी संभावना थी, परंतु संसार की बनाई या अपनी बनाई रूढ़ियों ने उनका व्यक्तित्व परिवेश-बद्ध कर दिया था। जिस प्रतिज्ञा के लिए उन्होंने मनुष्य का सबसे बड़ा स्वत्व स्वायत्तता का त्याग कर दिया, वह भी युग के परे अर्थवान न हो सकी। केवल स्वीकृत मूल्यों के नाम पर आत्मध्वंस इतिहास में कोई लकीर नहीं खींच सकता। उच्च जीवन-मूल्यों की अपनी समझ से वे ऐसा बहुत कुछ करते रहे जो समाज को नीचे ले जाता है।

भीष्म मूल्यखोजी नहीं है। वे रूढ़ मूल्य का वहन करते हैं। न तो वे मूल्य का संवेदनीकरण करते हैं न मार्गान्तरीकरण, न उदात्तीकरण। मूल्य की कसौटी पर अगर कर्ण और कृष्ण से उनके व्यक्तित्व की तुलना करें तो कर्ण मूल्य का अन्वेषण करता है। उसके भीतर प्रचलित रूढ़ियों और मान्यताओं पर प्रहार करने की ज़िद है जो उसे गतिशील बनाकर वर्तमान में भी प्रासंगिक बनाती है। कृष्ण मूल्य के सर्जक हैं। वे मूल्य को एक अर्थ देते हैं । उसे समय और स्थिति के बीच परिभाषित करते हैं, इससे मूल्य के प्रयोजन बदल जाते हैं वास्तव में मूल्य नहीं, मूल्य-प्रयोजन है, जो देशकाल में अपनी बाहरी भाषा बनाए रखकर भीतर से बदला करते हैं। जैसे सत्य, न्याय, समता, दया आदि नए अर्थ धारण करते हुए भीतर से वे ही नहीं रहते जो कल थे। मुझे लगता है कि मूल्य की जड़ता, मूल्यान्वेषण और मूल्य की सृजनशीलता के लिए महाकवि व्यास ने इन तीन चरित्रों को चुना है।

भीष्म के चरित्र में भले विसंगतियां हों, परंतु उनमें अद्‌भुताएं भी कम नहीं हैं। उनका जन्म और मृत्यु दोनों अपूर्व और अपर हैं। उनके चरित्र में कर्ण या द्रौपदी से कम विरलता नहीं है, गूढ़ तात्त्विकता और सांकेतिकता अलग से है। उनके चरित्र ऐसे में सर्जक अवकाश (क्रिएटिव स्पेस) देता है कि उन पर अनेक कृतियां लिखी जा सकती थीं, परंतु यह आश्चर्यजनक है कि भारतीय भाषाओं में भीष्म पर गिनी-चुनी कृतियां हैं, उनमें उल्लेखनीय है तो एक भी नहीं। यह अलग बात है कि महाभारत पर लिखी रचनाओं में अपरिहार्य होने के कारण वे हर जगह मौजूद हैं।

अधिकांश रचनाओं में, तत्कालीन मूल्यों को लेकर ही लेखकों ने भीष्म की महानता उकेरने की कोशिश की है। यहां, वहां थोड़े-बहुत फेर बदल कर

उनके चरित्र में दिखने वाले दोषों को छिपाने के प्रयास भी मिलते हैं। उदहारण के लिए एक लेखक ने द्यूतसभा में द्रौपदी के आते ही भीष्म के उठकर चले जाने का जिक्र किया है। इसके माध्यम से उसने भीष्म पर लगे इस कलंक को कि उनके देखते-देखते यह अनाचार हुआ, धोने की कोशिश की है। साथ ही उन्हें उस असुविधाजनक प्रश्न से भी बचाया है जो द्रौपदी ने उनसे किया था।

किसी लेखक ने कर्ण को अर्द्धरथी कहकर अपनी सेना में शामिल न करने के मूल पाठ को अस्वीकार कर 'अनुक्रमणिका' का पाठ लिया है जिसमें कर्ण स्वयं कहता है-'आपके जीते जी मैं युद्ध नहीं करूंगा' पुन:सृजन करने वाले लेखक ने यह नहीं सोचा कि मूल पाठ ही वास्तविक है, जिसका एक संदर्भ है जो शरशय्या के पर सोए भीष्म के पास कर्ण के जाने पर खुलता है। पाठ में वक्रता को बनाए रखकर ही इस प्रसंग की गहराई प्रकट होती है।

लेखकों ने प्राय: महाभारत के अनुरूप चरित्र, आदि की संरचना की है। ऐसा करते हुए कदाचित उन्होंने सोचा होगा कि चरित्र में दिखाई पड़ने वाली खोट को दूर किया जाए। निर्दोष चरित्र तो एक अलोना भोजन होता है-बेस्वाद; जबकि कवि एक लीला रचता है जो बिना वक्रता, विसंगति, विडम्बना या उच्चावच के संभव नहीं। परंतु वे नहीं जानते थे कि कवि के लिए तमाम विसंगतियां और विरोधाभास सृजन की अंतर्वस्तु हैं। यह भी तथ्य है कि अपनी रचना में व्यास को संशोधित करने वाले अनेक सुधी लेखक यह नहीं सोच पाए कि वे यदि एक तथाकथित विसंगति हटाते हैं तो दूसरी पचीसों खड़ी हो जाती हैं। इसीलिए महाभारत में विस्तार करने वाले लेखकों की प्रतिभा की सराहना करना चाहिए, जिन्होंने इसमें जोड़ने को लेकर विलक्षण प्रतिभा दिखाई है ताकि महाभारत की संगति और लय न टूटे। असल में महाभारत की बुनावट ही इतनी जटिल और संदर्भ गर्भित है कि उसमें अपना योगदान करने वालों को सावधानी बरतनी होती है। इस दृष्टि से वे कृतियां श्रेष्ठ बन पड़ी हैं जिन्होंने महाभारत से ढांचा लेने की अपेक्षा प्रेरणा ली। जैसे कन्नड़ का नाटक अग्नि और बरखा (गिरीश करनाड) और हिन्दी का अंधायुग (धर्मवीर भारती)।

मुझे लगता है कि भीष्म पर कम कृतियां लिखे जाने का कारण स्वयं महाभारत में निरूपित भीष्म का चरित्र है। वे वहां एक उदात्त और महाआख्यानक व्यक्तित्व हैं। लोक में भी पितामह की बड़ी प्रतिष्ठा है। परंतु जब लेखक अपने देश-काल में उन्हें पुन:सृजित करता है तो असमंजस में पड़ जाता है और उसे लगता है कि इस व्यक्ति को वह उसी भव्यता और दिव्यता में नहीं रच सकता।

सृजन के दौरान भीष्म के अनेक निगेटिव्स दिखाई देते हैं। वे न तो महाभारत के अनुकूल हैं, न लोक में भीष्म की प्रतिष्ठा के। ऐसी स्थिति में वह न तो अपनी सर्जनात्मक चेतना को गलत कह सकता है न एक प्रतिकृति लिखने का साहस जुटा पाता है। उसे लगता है कि उसकी रचना शायद भीष्म के चरित्र में निहित किसी अबूझ नैतिक तत्त्व, उदात्त और गंभीर को पहचान नहीं पा रही है। यदि वह भीष्म के चरित्र के साथ ऐतिहासिक न्याय करेगा तो अपनी कृति की प्रासंगिकता के साथ अन्याय होगा। मुश्किल यह है कि भीष्म के चरित्र में इतनी निगूढ़ता और अर्थांतर की इतनी संभावना है कि उनके साथ चलने या उनके विपरीत चलने की कोई यात्रा सपाट नहीं हो सकती।

फिर भी भीष्म के चरित्र में इतने सर्जनात्मक अंतरालों के बावजूद उन पर कोई विलक्षण कृति नहीं लिखी गई। जहां तक संभावना का सवाल है, भीष्म के जन्म से लेकर प्रतिज्ञा तक की कहानी महाभारत में केवल दो अध्यायों में कह दी गई है, जिनमें कुल 70 श्लोक हैं। जबकि यह काल इतने जटिल और विराट पटल पर बिछा है जिसके लिए दो तो क्या, दो सौ अध्याय कम पड़ेंगे। जैसे मां द्वारा एक-एक कर सातपुत्रों को बहाने की कथा एक श्लोक में है। इतनी निर्मम, त्रासद, अविश्वसनीय, अतार्किक घटना के लिए एक श्लोक कितने अवकाशों की सृष्टि कर सकता है! मां को यद्यपि पारलौकिक प्रयोजन ज्ञात था तो भी अपना जना बालक बहाते हुए हर बार उसे कैसा लगा होगा? और पिता के सामने तो उसका खानदान और उसके राज्य के उत्तराधिकारी बहाए जा रहे थे–आत्मांश का ऐसा विनाश मां के हाथों, शांतनु की पीड़ा को कितना अथाह और निरंतर सघन बना रही थी! शंकर शेष ने अपने उपन्यास 'धर्मक्षेत्रे कुरूक्षेत्रे' में पूछा है कि आखिर शांतनु बोल क्यों नहीं पाता? क्या उसे संतानों से ज्यादा गंगा से प्रेम था? क्या वासनापूर्ति के सामने जीवन के दूसरे पहलू बौने हो गए थे? हर पुत्र की मृत्यु के बाद वह फिर गंगा के पास क्यों लौट आता था? वह चिरयौवना थी इसलिए? उसका शरीर अतींद्रिय सुख का अनुभव कराता था इसलिए? इतने सारे सवालों के बाद भी बहुत से सवाल छूट गए हैं, जैसे जो मां अपने शिशुओं को जन्मते ही पानी में बहा देती हो उसके प्रति शांतनु की कामोन्मत्तता कितनी आसुरी होगी! ऐसी नृशंस, हृदयहीन स्त्री के प्रति घृणा और आक्रोश पैदा होता है कि कामुकता? एक पर एक हत्या करने पर भी हर बार नए समागम के लिए उद्यत आदमी कैसा होगा? यहां लेखक अनजाने की गई प्रतिज्ञा के प्रति झुंझलाहट और बेचैन आत्मधिक्कार भी अनुभव करा सकता था।

शंकर शेष ने मर्म को पकड़ा तो है–वे इसका गहराई से दोहन नहीं कर सके। आठवें पुत्र को बहाने से रोकने पर गंगा, पुत्र को लेकर जाने लगती है तब शांतनु उसके पालन का दायित्व लेना चाहता है। गंगा पूछती है–''अच्छा, क्या तुम स्त्री की भूमिका में फैला पाओगे-अपने आपको?'' गंगा जैसी स्त्री का यह सवाल कितना विडम्बनापूर्ण है! महाभारत में तो अलौकिकता और कथा की दैवीय बुनावट के बीच यह सारी घटना सरल-सी कह दी गई है; निरुद्वेग! परंतु एक आधुनिक सर्जक तो इस आवरण को हटाकर मानवीय संदर्भ में ही देखेगा। इस दृष्टि से यह कथा कितनी अमानुषिक, विचित्र और मनारोगी के कर्म की तरह लगती है। इसीलिए उपन्यासकार वसुओं की कथा, महाभारत की तरह, शांतनु से न कहलाकर, शिक्षा के दौर में मां से कहलवाता है। उपन्यास में कहानी सुनने पर देवव्रत की जिज्ञासा है कि ''वे (वसु) मरना क्यों चाहते थे?'' तब मां मानवीय धारातल पर उतरती है–''बेटे, जीवन की सबकी व्याख्या अलग है'' और कि ''जीवन सबके लिए सरल नहीं होता।'' आदि। कहते कहते शायद गंगा की आंखों में अपना इतिवृत्त घूम गया होगा।

इस अधूरे उपन्यास में शंकर शेष अपने उम्र की मां लाने की भावानुभूति का मार्मिक चित्र खींचते हैं। कन्या के पिता की शर्त में भीष्म का पूरा जीवन और दूसरी शर्त में पीढ़ियों का जीवन, सुख, यौवन के तमाम स्वप्नों, भावों और कर्मण्यता पर पीढ़ी दर पीढ़ी प्रतिबंध छिपा था। प्रतिज्ञा पर अकाश से पुष्पवृष्टि होना लौकिक और अलौकिक उभय विश्व का शामिल हो जाना है। यदि इस विराट केन्वास को देखें तो भीष्म का जीवन कितना विराट दिखाई पड़ता है! लेखक इसी अर्थ, भाव और प्रसंग गर्भिता से नई सृष्टियां कर सकते हैं। अगर सोचें तो इस परिघटना में कितना हॉरर, नियति का कितना दु:खद खेल और चरित्र के कितने अदृश्य पहलू शामिल हैं!

यहां यह भी सोचा जा सकता है कि क्या भीष्म को गौरवान्वित करना ही तो आजन्म त्रासदी का कारण नहीं था, जैसा गांधारी द्वारा क्रोध से आंखों पर पट्टी चढ़ाने पर उसको 'पतिव्रता' के गौरव से मंडित करना उसके आजीवन पट्टी बांधने की बाध्यता बन गया!

...शंकर शेष को पहले तो नदी और स्त्री के पर्याय से गुज़रना पड़ा होगा। लेखक इन संज्ञाओं को प्रत्यय में बदलता है। उसकी परिकल्पना देखें: ''शायद आखिरी बार मैं अंसुआई धुंधली दृष्टि से अपनी मां की निर्मल जल-सी काया को जाह्वी की धारा में एकाकार होते देख रहा था... एक सतत प्रवहमान जीवन

को दूसरे गतिमान व्यक्तित्व में समाहित होते।''

लेखक ने शांतनु की सत्यवती के प्रति कामांधता के बावजूद भीष्म की अविरल चिंता और द्वन्द्व को भी प्रकट करना चाहा है। एक बार तो शांतनु दृढ़ निश्चय प्रकट करते हैं ''नहीं.. नहीं, यह नहीं होगा, अनिश्चय के घर में भरतवंश के गौरव को रेहन नहीं रखा जा सकता।'' तब भीष्म बताते हैं कि वे प्रतिज्ञा कर चुके हैं जो वापस नहीं होगी। यह जानकर शांतनु हताश हो जाते हैं। वे भीष्म का एकांत जीने लगते हैं और त्रासद जीवन की मुक्ति के लिए उसे वरदान देते हैं!

''बेटे तूने अपना जीवन तो स्वयं खो दिया है। वहां तो कुछ करने की गुंजाइश ही नहीं रही। लेकिन जब भी असह्य हो जाए, छुटकारे की गुंजाइश तो होनी ही चाहिए न! इसलिए मैं तुम्हें इच्छा-मृत्यु का वरदान देता हूं।''

महाभारत के भीष्म को, काशिराज की बेटियों के स्वयंवर से हरने की कोई ग्लानि नहीं है, क्योंकि वह साधारण युग-धर्म और अभ्यास में शामिल था, परंतु आधुनिक लेखक इस तरह न देख सका और यहां वह अम्बा के सामने अपनी भूल मानने को बाध्य होते हैं।

इसके अलावा धृतराष्ट्र के लिए पत्नी लाने, अन्याय पक्ष से जुड़े रहने आदि को सामने रखकर अपने जीवन का पुरावलोकन करते हुए भीष्म पश्चाताप और आत्मग्लानि प्रकट करते हैं, उससे पता चलता है कि कुरुवंश का सबसे समर्थ पुरुष नियति के हाथों जकड़ता जा रहा है- ''मैं क्या करना चाहता था और हो क्या रहा था? जीवन की रस्सी तुड़ा कर भागने की इच्छा रखने वाला मैं संसार के जलाशय में कमल की तरह अनासक्त जीवन की कामना करने वाला मैं अपनी ही इच्छा के विरुद्ध जी रहा था। ऊपर उठने की जितनी भी कोशिश करता नियति मुझे उतना ही नीचे धंसा देती, यह थी मेरे जीवन की शोकांतिका; तैर कर पार होने की कोशिश में डूबना था मुझे एक दिन।''

शंकर शेष ने सर्जनात्मक अंतरालों का खूबी से इस्तेमाल करते हुए कथा के ढांचे में आधुनिक अर्थ भरने की कोशिश की है। काश वे उपन्यास पूरा कर पाते, जो उनकी मृत्यु के कारण अधूरा रह गया।

महाभारत यद्यपि भारतीय भाषाओं में प्रायः अनूदित हुआ है, परंतु कुछ लेखकों ने अपनी-अपनी भाषा में उसका पुनःसृजन किया है। और उस भाषा के परवर्ती लेखकों ने कई बार पुनःसृजन का ही आश्रय लिया है। ओड़िया के महाकवि सारलादास के 'महाभारत' को कई ओड़िया लेखकों ने अपना उपजीव्य बनाया है। इससे उन पर जगन्नाथ क्षेत्र का प्रभाव आया है। लक्ष्मीप्रिया आचार्य

का उपन्यास 'भीष्म की आत्मकथा' सारलादास से प्रेरित है। उन्होंने शरशय्या पर सोए भीष्म के मुख से लगभग पूरा महाभारत कहलवाया है, जिसमें विभिन्न घटनाओं और पात्रों के प्रति उनकी प्रतिक्रिया प्रधान है। लगता है महाभारत के भीष्म और सारला के भीष्म में कोई आधारभूत अंतर नहीं है। 'भीष्म की आत्मकथा' में भी हमें भीष्म महाभारत से अलग नहीं लगते। वे भी पिता की इच्छा के लिए त्याग को एक मूल्य की तरह लेते हैं। लेखिका ने यहां-वहां युक्तियुक्तकरण करने के अतिरिक्त कोई क्रांतदर्शी काम नहीं किया है। उदारहण के लिए द्यूत-सभा का प्रसंग लेते हैं। इसमें द्रौपदी के दारुण अपमान पर अर्जुन चुप रहते हैं, यहां तक कि भीम को भी चुप करते हैं, जो उनके वीरोचित चरित्र के अनुरूप नहीं था। इसी तरह युद्ध के दौरान भीष्म का पाण्डवों को अपनी मृत्यु का रहस्य बताना अनैतिक लगता है। इन दोनों ही पात्रों की त्रुटियों या अपराधों पर पर्दा डालने की कोशिश लेखिका ने की है। इस प्रसंग को देखें :

"... इतने सभासदों में धनंजय अपलक सिर्फ मेरी ओर देखता रहा। उसके अभियोग आज के हजारों पतंगों की तरह झर रहे थे चुपचाप।

धनंजय! उस आग-सी दृष्टि से मैं समझ रहा था कि तुमने संकल्प कर लिया है-मेरे इस मौन का समय पर सही जवाब दोगे।

मैंने भी तय कर लिया-अपनी मृत्यु के रहस्य को खोलकर तुम्हारे तीर का विरोध नहीं करूंगा, निरस्त्र गरदन दिखा दूंगा।

हां धनंजय! तभी इस मौन की पीड़ा से मुक्ति पा सकूंगा। बूंद-बूंद कर सारा रक्त झरने के बाद शांति से मृत्यु का हाथ थामे चला जा सकूंगा।"

सभी वृद्धों के सामने भरी सभा में शराब का दौर चलता है और भीम के साथ अर्जुन भी कर्ण के वध की प्रतिज्ञा करता है।

लेखिका ने भीष्म के अंतर्दाह, आक्रोश और व्याकुलता को प्रकट किया है:

"प्रतिकामी अंत:पुर (द्रौपदी को लाने) चला गया। मैं जड़वत् बैठा था। इधर-उधर बैठे द्रोण, कृप की ओर देख भी नहीं पा रहा था। हाथ में आग पीस रहा था। अंदर ही अंदर जल रहा था।"....

युद्ध पूर्व वे सोचते हैं- "मामूली सा भ्रातृ-विवाद सार्वजनिक हो गया है। गृहयुद्ध आज विश्वयुद्ध बन गया। मैं इस कुरु परिवार का सबसे वयोज्येष्ठ व्यक्ति हूं। आगामी पीढ़ी के सामने यह प्रश्न खड़ा रहेगा कि कुल वृद्ध होने के कारण

मुझे गृह-विवाद के शांतिपूर्ण समाधान में मुख्य भूमिका निभानी थी, परंतु ऐसा नहीं हुआ। इस आंधी का प्रतिरोध करने की बजाय मैंने सिर झुका लिया। चुपचाप सह गया। एक पक्ष में आकर हथियार उठाए। मेरी मानसिक उलझन समझने कोई आगे नहीं आएगा।''....

उपन्यास के पाठक को प्राचीन बोध के आधार पर ही भीष्म के अंतर्द्वन्द्वों को जानना होता है। सत्य, सुनयना आदि पात्रों की सृष्टि से उपन्यास में कुछ नवता आई है; फिर भी यह सीमित अर्थ में घिरा रहता है और काल का अतिक्रमण नहीं करता।

भीष्म पर एकाध प्रतिकूल पुस्तक भी देखने को मिली। हिन्दी के राजेन्द्र त्यागी ने एक सामान्य उपन्यास लिखा है- 'महाभारत का अभियुक्त'। लगता है दूरदर्शन की 'जनता की अदालत' कार्यक्रम के अनुकरण पर हस्तिनापुर की प्रजा युद्धोपरांत निर्णय करने बैठी है कि 'महाभारत का वास्तविक अभियुक्त कौन है? संत सुदीर्घ के नेतृत्व में लोग क्रमशः कृष्ण, धृतराष्ट्र, युधिष्ठिर, भीष्म पर अभियोग लगाते हैं। सभा के विचार विनिमय के बाद 'नवोदित' नामक व्यक्ति कहता है–सभा का सर्वसम्मत निर्णय है कि महायुद्ध के लिए मुख्यतया भीष्म पितामह और युधिष्ठिर संयुक्त रूप से उत्तरदायी हैं। पहले युधिष्ठिर पर आरोप लगाया जाता है। पत्नी को दांव पर लगाते हैं, उसके अपमान पर चुप रहते हैं। सब पाण्डवों और द्रौपदी को लेकर वनवास करते हैं आदि। परंतु भीष्म पर आरोप और भी गंभीर हैं। कामातुर पिता के लिए प्रतिज्ञा, सत्यवती को अनधिकृत रूप से राजमाता बनाने का आश्वासन, द्यूतसभा में मौन रहना आदि अनेक। तब संत सुदीर्घ घोषित करते हैं कि महाभारत का वास्तविक अभियुक्त भीष्म है। इस पंचायत के समय भीष्म का निधन हो गया था। अतः लेखक एक फैंटसी के तहत भीष्म को लेने प्रजा को ब्रह्मलोक भेजता है। वह भीष्म को अभियोग का सामना करने के लिए धरती पर लाता है। भीष्म पर आरोप लगाया जाता है कि उन्होंने हस्तिनापुर की रक्षा के लिए कोई काम न करते हुए अपनी व्यक्तिगत प्रतिष्ठा के लिए सारे काम किए। वृद्ध नागरिक कहता है–''भीष्म, सत्य तो यह है कि आप हस्तिनापुर के रक्षार्थ नहीं, आजीवन अपनी छवि के लिए चिंतित रहे।'' और भी आरोप लगते हैं। तभी मृत 'अम्बा' कहीं से आ जाती है और भीष्म पर आरोप लगाती है कि उन्होंने राजकुमारियों का हरण नहीं 'अपहरण' किया है। उन्होंने स्त्री को संतान उत्पन्न करने का जीवित यंत्र भर माना है। धर्म का उन्हें अभिमान है, परंतु सदा अधर्म के साथ रहते हैं-आदि। इस तरह कुल

मिलाकर युद्ध के अभियुक्त भीष्म ठहरते हैं।

इस उपन्यास में लेखक ने ठीक प्रश्न उठाया है कि महाभारत युद्ध दो भाइयों के मध्य अस्तित्व व सिंहासन पर वर्चस्व का संघर्ष था या राज्य की, प्रजा की रक्षा का संघर्ष? महाभारत युद्ध के संबन्ध में यह प्रश्न अनेक लेखकों ने उठाया है। त्यागी ने इन तमाम विचारों को पिरोकर एक सामान्य तकनीक और फैंटेसी से उपन्यास लिखा है। यह साहसपूर्ण तो है ही।

नरेन्द्र कोहली के नाटक 'प्रतिद्वन्द्वी' और उपन्यास 'महासमर' के पहले भाग 'बंधन' में भीष्म के चरित्र का सकारात्मक चित्रण है, जहां-जहां उनके चरित्र में त्रुटियां दिखाई पड़ती हैं, परिमार्जन किया गया है। विचित्रवीर्य के विवाह का आग्रह सत्यवती भीष्म से करती है और विवाह कराने की जिम्मेदारी भी उन्हें सौंपती है। इस तरह भीष्म का बोझ आज्ञा या अनुरोध पर डाला गया है। परंतु स्वयंवर से विलासी और कापुरुष व्यक्ति के लिए तीन-तीन लड़कियों का हरण भीष्म की त्रुटियों में ही नहीं, अपराधों में शामिल होना चाहिए। उन्हें यह कहकर मुक्त करने की कोशिश की गई है कि काशी-नरेश के परिचारक ने कन्याओं के सम्मुख घोषित कर दिया था कि भीष्म ने पिता के लिए राज्य-त्याग कर दिया है और आजीवन अविवाहित रहने की प्रतिज्ञा की है। इससे भीष्म पर लगे इस आरोप का निराकरण किया गया है कि उन्होंने काशिराज और उनकी कन्याओं को इस भ्रम में रखा कि उनका हरण वे, स्वयं अपने विवाह के लिए कर रहे हैं। परंतु क्या उन्होंने बताया था कि वे उनका हरण किस व्यक्ति के लिए कर रहे हैं, और वह कैसा है? इतना करने पर भी भीष्म पूरी तरह अपराध मुक्त नहीं होते, बल्कि एक छल करने के अपराधी प्रतीत होते हैं। और क्या हरण करने को आज हम वैध मान सकते हैं?

अम्बा के लिए भीष्म का अपने गुरु परशुराम से युद्ध करना नरेन्द्र कोहली को अनुचित लगा। लेखक ने महाभारत में घटित हुए युद्ध को अस्वीकार करते हुए भीष्म-परशुराम का युद्ध निरस्त कर दिया। इसके लिए अम्बा की न्यायसंगत हठ को 'वासना-पूर्ति' की मांग की तरह प्रस्तुत किया गया और तदनुसार संवाद-योजना से उसे परिणति पर पहुंचाया गया। इसके लिए लेखक को एक-दो विशिष्ट पात्रों की कल्पना भी करनी पड़ी, जो भीष्म को बताते हैं कि आप एक कन्या का कल्याण नहीं कर रहे हैं, बल्कि उसकी वासना और तृष्णा के हाथों खेल रहे हैं। यह भी आश्चर्य है कि आरोप लगाने में सत्यवती जैसी स्त्री भी शामिल है। अपनी ओर से प्रयत्न करने पर भी क्या लेखक पाठक को

अश्वस्त कर सका है? दूसरी और महत्त्वपूर्ण बात यह है कि यहां भी लेखक का स्त्री के प्रति वही गतानुगतिक रवैया है। मानो दो बलवान और अपने समय के मानक पुरुषों को एक तुच्छ स्त्री की 'वासना' के लिए लड़ने जैसा ओछा काम लेखक को नहीं सुहाया!

परंतु महाभारत के सुगठित ढांचे में यदि उसका कोई एक जोड़ खुलता है तो फिर खुलता ही चला जाता है और अपनी सदाशयता के बावजूद कोई लेखक उसे पुनः गांठ नहीं सकता। या तो आप भीष्म का वैसा ही चित्रण कीजिए जैसा महाभारत में है या फिर आधुनिक दृष्टि से कीजिए और अपनी सृजनशीलता से जो विसंगतियां, विडम्बनाएं या फांकें दिखाई देती हैं, उन्हें (उसी युग की तरह) निरस्त कीजिए जिस युग ने भीष्म के सब कर्मों को वैध और संगत ठहराया है या उस आधुनिकता का जोखिम उठाइए, जो विसंगति या अपराध को उसी नाम से पुकारना चाहती है। परंतु आमतौर पर लेखकों ने उन-उन स्थितियों को या तो अपनी रचना से निकाल दिया है जो भीष्म को आधुनिक वैचारिक दृष्टि से संकट में डालती हैं, या उनका अपने ढंग से निवारण किया है। कुछ लेखकों ने उसी युग के अनुरूप भीष्म को ज्यों का त्यों रच दिया है।

हिन्दी में भीष्म पर लिखी रचनाओं में विश्वम्भर नाथ शर्मा कौशिक का 'भीष्म', पांडेय बेचन शर्मा उग्र का 'गंगा का बेटा' और लक्ष्मण प्रसाद मित्र का 'बाण-शय्या'-उल्लेखनीय हैं, जिनमें भीष्म के जीवन की ज्वलंत और निरपवाद घटनाएं ली गई हैं।

लोक में भीष्म की बड़ी मान्यता और यश है। वाराणसी में कार्तिक स्नान में एकादशी से पूर्णिमा तक भीष्म देवता की तरह पूजे जाते हैं। मिट्टी की विशाल प्रतिमा बनाई जाती है। पंच गंगा, अस्सी और महत्त्वपूर्ण घाटों पर बाण-शय्या पर सोए भीष्म की मिट्टी की प्रतिमा बनाई जाती है। स्नान के बाद स्त्रियां फूल चढ़ाती, आरती उतारती हैं। भीष्म से इच्छापूर्ति की प्रार्थना का आधार शायद यह है कि भीष्म अपनी इच्छा शक्ति से शरशय्या पर भी 57 दिन जीवित रहे। भीष्म से पुत्र प्राप्ति की प्रार्थना करने का कारण भी, संभवतः यह होगा कि वे स्वयं तो अविवाहित रहे, फिर भी दूसरों की संततियों के माध्यम, पालक और रक्षक रहे। दक्षिण में भीष्म के चरित्र को यक्ष गान में सुंदर उभारा गया है। वैसे सारे भारत में सत्यव्रती भीष्म पितामह का अत्यधिक सम्मान है।

दुर्योधन : विडम्बनाओं का आखेट

तुलसी ने लिखा है– 'सगुन खीर अवगुन जल जाता। मिलइ रचई परपंचु विधाता।।' महर्षि व्यास से अधिक विश्व-प्रपंच के इस मिश्रण को कौन जानता है? महाभारत की रचना गुण-दोषों के मिश्रण से ही हुई है। इसका हर चरित्र एक संयोजित इकाई है– न एकांत गुण, न एकांत अवगुण। भले ही इस संयोजन का अनुपात अलग-अलग हो। उसी के अनुपात से व्यक्तित्व-निरूपण हुआ है।

दुर्योधन को शायद इसी कारण कुपात्र या खल की कोटि में रखा गया है। महाभारत ने उसमें अवगुण अधिक माने हैं। संभवत: महाकाव्य के रचना-विधान के लिए नायक की विपरीतता में खलनायक की सृष्टि ज़रूरी थी, इसलिए उसके अवगुण के खाते में गुण भी डाल दिये गए हैं, अथवा उसके गुणों को गौण और अवगुणों को प्रमुखता से उभारा गया है, इससे विपरीत उन पात्रों के बारे में हुआ है जो सुपात्र की कोटि में रखे गए हैं। वस्तुत: कृति में रचनाकार की दृष्टि प्रमुख होती है इसलिए वह कई बार अपने ढांचे के अनुरूप पात्र को रूप देता है। परंतु परवर्ती स्रष्टा मूल रचनाकार के चरित्र और भाव-विधान में बदलाव कर सकता है। देखने योग्य यह होता है कि यह परिवर्तन कितना तर्कसंगत, विश्वसनीय और कलात्मक है।

महाभारत यद्यपि बहुस्तरीय और बहुव्यंजक रचना है, फिर भी उससे प्रेरित रचनाओं में आमतौर पर महर्षि व्यास के चरित्र-निरूपण के प्रत्यक्ष विधान का ही अनुगमन और विस्तार हुआ है, परंतु कुछ ऐसे क्रांतदर्शी स्रष्टा भी हुए हैं जिन्होंने वस्तु-बीज और संदर्भ भले ही महाभारत से लिया हो, परंतु निरूपण और स्थापनाएँ अपनी की हैं। ऐसी रचनाएँ प्राय: सशक्त रही हैं, क्योंकि उनमें मौलिक सृजन का तेज और सृजनात्मक दायित्व अधिक होता है।

यहीं यह कहना आवश्यक है कि दुर्योधन पर टिप्पणी करने के लिए

महाभारत में प्राय: वे ही पात्र उपलब्ध और मान्य रहे हैं जो उसके विरोधी या प्रतिपक्षी हैं।

कई बार महाकवि ने नियति को स्वभाव और स्वभाव को नियति में बदल कर भी चरित्र के स्वाभाविक अनुपात में अंतर कर दिया है। उदाहरण के लिए युधिष्ठिर और दुर्योधन के चरित्रों की तुलना की जा सकती है। युधिष्ठिर का स्वभाव असत्य बोलने का नहीं था, परंतु नियति उससे असत्य बुलवाती है। इसके बाद भी वे सत्यवादी, धर्मनिष्ठ पात्र बने रहते हैं। यदि कोई रचनाकार चाहे तो वह युधिष्ठिर के रथ के पहियों को भूमि पर लगने के आधार पर उनके चरित्र को असत्यवादी निरूपित कर सकता है। इसके विपरीत यह माना गया है कि धर्म दुर्योधन का स्वभाव नहीं था, परंतु भीष्म या द्रोण को अपने सेनानायक बना कर न्याय और धर्मसंगत काम वह अपनी नियति के कारण करता है। कोई लेखक यदि इस घटना को दुर्योधन के स्वभाव में रूपांतरित करना चाहे तो कर सकता है और उसके कई अन्य कामों और व्यवहारों को इसकी पुष्टि में रख सकता है।

कई बार ऐसा लगता है कि नाहक दुर्योधन को खलपात्र माना गया है। स्वयं कवि के शब्दों में दुर्योधन के पास सही समझ और विज्ञता है, पर उसका स्वभाव इसके विरोध में जाता है। वह जानता है कि धर्म क्या होता है, पर उसकी प्रवृत्ति उसओर नहीं होती; वह यह भी जानता है कि अधर्म क्या होता है पर उससे उसकी निवृत्ति नहीं होती, इसे स्वीकार करते हुए वह कहता है कि पता नहीं कोई देव मेरे भीतर बैठा है, वह मुझसे जो काम लेता है वही मैं करता हूँ :

जानापि धर्मं न च मे प्रवृत्तिः
जानाप्यधर्मं न च मे निवृत्तिः।
केनापि देवेन हृदिस्थितेन
यथा नियुक्तोस्मि तथा करोमि।।

परिस्थितियों और प्रतिक्रियाओं ने उसके भीतर स्वयं अपनी खलता का बोध सघन कर दिया है, इससे उसके व्यक्तित्व में विरोधाभास और आत्म-संघर्ष पैदा हो गया है। इसे हम युधिष्ठिर के महल में जल को थल और थल को जल समझने के भ्रम से प्रतीकीकृत कर सकते हैं।

यदि न्यायसंगत ढंग से देखें तो दुर्योधन हमारी भर्त्सना का नहीं, सहानुभूति का पात्र है। उसे उन चीज़ों का भी दण्ड भोगना पड़ा है जिसके लिए वह

उत्तरदायी नहीं है। भला बताइए कि क्या जन्मत: कोई बालक कलुषित होता है? महाभारत में कहा गया है कि दुर्योधन जन्मते ही गधे की आवाज़ में रोया! नीतिविद्, मंत्री विदुर ने तत्काल उसे मार डालने का सुझाव दिया। यानी उसके जन्म के साथ ही अपशकुन और विनाश उससे नत्थी कर दिए गए थे। माँ के वात्सल्य ने उसे बचा लिया, पर ऐसे बच्चे के प्रति लोगों की क्या धारणा रही होगी?

उसके जीवन में अभिषाप की एक लंबी शृंखला रही। जन्म तो उसका अभिषप्त माना ही गया, परंपरागत दुर्भाग्य भी उसका पीछा करता रहा। ज्येष्ठ होते हुए भी उसके पिता राजा नहीं बन सके। जन्म में अस्वाभाविक विलंब के कारण वह ज्येष्ठ कुरु न हो सका। उसका प्रतिवाद किसी ने नहीं सुना कि पाण्डव अपने पिता की संतान नहीं हैं। जंगल से आकर ऐसे भाइयों को राज्य और मान देने से क्या उसके भीतर ईर्ष्या, क्रोध और कुंठा पैदा होना अस्वाभाविक है?

उसके संदर्भ में कई जगह ऐसी उक्तियाँ और संदर्भ जोड़े गए हैं जो असंबद्ध हैं। जब वह घोषयात्रा के बहाने पाण्डवों पर आक्रमण करने गया था और पराजित हो गया था, भीम ने उसे गंधर्व से छुड़ाया। इससे उसे घोर आत्मग्लानि हुई। वह आमरण अनशन पर बैठ गया, इसी समय राक्षसगण उससे आकर कहते हैं कि "आप मर जाएंगे तो हमारा उद्देश्य धूल में मिल जाएगा" : 'विनष्टे त्वयि चास्माकं पक्षो हयत कौरव!' (3.240.23)। इसका तो यही अर्थ हुआ कि दुर्योधन का जन्म दैत्यों के काज के लिए हुआ था। क्या यह प्रसंग प्रायोजित नहीं लगता? स्वयं व्यास जी आश्रम पर्व में जब धृतराष्ट्र को सबके पूर्वजन्म का विवरण देते हैं तब कहते हैं कि दुर्योधन को कलियुग मानो, शकुनि को द्वापर : "कलि दुर्योधनं विद्धि शकुनिं द्वापरं तथा" (आश्रम 31.107)। वे कौरवों को पूर्वजन्म में राक्षस बताते हैं और युधिष्ठिर को धर्मावतार। पाण्डव ही नहीं, विदुर, भीष्म आदि भी उसकी निंदा करते हैं।

चरित्र-निरूपण के ये सारे संकेत क्या दुर्योधन के व्यक्तित्व पर आरोपित नहीं लगते? उसकी कूटनीति को तो अधर्म और पाण्डवों की छल-नीति को धर्म कहा गया! भीष्म-द्रोण से मृत्यु का उपाय जान लेना और शल्य को कर्ण जैसे उदात्त वीर में हीनता बोध पैदा करने के लिए प्रतिश्रुत कराना—राजनीति में आता है या छलनीति में?

यह पाण्डवों को 'धर्मवृक्ष' के शाखा-पत्र न माना जाता तो इसे 'कूटनीति' कहा जा सकता है। परंतु वे सत्य और न्याय के प्रतीक हैं तो उनका युद्ध में ऐसा

व्यवहार 'छद्म' ही माना जाएगा।

दुर्योधन को जीवनभर अपनी परिस्थितियों से लड़ना पड़ा, जो सदा उसके विपरीत रहीं। उसी के पक्ष के लोग उससे दोहरी नीति चलते रहे। विदुर उसके पिता के मंत्री थे, पर हमेशा पाण्डवों के लिए बनाई कूट-योजना को विफल करते रहे। उन्होंने वारणावत की योजना विफल कर दी, द्यूत के विरुद्ध पाण्डवों को सचेत किया। उसके सद्व्यवहार के बावजूद शीर्षस्थानीय योद्धा–भीष्म, द्रोण शरीर से उसके साथ रहे पर मन से पाण्डवों के साथ। ऐसे द्विखंडित योद्धा शत्रु से भी अधिक घातक होते हैं। उसका क्या अपराध था यदि वे नमक के ऋण से बंधे थे तो? महाभारत में ऐसा कोई प्रसंग नहीं है कि दुर्योधन ने कभी उन्हें अपनी ओर से लड़ने को विवश किया हो। वे लड़े, यह उनका निजी निर्णय था, परंतु यदि उन्होंने स्वयं निर्णय लिया ही था तो विभाजित मानस की क्या ज़रूरत थी? जैसे अर्द्धसत्य असत्य होता है वैसे ही युद्ध में विभाजित मानस शत्रु पक्षीय होता है। भीष्म और द्रोण ने अपनी मृत्यु का उपाय युधिष्ठिर को बताकर इसे सिद्ध भी कर दिया।

दुर्योधन के कई गुण उदाहरणीय हैं, दाम्पत्य शुचिता में कोई पाण्डव उसकी बराबरी नहीं कर सकता। वनवास के नाम पर अर्जुन जहाँ जाता है, वहीं विवाह कर लेता है। युधिष्ठिर सहित सब पाण्डव द्रौपदी को देखकर ललचा जाते हैं और माँ के द्वारा भ्रमवश कहे एक वाक्य को प्रमाण मान कर द्रौपदी को साझे की वस्तु बना लेते हैं। इस अवसर पर अर्जुन का मौन भी आलोच्य है। क्या दुर्योधन की पत्नी के प्रति निष्ठा की इनके दाम्पत्य से तुलना की जा सकती है? दुर्योधन ने न कभी लम्पटता का प्रमाण दिया, न किसी स्त्री का हरण किया।

दुर्योधन ने अपने वीरोचित धर्म का विपरीत स्थितियों में भी त्याग नहीं किया। कृपाचार्य ने युद्ध के अंतिम पड़ाव पर उसे सलाह दी थी कि वह पाण्डवों से संधि कर ले, पर उसने इसलिए अस्वीकार कर दिया कि यह उसके पक्ष के लाखों बलिदानी-वीरों के प्रति कृतघ्नता होती। जिस समय दुर्योधन अपने जीवन की हारी हुई लड़ाई लड़ने जा रहा था, युधिष्ठिर ने उसे चुनौती दी थी कि वह किसी भी पाण्डव से, किसी भी शस्त्र से युद्ध कर सकता है और अगर वह उसका वध कर देगा या पराजित कर देगा तो उसे पूर्णतः जीता हुआ माना जाएगा। ऐसे में यदि वह गदा युद्ध के लिए भीम के बदले किसी भी पाण्डव को, मान लीजिए नकुल या सहदेव को चुन लेता तो वह महाभारत-विजेता हो जाता, परंतु इतने बड़े प्रलोभन को भी उसने वीरोचित व्यवहार पर न्यौछावर कर दिया और

समकक्ष योद्धा भीम को गदायुद्ध के लिए चुना, और विडम्बना देखिए कि उसी भीम ने उसे कृष्ण और अर्जुन के सहयोग से अनैतिक ढंग से धराशायी किया। अकेले बलराम ही नहीं कोई भी न्यायप्रिय व्यक्ति इस आचरण की निन्दा करेगा।

दुर्योधन का यह अंतिम युद्ध-व्यापार उसकी नैतिकता की अंतिम कड़ी था। यह तथ्य है कि इस युद्ध-केन्द्रित महाकाव्य में उसने युद्ध में एक भी अनीति नहीं की, जबकि पाण्डवों का युद्ध-व्यापार अनीति की अनेक कथाओं से प्रदूषित है। दुर्योधन को न तो अभिमन्यु के वध का अपराधी माना जा सकता है न पाण्डव-पुत्रों के वध का। इन दोनों घटनाओं में उसकी कोई भूमिका नहीं थी।

सौभाग्यवश भारत के प्रथम नाटककार भास ने दुर्योधन के व्यक्तित्व की श्रेष्ठता और उसके द्वन्द्व को पहचाना और महाभारत के नैरेशन में अंतर्हित उन संदर्भों को अपनी उद्‌भावना का आधार बनाया जो प्रायः ओझल कर दिए जाते हैं। यह आश्चर्य का विषय है कि परवर्ती रचनाकारों ने भास जैसे सशक्त नाटककार को अपना प्रतिमान नहीं बनाया, जिसका कालिदास भी अत्यंत सम्मान से उल्लेख करते हैं। जबकि इन्हीं कालिदास के महाभारत की अवांतर कथा पर आधारित नाटक 'अभिज्ञान शाकुंतलम्' को परवर्ती रचनाकारों ने उपजीव्य बनाया। यह खोज का विषय है, फिर भी लगता है कि शकुंतला की कथा और उद्‌भावनाओं से महाभारत के मूल कथ्य को कोई क्षति पहुँचने की आशंका नहीं थी, जबकि भास की साहसिकता को सहना रूढ़िवादियों के बस का नहीं था। भास के द्वारा कहीं-कहीं महाभारत के मूल अभिप्राय और स्वरूप को बदल देना उन्हें अक्षम्य लगा हो, अन्यथा पाँचवीं शती ईसा पूर्व का जो नाटककार कालिदास को अध्ययन के लिए उपलब्ध था, वह बीसवीं शती के प्रारंभ तक अनुपलब्ध कैसे हो गया? 1912 में गणपत शास्त्री ने भास के तेरह नाटकों की खोज कर जब उन्हें प्रकाशित किया तब देश को पता चला कि ऐसा नाटककार कालिदास के पहले हो चुका है।

हम यहाँ दुर्योधन संबन्धी भास के दो नाटक लेते हैं जिनमें भास ने महाभारत की विषयवस्तु और चरित्र निरूपण में न केवल आद्योपांत परिवर्तन कर दिया उसके अंतः-अर्थ तक को बदल दिया। ऐसे दो नाटक हैं-'पञ्चरात्र' और 'ऊरुभंग'।

'पञ्चरात्र' में दुर्योधन धर्म परायण, वचन पालक, नैतिक मूल्यों का धारक है। वह आंतरिक कलुष से रहित, उदारचेता और युद्ध का कारण नहीं, अंतकर्ता है। साहसी नाटककार ने उसका चरित्र बदल कर महाभारत का इतिवृत्त बदल

दिया। दूसरे शब्दों में महाभारत का संपादन और पुनःसृजन किया।

नाटक में पाण्डव अज्ञातवास के अंतिम पड़ाव पर हैं। इस समय दुर्योधन कोई छल-छद्म या कूटनीति न कर एक विराट यज्ञ करता है। यज्ञान्त में वह उदारता से दान देता है–यहाँ तक कि अपने गुरु द्रोणाचार्य को भी नहीं भूलता। द्रोणाचार्य पहले तो दान या गुरुदक्षिणा लेने से इंकार करते हैं, परंतु दुर्योधन के बार-बार आग्रह पर वे उसके जीवन का सबसे कठिन दान मांगते हैं कि वह पाण्डवों को राज्यार्द्ध दे दे–"त्वं पाण्डवानां कुरु संविभागमेषा च भिक्षा मम दक्षिणा च।" पंच. 1/33 दुर्योधन स्तब्ध रह जाता है। वह अपने हितचिंतकों से विमर्श करता है। शकुनि इसे द्रोण का छल बताते हुए अपनी स्पष्ट राय देता है कि यह दक्षिणा (या दान) वह कदापि न दे। जब वह कर्ण से पूछता है तो उसका उत्तर है : "भगवान राम ने जिस बंधुत्व का अनुभव तथा पालन किया उसका निषेध मैं कैसे कर सकता हूँ? राज्य देना चाहिए या नहीं, यह आपका अधिकार है, मैं तो केवल इतना कहूँगा कि जब भी युद्ध छिड़ेगा मैं आपकी सहायता करूँगा।" महाकवि भास ने यहाँ न केवल दुर्योधन का चरित्र सँवारा है, वरन कर्ण के चरित्र को भी बदल दिया है। दुर्योधन आधा राज्य देने को तैयार हो जाता है, तभी शकुनि एक असंभव शर्त रख देता है कि यदि पाँच रातों के भीतर पाण्डवों का पता चल जाता है तो उन्हें राज्यार्द्ध दे दिया जाएगा। दुर्योधन इससे सहमत हो जाता है। यहाँ लेखक ने शकुनि से वही काम लिया है जो रामायण में मंथरा से लिया गया है। इससे यह संकेत मिलता है कि दुर्योधन तो सरल हृदय है, परंतु वह शकुनि ही है जो उसे छल-छद्म या कुटिलता के मार्ग पर प्रवृत्त करता है। शर्त सुनकर द्रोण असमंजस में पड़ जाते हैं, पर तभी भीष्म पितामह के एक दूत के समाचार से पाण्डवों के जीवित होने और विराट राज्य में होने का संकेत पाकर द्रोण शर्त मान लेते हैं।

भीष्म कूटनीति से दुर्योधन को विराटराज पर आक्रमण के लिए उकसाते हैं। दुर्योधन का पक्ष इस युद्ध में पराजित हो जाता है। इससे वहाँ पाण्डवों के होने की पुष्टि हो जाती है। दुर्योधन की ओर से लड़ रहे अभिमन्यु को विराट के सैनिक बंदी बना लेते हैं। यहीं नाटककार दुर्योधन के एक और मार्मिक पक्ष पर रौशनी डालता है। वह अपनी पराजय से इतना दुःखी नहीं है जितना अभिमन्यु के बंदी बना लेने से। वह कहता है कि "अभिमन्यु पहले मेरा पुत्र है, बाद में पाण्डवों का। कुल का विरोध होने पर बालकों का अपराध नहीं माना जाता।":

अथ च मम स पुत्रः पाण्डवानां तु पश्चात्।
सति च कुल विरोधे नापराधन्ति बालाः।। 3/4

इस अवसर पर शमशेर बहादुर सिंह की कहानी 'प्लाट का मोर्चा' याद आती है जिसमें एक सैनिक युद्ध का आदेश मिलने पर अपने छोटे से बेटे को शत्रु देश की गुप्तचर महिला को सौंप देता है– इस विश्वास के साथ कि वह उसके पास सुरक्षित रहेगा–और ऐसा होता भी है। मानवीयता की यह कैसी उच्च और पवित्र भूमि है! ऐसे ही चरित्र की अभिव्यक्ति कवि ने दुर्योधन में कराई है। नाटकीय कार्य–व्यापार के चलते पाण्डवों का विराटराज के यहाँ होने का पता लगने पर दुर्योधन उन्हें आधा राज्य देना स्वीकार कर लेता है। इस अवसर पर उसके मुँह से जो बोल फूटते हैं उसे श्रेष्ठ मनुष्य की कोटि में रखते हैं :

'मृतेऽपि हि नराः सर्वे सत्ये तिष्ठन्ति तिष्ठति।। 3।25

वचनानुसार आधा राज्य दे देने के बाद वह कहता है कि 'यदि सत्य अक्षय रहता है तो लोग मरने के बाद भी यशः शरीर से जीवित रहते हैं।' महाभारत में क्या ऐसे आचरण और वचन की कल्पना दुर्योधन से की जा सकती थी?

महाकवि ने दुर्योधन की उच्चकोटि की युद्धनीति और चारित्रिक श्रेष्ठता को रेखांकित करते हुए एक मार्मिक नाटक लिखा 'ऊरुभंग'। मानो दुर्योधन पर लगे सारे लांछन उन्होंने इस नाटक में धो दिए। नाटक के प्रारंभ में उन्होंने युद्धोपरांत युद्धभूमि के दृश्य का अप्रतिम वर्णन किया और इससे दुर्योधन में जन्मे युद्ध–वैराग्य का प्रकारांतर से औचित्य सिद्ध किया।

प्रारंभ में व्यक्त उसके वीरोचित चरित्र को अन्य गुणों से पुष्ट करते हुए उन्होंने उसमें क्षमा, उदारता, आत्म–प्रक्षालन, परंपरा के लिए आदर्श निर्माण, सौजन्य आदि गुणों का निवेश किया। छल, प्रवंचना अन्याय को जानते हुए भी, मरणासन्न अवस्था में उसने अपने गुरु बलराम से पाण्डवों का वध न करने का आग्रह किया। भीम के अधर्म को अपने पर ओढ़ते हुए उसने जांघ पर प्रहार करने को द्रौपदी–सभा–प्रसंग के अवसर पर की गई प्रतिज्ञा की दृष्टि से स्वाभाविक बताया। अपने पुत्रों को उपदेश दिया कि पाण्डवों के संरक्षण में रहें और कुंती, द्रौपदी और सुभद्रा को मां समझें। पत्नियों को सदाचरण की सीख देते हुए कहा कि उन्हें एक वीर पति की पत्नी होने पर गर्व करना चाहिए। इसके माध्यम से भास ने मार्मिक संकेत किया है। भीम से युद्ध के प्रारंभ में ही जब उसने उसके मस्तक पर गदा प्रहार कर उसे धराशायी कर दिया था, तो कहा कि ''चिंता न

करो, विपद्ग्रस्त योद्धा पर वीर प्रहार नहीं करते।'' मानो उसने पाण्डवों के कथित वीर चरित्र का उद्घाटन कर दिया। कर्ण, द्रोण, भीष्म आदि की अनैतिक हत्या इस कथन से सांकेतिक रूप से अनावृत हो जाती है।

ऐसा नहीं है कि महाभारत से प्रेरित पंचरात्र, ऊरुभंग या अन्य नाटकों में की गई उद्भावनाएं निर्मूल और कपोल कल्पित हैं। सब कुछ उन्होंने महाभारत से ही अन्वेषित किया है, परंतु उनकी प्रतिभा और दृष्टि ने उनमें मौलिक अर्थान्तर और अभिनव रूप रचा है। पंचरात्र में जो कथा-प्रयोग है, उसे उन्होंने महाभारत में दुर्योधन के चरित्र-निरूपण के अन्तर्विरोधों में से उपलब्ध किया है। ऊरुभंग में उसकी उदारता, युद्ध-विरति, वीरोचित्त व्यवहार और मूल्यपरकता का स्रोत भी महाभारत ही है। चरित्र ग्रहण के जो अनेक माध्यम और संकेत होते हैं, जिनका विश्लेषण कर कोई लेखक अपनी मौलिकता अर्जित करता है, भास के ये नाटक इसके उदाहरण हैं।

दुर्योधन के इस स्वरूप की ओर कन्नड़ के प्रसिद्ध लेखक कुवेंपु का ध्यान भी आकर्षित हुआ है, अपने नाटक 'श्मशान करुक्षेत्र' में उन्होंने भास की तरह ही युद्ध के विनाश और युद्धोपरांत पसरे वीभत्स का चित्रण किया है। उन्होंने दुर्योधन की सहृदयता और अन्य मानवीय गुणों का निरूपण भी किया है। नाटक में 'द्वापर' और कलियुग का मानवीकरण किया गया है। द्वापर दुर्योधन को गौरव, प्रतिष्ठा, दृढ़ता, साहस, शौर्य, शक्ति, स्नेह और गंभीरता की अद्वितीय मूर्ति बताता है। दुर्योधन का भृत्य गीर्वाण कहता है– "यह पृथ्वी हमारे सम्राट के समान कोई दूसरा दाता नहीं देख सकती। दया में और अपने सेवकों पर अनुकम्पा रखने में उन जैसा दूसरा सम्राट कौन हो सकता है भला!" नाटक में दुर्योधन, अश्वत्थामा द्वारा बच्चों की निर्मम हत्या पर क्षोभ प्रकट करता है। उसमें ऐसा नैतिक साहस है कि वह कृष्ण को अपने कर्मों के कारण 'नीच' तक कह सकता है।

उसे यह पीड़ा सालती है कि जिन पाण्डवों ने अपराध, षड़यंत्र, कपट और क्रूरता की उन्हें तो न्यायी और धार्मिक कहा जाता है और उसे अन्यायी और पापी। लगता है कुवेंपु के उक्त नाटक पर भास के ऊरुभंग का प्रभाव है। कुवेंपु 1904 में जन्मे थे और 1912 में गणपत शास्त्री ने भास के 13 नाटकों की खोज की थी। ऐसे सशक्त नाटकों का प्रकाशन एक क्रांति थी जिससे भारतीय भाषा का कोई सजग लेखक अपरिचित नहीं रह सकता और विशेषकर वह जो महाभारत पर आधारित या उससे प्रेरित रचना का लेखक हो।

मराठी की इरावती कर्वे ने महाभारत का आलोचनात्मक अध्ययन अपनी पुस्तक 'महाभारत के महा अरण्य में' किया है। कर्वे ने इसमें दुर्योधन के प्रति

महाभारत में किए अन्यायों को उद्घाटित करते हुए उसे खलनायक के रूप में प्रस्तुत करने को लेकर तीखी टिप्पणी की है। इसी तरह कुछ अन्य लेखकों ने भी अपनी कृतियों में संदर्भ में आए दुर्योधन–प्रसंग पर अपनी विमति प्रकट की है।

बीसवीं शती के उत्तरार्द्ध में लिखा हिन्दी के कवि–नाटककार भारत भूषण अग्रवाल का रेडियो नाटक 'महाभारत की एक सांझ' दुर्योधन के चरित्रांकन की दृष्टि से महत्त्वपूर्ण है। नाटक के अनुसार जब दुर्योधन द्वैपायन सरोवर के भीतर पानी में सोया था तब युधिष्ठिर से उसके तीखे संवाद हुए। दुर्योधन अपने पक्ष को न्यायोचित और पाण्डवों के पक्ष को अन्यायी कहता है; वह युद्ध का कारण युधिष्ठिर की ईर्ष्या और महत्त्वाकांक्षा बताता है और युधिष्ठिर के हर तर्क, हर आरोप का सटीक उत्तर देता है।

जब युधिष्ठिर उसे पानी से निकलने को ललकारते हैं तब वह कहता है– "अपने स्वार्थ के लिए, अपने गुरुजनों, बंधु बांधवों का निर्ममता से वध करने वाले महात्मा पाण्डवों की प्यास अभी बुझी नहीं है... पर युधिष्ठिर, सुयोधन कायर नहीं है, वह प्राण रहते तुम्हारी सत्ता स्वीकार नहीं करेगा।" इससे एकओर यह सिद्ध होता है कि भयानक रक्तपात के बाद उसकी युद्ध से वितृष्णा कायरतावश नहीं, मानवोचित है, परंतु दूसरी ओर यह भी प्रकट होता है कि उसका स्वाभाविक स्वाभिमान ललकारने पर जाग उठता है। महाभारत में भी उसके स्वाभिमान और आत्मविश्वास को अत्यंत सशक्त रूप में व्यक्त किया गया है। सब कुछ हार जाने पर भी वह मन से हारा नहीं है। वह युधिष्ठिर को चुनौती देते हुए कहता है :

"त्वया दत्तं न चेच्छेयं पृथ्वीनामखिलामहम्।
त्वं तु युद्धे विनिर्जित्य भोक्तास्मि वसुधामिमाम्।।" शल्य 31/38

–तुम्हारे देने पर मैं सम्पूर्ण पृथ्वी को भी लेना नहीं चाहता। तुम्हें युद्ध में परास्त करके ही इस वसुधा का उपभोग करूंगा।

नाटक में गदायुद्ध में छल से धराशायी हुआ दुर्योधन युधिष्ठिर से पूछता है–"अब क्या चाहते हो?"युधिष्ठिर कहता है– शायद तुम्हें 'पश्चाताप' हो! इस पर दुर्योधन पूछता है "मैंने ऐसा कौन सा पाप किया है? मैंने अपने मन के भावों को गुप्त नहीं रखा, मैंने षड्यंत्र नहीं किया, मैंने गुरुजनों का वध नहीं किया।" उसे कष्ट है कि तब भी उसे 'दुर्योधन' और युधिष्ठिर को 'धर्मराज' कहा जाता है। वह कहता है–"जिस राज्य पर तुम्हारा रत्तीभर भी अधिकार नहीं था, उसी

को पाने के लिए तुमने युद्ध ठाना, यह स्वार्थ का ताण्डव नृत्य नहीं तो क्या है? भला किस न्याय से तुम राज्याधिकार की मांग करते थे?" तो युधिष्ठिर उत्तर देते हैं–"पिता के उत्तराधिकार से।" तब दुर्योधन कहता है–"युधिष्ठिर, तुमने कभी यह सोचा कि जिस राज्य पर तुम अधिकार चाहते थे वह तुम्हारे पिता के पास कैसे आया? क्या जन्माधिकार से? नहीं, तुम्हारे पिता को राज्य की देखभाल का कार्य केवल इसलिए मिला कि मेरे पिता अंधे थे।... अन्यथा उस पर तुम्हारे पिता का कोई अधिकार नहीं था।"

दुर्योधन जुआ खेलने और अपना राज्य दांव पर लगाने को युधिष्ठिर की ईर्ष्या का परिणाम बताता है : "तुमने चट् से अपना राज्य दांव पर लगा दिया कि यदि तुम जीते तो तुम्हें मेरा राज्य अनायास मिल जाएगा, वनवास उसी महत्त्वाकांक्षा का परिणाम था।" वह द्रौपदी का भरी सभा में अपमान का कारण द्रौपदी द्वारा भी भरी सभा में अपने अपमान को बताते हुए युधिष्ठिर से एक तीखा सवाल करता है : ''...फिर द्रौपदी को दांव पर लगा कर क्या तुमने उसका सम्मान करने की चेष्टा की थी?" फिर वह यह आरोप भी लगाता है–"वनवास का एक-एक क्षण युद्ध की तैयारी में लगाया गया। अर्जुन ने तपस्या के द्वारा नए-नए अस्त्र प्राप्त किए। विराट् राज से मैत्री कर नए संबंध बनाए गए और अवधि पूर्ण होते ही अभिमन्यु-विवाह के बहाने मित्र राजाओं को निमंत्रण देकर एकत्र किया गया...'' वह यह भी कहता है कि ''मैंने युद्ध आत्म रक्षा के लिए किया। आक्रमण नहीं किया।''

वह अपने वीरोचित कर्म की दुहाई देता है तो युधिष्ठिर पूछते हैं कि "क्या अभिमन्यु का वध वीरोचित था?" तो दुर्योधन फिर एक तीखा प्रतिप्रश्न करता है–''जब भीष्म, द्रोण, कर्ण का वध वीरोचित हो सकता है तो अभिमन्यु के वध में ही ऐसी क्या विशेषता थी? और आज भी भीम ने मुझे जिस प्रकार पराजित किया है, वही क्या वीरोचित कहलाएगा?'' भीतर बाहर से आहत दुर्योधन युधिष्ठिर को अभिषप्त करता है–''जाओ, गुरुजनों और बंधु-बांधवों के रक्त से अभिषेक कर राज्य सिंहासन पर विराजो।''

दुर्योधन के इन तमाम आरोपों में से कोई असत्य नहीं है, यह अलग बात है कि यह दुर्योधन का दृष्टिकोण है, जबकि महाभारत युधिष्ठिर के दृष्टिकोण से रचित है। तुलनात्मक दृष्टि से विचार करें तो लगता है कि महाभारत या परवर्ती साहित्य में दुर्योधन के साथ न्याय नहीं हुआ। वह 'दुर्योधन' कहलाने योग्य तो कदापि नहीं है।

दुर्योधन अपने राजनीतिक कौशल और चातुर्य से शत्रु को भी वश में करना जानता था। पाण्डवों का मामा शल्य पाण्डवों की सहायता के लिए उनके पास ही जा रहा था कि रास्ते में भारी स्वागत करके उसने उसका मन जीत लिया और इस तरह शत्रु के एक बड़े सहायक को तोड़ लिया। उससे यदि युधिष्ठिर की तुलना करें जिसने शल्य को गुप्त रीति से कर्ण का मनोबल तोड़ने के लिए प्रतिश्रुत कराया तो स्पष्ट हो जाता है कि कहाँ तो दुर्योधन की उच्चकोटि की राजनीति और कहाँ युधिष्ठिर का निम्न स्तरीय छल?

दुर्योधन की यह विशेषता है कि उसने जिसका एक बार हाथ पकड़ लिया उसे जीवनभर नहीं छोड़ा। उसने शल्य का पूरा विश्वास किया और कर्ण के बाद उसे ही सेनापति बनाया। कर्ण को अपमान के चरम क्षणों में अंग देश के शासक का सम्मान देना बिना गहरी राजनीतिक और मनोवैज्ञानिक समझ के संभव नहीं था। इससे कर्ण उसका आजीवन विश्वस्त बना रहा और सहोदर भाइयों के पक्ष में आने का माँ तथा कृष्ण का आग्रह ठुकरा दिया। द्वैतवन में पाण्डवों को ऋषि-शाप के पात्र बनाने के भाव से दुर्वासा को दस हजार शिष्यों के साथ भेजना दुर्योधन की विलक्षण कूटनीतिक सूझ थी।

महाकाव्य के रचना-विधान के कारण व्यास जी की न्याय-तुला यद्यपि पाण्डवों के पक्ष में झुकी हुई थी, फिर भी उनके भीतर का 'कवि-न्याय' सजग है। उन्होंने लिखा है कि 'अन्यायपूर्वक दुर्योधन के भूमि-पात होने पर धरती कांप गई, दिङ्मंडल मलीन हो गया, उसके लिए आँसू बहाने को कुछ लोग घटना-स्थल पर उपस्थित थे।' यह दुर्योधन के प्रति कवि की संवेदना का प्रमाण है। दुर्योधन को खल की कोटि में रखने में कवि का संकोच भी अर्थवान है। आरंभ में जब वे पात्रों की कोटियाँ निर्धारित करते हैं तो युधिष्ठिर को धर्ममय महावृक्ष कहते हैं, परंतु दुर्योधन को अधर्ममय या पापमय नहीं; मन्युमय महावृक्ष कहते हैं। इसका अर्थ है क्रोधी तथा अहंकारी; खल नहीं।

युद्धांत के बाद जब धृतराष्ट्र इन्द्रप्रस्थ से वन की ओर प्रस्थान कर रहे थे, तब प्रजा उन्हें विदाई देने आती है। प्रजाजन कहते हैं कि "न च दुर्योधनः किंचिदयुक्तं कृतवान नृपः" (आश्रम 10/16) दुर्योधन ने हमारे साथ कोई अनुचित व्यवहार नहीं किया। इतना ही नहीं वे उसे शांतनु, चित्राङ्गद, विचित्रवीर्य और स्वयं धृतराष्ट्र जैसे न्यायप्रिय और दयालु राजाओं की पंक्ति में रखते हैं। वे कहते हैं कि इन्हीं राजाओं की तरह दुर्योधन ने भी हमारा पालन किया है। हम लोग उस पर भी पिता जैसा विश्वास करते थे और उसके राज्य में सुखपूर्वक

रहते थे :

'न स्वल्पमपि पुत्रस्ते कलीके कृतवान् नृपः।
पितरीष सुविश्वासास्तभिन्नाऽपि नराधिपे।।' (आश्रम 10/21-22)

प्रजा से अधिक एक राजा के बारे में कौन प्रामाणिक हो सकता है? यह उसका दुर्भाग्य नहीं तो क्या है कि तब भी उसे न सुशासक का मान मिला न यश!

एक और रोचक उदाहरण है कि जब युधिष्ठिर स्वर्ग में पहुँचते हैं तो देखते हैं कि उनके आत्मीय स्वजनों में तो वहाँ कोई नहीं है, जबकि दुर्योधन प्रसन्न बैठा है। उन्होंने स्वर्ग के कर्मचारी से अपने स्वजनों के विषय में पूछा तो वह उन्हें जहाँ ले गया– वह नरक था। हैरत है कि जिसे पूरे महाभारत में कोसा गया वह अपने पुण्य-प्रताप से स्वर्ग का अधिकारी हुआ। इस तर्क में कोई दम नहीं है कि अल्प पुण्य का उपभोग पहले करने के बाद पाप के उपभोग के लिए उसे दीर्घकाल तक नरक में रहना पड़ेगा, जबकि पाण्डवों को अल्प पल का उपभोग करने के बाद दीर्घ कालीन स्वर्ग-सुख मिलेगा। पुण्य कम हो या ज़्यादा, स्वर्ग और नर्क की प्रणाली एक-सी होती है।

कई बार परिणाम से हम घटित का आकलन करते हैं। यहाँ यदि हम इस दृष्टि से दुर्योधन का मूल्यांकन करें तो उसका कैसा चरित्र उभरता है?

यदि दाम्पत्य शुचिता को लें, युद्ध के धर्माचरण को लें, शासक की न्यायप्रियता और वत्सलता को लें, अपने मित्रों और सैनिकों के प्रति निष्ठा को लें, वीरोचित आचरण को लें और अंततः स्वर्ग में उपस्थिति को लें तो दुर्योधन एक श्रेष्ठ पात्र प्रतीत होता है।

यह सब होते हुए भी दुर्योधन की कुछ ऐसी मूलभूत कमजोरियां और अपराध हैं, जो उसकी श्रेष्ठता को ढक लेते हैं। परिस्थिति, नियति, दैवीय विधान, कुंठा या क्रोध के नाम पर कुछ भी कर बैठना मनुष्य की ऐसी कमजोरी है जो उसे अंधे कुएं में धकेलती है। विपत्तियाँ पाण्डवों पर भी कम नहीं आई थीं, राजपुत्र होते हुए भी वे जंगल में उत्पन्न हुए और वैसे भी उनके जीवन का अधिकांश महत्त्वपूर्ण भाग जंगलों में बीता। फिर भी वे जिस कष्टसहिष्णुता, संयम, गरिमा और धैर्य का परिचय देते हैं वह उनके चरित्र को धर्म की श्रेणी में रखता है।

अंततः मनुष्य की परीक्षा विपरीत परिस्थितियों के बीच आंतरिक प्रतिरोधात्मक

शक्ति से होती है। ऐसी परिस्थितियों में दुर्योधन कितनी बार आत्मघात की धमकी देता है। धृतराष्ट्र से अपनी बात मनवाने या युद्ध में पराजित होने पर ग्लानिवश आत्मघात करने का विचार उसके इसी अधैर्य को प्रकट करता है। कई बार वह स्थिति का सही आकलन नहीं कर पाता और अकरणीय कर गुजरता है। कृष्ण चैतन्य 'दी महाभारत: ए लिटरेरी स्टडी' में दुर्योधन के दोषों को बताते हुए ठीक कहते हैं कि वह आकस्मिकता का मारा था, उसके मन में शीघ्र कुंठा जन्मती थी और वह शीघ्र प्रतिक्रिया कर देता था। इसे भारतभूषण अग्रवाल दुर्योधन के आत्मकथन में 'कुछ न छिपाने' का गुण कहते हैं।

यह तो है कि उसने बचपन में ही भीम को दो बार विष देकर मार डालने की कोशिश की, पाण्डवों को जीते-जी जलाने के लिए लाक्षागृह का निर्माण करवाया; पाण्डवों का राज्य हथियाने के लिए शकुनि के साथ मिल कर द्यूत-षड्यंत्र रचा जिसकी पराकाष्ठा द्रोपदी के प्रति इतिहास के सबसे असभ्य, बर्बर और पशुतुल्य व्यवहार में दिखाई दी।

परंतु क्या इस दाँव के लिए प्रेरित करना या इसे स्वीकार करना दुर्योधन के शील पर प्रश्नचिन्ह नहीं लगाता? भास के घटोत्कच ने जैसे हत्या के लिए प्रस्तुत स्त्री को ले जाने से यह कह कर इंकार किया था कि ''मैं स्त्री का वध नहीं करता'', क्या उसी तरह दुर्योधन को यह नहीं कहना था कि 'मैं एक स्त्री को दाँव के रूप में स्वीकार नहीं कर सकता।'

द्रौपदी की महानता और धृतराष्ट्र के हस्तक्षेप से जब पाण्डवों का हारा हुआ साम्राज्य लौटा दिया गया तो शकुनि की शै पर फिर से द्यूत-निमंत्रण को भेजा गया तब उसे स्वीकार कर युधिष्ठिर ने दुबारा अपनी मूढ़ता का परिचय दिया। अंततः दुर्योधन पाण्डवों को वनवास देकर ही माना। वनवास में भी उसने पाण्डवों को भांति-भांति से कष्ट पहुंचाना चाहा। घोष यात्रा का कूट आयोजन किया ताकि निहत्थे पाण्डवों की हत्या की जा सके। सारी शर्तें पूरी कर चुके पाण्डवों को उसने आधा राज्य न केवल नहीं लौटाया बल्कि, संधि-प्रस्ताव को ठुकराते हुए पाँच ग्राम ही नहीं सुई की नोक के बराबर धरती देने से भी इंकार कर दिया। इतना ही नहीं, संधि-दूत के रूप में आए कृष्ण का उसने घोर अपमान किया और उन्हें बंदी बनाना चाहा, जिसकी सभी लेखकों ने भर्त्सना की। स्वयं भास ने संधि प्रस्ताव को लेकर दो नाटक 'दूत वाक्य' और 'दूत घटोत्कच' लिखे। इसमें दुर्योधन के उस निम्न स्तरीय चरित्र को रेखांकित किया गया जो युद्ध का कारण बना। इस अवसर पर मानो दुर्योधन का 'मन्यु' अपनी पराकाष्ठा पर था।

इन सभी कार्यों को उल्लेख दुर्योधन के खलनायकत्व की पुष्टि के लिए किया जाता है, पाण्डवों के युद्धापराधों की शृंखला इसके बाद शुरु हुई। युद्ध के सारे नियम-सिद्धांत निश्चित करने पर भी संभवतः यह भावना पाण्डवों के मन में रही होगी कि दुर्योधन ने जो दुष्कर्म किए हैं उन्हें देखते हुए युद्ध के किसी भी नियम का उल्लंघन गलत नहीं है, क्योंकि हर स्थिति में उसे पराजित करना ही है। महाभारत युद्ध को यदि धर्म-युद्ध कहा गया तो इसलिए नहीं कि वह युद्ध धर्म से लड़ा गया, बल्कि इसलिए कि वह धर्म या न्याय की स्थापना के लिए लड़ा गया। इस दृष्टि से युद्ध में काम में लाई गई युक्तियां, छल और अन्य माध्यम चाहे मूल में नैतिक न हों, वे नैतिकता की स्थापना के लिए उपयोग में लाए गए। संभवतः इसलिए उन्हें निंदनीय नहीं माना गया।

यह विचार विवादास्पद हो सकता है कि अनीति से नीति की; और अधर्म से धर्म की स्थापना कैसे होगी? क्या वह चिरस्थायी रह सकती है? गांधी कहते हैं कि माध्यम भी शुद्ध और पवित्र होना चाहिए, जब कि चाणक्य और मार्क्स कहते हैं कि शांति या कल्याण की स्थापना के लिए हर माध्यम वैध और सही है। लगता है विश्व के ये दो विचार महाभारत काल से टकराते रहे हैं।

दुर्योधन का सबसे बड़ा अपराध यही माना जाता है कि उसने युद्ध आमंत्रित किया। इसलिए युद्ध में बरती उसकी नैतिकता का मूल्य घट जाता है, क्योंकि युद्ध अपने आप में अनैतिक है। युद्ध आमंत्रित करने के कारण ही उसके सभी कृत्यों में दुष्कृत्य देखा गया, वरना दुर्योधन ने यदि युधिष्ठिर को द्यूत के लिए आमंत्रित किया था तो यह युधिष्ठिर पर था कि वे उसे स्वीकार करते या न करते। इसके लिए दुर्योधन को दोष देना क्या न्यायसंगत होगा? एक बार सर्वस्व हारने और चरम अपमान झेलने पर भी युधिष्ठिर पुनः दुर्योधन के द्यूत-निमंत्रण पर एक लतियल जुआरी की तरह फिर से चले आए, यह अविवेक, मूर्खता और जड़ता की हद है। दुनिया में इतना नसर्घट शायद ही कोई रहा हो। महाभारत में जुए के पीछे छिपे युधिष्ठिर के लालच का संकेत भी है। कहा गया है कि दो बार जुआ खेलने का आमंत्रण स्वीकार करने के पीछे यही लालच था कि अब के नहीं तो अब के उन्हें पूरा राज्य मिल जाएगा। इस पर भी दुर्योधन और शकुनि को ही लांछित किया गया!

दुर्योधन का दुर्भाग्य रहा कि उसके दोषों, अपराधों और दुष्कृतियों को बढ़ा चढ़ा कर बखान किया गया जबकि उसके सत्कर्मों, सद्कृतियों और गुणों को दबा दिया गया। पाण्डवों के बारे में ठीक इससे विपरीत किया गया। जिस

लाक्षागृह को लेकर बार-बार उसकी क्रूरता को कोसा गया, उसी लाक्षागृह में पाण्डवों ने भीलनी और उसके पाँच पुत्रों को अपनी राजनीति के तहत जिंदा जला दिया था, उसका कोई उल्लेख तक नहीं करता! द्रौपदी के अपमान के लिए दुर्योधन, दु:शासन, कर्ण आदि के कदाचरण की निंदा करते हुए इस बात पर ध्यान नहीं दिया गया कि दुर्योधन उसके बहाने पाण्डवों पर आघात करना चाहता था। वह युधिष्ठिर से कहलवाना चाहता था कि द्रौपदी को दाँव पर लगाने का उसे अधिकार नहीं था। यहां तक कि यह बात वह किसी भी पाण्डव से सुनना चाहता था कि युधिष्ठिर ने अनधिकृत और अमानुषिक काम किया है। केवल यह सुनकर वह द्रौपदी को मुक्त कर सकता था; परंतु इस बात पर सब मुंह सिए रहे। इसे क्या कहेंगे? वैसे भी पत्नी को जुए के दाँव पर लगाना इतिहास की सबसे शर्मनाक घटना है। क्या इसके लिए दुर्योधन और शकुनि की अपेक्षा युधिष्ठिर की भर्त्सना नहीं होनी चाहिए? इतना ही नहीं, सभी पाण्डवों से पूछा जाना चाहिए कि यह कैसा पतित्व और कैसा पुरुषार्थ है?

दुर्योधन ने तो द्रौपदी के बहाने पाण्डवों को निर्वस्त्र किया था, जिसमें उसे सफलता मिली, पर इस रूप में उसके कृत्य का मूल्यांकन न हो सका। द्रौपदी के मय निर्मित इंद्रप्रस्थ भवन में दुर्योधन के गिर जाने पर अन्य स्त्रियों के साथ हँसने को इस प्रतिरोध का केन्द्र मानना शायद अनुपयुक्त है, क्योंकि यह घटना ऐसी नहीं है कि इसे किसी स्त्री को निर्वस्त्र करने का कारण माना जाए। इसलिए कुछ लोगों ने द्रौपदी के द्वारा इस व्यंग्य की कल्पना कर ली कि उसने 'अंधे के अंधे' कह कर दुर्योधन को आहत किया था। यह संदर्भ महाभारत में है ही नहीं।

महाभारत में दुर्योधन का निरूपण जिस रूप में हुआ है, उसका प्रतिवाद बहुत कम लेखकों ने किया है। (प्रतिवाद करने वाले लेखकों में से कुछ का उल्लेख ऊपर किया गया है।) आमतौर पर सभी परवर्ती लेखकों ने अपनी-अपनी विशेषताओं के बावजूद उसे खलपात्र के रूप में ही चित्रित किया है। यह परंपरा भट्ट नायक के 'वेणी संहार' से आज तक विभिन्न भाषाओं की रचनाओं में बनी हुई है।

मराठी में रणजीत देसाई का कर्ण पर एक उल्लेखनीय उपन्यास है-'राधेय', इसमें दुर्योधन एक उजड्ड, मुँहफट् चरित्र है। वह भीष्म, द्रोण, विदुर सबको अभद्रता से लताड़ता है। भीष्म से कहता है: "पितामह! मैंने विरोध क्यों नहीं किया, इसका एक कारण और भी था, कौरवों के अन्न पर पले आप

सभी जन उन पाण्डवों के सामने लाचार थे।" अन्यत्र वह कहता है: "चुप बैठिये, यह पाण्डवों की सभा नहीं कौरवों की सभा है। साम्राज्य के युवराज को कुछ कहने से पहले सोच लीजिए।" दुर्योधन का ऐसा चित्र यह प्रकट करता है कि उसके अभिमान और अविनय के पीछे छिपे मनस्ताप और कुंठा को नहीं देखा गया, और सपाट ढंग से उसका चरित्रांकन कर दिया गया।

लोक में भी दुर्योधन की बड़ी दुर्दशा की गई। तमिलनाडु में गाँव के प्रवेश द्वार पर तो ग्रामदेवी के रूप में द्रौपदी का मंदिर बनाया जाता है, परंतु अगहन मास में एक बहुत बड़ा उत्सव होता है, जिसमें दुर्योधन की लकड़ी की मूर्ति बनाई जाती है, जिसे लोग पैरों से धकेलते हुए ले जाते हैं; कहीं दुर्योधन का रक्त निकालकर चोटी पर लगाने का स्वांग किया जाता है। हाँ, कहीं लोक ने दुर्योधन के प्रति न्याय भी किया है। उत्तरकाशी (उत्तराखंड) में बना दुर्योधन का मंदिर इसी भावना का प्रतीक है।

ओड़िया के महान लोक कवि सारलादास के महाभारत में दुर्योधन का चित्र अत्यंत क्रूर और घृणित है। इसके चरम प्रतीक के रूप में, युद्धांत में दुर्योधन को अपने बेटे के उलटे शव पर बैठ कर उसी रक्त की नदी को पार करना होता है, जिसका वह उत्तरदायी है। किनारे पर पहुँच कर जब वह शव को उलट कर देखता है, तो हक्काबका रह जाता है, कि वह तो उसके पुत्र का शव है! यह प्रसंग महाभारत में नहीं है, इसकी कल्पना स्वयं सारलादास ने की है। उन्हीं के अनुकरण पर ओड़िया कवि राधानाथ ने 'दुर्योधन रक्त नदी संतरण'–नामक एक दारुण काव्य लिखा है।

मराठी के उपन्यासकार शिवाजी सावंत ने 'मृत्युंजय' उपन्यास में लिखा है कि कर्ण को अंग-राज्य देना, दुर्योधन का ऐसा कृत्य है, जिसमें कर्ण फँसा लिया गया है। इसे कर्ण भी समझता है, कहता है कि "राजमुकुट में मैंने जलता हुआ अंगार रखा है।" कथाकार ने दुर्योधन को एक नीच प्रकृति के व्यक्ति के रूप में चित्रित किया है। उसके अनुसार दुर्योधन को यह विश्वास था कि कर्ण भीष्म पितामह की तरह द्रौपदी को मेरे हवाले कर देगा। इसीलिए वह उसे साथ ले गया था।

यहां स्रोत के प्रवाह में बहने या धारा के विरुद्ध रचने का प्रश्न नहीं है, प्रश्न उस तटस्थता का है जिसके आधार पर हम अपनी मौलिक दृष्टि को रूपायित करते हैं, और कथा तथा किरदार दोनों को नया अर्थ देते हैं। यह अनिवार्य रूप से स्रोत से भिन्न नहीं होता, पर भिन्नता को पूरी रचनात्मकता से

प्रस्तुत करता है।

महाभारत की बहुस्तरीयता, संश्लिष्टता, सांकेतिकता, और अक्सर ही विरोधाभास असंख्य कृतियाँ रचने की प्रेरणा रहे हैं, वह एक महासमुद्र है जिसमें विष और अमृत, मोती और कंकड़, घड़ियाल और मछली सब एक साथ हैं। इसलिए रचनाकारों को इस जैसा दुर्लभ स्रोत विश्व-सृष्टि में नहीं मिल सकता। दुर्योधन का चरित्र भी जो विविध रूप में पुनःसृजित हुआ है वह इसी तथ्य की ओर इंगित करता है।

द्रौपदी

द्रौपदी महाभारत का ज्वलंत प्रश्न है, वह साक्षात् ज्वाला है, सारला दास ने 'महाभारत' में उसे 'क्रुद्ध नागिन' कहा है। वह महाभारत युद्ध का केन्द्र है। उसके जन्म के मूल में प्रतिशोध है, जो युद्ध का बीज-भाव है। द्रौपदी के जन्म पर आकाशवाणी हुई थी कि 'यह कन्या पृथ्वी के क्षत्रियों के नाश का कारण बनेगी।' एक तरह से इसी एक वाक्य ने द्रौपदी की नियति तय कर दी थी। वैसे भी वात्सल्य का स्पर्श द्रौपदी को नहीं मिला। उसके न मां है न बाप। 'द्रौपदी' वह इसलिए नहीं है कि द्रुपद उसके जनक हैं, बल्कि इसलिए है कि वह उस तांत्रिक यज्ञ से साधन रूप में अपने भाई धृष्टद्युम्न के साथ प्रकट हुई है जिसका विधान द्रुपद ने द्रोणाचार्य से प्रतिशोध के लिए किया था। द्रौपदी ने द्रुपद की कामना के परे जन्म लिया है। क्योंकि उन्होंने दो संतानें नहीं चाही थीं, उन्हें चाहिए था–एक पुत्र, जबकि यज्ञ ने उन्हें दो संतानें दीं–एक पुरुष एक स्त्री। वास्तव में धृष्टद्युम्न और द्रौपदी प्रतिशोध की युग्म संतानें हैं, दोनों का जन्म जिस प्रयोजन से हुआ है उसमें वे एक दूसरे के सहायक हैं। जिस युद्ध के केन्द्र में द्रौपदी है उसके पक्ष का सेनापति धृष्टद्युम्न है और अगर महारथी के नाम पर किसी का वध करता है तो वह द्रोणाचार्य है। प्रतिशोध का स्वरूप कितना विकृत होता है यह द्रोण-वध-प्रसंग में देखा जा सकता है।

एक लंबे अरसे तक द्रौपदी के व्यवहार में कोई उग्रता नहीं दिखाई दी। केवल स्वयंवर के अवसर पर उसने अपने कुलाभिमान का तीखा प्रदर्शन किया था। बहुत से राजे महाराजे लक्ष्य साधने में विफल हो चुके थे। तब कर्ण रंगमंच पर आए। उन्होंने धनुष पर पांचों बाण साध लिए और जैसे ही वे प्रत्यंचा खींच रहे थे द्रौपदी ने ऊंचे स्वर में कहा–'जगाद नाहं वरयामि सूतम्'–मैं सूत से विवाह नहीं करूंगी। प्रश्न यह है कि यह बात द्रौपदी को कैसे पता चली? क्या उसे

कृष्ण ने तो नहीं बता दिया था? परंतु तब तक कृष्ण का परिचय द्रौपदी से नहीं हुआ था। इस प्रश्न पर विचार करके ही संभवतः मराठी के नाटककार कृष्णा जी प्रभाकर खाडिलकर 'कीचक वध' में द्रौपदी से कहलवाते हैं कि "मुझे आशंका थी कि वह सारथि पुत्र कर्ण मत्स्यभेद न करे, इसलिए मैंने स्पष्ट घोषणा कर दी थी कि मैं ऐसे व्यक्ति से विवाह न करूँगी जिसने निम्न कुल में जन्म लिया हो।" अर्थात् किसी माध्यम से यह तथ्य उसे विदित था। खैर द्रौपदी का यह निश्चयात्मक प्रबल स्वर महाभारत में पहली बार सुनाई पड़ा।

दूसरी बार जब वह युधिष्ठिर द्वारा जुए में हारी गई और कौरव-सभा में अपमानित हुई, तो कृत्या हो गई और उसका वह स्वरूप प्रकट हुआ जिसके लिए वह पहचानी जाती है। सभा में आते ही उसने जो तीखा सवाल दागा उस पर भीष्म पितामह की घिग्घी बंध गई और धर्मराज का धर्म निर्वस्त्र हो गया। यहाँ लोहिया के वे शब्द याद आते हैं जिसमें उन्होंने उसे ऐसी प्रखरमुखी नारी बताया है जिसकी भारत में कोई सानी नहीं। इस देश ने द्रौपदी की इस तेजस्विता को पहचाना और उसे देवी का दर्जा दिया । तमिलनाडु के प्रत्येक गांव के सिरे पर द्रौपदी का मंदिर है और उसे ग्राम देवी के रूप में पूजा जाता है। यहाँ वह पाण्डवों की पत्नी नहीं, ग्राम की आराध्य देवी है। वह ग्राम की रक्षक है परंतु वह भयंकर काली, संहारकर्त्री और अधर्म का नाश करने वाली है। मुझे लगता है कि द्रौपदी की परवर्ती अवधारणाओं पर संस्कृत की 'अद्भुत रामायण' का प्रभाव भी हो सकता है जिसमें सीता, दुर्गा का रूप धर कर रावण के अग्रज 'सहस्त्र स्कंध' रावण का वध करती है। अस्तु।

सभा में केश पकड़ कर अपने को घसीट लाने वाले दु:शासन के रक्त से उसने अपने बाल बांधने की प्रतिज्ञा की जिसे कालान्तर में भीम ने पूरा किया और जांघ खोलकर उस पर द्रौपदी का निर्लज्ज आह्वान करने वाले दुर्योधन की जंघा तोड़ने की प्रतिज्ञा की। यह युद्ध का पहला आह्वान था। भीम द्वारा दु:शासन की छाती फाड़कर रक्त पीने वाली दानवीयता और दुर्योधन की जांघ पर प्रहार करने की अनैतिकता दु:शासन और दुर्योधन के समकक्ष थी। जैसे 'शठे शाठ्यं समाचरेत्।'

द्रौपदी ने अपने प्रतिशोध की अग्नि जलाए रखने में कोई चूक नहीं की। पाण्डवों की ओर से संधि-प्रस्ताव लेकर कृष्ण के जाने की तत्परता उसे आशंकित कर गई। उसने उन्हें बुलाकर अपने खुले हुए केश हाथ में लेकर कहा कि वासुदेव मेरी प्रतिज्ञा और मेरे अपमान का स्मरण रखना :

अयं ते पुण्डरीकाक्ष दुःशासन करोद्धृतः।
स्मर्तकः सर्वकार्येसु परेषां संधिमिच्छता।।   उद्योग 82/36

कृष्ण ने उसे भरोसा दिलाया कि यह युद्ध होकर रहेगा, मेरी सत्य प्रतिज्ञा है कि तुम्हारे पति शत्रुओं को मारकर शीघ्र राज्य प्राप्त करेंगे।' (उद्योग 80/20-49) अपमान का शल्य द्रौपदी के मन में ऐसा गहरा गड़ा हुआ था कि उसने ऐसे किसी पुरुष को क्षमा नहीं किया, जिसने उसका अपमान किया था। इसके लिए उसने केवल मृत्युदंड निर्धारित कर रखा था। दुःशासन को प्राण-दंड, जयद्रथ को प्राण-दंड, कीचक को प्राण-दंड। उसकी दृष्टि में ऐसा हर नीच पुरुष अक्षम्य है। भीम जब उसके अपहर्ता जयद्रथ को पकड़ कर लाए तो उसे कितनी प्रसन्नता हुई होगी, परंतु जब धर्मराज ने उसे क्षमा कर दिया तो वह तड़प उठी। वह एक दुर्बल स्त्री की तरह सब कुछ सहने को तैयार नहीं है। उसने हरण करने वाले जयद्रथ को धक्का मार कर गिरा दिया, उसी तरह कीचक को भी धक्का मार गिराया (वन. 268/24 और विराट 16/8)

द्रौपदी चरम अक्षमा है तो चरम क्षमा भी है। इसलिए कृष्ण चैतन्य ने का यह निष्कर्ष सही नहीं है कि 'द्रौपदी क्षमा करने में समर्थ नहीं है।' द्यूत-प्रकरण में जब धृतराष्ट्र द्रौपदी का प्रताप देखकर और अनेक अपशकुनों से भयभीत होकर घिघियाते हुए उससे कुछ मांगने का आग्रह करते हैं तो द्रौपदी अपने कापुरुष और मूक बने पतियों की दासता से मुक्ति और शस्त्र की वापसी की मांग करती है। बांग्ला लेखक रणजीत देसाई अपने उपन्यास 'राधेय' में द्रौपदी की प्रतिभा मानते हैं, जिसने इन दो वरों के मांगने के बाद कोई तीसरा वर मांगने के अनुरोध पर इंकार करते हुए कहा कि 'उनके हाथ में शस्त्र है, यदि उनमें पुरुषार्थ होगा तो वे अपना खोया राज्य और ऐश्वर्य पा लेंगे।' (पृ. 106)। उसके चरित्र का यह पक्ष देखकर उसे असह्य कटूक्ति कहने वाला कर्ण भी स्तब्ध रह जाता है। भीम जो इस सभा में पाण्डवों के बीच क्रोधमूर्ति बने हुए हैं, ठीक कहते हैं कि 'आखिर हमें स्त्री की सहायता से मुक्त होना पड़ा' इस कथन में पाण्डवों की सामूहिक कापुरुषता पर व्यंग्य ही नहीं उन्हें पुरुषार्थ प्रदर्शित करने का आह्वान भी है।

जयद्रथ, कीचक, दुःशासन, दुर्योधन—सब अपमानकर्ताओं का वध हो जाने पर द्रौपदी तनाव मुक्त हो चुकी थी। उसका अकुंठ व्यक्तित्व निखर आया था। ऐसे समय उसने जिस उच्चकोटि की करुणा का परिचय दिया वह उसके पूरे

इतिहासक्रम में नहीं देखी गई थी। इतना ही नहीं एक मां की, एक नारी की क्षमा का वह सर्वोच्च प्रतिमान है। अपने सभी पुत्रों की सोते में हत्या करने वाले नृशंस और अक्षम्य अश्वत्थामा को उसने क्षमा कर दिया और मणि निकालने से हुए घाव पर अपने हाथों से तेल का लेप किया। उसके मातृहृदय में अश्वत्थामा की मां ने जगह पाई जो उसके संदर्भ में अप्रत्याशित था। मराठी के लेखक विद्याधर पुण्डलीक ने अपने नाटक माता द्रौपदी में उसके उदार संवेदनशील मातृत्व का मर्मस्पर्शी चित्रण किया है।

द्रौपदी कितनी विचारशील, विदुषी और बुद्धिमती है इसका पता वन पर्व में उसके धर्मराज से हुए संवाद में चलता है, जिसमें वह उनकी अपेक्षा अधिक तार्किक लगती है। इसके अलावा भी अनेक पुरुष पात्रों का सामना उसकी विचक्षण तार्किकता से हुआ। लोहिया यहाँ तक कहते हैं कि ''दुनिया की कोई औरत, किसी भी देश की किसी भी काल की ज्ञान, हाजिर जवाबी और हिम्मत की इतनी प्रतीक नहीं बन पाई जितनी द्रौपदी। मैं समझता हूँ कि अपने जमाने के हर मर्द को द्रौपदी ने हतप्रभ किया संभवतः इसीलिए वे कहते हैं कि ''हिन्दुस्तान की प्रतीक नारी है द्रौपदी, सावित्री नहीं।'' उनके कथन में सत्य का बहुत बड़ा अंश है। पांचों पतियों का निर्वाह वह कितने विवेक से करती है इसका पता सत्यभामा से उसके संवाद में चलता है। पाण्डवों में जो कुछ श्रेष्ठ है द्रौपदी उसका प्रतिनिधित्व करती है। महाभारत में सारथि इन्द्रसेन कहता है–'बहिश्चरे हृदयं पाण्डवानाम्' (वन. 269/14) द्रौपदी बाहर प्रकट हुई पाण्डवों की अंतरात्मा है। पाण्डवों में जो कुछ अंतर्हित, अव्यक्त है वह द्रौपदी में मुखर है।

द्रौपदी महाभारत की कसौटी है। उस पर हर कोई परखा जाता है। द्रुपद, कर्ण, युधिष्ठिर, दुर्योधन, अर्जुन, भीम, भीष्म, गांधारी, धृतराष्ट्र, विकर्ण यहां तक कि कृष्ण और कुंती भी। द्यूत-सभा का प्रसंग ही ऐसा है जहां कई महान हस्तियां नप जाती हैं। द्वापर की यह कहानी उस युग में, यहां तक कि भारतीय समाज में स्त्रियों के प्रति दृष्टिकोण का विराट खुला प्रदर्शन है। पुरुषों की वह सभा एकमत से यह स्वीकार करती है कि स्त्री वस्तु है जिसे उसकी इच्छा के विरुद्ध किसी को दे देने या दांव पर लगा देने का अधिकार एक पति या पुरुष को है, फिर भले ही वह अपना स्वत्व खोकर दास बन गया हो। हर स्थिति में मौन पुरुष समाज की स्त्री के प्रति कृतघ्नता, दृष्टि हीनता, विकृति और विडम्बना का खुले आम प्रदर्शन है। वह तो जैसे यहां तक स्वीकार करता है कि पत्नी पर पति का हर स्थिति में अधिकार होता है। द्रौपदी भरी सभा में आते ही जब एक तीखा

सवाल दागती है कि 'युधिष्ठिर पहले अपने को हारे या मुझे?' हार कर जो स्वयं दास बन गया किसका स्वामी रहा! फिर अपनी पत्नी को कैसे दांव पर लगा सकता है। द्रौपदी का उत्तर किसी के पास नहीं है। भीष्म सिर्फ इतना कह पाते हैं कि 'धर्म की गति सूक्ष्म है। मैं इस प्रश्न का ठीक उत्तर नहीं दे सकता। बेहतर है यह प्रश्न धर्मराज से पूछो जो धर्म का मर्म जानते हैं।' हतप्रभ होते हुए भी भीष्म युधिष्ठिर पर जो व्यंग्य करते हैं उससे उनका विवश और आहत होना दोनों स्पष्ट हैं। युधिष्ठिर जिस ठण्डे लहजे में कहते हैं कि हां तुम हारी जा चुकी हो, वह किसी भी ताार्किक व्यक्ति को आश्वस्त नहीं करता। नंदकिशोर आचार्य की पांचाली युधिष्ठिर से पूछती है: 'दांव पर लगाने का हो जिसे अधिकार / शील की रक्षा का दायित्व उसका नहीं?' (पृ. 68) द्रौपदी का यह प्रश्न युधिष्ठिर के पूरे जीवन-व्यवहार को लेकर है। दबे बोल अर्जुन के भी सुनाई पड़ते हैं कि 'युधिष्ठिर हम सबको दांव पर लगा सकते हैं। जब वे अपने शरीर को ही हार गए तब किसके स्वामी रहे हैं इस बात पर कौरव विचार करें।'

परंतु चारों भाई और धर्मराज यह कैसे भूल जाते हैं कि द्रौपदी किसी एक की पत्नी नहीं है। कोई अकेला पति उसे दांव पर कैसे लगा सकता है? इस पूरे प्रकरण में पाण्डव प्राय: चुप बने रहते हैं। यहां तक कि युधिष्ठिर के हाथ जला डालने को तत्पर भीम को अर्जुन समझा-बुझाकर शांत करते हैं। पर इसी बीच महाभारत का लगभग अनाम लेकिन सबसे निष्पक्ष और सत्यनिष्ठ पात्र दुर्योधन का भाई विकर्ण का साहसभरा स्वर सभा में गूंज उठता है। वह द्रौपदी का पक्ष लेता है, धृतराष्ट्र, भीष्म, विदुर, द्रोणाचार्य, कृपाचार्य, सबको द्रौपदी के प्रश्न का उत्तर देने को ललकारता है। धर्मराज के अधर्म को रेखांकित करता है। वह कहता है कि आखेट, मदिरा, द्यूत और व्यभिचार में आसक्त व्यक्ति का काम प्रामाणिक नहीं होता। अतएव जुआरी युधिष्ठिर का यह कृत्य अमान्य है। दूसरे, जब यह स्वयं अपने को हार चुका तब द्रौपदी को दांव पर लगाने का इसे क्या अधिकार है? वह द्रौपदी को अविजित ठहराता है। (सभा 61/21) उसका यह कथन न्याय और सत्य की वह लौ है जो कौरव-सभा के अँधेरे में जल रही है। यह हस्तक्षेप एक तरह से कवि की समाधि भाषा है जो काव्य न्याय को स्थापित करती है।

कर्ण उसे अनधिकारी कह कर चुप करा देता है। शायद द्रौपदी के अपमान का प्रतिशोध लेने का अवसर पाकर कर्ण जो कहता है, वह उसके सारे गुणों को धो डालता है और उसके भीतर की चरम विकृति उजागर होती है। वह द्रौपदी के पांच पति होने पर आक्षेप करता है और कहता है कि 'तुम्हें पांच की

जगह सौ पति भोगने को मिल रहे हैं।' इसमें द्रौपदी को कामुक ठहराने वाला फूहड़ व्यंग्य निहित है। वह दुशासन से द्रौपदी के वस्त्र उतारने को कहता है। यह सब इतना अशोभन था कि कर्ण को स्वयं भी अपना कथन भीतर ही भीतर टीसता रहा जो उस समय भी प्रकट हुआ जब द्रौपदी ने धृतराष्ट्र से तीसरा वर मांगने से इनकार किया और उस समय भी जब कर्ण को पाण्डवों से अपने संबंध का पता लगा।

सभा में विदुर का प्रतिरोधी स्वर भी सुनाई पड़ता है। द्रौपदी इस अवसर पर कृष्ण का स्मरण करती है और प्रार्थना करती है। इसे महाभारत के पूना संस्करण में मुख्य पाठ से निकाल दिया गया है। इस पर वासुदेव शरण अग्रवाल की टिप्पणी है : 'अवश्य ही उस समय जो हो रहा था उससे बढ़कर अनर्थ की कल्पना संभव नहीं। यदि धर्म और न्याय की कोई सत्ता है तो उसकी अभिव्यक्ति ऐसे अवसर पर होनी ही चाहिए।' यह प्रसंग चमत्कार के रूप में प्रकट होना प्रतीकात्मक है। (भारत सावित्री पृ. 185)। इन्हीं कृष्ण से द्रौपदी का विस्तृत शिकायतनामा वनपर्व के बारहवें अध्याय में है। वह कृष्ण से सारे कुरुवंश की शिकायत करती है। वह भीम की गदा और अर्जुन के गांडीव को धिक्कारती है। भीष्म और धृतराष्ट्र को उपालंभ देती है जो भरी सभा में एक रजस्वला वधू का अपमान देखते रहे। वह इतनी व्यथित है कि अपने अंतरंग सखा कृष्ण के सामने पीड़ित हृदय खोल कर रख देती है। वह कहती है कि 'कृष्ण! मेरे लिए न पति है, न पुत्र है, न बांधव है, न भाई है, न पिता हैं और हाँ, तुम भी नहीं हो :'

नैव मे पतयः सन्ति न पुत्रा न च बांधवाः।
न भ्रातरो न च पिता नैव त्वं मधुसूदन।। वन. 12/25

विक्षुब्ध द्रौपदी ने ये वचन कितनी पीड़ा, झुंझलाहट और त्रास में कहे होंगे! पूरे संबंध और पूरा समाज उसे कितना व्यर्थ लगा होगा! परंतु उल्लेखनीय है कि द्रौपदी के आरोप की सूची में कोई स्त्री नहीं है, एक तरह से यह प्रसंग पुरुष मात्र से एक पीड़ित स्त्री की शिकायत के रूप में वृहदीकृत है। कृष्ण से द्रौपदी का जो सखा भाव है उसकी सबसे मार्मिक अभिव्यक्ति यहां होती है और इसमें भी संदेह नहीं कि वह सबसे किसी न किसी तरह से वंचित हुई है। कुल मिलाकर धृतराष्ट्र की भीरुता, युधिष्ठिर का अविवेक, अर्जुन का ठंडापन, भीम का सम्बल, कर्ण की नीचता, दुःशासन की दानवता, दुर्योधन की निर्लज्जता,

विदुर की प्रभावहीनता, विकर्ण की निष्पक्ष मुखरता द्रौपदी की कसौटी पर कसने पर ही प्रकट होती है।

अर्जुन ने एकबार धर्मराज से कहा था कि 'हम सब को तुमने हमेशा दुःख पहुंचाया है' वास्तव में यह बात कहने की सही अधिकारी द्रौपदी है। द्रौपदी से पहली बार मिलने से लेकर महाप्रस्थान तक युधिष्ठिर ने उसके साथ अन्याय-ही-अन्याय किया है। उसके सबसे बड़े अपराधी वे ही हैं। मां ने जब उनसे विवाह के संबंध में सम्मति मांगी थी और अनजाने कहे अपने वाक्यों पर पश्चाताप भी प्रकट किया था, तब उनका ढुलमुल रवैया ही था जिसने द्रौपदी को पांच पतियों के हवाले कर दिया। यदि अर्जुन से कहे अपने वचन पर वे दृढ़ रहते और इस बारे में उठे प्रश्नों के तार्किक और प्रखर उत्तर देते तो यह नहीं होता। यक्ष के प्रश्नों का उत्तर देकर उसका समाधान करने वाले युधिष्ठिर इतने तर्क-क्षीण नहीं थे कि एक सही बात पर सबको सहमत नहीं कर पाते। भाइयों की आंख में जिस लालसा को उन्होंने देखा था उसका मूल तो स्वयं उन में ही था। जुए में वे द्रौपदी को मुख्यतः शरीर के रूप में प्रस्तुत करते हैं और उसके शारीरिक रूप का वर्णन करते हैं। वे कहते हैं:

'नेत्र शरद ऋतु के प्रफुल्लकमल-दल हैं, शरीर से शारदीय कमल की गंध आती है। वह शरद् कमलों से शृंगार करती है। वह साक्षात् लक्ष्मी जैसी है ...उसके स्वेदयुक्त मुख कमल-समान सुंदर, मल्लिका की भांति सुंगधित हैं। कटि वेदी जैसी कृश, मुख-ओष्ठ अरुण, केश लंबे हैं। शरीर पर रोमावलियां खूब कम हैं।' दांव पर लगाते समय शारीरिक सौंदर्य के मुग्ध वर्णन का क्या औचित्य था इससे प्रतीत होता है कि वे मुख्यतः उस द्रौपदी का दांव खेल रहे हैं जो सुंदरता की पराकष्ठा है, और आस्वाद देने वाली है।

वे द्रौपदी का अपहरण करने वाले जयद्रथ को कौरवों की बहन का पति होने के कारण जब क्षमा करते हैं तब क्यों भूल जाते हैं कि यह व्यक्ति उनकी पत्नी के साथ क्या नहीं कर सकता था? कीचक द्वारा बलात्कार के प्रयत्नों के बीच वे 'किसी तरह' द्रौपदी से एक मास सह लेने की मनुहार करते हैं और सभा में सैरंध्री का अपमान करते हैं। वह तो भीम यदि कीचक का वध नहीं कर देता तो द्रौपदी का वहां सुरक्षित रहना असंभव था। महाप्रस्थान के समय द्रौपदी के पतन पर युधिष्ठिर की टिप्पणी उनकी कुंठा और क्रूरता दोनों को दिखाती है। द्रौपदी के साथ युधिष्ठिर का व्यवहार ऐसा है जैसा वस्तु के साथ

मनुष्य करता है।

गुजराती कवि उमाशंकर जोशी के लंबे संवादकाव्य 'महाप्रस्थान' में युधिष्ठिर पांचाली का अपराध स्वीकार करते हैं–'सैरंध्री तेरी कामनाएं'। तेरे माथे मढ़ कर पांच पतियों को। मात्र माता के वचन हेतु'' युधिष्ठिर स्वीकार करते हैं कि अर्जुन और सभी भाई जब कृष्णा कहते थे तो 'मेरे मन में गूंजती थी तृष्णा!' परंतु यहां भी युधिष्ठिर का स्वीकार अधूरा है।

उधर बांग्ला लेखक बंकिम चंद्र चट्टोपाध्याय कहते हैं कि द्रौपदी के पाँच पति का किस्सा मिथ्या है। इसके प्रमाण स्वरूप वे अनुक्रमणिका का वह श्लोक लेते हैं जहाँ केवल अर्जुन का उल्लेख है :

> 'यदाश्रौसं द्रौपदीं रंगमध्ये
> लक्ष्यं भित्वा निर्जितामर्जुनेन...' 154

–धृतराष्ट्र अपनी पराजय के कारणों की बात करते हुए कहता है– जब मैंने सुना कि रंगभूमि में लक्ष्य बेधकर अर्जुन ने द्रौपदी प्राप्त कर ली है।

यह अधूरा तर्क या कुतर्क है। क्योंकि आगे 157 श्लोक पर... गौर नहीं किया– जिसमें सभा में रजस्वला द्रौपदी के खींच लाने का जिक्र है। क्या यह संभव था कि युधिष्ठिर अर्जुन की पत्नी को दांव पर लगाता। इस प्रकरण से महाभारत का तार्किक ढांचा ही टूट जाता है।

महाभारत विशाल होते हुए भी कई अर्थों में संश्लिष्ट रचना है, इसलिए एक संक्षिप्त कथन को प्रमाण मान कर उसकी पूरी बुनावट की अनदेखी नहीं की जा सकती, वरना एक तथ्य के परिवर्तन से ढेरों विसंगतियों की संभावना बनती है। पंच पतियों के प्रसंग को लेकर कई लेखकों ने भाँति-भाँति की प्रतिक्रिया की है परंतु किसी गंभीर लेखक ने विशेष कर आधुनिक और तार्किक लेखक ने इसका समर्थन नहीं किया है। उदाहरण के लिए सुरेन्द्र वर्मा का नाटक द्रौपदी ले सकते हैं जिसमें उन्होंने उच्च वर्ग के भोगवाद और पदलिप्सा पर आक्रमण करते हुए पंच पतियों को पाँच मुखौटों के द्वारा प्रतीकीकृत किया है जिनमें वही भोगवादी लिप्सा और आकांक्षा प्रतिरूपित हुई है। वे यौनाचार की तीव्रता से विफलता और थकान अनुभव करते हैं। अन्यत्र हम इस बात का उल्लेख करेंगे कि महाभारत में प्रतीकात्मकता, वैचारिकता और समूचे कथ्यात्मक परिवर्तन की गुंजाइश है, परंतु आंशिक परिवर्तन से अपार विसंगतियों की संभावना है।

वैसे द्रौपदी की अप्रतिम तेजस्विता देखते हुए एक प्रश्न अवश्य पैदा होता है कि ऐसी स्त्री ने पांच पति कैसे स्वीकार कर लिए? वह प्रतिरोध का एक शब्द भी नहीं बोली, बल्कि पांचों से विवाह के सारे कर्मकाण्ड का भी उसने विधिवत पालन किया। इस प्रकार वह विद्रोह के सबसे अचूक अवसर से चूक गई, परंतु इसके दो कारण हो सकते हैं, एक तो यह कि उसने सोचा होगा कि जिसने स्वयंवर की शर्त पूरी की है वह इस प्रस्ताव का अवश्य विरोध करेगा, परन्तु जब वही वाग्दत्ता को समर्पित करने को तैयार हो गया तो विरोध का क्या अर्थ रहेगा? दूसरे, उसे आशा की एक किरण पिता की ओर से भी दिखाई दी थी कि वे इस प्रस्ताव को किसी हालत में स्वीकार नहीं करेंगे, वे पिता हैं; फिर स्वयंवर के प्रयोजन की सार्थकता भी इसी में है कि वही व्यक्ति कन्या का वरण करे जिसने स्वयंवर की शर्त पूरी की है। परंतु द्रुपद द्रौपदी के पिता कहां थे उन का तो सारा उपक्रम प्रतिशोध-केन्द्रित था। इसलिए उन्होंने राजनैतिक समझौते के बतौर, थोड़ा बहुत विरोध करने के बाद, इस साझा विवाह को स्वीकार कर लिया। अर्जुन और पूरे पाण्डु परिवार का समर्थन उनके लिए हर कीमत पर आवश्यक था। व्यास जी द्वारा कही पूर्वजन्म की कथा तो उनके लिए एक तरह से 'अंधा क्या चाहे दो आंखें' कहावत को ही चरितार्थ करती थी। फिर भी ये सारे तर्क द्रौपदी जैसी प्रखर तेजदृप्त नारी के बारे में अतर्क ही हैं। जो घटित हुआ वह एक स्त्री के नाते उसकी विवशता रही होगी। उसकी इच्छा की इसमें कोई भूमिका नहीं रही होगी; बल्कि पिता, पति और समाज का व्यवहार देखकर वह अपने से उदासीन हो गई होगी... 'माधवी' की तरह।

कई लेखकों ने पांच पतियों से विवाह का विरोध न करने के कारण उसे एक कामुक स्त्री के रूप में चित्रित किया है जो अलग-अलग पुरुषों का स्वाद चखना चाहती थी। नंद किशोर आचार्य की एक आत्मालापी कविता द्रौपदी में आत्मानुसंधान का प्रयास करते हुए वह स्वयं से पूछती है-'मेरे मन में क्या नहीं थी लालसा/ मैं भी तो पांच पतियों को भोगूंगी-धर्म, बल, पराक्रम, सौंदर्य और बुद्धि को।' तेलुगु के लेखक यार्ल गुड्डा लक्ष्मी प्रसाद अपने द्रौपदी नामक उपन्यास में द्रौपदी की पांच रातों में पांच पतियों को भोगने के अनुभव का ब्यौरा देते हैं और उसे एक कामुक स्त्री की तरह प्रस्तुत करते हैं। उन्हें पूर्वजन्म की कथा से यह वर्णन करने का दु:साहस हुआ है, जबकि यह महर्षि व्यास द्वारा आत्मग्लानि को छिपाने का एक कमजोर उपक्रम था। यदि नहीं, तो उनका यह उपक्रम महाभारत में अन्यत्र भी दिखाई देता। कम-से-कम आधुनिक लेखक

द्वारा द्रौपदी का ऐसा चित्र स्वीकारना स्वयं लेखक को युगों पीछे ले जाता है।

आदिवासी समाज की यह परंपरा रही है कि वहाँ यह सब सामान्य रहा होगा। जैसा हम 'भीलों का भारथ' में देखते हैं, वहाँ वासुकि प्रत्येक रात अपने मूंछ के बाल से अर्जुन को खंभे से बांध देता है और उसी के सामने द्रौपदी से संभोग करता है। द्रौपदी कभी इसका विरोध नहीं करती बल्कि सहयोग करती है। जब सत्यभामा उससे पांच पतियों को खुश रखने की कला के बार में पूछती है तो उसमें जादू-टोने और काम कला की ओर विशेष संकेत है। यह एक हँसी-मजाक और व्यंग्य रहा होगा। कर्ण द्यूत सभा में द्रौपदी पर जो व्यंग्य करता है उसके मूल में भी उसे कामुक स्त्री मानना है। परंतु द्रौपदी का विवाहपूर्व या विवाहोपरांत कहीं भी कामुक स्त्री होना नहीं झलकता। बल्कि उसके बारे में इस तरह का आरोप ही विवेकहीन और अतार्किक है। सत्यभामा के प्रश्न के उत्तर में भी वह आदर्श पत्नी के कर्तव्य और गुण ही बताती है और उसमें मुख्य है काम और क्रोध पर नियंत्रण।

कई लेखकों ने पाण्डव पक्ष के सभी अन्यायों—यहां तक कि क्रूरता के लिए भी कोई अनुकूल तर्क खोजने की कोशिश की है। और तो और आज के युग में पांच पतियों का औचित्य भी प्रतिपादित किया है। उदाहरण के लिए ओड़िया की प्रसिद्ध लेखिका प्रतिभा राय ने अपने उपन्यास 'याज्ञसेनी' में द्रौपदी के संदर्भ में पांच पतियों का औचित्य सिद्ध कर प्राचीन पर आधुनिकता की मुहर लगा दी है। नरेन्द्र कोहली ने अपने वृहदाकार उपन्यास महासमर के खण्ड 3 में विभिन्न पात्रों द्वारा विभिन्न कोणों से यह सिद्ध करने की कोशिश की है कि पांच पतियों से द्रौपदी का विवाह उचित था। उन्होंने कुन्ती द्वारा पांचों बांटकर पाओ उक्ति इसलिए निकाल दी कि पाण्डु द्रुपद सभा में कुंती की जानकारी में गए थे। लेखक की कुंती द्रौपदी के आने पर उसका स्वागत करती है। फिर वह सामाजिक मर्यादा का सहारा लेते हुए कहती है कि बड़े से विवाह के पहले छोटा कैसे करे? यहां लेखक का युधिष्ठिर को बचा लेने का भाव ही प्रमुख लगता है। महर्षि व्यास वहां अकस्मात् आ जाते हैं। धर्मशास्त्र के नियमों का संदर्भ देते हुए पारिवारिक एकता के लिए उनको साझा विवाह की सलाह देते हैं। तदनुसार युधिष्ठिर अकेले नहीं सब भाइयों के साथ द्रौपदी से विवाह करते हैं। नरेन्द्र कोहली व्यास का कथन ही प्रामाणिक मानकर उनके द्वारा कही पूर्वजन्म की कहानी को प्रसंग से हटा देते हैं और सारे प्रसंग को स्वाभाविक बनाने की कोशिश करते हैं। महाभारत से कथानक लेकर लिखने वाले लेखकों की आम

प्रवृत्ति यह रही है कि वे कथा का मूल ढांचा बनाए रखने के लिए वैचारिकता और युग-बोध को भी नजरअंदाज कर जाते हैं और उसे तर्कसंगत बनाने के लिए भांति भांति के संयोजन-वियोजन करते हैं जबकि ढांचा बनाए रख कर भी ऐसे तमाम अवसरों पर लेखक अपना प्रतिरोध और अस्वीकार दर्ज कर सकता है।

द्रौपदी के पूर्व जन्म की कथा से अनेक रचनाकारों ने विभिन्न प्रकार की कल्पनाएं की हैं। नन्नय लिखित तेलुगु महाभारत में यह कथा इस प्रकार आती है :

मौद्गल्य ऋषि के सारे अंग गलित थे। उनकी पत्नी नालमणि ने उनकी खूब सेवा की। उन्होंने प्रसन्न होकर वर मांगने को कहा तो उसने कहा कि आप अगले जन्म में पांच सुंदर पुरुषों के रूप में जन्म लेकर मेरे साथ संभोग करें। अगले जन्म में उन्होंने हजारों वर्षों तक भोग किया। पुनः अगले जन्म में वह काशी नरेश की पुत्री हुई। उसने परमेश्वर की तपस्या की। उन्होंने प्रसन्न होकर वर मांगने को कहा तो उसने पांच बार कहा, "मुझे पति का दान दो।" परमेश्वर ने कहा "अगले जन्म में तुम्हारे पांच पति हों।"

कई लेखकों ने पूर्वजन्म की कथाओं, वरदान आदि का सहारा लेकर अथवा भाइयों की एकजुटता की दृष्टि से द्रौपदी का पंच पतित्व उचित, बल्कि अनिवार्य ठहराया है। कुछ ने इसे हिमाचली जातियों में चली आने वाली स्त्री के बहुविवाह की प्रथा के अनुरूप समाजानुकूल और समाज स्वीकृत ठहराया है। कुछ ने पाण्डवों को पांच इंद्रियों और द्रौपदी को मन के रूप में प्रस्तुत करने के गहरे काव्यात्मक अर्थ की ओर संकेत किया है। नरेन्द्र शर्मा ने अपने खण्डकाव्य द्रौपदी में बताया है कि पांच पति पंचतत्व हैं और द्रौपदी जीवनीशक्ति है। 'द्रौपदी जीवनी शक्ति सौंप दी गई पांच तत्वों को'। यह ठीक है कि पाण्डवों से शत्रुता ठानने वाले दुर्योधन को धृतराष्ट्र समझाते हैं :

> पञ्चानां पाण्डुपुत्राणां यत् तेजः प्रजिहीर्षसि।
> पञ्चानामिव भूतानां महतां लोकधारिणाम्।। —उद्योग। 65/2

—तुम उन पाण्डवों का तेज हरना चाहते हो जो लोक के आधार पंचमहाभूत के समान हैं। वैशम्पायन रथ पर बैठे विजयी पाण्डवों का वर्णन जनमेजय से करते हुए कहते हैं :

> 'ते पञ्च रथमास्थाय भ्रातरः समलंकृता।
> भूतानीव समस्तानि राजन् ददृशिरे तदा।'

ऐसे संकेतां से प्रेरित होकर नरेन्द्र शर्मा ने अपने काव्य द्रौपदी में बाकायदा पाण्डवों का पंचतत्त्व के रूप में निरूपण भी किया है। उनके अनुसार युधिष्ठिर आकाश तत्त्व है: भीम पवन तत्त्व, अर्जुन अग्नि तत्त्व, नकुल सलिल (जल) तत्त्व और सहदेव भू तत्त्व है। एक जगह वे पाण्डव जननी पृथा (कुंती) को पृथ्वी कहते हैं जिनसे सब तत्त्व रचे गए। पर यहां यह रूपक उपयुक्त नहीं लगता। क्योंकि पंच तत्त्व प्रकृति या चिति द्वारा रचे जाते हैं, न कि पृथ्वी द्वारा। (और पांच क्यों वे तो छह थे?) नरेन्द्र शर्मा कहते हैं :

'द्रौपदी असमान्य दिव्य प्रतीक है। उसे सामान्य अर्थ में किसी लोकप्रिय उपन्यास की कथा नायिका नहीं समझना चाहिए। द्रौपदी को पांच पतियों की पत्नी के रूप में हंसी ठठ्ठा की चीज़ मान लेना अर्थ का अनर्थ है।' (भूमिका) शर्मा जी मानते हैं कि 'भारतीय मनीषियों ने इतिहास के तथ्यों या इतिवृत्त का काव्यमय कायाकल्प कर दिया है। संभवत: इसी के अंतर्गत उनका दार्शनिकीकरण भी आता है।

निस्संदेह महाभारत बहु स्तरीय काव्य है। इसलिए स्वाभाविक है कि इसके चरित्र प्रतीकार्थ दें, परंतु उस प्रतीक या रूपक को सांगोपांग निभाना कठिन हो जाता है।

जिस द्रौपदी को नरेन्द्र शर्मा ने जीवनी शक्ति कहा है, वह उन्हीं के शब्दों में योगेश्वर की बहन येागिनी शक्ति है : 'योगेश्वर की वह बहन/ योगिनी शक्ति कर्म की तृष्णा।' (पृ.323)

नरेन्द्र ने इसी में समुद्र मंथन का भी रूपक अंतर्हित किया है। भीष्म केन्द्र (यानी पर्वत) कौरव पाण्डव दो छोर (देव-दानव) हैं, उनका संघर्ष ही वासुकि की डोर है। भीष्म के पौत्र क्रमश: सत्याग्रह और दुराग्रह (पाण्डव-कौरव) हैं। यहां जाकर मूल प्रतीक बिखर जाता है।

नंदकिशोर आचार्य की कविता 'द्रौपदी' में उस समय द्रौपदी अपने भीतर से गुजरती है जब उसे हिमालय पर पाण्डव छोड़कर चले जाते हैं। वह अकेले उस विराट शून्य हिम-सागर में डूब रही है! उसकी आंखों में जीवन की चित्रावलियां उतर आती हैं जो अधिकतर पुरुषों के अन्याय की गाथा है। उसे तमाम पुरुषों से शिकायत है; विशेषत: अपने पतियों से। वह पांच पतियों की टीस को मन से नहीं निकाल पायी है। इस एकालापी कविता में द्रौपदी मानती है कि पाण्डवों ने मां के शब्दों के बहाने अपनी वासना-पूर्ति की है। युधिष्ठिर से वह कहती है : 'मां के शब्द नहीं थे / वासना थी वह तुम्हारी और तुम्हारे भाइयों

की / जिससे असहाय विधवा मां कांप गई कि तुम सुंद उपसुंद की तरह न लड़ मरो।' (पृ.66) वह स्वीकार करती है कि 'किसी की सेज हो, अर्जुन होता था मेरे साथ।' परंतु उसे अर्जुन से भी शिकायत है कि उसने प्रेम का वैसा प्रतिदान नहीं दिया। यहीं वह अपने आप से प्रश्न करती है कि वह कुछ बोली क्यों नहीं? क्यों स्वीकार कर लिया ? इसी में वह अपने छिपे हुए वासना वैविध्य की कामना का स्मरण करती है। वह सोचती है कि यदि धर्मराज सबकुछ जानते थे तो उन्होंने उसके साथ वह सब क्यों किया? वह पूछती है : 'तुम, तुम्हारा सब ज्ञान, संयम, सत्यनिष्ठा, धर्म, कहां चले जाते थे, जब तुम चीथते थे देह मेरी/ जानते हुए कि मेरी आत्मा/ केवल अर्जुन की है।' (पृ.66) वह कुरुवंश की 'नारी पूजा' के प्रतीक के मुखौटे को उतार कर रख देती है, उसके ध्यान में शांतनु, विचित्रवीर्य, पाण्डु सब आते हैं। अर्जुन से भी उसकी तीखी शिकायत है कि यदि वह उसे भोग्या नहीं मानता तो दूसरों को भोग के लिए कैसे दे सकता था! द्यूत सभा में चुप कैसे रह सकता था! वह केवल भीम का अत्यंत स्नेह के साथ स्मरण करती है। परंतु वह उसके प्रेम का प्रतिदान न दे सकी, दुचित्ती बनी रही, इसका उसे दुःख है। वह पिता से भी सवाल करती है–'क्या अंतर था पिता, आपमें और कुरुसभा में?' नंद किशोर आचार्य कहते हैं कि दरसल यह युद्ध कौरव पाण्डवों का नहीं, कुरुओं और पांचालों का था। द्रौपदी प्रतिशोध की गहरी तात्विकता में उतरती है। अंत में सब को क्षमा करती है, कृष्ण को भी जो 'सब कुछ जानकर खेल करते रहे।'

तमिल के राष्ट्रकवि 'सुब्रमण्य भारती' ने अपनी लंबी कविता 'पांचाली शपथम्' में द्रौपदी के माध्यम से तत्कालीन राष्ट्रीयता की भावना व्यक्त की है। उनकी द्रौपदी ओजस्वी शब्दों में कहती है : 'पराशक्ति शंकरी पार्वती देवी को साक्षी करके /मैं लेती हूं आज शपथ यह-/ मैं रक्खूंगी खुले केश तब तक जब तक-/ रक्त नीच इस दुःशासन का/ और अधम इस दुर्योधन का/ होता नहीं सुलभ है मुझको/ मिश्रित करके रक्त दुष्ट दोनों कुरुओं का जब चुपड़ूंगी अपने सिर पर- तभी केश बांधूगी अपने/ यह ध्रुव सच है' (पृ. 129)

यहां दुर्योधन और दुःशासन अंग्रेज राज्य का प्रतीक हैं। द्रौपदी भारतमाता है जो इनके रक्त की प्यासी है।

द्रौपदी का दबदबा और अभिमान ऐसा है जिसके आगे उसकी सपत्नियां भयभीत होकर रहती हैं। सुभद्रा साधारण गोपी के वेश में आकर उसकी सेवा करने की इच्छा प्रकट करती है। अश्वमेध के समय आई अर्जुन की पत्नियां

उलूपी और चित्राङ्गदा उसे कुंती जैसा मान देती हैं। तभी वे अर्जुन के सान्निध्य में रह पाती हैं। कृष्ण को संधि प्रस्ताव ले जाते हुए देखकर उनसे संधि न करने का आग्रह करते हुए द्रौपदी कहती है कि मेरे पति साथ नहीं देंगे तो मेरा पुत्र अभिमन्यु और उसके बेटे ही इस युद्ध को लड़ लेंगे। युधिष्ठिर को वन पर्व में वह बार-बार युद्ध करने को प्रेरित करती है। महाभारत युद्ध में विजय के बाद जब वे राज्य से विमुख हो जाते हैं तब वह इन शब्दों में उन्हें उत्प्रेरित करने की कोशिश करती है :

न क्लीबो वसुधां भुङ्.ते न क्लीबो धनमश्नुते।
न क्लीबस्य गृहे पुत्रा मत्स्याः पंक इवासते।। शांति 14/13

—नपुंसक व्यक्ति न पृथ्वी को उपभोग कर पाता है, न धन का उपार्जन कर सकता है और न उसे भोग सकता है, जैसे केवल कीचड़ में मछलियां नहीं होतीं, वैसे ही नंपुसक के घर पुत्र नहीं होता। कुरुवंश के इतिहास में द्रौपदी अकेली पत्नी है जो अपने पति को कायर कह कर जाग्रत कर सकती है। यहाँ पता चलता है कि वह वास्तव में कृष्ण की सच्ची सखी है।

चीज़ों को अंदर से समझ सकने की अद्भुत क्षमता द्रौपदी में है। एक लेखक ने कहीं ठीक लिखा है कि जब उसे पता चलता है कि शरशैय्या पर पड़े भीष्म पितामह युधिष्ठिर को राजधर्म और लोकव्यवहार की शिक्षा दे रहे हैं तब वह हँस देती है और पूछने पर कहती है कि जीवन भर जिस राह पर पर खुद नहीं चले उसकी अपेक्षा वे दूसरों से कर रहे हैं! भीष्म के जीवन में ऐसे प्रसंग तो आए हैं जब दुर्योधन ने या दूसरे पात्रों ने उनसे कठोर शब्द कहे हैं पर ऐसा सटीक व्यंग्य कोई नहीं कर सका। उल्लेखनीय है कि द्रौपदी तब भी हँसी थी, तब जब मय-भवन में दुर्योधन जल को थल, समझ कर उसमें गिर पड़ा था। वह अंधापन था और यह मूढ़ता। द्रौपदी की हँसी शायद ऐसी ध्यानाकर्षक और पैनी होगी जो दुर्योधन के मन में ऐसी चुभी कि वह आहत हो उठा। यही हँसी द्यूत का और महाभारत युद्ध का एक कारण कही जाती है। जिसकी हँसी ही इतनी व्यंजक हो उसे शब्दों से प्रहार करने की क्या जरूरत! द्रौपदी का साम्राज्ञी-स्वरूप और गरिमा का ध्यान न कर जो यह जुमला गढ़ा गया वह साहित्य में इतना लोकप्रिय हुआ कि दुर्गा भागवत से लेकर दिनकर और बल्लभ सिद्धार्थ तक असंख्य सुधी लेखकों ने इसका प्रयोग किया। लोक में भी यह जुमला प्रसिद्ध हो गया। और बिना प्रामाणिकता के उसका प्रयोग होता है।

द्रौपदी प्रसंग में ऐसे ऐसे विलक्षण स्पेस हैं, उसका चरित्र और उससे जुड़े प्रसंग इतने संवेदनशील हैं, उसकी जीवन गाथा इतनी ट्रैजिक है, उसके चरित्र की इतनी परतें हैं कि सर्जकों का सर्वाधिक ध्यान उस पर गया है। द्रौपदी में सबकुछ विलक्षण और अद्वितीय है। उसका जन्म, उसका दाम्पत्य, उसका अभिमान, साहस, सहनशीलता, संघर्ष, उसकी बुद्धि, प्रखरता, प्रतिशोध और यहां तक कि उसकी मृत्यु... सब कुछ। लोहिया ने लिखा है कि 'पांचों पांडव और अर्जुन भी उसके आगे फीके थे।' द्रौपदी के चरित्र पर भारतीय साहित्य में सैकड़ों रचनाएं लिखी गई हैं और सभी महत्त्वपूर्ण रचनाओं में वह भिन्न रूप में आती है।

परंतु यह विचित्र है कि उसका चरित्र प्राय: पाँच पतियों के इर्द गिर्द घूमता रहता है और उसका प्रज्ञा स्वरूप उसका तेज साहित्य में बहुत कम प्रकट हुआ है। अधिकांश लेखकों ने पाँच पतियों के युक्तियुक्तकरण या उसके भीतर मान लिए गए काम-संवेग को ही केन्द्र में रखा है।

लोहिया ने उसे महाभारत की सबसे बड़ी औरत कहा है। 'द्रौपदी और सावित्री' लेख में वे कहते हैं–'दुनिया की कोई औरत, किसी भी देश की, किसी भी काल की ज्ञान, हाजिर जवाबी, हिम्मत की इतनी प्रतीक नहीं बन पायी जितनी द्रौपदी।' मैं समझता हूँ कि अपने जमाने के हर मर्द को द्रौपदी ने बातचीत में हतप्रभ किया।

संबंध के बारे में लोहिया कहते हैं–कृष्ण-द्रौपदी–सखा-सखी 'उसमें शारीरिक प्रेम वाला कोई अंश न रहा होगा।' दुनिया में ऐसा जोड़ा और नहीं है–कृष्ण-कृष्णा जैसा वाङ्मय में, साहित्य में, कविता में।

सात : लोक में महाभारत

- महाभारत : जनपदों में
- भीलों का भारथ

महाभारत : जनपदों में

विश्व का प्राचीनतम साहित्य मूलतः प्रायः मौखिक रहा है, चाहे वेद हो, महाभारत हो या इलियड-ओडेसी हो।

महाभारत के विषय में तो स्वयं महर्षि व्यास ने कहा है कि जब उनके चित्त में एक महान काव्य का उदय हुआ तो उन्हें उसे लिपिबद्ध करने वाले की आवश्यकता हुई। वे ब्रह्मा के पास गए तो उन्होंने गणेश के पास जाने की उन्हें सलाह दी। व्यास धाराप्रवाह बोलते गए, गणेश लिखते गए। पूरा होने पर, प्रश्न उसे सुरक्षित रखने का उठा। व्यास ने उसे अपने पुत्र शुकदेव को सुनाया। अपनी अलौकिक स्मृति से उसने कंठस्थ कर लिया। व्यास ने इसके बाद अपने अन्य शिष्यों को भी सुनाया जो लोक में फैला।

पाठबंध वाली रचनाएँ छोड़ दें तो जो रचनाएँ एक पीढ़ी से दूसरी पीढ़ी, एक देश से दूसरे देश, एक व्याख्याकार से दूसरे व्याख्याकार या एक सर्जक से दूसरे सर्जक तक पहुँचती हैं, उनमें कई बार अकल्पनीय परिवर्तन हो जाता है–यहाँ तक कि कथा और कथ्य तक में। फिर 'महाभारत', जैसा कि श्रीअरविंद ने कहा है 'The Poem of People'– जनता का काव्य है इसलिए यह कई परिकल्पनाओं, धारणाओं और इतिहास के दौरों से गुज़रा है। वह धार्मिक, राजनैतिक, सामाजिक, मानवीय और बहुरूपी कलात्मकता लिए हुए है। उसमें परिवर्तन और नवसृजन का कोई ओर-छोर नहीं है। महाभारत में ऐसी विशेषता है कि हर सर्जक को उसमें अपनापन दिखाई देता है। इसलिए वह स्वायत्ततापूर्वक नए सृजन में लग जाता है, परिणामस्वरूप लोक-कंठ से भी सदा वह नई रागिनी की तरह फूटता है। इसी क्रम में केवल दक्षिण भारत में उसमें 26000 श्लोक जुड़े हैं जिनमें अनेक जनजातीय परंपराओं की प्रस्तुति है।

इसलिए महाभारत की देशव्याप्ति को हम केवल नागर साहित्य के परिशीलन से नहीं जान सकते। क्योंकि जहाँ साहित्य नहीं लिखा गया या कम

लिखा गया, उस क्षेत्र को हम महाभारत से असम्बद्ध नहीं मान सकते, क्योंकि वहाँ लोकपरंपराओं, स्मृति-रूपों, निजंधरी परंपराओं, लोकगीतों, कथाओं, नाट्य रूपों में वह जीवित है। कई जगह सामाजिक-धार्मिक उत्सवों में महाभारत की जीवंत उपस्थिति रही है।

धुर उत्तर से प्रारंभ करें तो पांडव कश्मीर के गोण्ड राजाओं के समकालीन रहे हैं। गोण्ड द्वितीय ने युधिष्ठिर को अश्वमेध यज्ञ के अवसर पर भेंट भेजी थी। 'जम्मू' पाण्डवों से सम्बद्ध रहा है। ये सब चीज़ें जातीय इतिहास की स्मृति में अनेक अदृश्य रूप लेती हैं। वहाँ के अत्यंत प्रचलित लोक गीत 'वनवुन' और लोक-नाटक 'भांडपाथर' में महाभारत के अनेक प्रसंगों की झलक मिलती है।

उत्तरापथ के गढ़वाल में बहुपति प्रथा को 'द्रौपदी प्रथा' कहा जाता है। कश्मीर से हिमाचल और अरुणाचल तक यह प्रथा छुटपुट है। राजस्थान के एक भाग में, केरल की तियानकोट और सुसुंब जातियों में, नीलगिरि की पहाड़ियों में बसने वाले टाडाओं में, जौनसार-बाबर खाई और जौनपुर में इस प्रथा को पाण्डवों से लिया गया है। प्रथा की यह समानता इन तमाम क्षेत्रों को महाभारत से जोड़ देती है। यह केवल एक उदाहरण है अनायास प्रथाओं के जुड़ने का, उनके साथ यह जन-व्याप्ति, जन-गीतों, नाट्यों में प्रकट होती है।

उत्तरापथ के पूरे पहाड़ी क्षेत्र अर्थात् अलकनंदा, मंदाकिनी, विन्दार और भागीरथी घाटी के लोक-विश्वासों, पूजा-विधियों, अनुष्ठानों, कला-रूपों, उत्सवों और भौगोलिक तथा सामाजिक चर्याओं में महाभारत की कथाएँ, पात्र और सोच बसा हुआ है। भारत के किसी क्षेत्र से इसकी तुलना नहीं की जा सकती और यह स्वाभाविक भी इसलिए है कि महाभारत की प्रारंभिक घटनाओं का केन्द्र ही यह क्षेत्र है, इसे वहाँ की लोक-कथाओं, गीतों आदि ने कल्पना और सौन्दर्य से अपनी तरह से पुनःसृजित किया है।

पाण्डु ने कुंती और माद्री सहित गंधमादन पर्वत की तलहटी में आश्रय लिया था। घटना के इस सूत्र से यह कथा जन्म लेती है कि वहाँ पाण्डुकेश्वर उपत्यका में पांडु ने सपत्नीक तपस्या कर पांच पुत्रों को जन्म दिया था। उन्हीं के जन्म से संबन्धित 'जागर गीत' गाए जाते हैं, उनमें महाभारत के कथाधार के साथ स्थानीय गाथाएँ भी जुड़ गई हैं। पाण्डवों के जीवन के कई वर्ष वनों-पर्वतों में बीते, हिमालय उनका अंतिम आश्रय था। स्वाभाविक है कि इस हिम प्रदेश ने पाण्डवों के सम्पूर्ण जीवन से अपने को जोड़ लिया है; उन्हें चराचर सत्ता से संबद्ध कर लिया है। इस संबन्ध में एक जागर गीत देखें :

हरि हरिद्वार जाग, गाँव का भ्यूप्याल जाग,
धौली पयाल जाग, क्षेत्र का क्षितरपाल जाग, गंगोत्री घाट जाग,
भांसरी की ताल जाग, तै वैदाणी जाग, तै सातरू जाग,
तै मूलुमखल जाग, तै तलबला सेम जाग,
चंद्रवती माता जाग, राज राजेश्वरी नंदा जाग
पीड़ी की सरणी जाग, बदरी-केदार जाग, दूधधारी नाग जाग
धर्मयुधिष्ठिर की गादी जाग
अर्जुन का गाण्डीव जाग, भीम की गदा जाग
सतवंती माता कुंती जाग, सतवंती नारी-द्रुपदा जाग
बाला घडयाल अभिमन्यु जाग, जाग, जाग पंच परमेश्वर जाग

इस गीत में पहाड़ी जीवन में पाण्डवों और कुंती, द्रौपदी के स्थान के साथ लोक-धारणा का अद्भुत समन्वय है, और है व्यापक, उदार सृष्टि-भाव।

द्रौपदी के प्रेम, रौद्र और उसके प्रति देवीनिष्ठा और आश्वस्ति की भावना का अनोखा उदाहरण हमें यहाँ मिलता है। यहाँ की एक लोककथा में कहा गया है कि जब दुर्गम वनयात्रा में जाने से पाण्डव द्रौपदी को रोकते हैं तो वह कहती है-"मुझे ले चलो, भूख लगने पर मैं तुम्हारा भोजन बन जाऊँगी, प्यास लगने पर पानी, चढ़ाई के रास्ते पर लाठी और पसीना आने पर रुमाल बन जाऊँगी।" सहयात्रा के लिए पत्नी की यह मनुहार बेजोड़ है।

पहाड़ में द्रौपदी के अनेक रूपों में सर्वाधिक अद्भुत द्रौपदी चौडो है। वह रणचण्डी है, पाण्डवों का प्राण हरण कर लेती है। प्रलय नृत्य करती है। उसका अनुष्ठान अत्यंत रहस्यमय है। उसके इस रूप का उदाहरण धुर दक्षिण के तमिलनाडु में मिलता है, परंतु यहाँ वह पर्वतबालाओं के शौर्य, साहस, स्वाभिमान, स्वावलंबन और बलिदान का अद्भुत प्रतीक है। देश में ऐसा उदाहरण कहीं नहीं मिलेगा जहाँ कोई स्त्री; पहाड़ी स्त्री की तरह द्रौपदी को अपना रक्षक मानती हो। जब कोई पुरुष उस पर आँख उठाता है तो वह द्रौपदी के सत् का जाप करती है। अब तक भय के अवसरों पर 'हनुमान चालीसा' पढ़ने का उदाहरण तो है, पर द्रौपदी के 'सत् का जाप' करने का नहीं।

मार्गशीर्ष 'पाण्डव नृत्य' (पंडौनृत्य) का महीना है। इसमें भी द्रौपदी की भूमिका अग्रणी है। युधिष्ठिर, अर्जुन, नकुल सहदेव हाथ में तीर-कमान, भीम हाथ में गदा लेकर नृत्य करते हैं। भीम का नृत्य रुद्रनृत्य की तरह भयंकर होता है। इस अवसर पर गीत गाया जाता है। एक पंक्ति है-'सौमण की गदावाला तेरी

होली–नौमण की ढाल' सौ मन की गदा है तो नौ मन की ढाल तो होनी ही है। द्रौपदी सबसे आगे होती है जिसके हाथ में पाटी होती है जिस पर लिखा होता है :

'यदा यदा हि धर्मस्य ग्लानिर्भवति भारत।
अभ्युत्थानऽमधर्मस्य तदात्मानं सृजाम्यहम्।।'

न केवल कृष्ण का, पाण्डवों का, बल्कि द्रौपदी का भी तब–तब अवतार होता रहेगा जब–जब अधर्म होगा।

इसमें दुर्योधन भी उपस्थित होता है, जिसके बिना-महाभारत की परिणति या 'कार्य' कैसे संभव है?

गढ़वाल में कर्ण की मिल्कियत है। पाण्डवों की गणना में भले ही कर्ण शामिल न हो, पर आदिवासी और जनजातीय लोगों के लिए वह पाण्डवों का सहज बड़ा भाई है। उसका क्षेत्र है–नैटवाड़ा भू–भाग। यहाँ दस गांव कर्ण के हैं। यहाँ कर्ण को देवताओं की तरह पूजा जाता है, उसके साथ शल्य की मूर्ति भी होती है। दोनों एक ही आसन पर बिठाए जाते हैं और अग्रपूजा शल्य की होती है। आखिर अर्जुन–कृष्ण में 'सारथि' कृष्ण, प्रधान और अग्रपूजा के अधिकारी हैं तो कर्ण के सारथि शल्य क्यों न हों? लोक का यह न्याय कितना रोचक और उचित है! यहाँ एक कौरव–क्षेत्र है जहाँ दुर्योधन (समसू) की पूजा होती है। दुर्योधन का क्षेत्र 'पंचगाई क्षेत्र' है। पराजित दुर्योधन कुल्लू–कश्मीर से होकर जौनसार बाबर के 'हनील' क्षेत्र में पहुँचा। महासूदेव ने दुर्योधन को राज्य दिया।

अभिजात साहित्य में भी जिन रचनाकारों ने कर्ण के चरित्र को ऊपर उठाया, उन्होंने भी प्रायः दुर्योधन के चरित्र को उठाया। उदाहरण के लिए भास के नाटक 'कर्णभारम्' और 'पंचरात्र' लिए जा सकते हैं। यही बात हम आदिवासियों में भी देखते हैं।

कृष्ण को यहाँ नागर्जा कृष्ण (नागराज कृष्ण) कहते हैं। क्या यह कालियामर्दन की कथा से उपजा प्रतीक है? कृष्ण की पूजा प्रत्येक गाँव में होती है। यहाँ वे पशुधन और ऐश्वर्य की वृद्धि करने वाले देव हैं।

यहाँ कृष्ण और अर्जुन की प्रेम कथाएँ भी प्रचलित हैं। कृष्ण रुक्मिणी की बहन चन्द्रावली का भी हरण करते हैं। जागर में इस प्रेम–कथा को गाया जाता है। 'हरण' की यह प्रेम–लीला मनोहर और विचित्र है। कुरुमा कोलिन से भी कृष्ण की प्रेम कथा प्रचलित है।

जिस गंधमादन पर अर्जुन का जन्म हुआ, वहीं उसने धनुर्विद्या भी सीखी थी। यहाँ नागकन्या वसुदत्ता से अर्जुन का प्रेम हुआ। अर्जुन-उलूपी की एकतरफा प्रेम-कथा मानो यहाँ पूरी होती है।

जैसे द्रौपदी के मंदिर तमिलनाडु में हैं, वैसे ही गढ़वाल और उसके आसपास के क्षेत्रों में पाण्डवों के मंदिर हैं। घर की बेटी को 'अतिथि सेवा' में लगाया जाता है, जैसे कुंती को राजा कुंतिभोज ने अतिथि दुर्वासा की सेवा में लगाया था।

उत्तराखंड में पारंपरिक शैली में 'पांडव लीला' होती है। इसमें पाण्डवों की पूजा होती है। इस लीला में महाभारत के अनेक प्रसंग अभिनीत होते हैं। हाल ही में 'चक्रव्यूह' और 'कमलव्यूह' का अच्छा प्रदर्शन हुआ था।

हिमाचल के शिमला, सोलन, सिरमौर आदि में 'पाण्डवायन' के अंतर्गत लोकगीत गाये जाते हैं। इनमें ढोलक और ढाकुली का इस्तेमाल होता है। कहा जाता है कि इस क्षेत्र के लोगों ने महाभारत युद्ध में भाग लिया था। कदाचित इसीलिए यहाँ की लोक-नाट्य शैली में मार्शल आर्ट का उपयोग होता है। लोक-शैली में महाभारत युद्ध का प्रदर्शन होता है जो धर्मयुद्ध की भावना से ओतप्रोत होता है। अभिनय के साथ नृत्य, गीत का भी उपयोग होता है। लोककला के अन्य रूप अर्थात् चित्र, मूर्ति, संगीत, नृत्य आदि में पूरे देश में महाभारत के अनेक प्रसंग रूपायित होते हैं। यहाँ तक कि प्रख्यात आधुनिक चित्रकार गणेश पाइन के पेंटिंग्स में मिथकों और पारंपरिक कथाओं के प्रभाव से दु:शला, अम्बा, युयुत्सु, एकलव्य आदि के चरित्र अंकित हैं। ये वैसे ही चरित्र हैं जो 'अंधेरे के कलाकार' के अनुरूप हैं। उनके कथा-चित्रों में पात्रों के अंतर्द्वन्द्व भी झांकते हैं।

उत्तर प्रदेश का लोकप्रिय जन-नाट्य 'नौटंकी' है। यह प्रारंभ में खुले मैदान में होता था, परंतु बाद में प्रोसोनियम में भी होने लगा। आजकल वह प्राय: ऐसी ही रंगशाला में होता है। इसकी जड़ें ग्रामीण लोक-संगीत में है। इसकी मूल शक्ति नाटकीय कलात्मक भाषा, छंद-संवाद, और संगीत में है। इसमें हास्य और व्यंग्य का मनोरम पुट होता है। मुख्य वाद्य सारंगी, हारमोनियम और ढोलक होते हैं। इसमें दोहा, चौपाई और विशेष शैली के छंदांत का उपयोग होता है। यह नाट्यकला देश-काल आदि बंधनों से परे है, जो लोकनाट्यों की प्रकृति होती है। इस नाट्यकला में महाभारत के अनेक प्रसंग, विशेषत: प्रेम और युद्ध प्रसंग मंचित होते हैं।

भारत के उत्तर-मध्य भाग में अन्य प्रदेशों की तरह महाभारत के चरित्रों और

प्रसंगों पर अनेक लोक गीत रचे गए हैं। अभिमन्यु का व्यूह-भेदन, द्रौपदी स्वयंवर, द्रौपदी चीरहरण, कुंती की व्यथा, भीष्म प्रतिज्ञा, पाण्डवों का वनवास, सुभद्रा हरण, कीचक-वध, एकलव्य की गुरुदक्षिणा आदि लोकगायकों के प्रिय विषय रहे हैं। महाभारत के प्रसंगों को विरहा, कजरी, फाग, चैती, बेलवरिया, लखनी जैसी लोकशैलियों में स्वरबद्ध किया गया है। संस्कार-गीतों में भी महाभारत के प्रसंगों का उल्लेख किया जाता है।

जैसे गढ़वाल-भू-भाग में कर्ण और दुर्योधन के भाग हैं, वैसे ही राजस्थान के चित्तौड़ में 'पण्डोली' गाँव है, जो पाण्डवों के नाम से बना है। डूंगरपुर के 'पाँच' गाँव कुंती के नाम और एक पाण्डवों के नाम है। माँ के महत्त्व की कैसी सुंदर अभिव्यक्ति है! कहते हैं कि भरतपुर के सरस्का क्षेत्र में पाण्डव रहे। यहाँ उन्हें सतयुगी माना जाता है। उनका इतना प्रभाव है कि कई परिवारों में भाइयों के बीच एक ही पत्नी होती है।

जयपुर जिले में विराट नगर के पास छोटा कुरुक्षेत्र अथवा गो-ग्रहण-क्षेत्र के युद्ध-स्थल पर भीम के नाम से एक गुफा है। नव दम्पती आज भी उस गुफा में जाकर पूजा करते हैं, इसलिए कि पत्नी पर बुरी नजर डालने वाले को जान से मारने की शक्ति भीम देता है। इसके पीछे विराट नगर में कीचक वध की कथा है।

लोक जीवन में कृष्ण और द्रौपदी के सख्य का एक अद्‌भुत गीत है–चिन्धी :

इसमें नारद कृष्ण से पूछते हैं कि द्रौपदी पर इतना प्रेम क्यों? बहन तो सुभद्रा भी है। कृष्ण एक प्रसंग सुनाते हैं कि मेरी उँगली कट गई थी। मैं एक चिन्दी के लिए पहले सुभद्रा के पास गया। उसके पास समय नहीं था और उसने कहा कि साड़ी नई है। तब मैं द्रौपदी के पास गया–'उसने जरी की साड़ी पहनी थी, तुरंत साड़ी फाड़कर, दौड़ कर कृष्ण की कटी उँगली पर पट्टी बाँधी। प्रेम की यह कथा स्वयं अपनी व्याख्या कर देती है। (कृष्ण ने संभवतः उसी चिन्दी के बदले द्रौपदी की साड़ी योजनों बढ़ाई थी।)

छत्तीसगढ़, उड़ीसा और आंध्र की कथा-नाट्य-विधा 'पंडवानी' तो पाण्डवों से ही संबद्ध है। उनका शौर्य, साहस, और न्याय-निष्ठा की इसमें आकर्षक-ओजपूर्ण प्रस्तुति होती है और इस कला का निरंतर विकास होता रहता है। पहले जहाँ यह पुरुषों की कला थी, वहाँ अब स्त्रियाँ भी इसमें ख्याति अर्जित कर रही हैं। छत्तीसगढ़ की तीजनबाई इस कला में विश्वविख्यात हो चुकी हैं।

इतना ही नहीं, नीची जाति वाले अपढ़ लोगों का यह कला-रूप, कथा और शिल्प की नई नई उद्‌भावना करता रहता है। कहा जाता है कि पाण्डवों ने इन क्षेत्रों की यात्रा की थी, उन्हीं की स्मृति में 'पण्डवानी' एकल लोकनाट्‌य की प्रस्तुति होती है।

'पण्डवानी' के दो प्रकार हैं–'कापालिक' और 'वेदमती'। कापालिक के केन्द्र में भीम होता है जिसके आसपास कथा बुनी जाती है, कई बार लगता है कि 'पण्डवानी' का भीम के अतिरिक्त महाभारत से कोई संबन्ध नहीं है। 'वेदमती' शास्त्र सम्मत नाट्‌यकला है। इसमें नाट्‌य-केन्द्र का विस्तार होता है।

छत्तीसगढ़ में लोहड़ीपुर की लड़ाई का उल्लेख है। इसका संबन्ध भी महाभारत से स्थापित किया जाता है। छत्तीसगढ़ी लोक में प्रचलित एक लोककथा के अनुसार युधिष्ठिर अभिमन्यु के ब्याह के लिए कन्या ढूँढ़ने निकलते हैं। अर्जुन मामा शकुनि को भी साथ ले लेता है। शकुनि नहीं चाहता कि विराट की लड़की से अभिमन्यु का ब्याह हो। वह दस्त का बहाना कर निकल जाना चाहता है। भीम को संदेह हो जाता है। वह एक संबल तपाकर शकुनि की देह पर 32 जगह दागता है और उसे उठाकर राजा विराट के पास ले आता है। ताकि पीछे से कोई छल-कपट न कर सके। जब विराट के सामने उत्तरा से अभिमन्यु के विवाह का प्रस्ताव रखा जाता है तो विराट विवाह के लिए एक शर्त रखते हैं कि भाँवर के समय एक कांवर कुहुक के फूल (संभवतः केसर के फूल) लाना होगा। भीम एक कांवर की जगह दस गाड़ी भर कर फूल देने का वचन देता है। शकुनि झगड़ने लगता है तो पाण्डव उसकी पिटाई कर देते हैं। शकुनि यह अफवाह फैला देता है कि पाण्डव मर गए। वह दुर्योधन को इस बात के लिए राज़ी कर लेता है कि विराट की कन्या से उसके बेटे की शादी हो। उसका षड्‌यंत्र सफल नहीं हो पाता और अंत में उत्तरा का विवाह अभिमन्यु से ही होता है।

इसी से मिलती जुलती कथा आदिवासी 'भीलों का भारथ' की है। उसमें भीम को शगुन लेकर विराट राजा के पास भेजा जाता है। विराट उसे माणाभर (लगभग ढाई किलो) राई देते हैं और कहते हैं कि इतने बाराती लेकर आओगे तो मैं अपनी बेटी का विवाह अभिमन्यु से कर दूँगा। हर बाराती की मुट्‌ठी में राई का एक-एक दाना होना चाहिए। जब सबके दाने मिलकर एक माणा हो जाएँगे तब मैं उत्तरा का विवाह अभिमन्यु से कर दूँगा। भगवान कृष्ण राई की मुट्‌ठी भरते हैं। सात मुट्‌ठी भर कर वे विभिन्न दिशाओं और लोकों में फेंकते हुए लाखों-करोड़ों देवताओं को निमंत्रित कर देते हैं। शर्त पूरी होने से भी अधिक

पूरी होती है और अभिमन्यु का विवाह उत्तरा से हो जाता है। उल्लेखनीय है कि ये दोनों कथाएँ कल्पित हैं और आदिवासी, दलित समाज में स्त्री के सम्मान की सूचक हैं।

केरल के मंदिरों में महाभारत के वाचन-श्रवण का विधान है। 'कथकली' यद्यपि आज 'शास्त्रीय' विधा है, परंतु इसका उद्‌गम जननृत्य-नाट्य के रूप में हुआ था। इसमें 'नल चरित्रम्', 'दुर्योधन वधम्', इरायिम्मान थम्पी का 'कीचक वधम्' सर्वाधिक लोकप्रिय है। अधिकांश कथाओं में 'वल्लाल (भीम) की मुख्य भूमिका है।

महाभारत के सूत जाति के लोग चाक्यार (अभिनेता); कुडियाट्टम (नट का अभिनय) शैली में एक हज़ार वर्ष से महाभारत की कथाएँ, जैसे-कुरु के मातापिता; तपती (सूर्यपुत्री)-संवरण (ऋक्ष-पुत्र) (प्रेम-कथा), सुभद्रा-धनंजय आदि अभिनीत करते रहे हैं। 'कल्याण सौगंधिक' नाटक भी लोकप्रिय है, जिसमें द्रौपदी के लिए भीम के पुष्प लाने की कथा है।

केरल में 'कुट्टुनाकन' जाति के लोग अपने को भीम की पत्नी हिडिम्बा के वंशज मानते हैं। वहाँ भीम तथा अर्जुन से हिडिम्बा की संतानों के युद्ध का अत्यंत लोमहर्षक वर्णन और प्रदर्शन होता है। केरल में 'अट्‌कथा' शैली में उण्णायिवारिकृत संग्रामिक नृत्य 'वेलकलि' खूब प्रसिद्ध है। इसका प्रदर्शन रोंगटे खड़े कर देता है। 'ओणम्' के अवसर पर 'दोलोत्सव' में 'उण्णाळपाट्टु' की प्रस्तुति की जाती है। 'नलचरित्रम्' का प्रसंग मुख्यतः अभिनीत होता है।

केरल में महाभारत के आख्यानों की लोकगीतों में रचना होती है। ये दो तरह के हैं-(1) 'पाट्टु और (2) 'मणिप्रवालम्'। महाकवि एषुत्तच्छन का महाभारत पाट्टु शैली में रचा गया है, जिसमें शुकी कथा कहती है। यह मूलतः लोक शैली है, जिसे एषुत्तच्छन ने संवारा। शंकर की 'भारतमाला' 'मणि प्रवालम्' शैली में रचित है। यह शैली 'मणि' और 'प्रवाल' के योग से बनी है-अर्थात् मलयाली और संस्कृत के मनोहर मेल से। दोनों में ही महाभारत-प्रसंगों की लोक-रचनाएँ होती हैं।

तमिल विद्वान प्रायः अपनी भाषा में महाभारत-साहित्य की कमी अनुभव करते हैं। मुझे लगता है कि उसकी पूर्ति वहाँ के लोक-विश्वास, पूजा-विधान और लोक गीति-नाट्य कर देते हैं। तमिलनाडु में अत्यंत लोकप्रिय जन-रंगमंच है-'तेरुकुत्तु', जिस पर प्रायः महाभारत की कथाओं का मंचन होता है। 'वीथिनाटक' लोक की विशिष्ट शैली का प्रतिनिधित्व करते हैं। ये वाचिक

प्रधान हैं, इनमें कथा-कथन, संवाद, नृत्य सभी अत्यंत कलात्मक और लयात्मक होते हैं। लगता है पात्रों की वेशभूषा और मुख-सज्जा पर कुड़ियाट्टम का प्रभाव है।

तमिलनाडु में 'द्रौपदी अम्मान' का सर्वाधिक महत्त्व है। गाँव के प्रवेशद्वार पर द्रौपदी का मंदिर होता है। पूरे तमिलनाडु में द्रौपदी के 300 से अधिक मंदिर हैं। वह काली, संहारकर्त्री होने के साथ ही ग्राम रक्षिका है–अर्थात् अत्याचारी अन्यायी का संहार और जनता की रक्षा करने वाली। चैत्र मास में (कहीं 2 अगहन कहा जाता है।) प्रतिवर्ष द्रौपदी अम्मान का उत्सव बहुत धूमधाम से होता है। इस अवसर पर सर्वाधिक लोकप्रिय नाटक ''द्रौपदी अम्मान कुत्तु' होता है। यह गणेश-प्रार्थना से प्रारंभ होता है। उन्हें शिव, मीनाक्षी, दक्षिणमूर्ति (शिव का एकरूप), सरस्वती और त्रिदेव (ब्रह्मा, विष्णु, महेश) सामूहिक रूप से आमंत्रित करते हैं। फिर कथा-कथन करने वाला आता है; जो पात्रों का परिचय देता है। प्रदर्शन में मृदंग, मुखवीणा, हारमोनियम् आदि वाद्य सहायता करते हैं। मुख्य कथा में स्थानीय कथाएँ भी शामिल की जाती हैं। मुख्य नाटकों में द्रौपदी विवाह, सुभद्रा विवाह आदि प्रदर्शित होते हैं। द्रौपदी अम्मान के मंदिर में अनुष्ठान होता है। इसमें दहकते अंगारों पर चलना, सिर पर जलती आग से भरा पात्र लेकर चलना, आदि कठिन अनुष्ठान होते हैं।

अर्जुन का भी बहुत महत्त्व है। उसके तप का आख्यान प्रसिद्ध है। उसकी प्रेम-कथा 'अल्लियरसानिमालै' जनजाति का महाकाव्य है। इसमें कृष्ण युवती के वेष में मदुरै की राज-पुत्री 'अल्लि' को रिझाने की युक्ति बताते हैं। काव्य में अल्लि और अर्जुन की प्रणय-कथा है। अंततः दोनों का विवाह हो जाता है। द्रौपदी-उत्सव में एक ऊँचे खंभे पर तख्त लगाकर एक आदमी बैठकर तपस्या का स्वांग करता है। यह अर्जुन है। दूसरे दिन लकड़ी से दुर्योधन की मूर्ति बनाई जाती है, जिसको पैरों से रौंदते हुए द्रौपदी की मूर्ति तक ले जाते हैं। दोनों ही प्रसंग लोकभावना, और कल्पना का अद्‌भुत उदाहरण हैं।

'कर्णवधम्' या 'कर्णमोक्षम्' तेरुकुत्तु की सर्वाधिक लोकप्रिय प्रस्तुति है। कर्ण का विवाह क्षत्रिय कुलोत्पन्न राजा सार्थकेशी की पुत्री कंचनमाला, से दुर्योधन के प्रभाव से हो तो जाता है, पर वह 'सूतपुत्र' से कभी वैवाहिक संबन्ध नहीं रखती–यहाँ तक कि औपचारिकता भी नहीं निभाती। उक्त प्रस्तुतियों में इसकी विस्तृत कथा है। अंतिम युद्ध में जाने से पहले कर्ण उससे पान मांगता है। वह इनकार कर देती है। विवश होकर कर्ण उसे अपने जन्म का रहस्य बताता

है, परंतु वह विश्वास नहीं करती। कर्ण जब विश्वास दिलाता है तो वह आश्वस्त होकर उसे पान देती है। युद्ध में कर्ण की मृत्यु हो जाती है। कुत्तु में दिखाया जाता है कि उसके शव को सिंहासन पर रखा जाता है। नाट्य, कर्ण की वंदना से समाप्त होता है। कर्ण की इस कथा से सम्बद्ध पी.सी. रामय्या का नाटक 'तेरोट्टि महन' भी बहुत लोकप्रिय है। इस कथा के परवर्ती भाग में उक्त कथाओं से थोड़ा अंतर है, परंतु परिणति समान है।

'लोककथा' का एक पात्र 'योवान' क्रूरता, करुणा, आदर की मूर्ति और दुखियारों का आत्मीय है। ऐसा विचित्र मिश्रण अद्‌भुत और अनूठा है। इसमें भले ही भीम की छवि आंशिक रूप से उभरती हो, परंतु वह अद्‌भुत मिश्रण है। महाभारत युद्ध का प्रारंभ 'योवान' की बलि देकर किया जाता है। उसकी पूजा मद्रास से कोई दो सौ किलोमीटर दूर हिजड़ों के मेले में की जाती है। योवान को हिजड़े अपना पति मानते हैं। उत्सव के पहले दिन वे उसकी मूर्ति के सामने मंगलसूत्र पहनकर खुशियां मनाते हैं। सप्ताह के अंत में जब उसका वध हो जाता है, तो वे मंगलसूत्र उतार देते हैं। अपने साथ वध को जोड़कर वे जो कुछ व्यंजित करते हैं वह अपूर्वापर है। लोक की यह संवेदित कल्पना कितनी सर्जनात्मक है!

तमिलनाडु में दुर्योधन यदि घृणा और क्रोध का आलंबन है तो संवेदना का भी। भले ही द्रौपदी, दुःशासन की बजाए दुर्योधन के रक्त से बाल सँवारती है। (इस घटना पर संस्कृत के 'वेणी संहार' का प्रभाव प्रतीत होता है।) परंतु दुर्योधन की मृत्यु पर राजमहल की नर्तकियाँ नृत्य करती हैं, पूरा गाँव विलाप में शामिल होता है। उसके साथ हुई दुर्घटनाओं का वर्णन किया जाता है। यह संवेदना नहीं तो क्या है?

आंध्र प्रदेश में प्रचलित देशी गेय नाट्य-रूप 'यक्षगान' का प्रारंभ तो आंध्र प्रदेश से हुआ, परंतु धीरे-धीरे दक्षिण के सभी प्रदेशों में फैल गया। 'यक्षगान' की परिकल्पना सुंदर है। मूलतः यह यक्षों द्वारा गायी जाने वाली 'गेय' कला मानी जाती है। परंतु धीरे-धीरे इसमें नाट्याभिनय जुड़ गया। पहले यह आम लोगों के द्वारा सड़कों पर होता था, परंतु बाद में प्रशिक्षित कलाकारों द्वारा खुले मैदान में होने लगा। अब तो यह भारतभर के नागर मंचों पर होता है। 'भीष्म विजय' यक्षगान प्रसिद्ध है, आंध्र में 'बुर्रकथा' और 'तोलुबोम्मन नाट'-विधाएँ लोकप्रिय हैं। पाण्डवों की स्मृतियाँ यहाँ कला रूप में प्रस्फुटित हुई हैं। महाबलिपुरम् में पाँचों पांडवों के शिलालेख हैं। तपस्या करते हुए अर्जुन का विग्रह अत्यंत दर्शनीय है। दक्षिण में पण्डवानी भी प्रचलित है, जो यहाँ पाण्डवों के प्रेम आदि विभिन्न भावों

को भी अभिनीत करती है। उदाहरण के लिए अर्जुन-सुभद्रा की प्रेम और कामकथा का सुंदर निरूपण यहाँ 'पण्डवानी' में हुआ है।

आंध्र का अत्यंत जन-प्रिय लोक-नृत्य-नाट्य 'भामा कलापम्' सत्रहवीं शती में जन्मा। भामा अर्थात्–सत्यभामा। यह एकल नृत्य-नाट्य है–जिसमें एक ही नर्तक मुख्य और गौण व्यक्ति का अभिनय करता है। वह पुरुष होता है। यह पात्र अपना परिचय देते हुए मंच पर आता है, सूत्रधार लगातार विवरण देता जाता है और कोशिश करता है कि नाटकीय अंतराल भरे। इसमें सात्विक अभिनय की प्रधानता रहती है और श्रृंगार तथा भक्ति रसों पर ज़ोर दिया जाता है। इस लोक-कला के माध्यम से महाभारत के अनेक प्रसंगों की प्रस्तुति की जाती है।

कर्नाटक में यक्षगान चार खंभों के बीच के सुरक्षित खुले स्थान पर होता है, जिसके चारोंओर लोग बैठते हैं। एक समय यह जन-जीवन में स्फूर्ति और उल्लास भरता था। कर्नाटक के मेलुनाड (पर्वतीय प्रदेश) में यह अब भी जीवंत कला है। महाभारत, रामायण और भागवत-प्रसंगों से संबन्धित यक्षगानों का सर्वाधिक प्रदर्शन हुआ है।

झारखंड, पश्चिम बंगाल और उड़ीसा में महाभारत के प्रसंग और अन्य प्राचीन प्रसंग 'छाऊ' लोक नृत्य-नाट्य में प्रदर्शित होते रहे हैं। सिर्फ शैली भिन्नता है। सरायकेला (झारखंड), पुरुलिया (पश्चिम बंगाल) और मयूरभंज (उड़ीसा) में अलग-अलग शैलियाँ हैं।

झारखंड में छाऊ मुख्यत: पौराणिक कथाओं पर आधारित है। इसके प्रदर्शन में सबसे महत्त्वपूर्ण शरीर गति होती है जो भावों और रसों की तीव्र अभिव्यक्ति करती है। जैसे झारखण्ड के छाऊ में 'दुर्योधन ऊरुभंग' का अत्यंत रोमांचक और प्रभावशाली प्रदर्शन होता है, जो भारत में अद्वितीय है। छाऊ के प्रदर्शन में दैनंदिन जीवन के प्रसंगों को भी अभिनीत किया जाता है। इनसे दर्शकों में एक अद्‌भुत किस्म का भावोत्तेजन होता है।

पुरुलिया (बंगाल) में नर्तक बार-बार छलांग लगाता है, मुखौटे को कँपाता है और मुकुट का ऊपरी हिस्सा, बाँह और छाती के कंपन से ओजपूर्ण नृत्य का प्रदर्शन करता है। यह बुराई के विनाश के लिए व्यक्त कला-रूप है। पुरुलिया छाऊ में 'अभिमन्यु वध' प्रसंग में दिखाया जाता है कि उससे विभिन्न संबंधियों और पात्रों में भावों की कैसी भिन्नता होती है? यह अत्यंत मौलिक सोच है।

मयूर भंज (उड़ीसा) के छाऊ में मुखौटे इस्तेमाल नहीं होते। इसमें आहार्य अभिनय की अपेक्षा 'कायिक' या दैहिक नृत्य-गतियाँ, प्रचंड वेग और ओजपूर्ण

अभिव्यक्ति की प्रधानता होती है। फुर्ती और मुक्त कलाबाज़ी, वेग और मार्शल आर्ट के प्रयोग से छाऊ को प्रभावशाली बनाया जाता है। 'भीष्मपितामह' के युद्ध का छाऊ देखते ही बनता है। कुछ प्रसंगों को 'स्वांग' के रूप में भी प्रदर्शन किया जाता है। इस संबन्ध में गोपालदास का उल्लेख किया जा सकता है।

बंगाल की 'जात्रा' का जन-रूप वैसे तो 16वीं शती में चैतन्य महाप्रभु के कृष्ण-नाम-संकीर्तन से प्रसिद्ध हुआ है, परंतु यह प्राचीनकाल से चला आता है। तीर्थयात्री, पथ-क्लांति दूर करने के लिए नृत्य-गीत का आयोजन करते थे, इसे ही जात्रा कहा जाता था। विद्वानों के एक वर्ग का यह मत भी है कि तीर्थ-यात्रा पूरी करने पर जब यात्री एकत्र होते थे तो संगीतमय अभिनय के माध्यम से देवी-देवताओं की महिमा का वर्णन करते थे, इसे जात्रा कहा जाता था, परंतु इसमें संदेह नहीं कि इसके कला-रूप की स्थापना और प्रसिद्धि चैतन्य महाप्रभु द्वारा हुई, इसे भी बंगाल के लोक-कला-रूप में ही जाना जाता है और वहाँ यह कालान्तर में सामाजिक, राजनीतिक घटनाओं पर उपहासात्मक टिप्पणियाँ, दृश्यरहित नाट्याभिनय, नृत्य आदि से समृद्ध और विकसित हुआ। वाद्ययंत्र, वेषभूषा सभी पुराने ढंग के होते हैं परंतु अब इसका कायाकल्प हो गया है। नाट्य-तत्त्व की निरंतर वृद्धि होती रहती है। इसी काल में महाभारत, रामायण आदि की कथाओं पर नाट्याभिनय का प्रारंभ हुआ, जो निरंतर अधिक परिष्कृत होता रहा। पिछले दिनों इसी कला-रूप में अनिमेष बैनर्जी द्वारा निर्देशित एक सशक्त नाटक हुआ था–'गंगापुत्र भीष्म'। नवें दशक में इस कला में नया विकास शंभूमित्र, उत्पलदत्त जैसे प्रतिभाशाली निर्देशकों, कलाकारों ने किया, जो देशी कलारूप में आधुनिकता का मानक प्रयोग है।

आसाम की लोक-विधा 'भाओना' पारंपरिक मनोरंजन का लोकप्रिय माध्यम है। इसे शंकरदेव (16वीं शती) से संबद्ध किया जाता है। उन्होंने इसे देशज और उपमंचनशील संस्थाओं से जोड़ा, जैसे धुलिया, ओजापाली आदि से। इसके लिए एक मिश्रित कला-भाषा ब्रजबुली का इस्तेमाल किया जाता है ताकि यह विधा सहज-सम्प्रेषित हो। इसके मंचन के लिए एक अस्थाई मंच का ढाँचा बनाया जाता है जिसे 'नामघर' कहते हैं। इसमें एक माह तक उत्सव होता है जिसे 'नटमेला' कहा जाता है। इसके पात्रों की वेषभूषा असमी होती है। प्रारंभ में सूत्रधार आता है जो नाटक की कथा और पात्रों की प्रस्तावना देता है, पात्रों का प्रवेश और निर्गमन सूचित करता है, विभिन्न स्थितियों का परिचय देता है, संगीत आदि की सूचना देता है। इसकी विशेषता यह है कि हर पात्र एक विशिष्ट लयात्मक

पद-संचार से आता-जाता है। संगीत मंडली 'गायन-बायन' प्रस्तुत करती है और प्रसंगों की कड़ी तथा प्रारंभिक चीज़ें बताती हैं। इसमें अनेक पारंपरिक और पौराणिक नाट्याभिनय होते हैं। महाभारत के प्रसंगों के अभिमंचन का भी यह माध्यम रहा है। आसाम में 'एक कथा कथन कला' भी है जिसमें महाभारत की कथाएँ कही जाती हैं। इस कला को 'व्यासगोया ओजपाली' कहा जाता है।

मणिपुर की 'मणिपुर ड्रामा यूनियन' ने रामायण महाभारत के अनेक प्रसंगों का लोक शैली में प्रदर्शन किया। इसके द्वारा मंचित महाभारत के प्रसिद्ध नाटक हैं : अभिमन्यु (2009), कृष्ण की अंतिम मुस्कान (2000), चक्र (1999), कुरुक्षेत्र (1960), शंकुतला (1957), वृषकेतु (1946), उत्तरा (1937), बभ्रुवाहन (1936), कर्ण-अर्जुन (1934)। प्रसिद्ध मणिपुरी निर्देशक रतन थियेम ने स्वयं एक नाटक 'चक्रव्यूह' लिखा और उसका मंचन सर्वथा नवीन परिकल्पना से किया। थियेम के नाटकों में मणिपुरी लोक कला मार्शल आर्ट आदि का पर्याप्त प्रयोग होता है।

यह उल्लेखनीय है कि महाभारत के प्रसंगों, चरित्रों से संबद्ध होते हुए भी सभी प्रदेशों की विभिन्न लोकशैलियों में रोचक और मार्मिक मौलिकताएँ रचे गए हैं।

विशेषकर निम्नवर्ग में महाभारत बहुत लोकप्रिय है। इस पर विचार करना चाहिए।

भीलों का भारथ : भगवान दास पटेल

'भीलों का भारथ' गुजराती लोककृति है, लोक की विलक्षण कल्पना और कथाओं से उत्पन्न प्रभावों का उन्होंने बड़ा रोचक, अतिरंजित बिम्ब इस रचना में उतारा है। इससे प्रतीत होता है कि कोई लोक-व्यापी कृति आदिवासी जन में करना युगंधरी रूप ले लेती है और कितने आश्चर्यजनक रूपों में ढल जाती है। 'भीलों का भारथ' में नाममात्र के लिए महाभारत के पात्र हैं। उनके चरित्र अप्रत्याशित रूप से बदले हुए हैं। लगता है महाभारत सिर्फ अलगनी है जिस पर भीलों ने अपनी कथा, अपने विश्वास, तर्क और अपने ही चरित्र टांगे हैं। संकलन होने से यह कथा सतत न होकर प्रसंगों के रूप में है। जैसे-शांतनु और गंगा; गांधारी और कुन्ती; द्रौपदी और वासुकि; द्रौपदी और भीम; पाण्डवों का शंखोद्धार युद्ध; कृष्ण और दानव; अभिमन्यु, नारद और कौरव; इन्द्राणी और अभिमन्यु; जैसे खंडों में बाँटा है।

आदिवासियों की मौलिक परिकल्पना से हटकर हम सोचें तो यह देखकर आश्चर्य होता है कि महाभारत किसी भी सर्जना को किस हद तक छूट देता है। जैसे यहाँ गंगा को आठ न होकर चार संतानें हैं। महाभारत वाली शर्त यहां भी गंगा; शांतनु के सामने रखती है और शांतनु स्वीकार कर लेते हैं। यहां भी उन्हें अपने हाथों से ही बच्चों को नदी में बहाना है। शांतनु तीन पुत्रों को तो गंगा में पत्थर पर पछाड़ कर मार डालते है, परंतु चौथी संतान पुत्री को नहीं मार पाते। वे उसे गुप्त रूप से अपने गुरु को देकर 'बादल महल' में आ जाते हैं। गंगा समझ जाती है कि राजा उससे झूठ बोल रहा है। वह तत्काल अपने मृत पुत्रों को जीवित कर राजा को सौंपकर चली जाती है। इनमें सबसे बड़ा गांगेय है और उससे छोटे हैं चित्रवीर्य, विचित्रवीर्य।

एक बार शांतनु बीमार होते हैं और 'कुंवारी कन्या, कुंवारी कन्या' कहकर

आह भरते हैं। गांगेय पूछते हैं कि पिताजी आपकी क्या हालत हो गयी है? आप 'न मरते हैं न जीते हैं।' तब शांतनु कहते हैं कि मेरा विवाह कुंवारी कन्या से कराओ। विवाह करते ही मैं मर जाऊंगा। राजा की इच्छा के अनुसार तीनों भाई विवाह का नारियल लेकर रंगराजा (सत्यवती के धर्म पिता) के पास जाते हैं। फेरे लेते ही शांतनु स्वर्गवासी हो जाते हैं। विधवा बेटी को रंगराजा शांतनु के तीनों बेटों को यह कहकर सौंप देते हैं– 'जहां सुई वहां उसके पीछे धागा।'

गांगेय माता की सेवा करता है। दोनों भाइयों को शक होता है। वे चोरी से माता के महल में जाते हैं। वहां गांगेय को मातृभाव से उसकी सेवा करते देखते हैं। ऐसा करने से उन्हें मनसा पाप लगता है। उससे मुक्ति के लिए उन्हें वृक्ष के तने में समाना होता है, जहां वे जलकर भस्म हो जाते हैं। दोनों भाइयों की विधवाएं निस्संतान हैं। माता कहती है कि संतान प्राप्त करने के लिए गांगेय के सामने से नग्न निकल जाओ। एक आंख बंदकर निकलती है, दूसरी गुप्तांग को ढंककर। इससे एक को अंधा धृतराष्ट्र होता है और दूसरी को पीला-पाण्डु। धृतराष्ट्र धवलगढ़ के और पाण्डु हस्तिनापुर के राजा होते हैं।

गांधारी और कुंती के जन्म की कथा भी विचित्र है। वे सप्तऋषियों के आश्रम में क्रमश: चील की हड्डियों और उसके रक्त-मांस से जन्म लेती हैं। बड़े होने पर ऋषि उनका विवाह धृतराष्ट्र और पाण्डु से कर देते हैं। वे गांधारी को अठहत्तर पुत्र और कुंती को पांच पुत्र होने का वरदान देते हैं।

कुंवारेपन में कुंती को जल में नहाता देखकर मुग्ध हुआ सूर्य उस पर अपनी किरण छोड़ता है, वह उसके पेट में चली जाती है और देखते ही देखते कपाल फोड़कर कर्ण निकल आता है। इसी तरह बाद में यमराज आदि अपने संसर्ग से उसे पुत्र देते हैं।

द्रौपदी की कथा और भी विलक्षण है। वासुकि, अर्जुन की उपस्थिति में उससे संभोग करता है। इस समय वह अपनी मूंछ के बाल से अर्जुन को खंभे से बांधे रखता है और जाते समय तलवार से मूंछ का बाल काटकर उसे मुक्त कर देता है। लोक-रचनाओं में– जैसा कहा गया है कि नागर वृत्तियों के आवरण हटाकर उसका नग्न रूप सामने आता है और निजंधरी परंपराएँ हावी हैं, जिनके स्रोत से लोककृति निर्मित होती है।

महाभारत में न वासुकि इतना शक्तिशाली है न परस्त्रीगामी; परंतु 'भीलों का भारथ' में वासुकि को इतना प्रबल प्रतापी और दु:साहसी इसलिए बताया गया है कि वह गुजरात और राजस्थान की जनजातियों का उपास्य है। इसलिए उसकी

शक्ति और साहस को अतिरंजित रूप में प्रस्तुत किया गया है। यहाँ तक कि वह पाण्डवों में सबसे वीर अर्जुन के सामने ही उसकी पत्नी से संभोग करने में समर्थ है। वह द्रौपदी की प्रचंडता को समर्पण की हद तक ले जाता है। इससे लोक में द्रौपदी के प्रति जो काम-अवधारणा है, उसका भी खुलासा होता है।

अभिमन्यु के विवाह की भी एक विचित्र कथा है। जब बाला (अभिमन्यु) बड़ा हो जाता है तो उसका विवाह करने के लिए भीम को शगुन लेकर विराट राजा के पास भेजा जाता है। विराट उसे माणाभर (लगभग ढाई किलो) राई देता है और कहता है, इतने बाराती लेकर आओगे तो मैं अपनी बेटी उत्तरा का विवाह अभिमन्यु से कर दूंगा। हर बाराती की मुट्ठी में एक-एक राई का दाना होना चाहिए और जब सबके दाने मिलकर एक माणा हो जाएगा तब मैं उत्तरा का विवाह अभिमन्यु से कर दूंगा। भगवान कृष्ण राई की मुट्ठी भरते हैं। सात मुट्ठी भरकर विभिन्न दिशाओं और लोकों में फेंकते हुए वे लाखों करोड़ों देवी-देवताओं को निमंत्रित कर देते हैं।

बारात लेकर जाते समय माता कुंती भीम को महल पर छोड़ जाती है। भीम कब मानने वाले थे! वे चुपचाप जाकर बारात से भी पहले विराट नगरी में पहुंच जाते हैं। वहां के सात भंडारों में भरी रसोई को अकेले खा जाते हैं। फिर एक पेड़ के नीचे खड़े होते हैं। कुंती उन्हें देख लेती है। वह उन्हें 'आन' दे देती है कि वह पेड़ को छोड़कर कहीं न जाए। भीम पेड़ को उखाड़कर उसी के सहित नगरी में प्रवेश कर जाते हैं और विवाह स्थल के पास पहुंचते हैं।

विवाह से पहले विराटिन एक पहेली रखती है—"समधियो, मेरी बात सुनो। दाने निकले बाजरे के भुट्ठे के पत्ते से रस्सी बंट कर दे दो। इसी से मंडप बनाएंगे।" कोई इस पहेली को बुझाने में समर्थ नहीं होता, तो भीम को बुलाया जाता है। वह विराटिन से कहता है कि "ठीक है, आप छलनी में पानी लेकर आओ तो मैं उसमें गूँथ कर रस्सी बना दूंगा।" रानी कहती है कि "छलनी में पानी कैसे लाया जा सकता है?" तो भीम कहते हैं- "तब दाने निकले भुट्टे के पत्तों से रस्सी कैसे गूंथी जा सकती है?" अंततः विवाह होता है। ऐसी अजीबो-गरीब कहानियां 'भीलों का भारथ' में भरी पड़ी हैं। ये सब उनके लोकाचार और कल्पनाओं का हिस्सा हैं जिन्हें उन्होंने महाभारत-कथा में गूँथ दिया है।

विचारणीय है कि क्या महाभारत के विराट कैनवास में इस तरह कथाएं कहने और चरित्रों को बदलने के लिए अवकाश है?

यह असंभव नहीं है, क्योंकि महाभारत स्वयं एक से एक विस्मायक कथाओं से भरा पड़ा है। आदिपर्व तो जैसे ऐसी कहानियों का भंडार है। नाग-पत्नी कद्रू की कहानी या जरत्कारु ययाति, नहुष आदि की सैंकड़ों अद्‌भुत कहानियां महाभारत में हैं। ऐसी अद्‌भुत रचनाएं नई-नई युक्तियों से कथा रचने की प्रेरणा बनें तो आश्चर्य ही क्या है। महाभारत में भीम के चरित्र में कैसे कैसे असंभव प्रसंग है, ऐसे ही प्रसंगों से पेड़ उखाड़ कर उसके सहित नगर में प्रवेश करने की कल्पना सहज है। ऊपर किए विवेचन के अतिरिक्त कदाचित अर्जुन की उस विवशता का, कि द्रौपदी को जीत कर भी वह सम्पूर्ण रूप से उसे पत्नी न बना सका, का लाभ भी नागराज वासुकि द्वारा संभोग की कल्पना में उठाया गया है। 'भीलों का भारथ' की विचित्र कथाएं और चरित्रांकन महाभारत के विविध आयामी विस्तार का संकेत भी देती हैं और उसमें लोक विस्मायक कल्पना की संभावना प्रकट करते हैं।

जगह-जगह आदिवासी संस्कृति और प्रवृत्ति की झलक 'भीलों का भारथ' में है। हर कोई पुरुष 'लंबी फलांग और छोटे डगों से' चलता है। यह हर नए प्रसंग में प्राय: कहा जाता है: 'एक दिन संजोग आया, संजोग का महा संजोग आया।' दरबार में 'गर्वीली-गर्वीली' बातें होती हैं। राजारानी, अतिथि आदि 'भम्मर पलंग' पर बैठाए जाते हैं, लोगों को वचन इस तरह दिया जाता है-''वाचा वाचा अमर वाचा, ब्रह्मवाचा, वाचा चूकूं तो खड़ा खड़ा सूखूं।'' कोई भी 'रस्ते-रस्ते चलते हुए' जाता है। पुरुष भी सोलह श्रृंगार करते हैं। तम्बाकू भरकर हुक्का मेहमान को दिया जाता है। ऐसे तमाम स्थानीय प्रयोग और भीलों के लोकाचार से भरा हुआ यह काव्य, वैचित्र्य का भण्डार है। महाभारत की लोकसृजनशीलता का एक प्रमाण यदि 'सारला महाभारत' में मिलता है तो दूसरा 'भीलों का भारथ में।

आठ : महाभारत का विश्व-वितान

- दक्षिण-पूर्व एशिया में महाभारत
- पीटर ब्रुक का महाभारत और उसके असमंजस
- महाभारत और विश्व के महान काव्य : इलियड, ओडिसी और शाहनामा

महाभारत का विश्व-वितान

दक्षिण-पूर्व एशिया में महाभारत

'महाभारत' न केवल भारतीय भाषाओं में पुनः पुनः सृजित हुआ है, बल्कि विश्व की अनेक भाषाओं और कलारूपों में यह भाँति-भाँति से रचा गया है। दक्षिण-पूर्व एशिया के अनेक देशों में तो यह उनके जीवन का अंग है।

इण्डोनेशियन परंपरा और संस्कृति में महाभारत की इतनी महिमा है, जो शायद भारत में भी नहीं है। 'जावा' की प्राचीन भाषा 'कवि' में 'जय' या 'भारत युद्ध' के नाम से महाभारत निबद्ध है। इसे भारत युद्ध ककविन कहते हैं। इसमें महाभारत के पर्व अद्वितीय हैं, सब महाभारत से अलग। विभिन्न राजाओं के समय अलग-अलग लेखकों द्वारा विभिन्न पर्व लिखे गए, उनके पाठ की ठीक तिथि भी दी गई है। जैसे पुरानी जावा में महाभारत का पाठ 14 नवम्बर से 12 नवम्बर 996 ई. को हुआ था। आदिपर्व और विराट पर्व 'वायाङ्' छाया नाटकों के पूर्व की कहानियाँ हैं जबकि उद्योग और भीष्मपर्व बाद की।

थाई में भी महाभारत भारत युद्ध नाम से जाना जाता है। वहाँ श्रीकृष्ण पर लिखी कविता, सावित्री पर लिखे नाट्यगान, नलचण्ड आदि प्रसिद्ध हैं।

'मानसचिंतन' में कामिलबुल्के ने लिखा है–'इण्डोनेशिया में रामायण की अपेक्षा महाभारत साहित्य का अधिक महत्त्व है।' फिर भी वहाँ रामायण और महाभारत का अद्भुत संयोजन हुआ है। उनके यहाँ कृष्ण को राम का और अर्जुन को लक्ष्मण का अवतार माना गया है। उनके लिए महाभारत का लीला-क्षेत्र भारत न होकर 'जावा द्वीप' है। वहाँ 'द्रोण'–'दूर्नो' है और 'कर्ण–कर्नो'। इण्डोनेशिया के राष्ट्रपति का नाम 'सुकार्णो' यानी 'सुकर्ण' था। उनका विश्वास था कि वे वास्तव में 'घटोत्कच' ही थे। उन्होंने अपने बेटे का प्यार का नाम 'घटोत' रखा था। प्रश्न यह है कि अर्जुन और भीम की अपेक्षा वहाँ घटोत्कच इतना लोकप्रिय क्यों है? इसका कारण है कि उस देश को जल-थल-नभ में युद्ध करना पड़ता है, और यह चमत्कारिक काम 'घटोत्कच' ही कर सकता है। वह अपने अत्यंत

वीरतापूर्ण मायावी रात्रि-युद्ध द्वारा अर्जुन का रक्षा-कवच बना था।

इसी तरह बालिद्वीप में जो महाभारत कथा है, उसमें सर्पों के राजा 'वासुकि' की बड़ी महिमा है। उसने सर्पवंश की रक्षा के लिए अपनी बहन 'जरत्कारु' का जरत्कारु ऋषि से विवाह कर दिया था। उनसे उत्पन्न पुत्र 'आस्तीक' ने ही जनमेजय के नागयज्ञ से नागों की रक्षा की थी। शिव ने वासुकि को अपने धनुष की प्रत्यंचा बनाया था, कृष्ण ने गीता में कहा है- ''मैं सर्पों में वासुकि हूँ।'' देव-दानव के समुद्र-मंथन में शक्तिशाली वासुकि को ही रस्सी बनाया गया था। संभवतः इसीलिए बालिद्वीप में वह इतना पवित्र है कि वहाँ के सर्वाधिक पावन मंदिर का नाम ही 'वासुकि' है जो अब बिगड़ कर 'बेसाकि' हो गया है। यह मंदिर बालि के भयानक ज्वालामुखी 'गुनङ आगुङ्' की क्रोड़ में स्थित है। वासुकि की इतनी महिमा और मंदिर की स्थिति के पीछे जो विश्वास है वह शक्ति की उपासना और सम्मान से जुड़ा हुआ तो है ही, परंतु बालि निवासियों का संभवतः यह भरोसा भी है कि वह ज्वालामुखी से बालि के मानववंश की रक्षा करेगा।

जावा द्वीप से प्राप्त 'भारत' जो लगभग 8वीं-9वीं शती के लगभग वहाँ गया होगा, इसमें 18 पर्व और 1948 अध्याय हैं। जावा के इतिहास में प्रथम शासक 'जडयन' राजा परीक्षित का पुत्र माना जाता है। इण्डोनेशिया के वर्तमान शासक अपने को परीक्षित के वंशज मानते हैं। यहाँ धर्म और नैतिकता के प्रतीक भी रामायण-महाभारत के पात्र हैं। राम और युधिष्ठिर; सीता और सुभद्रा आदि उनकी नैतिकता और धार्मिकता के सर्वोच्च मानक हैं,वे उन्हें जीने और जीतने की वास्तविक शक्ति देते हैं। अर्जुन के अत्यधिक महत्त्व के पीछे यह कारण भी है। कृष्ण जावा-वासियों के केन्द्रीय महापुरुष हैं। कृष्ण और अर्जुन के बारे में उनकी वही धारणा है जो गीता में कही गई है :

''यत्र योगेश्वरः कृष्णो यत्र पार्थो धनुर्धरः।
तत्र श्रीर्विजयो भूतिः ध्रुवा नीतिर्मति मम।''

विसंगति देखिए कि भारत में तो यह अंध विश्वास है कि पारिवारिक सुख-शांति के लिए महाभारत को घर में नहीं रखना चाहिए, जबकि इण्डोनेशियाई जीवन, भाषा, साहित्य और कलाओं में महाभारत सर्वव्यापी और उनका अंतरंग है।

इण्डोनेशिया में प्रायः तीन महाभारत ग्रंथों की चर्चा है-

1. तान खोन श्वी नामक चीनी प्रकाशन गृह केदीरी से प्रकाशित भाषा जावा में लिखा 'महाभारत',

2. जकार्ता से प्रकाशित 'से ज्यारा पाण्डवा',
3. श्री सालेह द्वारा डच शासन के अंत के बाद आधुनिक 'भाषा इण्डोनेशिया' में पुनर्रचित 'इण्डोनेशियाई महाभारत' जिसमें उक्त दोनों ग्रंथों का समाहार है, साथ ही समस्त प्राप्त सामग्री का भी संचयन-समावेश है। इस महाभारत का डॉ॰ चंद्रदत्त पालीवाल का हिन्दी अनुवाद भी उपलब्ध है।

इसके अध्ययन से प्रतीत होता है कि इसमें 1 से 78 अध्याय हैं–शांतनु से परीक्षित की मृत्यु तक। नामों में यत्किंचित फेरबदल है, जैसे निषाद राज मत्स्यपति हैं, सत्यवती दुर्गंधिनी और सयोजन गंधी है; अधिरथ-अधिपति कर्ण, युयुत्सु-युयुत्सेन आदि।

कथा में भी यहाँ-वहाँ किंचित अंतर है। जैसे परीक्षित को बचाने के लिए कश्यप की जगह धन्वन्तरि जाते हैं। जिनके गले में सांप लटकाया गया था वे ऋषि शमिक नहीं, सामिति हैं। व्यास ने पौत्रों को बताया कि दुर्योधन कलि का; शकुनि द्वापर का; दु:शासनादि राक्षसों का; कर्ण सूर्य का; अश्वत्थामा रुद्र का अवतार था। यक्ष की जगह 'सिलूमान राक्षस' प्रश्नकर्ता था। यक्ष-प्रश्न केवल दो प्रश्न समूहों में समेट दिया गया है। जयद्रथ ने जब द्रौपदी का हरण किया तो वह धौम्य मुनि की गोद में जा गिरी, जयद्रथ ने वहाँ से खींच लिया। इस पर ऋषि ने नैतिकता और मूल्य की रक्षा का उपदेश दिया।

इन मामूली परिवर्तनों से पता चलता है कि महाभारत कथा दार्शनिक और तात्त्विक प्रश्नों, भीतर-बाहर फैली कथाओं और अन्य विस्तारों के अलावा यहाँ प्राय: वैसी ही संक्षिप्त और सरल है।

चीनी भाषा में भी महाभारत के कई संस्करण निकले हैं। इससे चीन में भी महाभारत के प्रसार की सूचना मिलती है। इण्डोनेशिया में बहुत से चीनी मूल के नागरिक हैं। इन्होंने अपने को इण्डोनेशियाई संस्कृति में ढाल लिया है। इनके द्वारा भी महाभारत चीन में गया होगा। वैसे भी भारत से चीन में सांस्कृतिक निर्यात और प्रसार की एक समृद्ध परंपरा रही है। अस्तु

महाभारत पाठ और श्रव्य के अतिरिक्त इण्डोनेशिया की लोकप्रिय रंग-कला छाया नाटक में भी प्रस्तुत किया जाता रहा है। इसे वहाँ 'वायाङ्' कहते हैं। आज 'महाभारत वायाङ्' की संख्या डेढ़ सौ से अधिक है। ये विभिन्न धार्मिक पर्वों और पारिवारिक संस्कारों में प्रस्तुत किए जाते हैं। भाषा इण्डोनेशिया में इन्हें 'लोकोन' अथवा 'प्रसंग' कहते हैं। श्रीमती कमलारत्नम का कहना है कि ये

इण्डोनेशिया के जीवन में इस तरह शामिल हैं कि लोगों की अनुभूति के अंतरंग भाग हो गए हैं। 'वायाङ्-अर्जुन विवाह' के कवि ने लिखा है–"इस छाया नाटक को देखते समय लोग रोते हैं, हँसते हैं तथा भावोन्मत्त हो जाते हैं। यह जानते हुए भी कि यह केवल नाटक है और इसके पात्र सुचित्रित चर्मपुत्तलिकाएँ हैं।"

'वायाङ्' जावा से बाली द्वीप तक अभिनीत होते हैं। बालि में इनका रंगमंडल भी है।

इण्डोनेशिया के मूर्तिशिल्प में भी महाभारत की प्रस्तुति की गई है। और महाभारत का यह लेखन, मंचन और विभिन्न कला-रूप पूरे दक्षिण एशिया के जीवन में स्पंदित है। मंदिरों और मठों में भी इनके दर्शन होते हैं।

कंपूचिया में महाभारत का कंपूचिया-संस्करण है। कहा जाता है कि ब्राह्मण सोमेश्वर ने भगवान त्रिभुनेश्वर को 'भारत' की संपूर्ण प्रति नित्य पाठ के लिए अर्पित की थी। दूसरी प्रति सातवीं शती मध्य में आदिपुराण के संभव पर्व की भेंट की गई। सन् 928 में संपूर्ण महाभारत का वहाँ प्रचलन था। कंपूचिया में 'रूपंकर कला' (प्लास्टिक आर्ट) में महाभारत है। तीन त्रिकोण हैं। इनमें से एक में अप्सरा तिलोत्तमा; भीम और अर्जुन के बीच खड़ी है। (महाभारत में उसकी सृष्टि सुन्द-उपसुन्द दैत्यों के बीच दरार डालने और एक दूसरे से लड़कर खत्म होने के उद्देश्य से की गई थी। यहाँ वह किस अर्थ में प्रयुक्त है, यह अभी प्रकट नहीं हुआ है।) 1050 से 66 के बीच पेरामिड मंदिर बनाया गया।

दक्षिणी वियतनाम के चम्पा नगर और मलाया के दक्षिण की बण्डोल की खाड़ी (Bay of Bandol) की बाहरी वीथिका (गैलेरी) में कौरव-पाण्डव युद्ध अंगकोरवाट 12वीं शती में सूर्यवर्मन द्वितीय द्वारा बनवाया गया जो कौरव-पाण्डव युद्ध को 49 मीटर में चित्रित करता है। यह विश्व का सबसे बड़ा भित्ति शिल्पांकन (Bas-relief) है।

जापान में काबुकी रंगमंच (काबुकी थिएटर) में काबुकी नाट्य 'नरुकामी' में ऋष्यश्रृंग की कथा अभिनीत होती है। इसे जापान में एकश्रृंग कहा जाता है। यह जापान की विभिन्न विषय की एक चयनिका में है, जो सूत्र और विनय (पिटक) में संभवतः सन् 576 में संगृहीत की गई थी। यह कथा, कुछ नामों के अलावा महाभारत की ही है। एकश्रृंग ने औरत कभी न देखी थी। पहली बार राजा लोमपाद की पुत्री को देख कर पथभ्रष्ट हो गया। यह पूरी कथा चीनी से फ्रेंच में अनूदित हुई और मध्य यूरोप में पहुँची जो बुद्ध दंतकथा के हाथ लग गई। ह्वेनसांग ने एक गांधार की कुटिया या आश्रम (Hermitage) का जिक्र किया जहाँ एकश्रृंग स्वात पहाड़ की तलहटी में रहता था। एकश्रृंग जापानी और तिब्बती

मुखौटों में भी है। वह चीनी मिट्टी में भी बनाया गया है।

यह कथा प्रकट करती है कि संस्कृतियाँ किस तरह अज्ञात रूप से यात्रा करती हैं। महाभारत कैसे दक्षिणपूर्व एशिया से जापानी, चीनी पाठ में चला गया और बुद्ध धर्मावलंबियों में उतर गया!

251 ई० में बौद्ध भिक्षु कांग सेंग हुइ (K'ang-Seng-hui) ने छह भागों में बौद्ध कथाएँ संगृहीत कीं, जिनसे पता चलता है कि धृतराष्ट्र के सौ पुत्र थे। दर्शन आदि की कथाएँ भी हैं जो महाभारत मूल की हैं। महाभारत के स्त्री-पर्व में अध्याय 5-6 में आई प्रतीक कथा (देखें लेखक की पुस्तक 'शाश्वतोऽयं) भी कांग ने संगृहीत की है। यह अद्‌भुत दार्शनिक कथा है।

मलाया के शास्त्रीय मलय साहित्य में 'हिकायत पाण्डव जय' (HPJ) (The Cronicle of Victorious Pandawas) और 'हिकायत पाण्डव लिमा' (HPL) (The Cronicle of the five Pandawas) कथा हैं। ये ग्यारहवीं शती में जावा की कमविन द्वारा रचित 'भारत युद्ध' से ली गई कथा हैं। चरित्रों के नाम, घटनाओं के रूप स्थानीय सांस्कृतिक परिवेश के अनुरूप कर लिए गए हैं। असत्य और अन्याय पर सत्य और न्याय की विजय यहाँ भी है। कुछ संशोधन और कुछ जोड़ने के अलावा इस मूल धारणा में कोई परिवर्तन नहीं किया गया है। स्थानीय गंध के साथ उसकी आत्मा यथावत् है। भानुमति (दुर्योधन की पत्नी) का नाम देवी भानुवती है, दु:शासन का नाम 'साङ्दुरशासन' है। युधिष्ठिर महाराजा धर्मवाङ्सा हैं। स्त्री के नाम के पहले देवी और राजा के लिए महाराजा शब्द का उपयोग वहाँ की परंपरा है।

पश्चिम में अनेक पश्चिमी विद्वानों ने महाभारत का गहरा अध्ययन किया है। इनमें हॉपकिन्स, जासैफ ढालमान, मैकडानल, गिन्टसर, मासिलकोन और रूसी मुख्य हैं।

महाभारत का प्रभाव फारसी के अमर महाकाव्य 'शाहनामा' पर कई घटनाओं, प्रसंगों, चरित्रों, विचारों और दर्शन पर भी हुआ है, जिसका उल्लेख अगले अध्याय में किया जाएगा।

जब कोई बड़ी कृति विभिन्न लेखकों, भाषाओं, देशों और संस्कृतियों में जाती है तब उसके मूल स्वरूप में वे अपनी-अपनी अवधारणा, संस्कृति और धर्म की कुछ न कुछ छाप लगा ही देते हैं, यह उस कृति से अपने को जोड़ने की गहन अंतरंग इच्छा का सूचक भी है और कहीं उस कृति का लाभ उठाकर अपने धर्म, समाज, संस्कृति, भाषा आदि का प्रचार भी है। इस तरह के प्रयत्न भारत में ही विभिन्न भाषाओं, धर्मों और प्रदेशों में हुए हैं।

इन्हीं प्रयासों में से एक हमारे सामने विलियम जोन्स की महाभारत संबन्धी कविता भी है जिसमें उन्होंने पाण्डवों और द्रौपदी के माध्यम से क्रिश्चियन धर्म और पाश्चात्य जीवन शैली को महाभारत पर आरोपित किया है। पाप-स्वीकार की यह कहानी इस प्रकार है : अर्जुन के बाण से एक असाधारण वृक्ष का फल नीचे गिर जाता है तो हाहाकार मच जाता है, तब आकाशवाणी होती है कि यदि पाण्डव एक-एक कर अपना पाप स्वीकार करें तो फल वापस डाल पर लग जाएगा। युधिष्ठिर, भीम, अर्जुन, नकुल, सहदेव क्रमशः अपना-अपना पाप स्वीकार करते हैं, जैसे-जैसे कोई एक पाप-स्वीकार करता है, फल ऊपर उठता जाता है। अंत में द्रौपदी अपने पाप के रूप में विवाह-पूर्व किसी से एक चुम्बन को स्वीकार करती है, तब फल डाली से लग जाता है। कवि पश्चिमी स्त्रियों से पूछते हैं कि 'ऐसा पातिव्रत्य देखा है?' यह एक व्यंग्य प्रतीत होता है कि विवाह से पूर्व चुम्बन लेने वाली को भी भारत में पतिव्रता कहा जाता है! इसका यह भी अर्थ निकलता है कि भारत में ऐसी पतिव्रताएँ होती हैं जो विवाह-पूर्व मात्र एक चुम्बन को भी पाप मानती हैं। यह मनगढ़ंत बेतुकी कथा-कविता भ्रांति और विसंगति से भरी हुई है। यह रहस्य है कि कौन-सा वह असाधारण पेड़ है जिसका एक फल टपक जाने से हाहाकार मच जाता है? आकाशवाणी पाप-स्वीकार के लिए क्यों होती है और कौन करता है? पाप-स्वीकार से फल जादुई ढंग से कैसे धीरे-धीरे उठ कर पेड़ से वापस लग जाता है? पाण्डवों के पाप-स्वीकार पर कोई टिप्पणी न कर कवि द्रौपदी के पाप-स्वीकार का उल्लेख कर पाश्चात्य स्त्रियों से, उनके लिए एकदम अप्रासंगिक प्रश्न क्यों पूछता है? पाप-स्वीकार की अवधारणा, ईसाई धर्म में है। यह उसके प्रताप की स्थापना है। प्रश्न यह है कि इसके लिए पाण्डवों का सहारा क्यों लिया गया है?

विलियम जोन्स ने यद्यपि भारत में आकर संस्कृत सीखी थी और अनेक रचनाओं के अनुवाद किए थे, परंतु उनका प्रयोजन हमेशा संदिग्ध माना गया है। वैसे यह समझ में नहीं आता कि अपने धर्म के प्रचार के लिए दूसरों के धर्म पर प्रहार क्यों किया गया है?

खैर, महान कृति के प्रभाव के परिप्रेक्ष्य में अनुकरण से लगाकर विकृति और स्व तथा स्व मत स्थापना के कई उदाहरण मिलते हैं। इसे हम महाभारत के ऐसे प्रभाव के रूप में ले सकते हैं, जिसके माध्यम से लोग अपना धर्म प्रचारित करते हैं, इसके लिए वे कृति को विकृत करने से भी नहीं चूकते।

पीटर ब्रुक[1] का महाभारत और उसके असमंजस

A work which only India could
have created. but which carries
echoes for all Mankind.

-Peter Brook

(यह ऐसी कृति है जिसका सृजन केवल भारत द्वारा ही किया जा सकता था, परंतु जिसमें समस्त मानवता की गूंज हो)

इसी विराट दृष्टि से पीटर ब्रुक ने महाभारत नाटक/ फिल्म की प्रस्तुति की।[2] वे महाभारत को महान काव्यात्मक इतिहास कहते हैं। महर्षि व्यास ने भी इसे इतिहास कहा था। परंतु पीटर इस निष्कर्ष पर अपनी अन्वीक्षा और अन्वेषण से पहुंचे हैं और उन्होंने इसे अनेक अध्येताओं द्वारा –'भाई–भाई का युद्ध', 'अनैतिहासिक', 'मिथकीय' कहकर छोटा करने के प्रयासों का प्रतिवाद किया है।

फिर भी महाभारत मात्र इतिहास नहीं है। वह अप्रतिम महाकाव्य है। इसलिए कल्पना, मिथक और सौन्दर्य के अन्य उपादानों का इसमें सम्मिलित होना स्वाभाविक है। प्राचीन भारतीय साहित्य में अतिमानवीय और दैवीय तत्त्व जुड़े होते थे, जो तब सहज विश्वास का विषय थे। फिर 'जय' काव्य से 'महाभारत' तक की यात्रा कोई 700 वर्षों की है। इस बीच 'वैशम्पायन' और 'सौति' द्वारा उसका पुनर्वचन तो हुआ ही है, अनेक कथावाचकों, पाण्डुलिपिकारों आदि के हाथ भी इसमें लगे हैं। इसलिए भी इसमें अनेक मिथकीय तत्त्वों,

1. नाटय लेख/पटकथा लेखक: जीन क्लॉड केरियर (ळमंद बसंनक ब्ंतपमतम)। इस आलेख में प्राय: पीटर ब्रुक का उल्लेख है। इसमें जीनक्लॉड को अंतर्हित माना जाए।
2. यह विश्लेषण नाटक पर आधारित है।

कथाओं आदि का समावेश हुआ है और कई कालखण्डों के आस्था-विश्वासों ने जगह पाई है।

पीटर मानते हैं कि महाभारत एक ब्रह्मांडीय (कास्मिक) रचना है। इसलिए वे इसके विराट् केन्वास को वैश्विक रंगों से बुनते हैं। वे विश्व के कोने-कोने से अभिनेता चुनते हैं। इसमें भारत की भी एक अभिनेत्री मल्लिका साराभाई है। शेष पात्र यूरोप, अमेरिका, अफ्रीका, फ्रांस, जर्मनी आदि अनेक देशों के हैं। ये विभिन्न रंगों, रूपों, जातियों, धर्मों, संस्कृतियों से आते हैं। निर्देशक की यह विशेषता है कि वह सारे पात्रों को एक ऐसी लयात्मक भूमिका में उतारता है जहां वे अपने वैविध्य से विश्व भी रचते हैं और महाकाव्य में अपनी-अपनी भूमिका के साथ समरस भी होते हैं।

पीटर ने भारत के सांस्कृतिक स्वभाव को समझने के लिए जीन क्लॉड के साथ कलकत्ता, मुंबई, दिल्ली, तमिलनाडु, कर्नाटक, केरल आदि की व्यापक यात्रा की थी। उन्होंने विभिन्न भागों की नागरिक और लोक-कथाएं, वेशभूषा, नाट्य प्रयोग, रहन-सहन, अस्त्र-शस्त्र आदि का अपने नाटक में कलात्मक समावेश कर भारत की सम्मिश्र संस्कृति और सर्व समावेशी अन्तश्चेतना को अभिव्यक्ति दी है। परिणामस्वरूप यह नाटक भारत की समग्रता का दर्पण बन गया है। यह ठीक है कि हमारी अभ्यस्त रुचियों को आरंभ में तो यह कुतूहलपूर्ण लगता है, परंतु कुछ देर में ही वह हमारे अपने नाट्यास्वाद में बदल जाता है। इसमें निर्देशक के कौशल, अभिनय की परिपक्वता और सृजनशीलता का ऐसा समागम है जो निश्चय ही उस अनुभूति का पर्याय है, जो किसी देश की संस्कृति और काव्य की सम्पृक्ति में घटित होती है।

पीटर कहते हैं कि 'महाभारत को मुट्ठी में बंद करना असंभव है।' यह ठीक है। उसमें पाठ, उप पाठ, अंत:पाठ, अनुलोम-विलोम पाठ, समानांतर पाठ आदि के अनेक स्तर हैं। अंत:कथाएं तो ऐसी हैं, जिन्हें हटा देने पर महाभारत का कोई बड़ा सांकेतिक अर्थ ही खिसक जाता है। जैसे वनवास-काल में मैथुन-रत मृगयुग्म पर पाण्डु का शरसंधान। इसे हटा देने पर न केवल बहुत से संकेत और आशय नष्ट हो जाते हैं बल्कि पाण्डु का चरित्र और वन यात्रा की सांकेतिकता समाप्त होकर कथाप्रवाह के समुचित विकास में बाधा पैदा हो जाती है। इन्हीं कारणों से महाभारत को एक फिल्म या नाट्यकृति में संक्षिप्त करना बेहद चुनौती भरा काम है, जिसका सामना पीटर ब्रुक और जीन क्लॉड ने यथासंभव किया है। इसमें संदेह नहीं कि संक्षिप्तीकरण में कई जगह महाभारत

का सरलीकरण हो गया है; परंतु अपनी संस्कृति, संस्कारों और परम्पराओं से भिन्न प्रकार की संस्कृति की एक विराट, जटिल, अनेक अनुशासनों से युक्त, बहुस्तरीय रचना को शेष विश्व के लिए ग्राह्य और विश्वसनीय बनाकर उसका एक विश्व-संस्करण तैयार करने जैसे कठिनतम काम में उन्हें यथेष्ट सफलता मिली है।

यह जानते हुए भी कि ऐतिहासिक और ब्रह्मविद्यापरक सत्य अपनी प्रकृति से ही विवादास्पद होता है। (Any historical and theological truth controversial by its nature—P.Brook) और महाभारत इसी प्रकृति का काव्य है, पीटर ने महाभारत को विस्तृत रूप में ढालकर मंचित करने का जोखिम उठाया है। उन्होंने कथावस्तु और चरित्रों का युगानुसार युक्तियुक्तकरण करने की कोशिश की है और चाहा है कि कुछ भी असंगत और असम्बद्ध न रह जाए। संभवत: इसीलिए (उनके अनुसार) अतिरिक्त भार हटाकर कथा को उसके मौलिक अवयवों के साथ प्रस्तुत किया गया है। अतिमानवीय और दैवीय घटनाओं को मानवीय बनाने के लिए उन्हें बदला या हटाया गया है, जबकि समस्त विसंगतियों, विरोधाभासों और ज्वार भाटों जैसा उत्तोलन-वितोलन महाभारत का सौन्दर्य हैं। अतिमानवीय घटनाओं के भी अपने प्रयोजन और संकेत है।

पश्चिमी साहित्य के अभ्यस्त आमतौर पर रचनाओं में चरित्र के दो वर्ग जानते हैं-अच्छे या बुरे। महाभारत ने भी प्रारंभ में तो अपने चरित्रों को दो वर्गों में बांटा है, परन्तु काव्य में यह वर्गीकरण औपचारिक हो गया है। इससे पात्र टाइप होने से बच गए हैं। इसीलिए उसमें वर्गीकरण का ढांचा बहुत लचीला है। चरित्रों को स्थिर नियति नहीं है? महाभारत का कोई पात्र न पूरी तरह सदोष है न निर्दोष। उसमें उच्चावच देखे जा सकते हैं। यही कारण है कि वर्ग निर्धारित कर उनके युक्तियुक्तकरण के बहुत से प्रयासों ने उन्हें सपाट और टाइप बनाया है। यदि दुर्योधन सर्वथा उजड्ड और क्रूर होता, जैसा पीटर ने दिखाया है, तो वह न तो एक श्रेष्ठ प्रजापालक राजा के रूप में मान्य होता न युधिष्ठिर को पाण्डवों की बजाए, स्वर्ग में दिखाई पड़ता। यदि युधिष्ठिर सर्वथा सत्यवादी होते तो धरती से ऊपर चलने वाला उनका रथ धरती पर न टिक जाता। महाभारत दिखाता है कि ईश्वर ने सृष्टि को गुण-दोषों से मिलकर बनाया है, इस विधान से स्वयं ईश्वर भी ऊपर नहीं है-यदि वह संसार में अवतार लेता है तो। इसी अवधारणा के कारण महाभारत जड़ीभूत रचना नहीं बन सकी है। इसीलिए तार्किक दृष्टि से युक्तियुक्तकरण करते ही उसका सूक्ष्म, जटिल स्नायुजाल बिखर जाता है।

महाभारत की अनेक परवर्ती कृतियों में यह किया गया है। इससे उसका अर्थसंकुल संघात, ज्ञान, तत्त्व मूलकता और सर्जनात्मक अवकाश खो गया है। इससे स्वयं वे रचनाएँ भी औसत हो गई हैं।

महाभारत और भारतीय संस्कृति की प्रकृति को समझने और नाटक को निष्ठापूर्वक रचने में यद्यपि पीटर ने कोई कोताही नहीं की है, फिर भी किसी देश की संस्कृति और मनुष्य के पारस्परिक संबंधों की जटिलता को सांगोपांग उतारना, किसी विदेशी के लिए साधरणतया कठिन होता है, खासकर उस रचना को जो संस्कृति की प्रतिनिधि हो। भाषा के संस्कृतिमूलक पर्यायवाचियों का चयन भी कठिन होता है। ऐसे कई मामलों में पीटर और क्लॉड असमंजस में थे। वे न 'धर्म' का पर्याय ढूंढ़ सकते थे, न 'मंत्र' का न 'माया' का; क्योंकि 'रिलीजन', 'सीक्रेड फार्मूला' और 'एक्स्ट्रा ऑर्डिनरी ट्रिक' इनके पर्याय नहीं हो सकते। क्योंकि उनकी व्यापक संस्कृतिमूलक अर्थसत्ता है।

महाभारत को संक्षिप्त करने में वे लाक्षागृह कांड के बाद के पांडवों के अज्ञातवास को, द्यूत के बाद के बनवास से मिला देते हैं। इससे न केवल पूर्वापरता का दोष आया है वरन किसी देश विशेष के मानव-स्वभाव, संबंधों की विशिष्टता आदि की पहचान में गंभीर चूक से विसंगति आई है। भीम का हिडिम्बा से विवाह (या संबंध) प्रथम अज्ञातवास में हुआ था, जब पांडवों के साथ द्रौपदी नहीं, कुंती थी। परंतु पीटर ब्रुक के महाभारत में इस घटना के समय द्रौपदी थी। क्या द्रौपदी इसे सहज स्वीकार कर लेती? कुंती की तरह अनुमति दे देती? जब अर्जुन, सुभद्रा हरण कर लाए थे तब द्रौपदी कितनी आहत हुई थी और अर्जुन कितने डरे हुए थे। अपने देश के स्त्री-पुरुष संबंधों के अभ्यस्त पीटर से भारतीय स्त्री की मनोदशा समझने में चूक हुई। यहाँ तो सपत्नी से ईर्ष्या-द्वेष पर लोक और नागरिक काव्य में कितना कुछ लिखा गया है? फिर द्रौपदी अपनी रक्षा के लिए अर्जुन और युधिष्ठिर पर नहीं, भीम पर निर्भर थी। क्योंकि हर बार ऐसे समय भीम ही उसके पक्ष में खड़े रहे। क्या भीम का एक राक्षसी के पीछे चल देना द्रौपदी को कुरुचिपूर्ण नहीं लगता? पश्चिम और भारत के पति-पत्नी संबंधों में बहुत अंतर है। भारत में दाम्पत्य के बीच तीसरे के हस्तक्षेप की प्रतिक्रिया में तलाक नहीं होता बल्कि चिर घुटन होती है। इस मामले में पश्चिम की सामाजिक दृष्टि भी अलग है। संभवतः पीटर ने महाभारत की कथा के अनुरूप सोचा हो कि द्रौपदी से विवाह करने के लिए अर्जुन ने इसलिए इंकार कर दिया था कि बड़े भाई के विवाह से पहले छोटा भाई विवाह कैसे करे?

यदि भीम का उदाहरण सामने था तो अर्जुन यह बात क्यों कहता? अर्जुन के इस कथन पर अगर अन्य काई भाई प्रतिवाद नहीं कर सका, तो कम-से-कम भीम ही कर देता। परंतु किसी ने ऐसा नहीं किया; धर्मराज ने भी। ऐसी स्थिति में पीटर का यह सोचना स्वाभाविक है कि भीम का हिडम्बा से विवाह, द्रौपदी से विवाह के बाद होने में कोई कठिनाई नहीं थी। परंतु भीम से हिडिंबा के विवाह का कारण, समय और प्रक्रिया बिल्कुल भिन्न थी।

सामान्य नैतिक और लौकिक दृष्टि से कृष्ण महाभारत के सबसे विचित्र चरित्र हैं। अनेक अंतर्विरोध उनमें हैं; दिखने और होने के बीच कई दरारें और दर्रे हैं। लौकिक या अलौकिक सत्ता के रूप में कृष्ण का एकांतिक मूल्यांकन 'महाभारत के कृष्ण' के लिए असंभव है। आमतौर पर उनके चरित्र का युक्तियुक्तकरण करने में लेखक लड़खड़ाए हैं। कृष्ण के चरित्र को लोक-सामान्य बनाने के लिए पीटर ने ही नहीं कई लेखकों ने ऐसे प्रसंग निकाल दिए हैं जो मानवीय कसौटी पर खरे नहीं उतरते या सरासर दैवीय प्रतीत होते हैं।

यह युक्ति आंशिक सफल रही है। परंतु दैवीय तत्त्वों की लौकिक व्याख्या महाभारत के ढांचे और प्रयोजन में प्राय: संभव नहीं है। कृष्ण को सामान्य मानव के रूप में रचते हुए, पीटर ने कृत्रिम बादल से सूर्य को ढंकने वाली कृष्ण की माया को असाधारण युक्ति (Extra ordinary trick) कहा है, परंतु द्रौपदी का चीर बढ़ाने वाले अलौकिक प्रसंग से वे अपने को कहां बचा पाए? वस्तुत: कृष्ण के ही पाठ में प्राय: अवपाठ है। पीटर ने कृष्ण को सौम्य और चतुर व्यक्तित्व के रूप में प्रस्तुत किया, परंतु वे उन्हें विलक्षण कामों के बावजूद भव्य और दिव्य रूप न दे सके। संभवत: इसलिए भी कि वे महाभारत को इतिहास के रूप में चित्रित करना चाहते थे। परंतु महाभारत के भीतर जो कुछ तीव्रता है वह उसे अंत और प्रभाव तक नहीं जाती है। यही विशेषता उसे विश्व के अन्य काव्यों से अलग करती है। युद्ध-कथा का ऐसा उदास, शांत और लयात्मक अंत, क्या सुलभ है? कृष्ण का निश्शब्द निधन एक अनाम व्याध के शर से होता है। उनकी नगरी समुद्र में लीन हो जाती है। द्रौपदी सहित पाण्डव हिमालय की ऊंचाईयों पर चढ़ते-चूढ़ते सूने बर्फीले विराट में दम तोड़ देते हैं और युधिष्ठिर जिस लोक में पहुंचते हैं वहां से नर्क का साक्षात्कार करने जाना पड़ता है। महाकाव्य जीवन भर हाहाकार करते कौरव-पाण्डवों के राग-द्वेष रहित, सुख-दु:ख से ऊपर, ऐसी निस्पृह शांति में अपना समापन करता है जो जीवन की प्रत्यक्षता से अधिक दर्शन की अनुभूति है। ये सब स्थितियां और दशाएं पल-पल विकसित अवपाठ, और

अंत:पाठ के कारण होती हैं जो शरीर में प्राण की तरह संचरित हैं। पीटर अपने अंत को नाटकीय तो बना सके, परंतु उसे उदात्तीकरण में नहीं बदल सके। उन्होंने स्वर्ग तक सीढ़ी बना दी और इन्द्र की जगह दरबानों द्वारा कुत्ते को प्रवेश करने देने से इंकार करने के लिए रख दिया। इससे क्या यह घटना लौकिक हो गई?

भीष्म; युधिष्ठिर, कुन्ती आदि श्रेष्ठ चरित्रों की कोटि में आते हैं, परंतु इनके चरित्रों में भी ऐसे तत्त्व मिलते हैं जो इनके यश के प्रतिकूल हैं। पीटर ने उनको जिन युक्तियों से दोषमुक्त करने का प्रयास किया है, उनमें से एक है संवाद की अपनी योजना–जैसे भीष्म के लिए यह नितांत लज्जाजनक था कि भरी सभा में द्रौपदी पर अन्याय होता देखकर भी वे मौन रहे। पहले तो उन्होंने प्रश्न का उत्तर नहीं दिया, बमुश्किल दिया भी तो ऐसा जो उनकी तटस्थता की बजाए संवेदनहीनता, अविवेक और निर्वीर्यता ही प्रकट करता है। पीटर ने इस दोषारोपण को हटाने के लिए द्यूत से पहले एक संवाद का आयोजन किया जिसमें युधिष्ठिर भीष्म से यह वचन ले लेते हैं कि द्यूत क्रीड़ा में वे किसी भी स्थिति में कुछ नहीं बोलेंगे। भीष्म अपने वचन से बँधे थे। इसलिए प्रत्यक्ष अनाचार और अन्याय देखते हुए भी वे चुपचाप कसमसाते रहे और जब विवश होकर उन्हें द्रौपदी के प्रश्न का उत्तर देना ही पड़ा तो 'नरो वा कुंजरो वा' जैसा उत्तर दे दिया। पीटर द्वारा आयोजित कुंती का यह वचन व्यास के सृजन-स्वभाव से गलत था जिन्होंने अपने चरित्रों की त्रुटियों और अपराधों का बचाव नहीं किया। पीटर ने ही नहीं, महाभारत को अपनी विषयवस्तु बनाने वाले अधिकांश लेखकों ने विभिन्न चरित्रों के रूप चरित्र को बचाने के लिए भाँति-भाँति की युक्तियों का प्रयोग किया है, बिना यह जाने कि महाभारतकार ने अपनी कृति को आदर्शवादी न बना कर उसे एक सर्जना बनाया है। उन्होंने चरित्रों को सँवारने की कोशिश नहीं की बल्कि उसके सब पक्षों का उन्मोचन किया।

युधिष्ठिर और कुंती का बचाव भी खैर पीटर ने इसी युक्ति से करने की कोशिश की। अर्जुन ने स्वयंवर में रखी शर्त पूरी की थी, इसलिए द्रौपदी से उसका वरण न्यायसंगत और स्वाभाविक था। फिर भी अनवधानता में निकले कुंती के शब्दों को आज्ञा का स्थान देकर (जिस पर कुंती ने पश्चाताप और ग्लानि भी प्रकट की थी।) युधिष्ठिर ने केवल दिखावे भर के लिए यह कहा कि अर्जुन ने उसे जीता है, इसलिए वही उसका वरण करे। इस पर अर्जुन ने नम्रता प्रकट करते हुए औपचारिकतावश यदि यह कह दिया था कि बड़े भाई से पहले मैं विवाह कैसे कर सकता हूं, तब युधिष्ठिर को भीम के वरण की

याद नहीं रही और न वे अपने धर्मानुसार निर्णय पर अडिग रहे। उन्होंने तुरंत इस रूढ़ि को स्वीकार कर लिया और घोषित कर दिया कि सभी भाइयों से द्रौपदी का विवाह होगा। इन सब विसंगतियों के समाहार के लिए पीटर ने एक युक्तिसंगत तर्क दिया। उन्होंने कहा कि कुंती ने यह आज्ञा पहले ही प्रसारित कर रखी थी कि जो भी चीज लाओ, सब भाई बांट कर लो -"You must share every thing with brothers". यह कुंती का आकस्मिक नहीं, स्थायी आदेश था, और विशेष की अपेक्षा सामान्य था, विशेष परिस्थिति में उसका अपवाद संभव और स्वाभाविक था। खैर, अपने इस आरोपित तर्क के अनुसार पीटर ने एक ओर कुंती का बचाव किया और दूसरी ओर युधिष्ठिर तथा अन्य भाइयों का भी, जो पहले से ही द्रौपदी को ललचाई आंखों से देख रहे थे। कुंती को लेकर यह प्रश्न उठता है कि जब पाण्डव उससे आदेश लेकर द्रौपदी स्वयंवर में गए थे, तब उनके प्रसन्न लौट आने के कारण को रोजमर्रा की भिक्षा से जोड़ना कितनी नासमझी थी? इसके विपरीत कुंती को तो उनके विजयी लौटने की प्रतीक्षा करनी थी। इस वक्त वह न तो ऐसी बूढ़ी हुई थी न बेसुध कि कुछ भी कह देती। यह घटना को त्रासद मोड़ देने की एक युक्ति भर थी। परंतु इस प्रसंग में सबसे ज्यादा उंगली धर्मराज पर उठती है जिन्होंने न मां को समझाया न नम्रता में कहे अर्जुन के कथन को औपचारिक मानकर उसकी अवहेलना की। जिस स्त्री को उन्होंने अपने पौरुष से नहीं जीता था, उसके उपभोग का उन्हें क्या अधिकार था? इन असुविधाजनक प्रश्नों से अपने पात्रों की मुक्ति के लिए पीटर ने कुंती के स्थायी आदेश का सहारा लिया। और महाभारत के इस सामान्य नियम को आधार बनाया कि महाभारत में एक वचन जो निकल चुका है वह अनकिया नहीं हो सकता 'No word in Mahabharata once attened can be un-done' पीटर को लगा कि की यह सामान्य धारणा महाभारत की समस्त घटनाओं से प्रमाणित है। गांधारी का शाप कृष्ण को लगा तो अश्वत्थामा द्वारा उत्तरा के गर्भ को लक्षित ब्रह्मास्त्र ने आखिर उत्तरा के गर्भ की हत्या की ही। बाद में इन बातों को भले सँवारा गया हो, पर घटित तो हुई ही। परंतु अपवाद कहाँ नहीं होते? महाभारत में भी हैं...

महाभारत के अनुसार युद्ध के प्रारंभिक दस दिनों तक भीष्म के जीवित रहते कर्ण ने युद्ध नहीं किया। इसका कारण भीष्म द्वारा कर्ण को अपमानित करते हुए अर्द्धरथी कहना था। पीटर को लगा कि कर्ण जैसा वीर, जिस पर दुर्योधन की आशा टिकी थी, और जो स्वयं भी दुर्योधन का इतना कृतज्ञ और हितचिंतक

था, बच्चों की तरह किसी बात पर हठ ठानकर युद्ध कैसे छोड़ सकता है? यह न उसके लिए स्वाभाविक था न दुर्योधन द्वारा इसे स्वीकारना। पीटर ने इस प्रसंग को कर्ण के पक्ष में मोड़कर कर्ण के बारे में उठने वाले प्रश्नों का समाधान कर दिया। उन्होंने कहा कि भीष्म ने सेनानायक बनने का दुर्योधन का अनुरोध इसी शर्त पर स्वीकार किया था कि जब तक युद्ध क्षेत्र में वे रहें, तब तक कर्ण युद्ध में भाग न ले। मुझे लगता है कि महाभारत के किसी पाठ या पुनःसृजन में कहीं यह प्रस्ताव भी है, पर चयन और त्याग के विवेक से पीटर इस कथन से बच सकते थे। पीटर ने शायद यह नहीं सोचा कि इससे भीष्म और दुर्योधन दोनों प्रश्न के घेरे में आ जाते हैं। भीष्म ने यह शर्त क्यों रखी? दुर्योधन ने बिना विरोध इसे कैसे स्वीकार कर लिया, जब कि भीष्म से कम कर्ण उसके लिए अपरिहार्य नहीं थे? दुर्योधन के पक्ष में तो तर्क जुटाए भी जा सकते हैं, परंतु भीष्म के पक्ष में ऐसा कोई सबल तर्क नहीं दिया जा सकता।

महाभारत के साथ प्रायः हुआ यह है कि घटनाओं और चरित्रों का युक्तियुक्तकरण करने में एक जगह तो वह युक्तिसंगत तर्क बन जाता है परंतु दूसरी जगह उसमें दोष आ जाता है। महाभारत की विसंगतियों और अंतर्विरोधों के अपने तर्क हैं जो जीवन को संतुलित कर उसमें नई व्यंजना भरते हैं और संसार की जटिलता से हमारा साक्षात्कार कराते हैं।

बहरहाल उक्त तीनों उद्‌भावनाएं चरित्रों को तर्कसंगतता देने और स्थितियों को सम्हालने के सर्वोत्तम उपाय थे। परंतु हानि यह हुई कि इससे महाभारत की जटिल शैली का सरलीकरण हो गया। इस उपाय से तो महाभारत अन्य रचनाओं की तरह फार्मूला रचना बनकर रह जाती है।

द्यूत प्रसंग में द्रौपदी के प्रति जो वचन भीष्म और युधिष्ठिर के हैं, उन्हें पीटर ने गांधारी के मुंह से कहलाए हैं। भीष्म भी दो बार बोलते हैं—एक बार द्रौपदी के प्रश्न पर, दूसरी बार विदुर के कौंचने पर। परन्तु प्रमुख स्वर गांधारी का ही है। इससे पीटर ने युधिष्ठिर और भीष्म को तो यथासंभव उबार लिया, परंतु गांधारी का चरित्र संदिग्ध बना दिया। संवादों का यह विस्थापन गांधारी की दृष्टि से उपयुक्त नहीं रहा। आचरण संहिता संबन्धी प्रश्नों का उत्तर या समाधान, भीष्म और विदुर के रहते गांधारी करे, यह भी अटपटा लगता है। महर्षि व्यास ने गांधारी का चरित्र ऐसा रचा है, मानो वह कांटों के बीच खिला गुलाब हो। अपनी ममता और वात्सल्य के बावजूद उसने दुर्याधन, कौरवों तथा धृतराष्ट्र का किस-किस जगह विरोध नहीं किया? कुंती के प्रति उसके व्यवहार में कितनी

कोमलता थी। उसके चरित्र में अजब तरह की मृदुता है जिसमें क्रोध भी है, दया भी, शांति भी, नैतिकता और दृढ़ता भी। एकओर तो वह दुर्योधन को विजय का आशीष नहीं देती क्योंकि उसे धर्म मार्ग में प्रवृत्त कराना चाहती है, दूसरी ओर उसके शरीर को लौहवत् बनाने के लिए आंख पर बँधी पट्टी (जीवन में पहली बार) खोलती है। वह विगलित होकर भीम से प्रश्न करती है कि क्या बूढ़े मां-बाप के लिए 100 पुत्रों में से एक को भी छोड़ नहीं सकता था, वहीं कृष्ण को इस महासमर के लिए क्षमा नहीं करती, पतिपरायणा होने पर भी वह द्यूत का विरोध करती है, इतना ही नहीं, अपने पक्ष की गलत बातों का वह सर्वत्र विरोध करती है और धृतराष्ट्र को पुत्रमोह से बचने की सलाह देती है। जिसके चरित्र में ऐसा विवेक, ऐसी न्याय संगतता और स्पष्टता हो, उसे द्रौपदी के प्रति कठोर बनाने से पीटर क्या सिद्ध कर सके जबकि महाभारत युद्ध की समाप्ति पर वह द्रौपदी को समदु:खिनी मानती है?

एक और अन्याय पीटर ने गांधारी के साथ किया। वन में अंतिम क्षणों में धृतराष्ट्र, गांधारी से आंख की पट्टी खोलकर देखने को कहते हैं। वह अपनी प्रतिज्ञा का वास्ता देकर इसे नम्रतापूर्वक अस्वीकार कर सकती थी। पर वह झूठमूठ धृतराष्ट्र से कह देती है कि उसने पट्टी खोल दी है (जबकि वास्तव में खोली नहीं थी)। अपने पति के अंधत्व का लाभ उठाते हुए उससे अंतिम समय पर इस तरह छल करना गांधारी के चरित्र के विपरीत है। पीटर ब्रुक ने भारतीय नारी के पातिव्रत्य के आदर्श को ध्यान में नहीं रखा, जो गांधारी के लिए जीवन-तप ही था।

महाभारत की कुछ प्रासंगिक कथाएं दूर तक जाती हैं। वे उसकी वस्तु, चरित्र और प्रतीकात्मकता से जुड़ी हैं। महाभारत को संक्षिप्त करने के लिए कई लेखक इन्हें कथा से निकाल देते हैं। इससे महाभारत के कथ्य के बहुत से संकेत खो जाते हैं। उदाहरण के लिए खाण्डव वन दाह का प्रसंग है। यह तत्कालीन जातीय बुनावट और उनके केंद्र की ओर संकेत करता है। यहीं अग्निदेव द्वारा कृष्ण को सुदर्शन चक्र और अर्जुन को रथ, गाण्डीव धनुष आदि प्राप्त होते हैं। इनकी महाभारत युद्ध में क्या भूमिका है इसे सब जानते हैं। इससे आदिवासी समाजों के बारे में भी पता चलता है जो आर्यों की अधिकार-भूमि में रहते थे या आर्यों ने उनकी भूमि पर अपना अधिकार जमा लिया था। वे सर्वथा वनवासी थे और आर्यों की दृष्टि से बर्बर थे, पीटर ने इस प्रसंग को निकाल दिया जबकि उन्होंने अग्नि की ज्वालाओं को अपना मूल संकेत बनाया है। पीटर की यह

प्रतीकाग्नि खाण्डव वन दाह में पहली बार लक्षित हुई थी, दूसरी बार वह लाक्षागृह दहन में और तीसरी बार महाभारत के अंत में (वन में) प्रकट हुई थी। जनमेजय के भावी नागयज्ञ की वह प्रस्तावना भी थी। भारतीय आख्यानों की इस अंत:शृंखला को ध्यान में रखना ज़रूरी था।

लाक्षागृह अग्निकांड का प्रसंग भी निकाल दिया गया है जो कौरवों के विरुद्ध पाण्डवों का एक प्रबल तर्क था। दुर्योधन की क्रूरता, षड्यंत्र और कुटिलता का वह दस्तावेज था। यहीं सच्चे हितैषी विदुर का सदाशय और दुर्योधन का खलनायकत्व स्पष्ट हुआ। इसी की आड़ में पाण्डव उस समय तक बचे रहे जब तक द्रौपदी से विवाह और कृष्ण के साहचर्य से सबल न हो गए।

महाभारत युद्ध के क्षेत्र में दोनों सेनाओं के बीचों-बीच रथ रोककर कृष्ण और अर्जुन का संवाद पीटर को शायद अस्वाभाविक लगा, इसलिए उन्होंने गीता का पूरा प्रसंग; यहां तक कि संदर्भ ही निकाल दिया, जबकि यह घटना प्रतीकात्मक है और महाभारत की तत्त्व मीमांसा का आवश्यक पक्ष है। अर्जुन का संशय या हिचक और कृष्ण का उसे उत्साहित करना भर गीता की विषयवस्तु नहीं है, वह ज्ञान, कर्म, सांख्य योग और जाने क्या-क्या आयोजन करते हुए संसार के पटल पर खेले जाते एक विराट् नाटक का प्रतीकात्मक संदर्भ है। कहना न होगा कि पीटर ने इसे अवांतर या अवांछित समझकर महाभारत का विश्व के दूसरे महाकाव्यों से उसके अंतर और भारतीय संस्कृति के आंतरिक उपक्रम के निशान मिटाए हैं जिनका संबन्ध सिर्फ साभिप्राय कर्म, आदि का उपदेश ही नहीं है- उसके महाभारत के अंत: सूत्र, दार्शनिक दृष्टि और वैश्विक प्रतीति से है। खैर, नाटक या फिल्म के मजबूरी भी हो सकते हैं।

पीटर ब्रुक ने शायद अपनी धारणा और संस्कार के अनुरूप 'अर्द्धसत्य' के द्वन्द्व को नहीं समझा। उन्होंने यही ठीक समझा कि यदि अपने को सत्य के प्रति आश्वस्त करने के लिए सत्यवादी धर्मराज यदि इसी अर्धसत्य से सत्य कथन के प्रति आश्वस्त होते हैं तो यह द्वन्द्व ही क्यों? सीधे-सीधे अश्वत्थामा मारा गया कहकर बात को ख़त्म क्यों न किया जाए? परंतु युधिष्ठिर का अंतर्द्वन्द्व या अंतर्विरोध देखिए कि झूठ वे बोल नहीं सकते थे परंतु अपनी सेना को बचाने के लिए उन्हें सच नहीं बोलना था। इन दोनों के बीच जिस तरह यह प्रसंग रचा गया है, वह महर्षि व्यास की मानव मन में झांकने की अद्‌भुत क्षमता का परिचय देता है। सत्य के आभास या झीने पर्दे से वे अपने को सत्यवादिता के लिए आश्वस्त करना चाहते थे, वहीं दुनिया पर पड़ी सत्यवादी होने की छाप भी बचाए

रखना चाहते थे। इस तरह वे अपने प्रति भी भ्रम पालते हैं और दूसरों को तो भ्रमित करते हैं। इसमें काव्य-न्याय की भी विलक्षण रूप से रक्षा हुई है। युधिष्ठिर ने भले ही दूसरों की आंखों में और स्वयं अपनी आंखों में धूल झोंकी हो। वह कवि की निर्भ्रांत प्रज्ञा को भटका न सके और अंततः युधिष्ठिर के रथ के पहिए भूमि पर आ गए।

पीटर की कुंती युद्ध के पहले ही कर्ण को जन्म का रहस्य बता देती है, जबकि महाभारत में कर्ण के सेनापति बनने से पूर्व। इसका कारण यह है कि कुंती के लिए यह ऐसा गोपन रहस्य था, जिसे वह केवल तभी बता सकती थी जबकि इसके सिवा कोई रास्ता न बचा हो। पीटर द्वारा घटना-क्रम के विपर्यय के कारण इस रहस्य की गंभीरता कम हुई। संभवतः पाश्चात्य संसार में ऐसी घटना के सामान्य होने के कारण पीटर के सामने इस घटना का गहरा अर्थ प्रकट न हो सका।

मय द्वारा निर्मित भवन की भूलभुलैया में दुर्योधन जल-थल का भेद नहीं कर पाता। यह देखकर वहां खड़ी स्त्रियां उपहास से हँसने लगती हैं। परंतु इस प्रसंग में एक प्रवाद चल पड़ा है कि वहां द्रौपदी भी थी, जिसने कहा था 'अंधों के अंधे' यानी जैसा बाप वैसा बेटा। दुर्गा भागवत से लगाकर दिनकर (कुरुक्षेत्र) और आगे तक भी यह जुमला चला और चल रहा है। महाभारत के प्रमुख पाठ में तो इस दृश्य को देखती स्त्रियों का उल्लेख भी नहीं है परन्तु जहां दुर्योधन अपने अपमान और उपहास की शिकायत धृतराष्ट्र से करता है वहां अवश्य ही यह कहा गया है कि वहां स्त्रियां भी हँस रही थीं। संभव है 'अंधों के अंधे, जैसी अप्रामाणिक बात किसी गपोड़ी ने महाभारत में जोड़ दी होगी जो दंतकथा के रूप में चलते-चलते साहित्य में चली आई। इससे द्रौपदी प्रत्यक्ष रूप से 'महाभारत युद्ध' का कारण बनती है। द्रौपदी जैसी गंभीर, उत्तरदायी, शील सम्पन्न स्त्री के लिए, जो इस समय सम्राज्ञी है और जिसके पति अभी अभी राजसूय यज्ञ संपन्न कर चुके हैं- यह कथन सर्वथा असंगत है। इस कथन से द्रौपदी छिछली, छिछोरी स्त्री के रूप में दिखाई पड़ती है जो व्यास को अभीष्ट न था। फिर, गहमागहमी के इस वातावरण में एक सम्राज्ञी को निठल्लों की तरह तमाशा देखने और ठिठौली करने का समय ही कहां था। पीटर ने भी इस कथन का उपयोग किया है, उन्होंने भी संभवतः इसके परिणामों पर विचार नहीं किया।

चमत्कारों को हटाने की दृष्टि से पीटर ने 'यक्ष-प्रश्न' प्रकरण में बताया कि जलाशय का पानी जहरीला था जिसे पीने से चारों भाई मर गए। जब

युधिष्ठिर वहां पहुंचे तो पानी से उठी एक आवाज द्वारा किए गए प्रश्नों का उन्होंने उत्तर दिया। लेखक ने समझा होगा कि इस तरह दैवीय घटना को हटाकर उस प्रसंग को स्वाभाविक बना दिया गया है। परंतु पानी से आवाज आना क्या चमत्कारिक नहीं है? यक्ष की अवधारणा पर विश्वास न होने से पीटर के व्यास वहां आकर सभी पांडवों को बचा लेते हैं। क्या व्यास की उपस्थिति भी अपने में एक चमत्कार नहीं है? और जहरीला पानी पीने से मरे भाई जीवित कैसे हुए?

'When Karna calls for the weapon, he will forget its secret formula, and die' पीटर के परशुराम कर्ण को यह शाप देते हैं। यहां भाषा की सीमा का पता चलता है। वे ब्रह्मास्त्र के 'आवाहन-मंत्र' को 'Secret formula' कहते हैं, जबकि भारत में मंत्र की सत्ता विशिष्ट है जिसके भीतर एक आध्यात्मिक अर्थ भी होता है।

संजय की भूमिका में महर्षि व्यास को रखकर पीटर ने भले ही एक सर्जक की दृष्टि की ओर इशारा किया हो, परंतु अपने परिवर्तन से उन्होंने एक भव्य फैंटेसी की संभावना खो दी है। इतना ही नहीं, इस प्रसंग की एक अद्भुत नाटकीय सत्ता भी थी। आधुनिक युग के पत्रकार की पारदर्शी, दायित्वपूर्ण दृश्यांकन भूमिका भी अपने आप इसमें से निकल गई है। संजय धृतराष्ट्र को न केवल युद्ध-कथा सुनाते हैं, उनसे संवाद भी करते हैं और बार बार उन्हें युद्ध के लिए उत्तरदायी बताकर लताड़ते भी हैं। संजय की इतनी भूमिकाओं का लाभ तो पीटर ने खोया ही, महर्षि व्यास का दर्जा भी घटाया है। वे एक राजा (वह भी उनका पुत्र) को उसके पुत्रों की मृत्यु की कथा कैसे सुना सकते थे? पीटर ने भारतीय महर्षि की गरिमा और महत्तम शक्तियों को नजरअंदाज कर उन्हें एक सामान्य कथावाचक बना दिया। असल में भारतीय महाकाव्य के रूपायन में वह समग्र दृष्टि भी रखना होती है जो उसकी आस्था, परिकल्पना और अनुश्रुतियों में है।

नाटक में द्रौपदी का अभिनय करने वाली मृणालिनी साराभाई ने कहा था कि महाभारत एक स्थूल कथा ही नहीं, प्रतीकात्मक काव्य है। उसमें पांच पाण्डव पंचइंद्रियों के प्रतीक हैं। द्रौपदी मन है जो सभी इंद्रियों को अंगुलियों, हथेली की तरह जोड़ती है। पीटर ने इस प्रतीक की सुंदर व्यंजना की है। विवाह की वेला में द्रौपदी की हथेली पर एक पर एक सभी पाण्डव अपनी हथेली रखते हैं। इस प्रतीक की सटीक दृश्यात्मकता प्रस्तुत कर पीटर ने अपनी प्रतिभा का

परिचय दिया है।

नाटक में कहा गया है कि यह मानवता का इतिहास है। इसमें मनुष्य के सारे भाव, प्रवृत्तियां, अनुभव और कार्य व्यापार शामिल हैं। इसकी रचना हर युग में प्रासंगिक है। क्योंकि प्रासंगिकता स्थूल संदर्भों में नहीं, उसके संकेतों, अभिप्रायों में होती है।

इसमें कोई संदेह नहीं कि इस ऐतिहासिक महाकाव्य को पीटर ने मूल कथात्मकता के साथ आधुनिक रूप देने की भरसक कोशिश की है। कलि काल में जिन तीन बातों की ओर नाटककार ध्यान दिलाता है वे हैं 'Ambition, correption & commerce' क्या बीसवीं शती और इस इक्कीसवीं शती में हम इन स्थितियों से नहीं गुज रहे हैं? चारों ओर भ्रष्टाचार है, मनुष्य के भीतर तीव्र महत्त्वाकांक्षा है जिससे वह गलाकाट स्पर्द्धा में लगा हुआ है। आज बाजारवाद या वाणिज्य-व्यापार मनुष्यता की नियति बन चुका है। अगर महाभारत से ये संकेत निकलते हैं तो निश्चय ही आज वह प्रासंगिक है।

आतंकवाद और नरसंहार का यह वक़्त महाभारत को निरंतर अपने बाहर और भीतर घटित होते देखने का है। पीटर ब्रुक निश्चय ही महाभारत को यह विराट दृष्टि देने में समर्थ हुए हैं। उनकी फिल्म और नाटक ने महाभारत को विश्वव्यापी बनाने में सर्वाधिक भूमिका निभाई है। भारत को उनका ऋणी होना चाहिए।

महाभारत का विश्व-वितान

महाभारत और विश्व के महान काव्य

(इलियड, ओडेसी और शाहनामा)

विभिन्न रचनाओं की तुलना करने का प्रचलन साहित्य में है, परंतु क्या यह संभव है? उचित है? साधारण रचनाओं के बारे में भले ही यह हो सकता हो, परंतु महान कृतियों को लेकर यह कोशिश सृजन के विराट और जटिल व्योम से अनभिज्ञता लगती है। क्योंकि इसमें दो धाराएँ समान रूप से सक्रिय रहती हैं। पहली और सर्वोपरि सनातन धारा, जो सृष्टि के श्रेष्ठतम मूल्यों की धारा है। दूसरी देश-काल धारा जो रचना की लौकिक सार्थकता को धारण करती है। और भिन्न देश-काल में भिन्न रूप लेती है। ये दोनों धाराएँ सभी रचनाकारों के लिए उपलब्ध हैं। परंतु इनसे लाभान्वित वे ही हो पाते हैं जिनकी स्पन्दित आत्मा इनसे उन्मुख होती हैं। क्योंकि प्राय: सामान्य सर्जक केवल 'देश-काल' धारा तक पहुँच पाते हैं और कई तो अपने अहम् में निमग्न इस धारा तक भी नहीं पहुँचते। जो लेखक दोनों धाराओं से उन्मुख होते हैं, वे भी इनसे लाभान्वित होते हों, यह ज़रूरी नहीं। क्योंकि यह सर्जक के ग्राहक-संवेदन की तीव्रता पर निर्भर है। जिसका चैतन्य या ऐंटीना जितना संवेदित होता है, वह व्योम में तरंगायित सूक्ष्मतम ध्वनि को उतनी ही तीव्रता से पकड़ पाता है।

यह सब भी तकनीकी बन कर या मात्र अनुभूत होकर रह जाता है—यदि कलाकार की मौलिक स्वाधीन सत्ता रूपात्मक सृष्टि रचने में समर्थ नहीं होती। इस सृष्टि में उसकी रचना-प्रक्रिया के वे सारे तत्त्व मौजूद होते हैं जो चेतन-अवचेतन में सक्रिय हैं; जहाँ इन्द्रिय-बोध ही नहीं; भाव, अनुभव और ज्ञान के सारे या संभव आयाम संचित हैं और वह उनकी अभिव्यक्ति के प्रति स्पंदित और समर्थ हैं। इस तरह 'कला' विश्व-धाराओं से संश्लिष्ट होकर अपने स्वायत्त और निराले विश्व का निर्माण करती है, सर्जक में निहित है और उसे अन्य रचनाकारों से पृथक और मौलिक बनाता है। इसका कारण यह है कि यद्यपि उक्त दो धाराओं से अनेक स्रष्टाओं की मौलिक आत्मा की अंत:क्रिया चलती रहती

है, फिर भी यह कलाकार की प्रतिभा की विलक्षणता, स्तर और आत्मा के स्वभाव के अनुरूप अपना अद्वितीय विश्व रचती है।

कलाकार का स्वायत्त प्रातिभ चैतन्य एक ही नहीं अनेक निजी विश्व बनाने में समर्थ है जो अनेक नाम-रूपों, बिम्बों, घटनाओं, संयोजनों-वियोजनों में ढलता है, यह विभिन्न रचनाओं या एक रचना के भीतर अनेक रचनाओं-सा वैविध्य उत्पन्न करता है। यही कलाकृति में उदात्तता, गहनता, गति, स्तर और बहुरंगी रंग पटल बनाता है। यह भी कि कलाकार की ऊर्जा दिए हुए सृजन-विश्व का अतिक्रमण भी करती है और यह अतिक्रमण उसकी कलाकृति को दीप्त करता है।

इसलिए एक 'वैश्विक काल' में संसार भर के श्रेष्ठ सर्जकों में लगभग एक-सा स्फुरण दिखाई देता है। कई बार यह वैश्विक काल सर्जक के अभ्यंतर में घनीभूत स्मृतियों के माध्यम से अनुभव और प्रतिभा का भाग बनकर प्रकट होता है। ऐसी तमाम स्थितियों में दिखाई पड़ने वाली समानता न अनुकरण है न तुलनीय। अगर प्रभाव, प्रेरणा और समता वस्तु तत्त्व में या चरित्र चित्रण में या अन्य स्थूल तत्त्वों में दिखाई पड़ती है तो उसे आदान-प्रदान के व्यावहारिक संसार में देखना चाहिए, न कि सृजन-विश्व की सनातन और लौकिक धाराओं में।

सभ्यता के विकसित होने के दौर में मनुष्य में विभिन्न प्रकार की सत्ता प्राप्ति की ऐसी होड़ थी जिसका एकमात्र समाधान उसे युद्ध में दिखता था। उदाहरण के लिए इलियड में स्त्री के लिए, शाहनामा में दो भूखण्डों, जातिगत द्वेषों, और अन्य कारणों से युद्ध लिप्सा ने काव्य-रूप लिया। परंतु महाभारत और महाभारत के युद्धों की अंतर्योजना के मूल में 'धर्म की स्थापना' और 'अधर्म का विनाश' है। युद्ध इनके लिए मात्र एक सोद्देश्य बाध्यता है; शौर्य, हिंसा या प्रतिशोध मूलक नहीं है। इनके लिए यह युग-धर्म था, जिसे हमने देश-काल-धारा कहा है। जो शक्तियाँ सदाचार और शांति से रहना चाहती थीं, उनके सामने ऐसी अनिवार्य बाधाएँ खड़ी की जा रही थीं जो उनके किसी भी प्रयत्न से टलती न थीं। कृष्ण और युधिष्ठिर ने बार-बार दुर्योधन की सभा में पूछा भी कि सिर्फ पाँच गांव की मांग को ठुकराने की ज़िद में इतनी बड़ी जन-हानि क्यों? पर इसका प्रत्युत्तर जिस तरह मिला वह राजनय का एक काला पृष्ठ है। भास ने अपने नाटक 'दूत घटोत्कच' में तो इस प्रयत्न को युद्ध के बीचोबीच होते बताया। ऐसे तमाम सद्प्रयत्नों पर भी आखिर युद्ध अपने अंतिम विनाश तक पहुँचा ही।

रामायण में सीता को धनुर्यज्ञ में न पाने की कुंठा और अभिमान के चलते

नि:सहाय वनवासी की पत्नी का रावण ने छल से हरण कर लिया। 'रामायण' में पहले अप्रत्यक्ष रूप से हनुमान को सीता का पता लगाने के व्याज से और फिर अंगद को प्रत्यक्ष राजनयिक संदेश देकर दूतकर्म के लिए भेजा गया, पर रावण ने न केवल उनके साथ धृष्टता की अपितु वह अपनी ज़िद पर अड़ा रहा!–जबकि हम इलियड, ओडेसी, शाहनामा आदि में अन्य अंतर्योजनाओं को देखते हैं। मानो उनके लिए युद्ध और युद्ध वर्णन केन्द्र में हो।

अत: इस अदृश्य और अनिश्चित समता को न हम प्रभाव कह सकते हैं न अनुकरण; यद्यपि रचना का अभ्यंतर या अंतर्योजना और निरूपण या ट्रीटमेंट कलाकृति की विशिष्टता या पृथकता निरूपित करता है। इसलिए नवीन और मौलिक रूप लेने के बावजूद कलाकृति में अनुकरण के तत्त्व औपचारिक होते हैं। उदाहरण के लिए विभिन्न देश-काल में महाभारत के ढाँचे या स्वरूप में, उसकी प्रेरणा स्वरूप अनेक मूल्यवान रचनाएँ लिखी गईं, परंतु क्या वे स्वयं महाभारत हैं? हम कह सकते हैं कि वे 'अपने-अपने महाभारत' हैं। ओड़िया के सारला दास का 'सारला महाभारत' या कन्नड़ के कुमार व्यास का 'कर्नाटभारत', क्या व्यास के महाभारत के समान या उसका अनुकरण है? वे वास्तव में स्वतंत्र रचनाएँ हैं, जो महाभारत की विषय-वस्तु और चरित्रों से प्रेरित तो हैं परंतु अपना अलग-अलग विश्व रच रही हैं।

अब हम विश्व के कुछ कालजयी प्राचीन महाकाव्यों के साथ यदि महाभारत को रख कर देखें तो यह स्पष्ट प्रतीत होता है कि रामायण हो या इलियड, ओडेसी या शाहनामा उनमें हमें एक-सा स्फुरण दिखाई देता है या हम कहें कि वे अपनी विशिष्टता के साथ देश-काल की धारा के समान व्योम में संतरण कर रही हैं। परंतु उन पर एक साथ विचार उस कथ्य के लिए नहीं, इन कवियों के उस अंतर्विश्व के लिए है जो सनातन वैश्विक-धारा की ओर उन्मुख हैं। यह ठीक है कि विषयवस्तु की दृष्टि से ये सभी रचनाएँ युद्ध-केन्द्रित हैं, जबकि वे प्राय: एक-दूसरे से अपरिचित थीं। यह भी सर्वेक्षण और अध्ययन से सिद्ध हो चुका कि आदिमानव या आदिम अवस्था में रह रहा मानव मौलिक रूप से युद्ध-स्वभाव का नहीं रहा। तभी कच्चा मांस खाने या भून कर खाने के युग के पार उसने कृषि-युग को आविष्कृत किया। 'कृषि' के दूसरे ध्रुव पर 'कृष्टि' थी, जिसका अर्थ है 'संस्कृति'। अर्थात् कृषियुग से ही संस्कृति का विकास हुआ। बहरहाल।

युद्ध काव्य हमारे आदि काव्य हैं। रामायण भी एक तरह से युद्ध केन्द्रित

है, महाभारत तो है ही, इलियड-ओडेसी, शाहनामा आदि भी युद्ध-काव्य हैं। फिर भी उनमें विशिष्टता और मौलिकता है– अपने स्वरूप और रूपायन में; सनातन धारा से संपृक्ति के कारण उन्हें श्रेष्ठ की कोटि में रखने योग्य मानकर हम उनका साथ-साथ नाम लेते हैं, प्रत्येक की मौलिकता के बावजूद।

रामायण में राजन्यता नहीं है, वन्यता है। और यह युद्ध भी विषम है, अपहरण इसका व्याज है, यह इसका हेतु नहीं है। यहाँ युद्ध से धन या धरती की तृष्णा भी नहीं है। सोने की लंका जीत कर राम उसमें से एक भी स्वर्ण शलाका लिए बिना समूची लंका दूसरे को सौंप कर लौट आते हैं। वापस पाई पत्नी को अग्नि स्नान के बिना स्वीकारते नहीं। (यह आलोच्य हो सकता है, परंतु) रामायण में 'धर्म' (जिसमें राज-धर्म भी है) सारी लौकिकता के ऊपर है, संपूर्ण भाव; अग्नि-स्नान कर रहे हैं। सबकुछ अनोखा अद्वितीय; राजा 'राम का जनक-भाव भी' काव्य शांतसंयुत करुणान्त है।

महाभारत के युद्ध का लक्ष्य भी 'धर्म स्थापना' है, पर इसमें लौकिकता है, सारे लौकिक व्यापार हैं। इसका नायक भी, 'धर्मराज' है, परंतु लगता है उसमें पूर्वकल्प का और आगामी कल का एक साथ अनावरण हुआ है। इसकी रचना ऐसे अद्वितीय स्त्रष्टा ने की है जिसमें अद्‌भुत, सर्वतोमुखी गतिशील प्रतिभा है। यहाँ कथित 'युद्ध-काव्य' का मूल रस 'शांत' है! सम्पूर्ण महाभारत पढ़कर लगता है कि यहाँ युद्ध गौण है, माध्यम है–धर्म, अर्थ, काम, मोक्ष, नीति, राजनीति, प्रकृति, ज्ञान, रस और दाह का सबकुछ जैसे यहाँ जीवन की भट्टी में पका हुआ है। यह भारत का जातीय ही नहीं कई अर्थों में विश्व-काव्य है।

होमर का 'इलियड' यूनान का जातीय काव्य है, उसमें यवनों की सम्पूर्ण जीवन-शैली और आचार है। इसके युद्ध-केन्द्र में स्त्री है। यह 'खंड-युद्धकथा' है। 'ट्राय' एशिया माइनर के उत्तरी भाग में ईजियन सागर के तट से थोड़ी दूर बसा प्राचीन काल का एक अत्यंत प्रसिद्ध नगर था। इसके निवासी 'ट्रोजनों' और मेनेलॉस के 'एकियनो' (यवनों) के बीच दस वर्ष तक चलने वाले युद्ध के दसवें वर्ष की कथा इलियड में है। होमर ने ओज और प्रतिशोध की इस कथा का ताना-बाना अत्यंत आकर्षक और काव्यात्मक रूप में बुना है। पता नहीं उस अंधे भिखारी में कैसी अप्रतिम प्रतिभा थी! पूरे काव्य में मानवीय और दैवीय शक्तियों के पारस्परिक द्वन्द्व का अद्‌भुत और सूक्ष्म ताना-बाना है। इलियड की महत्ता का

पता इसी से चलता है कि विश्व-विजेता सिकंदर अपने पास केवल दो चीज़ें रखता था—कृपाण और इलियड।

यहाँ भी 'मेनेलॉस' की पत्नी अद्वितीय सुंदरी हेलेन का अपहरण छल से मेनेलॉस के कृत्रिम मित्र पेरिस ने कर लिया था, जिस पर उसने परम विश्वास किया था। यही एकियनों और ट्रोजनों के युद्ध का कारण बना। अगर संरचना की दृष्टि से देखें तो यह स्त्री की गरिमा का काव्य भी है। अंत में विजय हेलेन के पति मेनेलॉस की ही हुई,—जैसे रावण पर राम की। अर्थात् सत्य की। मनुष्यों की लड़ाई में देवी देवता हमेशा सक्रिय रहे। इसलिए लड़ाई और भी आगे चली क्योंकि एकियनों की पक्षधर देवी हेरा, ट्राय नगर का पूरा ध्वंस चाहती थी, जिसे ट्रोजनों के रक्षक ज़ियस बचा रहे थे। अंत में एकिलीज़ और हैक्टर के बीच भीषण युद्ध हुआ और हेक्टर मारा गया। ट्राय नगर की पराजय हुई।

अंतिम दृश्य अत्यंत करुण है जहाँ हैक्टर का वृद्ध पिता एकिलीज़ से अपने बेटे का शव लेने पहुँचता है। एकिलीज़ संवेदनशीलता से उसे सम्मान के साथ हैक्टर का शव दे देता है। हैक्टर के अंतिम संस्कार के साथ काव्य समाप्त होता है। महाकाव्य की करुण में परिणति पाठक को भिगो देती है। यह पश्चिम के ट्रैजिक काव्यों, नाटकों का अभ्युदय है और युद्ध काव्य होते हुए भी युद्ध के प्रति वितृष्णा पैदा करता है। इस काव्य में करुणा ही नहीं, प्रेम, नैतिक मूल्य, स्वाभिमान, उदात्तता आदि अनेक मानवीय मूल्य हैं। ये ही तो कृति को महान बनाते हैं।

इलियड की भाँति ओडिसी भी होमर का महान काव्य है। यह भी पाश्चात्य साहित्य के सर्वोत्तम काव्यों में हं। इसमें भी प्रायः अद्भुत काव्य-सौन्दर्य और काव्य-मूल्य है। अंतर केवल यह है कि ओडिसी दुखांत नहीं, सुखांत काव्य है। यहाँ भी अधर्म पर धर्म की, असत्य पर सत्य की विजय है। वर्ण्य विषय का वैविध्य, अखूट काव्य-सौन्दर्य, पाश्चात्य इतिहास, धर्म, दर्शन का समावेश, अपने समय की सभ्यता, संस्कृति का निरूपण है। इसमें भी कुछ घटनाएँ महाभारत से मिलती जुलती हैं, जो सभ्यता के प्रारंभ में विभिन्न देशों, जातियों में प्रायः दिखाई देती हैं।

विश्व के अत्यंत प्रसिद्ध और महत्त्वपूर्ण काव्य होने और मानवीय मूल्यों के प्रति संवेदित होने के बावजूद महाभारत जैसी बहुमुखी विराट् जीवन चेतना और दार्शनिकता, वैविध्य और समस्त मानवीय चिंतन और ज्ञान का समावेश

इलियड-ओडेसी तो क्या संसार के किसी काव्य में नहीं है। युद्ध काव्य की उदात्त, शांत में ऐसी संरचना और परिणति का दूसरा उदाहरण विश्व में नहीं है। इलियड और महाभारत दोनों युद्ध-काव्य हैं, दोनों में मनुष्य के पीछे दैवीय शक्तियाँ हैं। युधिष्ठिर के आग्रह पर अर्जुन की तपस्या और शिव द्वारा अस्त्र प्रदान करना और माँ थेटिस द्वारा वात्सल्य के कारण प्रेरित हो एकिलीज़ का देवता हिफास्टस से अचूक अस्त्र प्राप्त करना एक जैसा लगता है। परंतु ऐसी समताएँ दिखा कर दोनों की तुलना करना उचित नहीं है, क्योंकि दोनों की संस्कृति, अंतर्वस्तु और रचनात्मक व्यवहार में ज़मीन-आसमान का अंतर है।

कुछ विद्वानों ने नवीं शती ईसापूर्व के इस काव्य की तिथि महाभारत से पूर्व की दिखाकर इस विषय में निरंतर हुए शोधों की उपेक्षा की है। महाभारत ईसा से 3000 वर्ष पूर्व की कृति है। जहाँ तक कुछ विद्वानों द्वारा इसमें विदेशी हूण, शक, रोमन, पह्लव, चीनी, यवन, अशोक, बौद्ध, जैन, क्षुद्रक तथा विभिन्न परवर्ती पुराणों आदि के उल्लेख से इसकी अपेक्षाकृत बाद की तिथि निर्धारित करने की कोशिश की गई है; उन्हें समझना होगा कि मूल भारत क्योंकि वाचिक काव्य है, अत: विभिन्न मुखों और हाथों से इसका विस्तार हुआ है और कई चीज़ें इसमें संगृहीत हो गई हैं। इनके आधार पर उसे परवर्ती सिद्ध नहीं किया जा सकता। और क्या यही इलियड ओडिसी के साथ नहीं हुआ होगा?

'अबु अल कासिम हसन बिन अली तूसी' जिन्हें 'फिरदौसी' कहा जाता है, महान काव्य 'शाहनामा' के रचयिता हैं। इनका काल 15वीं-16वीं शती में माना जाता है। इसमें भी महाभारत के सदृश राजवंशों की कथा है। परंतु इसका सृजन एक अलग कारण से हुआ है। भारत पर अपने सत्रह आक्रमण पूरे कर लेने के बाद महमूद गजनवी ने फिरदौसी को हुक्म दिया कि वह ऐसा महाकाव्य लिखें जिसमें 'गजनी और मेरे पूर्वजों की' गाथा हो। वह उसे असंख्य स्वर्ण मुद्राएँ देगा। दरिद्र फिरदौसी को हुक्म मानना ही था। इसलिए यह महाकाव्य अन्य सभी महान काव्यों से भिन्न कारण से लिखा गया। परंतु अपनी उदात्त आत्मा और सृजन कौशल से 'शाहनामा' शाहों के इतिहास की अपेक्षा प्रेम, सौन्दर्य, सत्य, करुणा निवृत्ति जैसे मानव मूल्यों का काव्य बन गया। सुंदर किस्सागोई और लोक साहित्य के अंत:प्रवेश के कारण महाभारत के बाद शाहनामा विश्व का सबसे बड़ा (महाभारत से लगभग आधा) काव्य बन गया।

क्षेपक होते हुए भी यह कहना जरूरी है कि इस काव्य को समाप्त करने के बाद महमूद के सम्मुख प्रस्तुति की घटना अत्यंत दुखांत रही। महमूद 'सुन्नी'

था और उसे पता लग चुका था कि शाहनामा में 'शिया शाहों' की प्रशंसा है, तो वह फिरदौसी पर आग बबूला हो गया। उसे सोने की दीनार तो क्या मिलती, उल्टे जान का खतरा पैदा हो गया। फिरदौसी मसज़िद की दीवार पर एक करुण शेर लिखकर गजनी से भागकर अपने पारंपरिक गांव में चला गया। सत्ता की कोपदृष्टि उसे मृत्यु के बाद भी झेलनी पड़ी, उसके शव को कब्रिस्तान में जगह नहीं मिली। यह दर्द भरी कहानी गुर्रमु ज़ाषुवा ने (1932 में) 'फिरदौसी' खण्डकाव्य में लिखी है। फिरदौसी की इस कथा से मिलती जुलती कहानी गुणाढ्य (पहली शती ई.) की है, जिसने यथार्थ में अपने खून से लिखी सात लाख श्लोकों की 'बृहत्कथा' जब कश्मीर के राजा की सेवा में प्रस्तुत की तो वह इसलिए क्रुद्ध हो गया कि वह पैशाचिक (या पैशाची) भाषा में लिखी गई थी (जो कश्मीरी भाषा का आदि ग्रंथ है) और महाराजाधिराज संस्कृत-आग्रही थे। 'शाहनामा' तो बच भी गया, पर बृहत्कथा के 6 लाख श्लोक स्वयं कवि ने अपने हाथों से एक-एक कर आग में भस्म कर दिए। एक लाख किसी तरह बच गए। 1557 में खुमैनी ने अनेक पुस्तकें जलाईं उसमें फिरदौसी पुस्तकालय में सोने की स्याही में लिखा शाहनामा भी जला दिया गया। श्रेष्ठ रचनाओं और सर्जकों को ऐसी नियति किस बात की ओर इशारा करती है? शायद इन कथाओं के पीछे चारणों, भाटों, चापलूसों और दरबारी कवियों के उद्‌भव की कथा भी छिपी है। अस्तु

फिरदौसी ईरानी कवि था, पर अरब आक्रामकों की भाषा अरबी में उसने अन्य अवसरवादियों की तरह न लिख कर ईरान की 'फारसी' भाषा में अपना महान काव्य लिखा। यह इस काव्य की विशेषता है और कवि का भाषाभिमान भी। महाकाव्य ईरानी नस्ल से प्रारंभ होकर सासानी काल के पतन पर समाप्त होता है।

शाहनामा में प्रारंभ से अंत तक भारत के उल्लेख भरे पड़े हैं। यदि प्रभाव की दृष्टि से देखें तो अपनी स्वतंत्र सत्ता के बावजूद इस महाकाव्य पर रामायण-महाभारत (और विशेष कर महाभारत) का प्रभाव दिखाई पड़ता है। इसे हम चरित्रों और कथाओं के प्रत्यक्ष रूप में देखते हैं। रामप्रसाद मिश्र का यह कहना सटीक है कि 'ऐश्वर्य के अंततर निर्वेद की वर्णन शैली मूलतः भारतीय है।'

बादशाह केखुरसन में साठ वर्ष तक राज्य करने के बाद निर्वेद जन्म लेता है। वे अपने वीर योद्धओं रुस्तम, जाल, गुइर्ज़ आदि के साथ एक पर्वत पर जाकर लुप्त हो जाते हैं। इस कथा में युधिष्ठिर और पाण्डवों के महाप्रस्थान की साफ झलक भी देखी जा सकती है। परंतु दोनों के पीछे सोच और दर्शन की

अलग-अलग बुनियादें हैं।

संभव है फिरदौसी भारतीय नीति-कथाओं और महाभारत की अनेक रचनात्मक अवधारणाओं, विचार-सरणियों आदि से परिचत रहे होंगे। और इसमें भी शक नहीं है कि उनका काव्य-मानस ईरान और अरब की अपेक्षा भारत के अधिक निकट है। इसलिए कई बार समानांतर चिंताओं, शैलियों और वस्तुरूपों को यहाँ हम देख सकते हैं।

शाहनामा के मूल में लोकवृत्ति है, कवि-कल्पना का सौन्दर्य और वैभव है और है एक कवि की उदार मानववादी मूल्य-दृष्टि। शाहनामा ईरानी राष्ट्रीयता का वैसा ही प्रतीक है जैसा महाभारत भारतीय राष्ट्रीयता का; परंतु जैसे राष्ट्रीय होकर भी महान कृतियाँ वैश्विक हुआ करती हैं, वैसे ही दोनों वैश्विक कृतियाँ हैं। ईरान वासियों की तरह ही ईरान के बादशाह 'आर्यमेहर' कहलाना चाहते थे। 'अरब' और 'इस्लाम' का स्वीकार पराधीनता की स्वाभाविक नियति थी। यह आंतरिक टकराहट काव्य में प्रकारांतर से देखी जा सकती है।

अन्य महाकाव्यों या कथाओं की तरह यहाँ भी नायक और खलनायक दिखाई देते हैं क्योंकि द्वन्द्व के इन छोरों के बिना न कथा या काव्य पूरे होते हैं न जीवन। नायक की तरह ही उसके अनुयामी और खलनायक की तरह ही उसके पक्ष के लोग भी होते हैं। कई बार पक्षधरता के कारण एक ही स्वभाव और चरित्र के लोग परिस्थितिवश परस्पर संघर्ष करने पर विवश हो जाते हैं—जैसे महाभारत में अर्जुन और कर्ण, युधिष्ठिर और भीष्म; और शाहनामा में रुस्तम और सोहराब।

शाहनामा यूँ तो युद्ध-काव्य है, परंतु मनुष्यता की सबसे कोमल और सुंदर वस्तु 'प्रेम' की बेहद खूबसूरत कथाओं से वह जगमगा रहा है। रुदाबे और जालज़र का इश्क हो चाहे रुस्तम और तहमीना का सभी प्रेम-कथाएँ रस और अद्‌भुत निष्ठा से ओतप्रोत हैं। दो शत्रु देशों के भीतर बहने वाली एक धारा 'प्रेम' ही हो सकती है। एक उदाहरण देखिए। काबुल के जहाक शाह के खानदान की सुन्दरी रुदाबे, और ईरान के शाह साम दिलावर के बेटे जालज़र एक दूसरे की तारीफ़ सुनकर प्रेम में मग्न हो जाते हैं। दिलावर जब काबुल आता है तो रुदाबे रात में उसे बुलावा भेजती है। दिलावर उसके सामने वाले महल में खड़ा हो जाता है। अब वे मिलें कैसे? रुदाबे अपने लंबे बाल छत से लटका देती है ताकि दिलावर उसे कमन्द बना कर छत पर आ जाए; पर दिलावर भला प्रेमिका से ऐसा सुलूक कर सकता था? वह उसके सुंदर, सुगंधित बालों को चूम लेता है और अपनी

कमंद से छत पर पहुँचता है।

मुझे लगता है कि ऐसी सुंदर प्रेम-कथा दुनिया में न होगी। दिलावर कहता है कि मेरे पिता किसी हालत में जहाक के खानदान की लड़की से शादी की स्वीकृति न देंगे, तो रुदाबे रुआँसी होकर कहती है कि जहाक जालिम था तो मेरा क्या कुसूर? दोनों शादी का वादा करते हैं। जालजर अपने पिता के हमले से काबुल की रक्षा करता है इससे काबुल का शाह मनुचहर नम होता है, पर परंपरानुसार वह जालजर की बुद्धि-परीक्षा और शक्ति-परीक्षा लेता है, जिनमें जालजर उत्तीर्ण होता है। दोनों की शादी हो जाती है। इस तरह जाबुल और काबुल के टूटे रिश्ते प्रेम-कथा जोड़ देती है। प्रेम के ऐसे अनेक किस्से शाहनामा में हैं। क्या इन किस्सों में नल-दमयंती, द्रौपदी स्वयंवर, यक्ष-प्रश्न जैसे अनेक तत्त्व गुंथे हुए नहीं लगते? शाहनामा में स्त्री का अनुपम सौन्दर्य और पुरुष का बलिष्ठ रूप प्रायः प्रेम का आधार होते हैं, पर मूल तत्त्व हैं प्रेम की कोमलता, नेकी, समर्पण और परस्पर निष्ठा।

शाहनामा में रुस्तम का अनजाने ही बेटे सोहराब से युद्ध होता है, मानो अर्जुन और बभ्रुवाहन का युद्ध हो, यद्यपि दोनों की भाव-भूमि अलग है। यहाँ पिता रुस्तम के हाथों बेटे की हत्या हो जाती है– एक वत्सल पिता द्वारा अनजाने में ऐसे पुत्र की जो उसकी खोज में बेचैन था।

सोहराब की वीरता, स्वाभिमान, नेकी और सत्यनिष्ठा अप्रतिम है। उसे अपनी वीरता पर इतना अभिमान है कि इसके आगे वह दुनिया की दौलत को कुछ नहीं समझता था। उसने शाह दिलेर के साम्राज्य को ठुकरा दिया था, क्योंकि उसे संसार की किसी सम्पदा से अधिक अपने सत्य, न्याय और सत्कर्म पर भरोसा था। वह कहता है कि "यह घोड़ा ही मेरा साम्राज्य है, यह गदा ही मेरा ताज है, भाला और कवच ही मेरे मित्र हैं। अपने हृदय और भुजाओं का मैं बादशाह हूँ। मैंने सिंहासन की ओर आँख उठा कर भी नहीं देखा है; क्योंकि मेरी नज़रें सत्य और नीति की राह पर लगी थीं" :

'सुए तख्तशाही न करदम निगाह
निगाह दाश्तम रस्म व आइन-ए-राह।'

पिता अर्जुन की पुत्र बभ्रुवाहन के हाथों हुई मृत्यु पर अर्जुन की पत्नी नागकन्या उलूपी ने मणि लाकर उसे जिला दिया था, पर ईरान के शाह के लिए अपने प्राण और पुत्र को निछावर करने वाले रुस्तम ने जब मृत बेटे सोहराब को

जिलाने के लिए शाहे ईरान के खजाने में रखी मृत संजीवनी मांगी तो कृतघ्न शाह ने न दी। अपने दुश्मन को वह भला क्यों बचाता?

शाहनामा में महाभारत के भाई-भाई सुंद-उपसुंद जैसी एक कथा है–तूस और गिव की। दोनों एक लड़की पर फिदा हो गए, जैसे सुंद-उपसुंद तिलोत्तमा पर मर मिटे थे। परंतु शाहनामा की इस कथा का अंत ईरान के शाह काऊस के बंदरबाट न्याय में हुआ। उसने लड़की के अनुपम सौन्दर्य पर रीझ कर स्वयं लड़की रख ली और दोनों को धन-दौलत देकर रवाना किया।

ये कथाएँ बताती हैं कि फिरदौसी ने शाहों की चापलूसी के लिए शाहनामा नहीं लिखा था; उसने शाहों के दुर्गुण, स्वार्थ और नीचता का भी भरपूर बखान किया है। महर्षि व्यास ने भी तो यही किया था। उन्होंने न देवताओं को छोड़ा, न राजाओं को, न ऋषियों को।

महाकवि भारत पर सिकन्दर के आक्रमण और भारतीय दार्शनिकों, विद्वानों की महत्ता का बखान किया है, जिन्होंने सिकंदर के द्वारा दी गई धन-दौलत लेने से इंकार करते हुए कहा था कि 'हमारे पास ऐसी दौलत है जिसे न चोर चुरा सकता है न लुटेरे लूट सकते हैं–उसका नाम है 'विद्या'।

इस महाकाव्य में दो सौतेले भाइयों गव और तलहन्द की कथा भी है। जिनकी मां उनके बालिग होने तक रानी बनाई गई। जब बच्चे बड़े हुए और पूछने लगे कि हममें से यह राज्य किसका है तो उसने कहा, "जो अधिक बुद्धिमान, पवित्र और ईमानदार है–उसका।" दोनों के बीच ईर्ष्या बढ़ गई। विद्वानों को फैसले के लिए बुलाया गया। कोई निर्णय न हो सका। दोनों ओर सेनाएँ सजीं। बड़े भाई गव ने तलहन्द को बार-बार समझाया, वह न माना। युद्ध हुआ हाथी पर सवार तलहन्द मारा गया। यह करुण कथा महाभारत जैसी ही प्रतीत होती है।

इसी के बाद गव ने विद्वानों से युद्ध का नक्शा बनवाया। उसमें से शतरंज की भी रोचक जन्म-कथा निकली; और युद्ध के दाव पेंच और हार-जीत की कूटनीति के गुर भी।

शाहनामा में 'कर्ण' जैसी भी एक कथा है जिसमें ईरान की शासिका एक माँ ने राज्य खो देने के भय से या संतान को गुप्त रखने के लिए अपने नवजात बेटे दाराब को पेटी में रखकर नदी में बहवा दिया था; जो पुत्रहीन धोबी दम्पती को मिला। इसमें एक मत्स्यगंधा जैसी स्त्री भी है जिसे इण्डोनेशियन महाभारत में 'दुर्गंधिनी' कहा गया है–यहाँ यह दुर्गंधिनी है–'नाहीद'। इसी का पुत्र सिकंदर

है। इससे कवि जो संकेत देना चाहता है, वह मार्मिक है। इसी सिकंदर के भारत आक्रमण के साथ शाहनामा का अंत होता है।

शाहनामा की अनेक कथाएँ महाभारत की अनेक कथाओं से प्रेरित लगती हैं, परंतु उनका निरूपण देश-काल की भिन्नता के कारण भिन्न हो गया है और उन्होंने मौलिक रूप ग्रहण कर लिया है। फिर भी हमें कहना चाहिए कि विश्व के महाकाव्यों में शाहनामा भारत और महाभारत के सबसे निकट है।

शाहनामा का कवि प्रेम, करुणा, संघर्ष, घृणा, ईर्ष्या, बलिदान जैसे अनेक मानवीय भावों की मार्मिक अभिव्यक्ति करता है। यह रचना मानव मूल्यों और उच्च भावों की प्रतिष्ठा करती और युद्ध-कथा होते हुए भी शांत और करुण रस में समाहित होती है।

विश्व की जिन महान कृतियों का उल्लेख किया गया है सभी में मानव मूल्य और विश्व-दृष्टि है जो सदियों से जीवन को अधिक उन्नत करने की प्रेरणा देती रही हैं। वे मानवीय भावों का संस्कार, उदात्त अनुभूति का संचार, काव्य सौन्दर्य, रोचक कथा तत्त्व, और लोकानुभव द्वारा मानवता को लाभान्वित करती रही है। इनमें निश्चय ही महाभारत का अद्वितीय स्थान है।

वासुदेव शरण अग्रवाल ने ठीक लिखा है कि–'महाभारत एक दिग्गज ग्रंथ है। इसकी तुलना में यूनान के इलियड और ओडेसी अथवा आइसलैण्ड और स्कैण्डिनेविया के प्राचीन एड्डा और सागा जिसमें उत्तराखंड का बचा खुचा गाथाशास्त्र (नार्डिक माइथॉलॉजी) सुरक्षित है, बहुत पीछे छूट जाता है। महाभारत में जहाँ एक ओर प्राचीन नीति और धर्म का अक्षय भंडार है, वहीं दूसरी ओर इसमें भारतीय गाथा शास्त्र की भी अनंत सामग्री है।

—भारत सावित्री पृ.771.

□□□

णाणं
पयासयं
वीर नि. सं. 2470
ई. सन् 1944
भारतीय ज्ञानपीठ

ज्ञान गरिमा के
70 वर्ष

भारतीय
ज्ञानपीठ